다시 꾸는
뮤지션의 꿈
6.5
큐베이스
CUBASE6.5

CUBASE6.5

CUBASE6.5

다시 꾸는
뮤지션의 꿈
6.5
큐베이스
CUBASE6.5

다시 꾸는
뮤지션의 꿈
6.5
큐베이스
CUBASE6.5

초판 인쇄일 2012년 6월 27일
초판 발행일 2012년 7월 4일
초판 2쇄 발행일 2016년 1월 4일

지은이 박영권
발행인 박정모
등록번호 제9-295호
발행처 도서출판 혜지원
주소 (10881) 경기도 파주시 회동길 445-4(문발동 638) 302호
전화 031)955-9221~5   **팩스** 031)955-9220
홈페이지 www.hyejiwon.co.kr

표지디자인 안홍준
영업마케팅 김남권, 황대일, 서지영
ISBN 978-89-8379-751-3
정가 27,000원

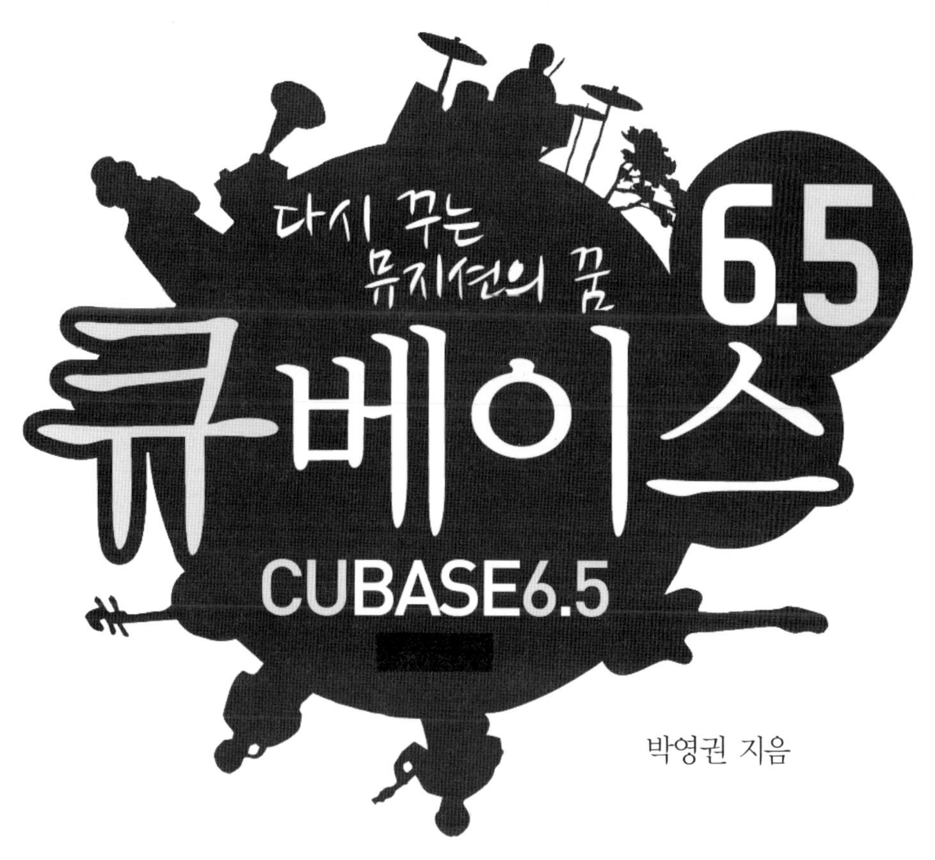

박영권 지음

많은 사용자들이 선택하는 음악 작곡, 사운드 편집 프로그램인 큐베이스 6.5는 시퀀서 프로그램 중에서 가장 뛰어난 프로그램입니다. 특히 Asio4All을 설치하면 일반 사운드카드 사용자들도 미디 작업이 가능하기 때문에 오늘이 순간에도 수많은 뮤지션 지망생들이 큐베이스를 선택하고 있습니다.

큐베이스 6.5는 새롭게 3개의 가상악기를 신규 수록하였으며 몇 개의 오디오 이펙트, 다소 달라진 인터페이스, 획기적으로 보강된 VST Expression 기능을 탑재, 뮤지션 지망생들에게 다양한 음악 작업을 할 수 있도록 도움을 줍니다. 이전 버전의 VST Expression Map 기능은 이제야 활성화되어 VST3을 지원하는 외부 가상악기에서도 트레몰로 같은 기법을 악보상에 체크하면 프로그램이 트레몰로로 연주하는 기능을 광범위하게 활용할 수 있도록 해주고 있습니다. 가장 편리하고 부드러운 조작 방식, 음악적 상상력을 자극하는 유저 인터페이스, 상호작용하듯 유기적으로 연결된 큐베이스의 각종 기능들은 여러분의 음악 생활을 한층 즐겁게 할 것으로 믿어 의심치 않습니다.

필자의 이번 큐베이스 입문서는 전작에서 발견된 몇 가지 오류를 수정해 **각종 미디 장비 없이 사운드카드만 있는 사용자들도 완벽하게 큐베이스를 사용할 수 있도록 다양한 방법으로 설명해 놓았습니다.** 특히 오디오카드 없이 사운드카드만 있는 사용자들이 어쩔 수 없이 사용해야 하는 Asio4All에서 만나는 각종 오류들을 여러 가지 방법으로 실험하여 이번에는 자신의 **시스템을 업그레이드할 필요 없이 현재 가지고 있는 시스템으로도 큐베이스를 원활히 사용할 수 있도록** 안내하고 있습니다.

이 책은 큐베이스의 매뉴얼 기능을 중점적으로 다루고 있지만 **작곡이나 음악 공부를 처음 시작하는 분들을 위해 방대한 음악 이론을 알기 쉽게 풀어 놓았습니다.** 따라서 음악을 전공하지 않은 분이나 건반을 칠 줄 몰라 꿈을 접은 분들, 세계적으로 인기를 끌고 있는 K-POP 때문에 음악 작곡에 관심을 가져본 일반 사용자들에게 드럼, 베이스, 음악 작곡의 기초를 든든히 다지고 시작할 수 있도록 도움을 줄 것입니다.

뮤지션이나 작곡가를 꿈꾸는 독자 여러분! 음악의 길은 먼 곳에 있는 것 같지만 실은 아주 가까운 곳에 있습니다. 부디 이 책이 음악과 작곡을 처음 시작하는 분들에게 많은 도움이 되길 바랍니다!

독자 여러분! 즐거운 음악 생활하세요!

저자 박영권

E 메일 : 11eyedrop@naver.com

DVD 부록에는 다양하고 방대한 예제 샘플이 수록되어 있습니다. 큐베이스 6.5로 제작한 이 샘플들은 학습 용도로만 사용할 수 있고 다른 목적으로 재배포할 수 없음을 양해바랍니다.

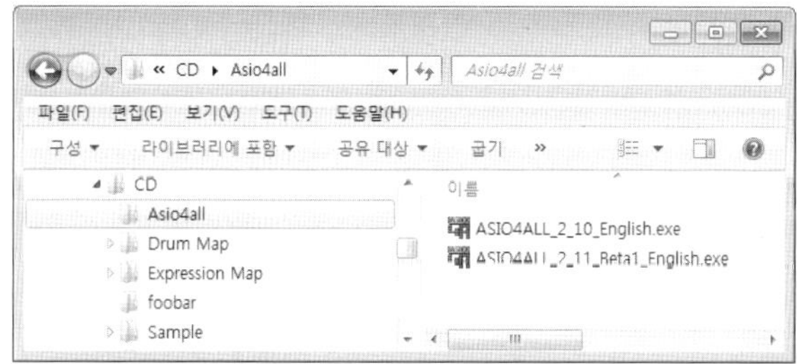

Asio4All 폴더

사운드카드 사용자들이 반드시 설치해야 하는 Asio4All 드라이버입니다. 사운드카드 사용자들이 미디 작업을 할 수 있도록 레이턴시를 줄이고 가상악기 구동이 원활하도록 ASIO 모드를 가상으로 구현합니다.

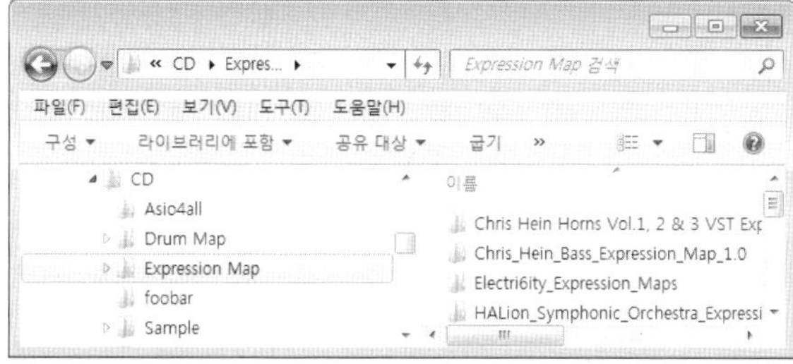

Expression Map 폴더

큐베이스 6.5의 VST Expression 기능을 지원하는 가상악기들의 Expression Map 파일입니다. 시스템에 해당 가상악기가 설치되어 있는 경우 큐베이스 6.5의 뛰어난 VST Expression Map 기능을 사용할 수 있습니다.

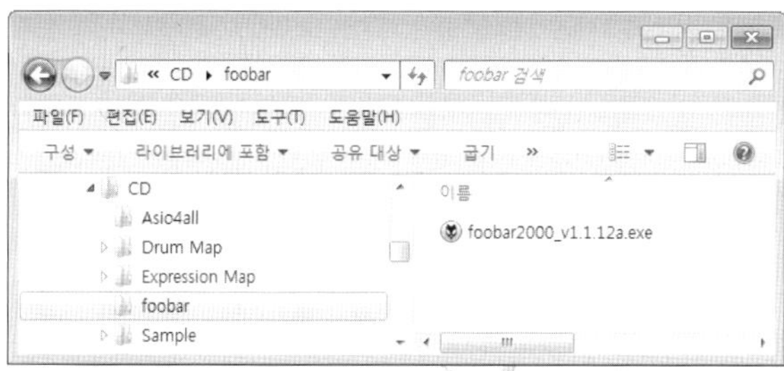

Foobar 폴더

Wav, Mp3, Fla, Ape 등의 음악 파일을 플레이할 수 있는 Foobar 플레이어입니다. 설치하면 이 책의 샘플 중 Wav, Mp3 파일을 들을 수 있습니다.

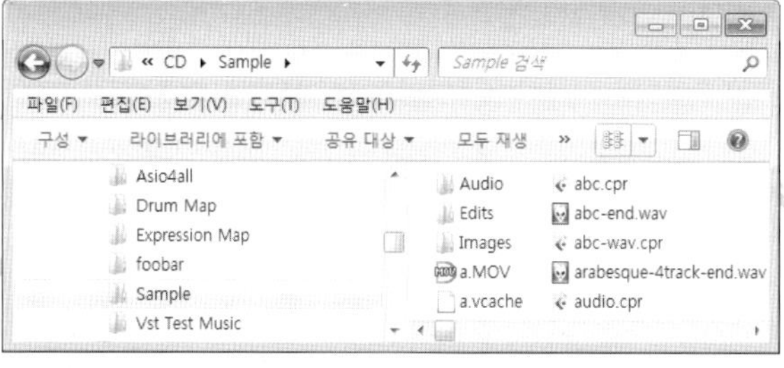

Sample 폴더

책의 따라하기 예제를 공부할 때 필요한 샘플 파일입니다. cpr 파일은 큐베이스의 File → Open 메뉴로 불러오면 됩니다.

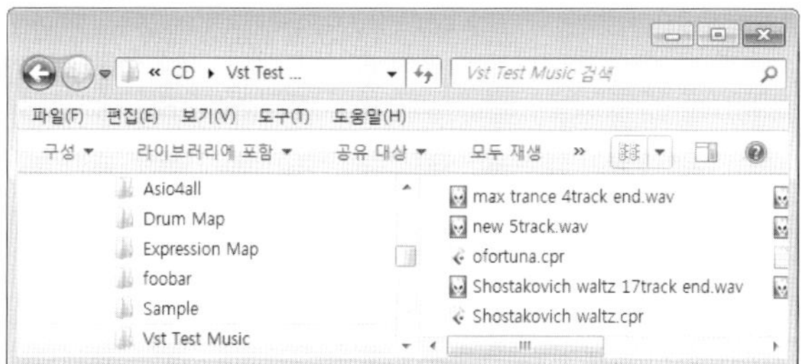

Vst Test Music 폴더

VST 가상악기를 테스트하기 위해 만든 2~3분짜리 테스트 곡입니다. 원고 작업 시 만든 1~2마디 분량의 리듬들을 엮어서 긴 곡을 만들었으므로 전문가 수준의 곡은 아닙니다. 가상악기가 어떤 음색을 내는지 미리 파악할 수 있을 것입니다.

Part 3 큐베이스 6.5 메인 화면 기능 정복하기

CONTENTS

Part 4 미디 편집과 오디오 편집

CONTENTS

Part 5 큐베이스 6.5 – VST 가상악기 사용하기

Part 6 이펙트

CONTENTS

03 | 미디 이펙트   532

Part 7 큐베이스 6.5의 메인메뉴

01 | 파일(File) 메뉴   548

CONTENTS

CONTENTS

04 | 오디오(Audio) 메뉴   644

05 | 미디(Midi) 메뉴   669

CONTENTS

CONTENTS

06 | 스코어(Scores) 메뉴   697

07| 미디어(Media) 메뉴   717

08| 트랜스포트(Transport) 메뉴   733

CONTENTS

09| 디바이스(Devices) 메뉴   740

## Part 1

컴퓨터 음악, 미디 음악의 이해

# 01 | 컴퓨터 음악인 미디 음악의 개요

미디 음악과 시퀀서 프로그램

미디(MIDI)란 Musical Instrument Digital Interface의 약자를 말하며, 각종 전자 악기를 컴퓨터로 제어하기 위한 표준 인터페이스를 말한다. 1983년 유수의 악기 업체들이 한 장소에 모여 MIDI 규약을 만든 뒤 그 후 개발한 전자 악기와 음악 프로그램은 대부분 MIDI 규격을 준수, 장비와 장비 간의 상호 연결이 용이하고 컴퓨터로 음악 작업을 할 수 있도록 하였다.

시퀀서 프로그램인 큐베이스 6.5의 실행 화면

미디 규약이 만들어지기 전, 몇몇 진보적인 작곡가들은 시퀀서라는 장비로 음악을 만드는 실험을 하고 있었다. 거대한 기계 장비였던 시퀀서는 음 길이와 음정을 제어하는 기능을 가지고 있었기 때문에 이 기계 장비에 각종 음에 대한 제어 정보를 저장한 뒤 별도의 음원 장비와 연결해 소리를 연주하였다.

컴퓨터가 사람들에게 보급되자 시퀀서 장비 또한 소프트웨어 형태로 발전하였고 소프트웨어 형태의 시퀀서는 기계 형태와 달리 음에 대한 각종 정보를 제어하기 용이했고 또한 악보 창이나 오디오 편집 기능 등 다양한 편집 기능을 재빠르게 추가할 수 있었다.

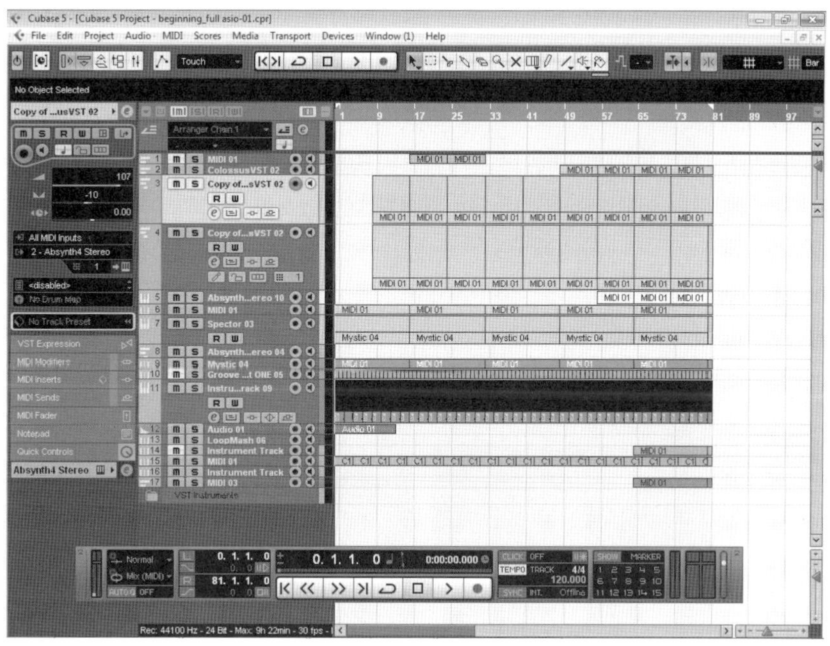

큐베이스 6.5 이전 버전인 큐베이스 5

사람들이 말하는 컴퓨터 음악이란 이 시퀀서를 통해 작곡을 하고 작곡된 곡에 원하는 전자 악기를 연결해 사운드를 출력하기까지의 전 과정을 말하지만 지금은 사운드 믹싱, 음반 마스터링, 하드 레코딩 기능이 시퀀서 프로그램에 내장되어 시퀀서 프로그램만 있으면 음악 창작과 음반 제작까지 포스트 프로덕션 작업을 올인원으로 할 수 있는 상태가 되었다. 또한 컴퓨터 음악에 사용하는 시퀀서 프로그램, 악기, 건반, 음원 장비 등은 대개 MIDI 규약을 준수하여 제작하기 때문에 미디 규약과 떼어놓을 수 없는 관계가 되었고, 이 때문에 컴퓨터 음악을 '미디 음악'이라고도 부른다.

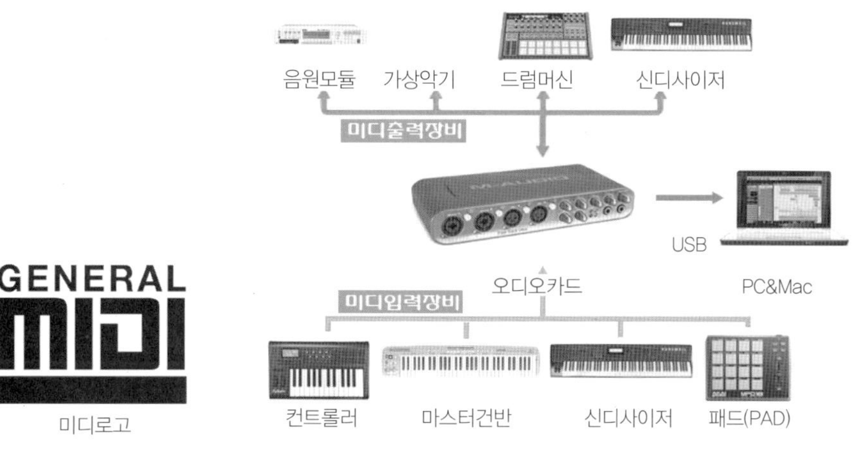

미디 입력•출력장비의 종류

시퀀서 프로그램의 강자 – 큐베이스(Cubase)

미디 음악용 시퀀서 소프트웨어는 PC용으로 큐베이스, 케이크워크 소나, FL 스튜디오가 유명하고 맥용으로는 큐베이스, 로직, 케이크워크 소나가 높은 인기를 얻고 있다. 그렇다면 시퀀서 프로그램이 할 수 있는 작업은 과연 어떤 것들이 있을까? 시퀀서는 음표를 입력하는 작곡 기능, 악보를 만드는 사보 기능, 악보를 출력하는 인쇄 기능, 외장 악기를 컨트롤할 수 있는 기능, 오디오 파일을 만드는 레코딩 기능, 레코딩된 오디오 파일을 편집하는 사운드 에디팅 기능, 오디오들을 듣기 좋게 섞는 사운드 믹싱 기능, 음반 제작 전 최종 작업인 마스터링 작업까지 전 과정을 하나의 프로그램으로 할 수 있다.

큐베이스 6.5 실행 화면

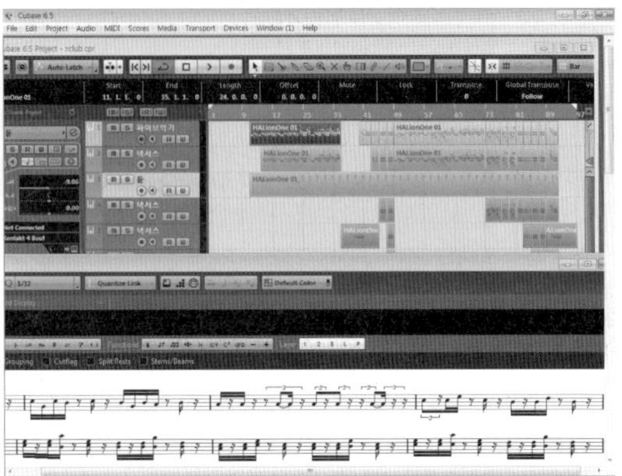

스코어 에디터에서의 작업 모습

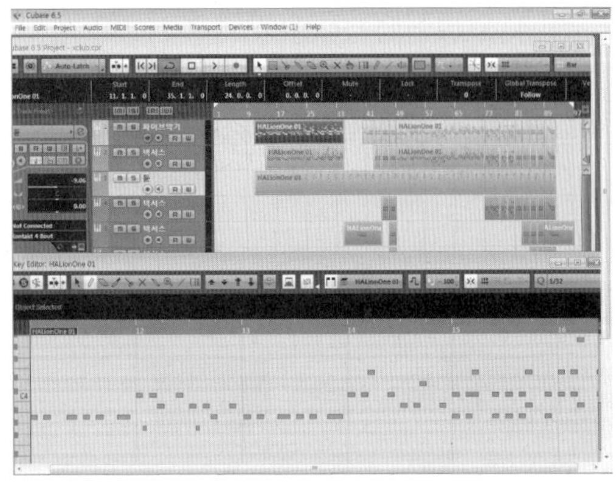

키 에디터에서의 작업 모습

사운드의 믹싱 작업

과거의 시퀀서 프로그램들은 일반적으로 음원 데이터를 내장하지 않았다. 과거의 시퀀서들은 음표 입력 기능, 음 길이 조절 기능, 음정 변경 기능, 음 강약 조절 기능, 템포 조절 기능 등 미디 데이터의 입력과 편집, 입력된 정보를 외장 음원 장비에 전송해 사운드로 출력하는 기능을 제공하였다. 그러나 지금의 시퀀서들은 음원을 자체적으로 내장, 소프트웨어 형태의 가상악기를 사용해 직접 사운드를 출력하고 있다. 시퀀서들이 하나둘씩 가상악기를 내장하면서부터 지금의 시퀀서들은 사운드 출력은 물론 음반 제작까지 할 수 있는 상태로 발전하였다.

큐베이스에서 할 수 있는 음악 작업

큐베이스는 곡을 만드는 미디 입력 기능, 완성된 곡을 오디오 상에서 믹싱하고 마스터링하는 오디오 편집 기능을 제공한다. 또한 전문 사보 프로그램이 부럽지 않은 아티큘레이션 입력 기능을 갖추고 있어 전문 사보 프로그램을 사용하지 않아도 멋진 악보를 만들 수 있다. 물론 큐베이스에도 약점이 있는데 가사 입력 같은 한글 입력 작업에서 약간 시간이 소요된다. 여기서는 큐베이스에서 곡을 만드는 전 과정을 알아본다.

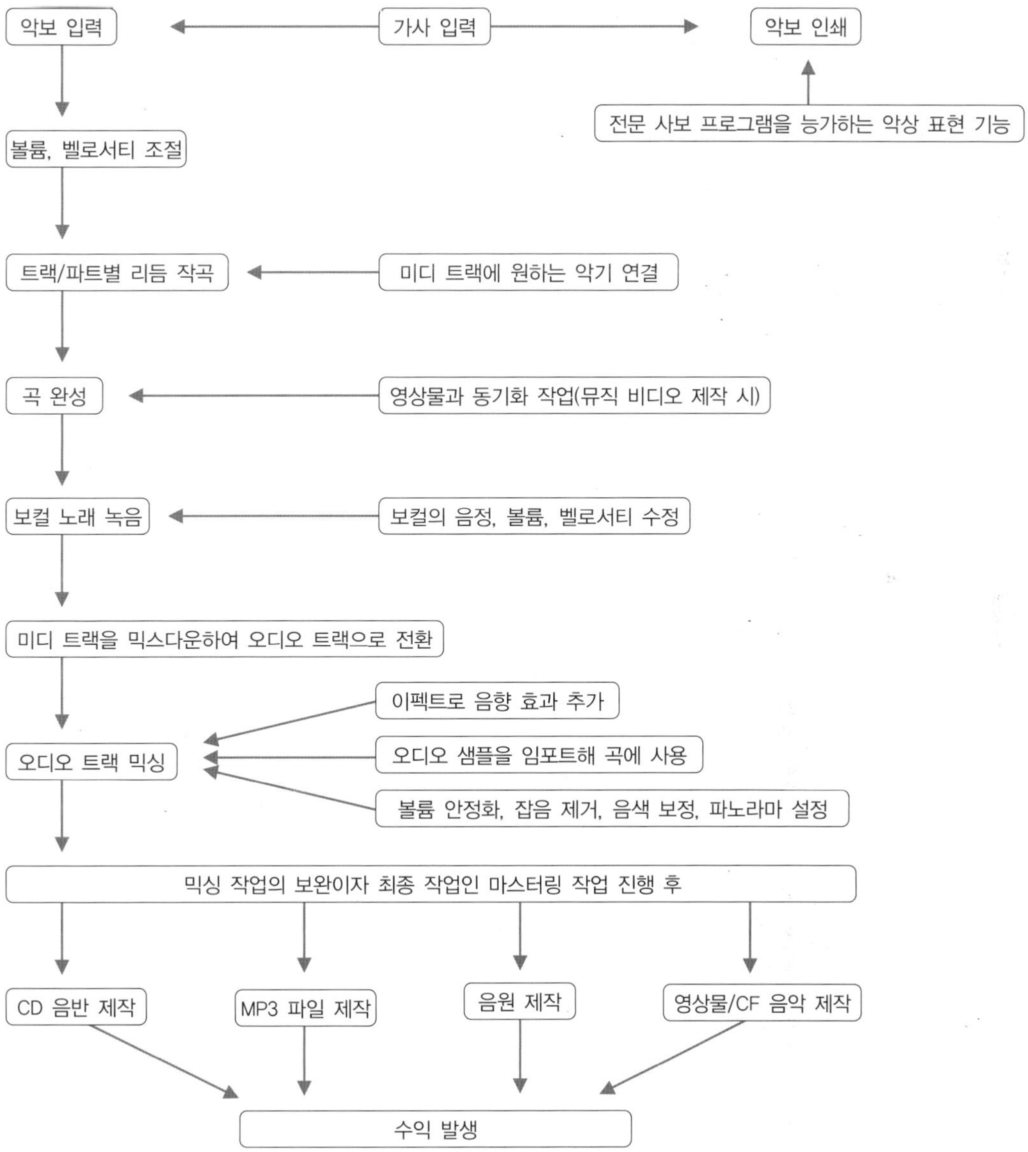

악보 입력 ← 가사 입력 → 악보 인쇄

전문 사보 프로그램을 능가하는 악상 표현 기능

볼륨, 벨로서티 조절

트랙/파트별 리듬 작곡 ← 미디 트랙에 원하는 악기 연결

곡 완성 ← 영상물과 동기화 작업(뮤직 비디오 제작 시)

보컬 노래 녹음 ← 보컬의 음정, 볼륨, 벨로서티 수정

미디 트랙을 믹스다운하여 오디오 트랙으로 전환

오디오 트랙 믹싱 ← 이펙트로 음향 효과 추가
오디오 트랙 믹싱 ← 오디오 샘플을 임포트해 곡에 사용
오디오 트랙 믹싱 ← 볼륨 안정화, 잡음 제거, 음색 보정, 파노라마 설정

믹싱 작업의 보완이자 최종 작업인 마스터링 작업 진행 후

CD 음반 제작 | MP3 파일 제작 | 음원 제작 | 영상물/CF 음악 제작

수익 발생

음악을 처음 시작하는 뮤지션 지망생들을 위한 곡 만들기

음악을 처음 시작하는 분들은 과연 어떤 식으로 작곡 아이템을 잡아야 할까? 음악을 전혀 모르는 사람들을 위해 곡 만드는 방법의 가장 빠른 지름길을 정리해 본다.

> 건반이나 기타를 연주할 줄 아는 사람이라면 악기를 즉흥적으로 연주하면서 4마디 분량의 리듬을 구상해본다.

⇩

> 악기 연주를 할 수 없는 분들은 4마디 리듬을 입으로 흥얼흥얼거리면서 구체화시킨다.

⇩

> 구체화시킨 4마디 분량의 리듬을 키 에디터에 입력한다.

⇩

> 앞의 4마디를 1회 복사해 8마디를 만든다. 뒤의 4마디를 앞의 4마디와 잘 어울리도록 편곡해 본다.

⇩

> 원하는 가상악기를 연결한 뒤 연주해 본다. 마음에 들지 않으면 악기를 바꾸거나 리듬을 계속 편곡한다.

⇩

> 이렇게 만든 8마디를 다시 복사해서 16마디를 만든다.

⇩

> 처음 8마디는 그대로 두고, 뒤에 붙여놓은 8마디를 편곡한다. 이때 처음 8마디와 분위기가 잘 어울리도록 수정해 본다.

⇩

> 이렇게 만든 16마디를 1회 복사해 총 32마디로 만든다. 복사해둔 뒤쪽 16마디를 앞쪽 16마디에 어울리도록 편곡한다.

⇩

> 곡의 도입부에 4~8마디 정도의 전주부를 만들어 삽입한다.

⇩

> 총 36마디가 완성된다. 대략 노래의 1곡에 해당하는 분량이다.

⇩

> 음악을 처음 시작하는 분들이 곡 만들기를 시작할 수 있는 지름길은 처음 4마디 리듬을 잘 구상하는 데에 있다.

큐베이스 6.5의 새 기능 & 업그레이드된 기능

큰 인기를 얻은 바 있는 큐베이스 3, 그리고 한동안 구설수에 휘말렸던 큐베이스 4, 모든 논란을 멋지게 잠재우고 재탄생한 큐베이스 5, 그리고 새로 탄생한 큐베이스 6.5의 새로운 기능들에 대해 알아본다.

1. 16채널 지원 종합 가상악기 – HALion Sonic SE

알리온 소닉 SE는 큐베이스 6에서 새로 추가된 16채널 지원 가상악기이다. 기존의 내장 가상악기들은 멀티 채널을 지원하지 않아 미디 트랙과 1대1로 연결해 사용했지만 할리온 소닉 SE는 최고 16채널을 지원, 16개의 미디 트랙에서 하나의 할리온 소닉 SE 악기를 공유하여 사용할 수 있다. 피아노 음색에서 신디사이저 음색까지 제공하는 종합 백과사전 성격의 고급 가상악기이다.

2. 큐베이스 6.5에 내장된 – 패드샵

그래픽 프로그램인 포토샵을 연상케하는 독특한 이름을 가진 가상악기로, 주로 패드 음색을 많이 보유하고 있다. 패드 악기는 전체적으로 부드럽고 지속성을 가진 울림이 있는 음색들을 말하며 저음역대의 패드 악기는 음색이 몽환적이고 지속성이 더 오래간다. 정품 큐베이스 6 사용자는 6.5버전으로 무료 업그레이드할 수 있는데, 이때 이 가상악기가 설치된다.

3. 큐베이스 6.5에 내장된 – RetroLogue

리트로로그는 큐베이스 6.5 버전으로 업그레이드할 경우 사용할 수 있다. 구형 아날로그 신디사이저 방식의 가상악기로서 오락실에서 많이 들어봄직한 음색들이 많이 수록되어 있다. 자체적으로 모듈레이터, 오실레이터, 이펙터 같은 조절 장치가 많아 악기 음색을 왜곡, 변형, 굴절시키는 등의 음색 조절 작업이 자유롭게 가능하다.

4. 루프매시 1의 업그레이드 – LoopMash 2

큐베이스 6에서는 루프 및 그루브 리듬을 만들 수 있는 LoopMash 1의 업그레이드 버전인 LoopMash 2가 추가되었다. 여러 오디오 샘플을 로딩하여 자신만의 창조적이고 독특한 리듬과 그루브를 생성시킬 수 있다. 뮤지션들은 자신이 만든 루프 샘플이나 오디오 샘플들을 LoopMash 2로 불러온 뒤 자동화로 분석된 비트와 템포를 서로 혼합하면서 창조적인 그루브를 만들 수 있다.

5. 하이패스/로우패스 필터를 믹싱하는 신감각 필터 – 모프 필터(Morph Filter)

큐베이스 6의 새로 등장한 신감각의 이펙트 필터이다.

오디오 필터는 흔히 하이패스와 로우패스 등 지정한 주파수 대역 중심으로 작업하지만 이 필터는 하이패스와 로우패스를 믹싱하여 더 독특한 주파수 편집이 가능하도록 한다. 상단 6개의 버튼 중 하나를 클릭한 뒤 하단 6개의 버튼 중 하나를 클릭하면 두 주파수 대역이 혼합되는데 이 혼합된 주파수 대역을 대상으로 주파수 편집 작업을 할 수 있다.

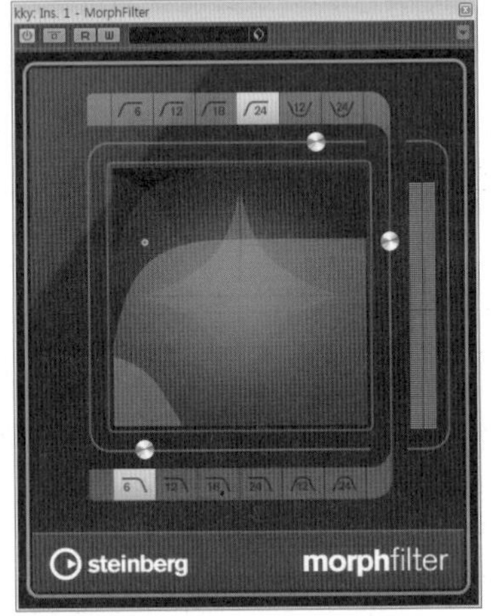

6. 뛰어난 스타일의 앰프 시뮬레이터 – VST Amp Rack

수십 종의 캐비넷형 앰프 모델을 시뮬레이션하는 오디오 이펙트이다. 오디오 트랙 또는 인스트루먼트 트랙에 적용하면 사운드가 해당 앰프 모델을 통해 출력되는 듯한 느낌을 만든다. 각 앰프 모델마다 음색 조절 기능이 있고 Pre, Post 방식으로 코러스, 딜레이같은 오디오 이펙트를 추가할 수 있다. 큐베이스 6의 신기능이다.

7. 노트 익스프레션의 등장 – 미디 컨트롤러 장비로 익스프레션 표현

큐베이스 6에서 새로 등장한 이 기능은 외장 미디 컨트롤러 장비로 각각의 노트(음표)마다 볼륨이나 팬, 피치밴드 등을 조절하여 음표마다 세밀하고 부드러운 변화를 줄 때 사용한다. 음표마다 개별적인 제어가 가능하므로 음의 세기, 음정의 진행 시간, 강약 등을 이전보다 더 세밀하게 조절할 수 있다. 외장 미디 컨트롤러로 제어할 수 있지만 미디 컨트롤러가 없을 경우에는 마우스로 드래깅하는 방식으로 조절할 수도 있다.

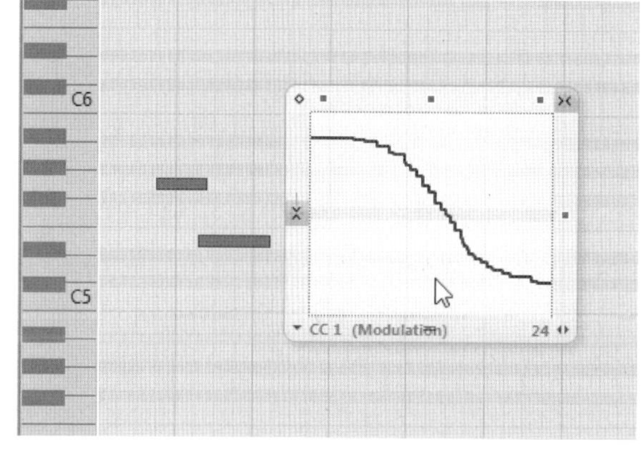

8. 강력하게 업그레이드된 – Expression Map 기능

큐베이스 6의 익스프레션 맵 기능은 큐베이스 5에서 볼 수 있었던 VST Expression 기능의 업그레이드 버전이다. 이 기능을 사용하면 음악 작곡에서 흔히 사용하는 각종 악상 기호(Articulations 심벌 등)가 악보상에만 표기되는 것이 아니라 표기된 그대로 곡을 연주할 때 동작하도록 해준다. 예를 들어 특정 음표에 트레몰로 기호를 찍으면 해당 음표가 연주될 때 실제로 트레몰로로 연주하게 된다.

이전 버전과 달리 매우 방대한 악상 기호의 입력이 가능할 뿐 아니라 입력한 기호는 악보상에만 존재하는 것이 아니라 곡을 플레이할 때도 지시한 기호대로 곡이 플레이되도록 해준다. 참고로, 익스프레션 맵 기능은 모든 가상악기에서 동작하지 않고 VST3 방식을 지원하는 가상악기에서만 동작한다는 것을 유념해야 한다. 이 기능을 사용하려면 일단 VST3을 지원하는 가상악기를 미디 트랙에 연결한 뒤 익스프레션 맵을 작성해야 한다.

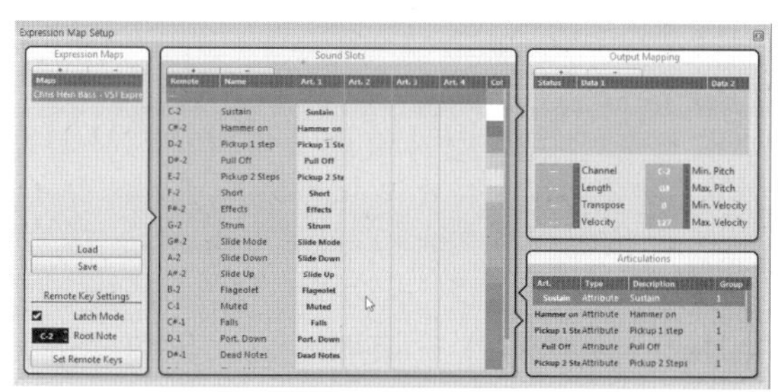

큐베이스 6의 익스프레션 맵 설정 창

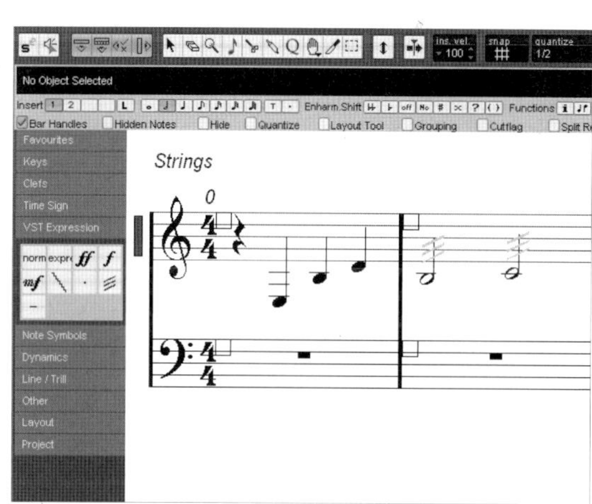

큐베이스 5의 VST 익스프레션 기능

큐베이스 6.5 버전과 큐베이스 5 버전의 내장 가상악기

큐베이스 정품은 약 11개의 가상악기를 내장하고 있고 하나의 가상악기를 데모 버전으로 제공한다. 그중 자주 사용한 가상악기는 다음과 같다.

1. 할리온 소닉 SE – 큐베이스 6 내장악기

HALion Sonic 가상악기를 축소한 버전이 SE 버전이다. 16개 채널을 지원하므로 16개 미디 트랙에서 동시에 이 악기를 끌어다가 사용할 수 있다. 축소하지 않은 정식 버전은 총 설치 용량이 12GB에 달할 정도이고 총 1,400개의 악기 음색을 제공하므로 가상악기의 백과사전이라고 할 수 있다. 피아노 음색부터 신디사이저 음색까지 수많은 음색을 사용할 수 있다.

2. Retrologue(리트로로그) – 큐베이스 6.5 내장악기

고전적인 의미의 먼 옛날 아날로그 방식의 구형 신디사이저 음색을 만들어 내는 가상악기이다. 이제는 흘러간 그 옛날 오락실에서 들어봄직했던 컴퓨터 음악 소리 같은 악기 음색이 많다. 악기 음색은 총 300개의 프리셋으로 제공되고 있고, 하단의 건반을 누르면 불러온 악기 음색을 미리 모니터할 수 있다. 각종 조절 기능을 조작해 악기 음색을 변형한 뒤 사용할 수 있다.

3. Padshop(패드샵) – 큐베이스 6.5 내장악기

그래뉼라 방식 신디사이저를 흉내낸 가상악기이다. 전체적으로 부드럽고 지속성이 있는 음색들이 많다. 바람소리, 파도소리, 우주에서 들리는 소리 같은 몽환적인 음색들도 사용할 수 있다. 몇몇 음색들은 TV 드라마나 영화의 효과음을 만들 때 유용하게 사용할 수 있다.

10. Prologue(프롤로그) – 큐베이스 5 & 6 내장악기

마이너스(–) 방식의 클래식한 아날로그 신디사이저를 모방한 가
상악기이다. 멀티 모드의 오디오 필터, 개별적인 웨이브 파형이
추가된 3개의 오실레이터, 각종 모듈레이션 기능이 있어 음색의
조절이 자유롭다.

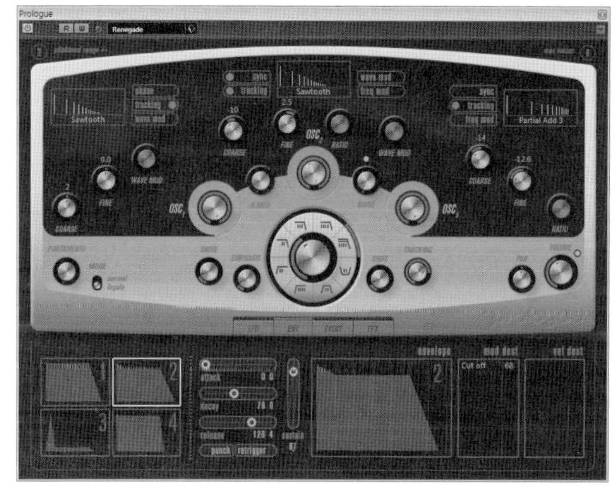

11. Groove Agent One(그루브 에이전트 원) – 큐베이스 5 & 6 내장악기

큐베이스가 제공하는 대표적인 드럼용 가상악기로 실세 드럼 음을
샘플링해 사용하였다. 자체 제공하는 드럼 샘플은 패드와 연결되어
있고 패드를 클릭해 미리 들을 수 있다.

16개의 패드는 그룹별로 관리되므로 8개 그룹 총 128 패드를 지원한다.
각각의 패드 상단에는 건반과 연결된 음정이 표시되어 있으므로 어
떤 건반에 어느 드럼이 할당되어 있는지 한눈에 파악할 수 있다.

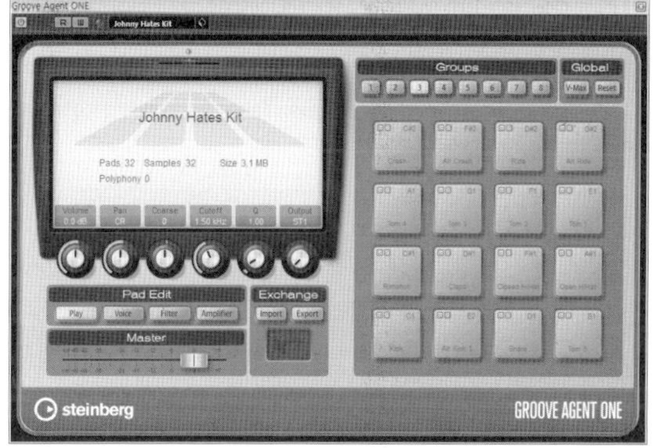

별도 설치하는 플러그 인 방식 – VST 가상악기

VST 가상악기란 플러그 인으로 추가 설치하는 가상악기 중에서 VST 방식을 지원하는 가상악기를 말한다. VST 방식은 큐베이스의 고유 방식이므로 VST를 지원하는 가상악기는 전부 큐베이스에서 사용할 수 있다. Virtual Studio Technology 의 약자인 VST는 엄밀히 말해서 VST 방식 오디오 이펙트를 말하고 VST 방식 가상악기를 지칭할 때는 VSTi라고 써야 하지만 편의상 VST라고 알려져 있다. 큐베이스용 VST 방식 가상악기 중에서 유명한 제품들을 알고 넘어간다.

1. Ivory(아이보리) – 피아노 가상악기

피아노용 가상악기 가운데 프로 작곡가들이 가장 많이 사용하는 가상악기이다. 방대한 수의 피아노 모델을 제공하므로 곡의 분위기에 맞는 피아노를 찾아 사용할 수 있다. 샘플 음원이 많기 때문에 설치하려면 약 40GB의 여유 공간이 필요하다. 1.7 버전 이하의 경우 64비트 운영체제에서는 동작하지 않음을 주의해야 하며, 새롭게 64비트용 Ivory가 최근 발표되었다.

2. TruePianos – 피아노 가상악기

4Front사의 피아노용 가상악기이다. 5개의 피아노 모듈을 제공한다. 용량이 작기 때문에 아이보리 같은 대용량 가상악기를 설치하지 못하는 분들에게 딱이다. 4Front사의 주장에 의하면 실제 피아노 음을 샘플링한 뒤 자신만의 독특한 엔진으로 음색을 보강했다고 한다. 피아노의 음색이 굉장히 아름답다.

3. 넥서스 1, 2 – 신디사이저 방식

reFX사의 롬 신디사이저 방식 가상악기이다. 자체 아르페지에이터, 트랜스게이트, 믹서, 이펙트 기능이 있다. 넥서스 2의 경우 18개 카테고리에서 1,018개의 악기 음색을 제공하고 700개 가량의 멀티 샘플을 제공한다.

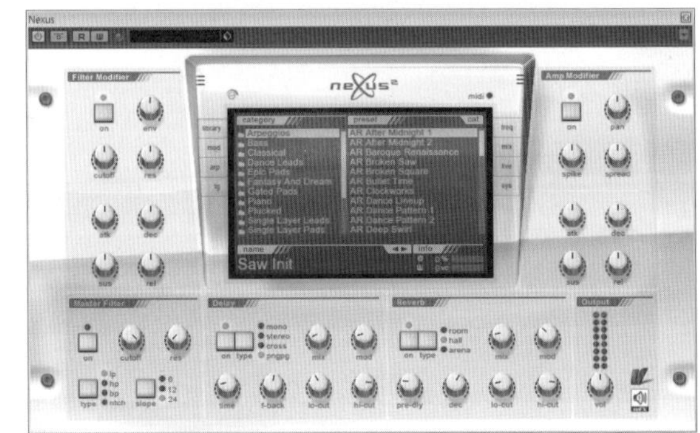

4. 시냅스 듄(Dune) – 신디사이저 방식

총 설치 용량이 20MB에 불과한 가상악기로 Subtractive 방식 신디사
이저를 모방한 가상악기이다. 체계화된 모듈레이션, 유니즌 시스템은
뛰어난 음질을 자랑하고 적은 설치 용량은 느린 컴퓨터에서도 최적의
실행 속도를 자랑한다. 전문 사운드 디자이너가 음을 프로그래밍한
만큼 악기 음의 품질이 우수하다.

5. 에이비신스(ABSynth) – 신디사이저 방식

Native Instruments 사의 신디사이저 방식 가상악기이다. 단독
으로 판매되거나 컴프리트 7 패키지로 구입할 수 있다. 신디사이
저 스타일의 가상악기 중에서 흔히 사용한다. KORE SOUND® 포
맷의 1,700여 개에 달하는 다양한 프리셋이 신디사이저로 구현할
수 있는 다양한 음색을 제공한다.

6. Gofriller Cello – 첼로 가상악기

Garritan사가 개발한 가상악기로 솔로 첼로용 가상악기 가운데 최고
걸작이다.

Giorgio Tommasini와 Stefano Lucato라는 이탈리안 듀오에 의해
만들어진 이 가상악기는 '소닉 모핑' 기술을 사용해 첼로의 바이브레
이션 등을 리얼 타임으로 구현한다. 흔히 접할 수 있는 첼로용 가상악
기와는 달리 바닥까지 깔리는 풍부한 첼로 음이 한 장의 명반을 듣는
듯하다.

7. 크리스 하인 베이스(Chris Hein Bass) – 베이스 기타 가상악기

Best Service사의 가상악기로 VST3을 지원한다. 베이스 기타 가상
악기이다. 독일 국적의 크리스 하인은 25년 경력의 사운드 엔지니어
로 영화, 연극, TV쇼 음향을 만들었지만 1985년엔 8비트 컴퓨터의
제왕이었던 코모도어 컴퓨터로 컴퓨터 음악을 만들기 시작한 사람
이기도 하다. 크리스 하인이 프로듀싱한 가상악기는 약 22종이며,
그의 가상악기들은 Kontakt 플레이어로 로딩하는 샘플링 기반 가상
악기이다.

8. Trilogy – 베이스 가상악기

스펙트라소닉사의 3대 가상악기의 하나인 Trilogy는 주로 베이스
연주에 어울리는 악기 음색을 제공한다. 육중한 베이스 연주에 어
울리는 가상악기를 찾고 있다면 한 번쯤 사용해 볼만 하다. 제공되
는 음색은 3개 파트로 나누어져 있는데 어쿠스틱 기반의 베이스
악기, 일렉트릭 기반의 베이스 악기, 신디사이저 기반의 베이스
악기가 바로 그것이다.

9. Stylus RMX – 그루브, 드럼 가상악기

스펙트라소닉사의 3대 가상악기의 하나로 그루브 리듬과 비트를
만들고 드럼 악기로 사용할 수 있다. 그루브 머신 성격이 강하기
때문에 간편하게 몇 번의 마우스 조작으로 멋진 비트의 그루브 파
트를 손쉽게 만들 수 있다. 특히 클럽, 하우스, 힙합, 일렉트로닉,
댄스, 테크노 등의 장르에 잘 어울리지만 오래 전에 발표되어 음색
이 많이 알려진 것이 약점이다.

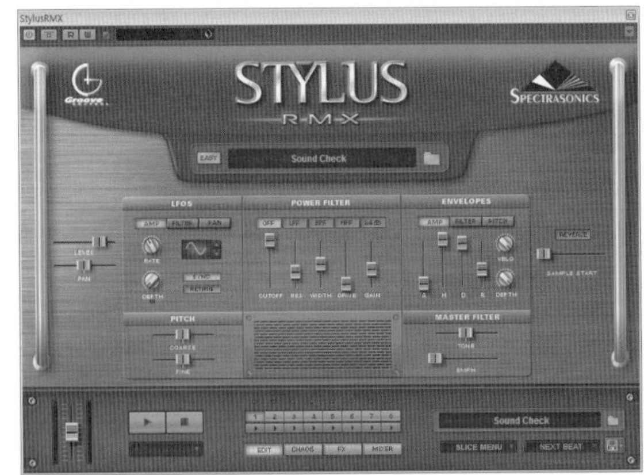

10. Vienna Symphonic Library(VSL) - 비엔나 심포닉 라이브러리

비엔나 심포닉 라이브러리는 전체 용량 약 200GB의 방대한 오케스트라 악기 라이브러리이다. 전용 호스트 프로그램인 비엔나 앙상블 혹은 기가 스튜디오로 동작한다. 클래식 오케스트라 사운드 표현에 탁월하지만 샘플 용량이 매우 크기 때문에 시스템 속도에 영향을 받는다. 시스템이 느릴 경우 다운되는 경우가 많으므로 메모리나 하드 디스크 공간을 많이 확보한 뒤 사용한다.

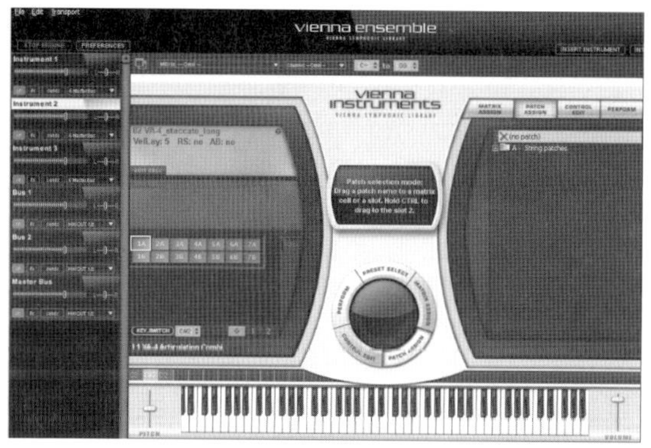

11. Miroslav Philharmonik - 미로슬라브 오케스트라

IK Multimedia의 오케스트라용 가상악기인 Miroslav Philharmonik은 프라하 드보르작홀에서 미로슬라브 오케스트라의 연주를 샘플링한 가상악기이다. 비엔나 심포닉 라이브러리와 달리 섬세하고 정교한 사운드가 매력적이다.

총 설치 용량은 약 6GB에 불과하지만 워낙 뛰어난 프리셋을 많이 제공해 미디 트랙 하나에 현악 4중주를 연결하면 자동으로 악기 4개가 할당되어 미디 트랙을 분석한 뒤 현악 4중주로 연주해준다.

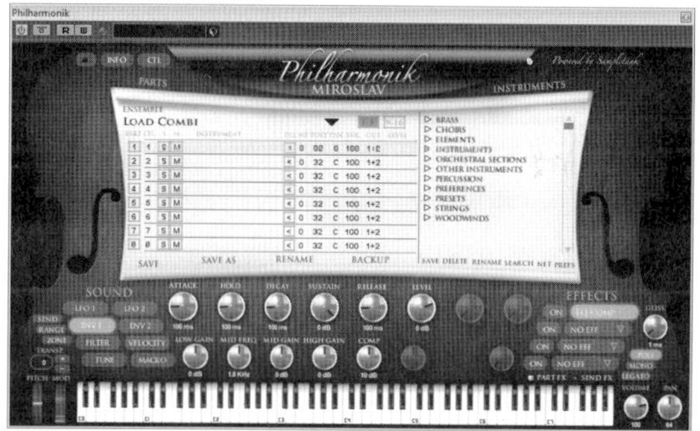

12. Battery 3 - 드럼용 가상악기

독일 Native Instrument사의 드럼용 가상악기이다. 100개 이상의 드럼킷을 샘플링한 샘플 기반의 가상악기로 128개의 샘플 셀에 드럼이 배치되어, 클릭하면 사운드를 들을 수 있다.

전체 설치 용량은 약 12GB이며 23,000개의 샘플 음원이 2,600개의 카테고리별로 설치된다.

13. BFD2 - 드럼용 가상악기

Fxpansion사의 매우 강력하고 파워풀한 드럼 악기이다. 파워풀한
어쿠스틱 드럼이 매력적이지만 저음부가 강해 버터 냄새가 강하다.
저음부를 조금 죽이면 멋진 드럼이 나온다. 악기 전체 설치 용량
약 25GB의 드럼 샘플을 음원으로 사용한다. 드럼 에디터를 내장하
고 있으므로 바로 드럼 노트를 입력할 수 있다.

14. Guru - 비트박스 겸 드럼 시퀀서

Fxpansion사의 만능 비트박스에 드럼 샘플러이자 루프 패턴 제작
시퀀서이다.

패턴 탭에서 원하는 패턴을 선택한 뒤 키트 탭에서 악기 키트를 선
택하면 바로 루프로 사용할 수 있는 패턴 음원이 만들어진다. 만들
어진 패턴은 큐베이스의 미디 트랙으로 드래그하면 사용할 수 있다.

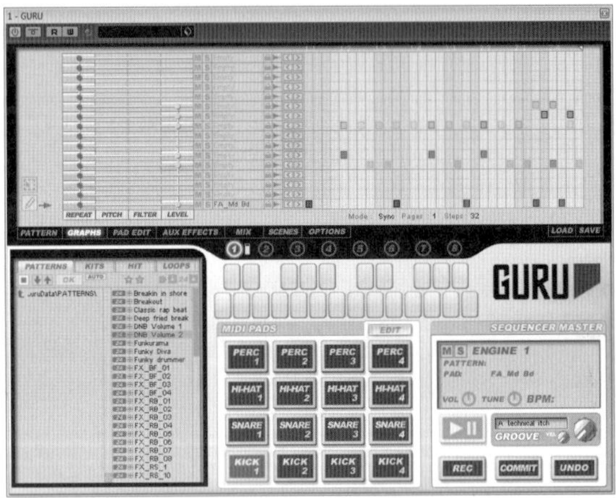

15. Elite Orchestral Percussion - 타악기 가상악기

Vir2 Instruments사의 제품인 EOP는 오케스트라용의 웅장한 타악
기들을 모아 놓은 가상악기이다. 판타지 영화에서 들을 수 있었던
박진감 넘치는 타악기를 찾고 있다면 이 가상악기를 권장한다.
Kontakt 플레이어로 실행되며 하단 건반을 누르면 타악기가 어느
건반에 할당되어 있는지 알 수 있다.

16. Kontakt 샘플 플레이어

Native Instruments사의 샘플 플레이어 방식 가상악기이다. 샘플 플레이어 중에서는 최강자에 속할 정도로 수많은 가상악기 업체들이 Kontakt에서 플레이되는 가상악기를 개발, 판매하고 있다. 설치한 Kontakt용 가상악기는 왼쪽 목록창에 등록되고, 각각의 가상악기마다 수많은 악기 음이 들어있다. 오른쪽 창은 선택한 악기 음을 조절하는 제어판이고, 하단 건반 창은 해당 악기 음을 모니터할 때 사용한다.

17. Elastik 플레이어 – 샘플 플레이어

루프 샘플 제작사로 유명한 독일 Ueberschall사의 샘플 플레이어이다. 생김새는 이래도 따로 판매하는 루프 샘플들의 완성도가 뛰어나다. Elastik 시리즈에 속하는 루프 샘플들은 DVD로만 수십 장이 발매되어 있는데 한두 장만 있어도 클럽 음악이나 트랜스 곡을 하루에 수십 곡씩 만들어 낼 수 있다.

Elastik 플레이어로 불러온 루프 샘플들은 대개 건반의 C1키에 할당되어 있으므로 C1키에 노트를 입력하면 미디에서 출력된다.

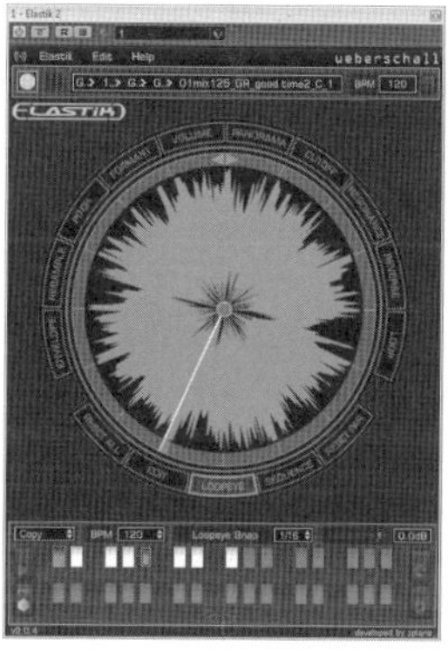

18. Liquid 플레이어 – 샘플 플레이어

Elastik 제작사인 Ueberschall의 또 다른 샘플 플레이어이다. 앞의 Elastik 플레이어가 완성도 높은 루프 샘플을 플레이한다면 Liquid 플레이어는 흐른 같은 단일 악기를 플레이할 때 사용한다. 검색된 악기는 C1, C2, C3 등 건반 범위에 상관없이 사용자 임의대로 등록한 뒤 악보 창에 입력, 사용할 수 있다. Liquid 시리즈에 속하는 음원 샘플은 DVD로 약 10장 정도 발매되어 있는데 Liquid Voice는 남녀 음성, Liquid Guitar는 기타 음원, Liquid Saxophone은 색소폰 음원이 들어있다.

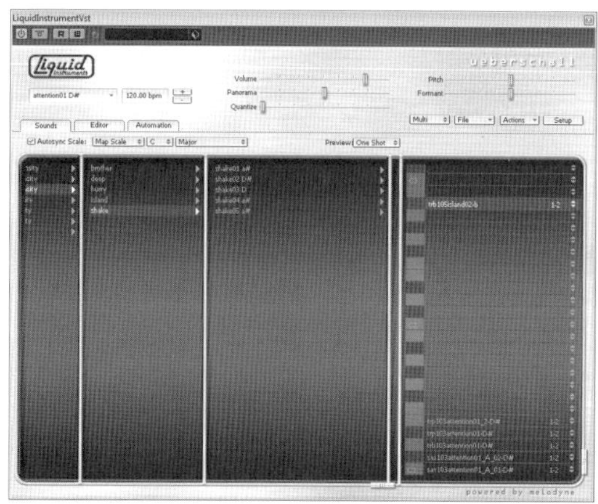

미디 장비의 종류와 연결

미디 입력장비와 출력장비

미디 입력장비란 미디 신호를 입력하는 장비를 말한다. 마스터 건반, 신디사이저, 미디 드럼, 미디 기타처럼 악보상에 미디 신호(음정 정보나 음 길이 정보)를 입력하는 장비들이 미디 입력장비들이다. 입력된 미디 정보는 시퀀서에서 편집된 뒤 다시 사운드로 출력되는데 이때 사용하는 장비가 미디 출력장비이다. 미디 출력은 대부분 사운드로 출력하기 때문에 사운드 음원을 내장한 음원 장비와 신디사이저, 가상악기가 미디 출력장치에 해당한다.

1. 마스터 건반

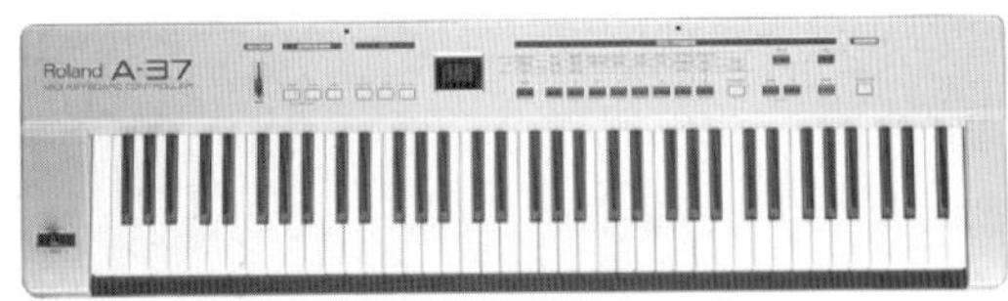

마스터 건반은 큐베이스 같은 시퀀스 프로그램에 노트(음표)를 입력할 때 사용하는 입력장비의 하나이다. 마스터 건반은 입력 용도로만 사용하기 때문에 내장 음원이 없다. 따라서 건반을 눌러도 사운드가 들리지 않는다. 마스터 건반은 사운드가 출력되지 않지만 큐베이스와 연결하면 큐베이스에 연결된 출력장비나 가상악기의 음을 빌려 사운드를 출력할 수 있다.

롤랜드 마스터 건반

피아노 연주에 자신 있는 사람이라면 마스터 건반으로 악보를 입력하는 것이 좋은데 보통 61 건반에 컴퓨터 연결이 용이한 USB 방식을 구입하는 것이 좋다.

2. 신디사이저

신디사이저란 음원 모듈이 결합된 건반을 말하며 누르는 동시에 신디사이저에서 사운드가 출력되거나 신디사이저와 연결된 스피커에서 사운드가 출력된다.

초기의 신디사이저는 전자적으로 음을 프로그래밍해 만든 전자음을 악기 음으로 사용하였지만 요즘의 신디사이저는 미리 녹음한 실제 악기 음과 전자음이 함께 내장된 방식이 많고 각종 프로그래밍 기능을 이용해 사용자만의 독특한 음을 만들어 사용한다.

쿼츠와일 PC3 88건반 신디사이저

신디사이저는 이동성과 조작성이 좋기 때문에 밴드 연주 시 흔히 사용한다. 작곡 작업에서도 건반을 누르는 순간 바로 소리를 들을 수 있기 때문에 컴퓨터와 연결해야만 소리를 들을 수 있는 마스터 건반에 비해 편리성이 많다. 신디사이저를 큐베이스와 연결하면 건반 입력과 동시에 사운드가 출력되므로 아무래도 곡을 만드는 작업이 더 용이할 것이다.

3. 음원 모듈(사운드 모듈, 외장 음원)

큐베이스에서 16트랙 미디 음악을 작곡한 뒤 이를 사운드로 출력하려면 악기 음색이 저장되어 있는 출력 장비가 필요하다. 음원 모듈은 사운드 모듈이라고도 불리는데 보통 한 대의 음원 모듈에는 몇백 개에서 몇천 개의 악기 음색이 저장되어 있다. 음원 모듈 중에는 드럼 모듈처럼 특정 악기 음색만 모아놓은 것도 있다.

일반적인 음원 모듈은 예를 들어 1번 미디 트랙의 출력 포트에 바이올린 악기를 할당하면 음원 모듈에서 바이올린 음색이 호출되어 트랙을 재생할 때 바이올린 소리가 출력되는 방식이다. 사용자는 시퀀서 프로그램에서 각각의 미디 트랙마다 출력 포트에 다른 악기를 설정할 수 있는데 채널을 다르게 설정하면 음원 모듈 한 대로 16개 또는 32개의 서로 다른 악기 음색을 동시에 출력할 수 있다. Play 버튼을 클릭하면, 음원 모듈에서 해당 악기들이 각각의 트랙에 있는 미디 정보(음정 정보, 볼륨 정보, 벨로서티 정보 등)를 받아 읽고 사운드로 출력하는 것이다.

과거 인기 제품이었던 사운드캔버스 55

야마하 드럼 모듈

아쉽게도 요즘은 외장형 음원 모듈을 사용하는 경우가 거의 없다. 모든 작업이 컴퓨터상에서 진행되므로 악기 음원도 외장 음원 모듈이 아닌 내장형이 필요했고 이 때문에 소프트웨어 방식의 가상악기를 더 많이 사용한다. 가상악기는 가격이 저렴할 뿐 아니라 음질, 종류 면에서도 외장 음원 모듈을 이미 뛰어넘은 상태라고 할 수 있다. 하지만 밴드 연주나 녹음실 작업이라면 컴퓨터를 들고 다니며 밴드 연주를 할 수 없으므로 아직도 음원 모듈이나 음원 모듈이 결합된 신디사이저를 많이 사용한다.

4. 샘플러(샘플 플레이 방식 음원 장비)

샘플러란 사용자가 녹음한 샘플을 악기 음처럼 사용하는 장비를 말한다. 각종 샘플 CD를 구입해 악기 음색으로 사용할 수도 있으므로 인기 샘플을 구입해 사용하기도 한다. 밴드 연주자라면 샘플러를 가지고 있는 것이 좋지만 작곡자라면 소프트웨어 방식의 샘플러 프로그램을 구해 사용하기도 한다.

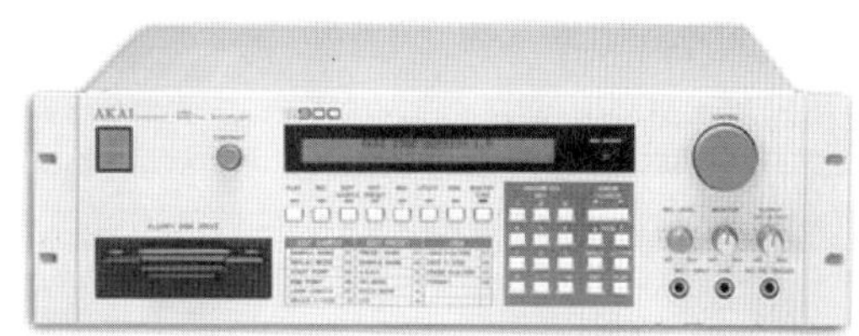

Akai S900 샘플러

5. 미디 컨트롤러(MIDI Controller)

미디 컨트롤러란 미디 장비나 미디 프로그램을 컨트롤하는 장비를 말한다. 예를 들어 신디사이저의 상단 패널을 보면 각종 조절 장치가 있는데 이 조절 장치를 하나의 독립적인 제품으로 만든 것을 말한다. 처음 큐베이스를 시작하는 사람들은 마우스나 컴퓨터 키보드로 대부분의 작업을 하게 되는데, 반복 작업에 번거로움을 느껴 결국 미디 컨트롤러를 구입하게 된다.

미디 컨트롤러를 사용하면 큐베이스의 볼륨 같은 여러 조절 기능을 유선 리모콘 사용하듯 조작할 수 있을 뿐 아니라 컨트롤이 가능한 외장 미디 장비들과 연결하면 해당 미디 장비들을 미디 컨트롤러로 조작할 수 있어 매우 편리하다.

최근의 미디 컨트롤러는 패드가 붙어 있거나 미니 건반이 붙어 있는 경우도 많아 마스터 건반처럼 여러 가지 미디 입력 작업도 병행할 수 있다.

Akai MPD26 USB 미디 컨트롤러

6. 오디오카드

오디오카드란 사운드카드와 달리 사운드 입출력 부분이 보강된 미디 음악용의 고급 사운드카드를 말한다. 보통의 사운드카드와는 이름이 헷갈리므로 미디용 사운드카드라고 하여 오디오카드라고 말한다. 오디오카드는 보통 레이턴시를 해결할 목적으로 사용하지만 레이턴시의 경우 Asio4All을 설치하면 일반 사운드카드에서도 말끔히 해결되므로, 보컬 녹음을 전문적으로 하고 싶거나 사운드 입출력 라인의 잡음을 더 제거하고 싶을 때 오디오카드를 구입한다. 보통의 사운드카드로는 고품질 녹음이 안 되기 때문에 녹음 문제를 해결하는 동시에 마스터 건반으로 입력 작업을 할 때 레이턴시를 줄일 목적을 가지고 있다면 오디오카드를 구매하는 것이 정답이 된다.

M 오디오 Fast Track Pro 오디오카드

프로툴스 Mbox 오디오카드

예를 들어 프리앰프 기능이 있는 고급 오디오카드는 보컬의 노래를 녹음할 경우 CD 음반 못지않은 녹음이 가능한데 그만큼 가격이 상승한다. 저가의 오디오카드는 프리앰프 기능이 없을뿐더러, 미디 트랙을 믹스다운 할 때의 결과물 음질이 일반 사운드카드를 사용하는 것과 비슷한 음질을 자랑하므로 굳이 구입할 필요는 없다.

만일 오디오카드를 구입할 생각이라면 프리앰프 유무를 확인하고 구입하는 것이 좋으며, 또한 라인 입출력 단자가 많을수록 좋고, 저가형의 엔트리 모델보다는 30~60만원 대의 중저가 이상의 제품을 구입할 것을 권장한다.

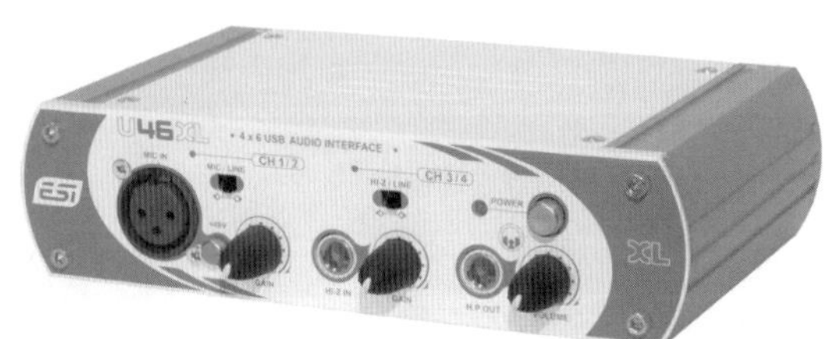

ESI 오디오 U46 XL 오디오카드

7. 미디 인터페이스

컴퓨터와 미디 장비, 미디 장비와 미디 장비를 연결할 목적으로 사용하는 장비가 미디 인터페이스이다. 일반 가정용 컴퓨터는 미디 장비를 연결할 수 있는 단자가 없기 때문에 건반이나 신디사이저를 컴퓨터와 연결하려면 별도의 미디 인터페이스를 구매해야 한다.

미디 인터페이스는 컴퓨터 내장형, 외장형, 케이블형으로 나누어지는데 일반적으로 USB 방식의 케이블형이 많이 사용되고 있다. 내, 외장형의 경우에는 오디오카드와 결합된 형태가 많기 때문에 미디 인터페이스가 내장된 오디오카드를 구매하면 한번에 해결된다. 만일 여러 대의 미디 장비를 연결할 목적이라면 오디오카드의 미디 포트가 부족하기 때문에 별도의 멀티 미디 인터페이스를 구매해야 한다.

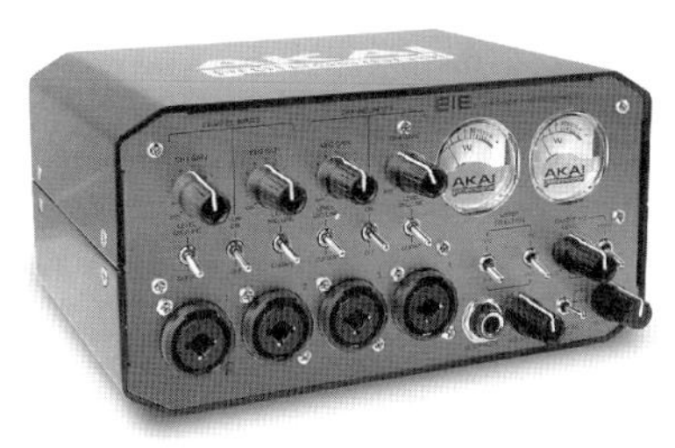

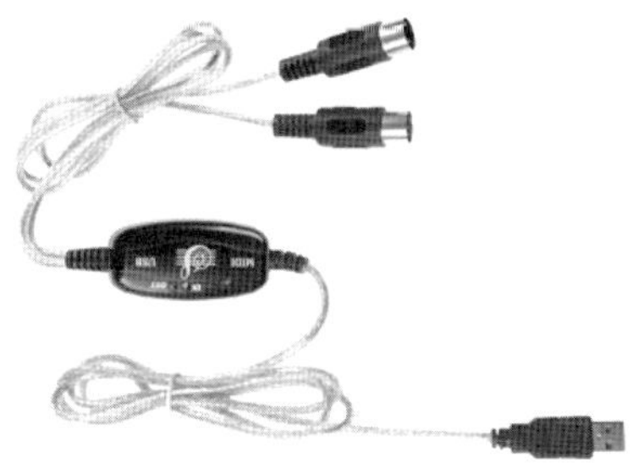

Akai 멀티 미디&오디오 인터페이스　　　　　1대1로 연결하는 USB 미디 인터페이스

USB 방식 미디 케이블은 말 그대로 마스터 건반 같은 미디 장비를 1대1로 컴퓨터와 연결할 때 사용한다. 마스터 건반의 미디 Out 단자에 USB 미디 케이블을 연결한 뒤, 컴퓨터의 USB 단자에 연결하면 추가 설정 필요 없이 큐베이스에서 바로 마스터 건반이 인식된다.

8. 미디 케이블

미디 케이블이란 미디 장비들을 서로 연결해주는 케이블을 말한다. 미디 케이블은 MIDI 규격을 준수하므로 추가 설정 없이 대부분의 미디 장비와 바로 연결해 사용할 수 있다. 예를 들어 멀티 포트를 지원하는 미디 인터페이스에 여러 대의 미디 장비를 연결할 경우 때때로 해당 장비의 케이블을 잃어버리는 경우가 있는데, 이런 경우 미디 케이블을 구입해 연결하면 된다.

미디 케이블

9. 믹서

믹서는 여러 라인에서 들어오는 사운드 신호를 사람 귀에 듣기 좋도록 음향을 섞는 전용 장비이다. 믹서는 각 트랙의 볼륨, 스테레오 파노라마를 조절하거나, 이퀄라이저 기능이 내장되어 있고, 입력되는 마이크와 출력되는 스피커를 지정하는 등의 다양한 기능을 가지고 있다. 큐베이스의 경우 자체적으로 믹서 메뉴가 내장되어 있으므로 별도의 외장 믹서 장비를 구입할 필요는 없다.

믹서는 오히려 녹음실이나 무대 설치, PA 현장에서 매우 중요하게 사용되고 있다. 예를 들어 밴드 연주에서 보컬, 리드기타, 베이스기타, 드럼 음향 등이 엉망진창으로 들리지 않도록 하려면 믹서로 컨트롤해야 하며, 대형 라이브 무대일수록 사운드를 관중들에게 더 잘 전달하기 위해 더 크고 더 좋은 믹서를 사용한다.

Alesis 12채널 USB/FireWire 믹서

파이오니아 DJM-800 믹서

10. 이펙터

이펙터는 사운드에 특수한 효과를 주는 장비를 말한다. 코러스, 리버
브, 플랜저, 딜레이 등의 각종 효과를 추가해 사운드에 잔향이나 원근
감, 그 외 추가 효과를 줄 수 있다. 큐베이스는 자체적으로 다양한 오디
오 이펙트를 제공하므로 별도의 이펙터 장비를 구입할 필요가 없지만,
밴드 연주자라면 라이브 연주 시 악기에 어떤 효과를 주어 연주하기

Lexicon 이펙터

위해 각종 이펙터가 필요한 경우도 있다. 참고로, 이펙터는 미디 포트가 아닌 믹서에 연결해 사용해야 하는데, 대부분의
믹서 장비는 이펙터를 내장하고 있는 경우가 많다.

11. 레코딩 장비

레코딩 장비는 말 그대로 사운드를 레코딩할 때 사용하는 전용 장비로, 아날로그 멀티
트랙 레코더와 디지털 멀티 트랙 레코더로 나눌 수 있다. 멀티 트랙 레코더는 테이프
한 면을 여러 트랙으로 나누어 녹음하는 장비를 말하고, 디지털 멀티 트랙 레코더는
DAT나 하드디스크, 공CD같은 미디어에 디지털 방식으로 녹음하는 장비를 말한다. 큐
베이스는 자체적으로 오디오를 녹음하는 기능을 제공하는데 바로 하드디스크에 저장
하기 때문에 일종의 하드디스크 레코딩 방식을 사용하는 셈이다.

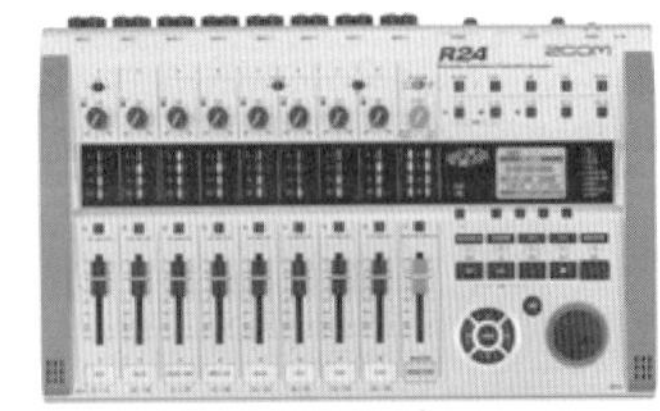

Samson 멀티트랙 레코더

12. 마이크

보컬의 노래를 잡음 없이 CD급으로 녹음하고 싶다면 오디오카드와 마이크를 잘 선택해야 한다. 마이크는 크게 녹음용의
콘덴서 마이크와 무대용의 다이내믹 마이크로 나누어진다.
콘덴서 마이크는 소리에 민감하게 반응해 밀폐된 공간에서의 보컬 녹음에 안성맞춤인 녹음용 마이크이고, 다이내믹 마이크
는 충격에 강해 라이브 무대의 보컬이나 타악기 소리를 받아주는 마이크이다.

콘덴서 마이크도 여러 종류가 있으므로 녹음용으로 구입할 때는 녹음 장소의 소음 상태를 확인하여 소음을 적절히 차단할 수 있는 모델을 구입해야 하며, 오디오카드에 프리앰프 기능이 없을 경우엔, 마이크 프리 기능이 있는 마이크를 구입하는 것이 보컬의 노래를 CD급으로 녹음할 수 있는 한 방편이다. 참고로 큐베이스에서 보컬 노래를 녹음할 때는 오디오 트랙을 만들 때 스테레오가 아닌 모노 채널로 만들어야 한다.

젠하이저 다이내믹 마이크   슈어 콘덴서 마이크

13. 모니터 스피커

모니터 스피커란 믹싱 작업에서 사용하는 스피커를 말한다. 직접 사운드 엔지니어 역할까지 하고 싶다면 2채널 스테레오 모니터 스피커를 준비하는 것이 좋다. 모니터 스피커는 20~40만 원 가격 대가 홈스튜디오에 적정한 수준이고 대부분 앰프 내장의 액티브형이 많다.

모니터 스피커는 일반 스피커와 달리 사운드를 분석할 용도로 제작한 것이기 때문에 주파수 대역대가 넓고 평탄하다. 풀레인지를 지원할 경우 사운드 주파수를 적나라하게 분석할 수 있어 믹싱 작업 시 많은 도움을 주지만 저음부를 인위적으로 강조하거나 하지 않기 때문에 음악 감상용으로는 좋지 않다.

베링거 모니터 스피커

14. 모니터 헤드폰

모니터 스피커처럼 사운드를 모니터하고 분석할 목적으로 개발된 헤드폰을 말한다. 사운드 분석용으로 특화된 제품이기 때문에 음악 감상용으로는 적절하지 않지만, 이웃집에 민폐를 끼치지 않고 사운드 편집 작업을 할 수 있도록 도움을 준다.

컴퓨터, 외장 미디 장비, 라인 인/아웃 설정하기

컴퓨터, 외장 미디 장비, 사운드 출력 라인인 라인 인/아웃을 연결하는 방법을 알아본다. 미디 포트의 인/아웃 단자와 사운드 입출력 라인의 인/아웃 단자를 연결할 때는 한 가지 원칙이 있다. 예를 들어 출력 포트에서 나온 단자는 무조건 다른 장비의 입력 포트로 연결해야 한다는 점이다. Output 단자는 무조건 Input 단자로 연결한다는 원칙만 지키면 누구나 미디 장비와 미디 장비를, 오디오 장비와 오디오 장비를 연결할 수 있다.

1. 마스터 건반과 컴퓨터의 연결

다음과 같이 'USB 방식의 미디 인터페이스 케이블'로 연결한다.

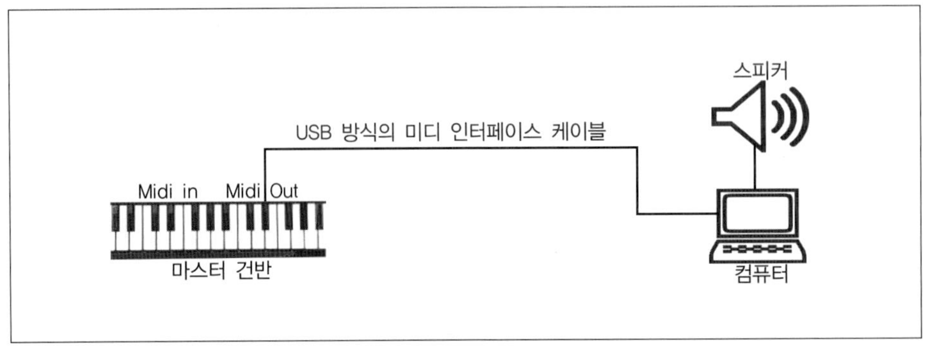

2. 마스터 건반과 미디 인터페이스 기능이 있는 오디오카드의 연결

다음과 같은 방식으로 연결한다.

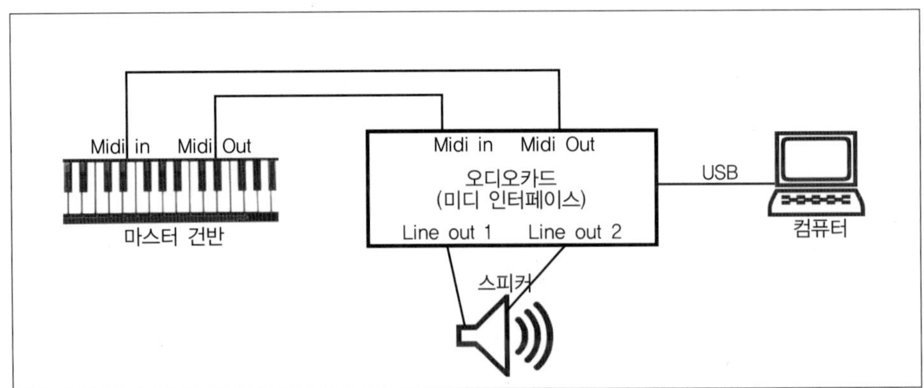

3. 신디사이저, 외장 음원 장비와 오디오카드의 연결

다음과 같이 연결한다.

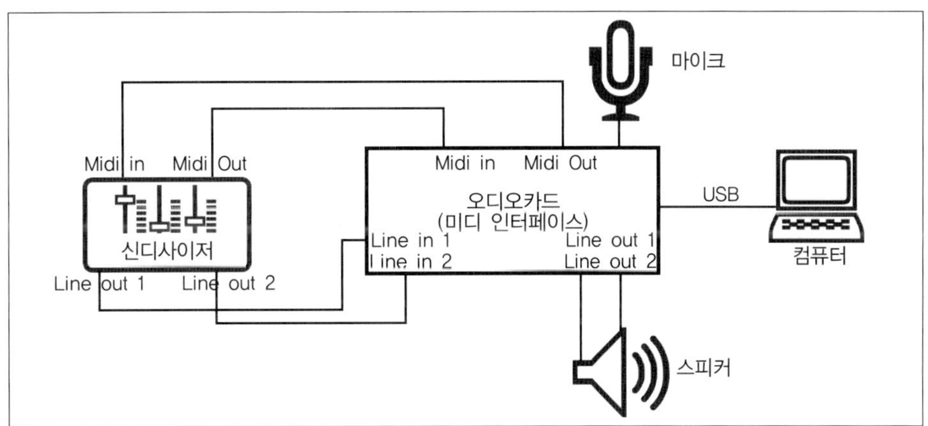

4. 오디오카드가 미디 인터페이스 기능을 지원하지 않을 경우

마스터 건반을 'USB 미디 인터페이스 케이블'로 컴퓨터와 연결하고, 오디오카드를 사용해야 한다.

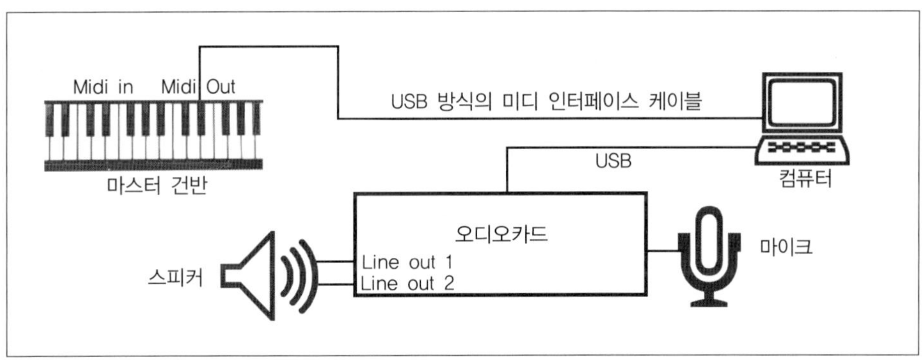

5. 신디사이저와 여러 대의 음원 모듈을 동시에 사용할 경우

멀티포트의 미디 인터페이스를 사용할 경우 음원 모듈의 MIDI In을 멀티 포트의 MIDI Out에 연결할 수 있다. 만일 멀티 포트의 미디 인터페이스가 없고, 오디오카드만 사용할 경우에는, 각각의 미디 장비에 있는 Thru 기능을 활용한다.

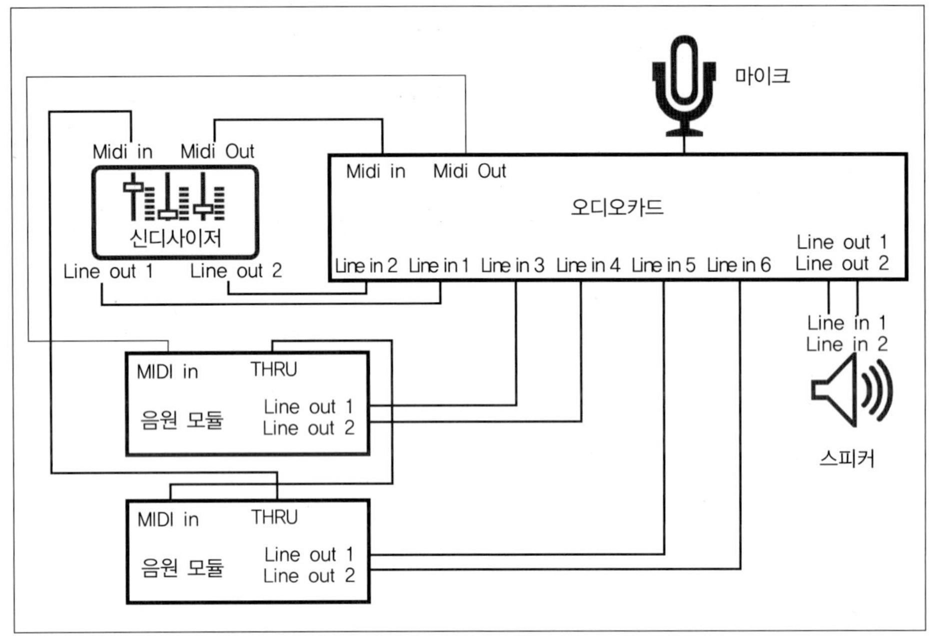

MIDI In과 MIDI Out은 말 그대로 미디 정보를 주고받는 포트이므로 미디 포트라고 부르고, 사운드 출력 라인과는 별개의 라인이다. 따라서 사운드 출력 정보가 오고 가는 Line In과 Line Out도 장비별로 연결해야 하는데, 컴퓨터에서 레코딩을 하려면 일단 모든 미디 장비의 오디오 Line Out이 오디오카드의 Line In과 연결되어야 외장 음원에서 출력하는 사운드의 레코딩을 큐베이스에서 할 수 있다.

오디오 Line이 많을 경우 믹서를 사용하기도 한다. 각 미디 장비의 오디오 Line Out을 믹서의 Line In으로 연결한 뒤 오디오카드나 앰프로 내보낼 수도 있다. 이펙트 사용자는 이펙트의 Send를 믹서의 Return으로, 믹서의 Send를 이펙트의 Return으로 연결한다.

참고로, 샘플러 사용자는 음원 모듈이나 신디사이저를 연결하는 것과 같은 방식으로 연결한다.

큐베이스 같은 시퀀서 프로그램의 경우, 가상악기로 사운드를 출력할 때의 레이턴시(시간차가 발생하는 현상)와 건반으로 리얼 입력을 할 때의 레이턴시를 막기 위해 미디 음악 전용 사운드 드라이버를 사용하는데 큐베이스는 Asio 드라이버를 사용한다. 하시만 Asio 드라이버는 일반 사운드카드에서는 시양이 부족해 사용할 수 없고 고가의 오디오카드에서만 인식된다. 그러나 사운드카드 사용자들도 Asio 드라이버를 사용할 수 있는데 이때 사용하는 프로그램이 Asio4All이란 프로그램이다. 지금부터 Asio 드라이버를 설치하는 방법을 알아본다.

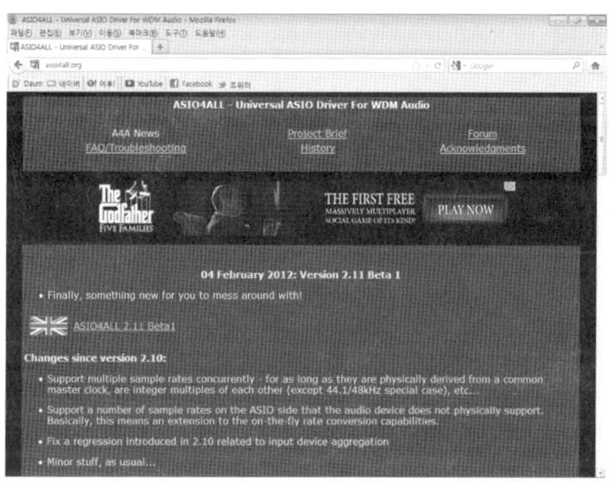

Asio4All 공식 홈페이지(www.asio4all.com)

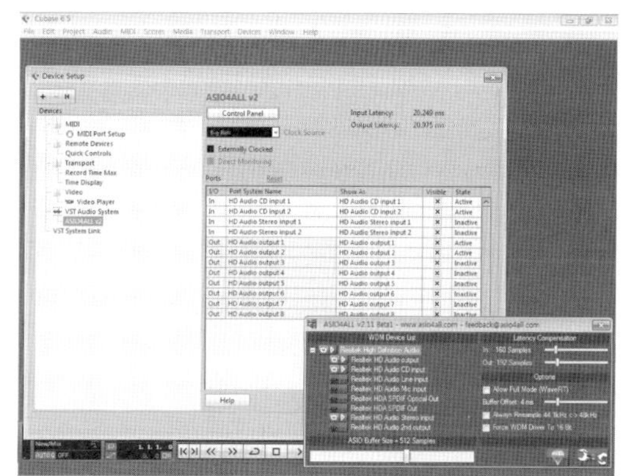

Asio4All 2.11 전용 설정창

 사운드카드/오디오카드 사용자를 위한 – Asio 드라이버의 설치

정석대로 하려면 오디오카드를 구매하고 오디오카드에서 제공하는 Asio 드라이버를 설치한 뒤 사용하는 것이 가장 안전한 미디 환경이다. 그러나 주머니 사정이 가벼운 사용자들은 사운드카드를 가상 Asio 모드로 사용하면서 미디 음악을 하기도 하는데 이때 사운드카드 사용자들에게 필요한 프로그램이 Asio4All 프로그램이다.

만일 오디오카드 사용자라면 Asio4All 대신 해당 오디오카드의 Asio 드라이버를 설치하면서 아래 작업을 따라하기 바라고, 사운드카드 사용자라면 이 책 부록의 Asio4All 폴더에 있는 Asio4All을 더블클릭해 설치를 시작한다. 물론 오디오카드 사용자들도 전용 Asio 드라이버 외에 이 책이 제공하는 Asio4all 드라이버를 추가 설치해도 무방하다. Asio4all 드라이버는 사운드카드뿐 아니라 오디오카드에서도 동작하기 때문이다.

사운드카드 사용자는 DVD 부록의 Asio4all 폴더에서
Asio4All 2.11 버전 파일을 더블클릭해 Asio4All의 설치를
시작한다.

오디오카드 사용자는 Asio4All 대신 오디오카드 구매시 따
라오는 CD에서 오디오카드 드라이버의 설치를 시작한다.

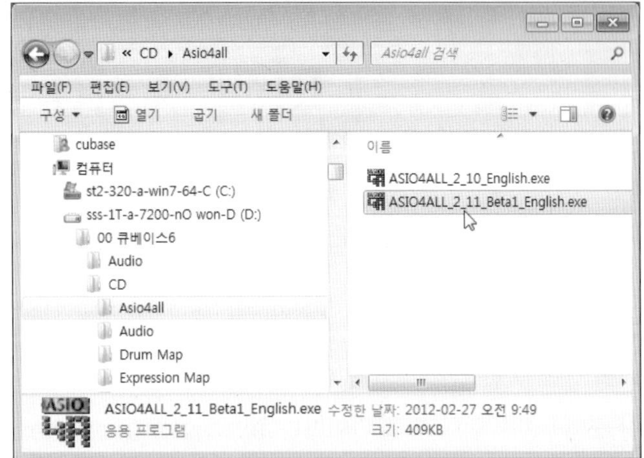

대화상자의 '프로그램 저작권 사용'에 체크 표시를 한 뒤
Next 버튼을 클릭한다.

오디오카드 드라이버를 설치할 경우에는 옆 그림과 내용이
다를 수도 있다.

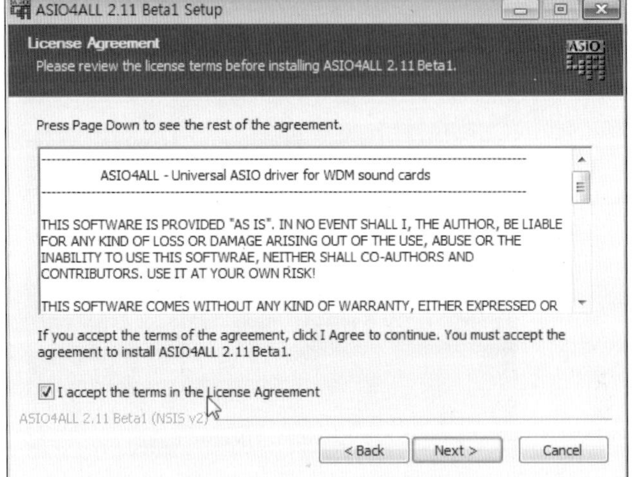

설치할 요소를 선택한다. 기본값 그대로 설치하거나 전
부 체크 표시를 한 상태에서 설치한다.
오디오카드 드라이버를 설치할 경우에는 옆 그림과 내용이
다를 수도 있다.

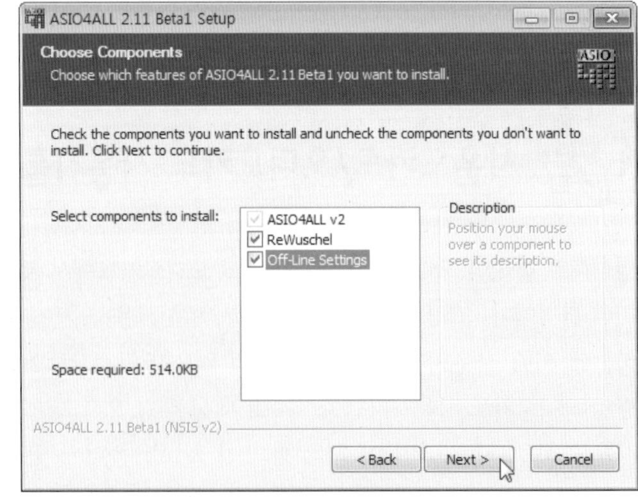

설치할 폴더를 지정한다. 기본값을 그대로 두고 Next 버튼
을 클릭한다.

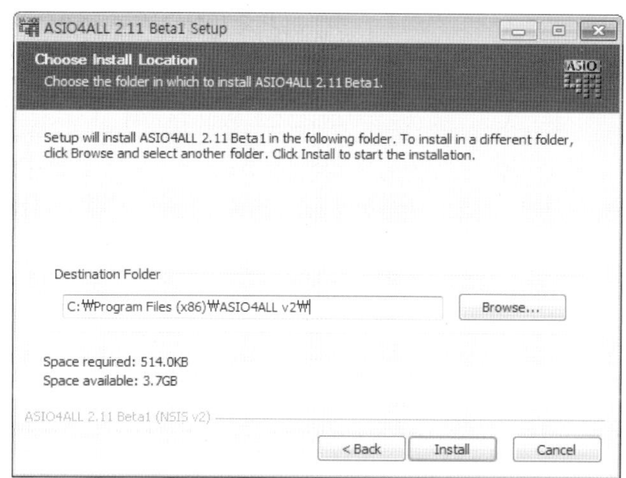

설치가 끝나면 OK 버튼을 눌러 대화상자를 닫는다. 추가 설
정 없이 사운드카드 사용자들도 Asio 드라이버를 사용할 수
있는 상태가 된다.

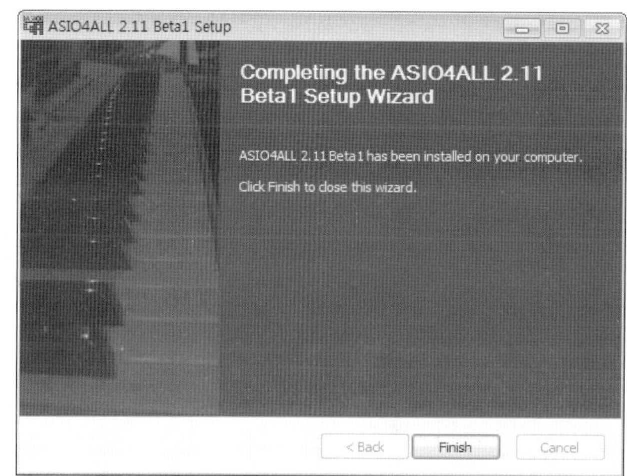

큐베이스를 실행한 뒤 Devices → Device Setup 메뉴를 실
행한다. VST Audio System 옵션의 Asio Driver 버튼을 클
릭하면 컴퓨터에서 사용 가능한 Asio 드라이버 목록이 나타
난다.

사운드카드 사용자는 일단 Asio4All 드라이버를 선택하기
바라며, 오디오카드 사용자는 해당 오디오카드에서 제공하
는 Asio 드라이버가 표시되므로 해당 드라이버를 선택한다.

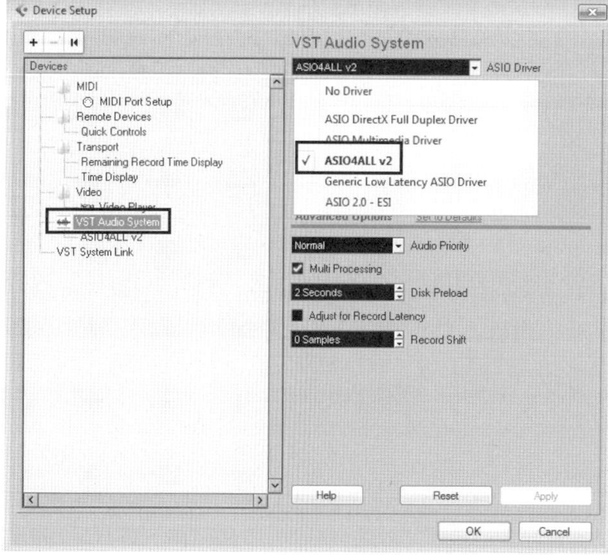

왼쪽 VST Audio System 옵션 하단에 방금 선택한 Asio 드
라이버가 표시된다.

여기서는 Asio4All을 선택했으므로 Asio4All이 표시되는
데 이 옵션을 선택하면 사운드카드(또는 오디오카드)에 있
는 입출력 포트가 대화상자 오른쪽에 표시된다.

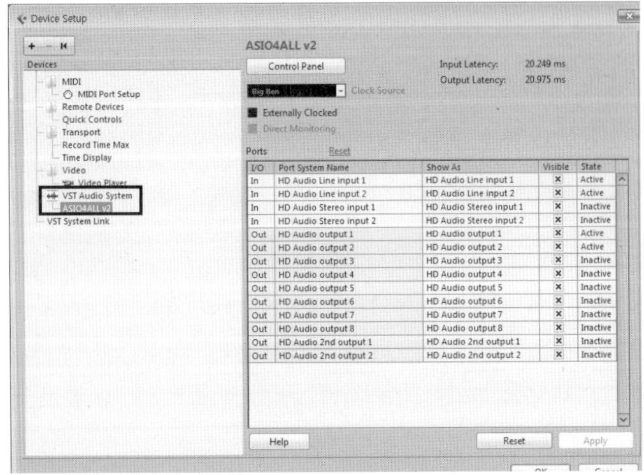

참고로, 입출력 포트에서 Active 항목은 현재 사용 가능한 포트이고, Inactive 항목은 현재는 사용할 수 없지만 Asio 제어판
설정이나 VST Connections(F4) 메뉴로 설정을 변경하면 사용할 수 있는 포트들이다.

Control Panel 버튼을 클릭하면 Asio4All 드라이버 제어판
이 실행된다. 오디오카드 사용자는 해당 Asio 드라이버 제
어판이 실행된다.

가상악기를 사용할 때 악기 소리가 겹쳐서 들리거나 드롭
현상이 발생한다면 제어판의 Buffer Size를 512 사이에서
조절해주면 되는데 일단 초기에는 기본값인 Buffer Size
512를 그대로 사용한다.

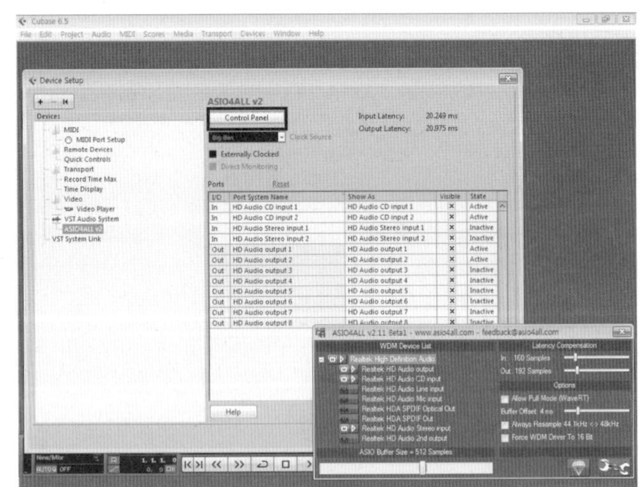

오디오카드의 Asio 제어판은 오디오카드에 따라 모양이 다
르지만 기본적으로 입출력 포트 설정, Buffer 설정 등의 비
슷한 기능을 제공한다.

처음에는 기본값을 그대로 사용하고, 만일 레이턴시 등에서
문제가 발생할 경우 해당 오디오카드의 매뉴얼을 참고해 제
어판을 재설정한다.

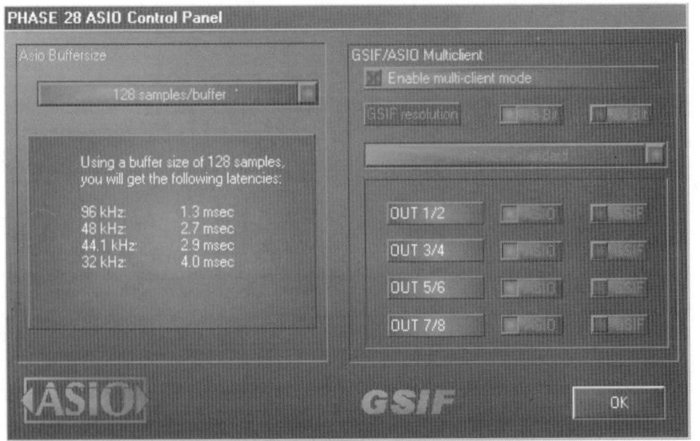

Phase 28 Asio 드라이버 제어판

참고 **동작이 이상한 Asio 드라이버 교체하기**

사운드카드 사용자들이 미디 음악 시 반드시 사용해야 하는 Asio4All 드라이버는 사운드카드에서 Asio 모드를 가상으로 구동하는 방식이다. 따라서 모든 종류의 사운드카드를 완벽하게 지원하지 않고 때때로 동작하지 않거나 오동작이 발생하기도 한다.

그러므로 Asio4All 드라이버를 사용하고 있는 상태에서 큐베이스의 가상악기 소리가 겹쳐서 들리는 등의 레이턴시가 심할 경우, Buffer Size를 조절해 레이턴시를 줄여주기도 한다.

그러다가 어느 날은 아예 가상악기 소리가 들리지 않는 경우도 있는데 이 경우엔 Asio4All 드라이버의 사용을 포기하고 Generic Low Latency Asio 드라이버나 Asio DirectX Full Duplex 드라이버로 교체해야 한다. 일반적으로 사운드카드 사용자는 Asio4All, Asio DirectX Full Duplex, Generic Low Latency Asio 드라이버 3개중에서 2개 정도가 동작하므로 그 중 레이턴시가 없는 드라이버를 선택해 사용한다.

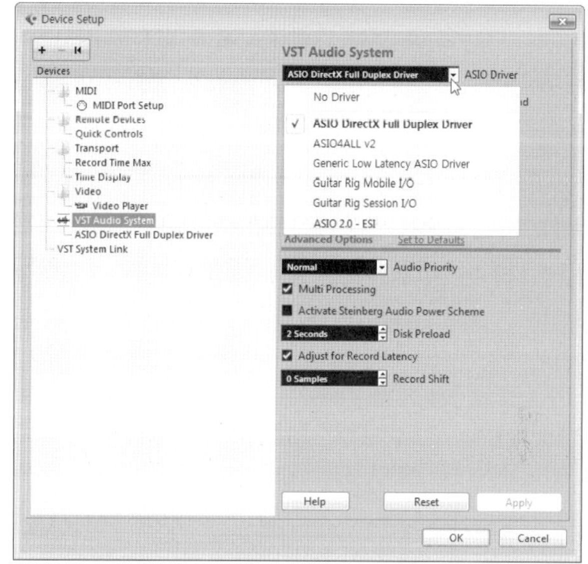

가상악기 사운드에 이상이 있을 경우 Asio 드라이버를 교체해 사용한다.

다른 드라이버를 사용할 때도 레이턴시가 발생한다면 Control Panel 버튼을 클릭해 해당 드라이버의 제어판에서 Buffer Size 등을 조절해준다.

Buffer Size를 높이거나 낮출 때 가상악기의 레이턴시가 달라지므로 악기 음이 밀리지 않고 선명하게 들리는 Buffer 값으로 조절해주면 된다.

오디오카드 사용자는 전용 Asio 드라이버를 설치하면 이와 같은 문제가 거의 발생하지 않으므로 계속 안정적으로 미디 작업을 할 수 있다.

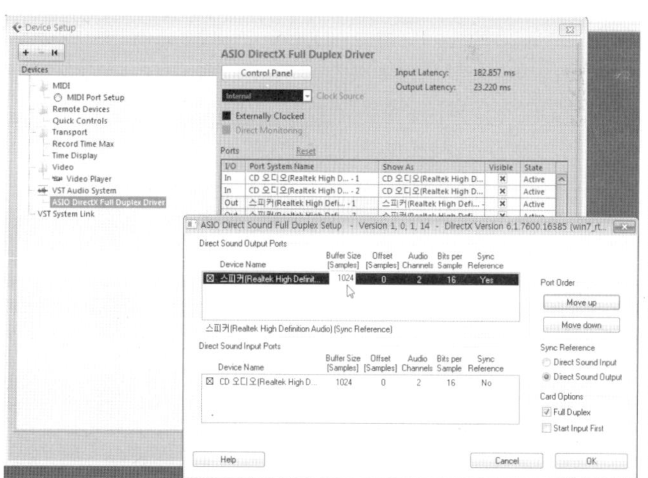

Asio DirectX Full Duplex 드라이버의 Buffer 조절 항목

악기 이름을 정상적으로 표시하기 – 악기 목록 패치

악기 목록 패치는 사운드 출력에 사용하는 음원 장비의 악기 이름을 큐베이스에서 인식할 수 있도록 매핑하는 작업을 말한다. 악기 목록을 패치하면 큐베이스에서 악기를 선택할 때 악기 이름을 보면서 선택할 수 있다. 패치 작업을 하지 않으면 큐베이스에서 악기 이름 대신 번호가 표시되어 자신이 원하는 악기를 찾지 못하게 되므로 외장 음원 장비와 사운드카드의 GM(GS), XG 미디 음원 사용자는 악기 목록을 패치해야 한다. 그러나 가상악기의 경우에는 음원과 악기 이름이 컴퓨터 내부에 저장되어 있으므로 악기 목록을 패치하지 않아도 된다.

큐베이스를 처음 사용하는 사용자는 보통 사운드카드가 지원하는 미디 음원을 빌려 사운드를 출력하므로 악기 목록을 사운드카드의 미디 음원에 맞게 패치해 보자. 큐베이스를 실행한 뒤 Devices → MIDI Device Manager 메뉴를 실행한다.

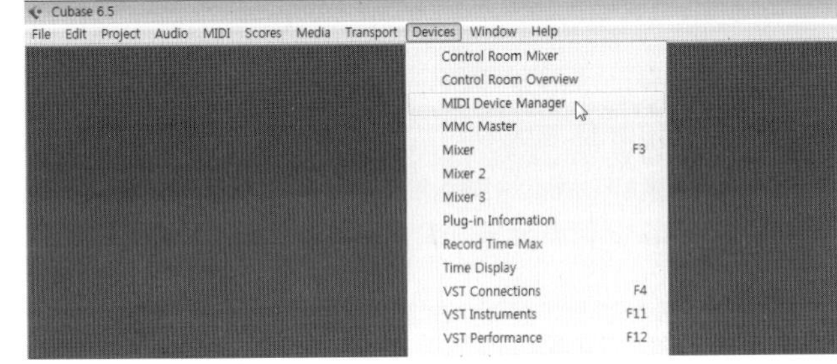

대화상자가 나타나면 Install Device 버튼을 클릭한다.

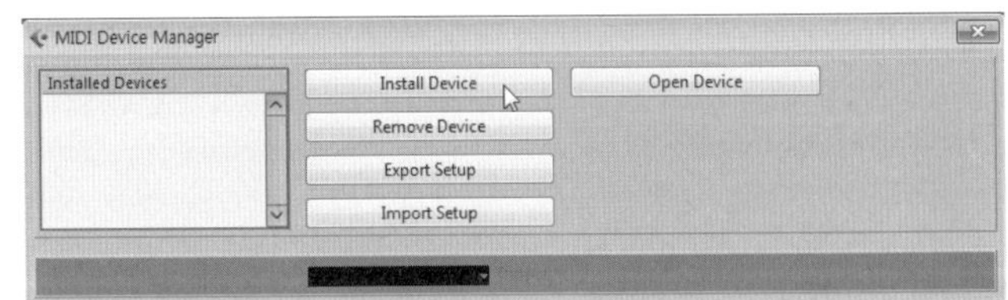

사운드 출력에 사용할 음원 장비를 선택한다. 사운드카드 사용자는 사운드카드가 지원하는 미디 음원을 사용하므로, GM(GS), XG 모드 중 어느 규격을 지원하는지 알아야 한다. 보통 GM(GS) 또는 XG 모드를 선택한다.

신디사이저나 외장 음원 같은 외장 악기로 미디 사운드를 출력하는 사용자는 목록 창을 아래로 스크롤하여 자신의 장비가 있는지 찾아 본다. 만일 K2000VX 신디사이저를 미디 음악 출력에 사용한다면 목록 창 중간에서 K2000VX 디바이스를 선택하면 K2000VX 신디사이저가 제공하는 악기이름을 큐베이스에서 정확하게 인식하게 된다.

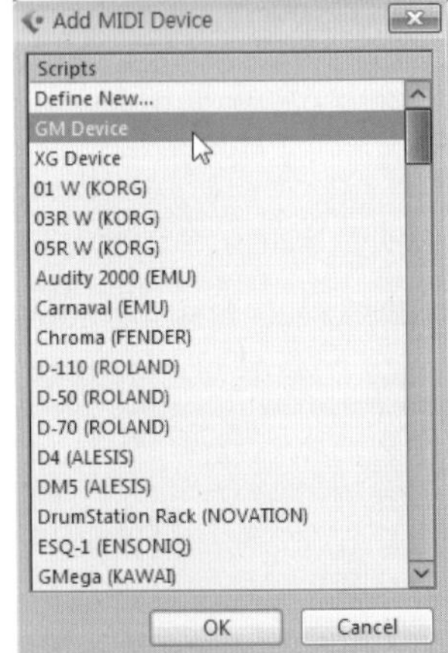

앞에서 사운드 출력에 사용할 음원 장비를 선택한 뒤에는 해당 장비의 이름을 설정한다. 알기 쉬운 이름으로 설정한 뒤 OK 버튼을 적용한다. 예를 들어 사운드카드로 출력하는 사용자는 GM이나 XG 등으로 이름을 설정하고 K2000VX 신디사이저로 사운드를 출력한다면 'K2000VX'라고 이름을 설정한다. 왜냐하면 이 장비 외에 여러 음원 장비로 미디 음악을 출력하는 경우가 많기 때문이다.

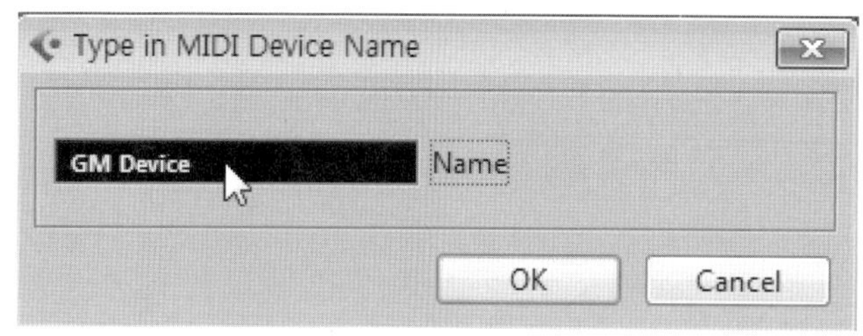

마지막으로 해당 장비가 연결되어 있는 출력 포트를 선택한다. 사운드카드 사용자는 해당 사운드카드를 선택하고, 신디사이저 사용자는 신디사이저가 연결된 포트를 선택한다.

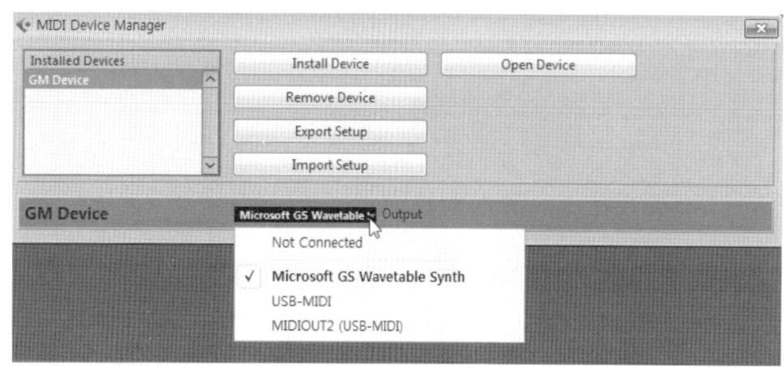

연결이 정상적으로 이루어지면 큐베이스의 Program 파라미터(Patch 파라미터)를 클릭해 악기를 선택할 때 악기 목록이 '번호'가 아닌 '이름'으로 표시되어 원하는 악기를 손쉽게 찾을 수 있다. 만일 악기 목록을 정상적으로 패치하지 않은 경우에는 '바이올린' 악기를 선택했을 때 '피아노' 같은 다른 악기로 음이 출력되므로 패치 작업이 잘못되었다는 것을 알 수 있을 것이다. 따라서 악기 이름 패치를 처음부터 다시 해본다.

참고　**사운드카드의 GM, XG 모드 알아내기**

컴퓨터용 사운드카드로 미디 출력을 하려는 사용자는 윈도우 XP의 시작 → 제어판 → 사운드 및 오디오 장치를 실행한 뒤, 오디오 탭에서 'MIDI 음악 재생장치'를 확인해본다. MIDI 음악 재생 장치가 GM 모드일 경우 앞의 대화상자에서 GM 모드를 선택하면 된다.

윈도우 7 사용자는 사운드카드가 메인보드에 내장된 경우가 많기 때문에 보드 매뉴얼을 읽으면 미디 음악 재생 시 GM 모드인지 XG 모드인지 알 수 있다. 외장 사운드카드 사용자는 사운드카드의 매뉴얼을 참고한다.

만일 신디사이저 같은 외장악기로 미디 사운드를 출력하려고 하는데 해당 악기 목록이 Add MIDI Device 대화상자에서 보이지 않는다면 인터넷에서 '악기 이름+패치 파일'로 검색하면 찾을 수 있다. 예를 들어 k2000 신디사이저의 악기 패치 파일을 검색하려면 'K2000 패치 파일'로 검색한 뒤 다운로드하여 위의 Import Setup 버튼으로 불러와 사용한다. 수작업으로 매핑하려면 시간이 매우 많이 걸리기 때문에 다른 사람이 만들어 놓은 것을 사용하는 것이다.

MEMO

## Part 2

큐베이스 작업 방식 미리 익히기

01 | 큐베이스 6 기초 기능

큐베이스 6.5의 트랙 종류

큐베이스의 실행 화면은 항상 트랙 뷰를 보여주는 상태로 시작한다. 아무것도 만들지 않은 상태에서도 항상 트랙 뷰가 열리며 트랙 뷰는 미디, 오디오, 악기 트랙 등을 전체적으로 확인하며 관리 및 편집할 때 사용한다.

1. 미디 트랙

미디 즉 작곡 및 연주 정보가 삽입된 트랙이다. 여러분이 작곡한 내용이 미디 트랙에 삽입되며, 미디 트랙에 가상악기를 연결하면 지시한 작곡 및 연주 정보를 토대로 사운드가 출력된다.

2. 오디오 트랙

사운드 편집 작업에서 사용하는 트랙을 말한다. 보통 오디오 클립을 불러오거나, 미디 트랙을 오디오 클립으로 전환한 뒤 사용할 수 있고, 보컬의 노래와 악기 연주를 녹음한 뒤 편집할 때 사용한다. 말 그대로 오디오 클립을 편집할 때 사용하는 트랙이다.

3. 인스트루먼트 트랙(악기 트랙)

미디 트랙과 같은 종류의 트랙이지만 트랙을 만들 때 미리 가상악기를 출력 포트에 연결한 트랙을 말한다. 사용법은 미디 트랙과 완전히 같으며, 단지 가상악기를 미리 연결한 상태라는 것이 다른 점이다.

4. 버스 트랙

다수의 미디 트랙이나 오디오 트랙에 특정 사운드 이펙트를 일괄 적용할 수 있도록 보조적인 기능을 담당하는 트랙이다. 말 그대로 사운드 이펙트를 적용할 목적으로 사용한다.

인스트루먼트 트랙 vs 미디 트랙의 차이점

'인스트루먼트 트랙'은 미디 트랙과 같은 성질의 트랙이지만 미리 특정 가상악기를 연결한 트랙을 말한다. 이때 이 가상악기는 다른 미디 트랙에서 공유할 수 없으며 오로지 해당 인스트루먼트 트랙에서만 사용할 수 있다.

이와 달리 '미디 트랙'은 가상악기를 연결하지 않고 만든 트랙이다. 따라서 미디 트랙을 만든 뒤에는 Devices → VST Instruments 메뉴로 사용하고 싶은 가상악기를 따로 로딩해야 한다. 이때 이 가상악기는 따로 로딩한 상태이기 때문에 여러 미디 트랙에서 해당 가상악기를 공유할 수 있다. 이때 가상악기는 다채널을 지원할 경우에만 여러 미디 트랙에서 공유할 수 있고 1채널만 지원하는 가상악기의 경우 여러 미디 트랙에서 공유할 수 없다.

큐베이스 5와 6의 번들 가상악기는 대부분 1채널만 지원하므로 여러 미디 트랙에서 공유할 수 없지만, 큐베이스 6의 HALion Sonic SE 가상악기는 다채널(8채널)을 지원하므로 채널 번호를 다르게 설정하면 여러 미디 트랙에서 공유할 수 있다.

즉 하나의 가상악기를 여러 미디 트랙에서 공유하고 싶다면 미디 트랙을 만든 뒤 Devices → VST Instruments 메뉴로 가상악기를 로딩하는 것이 좋고, 하나의 가상악기를 하나의 미디 트랙에서만 사용하고 싶다면 미디 트랙을 생성시키는 것이 아니라 인스트루먼트 트랙을 생성시키는 것이 메모리의 부담을 덜 수 있는 방법이다.

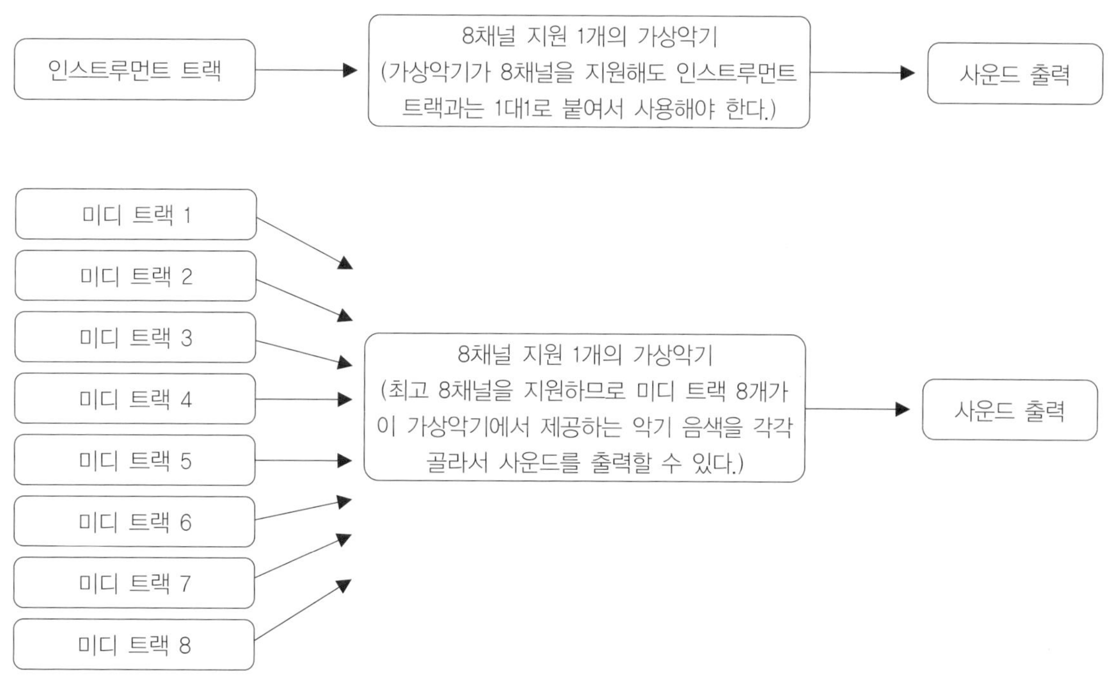

트랙 뷰 – 기본 조작 방식 익히기

1. 큐베이스 6.5의 트랙 뷰

큐베이스에서 트랙의 개수는 원하는 수만큼 만들 수 있지만 음원 장비(악기 또는 가상악기)와 정보를 주고받는 채널이 16개이거나 32개인 경우가 많기 때문에 보통 16개나 32개 이내로 생성시킨다.

만일 16개의 미디 트랙을 생성시킨 뒤 각각의 트랙마다 악기를 연결하면 모두 16개의 악기를 사용하는 곡이라고 할 수 있다.

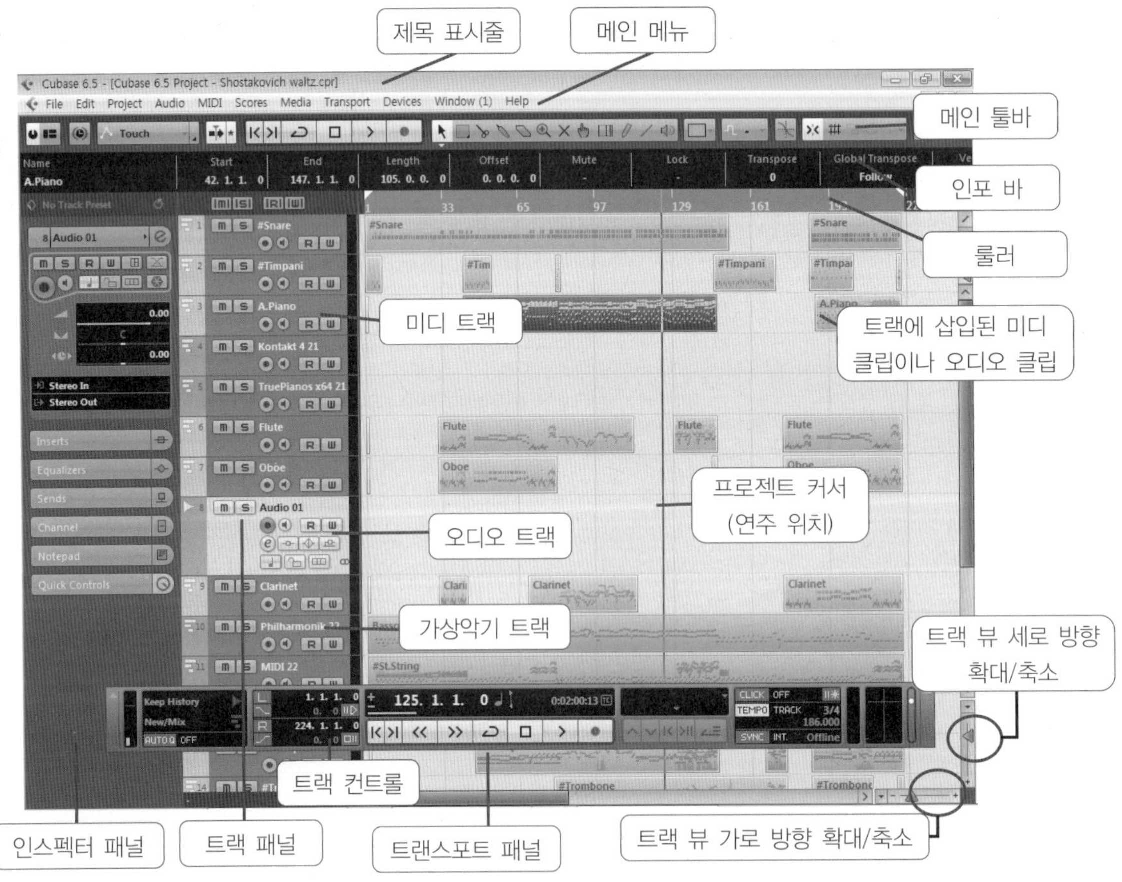

예를 들어 미디 트랙을 1개 만든 뒤 메인 리듬을 작곡하면 이후 이 트랙은 메인 리듬 정보를 가지고 있는 미디 트랙이 된다. 나중에 이 트랙에 피아노나 바이올린을 연결하면 해당 악기 음으로 사운드가 출력된다.

그 밑에 또 다른 미디 트랙을 1개 생성시킨 뒤 Bass 파트를 작곡하면 이 미디 트랙은 베이스 연주 정보가 삽입된 트랙이 된다. 나중에 이 트랙에 Bass 악기를 연결하면 곡의 베이스 파트가 만들어진다.

2. 곡 연주 단축키 – 연주, 정지, 앞으로 감기

큐베이스를 잘 사용하려면 트랙 뷰에서 커서를 빨리 이동시키는 방법을 익혀두는 것이 좋다. 여기서는 곡을 연주하는 데 필요한 Play, Stop, Rewind 단축키와 곡의 맨 처음으로 이동시키는 단축키에 대해 공부해 본다.

File → Open 메뉴로 Sample 폴더의 'cubase.cpr' 파일을 불러온다. 3개의 미디 트랙이 있다.

단축키로 곡 연주를 시작하려면 키보드의 Space Bar를 누른다. 프로젝트 커서가 이동하면서 곡의 연주 위치를 알려준다.

다시 Space Bar를 누르면 그 위치에서 연주가 멈춘다.

곡의 연주 위치를 변경하려면 마우스로 룰러의 원하는 위치를 클릭한다. 그 부분에서 연주를 시작할 수 있다.

단축키로 연주 위치를 이동시키려면 다음 키를 사용한다.

- 빠르게 앞 뒤 이동 : Shift + [숫자 패드의 +/− 키]
- 마디 단위로 앞 뒤 이동 : Ctrl + [숫자 패드의 +/−] 키

곡의 맨 앞으로 이동하려면 숫자 패드의 점[.] 키를 누른다. 프로젝트 커서가 곡의 맨 앞으로 이동된다.

이 단축키는 자주 사용하는 단축키이므로 외워두는 것이 좋다.

3. 루프 연주 단축기 익히기

곡의 전체가 아닌 특정 구간을 루프로 연주하려면 먼저 루프 구간을 설정해야 한다. 루프 구간은 룰러에서 좌우 로케이터로 설정한다.

먼저 루프 연주 구간을 설정해 보자.
룰러에서 원하는 지점을 Ctrl + 클릭하면 왼쪽 로케이터가 표시되어 구간 시작점이 된다.

룰러에서 원하는 지점을 Alt + 클릭하면 오른쪽 로케이터가 표시되며 구간 종료점이 된다.

툴바에서 '싸이클' 버튼을 클릭해 반복 연주를 On시킨다. Space Bar를 눌러 연주를 시작하면 설정된 구간을 왕복하며 곡이 연주된다.

- 왼쪽 로케이터로 커서 이동하기 : 숫자 패드의 [1] 키
- 오른쪽 로케이터로 커서 이동하기 : 숫자 패드의 [2] 키

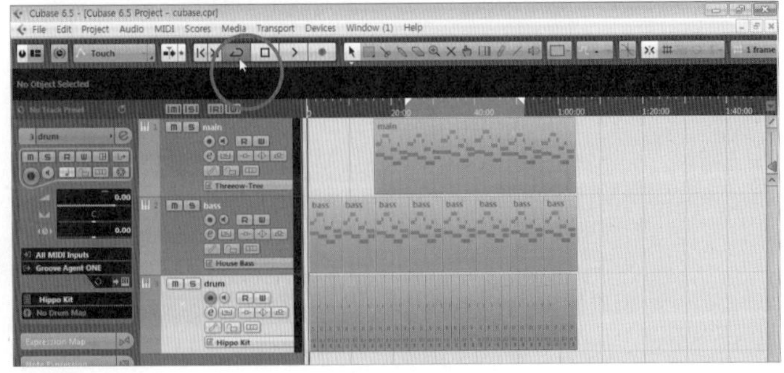

새 프로젝트 만들기

큐베이스같은 미디 프로그램으로 만든 음악 파일은 보통 '프로젝트 파일'이라고 부른다. 큐베이스로 만든 음악 파일에는 미디 데이터 외에도 악보, 가사, 오디오, 동영상을 수록할 수 있기 때문에 음악 파일이라고 부르지 않고 프로젝트 파일이라고 부르는 것이다.

큐베이스의 File → New Project 메뉴를 실행한다. 생성시킬 프로젝트의 종류를 선택하는 대화상자가 나타나면 상단의 Recent 항목을 클릭한다. 최근 작업한 프로젝트 파일이 하단에 나타나 선택할 수 있다.

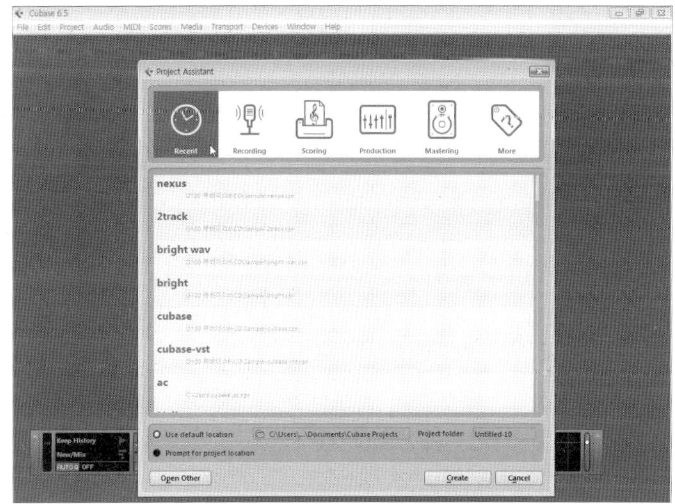

상단의 Recording 항목을 클릭하면 하단에서 녹음 작업에 사용할 수 있는 프로젝트 파일을 선택할 수 있다.

예를 들어 Piano + Vocal을 선택하면 피아노 악기가 삽입된 미디 트랙과 보컬 노래를 녹음할 수 있는 오디오 트랙이 있는 프로젝트가 생성된다. 즉, 마스터 건반으로 연주하며 보컬 노래를 녹음하고 싶을 경우 선택한다.

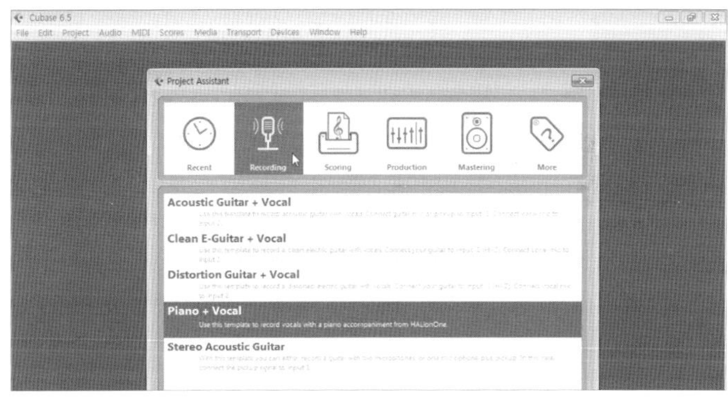

상단의 Scoring 항목을 선택하면 하단에 악보 입력을 할 수 있는 프로젝트 목록이 나타난다. 하단에서 원하는 목록을 선택하면 해당 상태에서 악보를 입력할 수 있다.

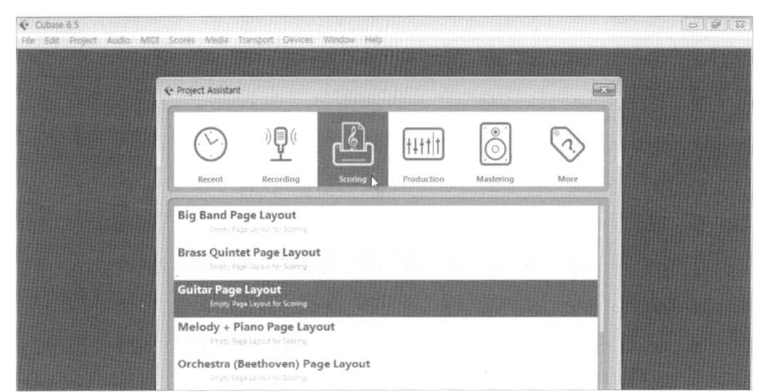

상단의 Production 항목을 선택하면 하단에 작업할 프로덕션 목록이 나타난다.

예를 들어 Dance Production을 선택하면 댄스곡 제작에 알맞은 비어 있는 프로젝트가 생성된다. Dance 프로젝트에는 5개의 미디 트랙과 1개의 오디오 트랙으로 구성되어 있는데 5개의 미디 트랙에는 댄스곡에 어울리는 가상악기가 미리 삽입된 상태이고, 오디오 트랙은 보컬 노래를 녹음하는 용도이다.

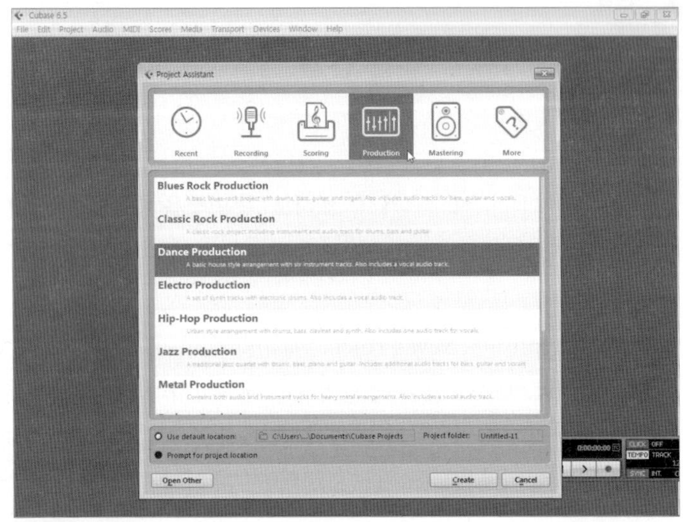

상단의 Mastering 항목을 선택하면 하단에 마스터링 작업에서 사용할 수 있는 프로젝트 목록이 1개 나타난다.

마스터링 작업은 음반 제작 최종 작업을 말하며, 보통 오디오 클립으로 전환한 트랙을 임포트한 뒤 작업하게 된다.

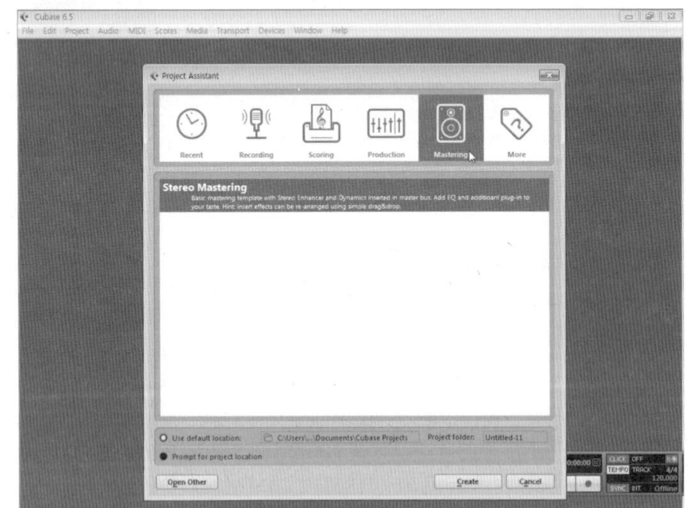

상단의 More 항목을 선택하면 하단에 2개의 프로젝트가 목록으로 나타난다.

Default 프로젝트는 기본적으로 사용하는 프로젝트이고, Empty 프로젝트는 아무것도 없는 빈 프로젝트를 만들 때 사용한다. 보통 큐베이스에서 새 곡을 만들고 싶을 때는 Empty 프로젝트로 작업하는 것이 좋다.

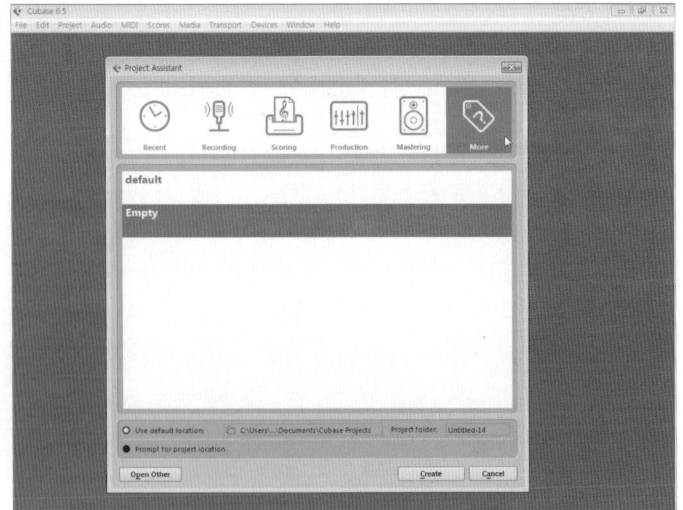

일반적으로 큐베이스에서 새 곡을 만들고 싶을 때는 Empty 프로젝트로 작업하는 것이 좋지만 드럼파트가 만들어져 있고, 가상악기를 미리 연결한 프로젝트를 만들고 싶을 경우도 있다.

이 경우 상단의 Production 항목을 선택한 뒤 하단에서 제작할 곡 스타일에 맞는 프로젝트를 선택하는 것도 좋은 생각이 된다. 여기서는 팝 음악을 작곡하기 위해 Pop Production을 선택해 보았다.

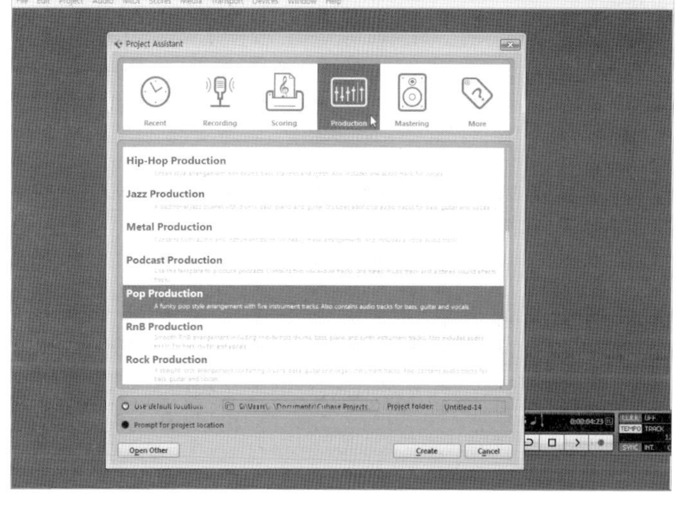

앞에서 Pop Production을 선택한 뒤 Create 버튼을 클릭하면 팝 음악 제작에 사용할 수 있는 새 프로젝트가 만들어진다. 5개의 미디 트랙과 3개의 오디오 트랙으로 구성된 프로젝트이다. 이때 5개의 미디 트랙에는 팝 음악에 흔히 사용하는 가상악기가 연결된 상태이고, 첫 번째 미디 트랙에는 드럼파트가 이미 만들어져 있는 것을 알 수 있다.

하단 3개의 오디오 트랙은 녹음 작업을 할 때 사용하는 트랙이다. Bass 트랙은 Bass 연주 녹음용 트랙이고, Guitar 트랙은 기타 연주 녹음용 트랙이다. Vocal 트랙은 보컬 노래 녹음용 트랙이다.

작곡은 상단 5개의 미디 트랙에서 진행하고, 하단 3개의 오디오 트랙은 녹음 작업 시 사용하면 된다.

작곡의 시작 – 새 미디 트랙 만들기

프로젝트를 생성시킨 뒤 작업을 하려면 새 트랙을 생성시켜야 한다. 미디(작곡) 작업을 하려면 미디 트랙을, 오디오 녹음이나 사운드 편집 작업을 하려면 오디오 트랙을 생성시킨다.

미디 작곡 작업을 시작하려면 미디 트랙을 생성시켜야한다. 먼저 File → New Project 메뉴로 새 프로젝트대화상자를 불러온다.

새로 만들 프로젝트의 종류를 선택하기 위해 More 항목을 선택한다.

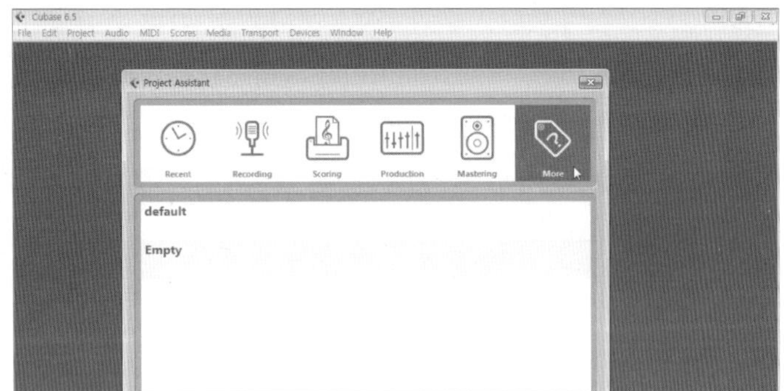

아무것도 없는 비어 있는 프로젝트를 생성시키기 위해 Empty 프로젝트를 선택하고 Create 버튼을 클릭해 해당 프로젝트를 생성시킨다.

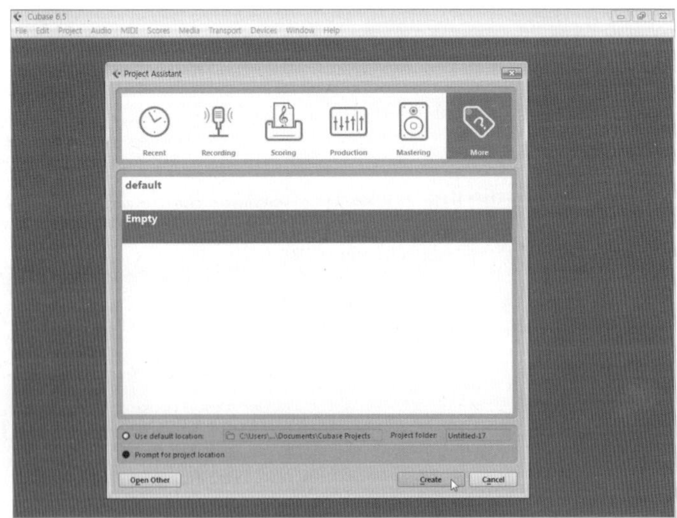

트랙 패널을 마우스 오른쪽 버튼으로 클릭한 뒤 Add MIDI Track 메뉴를 실행하여 새 미디 트랙을 생성시킨다.

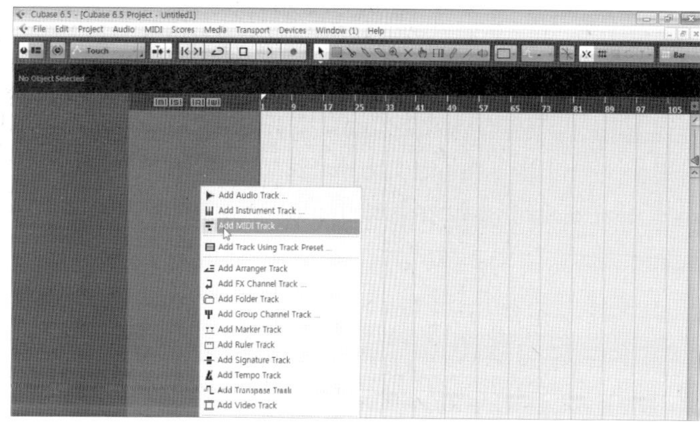

생성시킬 미디 트랙 개수를 1개로 설정하고 Add Track 버튼을 누른다.

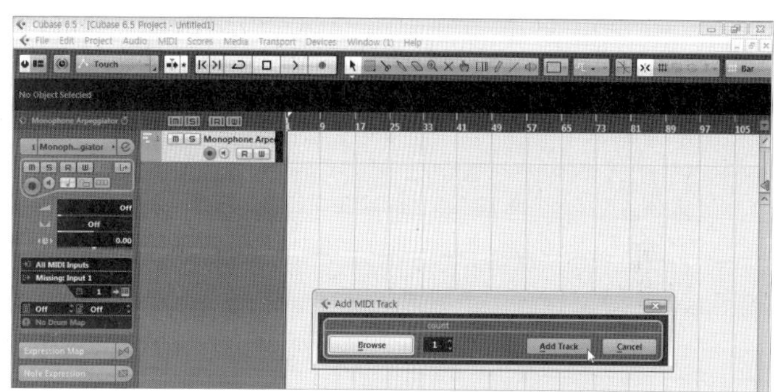

연필 툴로 제작할 곡의 길이만큼 미디 클립의 길이를 그려준다.

예를 들어 40마디 길이의 곡을 만들고 싶다면 미디 클립을 그릴 때 바로 상단의 룰러(눈금자)를 확인하며 41마디까지 그려주면 40마디의 미디 클립이 만들어진다.

인스펙터의 Output 파라미터에서 출력에 사용할 음원 장치를 선택한다. 사운드카드 사용자는 GM/XG 등을 선택하면 되고, 가상악기를 로딩한 경우에는 해당 가상 악기를 선택하면 된다.

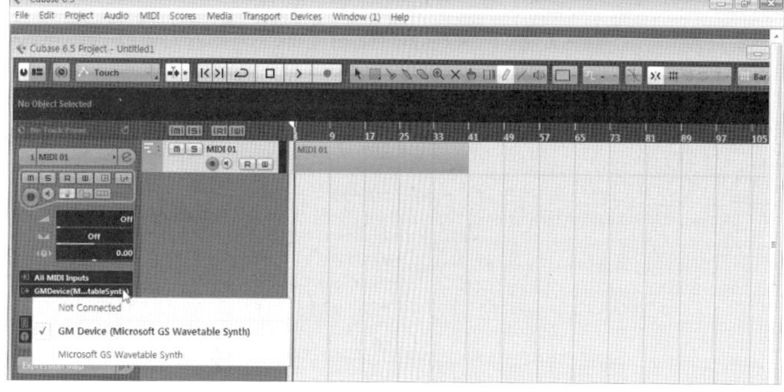

선택한 음원 장치에서 제공하는 내부 악기를 선택하기
위해 Patch 파라미터를 클릭한다.
앞의 Output 파라미터에서 사운드카드의 GM 소프트
음원을 선택하였기 때문에 GM 소프트 음원에서 제공
하는 악기 목록이 표시된다. 여기서 원하는 악기를 선
택한다.

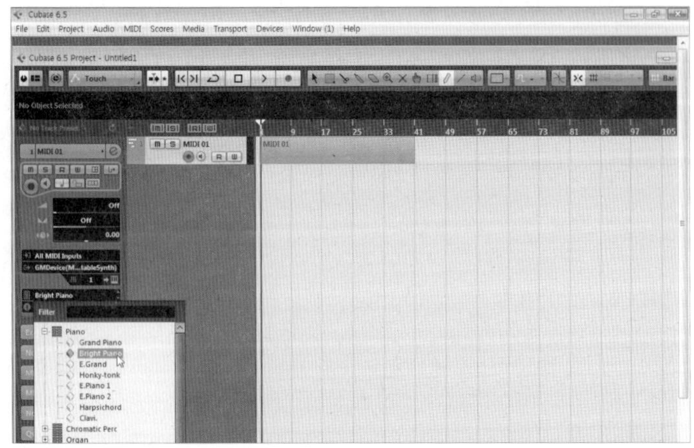

음표를 입력하려면 키 에디터를 실행해야 한다. 선택
툴로 미디 클립을 더블클릭하면 키 에디터가 실행된다.

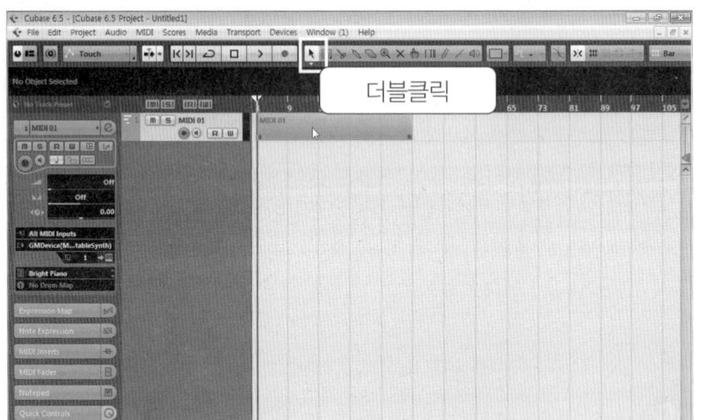

키 에디터가 실행되면 음표를 막대 방식으로 입력할 수
있다.

큐베이스의 경우 C3가 으뜸음자리 '도레미…'의 도 음
이다. 왼쪽 건반에서 C3를 클릭하면 '도' 음이 들린다.

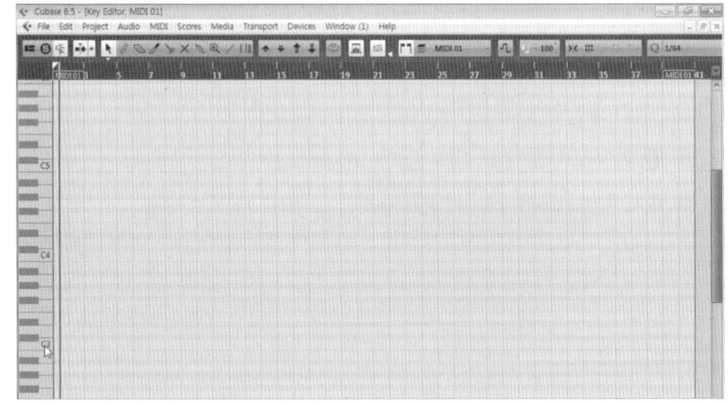

Tip

사운드가 들리지 않을 경우 해결책 – 가상악기의 사용

사운드카드에서 미디 음악 재생용으로 기본 제공하는 소프트음원(GM, XG 음원)이 큐베이스에서 동작하지 않는 경우도 있
다. 즉 본문의 Output 파라미터에서 GM, XG 음원을 선택한 뒤 악기를 선택하고 건반을 클릭했을 때 악기 음이 들리지 않
는 것이다. 정확한 자료는 없지만 약 60% 이상의 컴퓨터가 큐베이스에서 GM, XG 음원이 동작하지 않는다. 이 경우에는
GM, XG 음원의 사용을 포기하고 가상악기로 사운드를 출력해야 한다.

트랙 이름/이벤트(클립) 이름 변경하기

트랙이나 클립이 많아지면 나중에 찾기 어려우므로, 트랙 이름과 클립 이름을 찾기 쉬운 이름으로 미리 변경하는 것이 좋다.

트랙의 이름 부분을 더블클릭한 뒤 원하는 이름을 키보드로 입력한다. 예를 들어 베이스 파트를 만들고 있다면 Bass라고 입력하는 것이 나중에 찾기 쉽다.

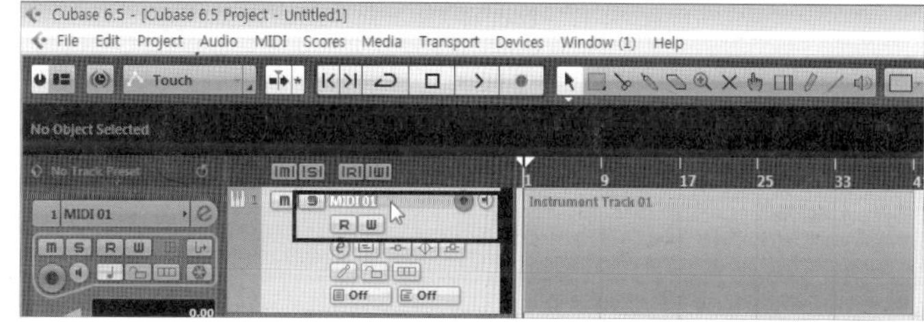

트랙의 이름이 변경되었다. 만일 트랙 이름을 변경하지 않으면 생성 순서대로 MIDI 01, MIDI 02, MIDI 03… 이라는 이름이 설정된다.

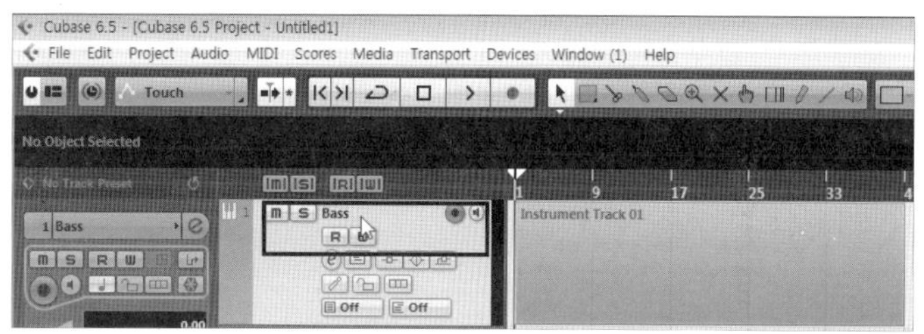

클립 이름을 변경하려면 먼저 변경할 클립을 선택 툴로 선택한다.

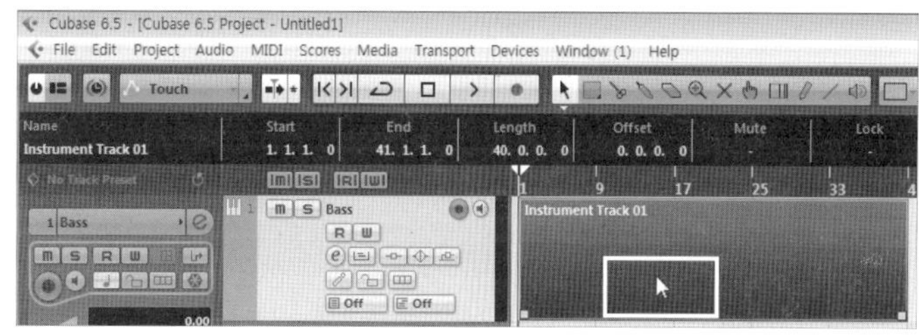

인포바의 클립 이름 부분을 마우스로 더블클릭한다.

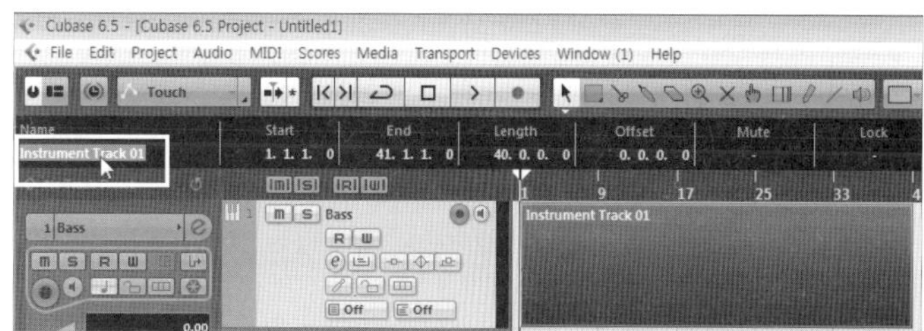

원하는 이름을 입력하면 클립 이름도 변경되는 것을 알 수 있다.

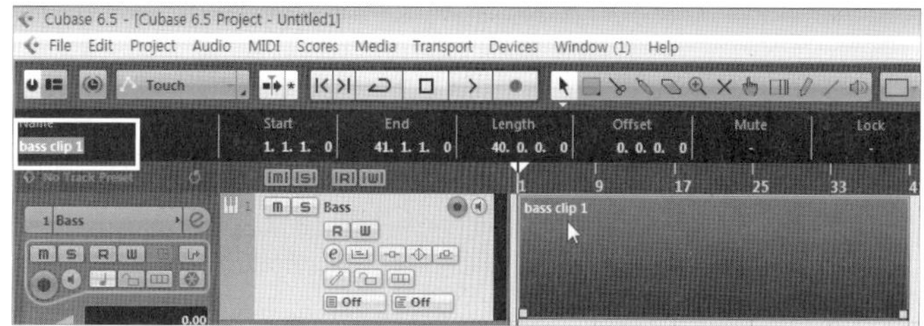

트랙 복제와 삭제하기

작곡 작업을 하다 보면 트랙을 복제해서 사용하는 경우가 많다. 예를 들어 메인 리듬을 만든 뒤 보조 선율을 만들려면 메인 리듬을 복제한 뒤 수정하는 것이 더 빠르기 때문이다. 이때 메인 리듬 파트가 있는 트랙을 복제하는 방법을 알아본다.

복제할 트랙을 마우스 오른쪽 버튼으로 클릭한다.

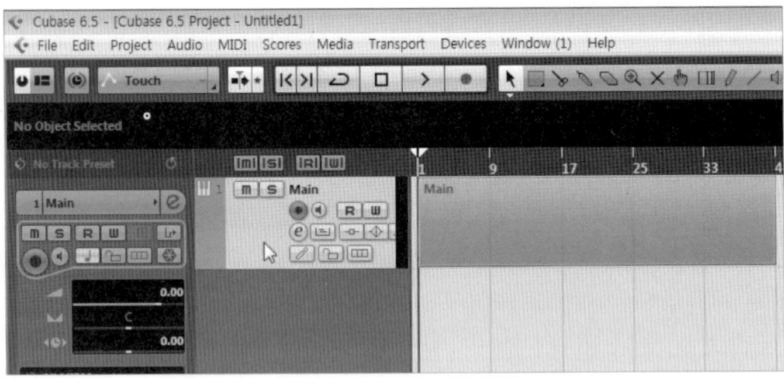

단축 메뉴에서 Duplicate Track 메뉴를 실행하면 트랙이 복제된다.

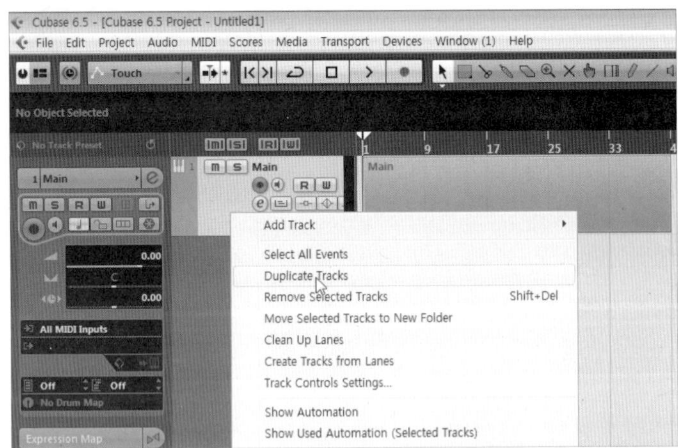

트랙이 복제되어 나타난 모습이다. 트랙에 있는 미디 클립도 복제되어 사용할 수 있는 상태가 된다.

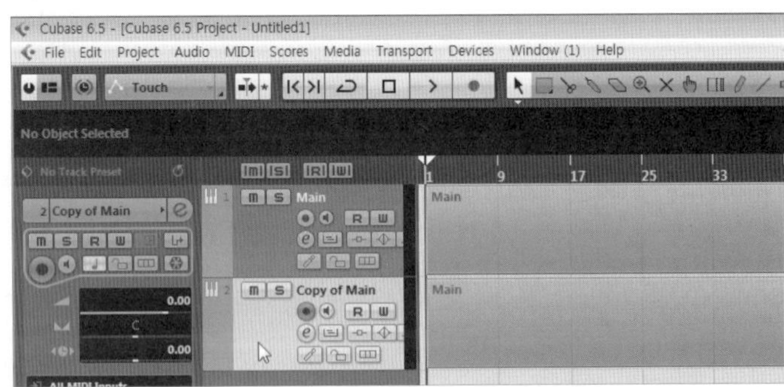

만일 필요없는 트랙을 삭제하려면 삭제할 트랙을 마우스 오른쪽 버튼으로 클릭한 뒤 Remove Selected Track 메뉴를 적용한다.

이벤트(클립) 복제하기

클립을 복제하는 이유는 대개 자신이 원하는 리듬을 반복 사용할 목적이 있기 때문이다. 예를 들어 작업 중인 곡에서 반복되는 구절이 있다면 복제해서 사용하는 것이 좋다. 미디 클립은 물론 오디오 클립에서도 이와 같은 방식으로 복제할 수 있다.

툴바에서 '선택 툴'을 선택한다.

복제할 클립을 Alt + 드래그하여 원하는 위치로 이동시킨다.

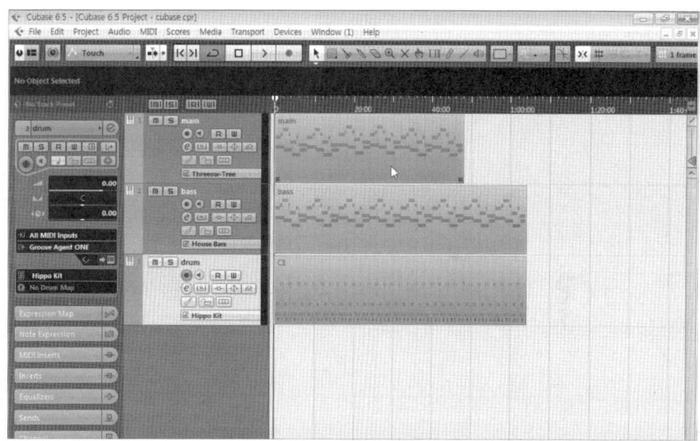

오른쪽으로 복제한 모습이다. 해당 클립에 있는 리듬이 반복되어 사용된다.

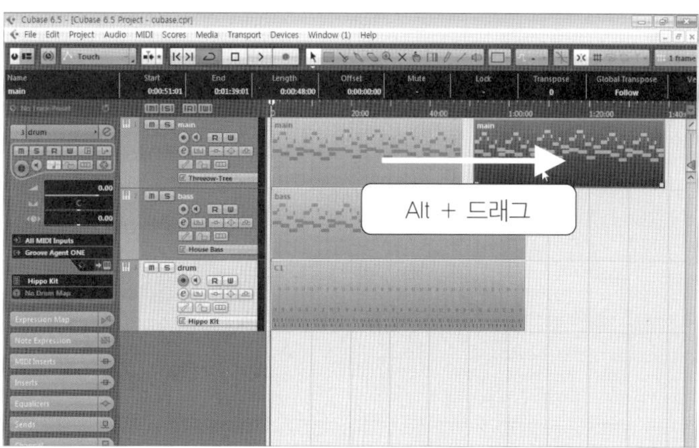

일부 구간 복제하기

미디 클립/오디오 클립의 전체가 아닌 일부 구간만 복제해 사용하는 경우도 있다. 이 경우 '구간 선택 툴'로 복제할 구간을 먼저 선택해야 한다.

일부 구간을 선택하기 위해 툴바에서 '구간 선택 툴'을 선택한다.

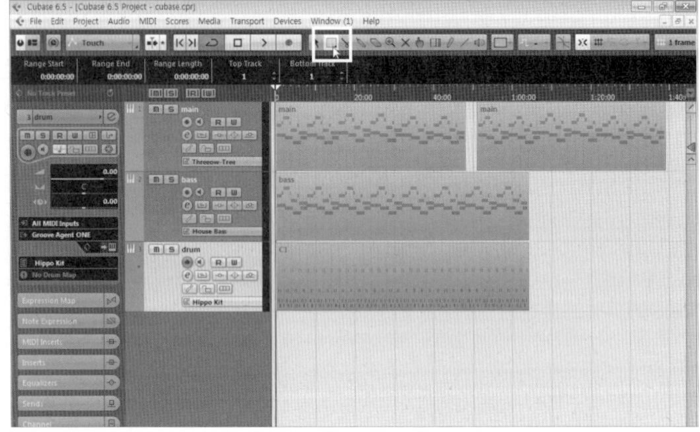

옆 그림처럼 복제하고 싶은 구간을 드래그하여 선택한다.

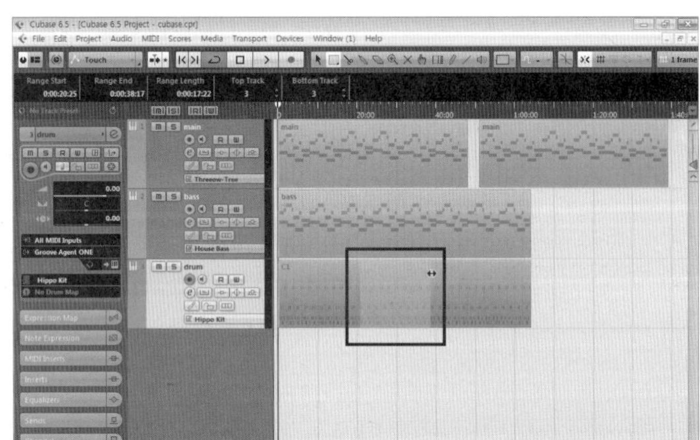

Alt + 드래그하면 선택한 구간을 복제할 수 있다. 이때 Alt 단축키를 누르지 않고 그냥 드래그하면 선택한 구간이 이동되는 것을 알 수 있다.

02 | 미디 입력과 오디오 녹음 시작하기

미디 입력 방법, 가상악기 연결 방법, 오디오 녹음 방법에 대해 미리 공부해본다.

1. 미디 입력(작곡 작업)

미디 입력은 음악 작곡처럼 직접 창작 작업을 할 때 사용한다. 사용자가 창작한 내용은 미디 데이터로 처리되어 각종 미디 장비 또는 음원 장비, 가상악기 등을 통해 사운드를 출력하게 된다. 미디 입력 작업은 막대 방식의 키 에디터에서 하거나 음표 방식의 스코어 에디터에 진행하게 되며, 마우스로 일일이 클릭해 입력하는 방식과 마스터건반 또는 신디사이저로 연주하면서 입력하는 방식이 있다.

2. 오디오 녹음(보컬, 악기 연주 녹음)

큐베이스 사용자들은 대개 고전음악이 아닌 실용음악을 만드는 경우가 많기 때문에 곡을 완성한 뒤에는 오디오 녹음 작업을 부수적으로 하기 마련이다.

오디오 녹음 작업은 보컬 노래를 녹음할 목적으로 진행하기도 하지만, 악기가 마음에 들지 않아 실제 악기 연주를 녹음해 사용하기도 한다. 예를 들어 기타 연주에 자신있는 사람이라면 가상악기를 사용하지 않고 자신의 기타 연주를 녹음해 곡의 리듬 파트나 베이스 파트로 사용하기도 한다.

지금부터 큐베이스의 사용법을 본격적으로 공부하기에 앞서 미디 입력 및 녹음 작업에 대해 알아보자.

 ## 미디 입력 – 키 에디터에서 마우스로 노트(음표) 찍기 

키 에디터란 막대 형태로 노트(음표)를 찍을 때 사용하는 편집 창이다. 막대 형태로 음표를 입력하기 때문에 누구나 손쉽게 찍을 수 있다. 만일 노트(음표)를 처음 찍는 사람이라면 8마디 정도의 메인 선율만 찍는다고 생각하고 작업하는 것이 좋다. 메인 선율을 8마디만 근사하게 찍어도 좋은 음악이 나올 확률이 높다.

File → New Project 메뉴를 실행한 뒤 More → Empty
옵션으로 비어 있는 프로젝트를 만든다.

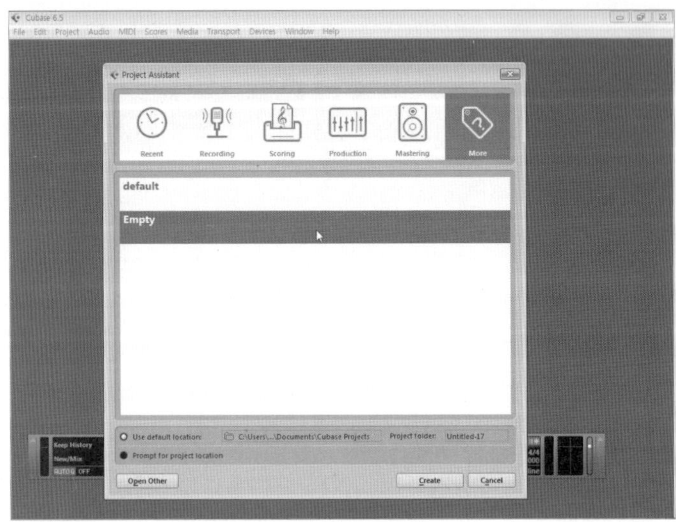

화면 하단의 +/− 버튼을 클릭해 화면상에 1~10마디까
지만 보이도록 화면 크기를 확대한다. 룰러의 마디 번
호를 보고 화면 크기를 조절하면 된다.

룰러의 눈금자 표시가 마디/박자가 아닌 타임 등으로
표시된 경우도 있다. 이 경우 룰러를 마우스 오른쪽으
로 클릭한 뒤 Bars+Beats를 선택하면 눈금자 표시가
마디/박자로 변경된다.

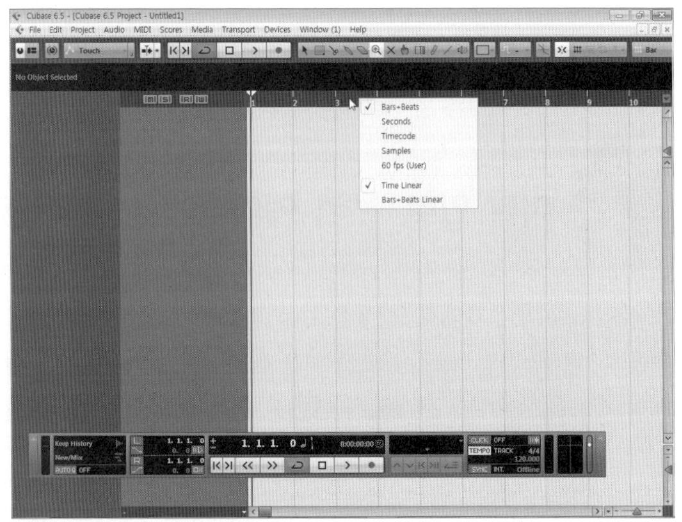

트랙 패널의 빈 곳을 마우스 오른쪽 버튼으로 클릭한
뒤 Add Instrument Track 메뉴를 실행해 인스트루먼
트 트랙을 생성시킨다.

인스트루먼트 트랙(악기 트랙)이란 미디 트랙과 같지
만 사운드 출력 포트에 가상악기를 미리 연결한 트랙
을 말한다.

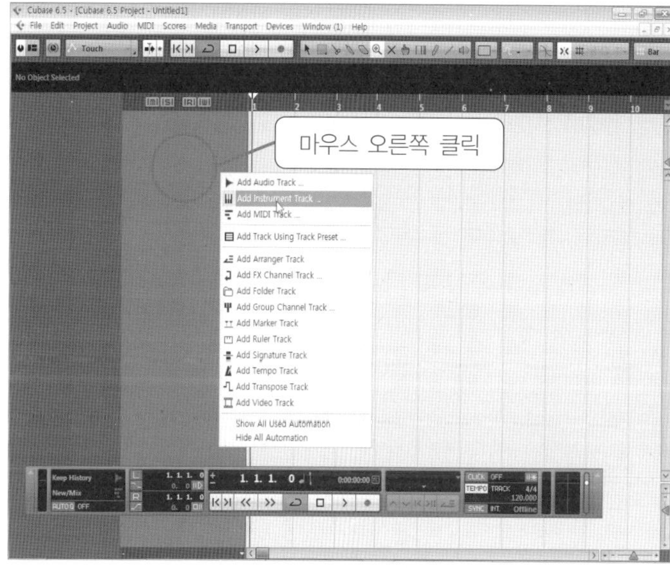

Add Instrument Track 대화상자의 악기 이름 부분을
클릭한 뒤 Synth → Spector 가상악기를 선택한다.

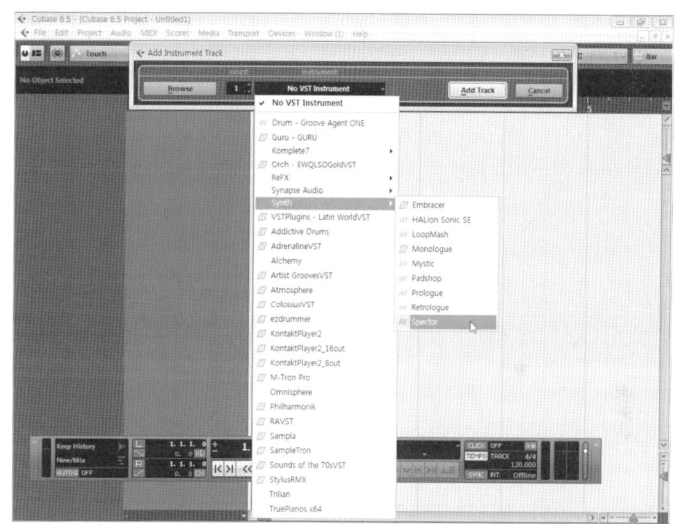

악기 트랙이 만들어지면 연필 툴로 8마디 크기의 미디
클립을 그려준다. 8마디 길이이므로 눈금자에서 9마디
부분까지 클립을 그려주면 된다.

인스펙터의 Patch 파라미터(Program 파라미터)를 클릭하면 Spector 가상악기에서 제공하는 악기 음색을 선택할 수 있다.

악기 음색 목록이 많으므로 대화상자의 Search Text 항목에 'pi'라고 입력하여 피아노 종류의 악기를 검색한다. 여기서 'Toypiano'를 선택한다.

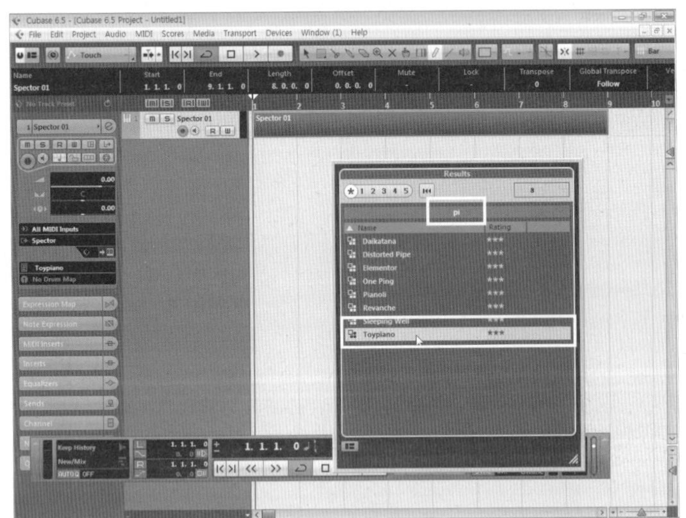

'선택 툴'로 미디 클립을 더블클릭한다.
막대 방식으로 노트를 입력할 수 있는 '키 에디터'가 실행된다.

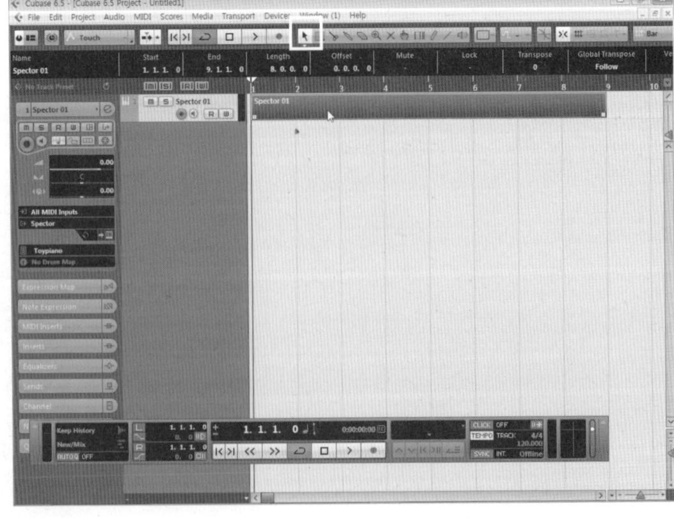

큐베이스의 경우 C3가 높은 음자리의 '도'이다. C3 건
반을 누르면 도 음을 들을 수 있다.

노트를 입력하려면 박자 간격을 잘 맞추어야 하므로 스
냅 버튼을 On 상태로 전환한다.
막대를 입력할 때 격자 부분에 맞게 스냅되어 입력되므
로 박자가 잘 맞게 된다.

Insert Velocity 옵션을 클릭해 100으로 설정한다. 지
금부터 입력하는 노트의 벨로서티는 전부 100으로 설
정된다.
벨로서티란 건반을 누르는 강약을 말한다.

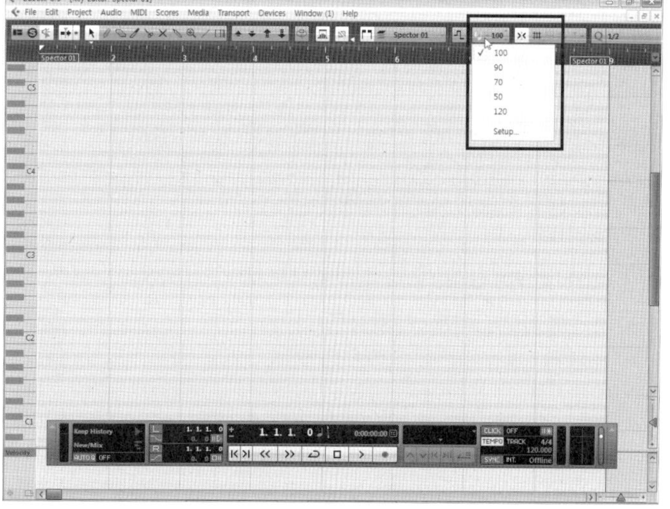

툴바의 Q(퀀타이즈) 옵션을 클릭해 1/32비트를 퀀타이즈 해상도로 설정한다.
이렇게 하면 편집 창의 그리드 라인이 1/32분음표 단위까지 입력할 수 있도록 세밀해진다.
말하자면, 그리드 라인의 셀 1개가 32분음표 길이를 가졌다고 할 수 있다.

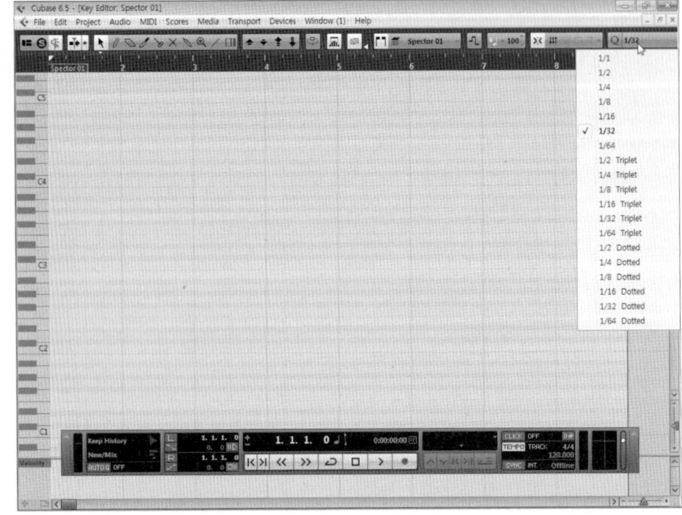

연필 툴을 선택한 뒤 C3인 '도' 음정을 따라 노트 4개를 그림과 같이 입력하고, '레' 음정에 노트 2개를 그림과 같이 입력한다.

상단 룰러를 보면 1마디 안에 6개의 노트를 입력했음을 알 수 있다.

그리드 간격이 잘 보이지 않는다면 하단 +/− 버튼을 클릭해 편집 창을 확대하고 작업한다.

이때 노트를 입력할 때 길게 드래그하면 노트 길이를 조절할 수 있지만 여기서는 32분음표 길이로 계속 입력한 상태이다.
(퀀타이즈 간격을 1/32으로 설정했으므로 가장 작은 그리드가 1/32음 길이를 가지고 있다.)

2마디 부분에는 그림과 같이 노트를 입력한다.
A2 음정 부분에 노트 4개, F#2 음정 부분에 노트 2개를
입력한 모습이다. 마지막 노트는 길게 드래그하여 32비
트가 아닌 8비트 길이로 입력하였다.

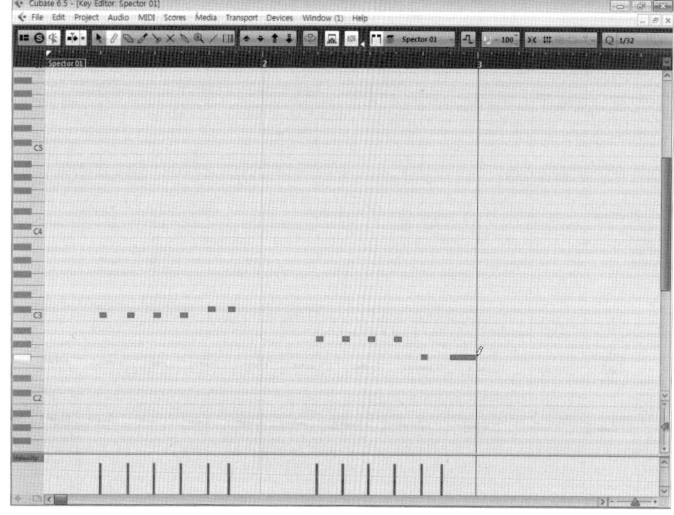

키 에디터를 닫고 트랙 뷰로 돌아오면 미디 클립에 입
력된 데이터가 점으로 보인다.

숫자 패드의 점[.] 키를 눌러 곡의 맨 처음으로 프로젝
트 커서를 이동시킨 뒤 Space Bar를 눌러 곡을 연주해
본다.

실전예제 베이스 파트 만들기

앞의 내용을 복습하는 의미에서 베이스 리듬을 입력해본다. 베이스 리듬은 저음부에서 반주 역할을 하기 때문에 일반적으로 1~3 옥타브 낮게 입력해야 한다. 물론 요즘 나오는 베이스용 가상악기는 어떤 옥타브에서도 낮게 연주되는 경우가 많아 몇 옥타브 낮게 입력하는 것이 무의미해졌다. 그러나 악보 출력을 위해서라면 몇 옥타브 낮은 저음 영역에 입력하는 것이 좋은 생각이 된다. 키 에디터의 C3 건반보다 몇 옥타브 낮은 음역대에 입력해보자.

01 부록에서 샘플 'short.cpr' 파일을 불러온다. 메인 선율이 있는 1번 트랙을 마우스 오른쪽 버튼으로 클릭한다.

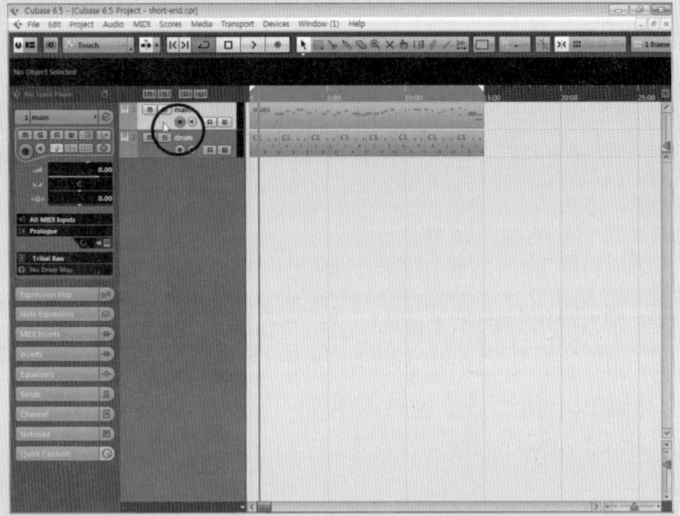

02 Add Track → Instrument Track 메뉴를 실행해 가상악기 트랙을 만든다.

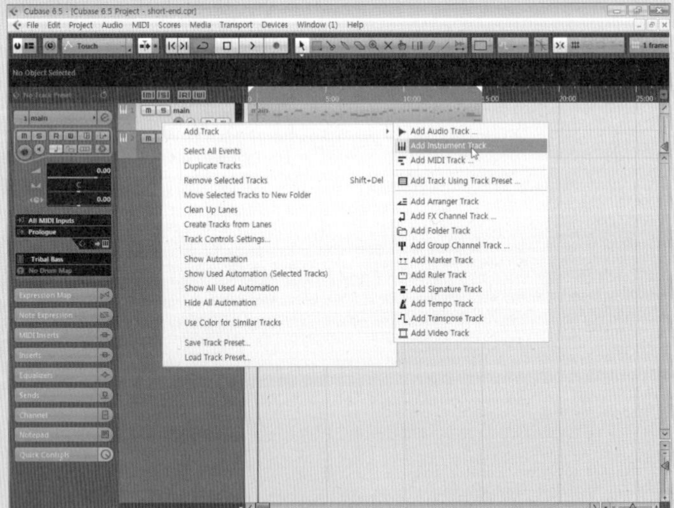

03 Add Instrument Track 대화상자의 이름 부분을 클릭한 뒤 Synth → Prologue 가상악기를 실행한다.

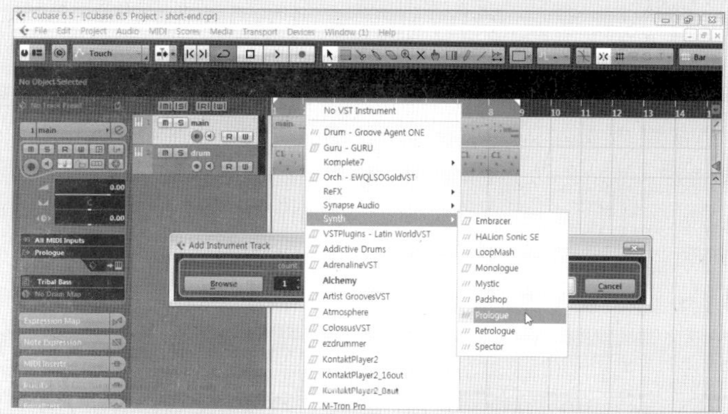

04 가상악기가 연결된 모습이다. Create 버튼을 클릭해 트랙을 만든다.

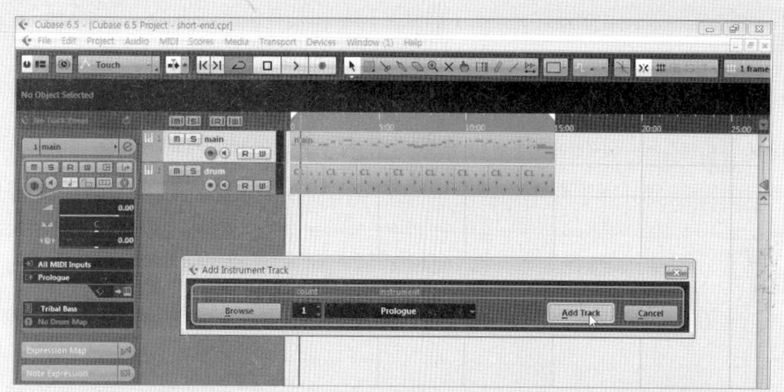

05 '연필 툴'로 2마디 길이의 미디 클립을 그려준다.

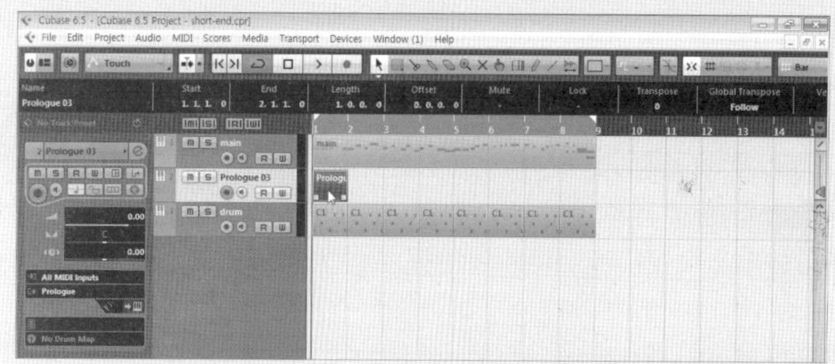

06 인스펙터의 Patch 파라미터를 클릭한 뒤 베이스 연주에 알맞은 패치(악기 음색)를 선택한다. 여기서는 'Bass Kiss' 패치를 선택했다.

07 '선택 툴'로 생성된 미디 클립을 더블클릭해 키 에디터를 실행한다. 스냅 버튼을 클릭해 On 상태로 전환한다.

08 키 에디터 툴바의 퀀타이즈 옵션을 클릭한 뒤 퀀타이즈 해상도를 16비트로 변경한다.
이번에는 16분음표 이하는 입력하지 않을 예정이기 때문에 퀀타이즈 해상도를 16비트로 변경한 것이다.

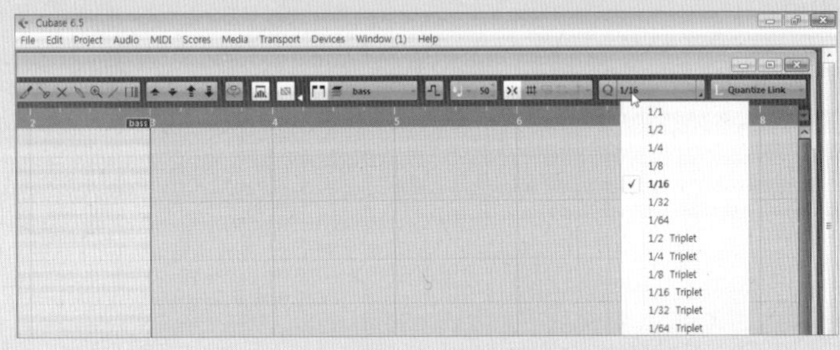

09 L 버튼을 클릭해 Quantize Link 옵션을 선택한다. 막대 길이(음 길이)가 설정한 퀀타이즈 그리드 격자에 맞게 자동 설정된다.

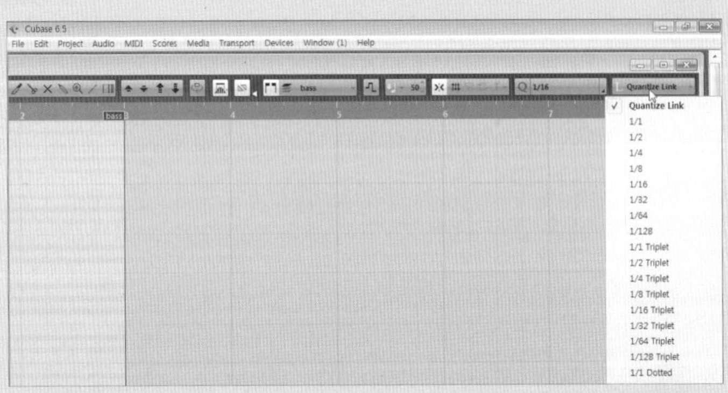

10 '연필 툴'로 1번 마디에 그림처럼 베이스 리듬을 입력한다. 건반의 C1을 기준으로 입력하였다.

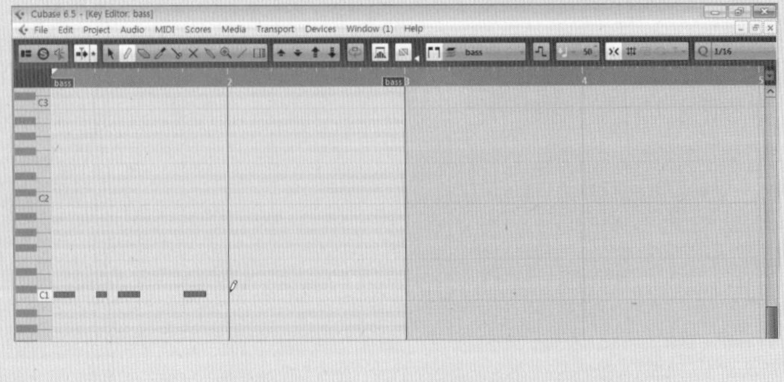

11 2번째 마디에는 그림처럼 베이스 리듬을 입력한다. 키패드의 [.] 버튼을 눌러 프로젝트 커서를 맨 앞으로 이동시킨 뒤 Space Bar를 눌러 연주해본다.

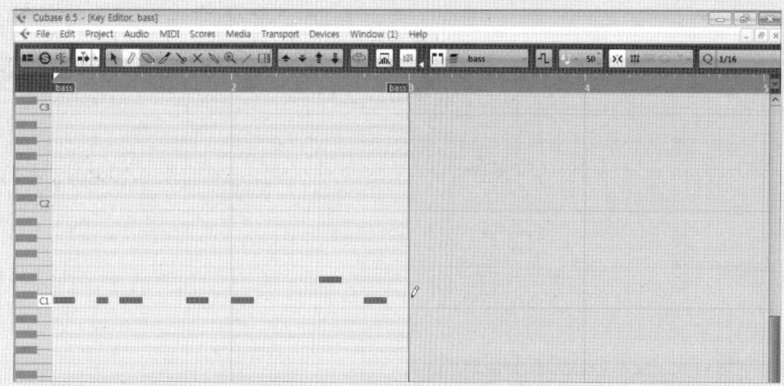

12 키 에디터를 닫고 원래 창으로 돌아온다. 베이스 리듬은 보통 반복되는 리듬을 사용하므로 방금 만든 2마디 분량을 복사해 사용해 보자. 해당 클립을 클릭해 선택한다.

13 Edit → Functions → Fill Loop 메뉴를 실행한다.

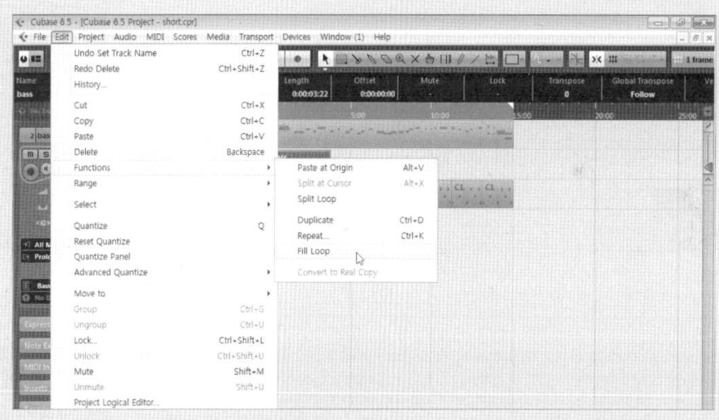

14 선택한 클립이 나머지 영역에 자동으로 채워지는 것을 알 수 있다. Space Bar를 눌러 곡을 처음부터 연주하면 베이스 파트가 만들어진 것을 알 수 있다.

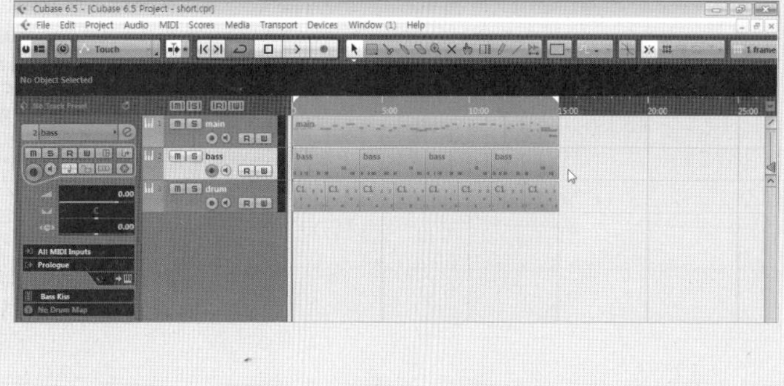

실전예제 스코어 에디터(악보 창) – 음표 입력하기

스코어 에디터는 오선지 형식의 악보 창에서 노트를 입력할 때 사용한다. 오선지에서 입력하기 때문에 피아노를 배운 사람들에겐 유리한 입력 방법이다. 그러나 스코어 에디터는 입력 작업시 버벅대는 경우가 많기 때문에 보통은 키 에디터에서 입력한 뒤, 입력한 내용을 악보상으로 검토하거나 악보상에서 수정할 때 사용하는 경우가 많다.

01 앞에서 만든 예제인 'short-end.cpr' 파일을 불러온 뒤 따라한다.
1번 트랙에 있는 미디 클립을 클릭해 선택한다.

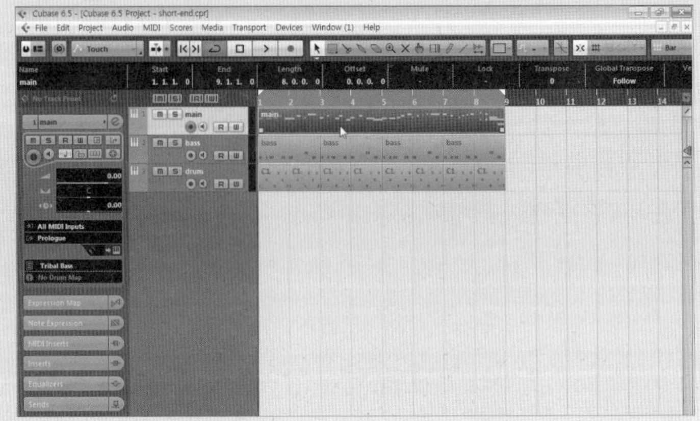

02 MIDI → Open Score Editor 메뉴를 실행해 스코어 에디터를 불러온다.

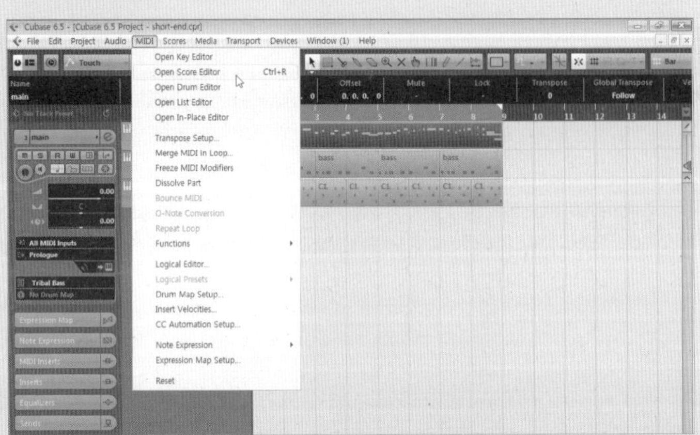

03 스코어 에디터는 100% 크기로 화면을 보여주기 때문에 보표가 작게 보일 수도 있다. 오른쪽 삼각형 버튼을 클릭해 화면 크기를 200%로 설정한다.

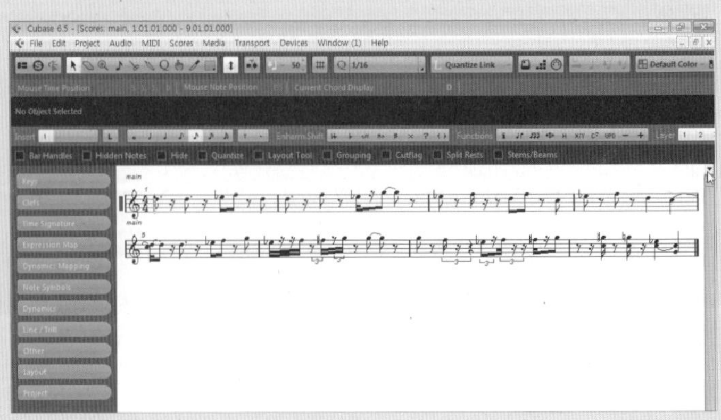

04 선택 툴로 첫 번째 마디에 있는 음표들을 드래그하여 모두 선택한 뒤 Del 키를 눌러 삭제한다.

05 음표들이 삭제되었다. 이제 음표들이 삭제된 마디에서 음표를 입력하는 방법을 알아보자.

06 툴바에서 '음표 툴'을 선택한 뒤 하단 옵션에서 입력할 음표를 선택한다. 여기서는 4비트 음표를 선택했다.

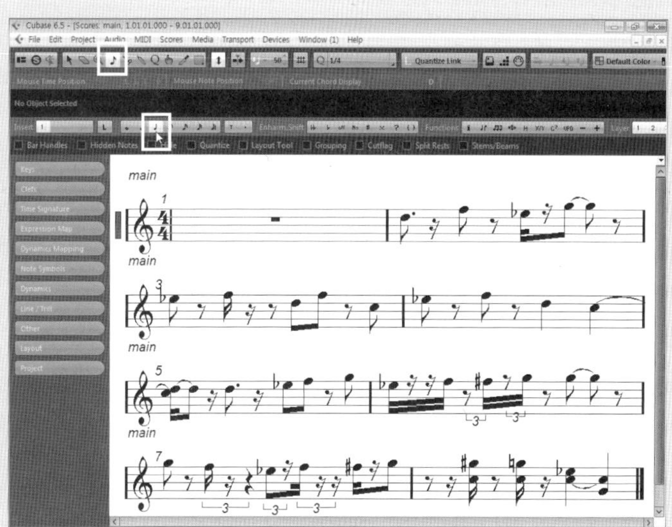

07 오선지의 원하는 위치에서 음표를 입력한다. 큐베이스의 경우 음표를 입력한 뒤 박자 수에 맞지 않으면 쉼표가 자동 입력되는 것을 알 수 있다.

08 이때 음표를 다른 길이로 입력하고 싶다면 입력할 음표를 재선택해야 한다. 여기서는 64비트 음표를 선택했다.

09 64비트 음표를 입력해도 화면상에서는 16비트 음표로 표시된다. 현재 악보 해상도가 16비트로 설정되어 있기 때문에 64비트 음표도 16비트 음표로 표시되는 것을 알 수 있다.

스코어 에디터는 이와 같은 방법으로 음표를 입력할 때 사용하지만 입력 작업이 매우 까다로운 편이다. 따라서 작곡 작업 보다는 수정 작업이나 악보 출력 작업에서 사용하는 경우가 많다.

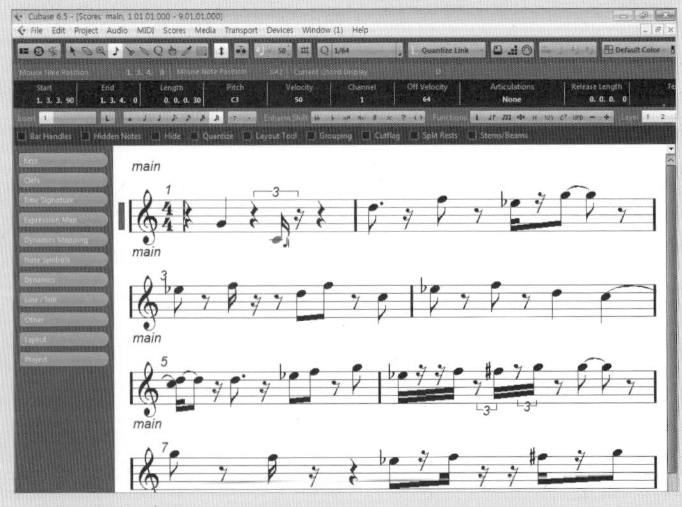

실전예제 박자 교체하기

큐베이스의 악보 창은 기본적으로 4/4박자이다. 3/4박자나 2/4박자 곡을 만들고 싶다면 원하는 위치에서 박자표를 재삽입해야 한다. 박자표를 삽입하면 그 부분부터 바뀐 박자표가 적용된다.

01 먼저 키 에디터에서 박자를 변경하는 방법을 알아보자. MIDI → Open Key Editor 메뉴로 키 에디터를 실행한다.

룰러를 클릭해 프로젝트 커서를 박자를 변경하고 싶은 위치로 이동시킨다.

02 트랜스포트 툴바의 박자 부분을 더블클릭해 원하는 박자를 직접 입력하면 된다. 룰러와 그리드 간격을 보면 박자가 변경된 것을 확인할 수 있다.

03 이번에는 스코어 에디터에서 박자를 변경해 보자. Ctrl + R을 눌러 스코어 에디터를 실행한다. 스코어 에디터에서 박자를 변경하려면 인스펙터의 Time Sign 탭에서 원하는 박자표를 먼저 선택한다.

04 오선지에서 원하는 위치를 클릭하면 선택한 박자표가 삽입된다.

Tip

박자의 적용 구간

큐베이스에서 박자를 변경하면 빅자표가 삽입된 마니부터 곡의 종료 부분까지 변경된 박자가 적용된다.

실전예제 높음 음자리표/낮은 음자리표 교체하기

악보에는 높은 음자리, 낮은 음자리 같은 여러 가지 보표가 있다. 높은 음자리표는 우리가 흔히 보는 기본에 해당하는 도레미파솔라시도 음계를 표시한 악보이고, 낮은 음자리표는 한 옥타브 아래쪽 도레미파솔라시도 음계를 표시한 악보이다. 예를 들어 베이스용 악보를 높은 음자리표 악보로 출력하면 한 옥타브 아래쪽에 음표들이 모여 있으므로 연주자들이 악보를 읽을 때 어려움이 발생한다. 큐베이스는 기본적으로 높은 음자리표 악보를 사용하므로, 만일 한 옥타브 아래쪽에 음표들이 몰려 있는 베이스 악보라면 악보 출력 전 음자리표를 낮은 음자리표로 변경하는 것이 좋다.

01 예제 'cubase.cpr'을 불러온다. 2번 트랙에 베이스 파트가 만들어져 있다.
선택 툴로 2번 트랙의 미디 클립을 클릭해 선택한다.

02 Ctrl + R을 눌러 스코어 에디터를 실행한다. 큐베이스는 기본적으로 모든 악보가 높은 음자리표로 설정되어 있으므로 베이스 파트 같은 한 옥타브 아래쪽에 입력한 베이스 음표는 오선지 아래쪽에 몰려 있는 것을 알 수 있다. 이 상대로 악보를 출력하면 베이스 연주자들이 악보를 읽을 때 어려움을 겪을 것이다.

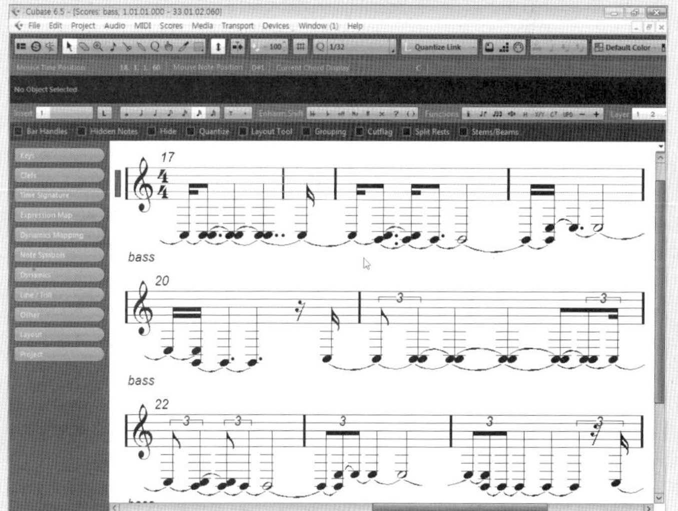

03 인스펙터의 Clefs 탭을 클릭한 뒤 낮은 음자리표를 선택한다.

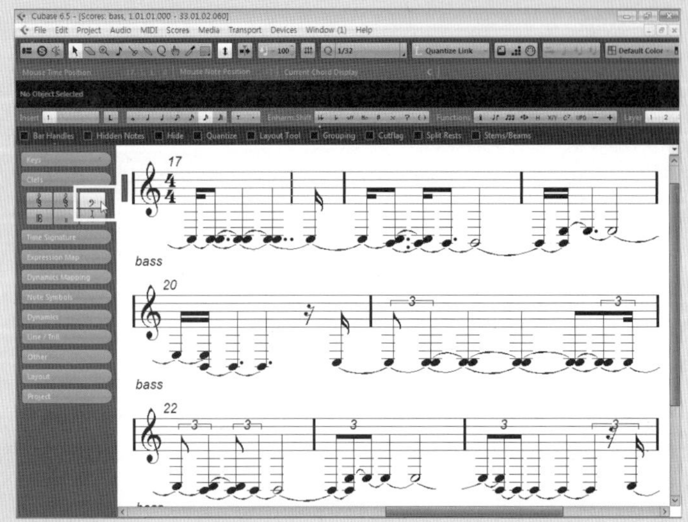

04 보표에서 음자리표가 삽입된 부분을 마우스로 클릭하면 낮은 음자리표가 삽입된다.

낮은 음자리표는 보통 음계보다 한 옥타브 아래쪽 보표이므로, 한 옥타브 아래 쪽에 몰려있던 음표들이 낮은 음자리표에서는 제 위치를 찾아간 것을 알 수 있다.

참고   **악보의 보표(음자리표)를 교체하는 이유**

음악 용어인 보표는 악보가 어떤 음계대를 보여주고 있는지 표시하는 기능이다. 피아노 건반을 보면 알 수 있듯 그 넓은 음계대를 하나의 악보상에 표시하는 것은 아예 불가능하다. 이 때문에 높은 음자리, 낮은 음자리 같은 옥타브 별 보표가 있고, 보표를 보고 악보의 음계대를 확인할 수 있다. 예를 들어 베이스 악보처럼 낮은 음이 많은 악보는 출력 전 한 옥타브 낮은 음계대를 표시하는 낮은 음자리표로 변경해야 하는데, 이렇게 하면 음표들이 낮은 음자리 보표에 맞게 다시 배치되어 베이스 연주자들이 악보를 더 쉽게 읽을 수 있다.

실전예제 양손 피아노 음악용 큰 보표 만들기

큰 보표란 양손 피아노 연주곡처럼 주 선율 악보인 '높은 음자리표'와 반주용 악보인 '낮은 음자리표'를 동시에 표시한 악보를 말한다. 큰 보표는 양손 피아노 곡 같은 큰 보표용 음악을 작곡하거나, 악보를 큰 보표로 인쇄할 때 사용한다.

01 File → New Project 메뉴를 실행한 뒤 More → Empty 옵션으로 비어 있는 프로젝트를 생성시킨다. Project → Add Track → MIDI 메뉴로 미디 트랙을 생성시킨 뒤 하단 줌 슬라이더를 드래그하여 37마디까지 보이도록 화면 크기를 조절한다.

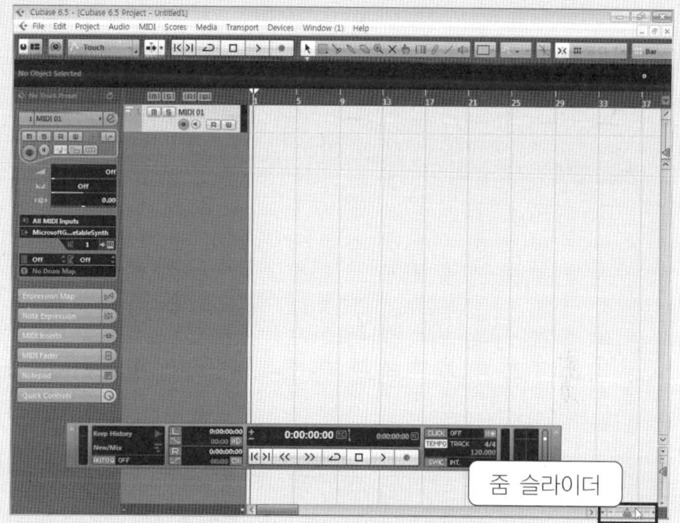

02 '연필 툴'로 36마디 크기의 미디 클립을 그려준다. 룰러의 37마디 부분까지 미디 클립을 그려주면 된다.

03 Ctrl + R을 눌러 스코어 에디터를 실행한다. 높은 음자리표만 있는 단일 보표임을 알 수 있다.

04 Score → Settings 메뉴를 실행한다.

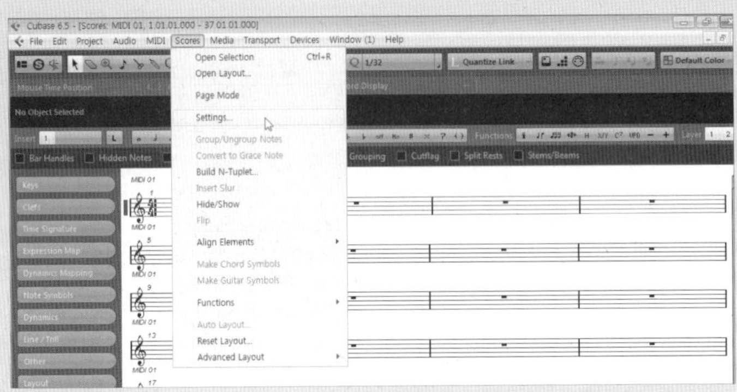

05 대화상자의 Staff 탭 → Polyphonic 탭을 선택한다. Staff Mode 항목을 클릭해 Split 옵션을 선택하고 Apply 버튼을 클릭해 적용한다.

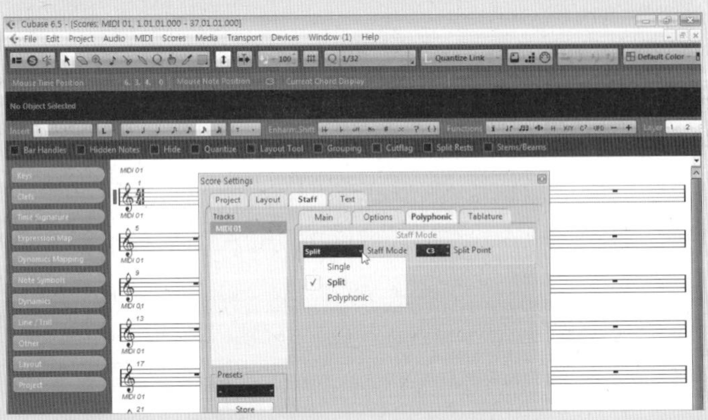

06 큰 보표가 만들어진 것을 알 수 있다. 높은 음자리 보표에는 메인 리듬을 작곡하고, 낮은 음자리 보표에는 반주용 리듬을 작곡하면 된다. 그런 뒤 악보 인쇄를 하면 양손 피아노 악보로 출력이 된다.

마스터 건반으로 악보 리얼 입력하기

리얼 입력이란 오디오 녹음과 달리 마스터 건반으로 연주한 내용을 실시간 전송하여 악보 창에 음표로 찍어주는 것을 말한다. 그러므로 오디오를 녹음하는 것과 다른 기능이지만 보통 녹음을 한다고 표현한다.

큐베이스에서 리얼 입력을 하려면 컴퓨터와 마스터 건반이 USB 등으로 연결된 상태여야 한다. 큐베이스는 건반이 없는 분들을 위해 버추얼 건반을 제공하기도 한다.

컴퓨터와 마스터 건반이 연결된 상태이면 트랙 뷰의 Input 파라미터에 입력 포트 목록이 활성화된다.

마스터 건반이 USB 인터페이스로 연결된 경우 'USB-MIDI' 장치로 표시된다. 이 장치를 선택하면 마스터 건반에서의 연주 내용을 바로 노트로 입력할 수 있다.

만일, 입력 포트에서 All MIDI Inputs을 선택하면 이는 모든 입력 장비의 신호를 받을 수 있는 상태가 된다.

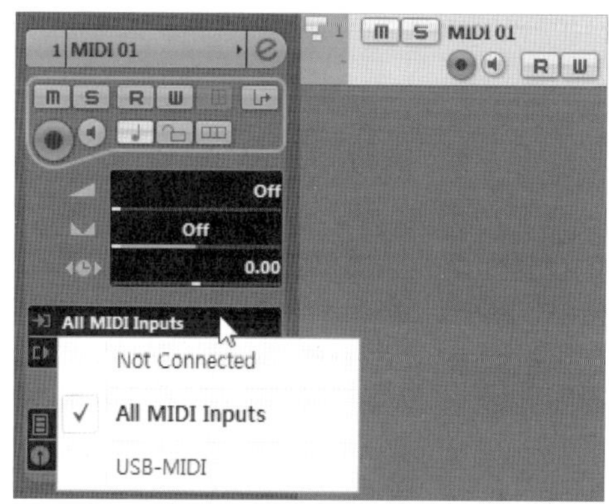

미디 입력 포트

미디 입력 장비의 종류

미디 입력 장비란 미디 신호를 입력할 수 있는 장비를 총칭하는 용어이다. 예를 들면 마스터 건반, 신디사이저, 미디 기타, 미디 드럼 등이 미디 신호를 입력할 수 있는 장비이다. 이들 미디 입력 장비는 미디 규격을 준수하기 때문에 어느 컴퓨터와도 연결할 수 있고, 연결한 뒤 큐베이스에서 확인하면 자동으로 입력 포트에서 인식이 된다.

요즘 유행하는 USB 케이블 방식의 미디 인터페이스를 사용할 경우에는 케이블 하나당 하나의 장비만을 연결할 수 있다.

만일 여러 대의 미디 입력 장비가 있다면 멀티 포트를 지원하는 오디오 인터페이스를 사용해 장비를 여러 대 연결해 사용할 수 있다.

멀티 입력 포트를 지원하는 오디오 인터페이스를 사용할 경우, 큐베이스의 Input 파라미터에 입력 포트가 여러 개 표시되므로 장비를 사용할 때마다 해당 장비가 연결된 입력 포트로 변경한 뒤 사용하면 된다.

미디 드럼인
Rockband-pintech mesh 키트

실전예제 **마스터 건반으로 악보 리얼 입력하고 버추얼 건반 활용하기**

마스터 건반으로 악보를 리얼 입력하는 방법을 알아보자. 또한 마스터 건반이 없는 분들을 위해 큐베이스 내장 버추얼 건반으로 입력하는 방법도 알아본다.

01 File → New Project 메뉴를 실행한 뒤 More → Empty 옵션으로 새 프로젝트를 만든다. 트랙 패널을 마우스 오른쪽 버튼으로 클릭한 뒤 Add Instrument Track 메뉴를 적용해 새 악기 트랙을 생성시킨다.

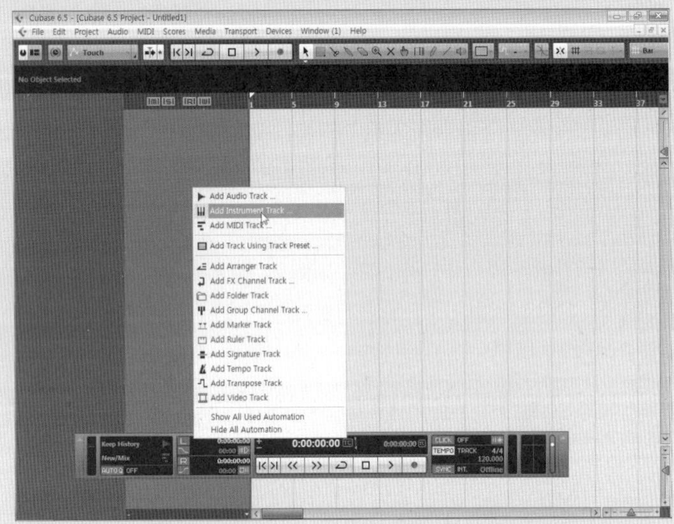

02 가상악기 이름 부분을 클릭해 Synth → Spector 가상악기를 선택한 뒤 Add Treack 버튼을 눌러 악기 트랙을 생성시킨다.

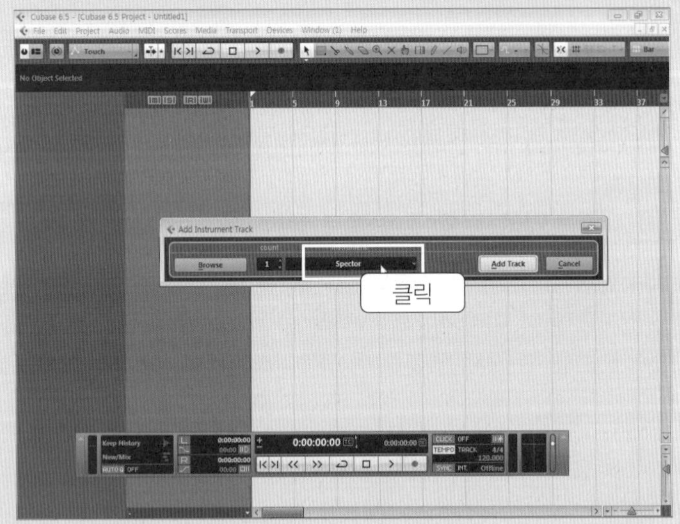

03 악기 트랙이 생성된 것을 알 수 있다.

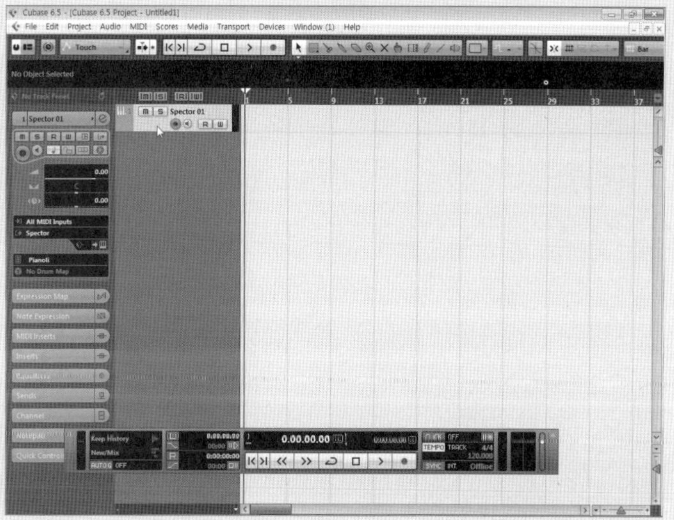

04 인스펙터 패널의 Input 파라미터를 클릭해 건반이 연결된 입력 포트를 선택한다. 예를 들어 마스터 건반이 USB 방식으로 언결된 경우 USB-MIDI를 선택한다. 만일 미디 드럼이나 미디 기타를 연결한 경우 해당 항목을 선택하면 된다. 여기서는 입력되는 모든 미디 장비의 신호를 큐베이스가 받을 수 있도록 All MIDI Input을 선택했다.

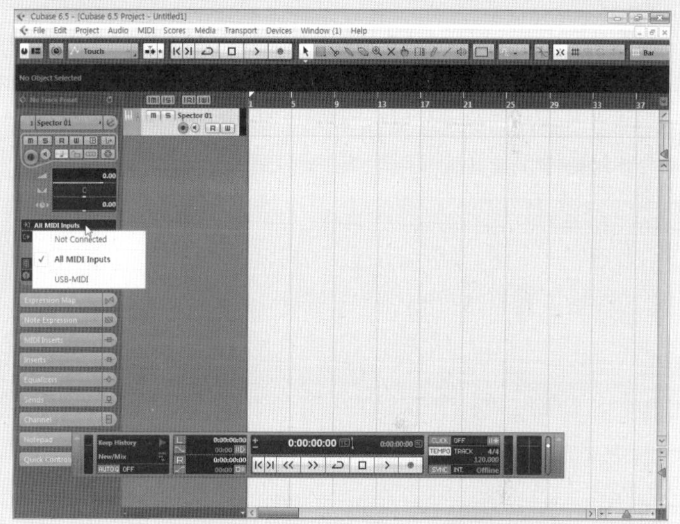

05 패치 파라미터(Programs 파라미터)을 클릭해 스펙터 가상악기에서 제공하는 패치(악기 음색)를 검색해본다.

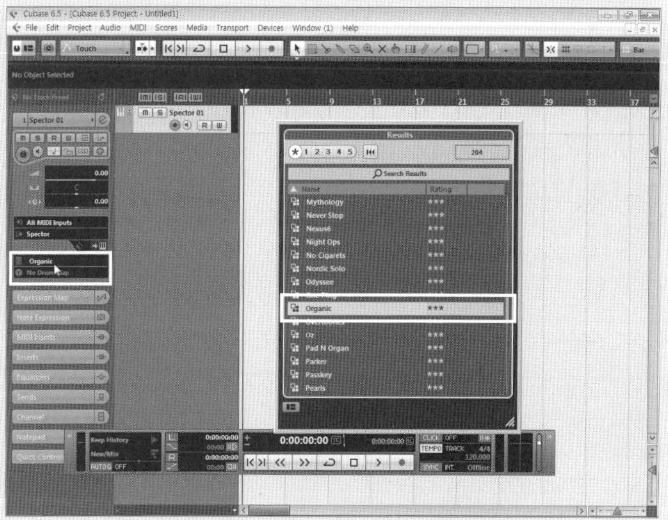

06 Spector 가상악기가 실행되면 Text Search 항목에 'pi'를 입력해 피아노 음색을 모두 검색한다. 검색된 음색 중 Pianoli 악기 음색을 더블클릭해 선택한다.

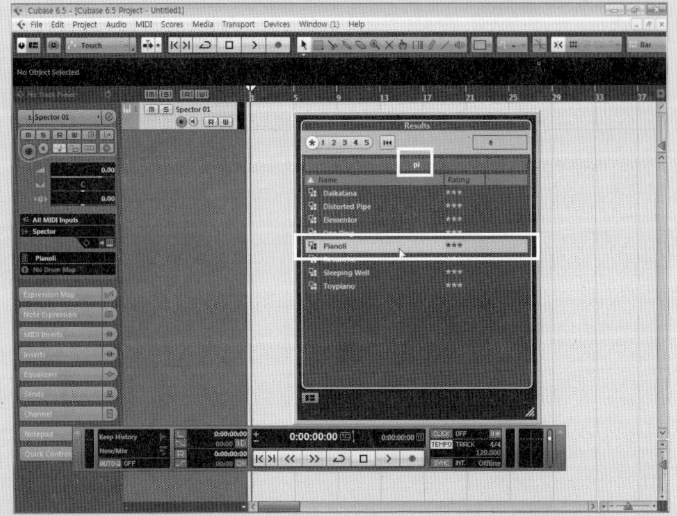

07 Precount 버튼을 클릭해 예비 메트로놈이 들리도록 해준다. 예비 메트로놈은 녹음 버튼을 눌렀을 때 바로 녹음이 시작되지 않도록 예비 메트로놈이 들리는 기능이다.

이제 레코드 버튼을 클릭하면 2마디 길이의 예비 메트로놈이 들린 뒤 녹음이 시작된다.

08 예비 메트로놈이 끝나는 동시에 마스터 건반을 연주하면 연주한 내용이 미디 트랙에 리얼 입력되는 것을 알 수 있다. 여러분이 친 건반 그대로 음표로 전환되어 큐베이스에 입력되는 것이다. 녹음을 완료하기 위해 메인 툴바의 Stop 버튼을 누른다.

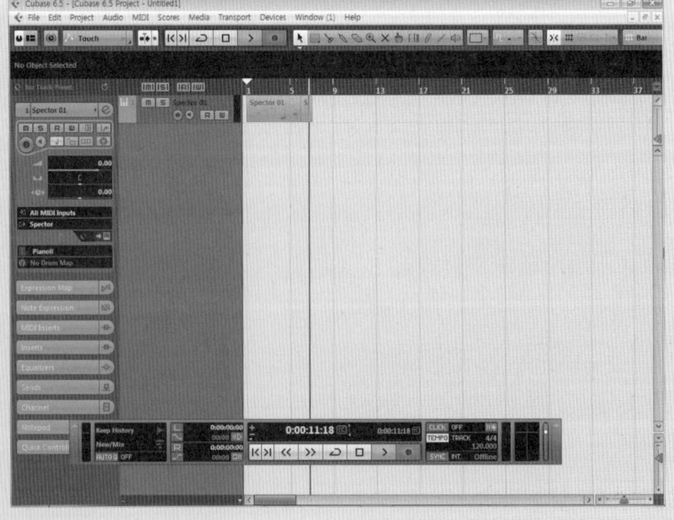

09 마스터 건반이 없는 사용자들을 위해 실제 리얼 입력이 가능한지 테스트해보자. Devices → Virtual Keyboard 메뉴를 실행해 버추얼 건반을 불러온다.

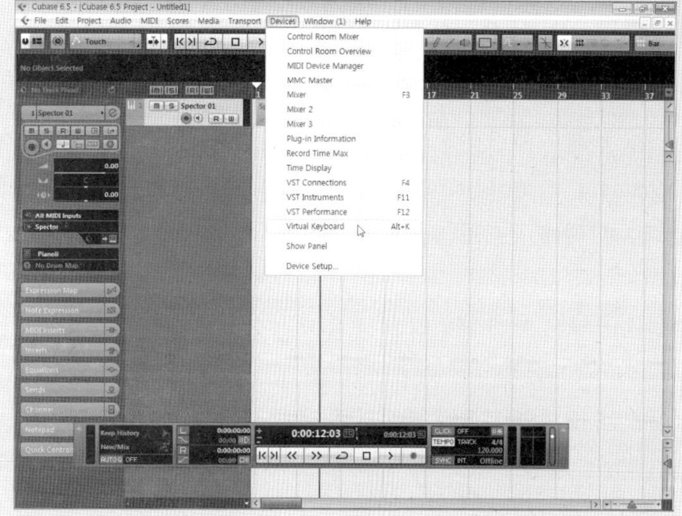

10 메인 툴바의 레코드 버튼을 클릭해 녹음을 시작한다. 트랜스포트 툴바(F2)를 확인하면 버추얼 건반이 보인다. 마우스로 버추얼 건반을 클릭하면 리얼 입력되는 것을 알 수 있다. 참고로 버추얼 건반으로 입력되는 모습은 앞의 Input 파라미터에서 All MIDI Input을 선택한 경우에만 동작한다.

11 리얼 입력한 미디 클립을 더블클릭하면 키 에디터가 실행된다.

리얼 입력한 미디 데이터는 여러분이 연주한 내용 그대로 실시간 입력되지만 약간의 레이턴시가 있기 때문에 연주한 내용이 조금씩 밀려나면서 기록이 된다. 따라서 리얼 입력을 끝낸 뒤에는 키 에디터나 스코어 에디터(악보 창)에서 엇박자가 발생한 부분들을 수정해 사용하는 것이 좋다.

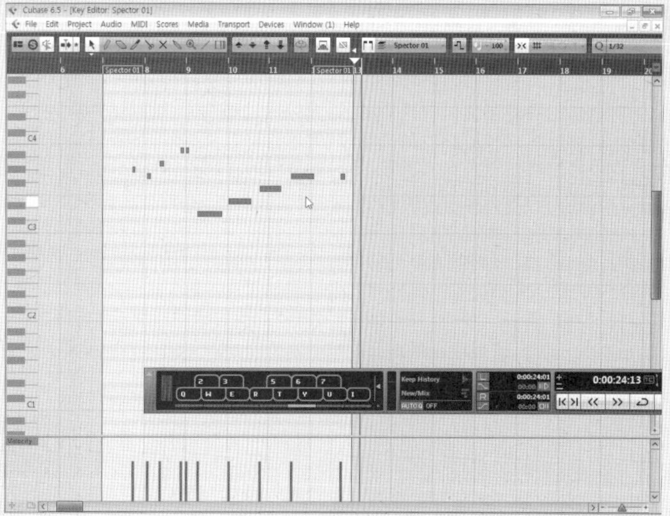

오디오 트랙 작업 시작하기

오디오 트랙은 오디오를 녹음하거나 오디오 소스를 편집할 때 사용한다. 오디오 소스는 외부에서 가져온 오디오 파일을 사용하거나, 큐베이스에서 작곡한 미디 클립을 오디오 클립으로 믹스다운한 뒤 사용한다. 마이크가 연결된 경우에는 바로 오디오 트랙에 보컬의 노래를 녹음한 뒤 편집할 수 있다.

오디오 트랙은 트랙 패널의 빈 곳을 마우스 오른쪽 버튼으로 클릭한 뒤 Add Audio Track 메뉴로 생성시키거나 메뉴바의 Project → Add Track → Audio 메뉴로 생성시킨다. File → Import → Audio 메뉴로 오디오 파일을 불러올 경우에는 자동으로 오디오 트랙이 생성되고 해당 오디오 클립이 삽입된 상태가 된다.

1. 새 오디오 트랙 만들기

트랙 패널의 빈 곳을 마우스 오른쪽 버튼으로 클릭한 뒤 Add Audio Track 메뉴를 실행하면 비어 있는 오디오 트랙을 만들 수 있다.

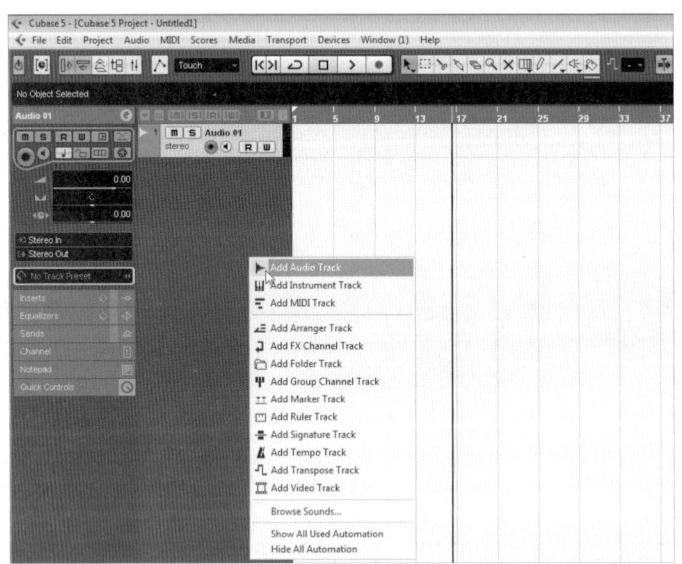

2. 오디오 파일 임포트하기

오디오 파일을 가져오려면 File → Import → Audio File 메뉴를 사용한다. 큐베이스로 임포트 가능한 오디오 포맷은 Wav, MP3, Ogg, Wmv, Rex, W64, Rx2, Aiif, Sd2 포맷 등이 있다.

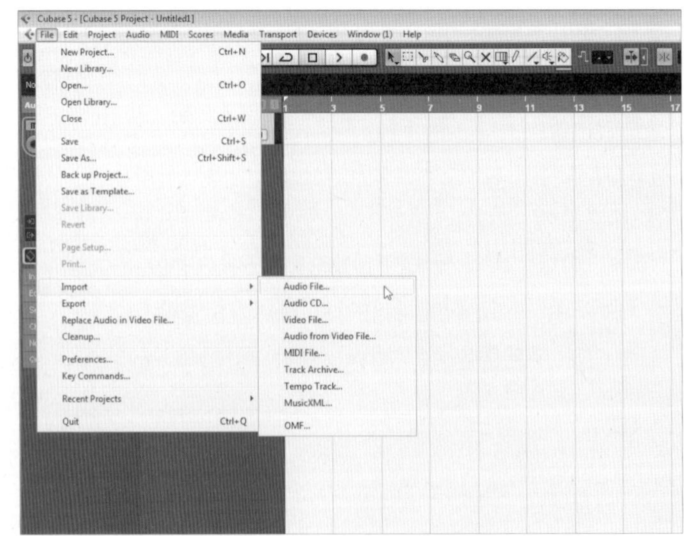

보컬 녹음과 악기 연주 녹음 준비하기

큐베이스에서 보컬 노래를 녹음하거나 악기 연주를 녹음하려면 오디오 트랙을 만들어야 한다. 오디오 트랙의 R 버튼을 눌러 녹음 준비 상태로 만든 뒤, 메인 툴바의 Record 버튼을 클릭하면 녹음 작업이 시작된다. 이때 윈도우 7의 녹음 디바이스에 따라 녹음할 수 있는 소스가 달라지는데, 녹음 디바이스가 마이크로 설정된 경우 보컬의 노래를, Line In으로 설정된 경우에는 Line in으로 들어오는 사운드 신호를 녹음할 수 있다.

1. 윈도우 7 - 녹음 준비하기

윈도우 7에 설치된 사운드카드/오디오카드에서 녹음 준비를 하려면 다음과 같이 스피커 아이콘을 마우스 오른쪽 버튼으로 클릭한 뒤 '녹음 장치' 메뉴를 실행한다.

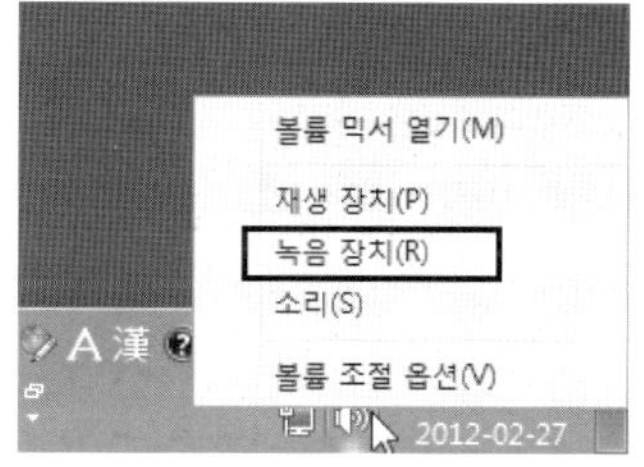

대화상자가 실행되면 사용자의 설정에 따라 여러 가지 상황으로 표시된다. 예를 들어 다음과 같이 녹음 장치가 하나만 표시되는 경우도 있다.

일반적인 사운드카드의 경우 최소 2개의 녹음 장치가 표시되어 있어야 한다. 바로 마이크(Mic)과 라인 입력(Line In) 장치이다. 제품에 따라 더 많은 녹음 장치가 표시될 수도 있다.

녹음 입력 장치가 하나만 표시된 모습

녹음 장치가 하나밖에 없으므로 감추어둔 녹음 장치를 찾아보자. 대화상자를 마우스 오른쪽으로 클릭한 뒤 '사용할 수 없는 장치'와 '연결이 끊긴 장치 표시' 양쪽에 체크 표시를 하여 사용 안하는 장치들도 '표시' 상태로 변경한다.

마우스 오른쪽으로 클릭하는 모습

사용 안 하는 녹음 장비가 모두 표시된 모습이다. 각각의 장치마다 마우스 오른쪽으로 클릭해 '사용'으로 변경한다.

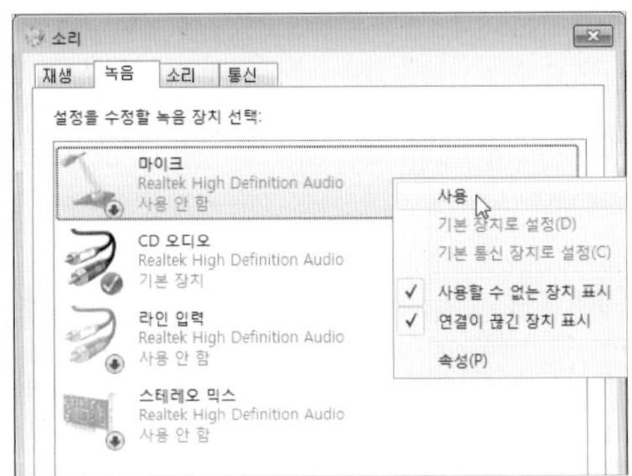

사용 안하는 장치를 사용으로 변경하는 모습

녹음 장치의 상태를 '사용'으로 변경하면 '준비됨'이란 글자가 표시된다. 4개 장치 모두 준비됨으로 바꾸면 이 4개의 장치에서 들어오는 사운드 신호를 큐베이스가 받을 수 있는 상태가 된다.

이제 큐베이스에서 이들 녹음 장치를 등록하는 방법을 알아본다.

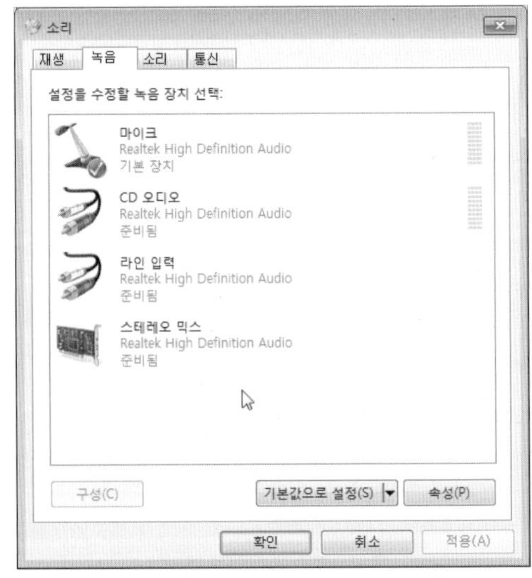

모든 장비를 준비됨으로 변경한 모습

 **참고** | **윈도우 XP의 녹음 준비 설정하기**

윈도우 XP에서 각 장비마다 녹음 준비를 하려면 시작 → 제어판 → 사운드 및 오디오 장치를 실행한다. 대화상자의 '오디오' 탭을 선택한 뒤 '소리 녹음' 항목에서 '볼륨' 버튼을 클릭해 '녹음 컨트롤' 대화상자를 불러온다.

윈도우 XP에서 녹음 프로그램은 여기서 설정한 소스를 녹음하기 때문에 보컬의 노래나 악기 연주를 녹음하고 싶다면 각 항목에 체크 표시를 해 '선택' 환경으로 바꿔 줘야 한다.

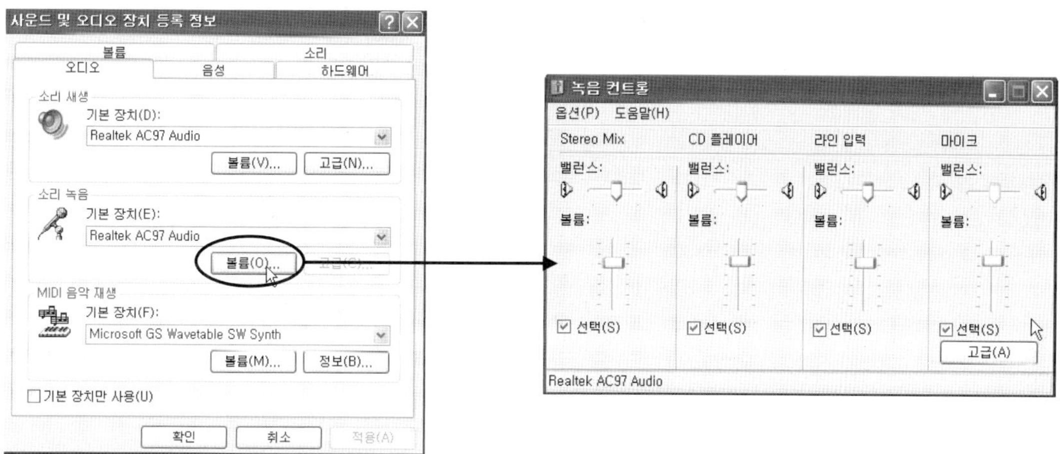

그림처럼 4개 장치에 모두 체크 표시를 하면 4개 장치 모두 녹음 작업을 할 때 사용할 수 있는 상태가 된다.

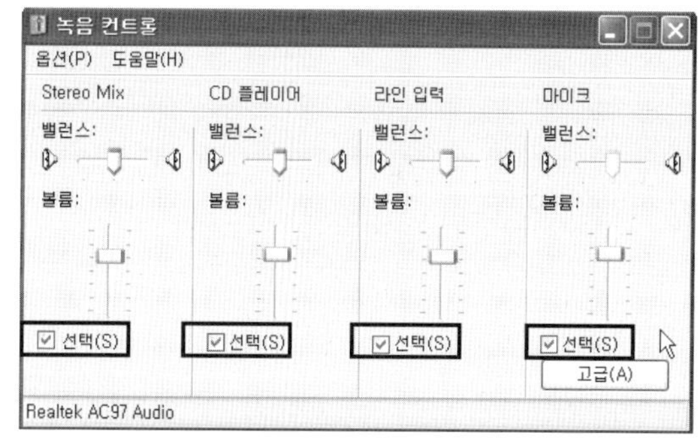

 **Tip**

Stero Mix 마우스를 클릭하는 소리, 포탈 사이트에 접속했을 때 들리는 소리, 윈앰프에서 연주하는 음악을 녹음할 때 선택한다.

2. 큐베이스에서 오디오 입출력 포트 구성하기

윈도우 제어판에서 모든 녹음 장치를 준비 상태로 변경했으므로 이제 큐베이스에 이들 장치들을 구성하여 등록해야 한다.

큐베이스에서 Devices → VST Connection 메뉴를 실행한다.

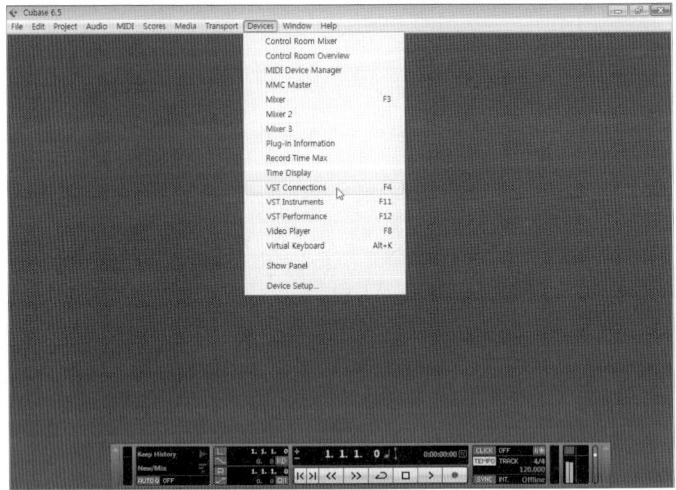

Input 탭은 입력 포트를 등록하는 편집 창이다. 녹음 작업은 입력 포트로 들어오는 신호를 받아서 하는 것이므로 입력 포트가 잘못 설정된 경우 녹음을 할 수 없게 된다.

큐베이스를 처음 설치하면 기본적으로 1개 혹은 2개의 입력 포트가 등록된 상태일 것이다.

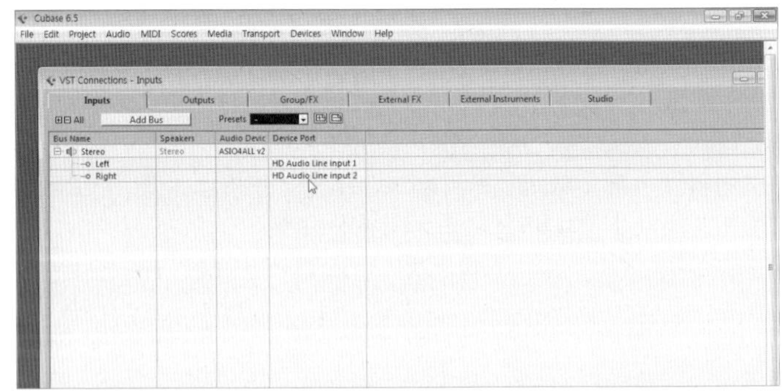

Add Bus 버튼을 누르면 새 입력 포트를 등록할 수 있다.

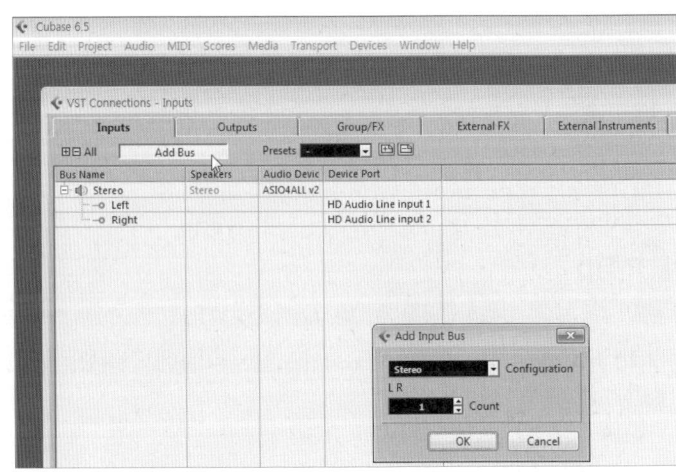

Add Bus 버튼으로 등록하려면 수작업으로 일일이 입력 포트를 구성해야 하므로 자동으로 등록하는 방법을 알아본다.

Presets 항목을 클릭하면 등록할 수 있는 포트 세트를 선택할 수 있다. 사용자의 사운드(오디오)카드와 Asio 설정에 따라 세트 구성이 달라진다.

사운드카드 사용자는 사운드카드에 마이크 입력 단자 1개와 라인 입력 단자 1개가 있으면 2 * Stereo를 선택한다.

오디오카드 사용자는 오디오카드에 마이크 입력 단자 2개와 라인 입력 단자 5개가 있으면 7 * Stereo를 선택한다.

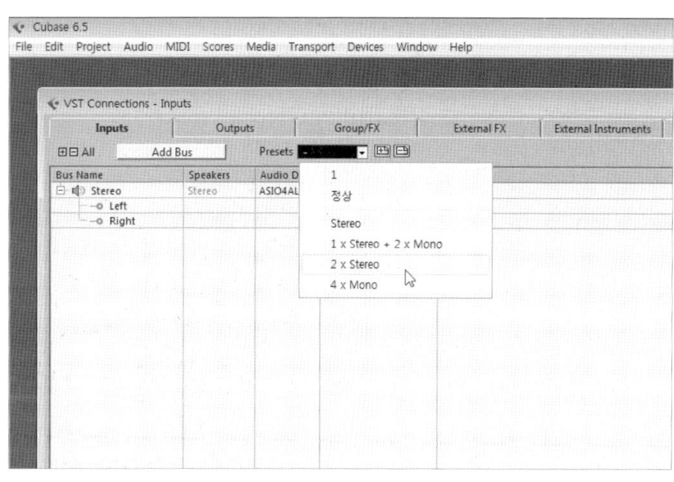

오른쪽 그림은 2 * Stereo를 선택해 자동으로 4개의 입력 포트를 2개의 스테레오 버스로 나누어 등록한 모습이다.

하나는 마이크용 입력 포트이고 다른 하나는 라인 입력 포트임을 알 수 있다.

각 버스의 이름 부분을 더블클릭해 버스 이름을 기억하기 쉬운 이름으로 변경한다. 예를 들어 Mic 입력 버스는 '마이크입력'으로, Line In 버스는 '라인입력'으로 이름을 변경한다.

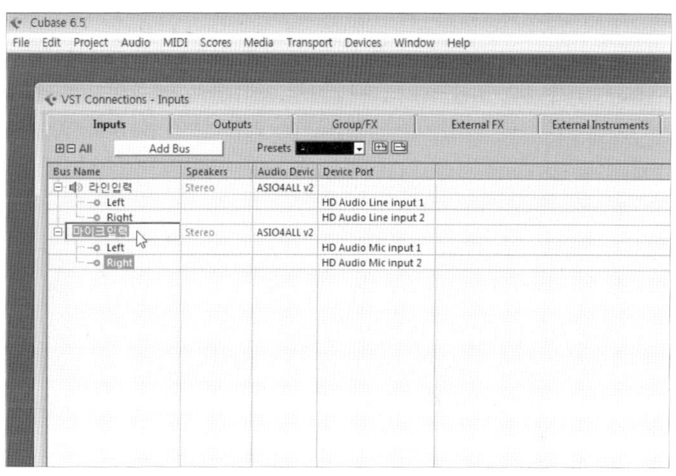

현재 포트 구성 상태를 프리셋으로 등록하기 위해 + 버튼을 클릭한다.

현재 설정된 포트 구성을 프리셋으로 등록하면 나중에 다른 시스템에서 작업한 프로젝트 파일을 불러올 때 입력 포트를 찾지 못할 경우 복구시킬 수 있다.

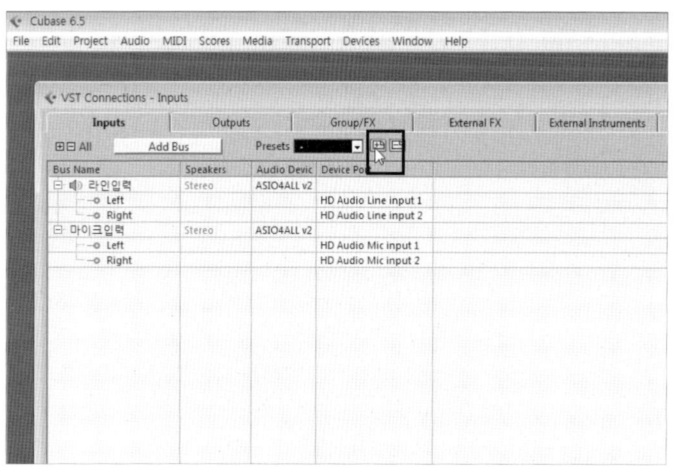

'녹음장치'라는 이름의 프리셋을 등록하였다.

이렇게 하면 나중에 녹음 작업을 할 때 입력 포트를 못
찾거나, 다른 시스템에서 작업한 프로젝트를 불러올 때
포트 실종이 발생할 경우, 등록해 둔 프리셋을 불러와
적용하면 입력 포트 구성을 자동으로 찾을 수 있다.

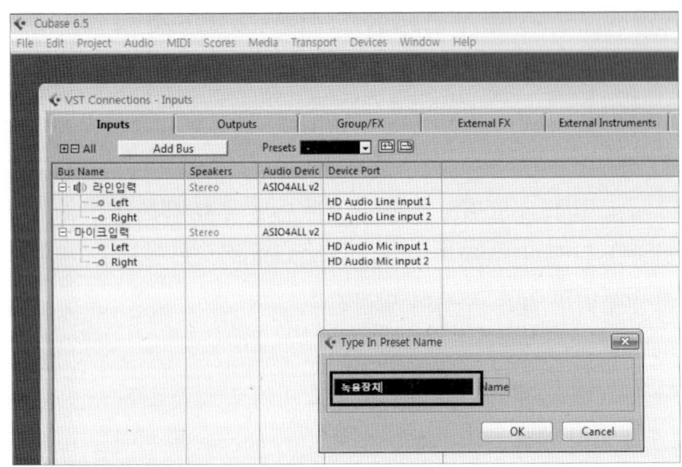

즉, 프리셋 항목을 클릭하면 방금 등록한 '녹음장치' 프
리셋이 보이므로 이 프리셋을 선택하면 입력 포트 구성
이 등록했을 때의 상태로 돌아갈 수 있다.

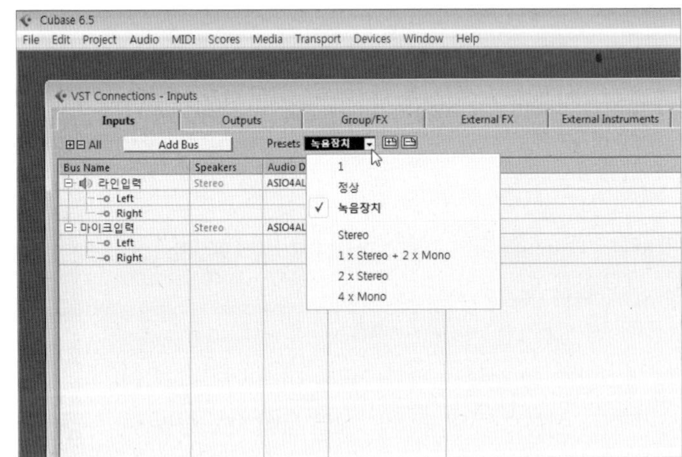

이번에는 오디오 출력 포트를 구성하기 위해 Output
탭을 클릭한다.

그림처럼 1개 또는 2개의 출력 버스와 출력 포트가 보
일 것이다.

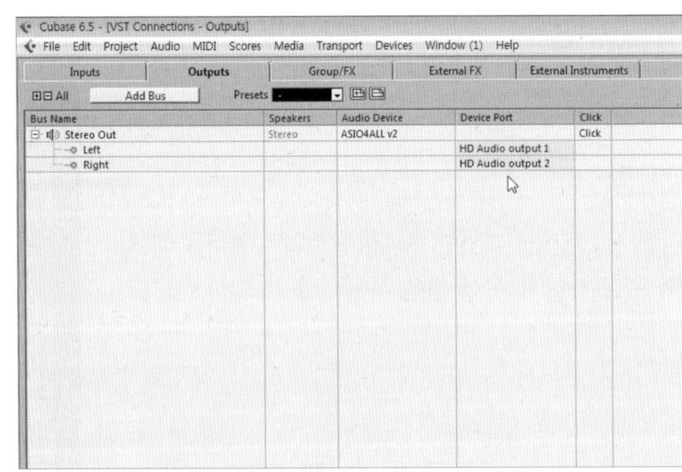

출력 포트도 자동으로 구성해 보자. 프리셋 부분을 클릭하면 현재 사용 중인 사운드(오디오)카드에 맞게 선택할 수 있는 포트 구성이 보인다.

사운드(오디오)카드에 출력 단자가 10개 있으면 5 * Stereo를 선택해 구성한다.

서라운드를 지원하는 사운드(오디오)카드가 장착된 경우에는 해당 서라운드를 선택한다.

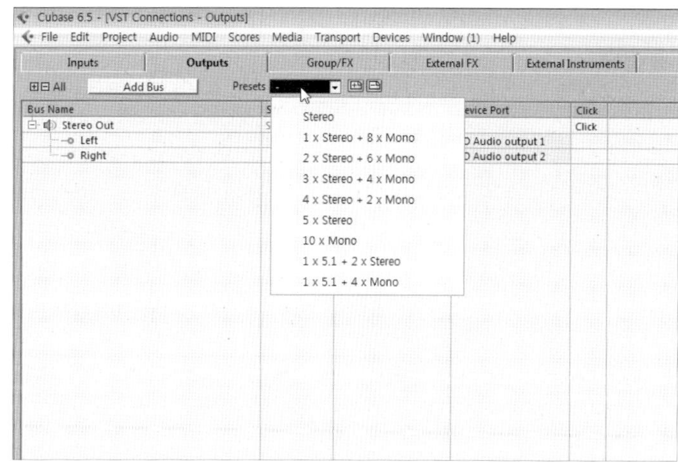

각 버스마다 출력 포트가 자동으로 설정된 모습이다. 앞에서와 마찬가지로 + 버튼을 클릭해 '5개의 출력장치'라는 이름으로 프리셋을 등록한다.

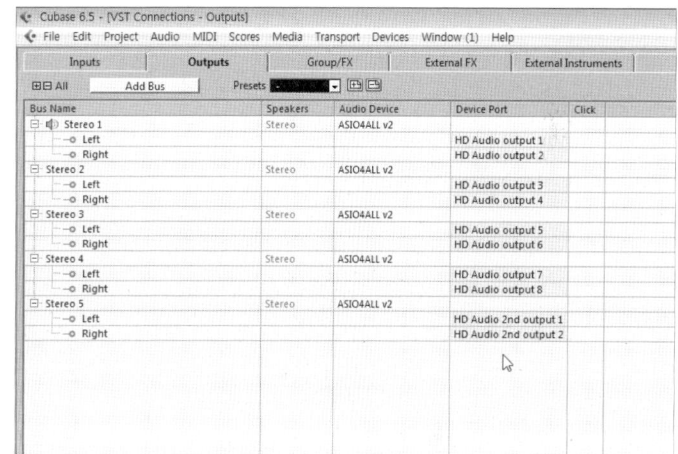

이제 설정한 포트 구성을 사용할 수 있는지 확인해보자. Project → Add Track → Audio Track 메뉴를 실행해 오디오트랙을 하나 만든다.

오디오 트랙 인스펙터에서 Input 파라미터를 클릭하면 앞에서 등록한 입력 포트를 선택할 수 있다. Output 파라미터를 클릭하면 앞에서 등록한 출력 포트를 선택할 수 있다.

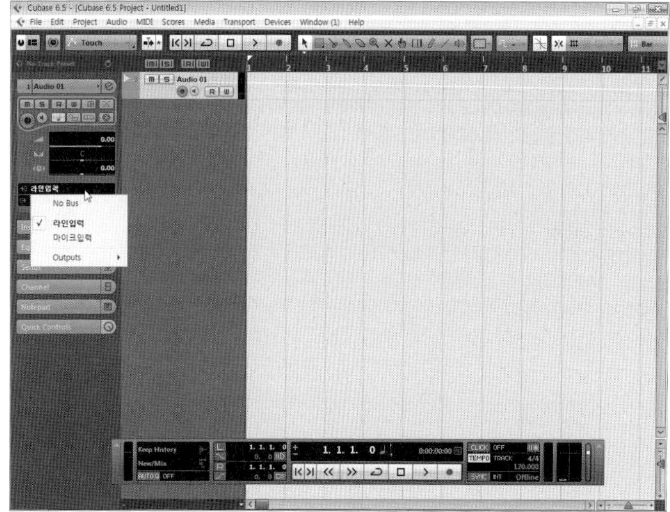

참고   Aiso4All의 녹음 포트 인식 오류 해결하기

오디오카드 사용자는 오디오카드 매뉴얼을 참고하면 마이크(Mic), 라인입력(Line in) 등의 입출력 포트를 그 개수에 맞게 정확하게 큐베이스의 Vst Connections 메뉴에 등록할 수 있으므로 별 문제가 발생하지 않는다. 하지만 사운드카드 사용자들이 사용하는 Asio4All의 경우 몇몇 사운드카드와 충돌하면서 마이크(Mic)나 라인입력(Line in) 등이 번갈아가며 동작하지 않는 경우가 발생한다. 이때 해결책은 Asio4All 제어판에서 다른 장치의 사용을 중지시키는 방법이 있다. 예를 들어 마이크(Mic)를 반드시 인식시키고 싶다면 다른 장치의 사용을 중지시키는 것이다.

참고로, 이 예제는 사운드카드 사용자들이 Asio4all로 큐베이스를 사용할 경우 따라하는 예제이지만, 오디오카드 사용자들도 입출력 오류가 발생할 경우를 대비해 한번 읽어보기 바란다.

먼저 어디에 문제가 있는지 파악하기 위해 Devices → Device Setup 메뉴를 실행한다.

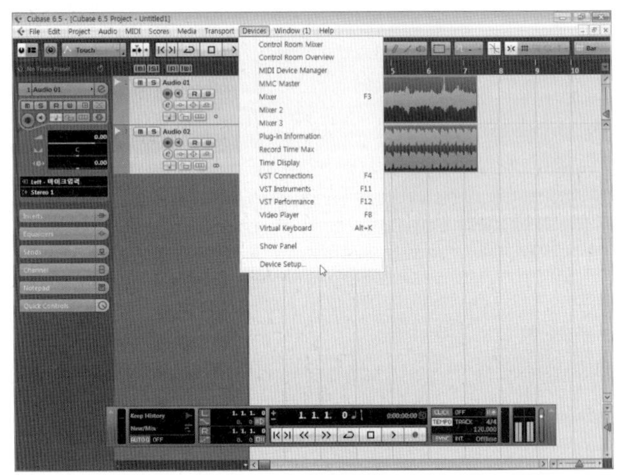

VST Audio System → Asio4all 탭을 선택한다.

오른쪽 창에 현재 정상적으로 동작하는Active 입출력 포트와 동작하지 않고 있는 Inactive 입출력 포트가 표시된다.

그림을 보면 CD 입력장치 외에 여러 장치가 동작하지 않고 있는 Inactive 상태이다.

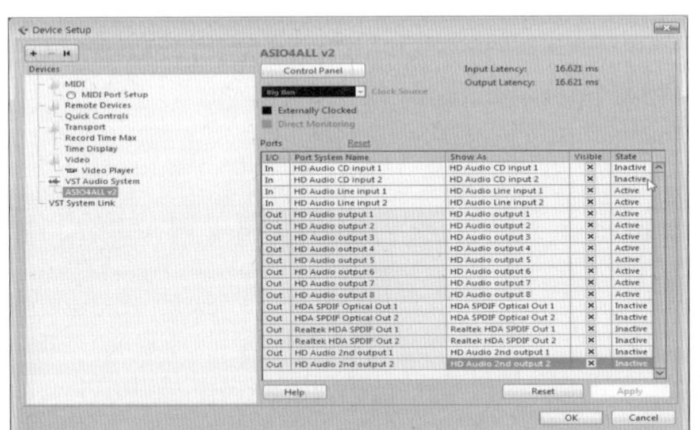

Control Panel 버튼을 클릭해 Asio4all 제어판을 불러온다.
오디오카드 사용자는 오디오카드 전용 제어판이 실행된다.

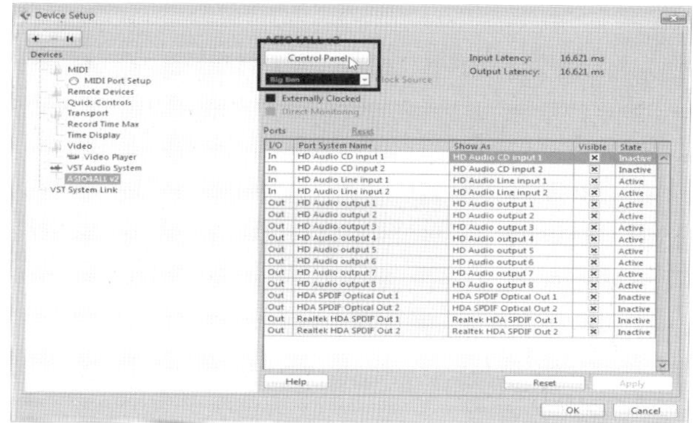

Asio4All 제어판을 보면 문제가 있는 장치에 Beyond
Logic 아이콘이 떠 있다. 여기서는 Mic Input 장치와
Stereo Input 장치에 Beyond Logic 아이콘이 떠 있으므
로 2개 입력장치가 동작하지 않는 상태이다.

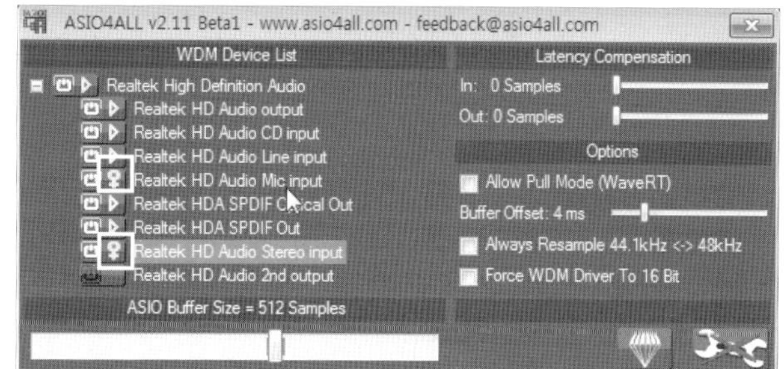

여기서 어느 하나를 동작시키려면 필요없는 다른 장치
1~2개를 Off으로 꺼주어야 한다. 여기서는 Active 상태인
CD Input 포트, Stereo Input 포트 2개를 꺼주고, Mic 포
트를 켜주었다. 참고로, Stereo Input 포트는 바탕화면에서
들리는 사운드(Stereo Mix)를 녹음할 때 사용하는 포트이
므로 나중에 바탕화면 사운드를 녹음하고 싶다면 다른 포
트를 끄고 이 포트를 다시 켜주어야 한다.

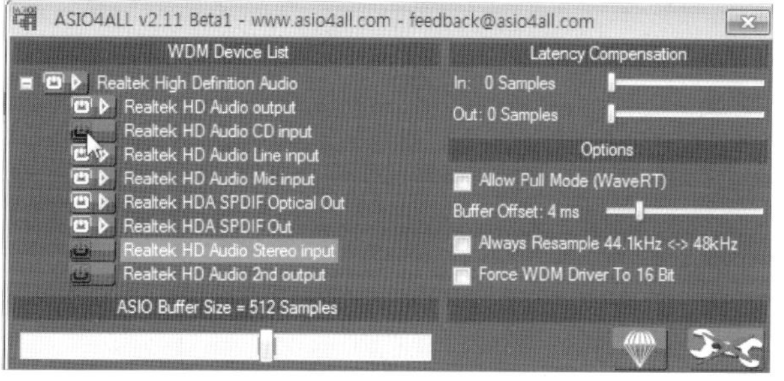

Asio4All 제어판을 닫으면 마이크(Mic) 포트가 Active 상태
로 돌아온 것을 알 수 있다. Asio4All은 이처럼 안정적이지
않기 때문에 몇몇 포트를 찾지 못할 경우에는 수작업으로
Active 장치와 Inactive 장치를 번갈아가면서 끄고 켜야 한
다. 몇 개까지 끄고 꺼야 할지는 사운드카드마다 다르므로
꼭 필요한 장치만 Active 상태로 만들어주면 된다.

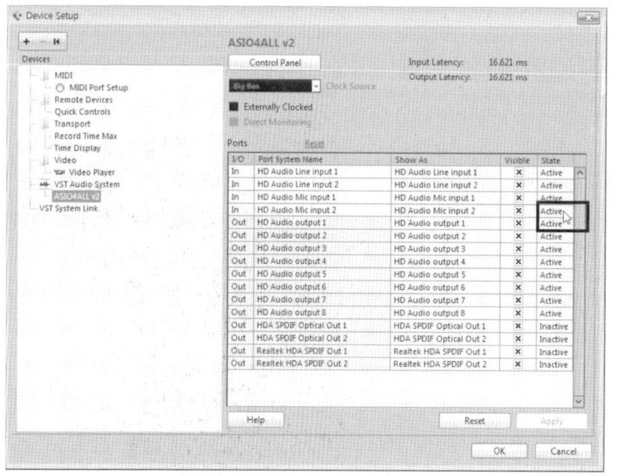

보컬 노래 또는 라인입력 신호 녹음하기

큐베이스 6.5를 실행한 뒤 More → Empty 옵션으로
비어 있는 프로젝트를 생성시킨다.

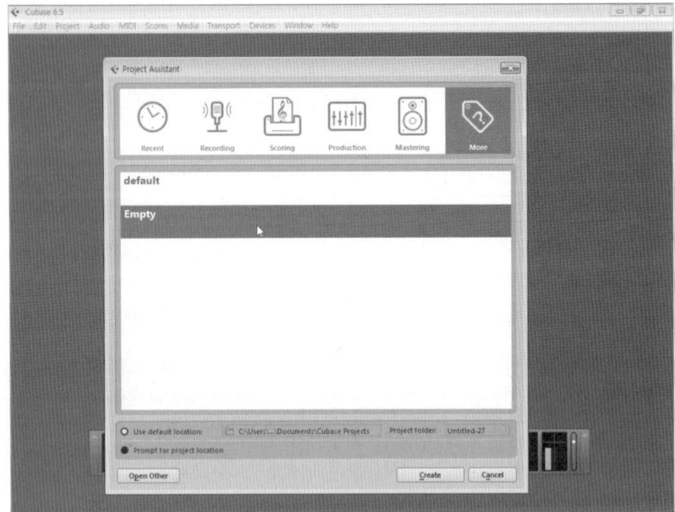

트랙 패널의 빈 곳을 마우스 오른쪽 버튼으로 클릭한
뒤 Add Audio Track 메뉴를 실행해 새 오디오 트랙을
만든다.

이때 오디오 트랙을 스테레오 트랙으로 만들 것인지 모
노 트랙으로 만들 것인지 선택하고 적용한다. 스테레오
/모노 여부는 입력되는 사운드 소스에 따라 달라지는데
마이크 녹음은 모노를, 라인 입력 신호는 스테레오로
녹음한다.

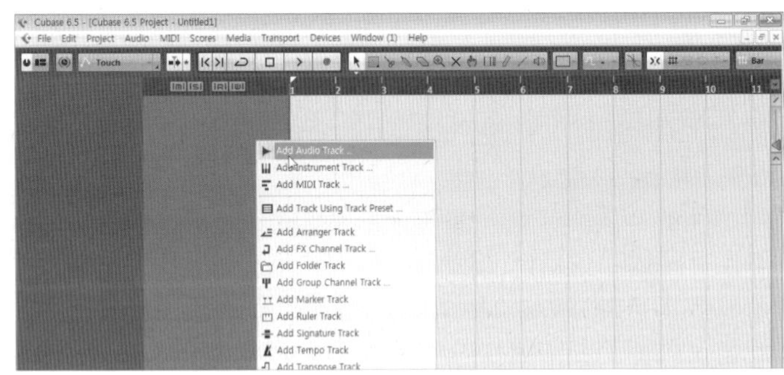

인스펙터의 Input 파라미터를 클릭해 신호가 들어오는
입력 포트를 선택한다. 만일 멀티 포트 사용자라면 여
러 개의 입력 포트가 표시되므로, 마이크 녹음 시에는
마이크 포트를, 라인 입력 신호를 녹음할 때는 라인 입
력을 선택해야 한다. 멀티 포트를 설정하지 않은 경우
에는 기본값인 Stereo를 선택한다. 이 경우엔 마이크가
아닌 라인 입력 신호가 녹음되게 된다.

마이크 녹음은 다음(P 108)에 나오는 실전 예제를 참고
한다.

키패드의 1키를 눌러 프로젝트 커서를 곡의 시작 위치로 이동시키고, 오디오 트랙의 '녹음 준비(Record Enable)' 버튼을 켜 해당 트랙을 녹음 준비 상태로 전환한다.(빨간색으로 On하면 해당 트랙이 녹음 준비 상태이다.)

입력 포트로 들어오는 사운드 신호를 녹음 중 들을 수 있도록 모니터(Monitor) 버튼을 켠다.

이 버튼을 끄면 입력 포트로 들어오는 사운드를 모니터할 수 없다.

녹음을 시작하기 전 예비 메트로놈이 들리도록 트랜스포트 툴바(F2)의 Precount 버튼을 On으로 변경한다. 툴바의 Record 버튼을 클릭해 녹음을 시작하면 2박자 길이의 예비 메트로놈이 들린 뒤 녹음이 시작된다.

이때, 미디 트랙이 동시에 플레이되고 있을 경우, 미디 트랙은 마이크나 Line In으로 들어오는 사운드가 아니므로 오디오 트랙에 녹음되지 않는다.

실전예제 보컬 녹음과 악기 연주 동시 녹음 - 2트랙 동시 녹음하기

통기타 연주에 자신 있는 분들은 통기타 연주를 하면서 노래를 녹음하는 경우가 있다. 이때 마이크 1개로 녹음하지 않고, 2개의 마이크를 사용해 통기타 연주와 보컬 노래를 따로 물리고 녹음하는 것이 정석이다. 이 경우 2개의 마이크 입력을 지원하는 오디오카드가 필요하고, 동시에 2개의 입력 신호를 녹음하는 상태이므로 오디오 트랙도 2개가 필요하다. 이를 2트랙 녹음이라고 말한다. 또는 노래방 기계에서 반주음을 재생하고, 그 반주음에 맞게 노래를 부르면서 녹음하는 경우도 있다. 이 경우엔 보컬 녹음용 마이크 1개와 노래방 기계의 사운드가 입력되는 라인 입력 단자 1개가 필요하다. 여기서는 마이크 신호와 라인 입력 신호를 동시에 녹음하는 2트랙 녹음 방법을 따라해본다.

01 사운드(오디오)카드의 마이크 단자에 마이크를 연결한 뒤, 라인 입력 단자에는 노래방 기계의 출력 단자를 연결한다.

File → New 메뉴를 실행한 뒤 More 탭에서 Empty를 선택해 비어 있는 프로젝트를 생성시킨다.(옆 그림은 큐베이스 6.5 그림이다. 큐베이스 5 사용자는 바로 Empty 옵션을 선택할 수 있다.)

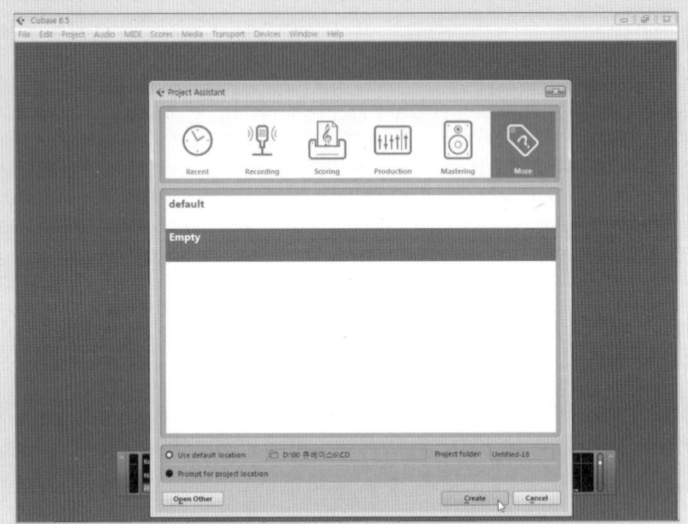

02 이번 경우처럼 여러 입력 포트에서 들어오는 신호를 동시에 녹음하려면 입력 포트 설정이 정확하게 되어 있는지 미리 확인해야 한다. Devices → VST Connections 메뉴를 실행한다.

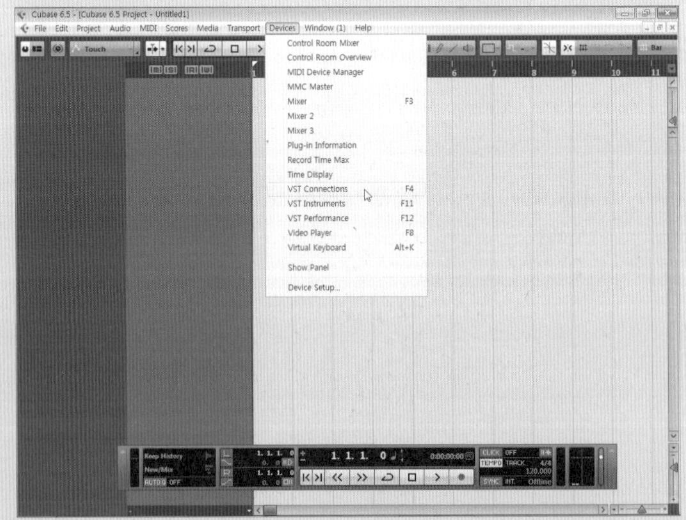

03 Input 탭을 클릭한다. 2트랙 동시 녹음은 오디오 입력에 사용하는 입력 포트가 2개 이상 멀티 포트로 등록된 상태여야 한다.(P 100 '큐베이스에서 오디오 입출력 포트 구성하기' 참고)

앞 내용을 참고해 멀티 녹음 포트를 등록한 뒤 프리셋으로 저장한 경우, 그림처럼 프리셋 버튼을 켜면 '녹음장치' 프리셋이 보일 것이다.

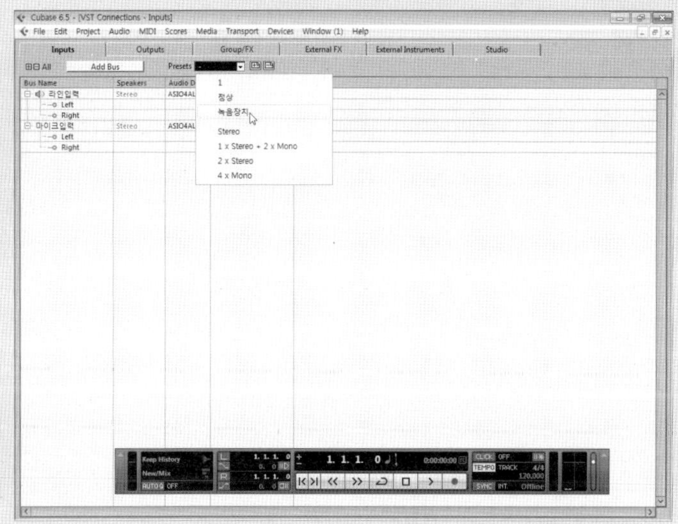

04 앞에서 등록해 둔 2개의 입력 포트가 보일 것이다. 하나는 마이크(Mic) 입력 포트이고, 다른 하나는 라인 입력(Line In) 포트이다.

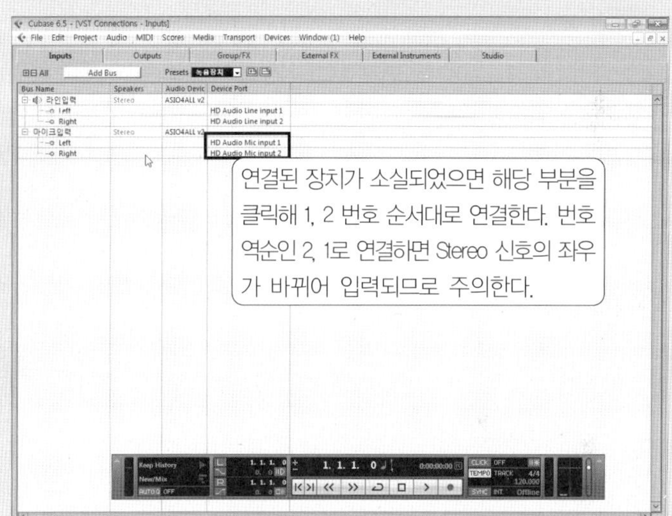

05 트랙 패널을 마우스 오른쪽으로 클릭한 뒤 Add Audio Track 메뉴를 실행한다.

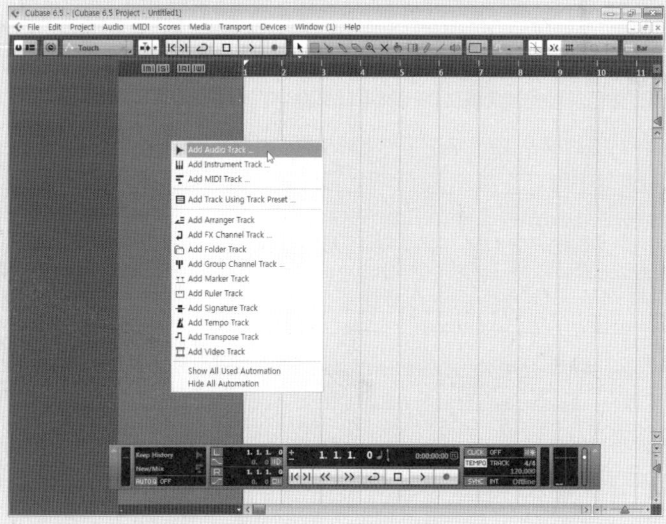

06 보컬 녹음은 스테레오가 아닌 모노로 녹음해야 하므로 그림처럼 'Mono'를 선택해 모노 오디오 트랙을 생성시킨다.

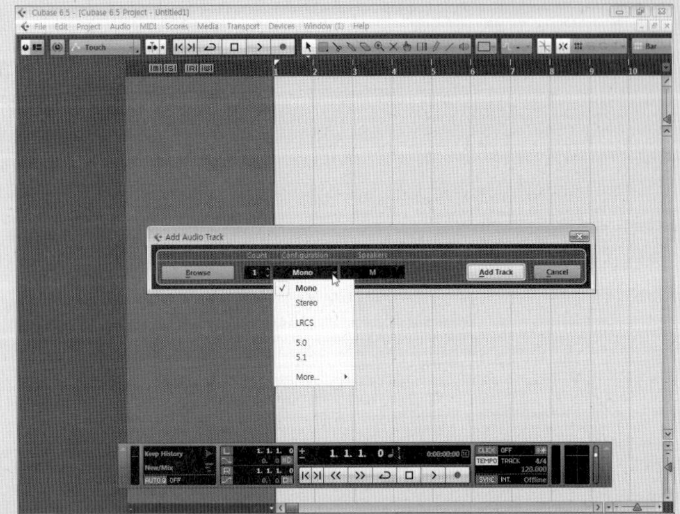

07 1번 오디오 트랙이 생성되면 Input 파라미터를 클릭해 '마이크입력'을 선택한다. 1번 오디오 트랙은 마이크 신호를 받을 수 있는 상태가 된다.

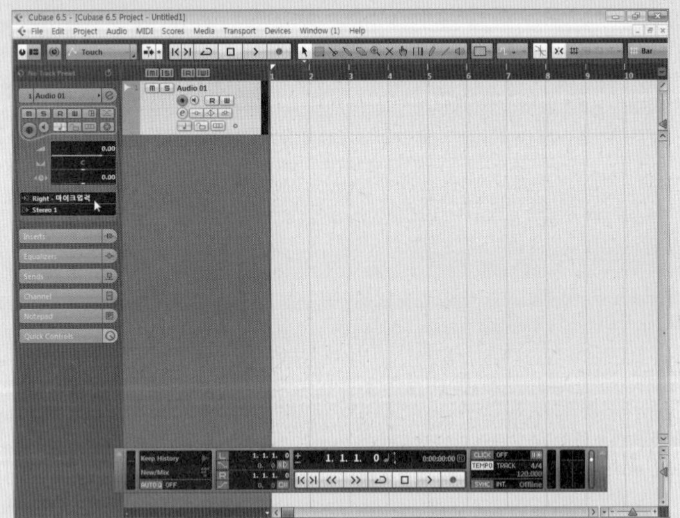

08 트랙 패널을 마우스 오른쪽으로 클릭한 뒤 Add Audio Track 메뉴를 실행한다. 라인 입력(Line In)으로 들어오는 노래방 기계의 사운드 신호의 경우 보통 스테레오 신호이므로 'Stereo'를 선택하고 적용한다.

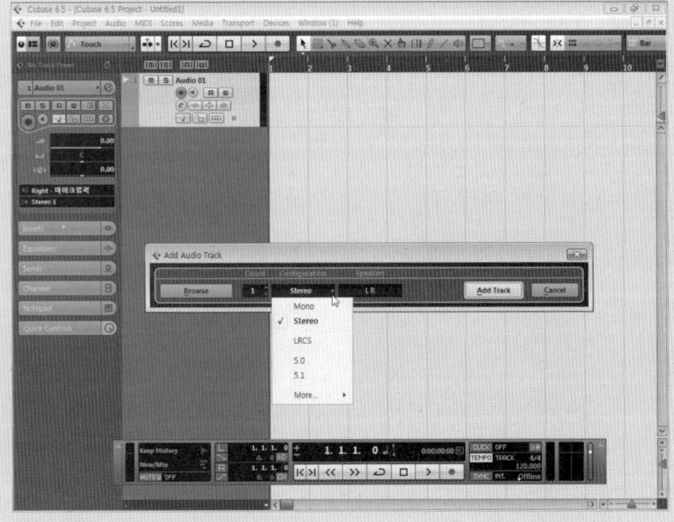

09 2번 오디오 트랙이 만들어지면 Input 파라미터에서 '라인입력'을 선택한다.

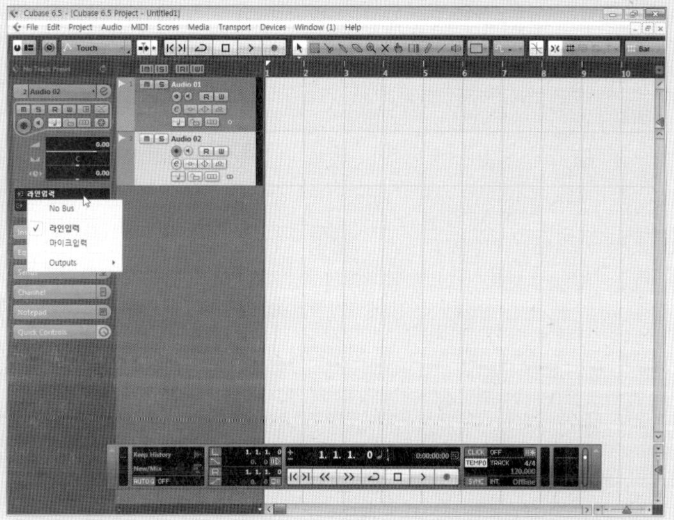

10 1번 오디오 트랙에 마이크 신호가 잘 들어오는지 확인하기 위해 '모니터' 버튼을 켠다. 마이크에 대고 테스트를 해본다. 입력 레벨이 반응을 보일 것이다.

11 2번 오디오 트랙에 라인 입력 신호가 잘 들어오는지 확인하기 위해 '모니터' 버튼을 켠다. 라인 입력에 연결된 노래방 기계를 플레이하면 2번 트랙의 입력 레벨이 반응을 보일 것이다.

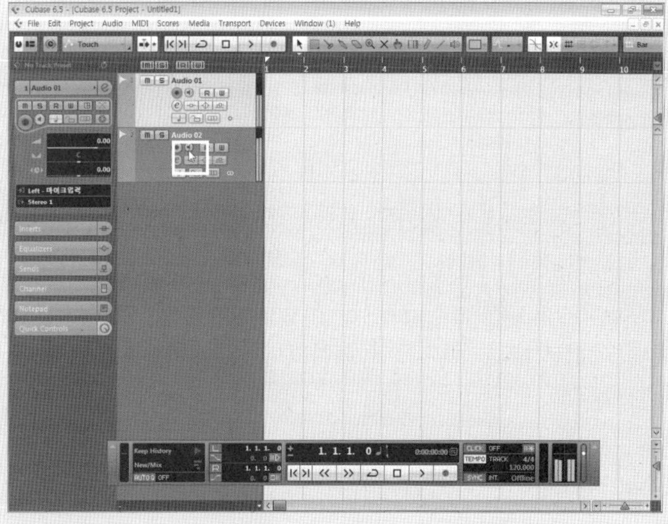

12 2트랙 동시에 녹음해야 하므로 Ctrl + 클릭으로 트랙 패널을 각각 클릭해 2개 트랙을 모두 선택해 준다.

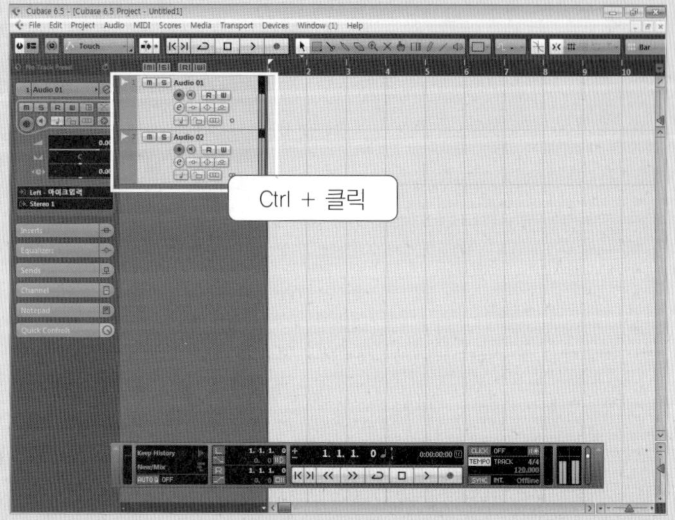

13 트랙마다 있는 녹음 준비(Record Enable) 버튼이 켜 있는지 확인한다. 녹음 준비 버튼이 꺼져 있으면 해당 트랙은 녹음이 되지 않으므로 빨간색으로 켜준다.

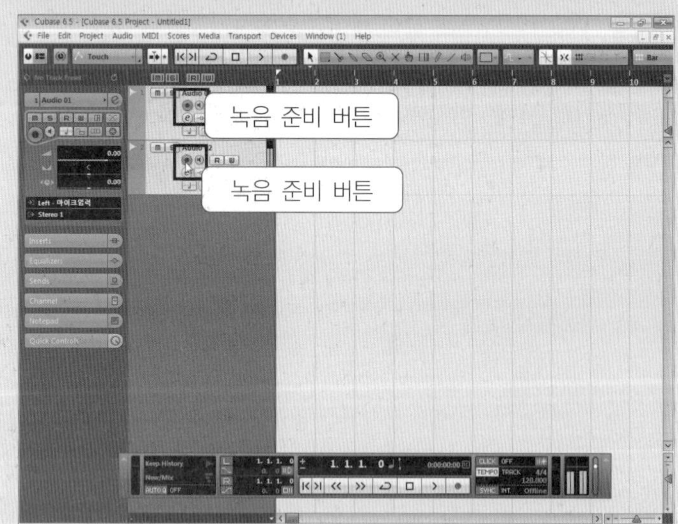

14 녹음을 시작하기 전 예비 메트로놈이 들리도록 트랜스포트 툴바(F2)의 Precount 버튼을 On으로 변경한다.

그림은 마이크에서 들어오는 사운드 신호는 1번 오디오 트랙에, 라인 입력으로 들어오는 사운드 신호는 2번 트랙에 녹음되는 모습이다. 녹음을 완료하려면 Stop 버튼을 클릭하거나 Space Bar를 누른다.

참고 **외장악기 사운드 녹음하고 모니터링 기능 활용하기**

만일 미디 트랙의 출력(Output) 포트에 가상악기를 연결하지 않고 신디사이저나 샘플러 같은 외장 악기나 외장 음원 장비를 연결해 사운드를 출력하는 경우라면 큐베이스에서 믹스다운으로 오디오 파일을 만들 수 없다.

이 경우에는 녹음용 오디오 트랙을 생성시킨 뒤, 미디 트랙을 연주하면서 오디오 트랙에 외장 악기음을 레코딩해야 한다.

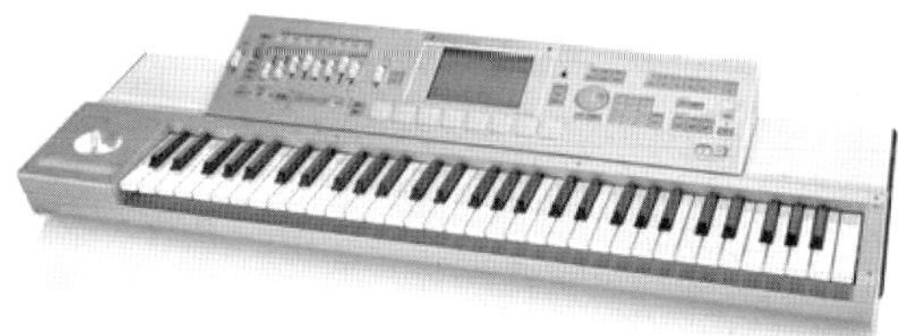

미디 트랙에 위장악기를 연결한 경우 오디오(사운드)카드의 라인 In으로 연결한 뒤 큐베이스의 오디오 트랙에 녹음한다.

외장 신디사이저

이때 사용자는 신디사이저의 Line Out을 오디오카드의 Line In 단자에 연결한 뒤 녹음 소스를 Line In으로 선택하면 외장 악기 사운드를 오디오 트랙에 녹음할 수 있다.

만일 외장악기에서 3개의 악기 음색(패치)을 사용하고 있고, 이들 악기 음색(패치)을 개별적인 오디오 트랙에 각각 동시에 녹음하려면 여러 개의 라인 입출력 단자를 지원하는 오디오카드를 사용해야 한다. 그런 뒤 큐베이스의 VST Connection 메뉴에서 Input 포트를 멀티로 등록하면 Line in 1, Line in 2, Line in 3... 등으로 각각의 악기음을 연결하고 멀티 트랙 레코딩 방식으로 동시에 녹음할 수 있다.

오디오 트랙의 모니터 버튼( )은 Input/Echo 버튼이라고 말하며, 마이크나 Line In으로 입력되는 사운드를 큐베이스를 통해 실시간으로 들을 때 사용한다. 만일 노래를 녹음하거나 외장 악기음을 녹음하고 있다면 이들 노래 소리가 큐베이스를 통해 어떻게 들리는지 확인하고 싶다면 모니터 버튼을 On하는 것이 좋다.

음반 최종 작업 미리 공부하기
– 믹싱 & 마스터링

큐베이스로 만든 곡을 음반으로 제작하려면 그 전에 귀에 듣기 좋도록 믹싱 작업을 해야 한다. 믹싱이란 여러 악기로 만든 미디 곡을 각 트랙별로 악기들의 볼륨, 이퀄라이저, 음향 효과 등을 조율하고 보컬의 노래 소리와 최적화 되도록 사운드를 조율하는 작업을 말한다. 지금부터 음반 제작의 최종 작업이라고 할 수 있는 믹싱 작업과 마스터링 작업의 개념을 익혀본다.

믹싱 작업의 준비물 – 오디오 소스

믹싱 작업을 하려면 악기 파트별 오디오 소스가 필요하다. 큐베이스의 경우 미디 트랙 상에서도 믹싱 작업을 할 수 있도록 멋진 기능들을 제공하지만 가상악기들이 메모리를 점유한 상태에서 실시간 믹싱 작업을 하는 것은 사운드의 안정성에 문제가 발생한다.

따라서 안전하고 정교한 믹싱 작업을 하려면 미디 트랙을 오디오 트랙으로 전환한 뒤 믹싱 작업을 하는 것이 좋다.

예를 들어 아래와 같이 7개의 미디 트랙으로 구성된 곡이라면 7개의 오디오 클립으로 각각 전환한 뒤 오디오 트랙으로 다시 불러온 뒤 작업해야 하는데, 큐베이스의 경우 익스포트 메뉴로 미디 트랙을 믹스다운하는 동시에 오디오 트랙으로 자동 로딩할 수 있다.

7개의 미디 트랙

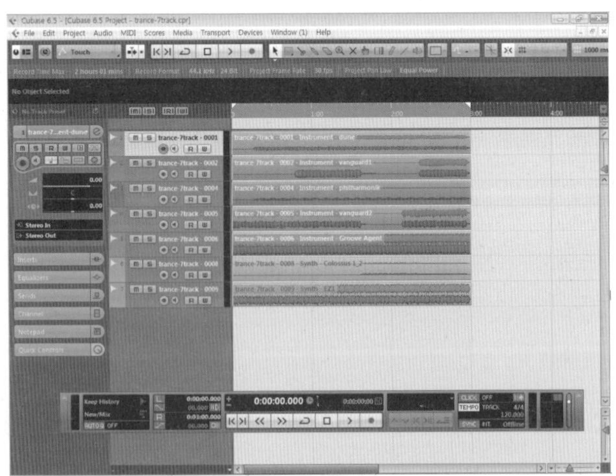

7개의 오디오 트랙으로 믹스다운한 모습

큐베이스에서 믹스다운으로 오디오 소스 만들기

미디 트랙을 믹스다운하는 이유는 여러 트랙을 합쳐 우리가 쉽게 들을 수 있는 Wav 파일이나 Mp3 파일을 만들 목적도 있지만, 믹싱 작업을 위한 오디오 소스를 만들 목적도 있다.

참고로, 큐베이스에서 미디 트랙을 믹스다운하려면 반드시 가상악기를 연결한 상태여야 하며, 악기를 연결하지 않았거나 외장악기를 연결한 경우에는 믹스다운되지 않음을 유념해야 한다. 여기서는 믹스다운을 하는 3가지 방법을 알고 넘어가자.

Sample 폴더에서 'midi-3track.cpr' 파일을 불러온다. 3개의 미디 트랙에 각각 가상악기를 연결한 상태이다. 이 상태에서 믹싱 & 마스터링 작업을 하려면 미디 트랙 3개를 각각의 오디오 트랙으로 전환해야 한다.

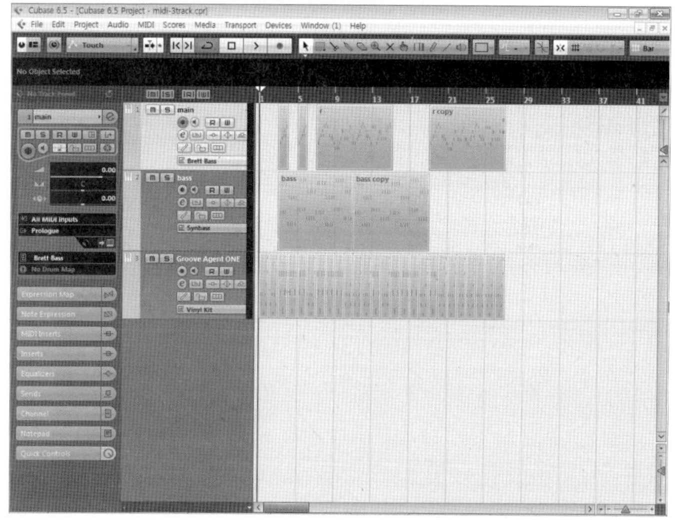

믹스다운을 하려면 룰러에서 믹스다운할 구간을 설정해야 한다. 여기서는 곡 전체를 선택할 예정이다. 선택 툴로 드래그하여 전체 미디 클립을 선택한다.

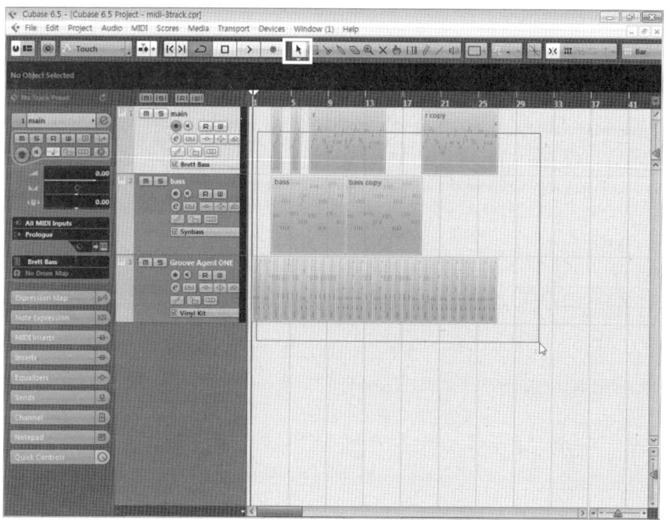

단축키 P를 누르면 룰러의 '오른쪽 로케이터'가 자동으로 곡의 끝부분에 붙으면서 구간이 선택된다.

믹스다운할 때는 반드시 룰러의 왼쪽–오른쪽 로케이터로 믹스다운할 구간을 설정해야 한다.

참고로, 단축키로 선택 구간을 설정하려면 룰러를 Ctrl + 클릭해 선택 영역의 시작점, Alt + 클릭해 선택 영역의 끝부분을 설정해야 한다.

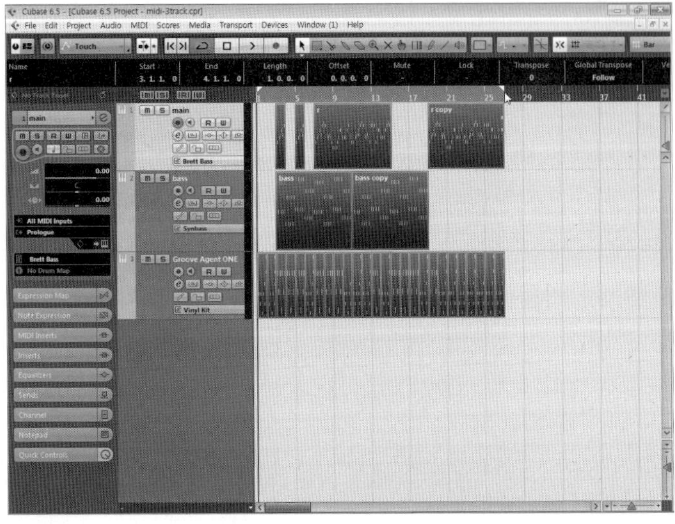

File → Export → Audio Mixdown 메뉴를 실행한다.

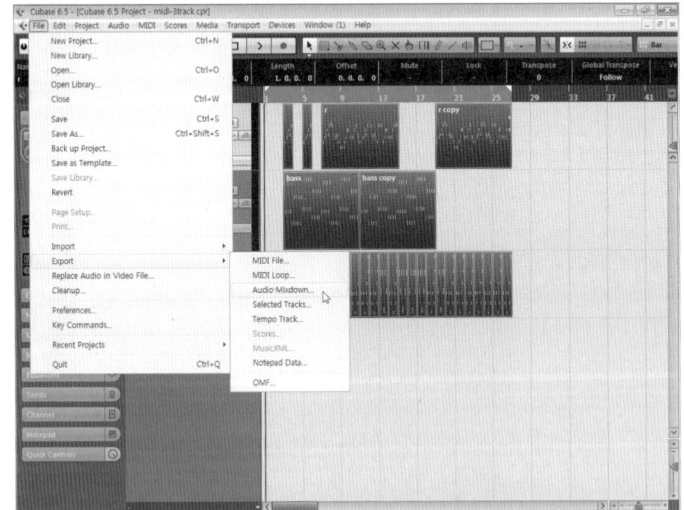

선택한 미디 트랙 3개를 모두 합친 뒤 하나의 오디오 파일로 믹스다운하려면 Output Channel 항목에만 체크한 뒤, Export 버튼을 눌러 믹스다운하면 된다.

이 경우 3개의 트랙이 하나의 오디오 파일로 합쳐지므로 나중에 믹싱 & 마스터링 작업을 할 수 없지만, 바로 곡을 Wav 파일이나 Mp3 파일로 사용할 수 있다는 장점이 있다.

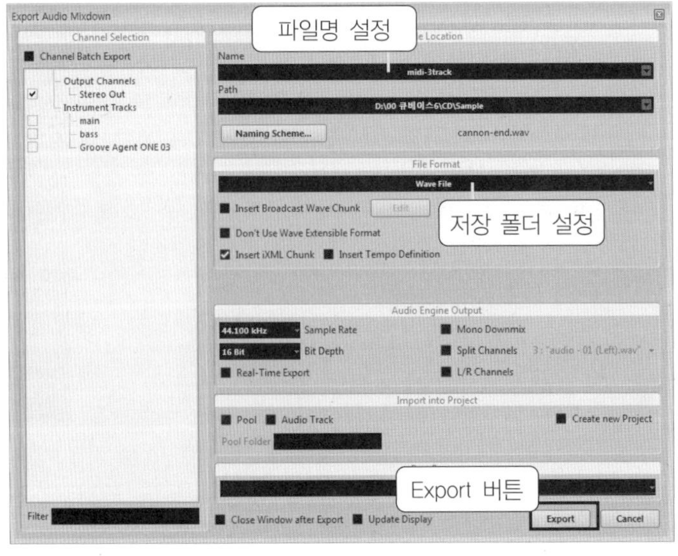

윈도우 탐색기로 확인하면 지정한 폴더에 하나로 합쳐진 오디오 파일이 생성된 것을 알 수 있다.

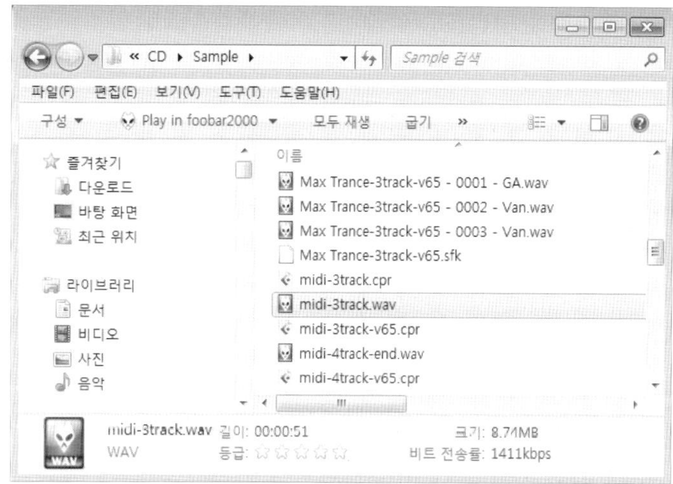

만일 믹싱 작업을 하고 싶다면 미디 트랙 3개를 합치는 것이 아니라 각각의 오디오 클립으로 나누어 믹스다운해야 한다.

Mixdown 대화상자의 Channel Batch Export 옵션에 체크한 뒤 Instrument Track 항목에 체크하고, Export 버튼을 클릭하면 각각의 트랙이 개별 오디오 파일로 믹스다운된다.

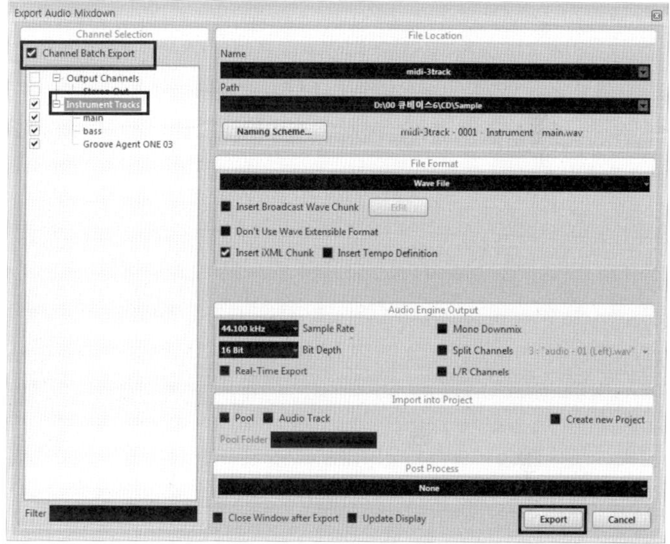

윈도우 탐색기로 저장 폴더를 찾아가면 미디 트랙이 각각의 오디오 파일 3개로 생성된 것을 알 수 있다.

이 오디오 파일 3개를 큐베이스에서 새 프로젝트를 만든 뒤 오디오 트랙으로 가져오면 믹싱 & 마스터링 작업을 할 수 있다.

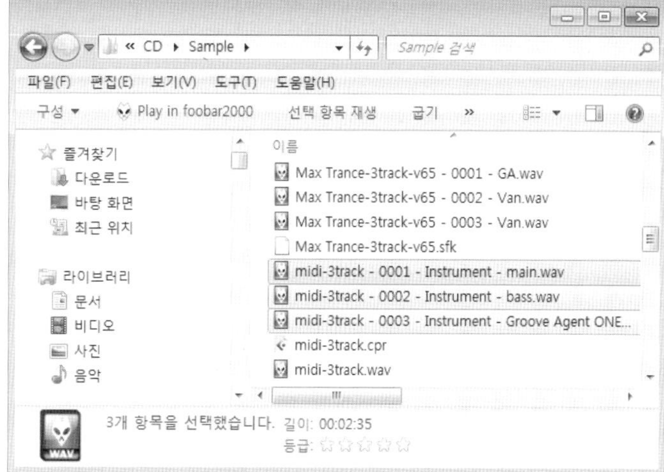

앞에서와 같은 방법으로 작업하면 미디 트랙을 오디오 클립으로 믹스다운 저장한 뒤 다시 큐베이스의 오디오 트랙으로 재배치해야 하는 번거로움이 있다. 시간을 절약하려면 다음과 같이 Create New Project 옵션을 사용한다.

먼저 Mixdown 대화상자에서 각각의 미디 트랙 3개에만 체크한 뒤(Instrument Track은 자동으로 체크된다), Create New Project 옵션에 체크하고, Export 버튼을 눌러 믹스다운한다. 이때 저장될 프로젝트 파일명을 원본 프로젝트 파일과 똑같이 설정하면 원본 파일을 덮어 씌우므로 저장될 파일명을 다르게 설정하고 믹스다운한다.

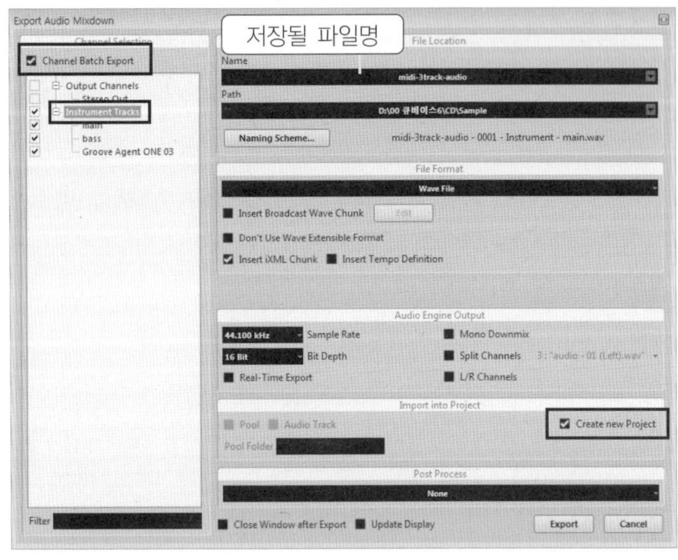

이렇게 하면 3개의 미디 트랙이 각각의 오디오 파일로 믹스다운된 뒤 새 프로젝트에서 자동으로 열리는 상태가 된다.

하드디스크에서 일일이 믹스다운된 오디오 소스를 불러오는 과정을 생략할 수 있으므로 작업 시간을 단축할 수 있다.

오디오 소스가 만들어졌으므로 지금부터 큐베이스에서 제공하는 각종 기능으로 믹싱 및 마스터링 작업을 할 수 있다.

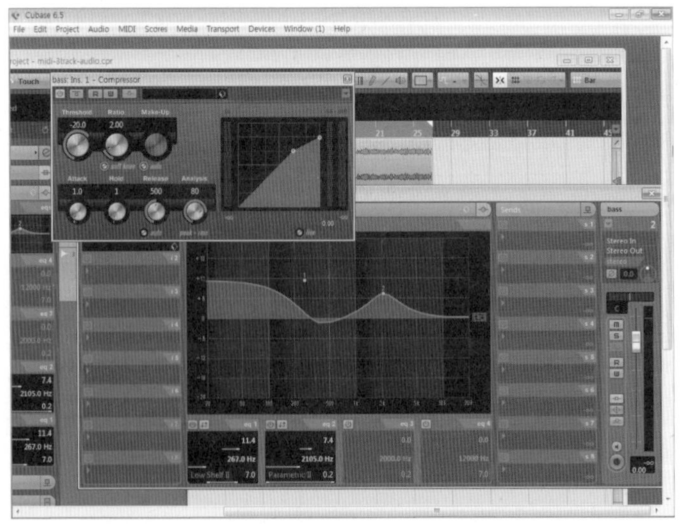

오디오 믹싱(사운드 믹싱)의 이해

큐베이스에서 사운드 믹싱을 하려면 앞에서와 같이 미디 트랙을 오디오 트랙으로 전환하는 작업이 필요하다. 큐베이스의 경우 File → Export → Mixdown 메뉴로 변환 및 재배치 작업을 자동화할 수 있다. 이때 각각의 트랙마다 각각의 악기 사운드가 들어있으므로 전체 악기 파트를 사람 귀에 듣기 좋도록 반죽하고 섞는 작업이 믹싱 작업이라고 할 수 있다.

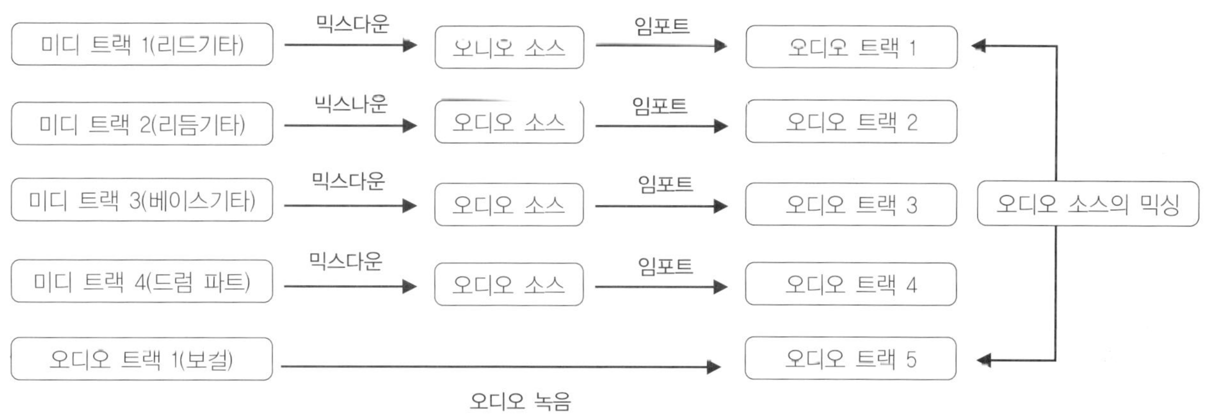

원래 사운드 믹싱은 별도의 믹서 같은 외장 장비가 필요했지만 시퀀서 프로그램이 발전하면서 큐베이스의 경우 내장 이펙트 기능을 사용해 믹싱 작업을 진행할 수 있다. 큐베이스는 이를 위해 믹서 기능을 제공하기도 한다.

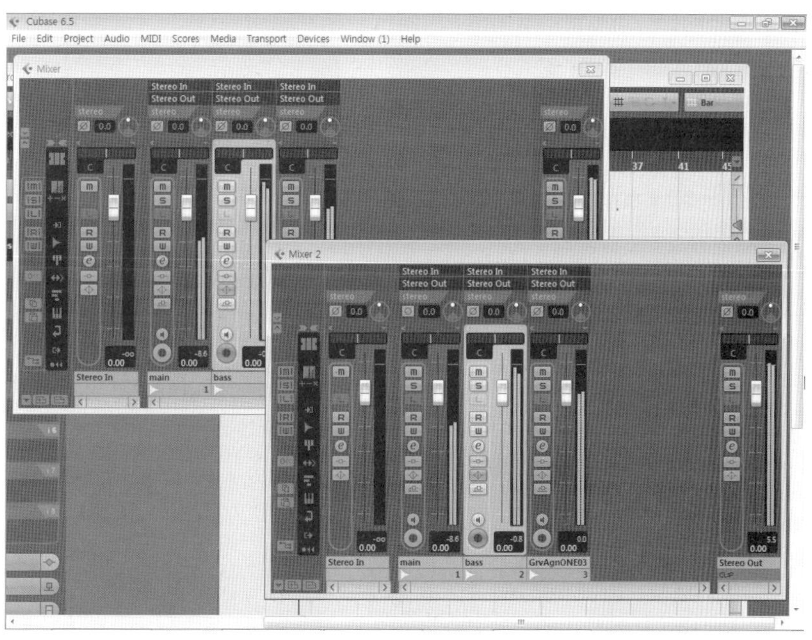

Devices → Mixer 메뉴로 실행하는 큐베이스의 믹서 기능

또한 믹싱 작업은 오디오 트랙마다 개별적으로 진행하기도 하지만 전체 트랙을 대상으로 종합적으로도 진행하기도 한다. 이 때문에 믹싱 작업에서는 음색을 조절하는 이퀄라이저, 고음부를 압축하는 컴프레서, 노이즈를 제거하는 게이트 등의 다양한 이펙트를 사용하게 된다.

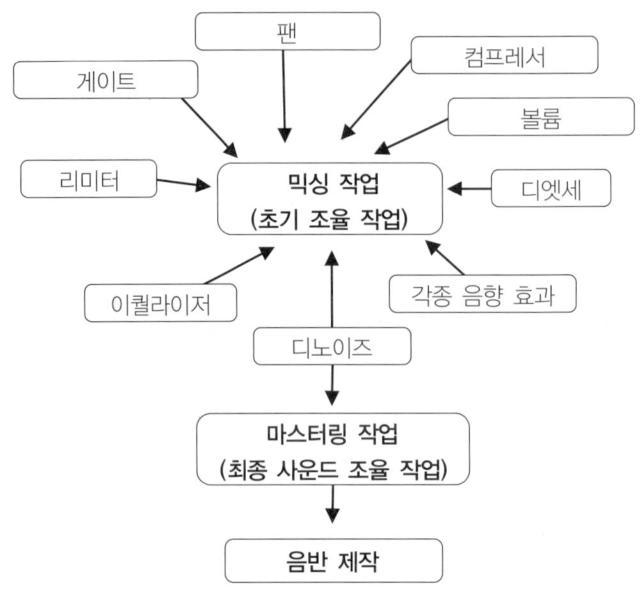

Tip

큐베이스의 이펙트들

노이즈 제거용 게이트 이펙트

음색 조절의 이퀄라이저

진공관 음색 효과인 다튜브 이펙트

고음부 압축 기능의
컴프레서 이펙터

믹싱 엔지니어들은 아래와 같이 여섯 가지 요소를 조율하며 믹싱 작업을 진행한다.

1. 밸런스(Balance)

각 악기 트랙의 볼륨 밸런스를 조절한다. 어떤 악기는 볼륨이 크고 어떤 악기는 볼륨이 작을 때 이 볼륨을 잡아주는 역할을 한다. 물론 음악 장르에 따라 베이스나 드럼이 강조되거나 강한 비트가 필요한 경우도 있는데 이런 경우엔 악기의 밸런스는 밸런스대로 잡고 베이스나 드럼, 강한 비트가 필요한 트랙은 사운드를 강조하는 방식으로 믹싱 작업을 진행한다.

2. 파노라마(Panorama)

파노라마란 믹싱 용어의 하나로 스테레오 사운드의 필드를 배치하는 작업이다. 관현악 연주를 보면 바이올린은 보통 왼쪽에 있다. 따라서 믹싱 작업에서는 바이올린을 스테레오의 왼쪽에서 들리도록 조절해야 한다.

이러한 배치는 기본적으로 지켜야 하는 것이지만 반드시 그런 것만은 아니다.

예를 들어 밴드의 일반적인 악기 배치를 보면 왼쪽에서부터 리듬 기타, 베이스, 보컬, 리드 기타가 있고 뒤쪽 중앙에 드럼이 배치된다. 따라서 베이스는 왼쪽에 배치하는 경우가 많지만 어떤 음반을 들으면 베이스가 중앙에서 들리도록 배치한 경우도 있다. 왜 그런 배치를 했는지는 스스로 음반을 듣고 판단해볼 문제이다.

3. 주파수 범위(frequency range)

각 악기의 음색을 선호하는 음색으로 조절하거나, 절대 음색이나 상대 음색을 만들어준다. 악기와 악기가 서로 간섭하면 이퀄라이저를 조절해 서로 간섭하지 않도록 조율하기도 한다.

4. 차원(Dimension)

각종 이펙트를 사용해 악기의 원근감을 부여한다. 리버브, 코러스, 딜레이 등의 다양한 이펙트를 사용해 이러한 효과를 만든다.

5. 다이내믹(Dynamics)

사운드에 다이내믹을 만들어준다.

6. 흥미(Interest)

음악에 어떤 느낌을 부여하기 위해 특별한 이펙트를 사용한다. 예를 들어 보컬의 성량이 악기에 비해 부족하면 볼륨을 키우고, 보컬 음성이 나쁘면 이펙트로 깊이감을 만들어 흥미를 부여해준다.

이 때문에 아예 보컬 노래를 녹음할 때 '리버브 이펙트'나 '코러스 이펙트'를 오디오 트랙에 걸어 둔 상태에서 노래를 녹음하기도 한다.

마스터링 작업의 이해

마스터링 작업은 믹싱된 데이터에서 2% 부족한 점을 채우기 위해 진행하는 음반 제작의 최종 조율 작업이다. 믹싱이 하나의 곡을 대상으로 각 트랙을 반죽하고 섞는 작업이라면 마스터링은 완성된 곡과 음반 전체를 대상으로 작업한다. 음반을 제품화하는 최종 작업이므로 잘못된 믹싱을 잡아주고, 곡의 볼륨을 평균화시키며, 사운드를 전반적으로 객관화시키고, 상품성 있는 제품으로 조율한다. 말 그대로 음반을 만들기 전 곡 전체를 대상으로 음반의 문제점을 제거하고 특색을 살리는 작업이 마스터링 작업인 셈이다.

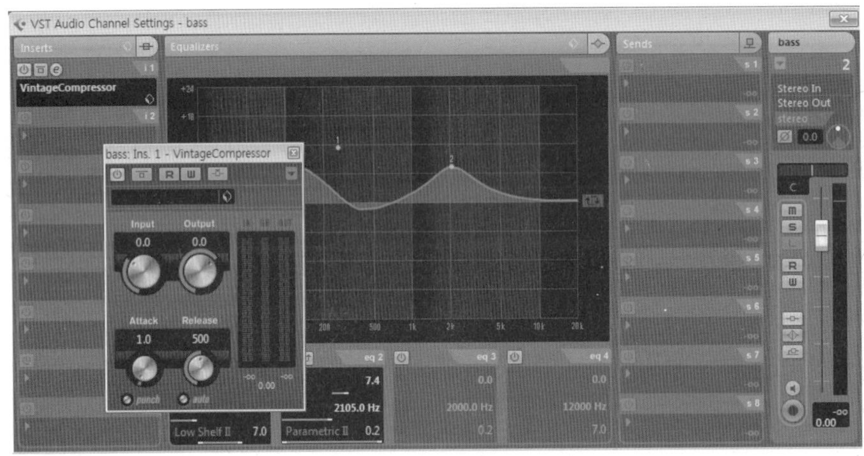

큐베이스의 믹싱 및 마스터링 작업에 사용하는 Channel Settings 대화상자

예를 들면 12개의 곡이 들어 있는 CD 음반을 제작하고 있다고 가정해보자. CD 음반에서 어떤 곡은 볼륨이 크고 어떤 곡은 볼륨이 작다면 감상자 입장에서는 문제가 발생한다. 따라서 엔지니어는 각각의 곡을 비슷한 높이에 맞도록 볼륨을 조율하는 작업을 진행하는데 이 또한 마스터링 작업의 하나이다.

마스터링 작업은 음반 프레스 전 최종적으로 진행하기 때문에 마스터링이 끝나면 원반을 공장에 넘겨 음반을 제작할 수 있다.

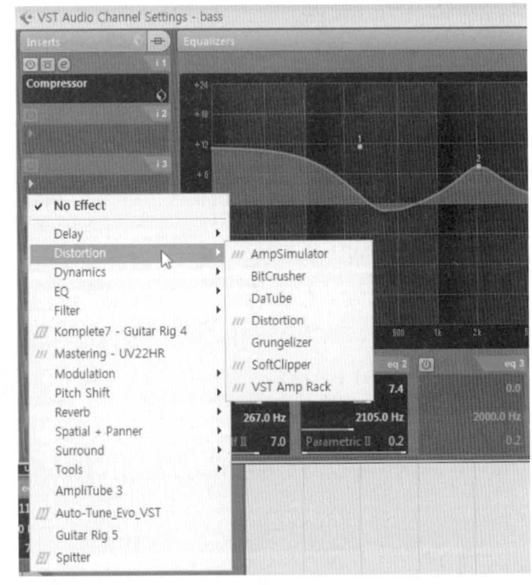

믹싱 및 마스터링 작업에 사용하는 큐베이스의
이펙트

실전예제 3트랙 오디오 믹싱 작업 맛보기

믹스다운된 3개의 오디오 파일이 있다고 가정하고 간단한 믹싱 작업을 진행해보자. 간단한 예제이지만 사운드 믹싱 작업을 어떤 방식으로 진행할 수 있는지 이해할 수 있고, 사운드 믹싱 결과가 어떻게 적용되는지 알 수 있다.

01 Sample 샘플 폴더에서 예제 'cannon-wav. cpr'을 불러온다.
바이올린 파트, 피아노 파트, 드럼 파트가 있는 3개의 오디오 트랙이 있다.

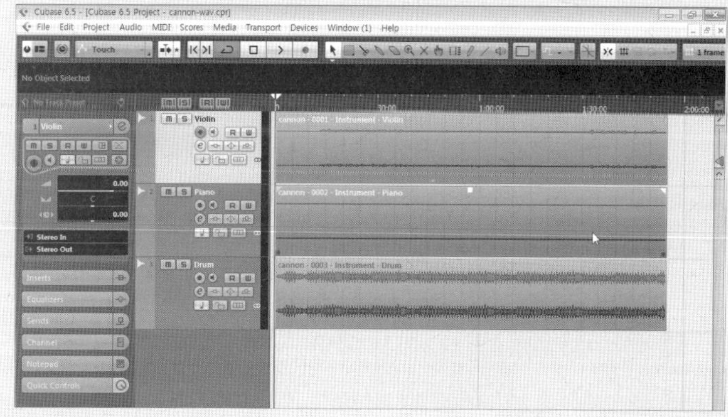

02 믹싱 작업은 사운드를 들으면서 진행해야 하므로, 반복 연주 상태에서 믹싱 작업을 하는 것이 좋다. 룰러에서 곡 종료 부분을 Alt + 클릭하여 로케이터 구간을 설정한다.

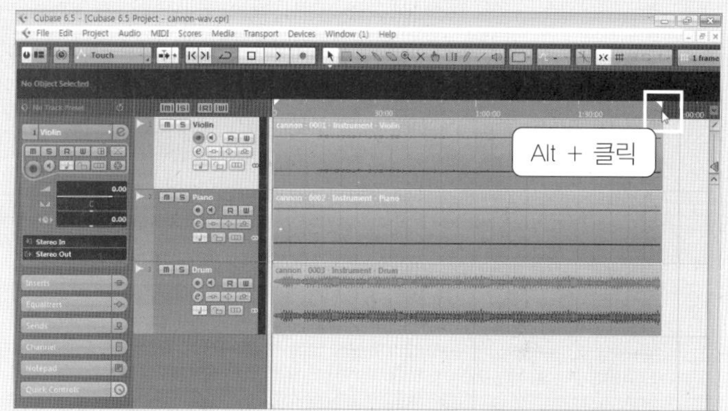

03 툴바의 '싸이클' 버튼을 클릭해 루프 연주 상태로 전환한다.

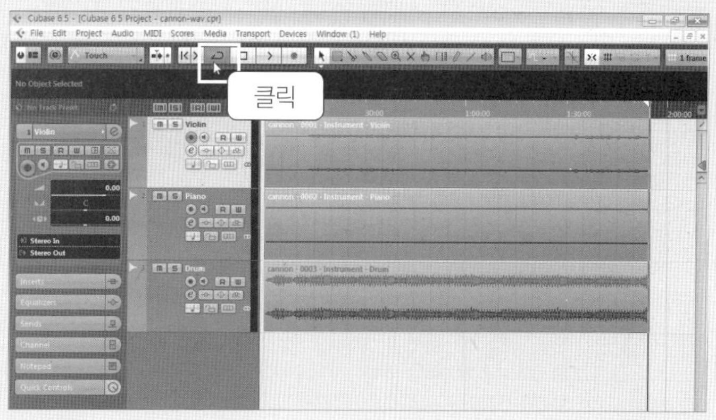

04 Play 버튼을 클릭해 곡을 처음부터 연주한다.

05 작업하기 편하도록 믹서를 불러온다. Devices → Mixer 메뉴를 실행하거나 단축키 F3을 누른다.

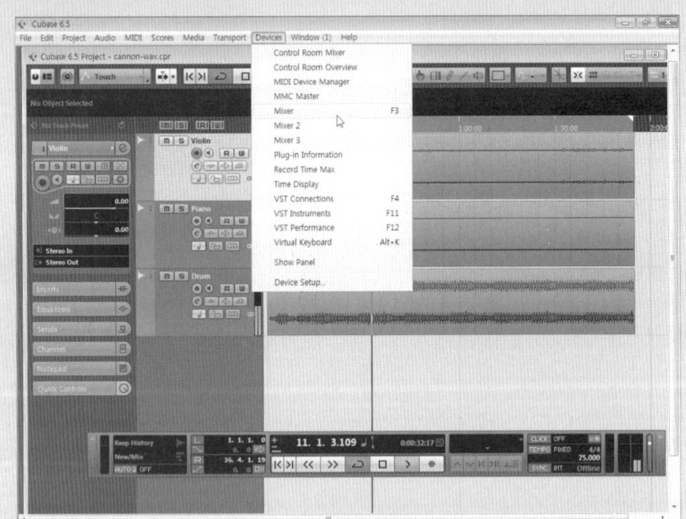

06 마스터 트랙을 보면 하단의 클리핑 경고등이 들어오지 않는 상태이다. 마스터 출력 레벨이 기준치보다 높을 때 클리핑 경고등이 빨간색으로 들어오지만 현재는 안정적인 볼륨이므로 클리핑 경고등이 들어오지 않고 있다.

07 2번 트랙인 Piano 트랙의 볼륨이 작게 들리므로 해당 트랙의 레벨을 약간 위로 올려서 볼륨을 높여본다. 그러나 효과가 없다. 다른 방법으로 볼륨을 높이기 위해 해당 트랙의 'e' 버튼을 클릭한다. e 버튼은 이펙트를 적용할 때 사용하는 버튼이다.

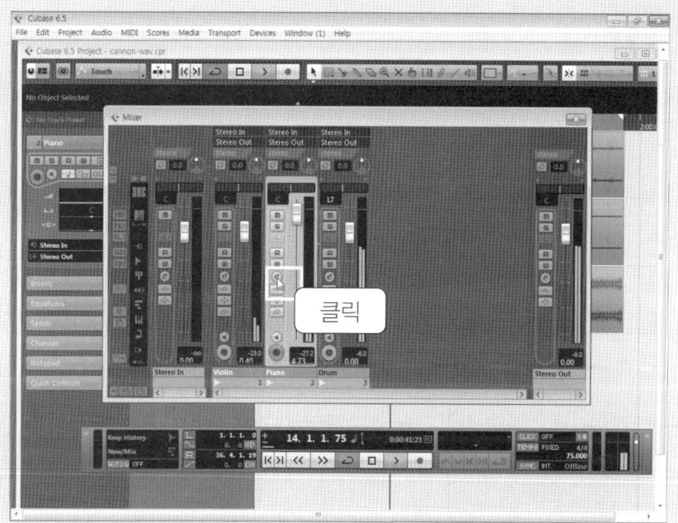

08 이펙트 창은 기본적으로 4밴드 이퀄라이저 창이 나타난다. 특정 음역대의 사운드를 증폭시키거나 감쇄시키는 효과가 있다. 주파수 대역에서 그림처럼 약간 오른쪽(1K) 지점을 클릭한다. 클릭할 때 2번 번호가 나오는지 확인한다.

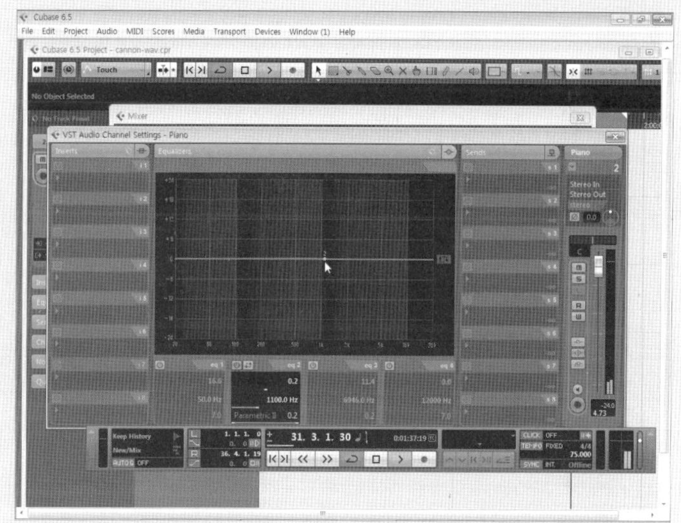

09 2번 포물선을 드래그하여 위로 증폭시킨다. 1K 주파수 대역이 증폭되어 피아노의 중저음이 증폭되어 크게 들리는 것을 알 수 있다. 만일 작업을 잘못한 경우 포물선의 포인터를 더블클릭해 제거한 뒤 다시 작업한다.

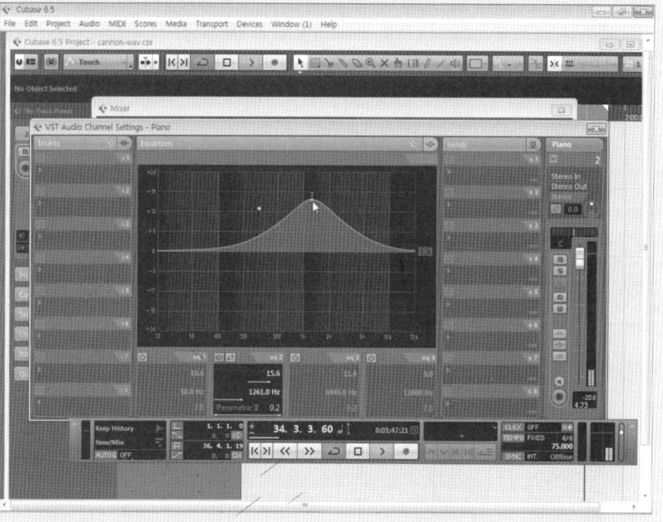

10 이번에는 1번 트랙인 Violin 트랙의 e 버튼을 클릭한다.

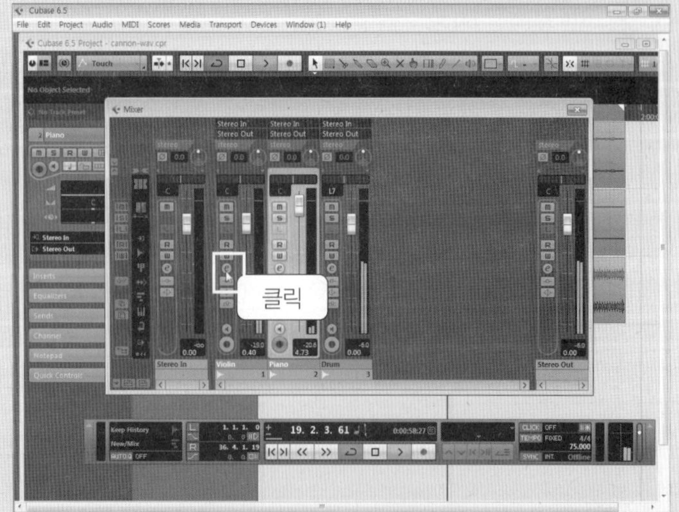

11 8K 주파수 대역을 클릭해 3번 포인터를 생성시킨다.

이때 포인터 번호가 3번인지 확인하고 3번이 아닐 경우에는 포인터를 더블클릭해 삭제한 뒤 다시 옆과 같이 클릭한다.

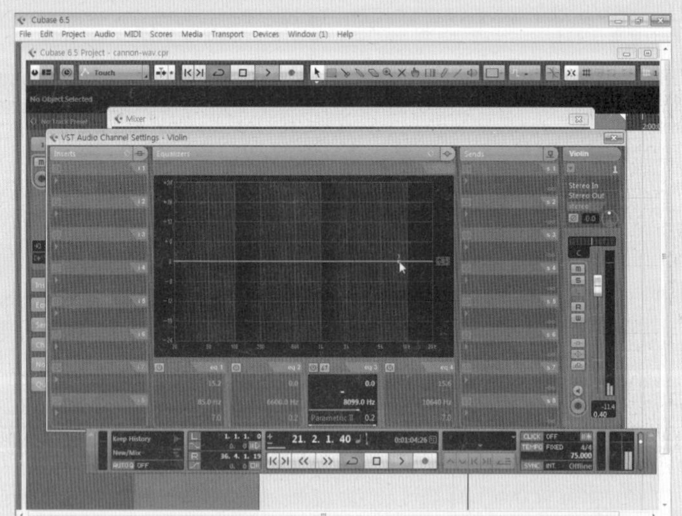

12 포인터를 위로 드래그하여 8K 주파수 대역을 증폭시킨다. 바이올린 소리가 증폭되는 것을 알 수 있다.

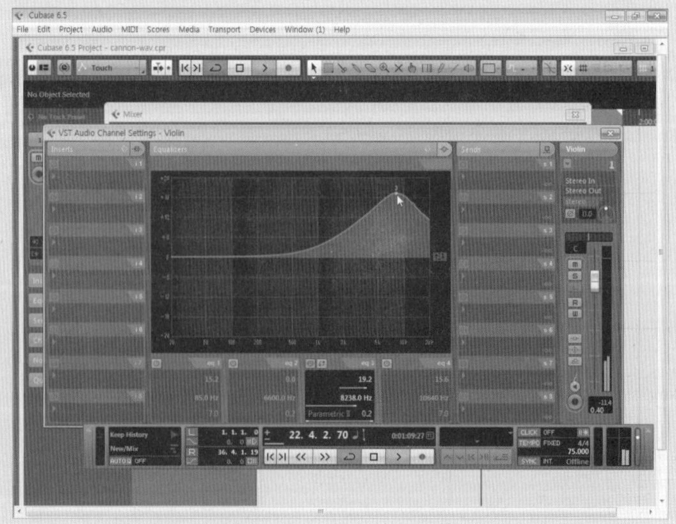

13 이번에는 3번 트랙인 Drum 트랙의 e 버튼을 클릭한다.

14 대충 5K 주파수 대역 부분을 클릭하면 2번 포인터가 생성된다.

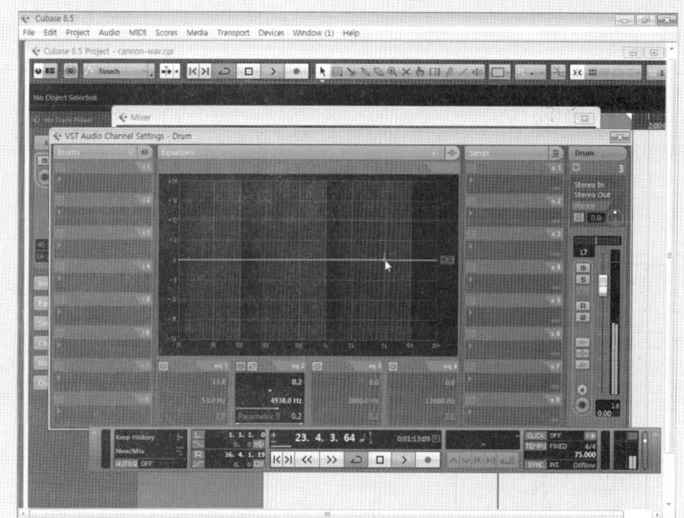

15 포인터를 위로 올려 2번 포인터를 증폭시키면 드럼 사운드의 중저음 부분(5K 대역대)이 증폭되는 것을 알 수 있다.

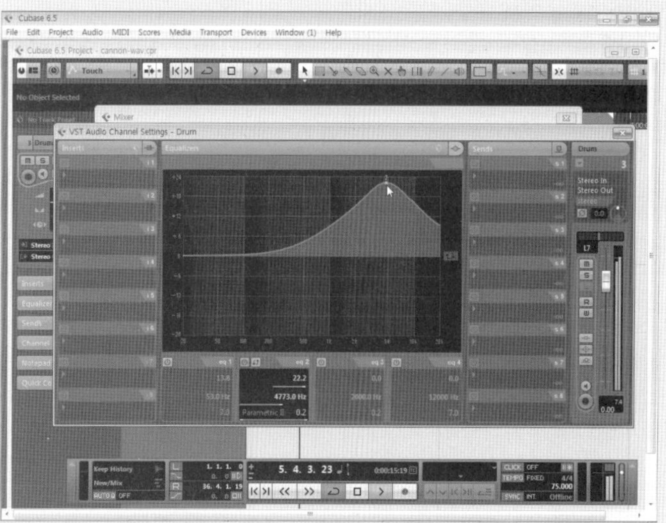

16 3개의 트랙에서 사운드를 증폭시켰기 때문에 과출력되어 마스터 트랙의 클리핑 경고등이 들어온 것을 알 수 있다. 클리핑 경고등은 사운드를 너무 증폭시키면서 음이 찌그러질 때 나타난다.

17 클리핑 경고등이 들어오는 원인을 찾아본다. 레벨미터를 보면 알 수 있듯 Drum 채널의 볼륨이 너무 과출력되고 있음을 알 수 있다.
따라서 클리핑 경고등이 들어오지 않도록 하려면 과출력되는 드럼 트랙의 사운드 볼륨을 눌러 주어야 한다.

18 Drum 트랙의 e 버튼을 클릭해 이퀄라이저 창을 불러온다. 왼쪽에 보면 슬롯이 있다. 왼쪽 제일 상단의 비어 있는 슬롯을 마우스로 클릭한 뒤 Dynamics → Maximizer 이펙트를 실행한다.

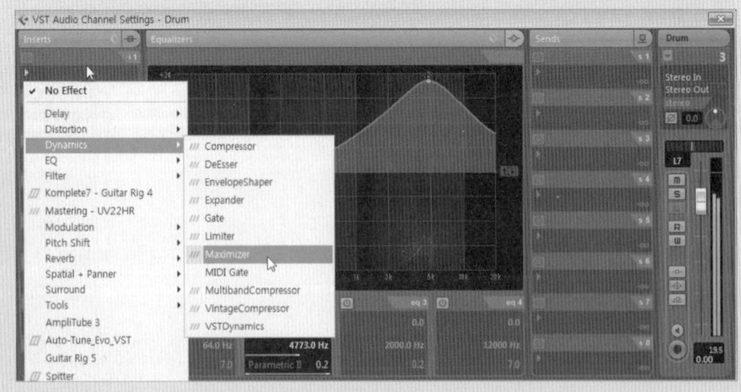

19 Maximizer 이펙트의 Output 노브를 왼쪽으로 조절해 출력 레벨을 눌러준다.
이때 3번 Drum 트랙을 보면 출력 레벨 미터가 내려가는 것을 알 수 있다.

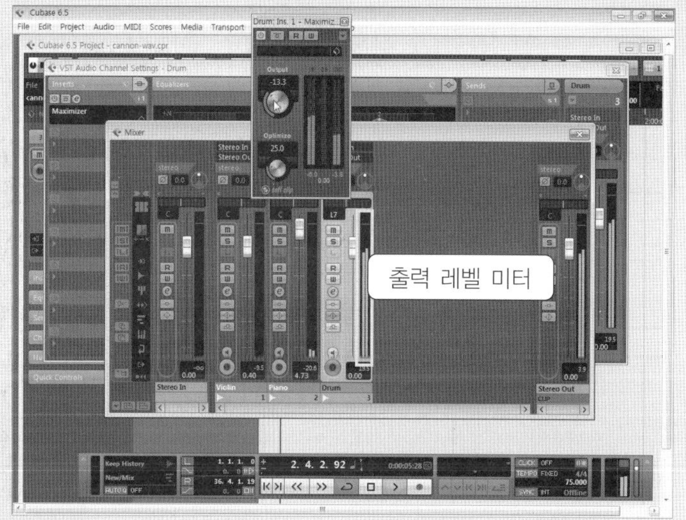

20 마스터 트랙의 빨간색 클리핑 경고등을 마우스로 클릭해 끈다. 음악이 재생 중인 상태이므로 아직도 과출력 상태이면 다시 빨간색 경고등이 들어온다. 다시 빨간색 경고등이 들어오면 Maximizer 이펙트의 Output 노브를 더 내려주면서 확인해본다. 클리핑 경고등이 들어오지 않을 때까지 Maximizer 이펙트의 Output 노브를 내려주면 된다.

21 이처럼 전체 사운드를 사람의 귀에 듣기 좋도록 조율하는 작업이 믹싱 작업이라고 할 수 있다. 물론 여기서는 믹싱 효과를 확연하게 확인할 수 있도록 약간 과도하게 믹싱하였으므로 여러분의 주관에 맞게 믹싱해도 상관없다.
Sample 폴더에서 믹싱 전 파일인 'cannon-end.wav' 파일과 믹싱 후 파일인 'cannon-mix-end.wav'를 비교 청취해본다.
바이올린, 피아노, 드럼 파트가 원래보다 강조되었고 곡 전체가 조금 날카로워진 것을 알 수 있다.

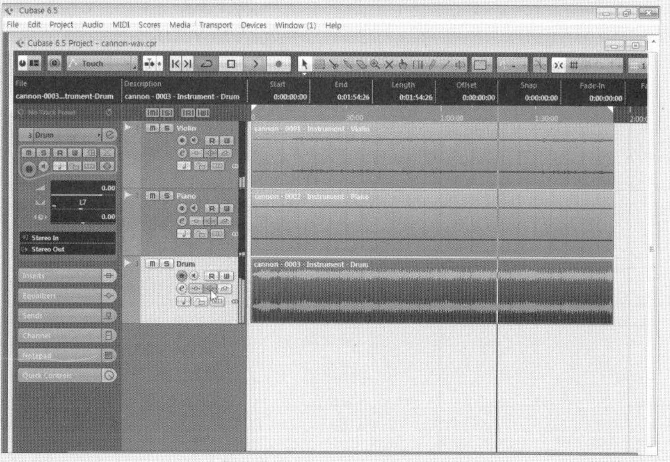

믹싱 완료한 음악을 Wav, MP3 파일로 제작하기 – 모든 트랙 병합해 믹스다운하기

믹싱 작업이 끝나면 모든 트랙을 하나로 합친 뒤 Wav 파일이나 MP3 파일로 믹스다운해야 한다. Wav 파일은 CD 음반을 구울 때 사용하고, MP3 파일은 MP3 플레이어로 감상할 때 사용할 수 있다. 큐베이스는 File → Export → Mixdown 메뉴로 Wav 파일, MP3 파일, Fla 파일, Ogg 파일을 만들 수 있다.

앞에서 믹싱한 파일을 가지고 계속 이어서 작업해보자. 앞에서 작업한 파일을 저장하지 않았을 경우 'cannon-wav-mix-end.cpr' 파일을 불러온다.

믹스다운하기 전 오디오 파일로 저장될 구간을 룰러에 서 설정한다.

룰러에서 Ctrl + 클릭하면 시작 구간, Alt + 클릭하면 종료 구간이 설정된다. 일반적으로 곡 전체 구간을 믹 스다운될 구간으로 설정한다.

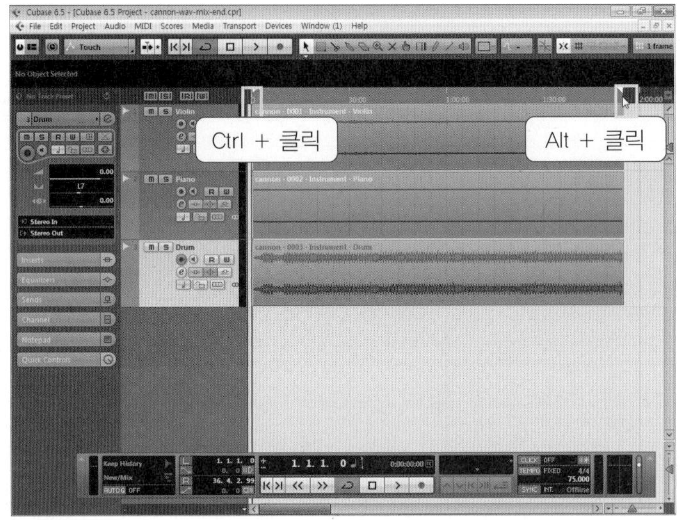

믹스다운될 영역을 로케이터로 설정한 뒤 File → Export → Audio Mixdown 메뉴를 실행한다.

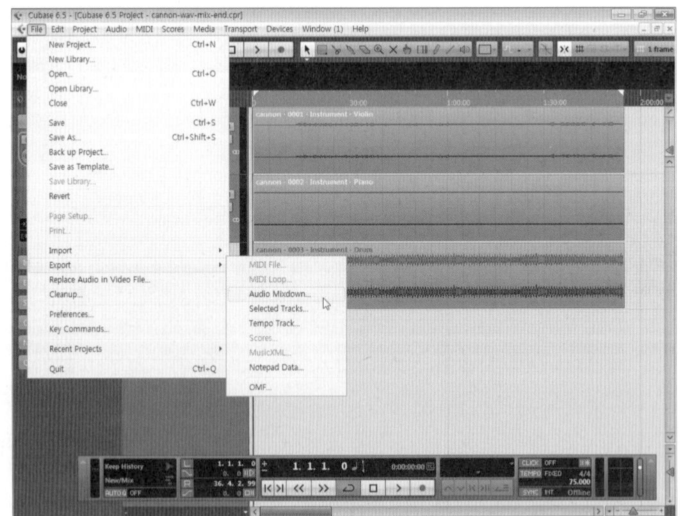

대화상자 왼쪽의 Stereo Out 옵션에만 체크해야 모든 트랙이 합쳐져서 믹스다운된다. 이때 상단 Channel Batch Export 옵션과 오른쪽 하단 Create New Project 옵션을 끈다.

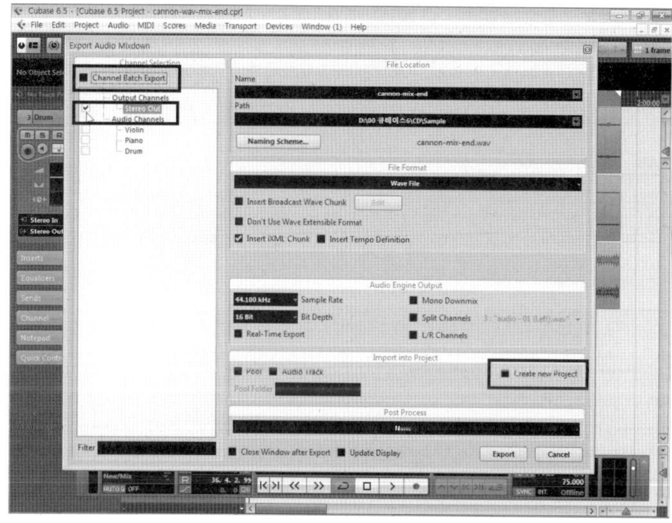

Path 항목을 클릭해 저장 위치를 지정한 뒤 File 항목에 저장될 파일명을 설정한다.

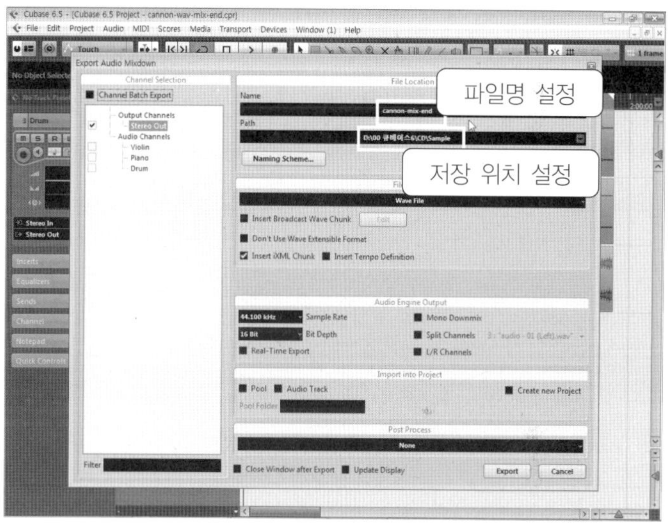

File Format 항목을 클릭하면 저장될 오디오 포맷을 선택할 수 있다. Wav, Mp3 등에서 선택할 수 있다.

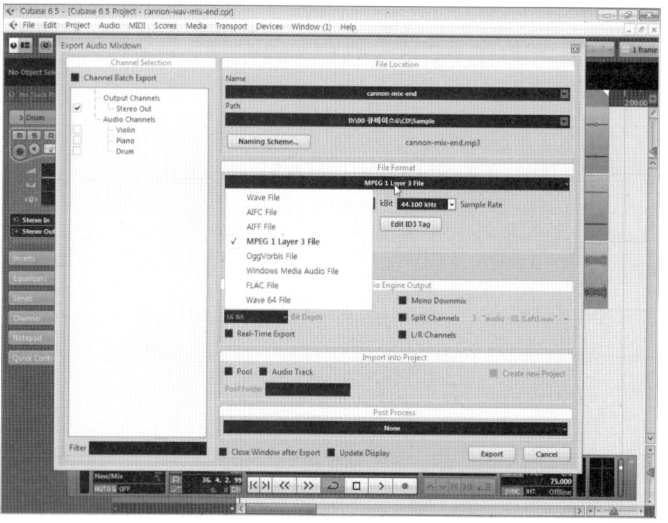

만일 CD 음반을 만들 목적이라면 Wav 포맷을 선택하고 Smaple Rate는 44100Hz, Bit Depth는 16비트로 설정한다. 이 옵션이 음악 CD용 Wav 포맷의 규격이다.

Tip

wav 설정 시 주의점

만일 Smaple Rate와 Bit Depth를 다른 값으로 설정하면 컴퓨터에서의 음악 감상은 가능하지만 음악 CD 제작시 레코딩 프로그램에서 인식되지 않으므로 주의해야 한다.

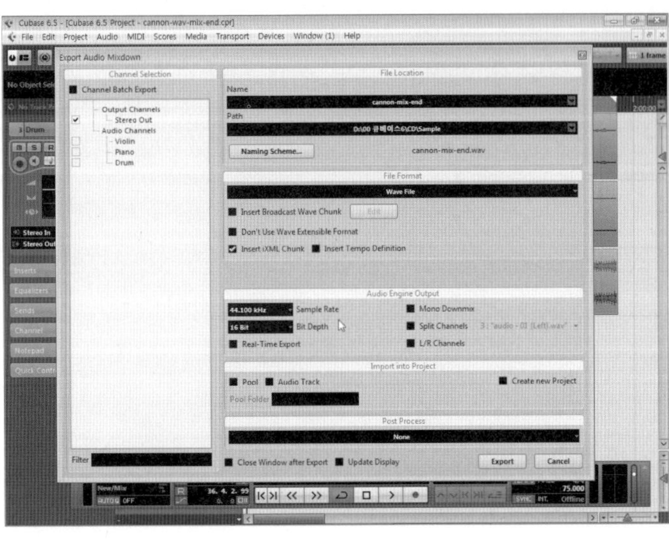

File Format 항목에서 Mp3를 선택한 경우 Mp3 파일의 압축률을 지정할 수 있다. 압축률이 높을수록 고품질 음악으로 저장되지만 파일 용량이 늘어난다.

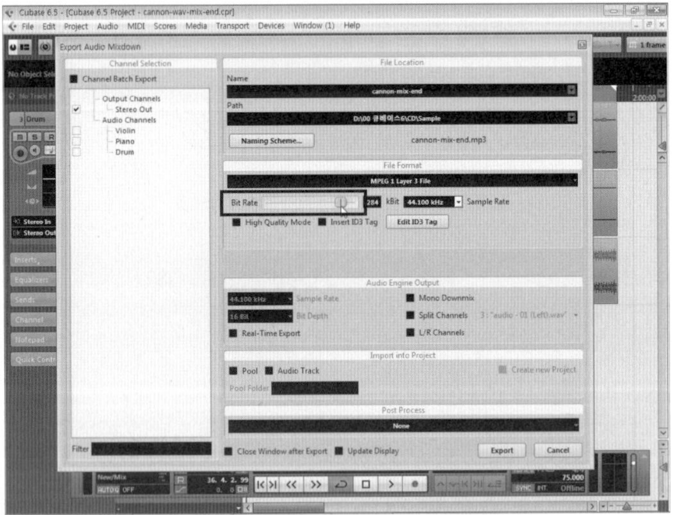

마지막으로 Export 버튼을 누르면 해당 파일로 오디오 트랙이 합쳐진 뒤 저장된다. 윈도우 탐색기로 저장 폴더를 찾아가면 음악 파일이 생성된 것을 볼 수 있다.

참고로, 큐베이스는 오디오 CD 만들기 기능을 제공하지 않는다. 완성된 Wav 파일을 CD 음반으로 만들고 싶다면 레코딩 전문 프로그램인 Nero의 오디오 CD 만들기 메뉴에서 Wav 파일을 불러온 뒤 레코딩하면 된다.

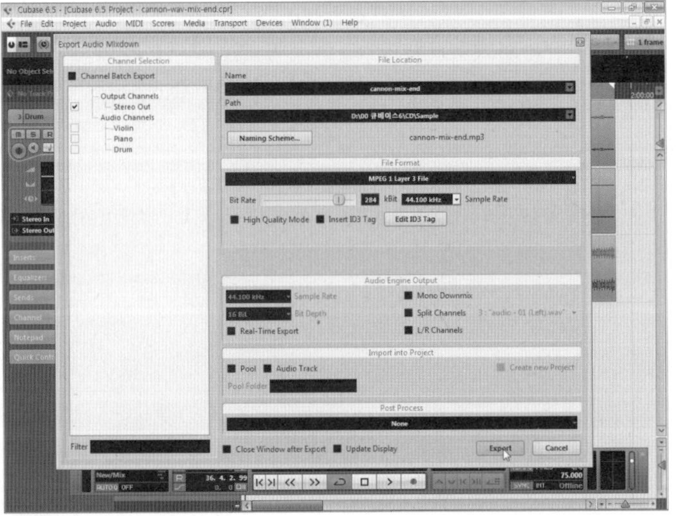

Part 3

큐베이스 6.5
메인 화면 기능 정복하기

프로젝트 윈도우 정복하기 – 메인 툴바

큐베이스의 메인 화면에는 프로젝트 윈도우가 있다. 프로젝트 윈도우에는 '메인 툴바', '트랙 패널', '인스펙터 패널'이 표시되고, 화면 하단에는 '트랜스포트 패널'이 있다. 여기서는 먼저 메인 툴바에 대해 알아본다.

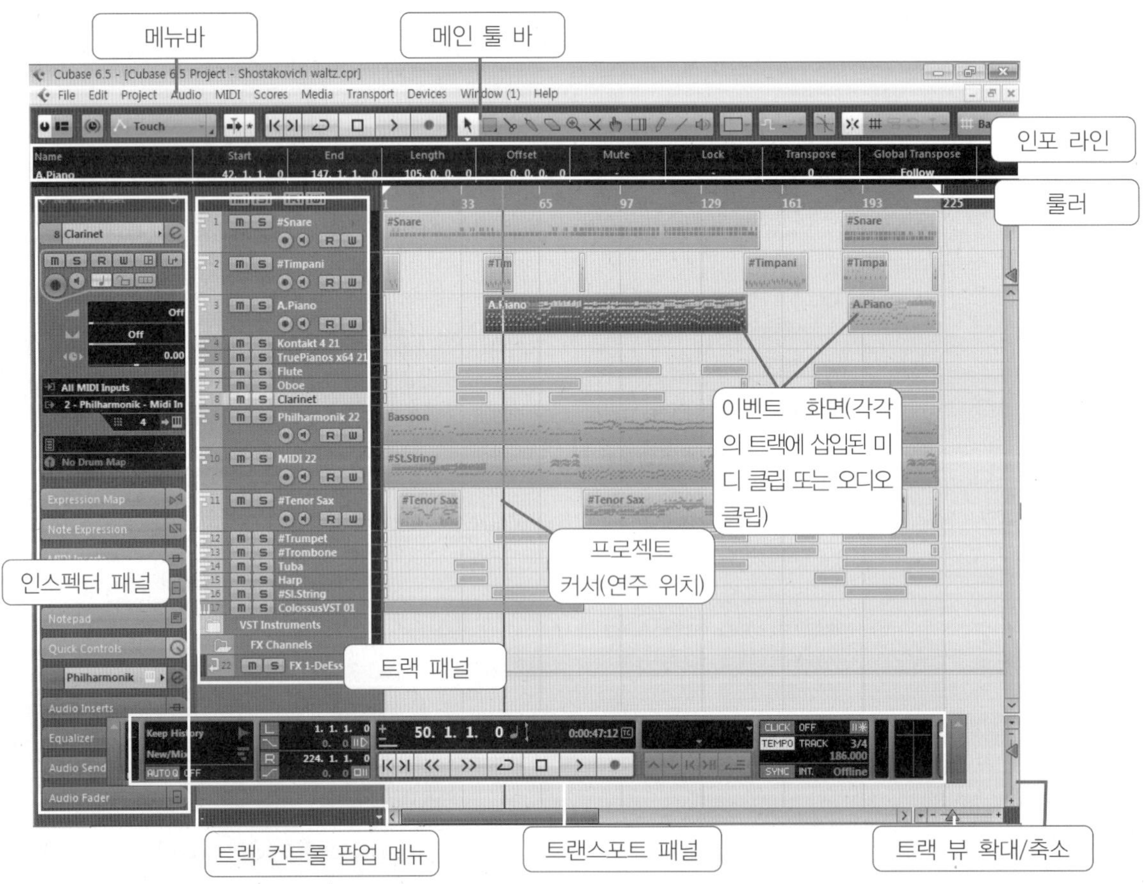

메인 툴바의 4가지 영역

메인 툴바는 다음과 같이 4가지 영역으로 구분할 수 있다.

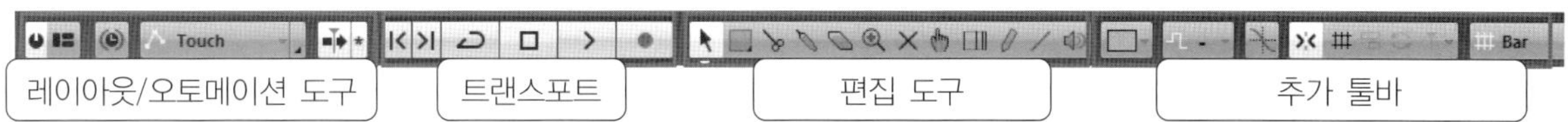

메인 툴바를 마우스 오른쪽으로 클릭하면 특정 도구를 화면에 표시하거나 감출 수 있도록 팝업 메뉴가 실행된다.

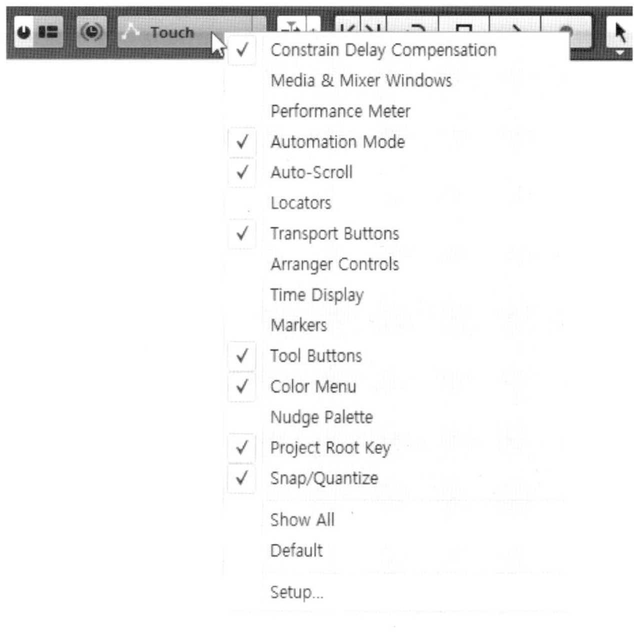

팝업 메뉴

팝업 메뉴에서 Show All을 선택하면 전체 툴바가 표시되고, Default를 선택하면 메인 툴바가 기본 형태로 복구된다.

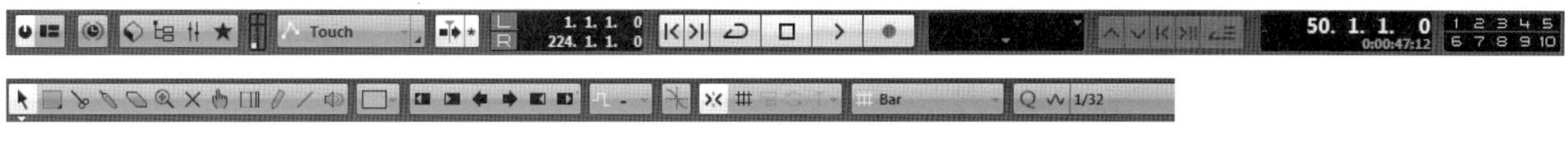

전체 툴바를 표시한 모습

레이아웃/오토메이션 도구

각종 보조 패널들을 화면에 표시하거나 감출 수 있는 도구와 오토메이션 기록 방식을 설정할 수 있다.

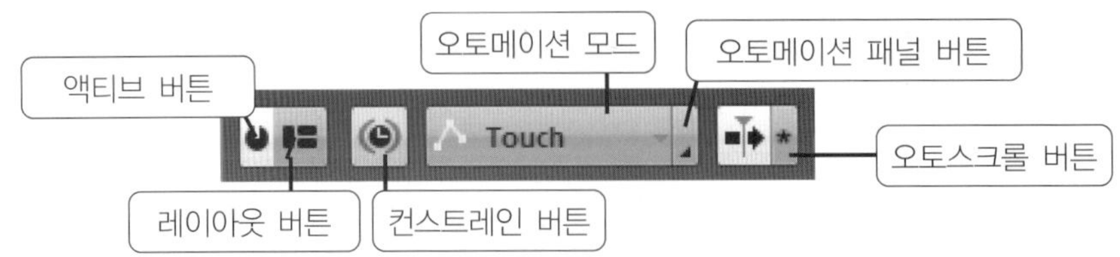

1. 액티브 버튼

2개 이상의 프로젝트 창을 열었을 경우 이 버튼을 클릭해 원하는 프로젝트 창을 작업용으로 활성화시킬 수 있다. 다른 프로젝트 창은 비활성 상태가 되므로 메모리를 절감하는 효과가 있다.

2. 레이아웃 버튼

프로젝트 윈도우에 다른 윈도우를 표시할 수 있다.

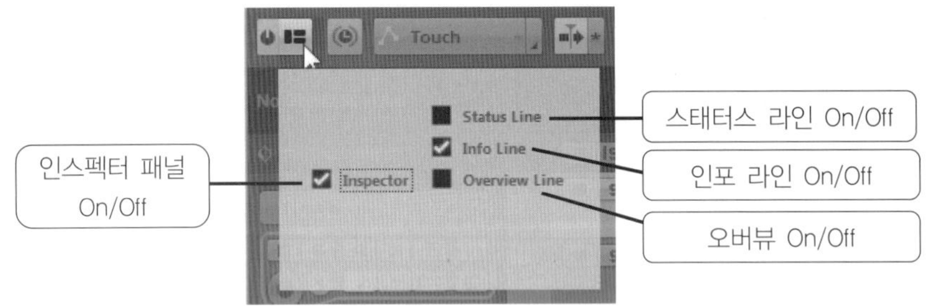

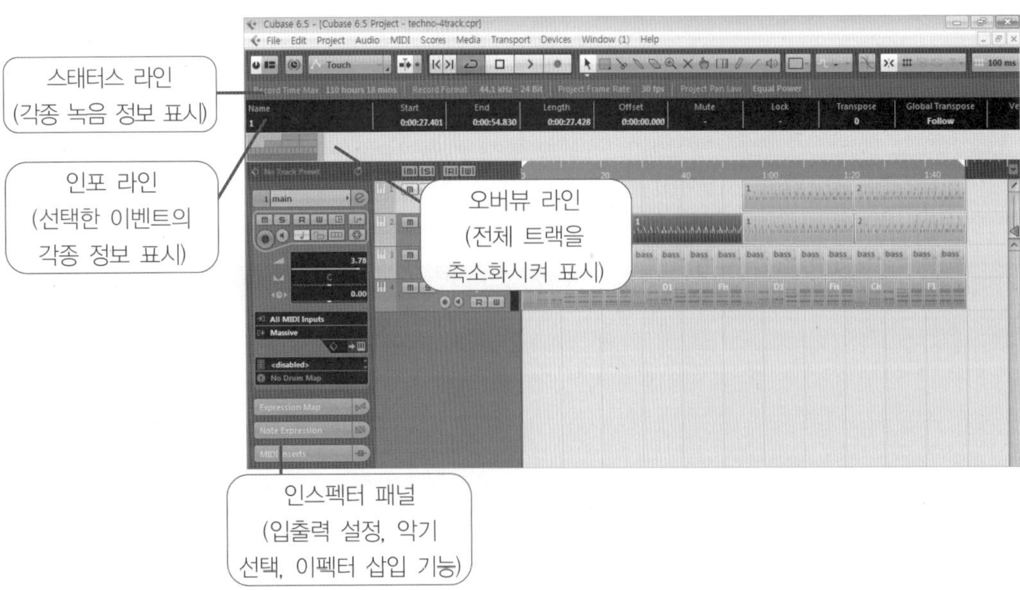

참고 스태터스 라인, 인포 라인, 오버뷰 라인

1. 스태터스 라인

현재 사용 중인 시스템에서 녹음 가능한 시간과 녹음 음질 등이 표시된다. 클릭하면 녹음 음질 등을 변경할 수 있는 옵션 대화상자가 실행된다.

2. 인포 라인

인포 라인은 선택한 클립이나 이벤트의 이름, 시작 위치, 종료 위치, 길이, Off Mute, Lock, 벨로서티, 루트키(으뜸음) 등이 표시된다. 또한 각 항목을 클릭하면 변경할 수 있다.

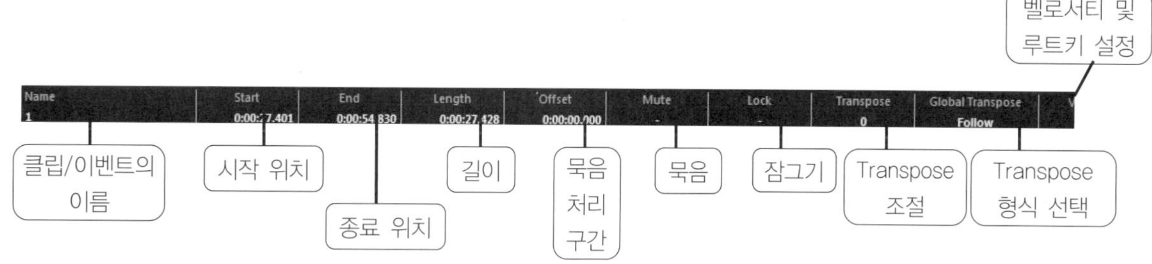

3. 오버뷰 라인

오버뷰 라인은 프로젝트에 삽입된 모든 트랙과 클립을 축소해서 보여준다. 주로 작업할 위치를 이동시키거나 화면 확대/축소 기능으로 사용한다. 마우스로 드래그하면 된다.

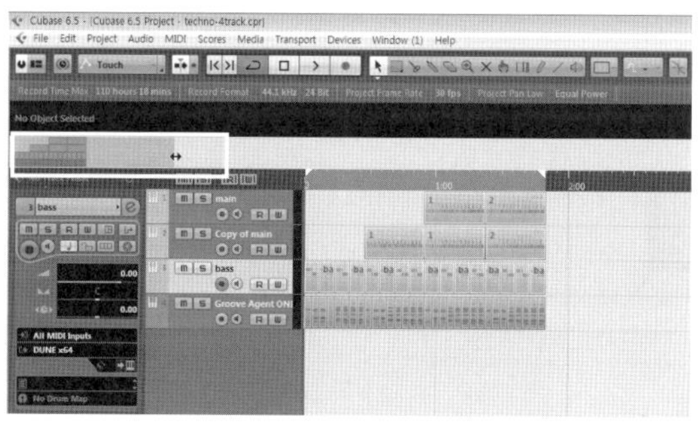

현재의 보고 있는 영역

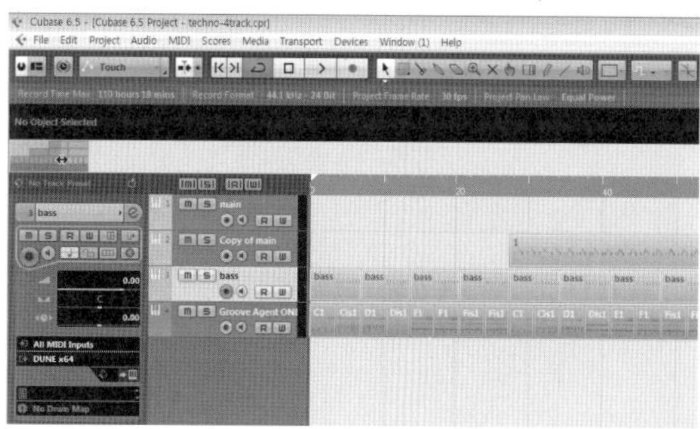

보고 있는 영역을 확대한 모습

4. 컨스트레인 버튼

큐베이스는 기본적으로 VST 가상악기 등이 뒤늦게 들리는 딜레이되는 현상을 보정하는 지연 보상 기능을 제공한다. 그러나 플러그 인 이펙트 또는 VST 가상악기를 사용하면서 녹음 작업 등을 하다 보면 추가 지연되는 현상이 발생하는데 이를 막으려면 이 버튼을 켠다.

5. 오토메이션 모드

오토메이션을 기록할 때 어떤 방식으로 기록할 것인지 오토메이션 모드를 선택하는 기능이다. 오토메이션이란 작업 트랙의 볼륨이나 팬을 연필로 드로잉하여 드로잉한 곡선 모양대로 변경되게 하는 기능을 말한다. 드로잉 방식은 Touch, Auto Latch, Cross Over 모드에서 선택할 수 있다. Touch, Auto Latch, Cross Over 기능에 대해서는 7부 Project → Automation Panel 메뉴를 참고한다.

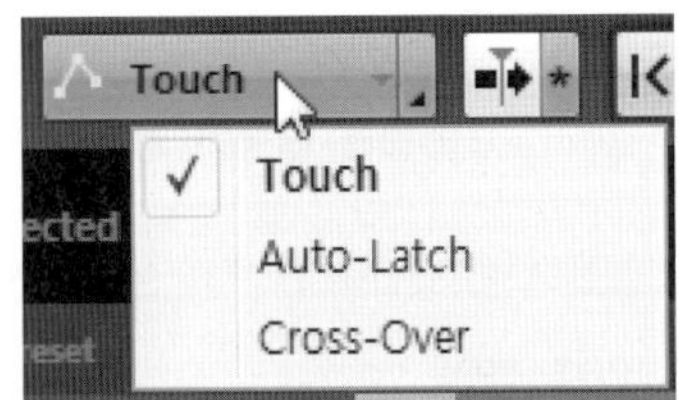

6. 오토메이션 패널 버튼

큐베이스의 각종 오토메이션 제작 기능을 버튼 식으로 적용할 때 사용한다. 오토메이션 페널은 오토메이션 제작 방식을 선택하고, 오토메이션의 활성/비활성 상태를 설정할 수 있는 기능을 사용할 수 있다. 자세한 사용법은 7부 Project → Automation Panel 메뉴를 참고한다.

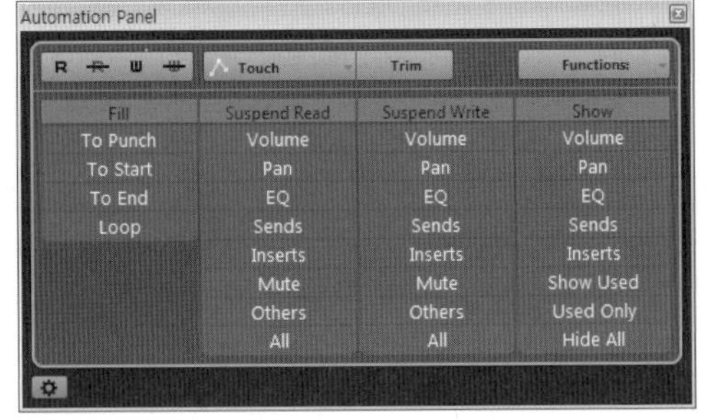

오토메이션 패널

7. 오토스크롤 버튼

큐베이스의 경우 곡이 긴 경우 여러 페이지로 나누어서 표시해준다. 이때 곡을 재생하면 다음 페이지로 넘어갈 때 자동으로 스크롤되게 해준다. 이 버튼을 끄면 자동으로 스크롤되지 않는다. 서스펜드 버튼은 편집 작업 중일 때는 오토스크롤을 임시 중단시킬 때 사용한다.

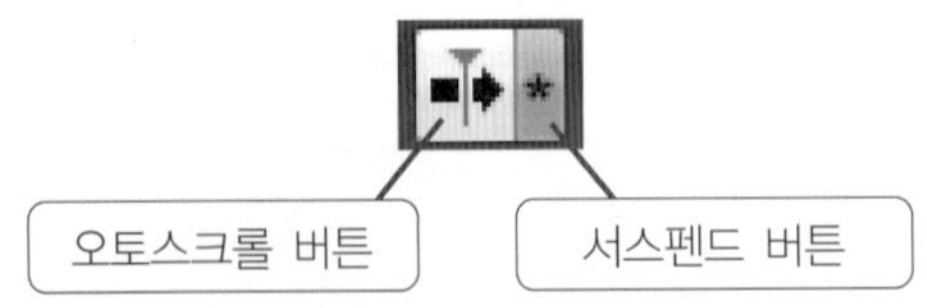

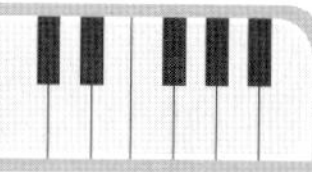

 트랜스포트

메인 툴바의 트랜스포트 기능은 곡을 플레이하거나 녹음 작업을 할 때 사용한다. 보통 단축키로 실행하는 것이 좋다.

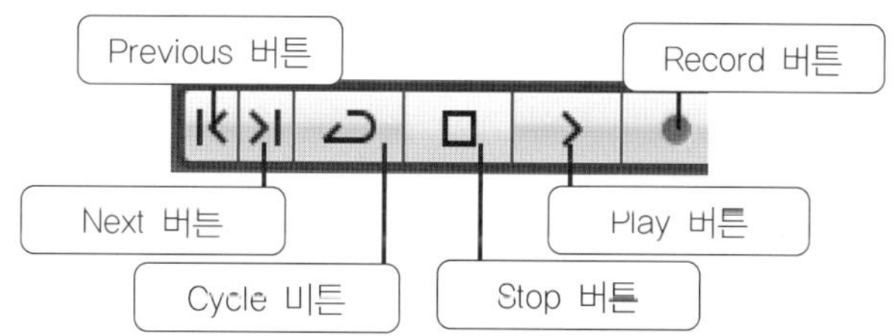

1. Previous 버튼

이전 마커로 이동한다. 마커가 없는 경우에는 곡의 맨 처음으로 이동한다. (단축키 Shift + B)

2. Next 버튼

다음 마커로 이동한다. 마커가 없는 경우 곡의 맨 뒤로 이동한다. (단축키 Shift + N)

3. Cycle 버튼

루프 영역으로 설정된 구간을 반복 연주한다. (단축키 키패드의 / 키)

4. Stop 버튼

곡의 연주를 중단한다. (단축키 Space Bar 또는 키패드의 0 키)

5. Play 버튼

곡을 연주한다. (단축키 Space Bar 또는 키패드의 Enter 키)

6. Record 버튼

오디오 트랙에서 녹음을 시작하거나, 미디 트랙에서 리얼 입력 작업을 시작한다. (단축키 키패드의 * 키)

참고 큐베이스 6.5 키패드 단축키 총정리

① 키패드의 . 키 : 곡의 맨 앞으로 이동
② 키패드의 Enter 키 : 플레이(곡의 연주)
③ 키패드의 0 키 : 정지
④ 키패드의 1 키 : 선택 범위의 맨 앞으로 이동
⑤ 키패드의 2 키 : 선택 범위의 맨 뒤로 이동
⑥ 키패드의 + 키 : 앞으로 감기
⑦ 키패드의 − 키 : 뒤로 감기
⑧ 키패드의 / 키 : 루프 연주
⑨ 키패드의 * 키 : 녹음 시작

 편집 도구 

메인 툴바의 편집 도구들은 미디 트랙과 오디오 트랙에 삽입된 클립이나 이벤트를 편집할 때 사용한다. 이벤트의 선택,
이동, 삭제, 자르기, 붙이기 등의 작업을 할 수 있다.

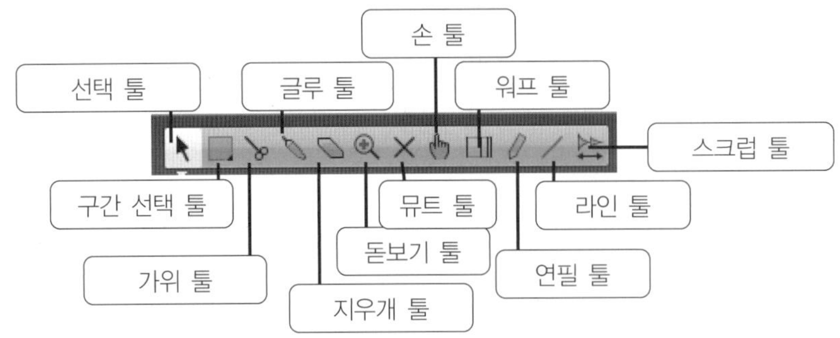

1. 선택 툴

트랙에 삽입된 클립을 선택할 때 사용한다. 다음과 같이 3가지 옵션으로 동작한다. 부
록에서 샘플 'piano.cpr'을 불러온 뒤 선택 툴을 사용해본다.

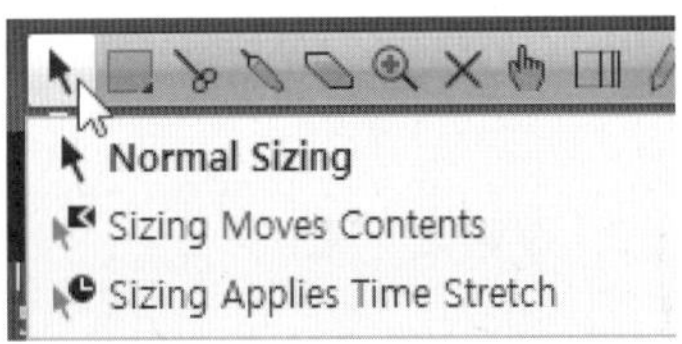

① Normal Sizing : 이벤트(클립 안에 있는 데이터)는 그대로 두고 클립의 길이만 조절할 때 사용한다. 이벤트의 기존 위치는 클
   립 길이와 상관없이 그 위치를 유지한다.

선택 툴의 Normal Sizing 옵션

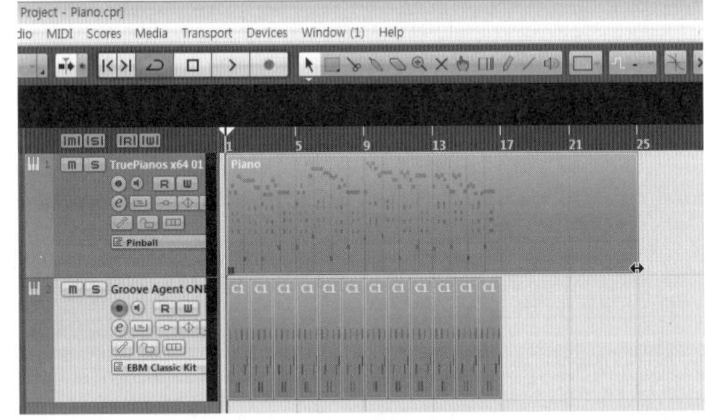

클립의 모서리 사각형을 드래그한 모습

 **Tip**

편집 도구

편집 도구는 미디 클립, 오디오 클립, 악보 창의 노트(음표) 등 편집 대상에 관계없이 모두 같은 방식으로 동작한다. 여기
서는 편의상 미디 클립에서의 편집 위주로 공부한다. 물론 몇몇 도구는 미디 클립에서만 사용하고 오디오 클립에서는 사용
되지 않을 수도 있다.

② Sizing Moves Contents : 클립을 이동시키는 방식으로 크기를 조절한다. 기존 이벤트의 위치가 늘어나거나 축소되는 클립 영역을 따라 함께 이동된다.

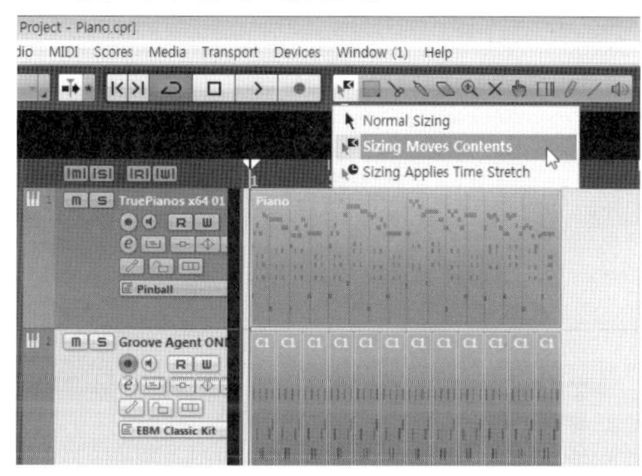

선택 툴의 Sizing Moves Contents 옵션

클립의 모서리 사각형을 드래그한 모습

③ Sizing Applies Time Stretch : 클립의 길이를 조절할 때 클립 안의 이벤트의 길이도 동일 비율로 조절된다. 전체적으로 클립의 템포를 늘이거나 줄일 때 사용한다.

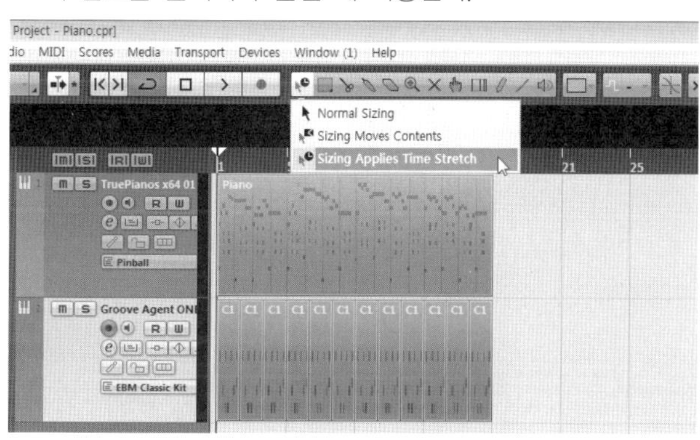

선택 툴의 Sizing Applies Time Stretc 옵션

클립의 모서리 사각형을 드래그한 모습

2. 구간 선택 툴

클립에서 일부 구간을 선택할 때 사용한다. 선택한 부분은 Ctrl + C로 복사한 뒤 Ctrl + V로 다른 위치나 다른 트랙에 붙여 넣을 수 있다. 또한 선택한 부분은 Del 키로 삭제하거나 마우스를 드래그하여 이동할 수 있다.

구간 선택 툴 선택

클립에서 작업할 부분을 선택한 모습

3. 가위 툴

클립이나 이벤트(노트)를 양쪽으로 자를 때 사용한다. 가위 툴로 원하는 부분을 클릭하면 양쪽으로 잘라진다.

가위 툴로 클릭해 자르는 모습

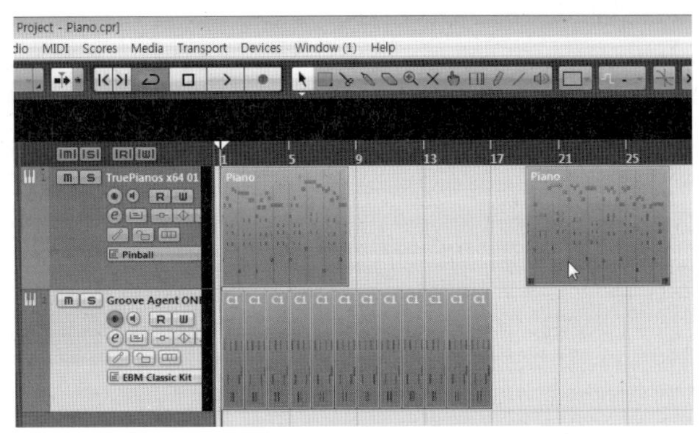

선택 툴로 분할된 클립을 이동시킨 모습

4. 글루(Glue) 툴

글루(Glue)는 접착제를 뜻한다. 따라서 좌우 두 클립 또는 여러 개의 클립들을 접착제처럼 하나로 연결할 때 사용한다.

글루 툴로 연결할 클립을 클릭하는 모습

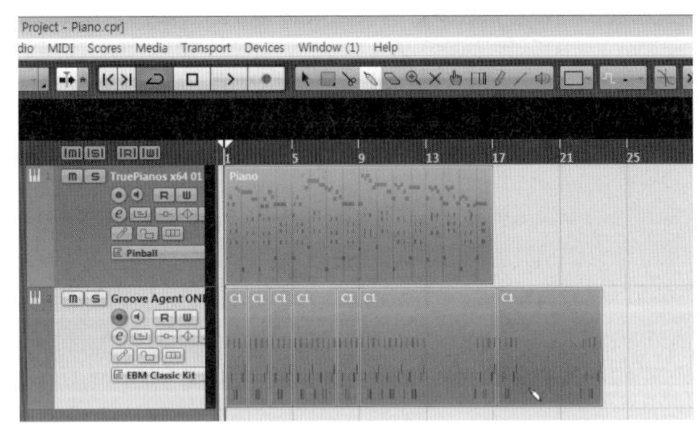

계속 클릭해 여러 클립을 연결한 모습

5. 지우개 툴

클립을 삭제할 때 사용한다. 지우개 툴로 클릭하면 해당 클립이 삭제된다.

지우개 툴로 삭제할 클립을 클릭하는 모습

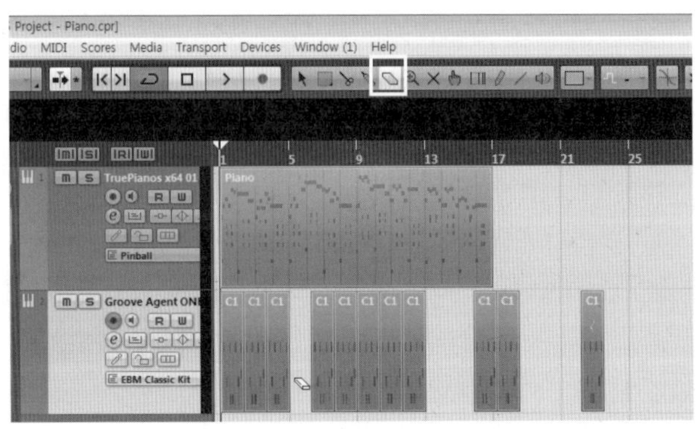

해당 클립이 삭제된 모습

6. 돋보기 툴

클립 영역을 확대할 때 사용한다. 드래그하면 좌우로 확대되고, Ctrl + 드래그하면 상하로 확대된다.

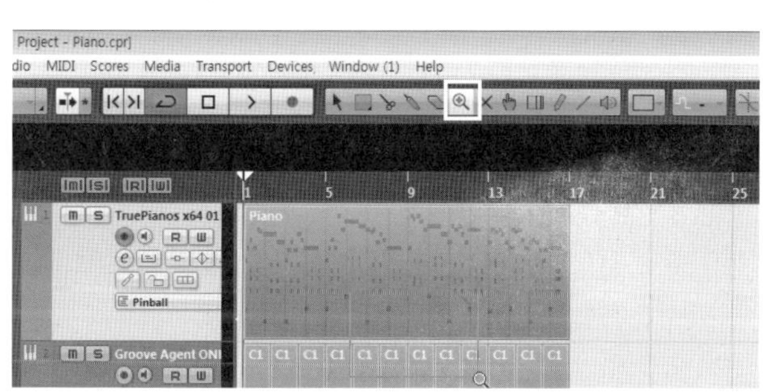

돋보기 툴로 드래그하는 모습

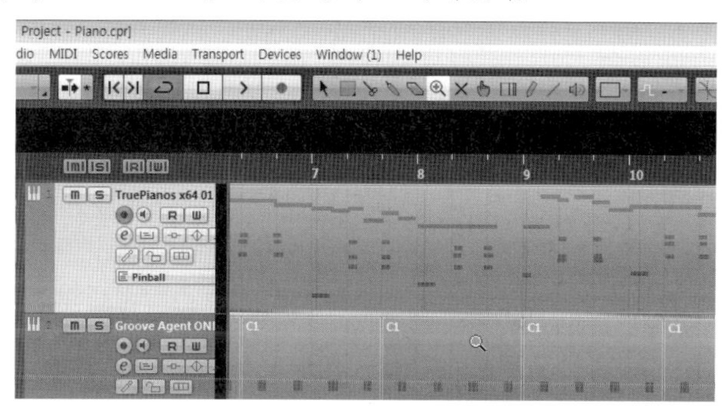

드래그한 부분이 확대된 모습

7. 뮤트 툴

연주 중 특정 클립의 사운드를 뮤트(묵음)시키면서 들리지 않도록 한다. 다시 클릭하면 사운드가 들린다.

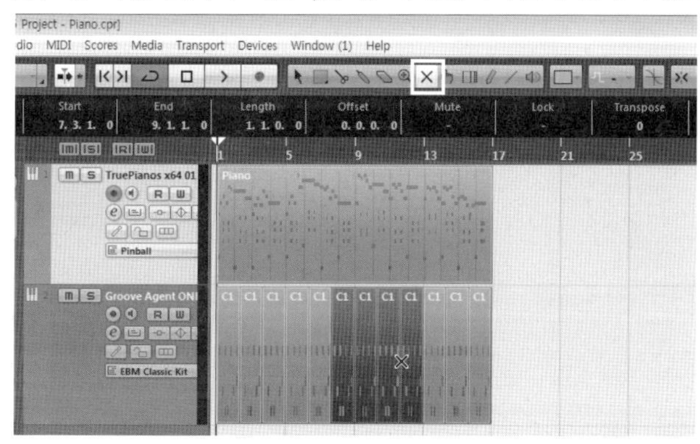

뮤트 툴로 뮤트할 클립을 드래그하여 지정한 모습

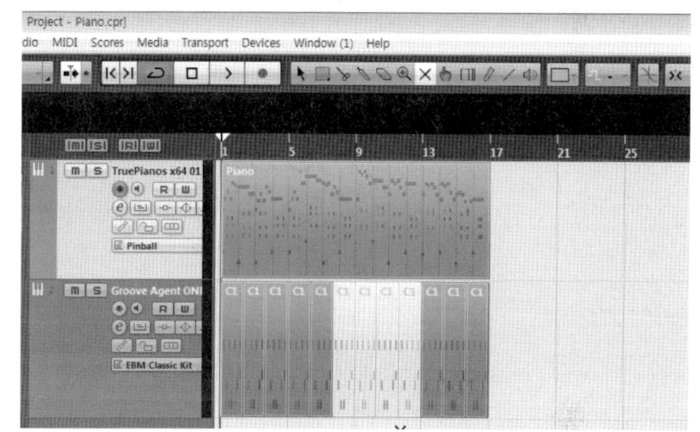

해당 클립의 사운드가 들리지 않는 모습

8. 손 툴(Comp Tool)

큐베이스 5에는 없는 기능이며 큐베이스 6에서 새로 등장하였다. 녹음 작업을 하다 보면 똑같은 구간을 여러 번 반복 녹음하는 경우가 있다. 이 경우 반복 녹음한 클립들은 오디오 트랙에 스택으로 겹쳐 있게 된다. 이 중에 마음에 드는 클립을 선택하고 어레인지할 때 이 기능을 사용한다. 자체적으로 자르기와 스크럽 기능을 제공하므로 특정 구간을 자른 뒤 그 중에 마음에 드는 클립만을 선택하고 나머지는 삭제할 수 있다.

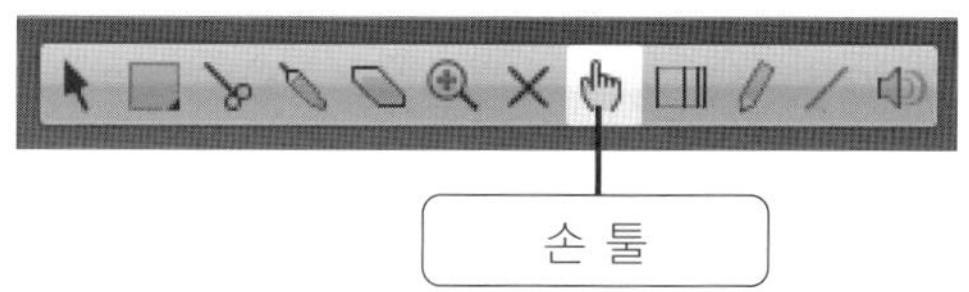

예를 들어 보컬 노래를 녹음하다 보니 시작 부분 10초가 마음에 들지 않아 시작 부분 10초를 반복 3회 녹음했다고 가정해보자. 이렇게 하면 해당 오디오 트랙의 시작 부분 10초 부분에 반복 녹음한 오디오 클립 3개가 겹쳐 있게 된다.

그림과 같이 3회 반복해서 녹음한 오디오 클립이 있다고 가정해보자.
보컬 노래, 피아노 연주 등을 녹음할 때 펀치 녹음을 하면 특정 구간을 반복 녹음할 수 있으므로 펀치 녹음에 대해서는 '메인 트랜스포트' 기능을 참고한다.

오디오 트랙 패널의 '레인 버튼'을 클릭하면 겹쳐 있는 클립이 각각의 레인으로 나누어져 표시된다. 3회 반복 녹음했으므로 클립 3개가 보이고, 제일 상단은 클립 3개가 겹쳐 있는 종합 레인이다.

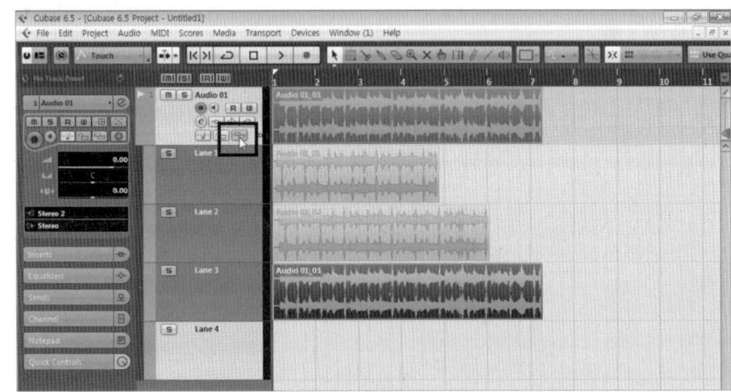

편집할 구간을 분할해보자. '손 툴'로 편집할 구간을 드래그하여 지정한다.

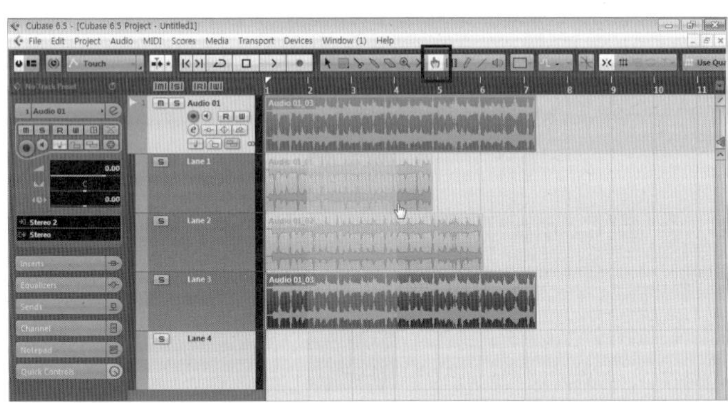

지정한 구간이 분할된 것을 알 수 있다.

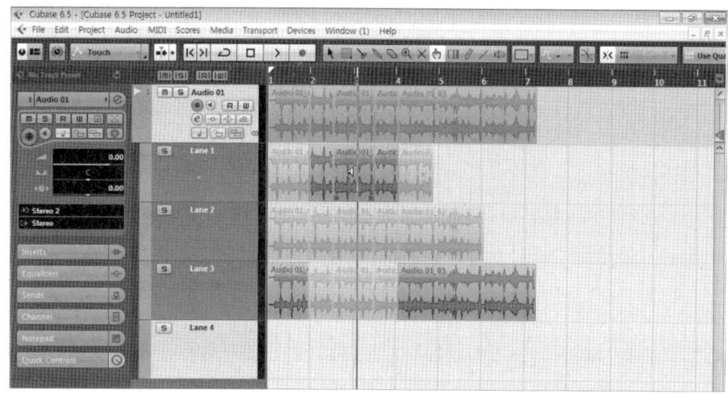

분할된 구간을 다시 세밀하게 재분할보자. '손 툴'로 분할하고 싶은 구간을 드래그하면 자동으로 해당 구간이 세밀하게 분할된다.

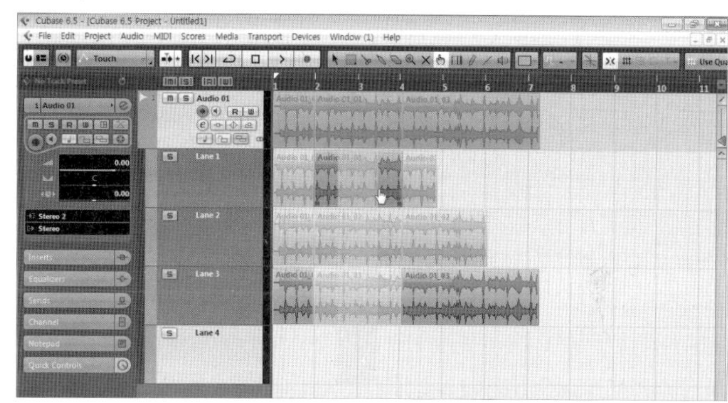

해당 구간이 분할된 것을 알 수 있다.

이때 분할 작업은 전체 레인에 동시에 적용된다. 육안으로 잘 보이지 않으면 손 툴로 클릭해서 다른 클립을 선택해본다. 다른 레인에 있는 클립들도 분할된 것을 알 수 있다.

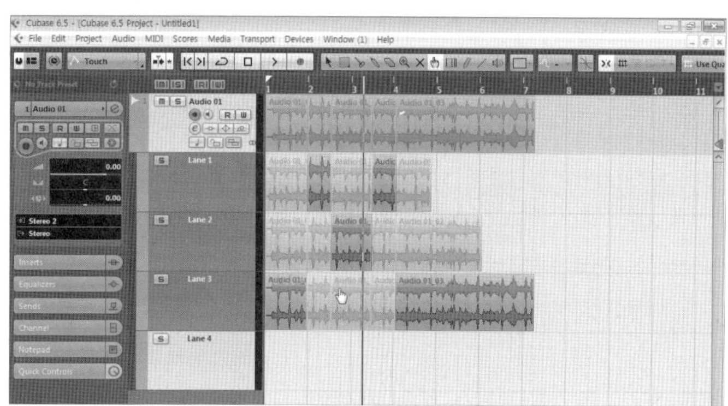

클립들을 세밀하게 분할하는 이유는 3회 반복해 녹음
한 내용중에서 어떤 부분은 마음에 들고 어떤 부분은
마음에 들지 않기 때문이다. 즉, '마음에 안 드는 구간'
과 '마음에 드는 구간'을 골라낸 뒤, 마음에 안 드는 녹
음 구간은 삭제하기 위해서이다.

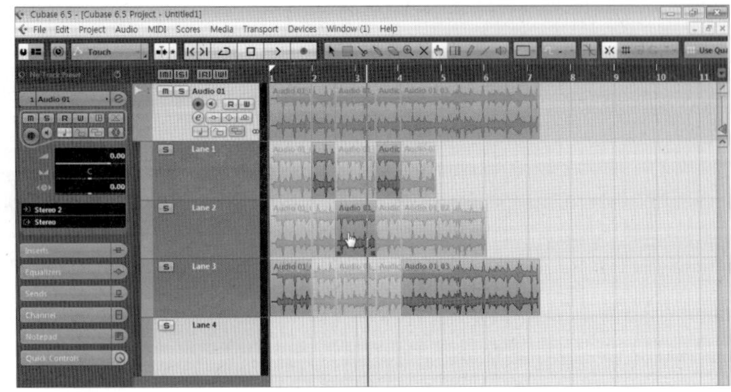

'손 툴' 상태에서 Ctrl + 클릭하면 스크럽 툴이 동작하
면서 해당 부분만 미리 모니터할 수 있다.
여기서는 2번 레인의 중앙 부분을 모니터해보았다.

이번에는 3번 레인의 중앙 부분을 모니터해보자.
먼저 손 툴로 3번 레인의 중앙에 있는 클립을 클릭해
선택한다.

Ctrl + 클릭하여 3번 레인의 중앙 부분을 모니터해본
다. 이렇게 하면 방금 모니터했던 2번 레인의 같은 위
치에 있는 클립과 비교할 수 있고, 이 중에 마음에 드는
클립을 선택할 수 있을 것이다.

1번 레인의 중앙 부분은 마음에 들지 않았으므로 선택
툴로 클릭한 뒤 Del 키를 눌러 삭제한다.

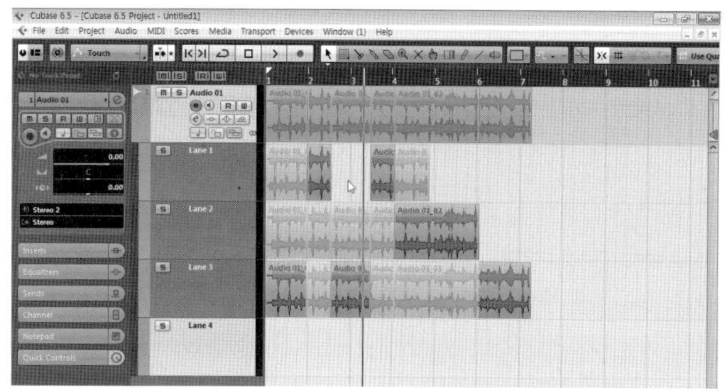

2번 레인의 중앙 부분도 마음에 들지 않았으므로 선택
툴로 클릭한 뒤 Del 키를 눌러 삭제한다.

이렇게 하면 3번 레인의 중앙 부분만 남게 되어, 3회
반복 녹음한 클립 중에서 이 부분만 사용하게 된다.

이런 식으로 다른 부분도 비교하면서 모니터해본다. 녹
음이 잘못되었거나 연주가 잘못된 부분이 있다면 삭제
하고 마음에 드는 클립만 남겨둔다.

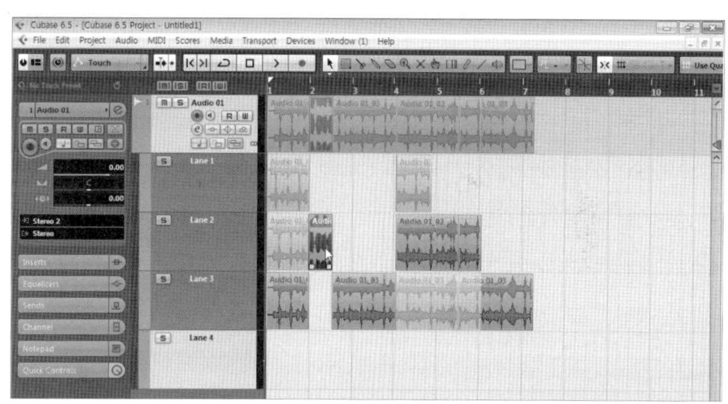

손 툴은 이처럼 반복 녹음한 클립들이 겹쳐 있는 상태에서 이들 클립들을 세분화하여 비교 청취한 뒤, 마음에 드는 클립만
남겨둘 때 유용하다. 믹스다운하면 남아 있는 구간의 클립들(마음에 드는 부분들)이 하나로 연결되어 믹스다운된다. 이때
주의할 점은 반드시 마음에 드는 클립만 남기고 나머지는 모두 삭제해야 한다는 점이다.

즉, 보컬의 노래 등을 녹음할 때 마음에 들지 않는다고 처음부터 재녹음할 필요 없이, 일부 구간만 펀치 기능으로 반복
녹음한 뒤 반복 녹음한 클립 중에서 마음에 드는 부분만 연결해 사용할 수 있으므로 녹음 시간을 절감할 때 아주 좋다.

9. 워프 툴

메트로놈이나 템포 가이드 없이 녹음한 오디오 클립이나 미디 클립의 템포를 Musical(음악 시간) 또는 Linear(선형 시간)에 맞게 조절할 수 있다. 이 기능을 사용하면 뮤직비디오의 특정 위치에 맞게 오디오 클립이나 미디 클립의 템포를 조절할 수 있다.

① Warp Grid : 기본 모드이며 조절할 때 모든 트랙은 Linear Time(선형 시간)이 일시적으로 전환되며, 원래 시간 위치를 유지시킨다.

② Warp Grid(musical events follow) : 전체 트랙이 Linear Time(선형 시간) 기준으로 템포가 변경된다.

10. 연필 툴

미디 클립을 생성시키거나 막대 모양의 노트를 찍을 때 사용한다. 또한 '오토메이션 라인', '컨트롤러'를 그릴 때도 사용한다.

File → New Project 메뉴를 실행한 뒤 More → Empty 프로젝트를 불러온다.

트랙 패널을 마우스 오른쪽 버튼으로 클릭한 뒤 Add Instrument Track 메뉴를 실행해 인스트루먼트 트랙을 생성시킨다.

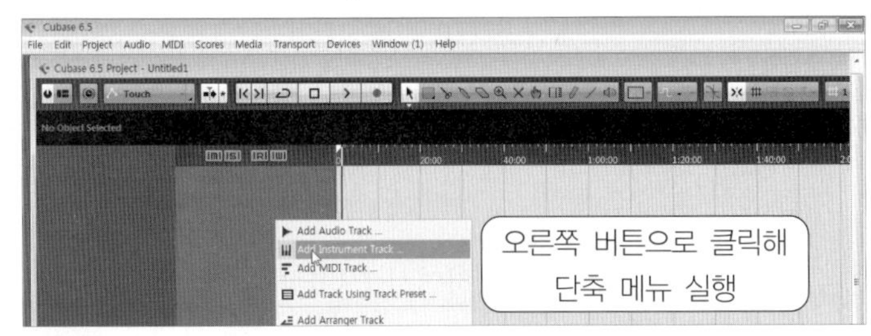

VST 악기 이름 부분을 클릭해 Synth → Spector 가상 악기를 불러온 뒤 적용한다.

Program(패치) 파라미터를 클릭한 뒤 'Sad Violin' 악기 음색을 선택한다.

'연필 툴'을 선택한 뒤 인스트루먼트 트랙에서 드래그하여 원하는 길이만큼 비어 있는 미디 클립을 그려준다.

선택 툴로 생성된 미디 클립을 더블클릭하여 키 에디터를 실행한다.

연필 툴을 이용해 막대 방식으로 노트(음표)를 입력한다.

연필 툴은 비어 있는 미디 클립을 생성시키거나 막대 방식의 노트를 입력할 수 있음을 알 수 있다.

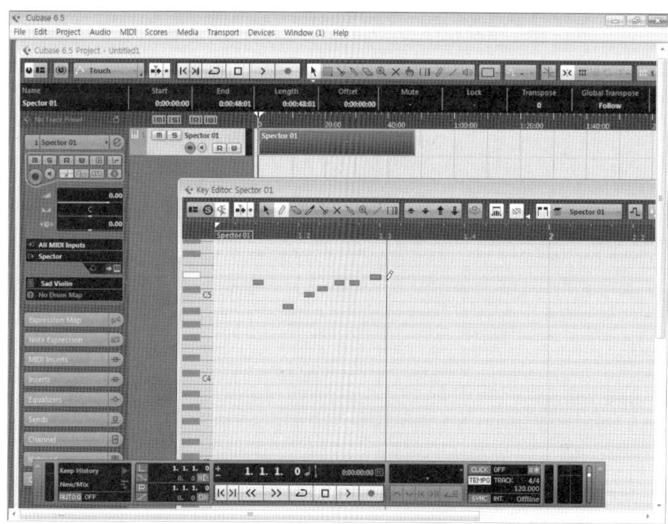

11. 라인 툴

라인 버튼은 연필 툴과 마찬가지의 쓰임새가 있다. 오토메이션 라인 또는 컨트롤러 막대를 그릴 때 사용하고, 막대 방식의
노트를 입력할 때 사용한다. 버튼을 클릭하면 다음과 같이 5가지 모양의 라인을 그릴 수 있는 도구들이 있고, 키 에디터에서
는 '페인트 툴'이 추가되었다.

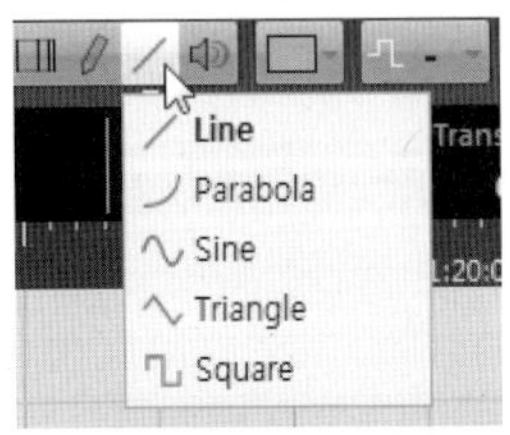

① Line : 직선 형태로 드로잉하기

② Parabola : 포물선 형태로 드로잉하기

③ Sine : 사인파 형태로 드로잉하기

④ Triangle : 삼각파 형태로 드로잉하기

⑤ Square : 사각파 형태로 드로잉하기

샘플 'midi-3tack.cpr'을 불러온다.

하단 Drum 트랙을 마우스 오른쪽으로 클릭한 뒤 Show
Automation 메뉴를 적용한다.

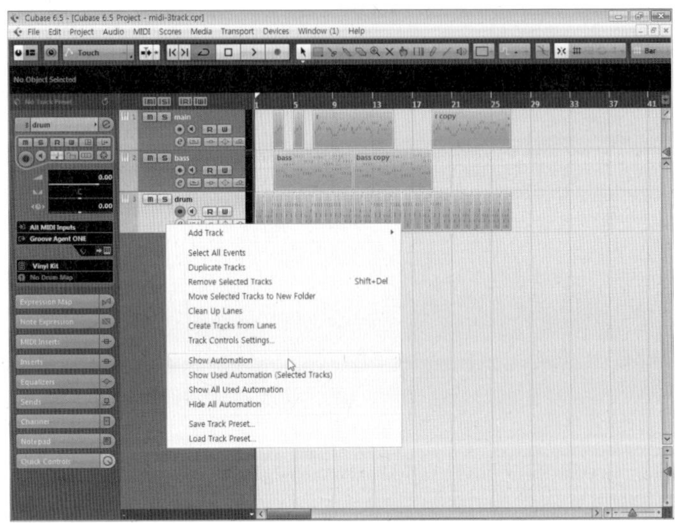

Drum 트랙 하단에 오토메이션 트랙이 나타난다. 오토
메이션 트랙은 사용자가 그린 곡선 모양대로 볼륨이나
팬이 변화되도록 할 때 사용하는 기능이다.

이때 오토메이션 트랙은 바로 상위 트랙인 Drum 트랙
에만 영향을 주고 다른 트랙의 볼륨에는 영향을 주지
않는다.

지금부터 라인 툴의 종류를 바꿔가면서 오토메이션 라인을 그려본다. 기본적으로 볼륨 오토메이션을 그릴 수 있는 상태이다.

볼륨 오토메이션을 라인 툴로 그린 모습 :
볼륨이 점차 작아졌다가 다시 커진다.

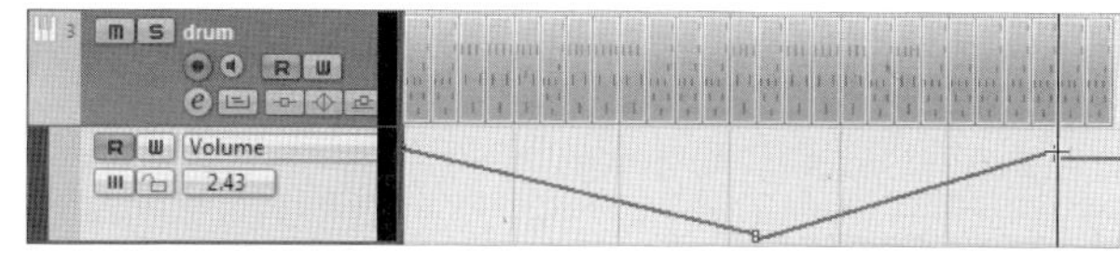

볼륨 오토메이션을 Parabola 툴로 그린 모습 :
볼륨이 곡선 형태로 작아졌다가 커진다.

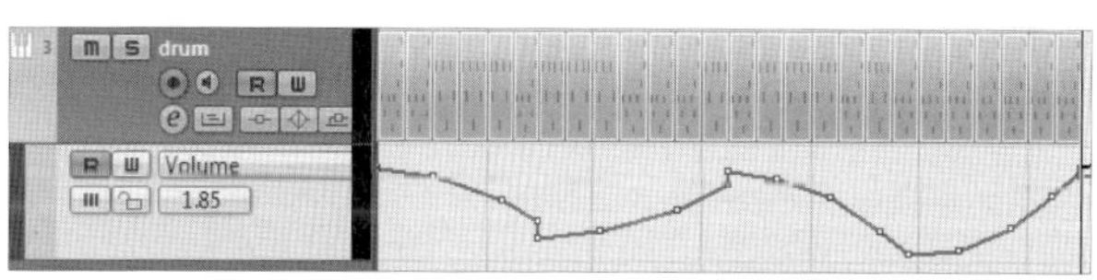

볼륨 오토메이션을 Sign 툴로 그린 모습 :
볼륨이 해당 구간에서 곡선 형태로 커졌다가 작아지길 반복한다.

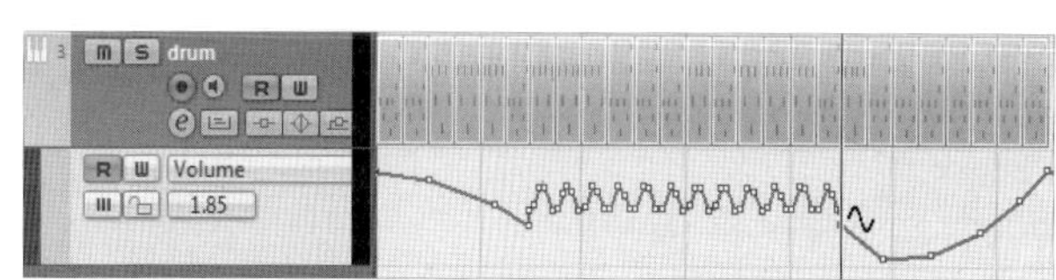

이번엔 오토메이션 종류를 Standard Panner로 변경하고 오토메이션 라인을 그려본다.

팬(Pan) 오토메이션을 Triangle 툴로 그린 모습 :
사운드가 양쪽 스피커를 번갈아가면서 들린다.

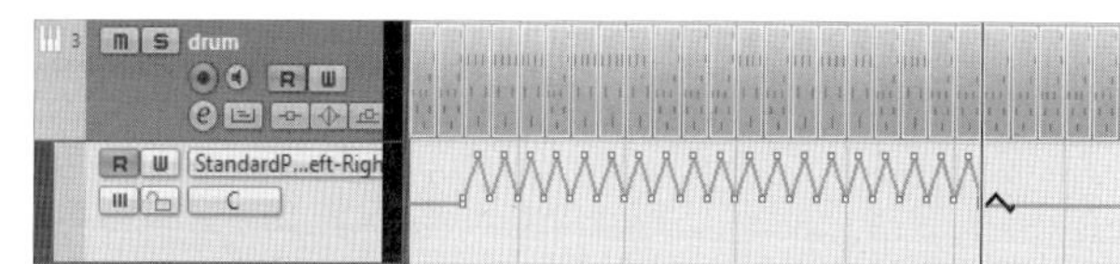

이번엔 오토메이션 종류를 Mute로 변경하고 오토메이션 라인을 그려본다.

뮤트 오토메이션을 Square 툴로 그린 모습 :
사운드가 들렸다가 안들렸다가를 반복한다.

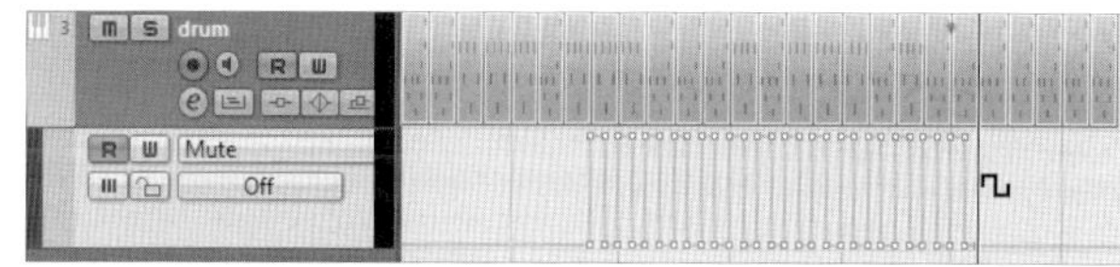

참고로, 오토메이션 기능을 제거하려면 오토메이션 트랙을 마우스 오른쪽으로 클릭한 후 Remove 메뉴를 적용한다.

12. 스크럽 툴

'스피커 툴'과 '스크럽 툴'로 구성되어 있다. 작업 중인 곡을 모니터할 때 사용한다. 스피커 툴은 클릭하고 있을 때 곡을 모니터할 수 있게 해주고, 스크럽 툴은 마우스로 드래그할 때 곡을 모니터해준다.

① 스피커 툴 : 마우스로 클릭하고 있을 때 곡이 연주된다.
② 스크럽 툴 : 마우스로 드래그할 때 곡이 연주된다.

추가 툴바

메인 툴바 오른쪽에 있는 추가 툴바에 대해 알아본다.

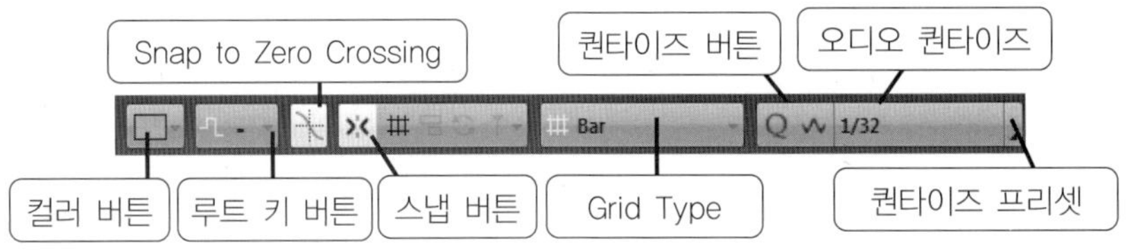

1. 컬러 버튼

미디 클립이나 오디오 클립의 색상을 변경하거나, 트랙 패널의 색상을 변경할 수 있다. 색상을 변경할 트랙이나 클립을 선택한 뒤 원하는 색을 선택하면 된다. 기본적으로 16개 색상 견본을 사용할 수 있다.

'컬러 버튼' 메뉴의 제일 하단에 있는 Select Colors 메뉴를 실행하면 대화상자가
실행된다. 기본적으로 제공되는 16개 색상 견본을 다른 색으로 교체하거나 새 색
상 견본을 추가할 때 사용한다.

대화상자 하단 Project Colors 항목에서 교체할 색상 견본을 지정한 뒤 상단
Modify Color에서 원하는 색상을 만든다. 그런 뒤, Apply 버튼을 클릭하면 하단
Project Colors 항목에서 선택한 색상이 새 색상으로 교체된다.

사용자가 만든 새 색상은 '컬러 버튼'을 클릭하면 나타나는 16개 색상 견본에서
선택할 수 있다.

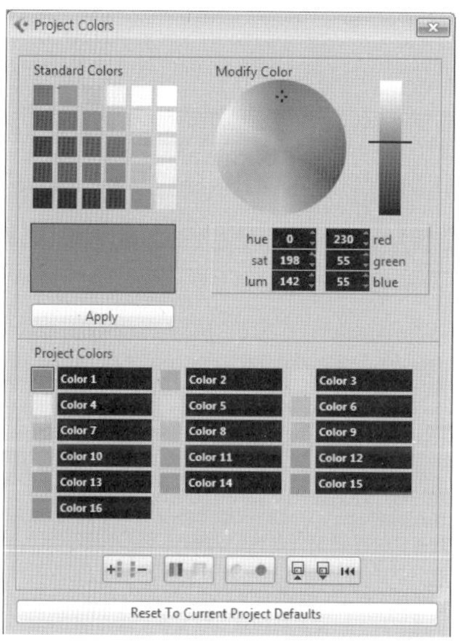

2. 루트 키(Root Key) 버튼

프로젝트의 루트 키(으뜸음)를 지정할 수 있다. 노래방에서 자신의 노래 키를 낮은 키나 높은 키로
변경하는 것과 마찬가지로 프로젝트의 기를 지정할 수 있다. 따라서 이벤트나 프로젝트에 루트 키
정보가 존재할 경우 여기서 변경한 루트 키가 적용되어 음정이 변하는 효과가 있다. 이 기능은 미디
클립과 오디오 클립 동시에 적용할 수 있고, 해당 클립의 Global Transpose 옵션이 Follow로 설정
한 경우 동작한다.

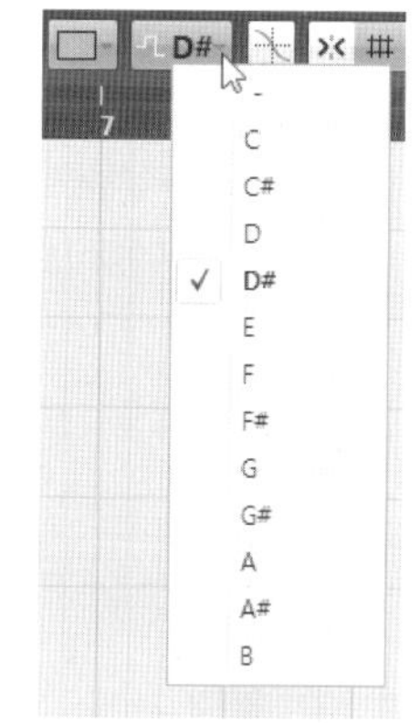

루트 키 버튼

Tip

Global Transpose 옵션

Global Transpose 옵션은 클립을 선택하면 표시되는 인포 라인에서 확인할 수 있다. Global Transpose 옵션이 Follow로
설정된 경우 루트 키를 변경할 때 영향을 받는 클립이 된다. 만일 Global Transpose 옵션이 Independent로 설정된 경우
루트 키 변경에 영향을 받지 않는다. 보통 드럼 파트는 루트 키 변경에 의해 음정 변화가 발생하면 곤란하므로
Independent로 설정하는 경우가 많다.

인포 라인의 Global Transpose 옵션

루트 키는 미디 또는 오디오 녹음 작업에서 사용자에 의해 설정할 수 있다. 예를 들어 미디 리얼 입력을 하거나, 오디오
레코딩을 할 때 프로젝트의 루트 키를 C로 설정하면, 해당 프로젝트는 C 루트 키 정보가 자동 삽입된다.

다음은 프로젝트에 루트 키를 설정하는 방법과 그 후 루트 키를 변경하는 모습이다.

비어 있는 프로젝트를 생성시킨 뒤 루트 키를 C로 설정한다.
그런 뒤 마스터 건반으로 연주를 리얼 녹음하였다.

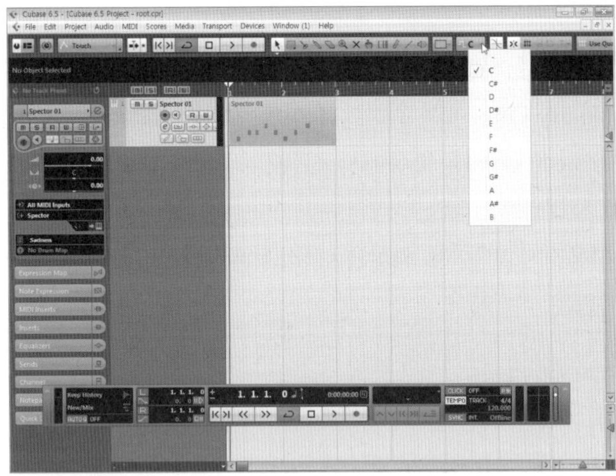

이 프로젝트를 나중에 플레이할 때 루트 키를 E로 변경하면 4
세미톤 높은 상태에서 플레이된다. 그리고 다시 C로 변경하면
원래 키로 플레이되는 것을 알 수 있다.

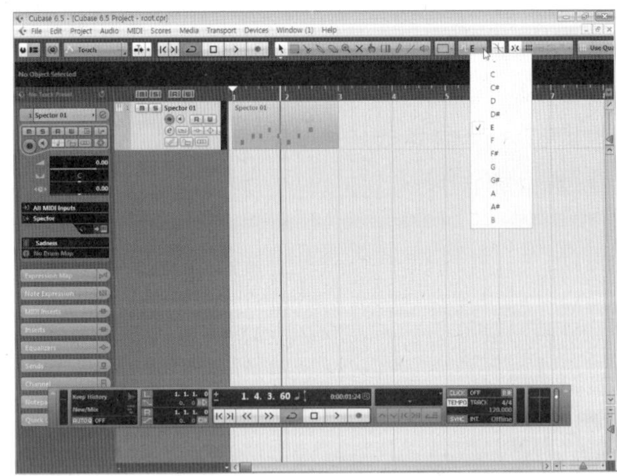

Tip

루트 키 정보가 없는 프로젝트나 이벤트

새 프로젝트에서 곡을 제작할 때 루트 키를 '없음(–)'으로 설정한 경우 자동으로 루트 키
정보가 삽입되지 않는다. 따라서 나중에 루트 키를 변경할 수 없게 된다.

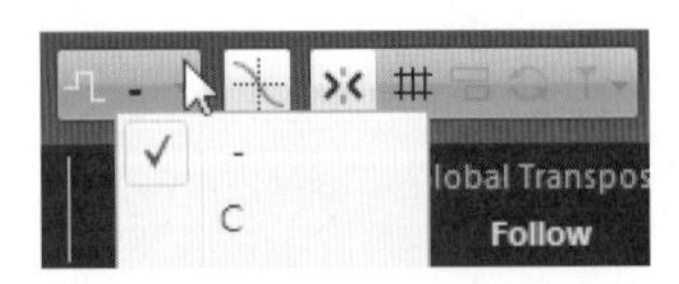

루트 키가 없는 경우

3. Snap to Zero Crossing 버튼

오디오 클립을 분할하거나 사이즈를 변경할 때 Zero Crossings 지점에서 적용된다. Zero Crossings이란 오디오의 진폭이 0인 지점을 말한다.

4. 스냅(Snap) 버튼

스냅 기능인 자석 기능을 On/Off한다. 노트, 이벤트, 클립을 선택하거나 이동시킬 때 설정한 간격에 맞게 자석처럼 붙게 만드는 기능이다. 오른쪽 역삼각형 버튼을 클릭해 스냅 모드를 선택할 수 있다.

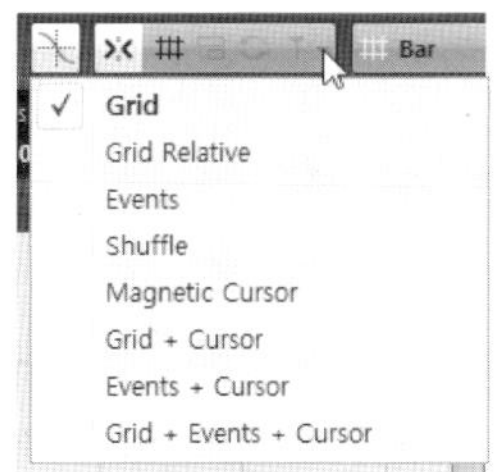

① Grid : 노트, 이벤트, 파트, 클립을 선택하거나 이동시킬 때 그리드 격자에 자석처럼 붙는다.

② Grid Relative : 노트, 이벤트, 파트, 클립을 선택하거나 이동시킬 때 원래 격자 줄의 유지 간격을 유지하며 붙는다.

③ Events : 이동하고 싶은 곳에 있는 이벤트나 클립의 시작 위치 또는 끝 부분에 자동으로 붙는다.

④ Shuffle : 이벤트나 클립의 순서를 순서대로 채울 때 사용한다. 예를 들어 A, B, C, D... 클립이 순서대로 있을 때, A를 C와 D 중간으로 이동시키면 B는 A 위치로, C는 B 위치로 자동으로 이동되어 온다. 따라서 B, C, A, D로 자동 정렬된다.

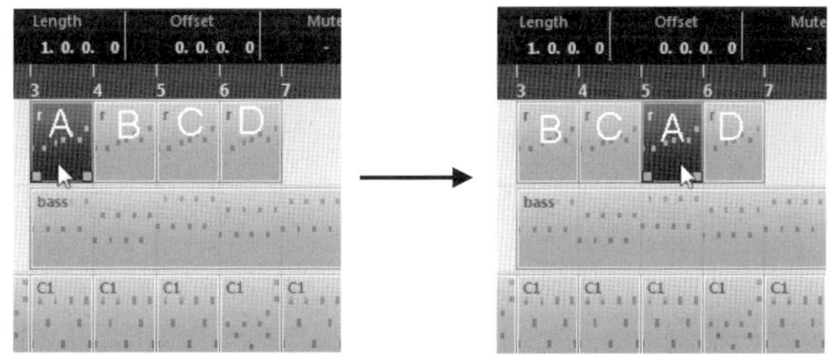

A를 C 뒤로 이동시킬 예정이다.　　　B, C가 자동으로 이동되어 온다.

⑤ Magnetic Cursor : 프로젝트 커서가 있는 위치에 자동으로 스냅된다. 프로젝트 커서를 원하는 위치로 이동시킨 뒤 이벤트나 클립을 이 옵션으로 이동시키면 프로젝트 커서에 스냅되어 이동된다.

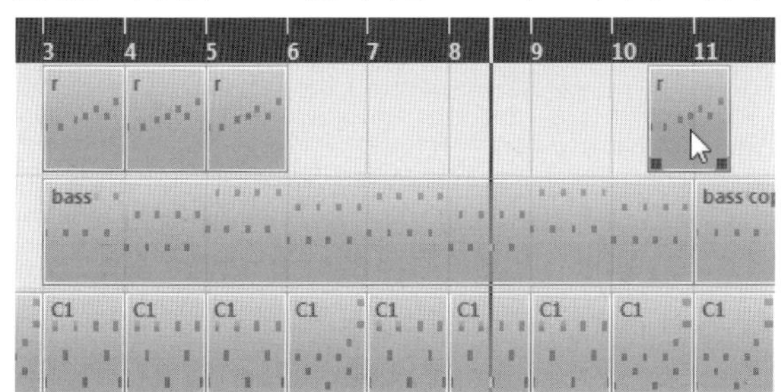

프로젝트 커서의 현재 위치

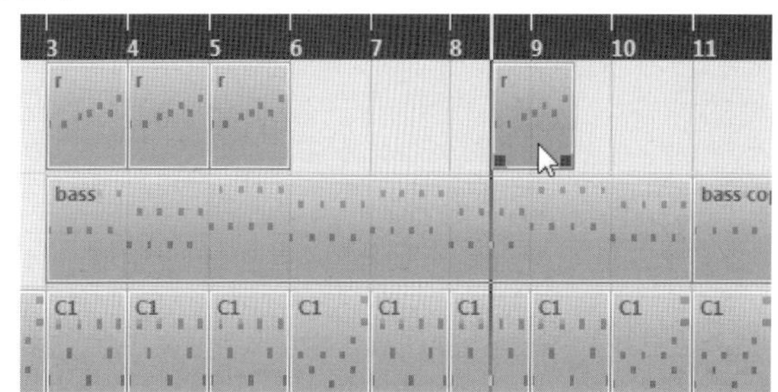

클립을 이동시킬 때 프로젝트 커서에 스냅된 모습

⑥ Grid + Cursor : '그리드 옵션'과 '프로젝트 커서 옵션'을 조합해 스냅 기능이 동작한다.

⑦ Events + Cursor : '이벤트 옵션'과 '프로젝트 커서 옵션'을 조합해 스냅 기능이 동작한다.

⑧ Events + Grid + Cursor : '이벤트 옵션', '그리드 옵션', '프로젝트 커서 옵션'을 조합해 스냅 기능이 동작한다.

5. 그리드 버튼

선택 작업, 이동 작업을 할 때 어느 부분에 스냅 기능이 동작하게 할지 설정한다. 프로젝트 커서를 이동시킬 때도 여기서
설정한 부분에 프로젝트 커서가 스냅 된다.

① Bar : 클립의 일부분을 선택하거나 클립을 이동시킬 때 마디 단위로 선택하고 이동시킬
수 있다. 프로젝트 커서를 이동시킬때도 마디 단위로 스냅된다.

② Beat : 클립의 일부분을 선택하거나 클립을 이동시킬 때 박자(비트) 단위로 선택하고 이
동시킬 수 있다. 프로젝트 커서를 이동시킬 때도 박자 단위로 스냅된다.

③ Use Quantize : 선택된 부분이나 클립이 퀀타이즈 단위에 스냅된다. 퀀타이즈 단위는 오
른쪽 Q 옵션에서 설정한다. 프로젝트 커서를 이동시킬 때도 퀀타이즈 단위로 스냅된다.

6. Q(퀀타이즈 해상도) 버튼

앞의 그리드 버튼에서 Use Quantize를 선택했을 경우, 사용자가 설정한 퀀타이즈 해상도로 스냅이 된다. 이때 선택, 이동,
각종 입력 작업 등에서 여기서 설정한 해상도로 스냅할 수 있으므로 정렬 작업이 한층 간편해진다. 음표 입력은 그 특성상
빗나간 엇박자 등이 발생하는데 퀀타이즈 해상도를 원하는 만큼 설정하면 정렬 작업이 자동 진행되어 엇박자의 시정이
어느 정도 가능하다.

Q 버튼을 클릭하면 iQ 퀀타이즈가 동작한다. iQ 퀀타이즈는 설정한 값을 기준으로
느슨하게 퀀타이즈를 적용한다. W 버튼은 오디오 퀀타이즈를 할 때 선택한다. 옆의
숫자 버튼을 클릭해 퀀타이즈 해상도를 선택한다.

다음은 숫자 버튼을 클릭해 퀀타이즈 해상도를 선택하는 모습이다. 예를 들어 드럼 비트같이 자잘한 음표를 많이 찍는
작업을 할때는 1/32분음표 등을 퀀타이즈 해상도로 설정하는데 그렇게 하면 노트들을 정확히 1/32비트 간격으로 정렬시킬
수 있다.

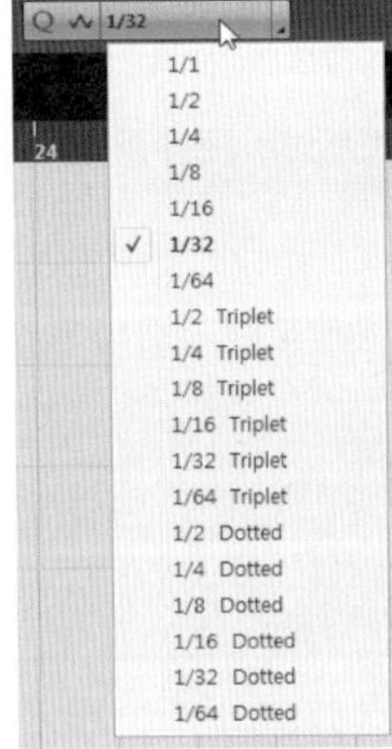

① 1/1 : 온음표 단위를 사용한다. 편집 창의 그리드 해상도(간격)이 온음표 단위로 변경된다. 따라서 스
냅 버튼이 켜 있으면 각종 이동 작업과 입력 작업에서 1/1온음표 단위로 할 수 있다.

② 1/2 : 2분음표 단위를 사용한다. 입력 및 이동 작업에서 그리드 간격이 2분음표 단위로 스냅되도록 변
경된다.

③ 1/4 : 4분음표 단위를 사용한다. 입력 및 이동 작업에서 그리드 간격이 4분음표 단위로 스냅되도록 변
경된다.

④ 1/8 : 8분음표 단위를 사용한다. 입력 및 이동 작업에서 그리드 간격이 8분음표 단위로 스냅되도록 변
경된다.

⑤ 1/16 : 16음표 단위를 사용한다. 입력 및 이동 작업에서 그리드 간격이 16분음표 단위로 스냅되도록
변경된다. 그 외 메뉴는 더 작은 음표 단위의 해상도 간격을 설정할 때 선택한다.

역삼각형 버튼을 클릭하면 퀀타이즈 대화상자를 통해 퀀타이즈 옵션을 설정할 수 있다.

자세한 사용법은 Edit → Quantize Panel 메뉴를 참고한다.

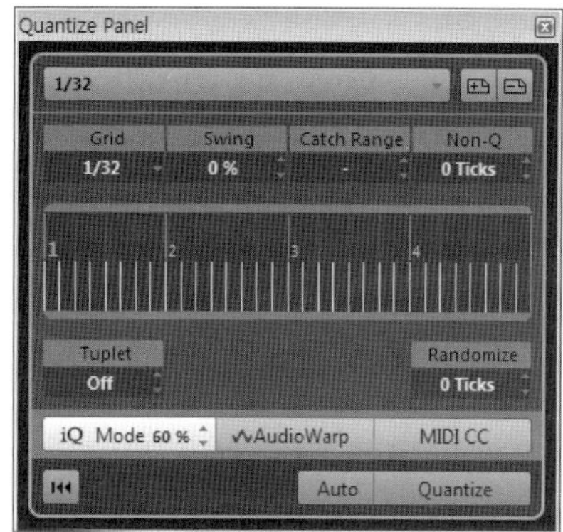

퀀타이즈 대화상자

 # 그 외의 비활성 툴바

지금까지는 메인 툴바에서 항상 보이는 도구들에 대해 공부하였다. 이제 평상시에는 툴바에서 보이지 않는 기능들에 대해 알아보자. 아래 기능들은 툴바를 마우스 오른쪽 버튼으로 클릭한 뒤 단축 메뉴를 통해 표시할 수 있다.

① Media & Mixer Window : 순서대로 미디어 베이 윈도우, 풀 윈도우, 채널 믹서창, 콘트롤 룸 믹서창을 불러오는 기능이다. 이들 기능에 대해서는 메인 메뉴를 공부할 때 알아본다.

② Performance Meter : 디스크 캐쉬량을 표시한다. 메모리가 부족할 경우 디스크를 사용하는데 이때 사용량이 표시된다.

③ Locators : 룰러의 로케이트 위치를 표시한다. 직접 숫자를 입력해 로케이터를 이동시킬 수 있다.

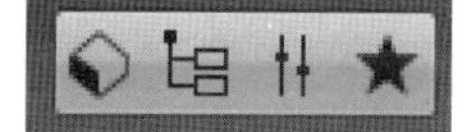

④ Arranger Control : 오디오 클립의 연주 방향을 혼합하고 변경할 수 있는 어레인지 작업을 할 때 사용한다. 자세한 사용법은 5장 어레인저 트랙 부분(P 209)을 참고한다.

⑤ Nudge Palette : 이벤트나 클립을 좌우로 이동시키고, 앞 부분과 끝 부분을 미세하게 잘라낼 때 사용한다. 퀀타이즈 해상도를 기준으로 이동 및 잘라내기가 조절된다. 먼저 작업할 클립이나 이벤트를 선택한 뒤 사용한다.

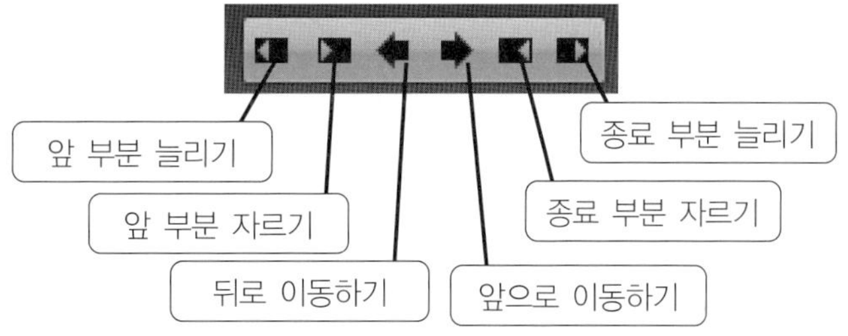

인포 라인

클립의 이름, 시작 위치, 종료 위치, 볼륨 등 다양한 정보를 보여주며 해당 정보를 수정할 때 사용한다. 미디 클립 또는 오디오 클립에 따라 표시되는 정보가 달라진다.

1. 미디 클립 인포 라인

미디 클립을 선택했을 때 인포 라인에 다음 정보들이 자동으로 표시된다.

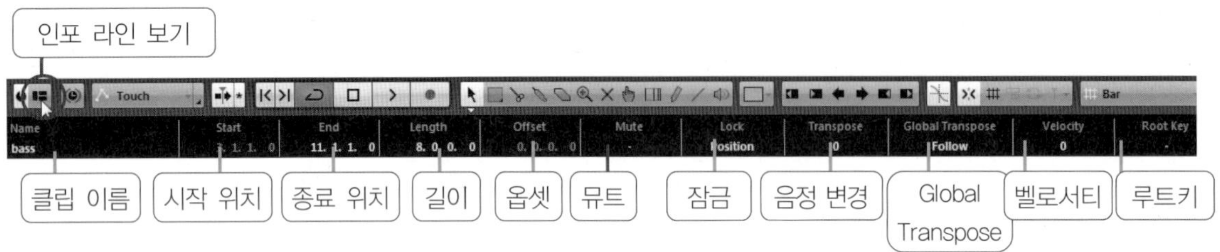

① Name(클립 이름) : 선택한 미디 클립의 이름이 표시된다. 마우스로 더블클릭하면 이름을 변경할 수 있고, 변경된 이름이 클립에도 바로 적용된다.

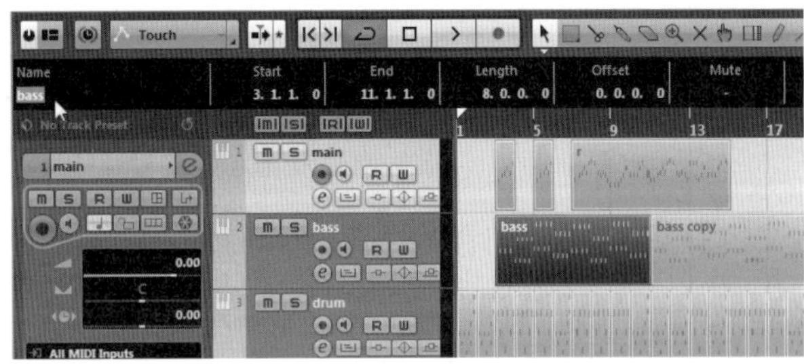 

이름 부분을 더블클릭한 모습   클립 이름을 변경한 모습

② Start(시삭 위치) : 미디 클립의 시작 위치를 '마디/박자/16분음표/틱' 단위로 보여준다. 참고로 120틱은 16비트에 해당하는 시간이다. 마우스로 더블클릭한 뒤 키보드로 시작 위치를 변경할 수 있다. 마우스 휠을 돌려 변경하거나 마우스를 상하로 드래그하여 변경할 수도 있다.

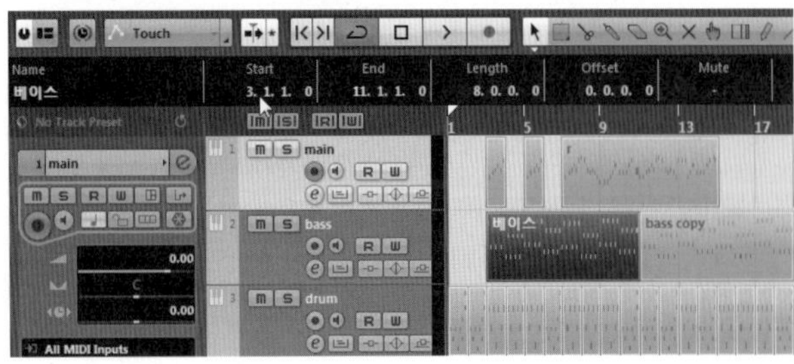 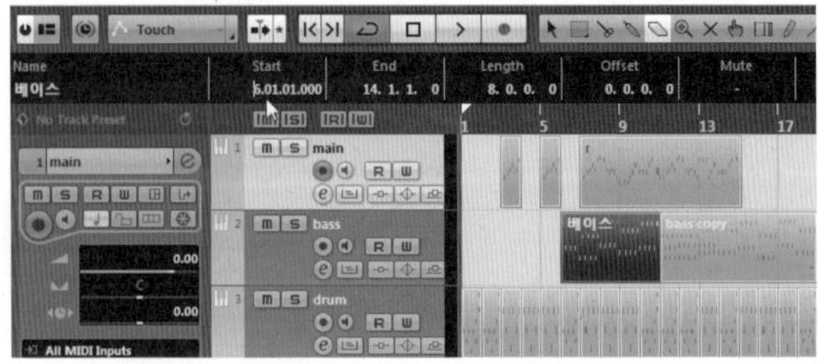

선택한 미디 클립의 시작 위치   시작 위치를 6번 마디로 이동시킨 모습

③ End(종료 위치) : 미디 클립의 종료 위치를 마디/박자/틱 순서로 보여준다. 마우스로 더블클릭한 뒤 종료 위치를 변경할 수 있다. 마우스 휠을 돌려 변경하거나 마우스를 상하로 드래그하여 변경할 수도 있다.

④ Length(길이) : 클립의 길이를 표시한다. 마우스로 더블클릭한 뒤 길이를 변경하거나, 마우스를 상하로 드래그하여 길이를 변경할 수도 있다.

선택한 미디 클립의 길이(8마디)

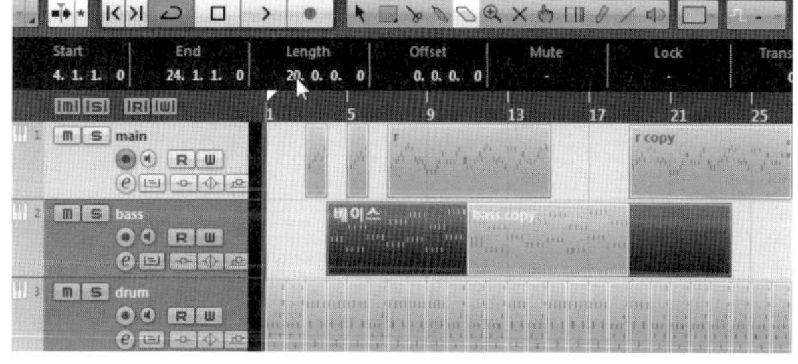

길이를 20마디로 변경한 모습

⑤ Offset(옵셋) : 클립의 시작 위치가 아닌 클립 안에 있는 미디 이벤트의 시작 위치를 변경할 수 있다. 마우스로 더블클릭한 뒤 변경하거나 마우스 휠을 돌려 변경한다. 마우스를 상하로 드래그하여 변경할 수도 있다. + 수치를 입력하면 이벤트를 앞으로 당겨오고, – 수치를 입력하면 이벤트가 뒤로 밀려난다.

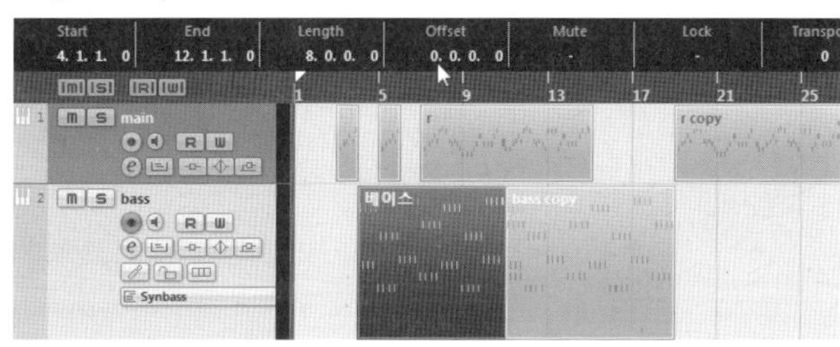

선택한 미디 클립의 현재 Offset 값

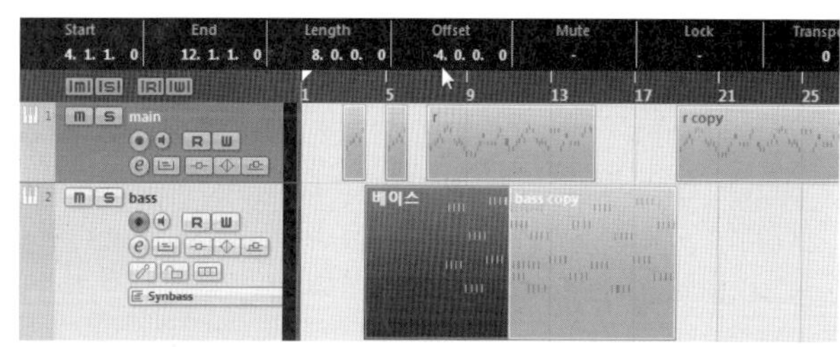

Offset 값을 –4마디로 설정해 미디 이벤트가 4마디 밀려난 모습

⑥ 뮤트(Mute) : 선택한 미디 클립을 뮤트 상태로 만든다. 마우스로 Mute 글자를 더블클릭하면 해당 클립이 뮤트 상태가 되면서 연한 회색으로 변경된다. 다시 더블클릭하면 뮤트 상태가 해제된다. 뮤트는 사운드를 묵음으로 처리한 것이므로 플레이하면 해당 클립의 사운드가 들리지 않는다.

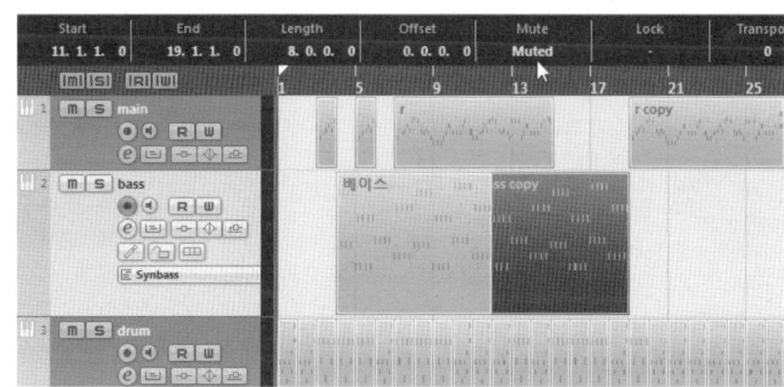

뮤트 문자열 더블클릭

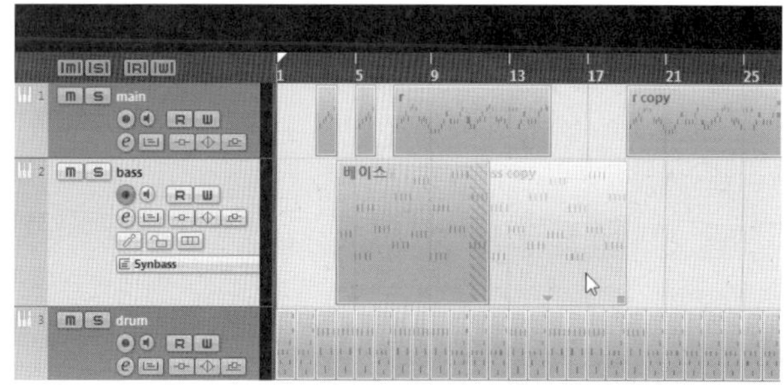

해당 클립이 뮤트된 모습

⑦ 잠금(Lock) : 미디 클립을 편집할 수 없도록 잠그는 기능이다. 다음과 같이 여러 가지 방식으로 잠글 수 있다.

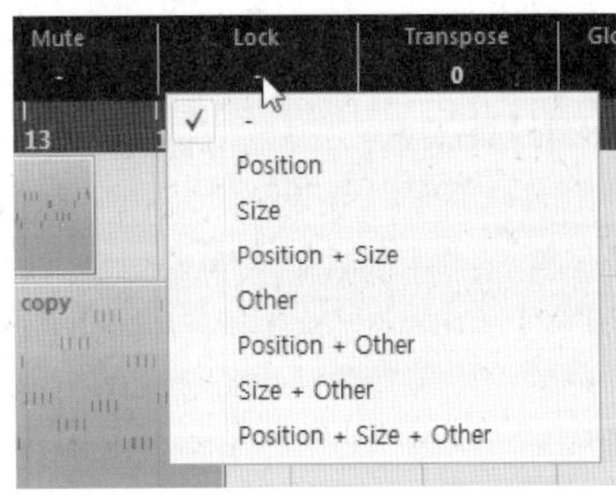

- Position : 위치를 이동시키지 못하도록 잠금
- Size : 길이를 변경할 수 없도록 잠금
- Position + Size : 위치 이동과 길이 변경 잠금
- Other : 클립 안의 이벤트를 변경할 수 없도록 잠금
- Position + Other : 위치와 이벤트를 변경할 수 없도록 잠금
- Size + Other : 길이와 이벤트를 변경할 수 없도록 잠금
- Position + Size + Other : 클립 전체를 편집할 수 없도록 잠금

⑧ 음정 변경(Transpose) : 미디 클립의 음정을 반음(세미톤) 단위로 높이거나 낮춘다. 마우스로 더블클릭한 뒤 음정을 변경하거나 마우스 휠을 돌려 변경할 수 있다. 1을 입력하면 반음정을 높이고 2를 입력하면 한 음정을 높일 수 있다. −1을 입력하면 반음정 낮아지고, −2를 입력하면 한 음정 낮아진다. 0을 입력하면 원래 음정으로 돌아간다.

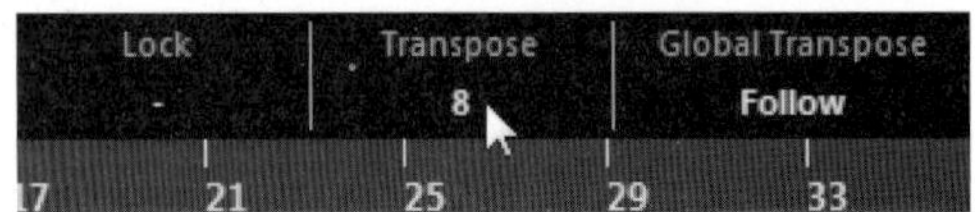

⑨ Global Transpose : 루트 키 버튼으로 프로젝트의 키를 변경했을 때 선택한 클립의 키도 변경할 것인지 설정할 수 있다. Independent를 선택하면 해당 클립의 키가 변경되지 않는다. Follow를 선택하면 루트 키 설정에 따라 해당 클립의 키도 변경된다. 일반적으로 드럼 루프나 타악기 루프, 이펙트(FX) 루프 클립은 키가 변경되지 않는 것이 좋으므로 Independent를 적용하고, 일반 리듬 클립은 Follow를 적용하여 루트 키 변경에 따라 음이 변하도록 하는 것이 좋다. 앞(P 153)에서 설명한 '루트 키 버튼'을 참고한다.

⑩ 벨로서티(Velocity) : 선택한 클립 또는 미디 이벤트에 적용된 벨로서티 값이 표시된다. 벨로서티란 건반을 누르는 강약을 말한다. 수치를 높이면 그만큼 소리가 커진다.

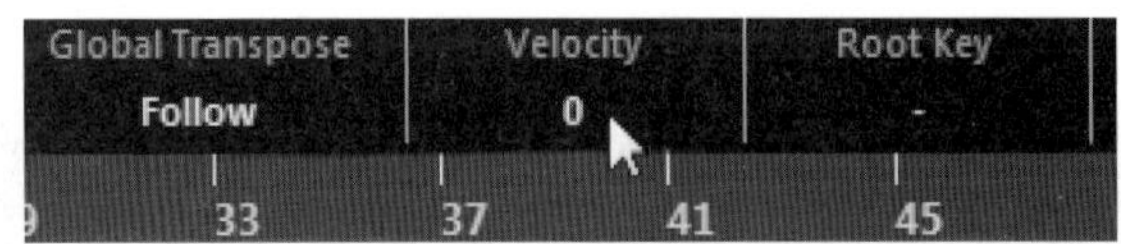

⑪ 루트 키(RootKey) : 루트 키(으뜸음)를 변경할 수 있다. 노래방에서 키를 변경하는 것과 같은 이치이다. 앞(P 153)에서 설명한 '루트 키 버튼'을 참고한다.

2. 오디오 클립의 인포 라인

오디오 클립을 클릭하면 인포 라인의 옵션이 다음과 같이 변경된다. 사용법은 앞에서와 마찬가지이므로 오디오 클립에만 있는 옵션에 대해 알아본다.

① 스냅(Snap) : 선택한 오디오 클립을 앞, 뒤로 스냅 이동시킬 때 사용한다.

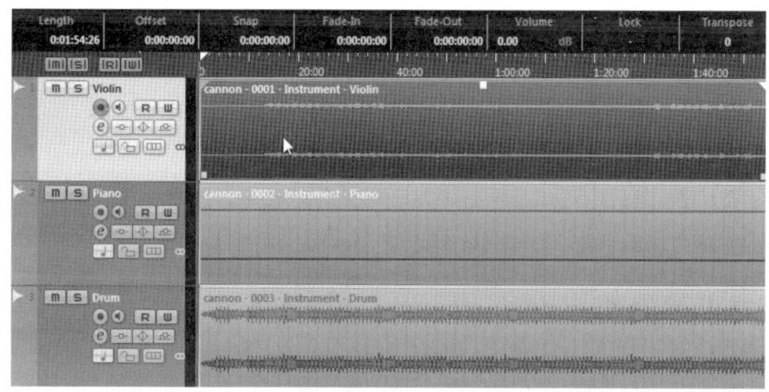
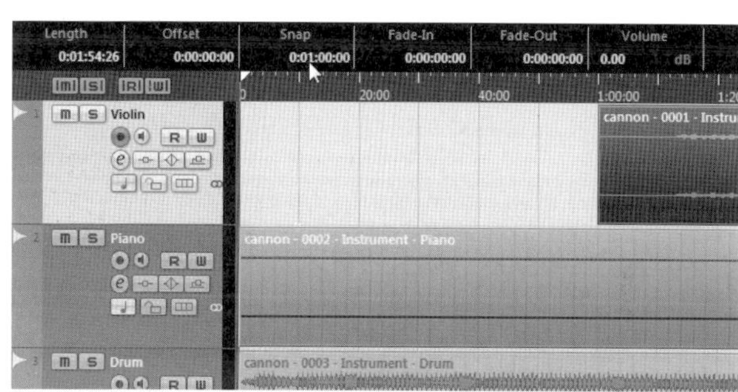

선택한 오디오 클립   스냅을 조절해 1분 뒤로 이동시킨 모습

② 페이드 인(Fade In) : 오디오 클립의 시작 부분에 '페이드 인' 효과를 삽입한다. 페이드 인을 삽입하면 시작 부분의 볼륨이 점점 커지면서 들린다. 페이드 인 간격은 룰러의 단위에 따라 시간/분/초 단위나 마디/박자/틱 단위로 조절된다.

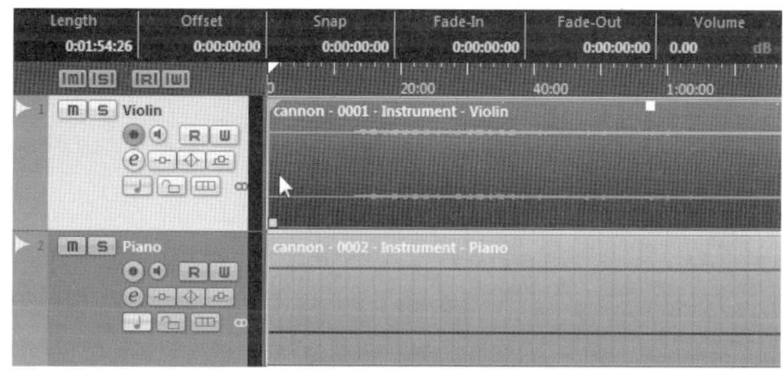
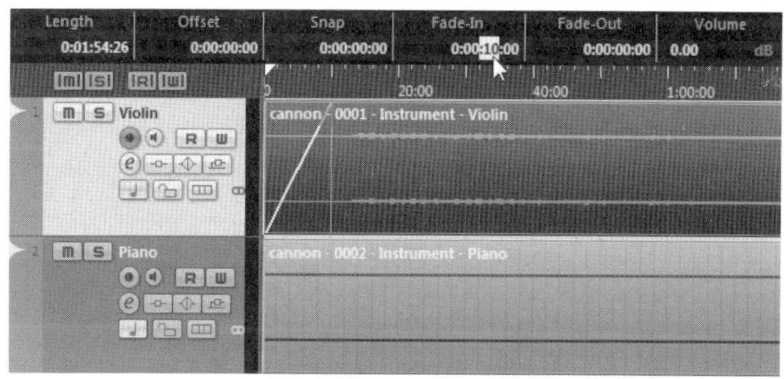

페이드 인 효과가 없는 오디오 클립   페이드 인 효과를 만든 모습

③ 페이드 아웃(Fade Out) : 오디오 클립의 종료 부분에 페이드 아웃 효과를 삽입한다. 페이드 아웃을 삽입하면 종료 부분의 볼륨이 서서히 작아지게 할 수 있다.

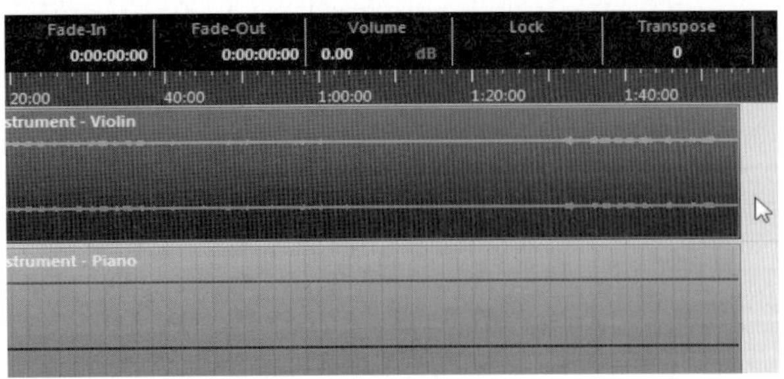

현재의 오디오 클립

페이드 아웃 효과를 적용한 모습

④ 볼륨(Volume) : 오디오 클립의 전체 볼륨을 높이거나 낮출 수 있다. 직접 수치를 입력해 조절하거나 마우스를 상하로 드래그하여 조절한다. 볼륨에 따라 오디오 파형의 증폭 상태가 달라지는 것을 알 수 있다.

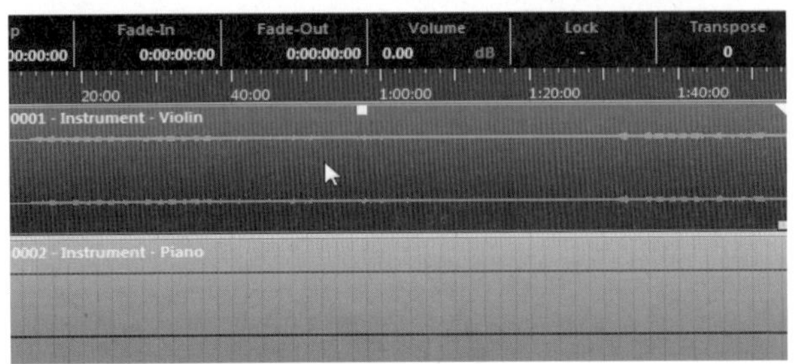

현재의 오디오 클립

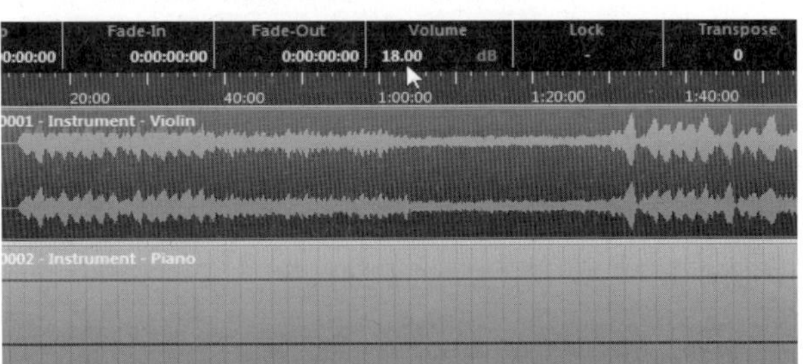

볼륨을 조절한 모습

⑤ 음정(Transpose) : 오디오 클립의 음정을 반음정 단위로 높이거나 낮출 수 있다. 직접 수치를 입력해 조절하거나 마우스를 상하로 드래그하여 조절한다.

⑥ Finetune : 오디오 클립의 1 음정을 100분의 1 단위로 세밀하게 높이거나 낮출 수 있다. +50을 적용하면 반음정 높아지고 −49를 적용하면 반음정 낮아진다.

룰러(눈금자) – 로케이터 구간 설정하기

트랙 패널 상단에 표시되는 눈금자를 룰러라고 말한다. 기본적으로 마디/박자가 표시되어 곡의 플레이 위치와 편집 위치를 파악하게 만든다. 룰러는 프로젝트 커서를 이동시키거나 루프 연주 범위, 믹스다운 범위를 설정할 때도 사용한다.

1. 프로젝트 커서의 이동

룰러는 프로젝트 커서를 이동시킬 때 사용한다. 프로젝트 커서는 곡의 연주 위치를 표시하는 세로축 라인을 말하며, 룰러에서 마우스로 드래그하면 연주 위치를 이동시킬 수 있다.

현재의 프로젝트 커서

룰러를 클릭해 프로젝트 커서를 이동시킨 모습

2. 룰러 단위 교체하기

룰러를 마우스 오른쪽 버튼으로 클릭하면 눈금자 단위를 변경할 수 있다. 작업에 편리한 단위를 선택하면 된다. 미디 클립을 편집할 때는 Bars+Beats 같은 악보 단위를, 오디오 클립을 편집할 때는 시간 단위를 사용하는 것이 좋다.

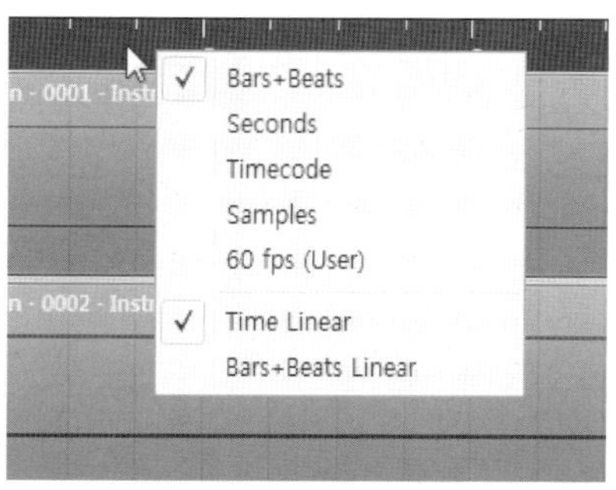

① Bar+Beats 단위 : 커서 위치를 악보에서 사용하는 박자+비트 단위로 표시하기 때문에 악보 단위라고 말한다. 4개의 숫자로 표시하는데 Bars/Beats/Sixteenth/Tick 순서이다. 마디/박자/16분음표/틱 단위로 표시한다고 할 수 있다. 120틱은 16분음표를 120개로 나눈 시간을 말한다. 미디 편집을 할 때는 마디상 어느 위치인지 알아야 하기 때문에 Bar+Beats 단위를 사용하는 것이 좋다.

② Seconds 단위 : 눈금자의 단위를 시간 단위로 표시한다. Hours/Minutes/Seconds/Milliseconds 순서로 표시한다. 시간/분/초/ms초를 뜻한다. ms초는 1000분의 1초를 말한다. 오디오 클립을 편집할 때는 보통 시간 단위를 사용하는 것이 좋다.

③ Timecode 단위 : 현재 커서 위치를 타임코드 단위로 표시한다. Hours/Minutes/Seconds/Frames 순서로 표시한다. 시간/분/초/프레임 순서로 표시하기 때문에 일반적으로 동영상에 사운드를 동기화할 때 타임코드 단위를 사용한다.

3. 로케이터 설정하기 – 믹스다운 영역과 구간 설정

큐베이스는 완성된 미디 프로젝트를 File → Export → Audio Mixdown 메뉴를 사용해 오디오 파일로 저장할 수 있다. 큐베이스는 소나와 달리 믹스다운 하기 전에 저장할 범위를 '레프트/라이트 로케이터'로 지정해야 한다.

룰러 맨 왼쪽에 삼각형 모양의 로케이터 아이콘이 있는데 이 아이콘을 드래그하면 믹스다운할 범위를 지정할 수 있다. 로케이터를 설정하면 Wav 파일로 믹스다운할 때 그 범위만 저장된다.

먼저 오른쪽 로케이터를 클릭 드래그한다.

원하는 영역만큼 로케이터를 드래그하여 범위를 지정한다. 믹스다운을 하면 이 범위에 해당하는 클립만 Wav 파일로 믹스다운된다.

로케이터를 단축키로 삽입할 수도 있다. 룰러에서 원하는 위치를 Ctrl + 클릭하면 왼쪽 로케이터, Alt + 클릭하면 오른쪽 로케이터가 자동 삽입된다.

4. 루프 구간 설정하기 – 연속 재생 범위 설정

룰러의 로케이터로 구간을 설정한 뒤 메인 툴바의 '싸이클 버튼'을 켠 뒤, Play 버튼을 누르면 그 범위만 연속 재생된다.

트랜스포트 패널은 작업창 하단에 표시되며 복수의 윈도우가 열려 있어도 항상 제일 상위에 위치한다. 큐베이스에서 자주 사용하는 기능인 플레이 기능, 박자 설정 기능, 템포 설정 기능, 펀치 녹음 설정 기능, 메트로놈 기능 등을 사용할 수 있나. 트랜스포트 패널은 단축키 F2로 불러올 수 있다.

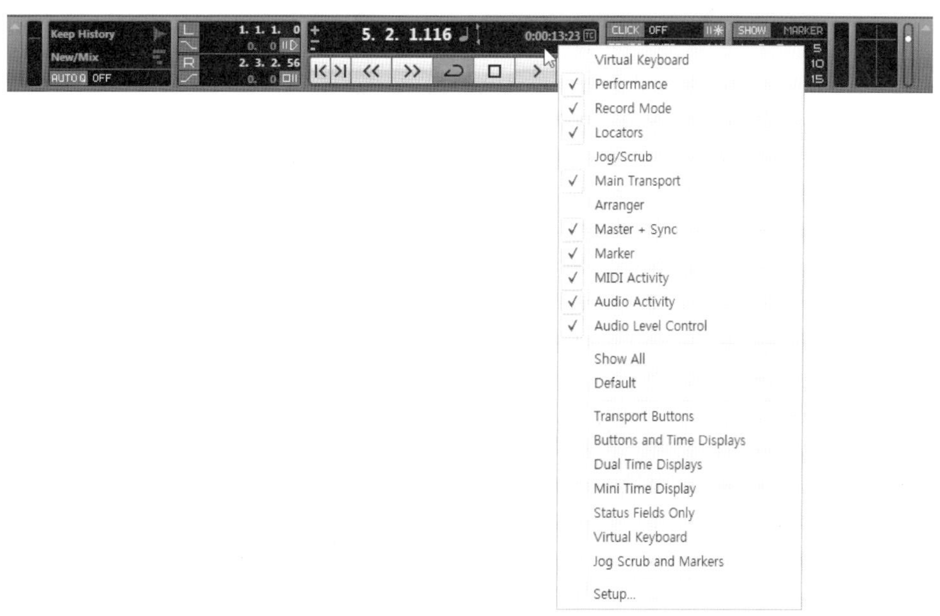

트랜스포트 패널의 추가 기능은 트랜스포트 패널을 마우스 오른쪽 버튼으로 클릭한 뒤 팝업 메뉴에서 선택할 수 있다.

중요한 기능인 어레인지 기능에 대해서는 PART 3의 5장을 참고한다.

 **트랜스포트 패널의 기본 기능** 

먼저 트랜스포트 패널의 기본 기능에 대해 공부한다.

1. VST Performance

Asio 모드에서 프로젝트 작업 시 Asio(CPU) 사용량과 하드디스크 사용량을 보여준다. 이펙트와 가상악기를 많이 연결한 경우 빨간 불빛이 들어올 수도 있는데 이 경우 시스템이 멈출 수도 있다. 해결책은 이펙트와 가상악기의 연결 개수를 줄이는 방법과 램 용량을 늘이거나 속도가 빠른 고성능 하드디스크에 가상악기를 설치하는 방법이 있다.

2. MIDI Activity

현재의 미디 입출력 상태를 보여준다. 왼쪽은 입력되는 미디 정보, 오른쪽은 출력되는 미디 정보를 보여준다. 마스터 건반을 누르면 왼쪽 Activity 미터가 반응을 보인다.

3. Audio Activity

오디오의 입출력 상태를 보여준다. 왼쪽은 입력되는 사운드, 오른쪽은 출력되는 사운드를 보여준다. 오디오 트랙에서 작업할 경우 반응을 보인다.

4. 최종 출력 레벨(마스터 출력 레벨)

최종 출력 레벨을 조절한다. 프로젝트 전체의 최종 볼륨을 조절하는 기능이므로 마스터 출력 레벨이라고도 말한다. 일반적으로 볼륨이 과도하면 청각에 좋지 않으므로, 최종 출력 레벨을 임의대로 높이는 경우는 거의 없다. 따라서 최종 출력 레벨은 가급적 기본값을 사용하길 권장한다.

트랜스포트 패널– 펀치 녹음, 구간 반복 녹음 사용하기

오디오, 미디 녹음을 할 때 필요한 녹음 방식, 구간 반복 녹음에 대한 옵션을 설정할 수 있다. 이 가운데 중요한 기능인 펀치 녹음은 사용자가 지정한 구간에 왔을 때 자동으로 녹음이 시동되는 녹음 방식을 말한다.

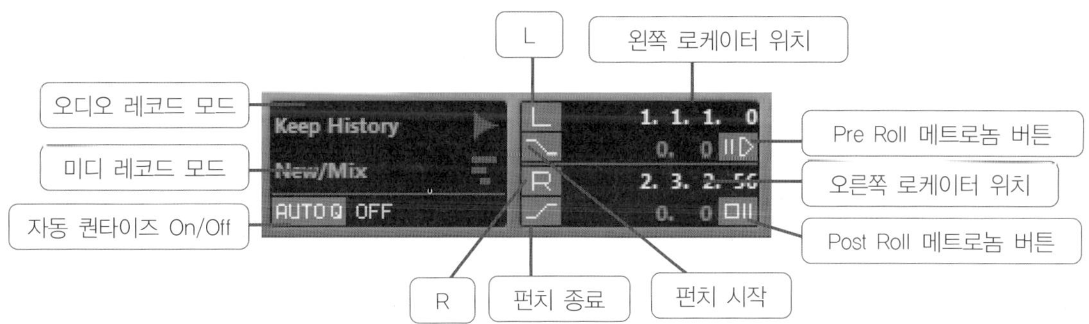

1. 오디오 레코드 모드(Audio Record Mode)

일반 오디오 녹음 작업 시 녹음 모드를 선택할 수 있다. 일반 녹음 시 녹음된 데이터가 있는 상태에서 프로젝트 커서를 다시 원래 위치로 이동한 뒤 재녹음을 하는 경우가 있는데 이 경우 녹음 모드를 설정한다.

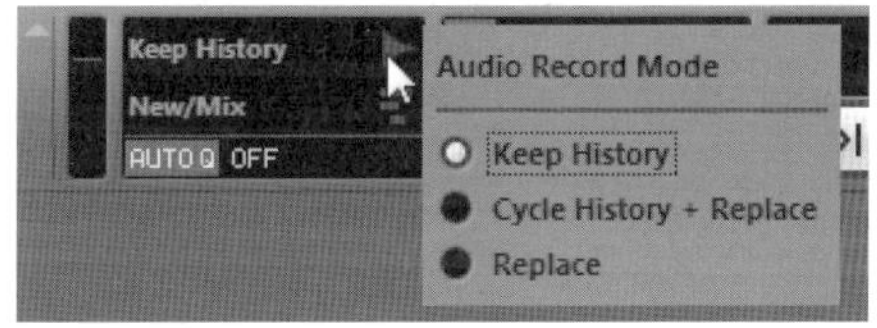

① Keep History : 오디오 데이터가 존재할 경우 새로 녹음하는 데이터가 겹쳐진다. 큐베이스는 기본적으로 두 오디오 클립이 겹쳐 있을 경우 나중에 녹음한 오디오 클립을 플레이하며, 겹쳐 있는 클립들을 동시에 플레이하지 않는다.

② Cycle History + Replace : Cycle 버튼으로 반복 녹음할 경우 선택한다. 기존 데이터는 없애고 싸이클로 반복 녹음한 데이터는 계속 겹쳐진다.

③ Replace : 기존 데이터를 없애고 새로 녹음하는 데이터로 교체한다.

Tip

녹음할 때 파트 또는 레인을 나누면서 녹음하려면 숫자 패드의 * 키를 누른다.

* 키를 누를 때 마다 파트가 나누어져 녹음되며, 펀치 녹음 시에는 레인이 나누어져 녹음된다.

새 프로젝트에서 오디오 트랙을 하나 만든 뒤 룰러에서
녹음하고 싶은 구간을 설정한다.

먼저 룰러에서 Ctrl + 클릭하여 왼쪽 로케이터를 생성
시킨 뒤, Alt + 클릭하여 오른쪽 로케이터를 삽입하면
반복될 구간이 설정된다.

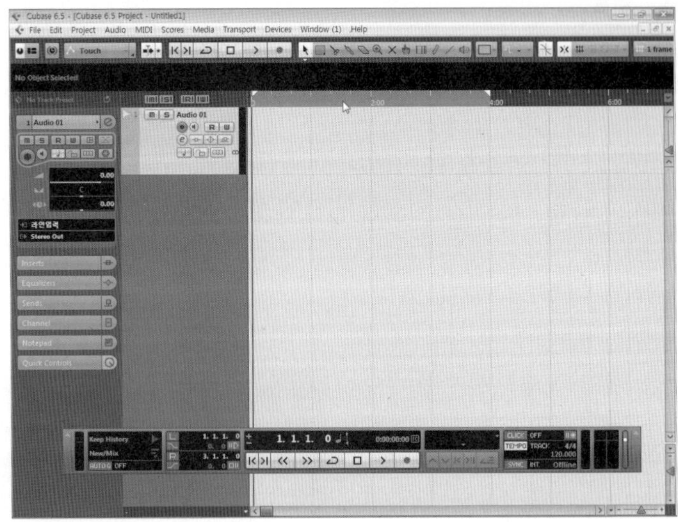

반복 녹음하기 위해 싸이클 버튼을 켠다.

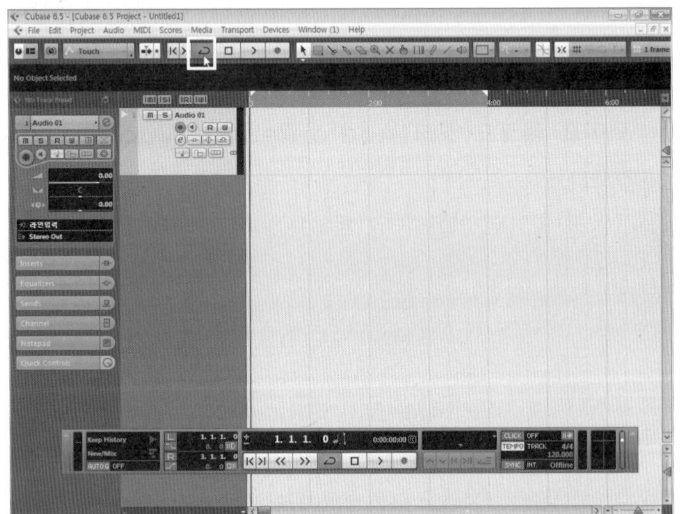

반복 녹음할 때 밑으로 깔리게 되는 데이터를 어떻게
처리할지 설정한다. 반복 녹음한 데이터를 모두 보존하
기 위해 Keep History를 선택해보자.

트랜스포트 패널에서 Keep History를 선택하면 기존
데이터에 새로 녹음한 데이터가 겹치게 되므로, 반복
녹음한 내용물을 모두 보존할 수 있다.

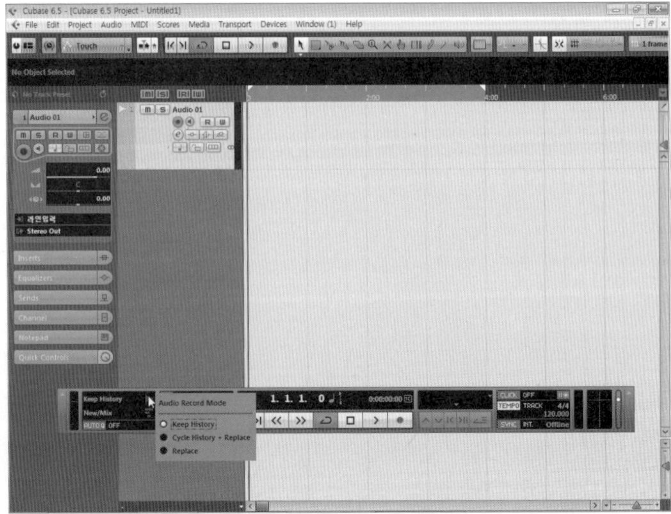

Record 버튼을 클릭해 녹음 작업을 시작한다.
(이 예제는 라인 입력으로 들어오는 사운드를 녹음하는
예제이다.)

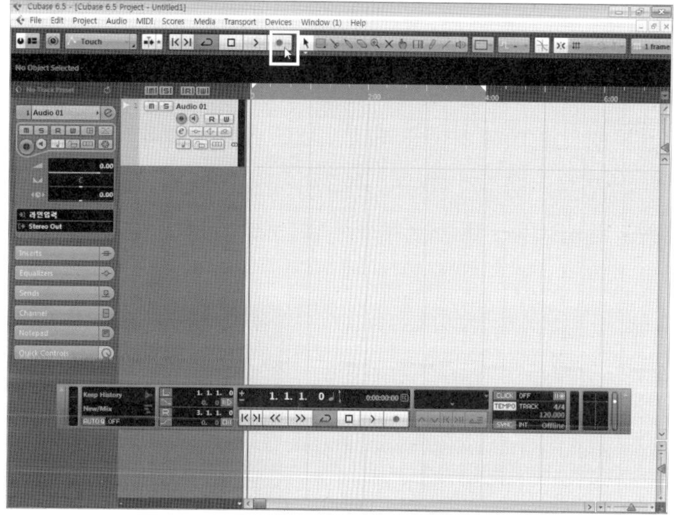

반복 녹음이 진행중인 모습이다.

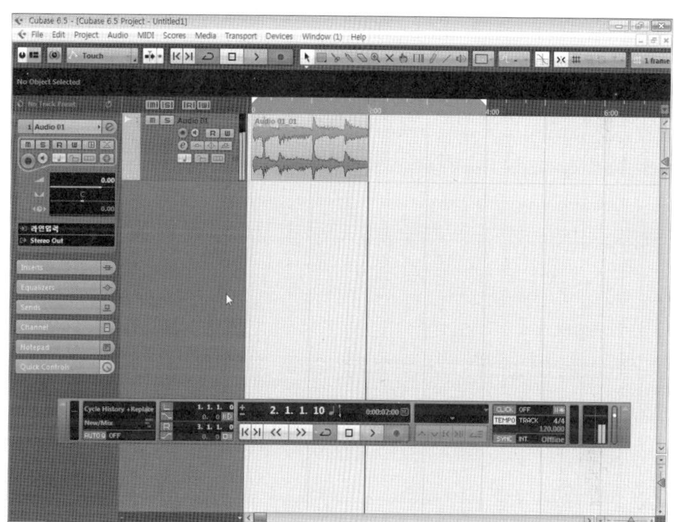

해당 오디오 트랙의 '레인 버튼'을 클릭하면 반복 녹음
된 클립들이 겹쳐 있다가 각각의 레인에 표시되는 것을
알 수 있다.

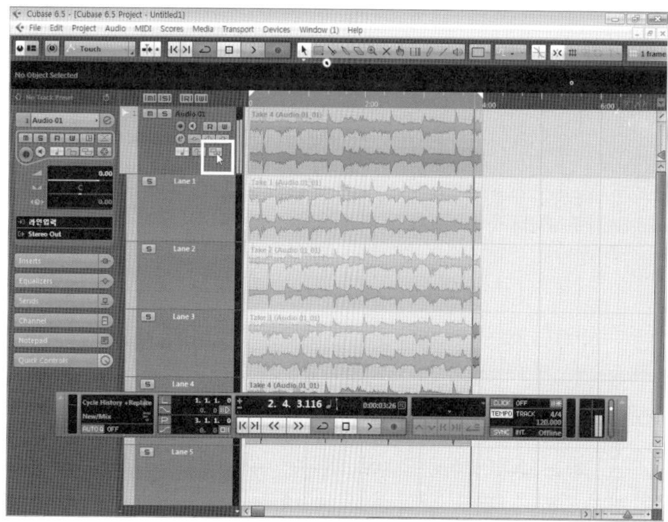

2. 미디 레코드 모드 & 미디 사이클 레코드 모드

미디 리얼 입력을 할 때 필요한 옵션을 설정한다. 마스터 건반으로 연주한 내용을 반복해서 리얼 입력할 수 있는 장점이 있다. 참고로 미디 사이클 레코드 모드 옵션은 룰러의 로케이터로 설정한 구간을 반복 녹음할 때 사용한다. 정해진 구간을 반복하면서 녹음하기 때문에 종료 위치에서 녹음이 중단되는 것이 아니라 녹음 시작 위치로 되돌아간 뒤 재녹음을 자동으로 하게 되고, Stop 버튼을 누르지 않는 한 해당 구간을 자동 반복 녹음하게 된다.

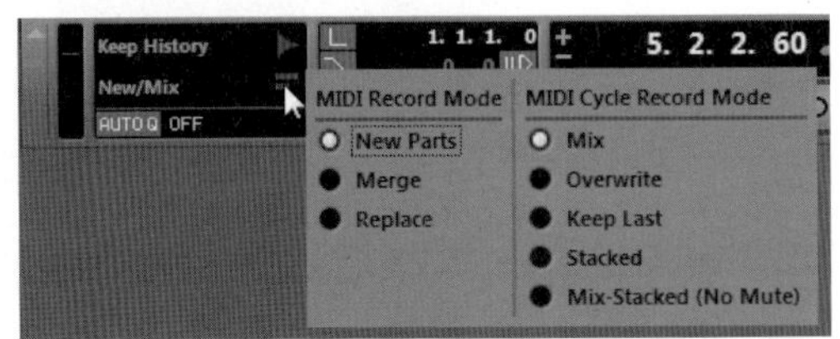

① New Part : 기존 미디 클립이 존재할 경우 새로 리얼 입력한 미디 클립이 겹쳐진다. 기본값이다.

② Merge : 기존 미디 클립이 있을 경우 새로 리얼 입력한 미디 클립과 합쳐진다.

③ Replace : 기본 미디 클립을 제거하고 새로 리얼 입력한 미디 클립으로 교체한다.

④ Mix(MIDI) : 미디 리얼 입력을 펀치 방식으로 구간 반복 녹음할 때, 맨 처음 녹음한 클립에 새로 녹음하는 노트들이 믹싱되어 들어간다.

⑤ Overwrite(MIDI) : 미디 리얼 입력을 펀치 방식으로 구간 반복 녹음할 때, 바로 전이나 그 이전에 녹음했던 클립들을 제거하고 새로 녹음한 클립만 생성되는 방식이다.

⑥ Keep Last : 바로 전 녹음했던 데이터를 남기는 방식으로 그 위에 덮어씌우는 방식이다. 바로 전에 3분 동안 녹음한 뒤, 이번에는 30초 동안 녹음했다면, 30초 분량이 3분 분량중 30초 분량에 해당하는 구간을 덮어씌우는 방식으로 녹음된다.

⑦ Stacked : 녹음한 횟수만큼 계속 클립들이 겹쳐있는 방식이다. 트랙상에서는 레인이 여러 개로 생성되고, 반복 녹음된 클립들은 뮤트로 처리되지만, 제일 마지막에 녹음한 미디 클립만 플레이된다.

⑧ Mix-Stacked(No Muted) : 녹음한 횟수만큼 계속 클립들이 겹쳐있지만 반복 녹음된 클립들이 뮤트로 처리되지 않고 동시에 플레이된다.

참고 펀치 녹음 버튼(일부 구간만 재녹음하기)

펀치 녹음이란 전체 영역에서 로케이터로 설정된 구간만 재녹음할 때 사용한다. 3분짜리 노래를 녹음한 뒤 나중에 확인해 보니 20초~35초 구간에 실수가 있어 녹음 내용이 마음에 안 드는 경우가 있다. 이 경우 3분짜리 곡을 다시 처음부터 녹음하기도 하지만 마음에 들지 않았던 20~35초 구간만 재녹음하기도 한다. 이때 사용하는 기능이 펀치 녹음 기능이다.

먼저 마음에 들지 않았던 20~35초 구간을 로케이터로 설정한 뒤 펀치 In/Out 버튼을 On 상태로 전환한다. 그런 뒤 프로젝트 커서를 곡의 처음 위치로 이동시킨다. 그런 뒤 Space Bar를 눌러 재생 상태로 만든다. 그런 뒤 보컬은 노래를 부를 준비를 한다.

곡을 계속 플레이하면 펀치로 설정된 20~35초 구간을 지나게 되는데 이때 펀치 구간에 돌입하면 자동 녹음 상태로 전환되므로 이때 보컬은 그 부분에 해당하는 노래를 부르기 시작한다. 즉 20초~35초 구간은 녹음을 하고, 해당 구간을 지나가면 다시 플레이 상태로 돌아오는 것이 펀치 녹음 기능이다.

따라서, 펀치녹음 기능은 녹음된 내용 중 일부 구간이 마음에 들지 않을 때 재녹음할 목적으로 사용하는데, 보통 보컬의 노래나 악기 연주 등을 녹음한 뒤 특정 구간이 마음에 들지 않을 때 그 구간만 재녹음할 때 유용하다.

녹음 버튼을 클릭해 악기 연주를 녹음하는 모습이다.

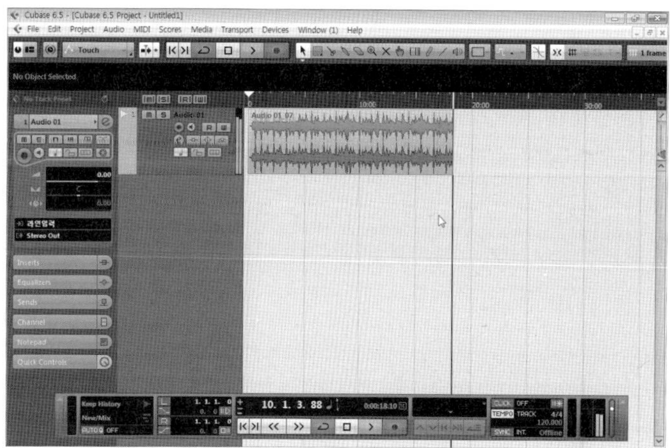

녹음한 내용을 플레이해본다. 중간 부분에서 악기를 잘못 연주해 마음에 들지 않았다.

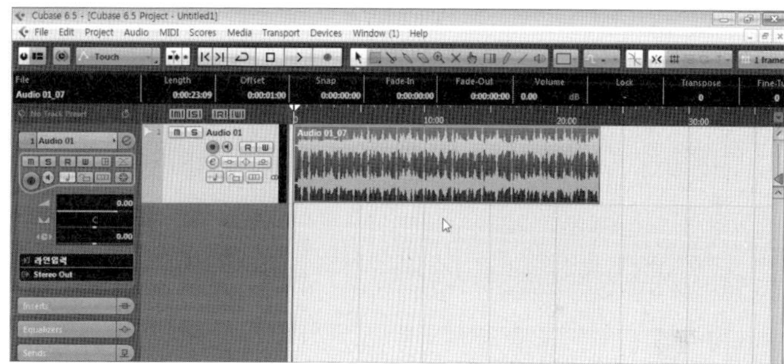

마음에 들지 않았던 부분을 로케이터로 구간을 설정한다.

룰러에서 Ctrl + 클릭하면 로케이터의 시작 지점이, Alt + 클릭하면 로케이터의 종료 지점이 설정된다. 이것은 펀치녹음 작업을 할 때 펀치 시작, 펀치 종료 지점이 된다.

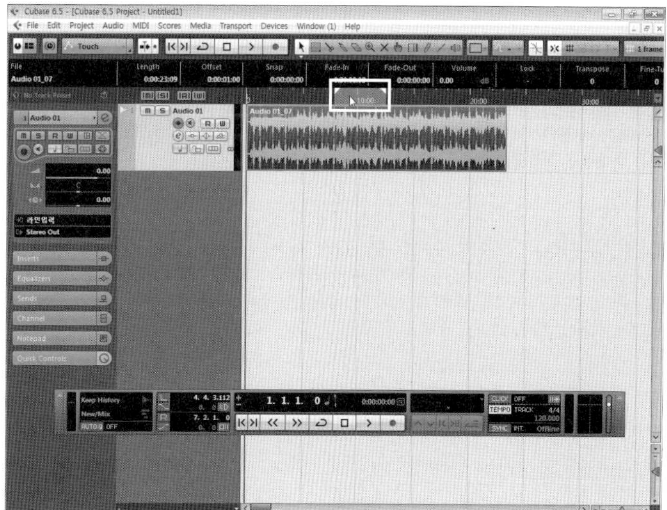

설정한 구간만 재녹음하기 위해 펀치 In/Out 버튼을 켠다.

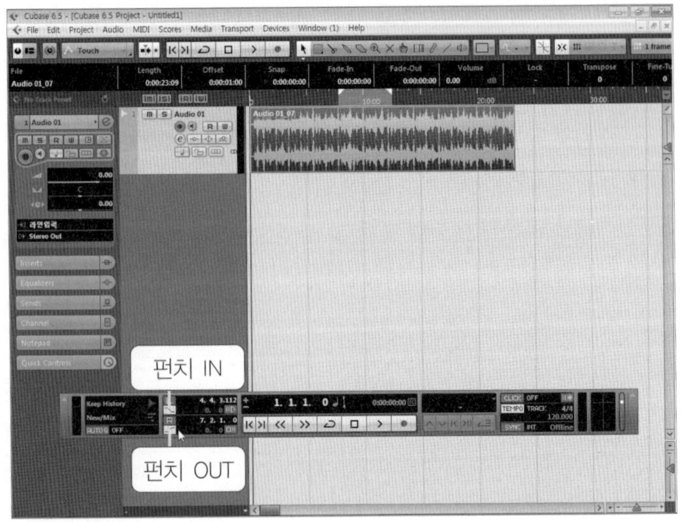

녹음 진행 상태를 육안으로 확인하기 위해 '레인 버튼'
을 켠다.
키패드의 1을 눌러 곡의 시작 부분으로 프로젝트 커서
를 이동시킨다.
Space Bar를 눌러 녹음된 내용을 처음부터 Play한다.

처음에는 플레이 모드로 동작하다가 펀치 구간을 지나
갈 때는 자동으로 녹음 모드로 동작한다. 따라서 펀치
구간을 지나갈 때 그 부분에 해당하는 악기 연주를 다
시 하여 녹음한다.

펀치 구간이 끝나면 녹음 모드가 자동 종료하고 다시
플레이 모드로 동작하는 것을 알 수 있다.

3. L 버튼/R 버튼(왼쪽/오른쪽 로케이터 이동 버튼)

L 버튼은 왼쪽 로케이트 위치로 프로젝트 커서를 이동시키고, R 버튼은 오른쪽 로케이터 위치로 프로젝트 커서를 이동시킨다.

L, R 버튼

4. Pre Roll 메트로놈 버튼

Pre Roll 메트로놈 버튼을 켜면 녹음 시작 전 예비 메트로놈으로 알려준다. 버튼 왼쪽의 숫자를 더블클릭해 예비 메트로놈이 몇 마디 동안 들릴지 설정한다. 일반적으로 예비 메트로놈은 보컬에게 녹음이 몇 마디 뒤에 시작하는지 알려주기 위해 설정한다.

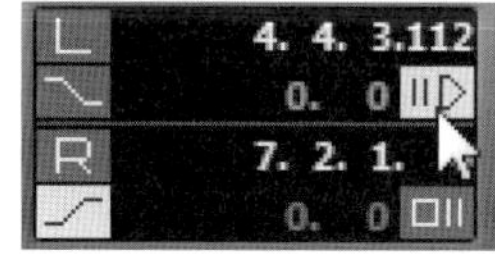

5. Post Roll 메트로놈 버튼

Post Roll 메트로놈 버튼을 켜면 녹음 종료 후 종료 메트로놈이 설정한 시간만큼 들린다. 버튼 왼쪽의 숫자를 더블클릭해 종료 메트로놈이 몇 마디 동안 들릴지 설정한다. 일반적으로 Post Roll 메트로놈 기능은 펀치 In/Out으로 녹음할 때 사용한다. 즉, 보컬이 녹음이 종료되는 시점을 청각적으로 파악하고 싶을 때 사용하면 좋다.

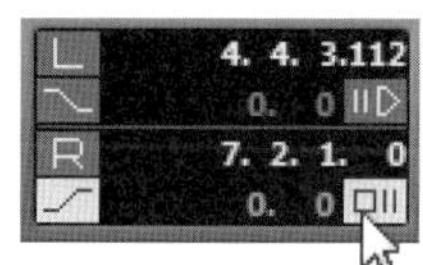

트랜스포트 패널 – 플레이/디스플레이 기능

트랜스포트 패널은 현재 연주 위치를 파악하게 해주는 디스플레이 기능과 Play, Record 기능을 제공한다. 한 번씩 마우스로 클릭하면 누구나 사용법을 익힐 수 있다.

또한 디스플레이 창에는 큰 시계와 작은 시계 등 2개의 시계가 표시된다. 큰 시계는 보통 악보상 시간(마디/박자/16분음표/틱)을 보여주고, 작은 시계는 시/분/초/ms초 단위로 실제 곡 시간을 보여준다. 스와핑 버튼을 클릭하면 큰 시계와 작은 시계가 서로 자리를 이동한다.

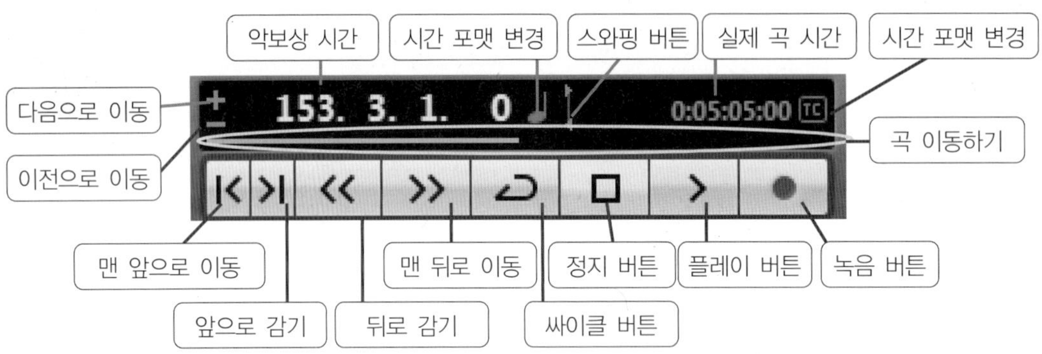

‘맨 앞으로 이동’ 버튼과 ‘맨 뒤로 이동’ 버튼은 곡의 맨 앞과 곡의 종료 지점으로 이동할 때 사용한다. 만일 마커가 있을 경우 앞, 뒤 마커로 이동할 수 있다.

싸이클 버튼은 로케이터로 설정된 구간을 반복 연주하거나 반복 녹음할 때 사용하는 반복(루프) 버튼이다. 단축키는 키패트의 / 키이다.

녹음 버튼은 미디 리얼 입력이나 오디오 레코딩을 할 때 사용한다.(단축키는 키패드의 ＊키)

시계 숫자를 마우스로 더블클릭하면 직접 수치를 입력해 이동 작업을 할 수 있다.

이때 마디 단위로 이동하고 싶다면 ‘4.3.2.20’ 방식으로 입력한다. 이 경우 4번째 마디의 3번째 박자에 있는 2번째 16분음표의 20번째 틱으로 프로젝트 커서가 이동된다.

만일 시간 단위로 이동하고 싶다면 ‘3:20:10’ 방식으로 입력한다. 이 경우 3분 20초 10ms초 부분으로 프로젝트 커서가 이동된다.

참고로, 시계 옆의 음표 아이콘 등을 클릭하면 표시될 시간 포맷을 변경할 수 있다.

트랜스포트 패널 – 템포/박자/메트로놈/마커의 사용

템포, 박자, 마커, 메트로놈 설정을 할 수 있다.

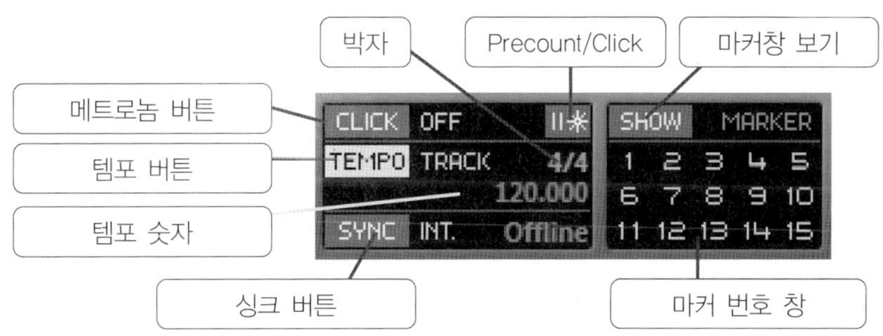

1. 메트로놈 버튼

메트로놈 버튼은 메트로놈 기능을 On/Off할 때 사용한다. 미디 리얼 입력을 하거나 보컬 녹음을 할 때 박자를 잘 못 맞출 때 박자 가이드로 사용할 수 있다.

메트로놈 버튼을 켜면(흰색 상태) 연주 중에도 메트로놈이 들린다. 오른쪽의 Precount/Click 버튼은 프리카운트 메트로놈을 On/Off한다. 프리카운트 메트로놈은 일시 정지한 녹음을 다시 할 때 사용된다.

2. 템포 버튼

템포 버튼을 켜면 곡의 템포가 템포 트랙에 의해 영향을 받는다. 템포 트랙은 Project → Add Track → Tempo 메뉴로 만든다. 템포 트랙은 템포 라인을 상하로 드래그하여 해당 구간의 템포를 조절할 때 사용한다.

템포 버튼을 끄면 Fxied 상태로 전환되어 템포 트랙에서 설정한 템포가 무시되고 곡의 전체 템포가 일률적으로 적용된다. 이때 템포 버튼 하단의 템포 숫자를 더블클릭해 템포를 변경할 수 있는데 이때도 변경된 템포가 곡 전체에 영향을 준다.

템포는 수치를 높이면 곡의 연주 속도가 빨라지고 수치를 낮추면 곡의 연주 속도가 느려진다.

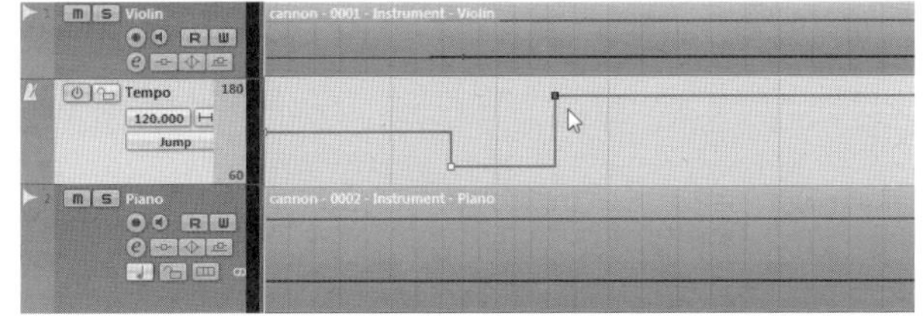

템포 트랙은 곡 일부 구간의 템포를 변경할 때 사용

템포 Fixed 상태에서는 템포 숫자에 의해 곡 전체 템포 변경 가능

3. 박자

큐베이스의 프로젝트는 기본적으로 4/4박자를 사용한다. 박자를 교체하려면 숫자 부분을 더블클릭한 뒤 3/4, 2/4 식으로 입력한다. 이때 변경된 박자는 프로젝트 전체에 적용되는 것이 아니라 프로젝트 커서가 있는 마디에서부터 적용된다.

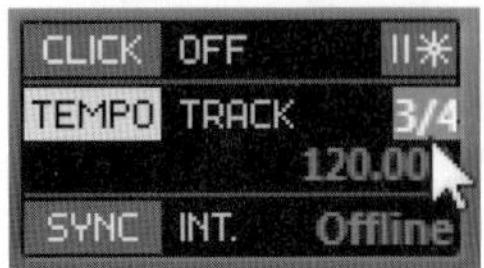

4. 싱크 버튼(동기화 On/Off 기능)

큐베이스와 외부 시스템, 예를 들면 MMC 레코딩 장비와 동기화시킨 경우, 동기화 상태를 On/Off 할 수 있다. 이때 큐베이스가 마스터이고 외부 레코딩 장비가 슬레이브라고 가정하면, 큐베이스에서 Play 시키면 레코딩 장비도 자동으로 레코딩을 시작한다. 만일 동기화를 하지 않은 상태에서 이 버튼을 켜 놓으면 녹음이 먹히지 않으므로 항상 이 버튼을 꺼 놓아야 한다.

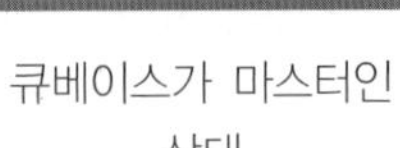

큐베이스가 마스터인
상태

큐베이스가 슬레이브인
상태

5. 마커 번호 창

마커 트랙에 마커가 있는 경우, 하단 15개의 번호를 클릭해 해당 마커 위치로 이동할 수 있다. 마커를 새로 등록하려면 Project → Add Track → Marker 메뉴로 마커 트랙을 만든 뒤, 프로젝트 커서를 원하는 위치로 이동시킨다. 그런 뒤 아래 번호에서 원하는 번호를 Alt + 클릭하면 해당 번호가 마커 번호로 설정된다. 이후부터는 아래에서 원하는 번호를 클릭하면 커서가 해당 마커 번호가 있는 위치로 자동 이동된다.

마커의 자세한 제작 방법은 7부 Project → Markers 메뉴를 참고한다.

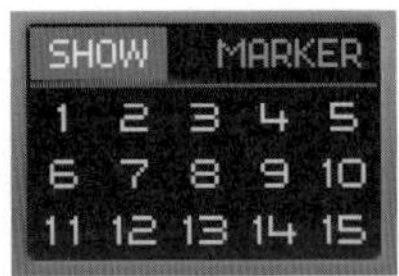

인스펙터 패널은 트랙 패널에서 볼 수 있는 각종 조절 기능을 사용하기 쉽도록 화면 왼쪽으로 빼 놓은 것을 말한다.

트랙 뷰에서 원하는 트랙을 선택하면 매순간 트랙에 따라 인스펙터의 종류가 변경되어 화면 왼쪽에 나타난다.

인스펙터는 보통 입출력 포트, 악기 연결, 볼륨, 뮤트, 솔로 연주 등의 파라미터를 조절하거나 각종 이펙트를 연결할 때 사용한다. 참고로 악기 트랙(인스트루먼트 트랙)의 인스펙터는 미디 인스펙터와 오디오 인스펙터가 결합된 형태임을 알 수 있다.

오디오 트랙
인스펙터

악기 트랙 인스펙터

미디 트랙 인스펙터

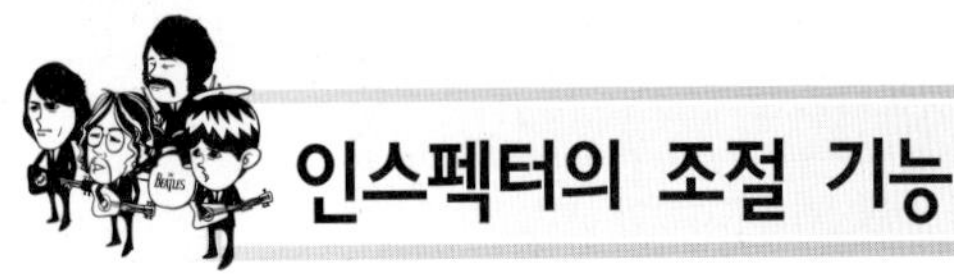

인스펙터의 조절 기능

인스펙터는 미디 트랙과 오디오 트랙을 선택했을 경우 파라미터 구성이 약간 달라진다.

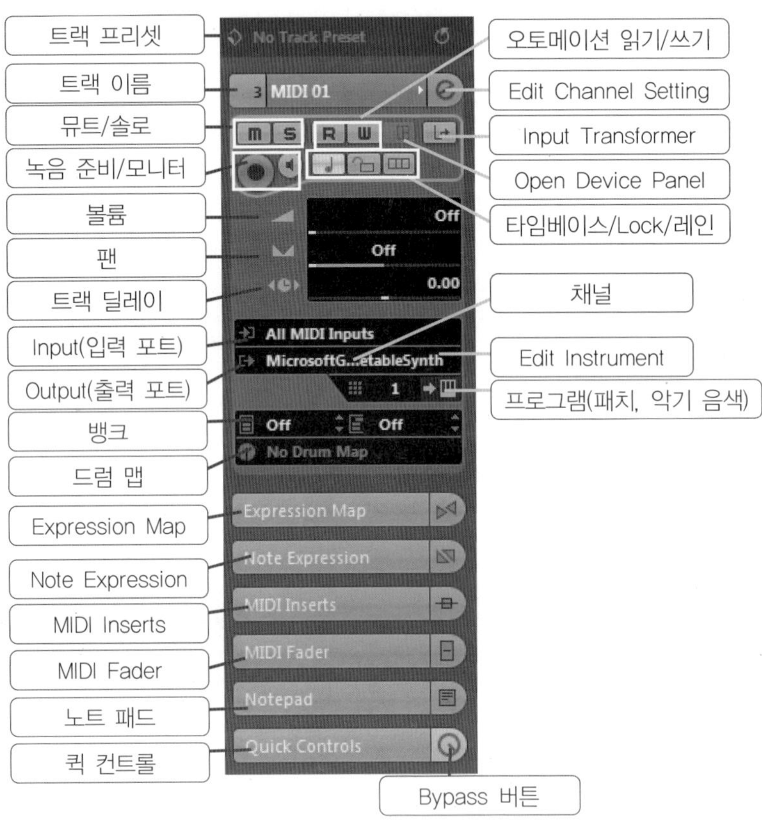

오디오 트랙의 인스펙터에는 오토 페이즈 세팅(Auto Fade Setting) 버튼과 프리즈(Freeze Audio Channel) 버튼이 나타난다.

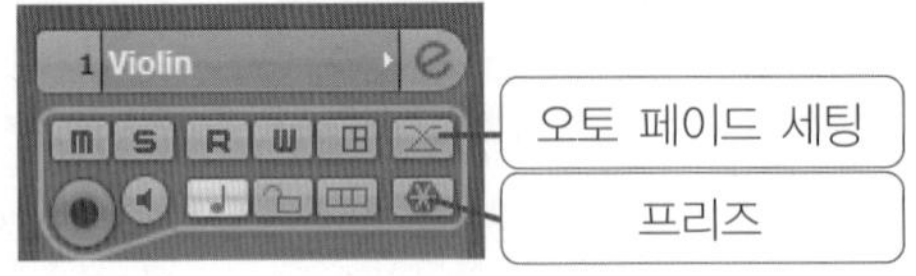

트랙 이름, 뮤트, 솔로 연주, 오토메이션 설정

인스펙터 패널에서 트랙 이름, 뮤트, 솔로 연주, 오토메이션 설정 기능에 대해 알아본다.

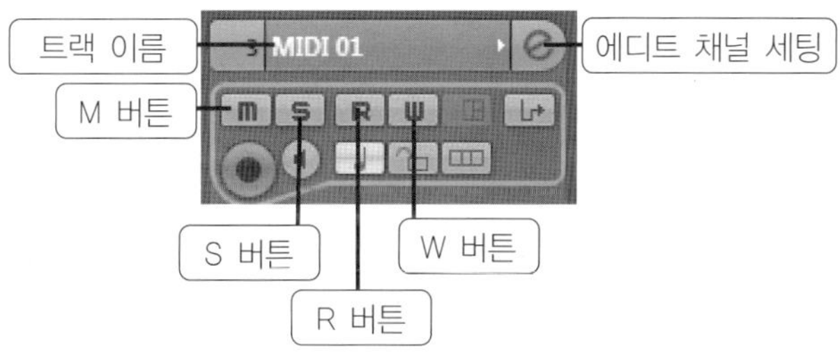

1. 트랙 이름

트랙 이름이 표시된다. 이름 부분을 마우스로 더블클릭하면 트랙 이름을 변경할 수 있다.

트랙 이름 더블클릭

수정된 트랙 이름

2. 에디트 채널 세팅(Edit Channel Setting)

채널 세팅 윈도우를 불러온다. 작업 중인 트랙에 각종 이펙트 효과를 삽입할 때 사용한다. 미디 트랙을 선택한 경우 MIDI Channel Settings 윈도우가 실행되고, 오디오 트랙을 선택한 경우 VST Audio Channel Settings 윈도우가 실행된다. 자세한 사용법은 6부, 이펙트를 참고한다.

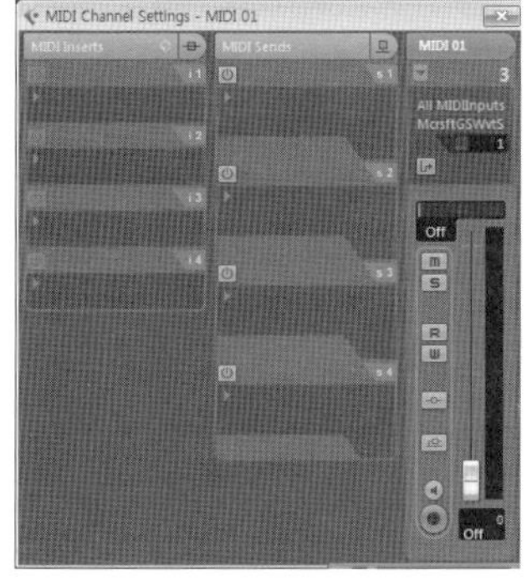

MIDI Channel Settings 윈도우

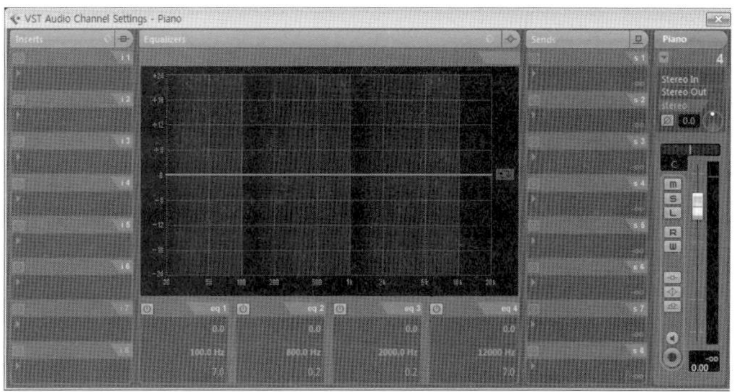

VST Audio Channel Settings 윈도우

▣ 3. M 버튼(뮤트, 묵음)

뮤트 버튼이라고 말하며 선택한 트랙의 사운드를 뮤트시켜 들리지 않도록 만든다. 한 번 더 클릭하면 뮤트된 사운드가 다시 들린다.

▣ 4. S 버튼(솔로 연주)

솔로 버튼이라고 말하며 선택한 트랙의 사운드를 솔로 연주한다. 솔로 연주를 하면 다른 트랙의 사운드는 들리지 않는다.

▣ 5. R 버튼(Automation Read, 오토메이션 읽기)

오토메이션 읽기 버튼이라고 말하며, 연주할 때 오토메이션 기록을 읽으면서 연주하는 기능이다.(오토메이션이란 일종의 자동화 기능을 말한다. 예를 들어 곡을 연주할 때 오토메이션 설정에 따라 볼륨 값이 변동되거나 Pan 값이 변하도록 할 수 있는 기능이다.) 이처럼 오토메이션이 설정된 경우, 그 설정대로 곡을 연주시키려면 R 버튼이 On 상태여야 한다. 만일 R 버튼을 끄면 설정된 오토메이션을 무시하고 정상적인 상태로 연주한다.

참고로 오토메이션을 기록하려면 아래 W 버튼(오토메이션 쓰기) 버튼을 사용한다.

▣ 6. W 버튼(Automation Write, 오토메이션 쓰기)

W 버튼은 오토메이션 쓰기 버튼이라고 말한다. 예를 들어 R 버튼을 눌러 오토메이션을 읽으려면 해당 트랙에 오토메이션이 기록되어 있는 상태여야 한다.

먼저 트랙 패널의 Show/Hide Automation 버튼을 클릭해 오토메이션 트랙을 활성화시킨 뒤 W 버튼을 누르면 해당 트랙에서 오토메이션을 기록할 수 있는 상태가 된다.

이 상태에서 곡을 연주하면서 볼륨이나 팬 값을 사용자가 조절하면 곡 연주 중 변화된 볼륨이나 팬 값이 오토메이션 곡선으로 기록된다. 기록된 오토메이션 곡선 대로 곡을 연주하려면 읽기(R) 버튼을 누른 뒤 곡을 재생한다.

Show/Hide Automation 버튼 클릭

오토메이션 트랙이 나타난 모습

실전예제 볼륨이 자동으로 변하는 오토메이션

곡을 플레이할 때 볼륨이 자동으로 변화되도록 Volume 오토메이션을 제작해보자.

01 File → Open 메뉴로 Sample 폴더의 'abc-wav .cpr'를 불러온다. 4개의 오디오 트랙이 있는데 오토 메이션의 경우 오토메이션 트랙을 만든 트랙에만 적 용된다.

02 Drum 트랙의 패널 하단으로 마우스 커서를 이동시키면 화살표 아이콘이 나타난다. 화살표 아 이콘을 클릭해 오토메이션 트랙을 열어준다.

03 기본적으로 볼륨이 변화되는 Volume 오토메 이션을 제작할 수 있지만 다른 오토메이션을 제작하 려면 Volume 부분을 클릭한다.

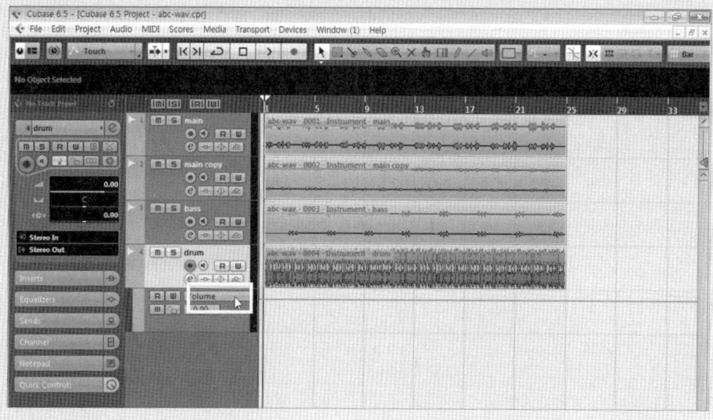

04 다음은 제작할 수 있는 오토메이션 종류이다. 여기서는 볼륨 오토메이션을 제작할 예정이므로 아무것도 선택하지 않고 기본값으로 돌아온다.

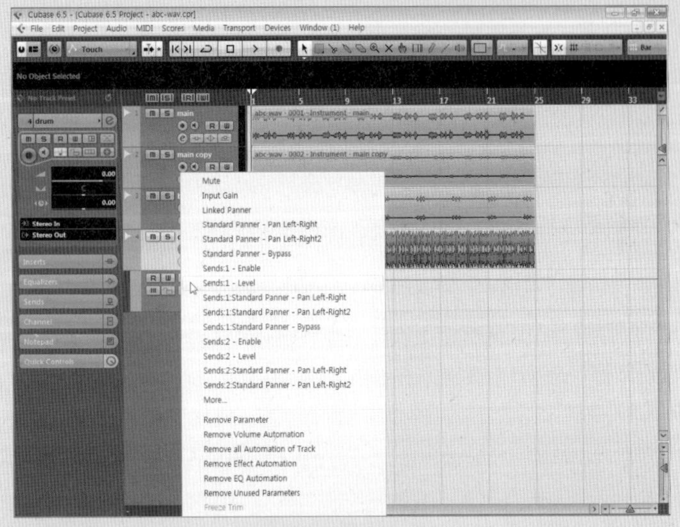

05 오토메이션 쓰기(W) 버튼을 클릭해 오토메이션 기록을 시작한다. 트랙 패널에도 오토메이션 쓰기(W) 버튼이 있으므로 그 버튼을 클릭해도 된다.

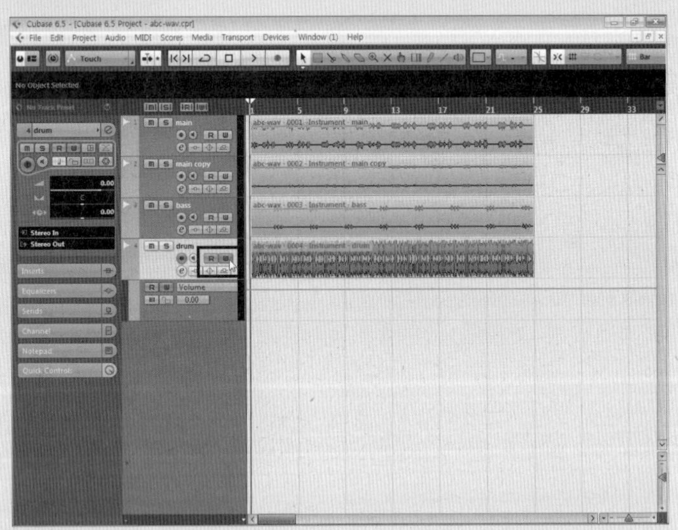

06 Space Bar를 눌러 곡을 처음부터 연주한다. 연주가 시작되면 볼륨 파라미터를 좌우로 조절해 볼륨에 변화를 준다. 오토메이션 트랙을 보면 볼륨의 변화가 기록되는 것을 알 수 있다. 곡이 종료될 때까지 원하는 형태로 볼륨을 조절해준다.

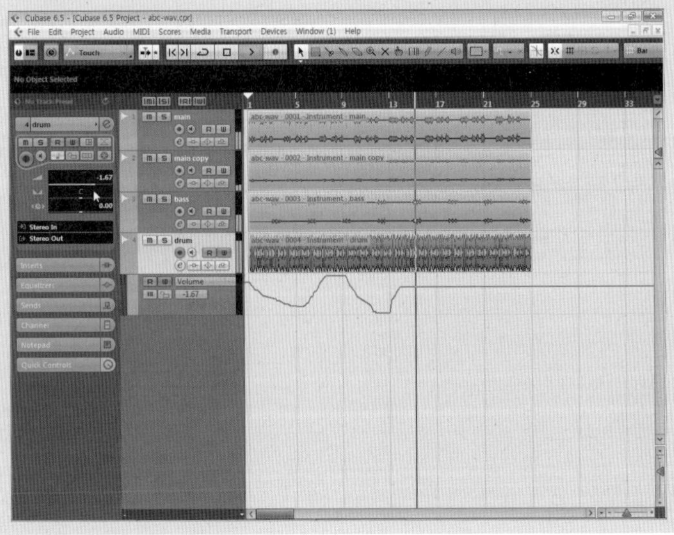

07 다른 방식으로 오토메이션을 기록할 수도 있다. 곡의 연주를 중단시킨 뒤, W 버튼을 켠 상태에서 '연필 버튼'으로 볼륨 변화를 직접 그려준다.

08 또는 '라인 버튼'이나 '곡선 버튼'으로 볼륨 변화를 직접 그려주기도 한다.

09 오토메이션 읽기(R) 버튼을 켠 뒤 곡의 처음부터 연주한다. 오토메이션 트랙에 그려진 곡선 형태로 볼륨이 변화되는 것을 알 수 있다.

참고로, 오토메이션 설정 상태를 제거하고 원래 볼륨으로 돌아가려면 오토메이션 트랙을 마우스 오른쪽으로 클릭한 뒤 Remove 메뉴를 적용한다.

녹음 준비, 모니터, 타임 베이스, Lock 옵션들

이번에는 '녹음 준비' 버튼, '모니터' 버튼, '타임베이스' 버튼, '잠금' 버튼, '레인' 버튼 등의 사용 방법을 공부한다.

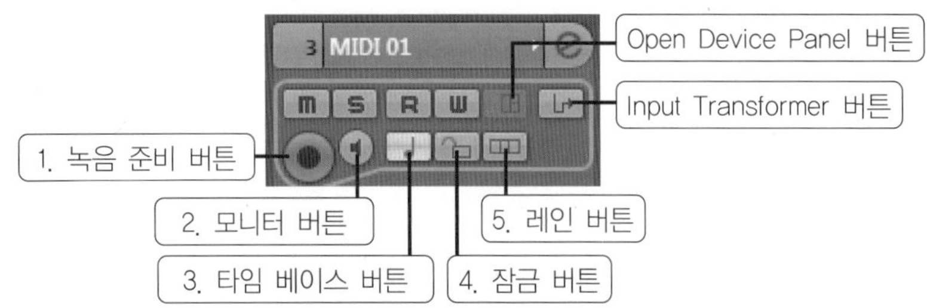

1. 녹음 준비 버튼

작업 중인 트랙을 녹음 준비 상태로 만들어준다. 말 그대로 녹음 준비 상태로 만들어주며 실제 녹음을 하지는 않는다. 이후 메인 툴바의 Record 버튼을 클릭하면 녹음 준비중인 트랙에 실제 녹음 작업이 진행된다. 큐베이스에 녹음 준비 버튼이 있는 이유는 다른 트랙에 잘못 녹음되는 것을 방지할 목적이 있기 때문이다.

2. 모니터 버튼

마이크나 라인 입력으로 외부 사운드를 녹음할 때 필요한 기능이다. 외부에서 들어오는 사운드를 큐베이스를 통해 실시간으로 들을 때 사용한다.

예를 들어 보컬의 노래를 마이크로 녹음하다 보면 곡을 플레이시킨 상태에서 녹음하기 마련이다. 이때 입력된 보컬 음성이 큐베이스를 통해 출력되어 헤드폰이나 스피커로 들을 수 있게 하는 기능이 모니터 버튼이다.

File → Preferences 메뉴의 MIDI 항목에서 MIDI Thru Active 옵션에 체크한 경우, 입력되는 미디 데이터 역시 출력 포트로 연결되어 모니터링을 할 수 있다. 이 기능은 케이크워크 소나 X1의 Input Echo 기능과 같은 기능이다.

3. 타임 베이스 버튼

템포를 변경할 때 기준이 될 타임을 Musical Time(음악 시간)으로 할지 Linear Time(선형 시간)으로 할지 선택한다. 음표 아이콘이 표시되면 곡의 템포를 변경할 때 Musical Time(음악 시간)인 마디/박자 단위로 변경되고 시계 아이콘이 표시되면 곡의 템포를 변경할 때 Linear Time(선형 시간)인 실제 곡 시간을 기준으로 변경된다. 곡을 뮤직 비디오 배경 음악으로 사용할 경우 시계 아이콘을 표시한 뒤 작업한다.

4. 잠금(Lock) 버튼

선택한 트랙을 편집할 수 없도록 잠글 때 사용한다.

5. 레인(Lane) 버튼

같은 구간에서 반복으로 녹음 작업을 하다 보면 반복 녹음된 클립들이 같은 구간에서 겹쳐 있게 된다. 이때 '레인 버튼'을 클릭하면 클립 편집이 용이하도록 겹쳐있는 클립들을 각각의 레인으로 보여준다.

구간 반복을 하며 녹음한 클립이 겹쳐 있는 트랙이다.

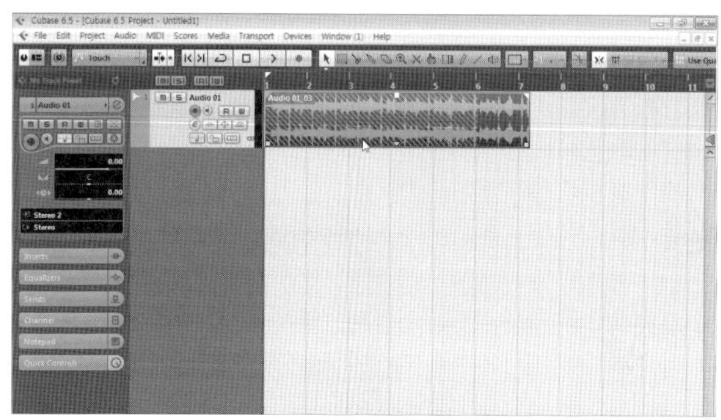

레인 버튼을 클릭하면 겹쳐있는 클립이 각각의 레인으로 배열
되므로 편집 작업이 용이해진다.

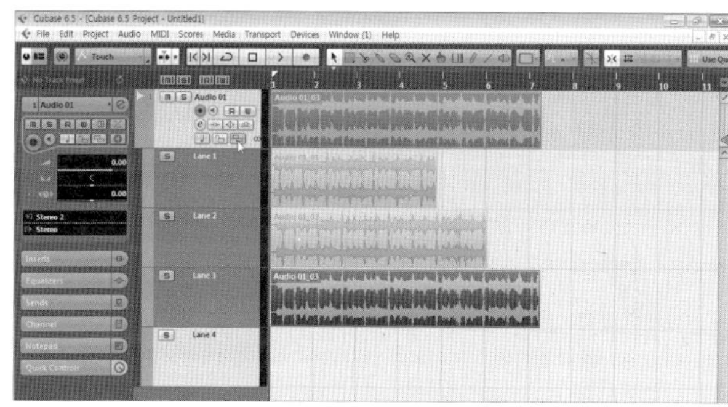

6. Open Device Panel 버튼

오디오 인스펙터에만 있는 옵션이다. 출력 포트에 연결된 디바이스의 편집 패널
을 불러온다. 해당 디바이스의 악기를 패치하거나 각종 값을 변경하고 새 패널을
제작하는 기능을 제공한다. 예를 들어 외장 신디사이저를 조절할 수 있는 패널을
사용자가 제작한 뒤 인스펙터의 User Panel 탭에 붙일 수도 있다.

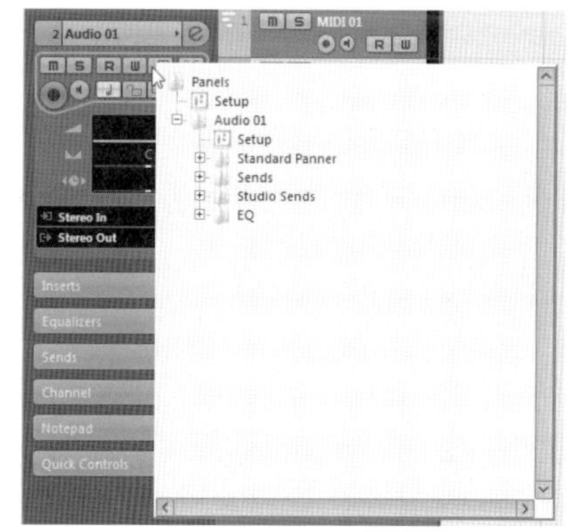

Open Device Panel 버튼

⌷ 7. Input Transformer 버튼

미디 트랙에만 있는 옵션이다. 로지컬 에디터와 비슷한 방식으로 동작하는 Input Transformer 기능은 건반 등으로 리얼 입력할 때 특정 요소를 필터링하여 입력되는 노트를 막거나 입력 변경 등의 여러 작업을 적용할 때 사용한다. Global을 선택하면 모든 미디 트랙에, Local을 선택하면 작업 중인 미디 트랙에만 적용된다.

Input Transformer를 실행하면 다음과 같이 로지컬 에디터와 동일한 대화상자가 실행되며, 하단 Function 탭에서 Filter 방식이나 Transform 방식의 명령어를 선택할 수 있다. Function 탭에서 Filter 방식을 선택하면 리얼 입력 시 해당 요소가 필터링되어 입력되지 않게 하도록 설정할 수 있다. 또, Transform 방식을 선택하면 설정한 값에 매칭되는 요소는 Action 항목에서 지정한 액션으로 변경되어 입력된다. 각 항목의 +, − 버튼을 클릭해 원하는 값을 설정하면 된다. 자세한 사용법은 PART 7 로지컬 에디터를 참고한다.

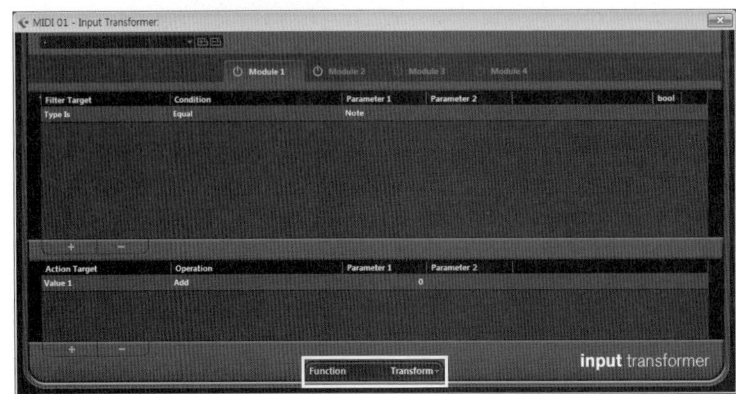

볼륨, 팬, 딜레이, 미디 입출력, 채널, 프로그램(패치)

볼륨, 팬, 딜레이, 입출력 포트, 채널, 뱅크, 프로그램, 드럼 맵의 사용법을 공부한다.

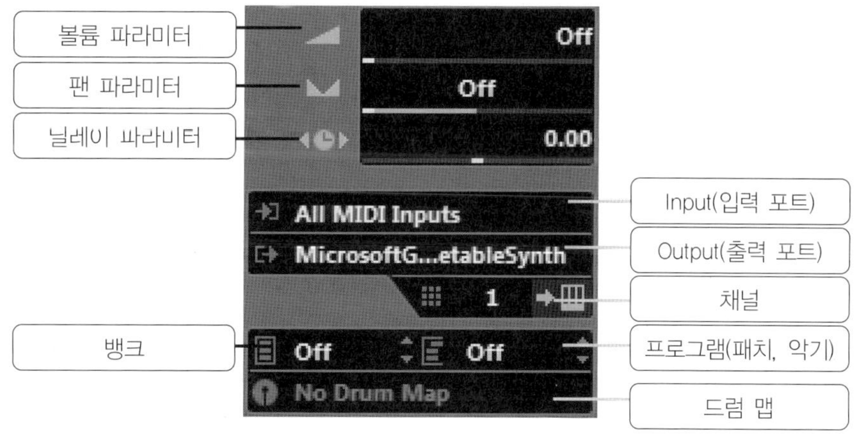

◢ 1. 볼륨 파라미터

해당 트랙의 볼륨을 조절한다. 좌우로 드래그하거나 마우스의 휠을 돌려 조절한다. 숫자 부분을 더블클릭한 뒤 직접 수치를 입력할 수도 있다.

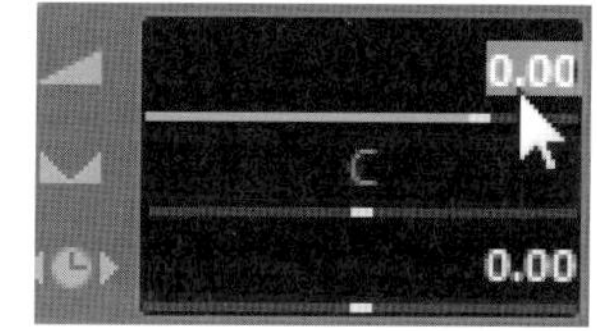

숫자 부분을 클릭하는 모습

◥ 2. 팬 파라미터

해당 트랙의 팬 값을 조절한다. C를 선택하면 스피커 좌우에서 동일하게 들리고, 왼쪽으로 이동하면 스피커 왼쪽에서, 오른쪽으로 이동하면 스피커 오른쪽에서 들린다.

◀◕▶ 3. 딜레이 파라미터

오디오 트랙의 연주 시작 시간을 1000분의 1초 단위로 딜레이시킬 때 사용한다. 미디 트랙의 경우 600분의 1초 단위로 시작 시간을 딜레이시킬 수 있다. 마이너스(-)로 조절하면 연주 시작 시간이 빨라지고 플러스(+)로 설정하면 연주 시작 시간이 딜레이된다.

4. Input(입력 포트)

Input은 입력장비가 연결된 포트를 선택하는 기능이다. 입력 장비는 미디 입력장비와 오디오 입력장비가 있다.

미디 입력 장비는 마스터 건반, 신디사이저, 미디 기타, 미디 드럼같이 미디 노트(음표)를 입력할 수 있는 장비를 말한다. 시스템에 연결된 장비에 따라 입력 장비 목록이 달라진다. All MIDI Inputs을 선택하면 모든 미디 입력 장비의 신호를 받을 수 있는 상태가 된다. USB-MIDI를 선택하면 해당 USB 장비에 연결된 마스터 건반 등의 장비 신호를 받을 수 있고 다른 미디 장비 신호는 받지 않게 된다.

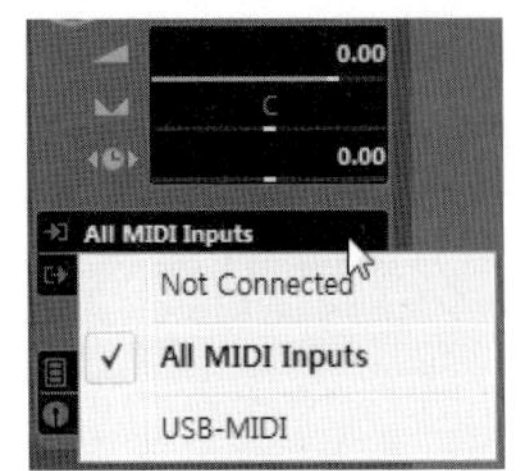

미디 입력 장비 선택
모습

오디오 트랙에서 작업하고 있을 경우에는 Input 항목에 오디오 입력장비 목록이 표시된다. 오디오 입력장비는 마이크, 라인 입력 등 여러 가지가 있으며 주로 사운드 신호를 큐베이스로 보내는 장비이다. 사운드카드의 경우 별다른 설정 없이도 Input 항목에 오디오 입력장치로 표시되지만, 마이크나 라인 아웃같은 출력 포트가 여러 개 있는 오디오카드 사용자의 경우 해당 출력 포트를 큐베이스에서 인식시켜야 Input 항목에 오디오 입력장치가 정확히 표시된다. 오디오 입력포트를 정확히 인식시키면 나중에 녹음 작업시 사운드 신호가 들어오는 포트를 선택하고 녹음할 수 있다.

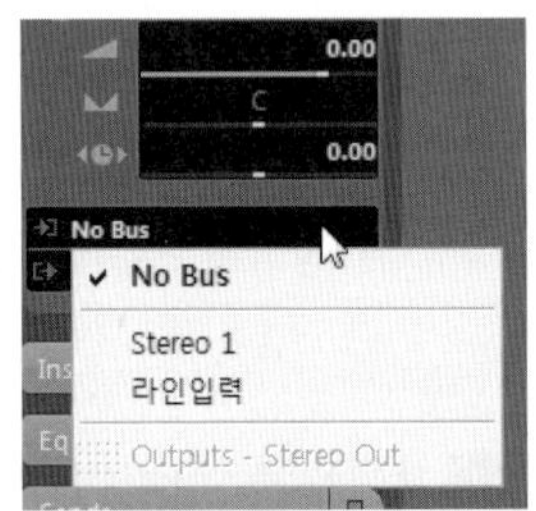

오디오 입력 장비 선택
모습

참고로, 오디오카드 등의 오디오 입력장비를 큐베이스에서 정확하게 인식시키려면 Devices → VST Connections 메뉴를 참고한다.

5. Output(출력 포트)

Output(아웃풋)은 미디와 오디오의 사운드 출력에 사용하는 장비가 연결되어 있는 포트를 선택할 때 사용한다.

미디트랙의 경우 신디사이저같은 외장 음원 장비, 소프트웨어로 구동하는 VST 방식 가상악기, 사운드카드의 GM/GS/XG 소프트음원이 사운드 출력에 사용하는 음원들이다. 가상악기를 사용하는 경우, 가상악기를 Output 포트에 연결하면 해당 미디 트랙이 가상악기를 통해 사운드를 출력한다. 외장 음원 장비나 가상악기가 없는 경우에는 사운드카드에서 제공하는 GM, GS 혹은 XG 방식의 소프트음원을 사용해 미디 사운드를 출력한다.

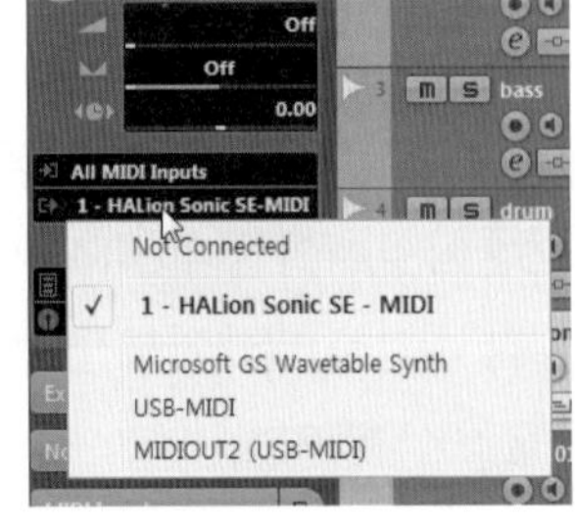

미디 Output 포트 선택 모습

오디오 트랙에서 작업할 경우에는 사운드 출력을 오디오카드/사운드카드로 바로 하게 되므로 Output 포트를 일일이 지정하지 않아도 사운드를 바로 출력할 수 있다.

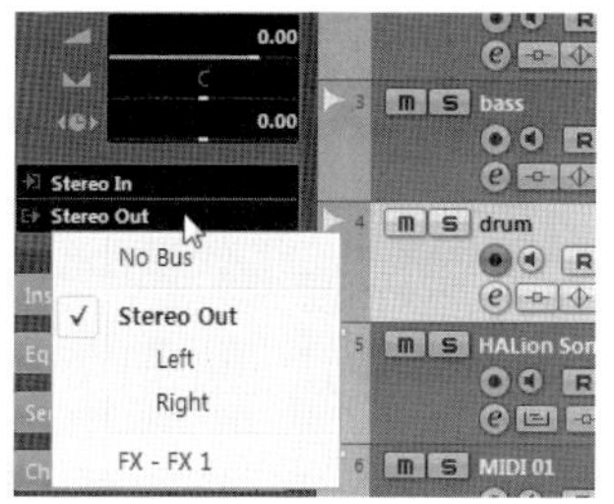

오디오 Output 선택 모습

6. 채널

채널 파라미터는 미디 트랙에만 있는 옵션이다. 채널이란 미디 데이터와 외장악기 혹은 가상악기가 정보를 주고받는 통로를 말한다.

큐베이스에서 작성한 악보(미디 데이터)는 연주시 출력 포트에 연결한 음원을 통해 사운드를 출력하게 된다. 이때 미디 데이터와 외장 악기가 정보를 주고 받는 통로를 채널이라고 말한다.

큐베이스의 채널은 기본적으로 16개 채널을 지원한다. 따라서 하나의 외장악기/가상악기에서 동시에 16개 악기음색을 사용할 수 있다. 채널은 악기에 따라 16채널, 32채널, 64채널을 지원하기도 하는데, 64채널을 지원하는 악기를 출력 포트에 연결한 경우 채널 파라미터를 통해 동시에 64개의 악기음색을 사용할 수 있다.

채널을 지정하는 방법은 간단하다. 첫 번째 트랙의 Output에 가상악기를 연결한 뒤 전송 채널로 1번 채널을 사용하는 경우, 두번째 트랙에서 똑같은 가상악기를 Output에 연결했다면 첫번째 트랙에서 1번 채널을 이미 점유중이므로 2번 채널을 선택하면 된다. 이때 10번 채널은 보통 드럼용 악기의 전송 채널로 사용하지만 다른 악기를 연결해도 무방하다. 여기서 채널을 설정한 뒤에는 가상악기에서도 같은 채널로 맞추어주어야 지정한 악기음색을 정확히 사용할 수 있다.

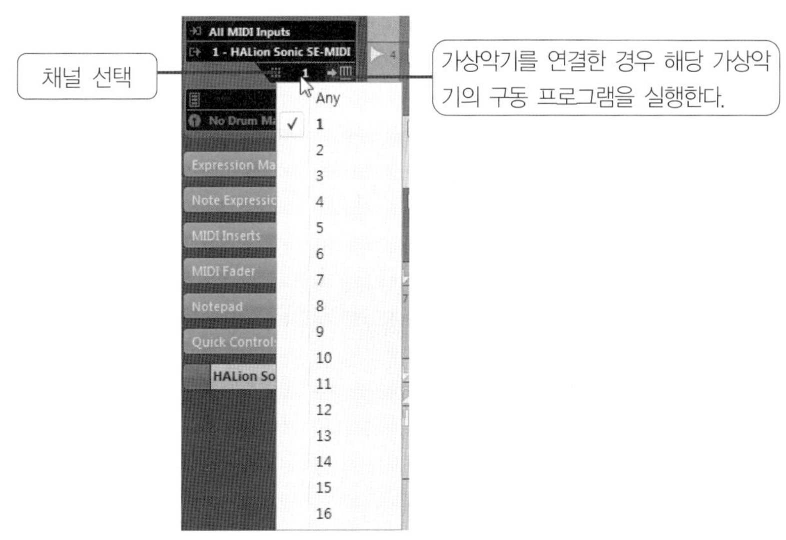

Off　7. 뱅크

미디트랙에만 있는 옵션이다. 뱅크란 악기음색(패치, 악기) 모음을 말하며 보통 256개의 악기음색이 하나의 악기 뱅크가 된다. 예를 들어 사용하고 있는 외장악기에 악기음색이 256개 이상 수록되어 있다면 검색하기 편하도록 각각 256개씩 묶어 1번 뱅크, 2번 뱅크 식으로 만드는 경우가 많다.

뱅크 명칭은 악기마다 다르다. 0, 1, 2... 번호 이름을 가지고 있는 경우도 있고, 알파벳 이름을 가지고 있는 경우도 있는데 보통 자주 사용하는 피아노, 바이올린같은 악기음색은 첫 번째 뱅크에 수록되어 있다.

1　8. 프로그램(패치, 악기 음색, 악기)

패치란 악기를 말한다. 외장악기나 가상악기에는 피아노와 바이올린같은 실제 악기가 들어있지 않고 그 악기의 소리가 들어있으므로 '악기 음색'이라고 부른다. 신디사이저의 경우 악기음색을 프로그램 짜듯이 만들기 때문에 신디 기반 가상악기들은 악기음색을 '프로그램'이라고도 부른다. 앞에서 원하는 뱅크를 선택하면 그 뱅크에 소속된 악기 음색이 있는데 이 가운데 원하는 악기 음색을 여기서 선택할 수 있다.

예를 들어 바이올린을 선택하면 해당 미디 트랙이 연주될 때 바이올린 소리로 출력된다.

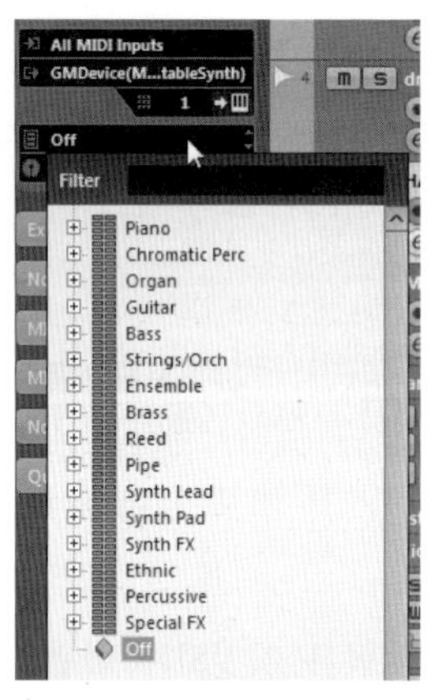

GM 소프트음원에서
제공하는 악기음색

No Drum Map　9. 드럼 맵

드럼 맵이란 드럼 악보의 입력이 용이하도록 특화된 맵 모양의 악보 입력창을 말한다. 드럼 맵을 선택한 뒤 미디 클립을 더블클릭하면 드럼 입력에 용이하도록 드럼 에디터가 실행된다. 왼쪽에 사용할 수 있는 드럼 악기가 표시되고 오른쪽에 입력창이 있다. 보통 드럼 파트를 신속하게 만들고 싶을 때 드럼 맵 환경에서 작업한다.

GM Map 메뉴를 실행하면 GM Map 방식으로 드럼악기가 배치된 드럼 에디터에서 드럼 노트를 입력할 수 있다.
Drum Map Setup 메뉴를 실행하면 건반 키에 어떤 드럼 맵을 연결할지 지정할 수 있다.

드럼 맵 메뉴

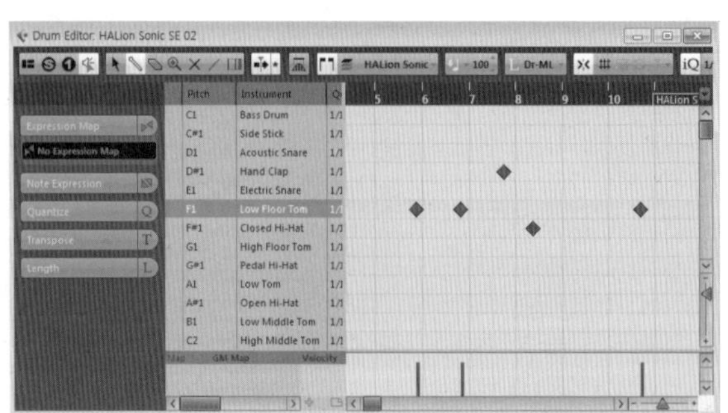

드럼 에디터에서 작업하는 모습

인스펙터 – 인서트 탭

인스펙터 하단에는 여러 개의 인서트 탭이 있는데 '삽입' 방식으로 추가 기능을 사용할 수 있다. 미디 인스펙터와 오디오 인스펙터의 인서트 탭 구성이 달라진다. 이들 탭들은 작업 중인 트랙에 리얼 타임 FX 이펙트 같은 각종 이펙트 등을 삽입해 효과음을 추가할 목적으로 사용한다. 먼저 미디 인스펙터의 탭 구성을 공부한다.

1. Expression Map 탭

VST Expression Map 설정을 확인할 수 있고 새로운 Expression 맵을 만들 수 있다.

VST Expression이란 악보 창에서 트레몰로같은 심벌을 삽입한 뒤 플레이하면 해당 음표가 실제로 트레몰로로 연주하는 기능을 말한다. 예를 들어 2분음표에 트레몰로 심벌을 삽입하면, 2분음표가 그 길이 동안 트레몰로로 연주하는 기능이다.

VST Expression 기능은 일반 악기를 연결한 경우 사용할 수 없고 VST3을 지원하는 가상악기를 미디 트랙의 Output 포트에 연결한 경우 활성화된다. 또한 VST3을 지원하는 가상악기라고 해도 모든 악기 음색이 이 기능을 지원하지 않고 대부분 기타, 베이스, 비올라, 바이올린 같은 현악기가 VST Expression 기능을 지원한다.

큐베이스 5의 경우 번들 가상악기인 HalionOne이 VST Expression 기능을 지원하고, 큐베이스 6 정품의 경우 트라이얼 버전으로 제공되는 HALion Symphonic Orchestra가 VST Expression 기능을 지원한다. 별도 구매하는 플러그인 가상악기 중 VST Expression 기능을 지원하는 가상악기로는 기타용 악기인 Chris Hein Bass와 Electri6ity, 호른 악기인 Chris Hein Horns, 오케스트라 악기인 비엔나 심포닉 라이브러리(VSL)가 VST Expression 기능을 지원한다.

지금부터 어떤 아티큘레이션이 연주 중 동작하는지 알아보자.

큐베이스 5에서 HalionOne 가상악기를 선택한 뒤 악기 음색을 Large String으로 선택하면 큐베이스 5의 VST Expression 탭에 옆 그림과 같이 아티큘레이션의 매핑 상태가 표시된다. 레가토, 스피카토, 트레몰로, 그리산도 아티큘레이션을 악보에 찍으면 연주할 때 동작할 수 있음을 알 수 있다.

큐베이스 5의 VST
Expression 탭

큐베이스 6은 VST Expression 탭이 Expression Map 탭으로 이름이 변경되었다. 또한 아쉽게도 큐베이스 6의 번들 가상악기는 VST Expression을 지원하지 않기 때문에 아티큘레이션이 연주 중 동작하는지 확인할 수 없다.

가상악기가 VST Expression 기능을 지원하면 자동으로 Expression Map이 표시되지만, 큐베이스 6의 번들 가상악기는 VST Expression 기능을 지원하지 않기 때문에 옆 그림처럼 아무것도 없는 상태로 표시된다.

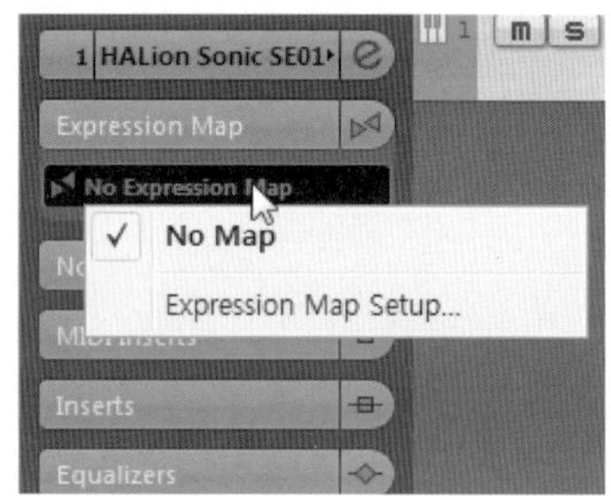

큐베이스 6의 Expression Map 탭

그러나 이 책의 부록 CD에서 Expression Map 파일을 불러오면 몇몇 설정 상태를 확인할 수 있다.
먼저 위의 팝업 메뉴에서 Expression Map Setup 메뉴를 실행하고, 나타나는 대화상자에서 Load 버튼을 클릭한다.

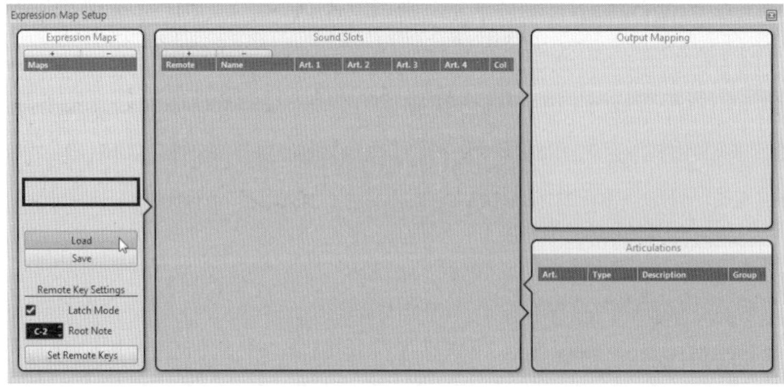

DVD 부록의 Expression Map 폴더에서 HALion Symphonic Orchestra 가상악기의 솔로 바이올린에서 사용하는 Expression Map 파일을 불러온다. 아래 그림처럼 솔로 바이올린에서 사용할 수 있는 아티큘레이션이 자동 매핑된다.

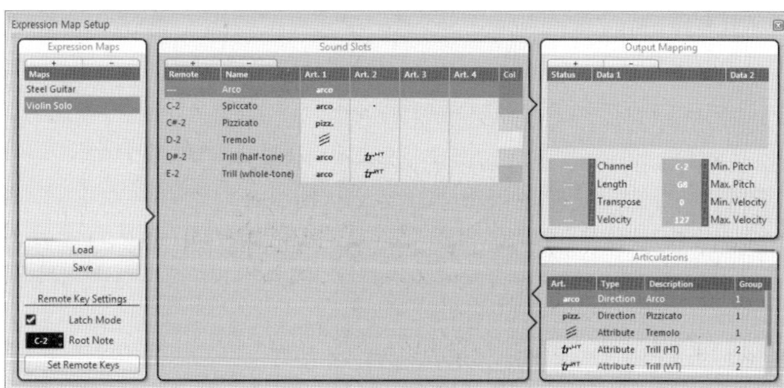

큐베이스 6의 인스펙터를 확인하면 Expression Map 탭에 솔로 바이올린에서 동작하는 아티큘레이션이 표시된다.

물론 이들 아티큘레이션은 HALion Symphonic Orchestra 가상악기의 솔로 바이올린용 아티큘레이션이기 때문에 큐베이스 6 번들 악기로는 피치카토나 트레몰로의 동작 여부를 확인할 수 없다.

만일 클래식 음악을 작곡하는 뮤지션이라면 피치카토나 트레몰로를 악보상에 찍었을 때 어떻게 연주되는지 미리 확인하는 것이 좋으므로, HALion Symphonic Orchestra를 구매한 뒤 사용해볼 것을 권장한다.

참고 **VST Expression 기능이란?**

HALion Symphonic Orchestra 가상악기는 악보상에 아티큘레이션이 기록되어 있으면 연주가처럼 아티큘레이션을 해석한 뒤 곡을 플레이한다. 이처럼 악보에 있는 아티큘레이션을 해석한 뒤 플레이하는 기능을 VST Expression 기능이라고 한다.

악보에 찍을 수 있는 아티큘레이션 예제

2. Note Expression 탭

큐베이스 6에서 새로 등장한 기능이다. 미디 컨트롤러 장비 또는 VST3 컨트롤러를 사용해 노트를 직관적으로 편집할 때
사용한다.

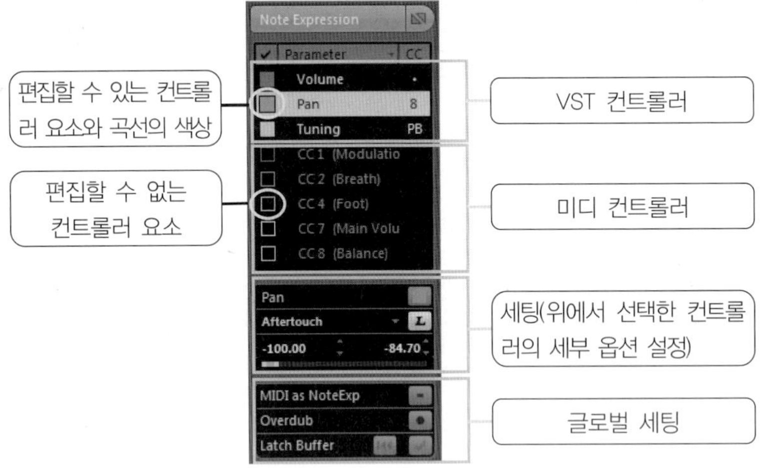

컨트롤러 장비로 직관적으로 편집한 내용은 키 에디터에서 곡선 형태로 표시
된다. 이때 편집할 수 있는 요소는 볼륨, 팬, 튜닝 등이다.

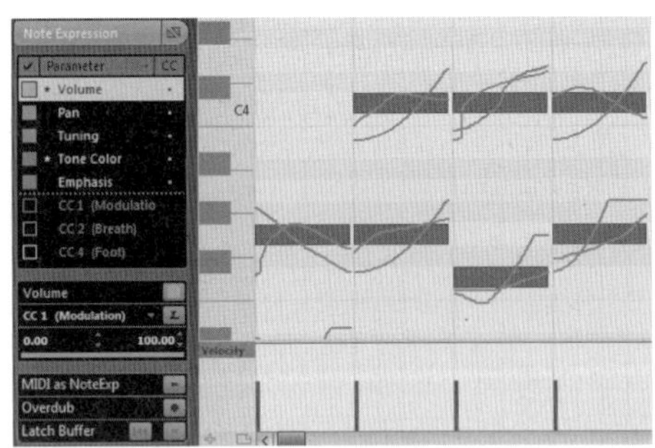

VST 컨트롤러로 편집한 내용이 키 에디터에
표시된 모습

선택 툴로 노트를 더블클릭하면 Note Expression 에디터가 실행된다. 편집된 곡선 모양을 연필 툴이나 라인 툴을 사용해
직관적으로 수정할 수 있다.

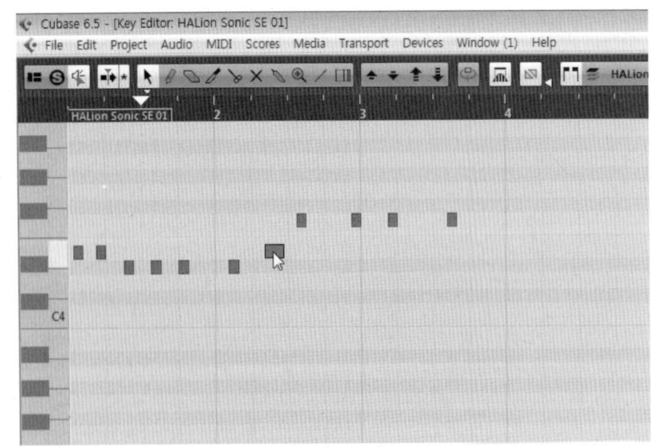

노트를 더블클릭하는 모습

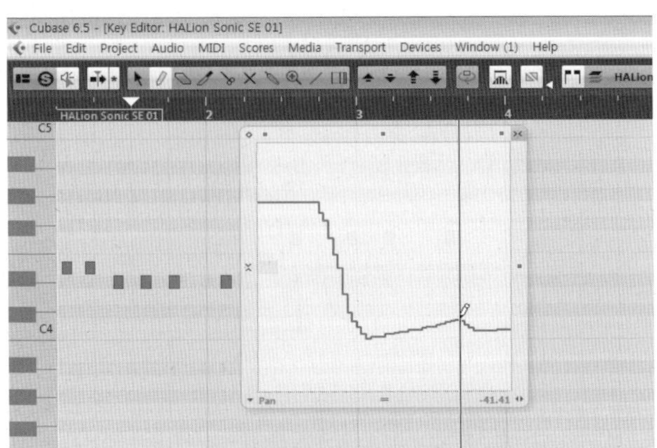

팬(Pan) 값을 연필 툴로 수정하는 모습

3. MIDI Inserts 탭

미디 트랙에 리얼 타임 미디 이펙트를 삽입할 수 있다. 리얼 타임 방식으로 이펙트를 삽입하므로 클립은 원본 상태를 유지하고 그 상태에서 각종 이펙트 효과가 삽입된다. 이펙트를 삽입할 수 있는 슬롯이 여러 개이므로 한번에 여러 개의 이펙트를 삽입할 수 있다.

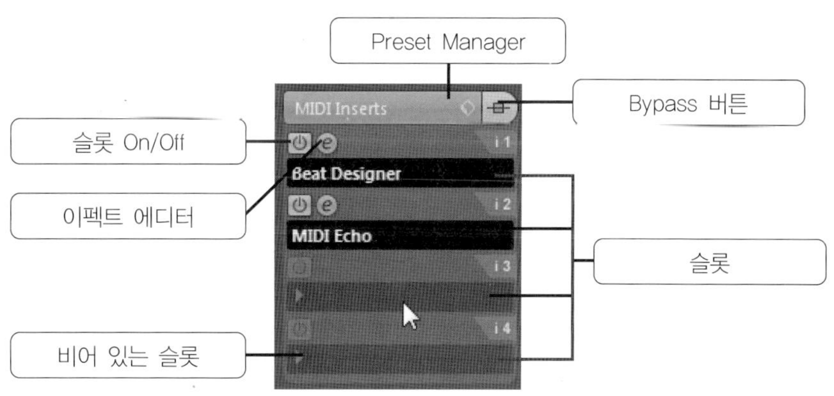

예를 들어 비어 있는 슬롯에 MIDI Echo 이펙트를 삽입하면 미디 트랙에 에코 효과가 나타난다. 미디 이펙트는 사용법이 용이하므로 한번쯤 삽입해보면 그 효과를 바로 알 수 있다.

4. MIDI Fader 탭

미디 페이더 탭은 작업 중인 미디 트랙의 음량 조절기 기능을 제공한다. 볼륨, 팬, 뮤트, 솔로, 오토메이션 기능이 조절하기 쉽도록 표시되어 있다. 볼륨, 팬, 뮤트, 솔로, 오토메이션 기능은 앞에서 배운 기능과 동일한 기능이고, Insert 버튼은 인서트 탭에서 삽입한 각종 이펙트를 끄거나 켤 때 사용하고 Send 버튼은 센드 채널로 보내는 기능을 On/Off할 때 사용한다. 번호는 해당 기능을 On/Off하며 여러 개일 경우 각각의 사용 여부를 결정할 수 있다.

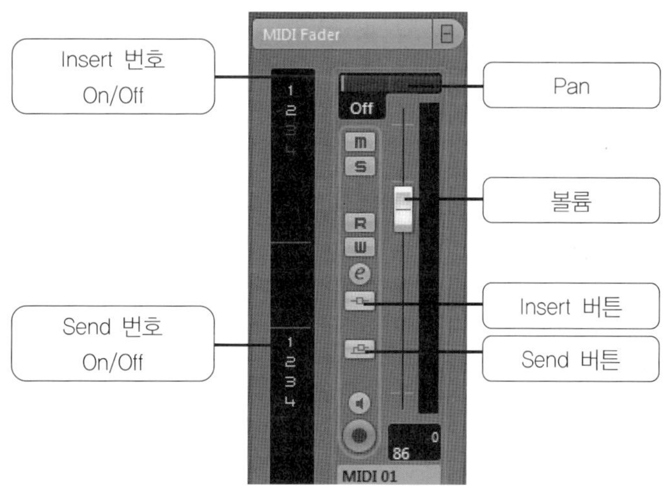

5. Notepad 탭

해당 미디 트랙에 주석이나 작곡자 코멘트를 삽입할 수 있다. 일반 메모장 작성하듯 원하는 내용을 입력하면 된다. 입력한 내용은 다른 시스템에서 큐베이스 파일을 불러올 때 확인할 수 있다.

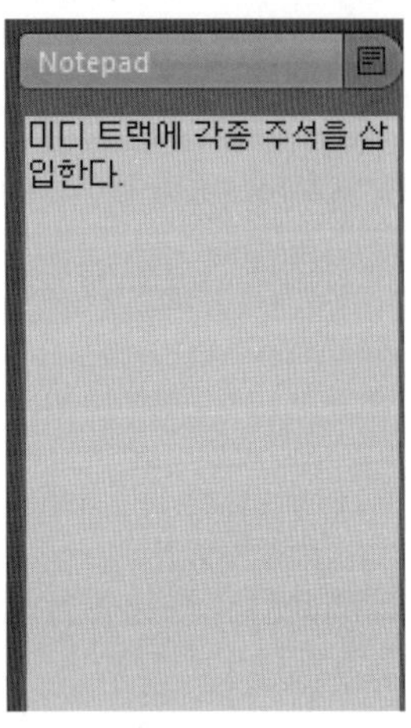

6. Quick Controls 탭

퀵 컨트롤은 마스터 건반 같은 외부 장비로 큐베이스의 볼륨 등 8가지 기능을 원격 제어할 때 사용한다. 빈 슬롯을 클릭한 뒤 원하는 조절 기능을 추가한 뒤, Devices → Device Setup 메뉴의 Quick Controls 옵션에서 원격 제어할 채널을 할당하면 마스터 건반의 볼륨 조절기로 큐베이스의 미디 트랙 볼륨을 조절하는 등의 원격 컨트롤 작업이 가능하다.

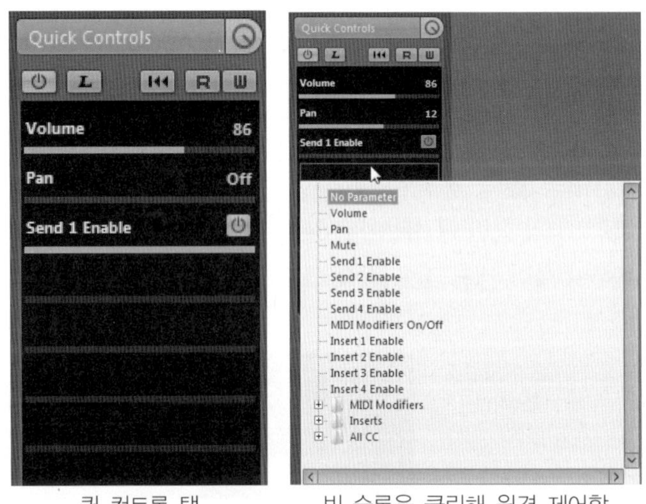

퀵 컨트롤 탭   빈 슬롯을 클릭해 원격 제어할
요소를 추가하는 모습

오디오 트랙의 인서트, 센드 기능

오디오 트랙에서 작업 중인 경우 인스펙터의 탭 구성이 아래와 같이 달라진다. Channels 탭은 앞에서 배운 MIDI Fader 탭과 같은 기능이고 오디오 트랙에서 사용할 수 있는 Equalizers 탭 등이 있다.

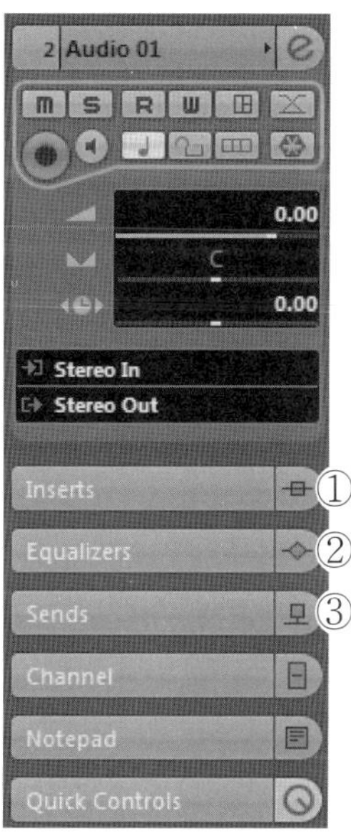

1. Inserts 탭

비어 있는 슬롯을 클릭해 오디오 트랙에 리얼 타임 이펙트를 삽입할 수 있다. 미디 트랙에 삽입하는 이펙트와 동일 기능이지만 오디오 트랙에 삽입하는 이펙트는 종류도 많고 매우 다양하다. 예를 들어 딜레이 이펙트를 삽입하면 사운드가 딜레이되는 효과가 만들어진다. 보통 사운드 믹싱 작업에서 사용하며, 이펙트의 종류에 대해서는 이 책의 PART 6을 참고한다.

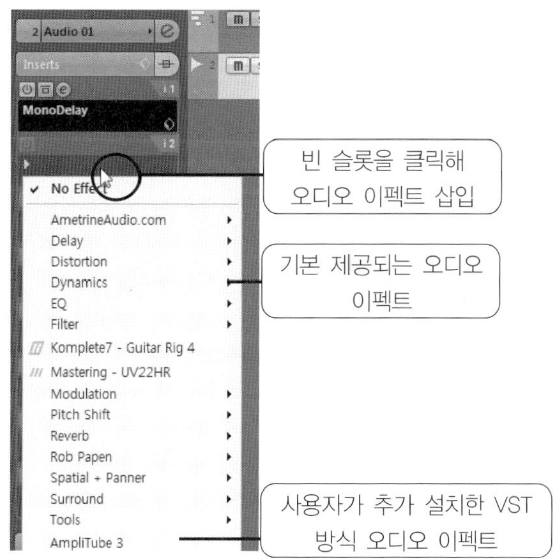

2. Equalizers 탭

오디오 트랙에 이퀄라이저를 적용한다. 트랙에 적용하는 이퀄라이저이므로 트랙에 삽입된 모든 오디오 클립에 같은 이퀄라이저가 적용된다. 4개의 주파수 대역별로 EQ를 조절할 수 있도록 대역별 컨트롤 창이 있다. 그래픽 편집 창은 전체 대역을 한 번에 컨트롤할 수 있는 기능으로 큐베이스 6에서 새로 추가되었다.

그래픽 편집 창에서 마우스를 드래깅하는 방식으로 이퀄라이저를 조절하거나 각각 High Shelf, Parametric, Parametric, Low Shelf 편집 창에서 슬라이더를 조절하는 방식으로 이퀄라이저를 조절할 수 있다. On/Off 버튼을 클릭하면 해당 주파수 대역의 EQ 조절 상태를 On/Off할 수 있다. 바이패스 버튼을 클릭하면 전체 EQ가 적용되지 않는 상태로 전환되어 사운드는 원래 상태로 출력된다. Invert 버튼을 클릭하면 이퀄라이저 조절 상태를 반대로 뒤집어서 적용해준다. 이퀄라이저에 대해서는 PART 6을 참고한다.

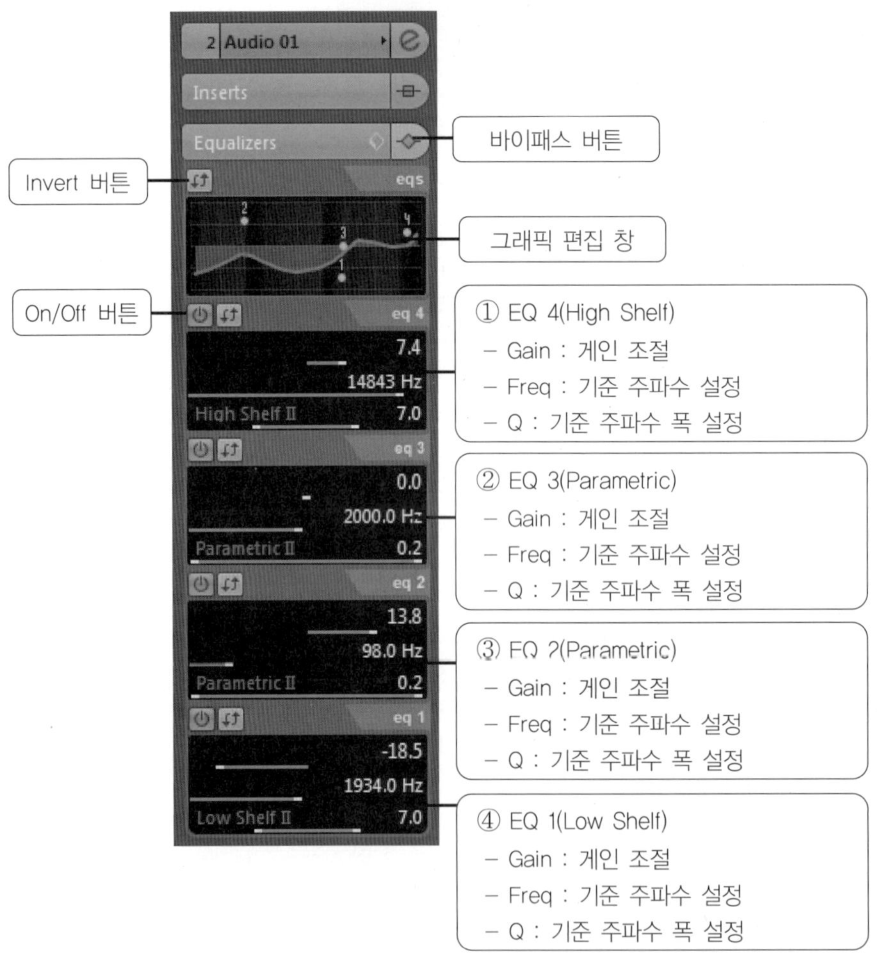

① EQ 4(High Shelf)
- Gain : 게인 조절
- Freq : 기준 주파수 설정
- Q : 기준 주파수 폭 설정

② EQ 3(Parametric)
- Gain : 게인 조절
- Freq : 기준 주파수 설정
- Q : 기준 주파수 폭 설정

③ EQ 2(Parametric)
- Gain : 게인 조절
- Freq : 기준 주파수 설정
- Q : 기준 주파수 폭 설정

④ EQ 1(Low Shelf)
- Gain : 게인 조절
- Freq : 기준 주파수 설정
- Q : 기준 주파수 폭 설정

3. Sends 탭

FX 트랙에서 보내온 각종 이펙트의 공유 여부를 설정할 수 있다. FX 트랙은 특정 이펙트를 여러 오디오 트랙에 공유할 목적으로 만드는 이펙트 전용 트랙을 말한다. 일단 FX 트랙을 만들었다면 해당 FX 트랙은 여러 이펙트를 사용할 수 있는데 이처럼 FX 트랙이 있는 경우, 오디오 트랙의 Sends 탭에 삽입하여 공유할 수 있다.

먼저 해당 오디오 트랙에서 FX 트랙이 보내온 이펙트를 공용하고 싶다면, 비어 있는 슬롯을 클릭해 원하는 FX 트랙을 삽입한다. 그런 뒤 슬롯 바로 밑에 있는 볼륨 조절기로 FX 트랙의 공유량을 조절해준다. 공유량을 높이면 그만큼 해당 FX 트랙에서 보내오는 이펙트를 더 많이 사용하게 된나.

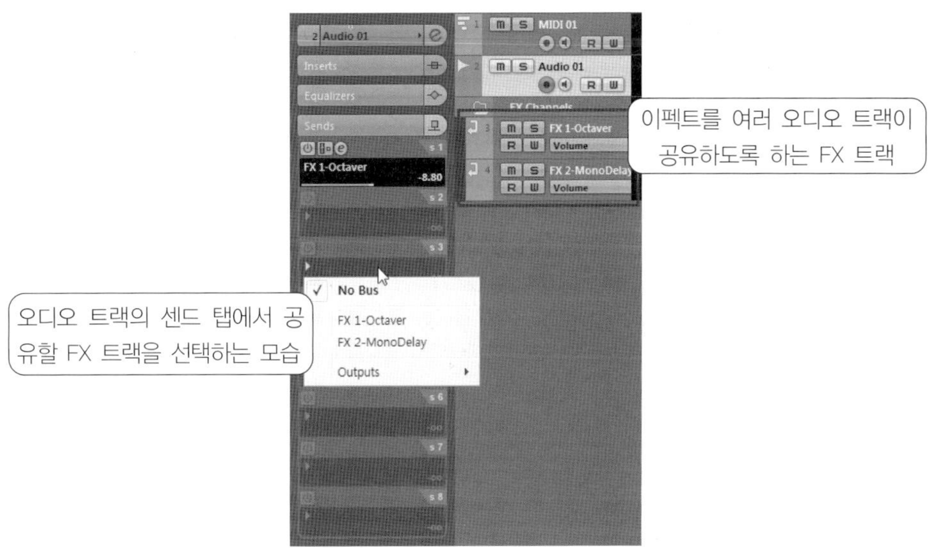

예를 들어 FX 트랙을 만든 뒤 딜레이 이펙트를 삽입했다고 가정해 보자. 오디오 트랙이 5개일 경우 각각의 오디오 트랙마다 Sends 탭에서 해당 FX 트랙을 공유하면 5개의 오디오 트랙이 같은 딜레이 이펙트를 사용하는 효과가 있으므로 메모리를 절감하는 효과가 있을 뿐 아니라 딜레이 이펙트를 똑같은 설정값으로 여러 오디오 트랙에 적용하는 효과가 있다.

센드 기능과 FX 트랙은 매우 중요한 기능이므로 자세한 사용법은 PART 6을 참고한다.

04 | 트랙 패널

트랙 패널은 각각의 트랙마다 왼쪽에 있는 작업 패널을 말한다. 트랙 패널은 해당 트랙의 뮤트, 솔로, 입출력 설정 등의 기능을 제공한다. 트랙 패널 기능은 대부분 인스펙터에서 설명한 기능과 동일한 기능이므로 여기서는 간략하게 내용만 알고 넘어간다.

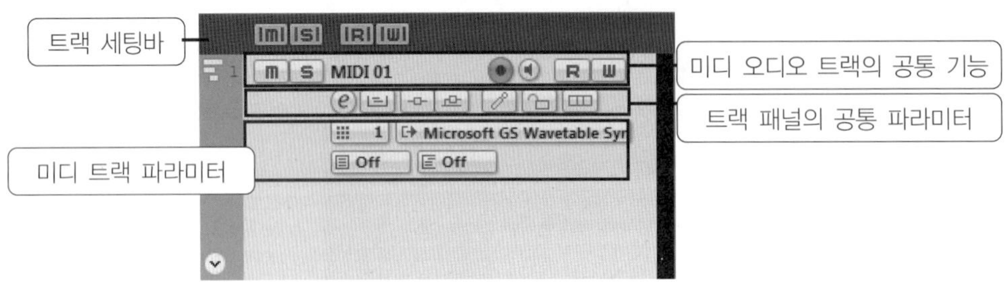

미디/오디오 트랙의 공통 기능

먼저 트랙 세팅바는 전체 트랙의 뮤트, 솔로, 오토메이션 읽기, 오토메이션 쓰기 기능을 일괄적으로 On/Off할 때 사용한다. 개개별 트랙의 뮤트, 솔로, 오토메이션 읽기, 오토메이션 쓰기 기능을 일일이 On/Off 하지 않고 일괄 조절할 수 있다는 장점이 있다.

지금부터 미디 트랙/오디오 트랙의 공통 기능을 정리해 본다.

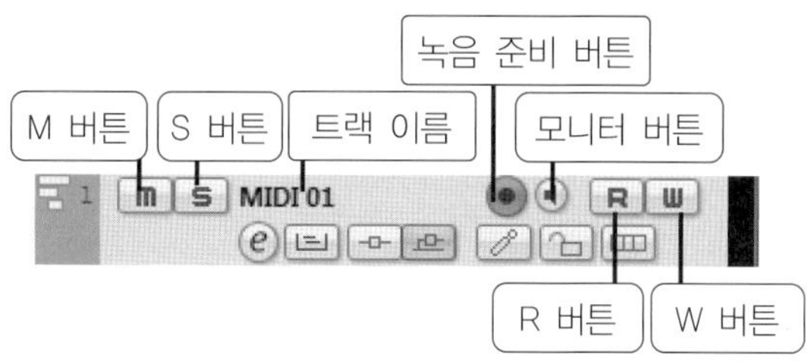

m 1. M(뮤트) 버튼

뮤트 버튼이라고 말하며 해당 트랙의 사운드를 뮤트시켜 들리지 않도록 만든다. 한번 더 클릭하면 뮤트된 사운드가 다시 들린다.

s 2. S(솔로) 버튼

솔로 버튼이라고 말하며 해당 트랙의 사운드를 솔로로 연주한다. 이때 다른 트랙의 사운드는 들리지 않게 된다.

MIDI 0 3. 트랙 이름

트랙 이름이 표시된다. 마우스로 더블클릭해 트랙 이름을 변경할 수 있다.

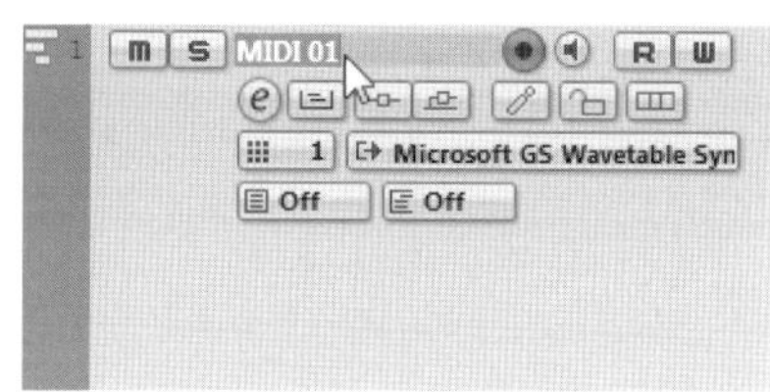

이름 부분 더블클릭

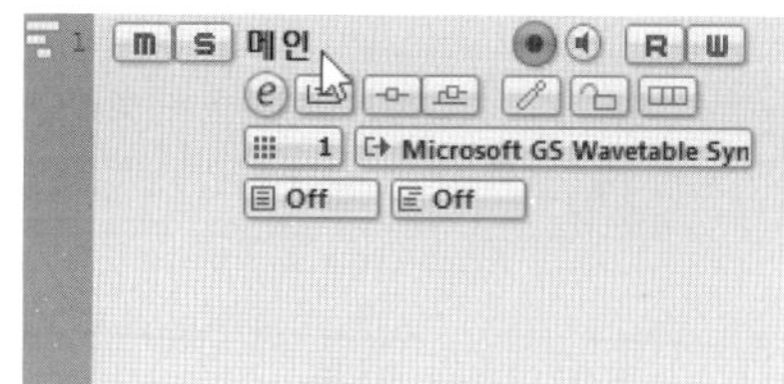

트랙 이름을 변경한 모습

● 4. 녹음 준비 버튼

작업 중인 트랙을 녹음 준비 상태로 만들어준다. 말 그대로 녹음 준비 상태로 만들어주며 실제 녹음 작업을 하지 않는다. 이후 메인 툴바의 Record 버튼을 클릭하면 녹음 준비 중인 트랙에 실제 녹음 작업을 진행할 수 있다.

● 5. 모니터 버튼

라인 입력이나 마이크로 외부 사운드를 받을 때 사용한다. 특히 보컬 음성을 녹음할 때 유용한 기능으로 외부에서 들어오는 소리를 큐베이스에서 실시간으로 들을 때 사용한다. 마이크로 노래를 녹음하다 보면 곡을 플레이하면서 녹음하기 마련이다. 이때 큐베이스를 통해 외부에서 들어오는 보컬 음성을 들을 수 있게 해준다.

R 6. R 버튼(오토메이션 읽기)

오토메이션 읽기 버튼이라고 말한다. 인스펙터의 R 버튼과 동일 기능이다.

W 7. W 버튼(오토메이션 쓰기)

오토메이션 쓰기 버튼이라고 말한다. 인스펙터의 W 버튼과 동일 기능이다.

트랙 패널의 공통 파라미터

트랙 패널에는 아래와 같은 공통 파라미터가 있다.

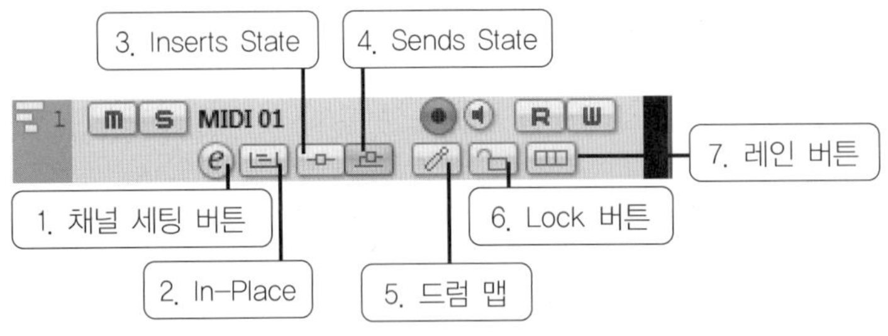

1. Edit Channel Setting 버튼

해당 트랙에 각종 이펙트를 삽입할 수 있도록 Channel Setting 창을 실행한다.

Channel Setting 창

2. In-Place 버튼

선택한 미디 트랙의 노트들을 바로 편집할 수 있도록 In-Place 편집 창으로 전환한다. 미디 트랙의 노트를 트랙 뷰 상태에서 '키 에디터'처럼 편집할 때 유용하다.

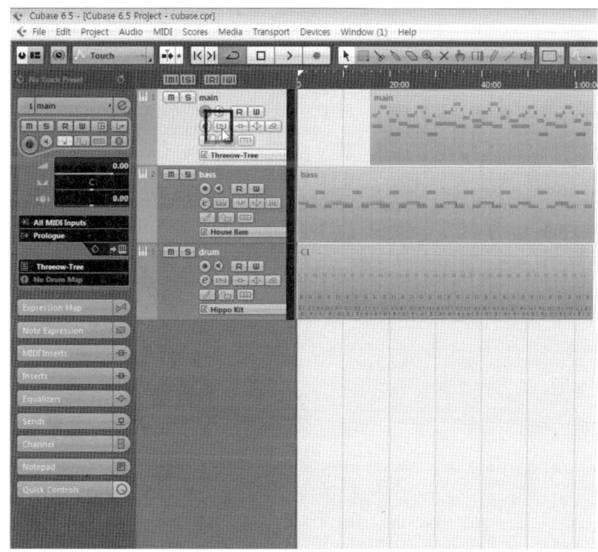

미디 트랙에서 In-Place Editor 버튼 클릭

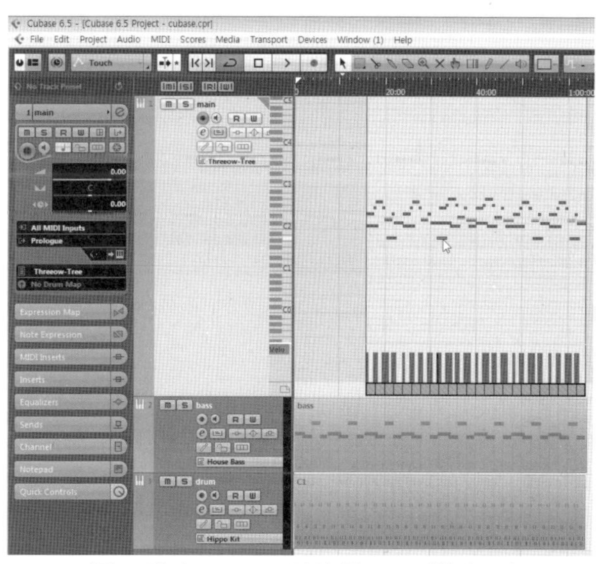

해당 트랙이 In-Place 편집 창으로 전환된 모습

In-Place 편집 창은 키 에디터의 축소판에 해당하는 편집 창이므로 자세한 편집 방법은 PART 4 키 에디터를 참고한다.

3. Inserts State 버튼

이 버튼을 켜면(노란색) Insert 탭에서 적용한 여러 가지 이펙트가 바이패스되어 적용되지 않고 사운드가 출력된다. 이 버튼을 끄면(하늘색) Insert 탭에서 적용한 각종 이펙트가 트랙에 리얼 타임으로 적용되어 연주된다.

4. Sends State 버튼

이 버튼을 켜면 Send 탭으로 공유한 이펙트가 바이패스되어 적용되지 않는 상태가 된다. 이 버튼을 끄면(하늘색) Send 탭으로 공유한 이펙트가 적용된 상태가 된다.

Tip

EQs State 버튼

이 버튼은 오디오 트랙 패널에만 있는 기능이다. 이 버튼을 켜면(노란색) 이퀄라이저 탭에서 적용한 이퀄라이저가 바이패스되어 적용되지 않고 사운드가 출력된다. 이 버튼을 끄면(하늘색) 이퀄라이저 탭에서 적용한 이퀄라이저가 트랙에 리얼타임으로 적용되어 연주된다.

 5. 드럼 맵

드럼 맵 편집 작업을 시작한다. 미디 트랙에서 드럼 파트를 만들 때 사용한다.

6. Lock 버튼

선택한 트랙을 편집할 수 없도록 잠근다. 다시 클릭하면 Lock이 해제된다.

7. 레인 버튼

같은 위치에 클립이 여러 개 겹쳐 있을 경우 각각의 클립별로 편집할 수 있도록 레인으로 분리해서 보여준다.

미디 트랙 파라미터

미디 트랙에 외장 악기나 가상악기를 연결하고 채널, 패치를 선택하는 기능을 제공한다.

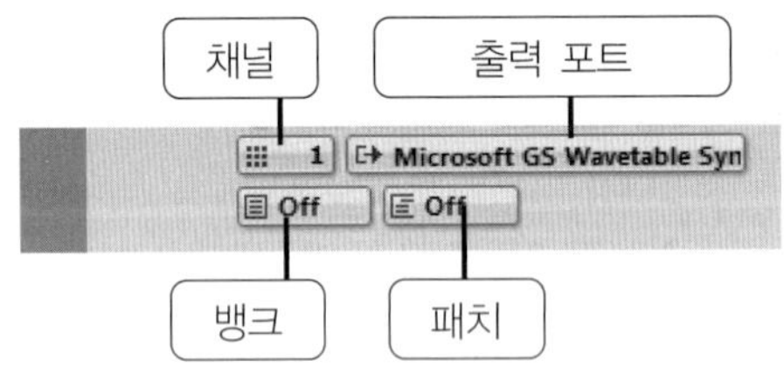

1. 채널

미디 신호와 악기 사이에 데이터를 주고받을 채널을 선택할 수 있다. 16개 채널중 하나를 선택하면 된다. 앞에서 설명한 인스펙터 패널의 채널 파라미터와 같은 기능이다.

 2. 출력 포트(Output)

사운드 출력에 사용할 장비나 가상악기를 연결되어 있는 포트를 선택하는 기능이다. 외장악기를 사용할 경우 Output을 클릭해 해당 악기를 선택할 수 있다. 만일 가상악기를 사용하는 경우 가상악기를 선택하면 된다. 해당 악기의 음을 빌려 사운드가 출력된다. 오디오 트랙의 경우 사운드 출력에 사용하는 장비를 선택하면 되는데 일반적으로 기본값을 선택한다.

 **3. 뱅크**

외장 악기 혹은 가상악기에 악기 음색이 256개 이상일 경우, 보통 256개의 악기 음색을 하나로 묶어 그룹으로 만드는데 이를 뱅크라고 말한다. 연결한 악기에 악기 음색이 256개 이하일 경우엔 뱅크 기능이 활성화되지 않는다. 보통 자주 사용하는 악기 음색은 첫 번째 뱅크에 들어 있으므로 첫 번째 뱅크를 선택하면 된다.

4. 패치(악기 음색, 프로그램)

앞에서 뱅크를 선택하면 해당 뱅크 안에 있는 바이올린 음색이나 피아노 음색이 있는데 이 음색을 선택할 때 사용힌다. 바이올린을 선택하면 미디 트랙의 사운드가 바이올린으로 들리게 된다. 인스펙터 패널의 패치 파라미터와 같은 기능이다.

Tip

트랙 패널 기능의 자세한 사용법

이들 기능들은 인스펙터에서 이미 배운 기능들이다. 자세한 사용법은 인스펙터 패널을 참고한다.

큐베이스는 작업에 편리하도록 다양한 부가 트랙을 제공한다. 부가 트랙은 트랙 패널을 마우스 오른쪽 버튼으로 클릭한 뒤 단축 메뉴로 삽입할 수 있다. 단축 메뉴의 Add Track 메뉴를 사용하면 부가 트랙을 생성시킬 수 있다. 지금부터 생성시킬 수 있는 부가 트랙 종류를 알아본다.

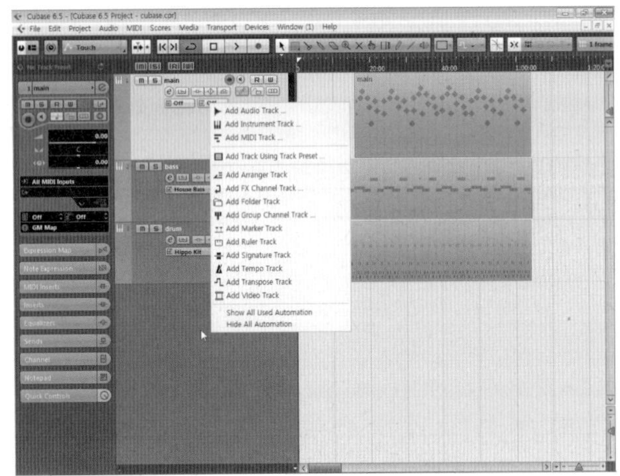

트랙 패널의 빈 곳을 마우스 오른쪽 버튼으로 클릭한 뒤 Add 메뉴로 부가 트랙을 삽입하는 모습

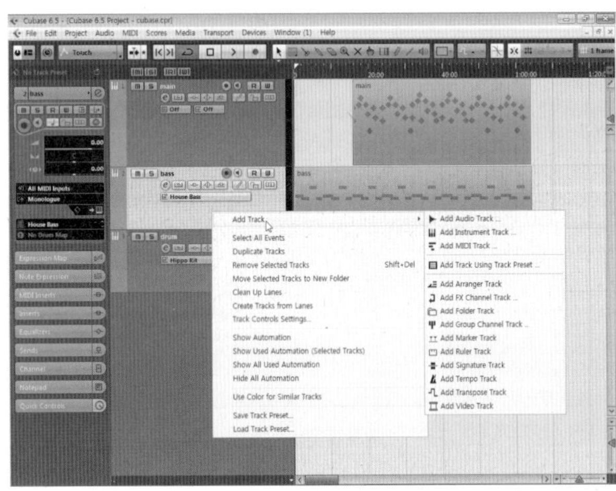

기존 트랙을 마우스 오른쪽 버튼으로 클릭한 뒤 Add Track 메뉴로 부가 트랙을 삽입하는 모습

Audio Track(오디오 트랙)

오디오 트랙을 생성시킬 때 사용한다. 생성시킨 오디오 트랙에는 오디오를 녹음하거나, 외부 오디오 클립을 임포트하여 삽입할 수 있다. 이렇게 만든 오디오는 다양한 방식으로 편집할 수 있다. 즉, 오디오를 녹음하거나 오디오 클립을 편집하려면 반드시 오디오 트랙을 만든 뒤 작업해야 한다.

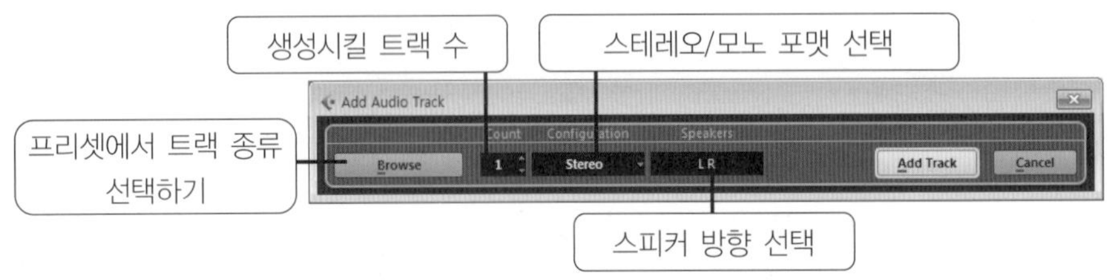

참고로 보컬 노래를 녹음할 경우에는 오디오 트랙을 Mono로 생성시켜야 한다. 그 외 별다른 목적이 없다면 Stereo 방식의 오디오 트랙을 생성시키는 것이 좋다.

오디오 트랙을 만든 뒤 외부 오디오 클립을 삽입하려면 File → Import → Audio 메뉴를 사용한다. 임포트할 수 있는 오디오 클립은 Wav, Fla, Mp3, Ogg, Aiff, Sd2, Wma, Rx2, W64, Rex 포맷 등이 있다.

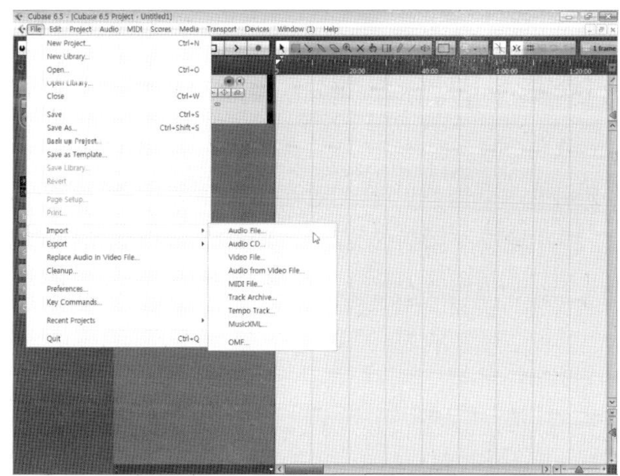

오디오 트랙을 생성시킨 뒤 Import 메뉴 실행

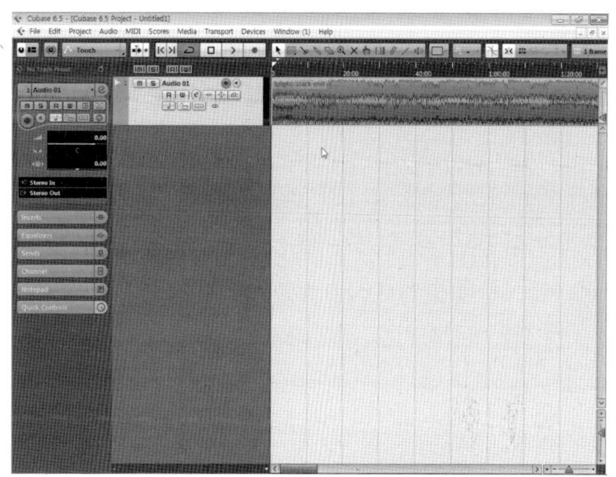

외부 오디오 클립을 삽입한 모습

MIDI Track(미디 트랙)

미디 트랙은 미디 작곡을 하거나 미디 리얼 입력을 할 때 생성시킨다. 트랙 패널을 마우스 오른쪽 버튼으로 클릭한 뒤 Insert Track 메뉴로 삽입하거나 Projrct → Insert Track → MIDI Track 메뉴로 삽입한다.

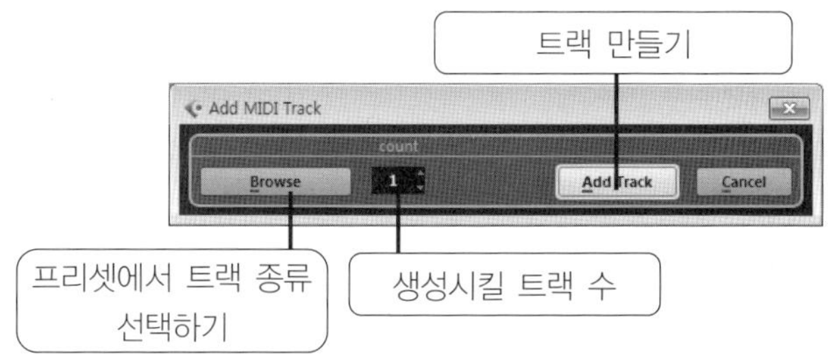

미디 트랙이 생성되면 '연필 툴'로 미디 클립 영역을 그려준다. 그런 뒤 미디 클립을 더블클릭하면 키 에디터가 실행되어 입력 작업을 할 수 있다. 또는 Ctrl + R을 눌러 스코어 에디터를 실행한 뒤 악보 창에서도 입력 작업을 할 수 있다.

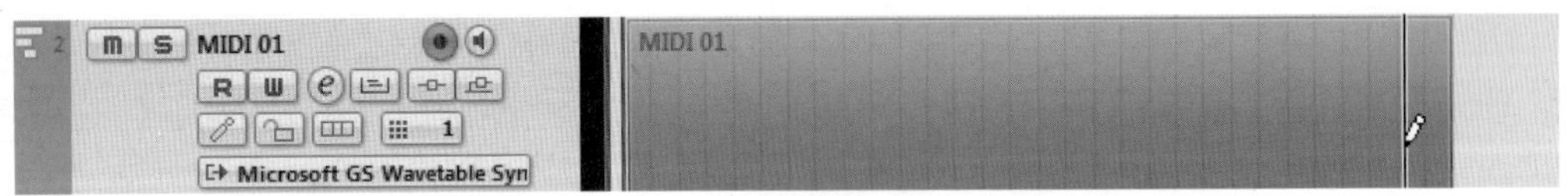

미디 트랙을 생성시킨 뒤 연필 툴로 클립 영역을 만든 모습

 # Instrument Track(악기 트랙, 인스트루먼트 트랙) 

Instrument 트랙이란 미디 트랙의 출력 포트에 가상악기를 미리 연결한 트랙을 말한다. 가상악기가 미리 연결된 상태이기 때문에 미디 작곡 시 원하는 사운드를 들으면서 작곡할 수 있다. 트랙 패널을 마우스 오른쪽 버튼으로 클릭한 뒤 Insert Track 메뉴로 삽입하거나 Project → Insert Track → Instrument Track 메뉴로 삽입한다. 대화상자의 Instrument 항목에서 연결할 가상악기를 선택해야 한다.

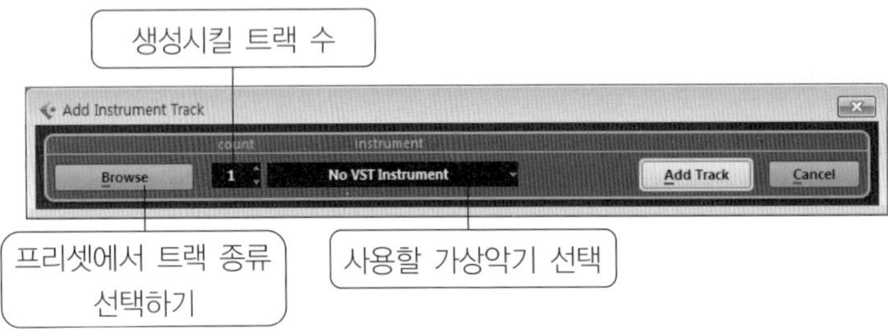

 # FX Channel Track(FX 트랙, FX 채널 트랙) 

FX 트랙은 말 그대로 이펙트를 적용할 목적으로 생성시킨다. 예를 들어 딜레이 종류의 이펙트를 FX 트랙에 적용하면, 여러 오디오 트랙으로 딜레이 이펙트를 Send하여 동일한 딜레이 이펙트를 여러 오디오 트랙에서 공유할 수 있다는 장점이 있다. 큐베이스는 가상악기나 이펙트를 많이 사용하면 메모리 부족 현상을 겪으며 버벅대는 경우가 많으므로 FX 채널은 메모리를 절감할 목적으로 사용하는 경우가 많다. 같은 딜레이 이펙트를 여러 오디오 트랙에서 같이 사용한다면, 오디오 트랙마다 개별적으로 딜레이 이펙트를 삽입하는 것보다는 FX 트랙에 딜레이 이펙트를 삽입한 뒤 이를 Send 기능으로 공유하는 것이 더 좋기 때문이다.

FX 트랙은 트랙 패널의 빈 곳을 마우스 오른쪽 버튼으로 클릭한 뒤 Add FX Track 메뉴로 생성시키거나 메뉴바의 Project → Add Track → FX Track 메뉴로 생성시킨다.

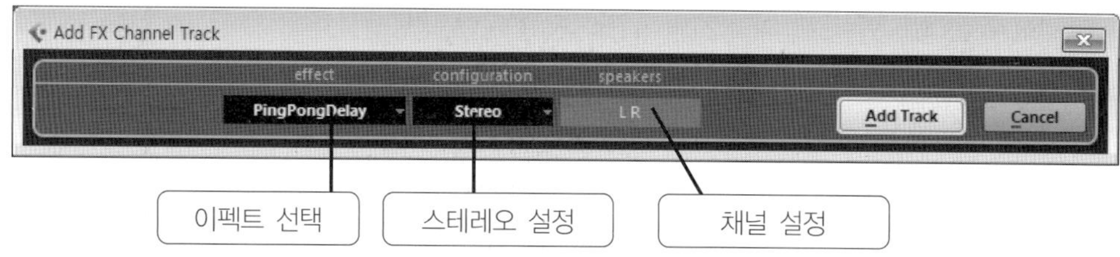

오디오 트랙들은 FX 트랙에서 보내온 딜레이 이펙트를 사용하고 싶으면 인스펙터의 Send 탭을 연 뒤 첫 번째 슬롯을 클릭하면 Fx 채널에서 보내온 이펙트를 선택하면 된다. 그런 뒤 슬롯 하단의 볼륨 조절기로 이펙트 공유량을 조절한다. FX 트랙을 Send 방식으로 사용하는 자세한 방법은 PART 6을 참고한다.

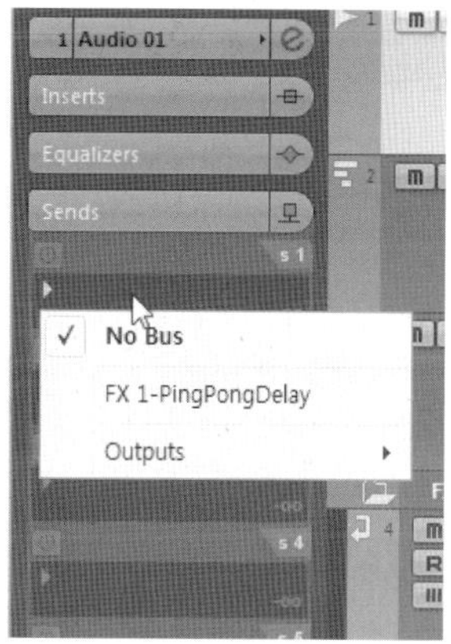

오디오 인스펙터의 Sends 탭에 공유할 수 있는 FX 트랙 이펙트가 표시된 모습

Arranger Track(어레인저 트랙) – 비선형 섹션 방식으로 연주하기

큐베이스는 곡을 플레이할 때 시간순의 선형 방식을 사용한다. 따라서 완성된 곡을 나중에 플레이하면 곡의 시작부터 종료 부분까지 시간 순으로 연주되는 것이다.

어레인저 트랙은 전체 트랙을 시간순이 아닌 비선형 섹션 방식으로 연주할 때 사용한다. 미리 원하는 섹션을 설정한 뒤 이들 섹션을 무작위로 이어서 곡을 연주할 수 있다는 장점이 있다.

예를 들어 그림처럼 3트랙 음악을 만든 뒤 제일 하단에 어레인저 트랙을 생성시킨다. 그런 뒤 '연필 툴'로 a, b, c, d...등 섹션 구간을 설정한다. 마지막으로 이들 섹션 구간을 어느 순서로 연주할지 지정한 뒤 Play 버튼을 클릭하면 지정한 섹션 순서대로 연결하여 곡을 연주할 수 있다.

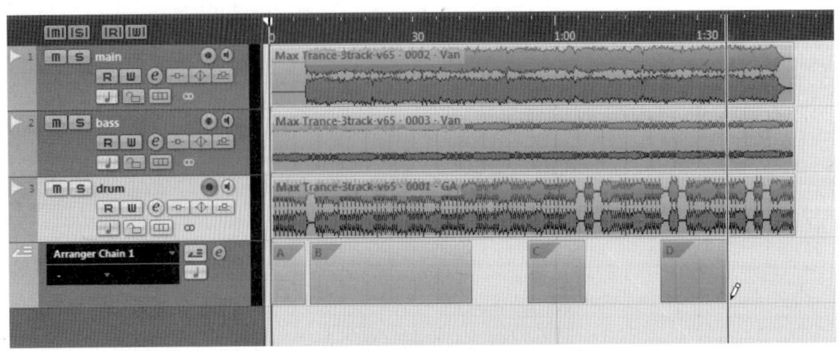

어레인지 트랙에서 연주 구간을 설정한 모습

1. 어레인저 트랙 만들기

어레인저 트랙은 트랙 패널의 빈 곳을 마우스 오른쪽 버튼으로 클릭한 뒤 Add Arranger Track 메뉴로 생성시킨다. 또는 메뉴바의 Project → Add Track → Arranger Track 메뉴로 생성시킬 수 있다.

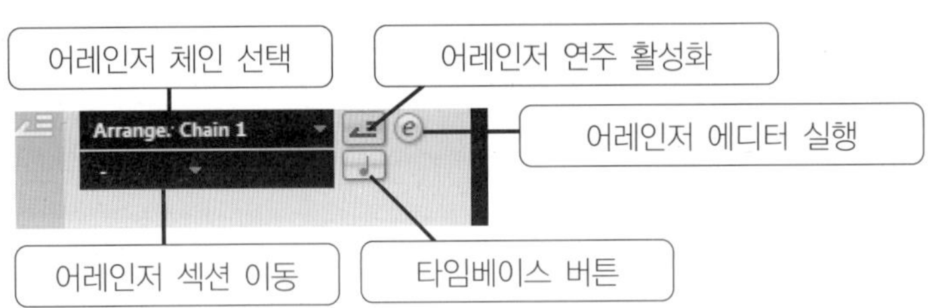

어레인저 트랙이 생성되면 먼저 연필 툴로 어레인지 구간(어레인저 이벤트)을 a, b, c, d... 등으로 지정한다. 연필 툴로 필요한 부분을 구간으로 설정하면 생성 순서에 따라 a, b, c... 이름을 갖게 된다. 그런 뒤 a, c 순으로 연주하거나 a, d, a... 순으로 연주하는 등 연결 방식을 설정하는데 이를 어레인저 체인(Arranger Chain)이라고 말한다. 어레인저 체인은 '어레인저 에디터'에서 만든다.

2. 어레인저 에디터(Arranger Editor)

어레인저 트랙의 e 버튼( )을 클릭하면 어레인저 에디터가 실행되어 곡을 연주할 순서를 섞을 수 있다. 일단 어레인저 트랙에서 연필 툴로 필요한 구간을 몇 개 설정한 뒤 연주 순서를 연결하면 된다.

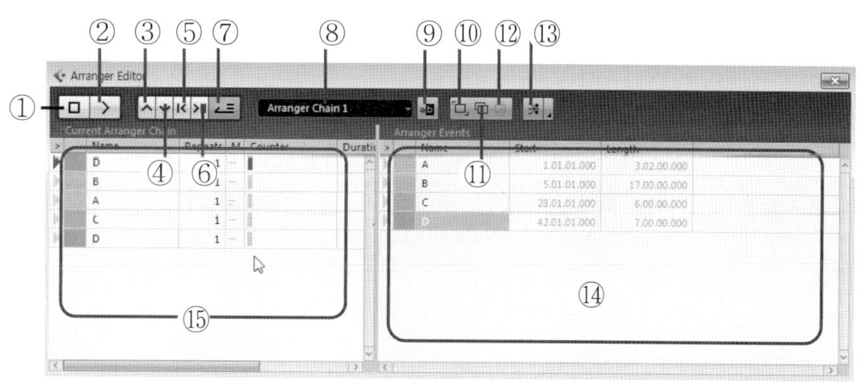

① 정지 버튼 : 어레인저 연주를 중단한다.

② 연주 버튼 : 어레인저 연주를 시작한다.

③ 위로 이동 : 선택한 어레인저 이벤트를 상단으로 이동시킨다.

④ 아래로 이동 : 선택한 어레인저 이벤트를 하단으로 이동시킨다.

⑤ 맨 앞으로 이동 : 곡의 맨 앞으로 이동한다.

⑥ Play/일시 정지 버튼 : 연주를 임시 정지시킨다.

⑦ 어레인저 기능 활성화 : 이 버튼이 활성화되어야 어레인저 이벤트만 연주할 수 있다. 이 버튼을 끄면 어레인저 이벤트와 상관 없이 곡 전체가 선형으로 연주된다.

⑧ 어레인저 체인 선택 : 사용자가 어레인저 체인을 여러 개 만든 경우 연주하고 싶은 어레인저 체인을 선택할 수 있다. 각각의 어레인저 체인마다 서로 다르게 어레인지 연주 순서를 설정할 수 있다.

⑨ Rename : 선택한 어레인저 체인의 이름을 다른 이름으로 변경할 수 있다.

⑩ Create New Chain : 새 어레인저 체인을 생성시킨다.

⑪ Duplicate : 작업 중인 어레인저 체인을 복사해 하나 더 생성시킨다.

⑫ Remove : 작업 중인 어레인저 체인을 제거한다.

⑬ Flatten : 어레인저 체인으로 연결하면 어레인지 체인에 연결되지 않는 구간이 발생하는데 이때 이 버튼을 클릭하면 그 부분 을 완전히 제거하고 어레인저 이벤트만 연결되어 하나의 곡으로 합쳐진다. 이때 믹스다운 메뉴를 적용하면 어레인지 구간만 사용한 곡을 Wav 파일 등으로 저장할 수 있다.

⑭ Arranger Events : 사용자가 연필 툴로 설정한 어레인지 구간이 원래 순서인 a, b, c... 순으로 표시된다. 마우스로 드래그하 여 왼쪽 Current Arranger Chain 목록 창으로 드래그하여 연주될 순서를 비선형으로 설정할 수 있다.

⑮ Current Arranger Chain : 사용자가 설정한 어레인지 이벤트의 연주 순서이다. 이벤트를 상하로 드래그하여 연주 순서를 변 경할 수 있다.

실전예제 어레인지 트랙으로 비선형 연주 시작하기

어레인지 기능으로 전체 곡 중에서 필요한 파트를 설정한 뒤 이들을 비선형으로 연결하여 곡을 연주해본다. 마음에 들면 Flatten 기능으로 합친 뒤 믹스다운 기능으로 저장할 수 있다.

01 샘플 폴더에서 'max trace-wav.cpr' 파일을 불러온다.
일단 Space Bar를 눌러 곡을 처음부터 감상해 본다.

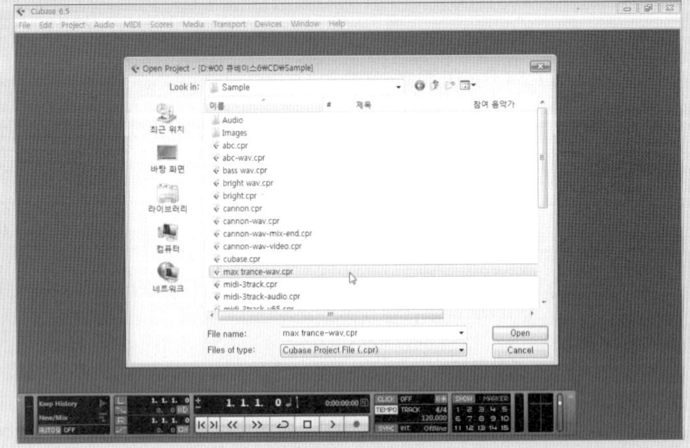

02 모두 3개의 오디오 트랙으로 이루어진 1분 50초짜리 트랜스 음악이다.
어레인지 기능을 사용해 원하는 구간만 비선형으로 연결하여 연주해본다.

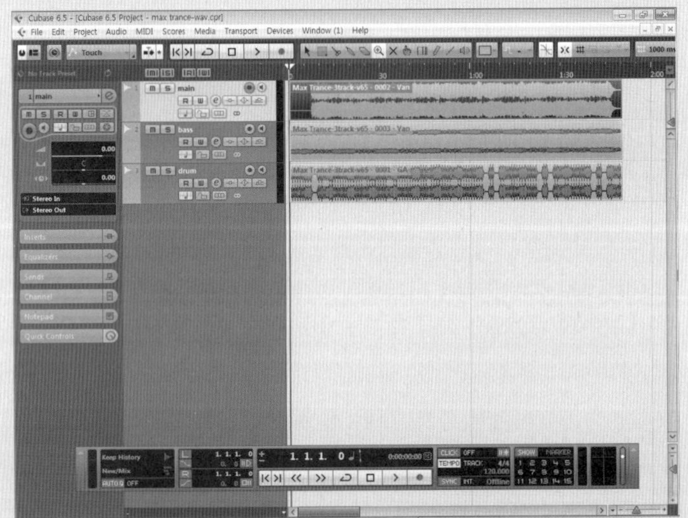

03 중간에 있는 트랙을 선택한 상태에서 어레인지 트랙을 생성시키면 트랙 사이에 생성되므로 보기 좋지 않다. 트랙 패널에서 제일 아래 트랙을 클릭해 선택한다.

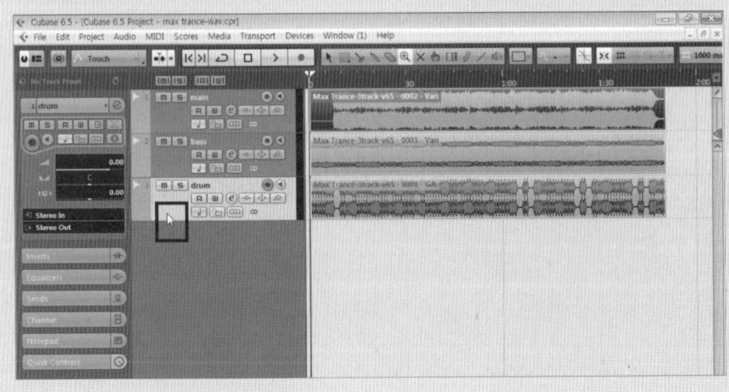

04 트랙 패널의 제일 아래쪽 빈 공간을 마우스 오른쪽 버튼으로 클릭한 뒤 Add Arrange Track 메뉴로 어레인지 트랙을 생성시킨다.

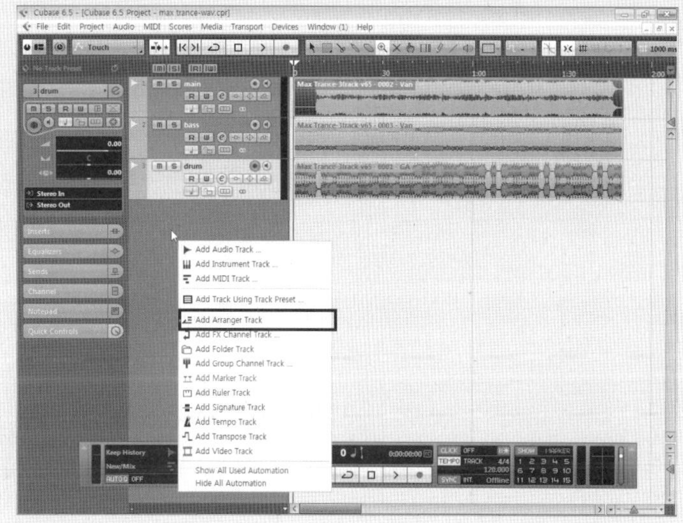

05 어레인지 트랙이 생성되면 '연필 툴'을 선택한다.

06 곡을 다시 한번 들어본 뒤, 어레인지 트랙에서 필요한 구간을 그림처럼 임의대로 그려준다.

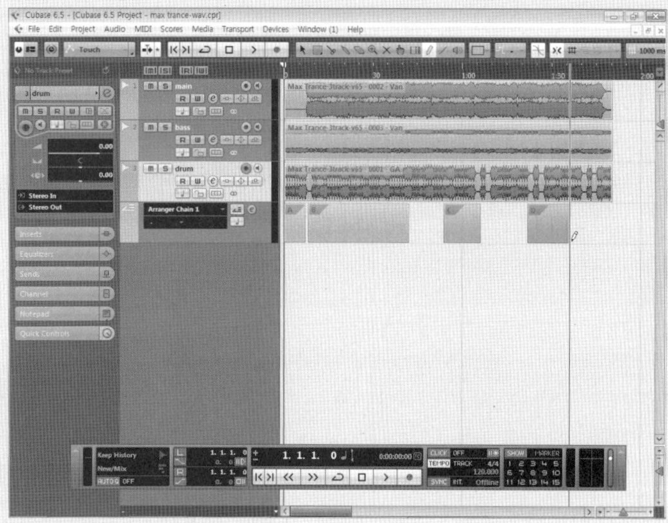

07 어레인지 패널의 Active 버튼을 클릭해 어레인지 모드를 활성화한다.

08 Active 버튼 옆에 있는 Edit 버튼을 클릭한다.

09 편집 창에서 원하는 파트를 드래그하여 왼쪽 창으로 복사한다.

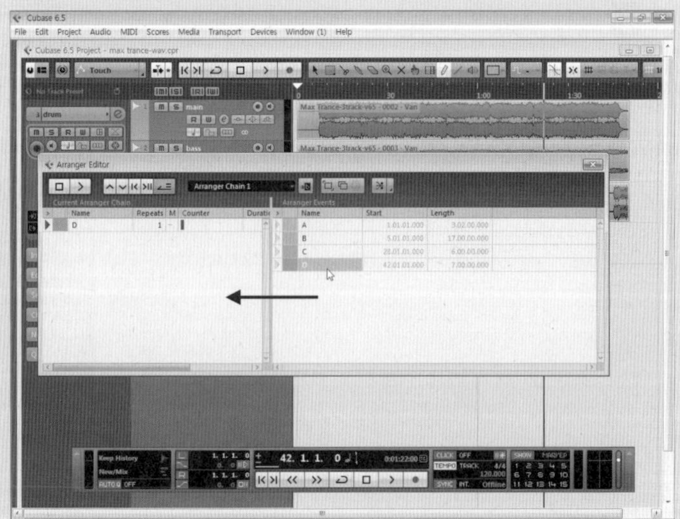

10 앞과 같은 방식으로 원하는 파트를 왼쪽 창으로 복사한다. 이때 순서를 바꾸거나 무작위로 섞어서 복사한다. 즉, 자신이 듣고 싶은 섹션이 연결하여 연주되도록 복사해야 한다.

또한 똑같은 섹션을 여러 개 드래그하면 그 섹션을 반복해서 들을 수도 있다.

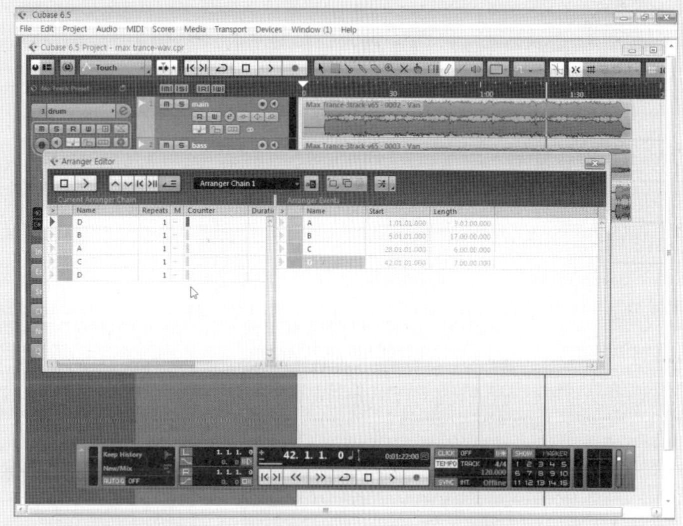

11 Play 버튼을 클릭해 곡을 연주해 본다. 무작위로 섞어 놓은 어레인지 순서대로 연주되는 것을 알 수 있다.

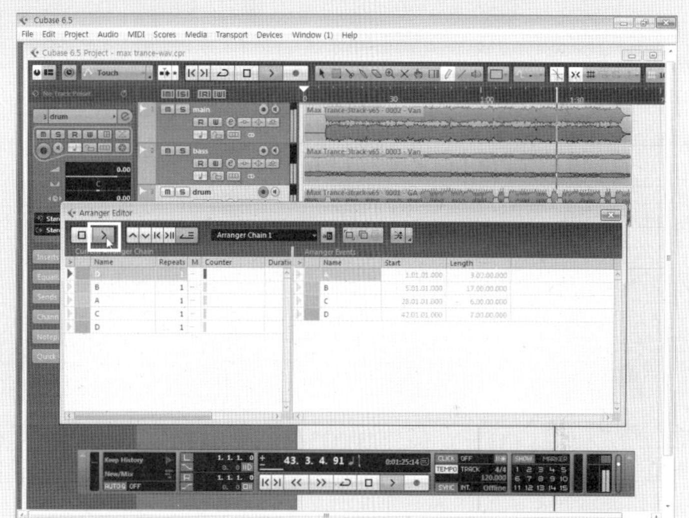

12 어레인지한 곡이 마음에 들면 어레인지 에디터의 Flatten 버튼을 클릭해 어레인지 섹션만 합쳐 준다. 자동으로 어레인지 에디터가 사라지고 트랙 뷰에는 어레인지한 섹션들만 연결된 새로운 곡이 만들어진다.

File → Export → Audio Mixdown 메뉴를 실행해 저장하면 어레인지된 순서로 연결해 Wav 파일을 만들 수 있다.

Folder Track(폴더 트랙)

트랙이 많을 경우 비슷한 트랙끼리 폴더에 넣어 관리할 수 있는데 이때 사용하는 트랙이 폴더 트랙이다. 먼저 트랙 패널의 빈 곳을 마우스 오른쪽 버튼으로 클릭한 뒤 Add Folder Track 메뉴로 폴더 트랙을 생성시킨 뒤, 원하는 트랙을 마우스로 드래그하여 이동시키면 된다.

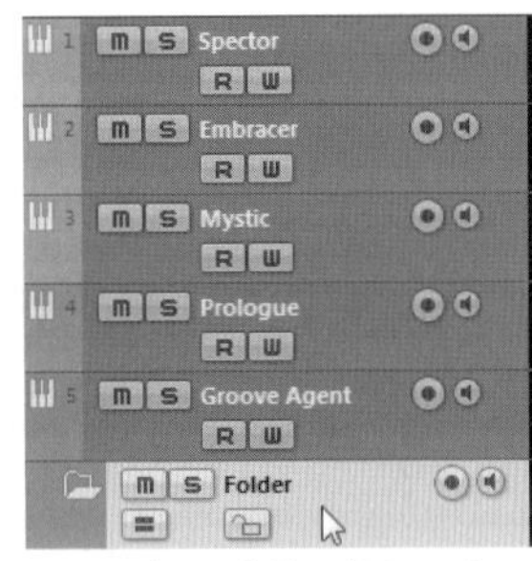

폴더 트랙을 만든 모습

원하는 트랙을 드래그

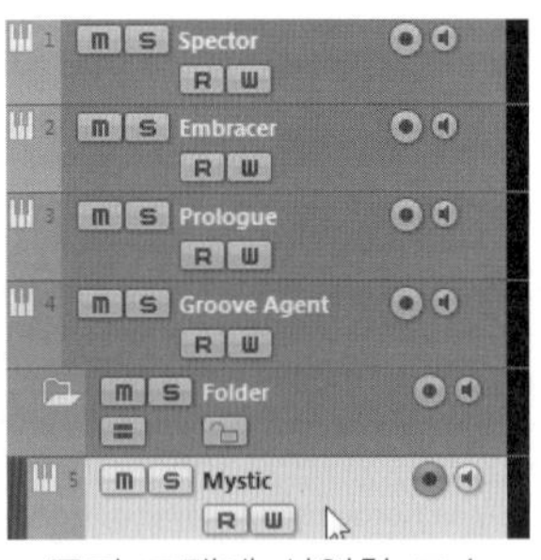

폴더 트랙에 삽입한 모습

폴더 트랙에는 M(뮤트), S(솔로 연주), 잠금(Lock) 버튼과 녹음 준비, 모니터 버튼이 제공되므로, 폴더 속에 있는 트랙을 일괄 제어할 수 있다.

Group Channel Track(그룹 트랙)

그룹 채널 트랙은 폴더 트랙과 비슷하지만 그룹별로 트랙을 관리할 때 사용한다. 폴더 트랙과 달리 그룹에 있는 각각의 트랙을 독립적으로 제어할 수 있다.

먼저 트랙 패널의 빈 곳을 마우스 오른쪽 버튼으로 클릭한 뒤 Add Group Channel Track 메뉴로 그룹 트랙을 생성시킨 뒤, 원하는 트랙을 마우스로 드래그하여 그룹 트랙 하단으로 이동시키면 된다.

그룹 트랙을 만든 모습

원하는 트랙을 드래그

그룹 트랙에 삽입한 모습

Ruler Track(룰러 트랙)

상단에 룰러가 있지만 클립 아래쪽에 룰러를 표시하면 클립 위치와 이벤트 위치를 더 정확하게 파악할 수 있을 것이다. 룰러 트랙은 위치 파악을 더 정확하게 할 목적으로 생성시킨다.

작업 트랙을 마우스 오른쪽 버튼으로 클릭한 뒤 Add Track → Add Ruler Track 메뉴를 실행한다.

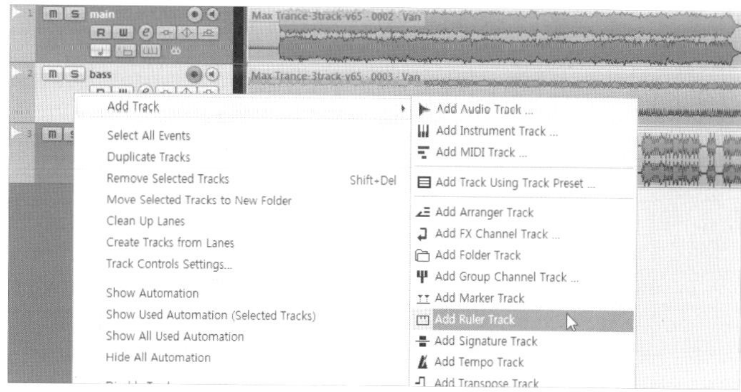

작업 트랙 바로 하단에 룰러 트랙이 생성된다.

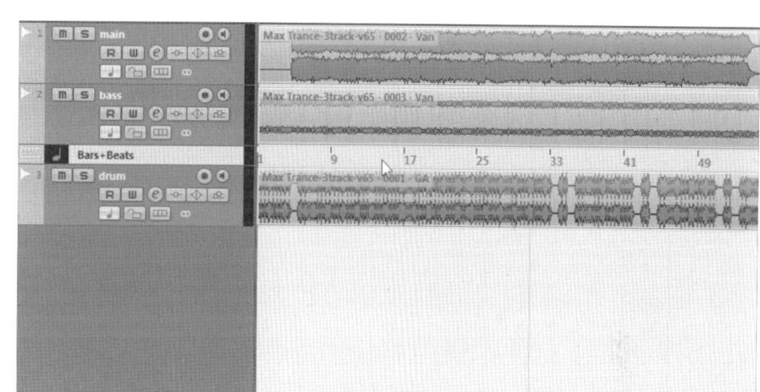

룰러 트랙을 클릭하면 눈금자 단위를 변경할 수 있다.

Bars+Beats 단위는 마디+시간 단위이고 Second 단위는 초 단위, Timecode 단위는 타임 코드가 있는 영상물과 동기화시킬 때 사용한다.

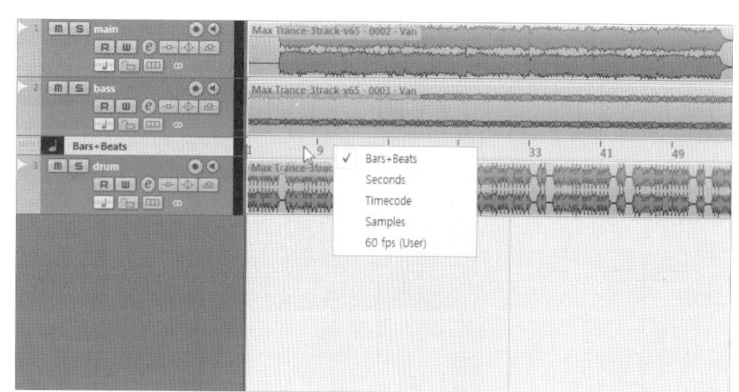

Tip

룰러

룰러는 기본적으로 Bars+Beats 단위를 사용한다. 그러나 외부 비디오 장비로 촬영한 타임 코드가 있는 동영상에 음악을 싱크시킬 경우에는 Timecode 단위를 사용한다.

Tempo Track(템포 트랙)

템포 트랙은 미디 트랙의 템포와 박자를 라인을 그리는 방식으로 조절할 때 사용한다. 템포 트랙을 생성시킨 뒤 작업하기도 하지만 보통은 '템포 트랙 에디터'에서 작업하는 것이 더 좋다. 이 기능은 오디오 트랙의 템포는 조절할 수 없으며 미디 트랙의 템포만 조절할 수 있다.

1. 템포 트랙 만들기

템포 트랙은 트랙 패널을 마우스 오른쪽 버튼으로 클릭한 뒤 Add Track → Add Tempo Track 메뉴로 생성시키거나 메뉴바의 Project → Add Track → Tempo Track 메뉴로 생성시킨다.

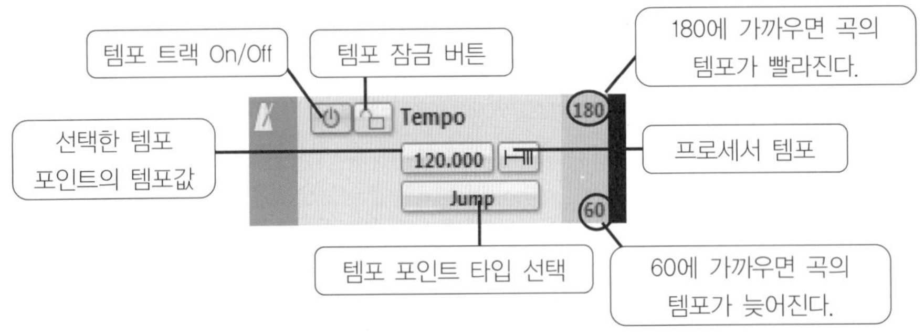

템포 트랙을 생성시킨 뒤에는 '선택 툴', '연필 툴', '라인 툴' 등을 사용해 템포 라인을 그려준다. 이때 템포 트랙 패널의 60, 180 숫자를 보면서 템포 라인을 그리면 되는데 60에 가까우면 해당 구간의 템포가 늦어지고 180에 가까우면 해당 구간의 템포가 빨라진다.

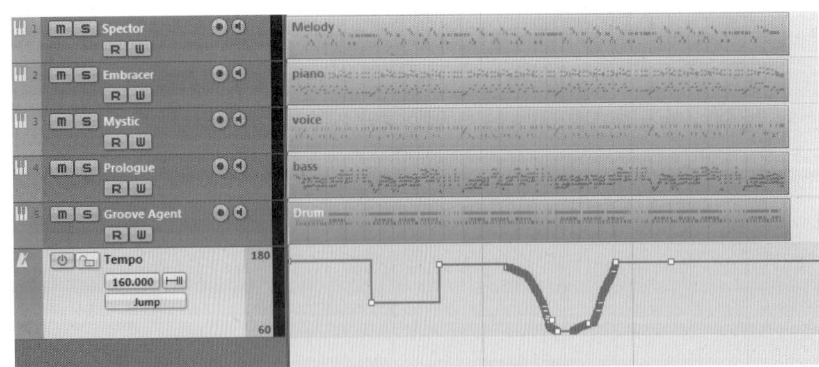

선택 툴과 연필 툴로 템포 라인을 그린 모습

2. 템포 트랙 에디터 사용하기

템포 트랙 에디터는 앞에서와 달리 보다 정교하게 곡의 템포를 조절하거나 곡의 박자를 변경할 때 사용한다.

템포 트랙 에디터는 트랜스포트 패널의 'Tempo' 글자를 Ctrl + 클릭하면 실행된다. 또는 단축키 Ctrl + T를 누르거나 Project → Tempo Track 메뉴로 실행한다.

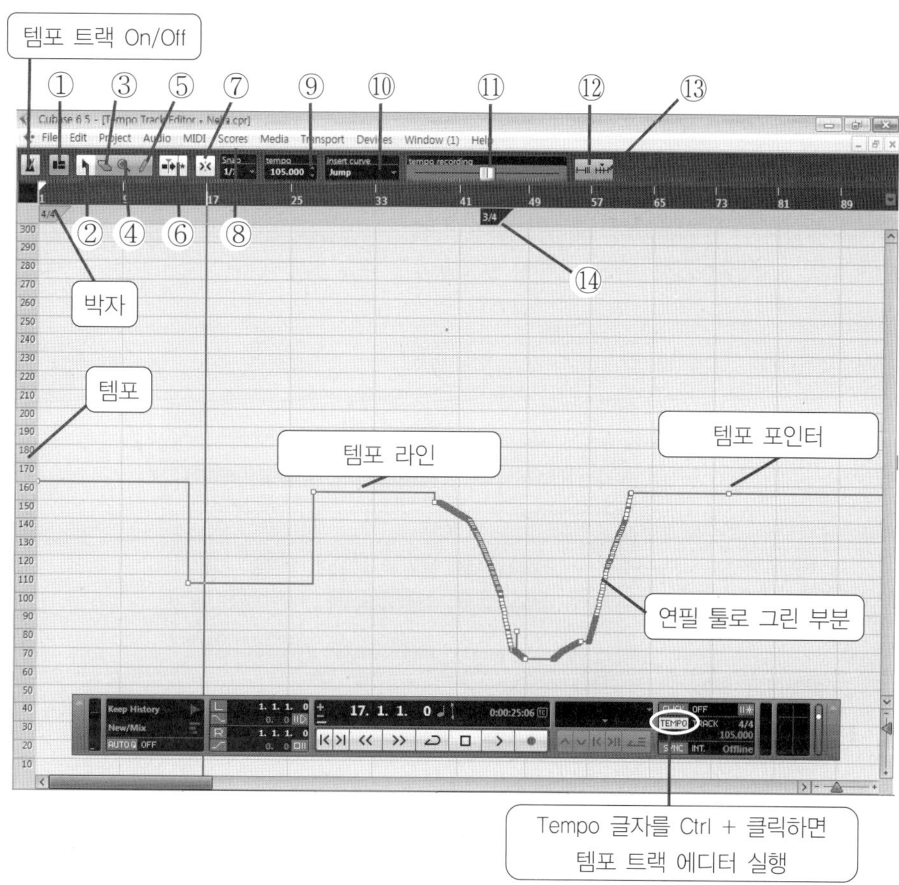

① Info 버튼 : 인포 라인을 On/Off한다.

② 선택 툴 : 템포 포인터를 선택한 뒤 이동시킬 때 사용한다.

③ 지우개 툴 : 템포 포인터를 삭제한다. 한 번에 하나씩 삭제할 수 있다.

④ 돋보기 툴 : 작업 화면을 확대한다. Alt + 클릭하면 작업 화면을 축소할 수 있다.

⑤ 연필 툴 : 포인트를 찍는 방식으로 템포 라인을 그릴 수 있다. 드래그하면 자유 드로잉 방식으로 템포 라인이 그려진다.

⑥ 오토 스크롤 버튼 : 곡을 연주할 때 프로젝트 커서가 맨 오른쪽으로 이동하면 다음 페이지로 자동으로 스크롤된다.

⑦ 스냅 버튼 : 템포 라인을 그릴 때 설정한 박자에 스냅되도록 한다. 스냅 버튼 오른쪽에서 스냅 될 박자를 설정한다.

⑧ 스냅 숫자 : 스냅 시킬 박자를 설정한다. 마우스로 클릭한 뒤 키보드로 직접 입력한다.

⑨ Tempo : 커서 위치의 템포가 표시된다.

⑩ Insert Curve : 템포 라인을 드로잉하는 방식을 선택한다.

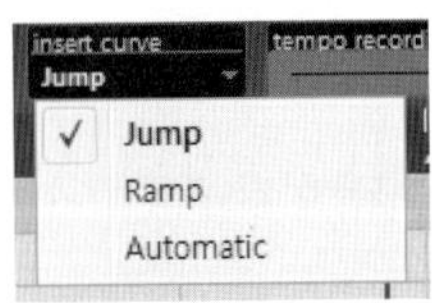

- Jump : 사선 부분을 각이 지게 드로잉한다. 템포가 각지게 변경된다.
- Ramp : 사선 부분을 곡선으로 드로잉한다. 템포가 부드럽게 변경된다.
- Automatic : 사선 부분을 자동 드로잉한다.

⑪ Tempo Recording : 곡을 연주하면서 템포를 변경할 수 있다. 연주가 중단된 상태에서는 슬라이더가 움직이지 않고, 곡을 연주할 때 슬라이더를 조절하면 템포가 자동 변경되어 기록된다.

⑫ Process Tempo : 큐베이스에만 있는 기능으로 설정한 범위에 맞게 템포를 자동으로 조절해준다. 대화상자의 사용법은 다음과 같다.

Process Range 항목에서 템포를 조절할 구간을 지정한다. PPQ 항목은 마디/박자 단위이고 Time 항목은 시간 단위로 구간을 설정할 때 사용한다.

템포를 조절할 구간을 설정한 뒤에는 New Range 항목에서 변경될 구간 값을 입력한다. 예를 들어 2분 45초 짜리 곡을 New Range 항목에서 1분 45초로 줄이면, 해당 구간이 그만큼 빠른 템포로 자동 조절된다.

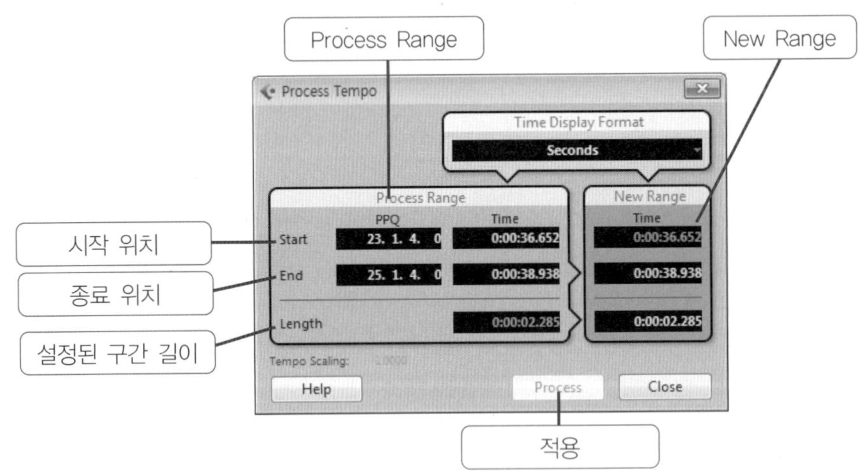

수치를 일일이 입력하는 방식은 번거롭기 때문에 보통은 레프트/라이트 로케이터로 템포를 조절할 구간을 설정한 뒤, 대화상자의 New Range 항목의 End 항목에 수정값을 입력하면 로케이터로 설정한 구간의 템포가 자동 조절된다.

⑬ Process Bars : '묵음(Insert Silence)' 구간이나 'Delete Time' 구간을 삽입할 때 사용한다.

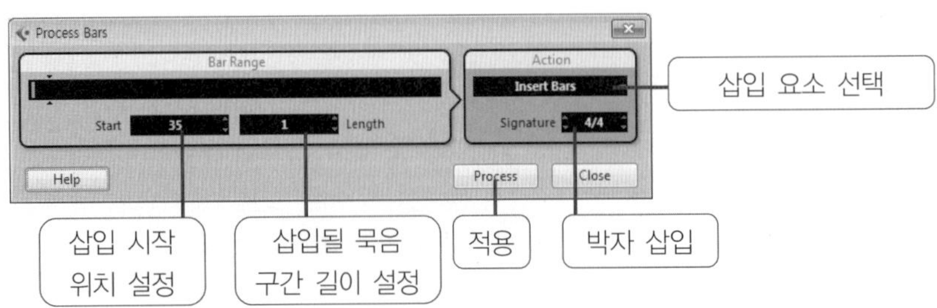

⑭ 박자 입력란 : 연필 툴로 클릭해 새 박자를 추가하거나 변경할 수 있다.

Marker Track(마커 트랙)

마커 트랙은 마커를 삽입할 용도로 만든다. 작업 중인 트랙의 하단에 마커 트랙이 생성되어 사용자가 원하는 마커를 삽입할 수 있다.

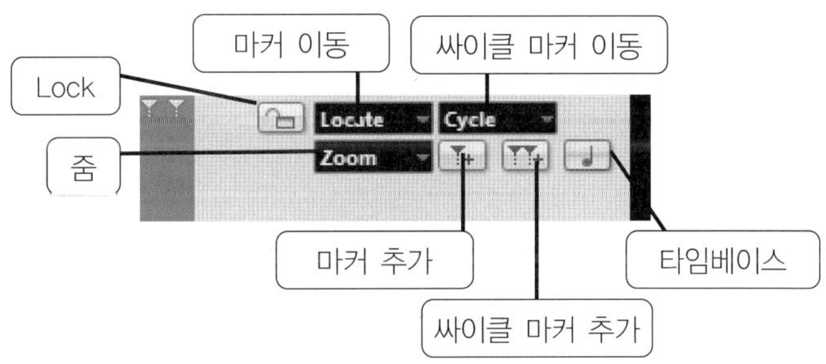

마커 트랙은 Project → Add Track → Marker Track 메뉴로 생성시키거나, 트랙 패널의 빈 곳을 마우스 오른쪽 버튼으로 클릭한 뒤 Add Marker Track 메뉴로 생성시킨다.

마커 기능에 대해서는 PART 7 Project → Marker 메뉴를 참고한다.

 **실전예제** 템포 트랙에서 곡 템포 변경하기 

프로젝트의 템포는 '템포 트랙'과 '템포 편집 창' 양쪽에서 조절할 수 있다. 여기서는 템포 트랙에서 템포를 조절하는 방법을 알아본다. 이와 달리 템포 편집 창의 편집 방법은 PART 7 Project → Tempo Track 메뉴를 참고한다.

01 Sample 폴더의 'Nella.cpr' 파일을 불러온다. 트랙 패널의 빈 곳을 마우스 오른쪽 버튼으로 클릭해 단축 메뉴를 실행한다.

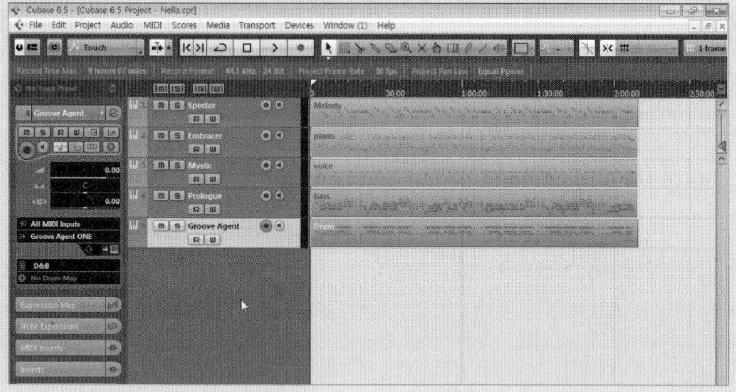

02 단축 메뉴에서 Add Tempo Track 메뉴를 실행해 템포 트랙을 생성시킨다.

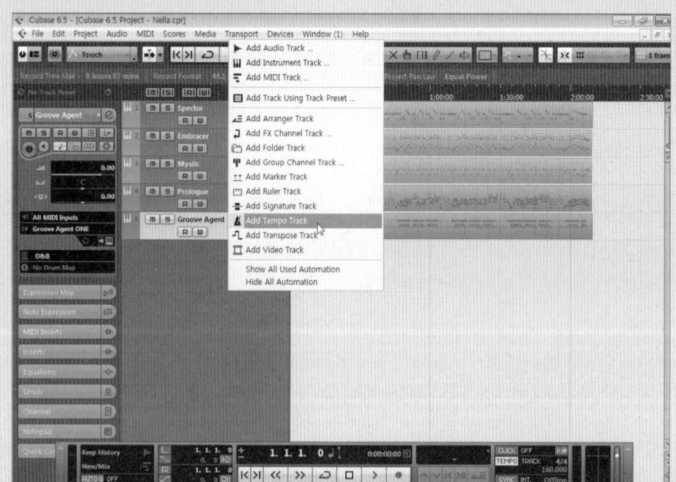

03 템포 트랙이 생성되었다. 템포 트랙은 곡의 전체 트랙을 대상으로 템포를 조절하기 때문에 어느 위치에 생성시켜도 상관없다.

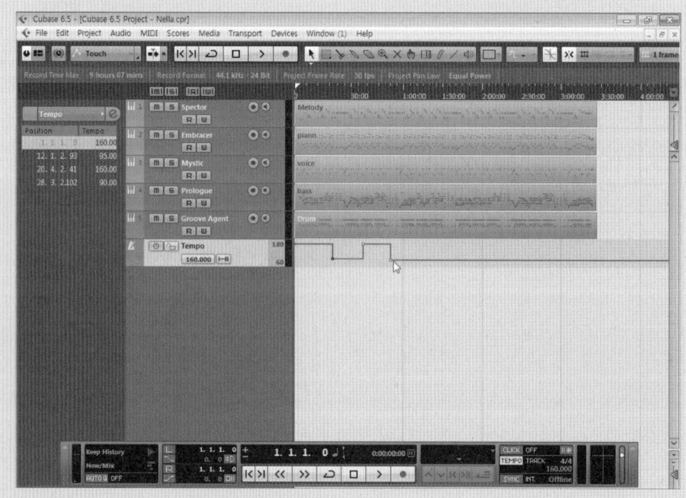

04 '연필 툴'로 클릭하거나, '선택 툴'로 원하는 위치를 클릭하여 템포 라인을 그림처럼 변경한다. 해당 마디 부분부터 곡의 템포가 빨라질 것이다.

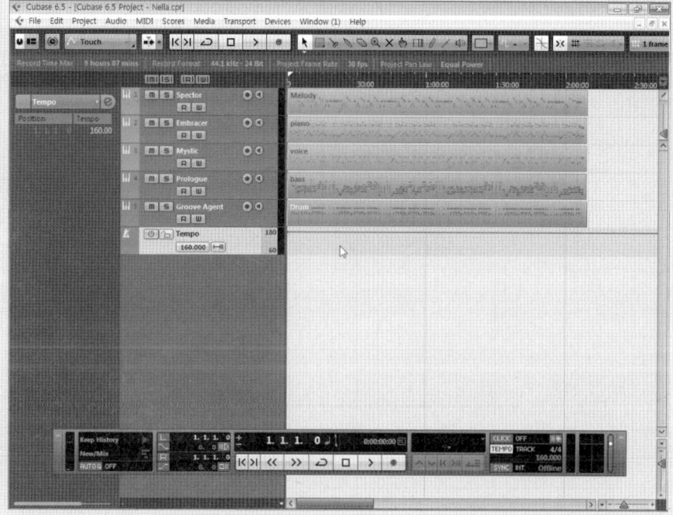

05 이번에는 다른 지점을 연필 툴로 클릭해 템포를 그려준다. 곡을 처음부터 연주하면 원래 템포로 연주되다가, 템포가 느려졌다가, 다시 빨라지고 느려지고 할 것이다.

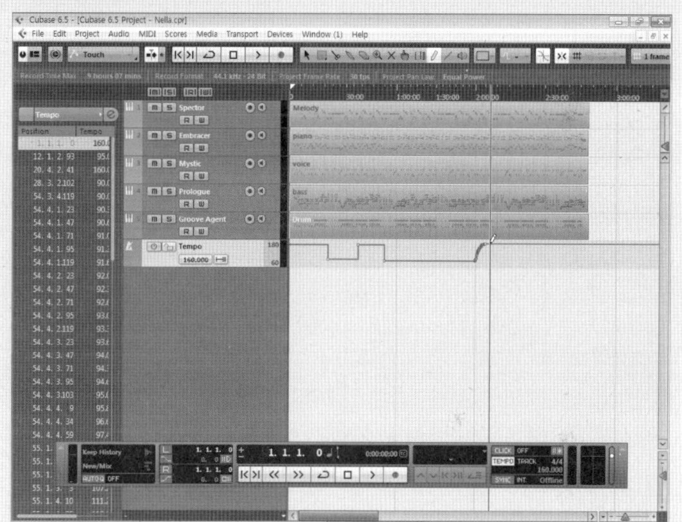

06 이번에는 곡의 일부 구간을 설정한 뒤 템포를 조절해보자. 지금까지 작업한 내용을 취소하기 위해 File → Revert 메뉴를 실행한다. 모든 작업을 취소하고 프로젝트를 맨 처음 불러왔던 당시로 되돌릴 수 있다.

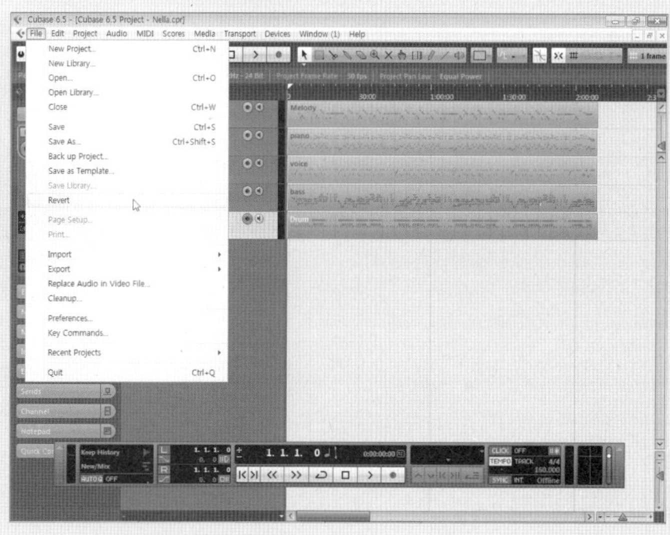

07 룰러의 원하는 위치를 Ctrl + 클릭하여 왼쪽
로케이터를 생성시킨다.

룰러를 Ctrl + 클릭하면 구간의 시작점이 설정된다.

08 룰러의 원하는 위치를 Alt + 클릭하여 오른쪽
로케이터를 생성시킨다.

룰러를 Alt + 클릭하면 구간의 종료점이 설정된다.

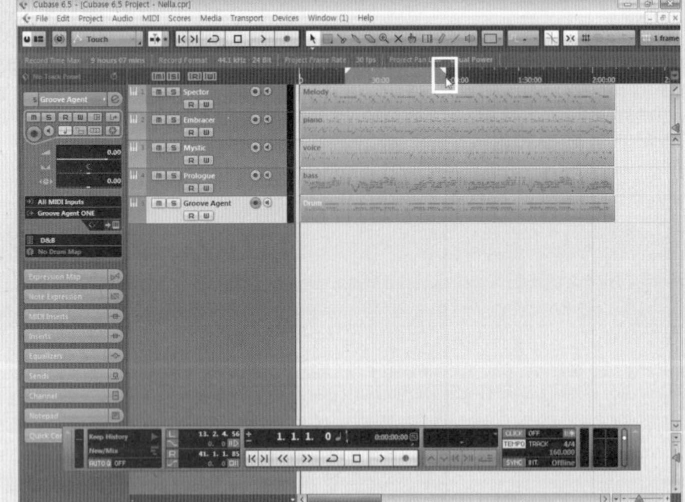

09 이와 같이 로케이터로 구간을 설정하면 해당
구간의 템포만 변경할 수 있다.

10 트랜스포트 툴바의 Tempo 글자를 Ctrl + 클릭하여 '템포 편집 창'을 불러온다.

11 템포 편집 창의 룰러를 확인하면 앞에서 설정한 구간이 보일 것이다.

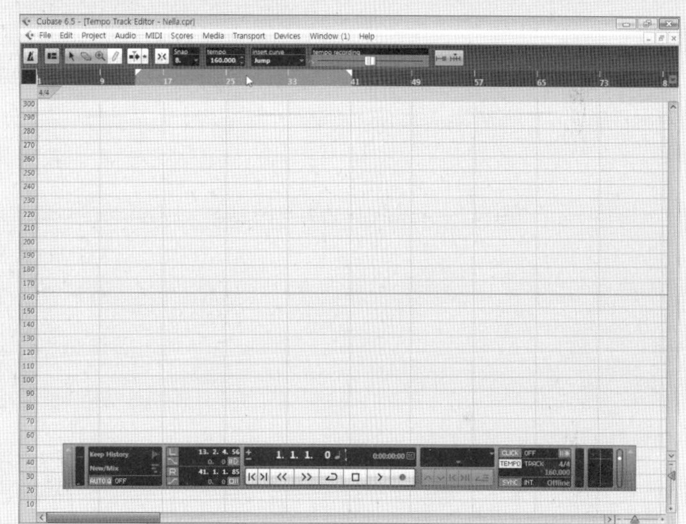

12 'Tempo Dialog' 버튼을 클릭해 템포 대화상자를 불러온다.

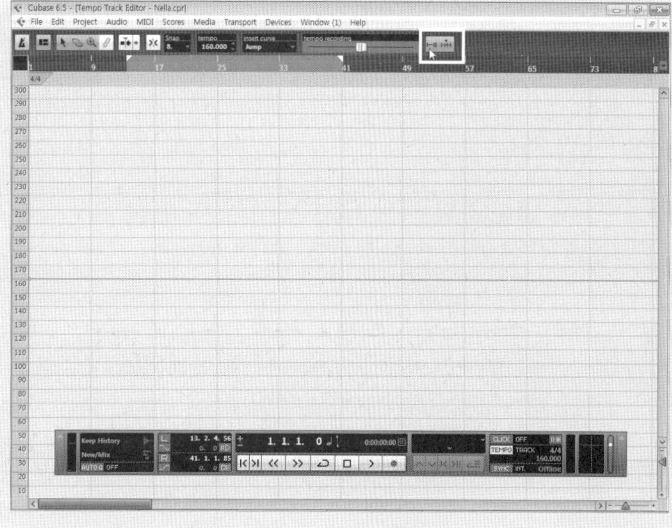

13 New Range 탭의 End 항목을 보면 범위의 종료 지점 시간이 쓰여 있다.

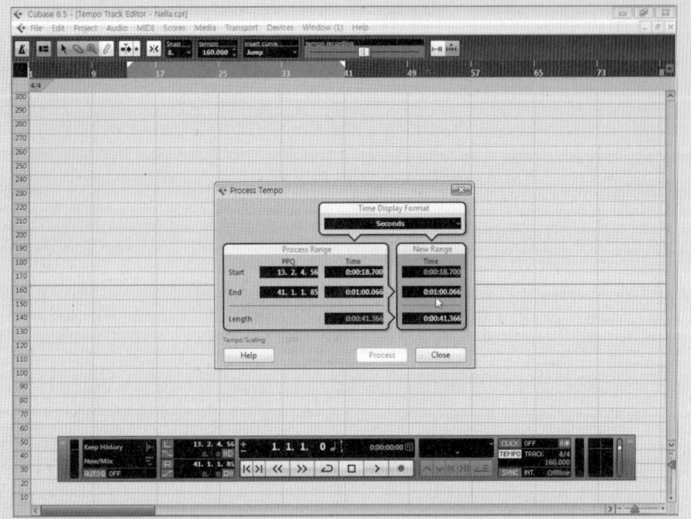

14 숫자 부분을 더블클릭해 3분의 1로 줄여준다. 예를 들어 1분이면 40초 정도로 줄여준다. 그런 뒤 Process 버튼을 클릭해 적용한다.

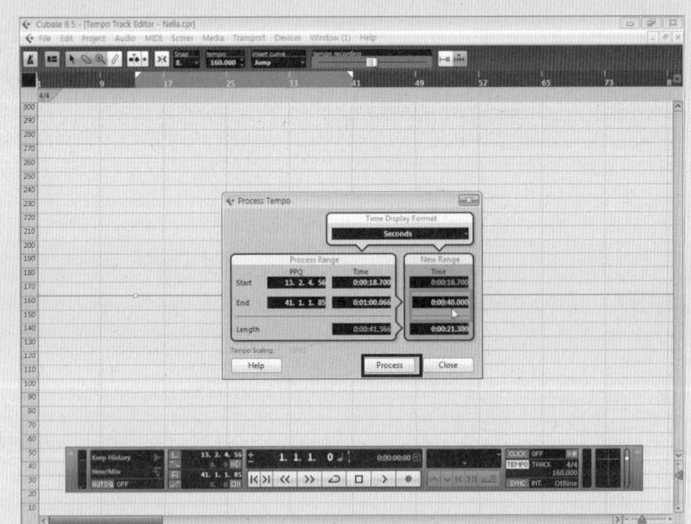

15 앞에서 설정한 구간의 연주 시간이 약 1분에서 40초 분량으로 변경되었으므로 해당 구간은 그만큼 연주가 빨라진다.

템포 편집 창을 보면 해당 구간의 템포 라인이 위로 올라가 템포가 빨라진 것을 알 수 있다.

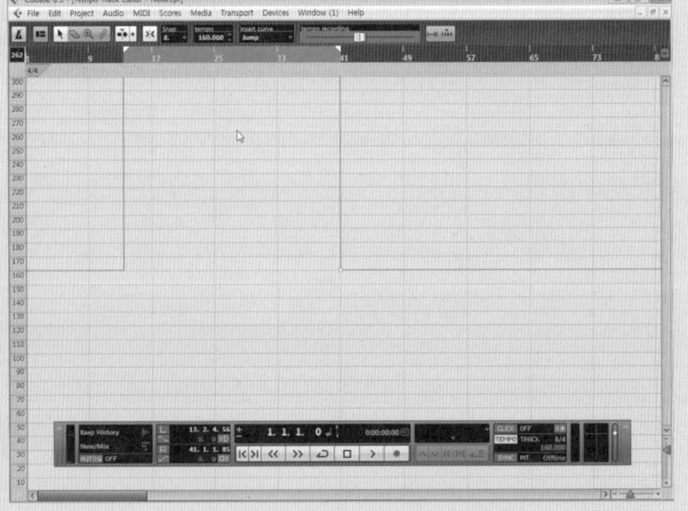

Transpose Track(트랜스포즈 트랙)

트랜스포즈 트랙은 일부 구간의 음정을 변경할 때 사용한다. 먼저 트랜스포즈 트랙을 생성시킨 뒤 '연필 툴'로 트랜스포즈 이벤트 영역을 설정한다. 인포 라인의 Value 항목을 상하로 드래그하면 음정을 변경할 수 있다.

이 기능을 사용하면 미디 트랙은 물론 오디오 트랙의 음정도 변경할 수 있다.

트랙 패널을 마우스 오른쪽 버튼으로 클릭한 뒤 Add Track → Add Transpose Track 메뉴로 트랜스포즈 트랙을 생성시킨다.

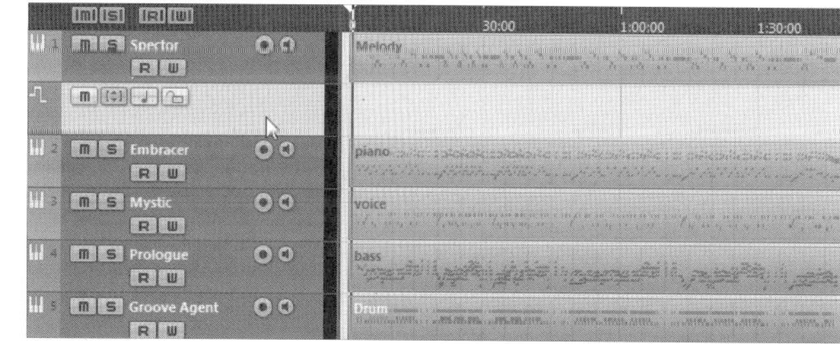

연필 툴로 음정을 변경할 영역을 설정한다.

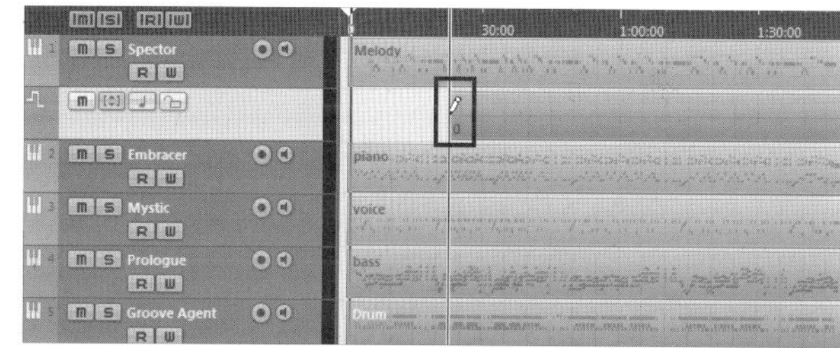

선택 툴로 숫자 부분을 상하로 드래그한다. 위로 드래그하면 음정이 높아지고, 아래로 드래그하면 음정이 낮아진다.

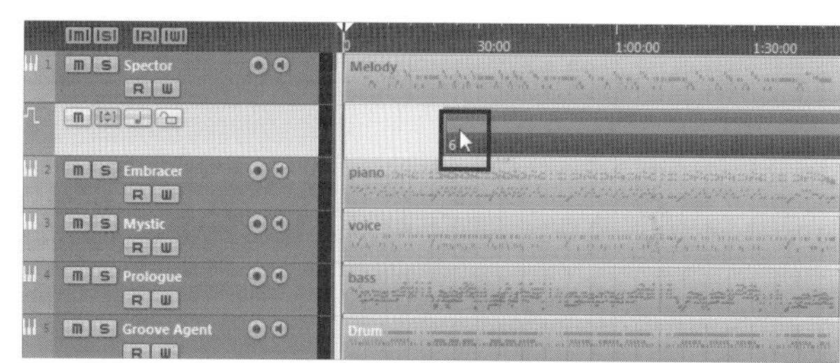

연필 툴로 또 다른 트랜스포즈 구간을 설정한다. 연필 툴로 계속 클릭하면 여러 개의 트랜스포즈 구간을 설정할 수 있다.

각 항목마다 숫자 부분을 선택 툴로 드래그하여 음정을 조절해 준다.

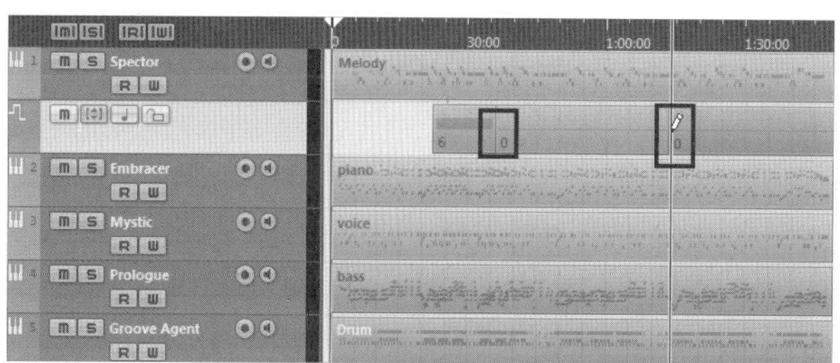

곡의 처음부터 연주하면 각 트랜스포즈 이벤트 구간마다 음정이 달라진 것을 알 수 있다.

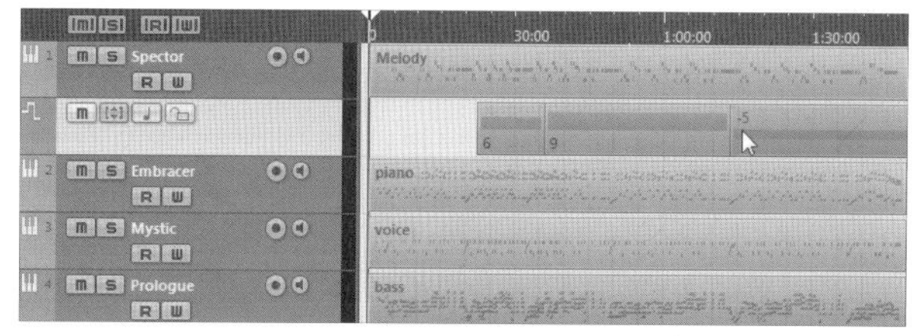

Signature Track(시그너쳐 트랙)

시그너쳐 트랙은 박자를 변경할 때 사용하는 트랙이다. 트랙 패널을 마우스 오른쪽 버튼으로 클릭한 뒤 Add Track → Add Signature Track 메뉴로 생성시킨다.

트랙 패널을 마우스 오른쪽으로 클릭한 뒤 Add Track → Add Signature Track 메뉴를 실행한다. 현재 곡의 박자가 표시되어 있다.

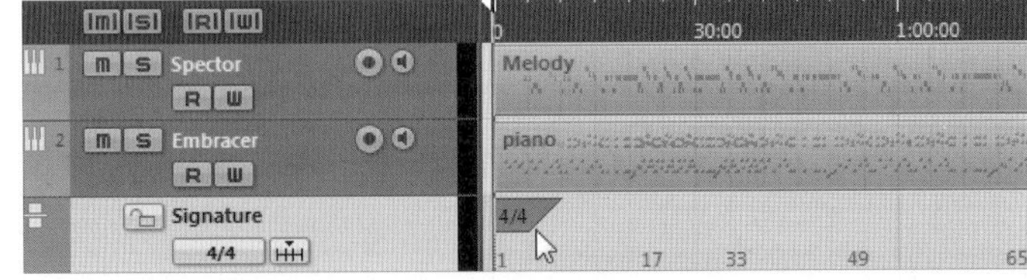

연필 툴로 원하는 위치를 클릭한 뒤 숫자를 변경하면 해당 부분부터 새 박자가 적용된다.

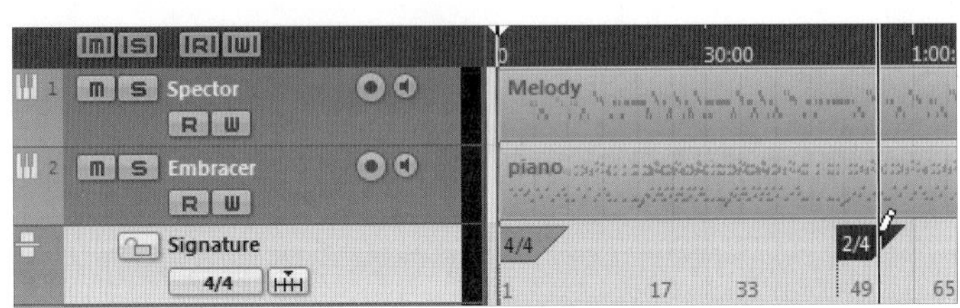

Video Track(비디오 트랙)

비디오 트랙은 비디오 클립을 삽입할 수 있는 트랙이다. 트랙 패널을 마우스 오른쪽으로 클릭한 뒤 Add Track → Video 메뉴로 만들 수 있다. 비디오 트랙을 만든 뒤 File → Import → Video 메뉴로 동영상 파일을 불러올 수 있다. 불러온 비디오 파일에서 영상 부분은 비디오 트랙에 삽입되고 음성 부분은 새 오디오 트랙에 삽입된다.

비디오 트랙이 없는 상태에서 File → Import → Video 메뉴로 동영상 파일인 'a.mov' 파일을 임포트한 모습이다. 자동으로 비디오 트랙이 생성되고 오디오 부분은 오디오 트랙으로 분할되어 삽입된다.

비디오 트랙 패널의 Show Frame Numbers 버튼을
클릭하면 비디오에 프레임 번호가 표시된다.
비디오 영상은 가위 툴로 분할하거나 지우개 툴로 삭
제할 수 있는 등의 간단한 편집 작업을 할 수 있다.

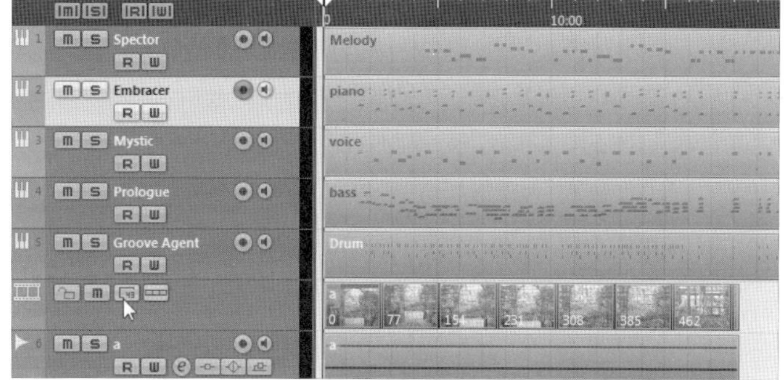

비디오 플레이어는 비디오 클립을 더블클릭하면 실행
된다.

비디오 플레이어는 그래픽 카드가 Open GL 2.0 이상
을 지원할 경우에만 실행되고, 그래픽 카드가 나쁠 경
우에는 실행되지 않는다.

MEMO

Part 4

미디 편집과 오디오 편집

01 | 키 에디터(Key Editor)

키 에디터는 막대 모양의 노트(Note)를 입력해 작곡할 때 사용하는 것으로 오선지를 읽지 못하는 사람들이 입력 작업을 할 때 유용하다. 키 에디터는 미디 클립을 더블클릭하거나 미디 클립을 선택한 상태에서 Midi → Open Key Editor 메뉴로 실행한다.

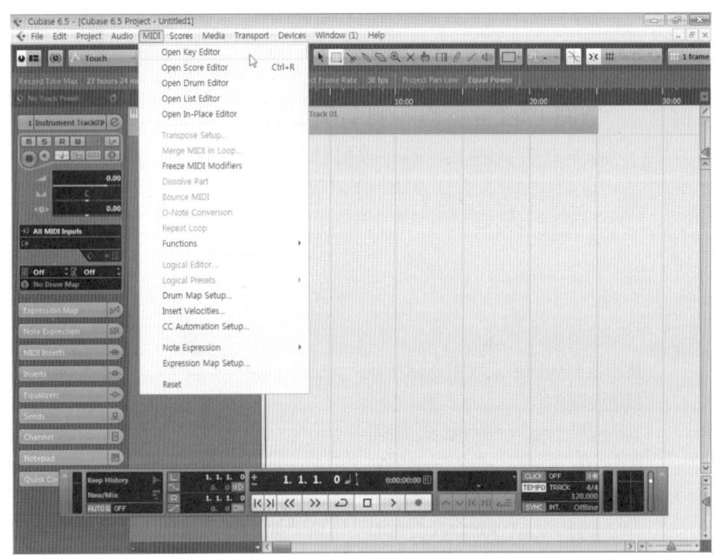

Midi → Open Key Editer 메뉴를 실행하는 모습

키 에디터 메인 화면

키 에디터의 왼쪽은 건반 영역, 오른쪽은 편집 창으로 구성되어 있다. 세로 축은 음정의 높낮이를 표시하고, 가로 축은 음 길이를 표시한다.

건반 영역의 C1, C2, C3... 는 해당 옥타브의 '도' 음을 말한다. 큐베이스의 경우 C3이 기본 '도' 음이고 C4는 한 옥타브 올라간 '도' 음, C2는 한 옥타브 아래쪽 '도' 음이다.

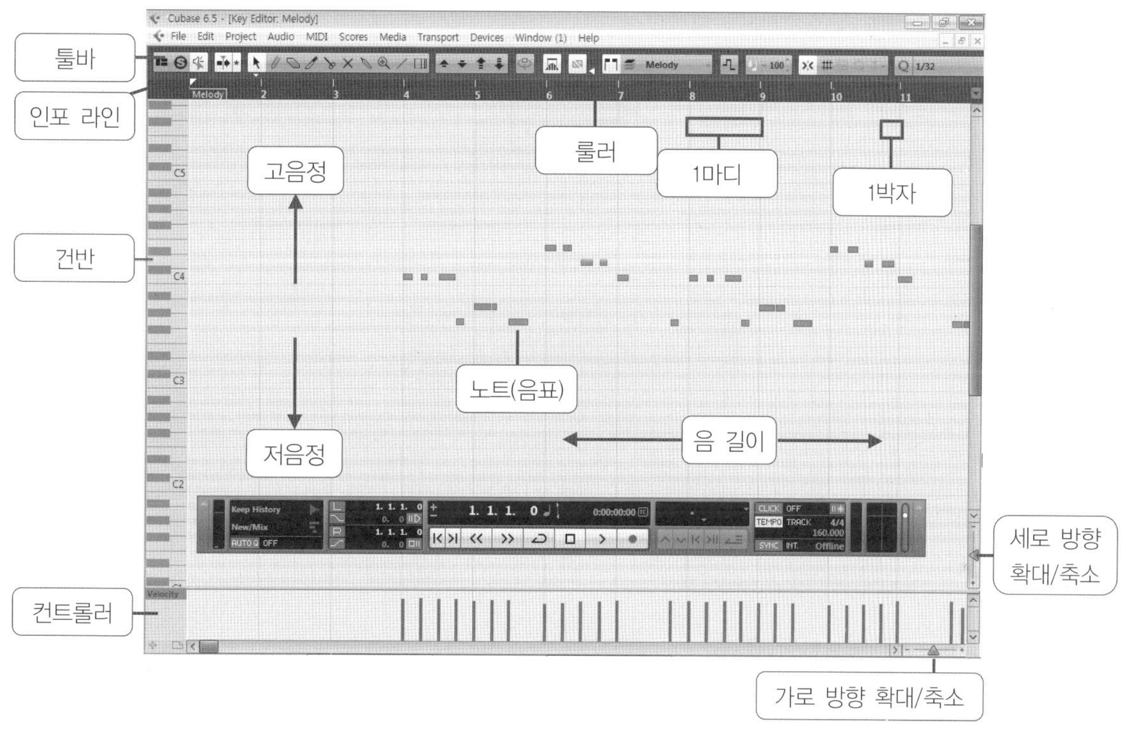

컨트롤러 패널은 해당 노트의 Velocity, Volume, AfterTouch, Sustain 페달 등의 추가 기능을 라인 형태로 조절할 때 사용한다. 예를 들어 Velocity를 선택한 경우, 건반을 누르는 강약을 라인 높낮이로 설정할 수 있다.

참고

동일한 음정에 있는 노트 모두 선택하기

동일한 음정에 위치한 노트를 모두 선택하려면 건반을 Ctrl + 클릭한다. 해당 음정에 있는 노트들을 전부 선택할 수 있다.

키 에디터 툴바

키 에디터의 툴바에는 각종 편집 기능이 모여 있다. 대부분의 기능들이 앞의 트랙 뷰에서 배운 기능들과 동일하므로 가볍게 복습하는 의미에서 알아본다.

1. 보조 도구

처음 3개 도구는 다음처럼 작업 보조 기능을 제공한다.

① 레이아웃 툴 : 키 에디터에 표시하고 싶은 윈도우 창을 지정할 수 있다. 트랙 뷰에서 배운 기능들이다.

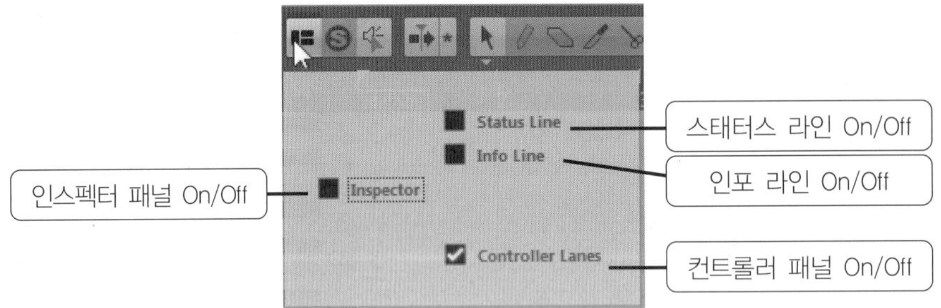

② 솔로 에디터(Solo Editor) 툴 : Space Bar를 눌러 연주를 할 때 현재 편집 중인 트랙만 연주한다. 이 툴을 끄면 트랙이 여러 개일 경우 모든 트랙이 연주된다.

③ 어쿠스틱 피드백 툴 : 편집 작업 시 노트를 클릭하는 경우가 있다. 이때 해당 노트의 음을 미리 모니터하게 해준다. 이 툴을 끄면 노트를 클릭했을 때 해당 음이 들리지 않는다.

2. 편집 도구

편집 도구는 노트 편집 작업에서 사용한다. 노트의 선택, 이동, 복사 등의 다양한 편집 작업을 할 수 있다. 트랙 뷰에서 공부한 기능과 동일하지만 여기서는 노트 편집 위주로 사용할 수 있다.

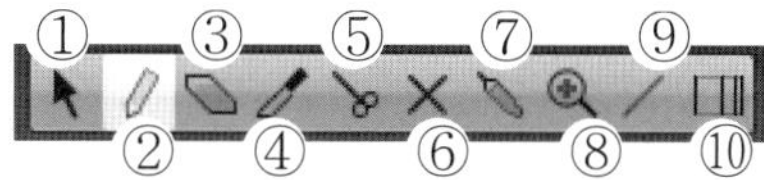

① 선택 툴 : 노트를 선택할 때 사용한다. 클릭하면 해당 노트만 선택되고, 드래그하면 그 영역 안에 있는 모든 노트를 선택할 수 있다. Alt + 드래그하면 노트를 복사할 수 있다. Ctrl + 드래그하면 노트의 세로 축을 유지하면서 상하로 이동시킬 수 있다. 노트의 모서리를 클릭 후 드래그하면 음 길이를 조절할 수 있다.

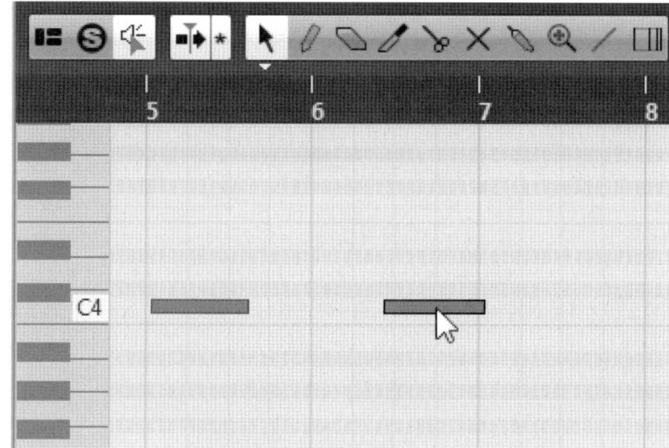

Alt + 드래그로 노트를 복사하는 모습

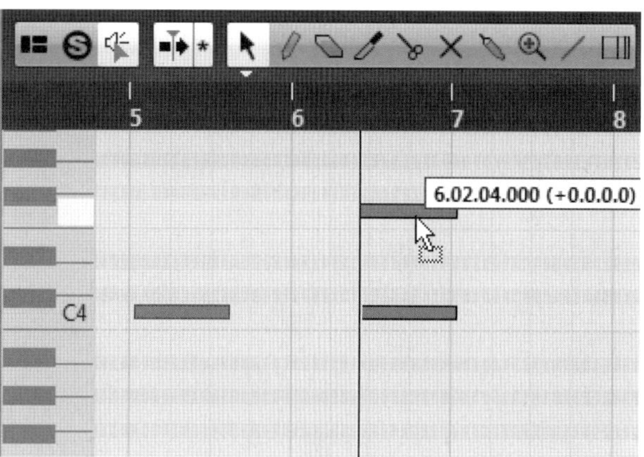

Ctrl + 드래그로 세로축 유지하며 이동

② 연필 툴 : 노트를 그릴 때 사용한다. 이때 노트의 음길이는 사용자가 설정한 퀀타이즈 해상도에 의해 결정된다. 예를 들어 퀀타이즈 해상도가 8비트로 설정되어 있다면 8비트, 4비트, 2비트 길이로 정확하게 입력할 수 있고, 16비트로 설정된 경우 16비트, 8비트, 4비트, 2비트 단위로 정확하게 입력할 수 있다.

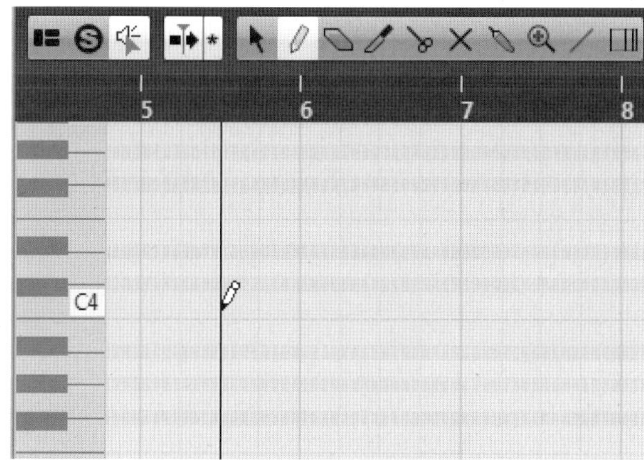

연필 툴로 클릭하는 모습

노트를 그린 모습

③ 지우개 툴 : 노트를 삭제할 때 사용한다. 클릭하면 해당 노트가 삭제된다. 한번에 여러 개의 노트를 삭제하려면 지우개 툴로 드래그하여 모두 선택한 뒤 선택한 부분을 지우개 툴로 클릭하면 한번에 삭제할 수 있다.

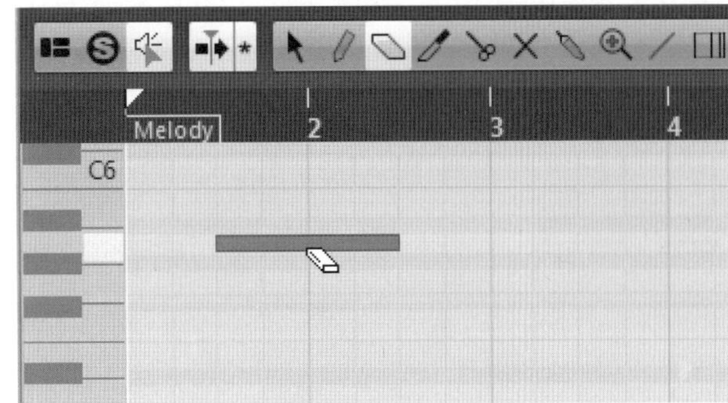

삭제할 노트 클릭

노트가 삭제된 모습

④ 나이프 툴 : 노트의 길이를 일부분 제거할 때 사용한다. 클릭하면 그 부분에서 노트가 잘라진 뒤 뒷부분이 제거된다.

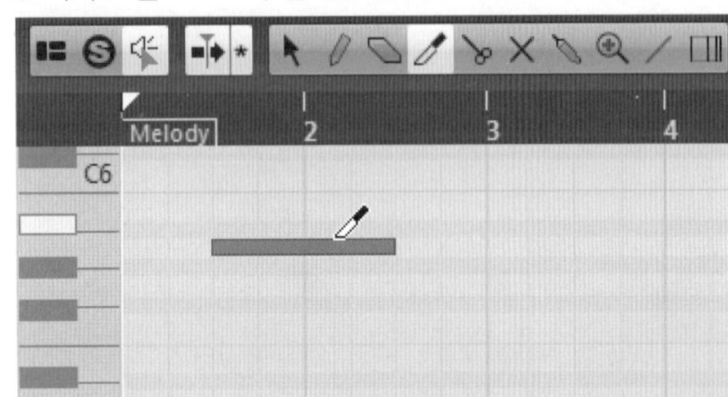

지우개 툴로 클릭

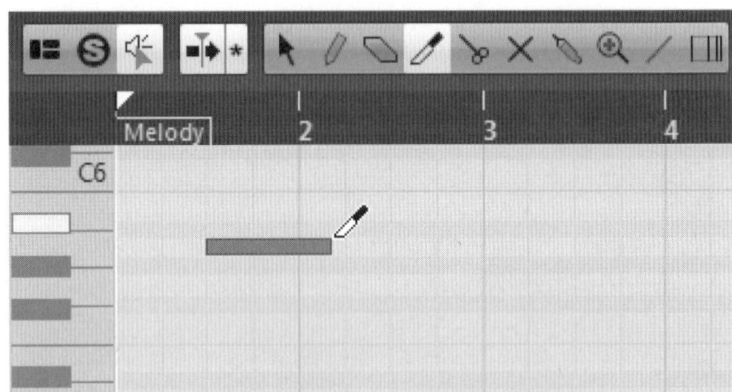

노트의 뒷부분이 삭제된 모습

⑤ 가위 툴 : 노트를 좌우로 분할할 때 사용한다. 클릭한 부분에서 노트가 좌우로 분할된다.

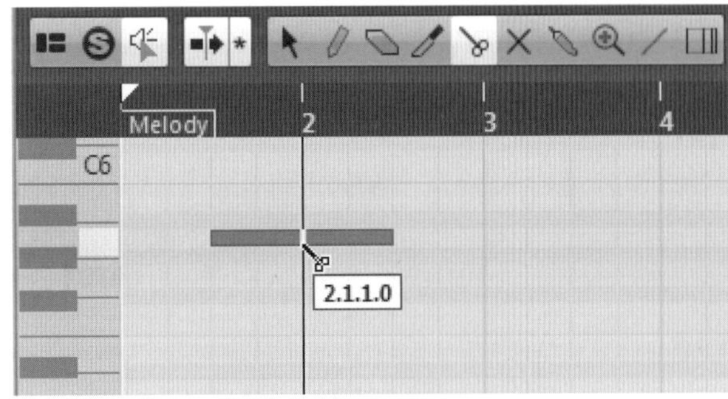

가위 툴로 노트의 중간 부분 클릭

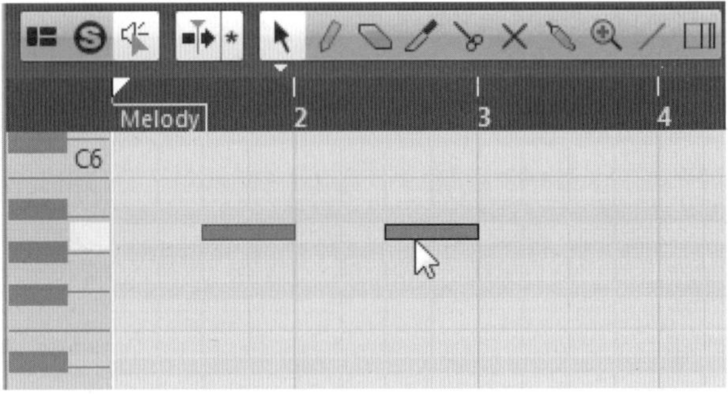

분할된 노트를 이동시킨 모습

⑥ 뮤트 툴 : 노트의 사운드가 들리지 않도록 뮤트시킨다. 뮤트된 노트는 흰색으로 반전된다.

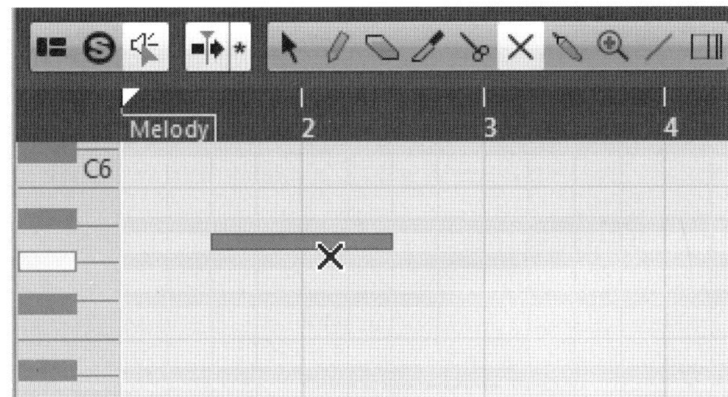

뮤트 툴로 노트를 클릭하는 모습

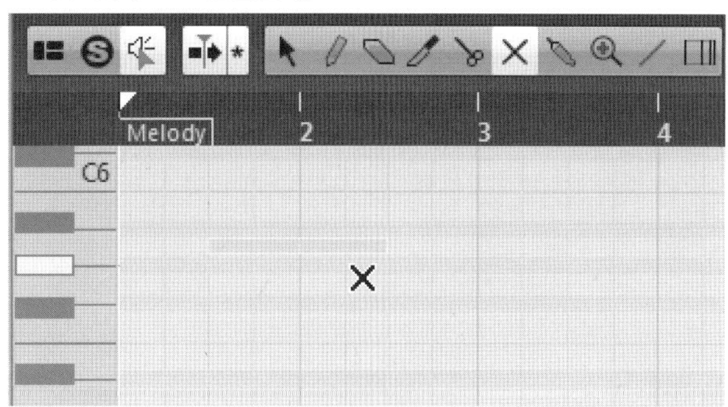

노트가 뮤트된 모습

⑦ 글루 툴 : 노트와 노트를 연결할 때 사용한다. 노트를 클릭한 뒤 그 옆에 있는 같은 음정의 노트를 클릭하면 2개의 노트가 자동으로 연결된다.

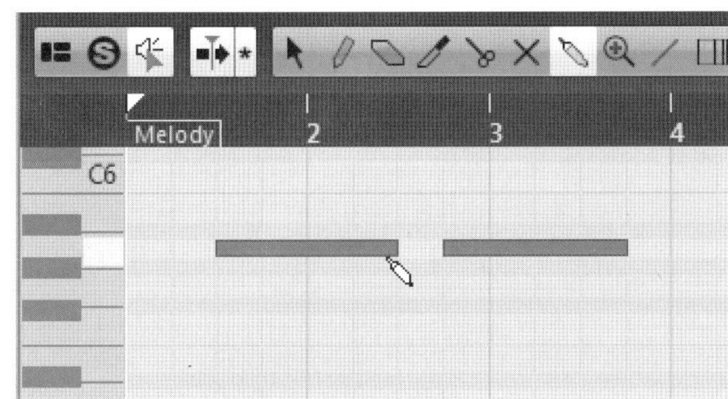

앞쪽 노트를 클릭하는 모습

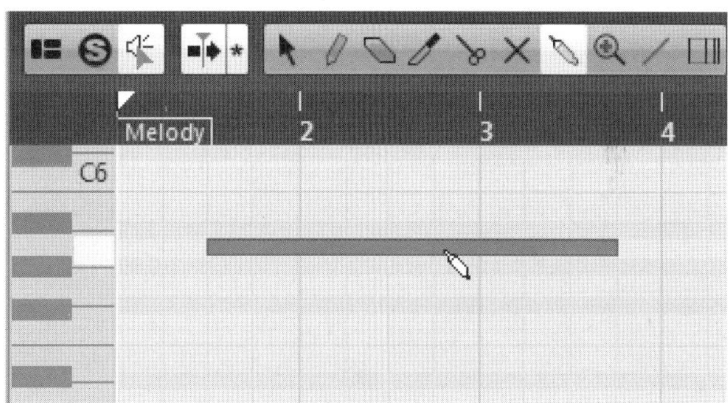

연결할 노트를 클릭한 모습

⑧ 돋보기 툴 : 작업 화면을 확대한다. Alt + 클릭하면 화면이 축소된다.

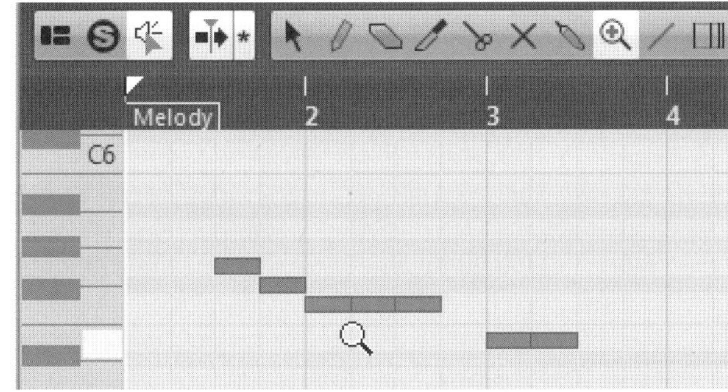

Alt + 클릭하면 화면 축소

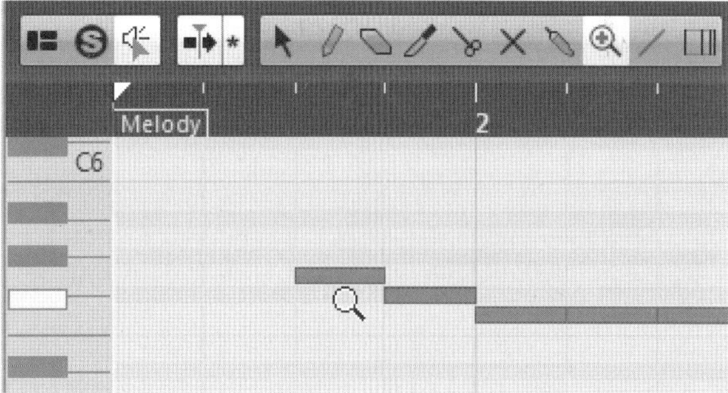

클릭하면 화면 확대

⑨ 라인 툴 : 라인을 그리는 방식으로 노트를 그릴 수 있다. 모두 6개의 라인 툴이 제공되는데 각각 라인 모양에 맞게 노트를 그릴 수 있다. 한편 라인 툴은 컨트롤러 막대를 연속성 있게 그릴 때 사용하는 것이 더 좋다.

라인 툴로 노트를 입력한 모습

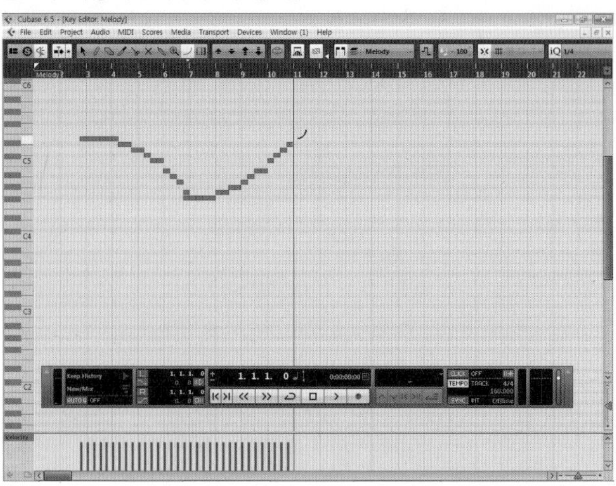

파라볼라 툴로 노트를 입력한 모습

다음은 컨트롤러 정보를 '라인 툴'로 연속성 있게 그리는 모습이다. 먼저 '선택 툴'을 선택한 뒤 드래그하여 편집할 노트를 모두 선택한다. 그런 뒤 라인 툴로 컨트롤러 정보를 대각선 방향으로 드래그하면 컨트롤러가 연속성 있게 그려진다.

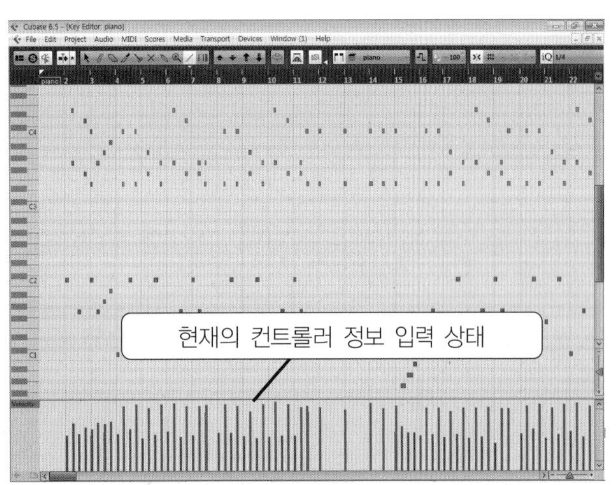

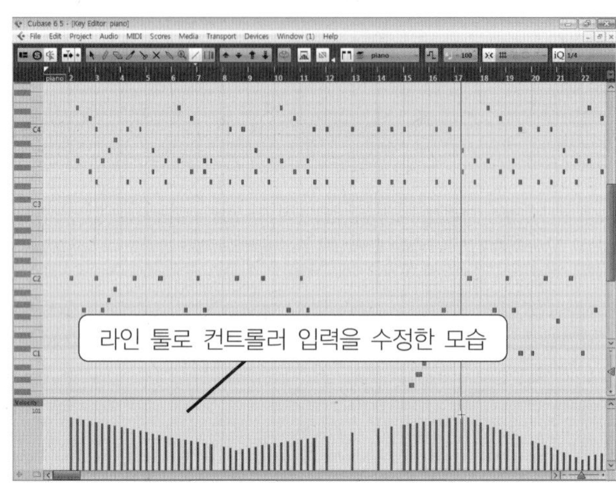

⑩ 타임 워프 툴 : 미디 트랙이나 오디오 트랙의 템포를 마우스로 드래그하는 방식으로 조절할 수 있다. 보통 메트로놈 없이 녹음한 오디오 트랙이나, 미디 트랙의 템포를 뮤직 비디오의 특정 템포와 일치시키기 위해 사용한다.

미디 트랙의 템포를 비디오 영상와 일치시키기 위해 일부 구간의 템포를 '타임 워프 툴'로 조절해본다.

01 DVD 부록의 Sample 폴더에서 예제 'time. cpr'를 불러온다. 비디오 클립을 더블클릭하거나, F8을 눌러 비디오 화면을 불러온다.

02 선택 툴로 Right 미디 클립을 더블클릭해 '키 에디터'로 전환한다.

03 키 에디터에서 'Warp Grid(Musical Follow) 툴'을 선택한다.

04 2번 마디 부분을 클릭한 뒤 오른쪽으로 2마디 정도 드래그한다.

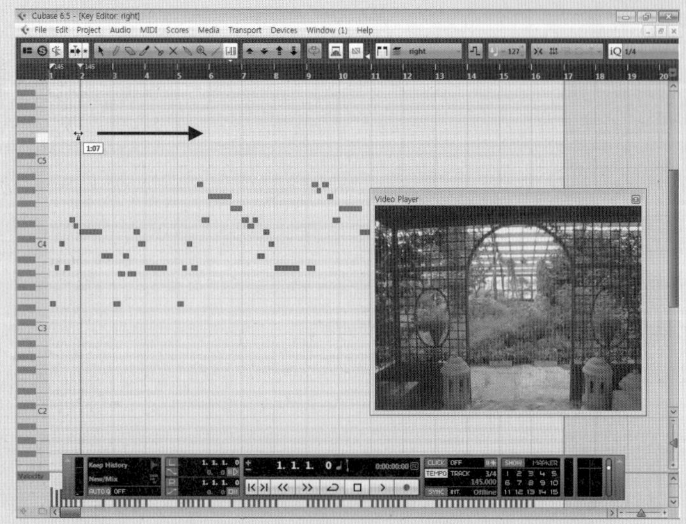

05 곡의 맨 처음부터 연주를 하면 원래 2번 마디가 4번 마디로 이동되었으므로 그 사이는 느리게 연주되고, 4번 마디부터는 원래 템포 연주되는 것을 알 수 있다. 이런 식으로 조금씩 미디 트랙의 템포를 조절하여 비디오 영상의 템포에 맞출 수 있다.

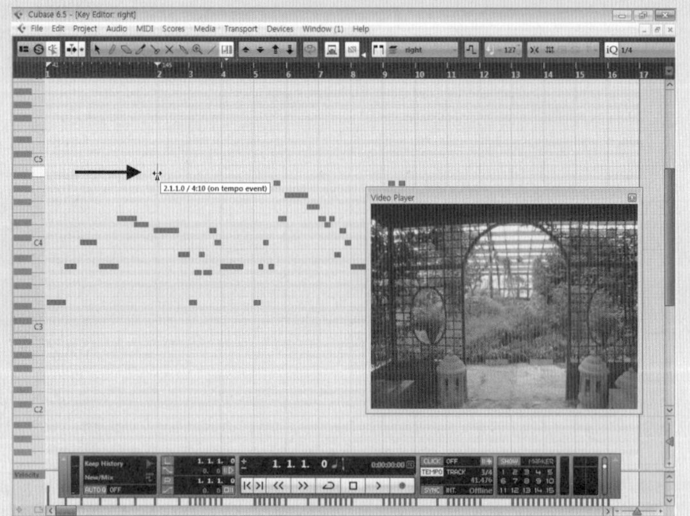

Tip

타임 워프 툴

'타임 워프 툴'로 템포를 조절하면 룰러에 새로 설정된 템포가 삼각형 아이콘과 숫자로 표시된다. 삼각형 아이콘과 숫자를 드래그하여 템포를 변경하려면 Alt + 드래그한다. 삼각형 아이콘을 Shift + 클릭하면 삭제된다. 삼각형 아이콘을 삭제하면 바로 이전 마디에 적용된 템포가 곡의 종료 지점까지 사용된다.

3. 보조 툴바

툴바 오른쪽의 보조 도구는 편집 작업 시 보조 도구로 사용한다. 큐베이스 5와 6의 도구 구성이 많이 다르다.

큐베이스 6의 툴바

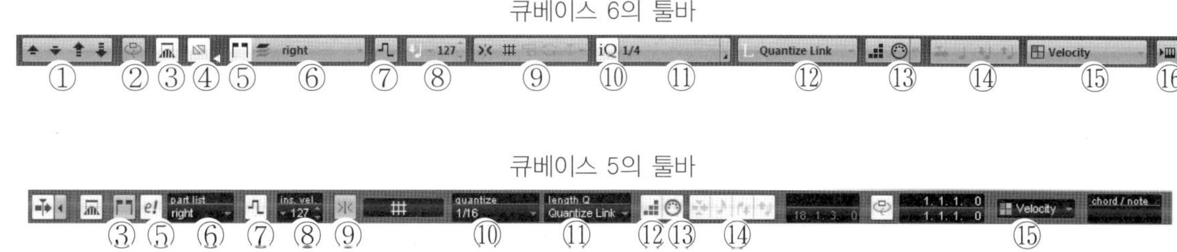

큐베이스 5의 툴바

① Move 버튼 : 선택한 노트를 1세미톤(반음정) 또는 1옥타브씩 높이거나 낮춘다. 큐베이스 5에는 없는 기능이며 큐베이스 6에서 새로 등장하였다.

② Independent Track Loop 툴 : 해당 트랙을 루프 연주한다. 룰러에서 루프 구간을 설정한 뒤 이 버튼을 On으로 전환하면 된다.

Tip

Independent Track Loop 툴

큐베이스 5의 Independent Track Loop 툴은 그림처럼 루프 지점을 설정할 수 있는 입력 창이 있다.

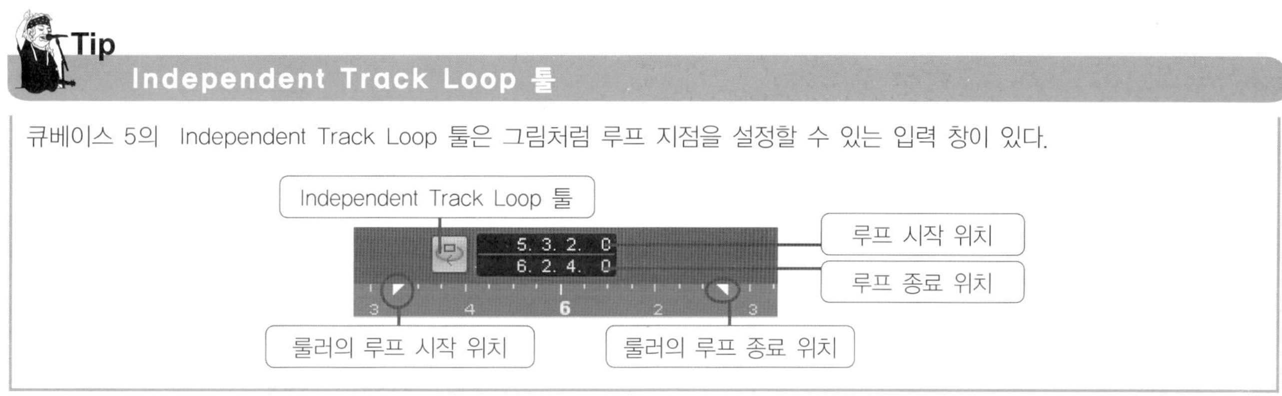

③ Auto Select Controllers 툴 : 노트를 선택했을 때 해당 노트에 여러 개의 컨트롤러 이벤트가 설정된 경우, 설정된 컨트롤러 이벤트를 전부 선택 상태로 만들어준다.

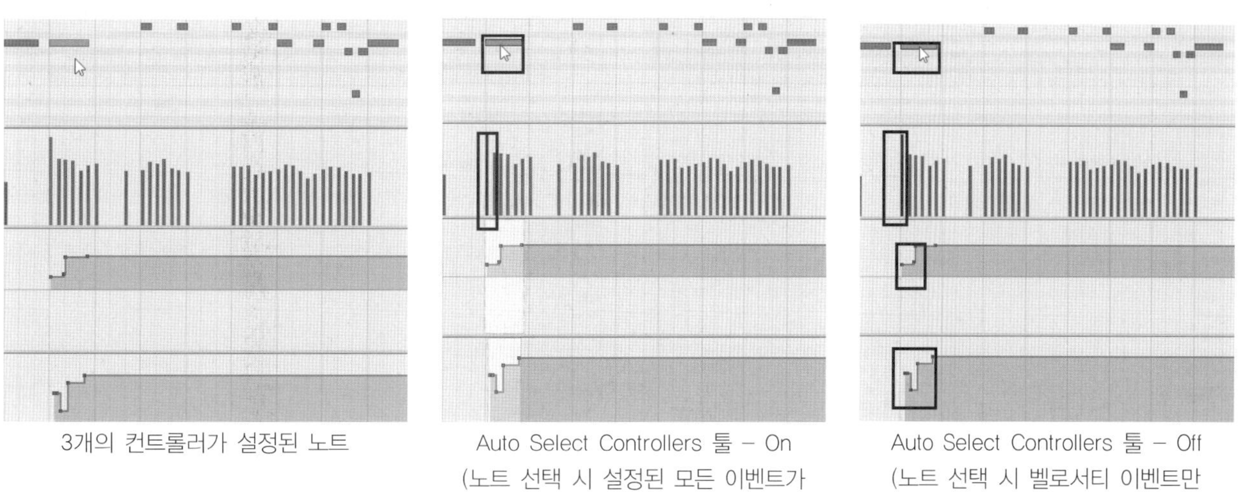

3개의 컨트롤러가 설정된 노트

Auto Select Controllers 툴 – On
(노트 선택 시 설정된 모든 이벤트가 선택된다.)

Auto Select Controllers 툴 – Off
(노트 선택 시 벨로서티 이벤트만 선택된다.)

④ Show Note Expression Data 버튼 : 개개별 노트에 Note Expression 데이터를 설정한 경우, 해당 데이터를 육안으로 확인하기 쉽도록 해준다. 큐베이스 6에만 있는 기능이다. Note Expression 데이터를 입력하는 방법은 다음 페이지의 실전예제를 참고한다.

노트에 볼륨 변화가 있는 Note Expression을 설정한 모습이다.

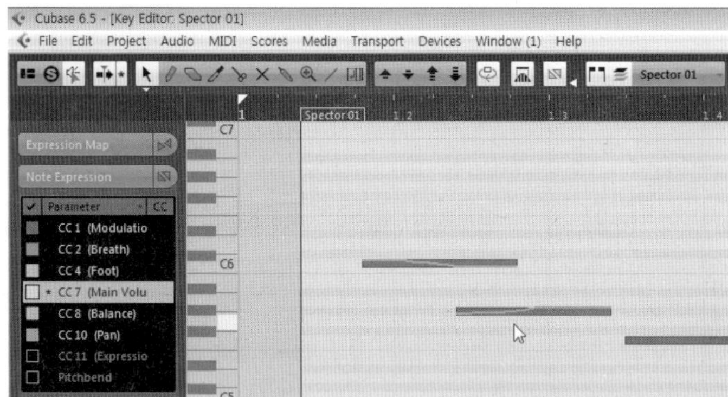

육안으로는 잘 보이지 않으므로 툴바의 Show Note Expression Data 버튼을 클릭해 위로 드래그한다. 설정된 Note Expression이 육안으로도 잘 보이므로 확대되는 것을 알 수 있다.

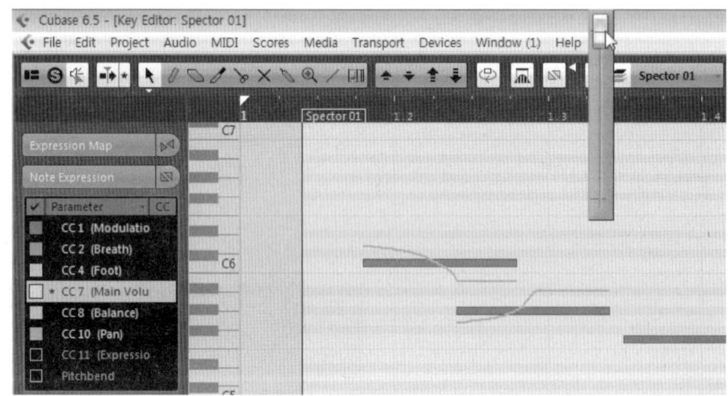

⑤ 쇼우 파트 툴(Show Part Borders) : 작업 트랙에 여러 개의 미디 파트가 연이어 삽입된 경우 편집 중인 파트만 편집하고 있음을 알려주도록 해당 파트만 표시해준다. 파트 이름을 좌우로 드래그하여 파트 길이를 축소하거나 확대할 수 있다.

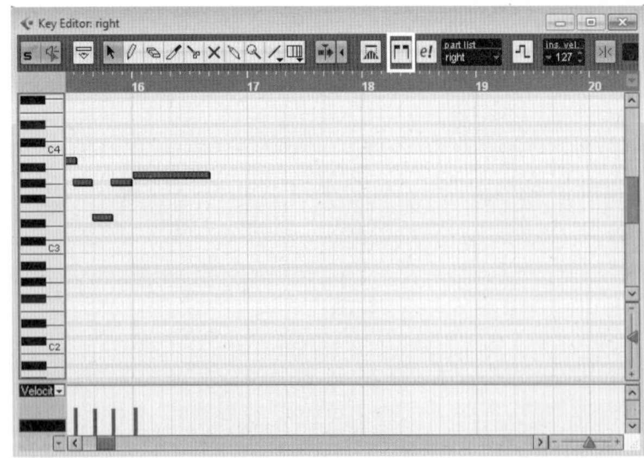

쇼우 파트 툴 Off 상태

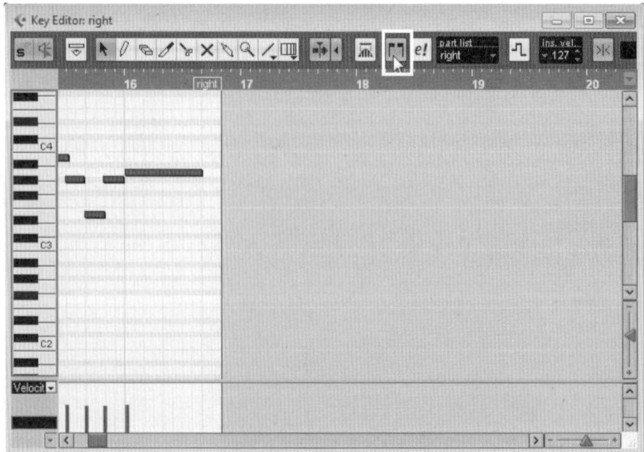

쇼우 파트 툴 On 상태(파트 이름 표시됨)

실전예제 개개별 음마다 미묘한 변화를 주는 – 노트 익스프레션(Note Expression) 설정하기

큐베이스 6에서 새로 등장한 노트 익스프레션 기능은 개개별 노트에 볼륨, 팬, 모듈레이션 등의 여러 가지 컨트롤러 이벤트를 세밀하게 적용할 때 사용한다. 이를 이용하면 개개별 음마다 미묘한 변화를 일으킬 수 있다. 단, 이 기능은 '미디 컨트롤러'나 'VST 컨트롤러' 같은 장비로 작업해야 하지만 외장 컨트롤러 장비가 없는 사람들은 연필 툴로도 작업할 수 있다.

01 File → New 메뉴로 More → Empty 프로젝트를 불러온다.

트랙 패널을 마우스 오른쪽으로 클릭한 뒤 Add Instrument Track 메뉴를 적용한다.

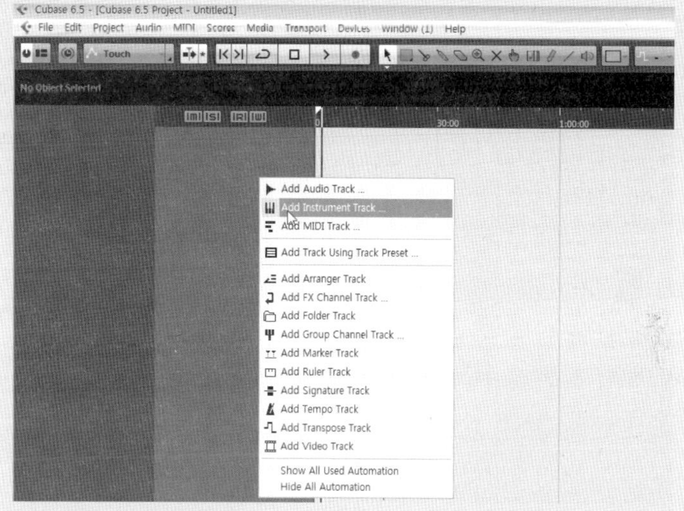

02 해당 인스트루먼트 트랙에서 사용할 가상악기를 선택한다. 악기 이름 부분을 클릭해 Synth → Specter 가상악기를 선택하면 된다.

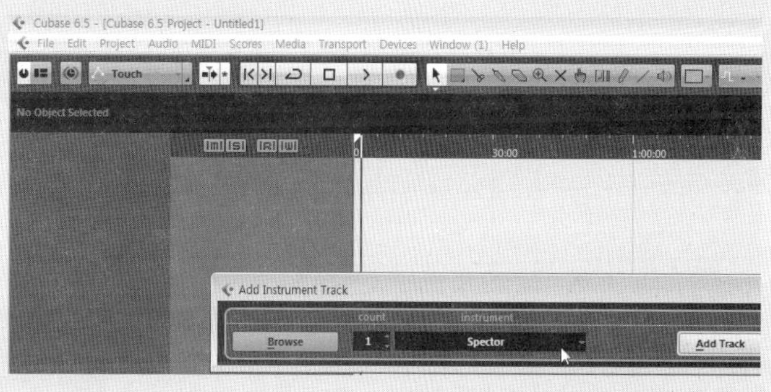

03 인스펙트의 Program 파라미터를 클릭해 악기 음색을 선택한다. 여기서는 Pianoli 악기 음색을 선택했다.

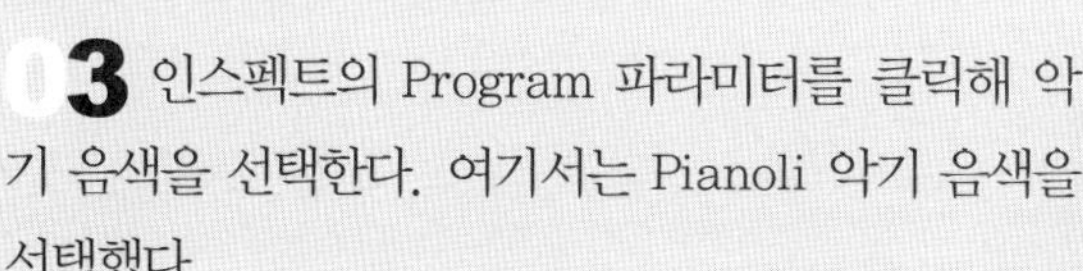

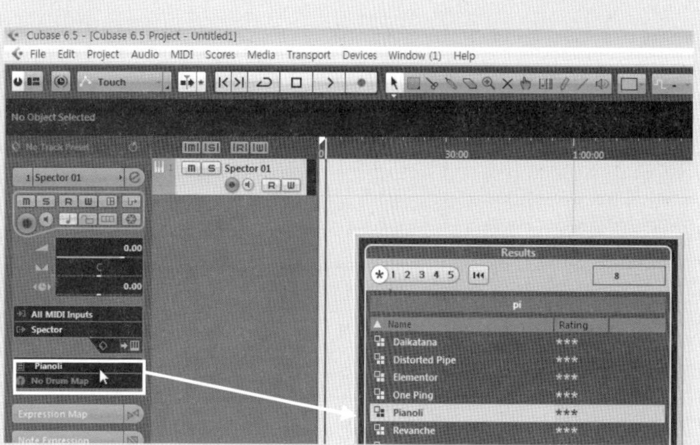

04 연필 툴로 미디 클립을 적당한 길이로 그려준다. 미디 클립을 더블클릭해 키 에디터를 실행한다.

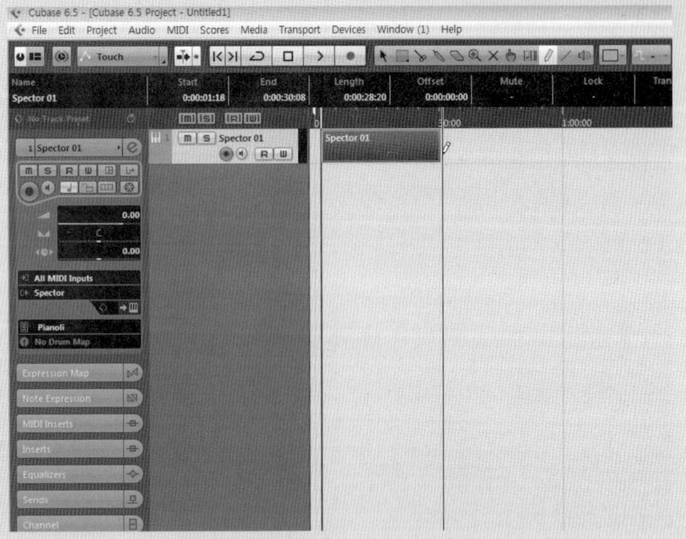

05 Note Expression 입력 작업을 하려면 키 데이터에서도 인스펙터를 표시해야 한다. 인스펙터가 안 보일 경우 레이아웃 버튼을 클릭한 뒤 Inspector 옵션에 체크한다.

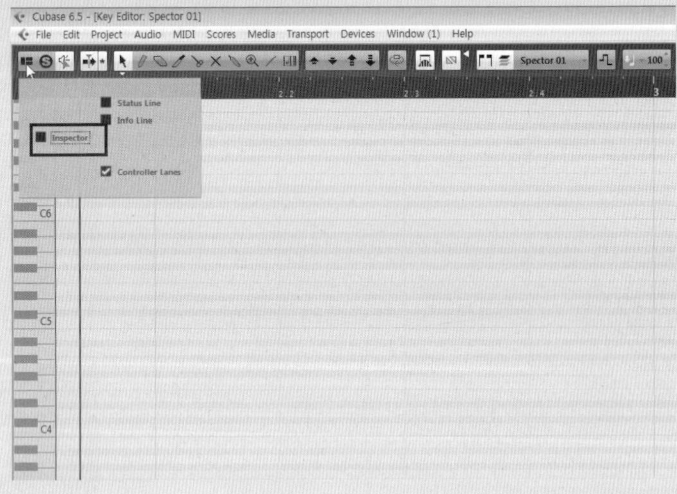

06 연필 툴로 원하는 노트를 입력한다. 임의대로 입력해 보았다.

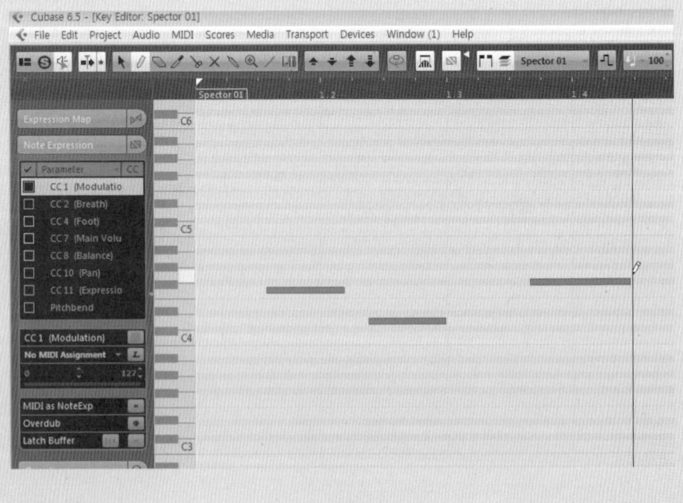

07 Note Expression 입력 작업을 시작해보자. 인스펙터의 Note Expression 탭을 열고 볼륨 컨트롤러를 선택한다. 볼륨이 변화되는 컨트롤러 이벤트를 입력할 수 있다.

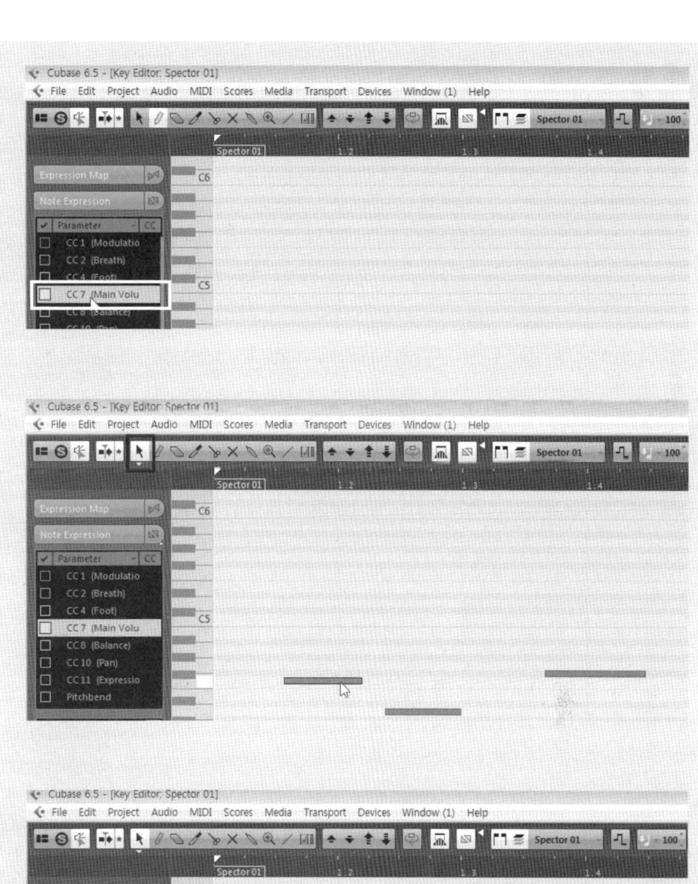

08 이때 외장 컨트롤러 장비가 있으면 외장 컨트롤러로 작업할 수 있지만 외장 컨트롤러가 없으므로 연필 툴로 작업해야 한다. 먼저 작업할 노트를 선택 툴로 더블클릭한다.

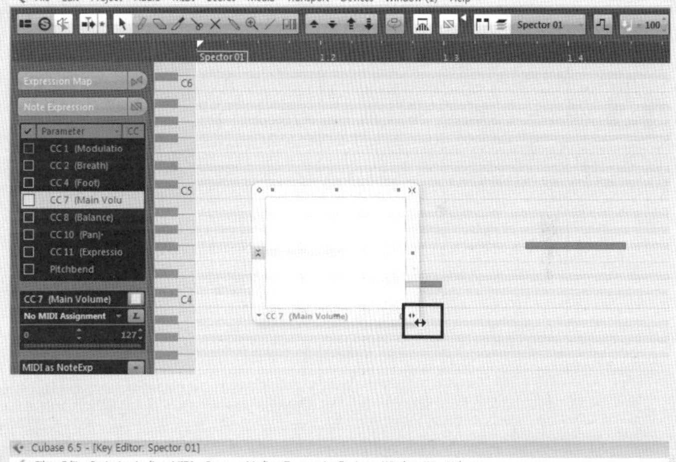

09 컨트롤러 편집 창이 나타나면 입력 작업이 편하도록 오른쪽 모서리에 커서를 대고 약간 확장시켜준다.

10 연필 툴로 볼륨 변화를 그려준다. 해당 노트에는 그림처럼 볼륨의 변화가 발생한다.

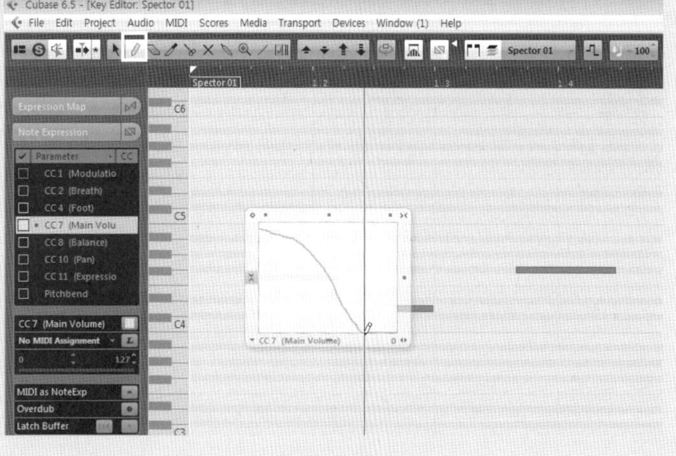

11 두 번째 노트에도 Note Expression을 설정하기 위해 선택 툴로 더블클릭한다.

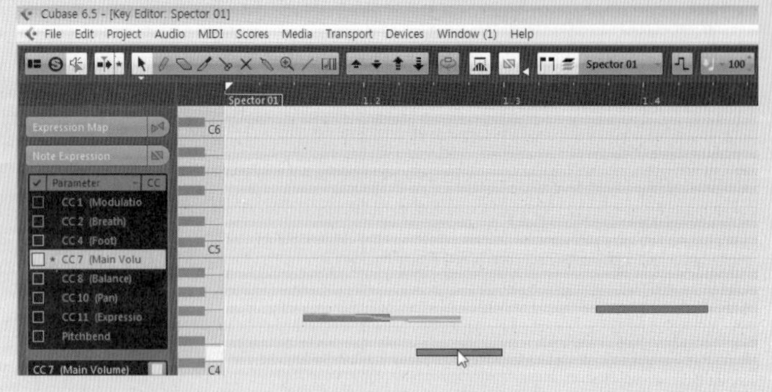

12 연필 툴로 볼륨 변화를 아래 그림처럼 그려준다. 이제 곡을 플레이하면 볼륨이 각 노트마다 변화되는 것을 알 수 있다.

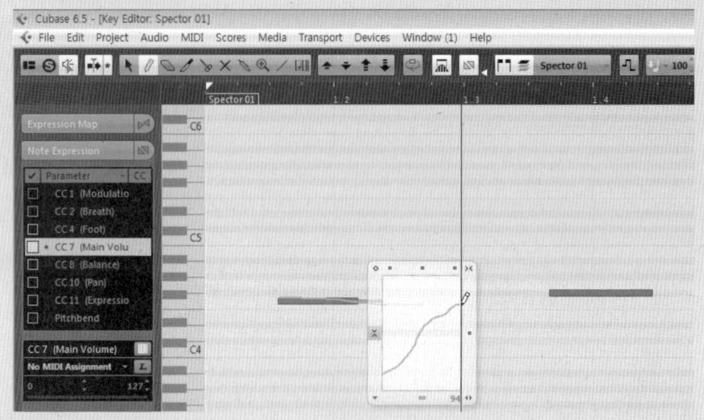

13 화면의 빈 곳을 클릭해 키 에디터로 돌아오면 설정한 노트 익스프레션이 키 에디터에서는 잘 식별되지 않는다.

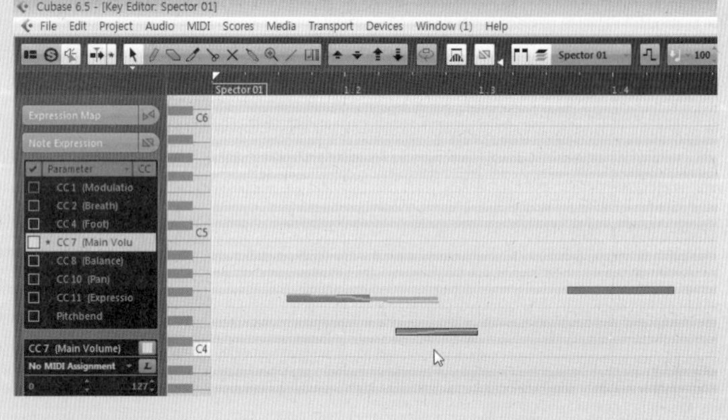

14 이런 경우 툴바의 Show Note Expression Data 버튼을 클릭해 위로 올려준다. 개개별 노트에 설정된 노트 익스프레션이 확대되므로 육안으로도 볼륨이 어떻게 변화되는지 확인할 수 있다.

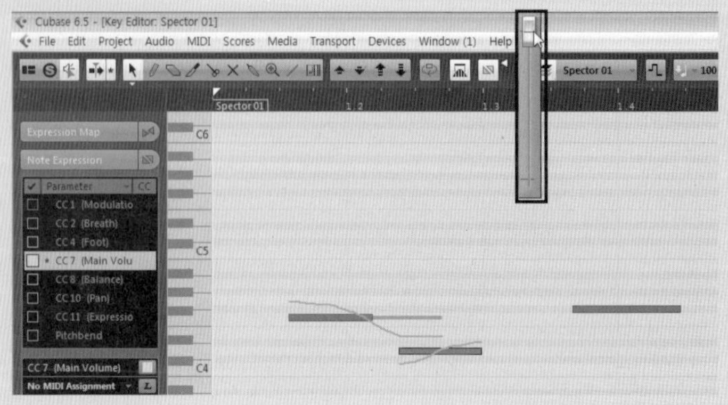

⑥ Show Part Border 버튼 : 하나의 트랙에 여러 개의 미디 파트가 연이어서 삽입된 경우, 현재 편집 중인 파트만 보고 싶을 때 사용한다.

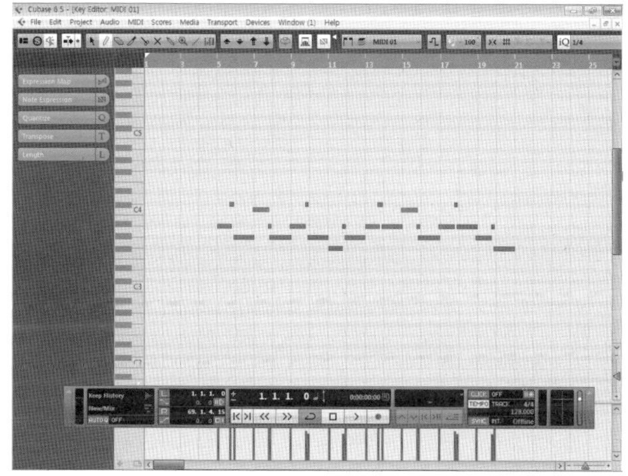

작업 중인 모습

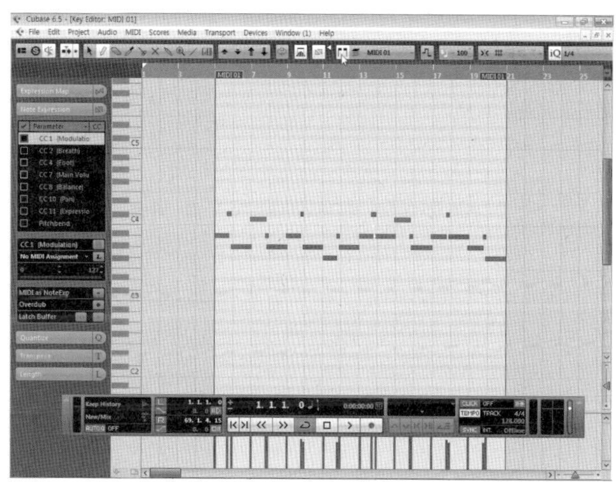

현재 작업 중인 파트만 표시한 모습

⑦ 액티브 파트 툴(Active Part Only) : 여러 트랙에 있는 미디 클립을 동시에 선택한 뒤 더블클릭하면 키 에디터가 실행되면서 여러 트랙에 있는 미디 클립을 동시에 편집할 수 있는 상태가 된다. 이때 액티브 파트 툴을 On하고 오른쪽 Part List에서 편집할 미디 파트를 선택하면 해당 미디 파트만 편집할 수 있다.

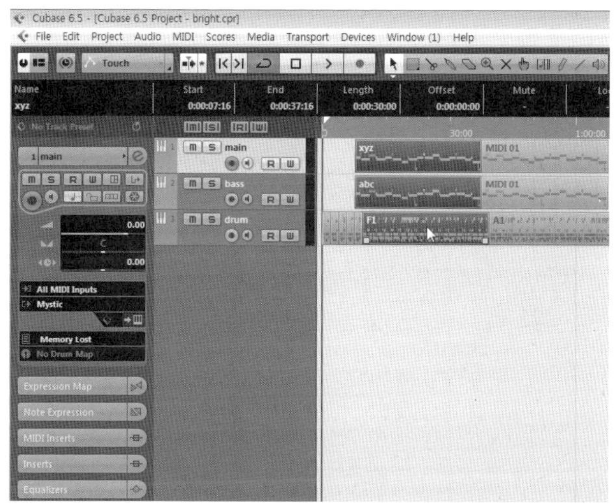

여러 미디 클립을 선택한 뒤 더블클릭

Part List에서 편집할 파트를 선택하는 모습

⑧ Indicate Transpositions 툴 : 트랜스포즈 트랙으로 음정을 변경한 경우, 이 툴을 클릭해 원래 음정을 듣거나 바뀐 음정을 적용할 수 있다. 이 툴이 Off 상태이면 트랜스포즈 트랙으로 음정을 변경한 경우라도 원래 음정으로 들을 수 있다. 이 툴이 On 상태이면 트랜스포즈 트랙으로 음정을 변경한 상태에서 사운드가 출력된다. 보통 트랜스포즈 트랙으로 음정을 변경한 다음, 노트 편집을 할 때 원래 음정을 듣고 싶을 경우 이 툴을 사용한다.

실전예제 바뀐 음정을 미리 들을 수 있는 – Indicate Transpositions 기능 이용하기

먼저 트랜스포즈 트랙으로 곡 전체 음정을 변경해본다. 그런 뒤 키 에디터에서 편집할 때 Indicate Transpositions 툴을 클릭해 원래 음정을 듣는 방법을 알아본다. 이 기능을 사용하면 바뀐 음정을 사용할 것인지 원래 음정을 사용할 것인지 손쉽게 선택할 수 있다.

01 예제 'beethoven.cpr'을 불러오면 미디 트랙이 하나 있다.

02 트랙 패널의 빈 곳을 마우스 오른쪽 버튼으로 클릭한 뒤 Add Transpose Track 메뉴를 실행한다.

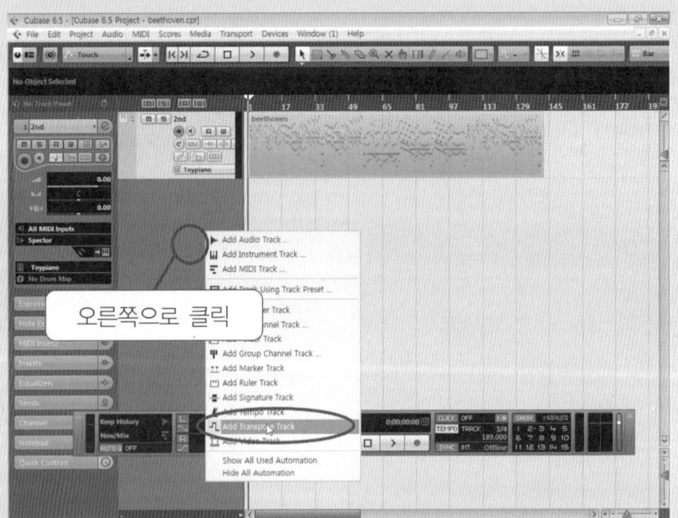

03 연필 툴로 음정을 변경하고 싶은 영역을 트랜스포즈 트랙에서 그려준다. 여기서는 첫 번째 마디를 클릭했다.

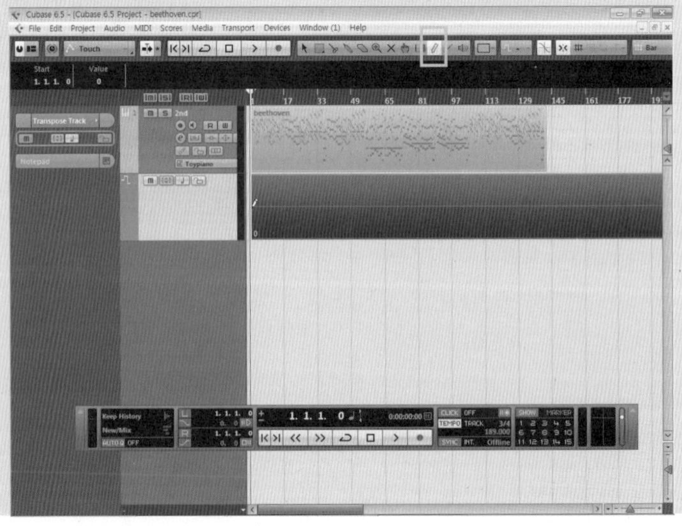

04 선택 툴로 트랜스포즈 트랙의 0이라는 숫자를 위로 드래그하여 7로 올려준다. 음정이 그만큼 높아진다.

05 미디 클립을 더블클릭해 키 에디터를 실행한다.

06 Indicate Transpositions 버튼을 끄면 원래 음정으로 사운드를 들을 수 있다. 하지만 Indicate Transpositions 버튼을 켠 상태이면 바뀐 음정으로 사운드를 들을 수 있음을 알 수 있다.

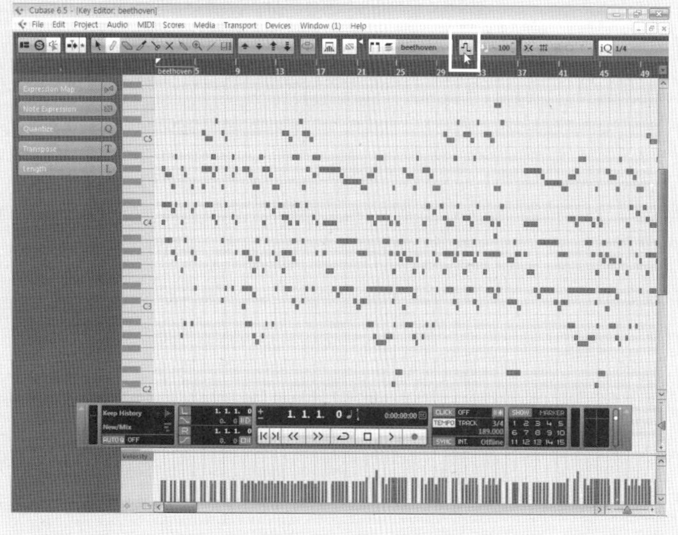

⑨ Insert Velocity 버튼 : 입력되는 노트의 강약인 벨로서티를 설정한다. 벨로서티란 건반을 누르는 강약이나 악기를 연주하는 강약을 말한다. 기본값은 100이므로 노트를 입력할 때마다 벨로서티 100으로 입력된다.

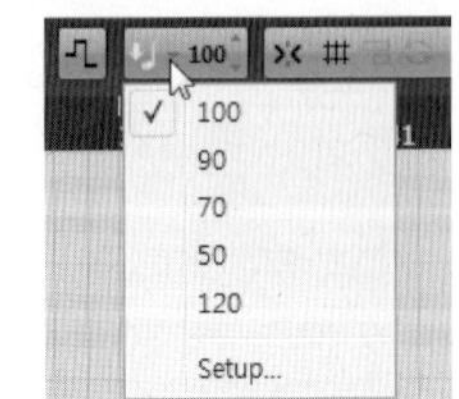

⑩ Snap 버튼 : 노트를 이동시키거나 컨트롤러 작업을 할 때 자석 기능인 스냅 기능이 동작한다. 트랙 뷰에서 배운 스냅 기능과 동일한 기능이다. 이 버튼이 On 상태이면 스냅 기능을 동작하는 상태가 되고, 우측의 스냅 타입을 클릭해 어떤 유형에 스냅 시킬지 선택할 수 있다. 자세한 사용법은 트랙 뷰 툴바의 Snap 툴을 참고한다.

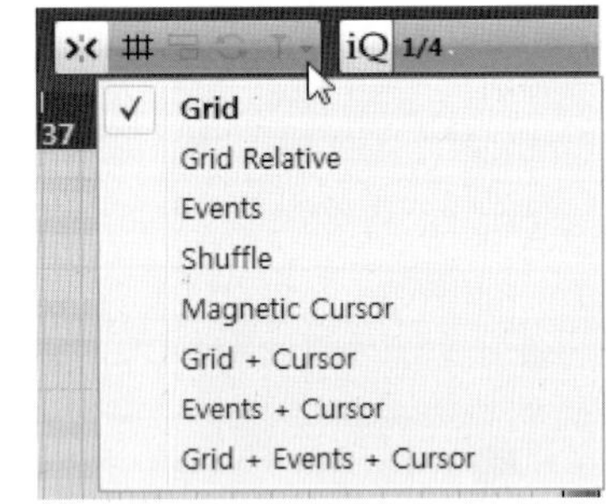

스냅 버튼을 켠 뒤 스냅 타입을
선택하는 모습

⑪ 퀀타이즈(Quantize) 해상도 버튼 : 노트 입력 시 노트가 어느 정도의 음 길이에 정렬되게 할지 퀀타이즈 해상도 단위를 설정한다.

예를 들어 2비트(2분음표)를 선택하면 하나의 마디가 2개의 셀로 표시되고 노트 입력 시 그 간격에 맞게 정렬된다. 만일 32비트(32분음표)로 선택하면 하나의 마디가 32개 셀로 표시된다. 따라서 하나의 마디에서 32개 노트를 쪼개서 입력할 수 있도록 해 준다.
퀀타이즈를 변경하면 격자무늬의 셀 간격도 변경되는 것을 알 수 있다.

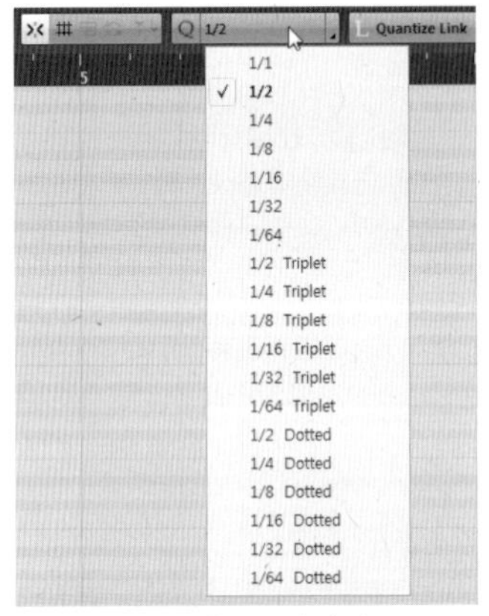

2비트 음표 퀀타이즈

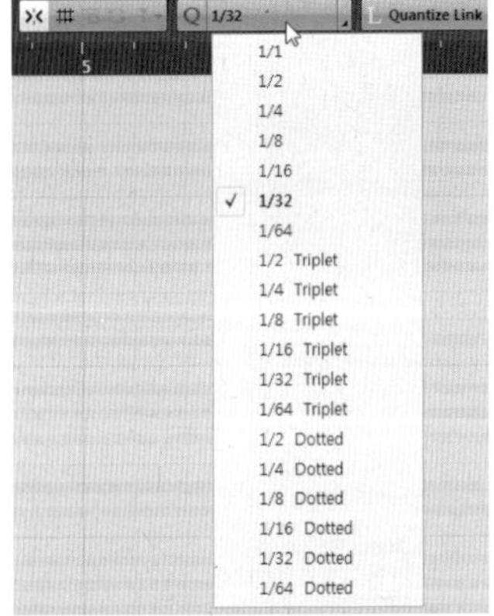

32비트 음표 퀀타이즈

⑫ Length Quantize 버튼 : 음표 입력 시 입력할 수 있는 음 길이의 최소값을 설정한다. 기본값은 32분음표이므로 노트 길이를 32분음표 단위로 조절하며 입력할 수 있다. 만일 2분음표로 설정하면 노트 길이를 2분음표 단위로 조절하며 입력할 수 있으므로 2분음표나 온음표만 입력할 수 있고, 2분음표보다 작은 8분음표나 16분음표는 입력할 수 없다.

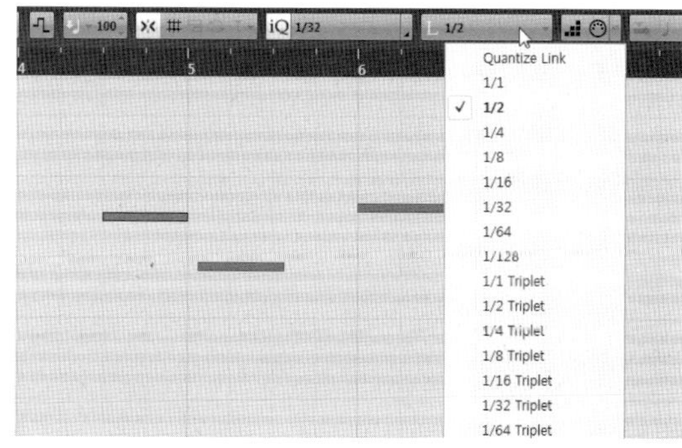

팝업 메뉴의 제일 상단 Quantize Link 메뉴를 선택하면 왼쪽 퀀타이즈 해상도 버튼에서 설정한 퀀타이즈 해상도 크기에 맞게 노트 길이를 조절하며 입력할 수 있다.

2분음표 Length Quantize를 선택하면 입력 작업 시 최소 크기가 2분음표 단위이므로 2분음표보다 큰 음표만 입력할 수 있다.

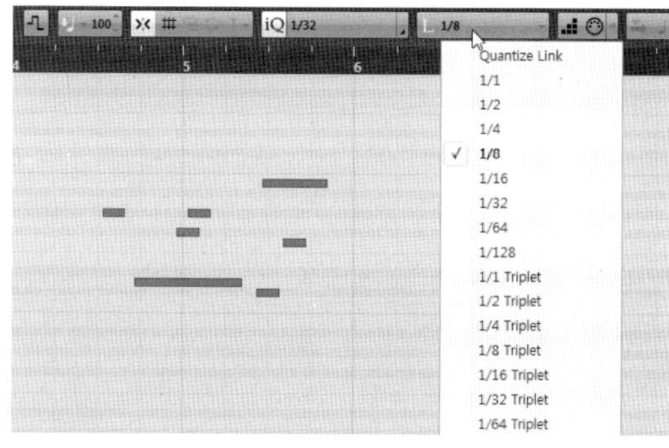

8분음표 Length Quantize를 선택하면 입력 작업 시 최소 크기가 8분음표이므로 8분음표보다 큰 음표인 8분음표, 4분음표, 2분음표, 온음표를 입력할 수 있다.

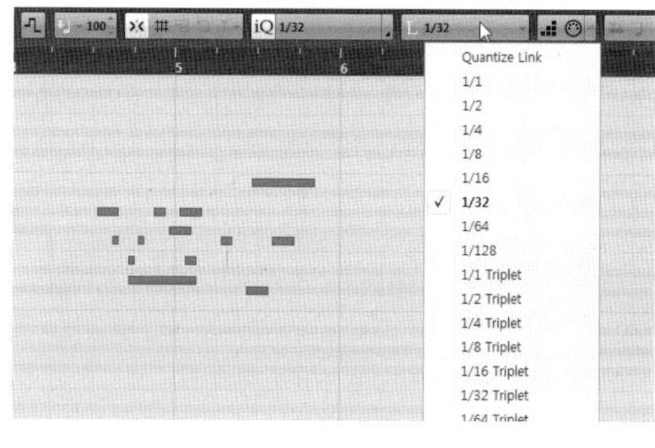

32분음표 Length Quantize를 선택하면 입력 작업 시 최소 크기가 32분음표이므로 32분음표보다 큰 음표인 32분음표, 16분음표, 8분음표, 4분음표, 2분음표, 온음표를 입력할 수 있다.

Tip

키 에디터에서 노트 입력

키 에디터에서 노트를 입력할 때 2분음표 길이나 4분음표 길이만 입력되고 다른 길이는 입력되지 않는다면 본문의 Length Quantize 설정이 잘못된 것이다. 본문처럼 Length Quantize 단위를 작은 길이로 변경해야 더 작은 길이의 음도 입력할 수 있다.

⑬ Step Input 툴 : 마스터 건반을 사용하지만 자유 연주하듯 입력하지 않고, 스텝 바이 스텝으로 입력할 때 사용한다. 건반을 누르는 간격에 상관없이 Length Qauntize 버튼에서 설정한 음 길이로 일률적으로 입력된다. 이때 파란색의 스텝 라인이 나타나는데 노트는 스텝 라인을 기준으로 입력되고, 한번 음을 입력하면 스텝 라인이 오른쪽으로 이동되면서 다시 입력할 수 있는 상태가 된다.

스텝 라인은 컴퓨터 키보드의 화살표(← →) 키로 이동시킬 수 있다.

⑭ MIDI Input 버튼 : 이미 입력된 노트를 건반을 사용해 수정할 수 있다. 먼저 수정할 노트들을 선택한 뒤, 이 툴을 On한 뒤, 건반을 사용해 새 키를 입력하면 선택된 노트들이 순서대로 수정된다.

오른쪽의 작은 버튼은 노트 익스프레션을 컨트롤러로 수정할 때 사용한다.

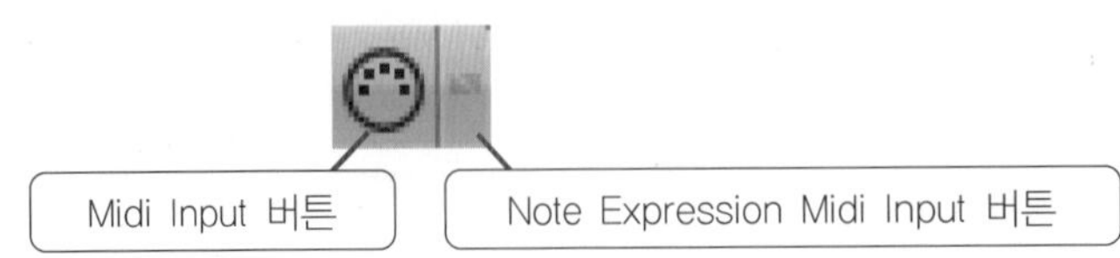

⑮ 스텝 인풋 보조 도구들 : 스텝 인풋 작업 시 필요한 보조 도구이다.

- Move Insert Mode 툴 : 스텝 입력 시 노트를 삽입하는 방식으로 입력해준다. 따라서 스텝 라인 오른쪽에 있는 노트들은 계속 오른쪽으로 밀려나가고 스텝 라인이 있는 위치에 새 노트가 삽입되는 방식으로 입력된다.
- Record Pitch 툴 : 스텝 입력 시 마스터 건반의 음정을 자동 인식해 노트를 입력해준다. 이 툴을 끄면 건반에서 다른 음정을 눌러도 무조건 C3(도)에 입력된다. 스텝 입력을 할 때 기본적으로 이 툴이 On 상태여야 한다.
- Record NoteOn Velocity 툴 : 스텝 입력 시 건반을 누르는 강약을 자동 인식한다. 이 툴을 Off하면 건반을 강하게 눌러도 벨로서티가 ins.vel에서 설정한 값으로 고정되어 입력된다.
- Record NoteOff Velocity 툴 : 스텝 입력 시 건반을 떼는 강약을 자동 인식한다.

⑯ Events Color 버튼 : 노트(막대)가 사용하는 컨트롤러 이벤트 컬러의 종류를 선택한다.

키 에디터에서 노트(막대) 색상은 해당 노트의 컨트롤러 이벤트의 색상으로 표시된다. 예를 들어 Velocity 컨트롤러 컬러를 선택한 경우, 건반을 누르는 강도에 따라 노트(막대)의 색상이 달라진다. 예를 들어 피치 컨트롤러 컬러를 선택하면 같은 음정에 있는 노트(막대)는 같은 색상으로 표시해준다.

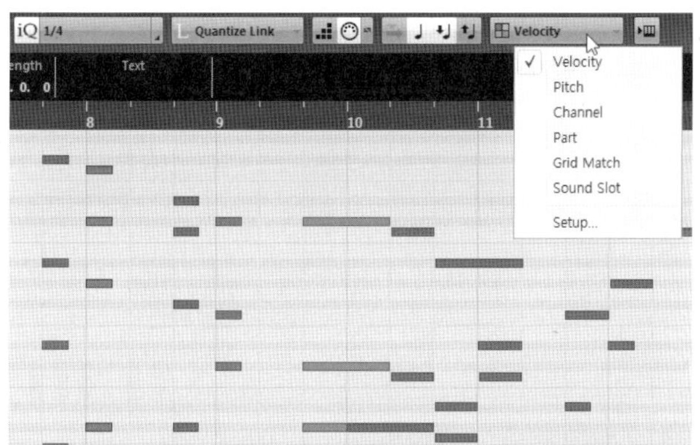
Velocity 컬러를 노트 색상으로 사용한 모습

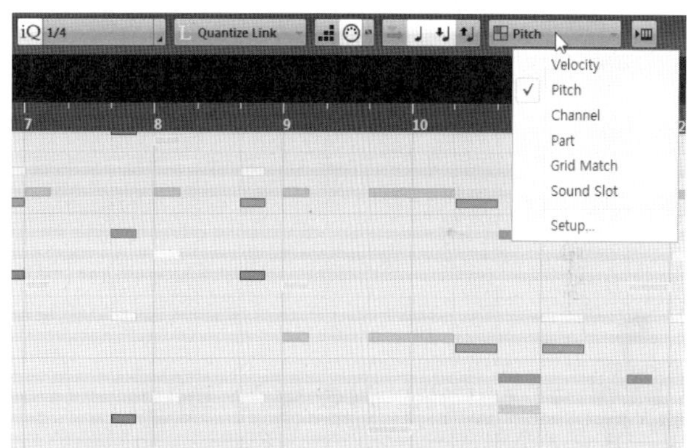
Pitch 컬러를 노트 색상으로 사용한 모습

Tip

Mouse Time Value 옵션

Mouse Time Value 옵션은 큐베이스 5의 키 에디터 툴바에 있는 옵션이다. 마우스 커서의 위치와 커서가 가리키고 있는 곳의 음정 값을 표시해준다.

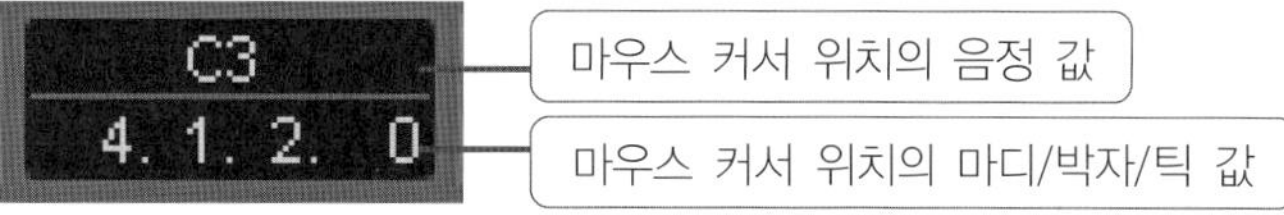

마우스 커서 위치의 음정 값

마우스 커서 위치의 마디/박자/틱 값

키 에디터 인포 라인

큐베이스 5는 툴바의 인포 툴을 클릭해 인포 라인 보기 상태로 전환하고, 큐베이스 6은 레이아웃 툴을 클릭해 인포 라인 보기 상태로 전환한다. 선택 툴로 노트를 선택하면 노트에 대한 각종 정보를 인포 라인을 통해 확인할 수 있다.

① Start : 노트의 시작 위치가 표시된다. 마우스를 상하로 드래그하여 해당 위치 값을 변경할 수 있다.

② End : 노트의 끝 부분 위치를 표시한다. 마우스를 상하로 드래그하여 해당 위치 값을 변경할 수 있다.

③ Length : 노트의 음 길이를 표시한다. 마우스를 상하로 드래그하여 음 길이를 조절할 수 있다.

④ Pitch : 노트의 음정을 표시한다. 마우스를 상하로 드래그하여 해당 노트의 음정을 변경할 수 있다.

⑤ Velocity : 해당 노트를 누르는 건반 강약을 표시한다. 마우스를 상하로 드래그하여 해당 노트의 건반 강약을 변경할 수 있다.

⑥ Channel : 해당 노트가 소속된 채널을 보여준다. 마우스를 상하로 드래그하여 채널을 변경할 수 있다.

⑦ Off Velocity : 건반 키를 누른 뒤 Note Off(건반 키를 놓는 값)할 때의 값을 표시한다. 즉 Velocity가 건반 키를 누를 때의 강약이라면, Off Velocity는 건반 키를 떼는 강약이라 할 수 있다. 마우스를 상하로 드래그하여 변경할 수 있다.

⑧ Articulations : Pizzicato, Tenuto, Accent, Staccato 등의 VST 아티큘레이션을 설정한 경우 표시된다. 마우스로 드래그하여 변경할 수 있다.

⑨ Release Length : 노트 익스프레이션 기능과 관련 있는 기능으로 음이 유지되다가 건반을 놓는 길이인 릴리즈 길이를 설정한다.

⑩ Text : 선택한 노트에 텍스트를 입력할 수 있다.

키 에디터 컨트롤러 패널

컨트롤러 패널은 입력한 노트의 Velocity, Pitchband, Aftertouch, Poly Pressure 이벤트 등을 그래프 형태로 조절할 때 사용한다. 예를 들어 Velocity를 선택한 뒤 막대 그래프의 길이를 조절하면 노트의 건반 누르는 강약이 조절된다.

1. 컨트롤러 패널 – 조작 방식

컨트롤러 패널은 키 에디터의 하단에 표시되며, 일반적으로 건반을 누르는 강약인 Velocity 레인을 기본적으로 표시해준다.

부록에서 예제 'abc.cpr'를 불러온 뒤 첫 번째 트랙의 미디 클립을 더블클릭해 키 에디터를 실행한다.

키 에디터 하단에 컨트롤러 패널이 있다. 작업하기 편하도록 경계면을 마우스로 드래그하여 컨트롤러 패널을 확장해준다.

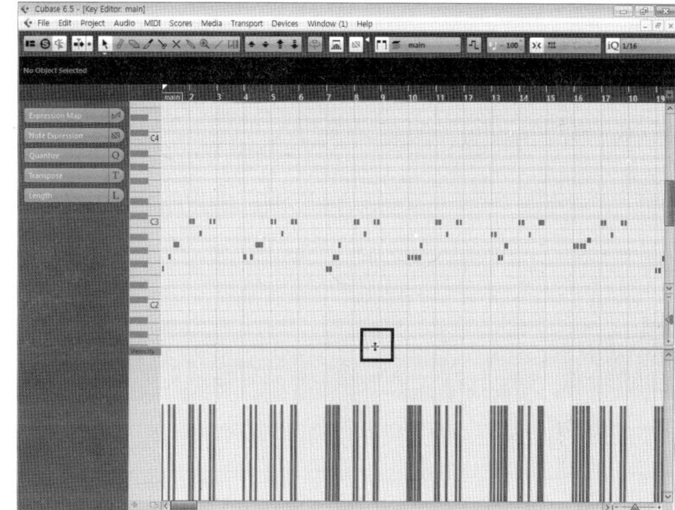

연필 툴로 노트를 입력하면 기본적으로 건반을 누르는 강약인 벨로서티(Velocity)가 100으로 자동 설정되어 입력이 된다. 키 에디터의 경우 툴바의 Insert Velocity 에서 설정한 값으로 입력되는 것이다.

만일 건반으로 리얼 입력할 경우에는 연주가의 건반 누르는 강약에 의해 벨로서티가 설정된다. 따라서 컨트롤러 패널에서는 기본적으로 각 노트에 해당하는 벨로서티가 막대 그래프로 표시된다.

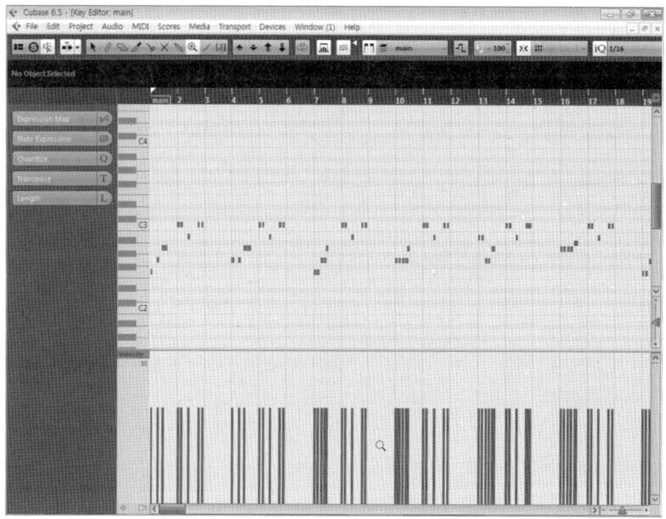

각각의 음을 미묘하게 변화시키려면 각 노트별 벨로서티를 다시 그려주면 된다. 예를 들어 원하는 노트를 선택한 뒤, 해당 노트의 벨로서티 막대 높이를 다시 그려주면 된다.

먼저 선택 툴로 원하는 노트를 클릭해 선택한다. 그러면 해당 노트의 벨로서티 막대가 함께 선택되어 검정색으로 반전된다.

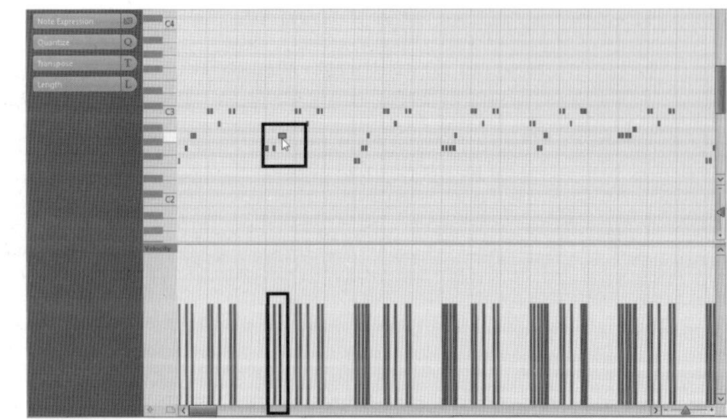

벨로서티 막대가 있는 곳으로 마우스 커서를 이동하면 자동으로 연필 툴로 변경되어 벨로서티 막대를 다시 그릴 수 있다.

왼쪽 패널에서 벨로서티 숫자가 표시되므로, 숫자를 보면서 막대 길이를 높이거나 낮추어준다. 건반을 누르는 강약을 조절할 수 있음을 알 수 있다.

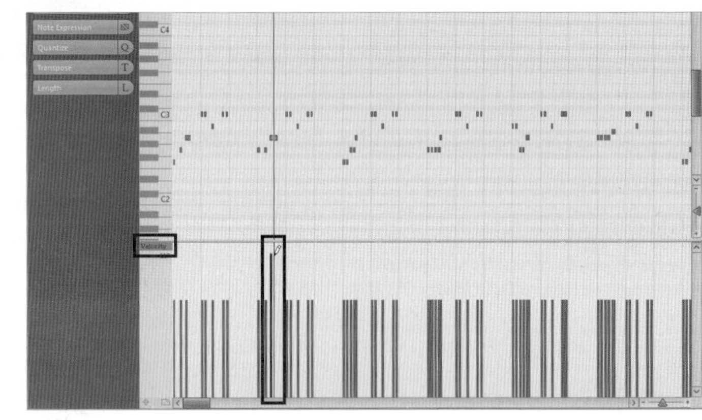

Tip

벨로서티 정보

벨로서티 정보는 0~127 사이에서 설정하는데 수치가 높을수록 건반을 누르는 힘이 강해진다.

점점 강하게 연주하는 효과를 만들려면 그림처럼 대각선으로 드래그하여 벨로서티를 그려준다. 연필 툴이나 라인 툴로 작업하면 된다.

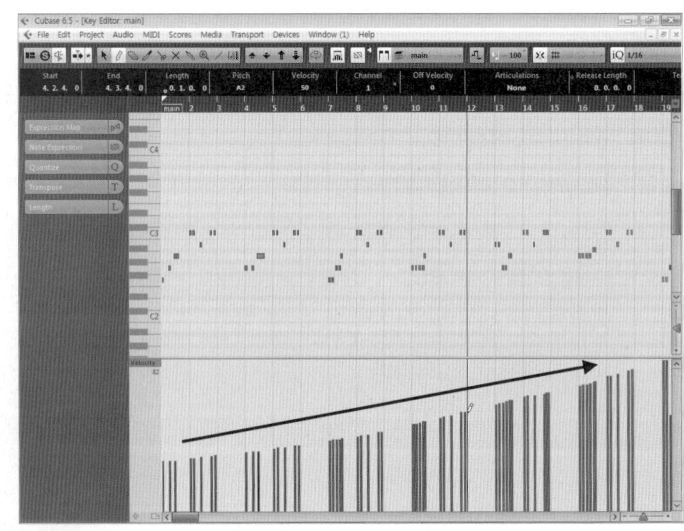

수평 방향으로 드래그하면 전체 벨로서티가 일률적으로 똑같아진다. 이렇게 하면 모든 노트의 벨로서티가 동일해진다.

만일 다른 컨트롤러 이벤트를 편집하고 싶다면 컨트롤러 패널의 플러스(+) 버튼을 클릭한다.

새 컨트롤러 레인이 나타난다.

새 컨트롤러 레인에서 컨트롤러 이름 부분을 클릭하면 다른 컨트롤러 이벤트로 교체할 수 있도록 단축 메뉴가 실행된다.

볼륨을 조절할 수 있는 CC 7 (Main Volume) 컨트롤러 이벤트를 선택한다.

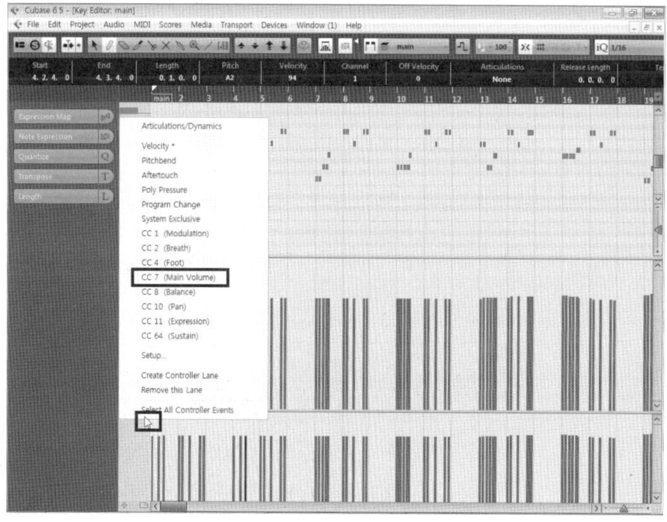

컨트롤러 이름이 CC7(Main Volume)으로 변경된 것을 알 수 있다. 툴바에서 연필 툴을 선택한다.

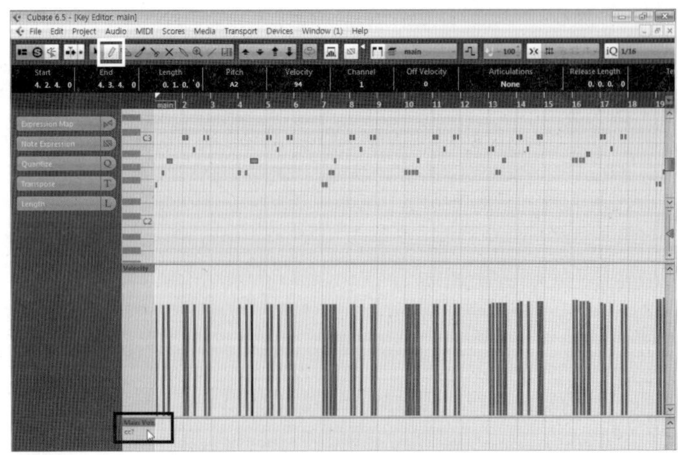

컨트롤러 영역에서 마우스를 드래그하여 볼륨의 변화 상태를 그려준다. 예제 그림처럼 볼륨을 드로잉하면 정상적인 볼륨이 점점 작아졌다가 다시 커지는 효과를 만들 수 있다.

곡의 처음부터 연주해본다. 볼륨이 변화되는 것을 알 수 있다.

2. 컨트롤러 이벤트의 종류

컨트롤러 패널에서 그래프 방식으로 조절할 수 있는 컨트롤러 이벤트는 여러 가지가 있다. 일반적으로 벨로서티를 조절할 목적으로 컨트롤러 이벤트를 사용하지만 볼륨, 팬 이벤트도 컨트롤러에서 그래프 방식으로 제어할 수 있다.

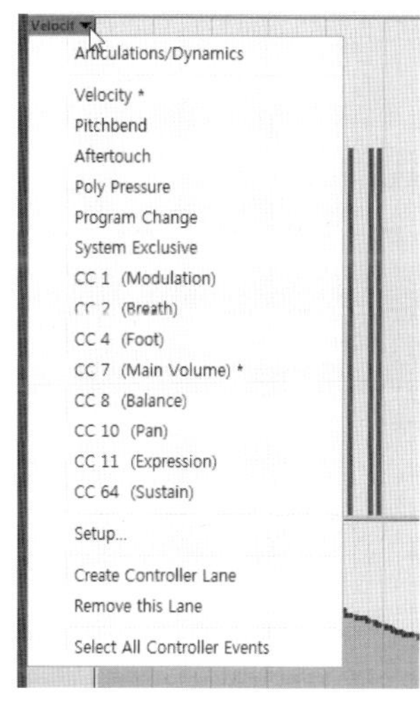

① Articulations : Articulations 이벤트를 설정한다.

② Velocity : 벨로서티 이벤트를 설정한다.

③ Pitchbend : 피치밴드 이벤트를 설정한다.

④ Aftertouch : 애프터더치 이벤트를 설정한다.

⑤ Poly Pressure : Poly Pressure 이벤트를 설정한다.

⑥ Program Change : Program Change 이벤트를 설정한다.

⑦ System Exclusive : SysEx 이벤트를 설정한다.

그 외 관악기의 입으로 부는 힘을 제어하는 CC 2(Breath), 볼륨을 조절하는 CC 7 (Main Volume), 스테레오 상태를 조절하는 CC 10 (Pan) 이벤트 등을 사용할 수 있다. 참고로, 이미 삽입한 컨트롤러 이벤트의 이름 부분에는 * 표시가 나타난다.

3. 컨트롤러 그래프 – 편집 도구

컨트롤러 그래프를 그릴 때 사용할 수 있는 편집 도구로는 키 에디터 툴바의 '선택 툴', '연필 툴', '지우개 툴', '라인 툴' 등이 있다.

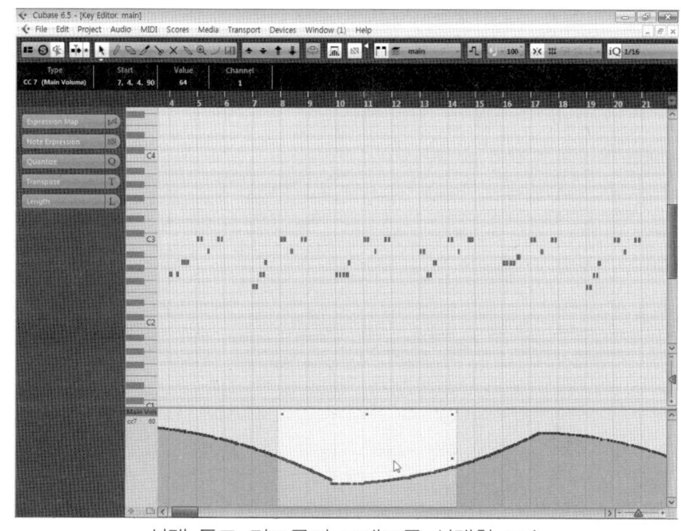

선택 툴은 컨트롤러 이벤트를 선택한 뒤 이동시키거나 복사(Alt + 드래그)할 때 사용한다.

연필 툴과 라인 툴은 그래프를 그릴 때 사용하며, 지우개 툴은 그래프를 지울 때 사용한다.

선택 툴로 컨트롤러 그래프를 선택한 모습

악보 창에서 작업하는 – 스코어 에디터(Score Editor)

스코어는 '악보'를 말하며 Midi → Open Score Editor 메뉴로 실행하거나 단축키 Ctrl + R로 실행한다.

스코어 에디터는 오선지 형태의 악보 창에서 입력 작업을 할 때 사용한다. 피아노를 공부한 사람들은 악보를 읽을 수 있기 때문에 더 쉽게 작곡 작업을 진행할 수 있다. 악보를 읽을 수 없는 사람이라면 키 에디터로 작업하는 것이 좋지만 키 에디터로 작업한 경우에도 스코어 에디터를 열어 음표 배치 상태를 확인하면서 작업하는 것이 좋다.

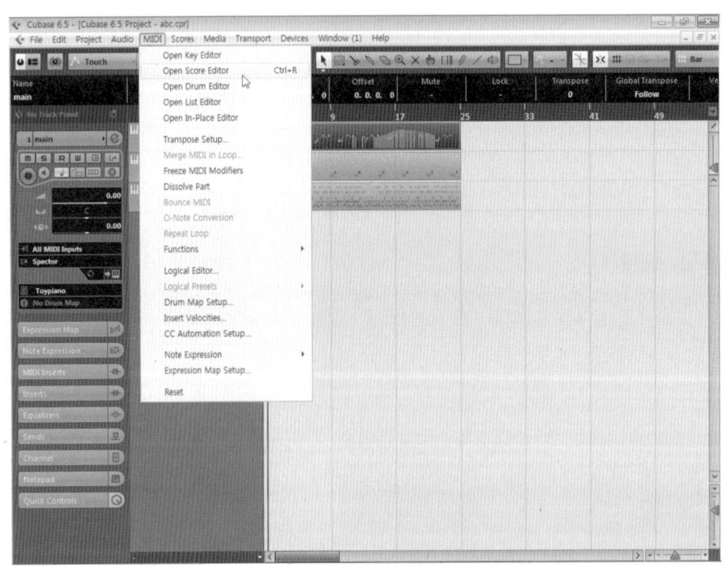

Midi → Open Score Editor 메뉴를 실행하는 모습

스코어 에디터 메인 화면

스코어 에디터는 '툴바', '확장 툴바', '필터 툴바', '인스펙터', '편집 창'으로 나누어진다. 스코어 에디터는 미디 트랙을 선택한 상태에서 단축키 Ctrl + R을 누르면 실행된다.

참고 **스코어 에디터의 확장 툴바, 필터 툴바표시하기**

스코어 에디터에서 '확장 툴바', '필터 툴바', '인포 라인', '인스펙터'가 보이지 않을 경우도 있다. 이런 경우 레이아웃 버튼을 클릭한 뒤 원하는 항목에 체크해야 해당 항목이 표시된다.

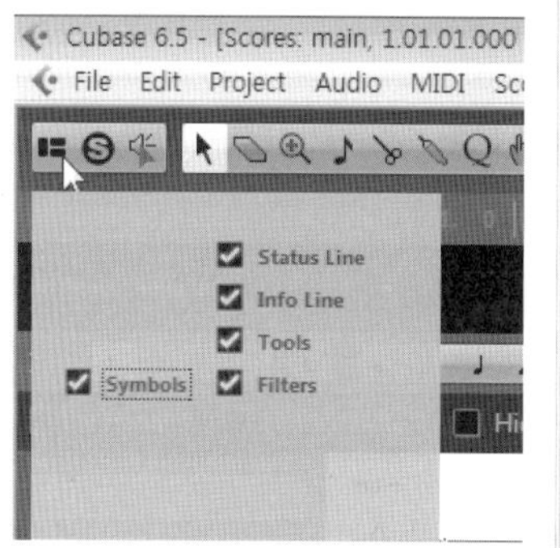

레이아웃 버튼

스코어 에디터 툴바

스코어 에디터 툴바는 키 에디터 툴바와 사용법이 비슷하다. 키 에디터에서 배운 기능들은 간략하게 설명하고, 스코어 에디터에서만 제공되는 기능 중심으로 알아본다.

큐베이스 6의 스코어 에디터 툴바

큐베이스 5의 스코어 에디터 툴바

■ 1. 레이아웃 버튼

스코어 에디터에 어떤 작업 패널을 표시할 것인지 선택할 수 있다.

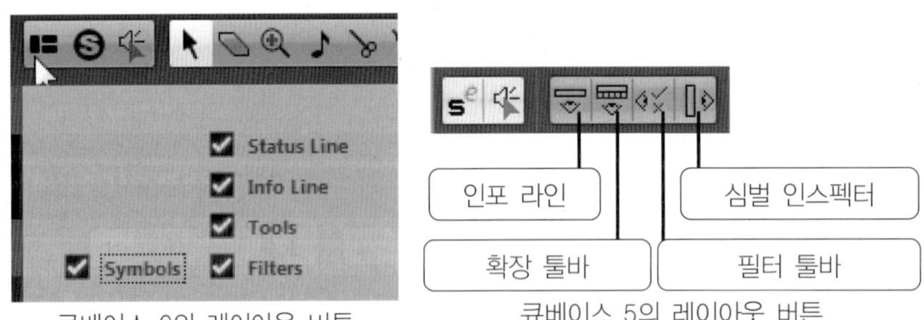

큐베이스 6의 레이아웃 버튼 　 큐베이스 5의 레이아웃 버튼

① 인포 라인 : 인포 라인을 편집 창 상단에 표시해준다. 작업 중인 음표의 위치, 음정 정보를 입수할 수 있다.

② 확장 툴바(Tools) : 확장 툴바를 편집 창에 표시해준다.

확장 툴바

③ 필터 툴바(Filter): 필터 툴바를 편집 창에 표시해준다.

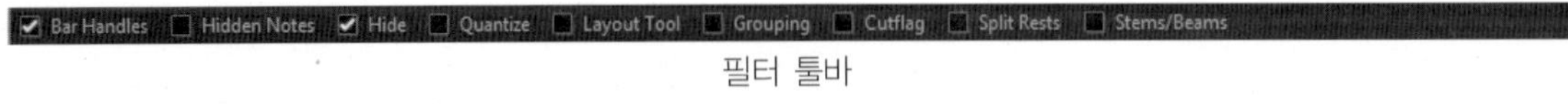

필터 툴바

④ 심벌 인스펙터(Symbols) : 심벌 인스펙터를 편집 창 왼쪽에 표시해준다. 스코어 에디터에서의 심벌 패널은 음표에 아티큘레이션이나 각종 심벌을 삽입할 때 사용한다.

Ⓢ 2. 솔로 에디터 툴(Solo Editor)

이 툴을 켜면 연주 시 편집 중인 트랙만 연주한다. 이 툴을 끄면 전체 트랙을 연주한다.

3. 어쿠스틱 피드백 툴(Acoustic Feedback)

선택 툴로 음표를 클릭하거나, 음표 툴로 음표를 입력할 때 사운드를 미리 들려준다. 이 툴을 끄면 선택 툴로 음표를 선택할 때 사운드가 들리지 않는다.

4. 선택 툴

노트 또는 각종 이벤트를 선택하고 이동시킬 때 사용한다. 클릭하면 해당 노트(음표)가 선택되고, 드래그하면 그 영역 안에 있는 모든 노트가 선택된다.

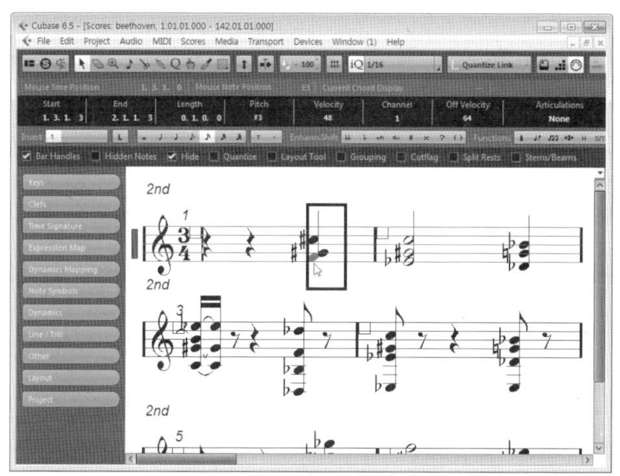

노트(음표)를 클릭해 선택하는 모습

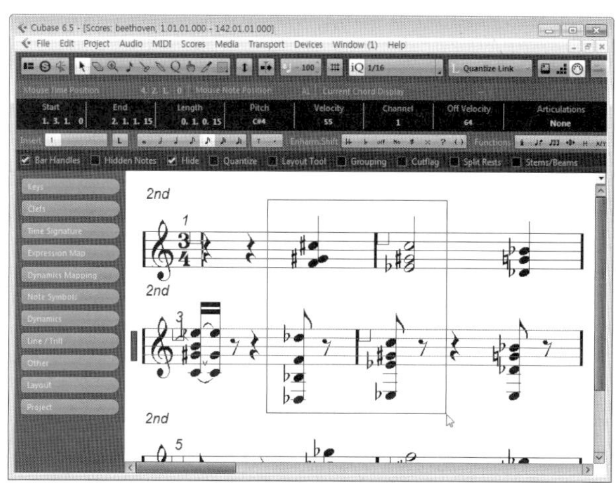

드래그하여 다수의 노트를 선택하는 모습

선택한 노트는 다른 위치로 이동시킬 수 있고, Alt + 드래그하여 복제할 수 있다.

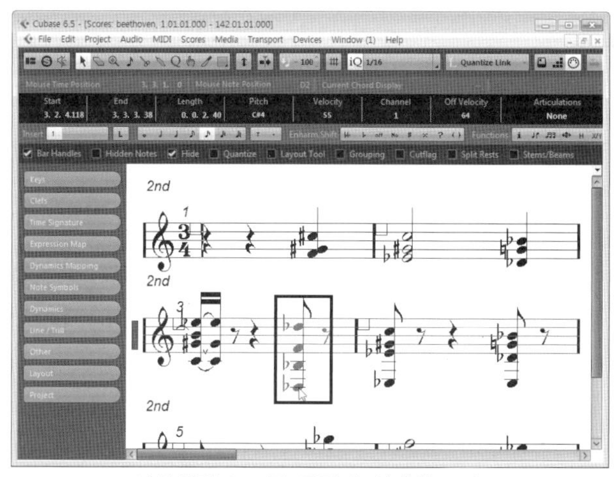

이동시킬 노트를 클릭해 선택한 모습

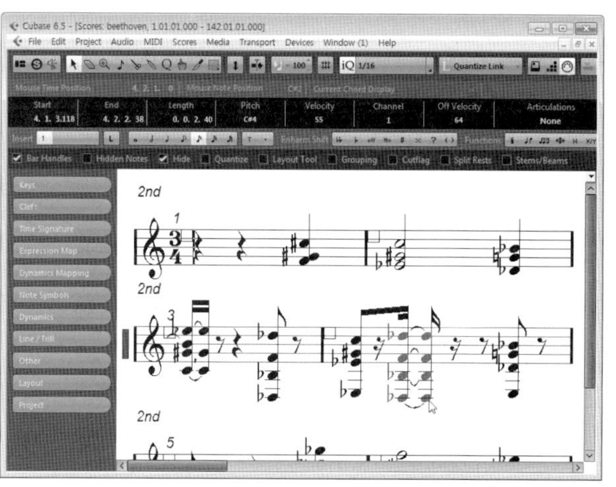

Alt + 드래그하여 복제 이동시킨 모습

Tip

오선지 클릭

오선지를 클릭할 때 Alt + 클릭하면 음표 입력 기능으로 동작한다.

5. 지우개 툴

노트(음표)를 삭제할 때 사용한다. 클릭하면 해당 노트를 삭제할 수 있다. 여러 노트를 동시에 삭제하려면 삭제할 노트들을 드래그하여 모두 선택한 뒤 어느 하나를 클릭하면 삭제된다. 참고로, 노트를 삭제할 때는 정확히 음표의 머리 부분을 클릭해 삭제한다.

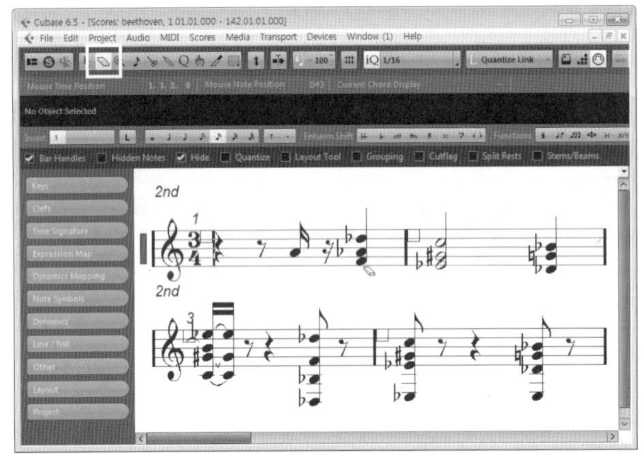

지우개 툴로 삭제할 음표 클릭

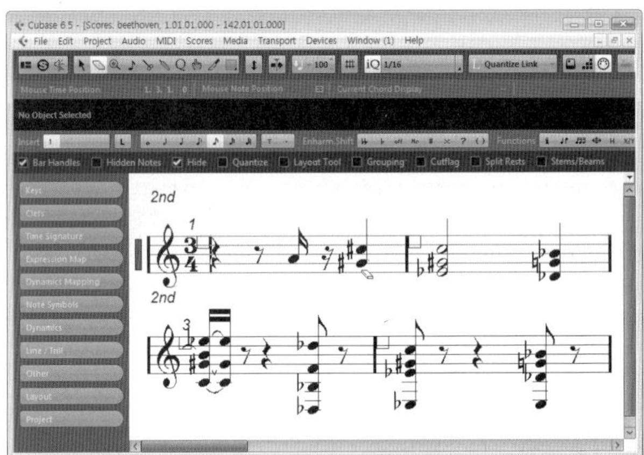

음표들이 삭제된 모습

6. 돋보기 툴

악보 창을 확대 축소할 때 사용한다. 클릭하면 악보 창이 확대되고 Alt 클릭하면 축소된다. 참고로, 돋보기 툴은 페이지 모드일 때만 동작한다.

참고로, 페이지 모드는 인쇄 상태를 미리 확인할 때 사용한다. Score → Page Mode 메뉴를 적용하면 페이지 모드로 전환된다. 스코어 에디터 툴바의 '돋보기 툴', '손 툴', 'Select Export Range 툴'은 페이지 모드에서만 사용할 수 있다.

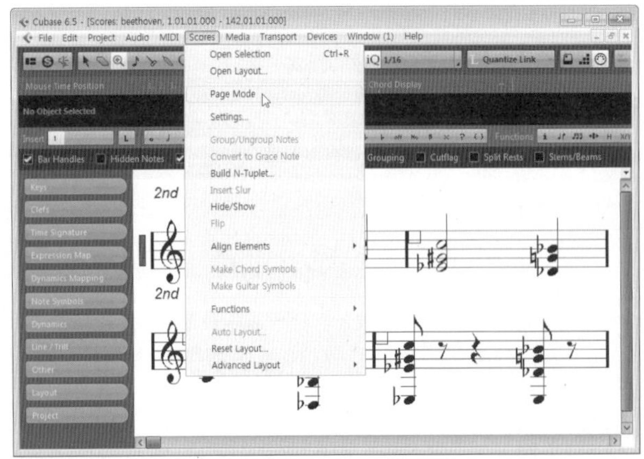

Score → Page Mode 메뉴 적용

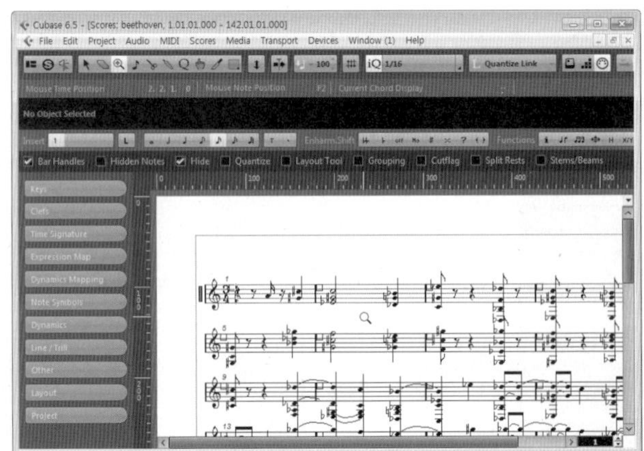

페이지 모드에서는 돋보기 툴을 사용하는 모습

♪ 7. 음표 툴

노트(음표)를 입력할 때 사용한다. 이 툴을 선택한 뒤 확장 툴바에서 입력할 음표를 선택한다. 그런 뒤 오선지에서 클릭하면 해당 음표가 입력된다.

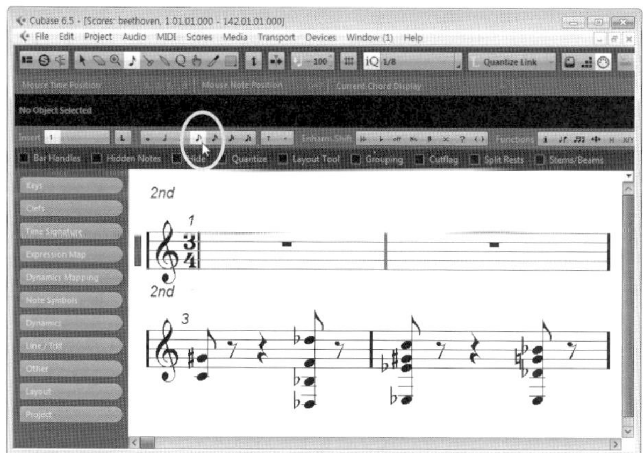

확장 툴바에서 입력할 음표 선택

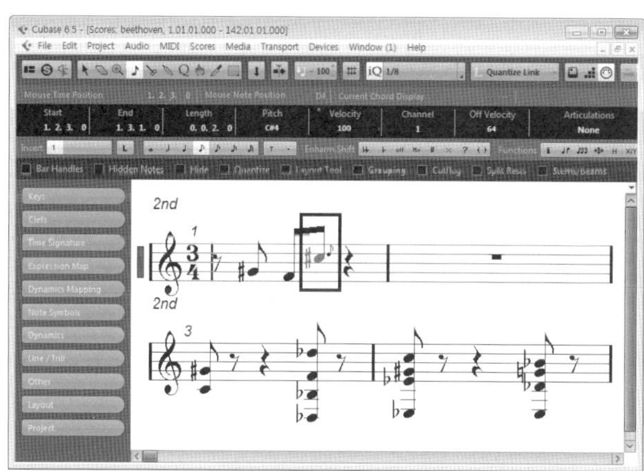

음표를 입력하는 모습

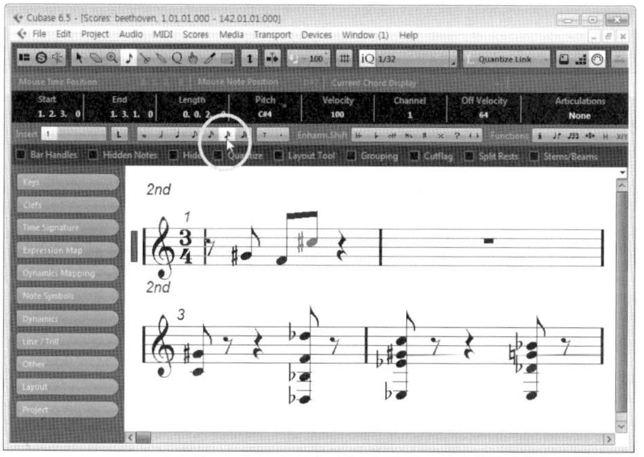

확장 툴바에서 다른 음표 선택

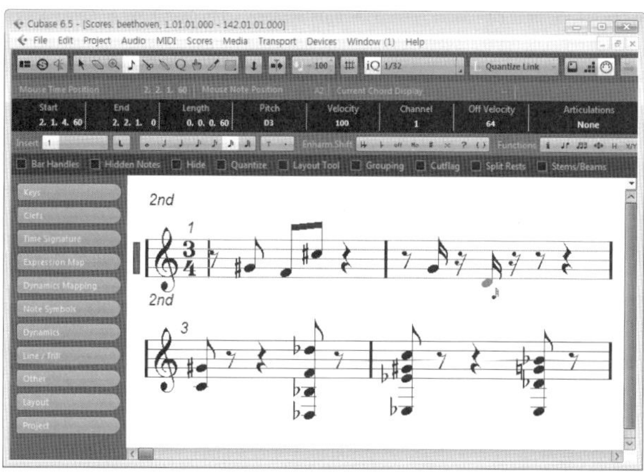

음표를 입력하는 모습

Tip

음표와 디스플레이 해상도

큐베이스는 32분음표 혹은 64분음표를 오선지에 입력해도 해상도상 화면에서 16분음표로 표시된다.

Q 툴을 클릭해 디스플레이 해상도를 변경하면 32분음표나 64분음표가 제대로 표시된다.

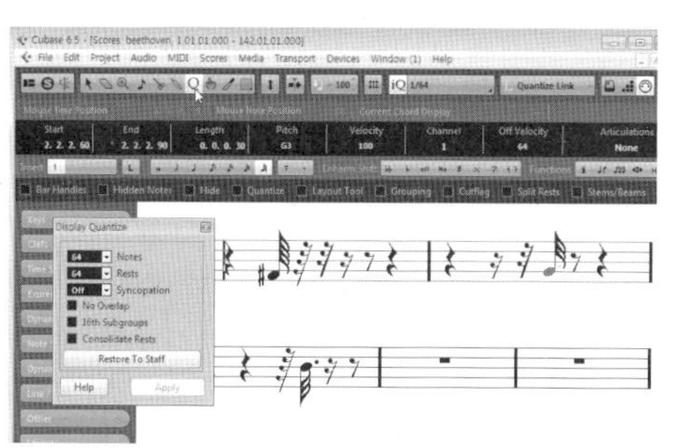

Q 툴에서 디스플레이 해상도를 변경한 모습

✂ 8. 가위 툴

이음줄(슬러, Slur)로 이어진 음표를 잘라준다. 그 결과 이음줄이 사라지게 된다. 이때 이음줄을 삭제하려면, 이어져 있는
음표에서 뒤에 있는 음표를 클릭해야 이음줄이 사라진다.

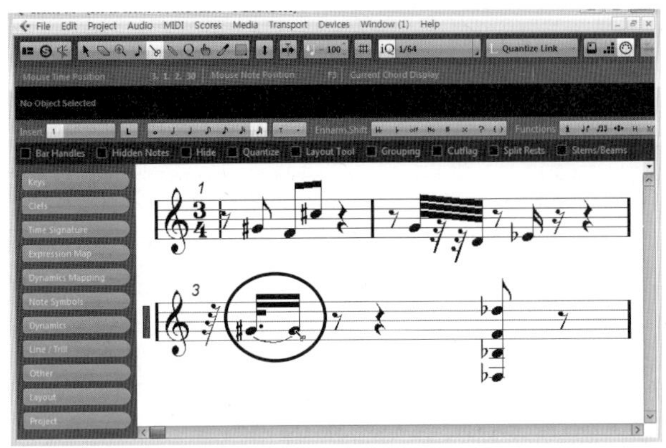

가위 툴로 이음줄이 있는 노트 클릭

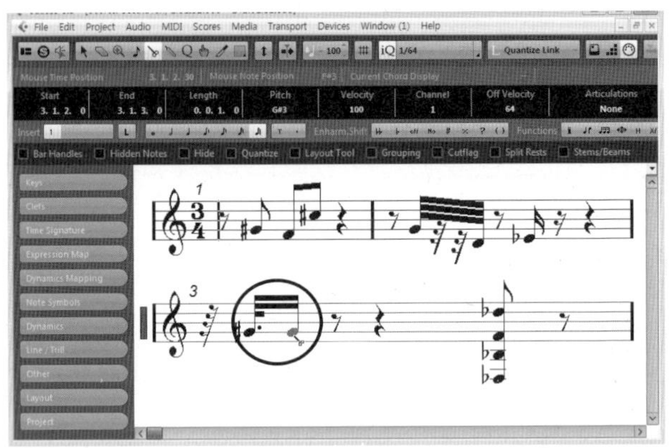

이음줄을 삭제한 모습

✏ 9. 글루 툴

동일 음정상에 있는 두 음표를 이음줄(Slur, 슬러)로 이어준다. 이때 이음줄로 연결할 음표 중에서 앞에 있는 음표를 클릭해
야 뒤에 있는 음표와 이어진다.

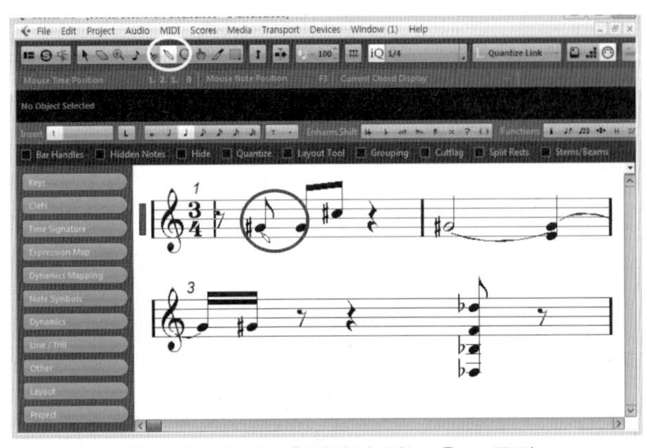

글루 툴로 동일 음정상에 있는 음표 클릭

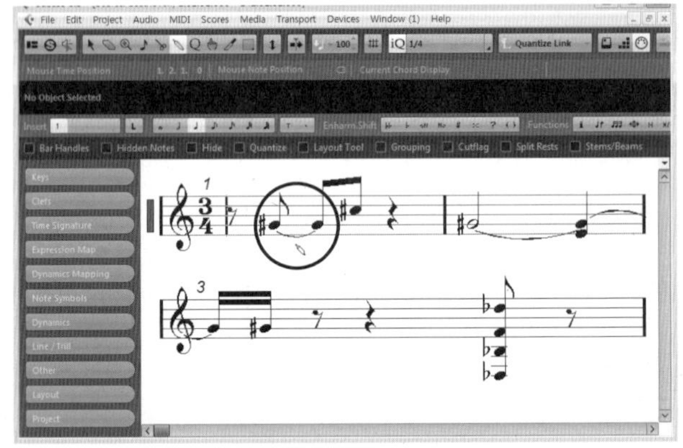

이음줄로 연결된 모습

Tip

이음줄

이음줄은 같은 음정 상에 있는 음표들만 이어준다. 하지만 때때로 다른 음정에 있는 음정들을 자동으로 같은 음정을 만들
어 이어주기도 한다.

10. Q 툴(Display Quantize)

악보의 디스플레이 해상도를 설정하는 기능이다. 만일 디스플레이 해상도를 16분음표로 설정하면, 32분음표나 64분음표를 입력해도 악보상에서는 16분음표로 표시된다. 악보를 인쇄할 때 복잡한 것이 싫다면 디스플레이 해상도를 16분음표나 8분음표로 조절한 뒤 출력하는 것이 좋지만, 모든 음표를 원래대로 표시하려면 디스플레이 해상도를 64분음표로 설정해야 한다. 실제 입력한 음표에는 영향을 주지 않고 화면상에서 어떤 음표까지 보이게 할지 악보 해상도를 조절하는 기능이라 할 수 있다.

다음은 기본값인 16분음표까지 볼 수 있는 악보에서 Q 툴을 클릭한 뒤 디스플레이 해상도를 4분음표로 변경하는 모습이다. 대화상자의 옵션을 변경한 뒤에는 반드시 오선지를 마우스로 클릭해야 해상도가 변경되어 적용된다.

디스플레이 해상도가 16분음표인 악보이다. 16분음표까지 정상적으로 표시되는 것을 알 수 있다.
디스플레이 해상도를 변경하기 위해 메인 툴바에서 Q 툴을 클릭한다.

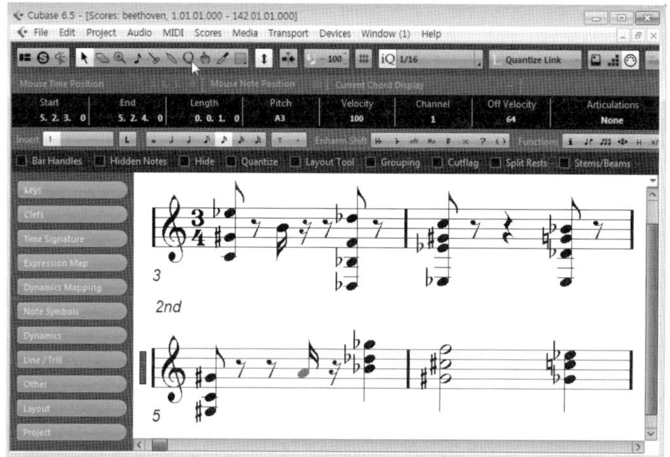

대화상자가 실행되면 Notes 해상도를 4분음표로 교체하고 음표 부분을 마우스로 클릭한다. 4분음표까지 볼 수 있는 해상도이므로 16분음표들이 4분음표로 변경되는 것을 알 수 있다.

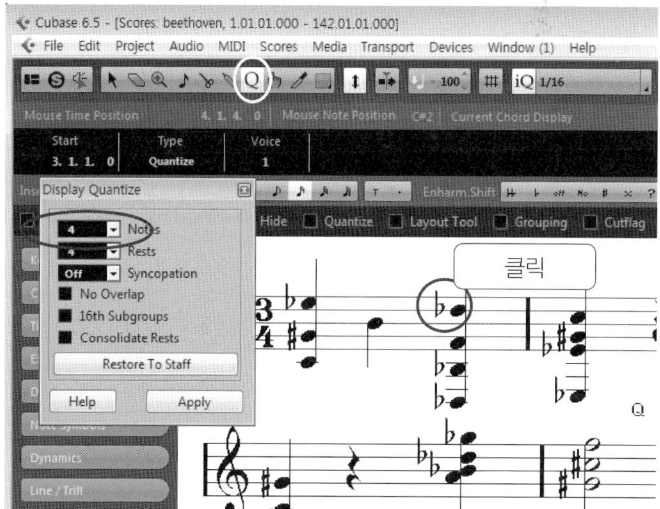

267

Q 툴을 클릭하면 대화상자가 실행되어 디스플레이 해상도를 변경할 수 있다.

- Notes : 악보에 표시될 음표의 최소 크기를 설정한다.
- Rests : 악보에 표시될 쉼표의 최소 크기를 설정한다.
- Syncopation : 음표가 이음줄로 연결된 경우 싱코페이션으로 처리할 방법을 Full 혹은 Relax에서 선택한다.
- No Overlap : 겹쳐 있는 음표들을 가급적 겹쳐 있지 않도록 정리한다.
- 16th Subgroups : 쌍으로 된 16분음표는 빔 꼬리 그룹으로 표시한다.
- Consolidate Rests : 쉼표가 연속될 경우 하나로 정리한다.
- Restore To Staff 툴 : 설정값을 원래 초기값으로 변경한다.
- Apply 툴 : 설정값을 적용한다.

11. 손 툴(Layout)

악보의 마디 간격, 음자리표, 박자표 등 오선지 레이아웃을 임의대로 이동시킬 수 있다. 이 기능은 페이지 모드일 때만 사용할 수 있다.

Score → Page Mode 메뉴를 실행해 악보 창을 페이지 모드로 전환한다.

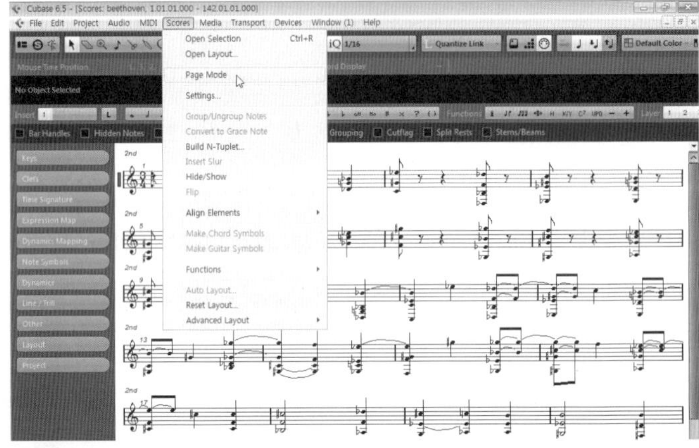

손 툴로 마디, 박자표, 음자리표를 이동시키면 임의대로 위치가 바뀌는 것을 알 수 있다.

Tip

손 툴(Layout) 기능

이 기능은 악보 인쇄 시 사용하며 페이지 모드를 종료하면 원래 레이아웃으로 돌아간다.

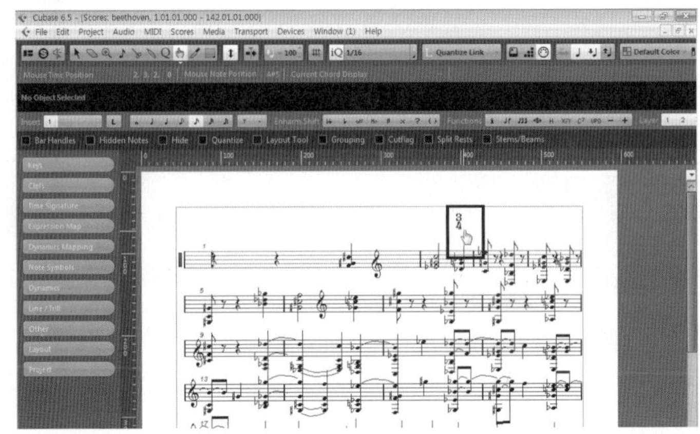

🖊 12. 나이프 툴

음표를 둘로 나눌 때 사용한다. 4분음표에서 클릭하면 음표가 나누어지면서 8분음표 2개로 전환된다. 음표 머리가 아닌
음표 상단부를 클릭해야 양쪽으로 나누어진다.

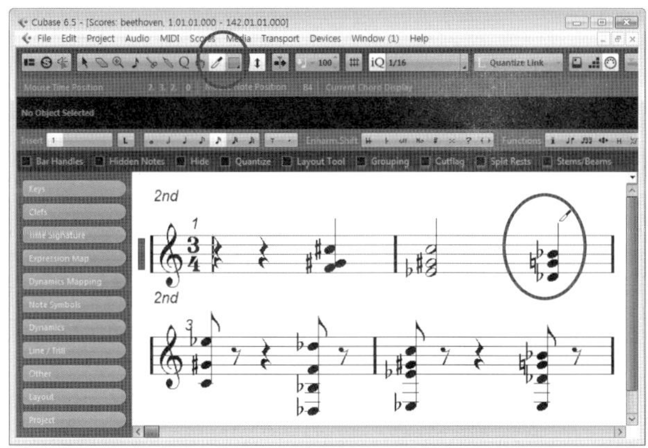

나이프 툴로 음표를 클릭하는 모습

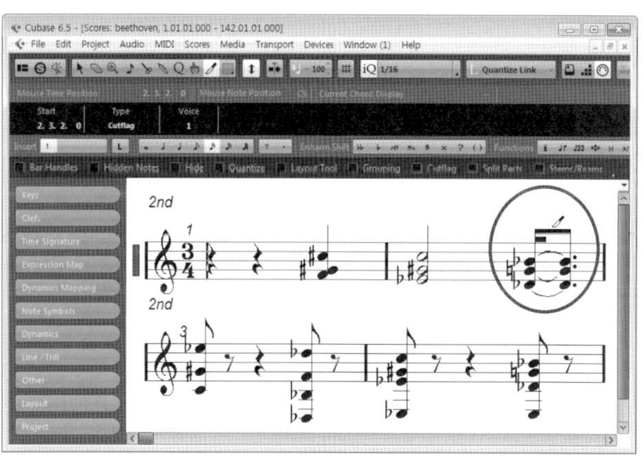

음표가 2개로 나누어진 모습

▦ 13. Select Export Range 툴

이 기능은 페이지 모드에서 동작한다. 악보의 일부 영역을 선택한 뒤 Jpg 이미지 등으로 저장할 수 있다. 마우스로 드래그하
여 저장할 영역을 지정한 뒤 내부를 더블클릭하면 Save 대화상자가 실행되어 해당 영역을 이미지 파일로 저장할 수 있다.

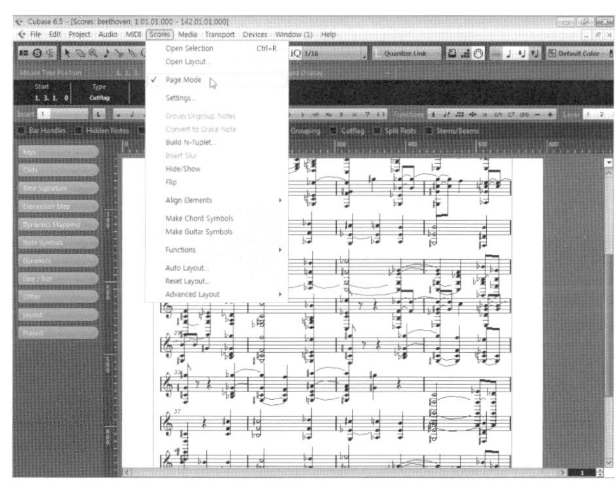

Score → Page Mode 메뉴 적용

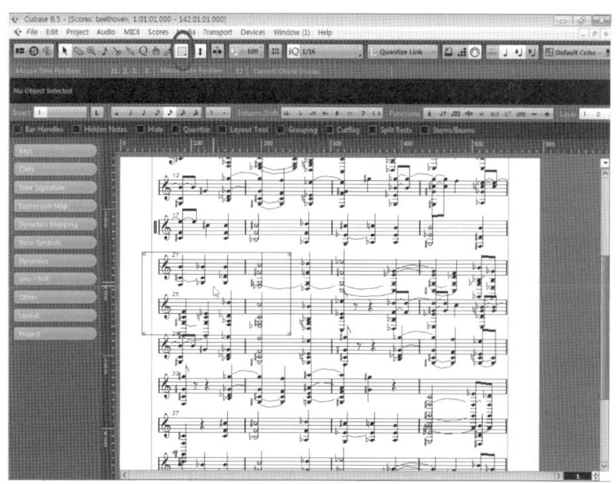

Select Export Range 툴로 저장할 영역을 지정한 뒤 내부를
더블클릭

Tip

악보 저장

참고로, 악보 전체를 JPG 이미지로 저장하려면 페이지 모드에서 File → Export → Scores 메뉴를 사용한다.

14. 디스플레이 트랜스포즈(Disable Display Transpose) 버튼

Display Transpose 기능을 On/Off 한다. 예를 들어 C3을 알토 색소폰으로 연주하고 싶다면 A3에 위치해야 하는데, 실제 음정 변화 없이 노트 위치를 A3로 이동시켜 보여주는 것을 '디스플레이 트랜스포즈'라고 한다. 각 악기에 맞는 위치값은 Score → Settings 메뉴를 실행한 뒤 Staff → Display Transpose 탭에서 선택한다.

15. 오토 스크롤 툴(AutoScroll) 버튼

곡을 연주할 때 프로젝트 커서가 화면 오른쪽으로 이동하면 자동으로 다음 페이지 악보로 스크롤된다.

16. 인서트 벨로서티(Ins.Vel) 버튼

입력할 음표의 벨로서티를 설정한다. 0~127 사이에서 설정하며 수치가 높을수록 건반을 누르는 힘이 강해진다. 한번 벨로서티를 설정하면 음표를 입력할 때마다 같은 벨로서티 값으로 입력되며 벨로서티의 기본값은 100이다. 트랙 뷰, 키 에디터에서 배운 기능과 같은 기능이다.

17. Snap Type(스냅 유형) 버튼

스냅 기능을 어디에 일치시킬지 선택한다.

18. Q(퀀타이즈) 버튼

퀀타이즈 해상도를 선택한다. 키 에디터에서 배운 기능과 같은 기능이다. 보통 확장 툴바에서 음표를 선택해 입력하는 경우가 많다.

19. Length Quantize 버튼

입력되는 노트의 길이를 선택한다. 키 에디터에서 배운 기능과 같은 기능이다. 보통 확장 툴바에서 음표를 선택해 입력하는 경우가 많다.

20. 키보드 인풋(Keyboard Input) 버튼

키보드로 음표를 입력할 때 사용한다. 아래 표를 참고해 입력해본다.

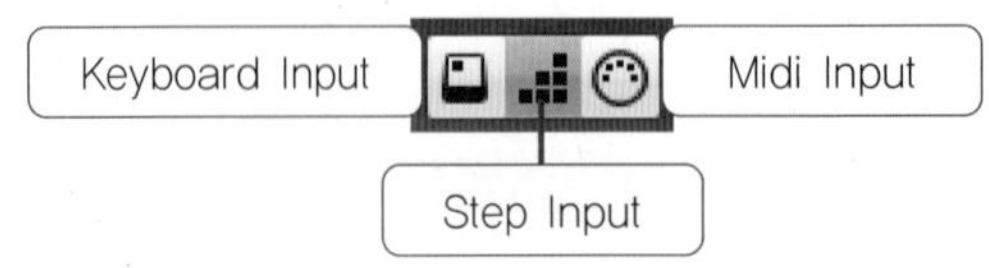

Alt	입력할 음표가 오선지에 표시된다.
Alt + 화살표 키	입력할 음표를 좌우상하로 이동시킨다.
Alt + Shift + 화살표 키	음 길이를 조절한다.
Alt + Enter	음표 입력을 완료한다.

21. 스텝(Step Input) 버튼

마스터 건반으로 자유 연주하듯 입력하지 않고, 스텝 바이 스텝으로 입력할 때 사용한다. '키 에디터' 툴의 '스텝 툴'과 같은 기능이다.

22. 미디 인풋(Midi Input) 버튼

입력한 노트를 마스터 건반으로 수정할 때 사용한다. '키 에디터' 툴의 '미디 툴'과 같은 기능이다.

23. 스텝 인풋 보조 도구들

키 에디터에서 배운 기능과 같은 기능이다. Move Insert Mode 버튼은 음표를 입력할 때 삽입 방식으로 입력하게 한다. 기존의 음표들이 입력되는 위치에서 오른쪽으로 밀려나게 된다. Record Pitch 버튼은 마스터 건반으로 스텝 바이 스텝 입력할 때 음정을 인식해 입력해 준다. 만일 이 기능을 사용하지 않으면 건반의 다른 키를 눌러도 '도' 음정에만 입력된다. Record NoteOn Velocity 버튼은 마스터 건반으로 스텝 바이 스텝 입력할 때 건반을 누르는 강약을 인식해 벨로서티 값으로 설정해준다. Record NoteOff Velocity 버튼은 마스터 건반으로 스텝 바이 스텝 입력할 때 건반을 떼는 힘을 인식해 NoteOff 벨로서티 값으로 설정해준다.

24. 컬러 버튼

음표의 머리 색상을 바꿀 수 있다. 악보를 컬러 인쇄할 경우 사용한다.
먼저 색상을 변경할 음표를 선택한 뒤 컬러 버튼을 클릭해 색상을 변경해준다.

스코어 에디터 확장 툴바

스코어 에디터의 확장 툴바는 성부 입력 기능, 음표 선택 기능, Enharm Shift, Functions, Layers 기능을 제공한다.

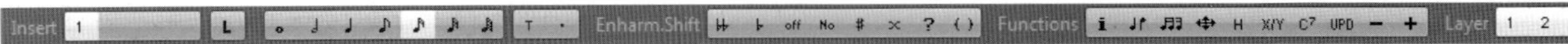

1. 성부(Voice) 선택 기능

음악 용어인 성부는 영어로는 Voice라고 말한다. 예를 들어 혼성합창은 '소프라노', '알토', '테너', '베이스'의 4성부로 이루어져 있는데 4성부 악보는 하나의 악보에 이들 4성부가 모두 표시된 것을 말한다.

큐베이스는 기본적으로 하나의 악보에 1성부만 입력할 수 있으므로 Insert 버튼에는 1번 성부만 활성화되어 있다.

2성부 혹은 4성부를 가진 다성부 악보에서 노트를 입력하는 방법은 간단하다. 먼저 Score → Settings 메뉴의 Staff → Polyphonic → Staff Mode 옵션에서 Polyphonic 옵션을 선택해 2성부 또는 4성부 악보를 만든다. 이후 악보 창의 Insert 항목에서 1, 2, 3, 4번호가 활성화된다.

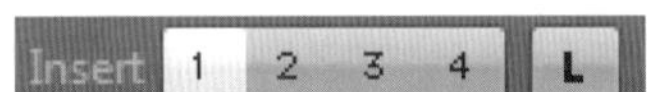

4성부를 한 악보에서 동시에 입력할 수 있는 상태

그 후부터 1번 번호를 누른 뒤 노트를 입력하면 1번 성부에, 2번 번호를 누른 뒤 노트를 입력하면 2번 성부에 노트가 입력된다.

악보상에는 각각의 성부에 입력한 노트가 동시에 표시되므로 여러 성부를 하나의 악보상에서 입력하거나 인쇄할 수 있다. 국내에서는 교회 합창곡을 만들 때 성부 악보를 많이 사용한다.

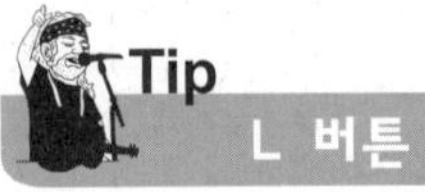

Tip

L 버튼

L 버튼은 높은 음자리표와 낮은 음자리표가 있는 보표에서 상하 교류하며 음표를 입력할 때 사용한다. L 버튼을 끄면 마우스 커서에 따라 높은 음자리표와 낮은 음자리표가 자동 인식되어 해당 보표에서 음표를 입력할 수 있다.

실전예제 교회 합창곡 등에서 사용하는 – 성부 악보의 입력

다성부 입력 기능을 사용하려면 먼저 성부를 2~4개로 만들어야 한다. 지금부터 성부 악보를 만드는 방법과 입력 방법을 알아본다. 다성부 악보는 교회의 혼성합창곡 같이 여러 보이스의 악보를 한 악보에서 보여줄 때 사용하며 일반적인 악보 작업에서는 사용하지 않는다. 참고로, 양손 피아노 악보는 다성부 악보 대신 큰 보표로 만들면 된다.

01 File → New 메뉴를 실행한 뒤 More → Empty 옵션으로 비어 있는 프로젝트를 만든다. Project → Add Track → Instrument 메뉴로 새 인스트루먼트 트랙을 생성시키면서 가상악기 는 Spector로 선택한다.

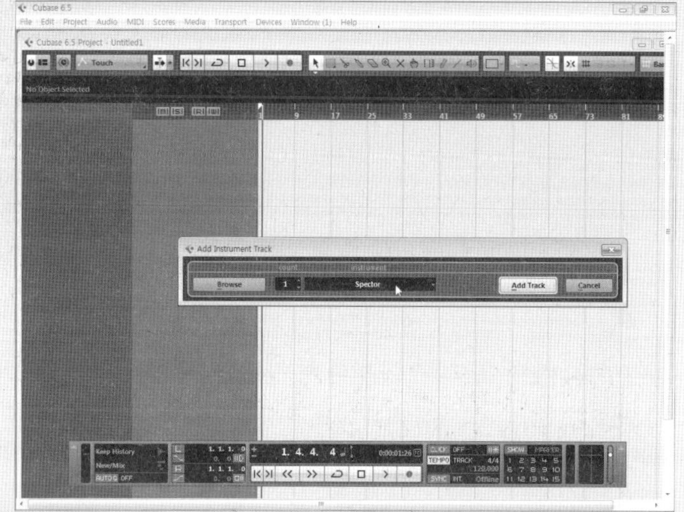

02 인스펙터의 Programs 파라미터를 클릭한 뒤 악기 음색으로 'Toypiano'를 선택한다.

03 연필 툴로 드래그하여 10마디 크기의 미디 클립을 만든다.

04 단축키 Ctrl + R 또는 Midi → Open Score Editor 메뉴로 스코어 에디터를 실행한다.

05 스코어 에디터의 확장 툴바의 '성부 선택 기능'을 보면 1번만 활성화되어 있다. 다성부 입력을 하지 않을 경우에는 이 상태에서 바로 작곡을 시작하면 된다.

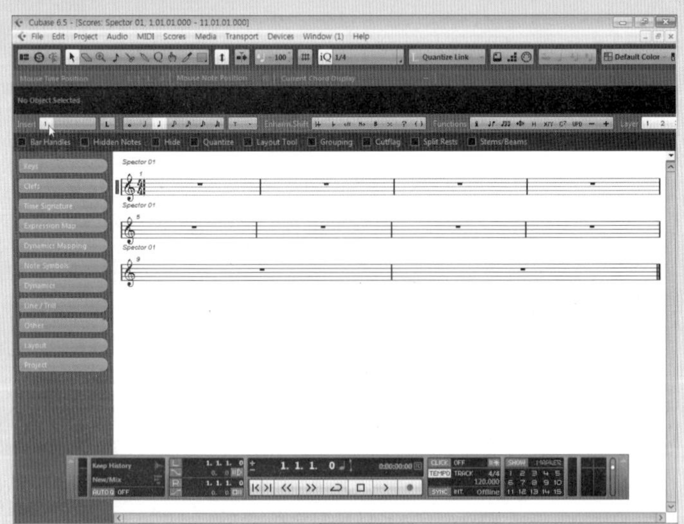

06 하나의 악보에서 다성부 입력을 하려면 먼저 다성부 설정을 해야 한다. 선택 툴로 첫 번째 보표의 머리 부분을 더블클릭한다.

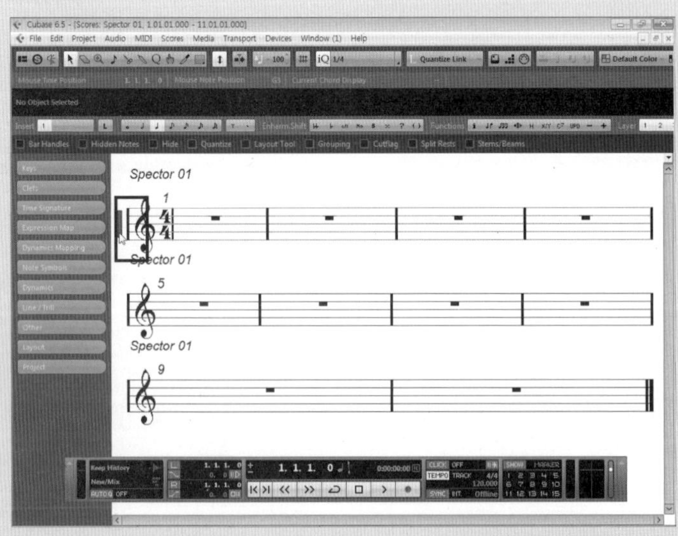

07 대화상자에서 성부를 만들 때 사용하는 Staff → Polyphonic 탭을 선택한다.

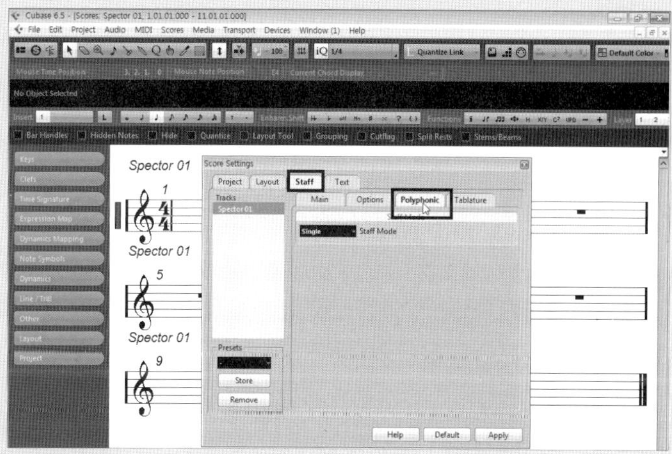

08 Staff Mode 버튼을 클릭해 'Polyphonic'을 선택한다.

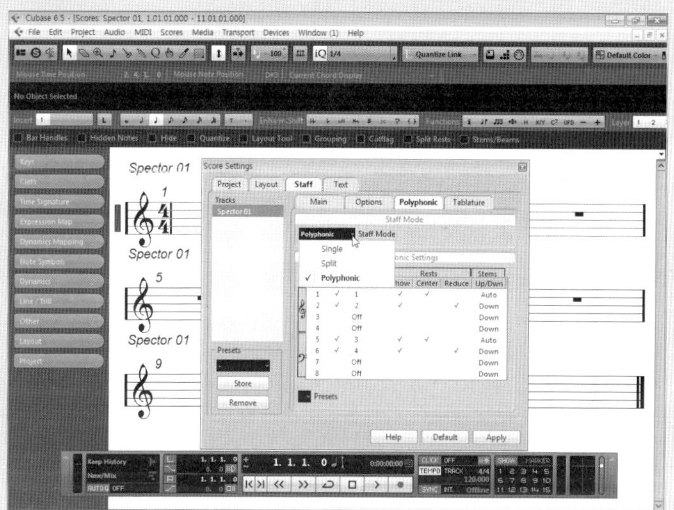

09 대화상자를 보면 높은 음자리 성부에 1, 2번이, 낮은 음자리 성부에 5, 6번이 체크되어 있다. 이 상태로 적용하면 높은 음자리표와 낮은 음자리표가 있는 보표가 만들어지고 각각 2개씩 성부를 나누어 입력할 수 있으므로 총 4개 성부 악보가 된다.

10 현 다성부 설정 상태를 수정해보자. 높은 음자리표의 1, 2, 3, 4번에 체크 표시를 하고, 낮은 음자리표 성부인 5, 6, 7, 8번은 체크 표시를 제거한다. Apply 버튼으로 적용한 뒤 대화상자를 닫는다.

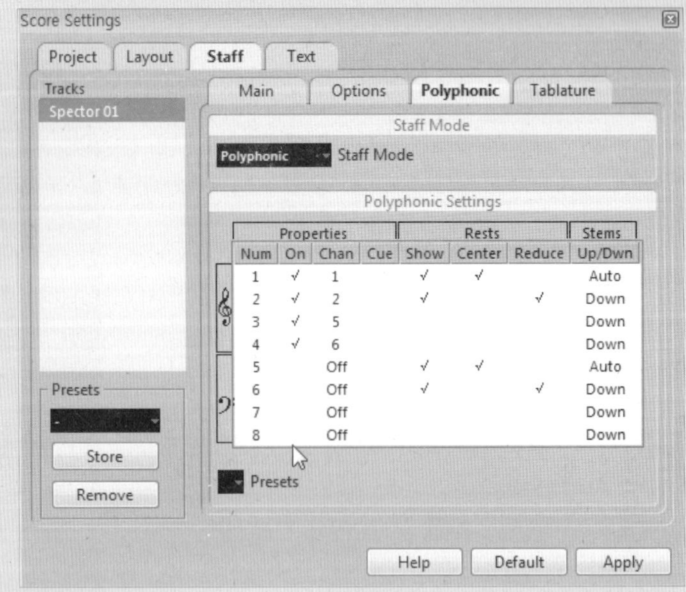

11 작업창을 보면 높은 음자리표 보표만 남아 있고, 확장 툴바의 성부 선택 기능에 1, 2, 3, 4번이 활성화된 것을 알 수 있다.

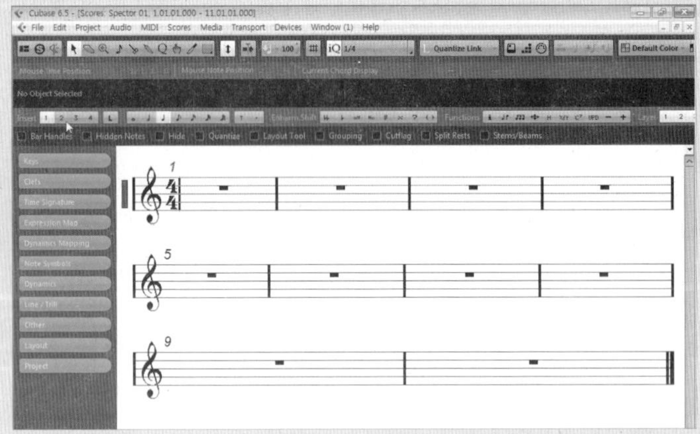

12 1번 성부는 소프라노용 음표를 입력한다고 가정해보자. 성부 선택 버튼에서 1번을 클릭해 선택한다.

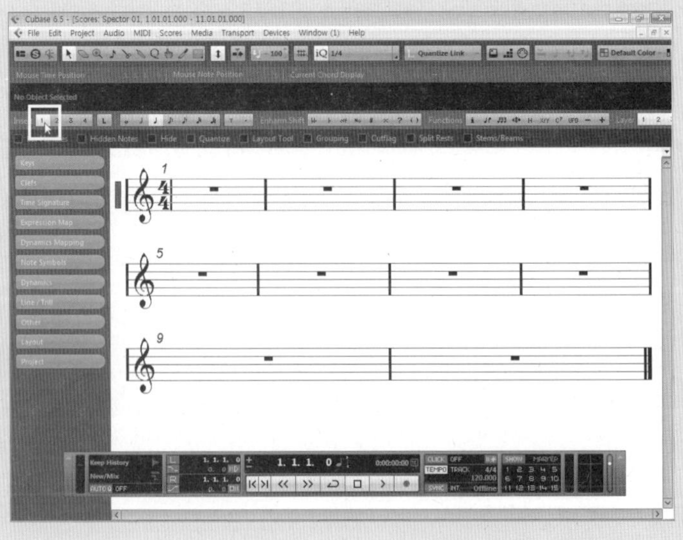

13 소프라노용 악보를 4분의 4박자에 맞게 임의
대로 입력해 본다.

14 이번에는 3번 성부를 알토라고 가정하고 입력
해보자. 먼저 3번 성부 버튼을 클릭한 뒤 알토용 음
표를 입력한다. 1번 성부 음표가 있는 상태에서 3번
성부용 음표를 입력할 수 있음을 알 수 있다.

15 이번에는 높은 음자리표와 낮은 음자리표가
있는 '큰 보표'에서 성부 입력을 해보자. 지금까지 입
력한 음표를 Ctrl +A로 전부 선택한 뒤 Del 키를 눌
러 삭제한다.

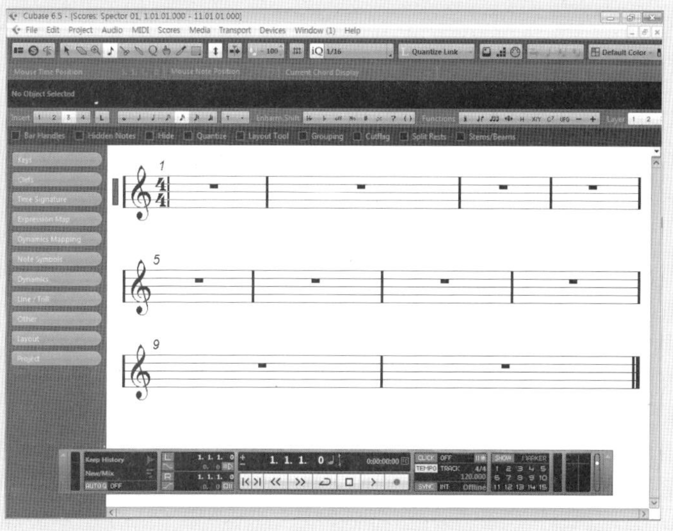

16 선택 툴로 첫 번째 보표의 머리 부분을 더블 클릭한다.

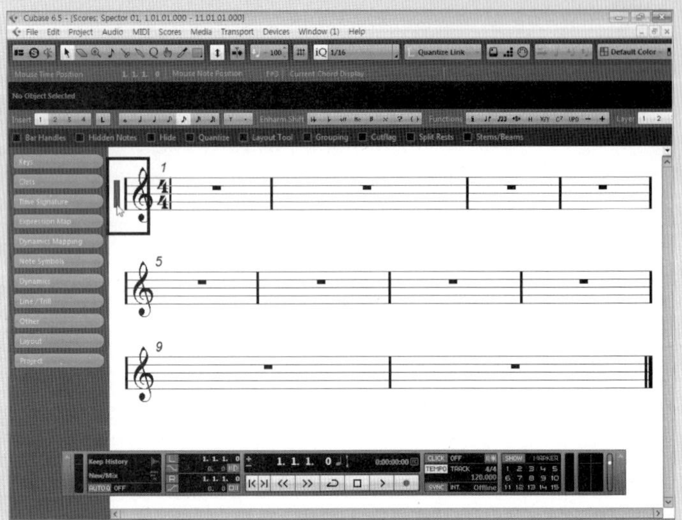

17 대화상자의 Polyphonic → Staff Mode 탭에서 Polyphonic을 선택한다. 높은 음자리표 성부에 1, 2번을 체크하고, 낮은 음자리표 성부에 5, 6번을 체크한다. Apply 버튼을 클릭해 적용한다.

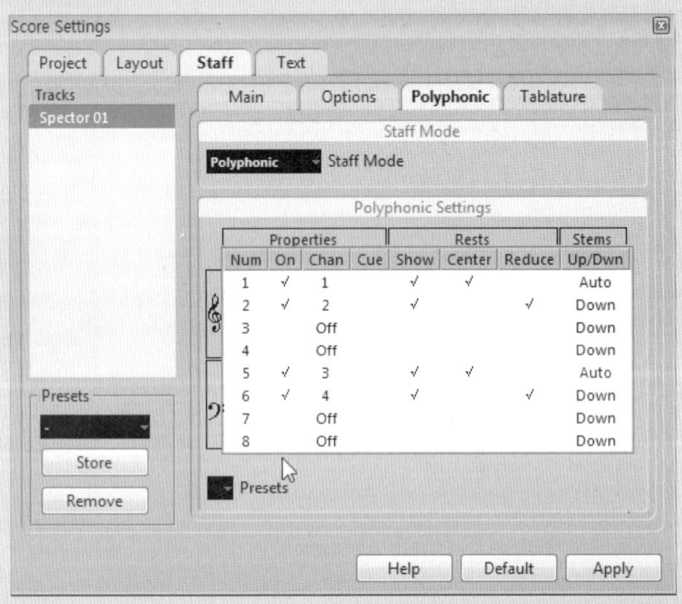

18 높은 음자리표와 낮은 음자리표가 있는 보표가 만들어진다. 보표에서 높은 음자리표 머리 부분을 클릭하면 성부 선택 기능인 1, 2번이 활성화된다.

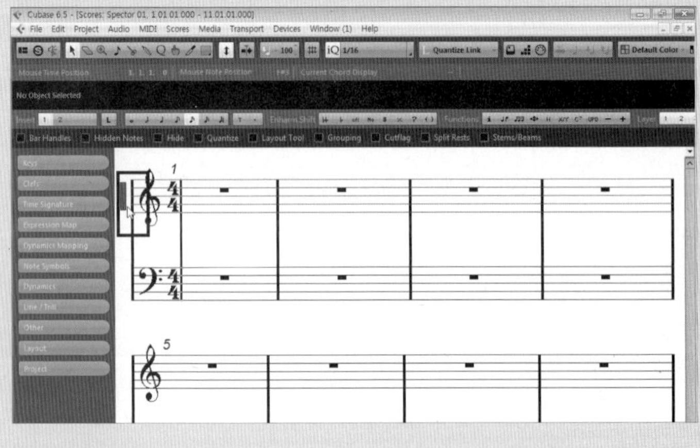

19 보표에서 낮은 음자리표 머리 부분을 클릭하면 성부 선택 기능에 5, 6번이 활성화된다.
입력 방식은 앞에서와 마찬가지로 1, 2, 5, 6번 버튼을 누른 뒤 각각의 성부에 들어가는 음표를 입력하면 된다.

Tip

다성부 악보

다성부 악보는 보통 2성부가 표기된 악보는 2성부 악보, 4성부가 표기된 악보는 4성부 악보라고 말한다. 교회 합창곡 악보나 지휘자용 다성부 악보를 출력하고 싶을 때 사용할 수 있다.

2. 노트(음표) 선택 기능

입력할 노트를 선택하는 기능이다. 음표를 선택한 뒤 오선지에서 클릭하면 해당 음표가 입력된다. 쉼표는 음표를 입력하면 박자 수에 맞게 자동 생성된다. 큐베이스는 악보 상에서 최대 64분음표까지 표현할 수 있다.

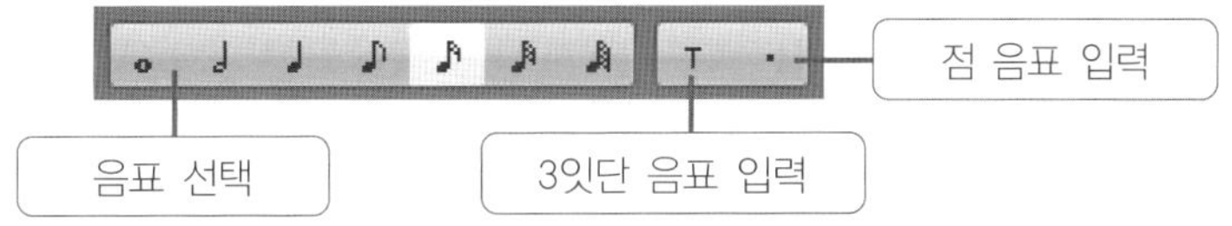

① 음표 선택 : 입력할 음표를 선택한다. 오선지에서 클릭하면 해당 음표가 입력된다.

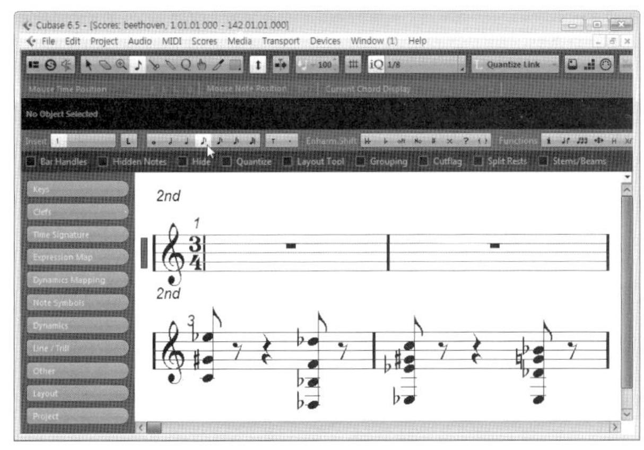

8분음표 선택

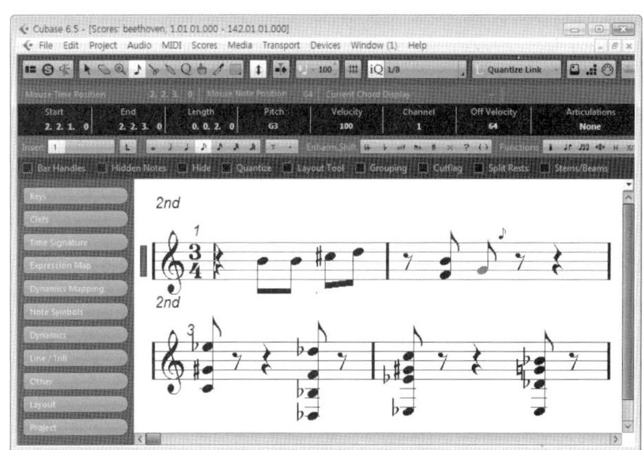

음표를 입력하는 모습

참고 · 음표와 쉼표의 이름

영문 음표명	한글 음표명	음 표	쉼 표	비 고
1. Whole Note	온음표			
2. Half Note	2분음표			
3. Quarter Note	4분음표			
4. Eighth Note	8분음표			
5. Sixteenth Note	16분음표			
6. Thirty Second Note	32분음표			
7. Dotted	점음표			음 길이 1/2 추가할 때 사용
8. Triplet	셋잇단음표			셋잇단음표 제작할 때 사용
9. Note Duration	음표의 Tick 길이			64분음표, 128분음표 제작할 때 사용

② 3잇단 음표 입력 : 3잇단 음표는 다음과 같은 방법으로 입력한다. 먼저 확장 툴바에서 입력할 음표를 선택한다. 그런 뒤 T 버튼을 클릭한 뒤 보표에서 음표를 입력한다. 입력된 음표는 순서대로 연결되어 3잇단 음표가 된다.

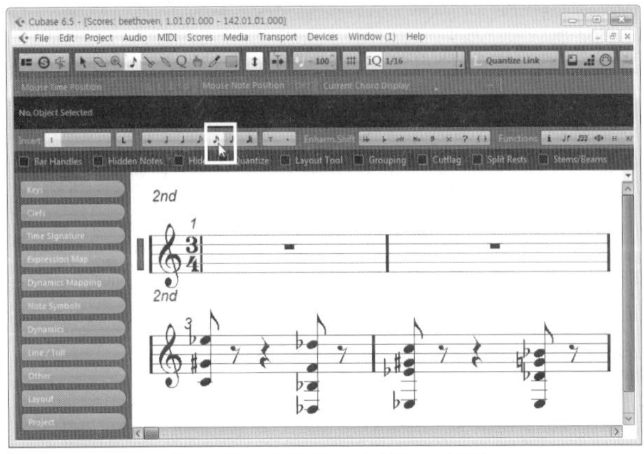

음표 툴 선택 후 16분음표 선택

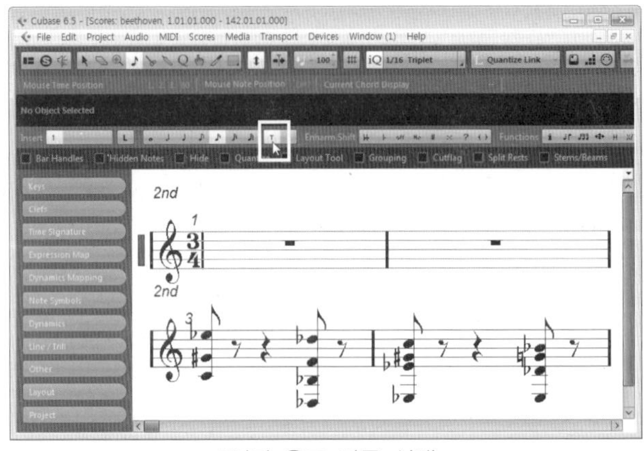

3잇단 음표 버튼 선택

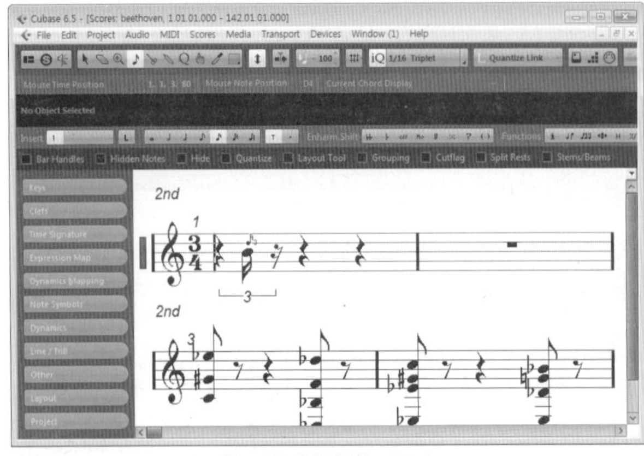

음표를 입력하는 모습

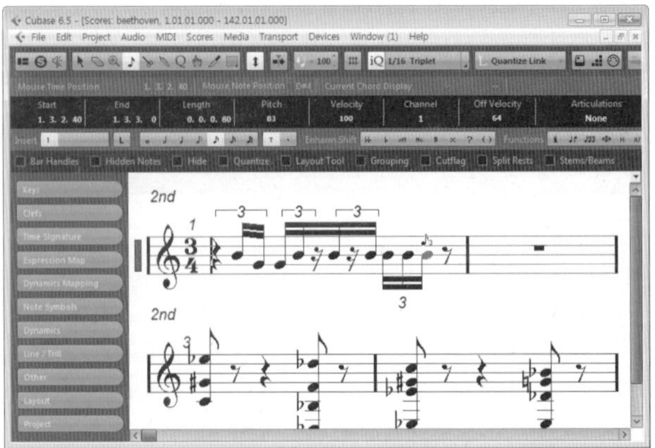

음표들이 연결되어 3잇단 음표가 된 모습

참고 **3잇단 음표에서 음표의 삭제**

3잇단 음표에서 원하는 음표를 삭제하려면 지우개 툴로 클릭한다.

지우개 툴로 클릭하는 모습

가운데 음표 2개를 삭제한 모습

③ 점 음표 입력 : 확장 툴바에서 입력할 음표를 선택한다. 그런 뒤 점 버튼을 클릭한 뒤 보표에서 음표를 입력하면 점 음표가 입력된다.

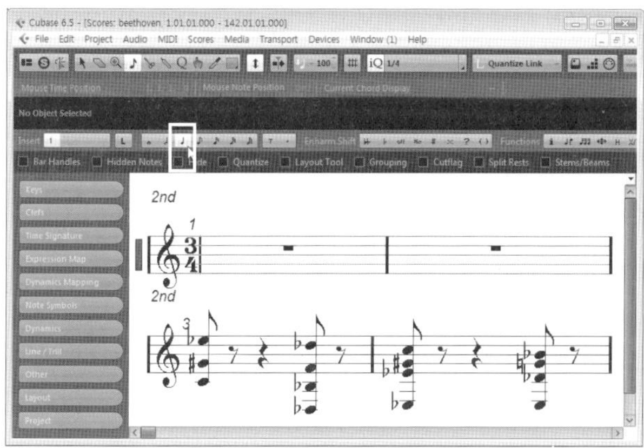

음표 툴 선택 후 4분음표 선택

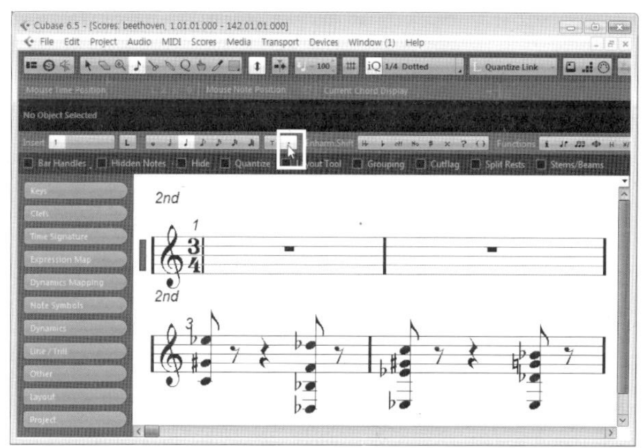

점 음표 버튼 클릭

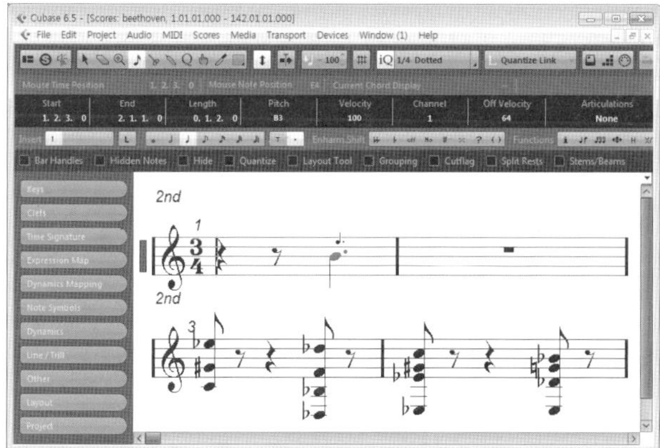

점 음표가 입력된 모습

Tip
점 음표의 또 다른 입력 방식

만일 쉼표 부분에서 점 음표를 입력하면 때때로 점 음표가 자동으로 나누어져 입력된다. 예를 들어 쉼표 부분에 점 8분음표를 입력하면 8분음표 + 16분음표로 나누어져 입력된다.

<table>
<tr><td>쉼표 부분에서 클릭하는 모습</td><td>점 음표가 자동 분할되어 입력된 모습</td></tr>
</table>

3. Enharm Shift 도구

엔하모닉(Enharmonic) 임시표를 붙이는 기능으로 이명동음(딴이름 한소리)을 설정할 때 사용한다. 이명동음은 음 이름은 다르지만 1옥타브를 12등분한 '12평균율 음조직'에서는 동일한 음으로 취급되어 피아노 같은 건반 악기에서 동일한 건반을 치는 음을 말한다. 예를 들어 '올림 다(도#)'와 '내림 라(레b)'는 음 이름이 다르지만 실제로는 같은 음으로 취급되어 건반에서 동일한 키를 쳐야 한다.

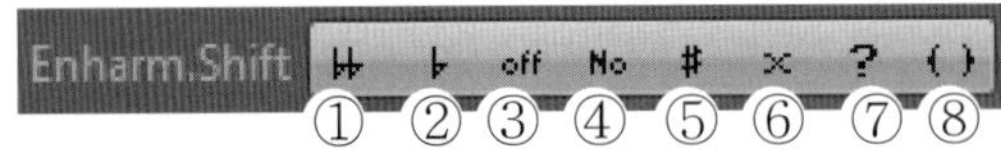

① bb 겹내림표(더블플랫) 버튼 : 선택한 음에 겹내림표 기호를 붙인다. 해당 노트가 반음 내려진 상태에서 다시 반음을 내린다. 즉 반음씩 두 번 내리게 하는 기호이다. 음표 머리 왼쪽에 붙으며 읽을 때는 겹내림 '사', 겹내림 '라' 등과 같이 읽는다. 보표에서 원하는 음을 선택한 뒤 이 버튼을 클릭하면 겹내림표가 붙는다.

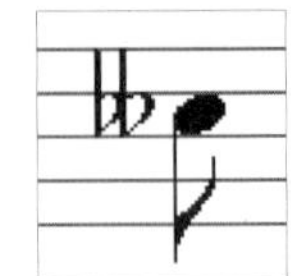

② b 내림표(플랫) 버튼 : 선택한 음에 내림표 기호를 붙인다. 해당 노트를 반음 내려진 상태로 읽는다. 조표로 사용할 경우 마디 맨 왼쪽 음자리표에 내림표를 붙여 모든 마디에 적용하고, 곡 도중 특정 음에 내림표를 붙일 경우 그 음표의 머리 왼쪽에 붙인다. 보표에서 원하는 음을 선택한 뒤 이 버튼을 클릭하면 내림표가 붙는다.

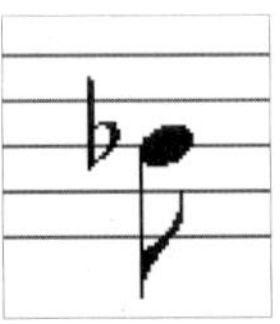

③ off 버튼 : 엔하모닉 기능을 아예 비활성 상태로 만든다.

④ No 버튼 : 음표에 붙인 내림표나 올림표를 화면에서 감춘다. 다시 클릭하면 감춘 기호가 다시 나타난다.

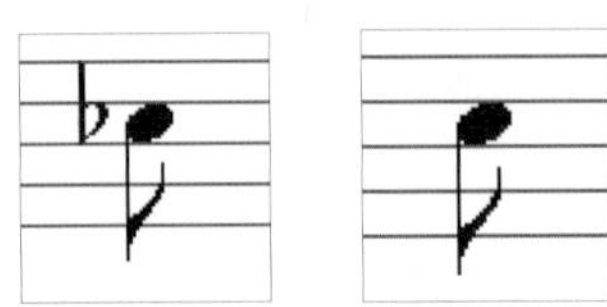

⑤ # 올림표(샵) 버튼 : 선택한 음에 올림표 기호를 붙인다. 해당 노트를 반음 올려진 상태로 읽는다.

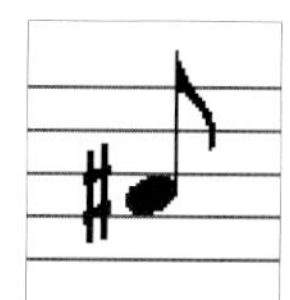

⑥ X 겹올린표(더블샵) 버튼 : 선택한 음에 겹올림표 기호를 붙인다. 해당 노트를 반음씩 2회 올려진 상태로 읽는다.

⑦ ? 제자리표 버튼 : 선택한 음에 제자리표(help accidental) 기호를 붙인다. 제자리표는 조표나 임시표에 의해 반음 변화가 생긴 음을 원래 음으로 되돌리는 기호이다.

⑧ ( ) 괄호 버튼 : 내림표나 올림표 등의 임시표 기호에 괄호를 첨부한다.

Tip

임시표를 마디 전체에 일괄 적용하기

임시표를 마디 단위로 적용하려면 PART 7. Score → Settings 메뉴의 Project → Accidentals 탭의 사용법을 참고한다.

4. Functions 도구

Functions 기능은 주로 악보의 레이아웃 등 악보 모양을 만들 때 사용한다.

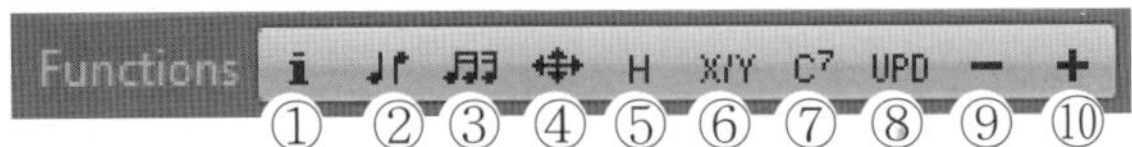

① 인포(Get Info) 버튼 : 특정 미디 이벤트의 정보를 확인하고 수정할 때 사용한다. 음자리표, 박자, 음표 등을 선택한 뒤 실행하면 각각 해당 이벤트를 확인하고 수정할 수 있다. 선택한 이벤트에 따라 대화상자가 달라진다. 인포 툴을 클릭하지 않고 해당 이벤트를 더블클릭해도 이벤트의 정보를 확인하고 수정할 수 있다.

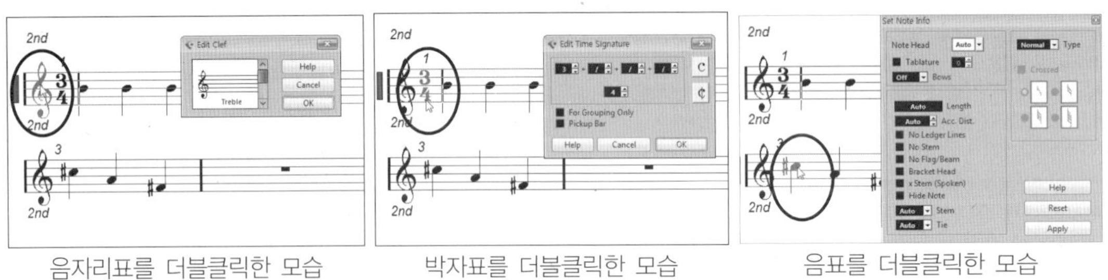

음자리표를 더블클릭한 모습   박자표를 더블클릭한 모습   음표를 더블클릭한 모습

② 플립(Flip) 버튼 : 선택한 음표를 위, 아래로 뒤집는다.

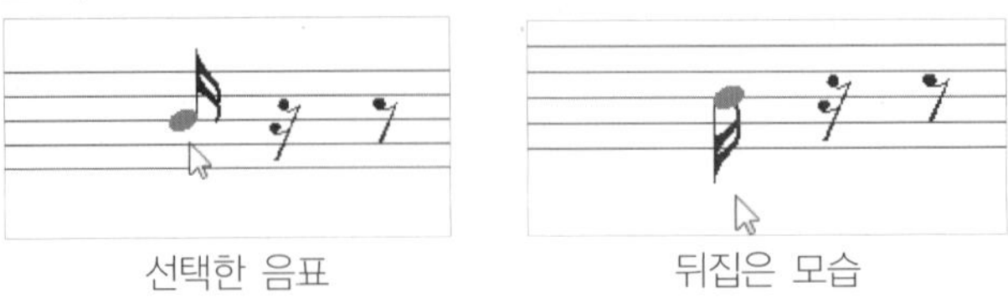

선택한 음표   뒤집은 모습

③ 그룹 노트(Group Note) 버튼 : 선택한 노트들을 그룹으로 묶은 뒤 빔 음표로 만든다. 만일 빔 음표에서 일부 음표를 선택한 뒤 이 버튼을 클릭하면 빔 음표에서 해당 음표를 해제시킨다.

음표를 선택하는 모습

그룹 노트 툴을 클릭해 빔 음표를 만든 모습

④ 오토 레이아웃(Auto Layout) 버튼 : 악보 인쇄 전 악보 레이아웃을 수정할 수 있다. 이 기능은 Score → Page Mode 메뉴를 적용해 페이지 모드에서 사용한다.

페이지 모드로 전환하는 모습

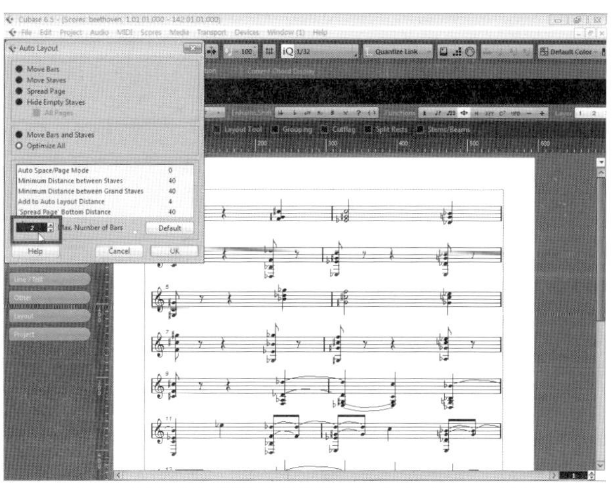

오토 레이아웃 툴을 클릭한 뒤 마디 수 2로 설정

⑤ 하이드(Hide) 버튼 : 선택한 음표나 마디를 화면에서 감출 때 사용한다. 미디 이벤트 뿐만 아니라 악보상에서 보이는 어떤 요소든 선택한 뒤 감출 수 있다. 악보 출력 전 감추고 싶은 요소를 감출 때 유용하다.

감출 부분을 선택한 모습

Hide 툴을 클릭해 감춘 모습

⑥ 포지션(Position Panel) 버튼 : 커서의 위치, 음표의 위치 등을 파악할 수 있는 포지션 인포 대화상자를 불러온다. 페이지 모드에서 룰러를 더블클릭해도 포지션 인포 대화상자를 불러올 수 있다. 측정 단위를 변경하고, 악보 상단 여백을 설정할 수도 있다.

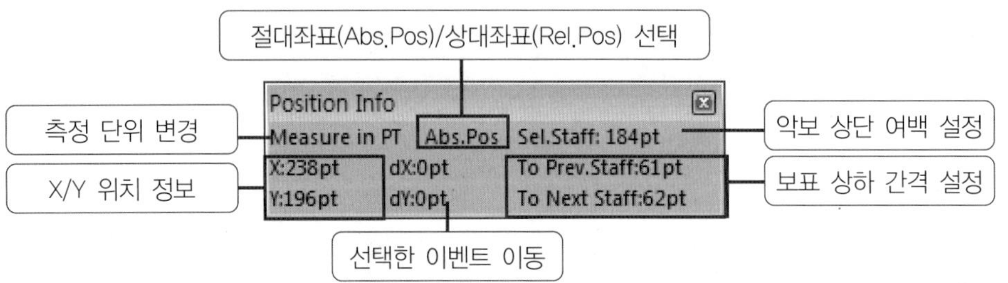

⑦ 코드 심벌(Make Chord Symbol) 버튼 : 음표가 2개 이상 겹쳐 있는 화음이 있는 음표를 선택한 경우, 이 버튼을 클릭하면 적당한 코드 이름을 찾아 삽입해 준다.

화음이 있는 음표를 선택한 모습	코드 툴을 클릭해 코드 이름을 생성시킨 모습

⑧ 업데이트(Force Update) 버튼 : 음표 입력 후 정렬이 제대로 되지 않았을 경우 강제로 정렬해준다. 먼저 정렬시킬 음표를 선택한 뒤 이 버튼을 클릭한다.

⑨ 원 다운(One Down) 버튼 : 선택한 음표의 성부를 아래 성부로 이동시킨다. 다성부 악보 작성 시 선택한 음표를 다른 성부로 이동시킬 때 유용한다. 다성부 입력 시에만 이 기능이 동작한다.

⑩ 원 업(One Up) 버튼 : 선택한 음표의 성부를 위쪽 성부로 이동시킨다. 다성부 악보 작성 시 선택한 음표를 다른 성부로 이동시킬 때 사용한다. 다성부 입력 시에만 이 기능이 동작한다.

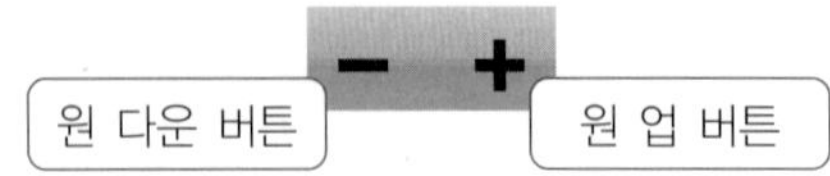

원 다운 버튼	원 업 버튼

5. 확장 툴바 - Layer 도구

악보 창에서 음표, 심벌, 기호 등의 이벤트를 레이어 별로 관리할 때 사용한다. 예를 들어 음표는 1번 레이어에 할당하고, 각종 악상 기호는 2번 레이어에 할당하면 음표 편집 시에는 1번 레이어만 켜고, 악상 기호 편집시에는 2번 레이어만 켜는 방식으로 편집할 수 있다. 이로 인해 편집 작업을 할 때 실수를 방지할 수 있다.

기본적으로 모든 이벤트는 1번 레이어에 할당되어 있고 모든 레이어 버튼이 켜 있는 상태이므로 작업 중 변경해야 한다.

참고로, 레이어 버튼 중에서 L 버튼은 Layout 심벌, P 버튼은 Global 심벌을 편집되지 않도록 잠글 때 사용한다. 꺼 있는 레이어는 회색 색상으로 처리된다.

원하는 악보를 불러온 뒤 1번 레이어 버튼을 마우스 오른쪽 버튼으로 클릭한다. 모든 이벤트가 1번 레이어에 할당된 것을 알 수 있다.

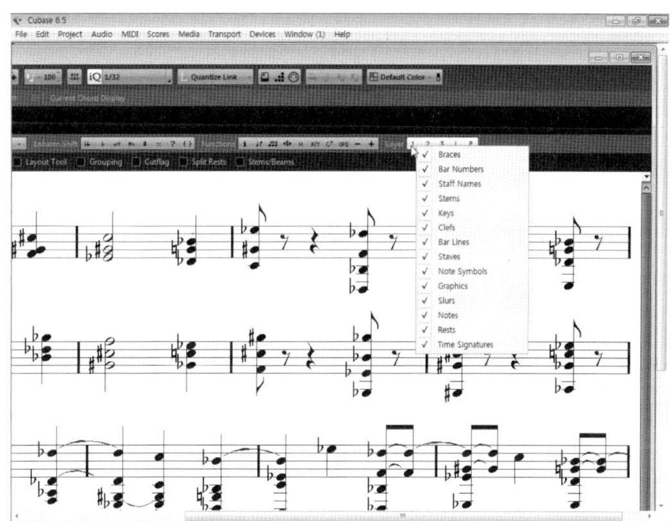

2번 레이어 버튼을 마우스 오른쪽 버튼으로 클릭한 뒤 Clefs와 Time Signature에 체크 표시를 한다. 이렇게 하면 Clefs(음자리표) 기호와 Time Signature(박자표)는 2번 레이어 속하게 된다.

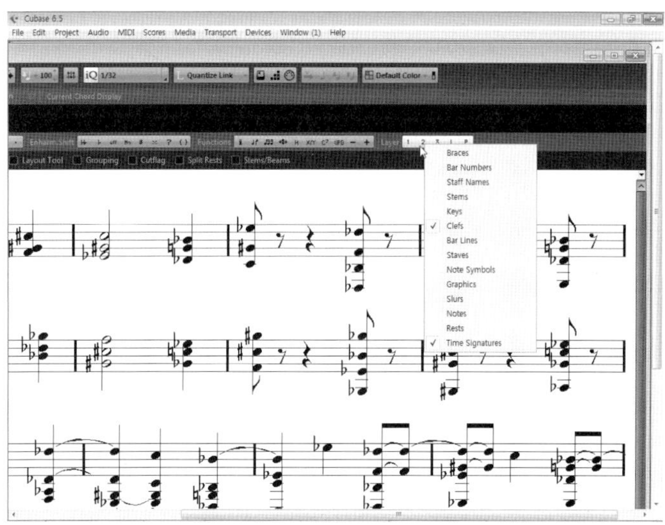

이제 편집 중 2번 레이어 버튼을 클릭해 꺼준다. 악보에서 음자리표와 박자표 기호는 연한 회색으로 반전되며 편집할 수 없음을 알 수 있다.

이처럼 레이어 기능은 각종 이벤트를 원하는 레이어별로 관리할 때 사용한다.

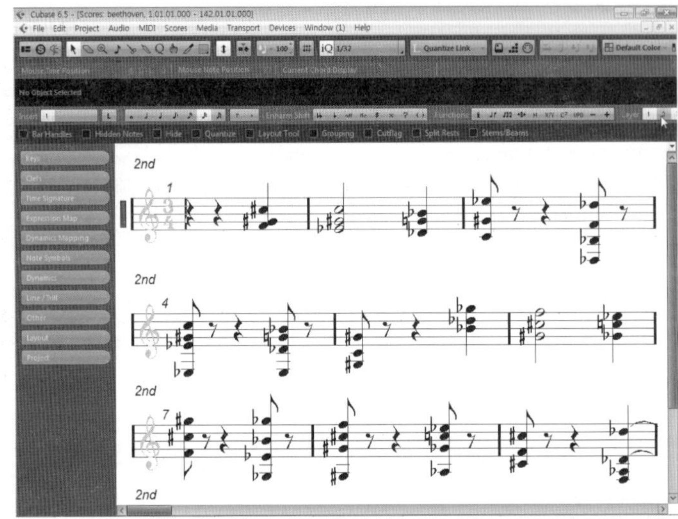

참고 **레이어로 관리할 수 있는 악보 이벤트들**

레이어 버튼을 마우스 오른쪽 버튼으로 클릭하면 레이어별로 이동시킬 수 있는 미디 이벤트들이 있다. 각각 무엇을 뜻하는지 알아본다.

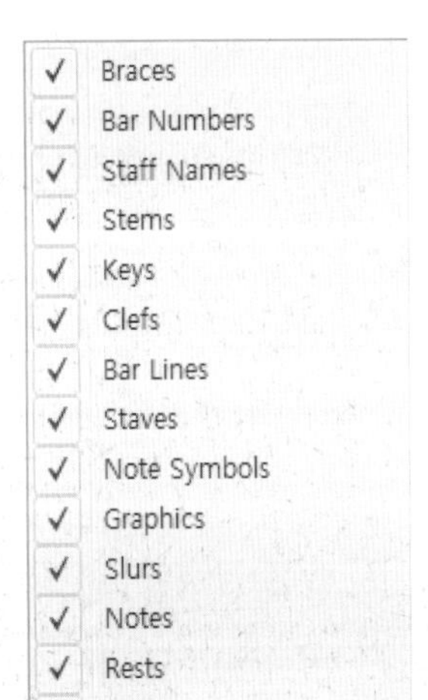

- Braces : 바 왼쪽에 있는 곡선 모양 괄호

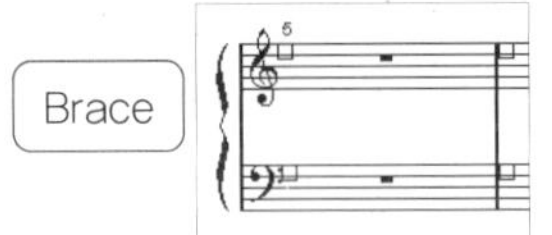

- Bar Numbers : 바에 있는 번호

- Staff Names : 트랙 이름

- Stems : 음표 꼬리 높이를 조절할 수 없도록 레이어로 관리

- Keys : 키(조표)

- Clefs : 음자리표 기호

- Bar Lines : 마디와 마디 사이를 나누는 바 라인

- Staves : 바(5개의 라인으로 된 오선지 라인을 말한다.)

- Note Symbols : 각종 노트 심벌

- Slurs : 이음줄

- Notes : 음표 머리

- Rests : 쉼표

- Time Signatures : 박자표

스코어 에디터 필터 툴바

필터 툴바는 필터 기능으로 사용한다. 체크하면 악보 창에서 해당 요소가 표시되고, 체크하지 않으면 해당 요소를 감출 수 있다.

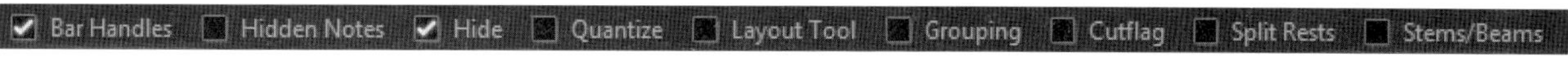

1. Bar Handlers 체크 항목

마디 부분마다 있는 사각형 핸들을 바 핸들이라고 부른다. 체크하면 바 핸들이 표시되고, 체크하지 않으면 바 핸들을 감출 수 있다. 바 핸들을 드래그하면 해당 바에 있는 노트와 이벤트를 이동시킬 수 있고, Alt + 드래그하면 복사할 수 있다. 바 핸들을 삭제하면 해당 바에 있는 노트와 이벤트가 모두 삭제된다.

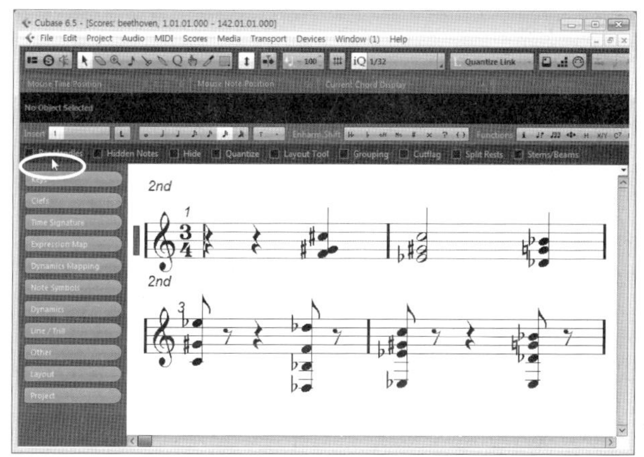

바 핸들을 감춘 모습

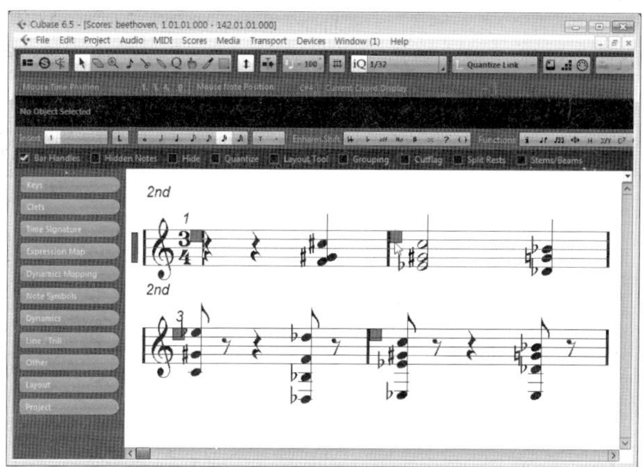

Bar Handlers을 표시한 모습

2. Hidden Notes 체크 항목

확장 툴바의 '하이드 버튼'으로 감추었던 이벤트들을 화면에 회색으로 표시해준다.

Hidden Notes 항목에 체크한 모습

3. Hide 체크 항목

확장 툴바의 '하이드 버튼'으로 감추었던 이벤트에 'Hide' 글자를 표시해준다.

4. Quantize 체크 항목

메인 툴바의 Q 툴로 음표를 퀀타이즈한 경우, 어느 음표가 퀀타이즈된 것인지 문자로 보여준다. 이때 표시되는 문자는
퀀타이즈되기 전의 원래 음 길이를 표시한다.

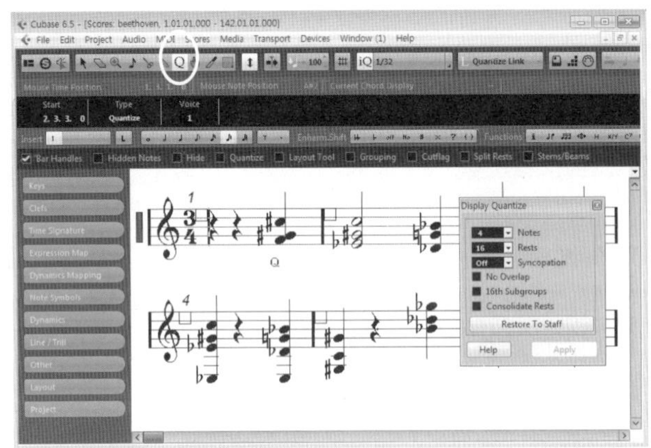

4분음표로 퀀타이즈하는 모습

Quantize 항목에 체크한 모습

5. Layout Tool 체크 항목

메인 툴바의 손 툴로 이동시킨 이벤트에 손 툴로 이동시켰음을 알리는 'Layout Tool' 글자를 표시해준다. 손 툴로 이벤트를
이동시키려면 Score → Page Mode 메뉴를 실행해 페이지 모드에서 작업해야 한다. 이동시킨 이벤트의 원래 위치를 파악할
목적으로 사용한다.

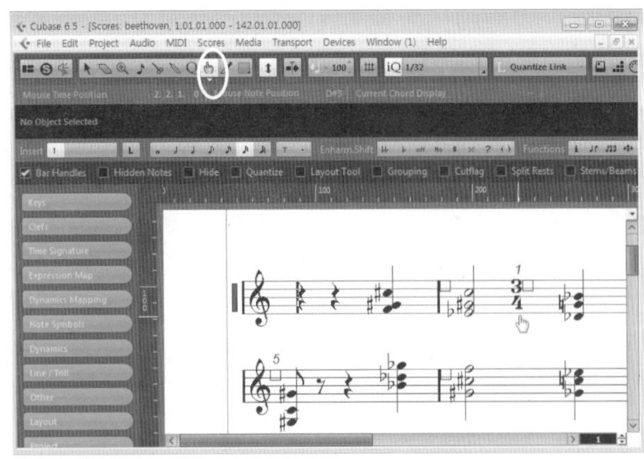

손 툴로 박자표를 이동시킨 모습

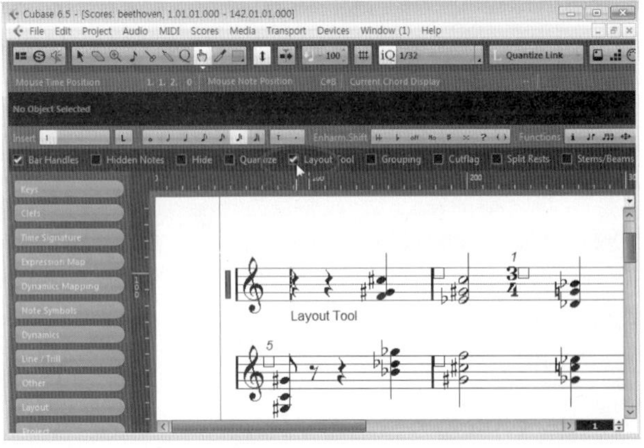

Layout Tool 항목에 체크해 이동시킨 이벤트의 원래 위치를
확인하는 모습

6. Grouping 체크 항목

선택한 여러 개의 음표를 그룹 툴로 빔 음표를 만든 경우, 이들 빔 음표에 Group이란 글자를 표시해준다. 표시된 Group 글자를 더블클릭하면 빔 음표의 모양을 수정할 수 있다.

선택 툴로 그룹화시킬 음표들을 선택한다.

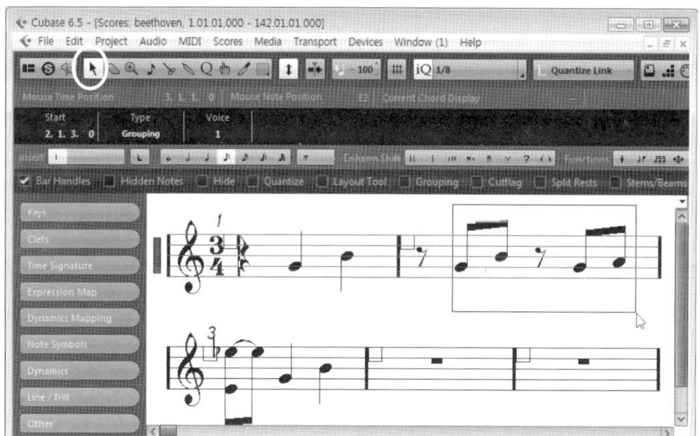

그룹 툴을 클릭하면 선택한 음표들이 빔 음표로 변경된다.

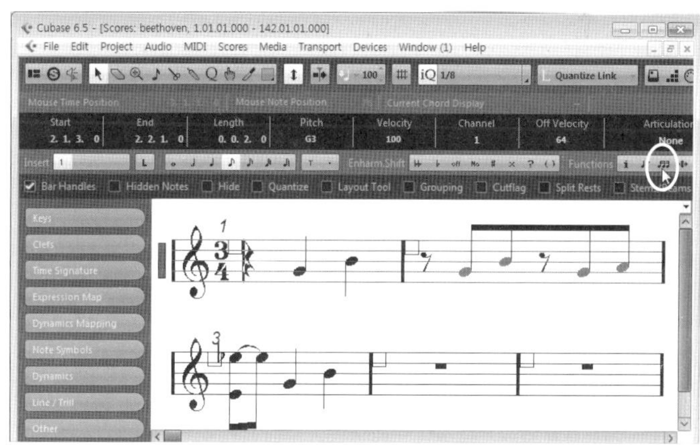

빔 모양을 수정하고 싶다면 방금 그룹화시킨 빔이 어디에 있는지 알아야 한다. 필터 툴바에서 Grouping 항목에 체크하면 그룹화시킨 빔 음표에 Group 문자가 표시된다.

Group 문자열을 더블클릭하면 Grouping 대화상자가
실행되어 빔 모양을 수정할 수 있다.

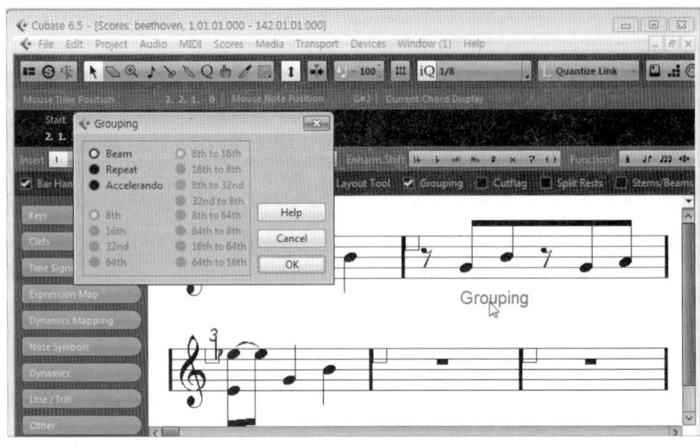

7. Cut Flag 체크 항목

나이프 툴로 분리시킨 음표들을 Cutflag 문자로 표시해준다. 분리시킨 음표를 나중에 다시 수정할 목적으로 사용한다.

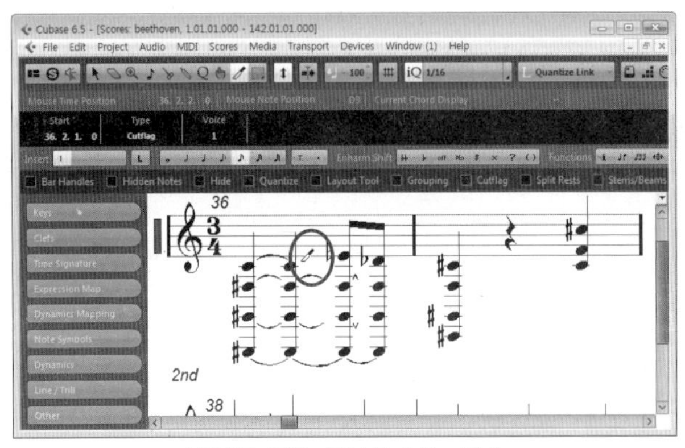

나이프 툴로 음표를 나눈 모습

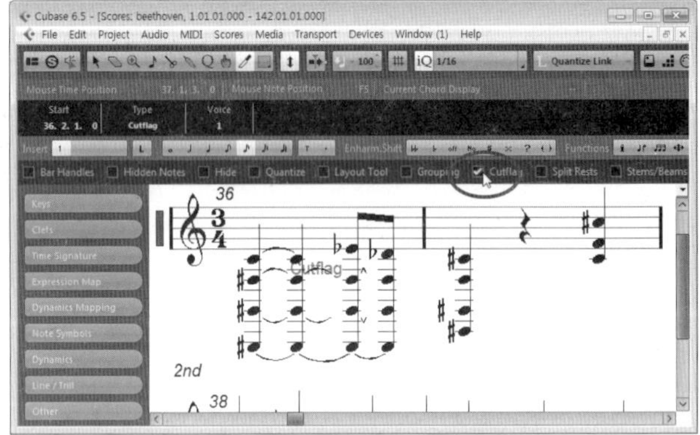

Cut Flag 항목에 체크한 모습

8. Split Rests 체크 항목

여러 개의 마디에 쉼표만 연속으로 있을 경우 모든 마디를 하나의 마디로 처리한 뒤 멀티 쉼표를 만들어 표시할 수 있다.
이때 멀티 쉼표 하단에는 합쳐진 마디 수가 표시된다.

멀티 쉼표는 나중에 필요에 따라 몇몇 마디를 분리할 수 있는데, 이때 Split Rests 항목에 체크하면 Split Rests 문자열이
분리된 마디 경계면에 표시되어 멀티 쉼표에서 분리된 마디임을 보여준다. 이 기능은 페이지 모드에서 동작한다.

실전예제 멀티 쉼표 만들고 다시 분리하기

악보를 작성하다 보면 시작 부분의 여러 마디에서 연속으로 쉼표가 나오는 경우가 있다. 이처럼 여러 개의 마디에서 쉼표만 나올 경우 이들 마디를 묶어 멀티 쉼표로 표시하는 것이 좋다.

01 File → New Project 메뉴를 실행한 뒤 More → Empty 프로젝트를 생성시킨다. Project → Add Track → Midi 메뉴로 새 미디 트랙을 생성시킨다. 연필 툴로 10마디 크기의 미디 클립을 그려준다.

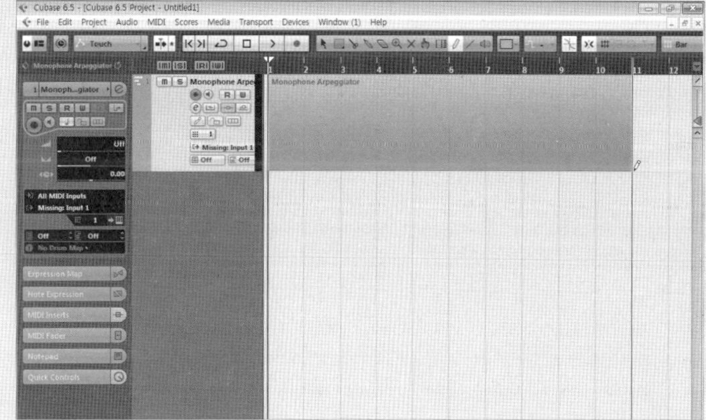

02 Ctrl + R을 눌러 악보 창으로 전환하면 10마디가 연속으로 쉼표로 구성되어 있는 악보가 보인다.

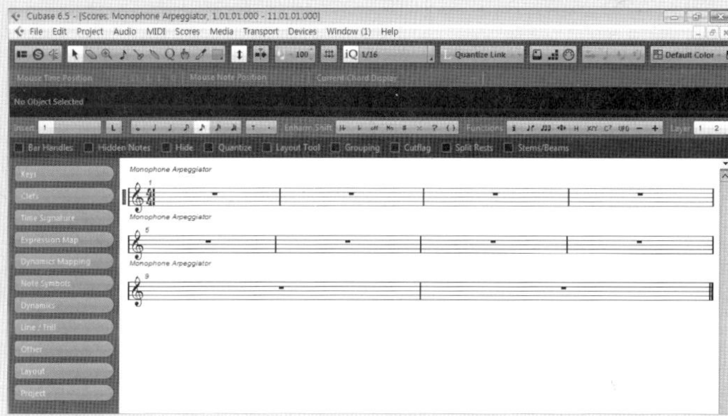

03 Score → Page Mode 메뉴를 적용해 페이지 모드로 전환한다.

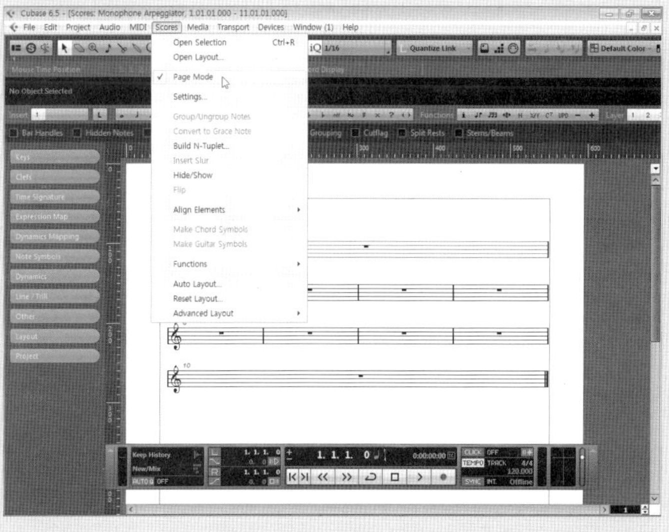

04 10마디 전체에 멀티 쉼표를 만들기 위해 Score → Settings 메뉴를 실행한다.

대화상자의 Layout 탭을 선택한 뒤 Multi Rests 항목에 9라고 입력한다. 9마디 이상만 멀티 쉼표로 전환한다는 뜻이다.

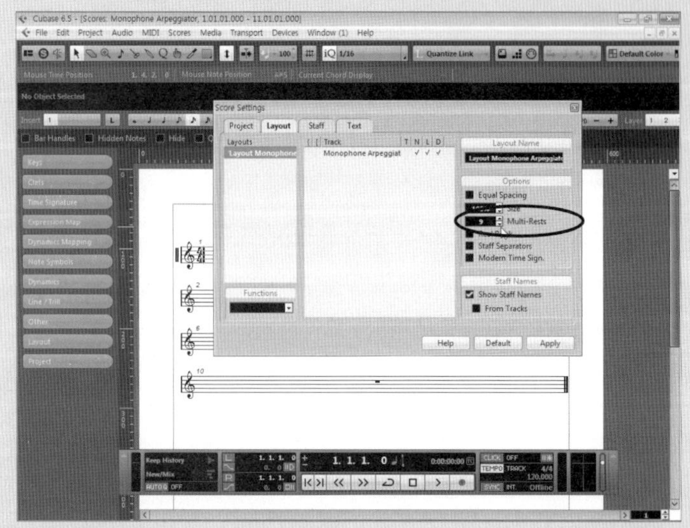

05 10마디가 하나의 마디로 변경되면서 화면 중앙에 멀티 쉼표가 나타난다. 멀티 쉼표 바로 밑에는 10이라는 숫자가 표시되어, 10마디가 멀티 쉼표로 전환되어 있음을 알려준다.

참고로, 멀티 쉼표를 다시 여러 마디의 쉼표로 나누려면 선택 툴로 멀티 쉼표를 더블클릭한 뒤, 대화상자에서 분리시킬 마디 수를 지정하면 된다.

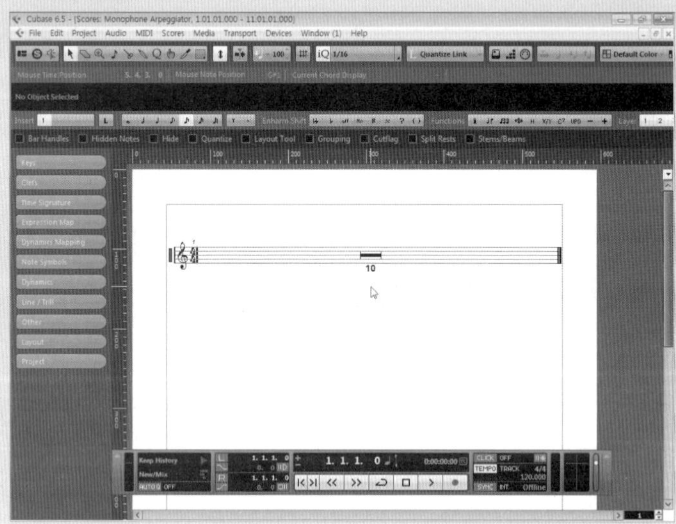

9. Stems/Beams

음표의 꼬리 높이와 빔이 수정된 음표가 있을 경우, 이를 표시해준다. 음표의 꼬리와 빔은 페이지 모드에서 수정할 수 있다.

악보 창에서 Score → Page Mode 메뉴를 적용해 페이지 모드로 전환한다.

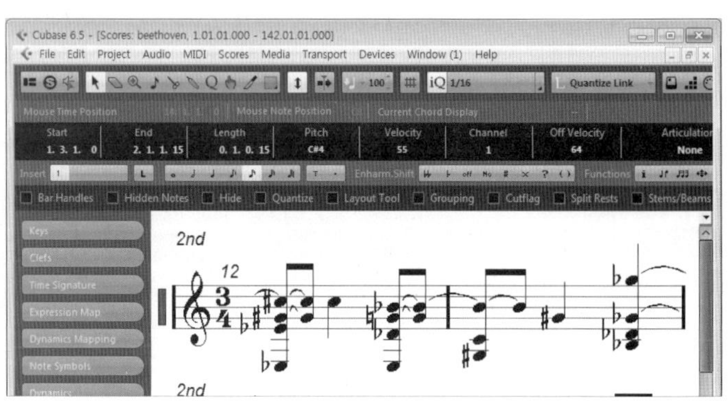

선택 툴로 빔의 꼭짓점을 클릭해 선택한다. 드래그하여
선택할 수도 있다.

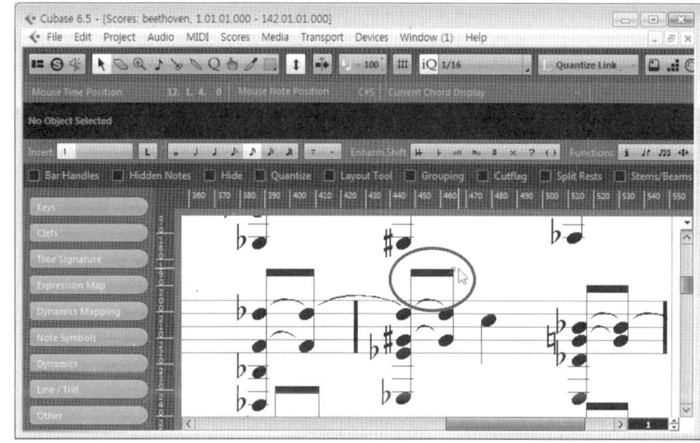

빔의 높이를 수정해준다. 이와 같은 방법으로 다른 음
표의 빔이나 음표 꼬리의 높이도 수정해 본다.

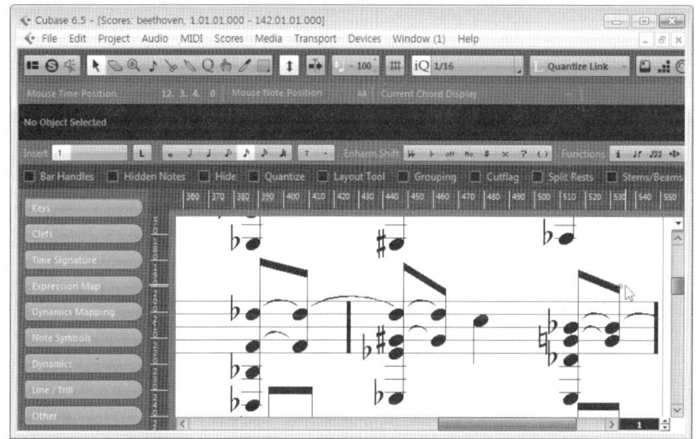

나중에 수정된 빔이나 꼬리를 찾아보려면 필터 툴바에
서 Stems/Beams 항목에 체크한다. 수정된 음표임을
알려주는 Stems이란 문자가 표시된다.

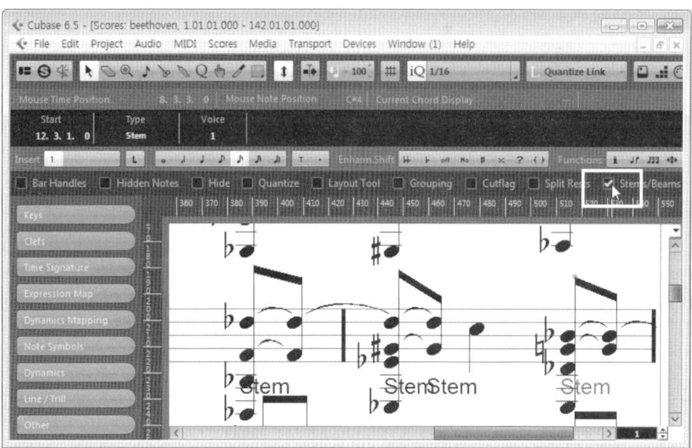

스코어 에디터 심벌 인스펙터

심벌 인스펙터는 악보에 음자리표, 박자표, 각종 아티큘레이션, 음악 심벌을 삽입하거나 수정할 때 사용한다. 스타카토, 포르테시모 등의 심벌과 음자리표, 조표, 기타 코드 등 다양한 음악 심벌을 삽입할 수 있다. 심벌 인스펙터가 보이지 않을 경우 악보 창 툴바의 레이아웃( ) 버튼을 클릭한 뒤 Symbols에 체크한다.

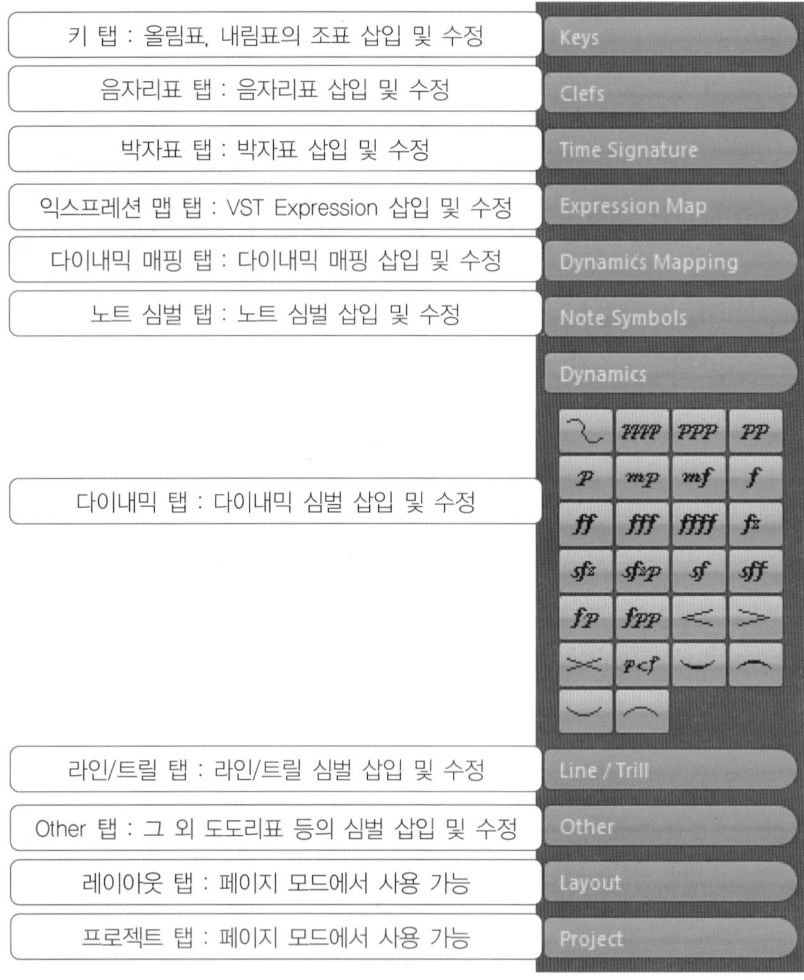

심벌 팔레트의 가장 큰 장점은 악보 입력에 중요한 조표, 음자리표, 박자 심벌을 원터치로 삽입하고 수정할 수 있다는 점에 있다.

1. 키 탭(Keys)

조표(調標, key signature)를 선택하고 삽입할 수 있다. 큐베이스는 음악 작곡에서 사용하는 14종의 모든 조표를 제공한다. 참고로, 다장조(C Major)의 경우에는 조표를 사용하지 않는다.

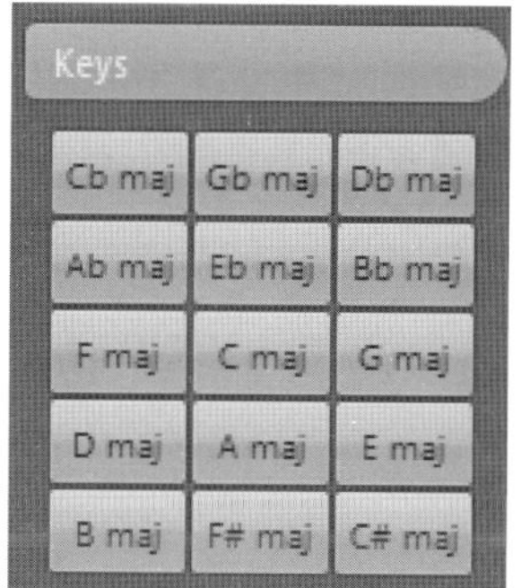

원하는 조표를 선택한 뒤 바 시작 부분의 음자리표와 박자표 사이를 클릭하면 조표가 삽입된다.

각각의 오선지마다 조표가 자동 삽입된 모습이다.

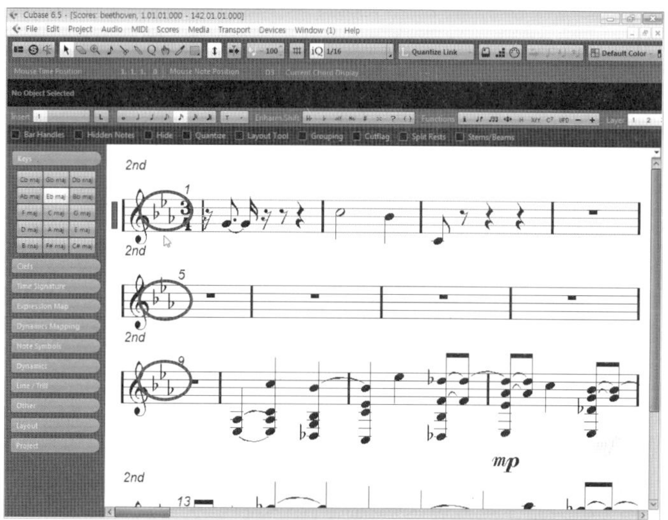

조표가 붙어 있는 음표는 아래와 같이 해당 음을 건반으로 칠 때 흰 건반으로 치는 것이 아니라 흰 건반 좌우에 있는 검정색 건반으로 올려치거나 내려친다.

올림표인 샵(#)이 걸쳐 있는 줄이나 칸에 있는 음을 건반으로 칠 때는 그 부분에 있는 흰색 건반 오른쪽의 검정색 건반으로 올려친다.

그림에서는 괄호( ]) 표시가 있는 줄이나 칸에 있는 음이 올려치는 음이다.

내림표인 플랫(b)이 걸쳐 있는 줄이나 칸에 있는 음을 건반으로 칠 때는 그 부분에 있는 흰색 건반 왼쪽의 검정색 건반으로 내려친다.

그림에서는 괄호( ]) 표시가 있는 줄이나 칸에 있는 음이 내려치는 음이다.

샵(#)과 플랫(b)이 붙었을 때 '도' 음을 찾는 방법은 매우 간단하다. 장조의 경우 #이 붙었을 때 마지막 #에서 7도 아래쪽에 있는 줄 또는 칸이 '도' 음이다. 이와 달리 플랫(b)이 붙었을 경우에는 마지막 b에서 4도 아래쪽에 있는 줄 또는 칸이 '도' 음이다.

단조의 경우 무조건 장조 '도' 음에서 3도 아래쪽 줄 또는 칸이 '도' 음이다.

장조의 경우 플랫이 붙었을 때
마지막 b에서 4도 아래가 '도' 음
단조는 여기서 3도 아래가 '도' 음

장조의 경우 샵이 붙었을 때
마지막 #에서 7도 아래가 '도' 음
단조는 여기서 3도 아래가 '도' 음

참고 · 조표(Key Signature)란 무엇일까?

조표는 어떤 음계에서 올림음과 내림음을 오선지 맨 왼쪽에 표시한 것을 말한다. 각각 7가지 종류가 있으므로 올림표와 내림표 포함 총 14종이다. 장조와 단조까지 합치면 총 28종이지만 장조와 단조는 같은 조표를 사용하므로 조표의 종류는 총 14종이라 할 수 있다. 총 14종 가운데 절반 정도의 조표를 흔히 사용한다.

조표에 의해 으뜸음 '도' 음계가 달라진다. 지금부터 설명하는 각각의 그림상에서 첫 번째 음표는 장조의 '도' 음이고, 두 번째 음표는 단조의 '도' 음이다.

1. 다장조/가단조

다장조는 으뜸음이 '다'인 장음계를 말하며 조표상 #이나 b이 붙지 않는다. 샵(#) 또는 플랫(b)이 없으므로 피아노 연주 시 그대로 도레미파솔라시도 흰 건반만 친다. 가단조는 '가'가 으뜸음인 단음계(Minor Scale)이다.

2. 사장조/마단조

사장조는 으뜸음(도)이 '사'에서 시작하는 장조를 말하며, 마단조는 으뜸음이 '마'에서 시작하는 단조이다. 조표상 1개의 샵(#)이 붙는다. 오선지상에서 샵(#)이 붙은 줄이나 칸이 올림음이 되므로 그 부분 음계를 칠 때는 흰 건반이 아닌 검정 건반으로 올려친다.

3. 라장조/나단조

라장조는 으뜸음이 '라'인 장조를 말하며, 나단조는 으뜸음이 '나'인 단조이다. 조표상 2개의 샵(#)이 붙고 샵이 붙은 줄이나 칸에서 검정색 건반으로 올려진다.

4. 가장조/올림 바단조

조표상 3개의 샵(#)이 붙는다. 샵이 붙은 줄이나 칸을 건반으로 칠 때는 검정색 건반으로 올려친다.

5. 마장조/올림 다단조

조표상 4개의 샵(#)이 붙는다. 샵이 붙은 줄이나 칸을 건반으로 칠 때는 검정색 건반으로 올려친다.

6. 나장조/올림 사단조

조표상 5개의 샵(#)이 붙는다. 샵이 붙은 줄이나 칸을 검정색 건반으로 올려친다.

7. 올림 바장조/올린 라단조

조표상 6개의 샵(#)이 붙는다. 샵이 붙은 위치나 칸을 검정색 건반으로 올려친다.

8. 올림 다장조/올림 가단조

조표상 7개의 샵(#)이 붙는다. 샵이 붙은 위치나 칸을 검정색 건반으로 올려친다.

9. 바장조/라단조

조표상 1개의 플랫(b)이 붙는다. 플랫이 붙은 줄이나 칸을 건반으로 칠 때는 검정색 건반으로 내려친다.

10. 내림 나장조/사단조

조표상 2개의 플랫(b)이 붙는다. 플랫이 붙은 줄이나 칸을 건반으로 칠 때는 검정색 건반으로 내려친다.

11. 내림 마장조/다단조

조표상 3개의 플랫(b)이 붙는다. 플랫이 붙은 줄이나 칸은 검정색 건반으로 내려친다.

12. 내림 가장조/바단조

조표상 4개의 플랫(b)이 붙는다. 플랫이 붙은 줄이나 칸을 검정색 건반으로 내려친다.

13. 내림 라장조/내림 나단조

조표상 5개의 플랫(b)이 붙는다. 플랫이 붙은 줄이나 칸을 검정색 건반으로 내려친다.

14. 내림 사장조/내림 마단조

조표상 6개의 플랫(b)이 붙는다. 플랫이 붙은 줄이나 칸을 검정색 건반으로 내려친다.

15. 내림 다장조/내림 가단조

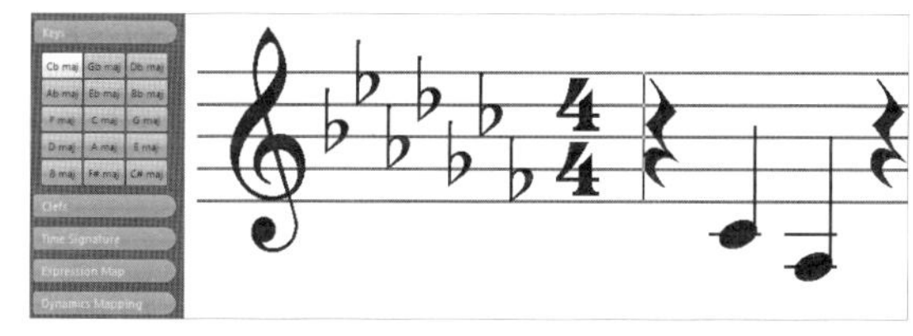

조표상 7개의 플랫(b)이 붙는다. 플랫이 붙은 줄이나 칸을 검정색 건반으로 내려친다.

2. 음자리표 탭(Clefs 팔레트)

Clefs 팔레트는 음자리표를 삽입할 때 사용한다. 음자리표란 오선지에서 전체 음역을 보여주는 것을 말한다. 음자리표는 높은 음 악기와 낮은 음 악기를 한 보표상에서 동시에 표기할 수 없어 만들어졌다. 높은 음자리표는 우리가 흔히 보는 음자리표를 말하며 일반적으로 높은 음역대의 악기에서 사용한다. 낮은 음자리표는 낮은 음 악기용 보표로 사용한다.

Clefs 팔레트에서 원하는 음자리표를 선택한 뒤 오선지의 음자리표 위치를 클릭하면 음자리표가 삽입된다.

낮음 음자리표 선택

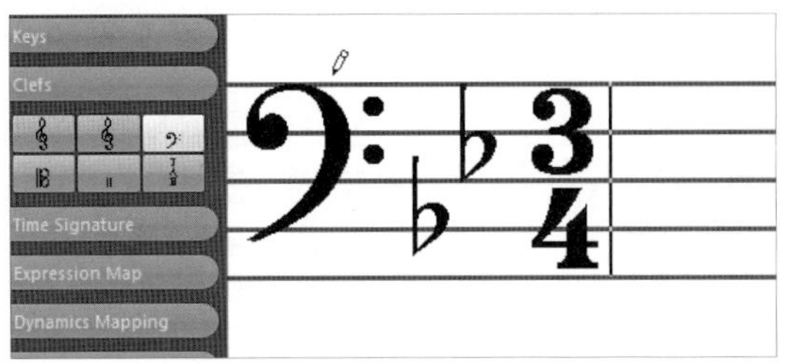

낮은 음자리표를 입력한 모습

참고 음자리표의 종류

큐베이스의 Clefs 팔레트는 다음과 같이 6개의 음자리표를 제공한다.

1. 높은 음자리표(Treble/사(솔, G) 음자리표)

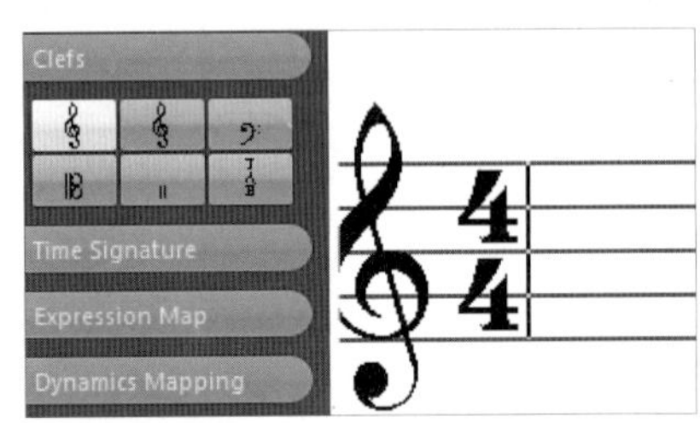

도, 레, 미의 도(흔히 가온다라고한다)보다 높은 음을 작곡할 때 선택한다. 높은 음 악기인 바이올린, 플루트, 오보에, 클라리넷, 트럼펫용 작곡을 할 때 사용하며 피아노 오른손, 일반 성악곡을 작곡할 때 사용한다.

2. 8va 음자리표

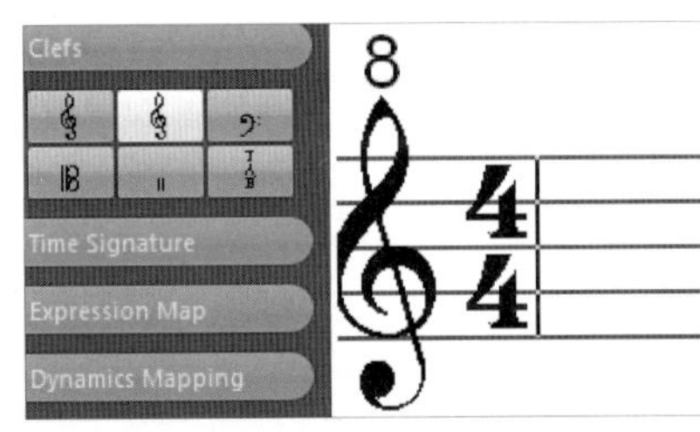

높은 음자리표보다 한 옥타브 높은 음자리표이며 8이라는 숫자가 상단부에 붙는다. 만일 11이라는 숫자가 있으면 11음 더 높은 보표를 뜻한다. 낮은 음자리표의 경우 8이라는 숫자를 낮은 음자리표 밑에 붙여서 한 옥타브 더 낮은 보표임을 표시한다.

3. 낮은 음자리표(Bass/바(파, F) 음자리표)

가온다(도)보다 낮은 음을 그릴 때 사용한다. 낮은 음 악기인 첼로, 더블베이스, 바순, 튜바, 트롬본 악보 작성에 사용한다. 또한 낮은음으로 반주하는 피아노 왼손, 베이스 기타 같은 낮은 악기의 악보는 낮은 음자리표로 작성해야 한다.

4. 가온 음자리표(C, 다음자리표)

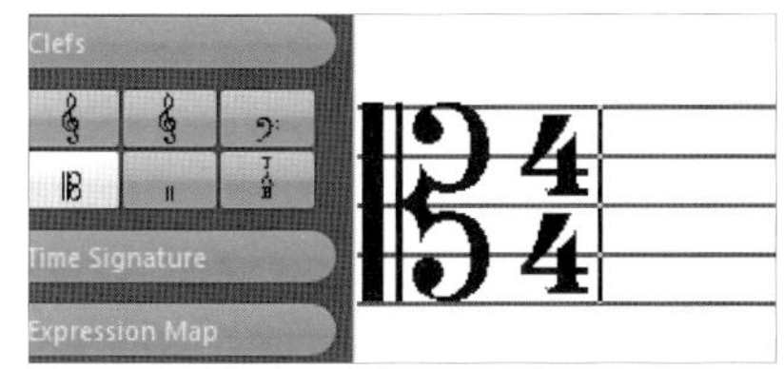

가온 음자리표는 두 가지가 있는데 큐베이스의 가온 음자리표는 흔히 알토보표라고도 말하며 비올라에서만 사용하기 때문에 비올라 음자리표라고도 말한다. 따라서 비올라 악보를 만들 때 이 음자리표를 사용해야 한다.

5. Percussion 음자리표

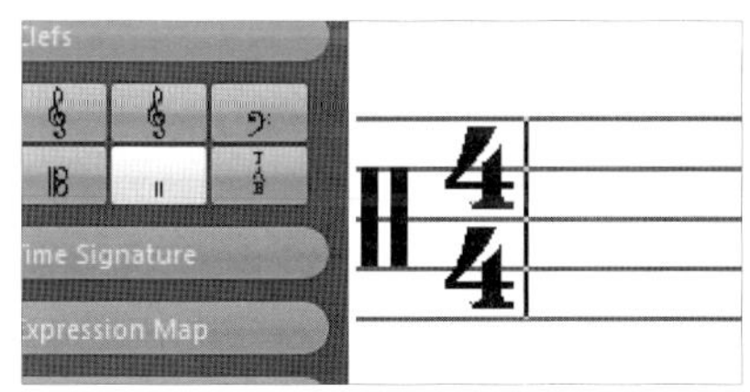

타악기용 음자리표이다. 여러 개의 타악기용 보표에 사용한다.

6. 타브 음자리표

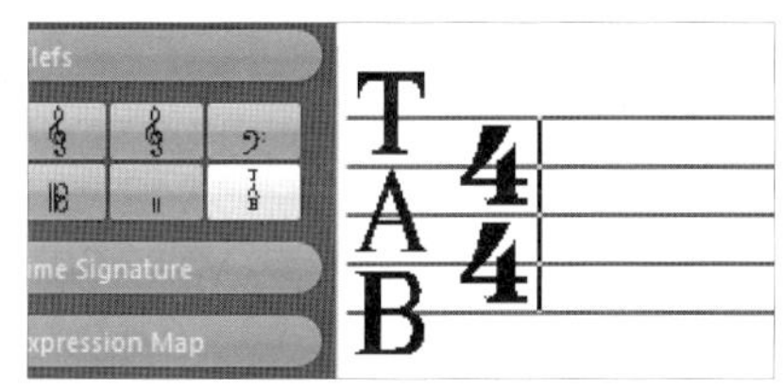

기타를 연주할 때 사용하는 타브 악보용 음자리표이다.

3. 박자표 탭(Time Sign 팔레트)

Time Sign 팔레트는 박자표를 삽입할 때 사용한다.

박자표란 한 마디 안의 박자수를 말하는데, 분모에 해당되는 숫자는 음표의 길이이고, 분자에 해당하는 숫자는 한 마디 안의 음표 개수를 말한다.

원하는 박자를 선택한 뒤 보표에서 클릭하면 바로 박자표가 삽입된다.

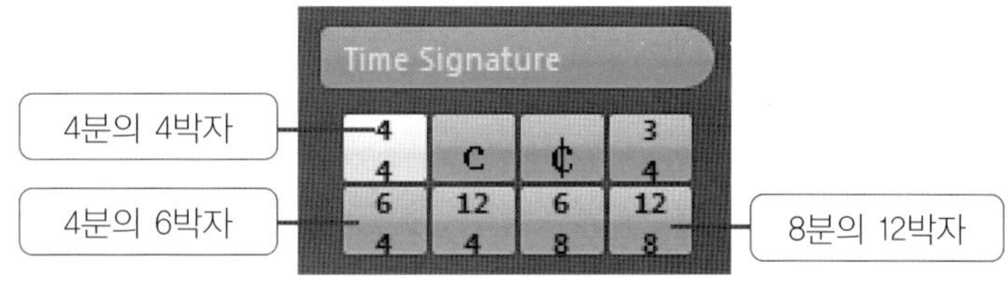

참고로, **C** 박자는 4분의 4박자를 말하고, **¢** 박자는 2분의 2박자를 말한다. 이들 박자는 르네상스 이전 사용된 박자표이다.

4. 익스프레션 맵 탭(Expression Map 탭/ 큐베이스 5의 VST Expression 팔레트)

VST Expression 기능을 지원하는 가상악기가 미디 트랙에 연결된 경우, 해당 미디 트랙에서는 트레몰로 같은 심벌을 음표 상에 찍으면 실제 연주할 때 트레몰로로 연주를 해준다.

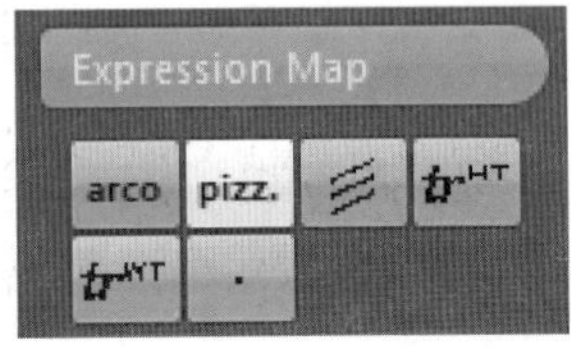

악보에 트레몰로 심벌이나 피치카토 심벌을 찍으면 바이올린 연주자들이 악보를 연주할 때 트레몰로나 피치카토로 연주하게 된다. 그러나 미디 악보는 악보상에 이런 심벌이 있어도 이를 인식하지 않고 단지 악보상에 표기하는 데에 의의를 가지고 있었다. 하지만 큐베이스는 5.0 버전부터 악보상의 아티큘레이션 심벌들을 해석해 곡을 Play할 때 심벌이 지시한 대로 곡을 Play하기 시작했는데 이를 VST Expression 기능이라고 한다.

VST Expression 기능을 지원하는 가상악기는 VST3 버전에 속하는 가상악기들이며 특히 큐베이스의 HALion Symphonic Orchestra 가상악기가 가장 대표적인 악기이다. VST Expression 지원하는 HALion Symphonic Orchestra 가상악기도 모든 악기 음색(패치)이 VST Expression을 지원하지 않고 바이올린 같은 현악기들이 VST Expression 기능을 지원한다. Expression Map 탭은 VST Expression 기능을 지원하는 심벌을 악보에 입력할 때 사용한다. 예를 들어 트레몰로 심벌을 삽입한 뒤, 곡을 Play할 때 실제 트레몰로로 연주되는지 확인하려면 PART 7 File → New 메뉴를 참고한다.

5. 다이내믹 매핑 탭(Dynamics Mapping)

Note Expression 기능과 연동해 사용하는 기능이다. 외장 미디 컨트롤러, 외장 VST 컨트롤러로 조절 가능한 다이내믹 심벌을 악보에 삽입할 수 있다. 외장 컨트롤러와의 매핑 상태는 탭에서 심벌을 마우스 오른쪽으로 클릭한 뒤 Setup 메뉴를 실행한 뒤 설정한다.

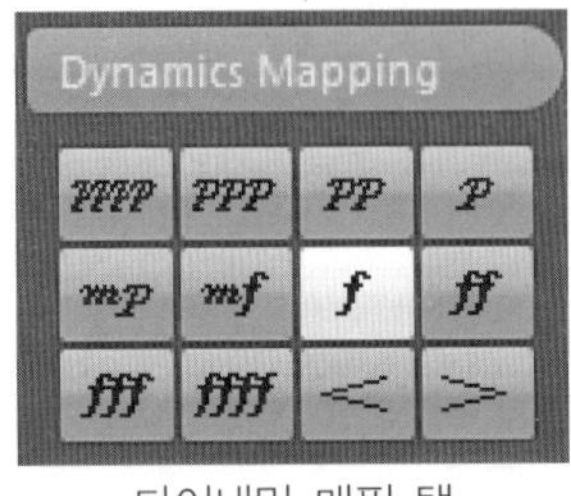
다이내믹 매핑 탭

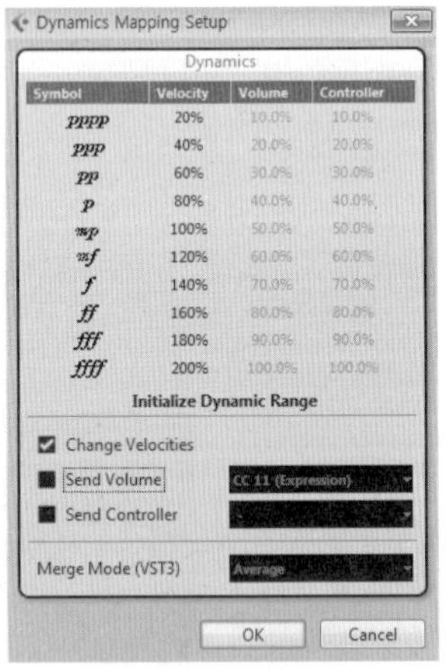

다이내믹 매핑 셋업 대화상자

6. 노트 심벌 탭(Note Symbols)

스타카토, 악센트, 테누토 등의 노트 심벌을 악보에 입력할 수 있다. 원하는 심벌을 선택한 뒤 음표를 클릭하면 해당 심벌이 음표 위나 옆에 입력된다. 입력한 심벌은 Alt + 드래그로 복사할 수 있고, 이중으로 다른 심벌을 입력할 수도 있다.

노트 심벌의 종류

악보상에 삽입한 노트 심벌이 어떤 역할을 하는지 알아본다. VST Expression 기능을 지원하는 외장악기를 연결한 경우, 곡을 Play할 때 심벌이 지시한 내용을 해석하고 곡이 Play된다. 예를 들어 Accent(악센트) 심벌이 삽입된 음표는 Play할 때 그 음만 특히 세게 연주해준다. 참고로, 악보에 삽입한 심벌을 삭제하려면 심벌을 마우스로 선택한 뒤 Del 키를 누른다.

staccato(스타카토) : 짧게 끊어 연주하기

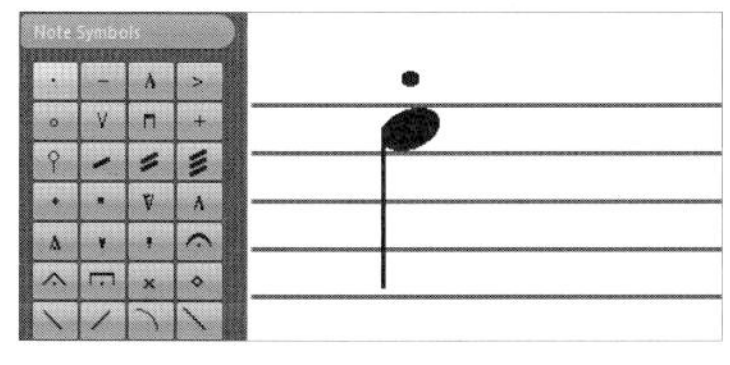

해당 음표를 2분의 1 길이로 짧게 끊어 연주하기. 해당 음표의 나머지 음길이는 쉼표로 사용한다.

Tenuto(테누토)

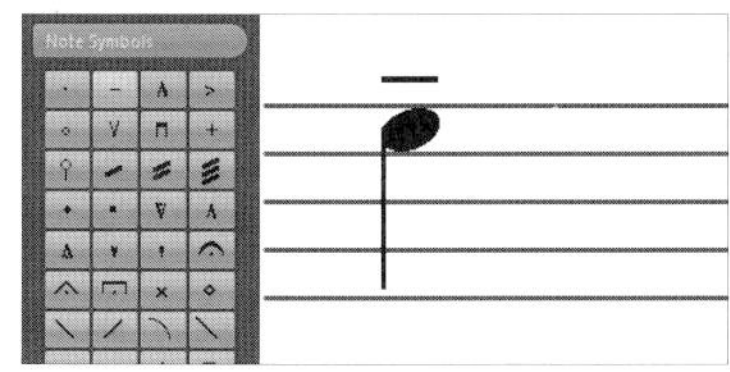

그 음의 음길이를 제 길이만큼 충분히 연주한다. Non-Legato 로 사용할 수도 있다.

Marcato(마르카토)

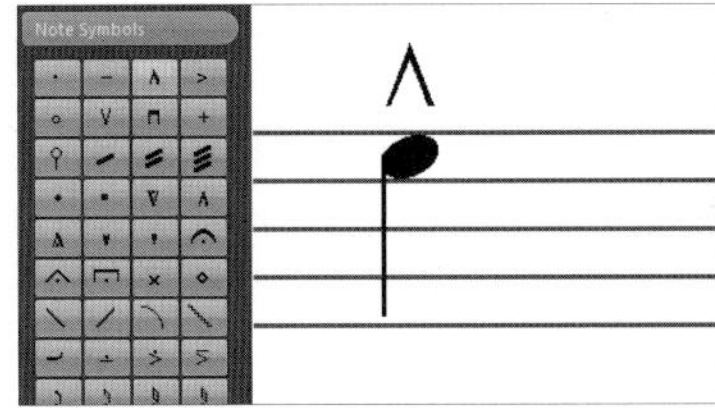

그 음을 뚜렷하게 끊어 연주. 스타카토와 악센트를 합친 것으로 볼 수 있다.

Accent(악센트)

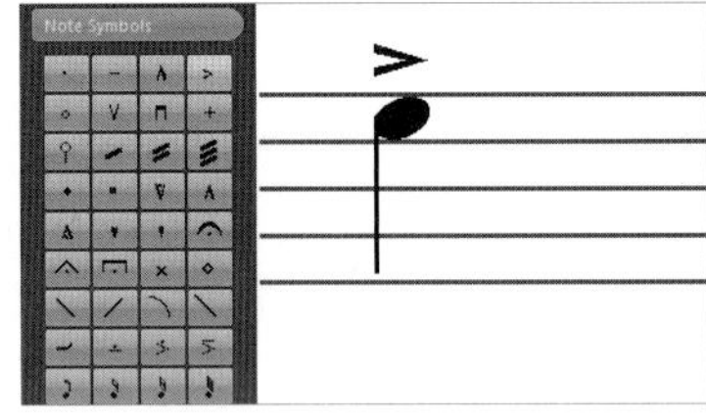

그 음만 특히 세게 연주

Pizzicato(피치카토)

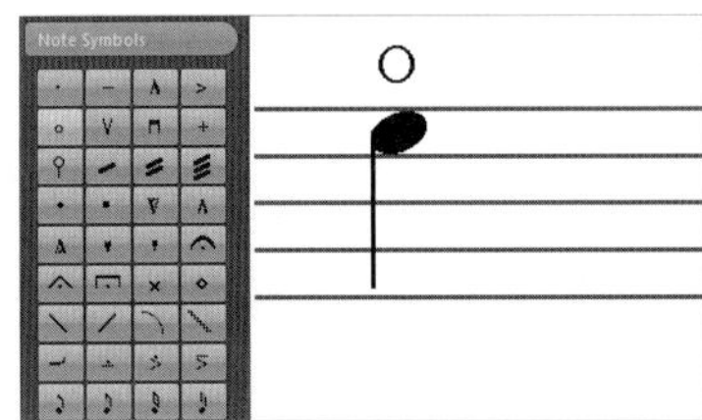

현악기의 현을 손톱으로 튕겨 연주한다. 글자로는 보통 pizz라고 입력한다. 다시 활로 연주하게 하려면 arco(활)라고 입력한다.

Bow Up(올림 활)

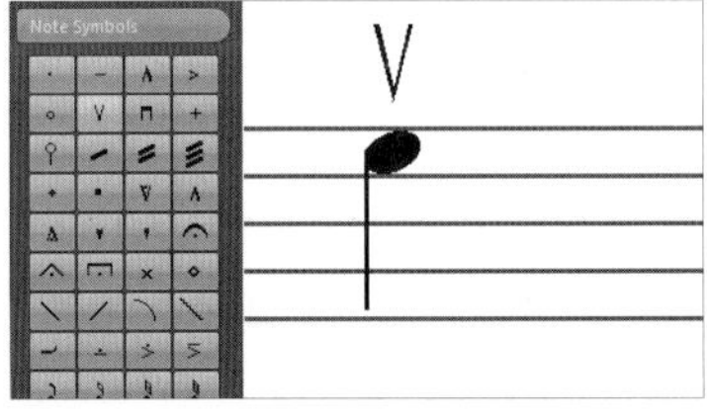

현악기의 활을 위로 올려 연주한다.

Bow Down(내림 활)

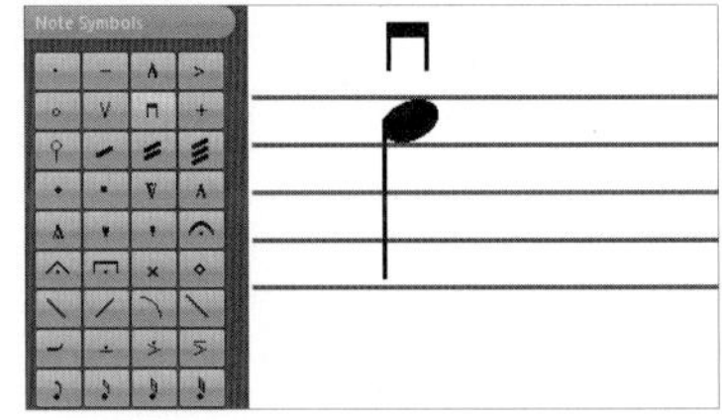

현악기의 활을 아래로 내려 연주한다.

Damped(Left-hand pizzicato 또는 Stopped note)

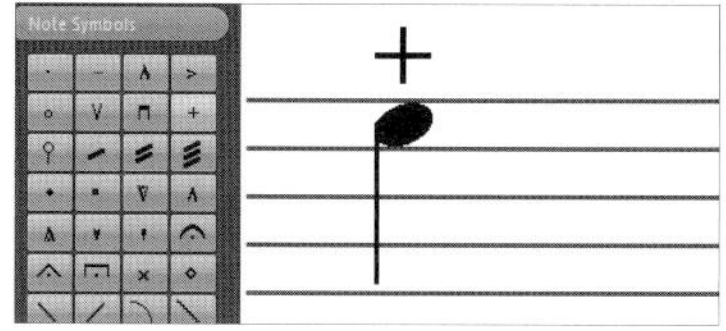

현악기에서는 왼손 피치카토 주법을 말한다. 호른 연주에서 해당 노트를 연주하지 않음을 뜻한다고도 한다.

테뉴토 + 악센트

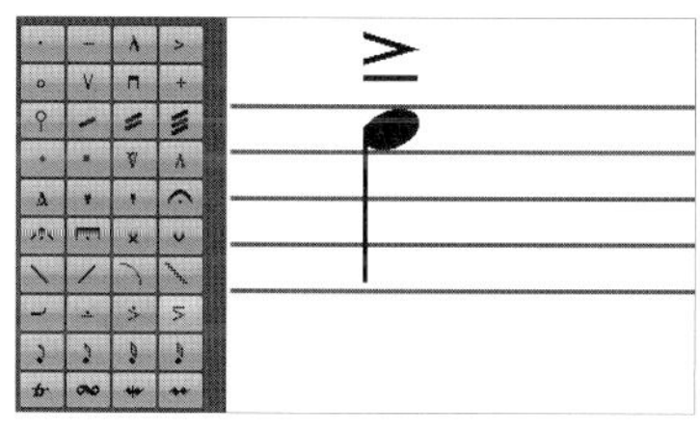

테뉴토와 악센트가 결합된 형태로 추정된다.

Tremolo(트레몰로, 솔 내림)

트레몰로란 어떤 음을 되풀이 연주하여 떨림음 효과가 발생하는 연주 기법이다. 주로 현악기 보표에서 사용한다. 4분음표에 트레몰로 심벌이 1개 있을 경우, 4분음표를 2개로 나누어 4분음표 길이만큼 치라는 뜻이므로 8분음표를 2번 치면 된다.

4분음표에 트레몰로 심벌이 2개 있을 경우, 4분음표를 2개로 나눈 뒤 나누어진 것을 다시 2개로 나누어 연주하려는 뜻이므로 16분음표를 4분음표 길이만큼 연속으로 치라는 뜻이다.

4분음표에 트레몰로 심벌이 3개 있을 경우, 4분음표를 2개로 나눈 뒤, 나누어진 것을 다시 2개로 나누고, 또 다시 나누어진 것을 다시 2개로 나누어 연주하라는 뜻이므로 32분음표를 4분음표 길이만큼 연속으로 치라는 뜻이 된다.

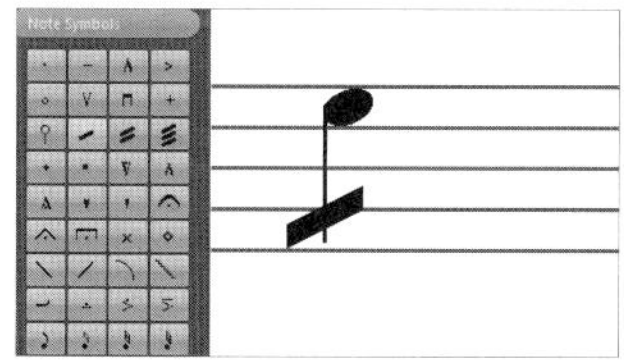 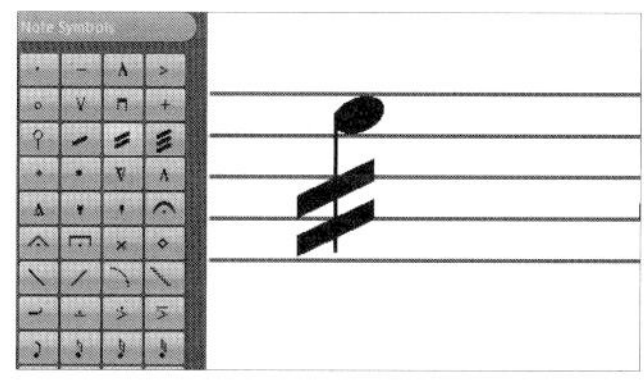 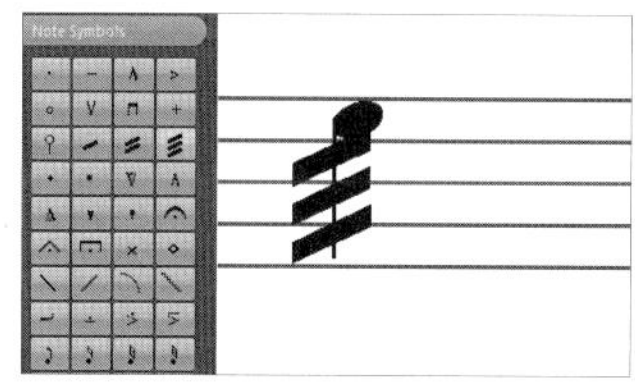

Open Hihat

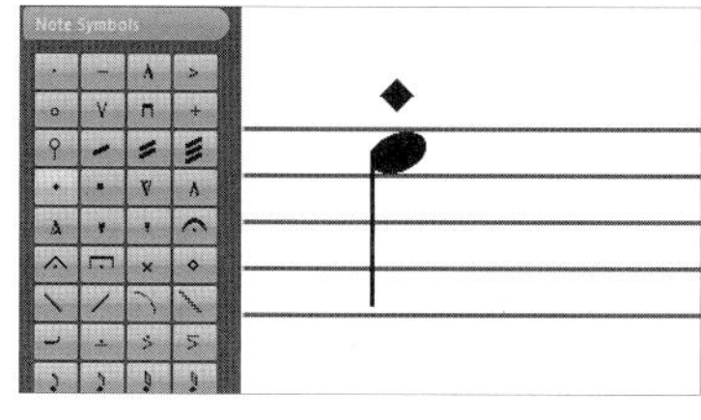

드럼 연주에서 발을 들어 2장의 심벌즈가 떨어진 상태에서 위쪽 심벌을 스틱으로 두들긴다.

Closed Hihat

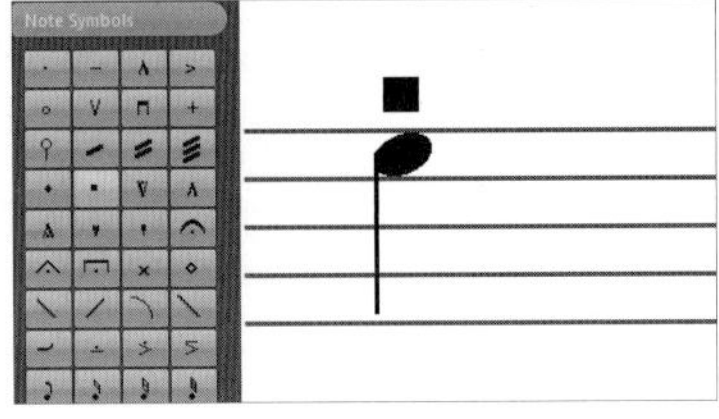

드럼 연주에서 발을 밟아 2장의 심벌즈가 붙은 상태에서 심벌을 스틱으로 두들긴다.

Martellato(마르텔라토)

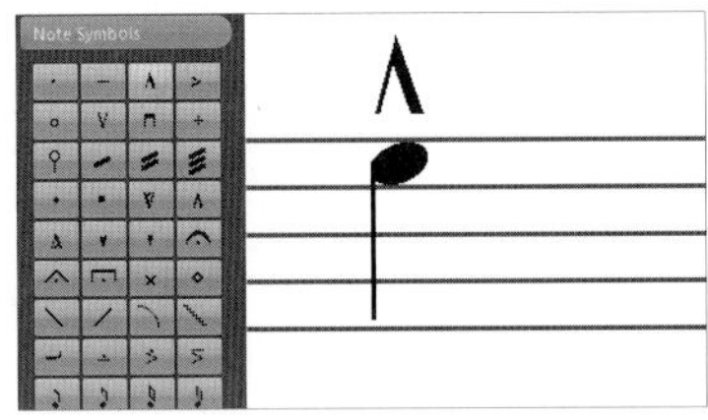

스타카토보다 더 짧고 날카롭게 연주. 바이올린 등에서 사용한다.

Staccatissimo(스타카티시모)

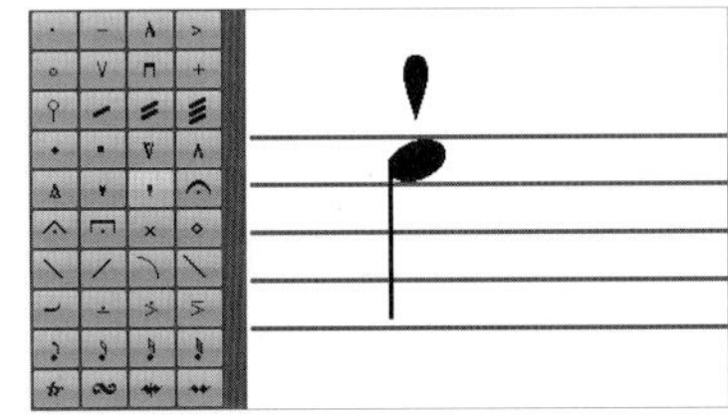

아주 짧게 끊어 연주하기. 해당 음표를 4분의 1 길이로 짧게 끊어 연주한다.

Fermata(페르마타, 늘임표/마침표)

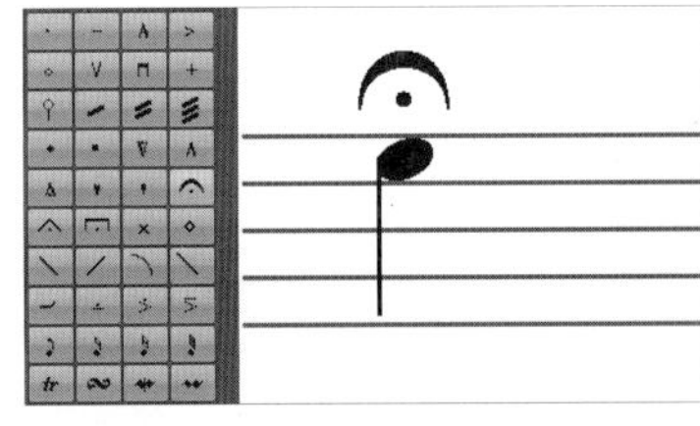

음표나 쉼표 위에 있을 때는 그 길이를 2~3배 늘이고(늘임표), 겹세로줄 위에 있을 때에는 곡 마침표로 사용한다.

Tenuto staccato(테뉴토 스타카토/메조 스타카토)

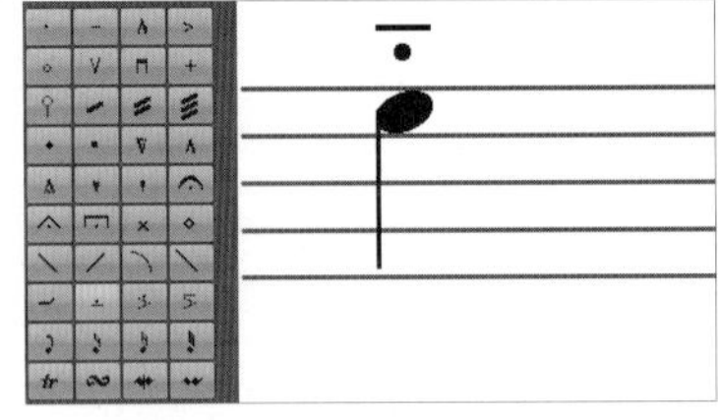

해당 음을 길게 연주하지만 이어지는 음과 연결되지 않도록 연주한다. 해당 음을 4분의 3 길이로 연주한다고 보면 된다.

Glissando(글리산도) 또는 Portamento(포르타멘토)

높이가 다른 두 음 사이에 입력한다. 두 음을 급격하게 음계를 타듯 미끄러지듯 연주한다. 피아노에서 미끄러지듯 연주하거나 현악기 쪽에서 특히 사용한다. 재즈의 포르타멘토 연주법과 비슷하다.

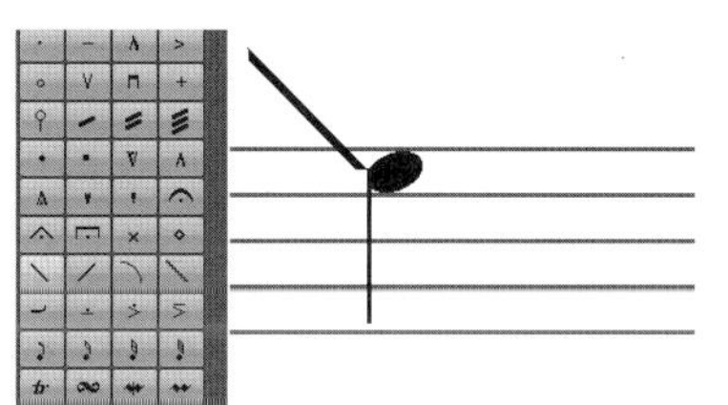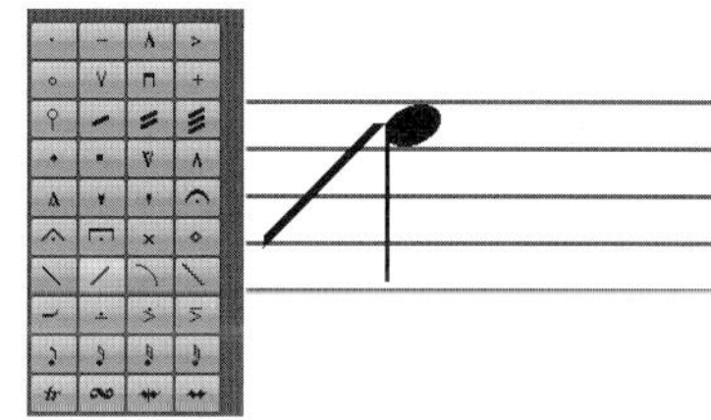

스타카토 + 악센트

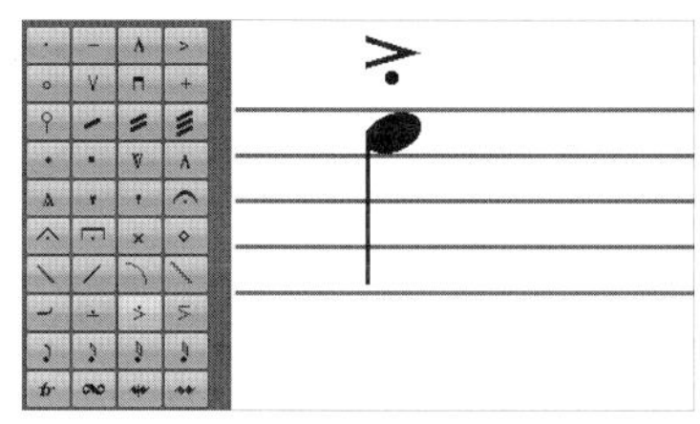

스타카토와 악센트가 결합된 형태이다.

tr(trill, 트릴)

장조의 경우 원래 음과 2도 위의 음, 단조의 경우 원래 음과 2도 아래의 음을 반복해서 빠르게 연주한다.

Turn(Gruppetto)

'돈꾸밈음'이라고 말한다. 음표 위나 음표 사이에 입력한다. 해당 음표의 2도 위 음과 2도 아래 음을 순서대로 거치면서 연주한다. 예를 들어 '도'-'라' 사이에 이 표시가 있으면 '도,(레),(도),(시),(도), 라' 식으로 중간 부분을 파도 형태로 연주한다.

만일 심벌 모양이 옆 그림과 반대로 뒤집어져 있다면 '도'-'라' 사이에서 '도,(시),(도),(레),(도), 라' 식으로 중간 부분을 뒤집어진 파도 형태로 연주한다.

Mordent-inverted(모르덴트)

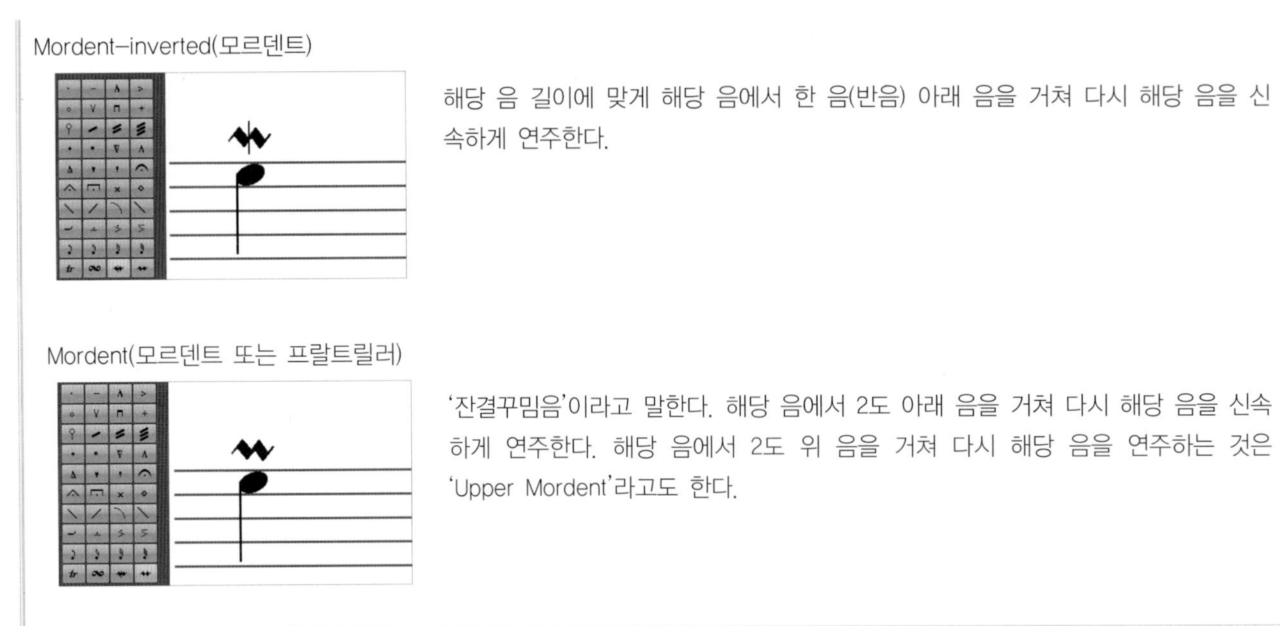

해당 음 길이에 맞게 해당 음에서 한 음(반음) 아래 음을 거쳐 다시 해당 음을 신속하게 연주한다.

Mordent(모르덴트 또는 프랄트릴러)

'잔결꾸밈음'이라고 말한다. 해당 음에서 2도 아래 음을 거쳐 다시 해당 음을 신속하게 연주한다. 해당 음에서 2도 위 음을 거쳐 다시 해당 음을 연주하는 것은 'Upper Mordent'라고도 한다.

7. 다이내믹 탭(Dynamics)

악보 창에 '다이내믹 심벌'과 '슬러'를 삽입할 때 사용한다. 다이내믹 심벌은 주로 음의 셈여림을 표시하는 셈여림 기호들로 구성되어 있다. Pianissimo, Mezzo piano, Forte 등이 셈여림 기호인데 음의 절대적 강약이 아닌 음의 상대적 강약을 의미한다. '베지어 슬러'는 사용자가 임의대로 슬러를 그릴 때 사용한다.

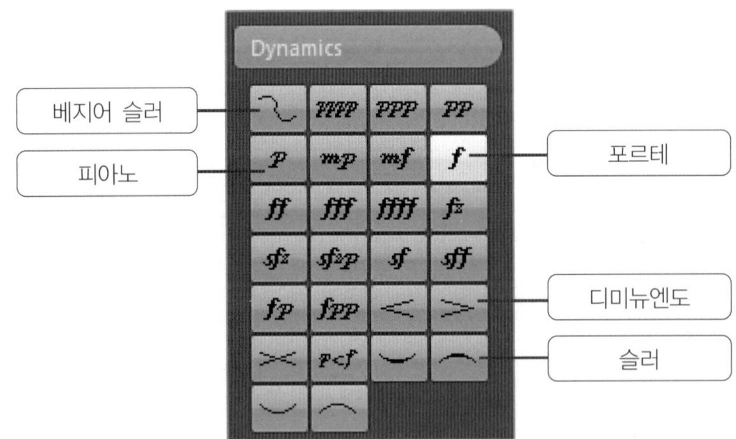

다이내믹 팔레트에서 원하는 심벌을 선택한다. 오선지의 음표 상단부를 클릭하면 다이내믹 심벌이 삽입된다. 다이내믹 심벌은 음표의 위치에 상관없이 삽입할 수 있으므로, 음표가 없는 부분에도 삽입할 수 있다.

원하는 심벌을 선택한다.

원하는 오선지 위를 클릭하면 삽입된다.

참고 다이내믹 심벌의 기능

악보에 입력할 수 있는 다이내믹 심벌의 종류와 다이내믹 심벌이 하는 역할에 대해 알아본다.

Bezier Slur(베지어 슬러)

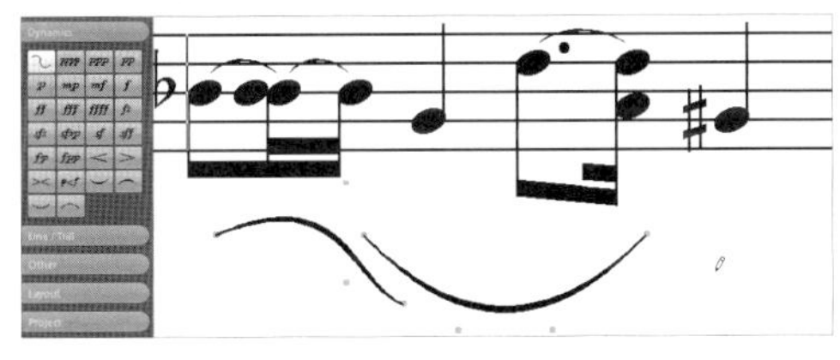

슬러를 베이저 곡선처럼 자유롭게 그릴 수 있다. 클릭하면 반달형 슬러가 생성되고, 클릭 드래그하면 1자형 슬러가 생성된다. 선택 툴로 슬러의 핸들을 조절해 슬러 모양을 만든다.

Pianississississimo(피아니시시시모)

피아니시시모보다 여리게. 원래 이만큼 여리게 연주하는 일은 거의 없지만 차이콥스키 교향곡 비창의 바순 솔로 연주에서 'pppppp'까지 사용된 예가 있다. 'pppppp'는 '가능하다면 아주 여리게'라는 뜻이 된다.

Pianississimo(피아니시시모)

피아니시모보다 여리게

Pianissimo(피아니시모)

매우 여리게

Piano(피아노)

여리게

Mezzo piano(메조피아노)

조금 여리게

Mezzo forte(메조포르테)

조금 세게

Forte(포르테)

세게

Fortissimo(포르티시모)

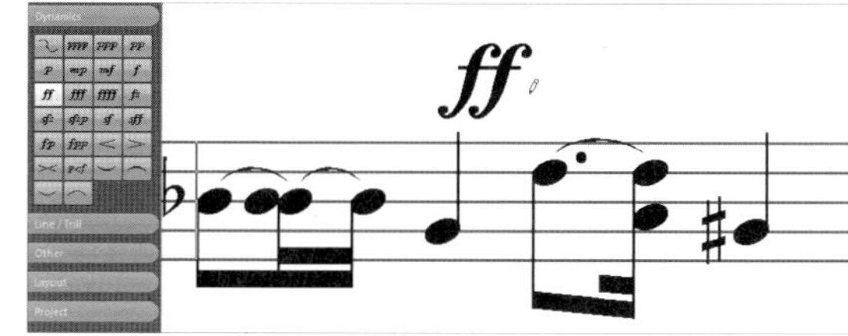

매우 세게

Fortississimo(포르티시시모)

포르티시무보다 세게

Fortissississimo(포르티시시시모)

포르티시시모보다 세게(아주 세게). fff보다 강하게 연주하는 것은 불가능하지만 말러의 교향곡 4번에서는 'ffff'보다 더 세게 연주하라는 'fffff'를 사용한 적이 있다.

forzando(포르찬도)

그 음만을 세게.

셈여림 기호가 아니라 악센트 기호의 일종이다.

Sforzando(스포르찬도)

그 음만 특히 세게.

셈여림 기호가 아니라 악센트 기호의 일종이다.

Sforzando

그 음만 특히 세게, 곧이어 여리게

스포르찬도의 하나

Sforzando(스포르찬도)

그 음만 특히 세게.

셈여림 기호가 아니라 악센트 기호의 일종이다. 포르테(f)에 악센트 기호 〉을 추가한 것과 비슷하다

Sforzando(스포르찬도)

그 음만 특히 세게.

셈여림 기호가 아니라 악센트 기호의 일종이다. 포르테시모(ff)에 악센트 기호 〉을 추가한 것과 비슷하다

Forte-piano(포르테피아노)

세게 그리고 곧 여리게

Forte-pianissimo(포르테피아니시모)

세게 그리고 곧 매우 여리게

Crescendo(크레센도)

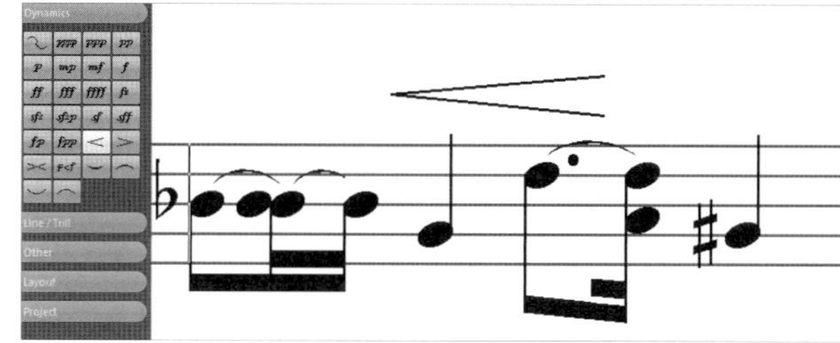

점점 세게.

cresc. 라고도 표기한다.

Diminuendo(디미누엔도)

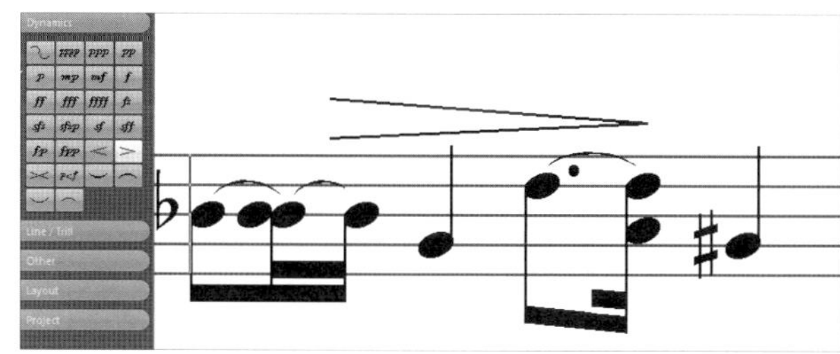

섬섬 약하게.

decresc. 또는 dim. 으로도 표기한다.

Crescendo/Diminuendo

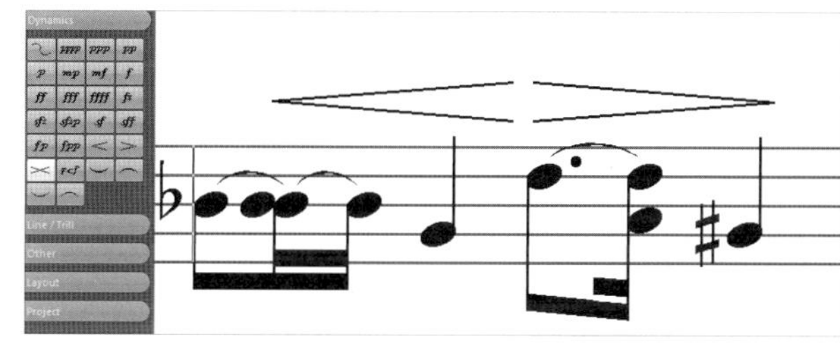

점점 세게/점점 약하게

Piano〉Forte(피아노〉포르테)

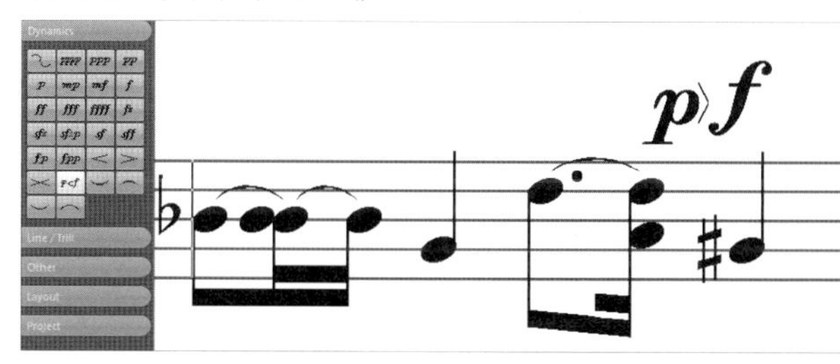

여리게〉세게

Slur(슬러)

제일 밑의 버튼 4개는 두 음표를 연결하는 슬러를 그릴 때 사용한다. 원하는 음표에서 클릭한 뒤 연결할 음표로 드래그하면 슬러가 그려진다.

참고로, 다른 음정의 음표끼리 연결한 것은 슬러(Slur), 같은 음정의 음표끼리 연결한 것은 타이(Tie)라고 한다.

8. 라인/트릴 탭(Line/Trill)

악보에 라인, 빔, 점선을 그릴 수 있고 비브라토, 아르페지오 등의 트릴 연주에 사용하는 기호를 그릴 수 있다. 원하는 심벌을 선택한 뒤 보표에서 그려준다. 심벌의 길이는 선택 툴로 조절한다.

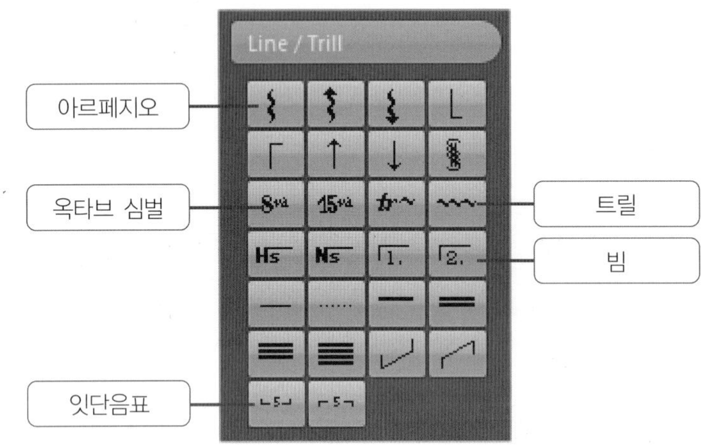

두 음을 연결하는 잇단음표를 삽입해보자.

Line/Trill 팔레트에서 잇단음표 심벌을 선택한 뒤 예제 그림처럼 두 음을 연결한다.

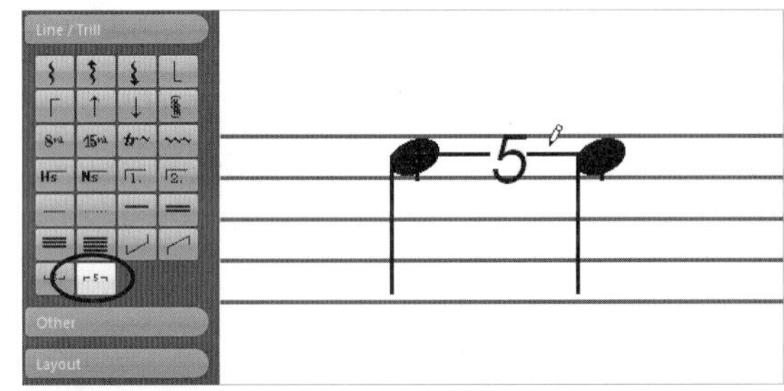

선택 툴로 잇단음표의 위치와 크기를 조절해주면 잇단음표가 만들어진다.

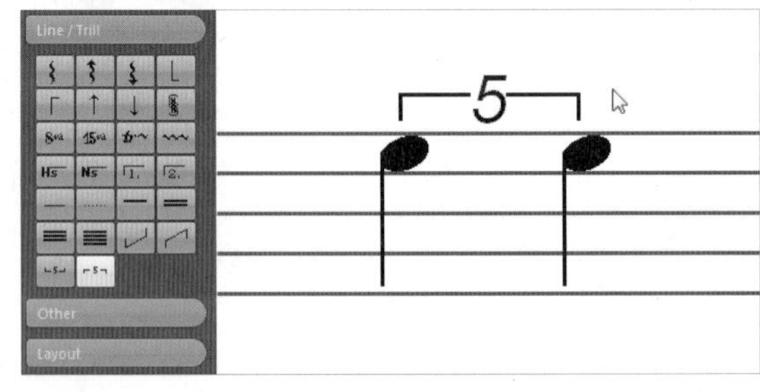

Line/Trill 심벌의 기능

아르페지오 심벌, 옥타브 심벌, 트릴 심벌 등을 사용할 수 있다.

Arpeggio(아르페지오)

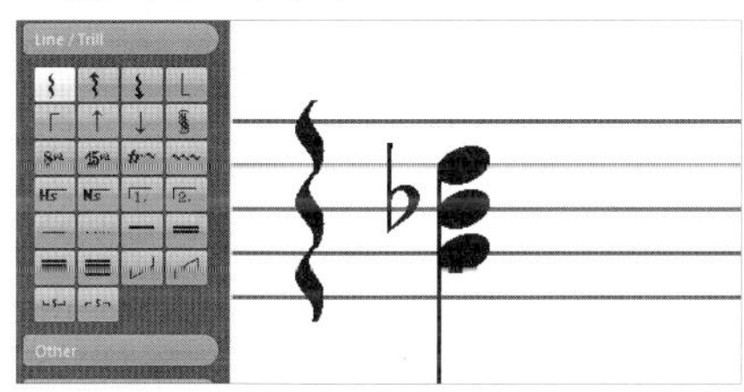

'층거리꾸밈음'이라고 한다. 서로 다른 음정을 동시에 내는 것을 화음이라고 하는데, 화음의 각 음을 동시에 연주하는 것이 아니라 차례로 연주하는 것을 아르페지오라고 말한다.

Octave Symbol(옥타브 심벌)

음자리표의 상단이나 하단에 입력한다. 상단에 입력할 경우 해당 보표가 8 옥타브 위 보표라는 뜻이므로 한 옥타브 올려서 연주한다. 하단에 입력하면 8 옥타브 아래 보표라는 뜻이므로 한 옥타브 내려 연주한다.

Trill(트릴)

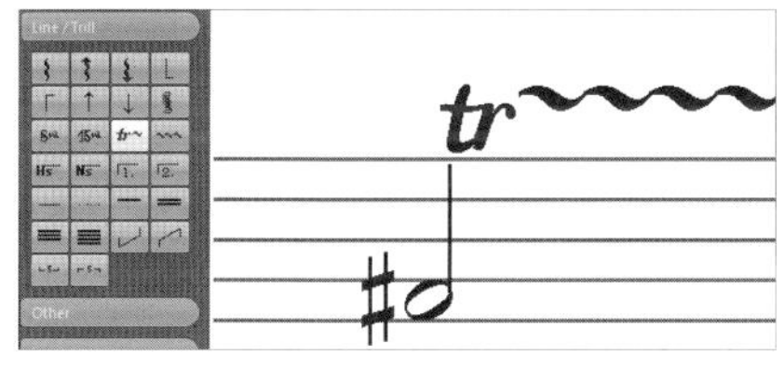

장조의 경우 원래 음과 2도 위의 음, 단조의 경우 원래 음과 2도 아래 음을 반복해서 빠르게 연주한다.

예를 들어 그림처럼 2분음표에 트릴 심벌이 붙어 있는 경우, 해당 음정과 2도 상단 음정을 2분음표 길이 내에서 빠르게 반복 연주한다.

Bracket/Tuplet(잇단음표)

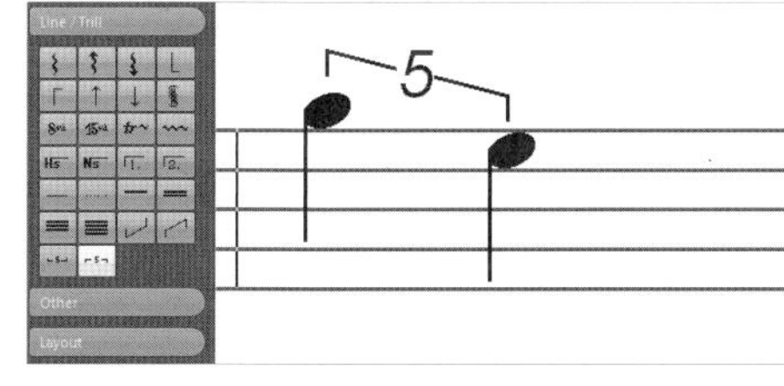

두 음을 연결해 잇단음표를 만든다. 예를 들어 5라고 표기되어 있으면 같은 음이 5개 잇달아 있다는 뜻이 된다. 잇단음표를 만든 뒤 선택 툴로 숫자 부분을 더블클릭하면 숫자를 변경할 수 있다.

9. Other 탭

악보에 가사 입력 기능, 기타 다이어그램, 코드 심벌, Repeat 심벌, 이미지 삽입 기능을 사용할 수 있다. 중요한 기능인 가사 입력 기능과 코드 심벌에 대해 알아본다.

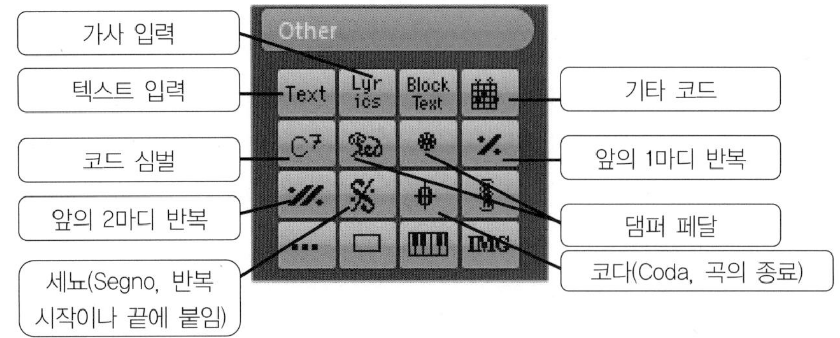

'가사 툴'로 음표 아래를 클릭하면 글자 입력 상태가 시작된다. 글자를 입력할 때 음과 음 사이를 띄어 쓰려면 탭 키를 사용한다. 탭 키를 누르면 자동으로 다음 음표 밑에 글자가 붙는다.

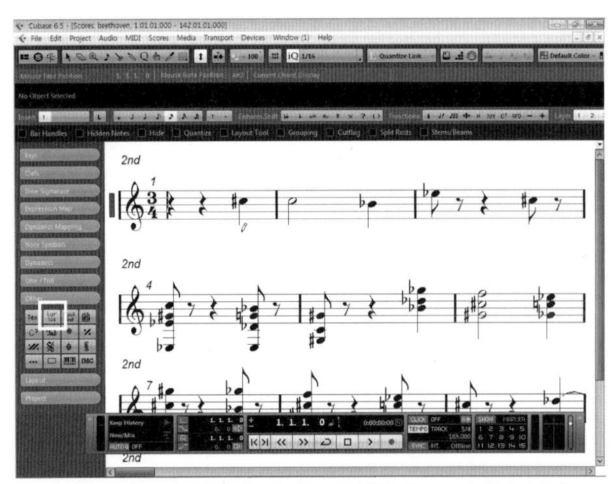

리릭 툴을 선택한 뒤 가사를 입력할 음표 아래를 클릭

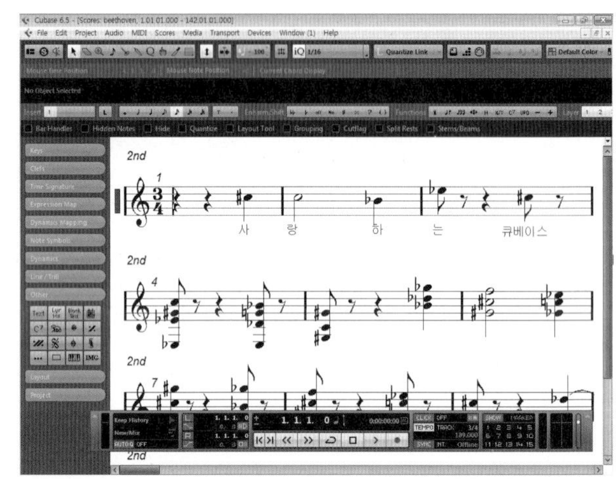

가사를 입력하는 모습

가사를 입력하다가 잇단음표를 만나면 글자가 원하는 음표 밑을 찾지 못하는 경우가 발생한다. 이런 경우에는 가사 툴을 선택한 뒤 다시 그 부분부터 글자 입력을 시작해야 한다.

만일 글자나 음표, 글자와 글자의 정렬 상태가 어긋나면, 정렬하고 싶은 요소들을 선택한 뒤 Scores → Align Elements 메뉴로 정렬시킨다.

Text 버튼은 텍스트를 입력할 때 사용한다. 글자 입력 시 탭 키를 누르면 입력이 중단되므로 주의해야 한다. 보통 텍스트 툴을 선택한 뒤 입력할 부분을 클릭하고 복사해 둔 문장을 Ctrl + V로 붙여주는 방법을 사용하지만 정렬할 방법이 없으므로 짧은 단어를 입력할 때 사용하는 것이 좋다.

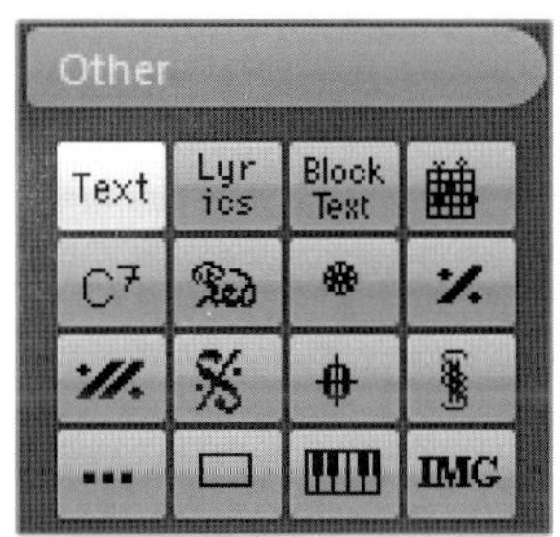

코드 심벌은 코드를 입력할 때 사용한다. 원하는 음표 위를 클릭하면 대화상자가 실행되어 입력할 코드를 설정할 수 있다. 코드를 설정한 뒤 Apply 버튼을 클릭하면 코드 입력이 완료되고, 대화상자가 열려 있는 상태에서 다른 위치를 클릭하면 다시 새 코드를 입력할 수 있다.

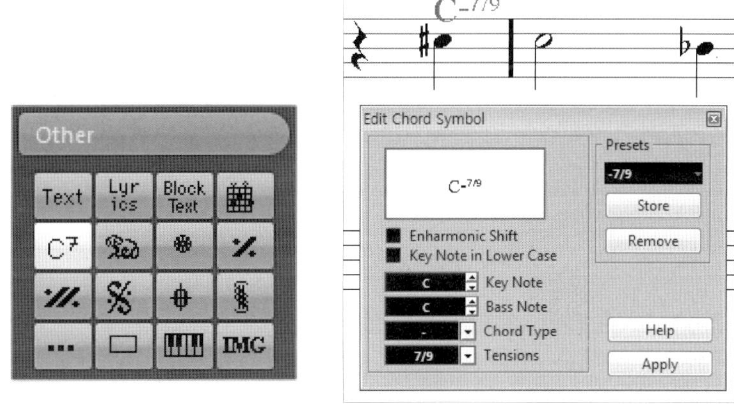

리피트 심벌은 한 마디를 반복시키는 심벌과 두 마디를 반복시키는 심벌이 있다. 두 마디를 반복시키는 심벌은 다음과 같이 사용한다.

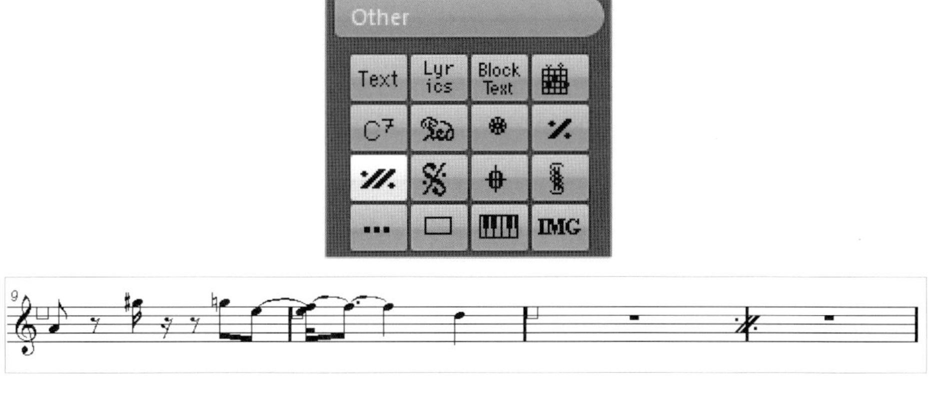

10. 레이아웃 탭(Layout)

악보 레이아웃과 관련된 심벌을 삽입할 수 있다. 이 기능은 Scores → Page Mode 메뉴를 적용한 경우에만 동작한다. Fine(피네) 심벌은 곡의 종결부에 삽입하는데 보통 보표 아래쪽에 바짝 붙여서 삽입한다. 디 카포 피네는 그 심벌이 있는 위치에서 곡의 처음으로 돌아간 뒤 Fine(피네)까지 연주 후 종결하라는 뜻이다.

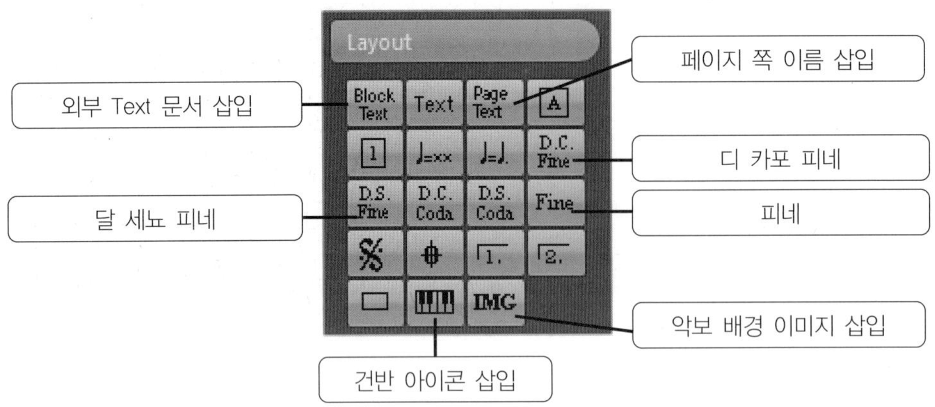

11. 프로젝트 탭(Project)

작업 프로젝트와 관련된 심벌을 삽입할 수 있다. 이 기능은 Scores → Page Mode 메뉴를 적용한 경우에만 동작한다. 참고로, 이미지 삽입 기능을 사용하면 악보에 이미지 파일을 삽입할 수 있다. 삽입된 이미지는 선택 툴로 크기를 조절하고 마우스 오른쪽 버튼으로 클릭해 투명도를 조절할 수 있다.

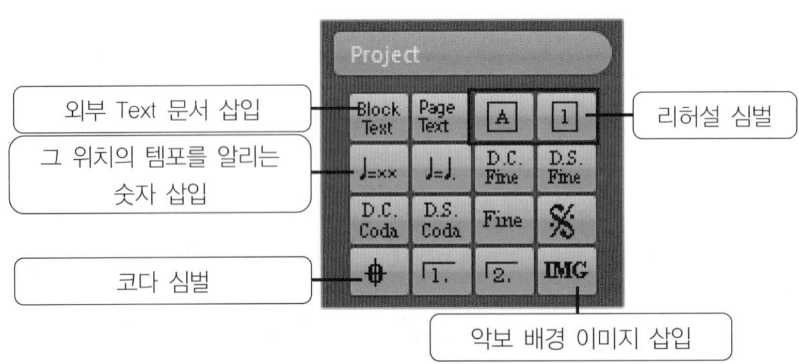

03 | 드럼 에디터(Drum Editor)

드럼 에디터는 곡을 만들 때 드럼 파트를 손쉽게 만들 목적으로 사용한다. 드럼 에디터는 키 에디터와 비슷한 방식으로 노트를 입력하지만, 피아노 건반 대신 드럼 이름이 표시되기 때문에 원하는 드럼 악기를 손쉽게 찾아 입력할 수 있다.

드럼 에디터는 미디 인스펙터의 Drum Maps 파라미터에서 GM Map 등을 선택하면 실행시킬 수 있다.

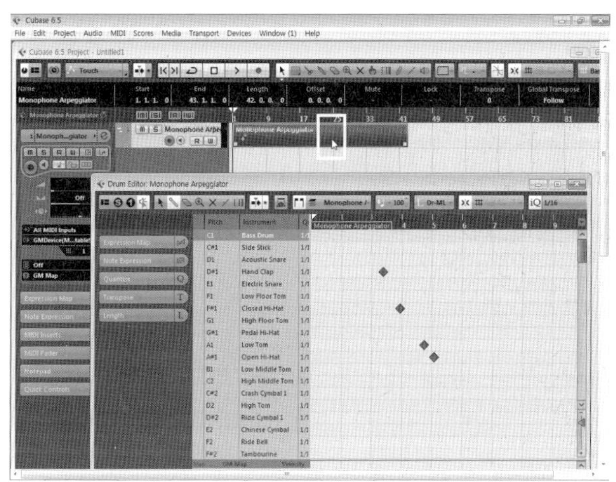

미디클립을 더블클릭해 드럼맵 에디터를 실행한 모습

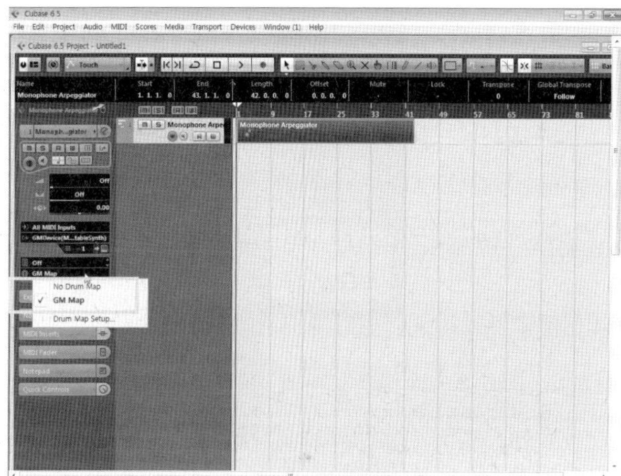

GM Map을 선택하는 모습

드럼 에디터 메인 화면

드럼 에디터는 드럼 맵으로 전환한 뒤 미디 클립을 더블클릭하거나 미디 클립이 선택한 상태에서 Midi → Open Drum Editor 메뉴로 실행한다.

왼쪽에는 드럼 악기 이름이 표시되고 오른쪽은 드럼 노트를 입력하는 편집 창이다. 큐베이스의 드럼 악기는 기본적으로 GS 방식으로 건반에 할당되어 있으므로, 외장 드럼악기나 가상 드럼악기를 사용할 경우, 드럼 맵도 해당 드럼악기에 맞게 임포트해서 사용해야 악기 음과 드럼 이름이 정확하게 일치한다.

드럼악기의 종류

드럼 노트를 입력하고 싶어도 드럼 종류를 모르기 때문에 입력하지 못하는 경우도 있다. 드럼 악기의 종류를 그림으로 파악해보자. 아래 그림은 Additive Drums 가상악기의 메인화면에 나오는 드럼 세트 이미지이다.

드럼 세트의 일반적인 구성

① Hihat(하이햇) : 심벌의 한 종류로 발로 열고 닫는다.

② Cymbal(심벌) : 크래쉬 심벌, 라이드 심벌 등이 있다.

③ Kick(킥) : 베이스 드럼을 말한다. 발로 찰 수 있게끔 페달이 있다. 가장 무거운 소리를 낸다.

④ Snare(스네어) : 드럼의 한 종류로 리듬의 악센트를 만든다. 매우 많은 종류가 있다.

⑤ Tom(톰) : 로우 톰, 하이 톰 등의 크기에 따라 대, 중, 소형이 있다. 크기가 클수록 소리가 점점 무겁고 둔탁하다.

⑥ Cowbell(카우벨) : 부가 타악기로 카우벨, 우드블록, 공 종류가 있다.

참고 **어쿠스틱 드럼 세트와 미디 드럼**

꽤 괜찮은 어쿠스틱 드럼 셋은 기본적으로 베이스 드럼 1개, 톰 4개(로우 톰, 하이 톰 등), 스네어 2개, 심벌 8개로 구성되어 있다. 따로따로 구매할 경우 심벌은 7~10개, 톰 3~7개 등으로 만드는데 놓는 위치도 취향에 따라 달라진다. 대부분 손으로 타주하지만 베이스 드럼은 페달로 타주하고, 하이햇은 페달로 열고 닫는다.

미디 드럼은 어쿠스틱 드럼처럼 세트 모델과 사각형 패드처럼 생긴 단순형 모델이 있다. 일반적으로 패드 방식을 사용해도 무방하다. 미디 드럼의 드럼 사운드는 내장 음원이나 가상악기 등으로 출력한다.

실전예제 드럼 파트 만들고, 오디오로 믹스다운하기

미디 트랙을 만든 뒤 사실적인 드럼 사운드를 구현하기 위해 드럼용 가상악기를 출력 포트에 연결한다. 그런 뒤 GM Map으로 전환한 뒤 드럼 노트를 입력해본다. 또한 GM 방식이 아닌 드럼악기를 불러온 경우, 해당 드럼악기에 맞는 드럼 맵을 로딩하는 방법을 알아본다. 입력을 끝낸 뒤에는 오디오 파일로 믹스다운 해본다.

01 File → New Project 메뉴를 실행한 뒤 More → Empty 옵션으로 비어 있는 프로젝트를 만든다.

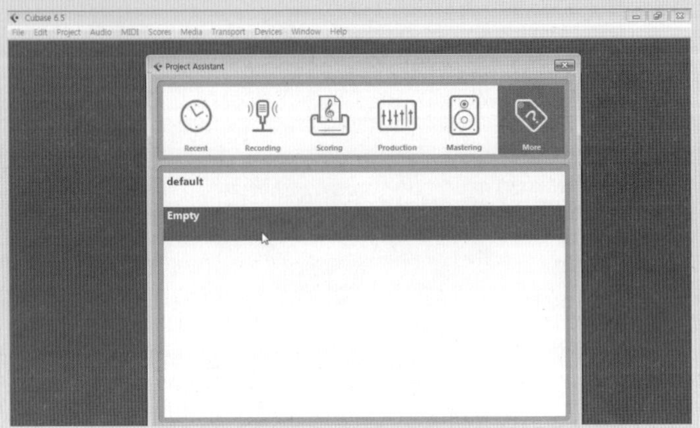

02 트랙 패널을 마우스 오른쪽 버튼으로 클릭한 뒤 Add MIDI Track 메뉴로 새 미디 트랙을 만든다.

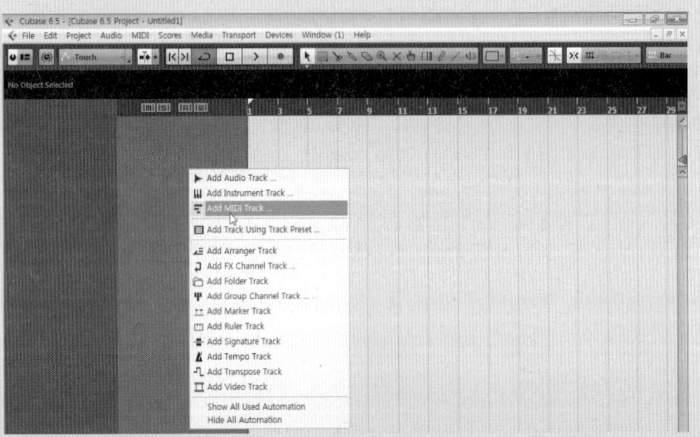

03 미디 트랙이 만들어진 모습이다. 하단 +/- 버튼을 클릭해 화면을 7마디까지 보이도록 조절한다.

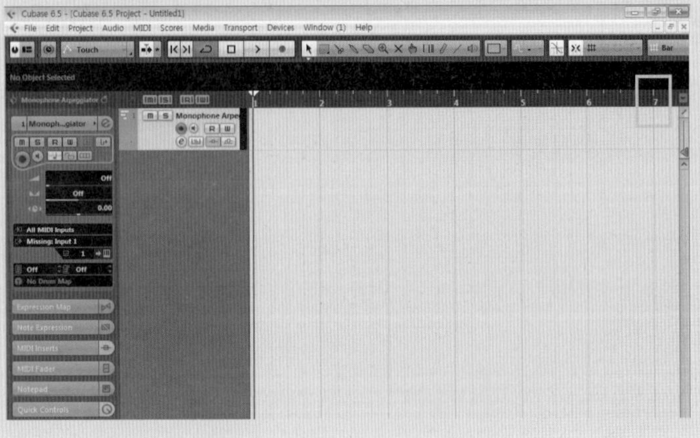

04 연필 툴로 1마디 길이의 미디 클립을 그려준다.

05 가상악기를 불러오기 위해 Devices → VST Instruments 메뉴를 실행한다.

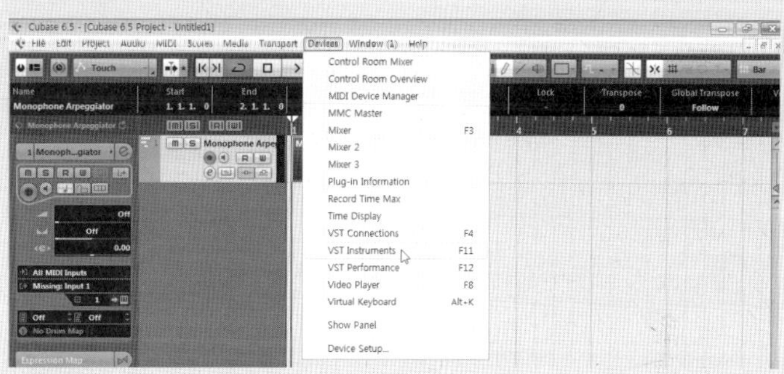

06 VST Instruments 대화상자에서 첫 번째 슬롯을 클릭한다.

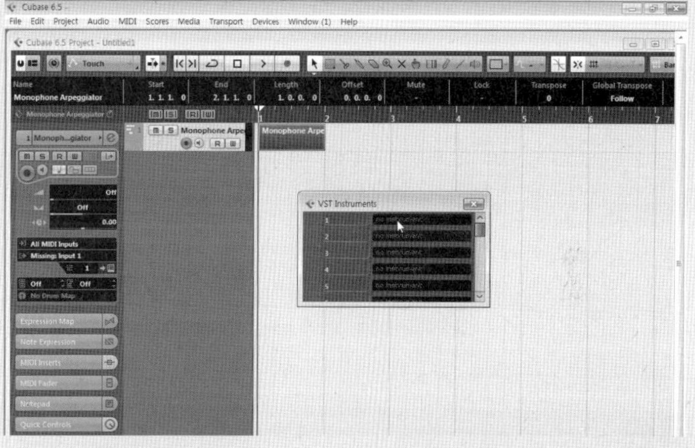

07 드럼 악기인 'Drum-Groove Agent One'을 선택한다.

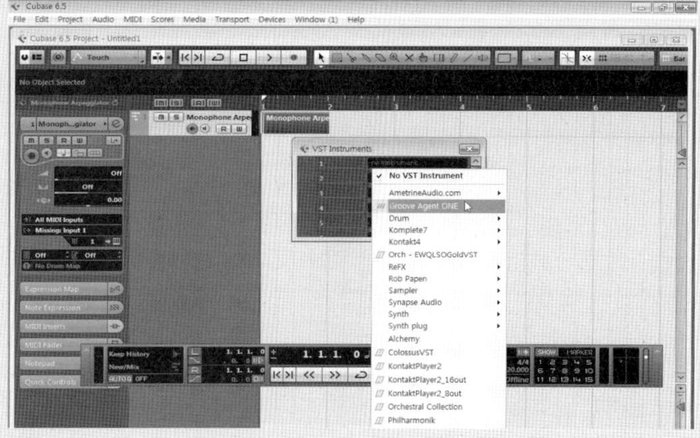

08 대화상자가 나타나면 Cancel 버튼을 클릭해
적용한다.

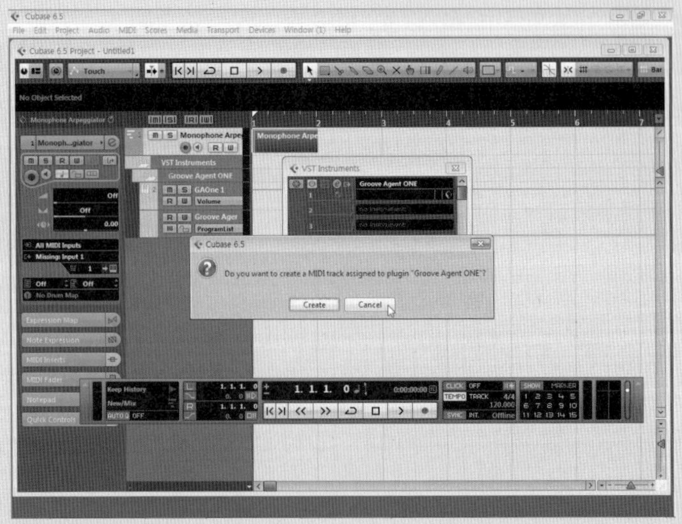

09 '그루브 에이전트 원' 대화상자가 나타나면 프
리셋 부분을 클릭한다.

10 드럼악기 세트 중에서 'BrushKit+GM'을 더
블클릭해 선택한다.

11 제일 위에 있는 미디 트랙을 클릭해 선택한다.

12 인스펙터의 Out 파라미터를 클릭해 방금 불러온 드럼 악기 'Groove Agent One'을 출력 포트로 지정한다.

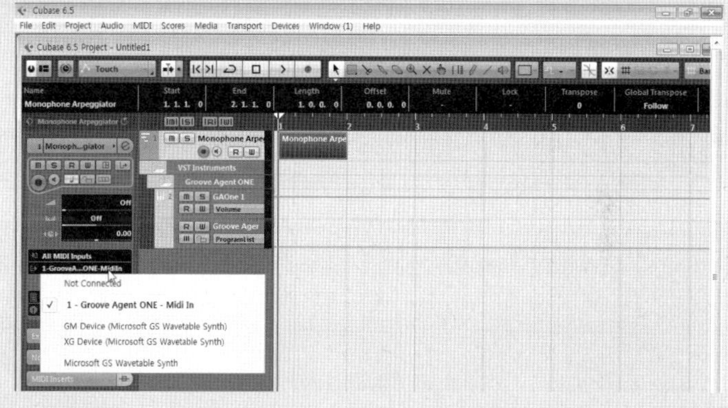

13 인스펙터의 No Drum Map이라고 쓰여 있는 파라미터를 클릭해 GM 맵으로 변경한다. 앞에서 선택한 드럼세트가 'BrushKit+GM'이므로 GM 맵을 선택하면 악기 이름과 드럼악기 배열이 정확히 일치할 것이다.

14 드럼 입력 작업을 하기 위해 MIDI → Open Drum Editor 메뉴를 실행한다.

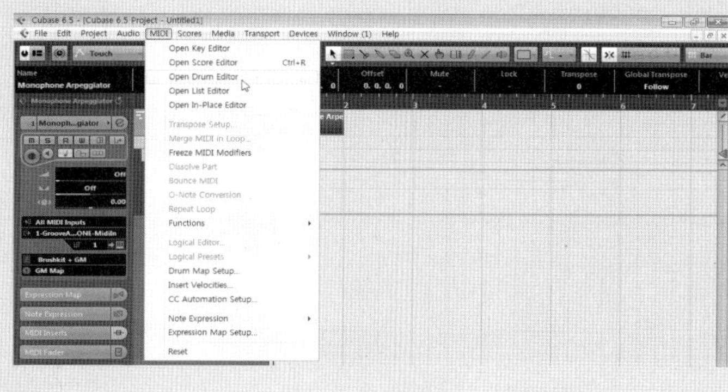

15 드럼 에디터가 나타나면 왼쪽에 드럼 이름이 보인다. 만일 드럼 맵이 일치하지 않으면 몇몇 드럼 악기 사운드는 들리지 않고 Tom 대신 다른 드럼 소리가 들리게 된다. 하지만 여기서는 GM Map 지원 드럼악기에 GM Map을 적용했으므로 드럼 음색과 드럼 이름이 정확히 일치한다. 드럼 이름마다 왼쪽에 있는 첫 번째 셀을 클릭해 각각의 드럼 소리를 미리 확인해본다.

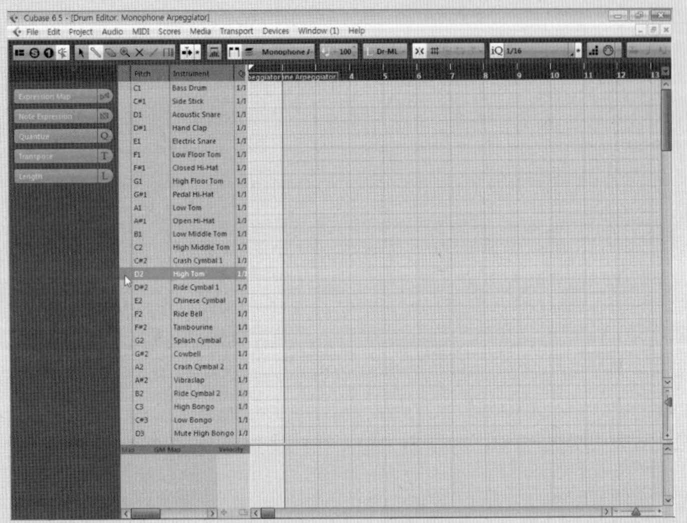

16 '드럼스틱 툴'로 베이스 드럼 줄을 따라 드럼 노트를 1박자 간격으로 찍어 본다.

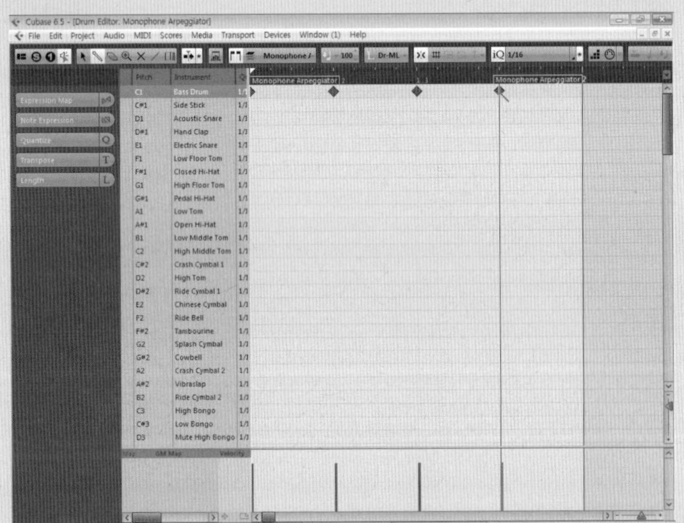

17 이번에는 Low Floor Tom 드럼 줄을 따라 동일한 간격으로 노트 4개를 찍어준다. 노트를 잘못 찍었을 경우에는 '드럼 스틱 툴'로 잘못 찍은 노트를 클릭해 삭제한다.

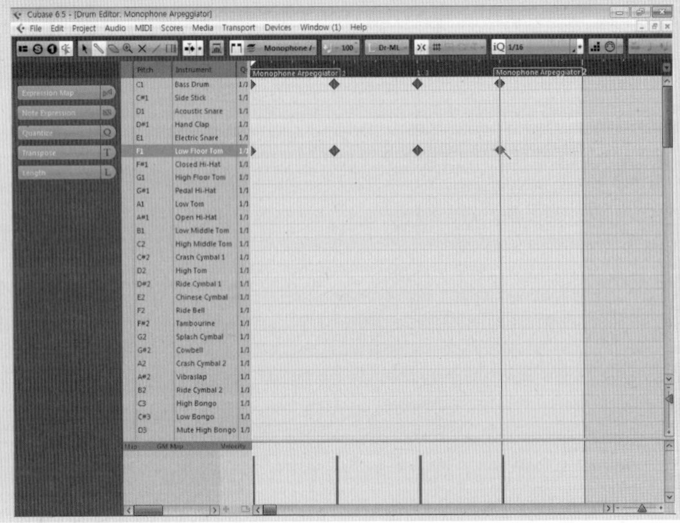

18 Open Hi-Hat 줄을 따라 노트를 그림과 같이 찍어준다. 이때 곡을 플레이하면서 박자가 어색하지 않은지 미리 들어본다.

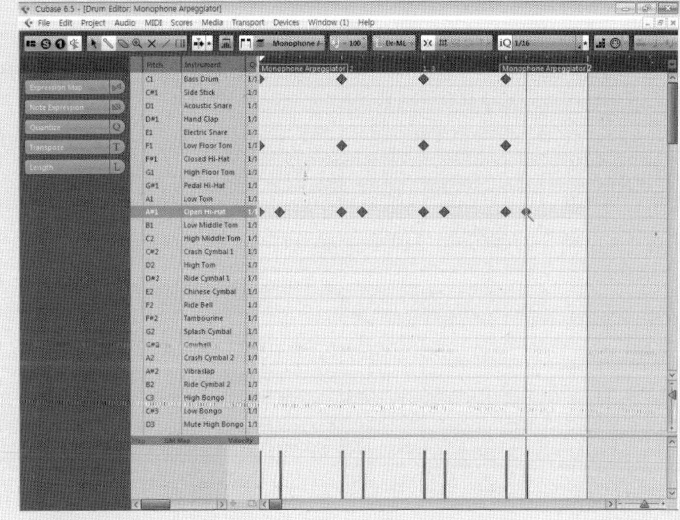

19 Chinese Cymbal 줄을 따라 엇박자 위치에 노트를 4개 찍어준다.

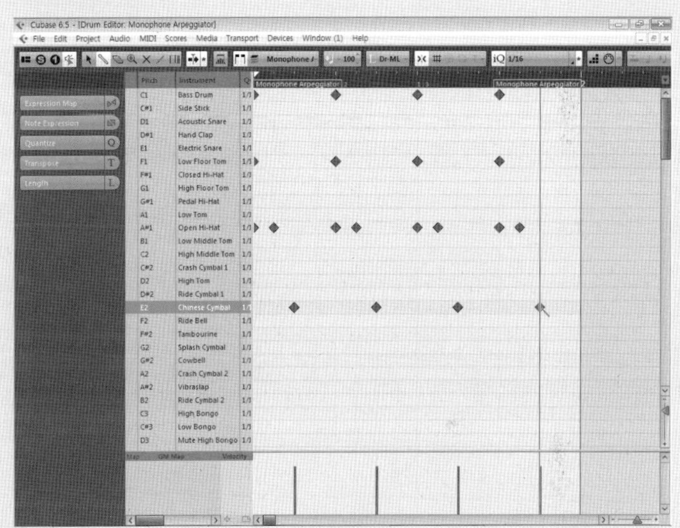

20 지금부터 드럼 치는 강약을 조절해보자. 먼저 베이스 드럼의 강약을 조절하기 위해 제일 상단의 베이스 드럼을 선택한다.

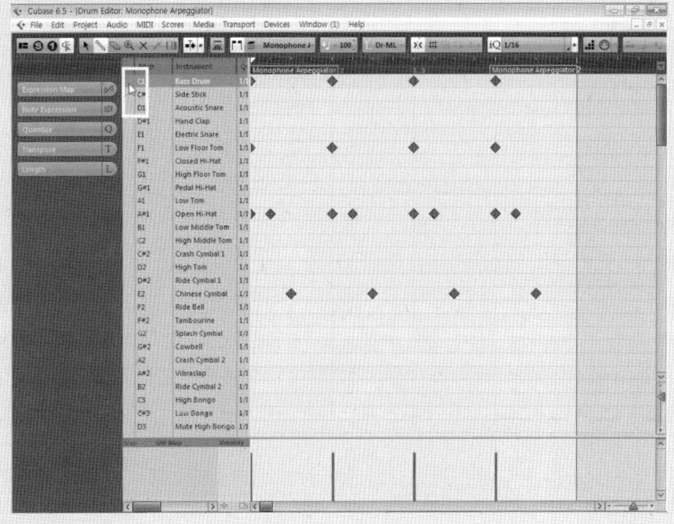

21 라인 툴로 그림과 같이 세로 방향으로 라인을 그려서 드럼 치는 강약을 표시하는 컨트롤러 막대를 수정해준다.

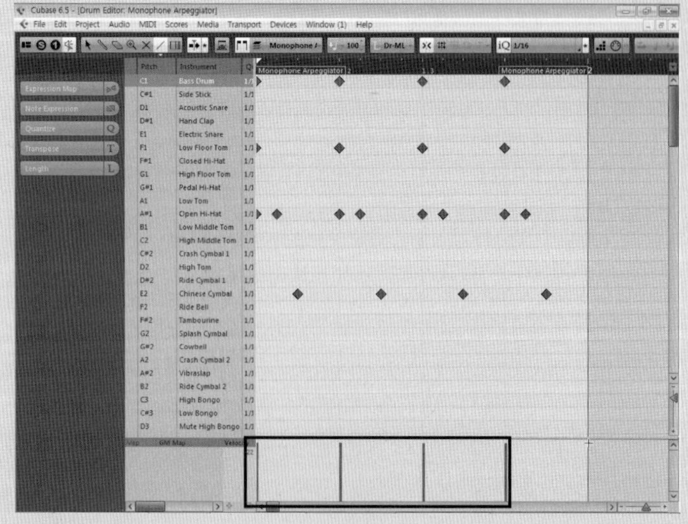

22 Low Floor Tom 드럼을 선택한 뒤 컨트롤러 막대를 그림과 같이 수정해준다.

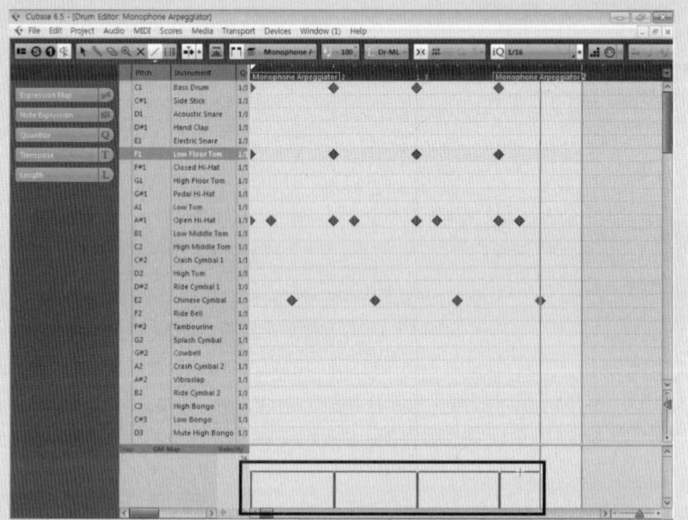

23 Open Hi-Hat을 선택한 뒤 컨트롤러를 그림과 같이 다시 그려준다.

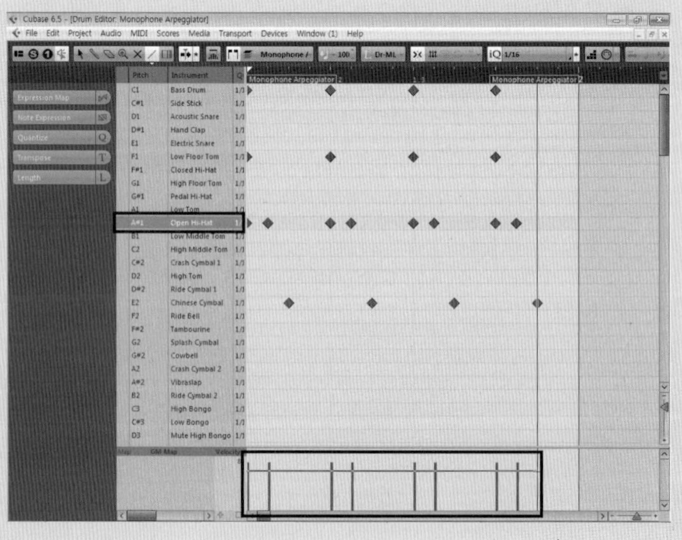

24 Chinese Cymbal을 선택한 뒤 컨트롤러를 그림과 같이 수정해준다.

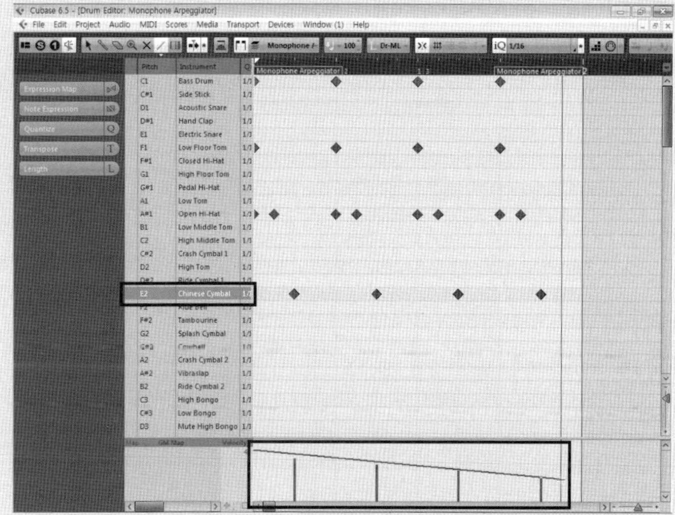

25 드럼 에디터를 닫고 트랙 뷰로 올라온 뒤 룰러의 7마디 부분을 Alt + 클릭한다.

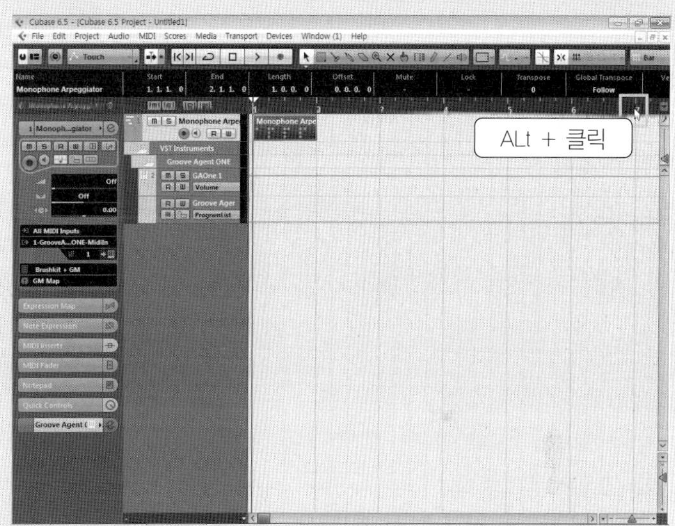

26 룰러를 보면 1~7마디에 구간이 설정된 것을 알 수 있다.

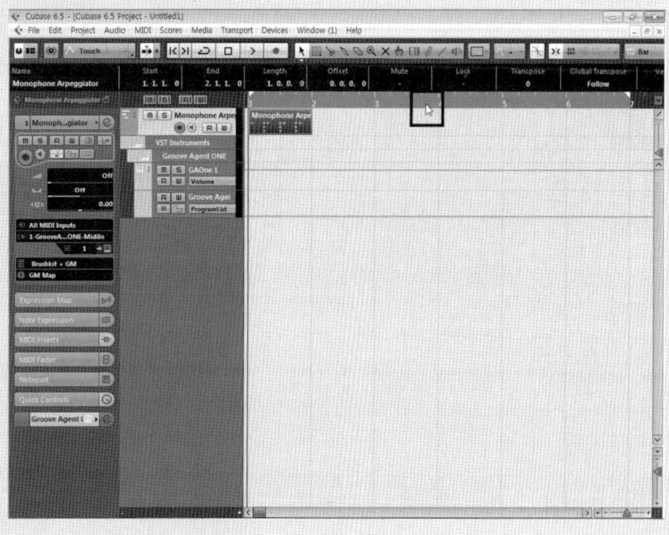

27 미디 클립을 선택 툴로 클릭해 선택한다.

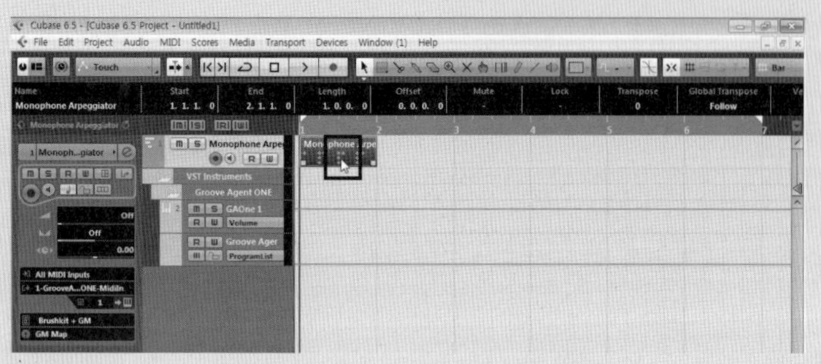

28 Edit → Functions → Fill Loop 메뉴를 적용한다.

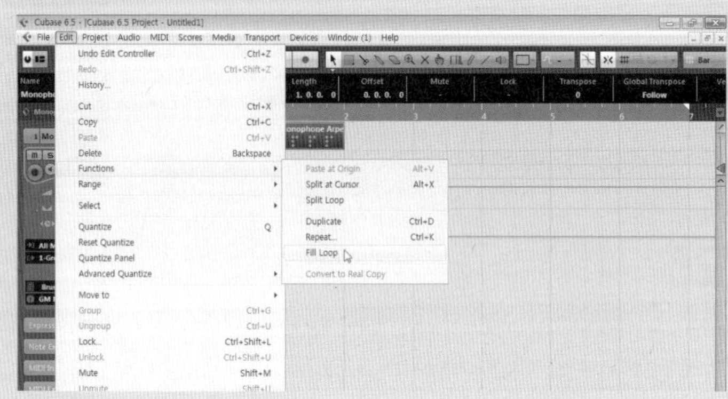

29 로케이터로 설정한 구간에 선택한 미디 클립이 자동으로 반복해서 채워지는 것을 알 수 있다.

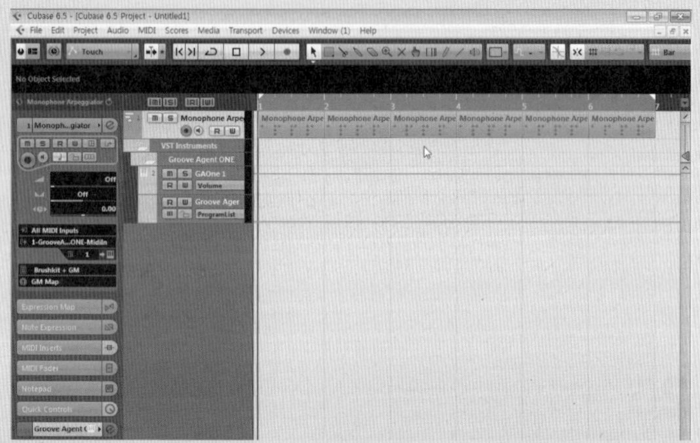

30 Play 버튼을 클릭해 드럼 연주를 들어본다.

31 가상악기가 연결된 상태이고, 로케이터로 구간이 설정된 상태이기 때문에 바로 오디오 파일로 믹스다운 저장할 수 있다. File → Export → Audio Mixdown 메뉴를 실행한다.

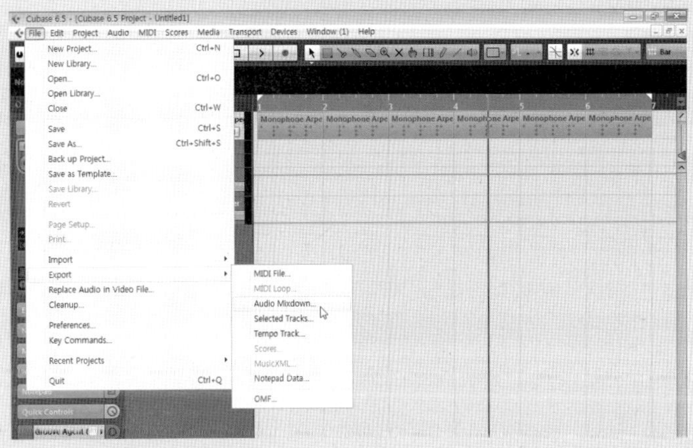

32 대화상자의 Channel Batch Export 옵션과 Create New Project 옵션의 체크 표시를 제거한다. 믹스다운할 소스인 Stereo Out에만 체크한다.

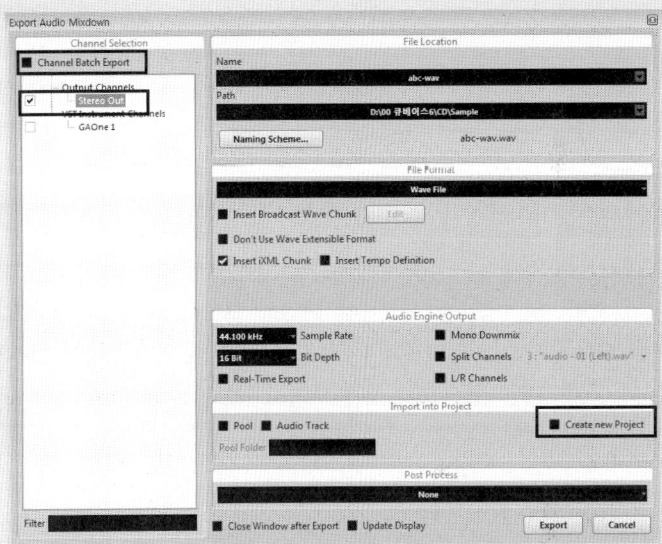

33 Name 항목에서 생성될 Wav 파일 이름을 설정하고, Folder 항목에서 저장될 위치를 설정한다. File Format 항목에서 Wave 포맷을 선택한다.

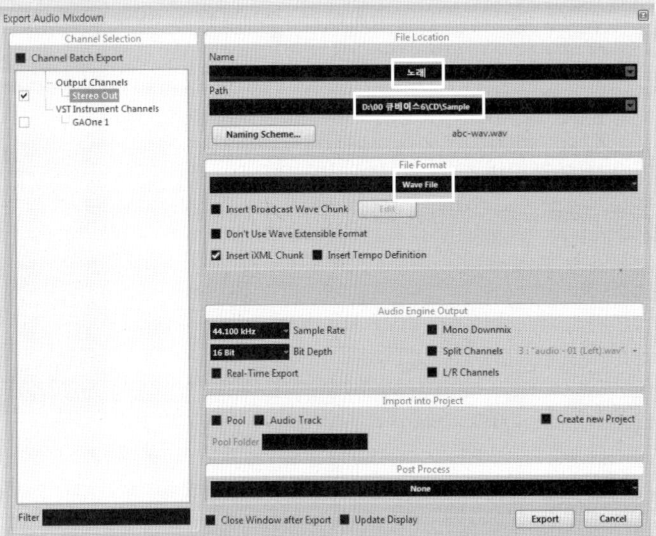

34 Export 버튼을 클릭하면 믹스다운된 뒤 Wav 파일이 만들어진다.

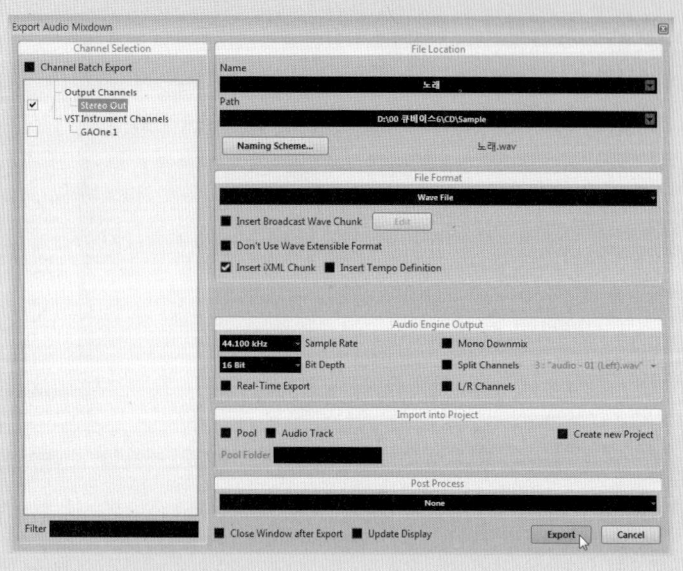

참고 ── 외장 드럼악기의 드럼 맵 파일 사용하기

큐베이스의 Groove Agent One은 GM 모드를 지원하기 때문에 손쉽게 작업할 수 있었지만 GM 모드를 지원하지 않는 외장 드럼악기를 미디 출력 포트에 연결한 뒤 사용하는 경우도 있다. 이 경우 GM 맵을 연결하면 드럼 소리와 드럼 이름이 불일치하게 된다. 이 경우에는 해당 드럼악기에 맞게 맵을 사용자가 만들어야 하지만 요즘은 인터넷에서 'OO 드럼악기의 큐베이스용 드럼 맵'으로 검색하면 미리 만들어진 해당 악기용 드럼 맵 파일을 손쉽게 다운로드할 수 있으므로 이런 파일들을 다운로드해 사용할 수도 있다.

예를 들어 외장 신디사이저나 외장 OO 드럼악기를 사용한다고 가정하고, OO 드럼악기용 드럼 ·맵을 인터넷에서 구했다고 가정해보자.

미디 인스펙터의 Drum Map 파라미터를 클릭해 Drum Map Setup 메뉴를 실행한다.

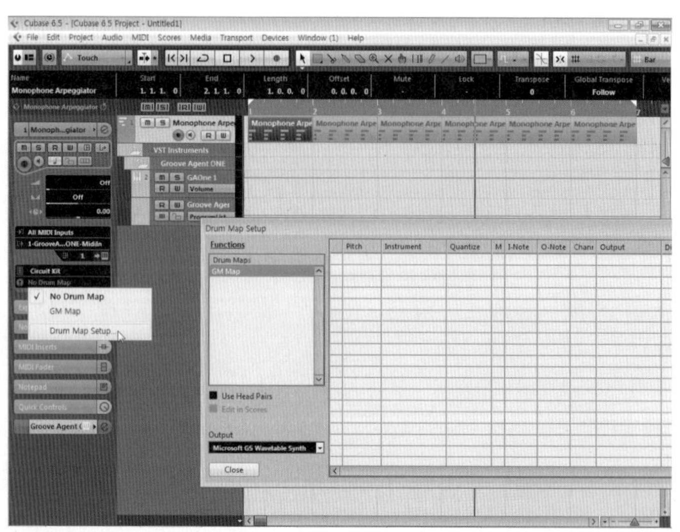

대화상자의 Functions → Load 메뉴를 실행한 뒤, 인터넷에서 다운받은 OO 드럼맵 파일을 불러온 뒤 대화상자를 닫는다.

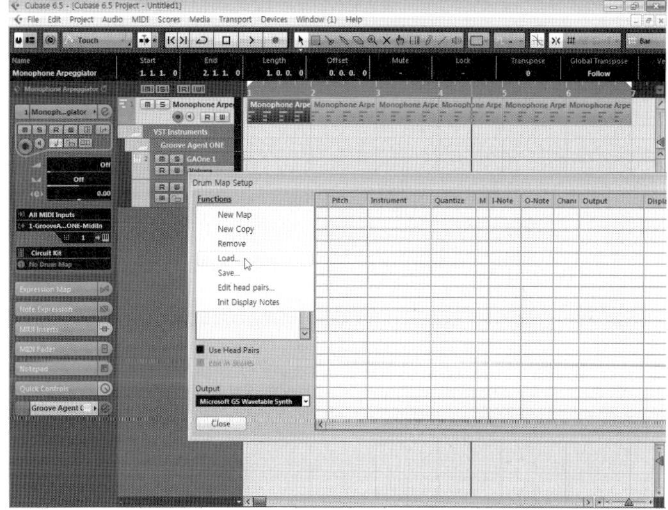

미디 인스펙터의 Drum Map 파라미터를 다시 클릭하면 앞에서 로딩한 OO 드럼 맵 파일이 메뉴로 추가된 것을 알 수 있다. 이 메뉴를 선택하면 OO 드럼 맵을 사용하는 상태가 된다.

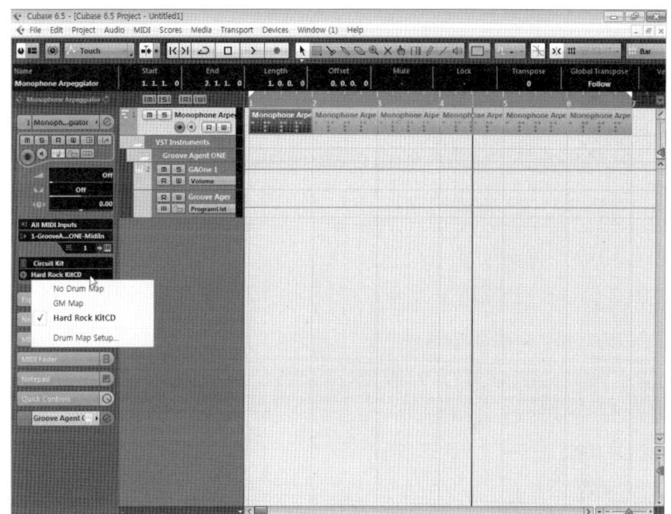

미디 인스펙터의 Output 파라미터에서 외장 OO 드럼악기가 연결된 출력 포트를 선택한다.

이렇게 하면 드럼 에디터에서 작업할 때 외장 드럼 악기에서 제공하는 드럼 음색과 드럼 이름이 정확하게 일치하므로 사운드 오류 없이 노트 입력 작업을 할 수 있다.

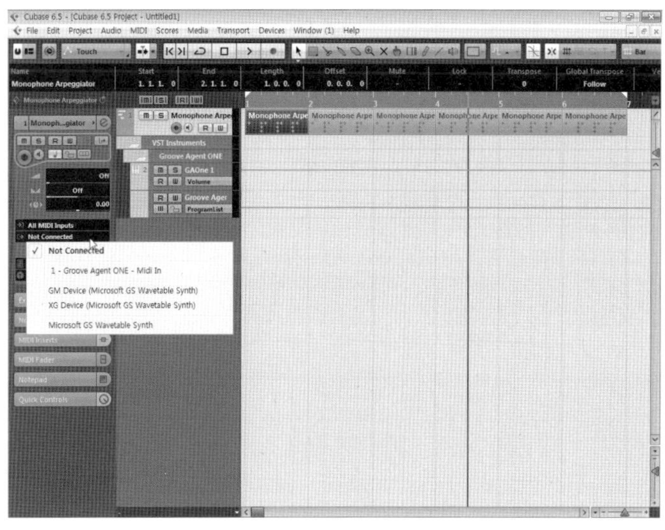

드럼 에디터 툴바

드럼 에디터 툴바의 사용법은 앞에서 배운 '키 에디터'와 내용이 반복되므로, 여기서는 드럼 에디터에 있는 기능들만 알아본다.

큐베이스 6의 드럼 에디터 툴바

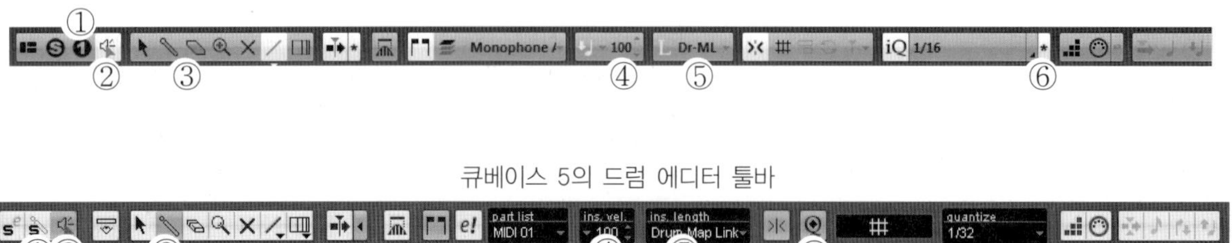

큐베이스 5의 드럼 에디터 툴바

1. Solo Instrument(솔로) 툴

드럼 에디터 툴바에서는 솔로 버튼이 2개 있는데 Se라고 쓰여 있는 솔로 버튼은 연주할 때 여러 트랙에서 드럼 트랙만 들을 때 사용하고, S라고 쓰여 있는 이 버튼은 드럼 트랙에서 선택한 드럼 연주만 연주할 때 사용한다.

즉 Se 버튼은 드럼 트랙에 있는 모든 드럼 연주를 들을 수 있고, S 버튼은 드럼 트랙에서도 사용자가 선택한 드럼 악기 소리만 미리 들을 때 사용한다.

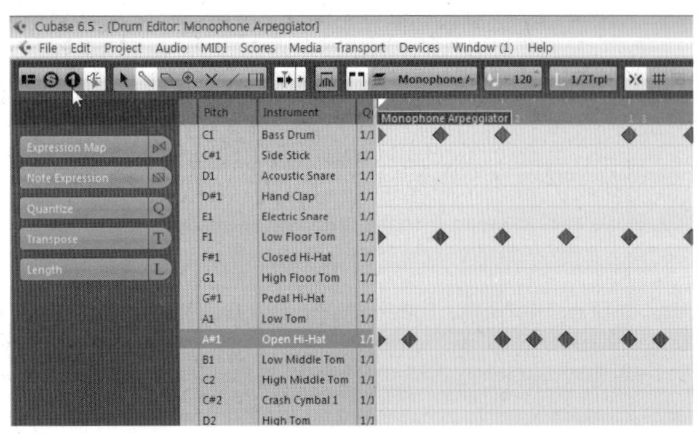

버튼 Off – 전체 드럼 사운드가 들린다.

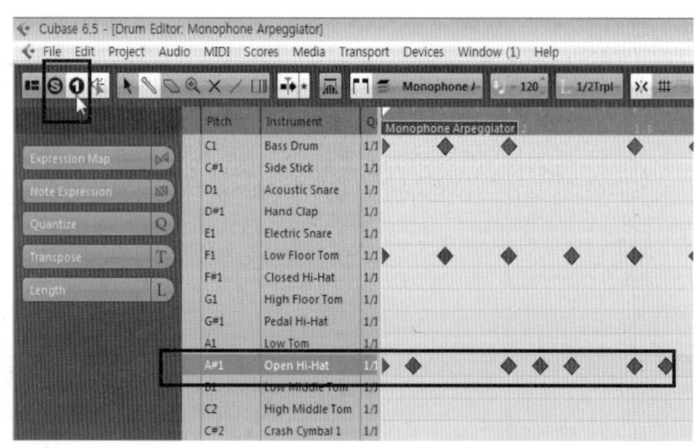

버튼 On – 선택한 드럼 사운드만 들린다.

2. 어쿠스틱 피드백 툴

드럼 노트를 입력할 때 사운드를 미리 들려준다. 이 버튼이
꺼 있으면(Off), 드럼 노트를 입력할 때 사운드가 들리지 않
는다.

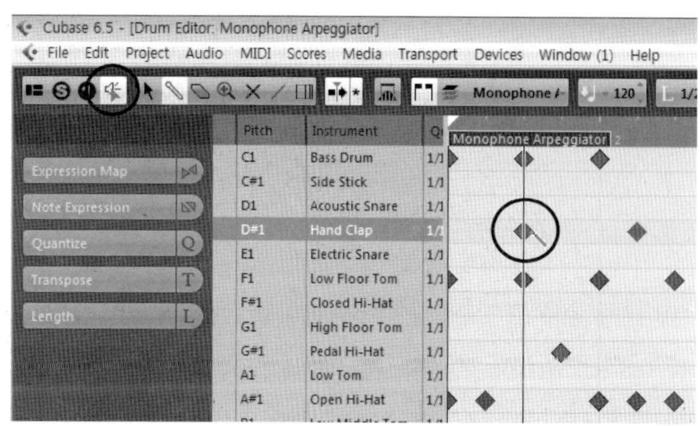

노트 입력 시 사운드를 미리 듣게 하는 어쿠스틱 피드백 툴

3. 드럼스틱(Drumstick) 툴

드럼스틱 툴은 편집 창에 드럼 노트를 입력할 때 사용한다. 입력된 드럼 노트를 다시 클릭하면 입력이 취소된다.

4. Ins.Vel 툴

입력할 드럼 노트의 벨로서티를 설정한다. 여기서 설정한 벨로서티로 드럼 노트가 입력된다. 일단 벨로서티를 설정하면
그 후 계속 같은 값으로 드럼 소리의 강약이 결정된다. 수치를 높이면 드럼 소리가 더 강해지고 커진다.

5. Ins.Length 툴

입력할 드럼 노트의 음 길이를 설정한다. 음 길이를 늘이면 드럼 악기에 따라 여러 가지 현상이 발생한다. 음 길이를 늘이면
드럼을 연타를 치거나 드럼을 강하게 치기도 한다.

참고로, 벨로서티나 음 길이를 다르게 설정하면, 편집 창에 표시되는 드럼 노트의 색상도 달라
진다.

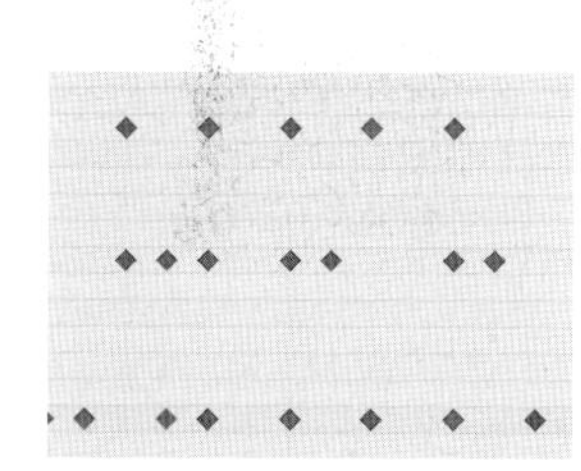

드럼 노트

6. Use Global Quantize 툴

이 버튼을 Off하면 Global Quantize에서 설정한 퀀타이즈 값으로 드럼 노트가 정렬된다. 이 버튼을 On하면 왼쪽 Q 버튼에
서 설정한 퀀타이즈 값으로 드럼 노트가 정렬된다.

Tip

드럼 맵 전용 채널인 10번 채널?

다채널 지원 가상악기를 사용할 경우, 드럼 트랙은 보통 10번 채널에 할당하는 경우가 많다. 물론 1번이나 2번 채널을 사
용해도 상관없지만 음악 자료를 다른 사용자와 교류할 경우에는 서로 원하는 정보를 빨리 찾아볼 수 있도록 드럼 트랙의
경우 10번 채널을 사용해보자.

04 | 리스트 에디터(List Editor)

미디 클립에 삽입된 각종 미디 이벤트를 리스트 형태로 편집할 때 사용한다. 노트, 이벤트 정보가 시간 순으로 배열될 뿐 아니라 필터링 기능을 제공하여 사용자가 원하는 정보를 빠르게 검색하고 수정할 수 있다. 리스트 에디터는 미디 트랙을 선택한 상태에서 Midi → Open List Editor 메뉴로 실행한다.

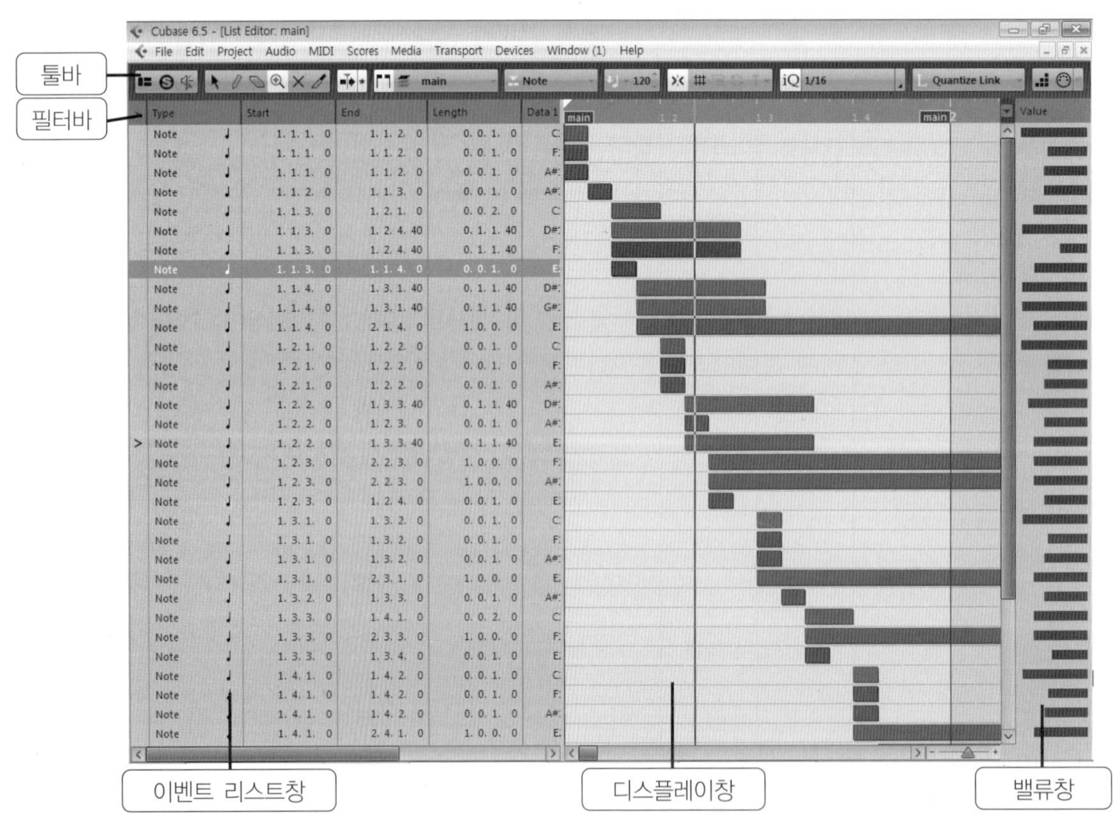

리스트 에디터 이벤트 리스트 창

이벤트 리스트 창은 미디 클립에 입력된 노트, 피치밴드, 컨트롤러 이벤트, 애프터터치 정보 등 모든 미디 이벤트가 컬럼 형태로 표시되어 이벤트의 위치, 음정, 채널 등의 정보를 확인할 수 있다. 각 컬럼을 더블클릭하면 위치를 이동시키거나 해당 값을 변경할 수 있도록 입력 상태가 되며, 연필 툴을 사용해 피치밴드, 컨트롤러 이벤트, 애프터터치 이벤트 등을 삽입할 수 있다.

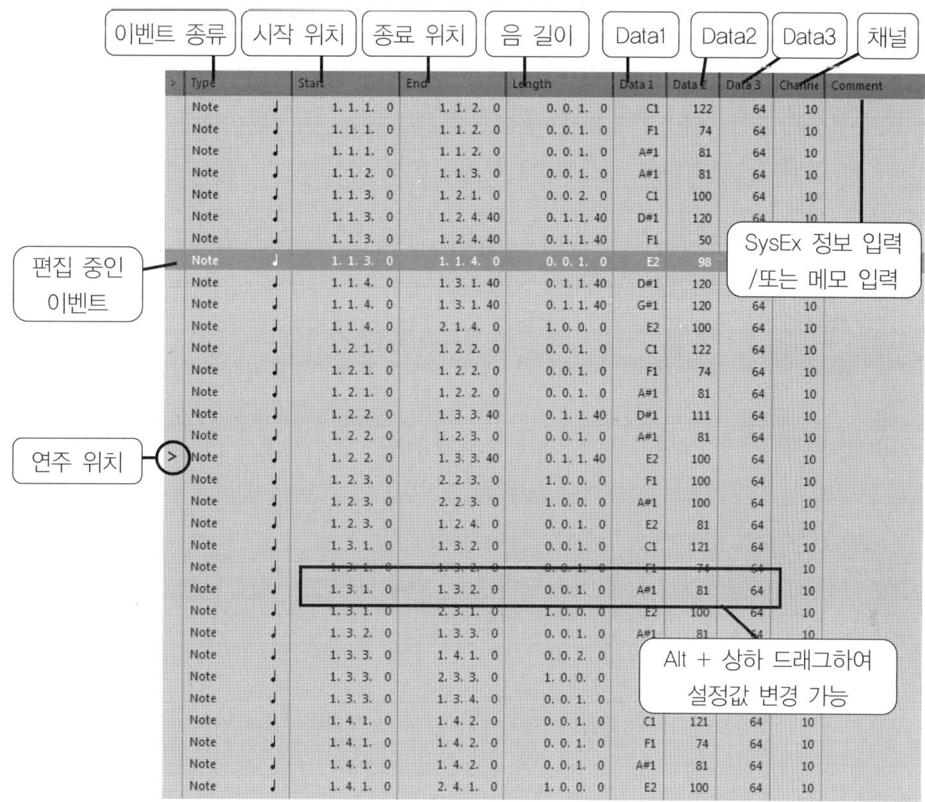

>	Type		Start	End	Length	Data 1	Data 2	Data 3	Channe	Comment
	Note	♩	1. 1. 1. 0	1. 1. 2. 0	0. 0. 1. 0	C1	122	64	10	
	Note	♩	1. 1. 1. 0	1. 1. 2. 0	0. 0. 1. 0	F1	74	64	10	
	Note	♩	1. 1. 1. 0	1. 1. 2. 0	0. 0. 1. 0	A#1	81	64	10	
	Note	♩	1. 1. 2. 0	1. 1. 3. 0	0. 0. 1. 0	A#1	81	64	10	
	Note	♩	1. 1. 3. 0	1. 2. 1. 0	0. 0. 2. 0	C1	100	64	10	
	Note	♩	1. 1. 3. 0	1. 2. 4. 40	0. 1. 1. 40	D#1	120	64	10	
	Note	♩	1. 1. 3. 0	1. 2. 4. 40	0. 1. 1. 40	F1	50			
	Note	♩	1. 1. 3. 0	1. 1. 4. 0	0. 0. 1. 0	E2	98			
	Note	♩	1. 1. 4. 0	1. 3. 1. 40	0. 1. 1. 40	D#1	120			
	Note	♩	1. 1. 4. 0	1. 3. 1. 40	0. 1. 1. 40	G#1	120	64	10	
	Note	♩	1. 1. 4. 0	2. 1. 4. 0	1. 0. 0. 0	E2	100	64	10	
	Note	♩	1. 2. 1. 0	1. 2. 2. 0	0. 0. 1. 0	C1	122	64	10	
	Note	♩	1. 2. 1. 0	1. 2. 2. 0	0. 0. 1. 0	F1	74	64	10	
	Note	♩	1. 2. 1. 0	1. 2. 2. 0	0. 0. 1. 0	A#1	81	64	10	
	Note	♩	1. 2. 2. 0	1. 3. 3. 40	0. 1. 1. 40	D#1	111	64	10	
	Note	♩	1. 2. 2. 0	1. 2. 3. 0	0. 0. 1. 0	A#1	81	64	10	
>	Note	♩	1. 2. 2. 0	1. 3. 3. 40	0. 1. 1. 40	E2	100	64	10	
	Note	♩	1. 2. 3. 0	2. 2. 3. 0	1. 0. 0. 0	F1	100	64	10	
	Note	♩	1. 2. 3. 0	2. 2. 3. 0	1. 0. 0. 0	A#1	100	64	10	
	Note	♩	1. 2. 3. 0	1. 2. 4. 0	0. 0. 1. 0	E2	81	64	10	
	Note	♩	1. 3. 1. 0	1. 3. 2. 0	0. 0. 1. 0	C1	121	64	10	
	Note	♩	1. 3. 1. 0	1. 3. 2. 0	0. 0. 1. 0	F1	74	64	10	
	Note	♩	1. 3. 1. 0	1. 3. 2. 0	0. 0. 1. 0	A#1	81	64	10	
	Note	♩	1. 3. 1. 0	2. 3. 1. 0	1. 0. 0. 0	E2	100	64	10	
	Note	♩	1. 3. 2. 0	1. 3. 3. 0	0. 0. 1. 0	A#1	81	64	10	
	Note	♩	1. 3. 3. 0	1. 4. 1. 0	0. 0. 2. 0					
	Note	♩	1. 3. 3. 0	2. 3. 3. 0	1. 0. 0. 0					
	Note	♩	1. 3. 3. 0	1. 3. 4. 0	0. 0. 1. 0					
	Note	♩	1. 4. 1. 0	1. 4. 2. 0	0. 0. 1. 0	C1	121	64	10	
	Note	♩	1. 4. 1. 0	1. 4. 2. 0	0. 0. 1. 0	F1	74	64	10	
	Note	♩	1. 4. 1. 0	1. 4. 2. 0	0. 0. 1. 0	A#1	81	64	10	
	Note	♩	1. 4. 1. 0	2. 4. 1. 0	1. 0. 0. 0	E2	100	64	10	

1. L 컬럼 – 연주 위치

L 컬럼은 연주 위치를 표시한다. 프로젝트 커서가 놓여 있는 위치라고 할 수 있다. L 컬럼의 빈 셀을 클릭하면 연주 위치가 이동된다.

>	Type		Start	End	Length	Data 1	Data 2	Data 3	Channe	Commen
	Note	♩	1. 2. 1. 0	1. 2. 2. 0	0. 0. 1. 0	F1	74	64	10	
>	Note	♩	1. 2. 1. 0	1. 2. 2. 0	0. 0. 1. 0	A#1	81	64	10	
	Note	♩	1. 2. 2. 0	1. 2. 3. 0	0. 0. 1. 0	D#1	111	64	10	
	Note	♩	1. 2. 2. 0	1. 2. 3. 0	0. 0. 1. 0	A#1	81	64	10	

2. Type 컬럼 – 이벤트 종류

미디 트랙에 삽입된 미디 이벤트의 종류가 표시된다. 음표는 Note, 피치밴드는 Pitchbend 등으로 표시된다.

>	Type	Start	End	Length	Data 1	Data 2	Data 3	Channe	Commen
	Note ♩	1. 1. 4. 0	2. 1. 4. 0	1. 0. 0. 0	E2	100	64	10	
	Program Change	1. 1. 4. 0			1	0		1	
	Aftertouch	1. 1. 4. 0			63			1	
	Note ♩	1. 2. 1. 0	1. 2. 2. 0	0. 0. 1. 0	C1	122	64	10	
	Note ♩	1. 2. 1. 0	1. 2. 2. 0	0. 0. 1. 0	F1	74	64	10	

3. Start 컬럼 – 시작 위치

삽입된 미디 이벤트의 시작 위치가 '마디/박자/틱/샘플' 순으로 표시된다. 노트의 경우 노트의 앞부분 위치가 표시된다. 4개의 숫자 중 원하는 숫자만 변경하려면 마우스로 클릭한 뒤 마우스를 상, 하로 드래그한다. 직접 위치를 조절하려면 마우스로 더블클릭한 뒤 키보드로 입력하고 마디/박자/틱/샘플을 구분하려면 마침표(.) 키를 사용한다.

>	Type	Start	End	Length	Data 1	Data 2	Data 3	Channe	Commen
	Note ♩	1. 1. 4. 0	2. 1. 4. 0	1. 0. 0. 0	E2	100	64	10	
	Program Change	1. 1. 4. 0			1	0		1	
	Aftertouch	1. 1. 4. 0			63			1	
	Note ♩	1. 2. 1. 0	1. 2. 2. 0	0. 0. 1. 0	C1	122	64	10	
	Note ♩	1. 2. 1. 0	1. 2. 2. 0	0. 0. 1. 0	F1	74	64	10	

4. End 컬럼 – 종료 위치

삽입된 미디 이벤트의 종료 위치가 '마디/박자/틱/샘플' 순으로 표시된다. 노트의 경우 노트의 끝 부분 위치가 표시된다. 노트 외 다른 미디 이벤트는 종료 위치가 표시되지 않을 수도 있다.

4개의 숫자 중 원하는 숫자만 변경하려면 마우스로 클릭한 뒤 마우스를 상, 하로 드래그한다. 직접 위치를 조절하려면 마우스로 더블클릭한 뒤 키보드로 입력하고 마디/박자/틱/샘플을 구분하려면 마침표(.) 키를 사용한다.

>	Type	Start	End	Length	Data 1	Data 2	Data 3	Channe	Commen
	Note ♩	1. 1. 4. 0	2. 1. 4. 0	1. 0. 0. 0	E2	100	64	10	
	Program Change	1. 1. 4. 0			1	0		1	
	Aftertouch	1. 1. 4. 0			63			1	
	Note ♩	1. 2. 1. 0	1. 2. 2. 0	0. 0. 1. 0	C1	122	64	10	
	Note ♩	1. 2. 1. 0	1. 2. 2. 0	0. 0. 1. 0	F1	74	64	10	

5. Length 컬럼 – 노트 음길이

Length 컬럼은 노트의 음 길이를 표시해준다. 음 길이를 조절하기 위해 4개의 숫자 중 원하는 숫자만 변경하려면 마우스로 클릭 + 드래그한다. 직접 음 길이를 조절하려면 마우스로 더블클릭한 뒤 키보드로 입력하고 마디/박자/틱/샘플을 구분하려면 마침표(.) 키를 사용한다.

>	Type	Start	End	Length	Data 1	Data 2	Data 3	Channe	Commen
	Note ♩	1. 1. 4. 0	2. 1. 4. 0	1. 0. 0. 0	E2	100	64	10	
	Program Change	1. 1. 4. 0			1	0		1	
	Aftertouch	1. 1. 4. 0			63			1	
	Note ♩	1. 2. 1. 0	1. 2. 2. 0	0. 0. 1. 0	C1	122	64	10	
	Note ♩	1. 2. 1. 0	1. 2. 2. 0	0. 0. 1. 0	F1	74	64	10	

6. Data 1 컬럼

노트 이벤트의 경우 Data1에 음정이 표시된다. 음정 이름은 미디 방식인 C1, D1, E1...방식으로 표시된다. 음정을 변경하려면 마우스로 클릭 + 드래그한다.

>	Type		Start	End	Length	Data 1	Data 2	Data 3	Channe	Commen
	Note	♩	1. 1. 4. 0	2. 1. 4. 0	1. 0. 0. 0	E2	100	64	10	
	Program Change		1. 1. 4. 0			1	0		1	
	Aftertouch		1. 1. 4. 0			63			1	
	Note	♩	1. 2. 1. 0	1. 2. 2. 0	0. 0. 1. 0	C1	122	64	10	
	Note	♩	1. 2. 1. 0	1. 2. 2. 0	0. 0. 1. 0	F1	74	64	10	

만일 음정 이름을 클래식 스타일의 '도', '레', '미'... 로 표시하려면 File → Preferences 메뉴를 실행한 뒤 Event Display 항목의 MIDI 항목을 선택한 뒤 Note Name Style 옵션에서 'DoRoMi'를 선택한다.

Tip

Data 1 표시 정보

노트일 경우 Data 1에 음정이 표시되고, 컨트롤러 이벤트일 경우 Controller Type, 프로그램 체인지 이벤트일 경우 Program number, 애프터터치 이벤트일 경우 Aftertouch Amount, 피치밴드 이벤트일 경우 Bend Amount가 표시된다. 시스템 익스클루시브 이벤트와 아티큘레이션 이벤트는 Data 1에 표시되는 내용이 없다.

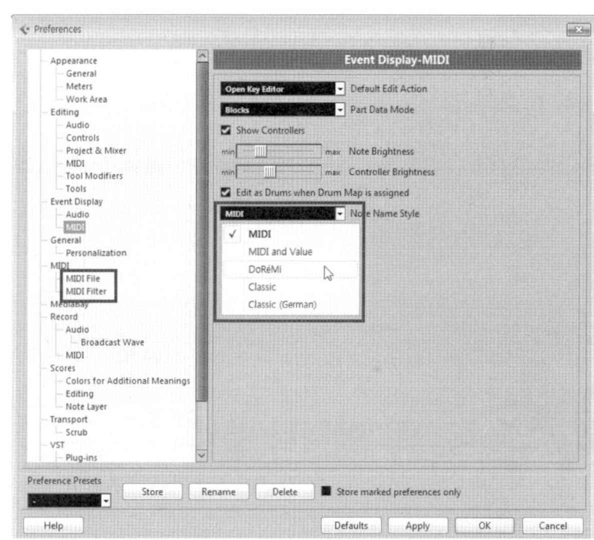

Preferences 대화상자

7. Data 2 컬럼 – 벨로서티 혹은 컨트롤 값

Data2는 노트의 경우 건반을 누르는 강약인 벨로서티를 표시한다. 컨트롤러 이벤트일 경우 Controller amount가 표시된다. 해당 값을 변경하려면 마우스로 클릭 + 드래그한다.

>	Type		Start	End	Length	Data 1	Data 2	Data 3	Channe	Commen
	Note	♩	1. 1. 4. 0	2. 1. 4. 0	1. 0. 0. 0	E2	100	64	10	
	Program Change		1. 1. 4. 0			1	0		1	
	Aftertouch		1. 1. 4. 0			63			1	
	Note	♩	1. 2. 1. 0	1. 2. 2. 0	0. 0. 1. 0	C1	122	64	10	
	Note	♩	1. 2. 1. 0	1. 2. 2. 0	0. 0. 1. 0	F1	74	64	10	

Tip

Data 2 표시 정보

노트일 경우 Velocity, 컨트롤러 이벤트일 경우 Controller Amount가 표시된다. 애프터터치 이벤트, 피치밴드 이벤트, 시스템 익스플루시브 이벤트, 프로그램 체인지 이벤트는 Data 2에 표시되는 내용이 없다.

8. Data 3 컬럼

Data 3은 노트 이벤트의 Note-Off Velocity 값을 표시해준다. 즉 건반에서 손가락을 떼는 강약 값을 표시한다. 해당 값을 변경하려면 마우스로 클릭 + 드래그한다.

>	Type		Start	End	Length	Data 1	Data 2	Data 3	Channe	Commen
	Note	♩	1. 1. 4. 0	2. 1. 4. 0	1. 0. 0. 0	E2	100	64	10	
	Program Change		1. 1. 4. 0			1	0		1	
	Aftertouch		1. 1. 4. 0			63			1	
	Note	♩	1. 2. 1. 0	1. 2. 2. 0	0. 0. 1. 0	C1	122	64	10	
	Note	♩	1. 2. 1. 0	1. 2. 2. 0	0. 0. 1. 0	F1	74	64	10	

9. Channel 컬럼

해당 이벤트가 속한 채널 번호를 표시한다. 채널을 변경하려면 마우스로 클릭 + 드래그한다.

10. Comment 컬럼

SysEx같은 시스템 익스플루시브 정보를 입력하거나 해당 노트에 대한 메모를 입력할 수 있다. 먼저 Text 이벤트를 삽입한 뒤 Comment 컬럼을 마우스로 클릭한다. 그런 뒤 키보드로 원하는 내용을 입력한다.

 리스트 에디터 툴바 

리스트 에디터 툴바의 기능은 앞에서 배운 '키 에디터'와 내용이 중복된다. 여기서는 리스트 에디터에 있는 기능들만 중점적으로 알아본다. 주요 기능으로는 '연필 툴'이 있는데 노트를 새로 그릴 수 있을 뿐 아니라 각종 미디 이벤트를 삽입할 수 있다.

큐베이스 6의 리스트 에디터 툴바

큐베이스 5의 리스트 에디터 툴바

1. 레이아웃 버튼(Filter 툴)

큐베이스 6의 경우 레이아웃 툴을 클릭한 뒤 Filter 항목에 체크하면 필터바가 화면에 표시된다. 필터바는 미디 이벤트에서
보고 싶은 이벤트만 화면에 표시하거나 감출 때 사용한다. 필터바에서 체크한 이벤트는 필터링되어 화면에서 보이지 않는다.

필터바에서 필터링할 요소는 노트, 컨트롤러, 피치밴드, 프로그램 체인지, 애프터터치, 폴리 프레서, 시스템 익스플루시브
정보, SMF 정보, Score 정보 등이다.

2. Mask(마스크) 툴

Mask 툴은 필터 바에 있다. No Focus를 선택하면 전체 이벤트가 화면에 표시되고, Event Types을 선택하면 선택한 이벤
트와 동일한 유형의 이벤트만 화면에 표시한다.

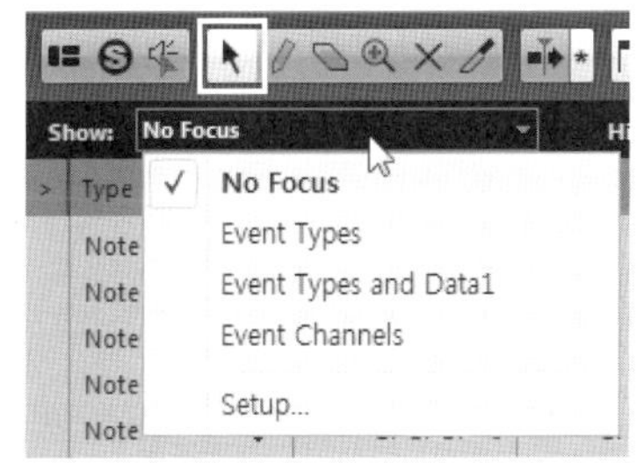

① No Focus(Noting) : 전체 미디 이벤트를 보여준다.

② Event Types : 선택한 미디 이벤트와 동일 유형의 이벤트만 보여준다.

③ Event Types and Data 1 : 선택한 미디 이벤트와 유형이 동일하고 데이터 1 값이 동
　　일한 이벤트만 보여준다.

④ Event Channels : 선택한 이벤트와 같은 채널 이벤트만 보여준다.

⑤ Setup : 로지컬 에디터에서 검색한 내용을 기준으로 화면에서 감출 요소가 설정된다.

3. 연필 툴

연필 툴은 노트 이벤트, 컨트롤러 이벤트 같은 각종 미디 이벤트를 추가하거나 수정할 때 사용한다. 이벤트를 추가하려면
먼저 툴바의 Insert Type 항목에서 추가할 이벤트를 선택해야 한다.

미디 이벤트를 입력하기 위해 메인 툴바에서 '연필 툴'
을 선택한다.
툴바의 Insert Type 항목을 클릭해 Poly Pressure
이벤트를 선택한다.

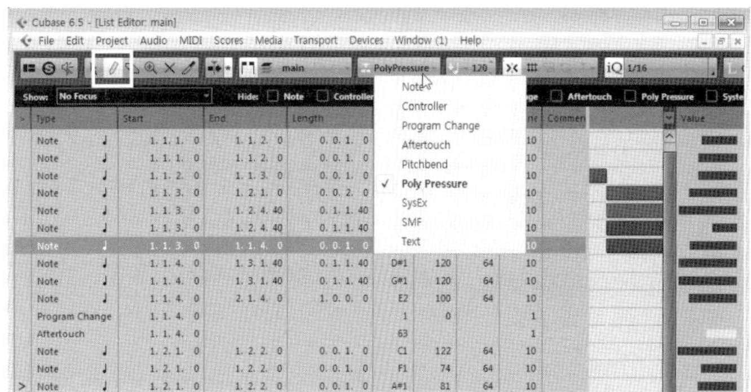

원하는 위치에서 클릭하면 Poly Pressure 이벤트가 삽입된다.

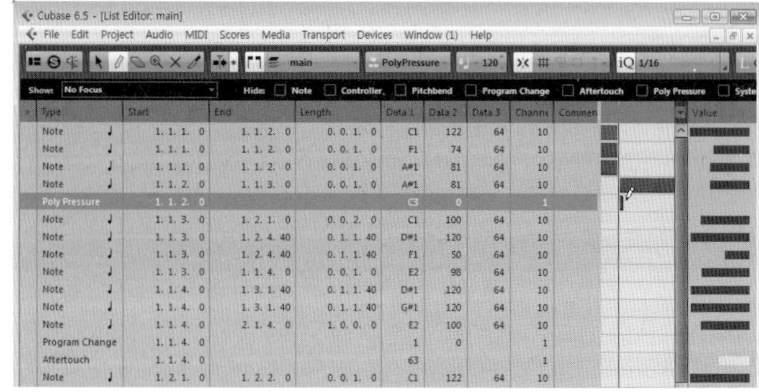

리스트 창에서 Data 1을 클릭 + 드래그하여 삽입한 이벤트의 설정값을 원하는 값으로 조절해준다.

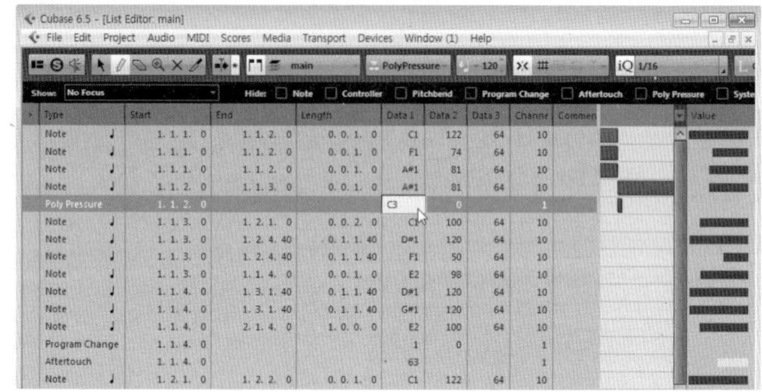

4. Insert.Type 항목

'연필 툴'로 미디 이벤트를 삽입할 때 어떤 미디 이벤트를 삽입할 것인지 선택하는 기능이다. 기본적으로 Note가 선택된 상태이므로 연필 툴로 노트를 삽입할 수 있는 상태이다. 원하는 미디 이벤트를 선택한 뒤 디스플레이 창에서 클릭하면 해당 이벤트가 삽입된다.

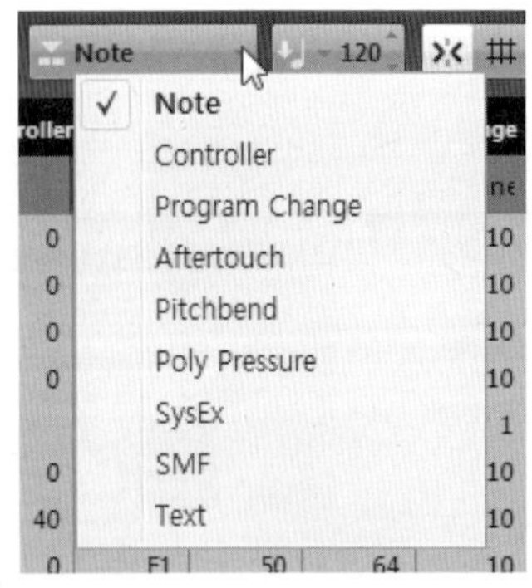

① Note : 연필 툴로 노트를 입력할 수 있다.

② Controller : 연필 툴로 컨트롤러 이벤트를 삽입할 수 있다.

③ Program Change : 연필 툴로 프로그램 체인지 이벤트를 삽입할 수 있다.

④ Aftertouch : 연필 툴로 애프터터치 이벤트를 삽입할 수 있다.

⑤ Pitchbend : 연필 툴로 패치밴드 이벤트를 삽입할 수 있다. 피아노의 피치밴드 조절기능과 동일 기능이다.

⑥ Poly Pressure : 키 애프터터치의 일종으로 건반 키 각각에 키 애프터터치와 유사한 효과를 줄 수 있다. 일반 건반에서는 사용할 수 없다.

⑦ SysEx : 연필 툴로 시스템 익스클루시브 정보를 삽입할 수 있다.

⑧ SMF : SMF 정보를 입력한다. Data 1~2번은 Copyright, 3번은 Trackname 정보이다. Comment 컬럼에 직접 입력한다.

⑨ Text : 연필 툴로 텍스트를 삽입할 수 있다. 디스플레이 창에서 막대 형태로 삽입한 뒤 이벤트 리스트 창의 Comment 컬럼에 원하는 글자를 입력한다. 입력한 글자는 오선지 상단에 표시된다.

리스트 에디터 디스플레이 창

삽입된 각종 미디 이벤트가 막대 형태로 디스플레이된다. 마우스로 드래그하여 이벤트 위치를 이동시킬 수 있다. 노트 이벤트는 마우스로 음 길이(막대 길이)를 조절할 수 있다.
디스플레이 창의 격자무늬는 마디/박자 간격을 표시한다.

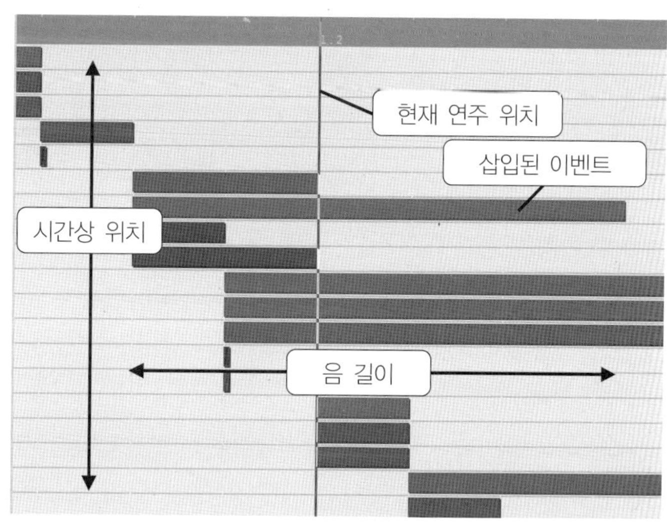

디스플레이 창의 막대들은 이벤트를 삽입한 순서대로(시간 순서대로) 위에서 아래로 표시된다. 따라서 원하는 이벤트를 마우스로 이동시키면 옆으로 이동되는 것이 아니라 시간 순서인 상, 하로 이동된다.

참고 
디스플레이창의 편집 도구

디스플레이창은 '키 에디터'에서 노트를 편집하듯 편집 작업을 진행할 수 있다. 메인 툴바의 '연필 툴'을 사용하면 새 노트를 삽입할 수 있고, '지우개 툴'을 사용하면 해당 노트를 지울 수 있다. 또한 '뮤트 툴'을 사용하면 특정 노트의 사운드를 묵음으로 처리할 수 있고 '나이프 툴'을 사용하면 노트를 양쪽으로 자를 수 있다.

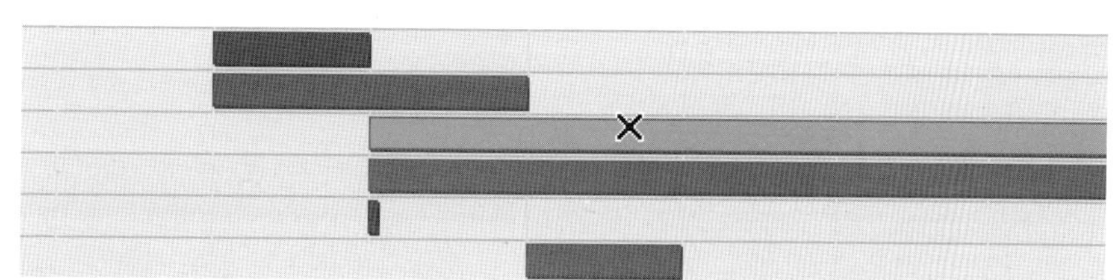

뮤트 툴로 원하는 노트를 묵음 처리한 모습

리스트 에디터 밸류창

밸류창은 노트, 컨트롤러 이벤트의 각종 밸류 값을 보여준다. 노트의 경우 벨로서티가 표시되고, 컨트롤러의 경우 Amount 가 표시된다. 연필 툴로 밸류 값을 수정할 수 있다.

이벤트 리스트 창에 노트들이 있을 경우, 밸류창에 벨로서티가 표시된다.

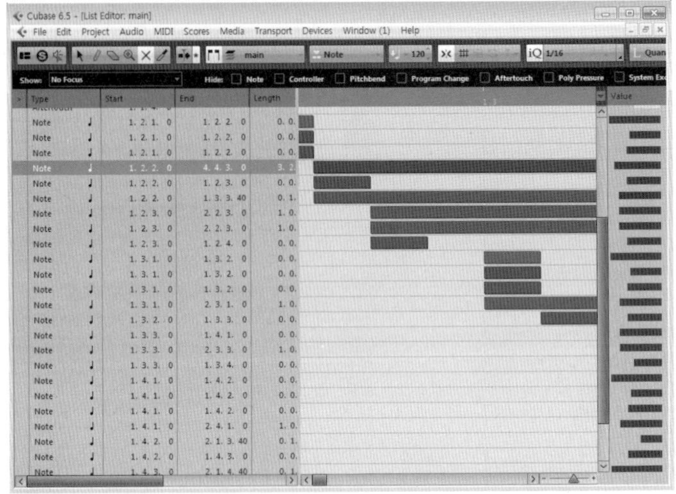

연필 툴로 드래그하면 여러 노트들의 벨로서티를 일괄 조절할 수 있다.

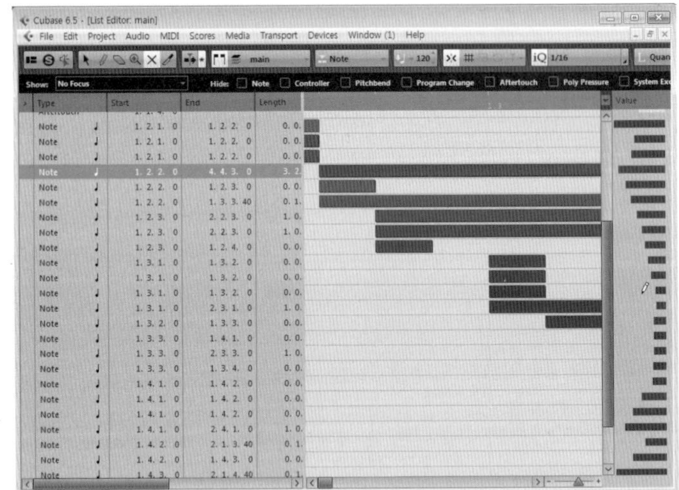

Tip

밸류창에 표시되는 이벤트

노트의 경우 Velocity, 컨트롤러의 경유 Controller Amount, 프로그램 체인지 이벤트의 경우 Number, 애프터터치 이벤트의 경우 Aftertouch Amount, 피치밴드 이벤트의 경우 Bend Amount가 밸류창에 표시된다. 시스템 익스클루시브 이벤트와 아티큘레이션 이벤트는 밸류창에 표시되는 내용이 없다.

리스트 에디터에서 '컨트롤러 이벤트'와 '시스템 익스클루시브 정보'를 삽입할 수 있음을 앞에서 배워다. '컨트롤러 이벤트'와 '시스템 익스클루시브 정보'는 매우 중요한 기능이므로 지금부터 자세하게 알아본다.

컨트롤러 이벤트

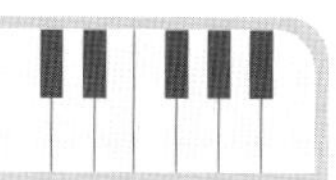

컨트롤러 이벤트를 삽입한 뒤 원하는 값으로 수정할 수 있다. 컨트롤러 이벤트는 사용하는 악기에 따라 번호가 달라질 수도 있으므로 악기 매뉴얼을 참고하는 것이 좋지만 보통 0~127개의 컨트롤 정보 가운데 자주 사용하는 명령어는 CC7번 볼륨, CC10번 팬, CC91번 리버브, CC93번 코러스 등이 있고, CC0번과 CC32번은 뱅크를 교체할 때 사용한다.

리스트 에니터에서 컨트롤러 이벤트는 아래와 같은 순서로 삽입한다.

Insert Type 항목을 클릭해 Controller 이벤트를 선택한다. 연필 툴로 디스플레이창에서 원하는 위치를 클릭하면 컨트롤러 이벤트가 삽입된다.

이벤트 리스트창을 확대한 뒤 Data 1 항목을 마우스로 클릭한 뒤 상하로 드래그하여 CC7을 선택한다. CC7은 메인 볼륨을 컨트롤하므로 Data 2에서 볼륨값을 설정한다.
처음부터 곡을 연주하면 설정한 볼륨값으로 곡이 연주된다.

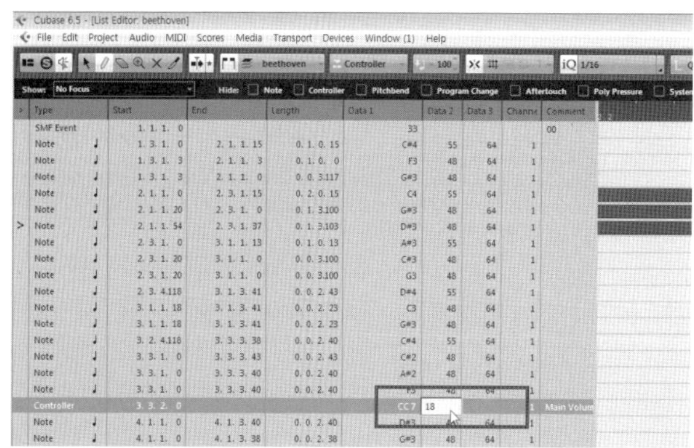

각각의 컨트롤러 정보를 설정하는 방법을 알아본다. 만일 삽입한 컨트롤러 이벤트를 삭제하려면 해당 컨트롤러 이벤트를 선택한 뒤 Del 키를 누른다.

1. 뱅크 교체 – CC0 또는 CC32

컨트롤러 이벤트 CC0, CC32는 악기 뱅크를 교체하는 명령어이다. 컨트롤러 이벤트를 원하는 위치에 삽입한 뒤 Data 1에서 CC0 또는 CC32를 선택하고 Data 2에서 뱅크 번호를 선택한다. CC0과 CC32 중 어느 번호를 사용해야 할지 모르므로 연결된 악기 매뉴얼을 참고한다. 참고로, 악기에 따라 뱅크 교체가 동작하지 않을 수도 있다.

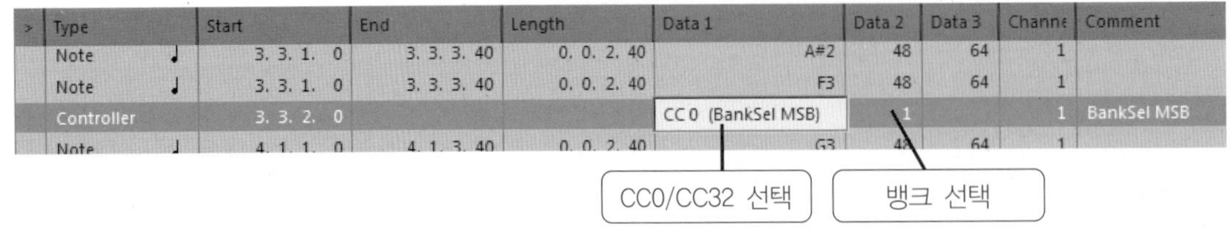

2. 모듈레이션 효과 – CC1(Modulation)

모듈레이션 효과를 만들 수 있다. 컨트롤러 이벤트를 원하는 위치에 삽입한 뒤 Data 1에서 CC1을 선택하고 Data 2에서 모듈레이션 강약을 설정한다.

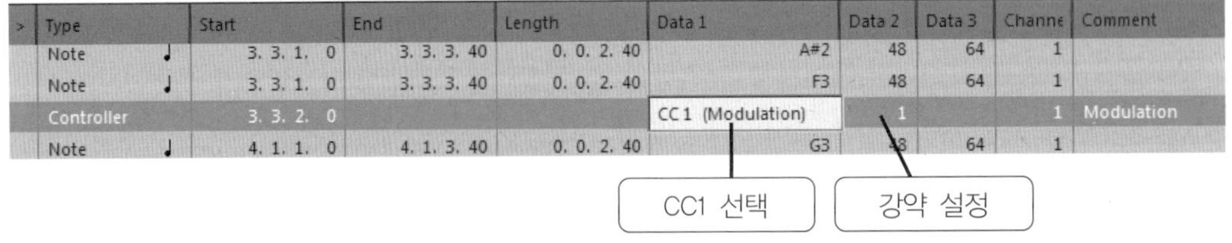

3. 포르타멘토 연주 – CC5(Portamento)

삽입한 위치에서 상, 하 두 음을 포르타멘토로 미끄러지듯 연주한다. Data 1에서 CC5를 선택하고 Data 2에서 0~127 사이로 연주 간격을 조절한다. 수치가 낮을수록 빠르게 이어진다. 이 기능을 사용하려면 CC65로 포르타멘토 기능을 On해야 한다.

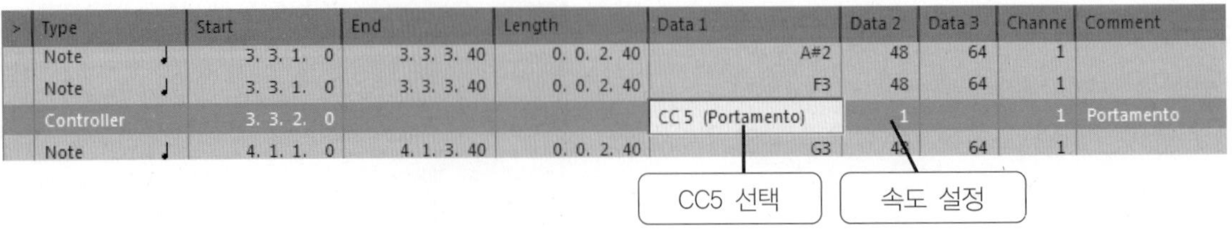

4. 볼륨 컨트롤 – CC7(Main Volume)

곡의 메인 볼륨을 조절하려면 컨트롤러 이벤트를 원하는 위치에 삽입한 뒤 Data 1에서 'CC7(Main Volume)'을 선택하고 Data 2에서 메인 볼륨값을 조절한다.

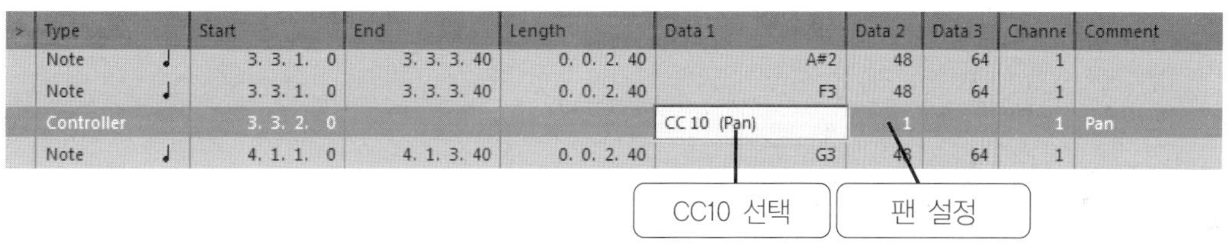

5. 팬 컨트롤 – CC10(Pan)

좌우 스피커의 왼쪽 또는 오른쪽에서 사운드가 들리게 할 수 있다. 컨트롤러 이벤트를 원하는 위치에 삽입한 뒤 Data 1에서 'CC10(Pan)'을 선택하고 Data 2에서 팬 값을 조절한다. 0이면 왼쪽 스피커, 127이면 오른쪽 스피커, 64이면 중앙에서 사운드가 들린다.

예를 들어 곡의 앞 부분에 Pan 컨트롤러를 삽입한 뒤 0으로 설정하고, 곡 중간 부분에 다시 Pan 컨트롤을 삽입한 뒤 127로 설정하면 곡의 앞 부분은 왼쪽 스피커에서, 곡의 중간 부분에서는 오른쪽 스피커에서 사운드가 들린다.

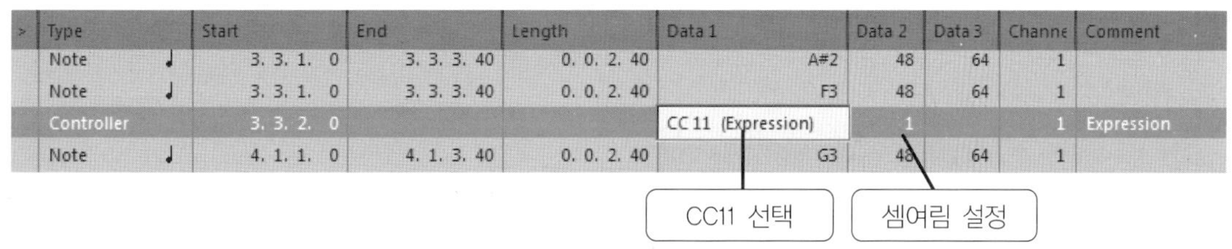

6. 셈여림 컨트롤 – CC11(Expression)

셈여림(상대적인 볼륨 조절)을 컨트롤한다. 컨트롤러 이벤트를 원하는 위치에 삽입한 뒤 Data 1에서 CC11을 선택하고 Data 2에서 0~127 사이로 셈여림 값을 설정한다. 0을 입력하면 소리가 들리지 않는다.

컨트롤러 체인지 이벤트 기능

원하는 위치에 컨트롤러 이벤트를 삽입한 뒤 Data 1 항목에서 컨트롤러 유형을 선택하고 Data 2에서 세부값을 설정한다.

번호	제 목	내 용	설정값
0	Bank	뱅크 선택	0~127

Data 1에서 CC0 또는 CC32를 선택하고 Data 2에서 0~127 사이의 뱅크를 선택한다. 기본 뱅크는 보통 0번이나 1번에 위치한다.

Data 1	Data 2	Data 3	Channe	Comment
CC 0 (BankSel MSB)	1		1	BankSel MSB

번호	제 목	내 용	설정값
1	Modulation	음의 떨림 효과	0~127

Data 1에서 CC1을 선택하고 Data 2에서 0~127 사이로 음의 떨림 효과를 설정한다. 수치가 높을수록 떨림 효과가 커진다.

Data 1	Data 2	Data 3	Channe	Comment
CC 1 (Modulation)	1		1	Modulation

번호	제 목	내 용	설정값
2	Breath	관악기의 강약 조절	0~127

관악기의 입으로 부는 강약을 조절한다. Data 1에서 CC2를 선택하고 Data 2에서 0~127 사이로 강약을 조절한다. 이 기능은 고급 외장 악기를 사용할 경우 동작한다.

Data 1	Data 2	Data 3	Channe	Comment
CC 2 (Breath)	1		1	Breath

번호	제 목	내 용	설정값
5	Portamento Time	포르타멘토 연주 간격	0~127

삽입한 위치에서 상,하 두 음을 포르타멘트로 미끄러지듯 연주한다. Data 1에서 CC5를 선택하고 Data 2에서 0~127 사이로 연주 간격을 조절한다. 수치가 낮을수록 빠르게 이어진다.

Data 1	Data 2	Data 3	Channe	Comment
CC 5 (Portamento)	1		1	Portamento

번호	제 목	내 용	설정값
7	Volume	해당 채널의 메인 볼륨 조절	0~127, 기본값=100

Data 1에서 CC7을 선택하고 Data 2에서 0~127 사이로 볼륨 값을 조절한다.

Data 1	Data 2	Data 3	Channe	Comment
CC 7 (Main Volume)	1		1	Main Volume

번호	제 목	내 용	설정값
10	Pan	사운드 출력 좌우 조절	왼쪽 0, 중간 64, 오른쪽 127

Data 1에서 CC10을 선택하고 Data 2에서 0~127 사이로 팬 값을 조절한다. 팬 값은 왼쪽 0, 중간 64, 오른쪽 127로 조절한다.

Data 1	Data 2	Data 3	Channe	Comment
CC 10 (Pan)	1		1	Pan

번호	제 목	내 용	설정값
11	Expression	셈여림 조절	0~127, 기본값=127

Data 1에서 CC11을 선택하고 Data 2에서 0~127 사이로 셈여림 값을 설정한다. 0을 입력하면 소리가 들리지 않는다.

Data 1	Data 2	Data 3	Channe	Comment
CC 11 (Expression)	1		1	Expression

64	Sustain Pedal		서스테인 페달과 동일. 여운 효과	OFF=0, On=127

Data 1에서 CC66을 선택하고 Data 2에서 0 또는 127로 조절한다.

Data 1	Data 2	Data 3	Channe	Comment
CC 64 (Sustain)	1		1	Sustain

65	Porta(On/Off)	포르타멘토 연주 기능 On/Off	OFF=0, On=127

포르타멘토 연주를 시작과 종료 지점에서 On/Off 할 수 있다. CC5로 포르타멘트 연주를 시작하려면 시작 부분에 CC65를 삽입한 뒤 On하고, 포르타멘트 연주를 종료하려면 종료 지점에 CC65를 삽입하고 Off한다.

Data 1	Data 2	Data 3	Channe	Comment
CC 65 (Porta On/Off)	1		1	Porta On/Off

66	Sostenuto Pedal	소스테누토 페달과 동일. 피아노 가운데 페달 효과	OFF=0, On=127

Data 1에서 CC66을 선택하고 Data 2에서 0 또는 127로 조절한다.

Data 1	Data 2	Data 3	Channe	Comment
CC 66 (Sostenuto)	1		1	Sostenuto

67	Soft Pedal	소프트 페달과 동일	OFF=0, On=127

Data 1에서 CC67을 선택하고 Data 2에서 0 또는 127로 조절한다.

Data 1	Data 2	Data 3	Channe	Comment
CC 67 (Soft Pedal)	1		1	Soft Pedal

91	Reverb	리버브 이펙트 깊이	0~127

Data 1에서 CC91을 선택하고 Data 2에서 0~127 사이로 조절한다.

Data 1	Data 2	Data 3	Channe	Comment
CC 91 (ExtEff 1 Depth)	1		1	ExtEff 1 Depth

93	Chorus	코러스 이펙트 깊이	0~127

Data 1에서 CC93을 선택하고 Data 2에서 0~127 사이로 조절한다.

Data 1	Data 2	Data 3	Channe	Comment
CC 93 (ExtEff 3 Depth)	1		1	ExtEff 3 Depth

94	Delay	딜레이 이펙트	0~127

Data 1에서 CC94를 선택하고 Data 2에서 0~127 사이로 조절한다.

Data 1	Data 2	Data 3	Channe	Comment
CC 94 (ExtEff 4 Depth)	1		1	ExtEff 4 Depth

121	Reset	리셋	Switch On=0

Data 1에서 CC121을 선택하고 Data 2에서 0을 설정한다. 컨트롤러 'CC1, CC11, CC64'값과 피치벤드 값을 리셋하고 원래 값으로 바꾼다.

Data 1	Data 2	Data 3	Channe	Comment
CC 121 (Reset Ctrl)	1		1	Reset Ctrl

시스템 익스클루시브 정보

시스템 익스클루시브 정보란 신디사이저 같은 악기들의 전용 정보인 시스템 익스클루시브 메시지를 송, 수신할 때 사용하는 정보를 말한다. 악기들은 벨로서티, 볼륨, 필터 등의 다양한 조작 기능이 있는데 이와 같은 각종 세팅 정보는 신디사이저마다 개성이 다르므로 MIDI 규정 이외의 신호라고 할 수 있다.

큐베이스는 각각의 악기와 정보를 주고받을 수 있도록 '리스트 에디터'에서 시스템 익스클루시브 정보를 입력할 수 있는 기능을 제공하며, 정보 입력에 용이하도록 MIDI SysEx Editor를 제공한다.

1. 시스템 익스클루시브 정보의 입력

미디 클립을 선택한 상태에서 Midi → Open List Editor 메뉴를 실행해 리스트 에디터를 불러온다.

리스트 에디터의 Insert Type 항목을 클릭해 SysEx를 선택한다. 디스플레이창에서 원하는 위치를 연필 툴로 클릭하면 시스템 익스클루시브 이벤트가 삽입된다.

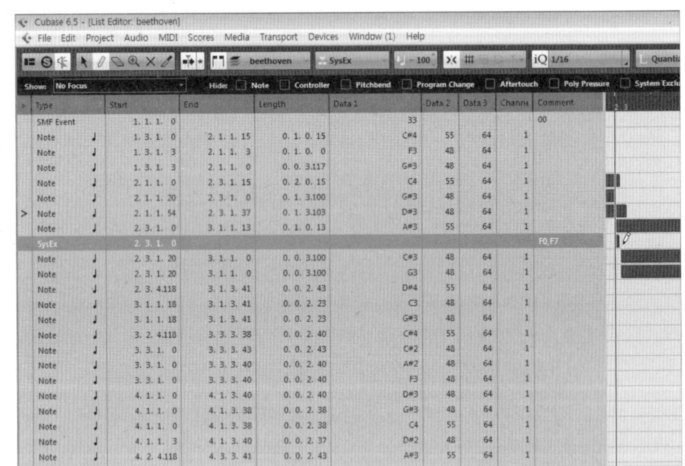

시스템 익스클루시브 정보를 입력해 본다. 리스트 창에서 시스템 익스클루시브 이벤트의 Comment 컬럼을 클릭하면 대화상자가 실행되어 정보를 입력할 수 있다.

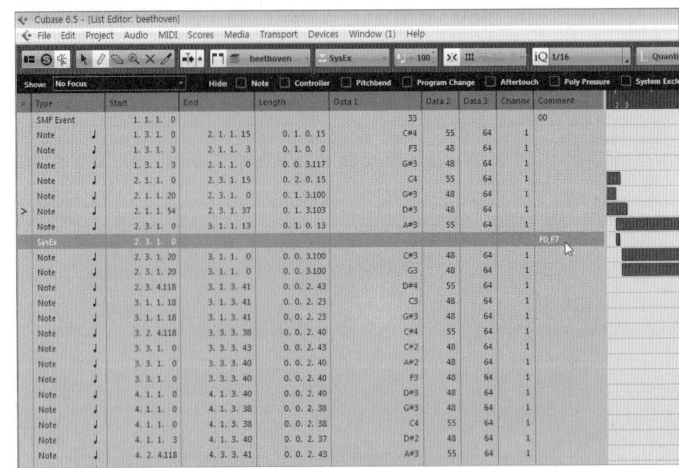

자동으로 MIDI SysEx Editor가 실행된다.
Insert 버튼을 클릭하면 숫자를 입력할 수 있음을 알 수
있다.

시스템 익스클루시브 정보는 16진수로 입력하며 보통
9파트로 나누어 입력해야 한다.

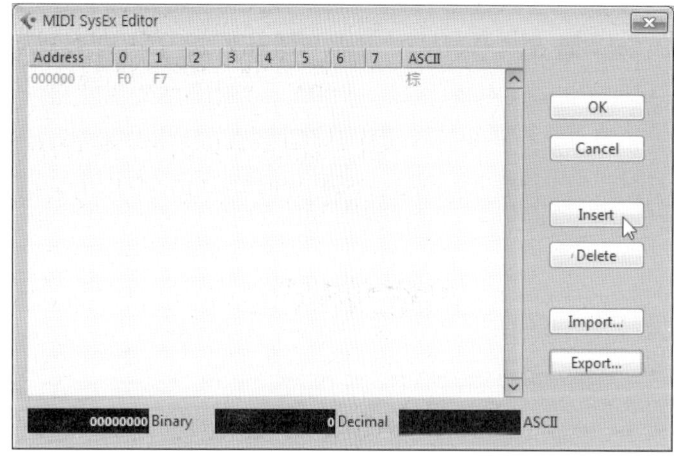

첫 번째 파트의 F0은 시스템 익스클루시브 정보의 시작
을 뜻하며 자동으로 입력되어 있다. 마지막 파트의 F7
은 시스템 익스클루시브 정보의 종료를 뜻하며 자동으
로 입력되어 있다.

중간에 7파트를 생성시키면 되는데 숫자가 길 수도 있으
므로 파트를 10개 이상 넉넉하게 생성시킨 뒤 나중에 필
요 없는 파트는 대화상자의 Delete 버튼으로 삭제한다.

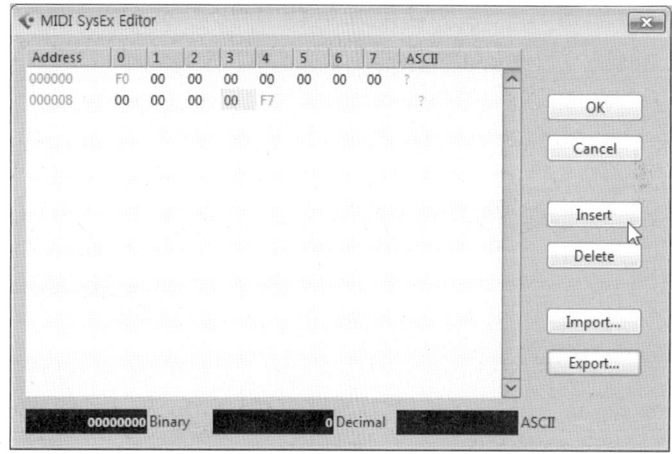

론랜드사 장비의 Pacth Change는 보통 아래와 같이
입력한다. 악기 패치를 'Piano 2w'로 변경하는 메시지
이다.

　　　F0 41 10 42 12 401100 0801 26 F7

입력 작업을 종료한 뒤에는 OK 버튼을 눌러 적용한
다. Comment 컬럼에 입력한 16진수가 표시된다.

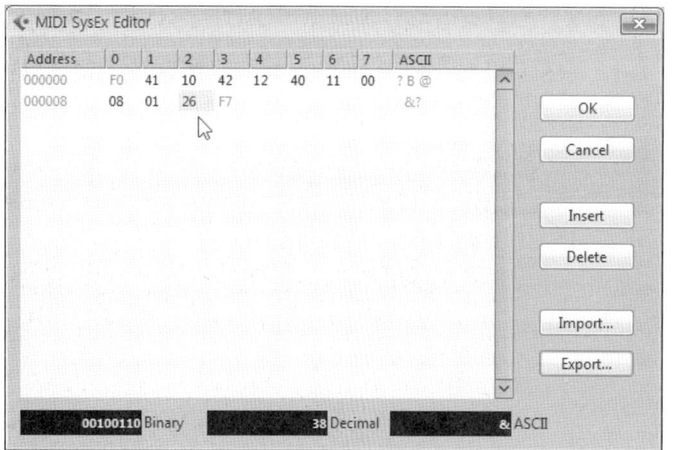

2. 시스템 익스클루시브 정보 이해하기

시스템 익스클루시브 정보는 큐베이스, 소나 모두 동일한 형식의 16진수로 입력한다. 하지만 사용하는 신디사이저에 따라 명령 체계가 다를 수 있으므로 시스템 익스클루시브 정보를 올바르게 입력하려면 반드시 연결된 악기 매뉴얼을 참고한다. 시스템 익스클루시브 정보는 보통 9파트로 나누어져 있으며, 다음과 같은 뜻을 가지고 있다.

① ② ③ ④ ⑤ ⑥ ⑦⑧ ⑨

F0 41 10 42 12 40007F 00 41 F7

h는 16진수를 뜻하므로 h 글자는 입력하지 않는다.

① F0h   시스템 익스클루시브 메시지의 시작을 뜻한다.

② xxh   제조업체 ID를 입력한다. 41은 롤랜드사를 의미한다. 장비 매뉴얼 참고

③ xxh   디바이스 ID(장치 번호)를 입력한다. 같은 제조업체의 장비가 여러 대 연결된 경우 각각의 장비를 구별할 수 있다. 장비 매뉴얼 참고

④ xxh   모델 ID를 입력한다. 장비 매뉴얼 참고

⑤ xxh   Sending(12h)/Requesting(11h) 명령 번호를 입력한다. 장비 매뉴얼 참고

⑥ xxx...h   메인 데이터를 입력한다. 장비 매뉴얼 참고

⑦ xxh   Sending(12h)/Requesting(11h) 명령에 따라 달라진다. 장비 매뉴얼 참고

⑧ sum   체크섬, 전송 에러 방지 확인용. 6, 7번 값에 따라 달라진다. 장비 매뉴얼 참고

⑨ F7h   시스템 익스클루시브 메시지의 종료를 뜻한다.

참고   **장비마다 다른 입력 방법**

큐베이스에서 외장 악기를 제어하려면 반드시 외장 악기 매뉴얼을 참고하고 시스템 익스클루시브 정보를 입력하는 것이 좋다. 미디 초창기 시절 많이 보급된 외장 악기는 사운드캔버스였으므로 지금도 인터넷에서 볼 수 있는 정보들은 대부분 사운드캔버스 장비를 제어할 수 있는 시스템 익스클루시브 정보이다.

06 | 오디오 트랙의 편집

오디오 트랙 편집은 기본적으로 미디 트랙에서 사용했던 도구들을 모두 사용할 수 있고, 도구들의 사용방법도 미디 트랙에서 설명한 방법과 거의 같다. 물론 같은 도구라고 해도 도구들의 사용법이 미디 트랙과 오디오 트랙에서 약간 다를 수도 있으므로 몇 가지만 숙지하면 누구나 오디오 트랙을 편집할 수 있다.

참고로 오디오 클립의 편집은 다음과 같은 3가지 방식이 있다.

① 오디오 트랙 : 여러 오디오 클립을 대상으로 자르기, 붙이기, 이동, 삭제 작업을 한다. 트랙에 삽입된 전체 오디오 클립을 대상으로 편집하는 방식이다.

② 샘플 에디터 : 하나의 클립을 대상으로 자르기, 붙이기, 이동, 삭제, 템포 변경 등의 작업을 한다. 개개별 오디오 클립을 대상으로 심층적으로 편집하는 방식이다.

③ 파트 에디터 : 오디오 클립 안에 있는 오디오 파트를 직접 편집하는 방식이다.

'샘플 에디터'와 '파트 에디터'를 공부하기 앞서 먼저 오디오 트랙에서 오디오 클립을 편집하는 방법을 공부한다.

오디오 클립의 이동, 분할, 복사

오디오 클립을 자르고 이동시키고 복사할 수 있다. 오디오를 편집하지만 미디 트랙에서의 편집 방식과 동일하다. 툴바의 '선택 툴', '구간 선택 툴'로 편집할 구간을 선택한 뒤 이동, 복사, 삭제 작업을 할 수 있다. '구간 선택 툴'은 일부 구간을 잘라낸 뒤 이동시키거나 복사할 때 사용한다.

File → Open 메뉴로 부록의 Sample 폴더에서 'bass wav.cpr'를 불러온다.

1번 트랙의 S 버튼을 켜 1번 트랙만 솔로 연주 상태로 전환한다.

1번 트랙 패널을 마우스 오른쪽 버튼으로 클릭한 뒤 Add Track – Add Audio Track 메뉴로 새 오디오 트랙을 생성시킨다.

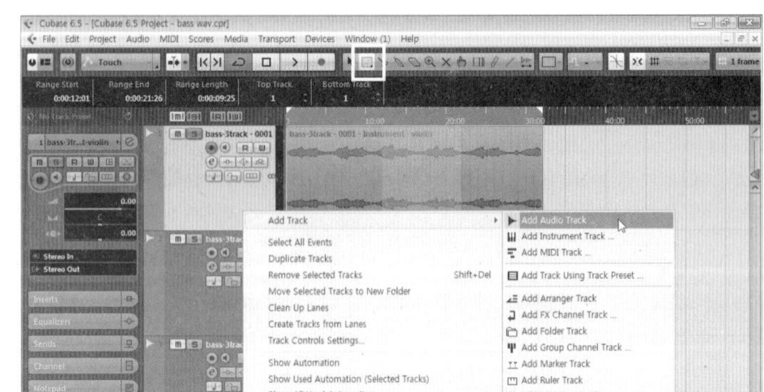

'구간 선택 툴'로 1번 트랙의 오디오 클립 중 원하는 영역을 선택한다.

바로 하단에 생성된 오디오 트랙으로 드래그하면 선택된 구간이 오려진 상태로 이동되는 것을 알 수 있다.

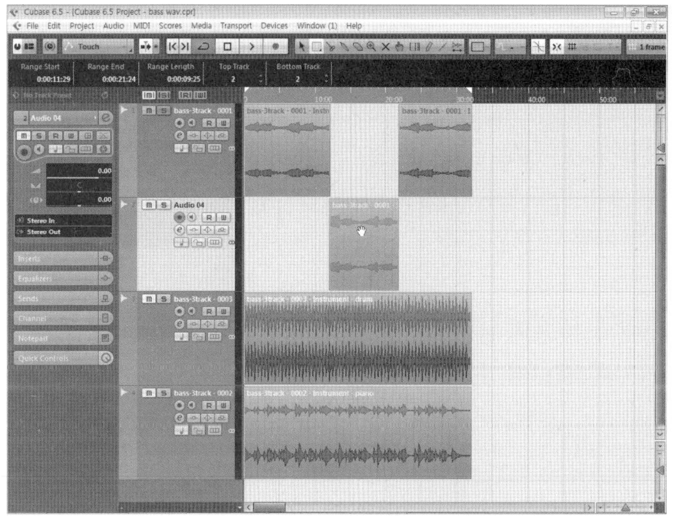

드래그할 때 Alt + 드래그하면 복사한 뒤 이동시킬 수 있다.

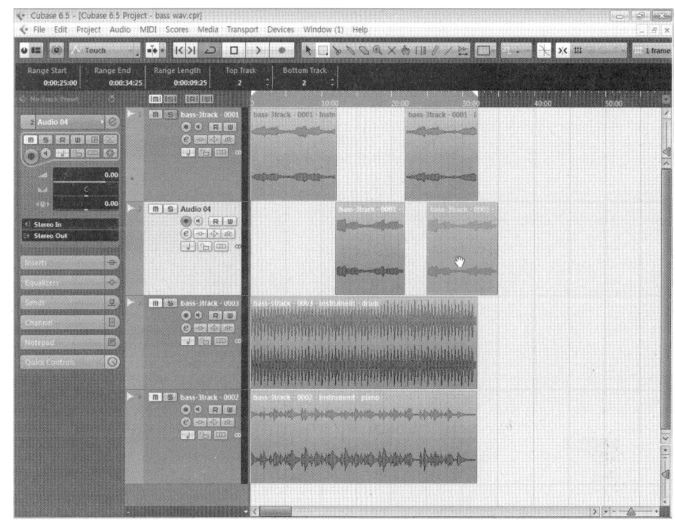

예를 들어 '가위 툴'로 클립을 클릭하면 클립이 분할되는 것을 알 수 있다. 편집 대상이 미디 클립에서 오디오 클립으로 변경되었지만 툴바의 편집 도구들을 사용하면 미디 클립을 편집하는 것과 똑같은 방식으로 오디오 클립의 편집이 가능함을 알 수 있다.

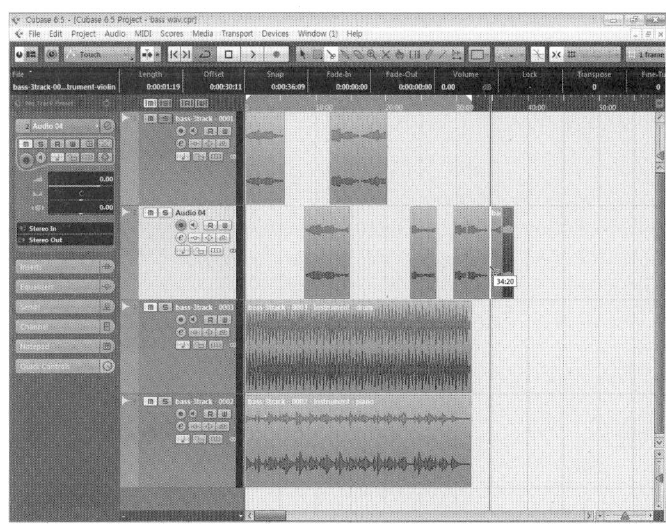

마우스 드래깅 편집 – 오디오의 페이드 인/아웃 설정

이번에는 오디오 클립의 시작 부분을 페이드 인하고, 종료 지점을 페이드 아웃하는 방법을 알아본다. '페이드 인'은 사운드의 시작 부분 볼륨이 점점 커지는 효과이고, '페이드 아웃'은 사운드의 종료 지점 볼륨이 점점 작아지는 효과를 말한다.

앞에서 불러온 예제에서 계속 작업해본다. File → Revert 메뉴를 적용해 클립을 편집하기 전 원본 상태로 되돌린다.

2번째 트랙의 Solo 버튼을 켜 해당 트랙을 솔로 연주 상태로 전환한다.

솔로(S) 버튼을 켠 상태에서 Space Bar를 눌러 연주를 해 본다.
페이드 인이 적용되지 않은 상태이기 때문에 원래 볼륨 상태로 곡이 연주된다.

툴바에서 '선택 툴'을 선택한다. 2번 트랙에 삽입된 오디오 클립으로 마우스 커서를 이동하면 클립 상단 좌우에 삼각형 아이콘이 나타나는 것을 알 수 있다.

시작 부분 삼각형을 오른쪽으로 드래그하여 원하는 만큼 이동시킨다. 이동시킨 간격만큼 볼륨이 천천히 커지는 페이드 인 효과가 만들어진다.

오디오 파형을 보면 시작 부분 파형이 작은 상태에서 점점 커지는 상태로 조절될 것이다.

곡을 처음부터 재생하면, 앞부분 볼륨에 페이드 인 효과가 만들어져 볼륨이 점점 커지는 효과가 만들어진다.

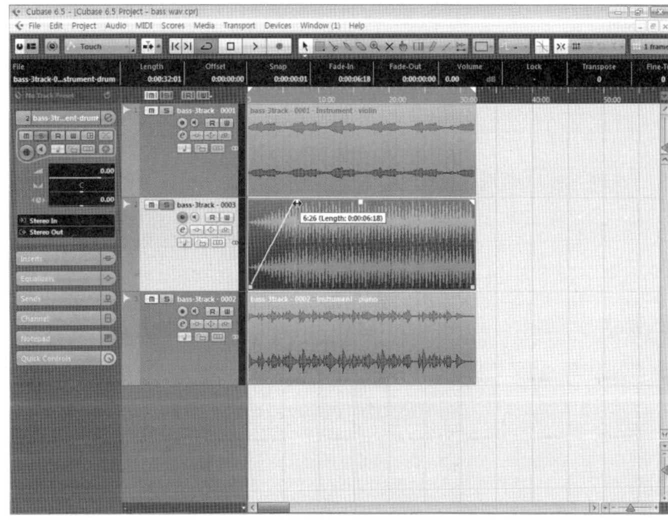

볼륨이 점점 작아지는 '페이드 아웃' 효과를 만들기 위해 클립 종료 부분에 있는 삼각형을 그림처럼 드래그한다.

곡을 플레이하면 종료 부분에서 볼륨이 점점 작아지는 것을 알 수 있다.

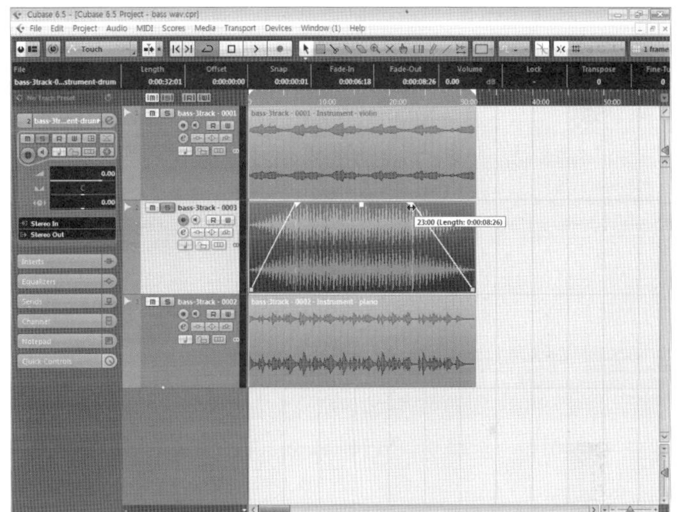

'크로스페이드'라는 것도 있다.

예를 들어 옆 그림처럼 오디오 트랙에 2개의 오디오 클립을 삽입한 뒤 첫 번째 클립 종료 부분에 두 번째 클립 시작 부분을 겹쳐놓으면 서로 겹쳐지는 부분이 생긴다.

겹쳐있는 부분 한쪽엔 페이드 아웃, 다른 한쪽엔 페이드 인 효과를 만들면 크로스페이드가 된다.

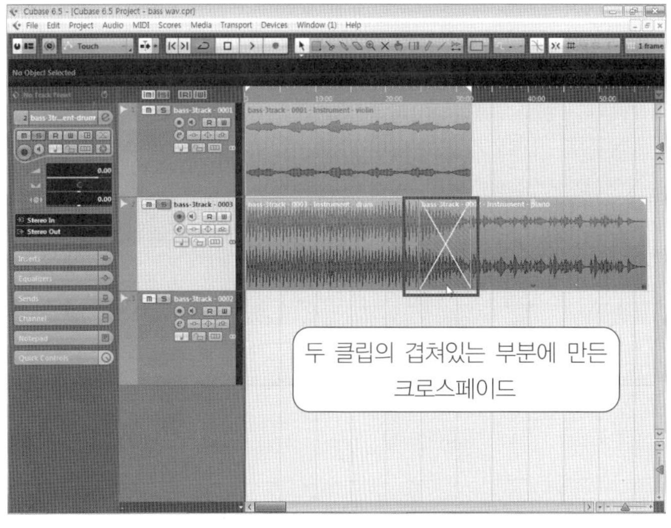

마우스 드래깅 편집 – 숨어 있는 트랙 편집 기능

1. 출력 데시벨을 라인 형태로 조절하는 선택 툴

'선택 툴'은 오디오 클립의 데시벨(일종의 볼륨)을 직선 형태로 조절하는 기능을 제공한다. 오디오 클립을 선택 툴로 클릭하면 클립 중앙에 파란색 사각형 아이콘이 나타나는데 이 사각형을 상하로 드래그하여 데시벨을 조절할 수 있다. 데시벨을 조절하면 오디오 파형의 모양도 그만큼 조절된다.

선택 툴로 사각형 아이콘을 아래로 드래그

데시벨이 조절된 모습

2. 출력 데시벨을 각이 진 라인 형태로 조절하는 연필 툴

'연필 툴'은 비어 있는 오디오 파트를 생성시킬 때도 사용하지만, 오디오 클립의 데시벨을 각이 진 라인 형태로 조절할 때도 사용한다. 오디오 클립에서 라인을 그려주면 그 형태로 데시벨이 조절되고, 오디오 파형도 변하게 된다.

현재의 볼륨 상태

연필 툴로 볼륨을 변화시킨 모습

07 | 샘플 에디터(Sample Editor)

트랙 뷰에서 오디오 클립을 편집하면, 다수의 오디오 클립을 대상으로 작업하게 된다. 이와 달리 '샘플 에디터'는 하나의 오디오 클립을 열어놓고, 그 안에서 편집할 때 사용한다. 오디오 클립을 더블클릭하면 자동으로 실행되어 오디오 클립의 템포를 수정하고, 오려내고, 붙이기 작업을 할 수 있을 뿐 아니라 오디오 파형을 세밀하게 편집할 수 있다.

샘플 에디터는 일반적으로 보컬의 노래 음정을 편집하거나 외부에서 가져온 오디오 파일, 가상악기로 믹스다운한 오디오 파일에서 일부 구간의 템포, 리듬감, 음정 등을 정교하게 편집할 때 사용한다. 즉 오디오 클립의 파형을 대상으로 정교한 편집이 가능한 셈이다.

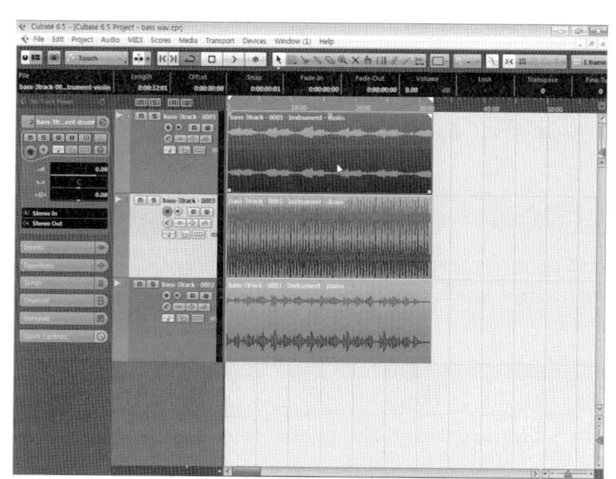

오디오 클립을 더블클릭

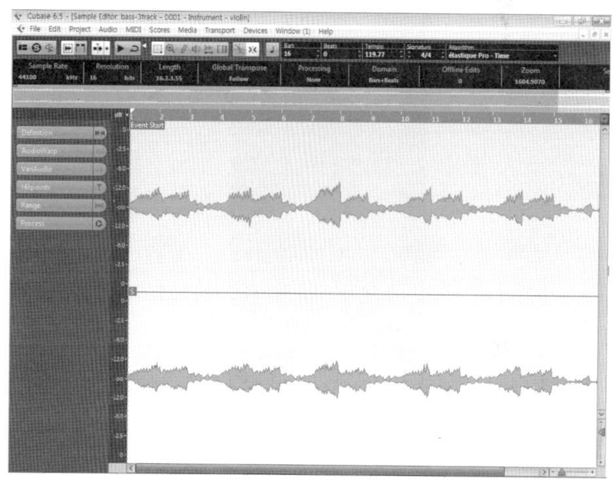

샘플 에디터가 실행된 모습

샘플 에디터의 작업 화면

오디오 클립을 더블클릭하면 샘플 에디터가 자동으로 실행된다. 샘플 에디터는 툴바, 내비게이션바, 인스펙터, 편집 창으로 이루어져 있고, 사용자 설정에 따라 인포바가 표시된다.

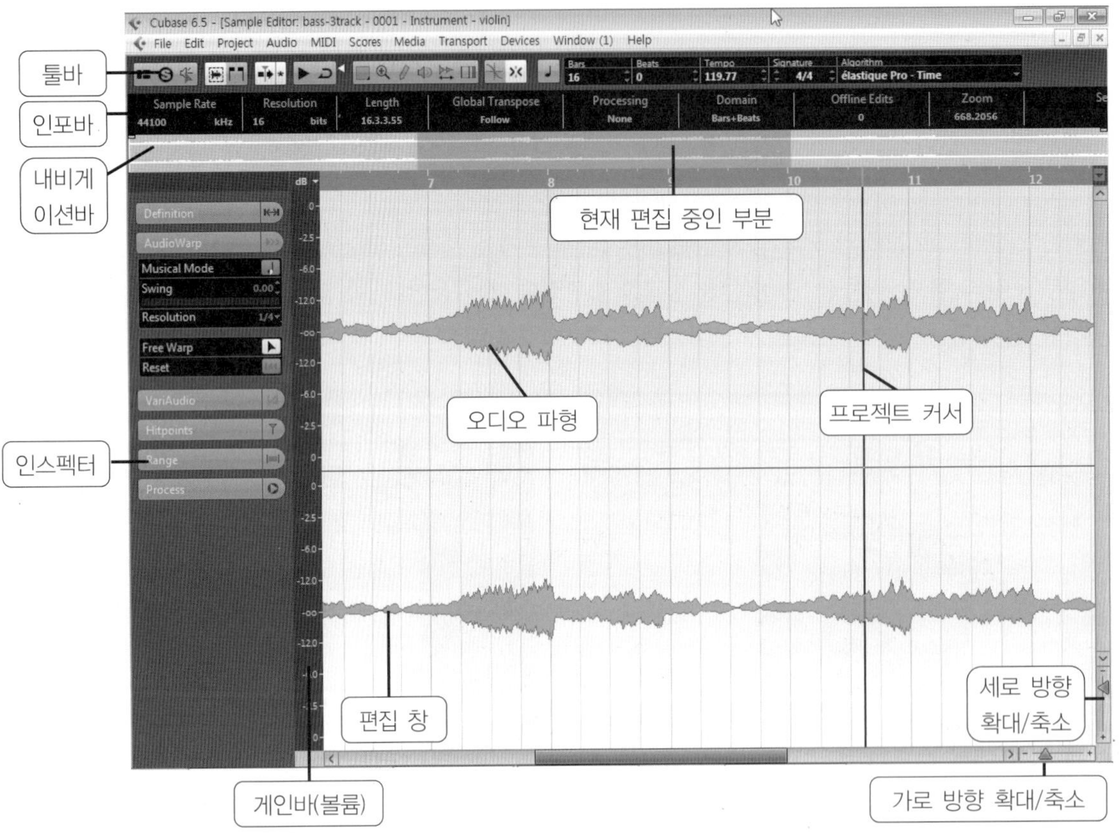

상단 그림은 큐베이스 6의 샘플 에디터이고, 옆의 작은 그림은 큐베이스 5의 샘플 에디터이다. 레이아웃만 다를 뿐 조작 방식은 동일하다.

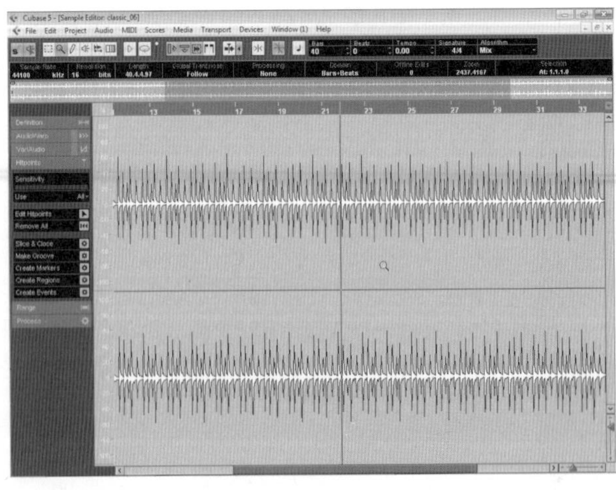

큐베이스 5의 샘플 에디터

샘플 에디터 툴바

샘플 에디터 툴바는 크게 편집 도구, 보기 도구, 뮤지컬 모드 도구가 있다. 뮤지컬 모드 도구는 웨이브 파형을 미디 이벤트처럼 박자, 템포 등을 조절할 때 사용한다.

큐베이스 6.5의 샘플 에디터 툴바

큐베이스 5의 샘플 에디터 툴바

1. 레이아웃 툴

인스펙터, 인포 라인, 오버뷰 라인, 리전 패널을 화면에 표시하거나 감출 수 있다.

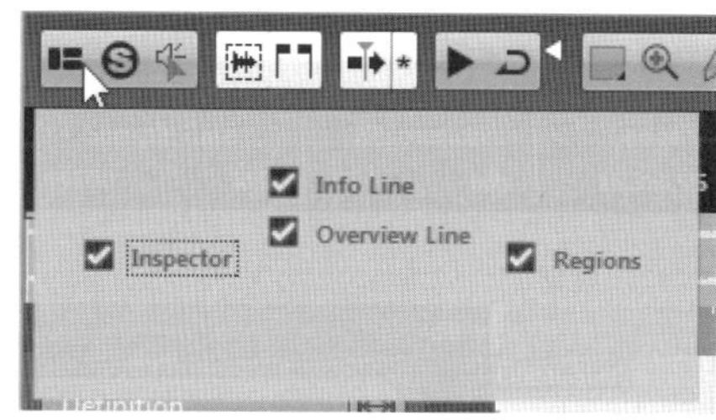

다음은 인스펙터, 인포 라인, 오버뷰 라인, 리전 패널을 모두 표시한 모습이다.

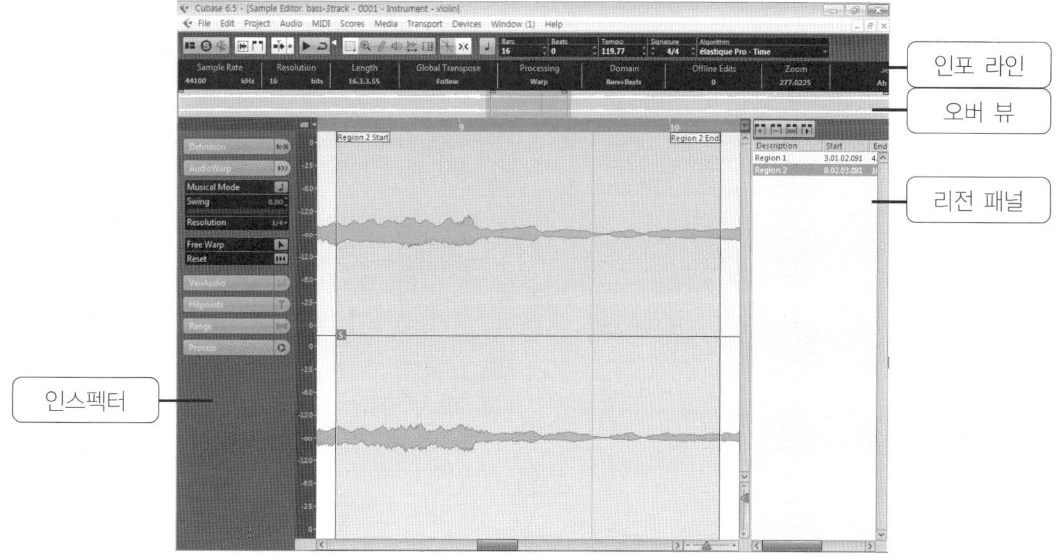

2. 솔로 에디터 버튼

오디오 트랙이 여러 개일 경우, 현재 편집 중인 트랙만 연주한다. 이 버튼을 끄면 모든 트랙의 사운드를 연주한다.

3. 어쿠스틱 피드백 버튼(Aucostic Feedback)

마우스로 오디오의 음정을 변경하거나 이동시킬 때 사운드를 모니터할 수 있도록 해 준다.

4. 오디오 이벤트(Show Audio Event) 버튼

오디오 이벤트의 시작 지점과 종료 지점을 표시하는 'Event Start'와 'Event End'를 룰러 밑에 표시한다. 'Event Start'와 'Event End' 문자를 드래그하여 오디오 클립의 시작 지점과 종료 지점을 변경할 수 있다.

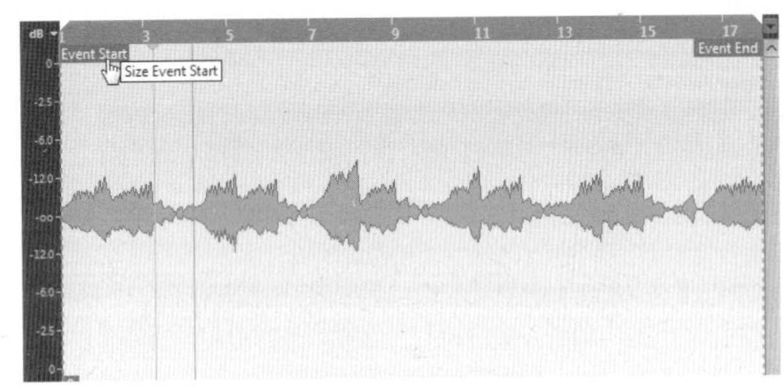

오디오 이벤트를 표시한 모습

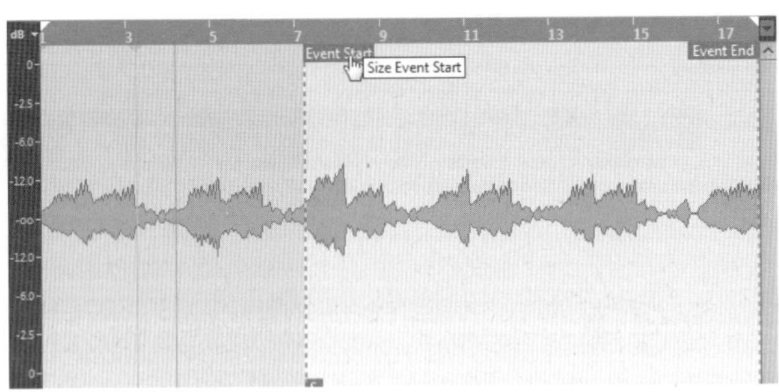

드래그하여 시작 지점을 변경한 모습

5. 리전(Show Regions) 버튼

구간 선택 툴로 구간을 설정한 경우, 그 구역을 별도로 떼어 놓아 연주하거나 사용할 수 있다. 이때 각 구간을 리전이라고 한다. 보통 여러 구간을 리전으로 등록해놓고 연주할 수 있다. 이 버튼을 클릭하면 편집 창 오른쪽에 리전 패널이 나타난다. 이번 장의 리전 패널 설명을 참고한다.

리전 버튼을 끈 모습

리전 버튼을 클릭해 리전 패널을 표시한 모습

6. 오토 스크롤 버튼

오디오를 연주할 때 다음 화면으로 이동하면 화면이 자동으로 스크롤된다.

7. 오디션(Audition) 버튼

작업 중인 오디오 트랙만 미리 모니터할 수 있다. 구간을 설정한 경우에는 해당 구간만 모니터할 수 있다.

8. 오디션 루프(Audition Loop) 버튼

구간이 설정된 경우, 해당 구간을 루프 연주한다. 오디션 루프 툴 옆의 슬라이더는 오디션 사운드의 볼륨을 조절하는 기능이다.

9. 구간 선택 툴(Range Selection)

오디오 클립에서 일부 구간을 선택할 수 있다. 선택한 구간은 Edit → Copy 메뉴와 Edit → Cut 메뉴로 복사하거나 오려낼 수 있다. 또한 키보드의 Del 키를 눌러 삭제할 수 있다. 전체 구간을 선택하려면 Ctrl + A를 누르고, 선택을 취소하려면 Ctrl + Shift + A를 누른다.

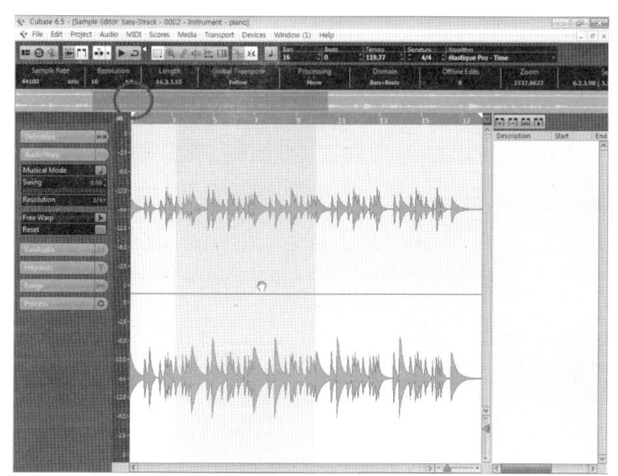

구간 선택 툴로 구간을 선택한 모습

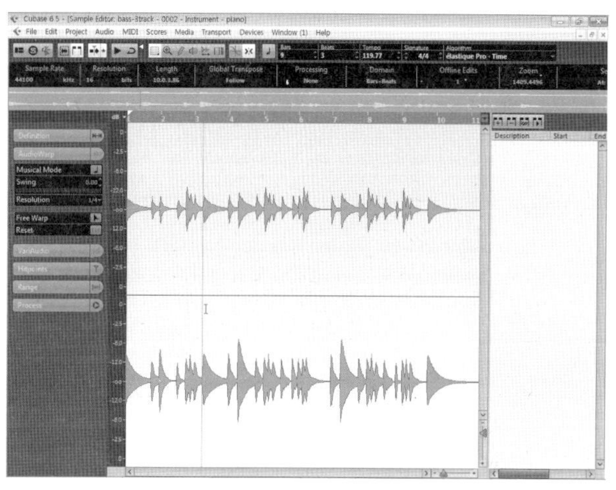

Del 키를 눌러 해당 구간의 내용을 삭제한 모습

10. 돋보기 툴

편집 창을 확대한다. Alt + 클릭하면 편집 창을 축소할 수 있다.

11. 연필 툴

오디오 파형을 직접 편집할 수 있다. 오디오 파형의 계단이 보일 정도로 화면을 크게 확대한 뒤 작업해야 한다. 화면 크기가 작을 경우에는 경고 메시지 대화상자가 실행되므로 이때는 화면을 돋보기 툴로 여러 번 확대한 뒤 작업한다.

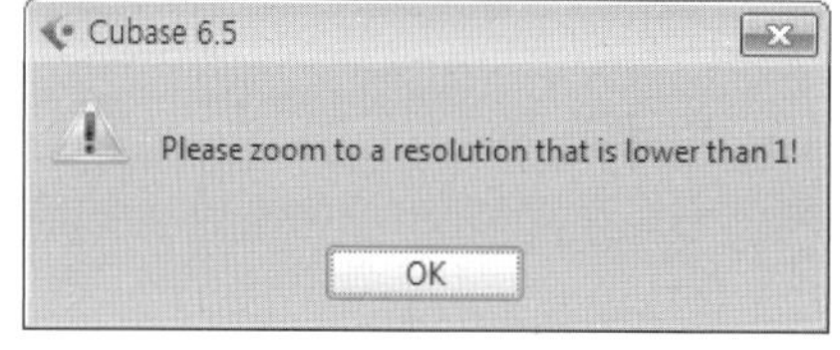

경고 메시지 대화상자

다음은 연필 툴로 오디오 파형을 편집하는 모습이다.

원래의 오디오 파형

돋보기 툴로 드래그하여 오디오 파형 확대

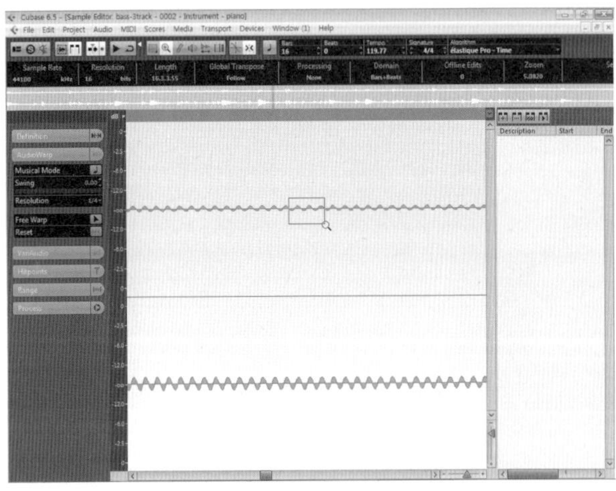

돋보기 툴로 계속 드래그하여 화면 확대

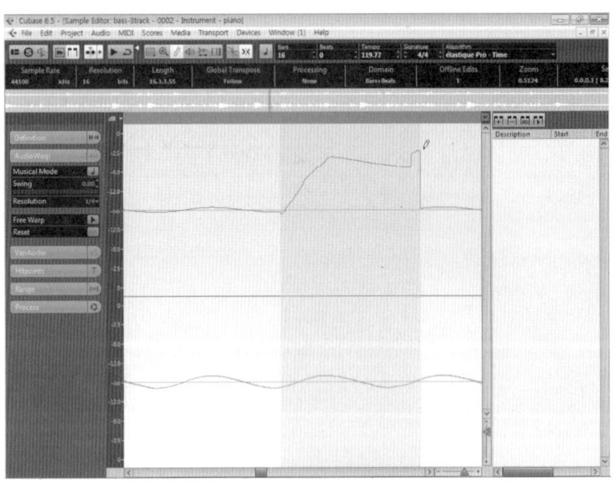

연필 툴로 오디오 파형을 수정하는 모습

12. 플레이 툴

마우스로 클릭하면 그 부분부터 사운드가 모니터된다. 마우스로 클릭하고 있을 때만 모니터되고 마우스를 떼면 모니터가 중단된다.

13. 스크럽 툴

마우스로 드래그하면 사운드가 모니터된다. 드래그하고 있는 순간에만 사운드가 모니터된다.

14. 타임워프(Timewarp) 툴

트랙 뷰 등에서 보았던 타임워프 툴과 같은 기능이다.

15. 스냅 투 제로 크로싱 버튼

'구간 선택 툴'로 오디오 파형의 일부 구간을 선택 영역으로 지정할 때 볼륨이 제로가
되는 지점에 스냅되도록 한다. 이 툴을 On한 뒤 선택 영역을 지정하면 오른쪽 영역으
로 드래그할 때 사운드 볼륨이 제로인 지점에 스냅되는 것을 확인할 수 있다.

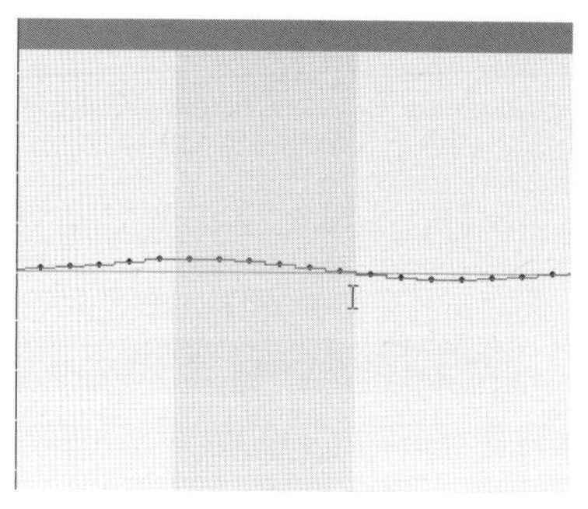

오디오 파형의 볼륨이 제로인 지점에
스냅된 모습

16. 스냅 버튼

선택 작업이나 붙이기 작업을 할 때 스냅 기능이 동작하도록 On/Off 할 수 있다.

17. 뮤지컬 모드 도구

오디오 클립을 미디 클립처럼 마디, 박자, 템포 등을 조절하는 기능이다. 먼저 '뮤지컬 모드' 툴을 클릭해 On 상태로 변경한
뒤 Bars 또는 Beats, Tempo 항목을 조절하면 오디오 클립의 박자, 템포가 변경된다.

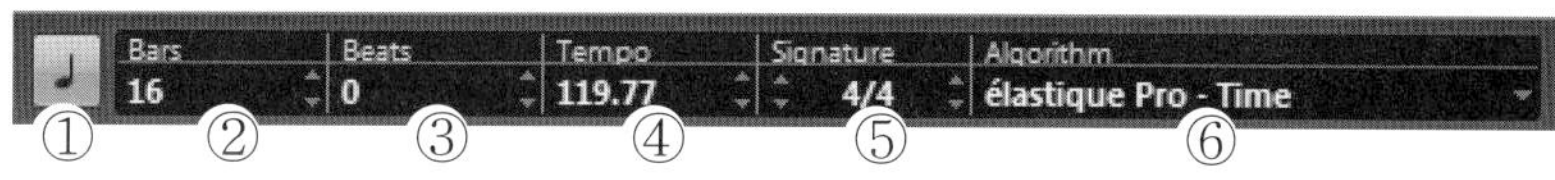

① 뮤지컬 모드 툴 : 오디오 클립의 박자와 템프 등을 미디 클립처럼 조절할 수 있도록 뮤지컬 모드로 전환한다. 이 버튼을 끄면
   (Off) 다시 원래 연주 속도로 돌아간다.
② Bars 항목 : 오디오 클립을 몇 개의 마디 수로 나눌지 설정한다.
③ Beats 항목 : 오디오 클립을 마디로 나눈 뒤, 마지막 마디에 남아있는 비트 수를 설정한다.
④ Tempo 항목 : Bars 항목과 Beats 항목을 설정하면 자동으로 템포가 설정된다.
⑤ Signature 항목 : 오디오 클립에 적용할 음악 박자를 설정한다.
⑥ Algorithm 항목 : 오디오 클립의 연주 속도를 변경할 때 사용할 알고리즘을 선택한다. Mix를 선택하면 여러 알고리즘이 믹스
   되어 사용된다.

예를 들어 드럼 연주가 녹음된 오디오 클립이라면 Drums을, 현악기
가 녹음된 오디오 클립은 Plucked, 보컬 노래가 녹음된 오디오 클립은
Vocal을 선택한다. Solo는 모노포닉(단선율)로 녹음된 목관악기, 금
관악기, 보컬 음성일 경우 선택한다.
Custom(Advanced)을 선택하면 대화상자에서 Gain Size, Overlap,
Varuable 등을 조절해 적용할 수 있다.

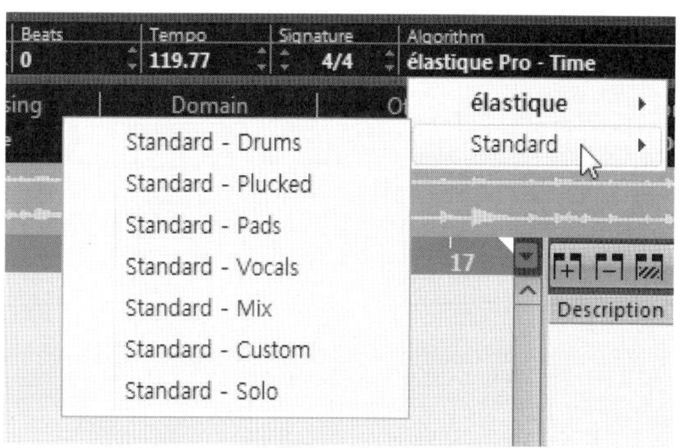

샘플 에디터 인포 라인

인포 라인은 레이아웃 버튼을 클릭한 뒤 Info Line에 체크하면 표시된다. 큐베이스 5의 경우 툴바의 인포 버튼을 클릭하면
인포 라인이 표시된다. 편집 중인 오디오 클립의 각종 정보를 입수할 수 있다.

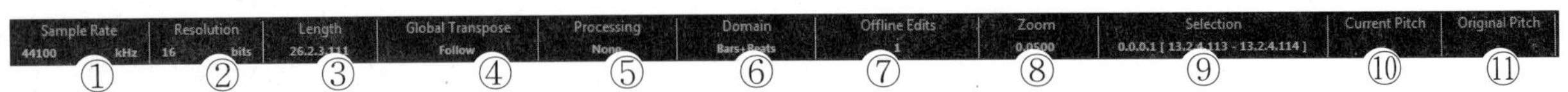

① Sample Rate : 오디오 클립의 샘플 레이트를 표시한다.

② Resolution : 오디오 클립의 해상도인 비트 뎁스를 표시한다.

③ Length : 오디오 클립의 길이를 표시한다.

④ Global Transpose : 글로벌 트랜스포즈 적용 상태를 보여준다.

⑤ Processing : 일반 모드인지 뮤지컬 모드인지 보여준다. 뮤지컬 모드일 경우 Warp이라고 표시되고 일반 모드일 경우 None
　　이라고 표시된다.

⑥ Domain : 룰러의 측정 단위를 표시한다. 룰러를 마우스 오른쪽 버튼으로 클릭한 뒤 측정 단위
　　를 변경할 수 있다.

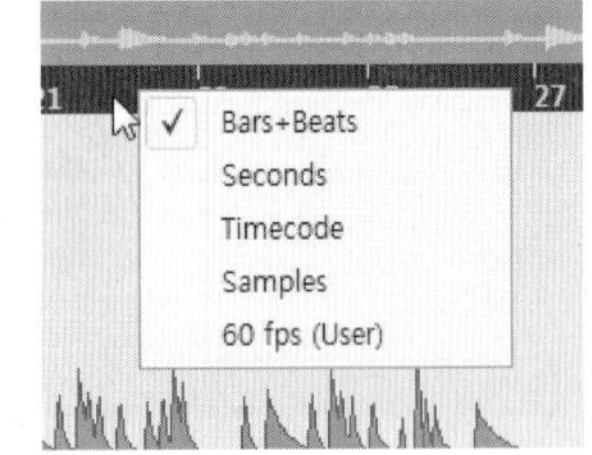

룰러를 오른쪽 버튼으로
클릭한 모습

⑦ Offline Edit : 해당 클립으로 편집된 클립 수를 표시한다.

⑧ Zoom : 돋보기 툴로 확대한 확대 비율을 표시한다.

⑨ Selection : 구간 선택 툴로 선택한 '마디 수(선택 시작 지점 : 선택 종료 지점)'를 표시한다.

⑩ Current Pitch : 현재 음정(사용자가 조절한 음정)을 표시한다.

⑪ Original Pitch : 원래 음정과의 편차율을 표시한다.

샘플 에디터 내비게이션바

내비게이션 바는 오디오 클립에서 현재 편집 중인 영역을 보여준다. 또한 편집 중인 오디오 클립을 확대하거나 축소하는
기능으로 사용할 수 있다.

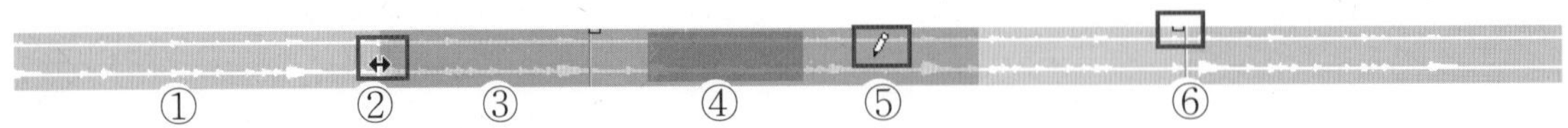

① 밝은색 영역 : 오디오 클립의 전체 영역을 보여준다.

② 화살표 아이콘 : 모서리 부분에 마우스 커서를 대면 화살표 아이콘이 나타난다. 편집 중인 클립 영역을 좌우로 확대하거나 축소할 수 있다.

③ 연한 밝은색 영역 : 전체 오디오 클립에서 현재 편집 창에서 보이는 편집 영역이 표시된다.

④ 짙은색 영역 : 구간 선택 툴로 선택한 영역이 표시된다.

⑤ 연필 아이콘/손 아이콘 : 연필 툴은 편집 창에 보이게 될 구간을 설정하는 기능이다. 마우스로 드래그하면 된다. 구간이 설정된 경우 연필 툴이 손 아이콘으로 전환된다. 손 아이콘은 편집 영역을 이동시킬 때 사용한다.

⑥ 리전 아이콘 : 리전 영역이 있을 경우 표시된다.

샘플 에디터 스펙터 패널

오디오 클립의 템포와 음정을 수작업으로 조절할 수 있다. 먼저 조절 패널의 사용법을 공부한 뒤 따라하기 예제로 샘플의 템포를 조절하는 방법을 알아본다.

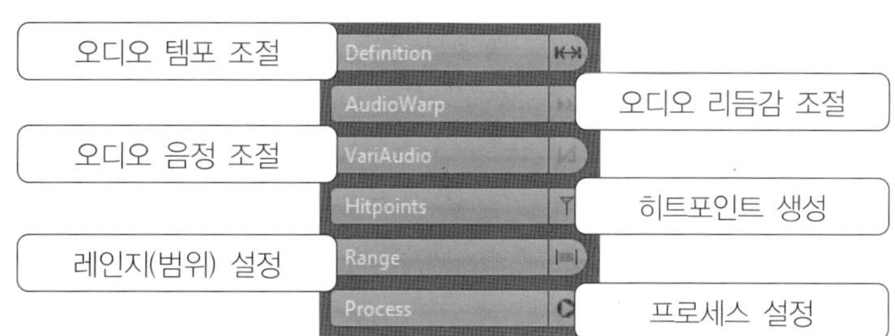

1. Definition(정의) 탭

그리드를 조절하여 오디오 클립의 템포를 조절할 수 있다. 오디오 클립을 음악 마디 형태로 전환하여 조절하므로 오디오 루프 또는 오디오 클립을 프로젝트 템포에 일치시킬 목적으로 사용한다.

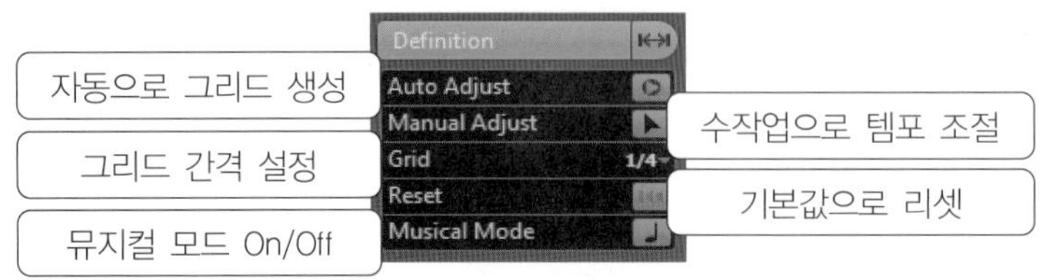

일단 오디오 템포를 조절하려면 '뮤지컬 모드' 버튼을 On으로 한다.

Auto Adjust 버튼을 클릭해 그리드를 자동 생성시킨다.

그런 뒤 반드시 Manual Adjust 버튼을 클릭해 수작업 모드로 전환한 뒤 편집 창에서 마우스 드래깅으로 템포 조절 작업을 한다. 수작업의 경우 전체 오디오 클립에서 일부 구간의 템포도 조절할 수 있다.

① Set Grid Start(녹색선) : 클립 시작 지점으로 커서가 접근하면 Set Grid Start 표시가 나타난다. 클립의 스타트 위치를 표시한다. 드래그하여 첫 박자 위치를 이동시킬 수 있다.

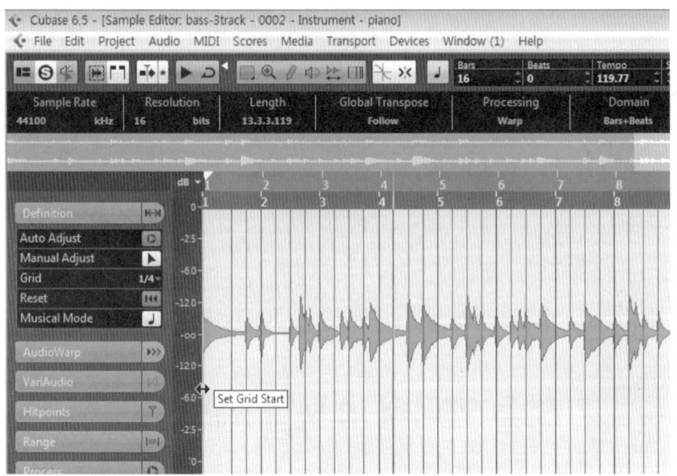

② Set Beat Position – Single : 박자 위치를 보여준다. 드래그하여 위치를 이동시킬 수 있다. 잠긴 박자선은 드래그되지 않는다.

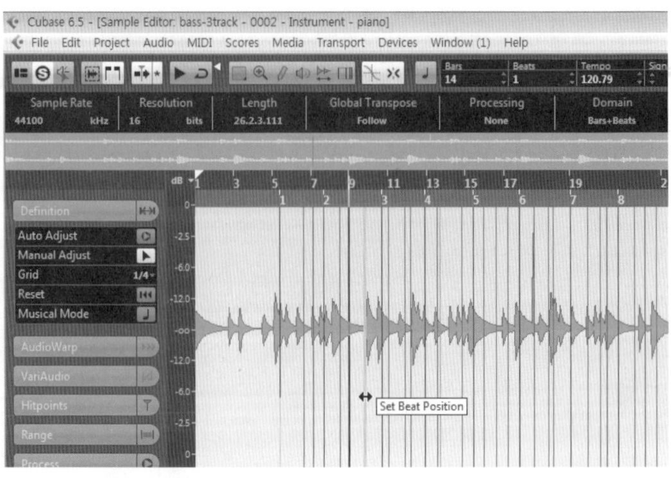

③ Stretch Grid : 마디 위치를 표시한다. 좌우로 드래그
  하면 마디 간격이 늘어나거나 줄어들면서 템포가 조
  절된다. 템포는 항상 드래그한 마디의 마지막 마디
  를 기준으로 변경된다.

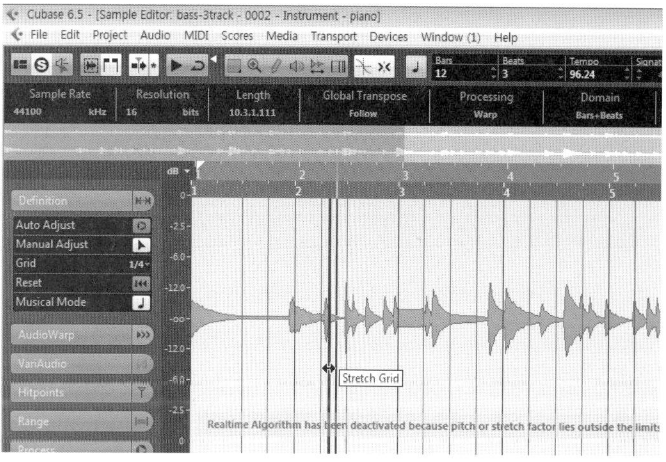

참고

오디오 템포 스트레칭(늘이고 줄이기)의 비밀

오디오 클립을 스트레칭하여 템포를 조절하는 것은 말 그대로 가상의 마디선과 박자선을 씌어 템포를 조절하는 방식이다.
따라서 실제 오디오 클립은 수정되지 않고 마디선과 박자선을 좌우로 이동시켜 템포를 조절하는 일종의 눈속임이다. 예를
들어 한 마디의 너비를 2배로 넓히면 그 부분에 해당하는 오디오의 재생 속도가 2배로 빨라지고, 한 마디의 간격을 좁히면
그 부분에 해당하는 오디오의 재생 템포가 0.5배 늦어진다. 왜냐면, 한 마디 안에서 재생해야 할 오디오 소스의 너비를 마
디를 이동시켜 조절했기 때문이다.

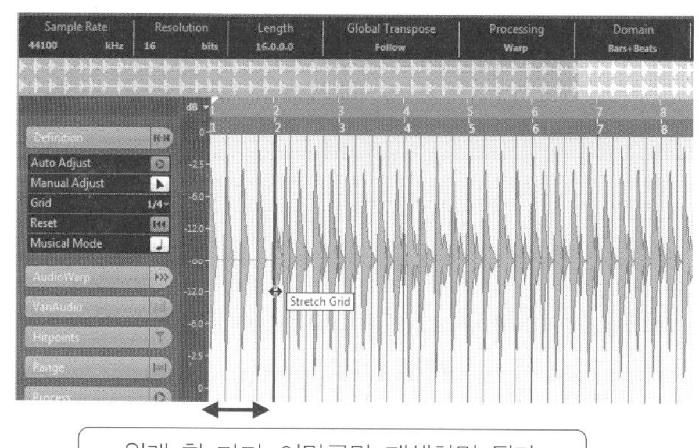

원래 한 마디-이만큼만 재생하면 된다.

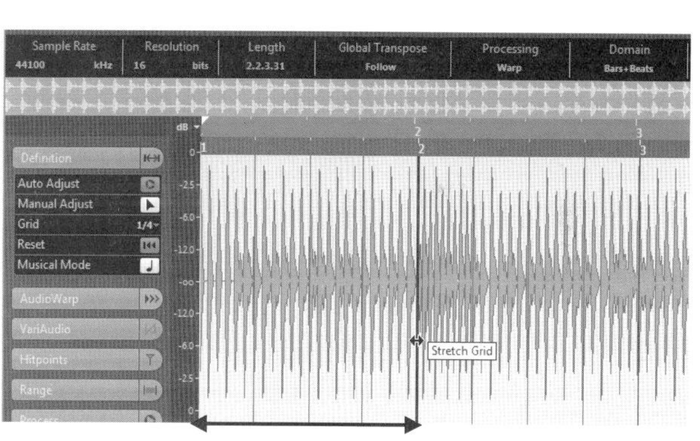

한 마디 간격을 넓힌 모습 – 한 마디 안에서
재생해야 할 소스가 많아졌으므로 더 빠른 속도로

2. Audiowarp 탭

AudioWarp 탭은 오디오 파형의 위치를 이동시켜 오디오의 리듬 타이밍을 조절할 수 있다. Swing을 선택하면 스윙풍 리듬을 설정할 수 있고 Free Warp을 선택하면 수작업으로 조절할 수 있다.

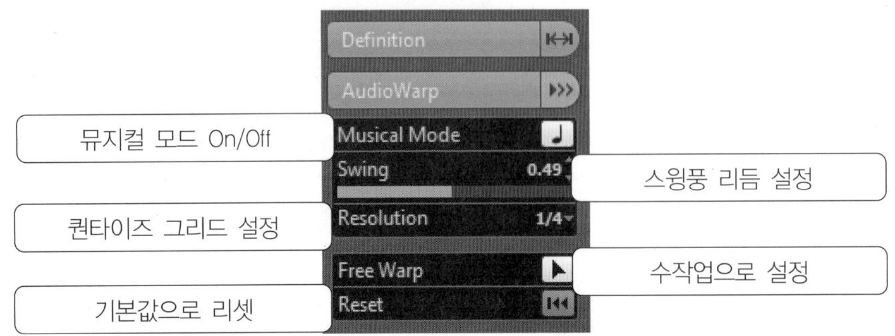

① Musical Mode : 이 버튼을 On으로 전환해야 편집 작업이 적용된다.

② Quantize : 해상도를 설정하는 것으로 좀 더 조밀하게 그리드 선을 생성시키려면 작은 숫자를 선택한다. 조밀하게 설정하면 Free Warp 조절선(주황색 선)의 개수가 조밀해진다.

③ Swing : 스윙풍 리듬을 만든다. 슬라이더를 드래그하여 숫치를 높일수록 스윙풍 리듬이 강해진다.

④ Free Warp : 이 버튼을 On하면 주황색 선이 나타나 사용자가 수작업으로 리듬감을 조절할 수 있다. 주황색 선을 원하는 위치로 이동시키면 된다.

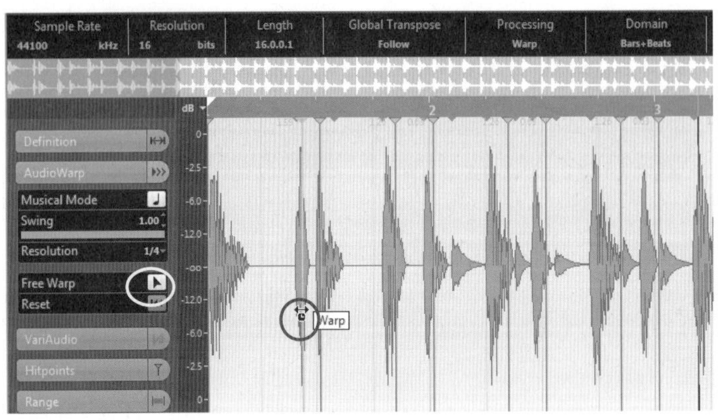

주황색 선을 조절하는 모습

⑤ Reset : 작업을 취소하고 작업 전 원래 상태로 돌아간다.

3트랙 샘플을 불러온 뒤 Swing 기능을 이용해 드럼 연주를 스윙풍 리듬감으로 만들어본다. 아울러 수작업으로 조절하는 방법도 알아본다.

01 부록의 Sampe 폴더에서 예제 'bright wav.cwp'를 불러온다. 오디오 클립을 더블클릭해 샘플 에디터를 실행한다.

02 작업창 하단의 '+/−' 슬라이더를 조절해 화면 확대 상태를 작업하기 편한 상태로 조절한다.

03 룰러의 오른쪽 끝을 보면 오디오 클립이 69마디에서 끝나는 것을 알 수 있다. 따라서 이 오디오 클립은 69마디로 되어 있으므로 툴바의 Bars 항목을 더블클릭한 뒤 69마디라고 입력한다.

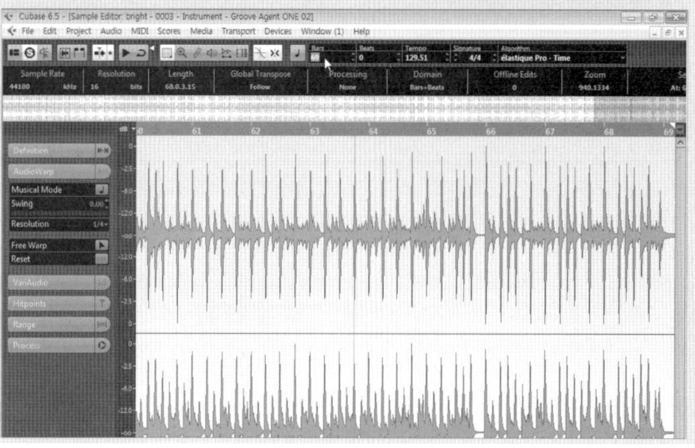

04 Space 바를 눌러 곡의 맨 처음부터 재생하면 원래 속도로 드럼 연주가 재생되는 것을 알 수 있다.

05 인스펙터가 보이지 않을 경우 레이아웃 버튼을 클릭한 뒤 Inspector에 체크한다. 큐베이스 5의 경우 툴바의 인스펙터 툴을 클릭하면 된다.

인스펙터 패널에서 Audiowarp 탭을 클릭해 오픈한 뒤, Musical Mode 버튼을 클릭해 On 상태로 전환한다.

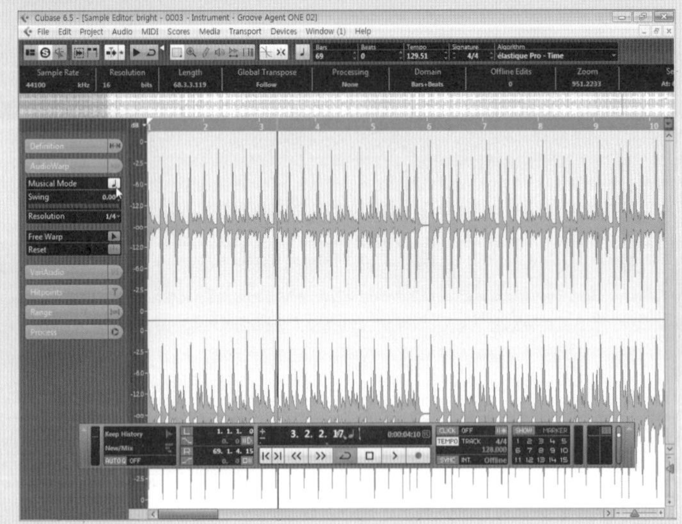

06 Resolution(해상도) 옵션을 1/8로 설정하고, 스윙 슬라이더를 0.91로 조절한다. 편집 창을 자세히 관찰하면 스윙값에 따라 오디오 파형이 그리드 선을 따라 움직이는 것이 보인다. 오디오 파형이 그리드 선을 따라 리듬감을 변경하는 것이다.

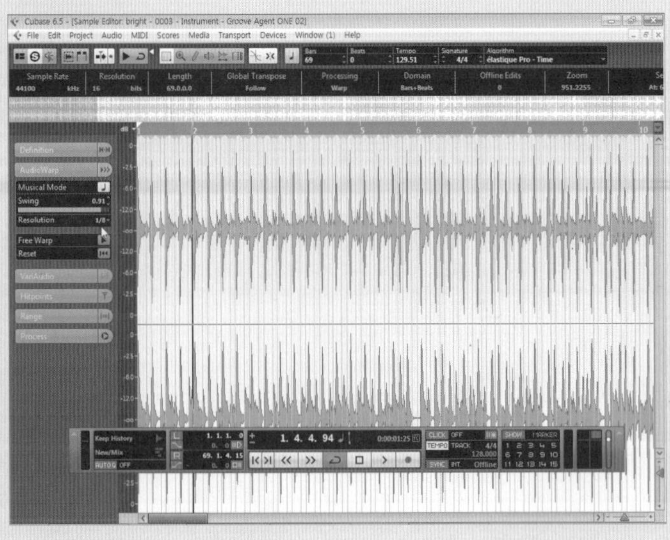

07 Space 바를 눌러 곡의 처음부터 재생한다. 드럼 연주가 스윙풍 리듬으로 변경된 것을 알 수 있다.

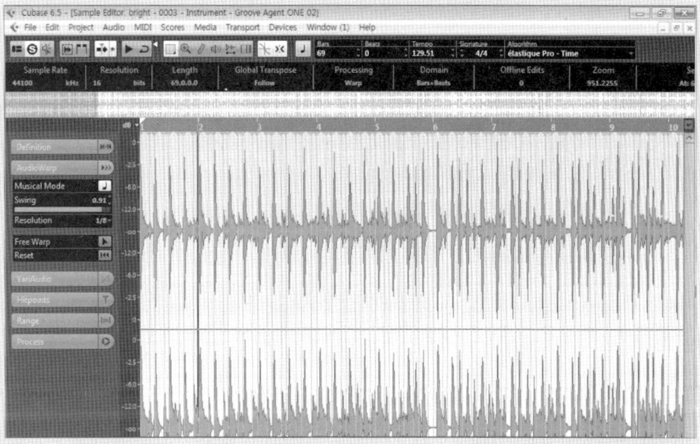

08 만일 수작업으로 스윙풍 리듬을 만들려면 Free Warp 버튼을 켠 뒤, 주황색 선을 마우스로 드래그하여 리듬감을 만든다.

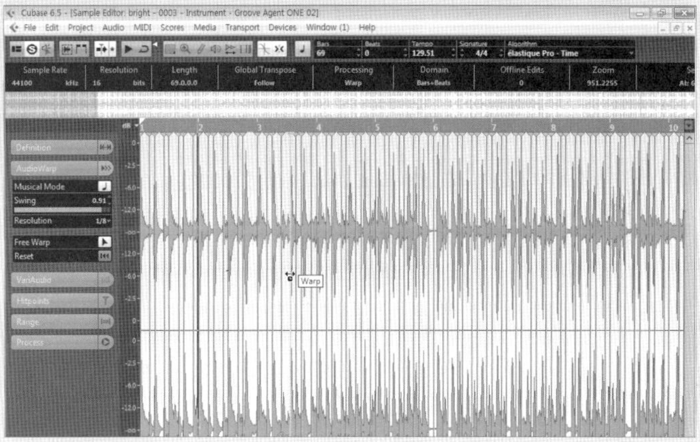

3. VariAudio 탭(일종의 오토 톤 효과)

오디오 파형을 세그먼트 형태로 변경한 뒤 각 세그먼트에 해당하는 음정을 표시하고, 이 음정의 높낮이를 조절할 수 있다. 일종의 오토 톤 효과를 만들 수 있어 큐베이스에서 오토 톤 효과를 만들려면 이 기능을 사용한다. 일반적으로 보컬의 노래, 바이올린 같은 현악기의 음정을 변경하거나 오토 톤 효과를 만들 때 사용한다.

① Pitch & Warp : 사용자가 직접 음정과 음길이를 조절할 수 있도록 수작업 모드로 전환한다. 수작업 모드에서의 작업 방법은 다음에 나오는 실전예제를 참고한다.

② Segments : 오디오 파형을 분석한 뒤 각 파형에 맞는 음정을 자동으로 생성시키는 기능이다. 클릭하면 오디오 파형을 세그먼트로 나누어 음정을 자동 생성시킨다. 음정을 생성시킨 뒤 실제 편집 작업을 하려면 돋보기 툴로 작업하기 편하도록 화면 크기를 조절한 뒤 작업해야 한다.

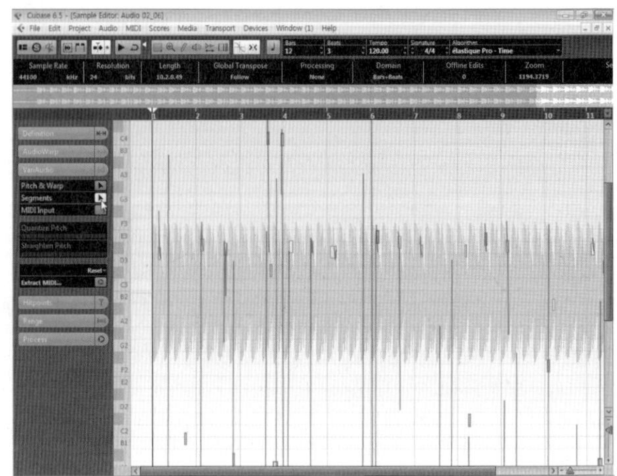

오디오 파형의 모습 Segments 버튼을 클릭해 음정을 생성시킨 모습

③ MIDI Input : 선택한 음정을 건반을 사용해 변경시킨다. Alt + 클릭하면 Step/Still 모드로 전환된다.

④ Pitch Quantize : 음정 위치를 미세하게 퀀타이즈한다. 슬라이더로 조절할 수 있다.

⑤ Straighten Pitch : 오디오 파형을 음정으로 변경하였기 때문이 음정이 고르지 않을 수 있는데 슬라이더를 조절해 음정을 평탄하게 펴준다.

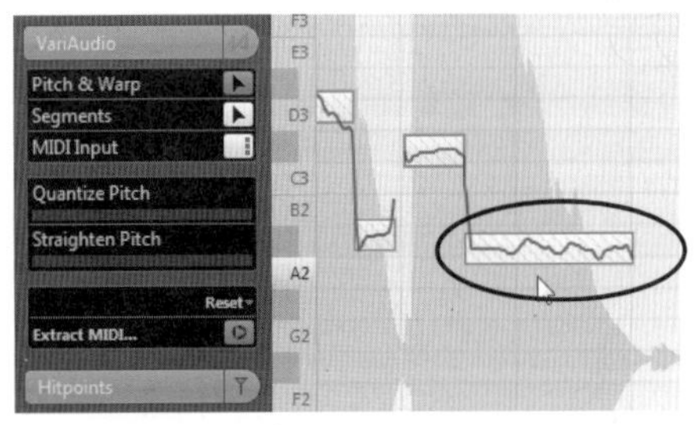
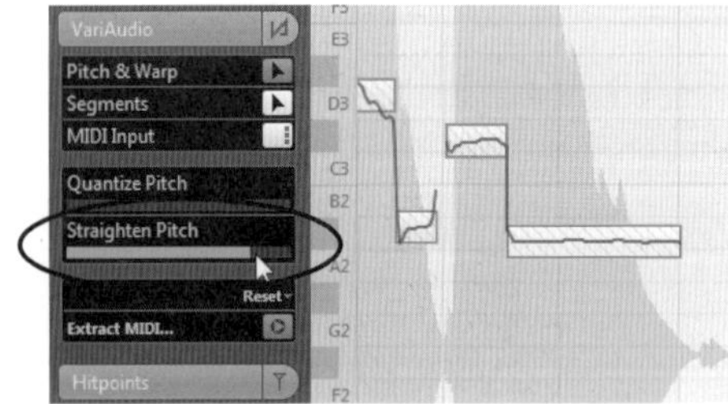

선택한 음정의 모습 Straighten Pitch를 조절한 모습

⑥ Reset : 선택한 음정을 변경하기 전 상태로 리셋한다. 단축 메뉴에서 Pitch Changes를 선택하면 음정 변경이 취소되고, Warp Changes를 선택하면 음길이 조절이 취소되며, Reanlize Audio를 선택하면 전체 작업이 취소되어 원래 상태로 돌아간다.

⑦ Extract MIDI : 오디오에서 생성시킨 음정들을 통째로 미디 트랙으로 반출할 수 있다. 대화상자의 Destination 항목에서 New MIDI Tracks을 선택한 뒤 적용하면 오디오에서 생성시킨 음정들을 새 미디 트랙을 만든 뒤 반출한다.

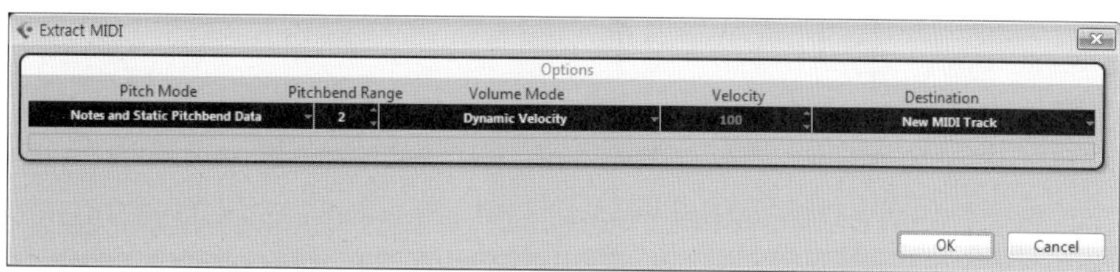

샘플 폴더에서 2트랙으로 된 예제를 불러온 뒤 금관악기 음색이 녹음된 오디오 트랙에서 금관악기의 음정을 변경해 본다. 보컬의 노래를 녹음한 경우, 보컬의 음정을 변경하거나 오토 톤 효과를 만들 때도 사용한다.

01 Sample 폴더에서 'VariAudio wav.cpr'를 불러온다. 첫 번째 트랙의 오디오 클립을 더블클릭해 샘플 에디터로 전환한다.

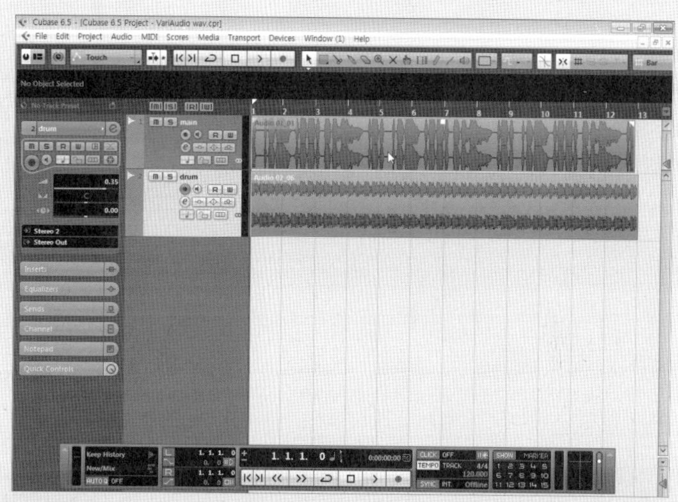

02 Space Bar를 눌러 곡의 처음부터 연주해본다. 정상적인 음정이다.

03 오디오 파형의 음정을 약간 수정해본다. 인스펙터 패널이 보이지 않으면 툴바의 레이아웃 버튼(큐베이스 5는 인스펙터 버튼)을 클릭해 인스펙터 패널을 표시하고, VariAudio 탭을 클릭한다.

04 Segments 버튼을 클릭해 오디오 파형마다 음정을 생성시킨다.

05 음정과 음길이를 수작업으로 조절하기 위해 Pitch & Warp 버튼을 클릭한다.

곡의 음정 표시가 보이지 않을 수도 있는데 이 경우 화면 상단부나 하단부에 음정 표시가 있을 수 있으므로 스크롤바를 위아래로 내려서 찾아본다. 또한 돋보기 툴로 화면 크기를 편집하기 좋도록 조절한다.

06 사각형의 음정 표시에 마우스 커서를 대면 손 아이콘이 나타난다. 이때 클릭 드래그하여 상하로 이동시키면 음정이 변경된다.

(사각형의 음정 표시가 작으면 손 툴 아이콘이 나타나지 않는다. 이 경우 돋보기 툴로 화면을 적당히 확대한 뒤 작업한다.)

07 사각형 음정의 좌우 테두리에 마우스 커서를 대면 ↔ 표시가 나타난다. 좌우로 드래그하면 음길이(오디오 파형의 길이)를 조절할 수 있다.

08 마우스로 드래그하여 여러 음정을 선택한 뒤 음정을 변경할 수도 있다. 이후 여러분이 원하는 형태로 음정과 음길이를 조절한 뒤 처음부터 재생하면 변경된 음정과 음길이가 적용된 것을 알 수 있다.

이와 같은 방식으로 편집하면 보컬의 노래인 경우 다양한 오토 톤 효과를 만들 수 있다.

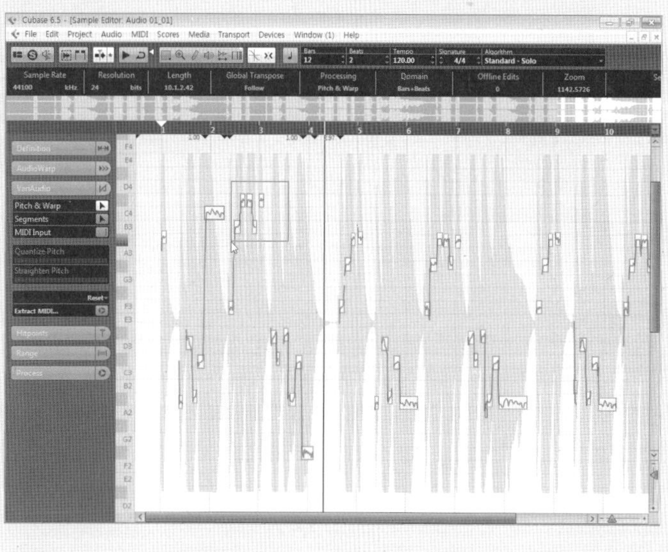

4. Hitpoints 탭

히트포인트를 사용해 오디오 클립을 여러 파트로 분할하는 기능이다. 히트포인트에 의해 과도 파형 부분이 검출되어 슬라이스 지점이 설정되며, 이때 히트포인트 간격을 조절해 슬라이스 간격을 임의대로 조절할 수도 있다. 적용하면 오디오 클립이 히트포인트 간격으로 슬라이스되어 파트 단위로 나누어지고 루프 음악, 예를 들어 드럼 루프 등을 제작할 때 사용할 수 있다. 히트포인트 탭은 또한 오디오 클립을 실제 여러 클립으로 자르는 기능도 제공한다.

① Edit Hitpoints : 히트포인트 작업을 시작한다. 히트포인트 간격이 자동 설정되고, 이후 마우스 드래깅으로 히트포인트 간격을 임의대로 조절할 수도 있다.

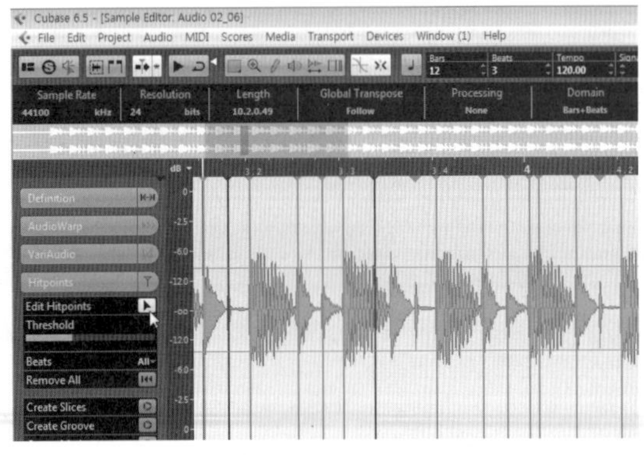

히트포인트 버튼 클릭

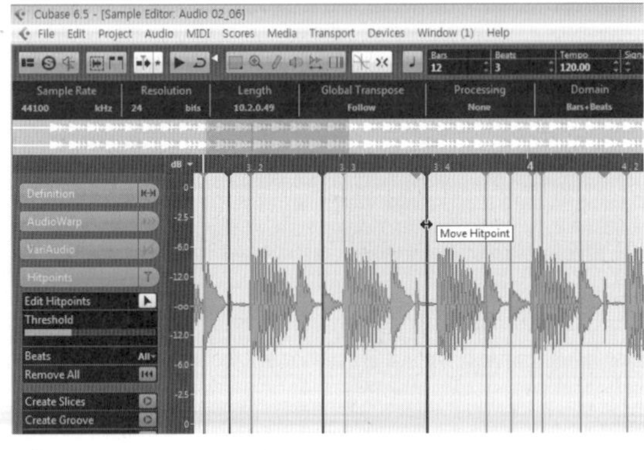

히트포인트 간격을 드래깅으로 조절하는 모습

Tip

Edit Hitpoints 상태

Edit Hitpoints 상태에서 Alt 키를 누르면 연필 툴로 전환되어 사용자가 히트포인트 라인을 추가할 수 있다. 히트포인트 라인 위의 삼각형 부분을 Alt 키를 누른 상태에서 클릭하면 해당 히트포인트 라인을 삭제할 수 있다. 참고로, 사용자가 삽입한 히트포인트 라인은 삼각형 부분을 그냥 클릭해도 삭제된다.

② Threshold : 히트포인트 라인의 검출 개수를 조절한다. 히트포인트는 과도 파형 부분을 자동으로 검출해 생성되는데, 여기서 슬라이더를 조절하면 히트포인트 생성 개수의 조절이 가능하다.

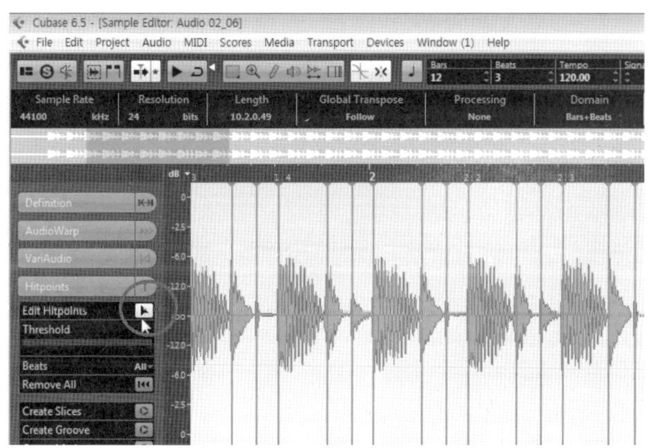

히트포인트 버튼을 클릭한 모습

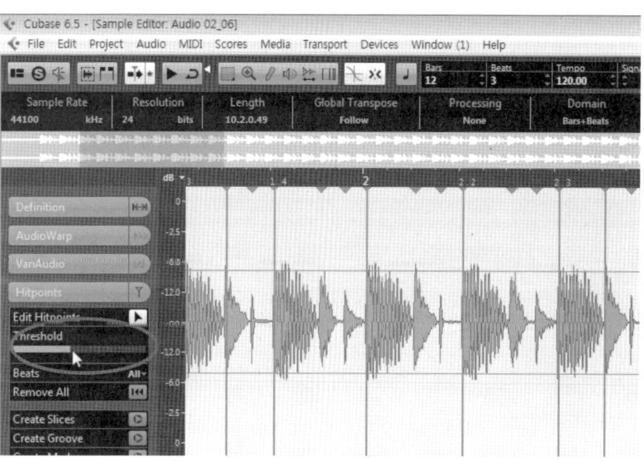

Threshold를 조절해 검출 강약을 조절한 모습

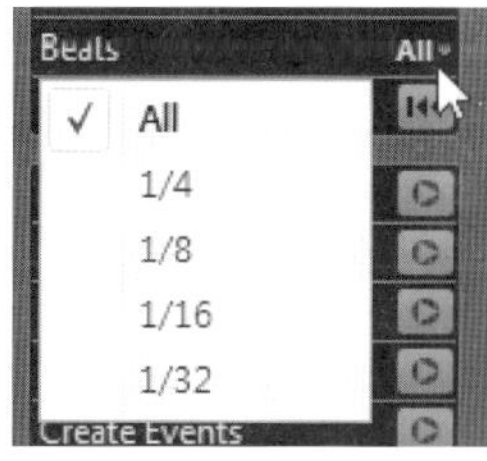

③ Use : 검출된 히트 포인트를 몇 박자 간격으로 표시할 것인지 선택한다. All을 선택하면 모두 박자마다 히트포인트가 표시된다. 그 외는 1/4, 1/8, 1/16, 1/32 박자에 해당하는 히트포인트만 표시할 수 있다. Mertric Bias는 'All'과 비슷한 기능으로 오디오 출력을 기준으로 설정된다.

④ Remove All : 히트포인트 작업을 취소하고 원래대로 돌아간다.

⑤ Create Markers : 히트포인트를 기준으로 마커를 자동 생성시킨다. 샘플 에디터를 닫고 오디오 트랙을 확인하면 해당 마커 트랙이 생성된 것을 알 수 있다.

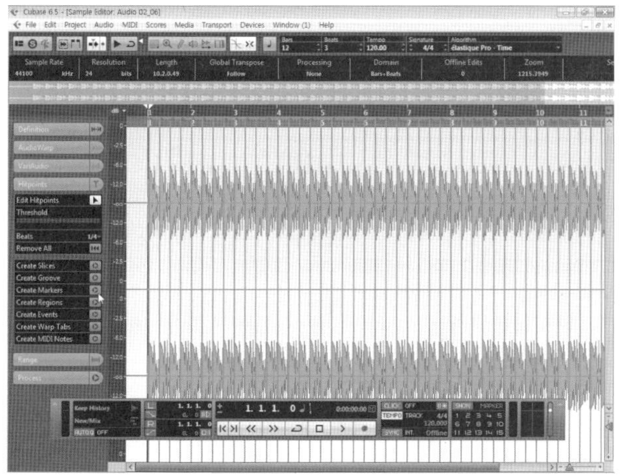

히트포인트를 생성한 뒤 Create Markers 버튼 클릭

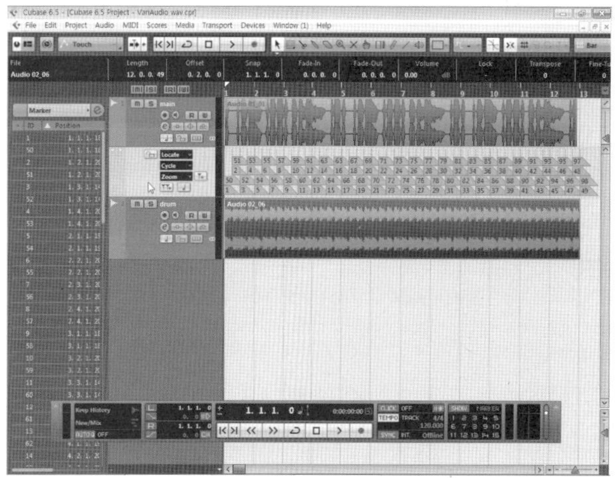

마커 트랙이 생성된 모습

⑥ Slice : 히트포인트를 기준으로 오디오를 각 파트로 슬라이스하고 샘플 에디터를 종료한다. 오디오 트랙에서 클립을 확인하면 히트포인트로 설정한 간격만큼 오디오 클립이 각각의 파트로 슬라이스된 것을 볼 수 있다. 큐베이스에서 파트란 하나의 오디오 클립 안에 짧은 길이의 여러 클립이 파트 형태로 들어있는 것을 말한다.

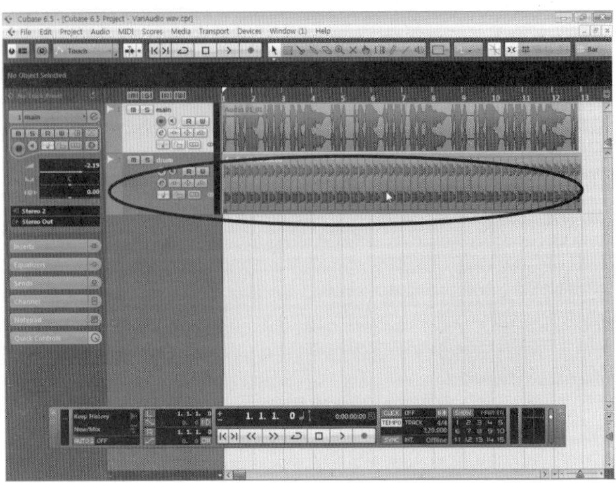

<table>
<tr><td>히트포인트를 설정하고 Slice 버튼 클릭</td><td>오디오 클립에 파트가 생성된 모습</td></tr>
</table>

파트가 있는 오디오 클립을 마우스로 더블클릭하면 '샘플 에디터' 대신 '파트 에디터'가 실행되어 오디오 파트를 편집할 수 있다. 해당 오디오 클립 안에서 파트를 이동시키는 등의 작업을 할 수 있다.

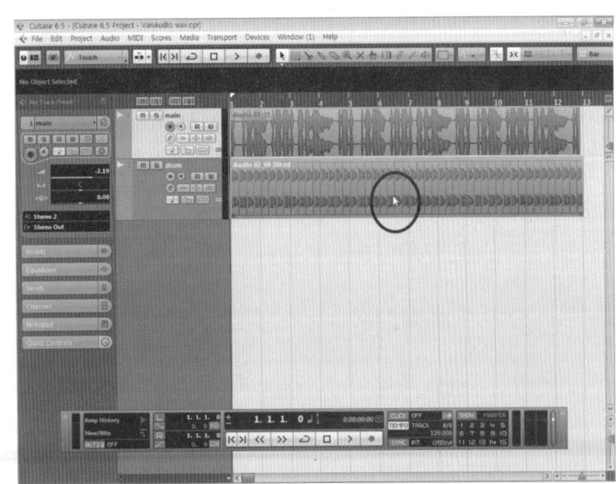

<table>
<tr><td>파트가 있는 오디오 클립 더블클릭</td><td>파트 에디터가 실행된 모습</td></tr>
</table>

⑦ Make Groove : 히트포인트를 기준으로 Groove Quantize Map을 생성시킨다. Groove Quantize Map은 해당 그루브에 맞게 미디 클립의 템포를 변경할 목적으로 사용한다. 즉 현재 작업 중인 오디오 클립의 템포나 그루브감을 다른 미디 클립에서 사용하기 위해 Groove Quantize Map 형식으로 가져오는 기능이다.

⑧ Create Regions : 히트포인트를 기준으로 리전을 자동 생성시킨다.

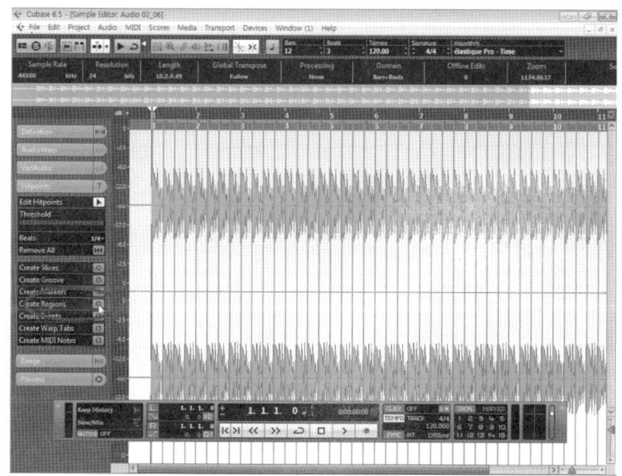

히트포인트 상태에서 Create Regions 버튼 클릭

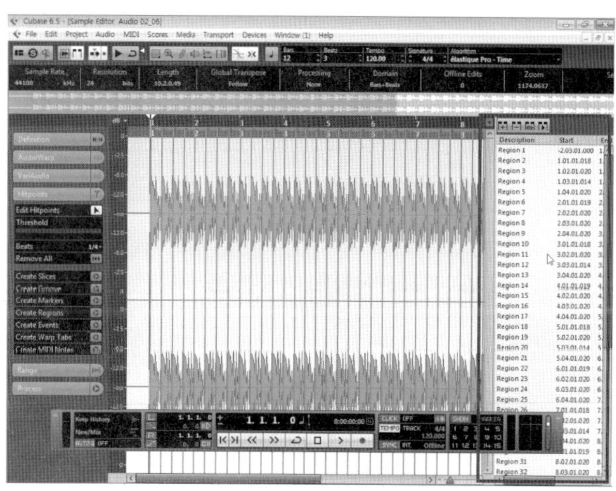

리전이 생성된 모습

⑨ Create Events : 히트포인트를 기준으로 오디오를 실제 분할히여 각각의 오디오 이벤드(오디오 클립)로 민든다. 밀 그대로 히트포인트를 기준으로 오디오 클립을 잘게 분할하는 기능이다.

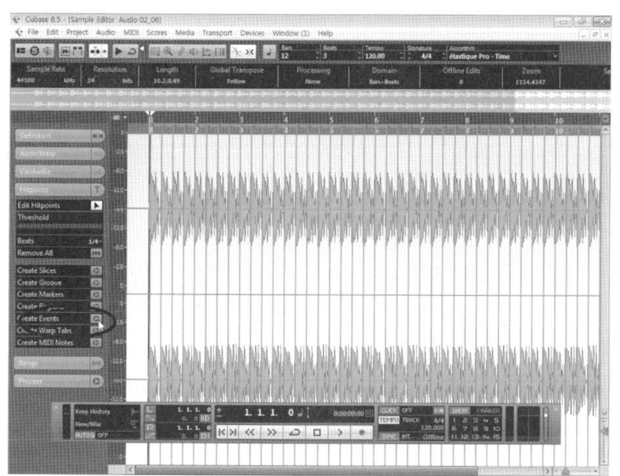

히트포인트 상태에서 Create Events 버튼 클릭

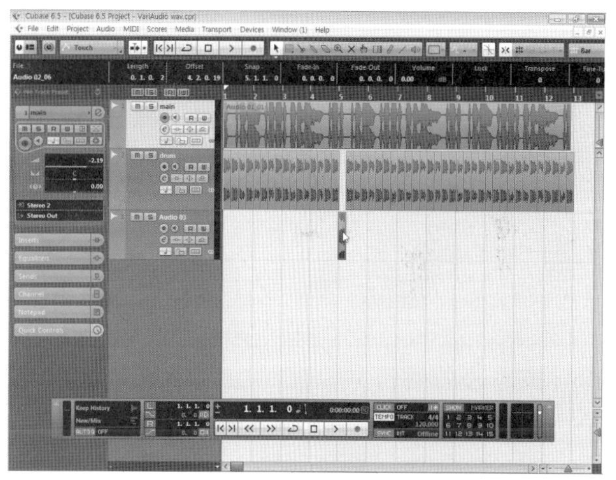

오디오 클립이 아예 분할된 모습

⑩ Create Warp Tabs : 히트포인트 간격을 인스펙터의 Audio Warp 탭에서 사용할 수 있도록 AudioWarp(주황색 선)으로 전환한다. 이후 Audio Warp 탭에서 템포 변경이나 스윙풍 리듬을 만들 수 있다.

⑪ Create MIDI Notes : 히트포인트 간격을 미디 노트로 반출한다. 이때 히트포인트 간격은 음정의 높이 정보가 없으므로 히트포인트 간격을 기준으로, 음정은 같지만 음길이가 다른 미디 노트들을 생성시킨다.

5. Range 탭

선택한 범위에 대한 정보를 제공하고, 화면 확대 축소 기능을 사용할 수 있다.

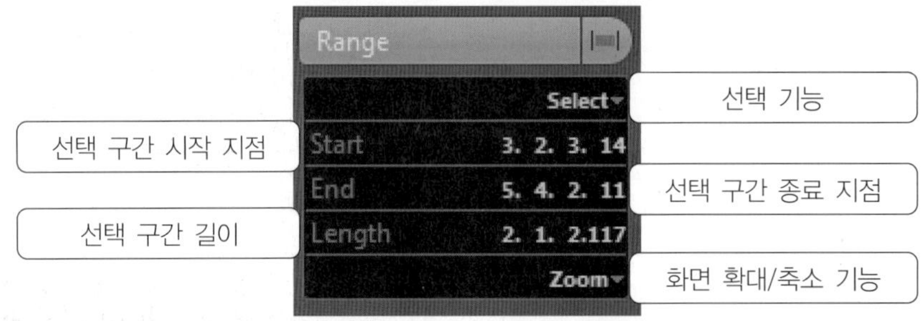

① Select : 여러 가지 선택 기능을 제공한다. 단축 메뉴에서 원하는 방식을 선택하면 된다.

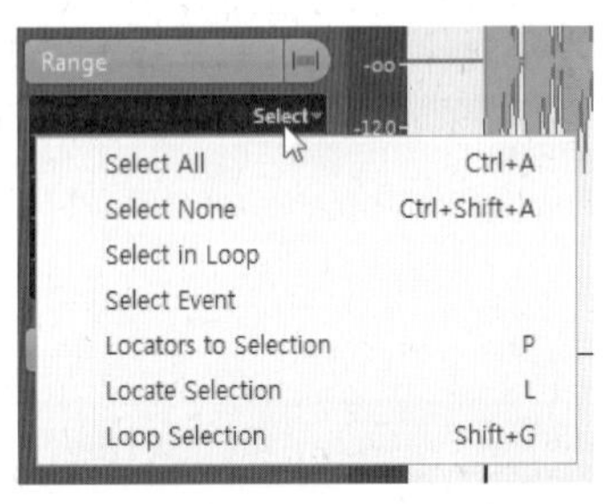

- Select All : 모든 클립을 선택한다.
- Select None : 선택을 취소한다.
- Select in Loop : 좌우 로케이터로 설정한 영역을 선택한다.

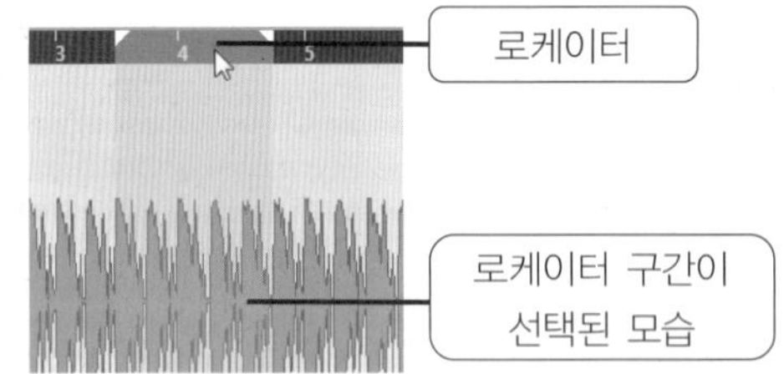

- Select Event : 트랙에 여러 오디오 클립이 삽입된 경우 현재 작업 중인 오디오 이벤트(클립)을 전부 선택해준다.
- Location to Selection : 선택한 부분으로 로케이터를 이동시킨다.
- Locate Selection : 프로젝트 커서를 곡의 시작 부분으로 이동시킨다. 선택 영역이 있을 경우 선택 영역 시작 부분으로 이동시킨다. 곡의 시작 부분에서 연주할 수 있다.
- Loop Selection : 선택한 부분을 루프 연주한다.

② Start : 선택 영역의 시작 위치를 표시한다.
③ End : 선택 영역의 종료 위치를 표시한다.
④ Length : 선택 구간의 길이를 표시한다.
⑤ Zoom : 팝업 메뉴로 편집 창을 확대하거나 축소할 수 있다.

6. Process 탭

Audio 메뉴와 Edit 메뉴에서 볼 수 있는 오디오 편집 메뉴들을 이곳에 모아놓았다. 각 메뉴의 사용법은 이 책의 PART 7을 참고한다. AudioWarp 탭, VariAudio 탭 등에서 오디오 템포를 변경하고 스윙풍 리듬감을 만드는 것은 리얼타임으로 동작하는데 이 때문에 원본 사운드는 보존된 상태이다. 여기서 Flatten 버튼을 누르면 리얼타임으로 편집된 오디오가 실제 편집된 상태로 합쳐진다.

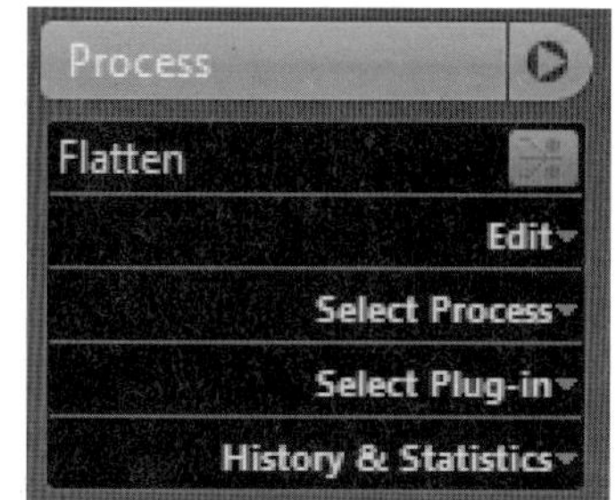

① Flatten : AudioWarp 탭에서 리듬감을 변경했거나, VariAudio 딥에서 오디오의 음징을 변경한 경우 사용할 수 있다. 리얼타임으로 설정한 각종 편집 내용을 오디오 소스와 완전히 합치는 기능이다. 따라서 오디오 클립은 원본 상태에서 편집된 상태로 다시 저장된다. 대화상자가 실행되면 알고리즘 품질을 선택한다.

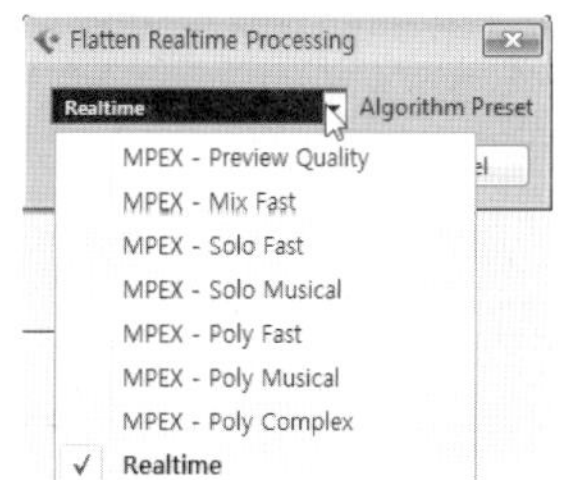

기본값인 Realtime은 편집 작업 시 원본 오디오를 보호한 상태에서 편집하는 방식이다. 그 외 옵션은 원본 오디오 클립을 편집된 상태로 갱신한다.

원하는 알고리즘을 선택한 뒤 버튼을 눌러 적용하면 된다.

② Edit : 메뉴바의 Edit 메뉴에서 볼 수 잇는 기능을 사용할 수 있도록 해준다. Edit 메뉴에 대해서는 PART 7 Edit 메뉴를 참고한다.

③ Select Process : 메뉴바의 Audio → Process 메뉴에서 볼 수 있는 기능을 사용할 수 있다. 자세한 사용법은 PART 7 Audio → Process 메뉴를 참고한다.

④ Select Plug-in : 오디오 트랙 인스펙터 패널의 Inserts 탭에서 볼 수 있는 각종 오디오 이펙트 기능을 사용할 수 있도록 해준다. 오디오 이펙트에 대해서는 PART 6을 참고한다.

⑤ History & Statistics : 오프라인 작업 기록인 오프라인 히스토리, 분석 기능인 스펙트럼 아날라이저, 오디오 클립에 대한 각종 정보를 확인할 수 있다.

 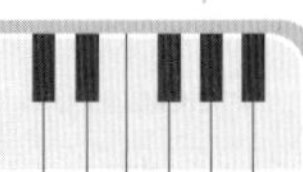

샘플 에디터 리전 패널

구간 선택 툴로 선택한 영역을 리전으로 등록한 뒤 그 부분만 연주할 때 사용한다. 또한 선택 구간을 리전별로 관리하기 때문에 나중에 해당 선택 상태로 쉽게 돌아갈 수 있다. 즉 리전 기능은 선택 영역을 관리할 목적으로 사용한다. 만일 히트포인트 구간이 있을 경우에는 히트포인트 탭의 Create Hitpoints 버튼을 클릭해 리전으로 일괄 등록할 수 있다.

리전 패널은 샘플 에디터 툴바의 리전 버튼(┌┐)을 클릭하면 화면에 표시할 수 있다.

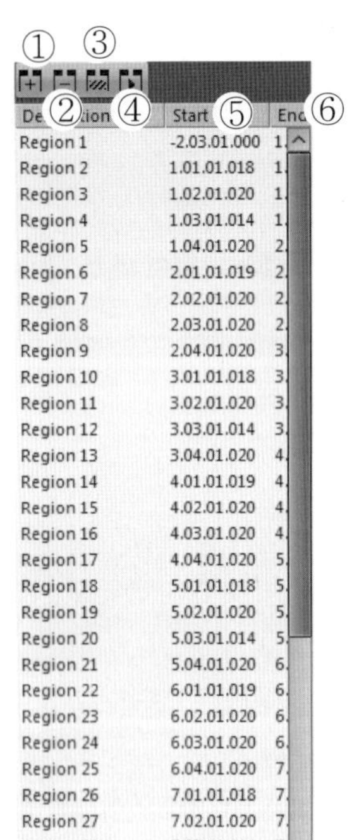

① Add Region : 구간 선택 툴로 선택한 영역을 새 리전으로 추가할 수 있다.

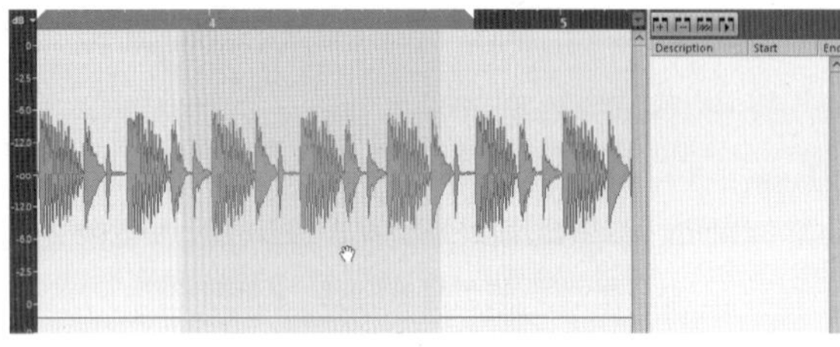

구간 선택 툴로 구간을 설정한 모습

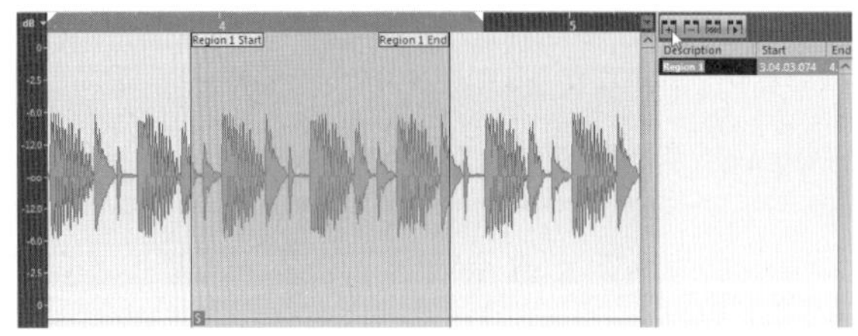

Add Region 버튼을 클릭해 새 리전을 추가한 모습

② Delete Region : 리전목록 창에서 선택한 리전을 삭제한다.

③ Select Region : 리전목록 창에서 선택한 리전이 편집 창의 어느 부분에 있는지 확인한다.

④ Play Region : 리전목록 창에서 선택한 리전을 플레이한다.

⑤ Start : 해당 리전의 시작 위치를 표시한다. 마우스로 더블클릭한 뒤 시작 위치를 변경할 수 있다.

⑥ End : 해당 리전의 종료 위치를 표시한다. 마우스로 더블클릭한 뒤 종료 위치를 변경할 수 있다.

⑦ 이름 : 리전 이름을 표시한다. 마우스로 더블클릭해 이름을 변경할 수 있다.

08 | 파트 에디터(Part Editor) – 루프 음악의 제작

파트 에디터는 오디오 클립에 여러 개의 파트가 있는 '파트 오디오 클립'을 편집할 때 사용한다. 오디오 클립 내부에 있는 긱긱의 파드를 자유롭게 이동시키고 언결할 뿐 아니라 필요 없는 파트를 삭제하는 작업을 할 수 있다. 보통 루프 음악을 만들 때 파트별 이동과 재배치가 가능하기 때문에 파트 오디오를 만든 뒤 작업히는 경우가 많다.

이때 '파트 에디터'는 앞에서 배운 '샘플 에디터'와 거의 비슷하지만 파트를 재배치할 목적으로 작업하므로 드럼 루프나 베이스 루프 같은 루프 음악을 만들 때 유용하다. 예를 들어 드럼 사운드가 녹음된 오디오 클립은 심벌음, 드럼음 등으로 파트 분리가 잘되기 때문에 나중에 원하는 파트만 뽑아서 원본과 다른 리듬감을 만들 수 있다. 이 때문에 파트 에디터는 루프 음악을 만들 목적으로 흔히 사용한다.

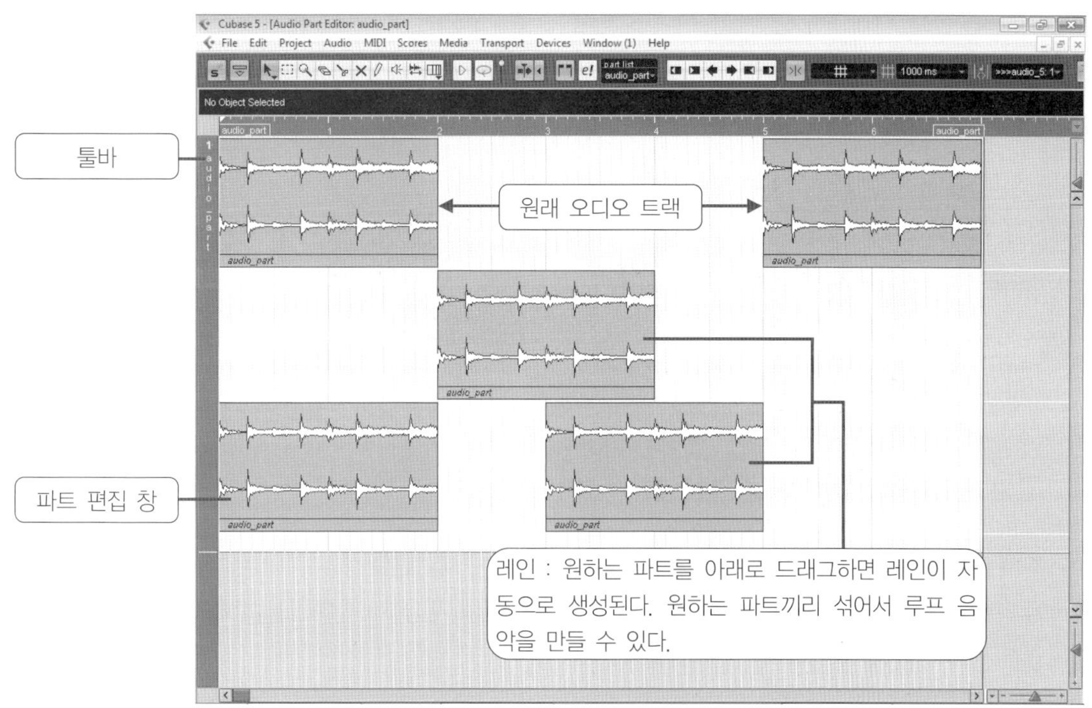

파트가 있는 오디오 클립의 제작 – 파트 오디오 클립

파트가 있는 오디오 클립을 만드는 방법은 두 가지가 있다. 단일 오디오 클립의 경우 샘플 에디터의 '히트포인트' 기능으로 파트를 생성시킬 수 있고, 오디오 트랙에 2개 이상의 오디오 클립이 연이어 삽입되어 있을 경우에는 이들 클립들을 글루 툴(✎)로 연결하면 파트가 삽입된 오디오 클립이 된다.

1. 기존 오디오 클립에서 파트 만들기

파트가 없는 오디오 클립에서 파트를 만들려면 해당 오디오 클립을 더블클릭해 '샘플 에디터'로 전환한다. 그런 뒤 히트포인트 탭에서 히트포인트를 만든 뒤 Slice & Close 버튼을 클릭하면 히트포인트로 나누어진 영역이 각각의 오디오 파트로 전환되는 것을 알 수 있다.

따라서 사용자가 녹음하거나 외부에서 가져온 어떤 종류의 오디오 클립도 자체적으로 파트를 나눌 수 있음을 알 수 있다.

샘플 에디터에서 히트포인트를 만든 뒤
Slice 버튼 클릭

오디오 클립에 파트가 생성된 모습

2. 오디오 트랙에 삽입된 2개 이상의 오디오 클립을 연결해 파트 만들기

오디오 트랙에 2개 이상의 오디오 클립이 있는 경우, '글루 툴'로 바로 전 오디오 클립을 클릭하면 바로 뒤 오디오 클립과 자동 연결되면서 파트가 있는 오디오 클립이 만들어진다.

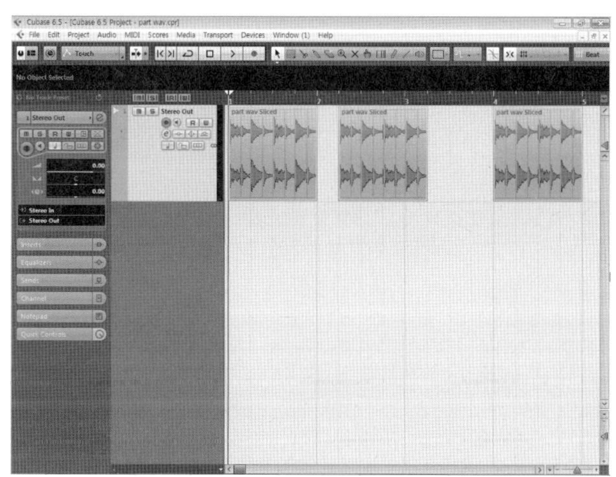

오디오 클립을 여러 개 삽입한 오디오 트랙

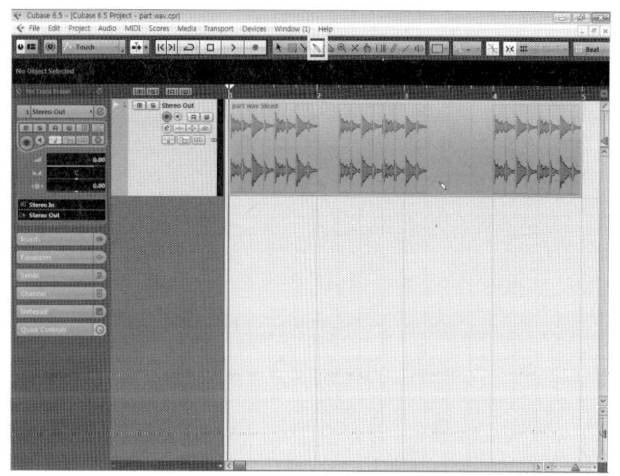

글루 툴로 파트 오디오로 연결한 모습

파트 에디터 툴바

파트 에디터 툴바는 '트랙 뷰 툴바'와 '샘플 에디터 툴바'가 결합된 형태에서 파트 에디터에서 볼 수 있는 기능이 추가되어 있다. 여러 가지 도구들이 앞에서 배운 내용들과 중복되므로 파트 에디터에서 꼭 필요한 기능 위주로 사용법을 공부한다.

큐베이스 6.5의 파트 에디터 툴바

편집 도구   파트 도구   파트 에디터 고유 기능

큐베이스 5의 파트 에디터 툴바

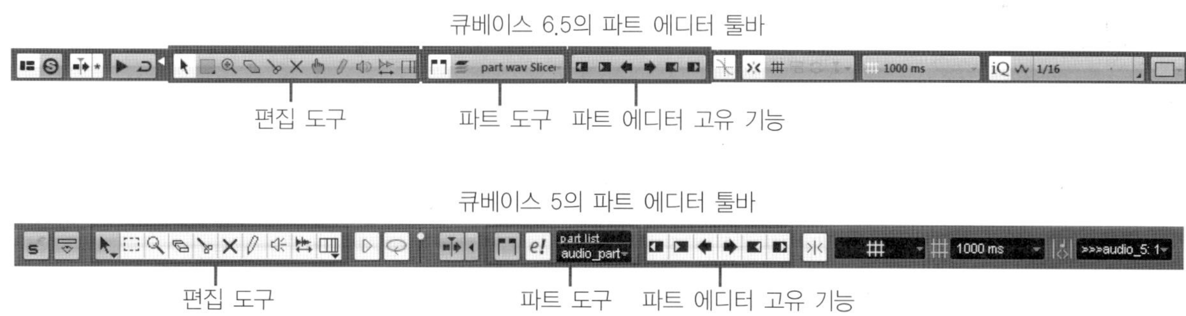

편집 도구   파트 도구   파트 에디터 고유 기능

1. 편집 도구

앞에서 여러 번 배운 적이 있는 기능들이다. 복습하는 의미에서 사용법을 간략히 정리한다.

① 선택 툴 : 작업할 파트를 선택하거나, 페이드 상태를 조절할 수 있다. 트랙 뷰에서 오디오 클립을 편집했던 방식과 동일한 방식으로 작업할 수 있다. Alt + 드래그하면 파트를 복사한 뒤 사용할 수 있다.

② 구간 선택 툴 : 파트에서 일부 구간을 선택할 수 있다. 선택된 구간을 다른 레인으로 이동시킬 수 있다.

구간 선택 툴로 구간을 선택해 본다. 일정 구간이 선택되지 않으면 스냅 해상도가 넓게 설정된 것이므로 Grid Type 버튼을 클릭한 뒤 그리드 간격을 낮은 수치로 변경하고 다시 구간을 선택해 본다.

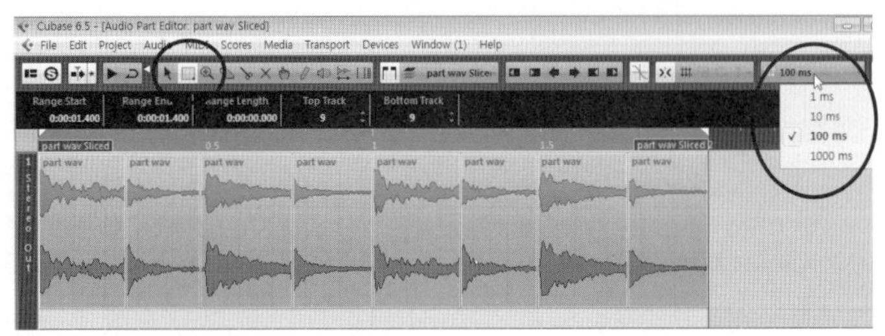

Grid Type을 100ms로 변경하고 구간을 선택한 모습이다. 선택된 구간은 다른 위치나 다른 레인으로 이동시킬 수 있고, Del 키를 눌러 삭제할 수 있다.

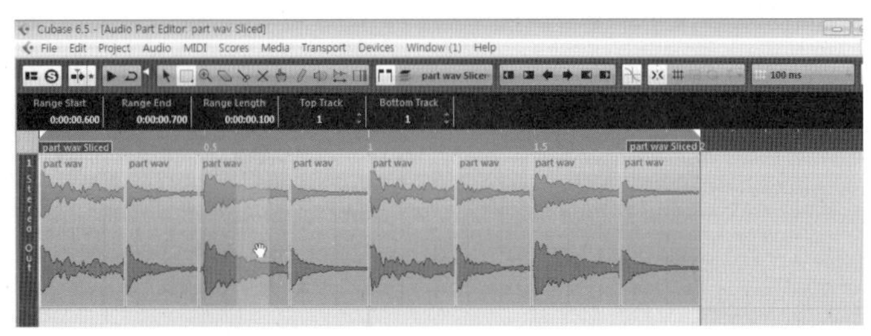

③ 돋보기 툴 : 편집 창을 확대한다. Alt + 클릭하면 편집 창이 축소된다.

④ 지우개 툴 : 클릭한 파트를 삭제할 수 있다.

⑤ 가위 툴 : 파트를 다시 분할할 수 있다. 클릭한 부분에서 파트가 양쪽으로 분할된다.

가위 툴로 원하는 위치를 클릭해 분할해본다. 이때 원하는 부분이 분할되지 않으면 스냅 해상도가 넓게 설정된 것이므로 Grid Type 버튼을 클릭한 뒤 그리드 간격을 낮은 수치로 변경하고 다시 분할해 본다.

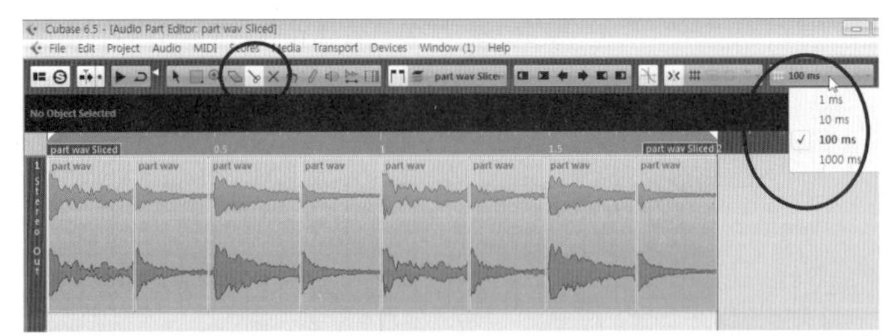

Grid Type을 100ms로 변경하고 원하는 위치를 클릭해 분할한 모습이다.

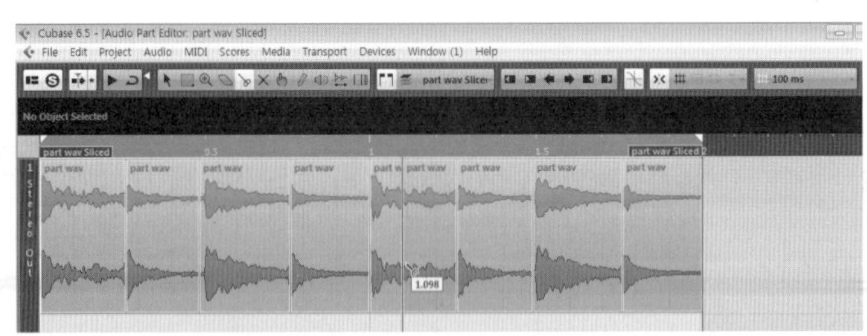

⑥ 뮤트 툴 : 클릭하면 해당 파트의 사운드가 뮤트된다. 다시 클릭하면 뮤트 상태가 해제된다.

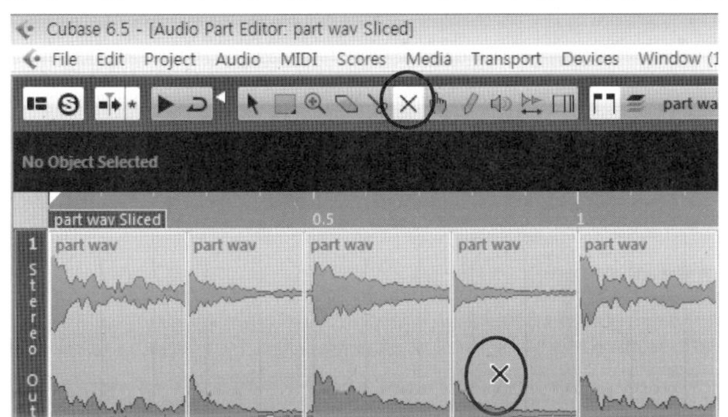

뮤트 툴로 원히는 피트 클릭

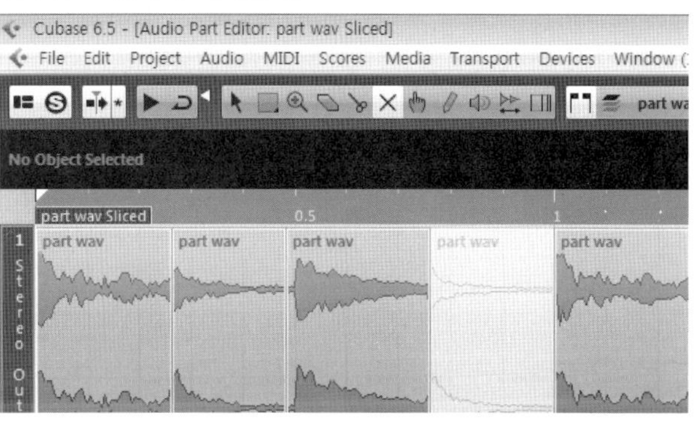

파트를 뮤트시킨 모습

⑦ 손 툴(Comp 툴) : 큐베이스 6에서 새로 등장한 기능으로 트랙 뷰 메인 툴바의 손 툴과 같은 기능이다.

⑧ 연필 툴 : 작업 중인 파트의 출력 데시벨(일종의 볼륨)을 각이 진 라인 형태로 조절할 수 있다. 트랙 뷰에서 오디오 클립의 데시벨을 조절하는 방법과 동일하다.

⑨ 모니터 툴 : 마우스로 클릭하면 클릭하고 있는 시간만큼 사운 드가 모니터된다.

⑩ 스크럽 툴 : 마우스로 드래그하면 드래그한 부분만큼 사운드가 모니터된다.

⑪ 타임 워프(Time Warp)툴 : 트랙 뷰 메인 툴바의 타임 워프 툴과 같은 기능이다.

2. 파트 도구

파트 편집 작업에서 도우미 기능으로 사용하는 기능들이다.

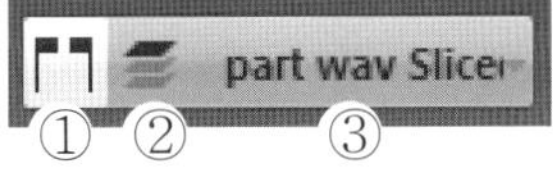

① 파트 보더(Show Part Border) 툴 : 파트 전체 구간을 정확히 파악할 수 있도록 경계선을 표시해준다.

② 액티브 파트(Edit Active Part Only) 툴 : 현재 편집 중인 오디오 클립만 활성화된다.

③ 파트 리스트(Part List) 툴 : 현재 편집 중인 파트가 있는 오디오 클립을 표시한다. 파트로 구성된 오디오 클립을 2개 이상 동일 트랙에 삽입한 뒤, 이들 트랙을 모두 선택한 상태에서 파트 에디터를 실행하면, 다른 오디오 클립에 있는 파트로 이동할 수 있도록 목록이 활성화된다.

3. 파트 에디터 고유 기능 – 트림 툴

파트 에디터 툴바에서만 볼 수 있는 '트림 툴'은 '구간 선택 툴'로 선택 영역을 지정했을 때, 이 선택 영역 표시를 마디 단위로 왼쪽이나 오른쪽으로 이동시키고 확장 또는 축소할 때 사용한다. 말 그대로 선택 영역 표시를 이동시키는 기능이며, 클립이 실제로 이동되지는 않는다.

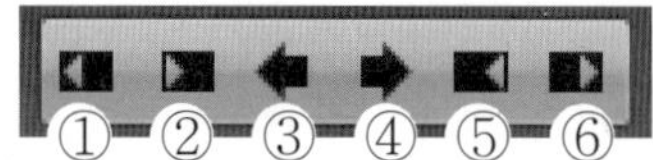

① Trim Start Left : 선택 영역 표시의 시작 지점을 왼쪽으로 1마디 이동시킨다.

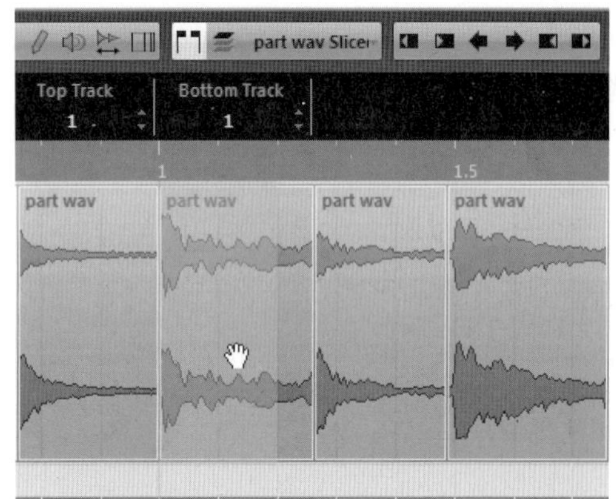

현재의 선택 영역 표시

선택 영역 표시 시작점을 왼쪽으로 1마디 이동

② Trim Start Right : 선택 영역 표시의 시작 지점을 오른쪽으로 1마디 이동시킨다.

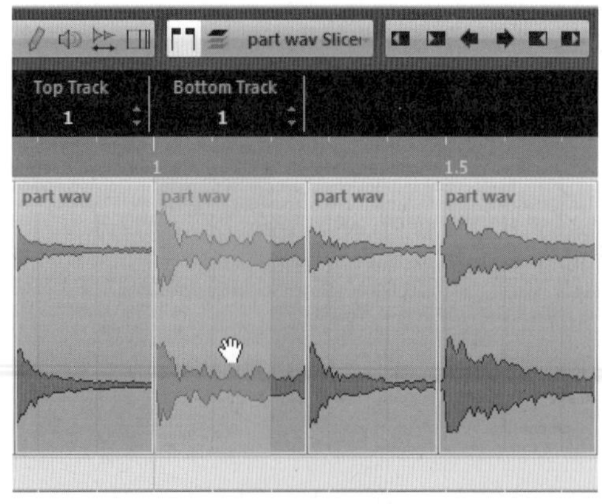

현재의 선택 영역 표시

선택 영역 표시 시작점을 오른쪽으로 1마디 이동

③ Move Left : 선택 영역 표시를 왼쪽으로 1마디 이동시킨다.

④ Move Right : 선택 영역 표시를 오른쪽으로 1마디 이동시킨다.

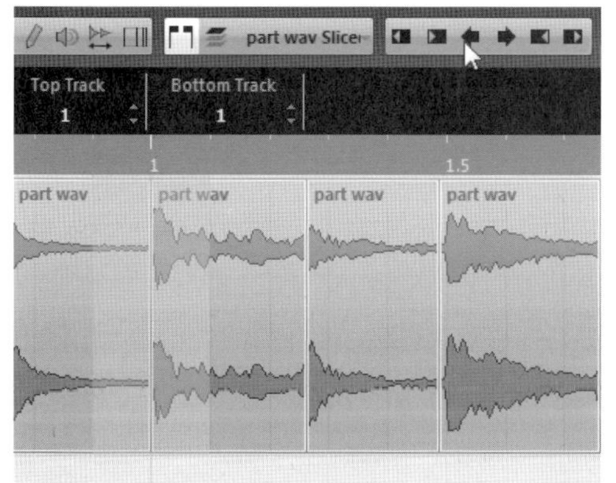

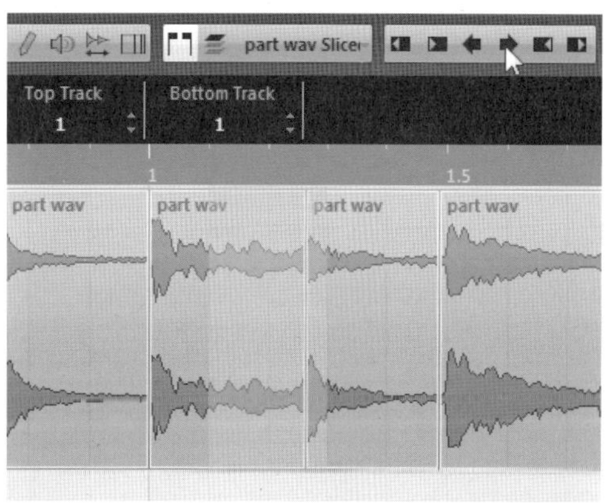

선택 영역 표시를 왼쪽으로 이동시킨 모습　　　선택 영역 표시를 오른쪽으로 이동시킨 모습

⑤ Trim End Left : 선택 영역의 종료 지점을 왼쪽으로 1마디 이동시킨다.

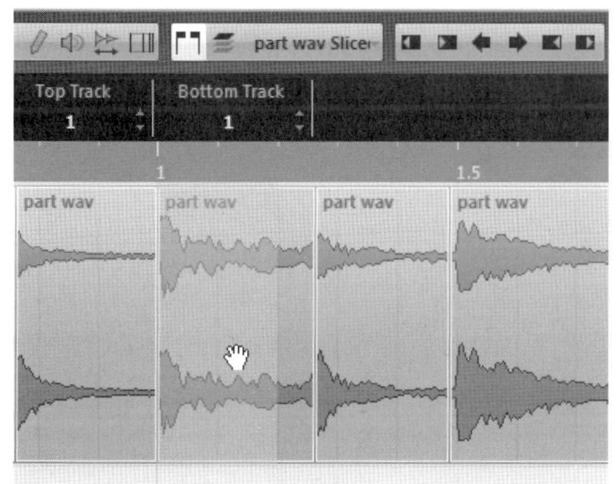

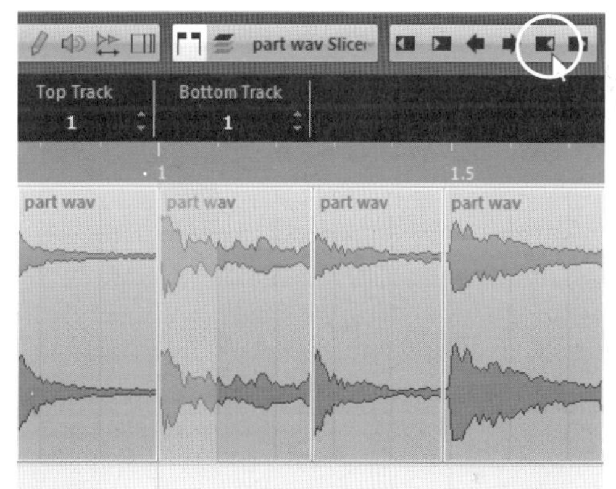

현재의 선택 영역 표시　　　　　　선택 영역 종료 지점을 왼쪽으로 1마디 이동시킨
모습

⑥ Trim End Right : 선택 영역 표시의 종료 지점을 오른쪽으로 1마디 이동시킨다.

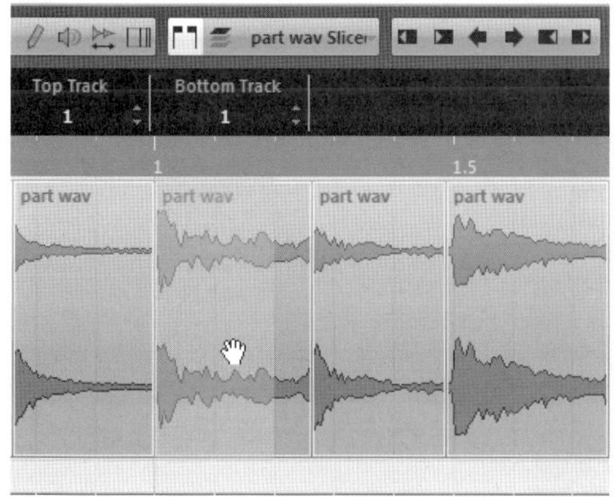

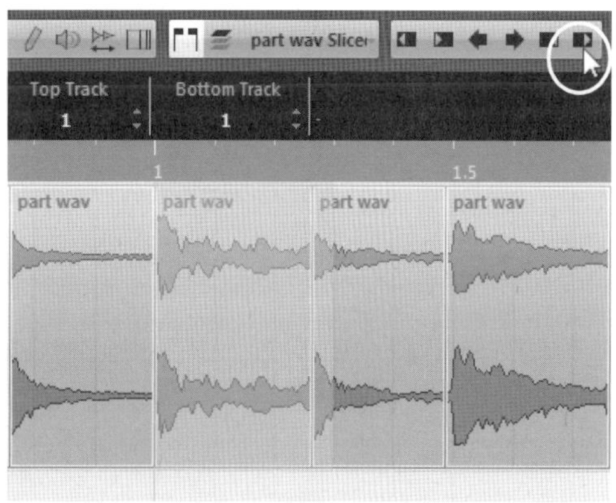

현재의 선택 영역 표시　　　　　　선택 영역 종료 지점을 오른쪽으로 1마디
이동시킨 모습

실전예제 오디오 클립을 파트 클립으로 전환한 뒤 필요한 파트만 뽑아 루프 음악 만들기

드럼 연주가 녹음된 오디오 클립을 불러온 뒤 파트를 생성시킨다. 그런 뒤 필요한 파트만 뽑아서 새로운 드럼 루프를 만들어본다. 이번 예제는 1마디 분량의 녹음 소스에서 파트를 뽑아쓰는 것이지만 더 긴 음악에서도 원하는 파트만 뽑아서 음악을 만들 수 있다.

01 부록의 Sample 폴더의 'part wav.cpr'를 불러온다. '선택 툴'로 오디오 클립을 더블클릭해 샘플 에디터를 실행한다.

02 샘플 에디터가 실행되면 +/−표시줄의 마이너스(−) 버튼을 클릭해 편집 창에 오디오 클립 전체가 보이도록 화면을 축소한다.

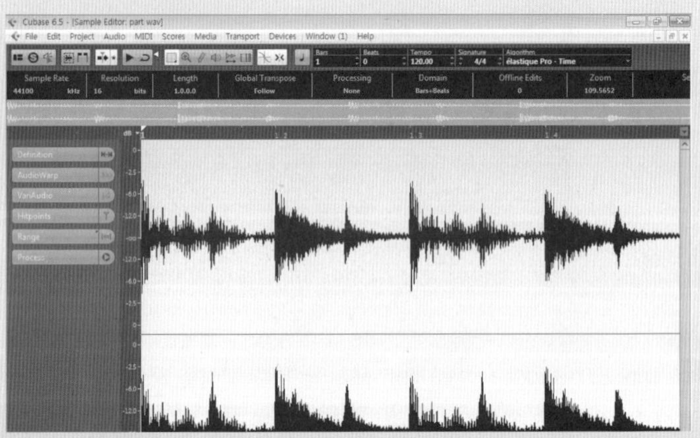

03 오디오 클립을 파트로 나누기 위해, 인스펙터 패널의 Hitpoints 탭을 클릭한다.

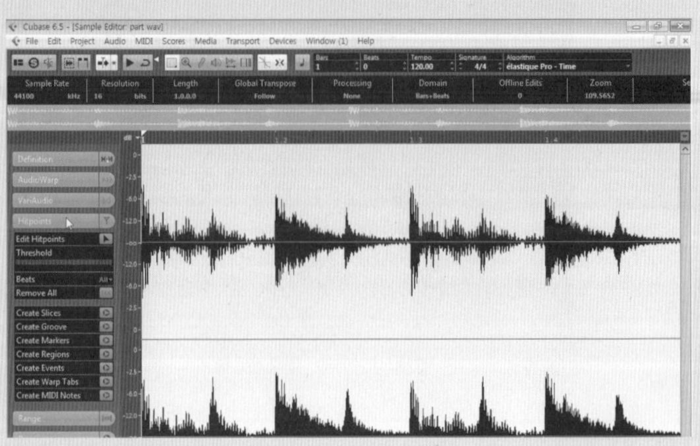

04 Hitpoints 탭에서 Edit Hitpoints 버튼을 클릭한다. 만일 잘못 생성된 히트포인트가 있다면 해당 라인의 상단부에 있는 삼각형 버튼을 Alt + 클릭하여 제거해준다.

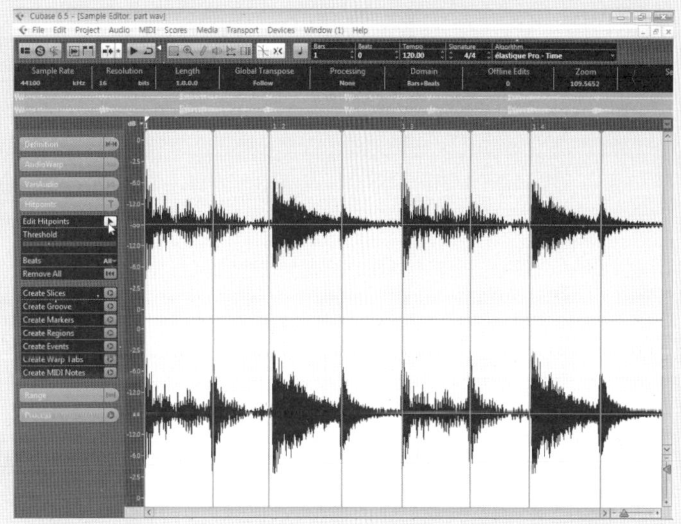

05 Create Slices 버튼을 클릭해 히트포인트 간격을 기준으로 각각의 파트로 전환한다. 샘플 에디터는 자동으로 사라진다.

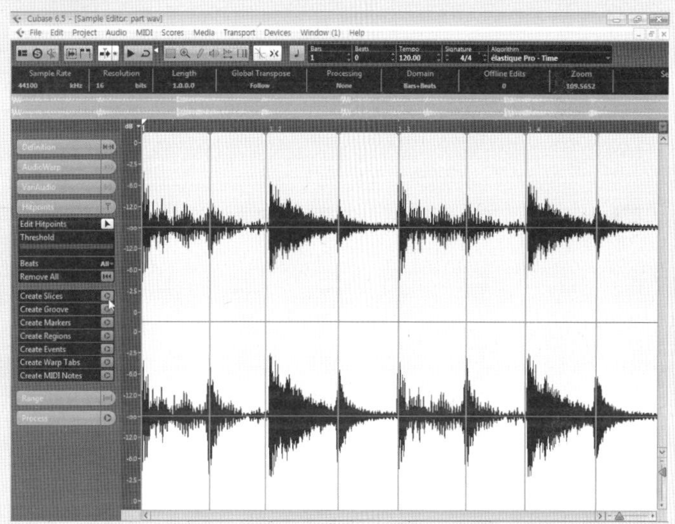

06 트랙 뷰에서 확인하면 오디오 클립에 미세하게 세로 줄이 생성된 것을 알 수 있다. 오디오 클립에 여러 개의 파트가 만들어진 것이다.
이 오디오 클립을 다시 더블클릭하면 '파트 에디터'가 실행된다.

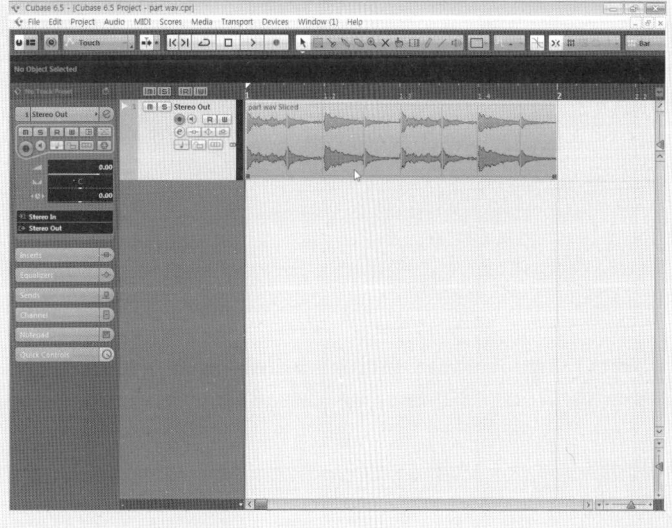

07 파트 에디터가 실행된 모습이다. 작업하기에 화면이 너무 작다면, +/- 슬라이더를 조절해 화면 크기를 적당히 확대해준다.

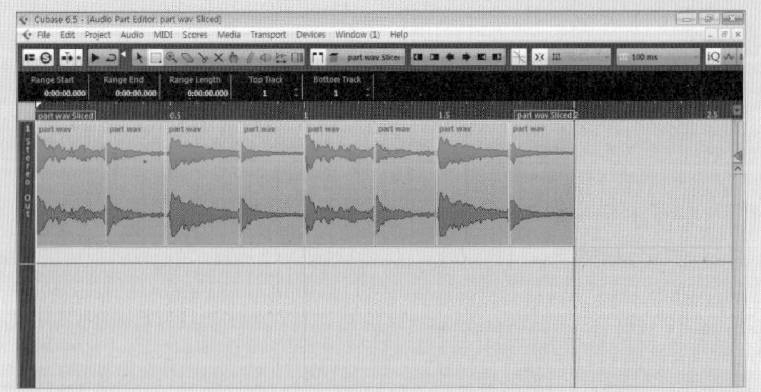

08 하단 '+/- 슬라이더'를 조절해 화면 크기를 확대한 모습이다.

09 룰러에서 오디오 클립의 종료 지점을 Alt + 클릭해 '오른쪽 로케이터'를 생성시킨다.

10 왼쪽 로케이터와 오른쪽 로케이터 사이의 곡을 루프 연주하기 위해 툴바의 Cycle 버튼을 On한 뒤 곡을 플레이해 본다.

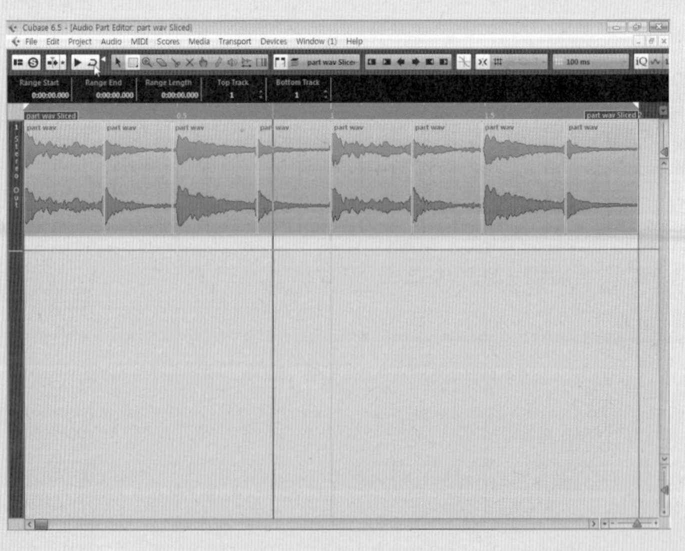

11 사운드를 분석하면 몇몇 악기가 섞여서 들리겠지만, 일반적으로 각 파트별로 옆 그림 같은 악기 소리가 들릴 것이다.

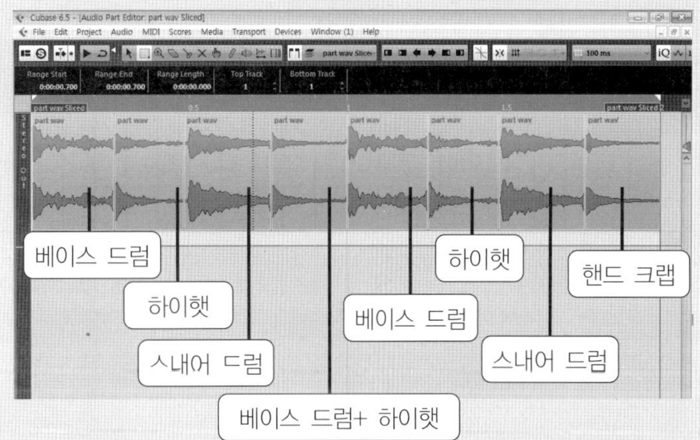

12 지금부터 필요한 파트만 뽑아서 사용해본다. 툴바의 스냅 버튼을 켠다. 스냅 버튼 옆의 삼각형 버튼을 클릭해 오디오 이벤트에 자동으로 스냅되도록 Events 선택한다.

13 첫 번째 파트에 녹음된 '베이스 드럼' 사운드를 아래 레인으로 드래그하여 이동시킨다.

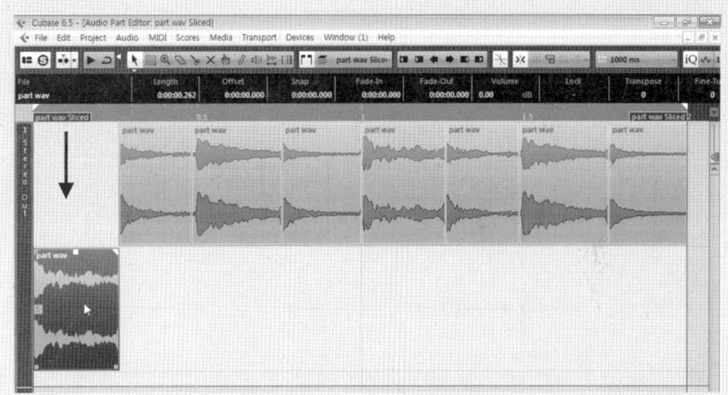

14 다섯 번째 파트에 녹음된 '베이스 드럼' 사운드를 두 번째 레인으로 드래그하여 이동시킨다.

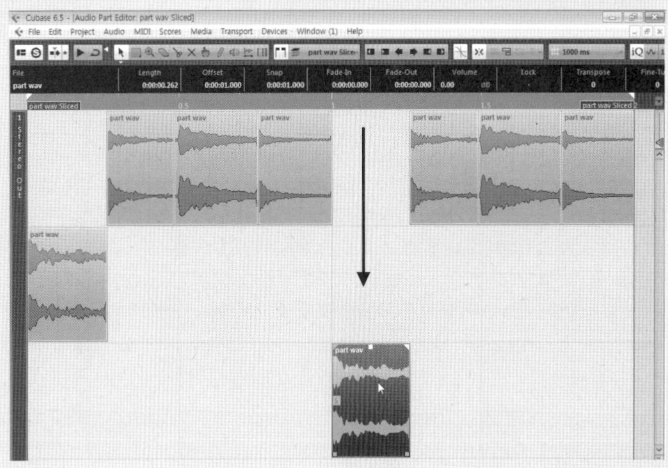

15 두 번째 파트에 녹음된 '하이햇' 사운드를 바로 아래 레인으로 이동시킨다.

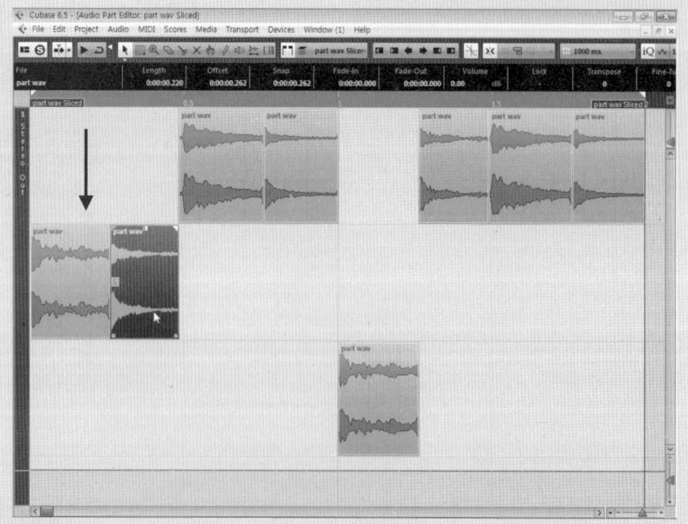

16 세 번째 파트에 녹음된 '스네어' 사운드를 바로 아래 레인으로 이동시킨 뒤 붙여준다.

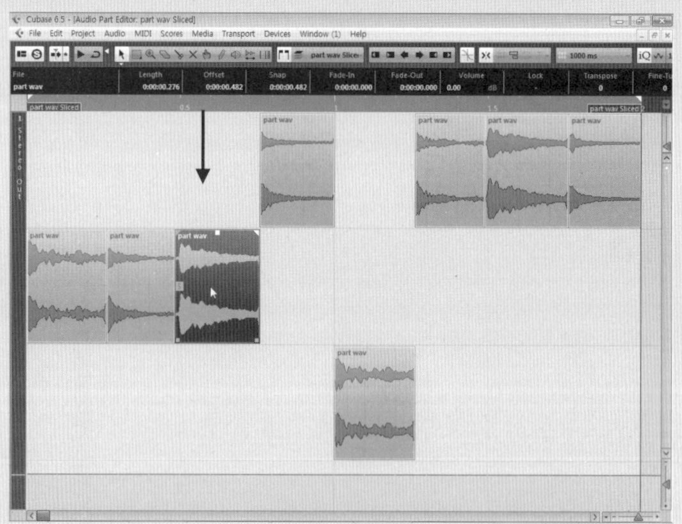

17 일곱 번째 파트에 있는 '스네어 드럼' 사운드를 아래 레인으로 이동시킨 뒤 붙여준다.

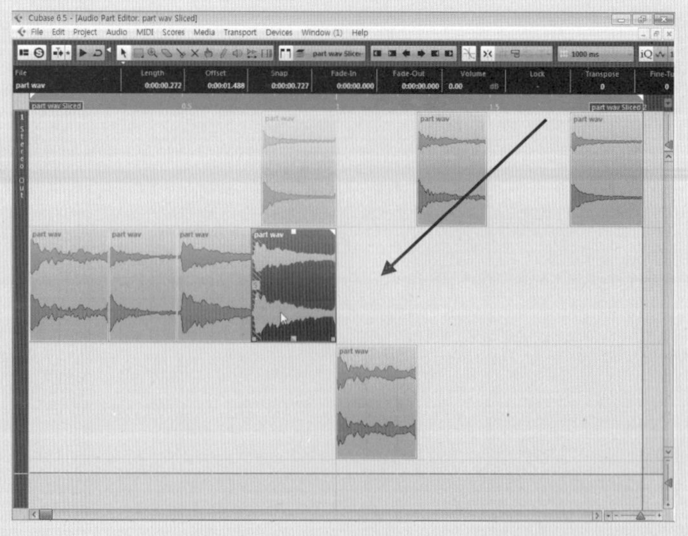

18 네 번째 파트에 있는 '베이스 드럼+하이햇' 파트를 제일 밑 레인으로 이동시킨 뒤 붙여준다.

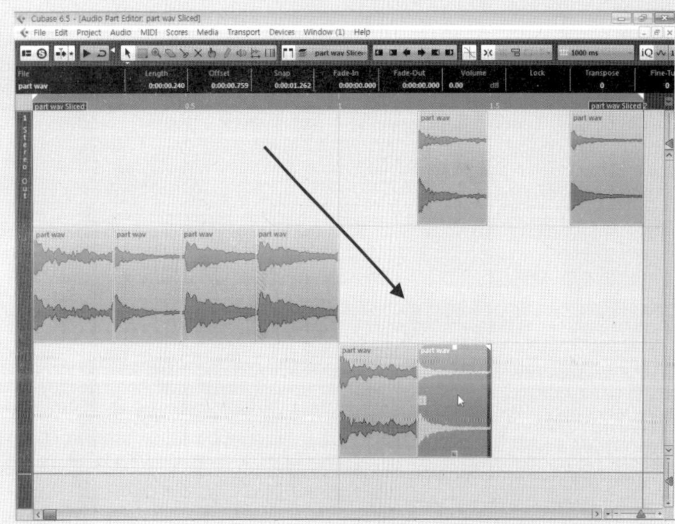

19 여덟 번째 파트에 있는 '핸드 크랩' 사운드를 제일 밑 레인으로 이동시킨 뒤 붙여준다.

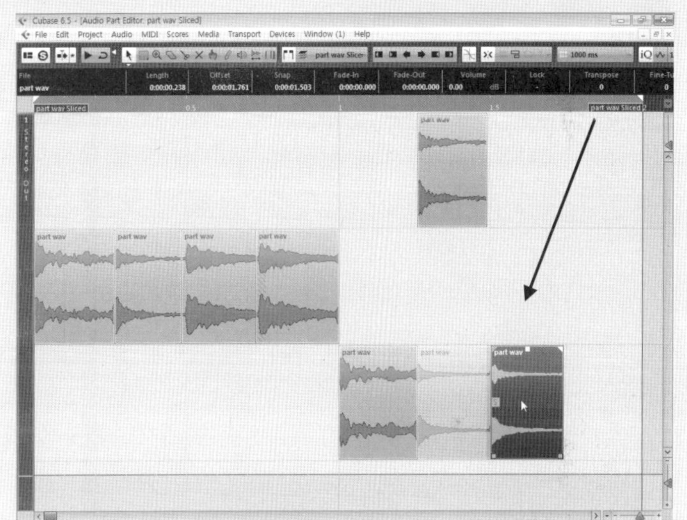

20 여섯 번째 파트에 있는 '하이햇' 사운드를 제일 밑 레인으로 이동시킨 뒤 붙여준다. 트랜스포트 툴바의 Play 버튼을 클릭해 곡의 처음부터 들어본다.

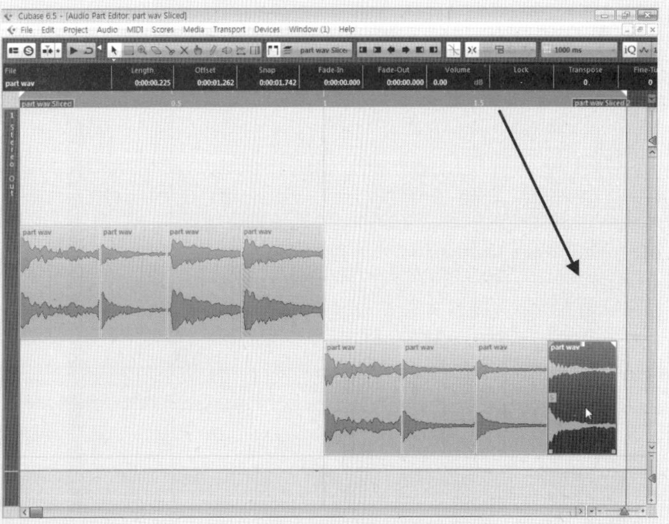

21 만일 일부 파트만 모니터하고 싶다면 스피커 툴로 듣고 싶은 파트를 클릭해 모니터한다.

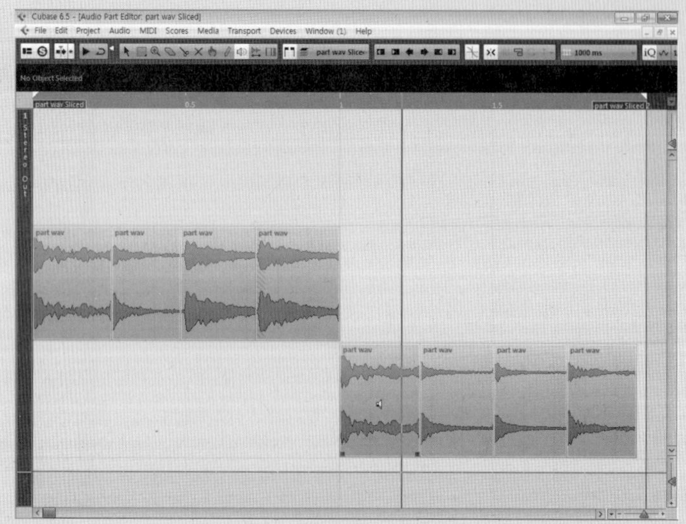

22 사운드를 모니터한 결과 마지막 2개의 파트가 마음에 들지 않으므로 선택 툴로 선택한 뒤 삭제한다.

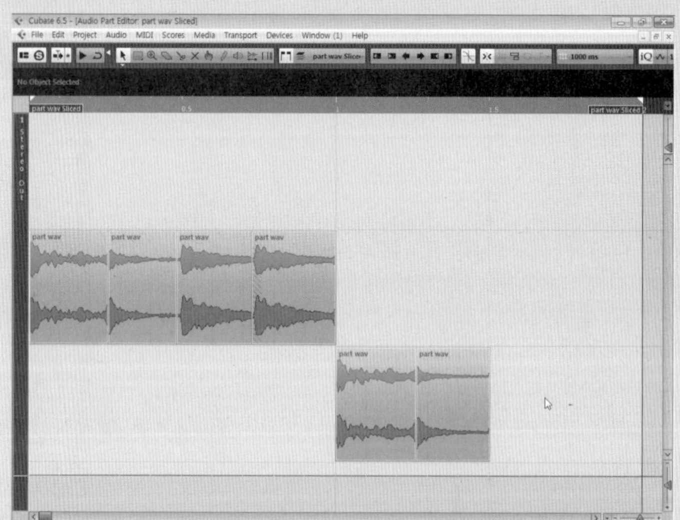

23 선택 툴로 드래그하여 3, 4번째 파트를 둘 다 선택한다.

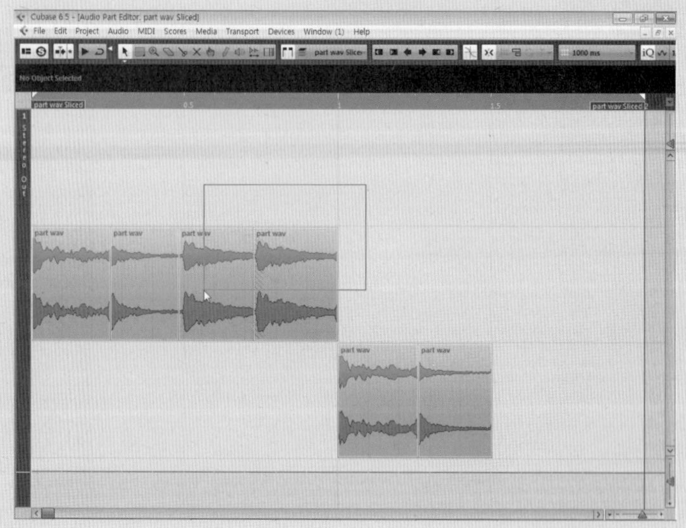

24 선택한 2개의 파트를 Alt + 드래그하여 복제한 뒤 그림처럼 붙여준다.

25 스페이스 바를 눌러 곡을 처음부터 모니터해 본다. 원래와 달리 드럼 연주가 달라진 것을 알 수 있다.

26 '파트 에디터'를 닫고 '트랙 뷰'로 돌아온다. 오디오 클립의 뒷부분에 사운드가 비어 있는 부분이 있다.(파트를 재배치했기 때문에 빈 부분이 생길 수 도 있다.)

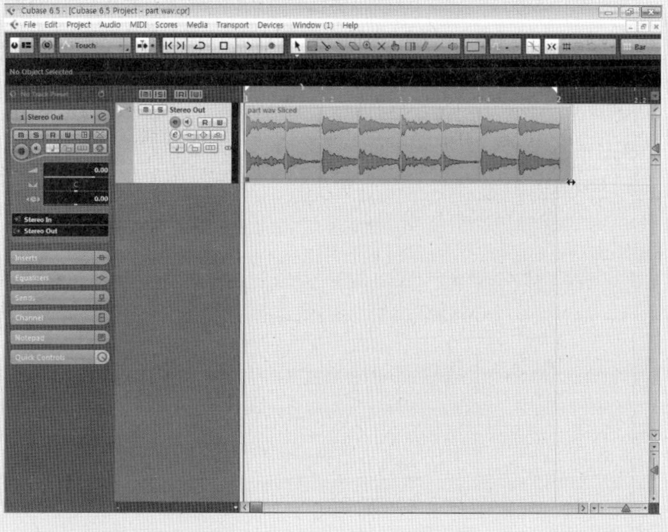

27 선택 툴로 오디오 클립의 모서리를 드래그하여 비어 있는 부분을 닫아준다.

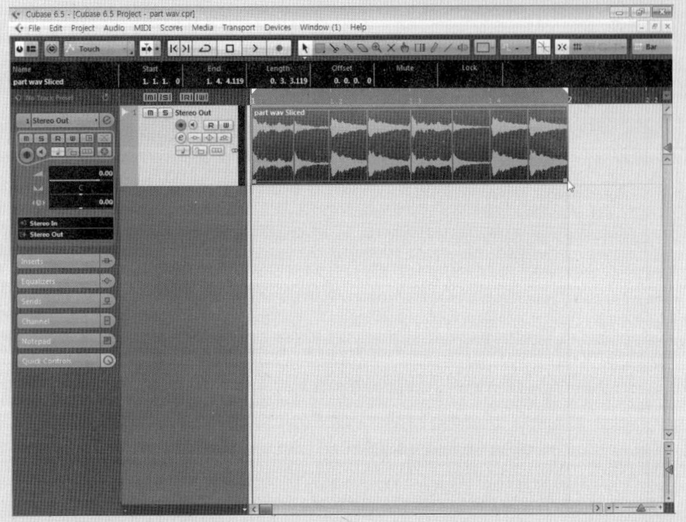

28 메인 툴바의 Cycle 버튼을 On으로 만든 뒤 Play 버튼을 클릭해 드럼 연주를 처음부터 다시 들어본다. 드럼 파트에 사용할 루프가 만들어졌다.

File → Export → Audio Mixdown 메뉴로 저장한 뒤 드럼 파트가 필요한 프로젝트에서 불러와 사용하는데 이때 Repeat 메뉴로 반복 사용하면 드럼 파트가 간단하게 만들어진다.

Part 5

큐베이스 6.5
– VST 가상악기 사용하기

가상악기란 미디 출력에 사용하는 외장 음원장비나 신디사이저의 음원 부분을 소프트웨어화시켜 컴퓨터 안에 설치한 뒤 사용하는 소프트웨어 형태의 악기를 말한다. 이 때문에 '버추얼 악기'라고도 불리지만 큐베이스의 경우 VST 방식으로 동작하기 때문에 흔히 'VST 인스트루먼트', 'VST 플러그인 악기', 'VST 가상악기'라고 한다. 이 때문에 'VST'라는 용어를 아예 가상악기라고 생각하는 경우도 있는데 큐베이스의 VST 방식으로 동작하는 플러그인 프로그램은 가상악기 외에도 이펙트 종류가 있다.

참고로 VST 방식으로 동작하는 외부 가상악기 프로그램과 오디오 이펙트를 큐베이스에서 인식시키려면 설치 작업을 할 때 큐베이스의 하위 폴더인 VSTPlugins 폴더에 설치하면 된다. 일반적으로 별도로 구한 가상악기를 설치하다 보면 Dll 파일 설치 위치와 Data 파일 설치 위치를 묻게 되는데 이때 Data 파일은 여유 공간이 많은 하드디스크에 설치하고 Dll 파일은 큐베이스의 하위 폴더인 VSTPlugins 폴더를 설치 위치로 지정한다. 이렇게 하면 큐베이스의 가상악기 실행 메뉴에서 해당 가상악기가 자동 인식이 된다.

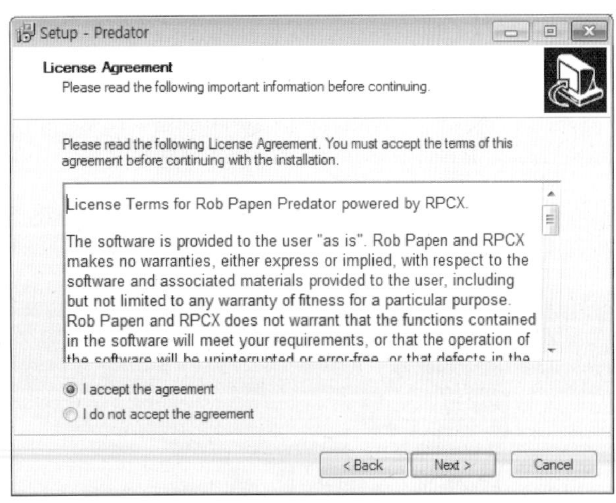

외부 가상악기의 설치를 시작하는 모습

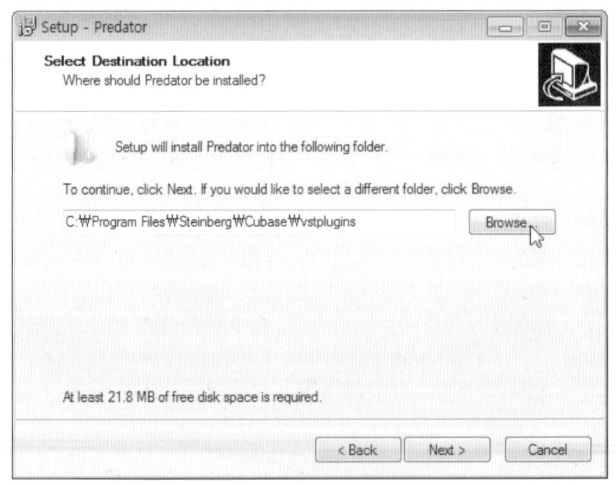

Dll 파일 설치 위치를 지정하는 모습

큐베이스의 미디 트랙에 가상악기 연결하기

미디 트랙을 생성시킨 뒤 사운드의 출력을 더 고급스럽게 하려면 가상악기로 사운드를 출력하는 것이 좋다. 지금부터 미디 출력(Output) 포트에 가상악기를 연결하는 방법을 2가지 방식으로 알아본다.

1. VST Instruments 메뉴로 가상악기 로딩하기

큐베이스에서 사용 가능한 가상악기는 Devices → VST Instrument 메뉴를 실행하면 확인할 수 있다. 단축키는 F11이다. VST Instruments 메뉴로 불러온 가상악기는 하나의 가상악기를 여러 트랙에서 공유할 수 있다는 장점이 있다. 단, 큐베이스 6이 제공하는 가상악기들은 멀티 채널을 지원하지 않으므로 여러 트랙에서 끌어가 사용할 수 없다. 단, 큐베이스 6의 새 가상악기인 HALion Sonic SE는 멀티 채널을 지원하므로 여러 미디 트랙에서 끌어다가 사용할 수 있다. 또한 멀티 채널 지원, 8채널 지원 등의 문구가 있는 VST 방식의 외부 가상악기도 여러 미디 트랙에서 끌어다가 사용할 수 있다.

File → Open 메뉴로 부록의 Sample 폴더에서 'nexus vst.cpr' 파일을 불러오면 3개의 미디 트랙이 있다. 이 중 Drum 트랙은 가상악기를 연결한 상태이고 나머지 2개 트랙은 악기를 연결하지 않은 상태이다. 연주하면 드럼 소리만 들을 수 있다.

하나의 가상악기를 로딩한 뒤 악기가 연결되지 않은 2개의 미디 트랙에서 공유 사용해본다.

Devices → VST Instruments 메뉴를 실행한다.

VST Instruments 대화상자가 나타나면 비어 있는 슬롯을 마우스로 클릭한다.

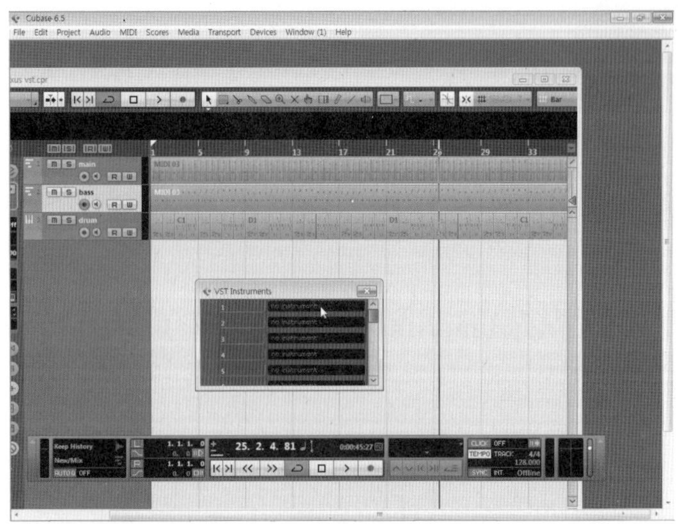

큐베이스 6 사용자는 단축 메뉴에서 Synth → HALIon Sonic SE 가상악기를 선택한다.

참고로, HALIon Sonic SE 가상악기는 멀티 채널을 지원하므로 여러 미디 트랙에서 이 가상악기를 공유 사용할 수 있다.

큐베이스 5 사용자는 단축 메뉴에서 Synth → HALIon One 가상악기를 선택한다.

참고로 HALIon One 가상악기는 멀티 채널을 지원하지 않으므로 하나의 미디 트랙에서만 이 가상악기를 사용할 수 있다.

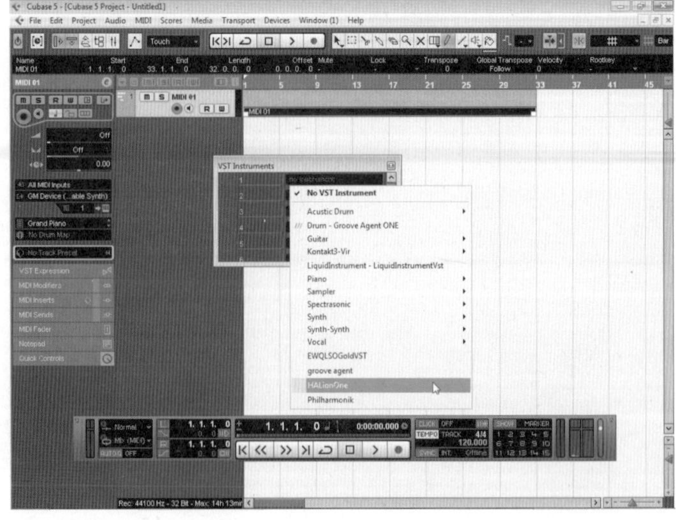

추가 대화상자가 나타나면 Cancel 버튼을 클릭한다.
이 대화상자는 불러온 가상악기가 사용하는 전용 미디
트랙을 만들 것이냐고 묻는 대화상자이다.

Yes를 선택하면 이 가상악기의 전용 미디 트랙이 하나
더 생성되고, Cancel을 선택하면 전용 미디 트랙을 만
들지 않고 가상악기를 불러오게 된다.

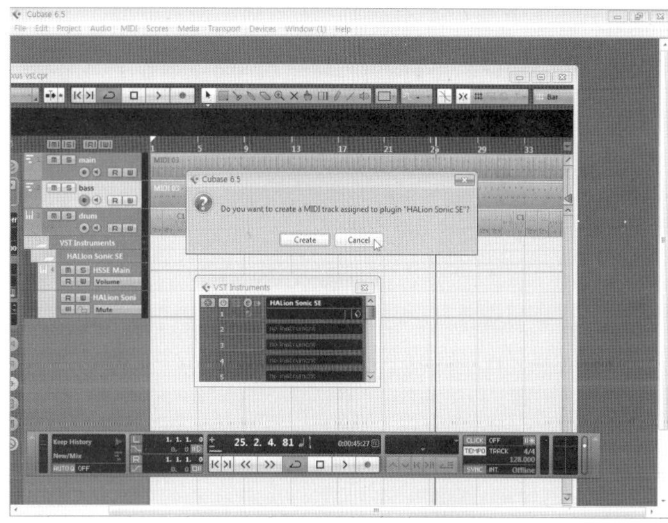

큐베이스 6 사용자의 경우 HALIon Sonic SE 가상악기
창이 나타난다. 악기창의 X 버튼을 클릭해 악기창을 닫
는다.

큐베이스 5 사용자의 경우 HALIon One 가상악기가 실
행된 모습이다. 악기창의 X 버튼을 클릭해 닫아준다.

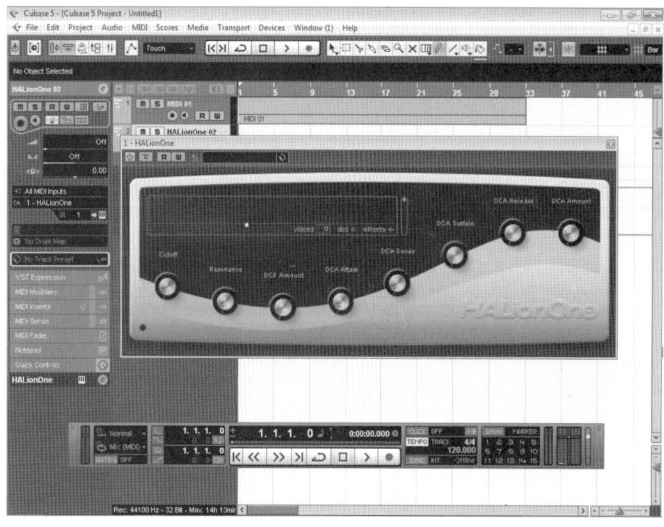

가상악기를 출력 포트에 연결할 미디 트랙을 클릭해 선택한다. 여기서는 첫 번째 미디 트랙을 클릭해 선택했다.

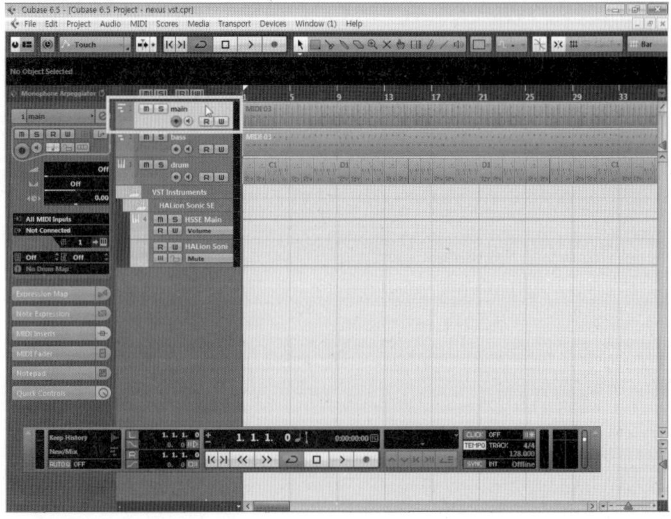

해당 미디 트랙의 Output 파라미터를 클릭하면 연결된 가상악기나 장비가 표시된다. 방금 로딩한 가상악기 이름이 보일 것이다.

큐베이스 6 사용자는 여기서 HALion Sonic SE 가상악기를 선택하면 해당 미디 출력 포트에 HALion Sonic SE 가상악기가 연결되어 사운드가 출력된다.

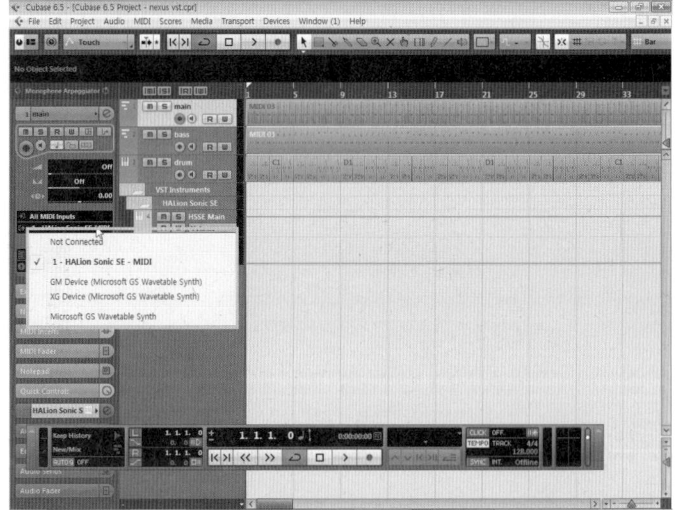

큐베이스 5 사용자는 HALion One 가상악기를 선택한다. 해당 미디 출력 포트에 HALion One 가상악기가 연결되어 사운드가 출력된다.

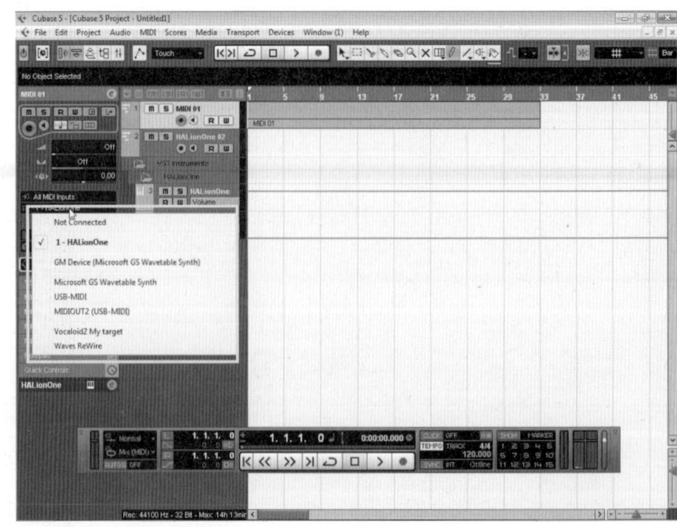

큐베이스 6 사용자는 Patch 파라미터(Program 파라미터)를 클릭한 뒤 악기 음색으로 'Soft Attack Brass'를 선택한다.

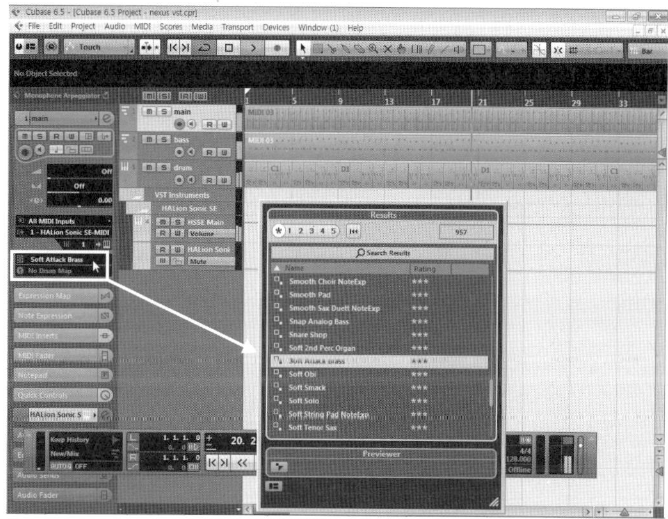

큐베이스 5 사용자는 Patch 파라미터를 클릭한 뒤 'Clean Guitar VX'를 선택했다.

참고로 큐베이스 5의 HALion One 가상악기는 멀티 채널을 지원하지 않으므로 다른 트랙에서 이 악기를 공유할 수 없다. 따라서 두 번째 미디 트랙에도 가상악기를 연결하려면 다시 새로운 가상악기를 로딩해야 한다.

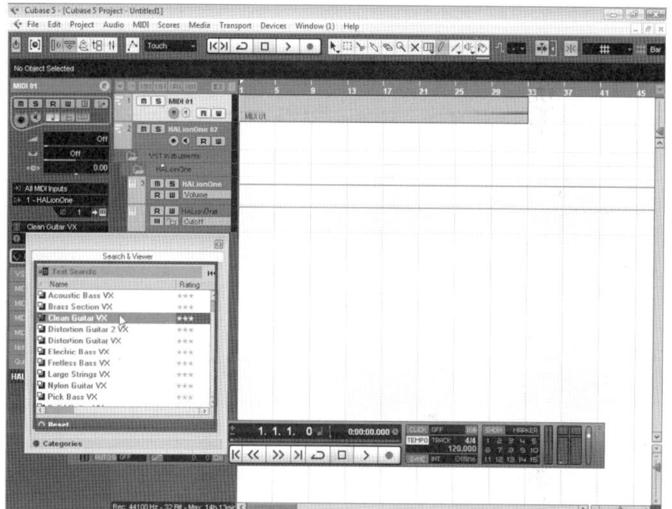

큐베이스 6 사용자는 HALion Sonic SE 가상악기가 멀티 채널을 지원하므로 채널 번호를 다르게 설정하면 다른 미디 트랙에서도 이 가상악기에서 제공하는 악기 음색을 사용할 수 있다.

해당 가상악기를 다른 트랙에서도 사용하기 위해 큐베이스 6 사용자는 두 번째 미디 클립을 클릭해 선택한다.

해당 미디 트랙의 Output 파라미터를 클릭하면 연결된 가상악기나 장비가 표시된다. 아까 로딩한 가상악기 이름이 보일 것이다.

큐베이스 6 사용자이므로 여기서 HALIon Sonic SE 가상악기를 선택하면 해당 미디 출력 포트에 HALIon Sonic SE 가상악기가 연결되어 사운드가 출력된다.

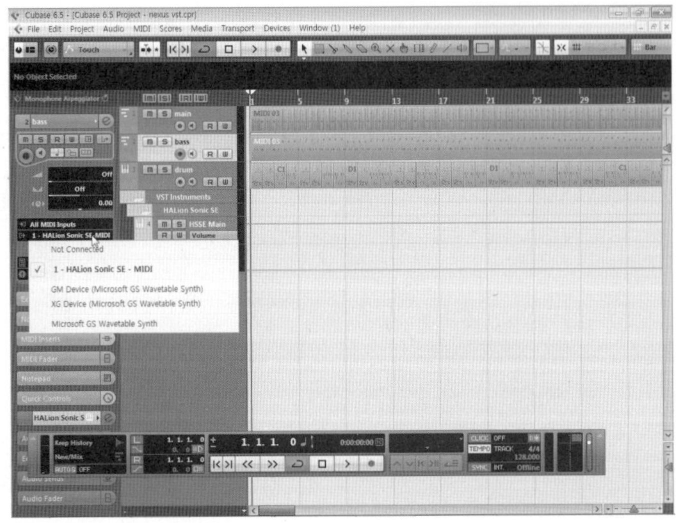

Edit Instrument 버튼을 클릭해 가상악기 창을 불러온다. 첫 번째 채널에는 1번 미디 트랙에서 사용하는 악기 음색이 이미 설정된 상태이다.

두 번째 채널에서 2번 미디 트랙에서 사용할 악기 음색을 선택하면 된다.

가상악기 창의 두 번째 채널 버튼을 클릭해 사용할 악기 음색을 선택한다. 여기서는 Super Saw를 선택했다.

이렇게 하면 1번 채널을 통해 1번 미디 트랙은 Soft Attack Brass 악기 음색을 사용하고, 2번 채널을 통해 2번 미디 트랙은 Super Saw 악기 음색을 사용하게 된다.

이 가상악기의 경우 모두 18개 채널을 지원한다. 즉 이
가상악기는 18개 악기 음색을 동시에 플레이할 수 있
고, 채널 번호를 다르게 설정하면 18개 미디 트랙에서
끌어다가 사용할 수 있다.

멀티 채널 지원 가상악기를 사용할 경우 미디 트랙에서
도 채널 번호를 맞추어야 한다.

1번 미디 트랙을 클릭해 선택한다. 인스펙터의 채널 번
호가 1번인지 확인해본다. 가상악기의 1번 채널에 설정
된 악기가 출력 포트에 연결되었다는 뜻이다.

이번에는 2번 미디 트랙을 클릭해 선택한다. 인스펙터
의 채널 번호가 2번인지 확인해본다. 가상악기의 2번 채
널에 설정된 악기가 출력 포트에 연결되었다는 뜻이다.

만일 2번 미디 트랙의 채널 번호가 1번으로 설정되어
있다면 가상악기의 1번 채널에 할당된 악기음색이 사용
되므로 주의해야 한다.

Tip

가상악기 공유 시 메모리 절감

가상악기를 공유 사용하면 메모리를 절감할 수 있다는 장점이 있으므로 하나의 가상악기를 여러 트랙에서 공유 사용하고
싶다면 Devices → VST Instruments 메뉴로 가상악기를 로딩한다.

2. 가상악기를 미디 트랙과 1대 1로 사용하기

멀티 채널을 지원하지 않는 가상악기나 가상악기를 하나의 미디 트랙에서만 단독 사용하고 싶은 경우에는 아예 미디 트랙을 생성시킬 때 가상악기를 1대 1로 붙여서 만드는 것이 좋다. 이처럼 가상악기와 미디 트랙을 1대 1로 붙여 놓은 것이 인스트루먼트 트랙이다.

지금부터 인스트루먼트 트랙을 만들어보자. File → New 메뉴를 실행한 뒤 Empty 옵션으로 비어 있는 프로젝트를 생성시킨다.

트랙 패널의 빈 곳을 마우스 오른쪽 버튼으로 클릭한 뒤 Add Instruments Track 메뉴를 적용한다.

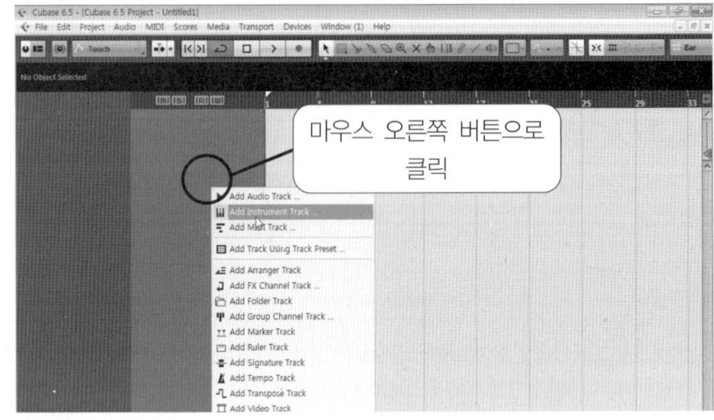

대화상자가 나타나면 해당 인스트루먼트 트랙에서 사용할 가상악기를 선택한다.
악기 이름 부분을 클릭한 뒤 Synth → Prologue 가상악기를 선택하였다.

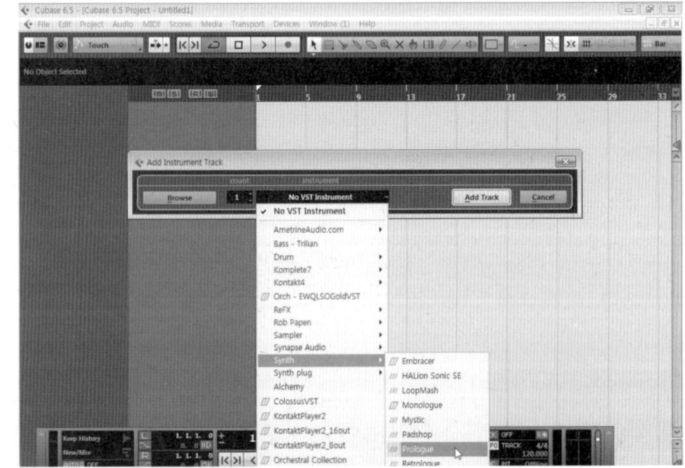

인스트루먼트 트랙이 생성되었다. 비록 미디 트랙과 1대 1로 붙여서 사용하지만 인스트루먼트 트랙도 장점이 있다. Output 파라미터를 클릭해 바로 다른 가상악기로 교체가 용이하다는 점이다. Output 파라미터를 클릭해보자.

Output 파라미터를 클릭하면 즉시 다른 가상악기로 교체할 수 있도록 팝업 메뉴가 실행된다.

여기서는 다른 가상악기로 교체하지 않고 Prologue 가상악기를 그대로 둔 채 팝업 메뉴를 닫는다.

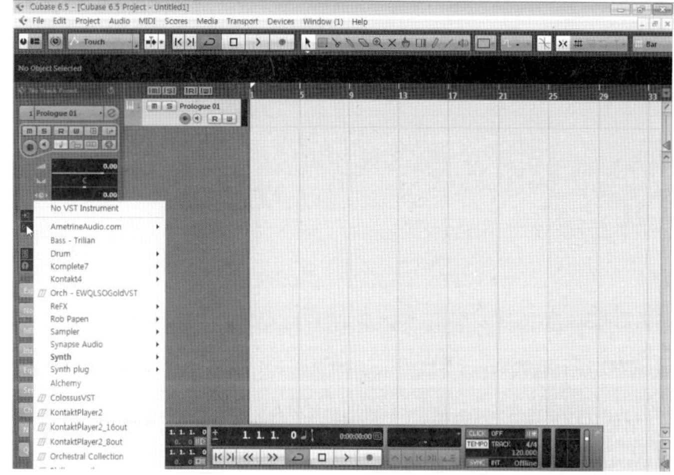

Prologue 가상악기에서 제공하는 악기 음색을 선택해 보자.

Edit Instrument 아이콘을 클릭한 뒤 해당 가상악기 창에서 원하는 악기 음색을 선택한다.

트랙 뷰에서 '연필 툴'로 미디 클립을 그려준 뒤, 미디 클립을 더블클릭해 키 에디터를 실행한다. 키 에디터의 건반을 클릭하면 연결된 악기 음을 들을 수 있다.

마스터 건반 사용자는 마스터 건반을 누르면 악기 음색을 들을 수 있으므로 바로 작곡 작업을 시작할 수 있다.

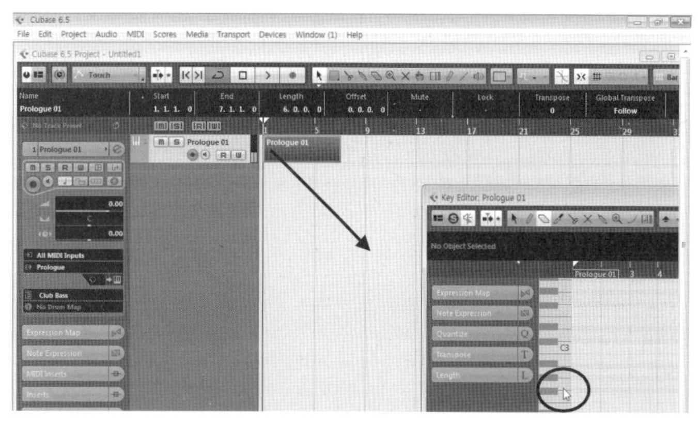

Tip

인스트루먼트 트랙

인스트루먼트 트랙은 하나의 가상악기를 하나의 트랙에서만 사용할 수 있기 때문에 메모리를 많이 차지한다. 하지만 Output 파라미터를 클릭하면 바로 가상악기 메뉴가 실행되기 때문에 가상악기가 마음에 들지 않을 경우 다른 가상악기로 교체가 용이하다는 장점이 있다.

지금부터 큐베이스 6과 5에서 번들로 제공되는 가상악기의 사용법을 알아본다. 큐베이스 5의 HALion One 가상악기는 큐베이스 6에서 HALion Sonic SE로 업그레이드되었다. 또한 큐베이스 6.5에는 신규 가상악기로 Retrologue와 Padshop 가상악기가 추가되었다. 특히 이 두 가지 가상악기는 큐베이스 6.5로 업그레이드해야 사용할 수 있으므로 정품 큐베이스 사용자는 큐베이스 6.5로 업그레이드하기 바란다.

큐베이스 6.5의 새 가상악기인 Padshop

큐베이스 6.5의 새 가상악기인 Retrologue

# HALion Sonic SE 가상악기 – 큐베이스 6의 프리미엄 가상악기 

큐베이스 6 내장 가상악기이므로 큐베이스 5 사용자는 사용할 수 없다. HALion Sonic 가상악기의 축소판 버전이며, 큐베이스 6 설치 시 SE 버전이 자동 설치되므로 Devices → VST Instruments 메뉴를 실행한 뒤 빈 슬롯을 클릭하고 Synth → HALion Sonic SE 메뉴로 로딩할 수 있다. SE 버전이 아닌 정식버전의 경우 모두 16개 채널을 지원, 16개 미디 트랙에서 동시에 사용할 수 있다. 샘플 기반 악기와 신디사이저 기반 악기가 결합된 형태로서 총 설치용량 12GB, 총 1,400개의 악기 음색을 제공한다. 또한 16개의 이펙트 유형과 24개의 필터를 제공, 악기 음색의 변조가 무궁무진 가능하다.

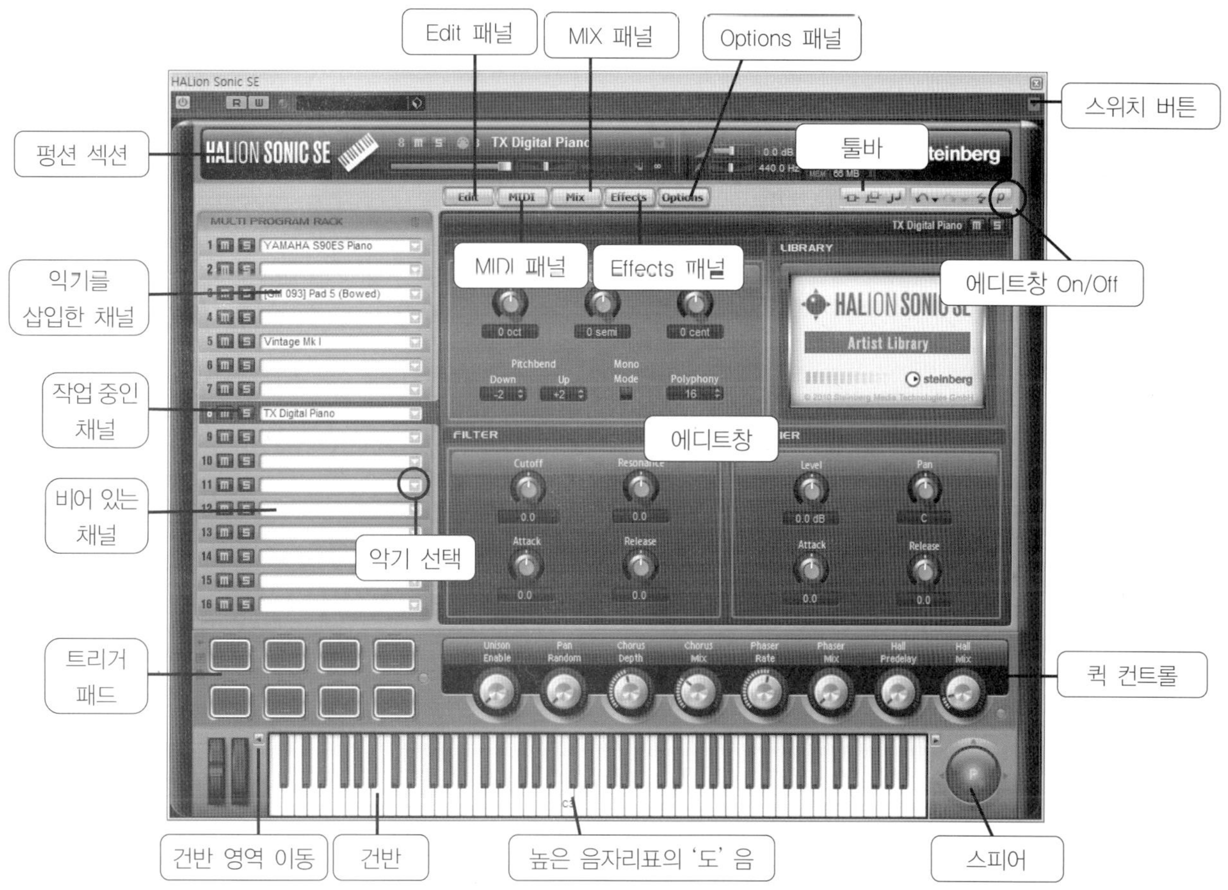

1. 채널 슬롯

모두 16개 채널을 지원하므로 16개 악기 음색을 동시에 사용할 수 있다. 미디 트랙에서 채널 번호를 같은 번호로 맞추면, 해당 악기 음색이 미디 트랙에서 사용된다. 예를 들어 미디 트랙에서 채널을 3번으로 맞추면 HALion Sonic SE의 3번 채널에 삽입한 악기 음색이 해당 미디 트랙에서 사용된다.

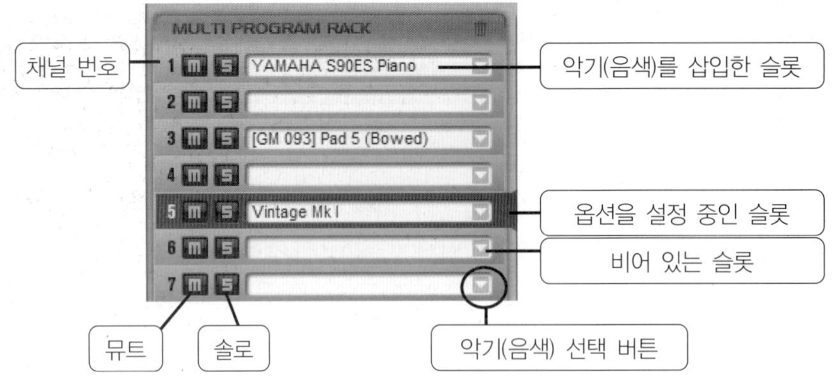

‘악기 선택 버튼’을 클릭하면 다음과 같이 악기 프리셋 창이 나타나 사용할 악기를 검색하고 선택할 수 있다.

필터창으로 전환하면 디렉토리 방식으로 사용할 악기를 검색할 수 있다. 악기의 별 개수는 별 부분을 마우스로 클릭해 변경할 수 있다. 예를 들어 선호하는 악기는 별 부분을 클릭하여 임의대로 별 개수를 추가할 수 있는데 이렇게 하면 나중에 1, 2, 3, 4… 별 개수에 맞는 악기만 목록창에 표시할 수 있다.

2. 평션 섹션

선택한 악기 음색에 대한 종합 옵션을 설정할 수 있다. 참고로, ‘채널 슬롯 번호’와 ‘채널 번호’를 클릭해 다른 번호로 변경할 수 있지만 기본값을 사용할 것을 권장한다.

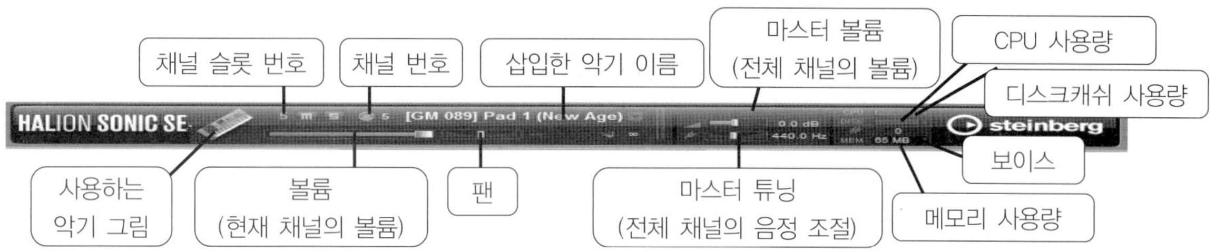

'보이스'는 연주 중일 때 해당 위치에서 몇 개의 음(보이스)이 동시에 발현되고 있는지 숫자로 알려준다. 예를 들어 3이라고 표시된 경우, 해당 위치에서 3개의 음이 동시에 발현되고 있는 상태이다. 모노폴리/폴리포니와 관련 있는 기능이다.

3. 툴바

툴바는 각종 기능을 On/Off 하는 기능을 제공한다. '미디 리셋' 버튼은 악기 음향 상태가 좋지 않을 때 리셋하는 기능이다. 취소 버튼은 바로 전 설정한 내용을 취소하고, 재실행 버튼은 취소한 설정을 재사용하는 기능이다.

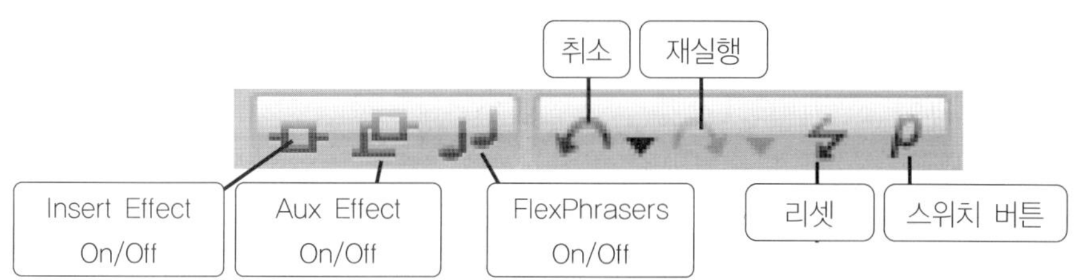

'스위치' 버튼은 프로그램 레이아웃을 플레이어 모드/에디트 모드로 전환하는 기능이다.

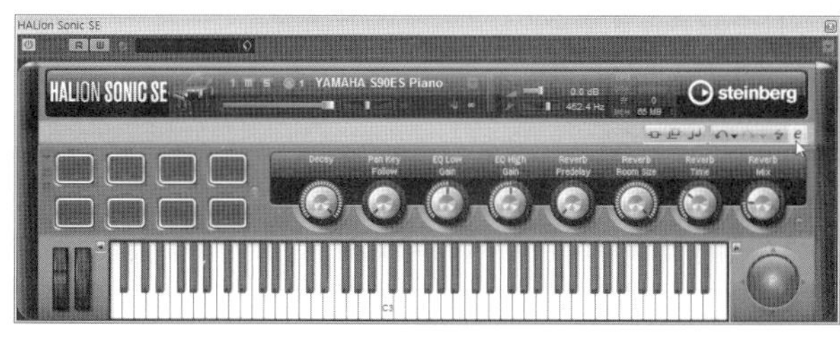

플레이어 모드

에디트 모드

4. 트리거 패드

트리거 패드는 특정 노트에 트리거를 걸어 다른 음을 연주하게 할 목적으로 사용한다. 예를 들어 C3 건반에 트리거를 걸면 그 후부터 건반에서 C3은 아무런 소리가 나지 않고, 다른 음을 낼 목적으로 사용된다. 예를 들어 C3 패드에 특정 화음을 스냅샷으로 등록하면 그 후부터 C3 건반을 누르거나 곡을 연주할 때 C3은 스냅샷에 등록된 해당 화음을 플레이하게 된다. 참고로, 트리거 설정은 마우스 또는 마스터 건반으로 할 수 있다. 자세한 사용법은 다음(p 421)에 나오는 실전예제를 참고한다.

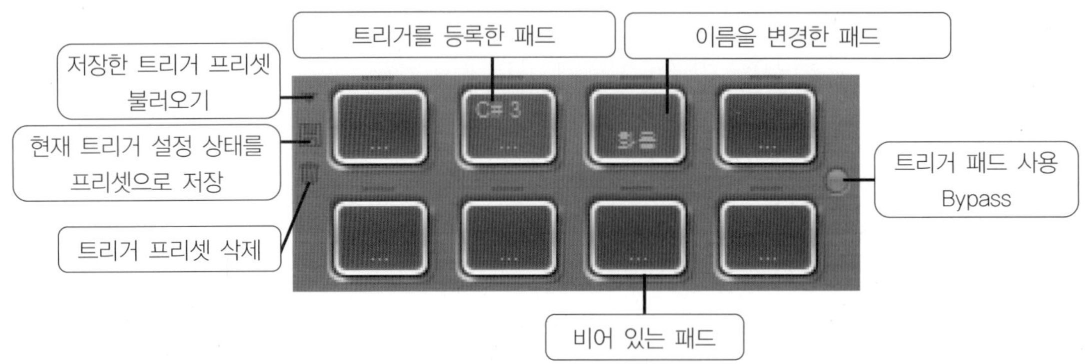

5. 스피어

수평, 수직 방향으로 조절할 수 있는 초간편 컨트롤러 기능이며, 주로 모핑 필터를 조절할 때 사용한다.

6. 퀵 컨트롤(Insert Effect 조절 기능)

각종 중요한 이펙트 기능을 신속하게 사용할 수 있도록 별도로 빼놓았다. 일종의 인서트 이펙트(Insert Effects) 기능이다. 악기마다 노브 구성이 달라지는데 대개 음색을 조절하는 기능, 필터 기능, 코러스 기능 등이 있다. 노브를 이것저것 돌려보면 바로 악기 음색의 변화가 나타나므로 마음에 드는 음색을 만들면 된다. 음색을 조절한 뒤 마음에 들지 않으면 툴바의 Insert Effect On/Off 버튼을 클릭해 인서트 이펙트의 사용을 중지시키고 원본 음으로 출력할 수도 있다.

7. Edit 패널

사용하는 보이스 개수, 음정 조절, 필터 기능, 앰프 기능으로 구성되어 있다.

Octave, Coase, Fine 노브는 순서대로 옥타브 단위, 세미톤 단위, 센트 단위로 악기의 음정을 높이거나 낮출 때 사용한다.

Pitchbend는 피치밴드 범위를, Mono Mode는 모노/폴리 모드를 선택한다.

Filter는 주파수 필터를 사용해 음색을 변조하고, Amplifier는 볼륨, 팬, 어택, 릴리즈를 조절하는 기능이다.

Filter와 Attack, Release 등은 오디오 이펙트에서 배우는 기능이므로 이 책의 PART 6을 참고한다. HALion Sonic 정품 버전은 레이어 기능이 추가되어 있어 더 복잡한 음색 조절 작업이 가능하다.

8. MIDI 패널

16개 채널에 대한 개별적인 동작 환경을 설정할 수 있다. Poly는 해당 채널에서 사용할 수 있는 동시 발현음(보이스) 숫자. 기본값은 최대치로 설정되어 있다.

Transpose는 해당 채널의 악기 음색을 조옮김하는 기능이다. 전체적인 악기 음을 높이거나 낮춘다.

Low/High 범위는 건반 범위, 벨로서티 범위, 컨트롤로 범위를 설정하는 기능이다. 설정된 범위 밖의 건반음, 벨로서티는 인식되지 않아 연주 시 연주하지 않게 된다.

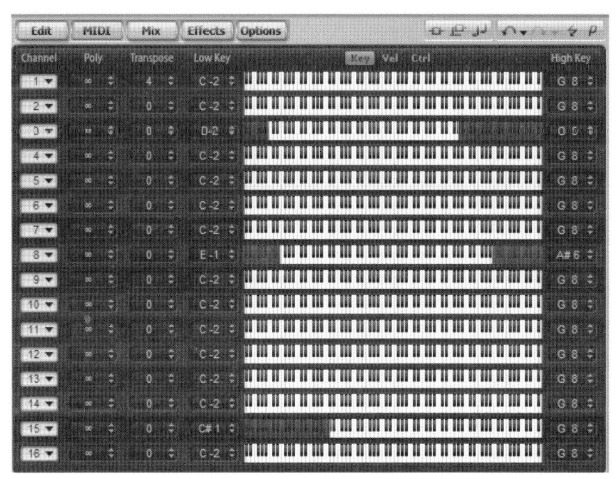

9. Mix 탭

믹스 탭은 16개 채널끼리 사운드를 믹스할 수 있고, 이펙트 패널에서 보내온 Aux 이펙트의 믹스량을 조절하는 기능이다. 슬라이더를 높이면 그만큼 해당 효과를 악기음에 많이 사용하게 되므로 악기음의 변조가 가능해진다. 슬라이더를 낮추면 해당 효과를 그만큼 적게 사용하므로 악기음이 원래와 가까운 음색으로 출력된다.

각 채널 별로 마우스를 드래그하여 믹스량을 조절하면 된다.

예를 들어 1번 채널의 Level을 낮추고, 7번 채널의 Level을 높이면 사운드를 출력할 때도 7번 채널 사운드가 더 크게 들리게 된다.

10. Effects 패널

출력 악기음에 적용되는 Aux 이펙트이다. 하나의 채널에 4개의 Aux 탭이 있고 각각 4개의 슬롯이 있으므로 16개 이펙트를 동시에 적용할 수 있다. 또한 Main 탭에서 다시 추가 이펙트를 적용할 수 있다.

슬롯을 클릭해 원하는 이펙트를 삽입하면 하단에 해당 이펙트의 옵션이 나타난다. 옵션을 조절해 해당 이펙트의 사용량 등을 조절한다. 이펙트를 적용한 뒤 마음에 들지 않으면 툴바의 Aux Effect On/Off 버튼을 클릭해 원래 사운드로 출력할 수 있다.

이펙트는 종류가 매우 방대하지만 원리를 알면 손쉽게 사용할 수 있다. 이펙트의 원리와 종류에 대해서는 이 책의 PART 6을 참고한다.

11. Options 패널

HALion Sonic SE 가상악기의 동작 환경을 여러 옵션으로 설정할 수 있다.

Disk Streaming 섹션의 Balance 슬라이더는 이 가상악기를 사용할 때 하드디스크와 램 중에서 어느 쪽을 더 많이 사용할 것인지 조절하는 기능이다. 컴퓨터에 설치된 메모리가 적을 경우 하드디스크 쪽을 더 할당한다. Used Memory는 이 가상악기를 구동할 때 사용된 메모리 양을 표시한다. Available Memory는 사용하지 않고 남아있는 메모리 양이다.

Performance 섹션에서는 최대 사용 가능한 보이스, 최대 사용 가능한 CPU 양을 설정한다.

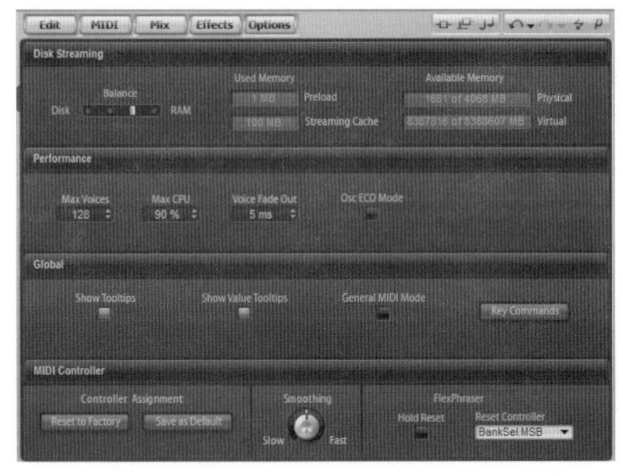

Global 섹션은 이 가상악기 전체에 적용되는 옵션을 설정한다.
Show Tooltip은 노브 등으로 커서가 다가갈 때 풍선 도움말을 표시해준다. General MIDI Mode는 악기 배치를 GM 모드로 배치해준다. Key Command 버튼은 이 가상악기에서 사용하는 단축키를 설정하는 기능이다.
MIDI Controller 섹션은 사용자 설정 미디 컨트롤러 할당을 저장하거나 취소할 때 사용한다. 미디 컨트롤러 할당을 취소하려면 Reset to Factory 버튼을 클릭한다.

Tip

HALion Sonic 정품

HALion Sonic 정품의 경우 더 복잡하고 정교한 음색 조절이 가능하도록 7개의 섹션과 레이어 기능을 제공한다. SE 버전은 HALion Sonic의 축소판이기 때문에 전반적인 고급 기능을 많이 누락시켜 놓았다.

트리거 기능은 중고급 가상악기에서만 지원하는 고급 기능이다. 큐베이스 내장 악기 중에서는 HALion Sonic SE 가상악기가 트리거 패드 기능을 지원한다. 트리거 패드 기능을 사용하면 특정 음이나 특정 건반을 눌렀을 때 해당 음이 아닌, 미리 등록한 화음이 들리도록 할 수 있다. 참고로 HALion Sonic SE는 큐베이스 6 내장 가상악기이므로 큐베이스 5 사용자는 이번 예제를 따라할 수 없음을 유념하자.

01 큐베이스 6을 실행한 뒤 File → New 메뉴를 실행한다. More → Empty 옵션으로 비어 있는 프로젝트를 생성시킨다.

Project → Add Track → Instrument 메뉴로 인스트루먼트 트랙을 생성시킨다.

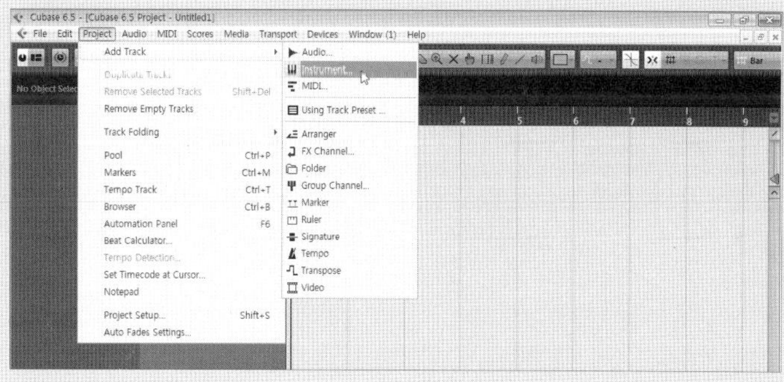

02 대화상자의 VST 이름 부분을 클릭한 뒤 Synth → HALion Sonic SE 가상악기를 선택하고 적용한다.
(큐베이스 5 사용자는 HALion Sonic SE 가상악기가 없으므로 이 예제를 따라할 수 없다.)

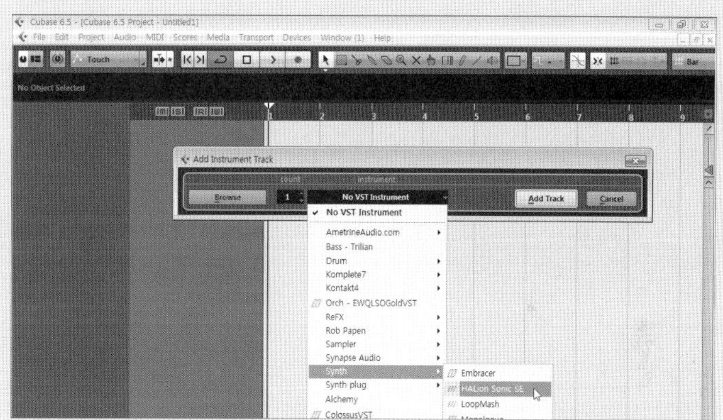

03 Edit Instrument 버튼을 클릭해 HALion Sonic SE 가상악기창을 불러온다.

가상악기 창의 스위치 버튼을 클릭해 가상악기 창을 Edit 모드로 확대한다.

04 첫 번째 채널 슬롯을 클릭해 '(GM 003) Electric Grand Piano' 악기를 선택한다.

하단 건반 영역을 마우스로 클릭하거나, 컴퓨터와 연결된 마스터 건반을 눌러보면 사운드를 들을 수 있다.

05 지금부터 트리거 패드 설정을 시작해보자. 트리거 패드는 건반의 특정 키를 눌렀을 때 해당 음이 들리는 것이 아니라 미리 등록한 다른 화음이 트리거되어 들리는 기능이다. 따라서 자주 사용하지 않는 저음 건반키나 고음 건반키에 트리거를 등록하는 것이 좋다. 여기서는 사용빈도가 낮은 저음 건반키에 트리거를 등록할 예정이다.

06 첫 번째 패드를 마우스 오른쪽으로 클릭한 뒤 Assign Trigger Notes → Octave 0 → C0을 선택한다. 첫 번째 패드에 C0 건반키를 할당한 것이다.

(Assign Trigger Notes 메뉴가 비활성 상태이면 이 팝업 메뉴의 Use Defaults Trigger Notes 메뉴의 체크 표시를 끄고 다시 팝업 메뉴를 실행한다.)

07 그림을 보면 알 수 있듯 C0 건반키가 파란색으로 변한다. 또한 첫 번째 패드의 색상이 약간 변하면서 C0이란 글자가 삽입된 것을 알 수 있다.

08 첫 번째 패드를 다시 마우스 오른쪽으로 클릭한 뒤 Snapshot Chord 메뉴를 실행한다.

09 첫 번째 패드가 반짝반짝 점등하면서 Snapshot Chord를 등록할 준비하는 것을 알려준다. 이때 원하는 화음을 눌러준다. 마스터 건반 사용자는 마스터 건반으로 원하는 화음을 누른다.
(화음이란 여러 건반 키가 동시에 울리는 것이므로 동시에 여러 건반 키를 눌러준다.)

10 마스터 건반이 없는 사람은 하단 건반창에서
마우스로 몇 개의 건반 음을 동시에–주루룩 클릭해
화음을 눌러준다. 화음으로 누른 부분이 건반 영역에
서 하늘색으로 표시된 것을 알 수 있다.

11 마지막으로 반짝반짝 점등하고 있는 첫 번째
패드를 마우스로 클릭해 등록 작업을 종료한다. 점등
이 종료되면서 해당 패드(C0키)에 화음이 등록된다.

12 이제 C0 건반키를 누르면 C0 음이 들리는 것
이 아니라 등록해둔 화음이 들리게 된다. 또한 곡을
플레이할 때 C0 노트가 플레이될 때는 등록해둔 화
음이 들리게 된다.

Retrologue(리트로로그) – 아날로그 신디 방식 가상악기

Retrologue는 큐베이스 6.5 버전에서 제공하는 가상악기로 옛날 아날로그 신디사이저 음색을 내는 가상악기이다. 악기 음색을 들어보면 아날로그 신디사이저에서나 들어봄 직한 빈티지 음색이 많지만 펑키 스타일 리드 악기와 베이스 악기 음색이 특히 좋다. 300개의 프리셋을 제공해 음색 찾기가 용이하고, 2개의 오실레이터, 8개의 보이스, 12개의 필터, 10 스테이지의 오실레이터로 악기 음색을 자유자재로 변조할 수 있다.

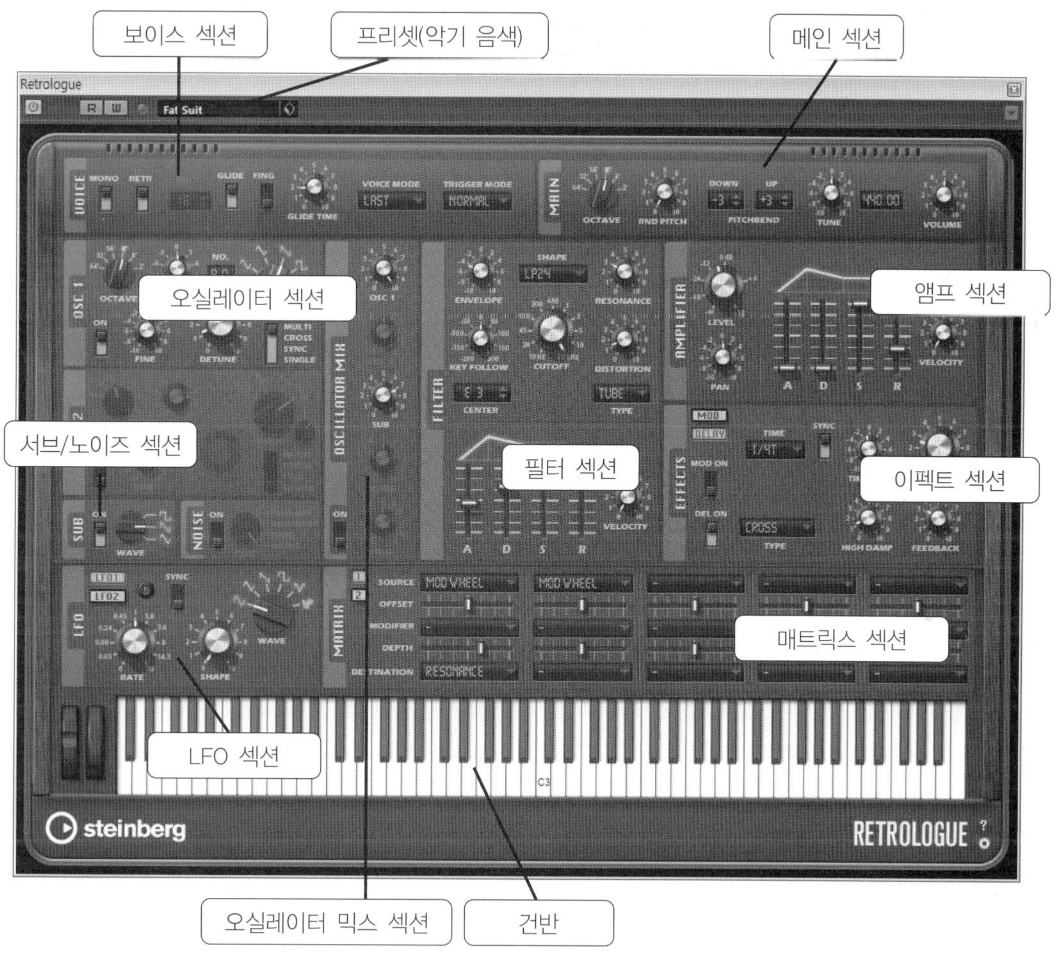

1. 프리셋

악기 음색을 선택한다. 300개의 프리셋 악기 음색이 등록되어 있다. 원하는 악기 음색을 선택하면 된다. 악기 음색을 검색하려면 대화상자의 Search Results 항목을 클릭한 뒤 검색할 이름을 입력한다. 예를 들어 'Lead'라고 입력한 뒤 검색하면 리드 스타일 악기가 모두 검색되어 선택이 용이하다.

2. 보이스(Voice) 섹션

동시에 발현되는 보이스에 대한 설정을 할 수 있다. 보이스(Voice)란 모노폴리, 폴리포니가 있으며 모노는 동일 위치에서 하나의 음만 들리므로 단선율 음악, 폴리는 동일 위치에서 여러 음계의 음이 들리므로 다선율 음악이라고 한다. 요즘 음악은 대부분 다선율 음악이다.

각각의 스위치 기능은 다음과 같다.

① Mono : 버튼을 On하면 모노폴리 상태이고, 버튼을 Off하면 폴리포니 상태이다.

② Retr : 모노폴리 상태에서 사용하는 옵션으로 다른 음이 시작되면 되면 바로 그 음을 연주한다.

③ Poly : 폴리포닉에서 사용할 보이스 개수를 설정한다. 기본값인 16은 같은 위치에서 최대 16개 음계 음을 동시에 들리게 할 수 있다.

④ Glide : 두 음을 글라이드로 연주한다. 글라이드란 두 음이 서로 섞여서 들리는 것을 말한다.

⑤ Fing : 두 음에 레가토가 적용된 경우 글라이드를 적용한다. 레가토란 두 음을 이어서 연주하는 것을 말한다.

⑥ Glide Time 노브 : 지정한 타임 안에 두 음이 있을 경우 글라이드 연주 기법이 적용된다.

⑦ Voice Mode : 보이스 모드에서 어느 쪽 음을 트리거되게 할지 설정한다. 4가지 방식에서 선택한다.

⑧ Trigger Mode : 새 노트에 대한 트리거 모드 동작 방식을 설정한다. 3가지 방식에서 선택한다.

참고   모노와 폴리의 비교 – 동시 발현되는 보이수 개수

아래 그림처럼 모노를 선택하면 동일 위치에서 1개의 음만 들리고, 폴리를 선택하면 동일 위치에서 여러 개 음이 들리도록 만든다. 폴리포니가 16으로 설정된 경우 동일 위치에서 최고 16개 보이스(음)가 동시에 발현된다.

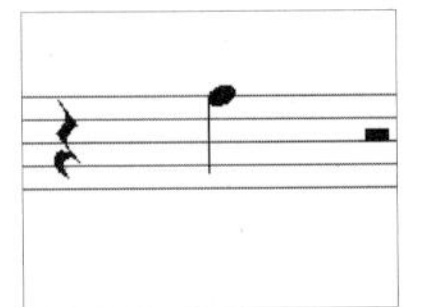

모노폴리(단선율) – 1개의 음만 발현된다.

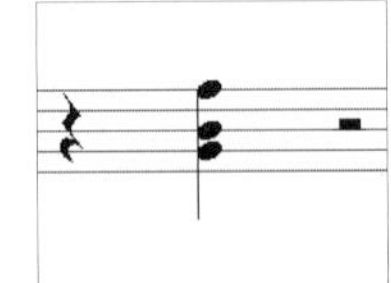

폴리포니(다선율) – 여러 음이 동시에 발현된다.

3. 오실레이터(OSC) 1, 2 섹션

오실레이터란 신디사이저 스타일 가상악기에서 볼 수 있는 기능으로 일정한 진동을 발생시켜 음색에 변화를 주는 기능이다. 종류에 따라 고주파발진기와 저주파발진기로 나누어진다.

일단 프리셋에서 원하는 프리셋(악기 음색)을 선택해도 악기 음색이 마음에 들지 않는 경우가 있다. 이 경우 여기서 각각의 노브를 조절해 마음에 드는 음색을 만들면 된다. 오실레이터가 1, 2로 나누어진 이유는 서로 다르게 변조하여 더 많은 합성음을 만들기 위해서이다.

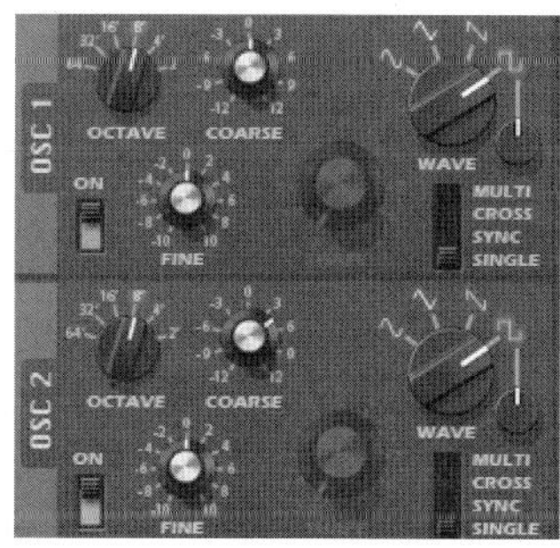

① Octave 노브 : 음색을 옥타브 단위로 높이거나 낮추면서 변화를 준다.

② Coarse 노브 : 음색을 세미톤(반음) 단위로 높이거나 낮추면서 변화를 준다.

③ Fine 노브 : 세미톤을 센트 단위로 높이거나 낮추면서 정교하게 변화를 줄 수 있다.

④ Wave 노브 : 오실레이터에서 사용할 웨이브폼 모양을 선택한다.

⑤ 4개의 Type 버튼 : 오실레이터 타입을 선택한다. 2개의 오실레이터를 여러 가지 방식으로 연결해 오실레이터가 발진하도록 해 준다.

⑥ Detune 노브 : 반음을 센트 단위로 디튜닝할 수 있다.

4. 서브 노이즈(Sub/Noise) 섹션

Sub는 서브용으로 추가 사용할 수 있는 오실레이터이다. 버튼을 On 하면 이 오실레이터가 추가되어 음색에 변화를 더 줄 수 있다. Noise 는 음색에 노이즈를 추가하는 기능이다.

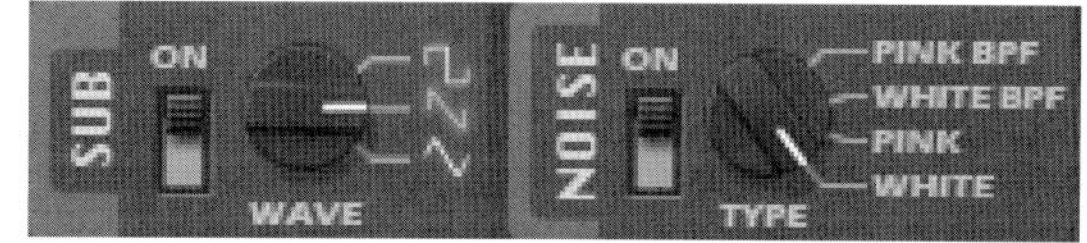

5. LFO 섹션

저주파 발진기를 뜻하며 인간의 귀에 들리는 범위보다 낮은 주파수 신호를 발생하여 음색을 변조한다. 이 가상악기의 경우 LFO1, LFO2 등의 2개의 모노 폴리 LFO가 있다.

각각의 노브, 슬라이더, 버튼을 조절해 악기 음색을 마음에 들게 변조하면 된다.

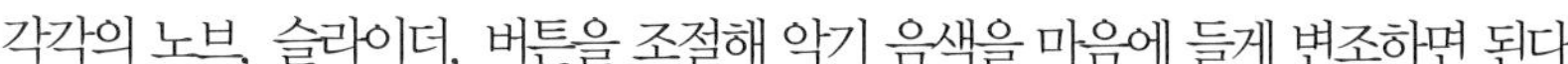

6. 오실레이터 믹스(Mix) 섹션

앞에서 배운 여러 가지 오실레이터, 노이즈 기능을 믹스하는 기능이다. 아울러 Ring 모듈레이션이 추가되어 더 많은 악기 음색 변조를 만들 수 있다.

7. 필터(Filter) 섹션

주파수 필터 기능이다. 악기 음색의 특정 주파수를 컷오프(Cut Off)하거나 증폭하여 악기 음색에 변화를 준다. 악기 음색을
부드럽게 하거나 둔탁하게 하는 효과가 있다. 가장 강력하게 악기 음색에 변화를 줄 수 있다.

① Shape 버튼 : 필터 종류를 선택한다. 악기 음색의 고음부, 저음부 통과 여부를 필터로
결정할 수 있다.

② Cutoff 노브 : 기준이 되는 컷오프 주파수를 선택한다.

③ Envelope 노브 : 음이 유지되는 길이를 조절하는 효과가 있다.

④ Key Follow 노브 : 하단 Center에서 설정한 음정을 기준으로 악기 음색에 높은 음이 추가
되거나, 낮음 음이 추가된다. 0으로 설정하면 하단 Center에서 설정한 음정이 사용된다.

⑤ Resonance 노브 : 공진주파수 영역의 크기를 조절한다. 음이 울리는 효과가 만들어진다.

⑥ Distortion 노브 : 음색에 디스토션(왜곡) 효과를 만든다. 하단 Type에서 디스토션 유형을
선택한다.

⑦ ADSL 페이더 : 엔벨로프 곡선의 Attack, Decay, Sustaib, Release 타임을 조절한다.

⑧ Velocity 노브 : ADSL 페이더의 적용 강약을 조절한다.

8. 앰프(Amplifier) 섹션

음색의 볼륨과 팬(Pan)을 조절한다.

9. 이펙트(Effects) 섹션

음색에 모듈레이션 이펙트와 딜레이 이펙트를 추가할 수 있다.

10. 메인(Main) 섹션

악기 음색을 최종적으로 조절한다. 마스터 옥타브, 마스터 볼륨, 마스터 튜닝, 피치 밴드 모듈레이션 등을 조절할 수 있다.

Padshop(패드샵) 가상악기 – 각종 효과음에 좋은

큐베이스 6.5에서 제공되는 그래뉼라 신디사이저 스타일의 가상악기이다.

그래뉼라(Granular) 신디사이저란 샘플을 그레인이라는 알갱이처럼 잘게 잘라서 음을 합성한 신디사이저의 한 방식이다. 흔히 들었던 악기 음색이 아니라 바람소리, 파도소리, 우주에서 들리는 듯한 소리 등의 특별하고 독특한 음색이 많다. 제공되는 음색마다 전반적으로 울림이 크고 저음부가 많으므로 악기 음색으로도 사용할 수 있지만 영화음악의 특수 효과음 등을 만들 때 사용하면 좋다.

1. 프리셋

악기 음색을 선택한다. 400개의 프리셋 악기 음색이 등록되어 있다. 원하는 악기 음색을 선택하면 된다.

악기 음색을 선택한 뒤 샘플 음원을 교체하면 악기 음색이 많이 달라진다.

2. 오실레이터 섹션

샘플 음원을 선택하고, 샘플 음원의 음색을 변조할 수 있다.

① 샘플의 오디오 파형 : 악기에서 사용하는 샘플 음원의 오디오 파형이 표시된다.

② 슬라이더 : 샘플 음원의 파형에서 사용하고 싶은 구간을 설정할 수 있다.

③ 샘플 음원 선택 : 클릭하면 샘플 음원을 교체할 수 있다. 샘플 음원을 교체하면 악기 음색이 달라진다.

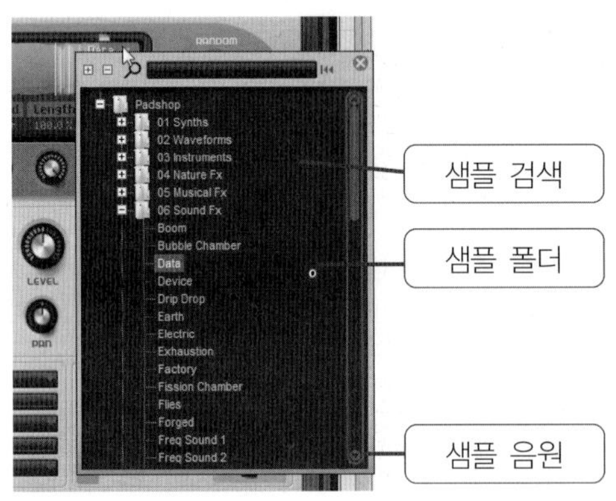

④ Random 노브 : 샘플 음원이 사용되는 위치를 랜덤으로 선택한다.

⑤ Pos 노브 : 샘플 음원이 사용되는 위치를 직접 선택한다.

⑥ Offset 노브 : 샘플 음원이 사용되는 스테레오 채널의 옵셋을 설정한다.

⑦ Spread 노브 : 샘플 음원의 사용되는 위치를 넓힌다.

⑧ Loop 버튼 : 샘플 음원을 계속 루프 사용한다.

⑨ Speed 노브 : 샘플 입자의 발생 속도를 조절한다.

⑩ Number 노브 : 샘플 입자의 발생 수량을 조절한다.

⑪ Duration 노브 : 샘플 입자의 유지 시간을 조절한다.

⑫ Key F 노브 : 샘플 입자에 비슷한 음정이 추가되어 들린다.

⑬ Random 노브 : 샘플 입자의 유지 시간을 랜덤으로 조절한다.

⑭ Spread 노브 : 샘플 음원의 사용되는 위치를 랜덤으로 넓힌다.

⑮ Pitch 노브 : 샘플 입자의 음정을 높이거나 낮춘다. 한 음정 내에서 조절한다.

⑯ Random 노브 : 샘플 입자의 음정 변화량을 랜덤으로 조절한다.

⑰ Spread 노브 : 음정 변화를 디튜닝한다.

⑱ Length 노브 : 샘플 입자의 길이를 조절한다. 유지시간(Duraion)과 관계없이 조절된다.

⑲ Shape 노브 : 샘플 입자의 모양을 선택한다. 모양에 따라 음이 뾰족해지거나 부드러워진다.

⑳ Gain 노브 : 샘플 입자의 입력 레벨을 조절한다.

㉑ Random 노브 : 새 샘플 입자의 레벨을 랜덤으로 설정한다.

㉒ Width 노브 : 스테레오 사운드의 너비를 조절한다.

㉓ Level 노브 : 샘플 입자의 최종 출력 레벨을 조절한나.

3. Pitch 섹션

악기 음색의 음정을 변경할 수 있다.

4. 레이어 섹션

앞에서 배운 전체 설정창의 옵션을 Layer 1과 Layer 2에서 서로 다르게 설정하여 적용할 수 있다. Layer 1 설정창만 사용하거나, Layer 2 설정창만 사용할 수도 있고 양쪽 모두 사용할 수 있다. 양쪽 모두 사용할 경우 Layer 1, Layer 2 양쪽에서 설정한 옵션이 합산되어 악기 음색이 변경된다.

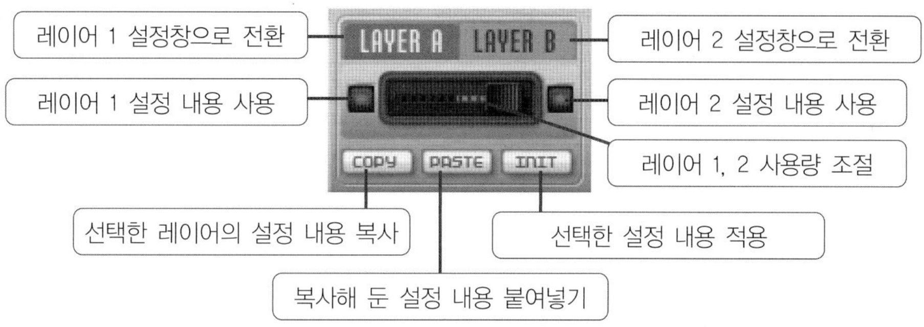

그 외의 섹션은 앞에서 배운 Retrologue 가상악기와 사용법이 같으므로 Retrologue 가상악기의 사용법을 참고한다.

Groove Agent One(그루브 에이전트 원) – 드럼악기

그루브 에이전트 원은 큐베이스 6과 큐베이스 5 양쪽 버전에서 지원하는 드럼 음색이 들어있는 가상악기이다. MPC 스타일의 버추얼 드럼머신으로 샘플 음원을 사용해 드럼 사운드를 만든다. 자체 제공하는 드럼 샘플은 패드와 연결되어 있고 패드를 클릭해 미리 들을 수 있다. 16개의 패드는 그룹별로 관리되므로 8개 그룹 총 128 패드를 지원한다.

각각의 패드 상단에는 건반과 연결된 음정이 표시되어 있으므로 어느 건반에 어떤 드럼 음색이 할당되어 있는지 알 수 있고, 마우스 오른쪽으로 클릭해 다른 건반에 할당할 수도 있다.

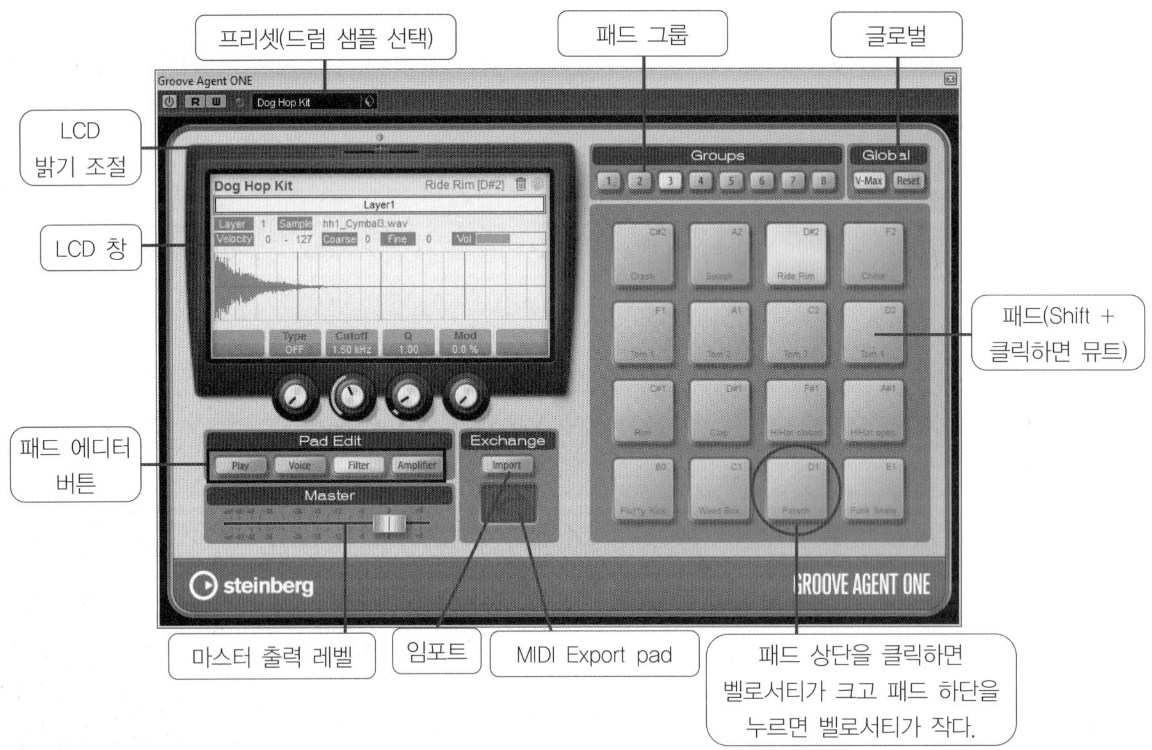

1. 프리셋

그루브 에이전트 원에서 드럼 사운드를 들으려면 먼저 드럼 샘플을 불러와야 한다. 프리셋 버튼을 클릭하면 기본적으로 제공하는 드럼 샘플을 확인할 수 있다.

2. 패드 에디터 버튼

각각의 버튼별로 패드에 등록된 드럼 사운드를 편집하는 기능을 제공한다.

① Play 버튼 : Volume 노브는 해당 드럼의 볼륨을 조절한다. Pan 노브
는 팬 값, Coarse 노브는 해당 드럼을 튜닝할 때 사용하며 ±12 반음
단계로 조절한다.

Cut Off 노브는 컷오프할 주파수를 설정하고, Q 노브는 공진주파수를,
Output 노브는 16개의 아웃포트 중 다른 포트로 해당 드럼 사운드를
출력할 때 사용한다.

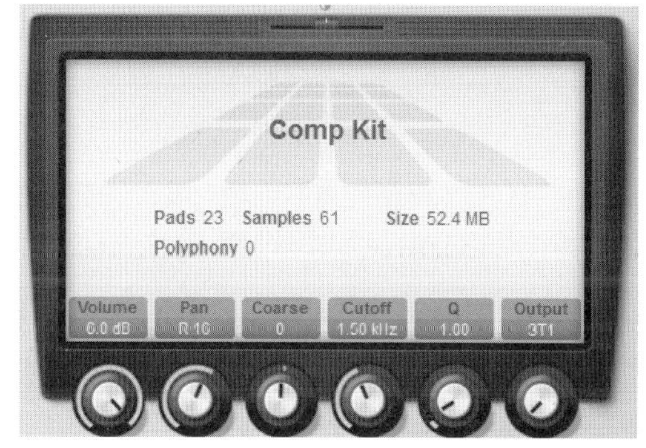

② Voice 버튼 : Mode 노브는 드럼 사운드를 앞뒤로 뒤집을 때 사용하
며, Coarse 노브는 ±12 반음 단계로 튜닝할 때 사용한다.

Fine 노브는 빈음을 ±100센트 단위로 나누어 정교하게 튜닝할 때
사용한다. Mute Gr 노브는 8개의 그룹 중 뮤트 그룹으로 할당할 때
사용하며 할당된 패드는 플레이되지 않는다. Tr Mode 노브에서 Key
Hold를 선택하면 해당 드럼이 연주 시 홀드되어 들리지 않는다.

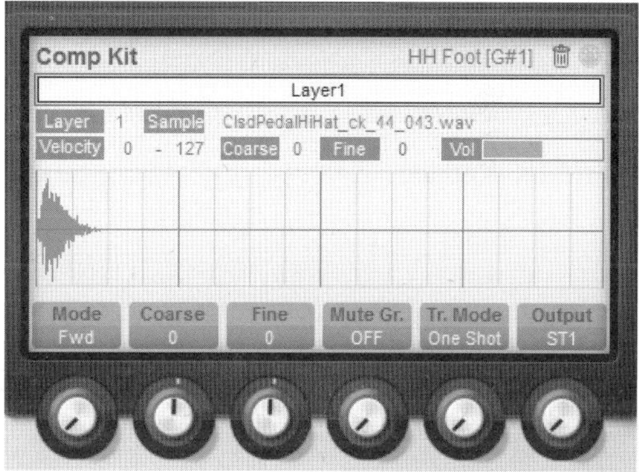

③ Filter 버튼 : Type 노브는 로우패스(LP), 하이패스(HP), 밴드패스 필
터를 선택할 때 사용하며, Off를 선택하면 사운드 필터를 사용하지
않는다.

Cutoff 노브는 필터로 컷오프할 기준 주파수를 설정한다.

Q 노브는 기준 주파수대의 공진주파수를 설정한다.

Mod 노브는 기준 주파수대에서 벨로서티를 조절하는 효과가 있다.

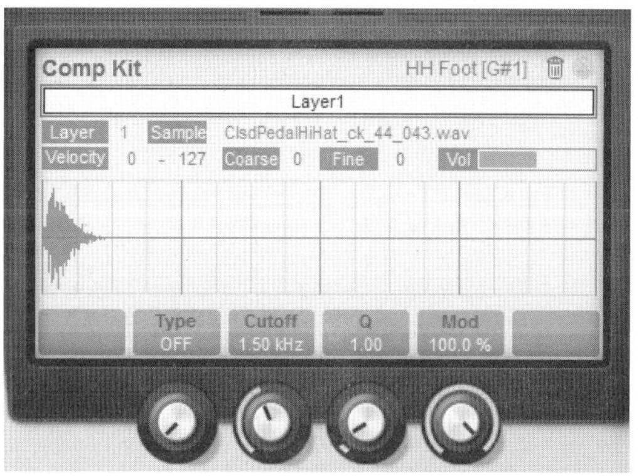

④ Amplifier 버튼 : Volume 노브는 볼륨을, Pan 노브는 팬 값을 조절한
다. Attack 노브는 앰프의 시작 시간을, Release 노브는 앰프의 종
료 시간을 설정한다.

Amp Mod 노브는 앰프 볼륨을 조절하는 효과가 있고 Attack Mod 노
브는 Attack 세팅에 벨로서티를 추가하는 효과가 있다. 기본적으로
Amp Mod는 100%로 설정된 경우가 많으므로 Attack 노브를 조절해
앰프의 기동 시간을 변경하면 드럼 사운드가 변경된다.

3. 임포트 버튼

*.pgm 포맷을 불러올 때 사용한다. Pgm 포맷은 AKAI MPC exchange format을 말한다.

4. MIDI Exports Pad(오디오 루프 샘플을 미디 노트로 반출하기)

파트 에디터에서 오디오 루프 샘플을 만든 뒤 필요한 파트를 4개 정도 선택한 상태에서 비어 있는 패드로 드래그하여 등록
한다. 그 후 Shift 키를 누르면 미디 파일로 반출할 수 있는 상태가 되면서 MIDI Exports Pad가 On 상태로 전환된다.
이때 MIDI Exports Pad를 미디 트랙으로 드래그하면 오디오 파트를 루프시킨 미디 노트가 생성된다.

Tip

파트 에디터

'미디어베이'에서 선택한 파일, '파트 에디터'에서 선택한 파트를 비어 있는 패드로 드래그하면 드럼으로 사용할 수 있다.

'그루브 에이전트 원'은 드럼 악기이므로 드럼 파트의 악기로 사용한다. 그런데 초보자들은 드럼 파트를 만들 때 노트 입력에서 어려움을 느낄 것이다. 이때 '비트 디자이너'를 사용하면 노트 입력을 신속하게 할 수 있으므로 비트 디자이너와 연계해 사용해보자. 참고로 '비트 디자이너'는 '반복되는 노트' 입력에서 즐겨 사용하는 미디 이펙트의 한 종류로서 '스텝 시퀀서'라고도 한다. 일반적으로 드럼 파트나 베이스 파트는 똑같은 리듬이 반복되는 경우가 많기 때문에 드럼 파트나 베이스 파트를 만들 때 '비트 디자이너' 같은 스텝 시퀀서를 즐겨 사용한다.

01 File → New 메뉴의 More → Empty 옵션으로 비어 있는 프로젝트를 불러온다.
트랙 패널을 마우스 오른쪽 버튼으로 클릭한 뒤 'Add Instrument Track' 메뉴를 실행한다. Instrument Track 대화상자에서 Drum- Groove Agent One 가상악기를 선택하고 적용한다.

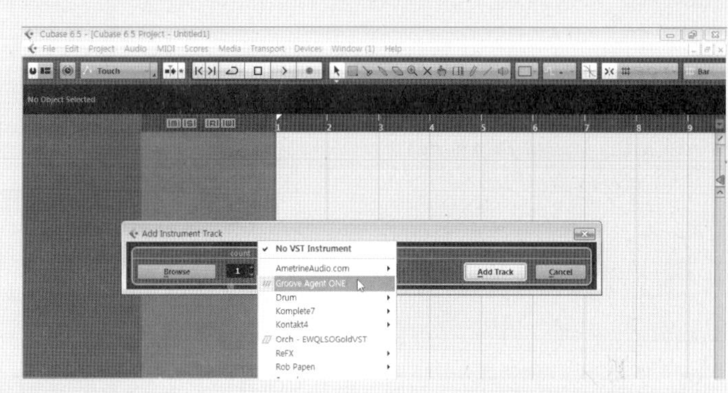

02 패치 파라미터(Program 파라미터)를 클릭한 뒤 사용할 드럼악기로 'Hardstyle Techno'를 선택한다.

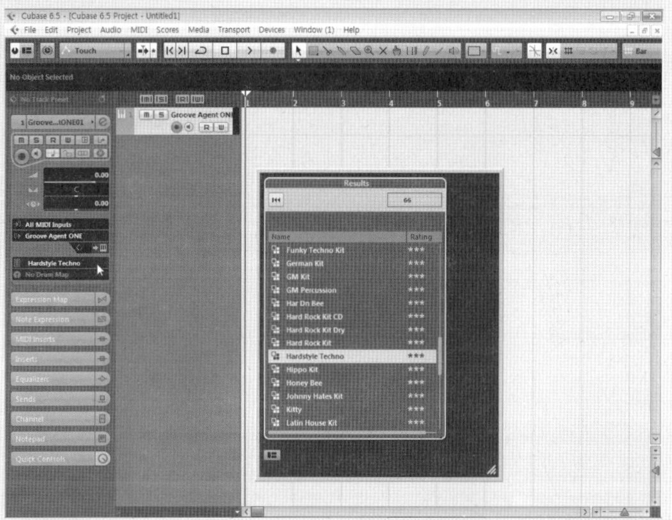

03 MIDI Inserts 탭을 클릭한다.

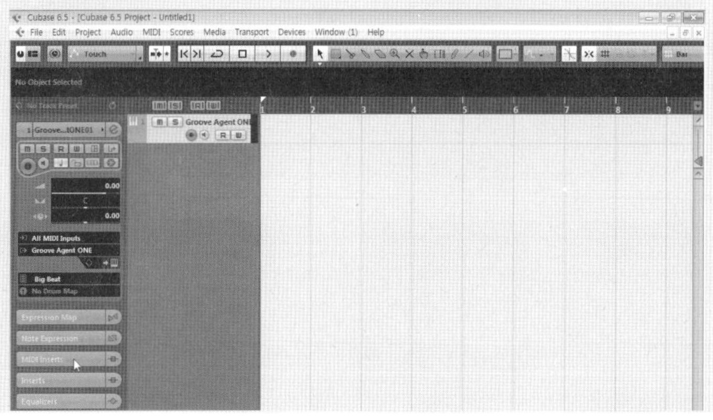

04 첫 번째 슬롯을 클릭해 'Beat Designer' 메뉴를 선택한다. 비트 디자이너는 반복되는 패턴을 스텝 방식으로 찍을 수 있는 스텝 시퀀서이다.

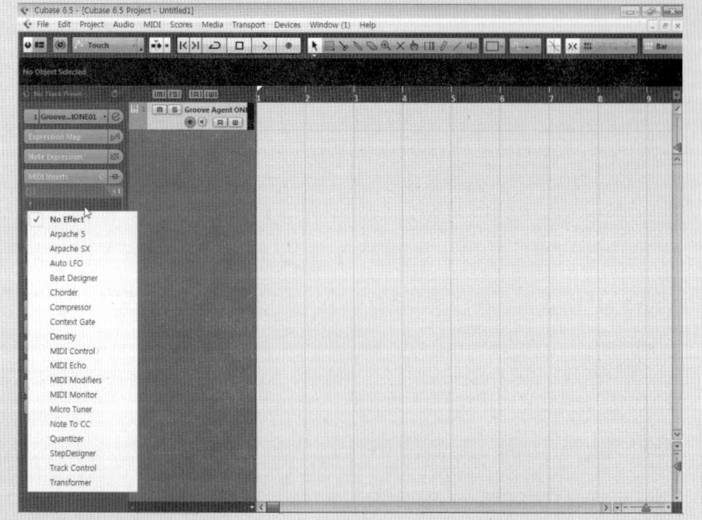

05 화면 중앙의 셀을 클릭하면 노트를 찍을 수 있는데 여기서는 이미 만들어진 패턴을 사용하기 위해 오른쪽 상단의 버튼을 클릭한 뒤 Load Preset 메뉴를 실행한다.

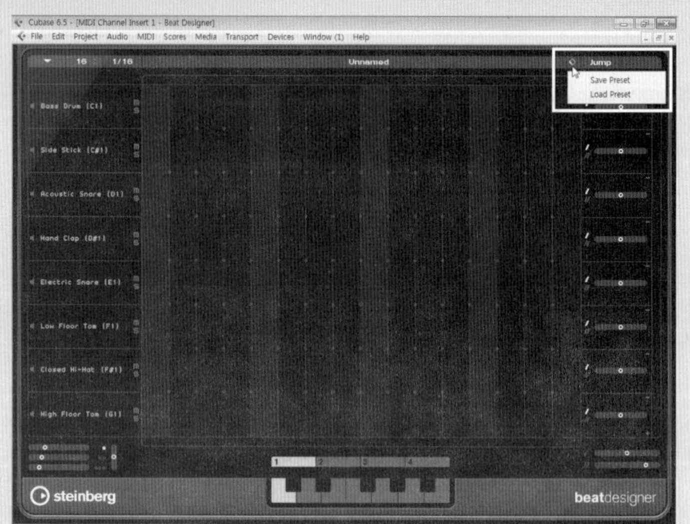

06 프리셋 대화상자에서 'Big Beat 135bpm'을 더블클릭해 선택하고 대화상자를 닫는다.

07 프리셋을 불러오면 이미 패턴이 찍혀있는 것을 알 수 있다. Space Bar를 눌러 연주해본다. 마음에 들지 않으면 플레이 중인 상태에서 다시 Load Preset 메뉴를 실행해 다른 패턴으로 변경할 수 있다.

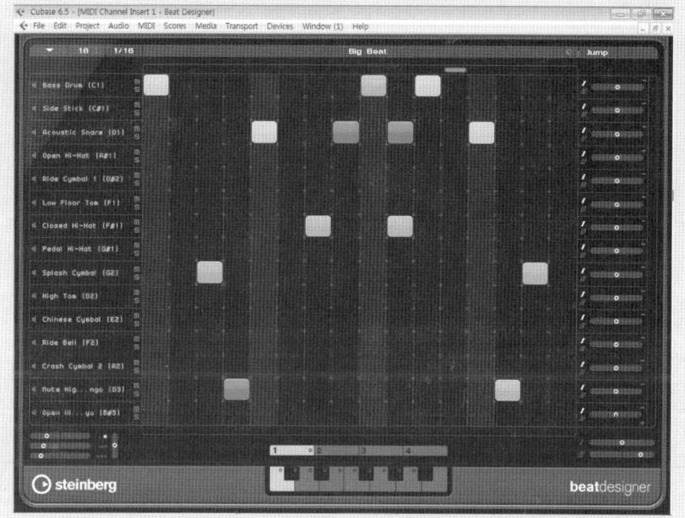

08 3또는 하단 건반 아이콘을 순서대로 클릭해 마음에 드는 패턴이 나올 때까지 드럼연주를 들어본다. 여기서는 4번째 건반에 있는 패턴을 선택했다.

(또는 중앙 셀 입력창에서 직접 마우스로 클릭해 노트를 입력하면서 수정 작업을 할 수도 있다. 노트를 삭제하려면 해당 노트를 다시 클릭하면 된다.)

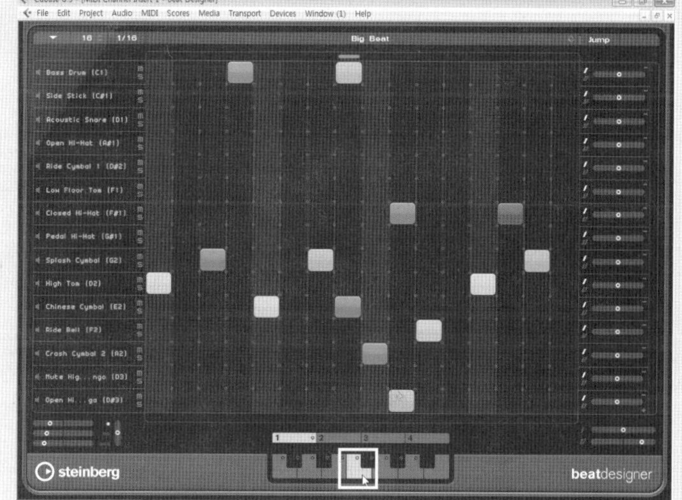

09 현재 패턴이 마음에 들기 때문에 바로 사용하기로 한다. Space Bar를 눌러 드럼연주를 중단시킨 뒤, 키보드의 키패드에서 1키를 눌러 프로젝트 커서를 시작 위치로 이동시킨다.
왼쪽 상단의 역삼각형 버튼을 클릭한 뒤 Insert Pattern at Cursor 메뉴를 적용하면 미디 트랙의 커서 위치에 해당 패턴이 있는 미디 클립이 생성된다.

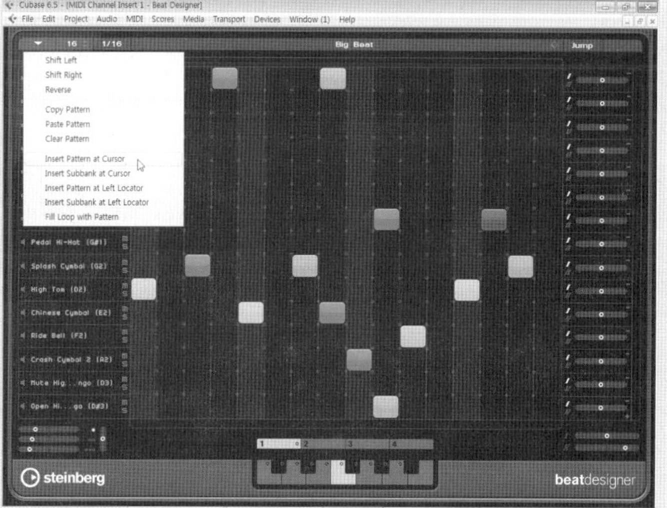

10 대화상자를 닫고 미디 트랙으로 돌아온 뒤, 생성된 미디 클립을 마우스로 클릭해 선택한다.

11 이때 주의할 점 한 가지가 있다. 인서트 탭의 비트 디자이너의 스위치가 On 상태이면 나중에 곡을 연주할 때 비트 디자이너에 있는 드럼 음색도 연주에 가담하게 된다. 따라서 스위치를 반드시 Off 상태로 전환해야 한다.

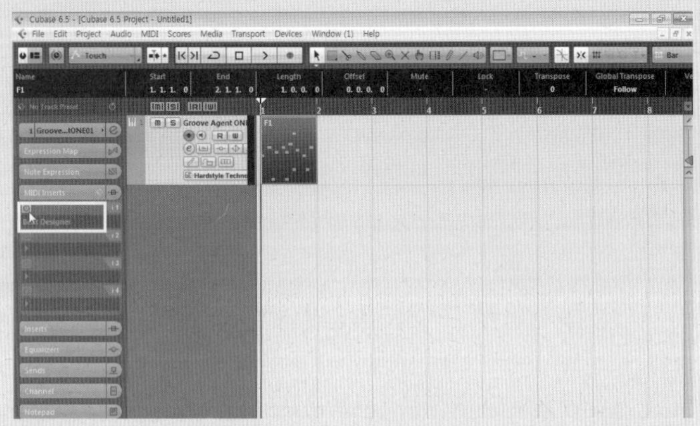

12 곡의 다른 파트도 있다고 가정하고 곡의 전체 길이에 맞게 드럼 패턴을 반복시키기 위해 Edit → Functions → Repeat 메뉴를 실행한다.

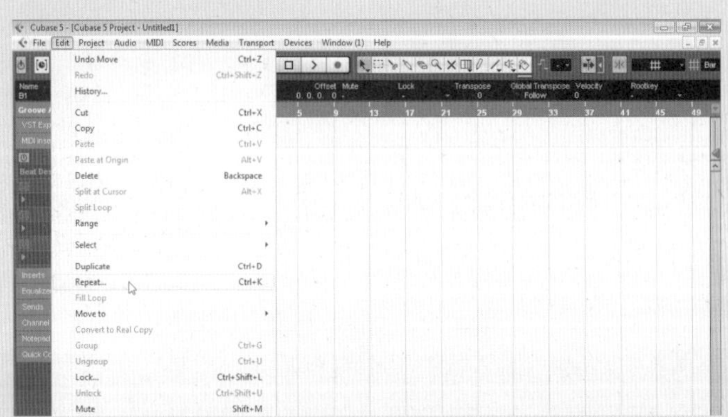

13 곡의 전체 길이를 30마디라고 가정하면, 30 번 리피트시켜야 하므로 Count 항목에 30이라고 입력하고 Shared Copies 옵션에 체크하고 적용한다.

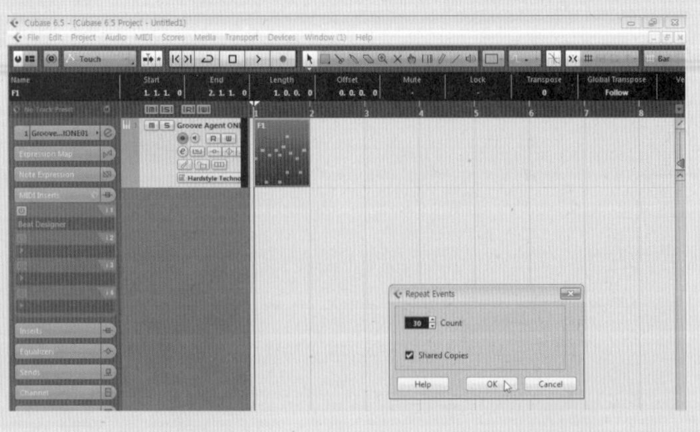

14 미디 클립이 30번 리피트된 것을 알 수 있다. 앞에서 Shared Copies 옵션에 체크한 이유는 나중에 드럼 노트를 수정할 때 원본 클립을 수정하면 복사본들도 자동으로 수정되게 하기 위해서이다.

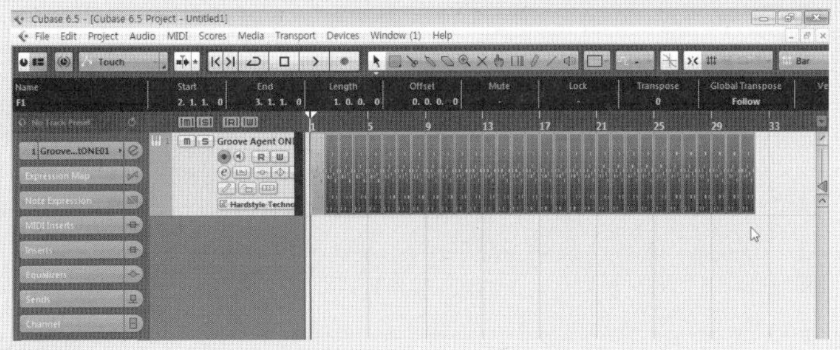

15 인스펙터 패널의 트랙 이름 부분을 클릭해 인스펙터 패널을 확장시킨다.(경계면 부분을 클릭해야 확장된다.)

16 Space Bar를 눌러 복제된 드럼 파트도 연주해본다. 연주중인 상태에서 만일 드럼 소리가 마음에 들지 않으면 '패치 파라미터'를 클릭한 뒤 드럼 악기를 변경한다. 여기서는 Big Beat로 변경해보았다.

17 Space Bar를 눌러 드럼 파트를 처음부터 연주해본다. 만일 드럼 패턴을 수정하고 싶다면 첫 번째 클립을 마우스로 더블클릭한다.

18 키 에디터가 실행되면 키패드의 1키를 눌러 커서를 곡의 시작 부분으로 이동시킨다.

왼쪽 건반 영역을 클릭해 어떤 드럼악기가 각각의 건반에 연결되어있는지 확인해본다.

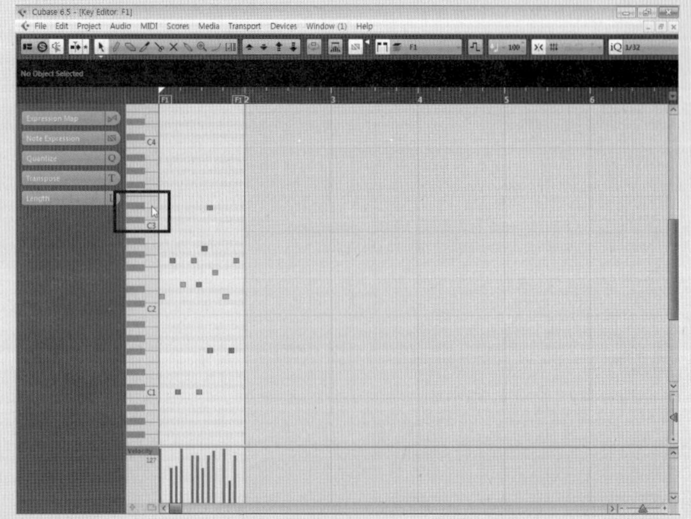

19 마음에 안 드는 비트가 있다면 선택한 뒤 삭제하거나, 새 노트를 입력하거나, 상하로 이동시키는 방법으로 드럼 파트를 수정한다.
앞에서 Shared Copies 옵션으로 리피트했기 때문에 원본 미디 클립을 수정하면 복제된 미디 클립도 전부 자동으로 수정된다.

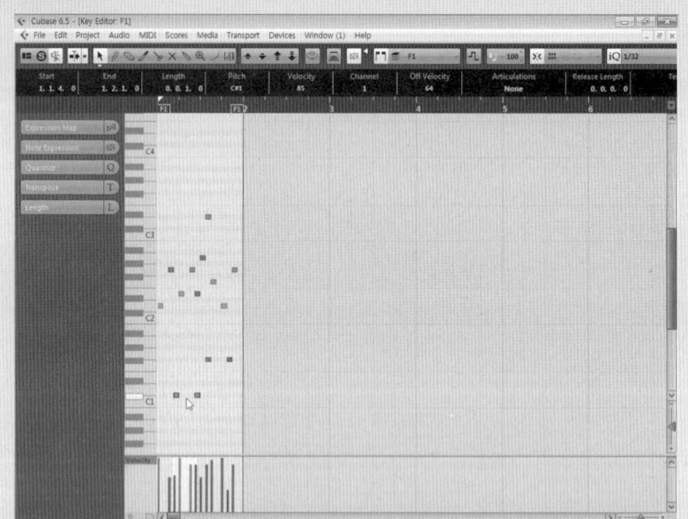

20 키 에디터를 닫고 프로젝트 창으로 돌아온다. 키패드의 1키를 눌러 프로젝트 커서를 곡의 시작 위치로 이동시킨 뒤 Space Bar를 눌러 드럼파트를 연주해본다.
'그루브 에이전트 원'과 '비트 디자이너'만 있으면 단 몇 분 만에 쓸 만한 드럼 파트를 만들 수 있음을 알 수 있다.

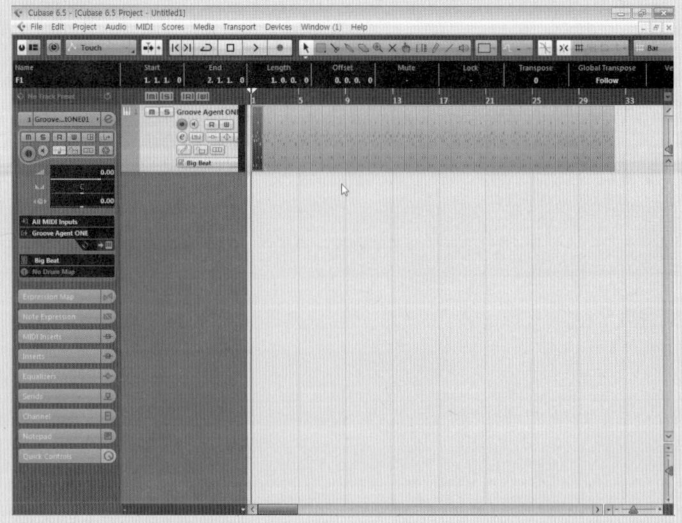

Monoloque – 모노로그 가악상기

큐베이스 5, 6 모두 사용할 수 있다. 모노포닉 방식의 아날로그 신디사이저를 기반으로 만든 가상악기로서 낮은 CPU 점유율로도 사용이 가능하다. Sawtooth, Square, Triangle 웨이브 파형을 사용한 2개의 오실레이터, 화이트 노이즈 제너레이터, 2개의 필터, 4 스테이즈의 ADSR 모듈레이션, 앰프 엔벨로프로 사운드를 변조할 수 있고 Chorus, Phaser, Flanger, Delay 이펙트를 내장하고 있다.

프로그램을 실행한 뒤 프리셋을 클릭하면 사용할 수 있는 악기를 선택할 수 있는데 베이스, 리드, 시퀀스, 이펙트 등으로 나누어져 원하는 악기를 손쉽게 찾을 수 있다. 악기를 선택한 뒤 음색이 마음에 들지 않으면 아래 옵션들을 조절해 자신만의 음색을 만들 수 있지만 굳이 그럴 필요는 없다.

1. 오실레이터 1, 2

각각의 오실레이터마다 상단 팝업 버튼을 클릭해 웨이브 파형을 선택한다.

① Coarse 노브 : 음정을 반음정 단위로 조절한다.

② Fine 노브 : 반음정을 100센트로 나누어 세밀하게 조절할 때 사용한다.

③ Depth 노브 : 피치 모듈레이션 깊이를 선택한다.

④ Mod Src : 피치 모듈레이션의 소스를 선택한다.

2. Mix 섹션

① Osc 1 : 오실레이터 1을 위한 Pre 필터 레벨을 설정한다. 악기 음색을 가늘게 혹은 두껍게 만드는 효과가 있다.

② Noise : 화이트 노이즈 레벨을 설정한다. 악기 음색에 지지지 하는 노이즈가 생성된다.

③ Osc 2 : 오실레이터 2를 위한 Pre 필터 레벨을 설정한다.

3. 필터 섹션

악기 음색의 주파수 대역을 컷오프하거나 통과시켜 음색을 변경하는 효과가 있다.

① Mode : 필터 유형을 선택한다. 24dB 로우패스, 18dB 로우패스, 12dB 로우패스, 6dB 로우패스, 12dB 밴드패스, 12dB 하이패스 필터 등을 선택할 수 있다.

② Cutoff : 필터링될 기준 주파수를 설정한다.

③ High Pass : 하이패스 필터를 추가할 수 있다.

④ Res : 멀티모드 필터의 공진 주파수 값을 설정한다.

4. LFO 섹션

① Waveform : 사용할 웨이브 파형을 선택한다.

② Rate : LFO 모듈레이션의 속도를 설정한다.

③ Sync : LFO의 속도가 큐베이스 템포를 따라간다.

④ Mod Src : LFO 모듈레이션 소스를 선택한다.

⑤ Mod Env : LFO 모듈레이션 효과의 깊이를 선택한다.

5. XY 패드

필터의 Cutoff와 Res 기능을 마우스로 드래그하여 설정할 수 있다.

6. 엔벨로프 섹션

2개의 엔벨로트 섹션은 엔벨로프 곡선으로 각 기능의 Attack, Decay, Sustain, Release 타임을 조절할 때 사용한다.

7. 마스터 섹션

① Glide Mode : 음을 끊지 않고 연주하는 그라이드 모드를 On/Off/Held할 수 있다.

② Rate : 그라이드 속도를 조절한다.

③ PB Range : 피치벤트 범위를 설정한다. 반음정 단위로 조절할 수 있다.

④ Note Priority : 건반의 여러 키를 눌렀을 때 어느 키를 우선으로 할지 설정한다.

⑤ Oct : 음정을 1옥타브 단위로 높이거나 낮출 수 있다.

⑥ Master Out : 최종 출력 레벨을 설정한다.

⑦ Keyboard : 프로그램 하단에 건반을 표시해준다.

Embracer – 엠브레이서 가상악기

큐베이스 5, 6 모두 사용할 수 있는 폴리포닉 방식의 아날로그 신디사이저를 기반으로 만든 가상악기이다. 프로그램 중앙의 패드를 사용하면 선택한 악기 음색을 손쉽게 변경할 수 있다. 12개의 웨이브 파형을 사용하는 2개의 오실레이터를 제공하며 독립적인 엔벨로프와 톤 컨트롤 기능을 제공한다. 최고 32보이스를 사용할 수 있다.

먼저 프리셋을 클릭해 사용할 악기를 선택한다. 만일 악기 음색이 마음에 들지 않으면 아래 대화상자의 각종 옵션을 조절해 음색을 수정한 뒤 사용한다.

예를 들어, 프리셋에서 선택한 악기 음색이 마음에 들지 않으면 오실레이터 1의 웨이브 파형을 다른 파형으로 변경한 뒤 Tone 노브와 Width 노브를 변경해 음색을 조절할 수 있다. 이때 오실레이터 2에서도 웨이브 파형을 다른 파형으로 변경한 뒤 Tone 노브와 Width 노브를 조절하면 또 다른 음색을 만들 수 있다.

1. 서라운드 패드

중앙의 패드에는 2개의 곡선이 있는데 하나는 오실레이터 1의 Tone과 Width를 조절하고, 다른 하나는 오실레이터 2의 Tone과 Width를 조절하는 기능이다.

2. Attack 섹션

Attack 노브는 해당 오실레이터 기능이 시작할 시간을 설정하고, Level 노브는 볼륨을, Vel 노브는 벨로서티를 설정한다.

3. Master 섹션

Release 노브는 건반에서 손가락을 떼고 있을 때 얼마만큼 빨리 반응할지 설정하고, Mode 버튼은 출력 모드를 Stereo/Suround 모드에서 선택할 수 있다. Max Poly는 동시에 발현할 최대 보이스 수를 설정하고, Fine Tune 노브는 음정을 세밀하게 튜닝할 때 사용한다. Master Out 노브는 최종 출력 레벨을 설정할 때 사용한다.

Mystic(미스틱) – 저음에 효과적인 가상악기

큐베이스 5, 6 모두 사용할 수 있는 Mystic 가상악기는 병렬 노치 콤브 필터를 기반으로 하는 신디사이저이다. Mystic이라는 이름에서 알 수 있듯 악기 음색들이 대부분 환상적이고 기기묘묘한 음색을 제공한다.

프리셋을 클릭하면 사용할 수 있는 악기들을 선택할 수 있고, 필요하다면 하단 옵션들을 조절해 악기 음색을 변경해 사용하기도 한다.

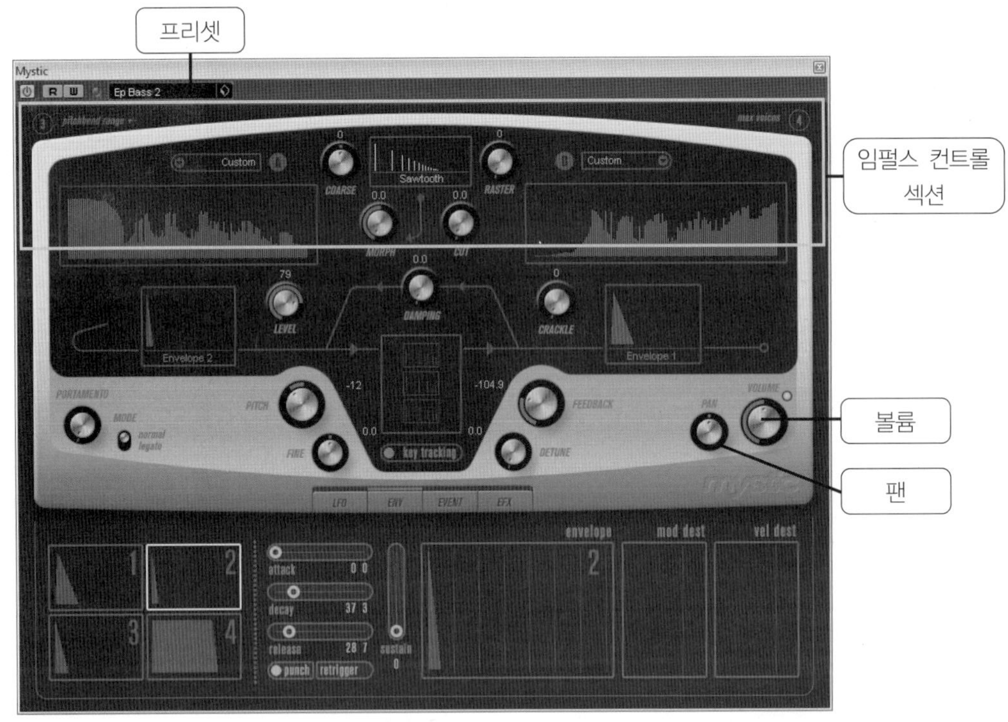

1. 임펄스 컨트롤 섹션

임펄스 사운드에 대한 옵션을 설정한다. 선택한 웨이브 파형이 A, B 스펙트럼 필터를 통해 여과된 뒤 믹스되어 출력된다.

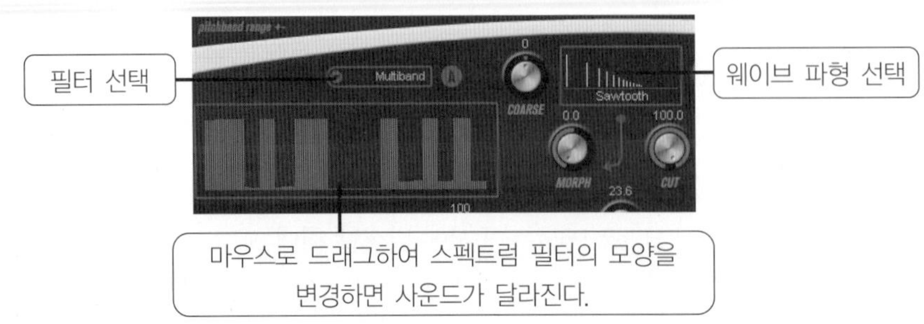

2. Damping 노브

6dB/oct 로우패스 필터를 사용해 딱딱한 사운드를 부드럽게 저하시키는 기능을 한다.

3. Level 노브

임펄스 사운드의 볼륨을 조절한다.

4. Crackle 노브

콤브 필터에 노이즈를 내보낸다. 사운드에 라디오 주파수를 잘못 맞췄을 때 들을 수 있는 노이즈가 추가된다.

5. Pitch 노브

사운드의 음정을 조절한다.

6. Fine 노브

사운드의 음정을 세밀하게 조절한다.

7. Detune 노브

사운드를 디튜닝한다. 수치를 높일수록 사운드는 3개의 톤이 겹친 듯 넓게 퍼진다.

8. Feedback 노브

콤브 필터로 피드백되는 신호량을 조절한다. 사운드가 울리고 점차 굵어진다.

9. Portamento 노브

현재 노트에서 다음 노트로 이어질 때 포르타멘토로 연주하게 하며, 여기서 포르타멘토의 진행 시간을 설정한다.

10. LFO 버튼

사운드에 모듈레이션 효과를 콤브 방식으로 추가할 수 있다.

11. Envelope 버튼

사운드를 4개의 독립적인 엔벨로프로 조절할 수 있다.

12. Event 버튼

미디 컨트롤러를 할당하고 컨트롤러 값을 설정할 수 있다.

13. EFX 버튼

사운드에 Distortion, Delay, Modulation 이펙트를 추가할 수 있다.

Prologue(프롤로그) – 아날로그 스타일의 가상악기

큐베이스 5, 6 모두 사용할 수 있는 가상악기이다. 빼기(−) 방식의 가상악기로 클래식 스타일의 아날로그 신디사이저를 모델로 만들었다. 멀티모드의 오디오 필터를 제공하고, 각각 웨이브 파형이 추가된 3개의 오실레이터, 주파수 모듈레이션, 링 모듈레이션, 내장 이펙트 기능을 제공한다. 제공하는 악기들의 음색이 흔히 들을 수 있는 전자악기 음과 비슷하지만 화려하고 풍성한 음색들도 발견할 수 있다.

Prologue 또한 프리셋에서 악기를 선택하면 바로 사용할 수 있는 상태가 된다. 아래 옵션들은 선택한 악기의 음색이 마음에 들지 않거나, 색다른 음색을 만들어 사용하고 싶을 경우 사용한다. Prologue의 경우 선택한 악기의 음색을 웨이브 파형과 오실레이터로 변조시키는 방식으로 음색을 변경할 수 있다.

1. 웨이브 파형

오실레이터가 사용할 웨이브 파형을 선택한다. 웨이브 파형에 따라 악기 음이 달라진다.

① Sawtooth : 음색이 밝아지고 풍부해진다.

② Parabolic : Sawtooth 파형을 둥글게 처리한 것으로 Sawtooth 약간 반올림한 음색을 만들어준다.

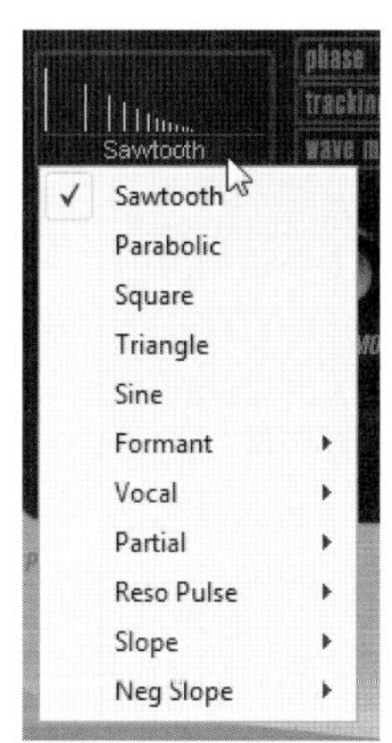

③ Square : 음색을 우묵하게 만들어준다.

④ Triangle : Square처럼 우묵한 사운드를 만들어주지만 조금 정적이다.

⑤ Sine : 중성 느낌의 부드러운 음색을 만든다.

⑥ Formant 1~12 : 악기 음색을 마치 주파수 밴드에 따라 사운드가 다른 것처럼 변화를 줄 수 있다.

⑦ Vocal 1~7 : 앞에서 설명한 Formant에 사람 음색처럼 A/E/I/O/U 모음 변화를 준다.

⑧ Partial 1~7 : 기본음을 여러 개 복제해 들려주는 효과의 파형들이 있다.

⑨ Reso Pulse 1~12 : 기본음을 강조하는 복잡한 파형들이 있다.

2. 오실레이터 1(OSC 1)

오실레이터는 진동을 발진하는 발진기를 말하며 종류에 따라 고주파발진기와 저주파발진기로 나누어진다. OSC 1은 3개의 오실레이터 중 마스터 오실레이터 역할을 한다.

① Osc 노브 : 오실레이터의 출력 레벨을 조절한다.

② Coarse 노브 : 기본 음정을 반음 간격으로 +/- 조절하며 전체 오실레이터에 적용된다.

③ Fine 노브 : 반음을 100센트로 나누어 세밀하게 조절할 수 있다.

④ Wave Mod 노브 : Wave Mod 버튼을 켠 경우 동작하며 웨이브 모듈레이션을 조절한다.

⑤ Phase 버튼 : 이 버튼을 켜면 모든 오실레이터가 각각의 노트를 연주할 때 다시 발진하게 만든다. 기본적으로 이 옵션을 사용하지 않는 것이 좋다. 하지만 베이스 악기나 드럼 악기를 사용할 경우에는 각각의 노트 시작 부분에서 사운드 어택이 동일한 시점에 발생시킬 목적으로 이 옵션을 사용하는 경우도 있다.

⑥ Tracking 버튼 : 오실레이터에 조절한 음정이 노트 연주 시 사용된다.

⑦ Wave Mod 버튼 : 웨이브 모듈레이션 기능을 On/Off 한다.

3. 오실레이터 2, 3(OSC 2, 3)

대부분의 기능들이 오실레이터 1과 같은 방식으로 조작한다. 오실레이터 2, 3에만 있는 기능들은 다음과 같다.

① Ratio 노브 : 주파수 변조기(모듈레이터)를 오실레이터 2에 얼마만큼 적용할지 설정한다.

② Sync 버튼 : 오실레이터 2를 오실레이터 1의 슬레이브로 만든다. 이후 오실레이터 2의 싸이클은 오실레이터 1의 싸이클을 따라가게 된다.

③ Freq Mod 버튼 : 주파수 변조기를 On/Off 한다. 오실레이터 2의 Freq Mod 버튼을 켜면 오실레이터 1이 주파수 변조기가 되고, 오실레이터 3의 Freq Mod 버튼을 켜면 오실레이터 2가 주파수 변조기 역할을 한다.

4. 필터 섹션

로우패스, 하이패스, 밴드패스, 노치패스 등의 필터를 사용해 주파수를 필터링할 수 있다.

① Cut off 노브 : 기준 주파수를 설정하며, 컷오프할 주파수 대역을 지정하는 역할을 한다.

② Emphasis 노브 : 필터의 공진 주파수를 설정한다. 로우패스나 하이패스 필터를 사용할 경우에는 사운드를 날카롭게 만들 수 있다. 밴드패스, 노치필터를 사용할 경우에는 밴드의 너비를 조절하는 역할을 한다.

③ Drive 노브 : 악기 음색을 찌그러트리는 디스토션 효과를 추가할 수 있다.

④ Shift 노브 : 로우패스, 하이패스 필터의 경우 슬로프를 변경하는 효과가 있고 밴드패스, 노치 필터의 경우 밴드 너비를 조절하는 효과가 있다.

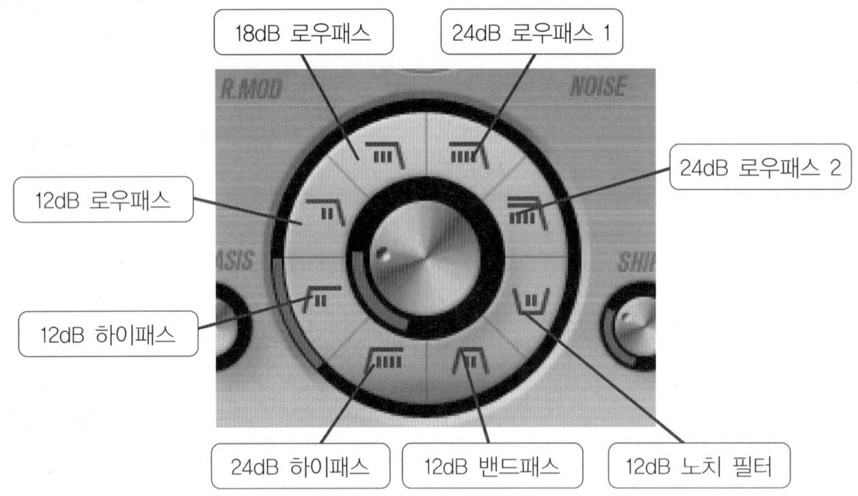

Spector(스펙터) – 다용도 가상악기

큐베이스 5와 6에서 사용할 수 있는 가상악기이다. 스펙트럼 필터 방식의 이 신디사이저는 앞에서 설명한 Prologue, Mystic 가상악기와 달리 활용성이 가장 높은 악기이다. 보이스당 6개의 오실레이터를 사용할 수 있고 이 오실레이터는 섹션 중앙에서 선택할 수 있다. 좌우 A, B 섹션에 배치된 기본 웨이브 파형은 스펙트럼 필터로 제어된 뒤 사운드로 출력된다. 마지막 Morph 노브에서 A, B 필터를 믹싱한 뒤 사운드를 최종 출력한다.

Spector는 또한 2개의 LFO, 4개의 ADSR 엔벨로프 제너레이터를 제공하며 디스토션, 딜레이, 페이저, 플랜저, 코러스 같은 이펙트를 내장하고 있다.

Spector 역시 다른 악기들과 마찬가지로 프리셋에서 악기를 선택하면 바로 사용할 수 있는 상태가 되므로 아래 옵션들을 만질 필요가 없다. 단지 악기의 음색이 마음에 들지 않거나, 선택한 악기를 기본음으로 하면서 색다른 음색을 만들고 싶다면 작업창의 각 노브들을 조절할 수도 있다.

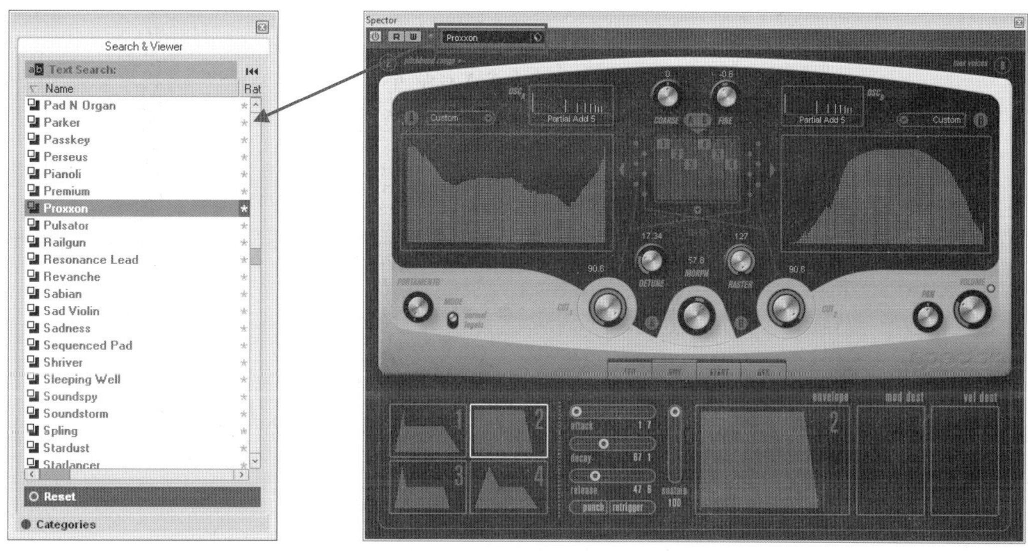

프리셋에서 악기를 선택하는 모습

 # HALion One – 샘플 플레이어 방식의 가상악기 

큐베이스 5 내장 가상악기이지만 큐베이스 5, 6 모두 정품을 사용하는 사용자는 큐베이스 6에서도 사용할 수 있다. 샘플 플레이어인 할리온 원은 *.hsb 포맷의 샘플 음원을 악기 음색으로 사용한다. 프리셋을 클릭해 원하는 샘플을 선택하면 악기로 사용할 수 있다. 기본적으로 600개 이상의 음색을 기본 제공하며, 58개의 드럼 킷을 제공한다. 큐베이스 5 내장 가상악기 가운데 유일하게 VST3을 지원하기 때문에 Large Strings 등의 몇몇 악기들은 VST Expresssion 기능을 적용할 수 있다.

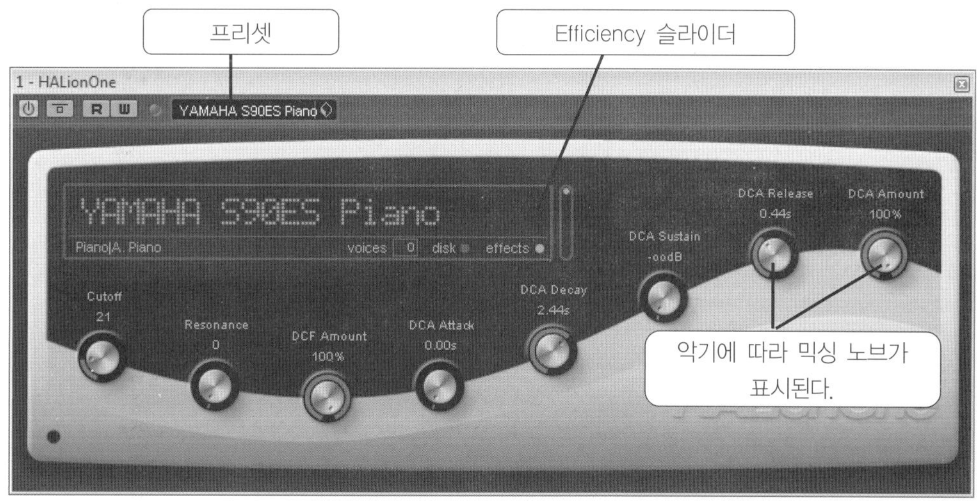

1. 프리셋

사용할 악기 음색을 선택한다.

2. LED 창

① Voices : 현재 연주 위치에서 몇 개의 보이스를 사용하는지 보여준다.

② Effect : 클릭하면 적용된 이펙트를 사용하지 않는다.

3. Efficiency 슬라이더

오디오 품질 대비 CPU의 효율성을 조절할 수 있다. 수치를 낮출수록 악기의 보이스를 동시에 발현할 수 있지만 악기의 품질이 저하된다.

4. 노브 섹션

① Cutoff 노브 : 발도프 로우패스 필터를 사용해 컷오프할 주파수를 설정한다. 컷오프 설정에 따라 음색이 달라진다.

② Resonance 노브 : 컷오프할 기준 주파수 대역의 공진 주파수 값을 설정한다.

③ DCF Amount 노브 : DCF 필터 엔벨로프의 적용값을 설정한다.

④ DCA Attack 노브 : DCF 필터 엔벨로프가 동작 시작 시간을 설정한다.

⑤ DCA Decay 노브 : DCF 필터 엔벨로프가 소멸할 시간을 설정한다. 음길이를 조절하는 효과가 있다.

⑥ DCA Sustain 노브 : 건반을 눌렀을 때의 DCA 앰프 시그널 레벨을 설정한다.

⑦ DCA Release 노브 : 건반을 뗐을 때의 DCA 앰프 시그널 레벨을 설정한다.

⑧ DCA Amount 노브 : DCA 앰프 엔벨로프의 적용값을 설정한다.

오디오 클립을 루프 음악으로 만들기 – 큐베이스 5의 LoopMash 1(루프매시 1)

원도우 탐색기 또는 미디어베이, 또는 오디오 트랙에서 드래그한 오디오 클립을 8비트 간격의 슬라이스로 나누어 트랙에 배치한 뒤 8비트 슬라이스들을 다른 오디오 클립의 적절한 슬라이스와 자동 조립하면서 그루브를 만들어준다. 프리셋에서 제공하는 기본 샘플로도 다양한 비트와 그루브를 만들 수 있으므로 누구나 손쉽게 전문가 느낌의 리듬과 비트를 만들 수 있다. 만들어진 루프 샘플은 오디오 트랙에 레코딩한 뒤 사용할 수 있다.

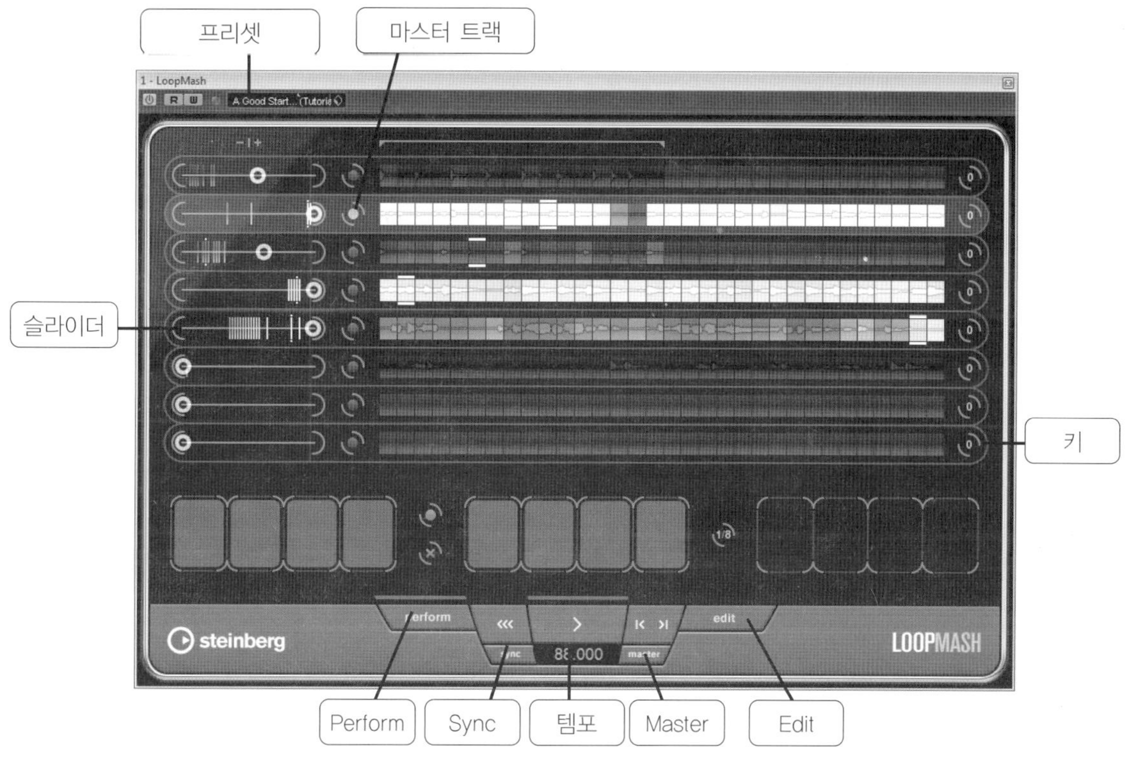

1. 프리셋

큐베이스에 제공하는 샘플 프리셋을 불러온 뒤 사용할 수 있다.

제일 상단의 A Good Start…를 불러온 뒤 Sync 버튼을 끄고 Play 버튼을 눌러본다. 그런 뒤 각각의 트랙 왼쪽에 있는 슬라이더를 조절하면 리듬이 서로 다르게 조립되는 것을 볼 수 있다.

참고로, 제일 하단의 !Empty 프리셋은 샘플이 없는 빈 트랙을 불러온 뒤 여러분이 만든 루프 샘플을 드래그하여 편집할 때 선택한다.

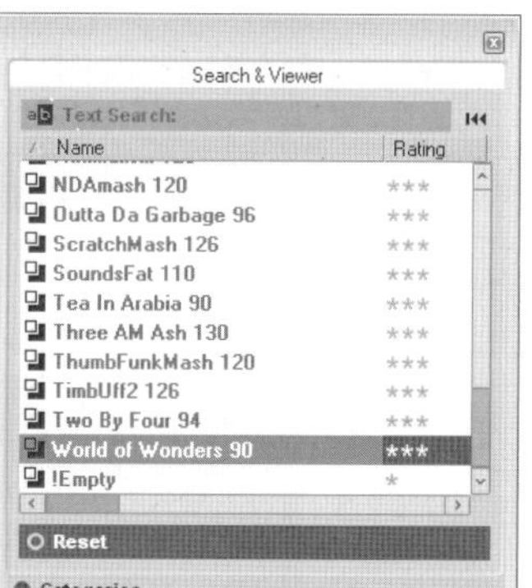

2. 마스터 트랙 버튼

원 버튼은 리듬을 만들 때 기준이 되는 마스터 트랙을 지정할 때 사용한다. Play 버튼을 클릭하면 마스터 트랙에서 연주 위치가 한 스텝씩 오른쪽으로 이동하는데, 이때 특정 슬라이스를 연주할 때 유사한 슬라이스를 다른 트랙에서 가져와 대신 연주하는 방식으로 루프 음악을 조립해준다.

다른 트랙의 원 버튼을 클릭하면 해당 트랙이 마스터 트랙으로 재설정된다.

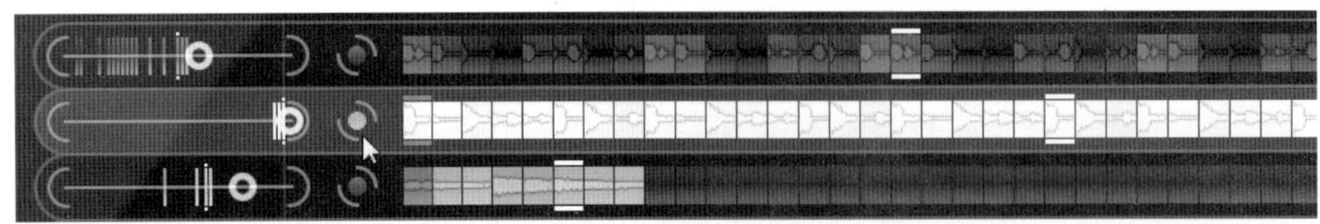

해당 트랙을 마스터 트랙으로 설정하는 원 버튼

Tip

외부에서 루프 샘플을 불러온 경우

최대 32 슬라이스 범위까지만 사용할 수 있다. 32 슬라이스 범위보다 긴 오디오 파일의 경우 앞부분만 사용하고 뒷부분은 사용하지 않는다.

3. 슬라이더

해당 트랙에서 얼마만큼의 슬라이스를 루프 음악 조립에 사용할 것인지 설정한다. 맨 왼쪽으로 드래그하면 해당 트랙을 사용하지 않는 상태가 되므로 사운드가 뮤트된다.

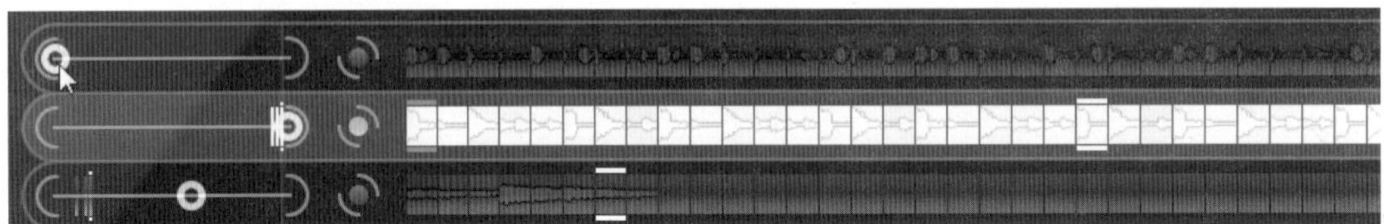

맨 왼쪽으로 드래그한 모습 - 해당 트랙의 클립이 보이지 않는다.

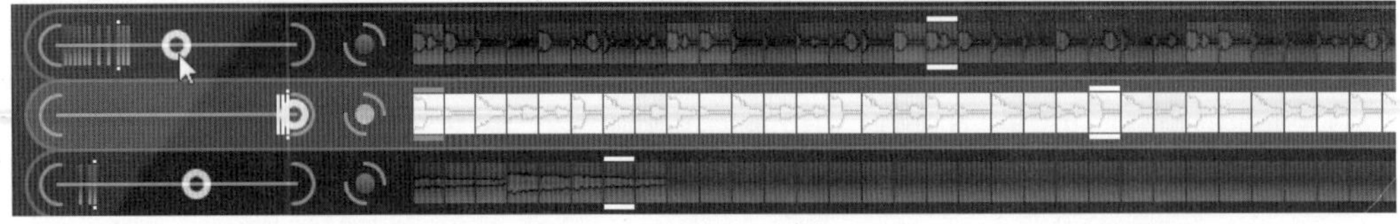

중간으로 드래그한 모습 - 해당 트랙에서 절반 정도 사용한다.

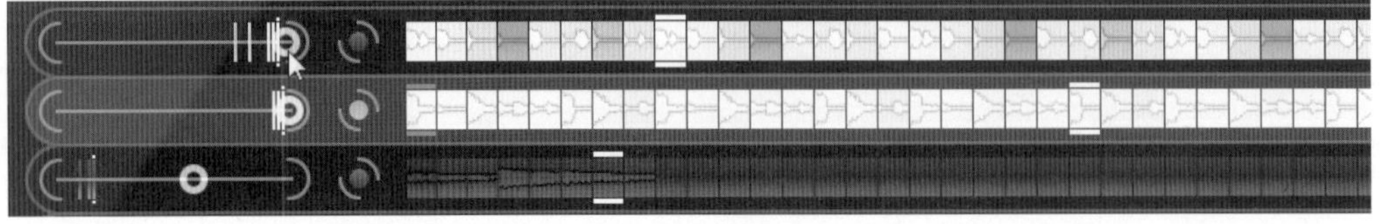

오른쪽으로 드래그한 모습 - 해당 트랙의 모든 음을 사용한다.

4. 키 버튼

Edit 섹션의 Slice Timestretch 버튼에 따라 2가지 방식으로 동작한다. Slice Timestretch 버튼이 On 상태이면 해당 트랙의 음정을 −12~12 사이에서 변경하는 기능으로 동작하고, Timestretch 버튼이 Off 상태이면 슬라이스의 연주 속도를 조절하는 기능으로 동작한다.

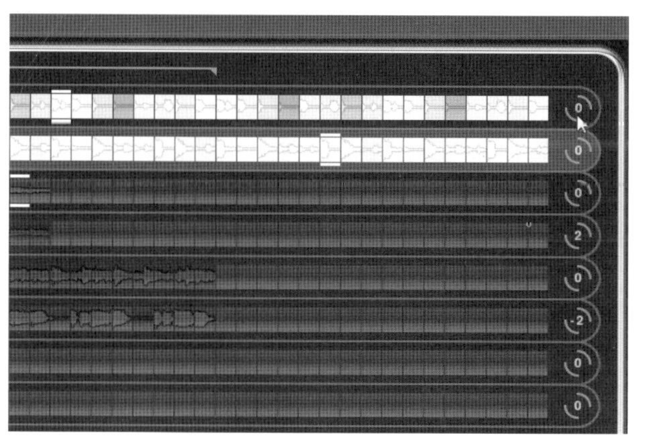

키 버튼 클릭

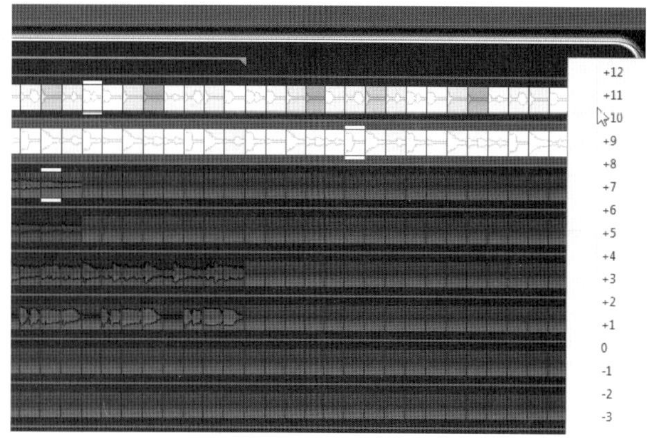

음정을 변경하는 모습

5. Perform 섹션

12개의 패드는 여러분이 제작한 믹싱 패턴을 등록한 뒤 필요할 경우 다시 불러오는 기능이다. 12개의 패드마다 각각 믹싱 패턴을 등록할 수 있다.

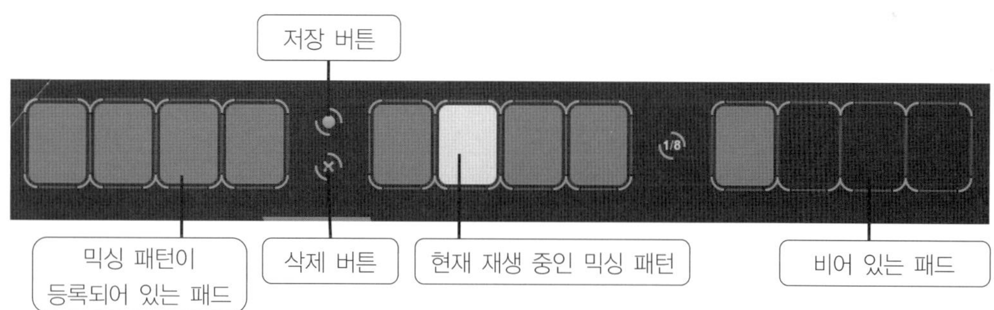

예를 들면, 편집 창에서 트랙마다 있는 왼쪽 슬라이더를 조절해 믹싱 패턴을 만들어 놓은 상태라고 가정해보자. Perform 섹션의 '저장 버튼'을 클릭하면 패드마다 빨간색 테두리가 깜빡이며 표시되는데, 이때 원하는 패드를 클릭하면 현재의 믹싱 상태를 등록할 수 있고, 나중에 해당 패드를 클릭해 등록된 믹싱 패턴을 불러올 수 있다.

'저장 버튼'은 패드에 현재의 믹싱 패턴을 등록할 때 사용하고, 삭제(X) 버튼은 패드에 등록된 믹싱 패턴을 패드에서 삭제할 때 사용한다.

6. Edit 섹션

Edit 버튼을 클릭하면 Edit 섹션으로 전환된다.

① Number of Voices : 믹싱 작업에 사용할 최대 보이스 수를 설정한다. 만일 트랙들이 믹스되지 않는다면 보이스 숫자를 높여야 한다.

② Voices per Track : 트랙당 사용할 수 있는 보이스 수를 설정한다.

③ Slice Selection Offset : 믹싱 작업에서 슬라이스 조각들을 섞으려면 먼저 슬라이스 조각을 선택해야 하는데, 이 기능으로 선택 위치를 좌우로 이동시킬 수 있다.

④ Random Slice Selection : 슬라이스를 선택할 때 무작위로 선택할 수 있도록 랜덤 수치를 높일 수 있다.

⑤ Slice Quantize : 슬라이스 조각을 기본값인 8비트(8분음표) 간격으로 정렬한다. 0으로 설정하면 마스터 트랙의 리듬 패턴을 따라간다.

⑥ Staccato Amount : 연주를 할 때 스타카토 효과를 적용할 수 있다.

⑦ Slice Timestretch : 키 버튼을 두 가지 방식으로 동작하게 해준다. Slice Timestretch 버튼이 On 상태이면 키 버튼으로 해당 트랙의 음정을 −12~12 사이에서 변경할 수 있다. Timestretch 버튼이 Off 상태이면 키 버튼으로 슬라이스의 연주 속도를 조절할 수 있다.

⑧ Dry/Wet Mix : 마스터 트랙의 원본 사운드와 루프된 사운드의 믹스량을 조절한다.

7. 트랜스포트 섹션의 버튼들

트랜스포트 섹션의 버튼 기능에 대해 알아본다.

① Locate 버튼 : 믹싱 패턴을 시작 위치에서부터 연주한다.

② Sync 버튼 : 믹싱 패턴의 템포가 프로젝트의 템포를 따라간다. 프로젝트에서 곡을 플레이하면 루프매시가 함께 연주된다.

③ 템포 : 더블클릭해 템포를 변경할 수 있다.

④ Master 버튼 : 믹싱 패턴의 템포를 마스터 트랙의 템포에서 가져와 사용한다.

기능과 인터페이스가 많이 업그레이드된 – 큐베이스 6의 LoopMash 2(루프매시 2)

큐베이스 6 루프매시는 큐베이스 5 루프매시의 업그레이드 버전이기 때문에 인터페이스와 옵션 구성이 많이 달라졌다. 따라서 큐베이스 6 루프매시 사용법도 지금부터 공부해 보자. 루프매시 2 작업창 상단부는 루프매시 1과 동일하므로 하단 옵션인 Performance Controls 섹션, Audio Parameters 섹션, Slice Selection 섹션을 중점적으로 알아본다.

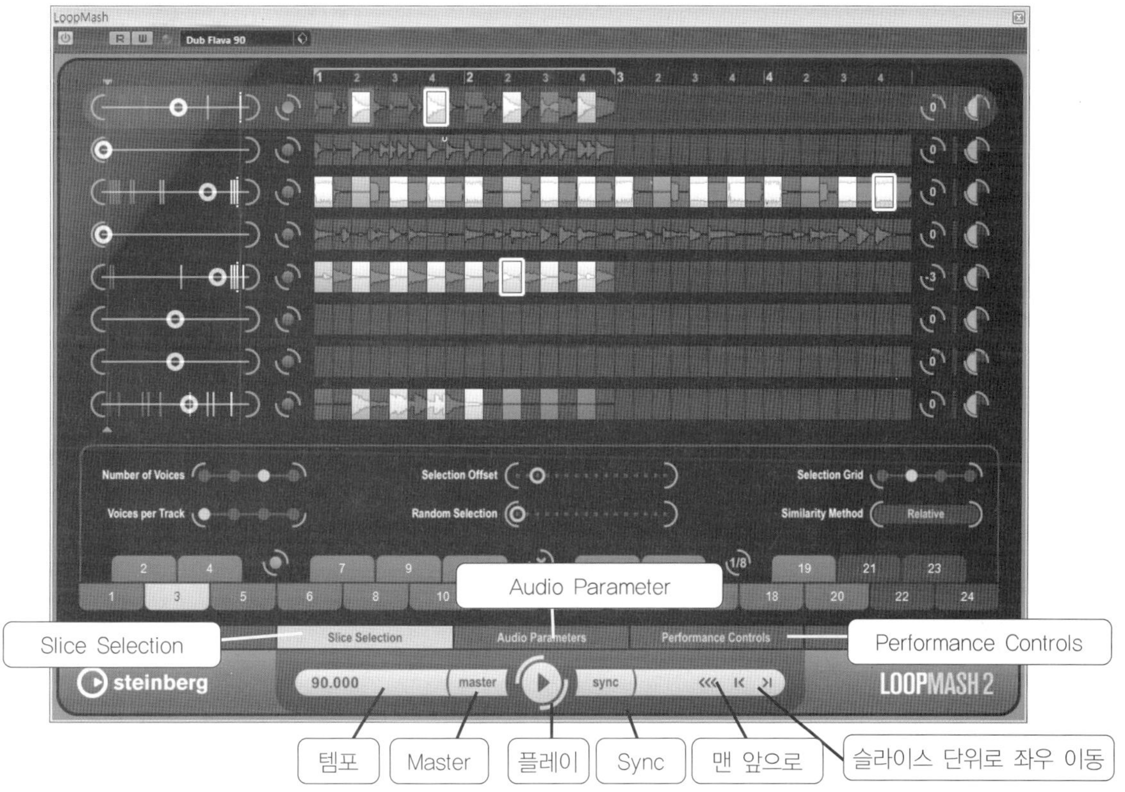

1. Slice Selection 섹션

슬라이스 선택 방식과 연주 방식을 설정할 수 있다.

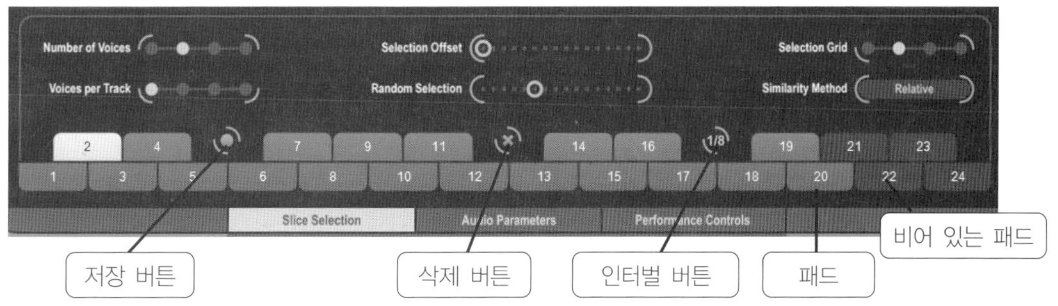

① Number of Voices : 믹싱 작업에 사용할 최대 보이스 수를 설정한다. 즉, 동시에 연주될 슬라이스의 개수를 조절하는 기능이다. 1을 선택하면 단일 트랙의 슬라이스만 연주된다. 2를 선택하면 2개의 트랙에서 슬라이스가 연주된다.

② Voices per Track : 하나의 트랙당 플레이되는 보이스 수를 설정한다.

③ Selection Offset : 믹싱 작업에서 슬라이스 조각들을 섞으려면 먼저 슬라이스 조각을 선택해야 하는데, 이 기능으로 슬라이스의 선택 위치를 좌우로 이동시킬 수 있다.

④ Random Slice Selection : 슬라이스를 선택할 때 무작위로 선택할 수 있도록 랜덤 수치를 높일 수 있다.

⑤ Selection Grid : 슬라이스가 선택되는 선택 간격을 조절한다. 1, 2, 4, 8스텝으로 조절한다.

⑥ Similarity Method : 유사한 슬라이스를 선택하는 계산 방식을 선택한다.

⑦ 저장 버튼 : 현재 상단의 오디오 믹싱 상태인 믹싱 패턴을 패드에 등록한다. 버튼을 클릭하면 전체 패드가 빨간색으로 변하는데 이때 원하는 패드를 클릭하면 해당 믹싱 패턴이 등록된다. 나중에 해당 패드를 클릭하면 그 당시의 오디오 믹싱 상태가 플레이된다.

⑧ 삭제 버튼 : 버튼을 클릭하면 전체 패드가 빨간색으로 변하는데 이때 원하는 패드를 클릭하면 해당 패드에 등록된 오디오 믹싱 패턴이 삭제된다.

⑨ 인터벌 버튼 : 플레이 도중에 패드를 누르면 바로 해당 패드에 등록된 믹싱 패턴이 연주된다. 패드를 눌렀을 때 어느 정도의 인터벌을 두고 해당 패드의 믹싱 패턴이 연주될 것인지 설정한다. 기본값은 1/8이다.

2. Audio Parameter 섹션

연주 방식을 설정할 수 있다.

① Adapt Mode : 선택한 슬라이스를 마스터 트랙에 맞추는 방식을 3가지 모드에서 선택한다. Volume 모드는 볼륨에 맞추고, Envelope 모드는 볼륨이 변화되는 엔벨로프에 맞춘다. Spectrume 모드는 이퀄라이저 스펙트럼에 맞추고, Env+Spectum은 엔벨로프 모드와 스펙트럼 모드를 사용에 맞춘다.

② Adapt Amout : Adapt 모드의 적용 강약을 조절한다.

③ Slice Quantize : 슬라이스 조각을 기본값인 8비트(8분음표) 간격으로 정렬한다. 0으로 설정하면 마스터 트랙의 리듬 패턴을 따라간다.

④ Slice Timestretch : 키 버튼을 두 가지 방식으로 동작하게 해준다. Slice Timestretch 버튼이 On 상태이면 키 버튼으로 해당 트랙의 음정을 –12~12 사이에서 변경할 수 있다. Timestretch 버튼이 Off 상태이면 키 버튼으로 슬라이스의 연주 속도를 조절할 수 있다.

⑤ Staccato Amount : 연주할 때 스타카토 효과가 추가된다.

⑥ Dry/Wet Mix : 마스터 트랙의 원본 사운드와 루프된 사운드의 믹스량을 조절한다.

3. Performance Controls 섹션

슬라이스 이펙트 기능이다. 키를 누르면 플레이 중인 상태에서 해당 이펙트 효과가 추가된다.

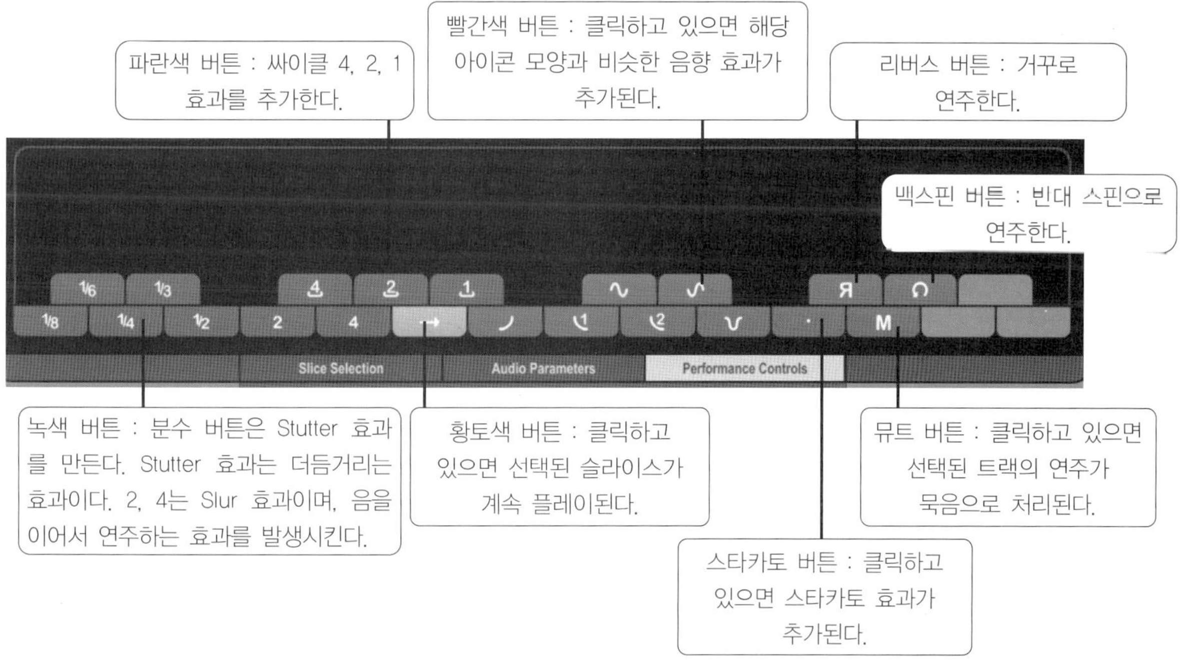

 실전예제 **루프 샘플 섞고 오디오 파일로 가져오기** 

큐베이스 6의 루프매시 2로 루프 오디오를 믹싱한 뒤 오디오 트랙으로 가져가는 방법을 알아본다. 루프매시에서 작업한 내용은 오디오 트랙에 녹음하는 방법과 프리셋 기능으로 가져오는 방법이 있다. 여기서는 프리셋 기능으로 가져오는 방법을 알아본다.

참고로, 이 예제는 큐베이스 6 루프매시 2로 작업하지만 큐베이스 5의 루프매시 1로도 따라할 수 있다.

01 File → New 메뉴를 실행한 뒤 More → Empty 옵션으로 비어 있는 프로젝트를 생성시킨다.
F11을 눌러 VST Instrument 메뉴를 실행한 뒤 대화상자의 VST 이름을 클릭해 Synth → LoopMash 메뉴를 실행한다.

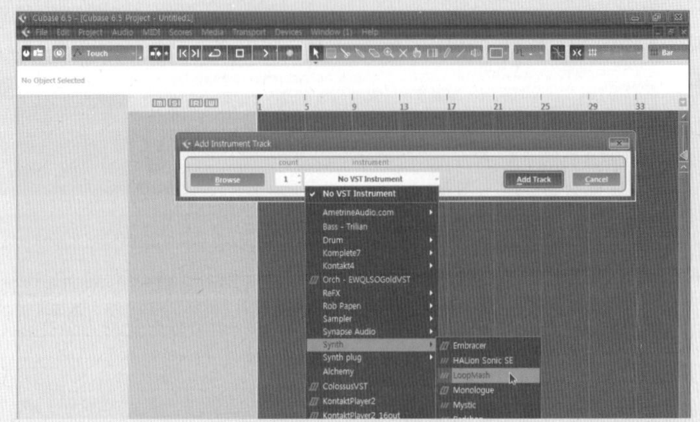

02 Edit Instrument 버튼을 클릭해 루프매시창을 불러온다.
루프매시창에서 Sync 버튼을 클릭해 꺼준다.

03 만일 오디오 트랙에 오디오 클립이 있다면 마우스로 드래그하여 루프매시 트랙으로 가져올 수 있다. 여기서는 루프매시에서 제공하는 샘플을 사용해 믹싱 작업을 해보자. 루프매시의 프리셋 버튼을 클릭한다.

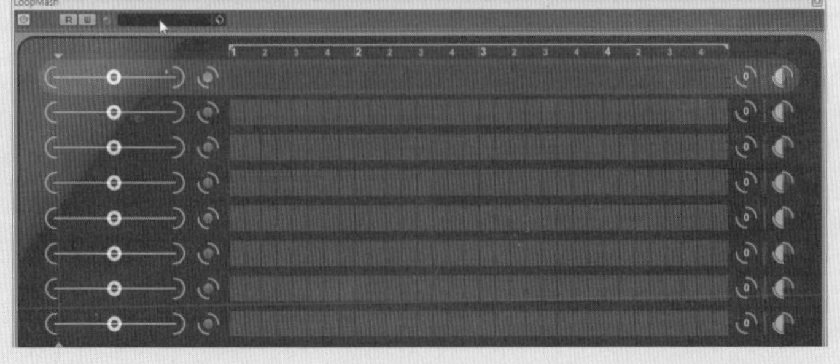

04 프리셋 대화상자의 하단으로 스크롤한 뒤 'The Green Eye 125' 프리셋을 더블클릭해 불러온다.

05 불러온 샘플의 템포를 확인하면 125로 설정되어 있다. 'The Green Eye 125' 프리셋의 이름에서 125가 템포임을 알 수 있다.

06 4번 패드를 클릭하면 다른 방식으로 믹싱된 루프 샘플을 들을 수 있다. 만일 샘플이 들리지 않는다면 Play 버튼을 클릭해 루프 샘플을 연주해본다.

07 플레이 도중 10번 패드를 클릭하면 또 다른 방식으로 믹싱된 루프 샘플을 확인할 수 있다.

08 트랙 슬라이더를 조절하면 해당 트랙의 오디오를 믹싱에서 가감할 수 있음을 알 수 있다.

09 각 트랙의 슬라이더를 조절하거나 Slice Selection 섹션의 각종 슬라이더를 조절해 루프 곡을 다양한 방법으로 믹싱해본다. 이때 특정 트랙에 삽입된 오디오 클립의 템포를 사용하고 싶다면 원 버튼을 클릭해 마스터 트랙으로 지정한다.

10 곡의 그루브 리듬감이 새로 지정된 마스터 트랙에 맞게 변경되는 것을 알 수 있다. 현재의 믹싱 상태가 마음에 들면 패드에 일단 등록할 수 있다. Save 버튼을 클릭한다.

11 비어 있는 패드를 클릭하면 현재의 믹싱 상태가 해당 패드에 등록되므로, 나중에 필요할 경우 해당 패드를 클릭해 다시 로딩힐 수 있다.

12 다시 여러 번 믹싱하면서 마음에 드는 그루브가 만들어지면 Play 버튼을 클릭해 곡의 연주를 멈춘다.

13 루프매시는 아쉽게도 현재 믹싱한 그루브를 바로 오디오 트랙으로 가져갈 수 없다. 프리셋 부분의 사각형 버튼을 클릭해 Save Preset 메뉴를 실행한다.

14 Save 대화상자가 실행되면 현재 만들어놓은 그루브를 '믹싱1'이라고 이름을 짓고 OK 버튼을 눌러 프리셋으로 저장한다.

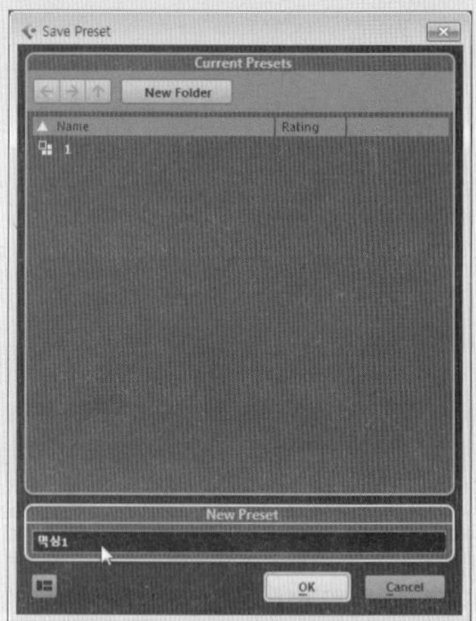

15 방금 등록한 프리셋을 트랙에서 사용하려면 '미디어베이'를 실행한 뒤 프리셋 파일들을 검색하고, 방금 등록한 프리셋을 찾아낸 뒤 작업 중인 프로젝트로 드래그해야 한다. 이렇게 하면 작업이 더디고 번거롭다.

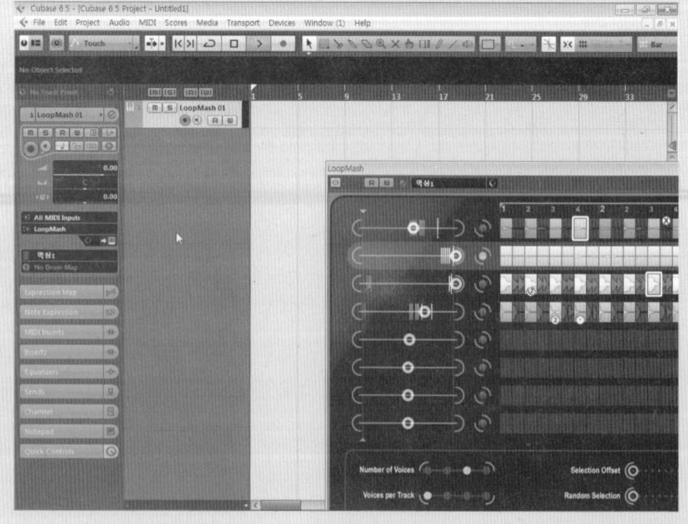

16 루프매시의 프리셋 부분을 마우스로 클릭해 프리셋 대화상자를 불러온다.

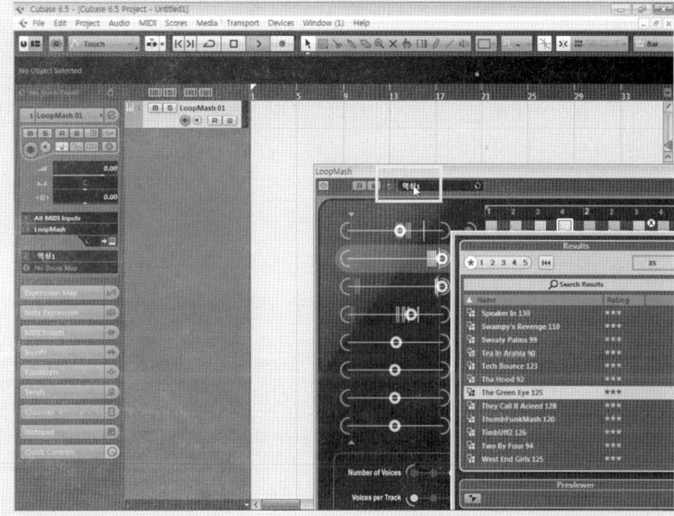

17 프리셋 대화상자 제일 하단을 보면 방금 등록한 '루프매시 프리셋'이 있다.

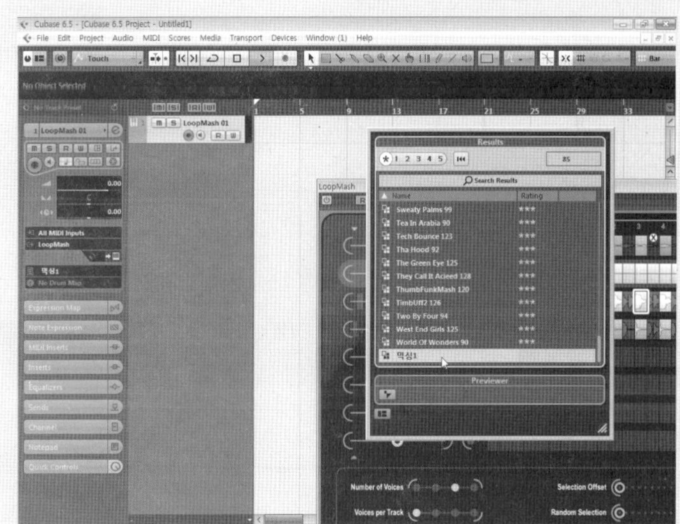

18 마우스로 드래그하여 트랙 패널로 가져온다.

19 루프매시 대화상자를 닫고 프로젝트로 돌아오면 방금 생성된 미디 트랙에는 아무것도 없는 상태이지만 Space Bar를 누르면 여러분이 만든 루프 샘플이 연주된다.

20 루프 샘플의 템포가 변경되었으므로 F2를 눌러 트랜스포트 툴바를 불러온 뒤 Tempo 버튼을 클릭해 Fixed 상태로 전환하고 그 아래 템포 숫자를 125로 설정한다. 이 템포는 루프 샘플을 만들었을 당시의 템포이다.

21 다시 처음부터 곡을 연주하면 템포가 변경된 것을 알 수 있다. 프로젝트의 템포인 120을 125로 변경했으므로 연주 속도가 조금 빨라진 것이다.

22 현재 루프 트랙에는 아무것도 없는 상태이지만 사운드가 있는 상태이므로 오디오 파일로 믹스다운할 수 있다. 룰러의 17마디 부분을 Alt + 클릭하여 로케이터를 생성시킨다.

23 구간이 설정되면 File → Export → Audio Mixdown 메뉴로 믹스다운을 시작한다.

24 파일 이름을 원하는 이름으로 지정한 뒤, 왼쪽에서 믹스다운할 트랙인 '믹싱1' 트랙에 체크 표시를 해준다. 그런 뒤 오른쪽 하단의 Create New Project 옵션에 체크한 뒤 'Export' 버튼을 클릭해 믹스다운한다.

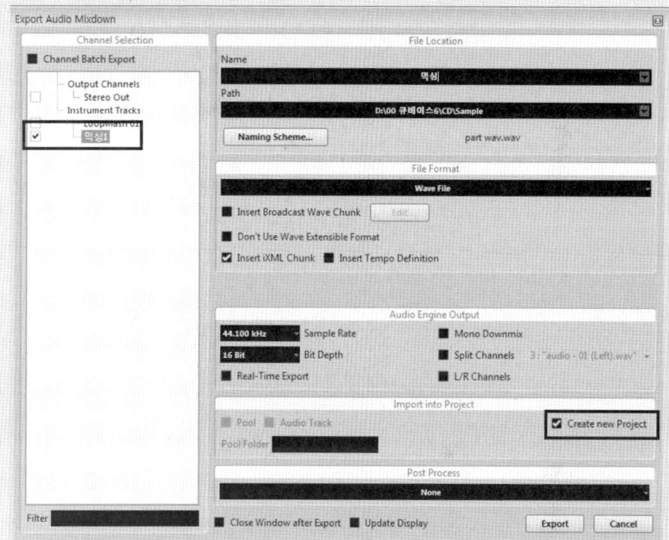

25 믹스다운으로 생성된 오디오 파일이 새 프로젝트에서 자동으로 나타난다.
앞에서 믹싱한 루프 샘플을 오디오 클립으로 만들어 다른 프로젝트에 사용할 상태가 된 것이다.

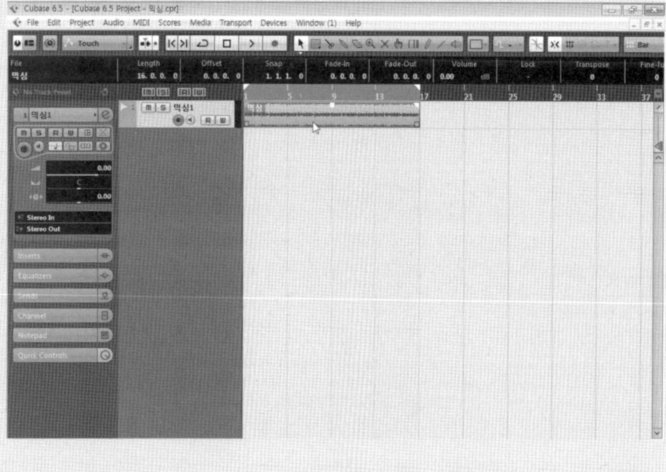

 **Tip**

루프매시에서 작업한 믹싱 샘플

루프매시에서 작업한 믹싱 샘플은 보통 프리셋으로 등록한 뒤 오디오 트랙으로 가져오지만 아예 믹싱 과정을 오디오 트랙에 녹음할 수도 있다. 이 경우 오디오 트랙을 만든 뒤 녹음 상태로 전환하고 이 상태에서 루프매시를 실행해 믹싱 작업을 하는데, 믹싱 과정에 오디오 트랙에 바로 녹음된다. 이 경우, 오디오 트랙의 입력 포트(Input)에서 녹음 소스는 바탕화면 사운드를 녹음하는 것이므로 Stereo Mix를 선택해야 한다.

Part 6

이펙트

오디오 이펙트란 오디오 트랙에 특별한 음향 효과를 주는 기능을 말한다. 사운드에서 마음에 드는 주파수 대역은 증폭시키고, 마음에 들지 않은 주파수 대역은 차단하는 이퀄라이저도 대표적인 오디오 이펙트이다. 사운드의 음색을 조절하는 이퀄라이저 외에도 코러스, 딜레이, 컴프레서, 게이트 등의 효과들도 전부 오디오 이펙트에 해당한다. 큐베이스에서 제공하는 오디오 이펙트들은 서로 독특한 기능을 가지고 있어 한 번씩 적용해 보며 사운드의 변화를 직접 체험해야 한다. 여러 가지 이펙트를 사용해 여러 오디오 트랙의 사운드를 서로 듣기 좋도록 섞는 작업을 하기도 하는데 이를 믹싱 작업이라고 한다.

참고로, 오디오 이펙트는 오디오 트랙과 인스트루먼트 트랙에만 적용할 수 있고, 미디 트랙에는 적용할 수 없다.

오디오 트랙의 인스펙터에서 Inserts 탭의 빈 슬롯을 클릭하면 오디오 이펙트를 삽입할 수 있도록 단축 메뉴가 실행된다.

원하는 이펙트를 선택하면 해당 트랙에 이펙트가 적용된다.

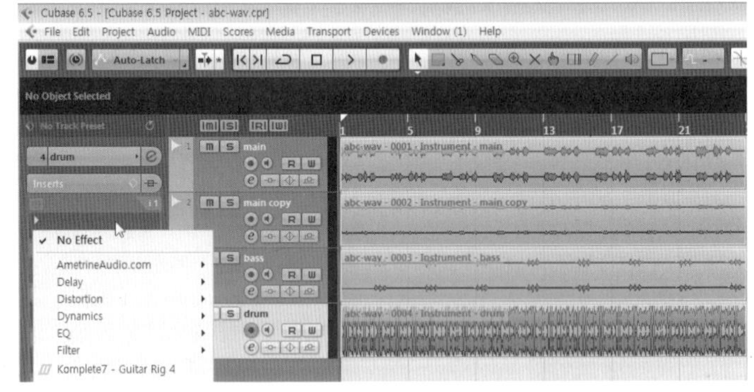

오디오 트랙이나 인스트루먼트 트랙의 인스펙터에서 'e' 버튼을 클릭해 '채널 세팅창'을 불러온 뒤, 왼쪽 Inserts 탭의 빈 슬롯을 클릭하면 오디오 이펙트를 삽입할 수 있다. 역시 해당 트랙에 이펙트가 적용된다.

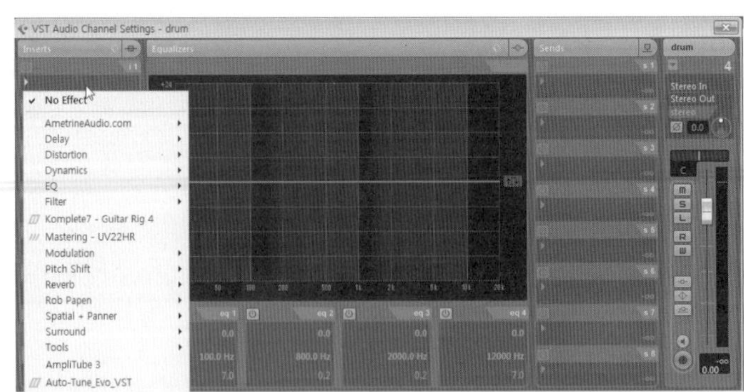

인서트(Insert) 탭의 기능

인서트 탭은 인스펙터에서 각종 이펙트를 삽입할 때 사용한다. 인서트 탭에는 여러 개의 슬롯이 있으므로 다수의 이펙트를 동시에 삽입할 수 있음을 알 수 있다. 이때 이펙트의 적용 순서는 슬롯 순서인 1, 2, 3... 순서로 결정된다.

인서트 탭의 버튼 기능은 다음과 같다.

'전원 버튼'은 이펙트의 사용을 아예 중지시키는 기능이다. '바이패스 버튼'은 이펙트가 적용된 상태를 유지하지만 사운드 출력 시 이펙트를 사용하지 않은 원래 사운드를 듣고 싶을 때 클릭한다. e 버튼은 해당 이펙트 설정창을 불러온 뒤 이펙트 설정을 변경할 때 사용한다. 프리셋 버튼은 해당 이펙트의 옵션 설정을 프리셋(미리 특정 옵션이 설정된 파일)으로 적용할 때 사용한다.

센드 이펙트 사용하기 – FX 트랙

센드 방식의 이펙트란 FX 트랙에다 삽입한 이펙트를 센드(전송)받아 여러 오디오 트랙에서 사용하는 것을 말한다. 예를 들어 16개의 오디오 트랙을 만든 상태에서 고음부 피크 볼륨을 잡아주기 위해 '컴프레서 이펙트'를 사용하는 경우가 있다. 이때 각각의 오디오 트랙마다 눌러주어야 할 고음부가 있다면 16개의 오디오 트랙마다 각자 컴프레서 이펙트를 삽입해 작업해야 한다. 이렇게 하면 동일한 이펙트를 각각의 트랙에서 일일이 로딩해야 하므로 메모리에 부담이 생긴다.

이를 방지하려면 FX 트랙을 만든 뒤 FX 트랙에 컴프레서 이펙트를 삽입한 뒤 미리 관련 옵션을 설정한다. 그런 뒤 각각의 오디오 트랙에서 Sends 탭을 클릭하면 FX 트랙에서 보내오는 컴프레서 이펙트가 목록으로 표시되는데, 이 목록을 선택하면 해당 오디오 트랙이 FX 트랙에 삽입한 컴프레서 이펙트를 빌려서 사용하는 상태가 된다. 즉 FX 트랙은 특정 이펙트를 다른 오디오 트랙에서 공유 사용하게 하는 기능이라고 할 수 있고, 이렇게 하면 각각의 오디오 트랙마다 이펙트를 로딩할 필요가 없으므로 메모리의 부담을 줄이는 효과가 있다.

여기서는 FX 트랙을 만드는 방법과 오디오 트랙들이 이펙트를 센드받아 공유하는 방법을 알아본다. 먼저 부록의 샘플 폴더에서 'abc-wav.cpr' 파일을 불러온다. 4개의 오디오 트랙마다 같은 이펙트를 적용하고 싶다고 가정해보자.

트랙 패널의 빈 곳을 마우스 오른쪽 버튼으로 클릭한 뒤 Add FX Channel Track 메뉴로 FX 트랙을 생성시킨다.

실행된 Add FX Channel Track 대화상자의 Effect 항목을 클릭해 사용하고 싶은 이펙트를 선택한다. 여기서는 EQ → GEQ 10 이펙트를 선택했다. 옆의 Stereo는 이펙트를 Stereo로 적용할 때 선택하므로 기본값인 Stereo를 그대로 사용한다.

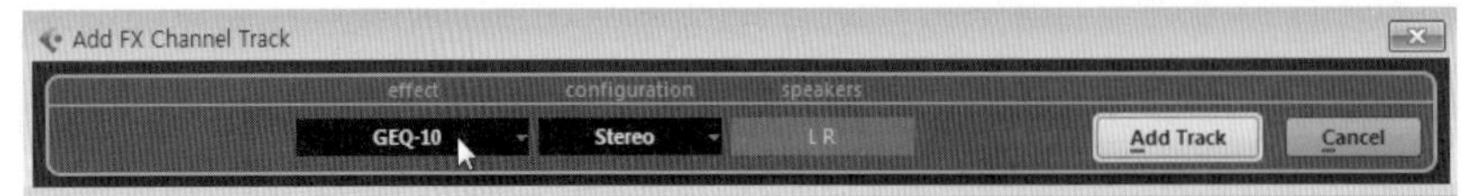

GEQ 10 이펙트가 실행되면 원하는 이퀄라이저 값을 설정해 준다. 옆 그림과 같이 설정해 보자.

나중에 여러 오디오 트랙들이 이 이펙트를 끌어갈 때 현재 설정된 값으로 이퀄라이저를 사용하게 된다.

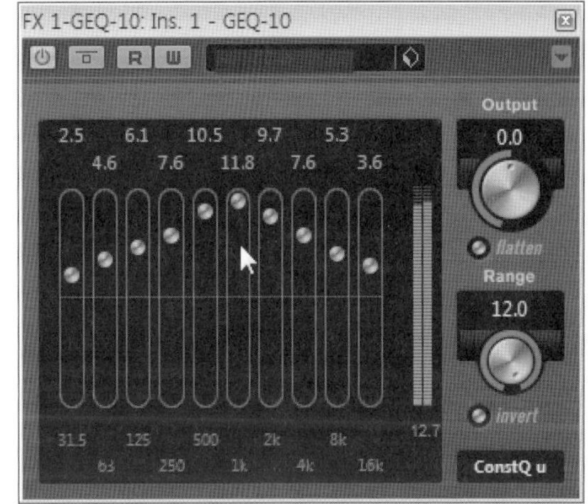

이제 FX 트랙에 있는 GEQ 10 이펙트를 오디오 트랙에서 끌어가서 공유해보자.
이펙트를 적용하고 싶은 오디오 트랙을 클릭해 선택한다.

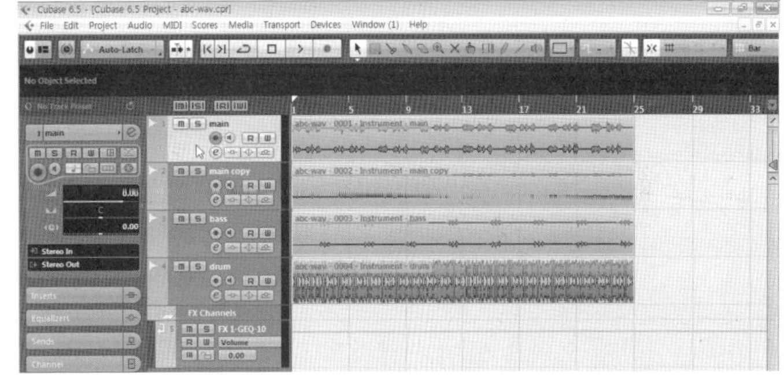

해당 오디오 트랙의 Sends 탭을 마우스로 클릭한다.

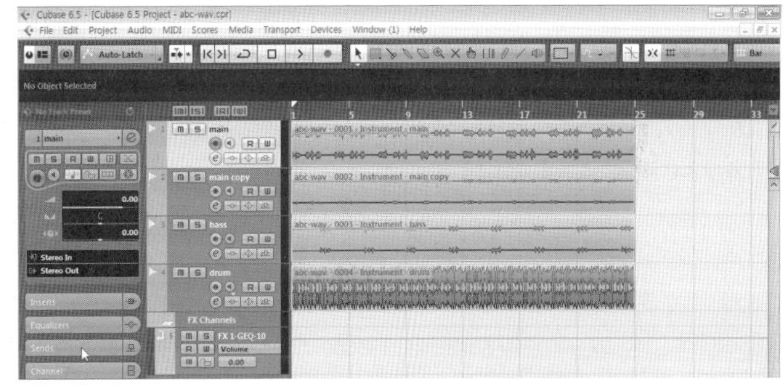

Send 탭의 빈 슬롯을 클릭하면 FX 채널 이름과 FX 채널에 미리 적용해둔 GEQ-10이 이름으로 표시된다. 해당 이름을 클릭해 선택한다.

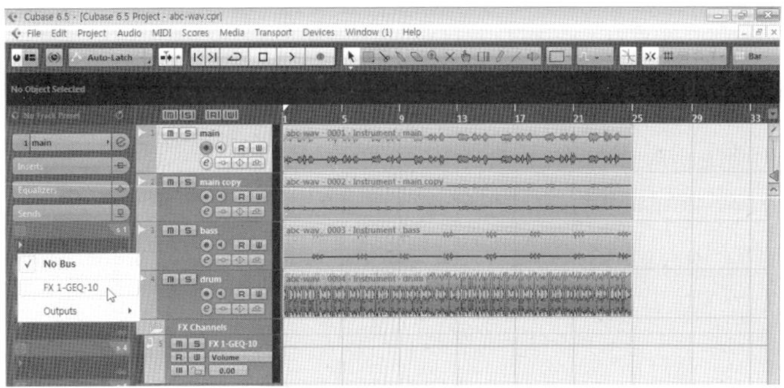

On/Off 스위치를 클릭해 On 상태로 전환한다.

해당 이펙트를 얼마만큼 끌어와서 사용할 것인지 사용량을 조절해준다. 볼륨 슬라이더처럼 보이는 막대를 좌우로 조절하면 사용량을 조절할 수 있다.

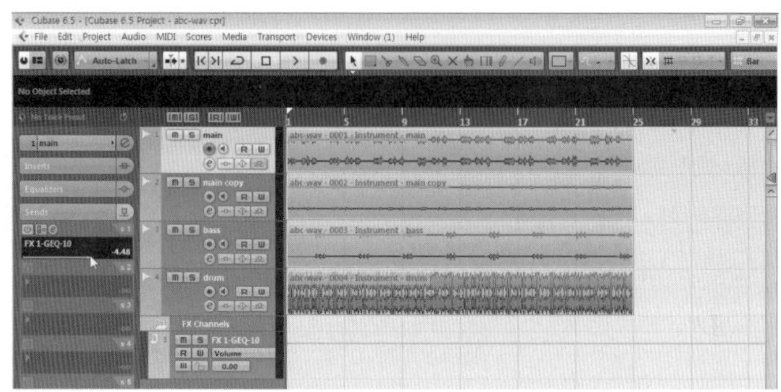

이번에는 3번째 오디오 트랙을 클릭해 선택한다. 해당 오디오 트랙의 Sends 탭에서 앞과 같은 방법으로 이펙트를 끌어와 보자.

이렇게 하면 GEQ 10 이펙트를 1, 3번 오디오 트랙에서 같이 사용하게 된다.

만일 이펙트를 수정하고 싶다면 FX 트랙을 선택한 뒤 인스펙터의 e 버튼을 누른다. 해당 이펙트 설정창이 실행되면 옵션을 수정해 적용할 수 있다.

이때 1, 3번 오디오 트랙은 FX 트랙에서 보내오는 GEQ 10 이펙트를 공유 사용하고 있으므로 바로 수정된 이펙트가 적용된다.

믹서(Mixer) 메뉴 알고 넘어가기

오디오 이펙트를 사용하려면 믹서 기능을 알아야 한다. 오디오 이펙트는 대개 오디오의 음색 보정, 잡음 제거, 음향 효과 추가 등의 목적을 위해 사용하는데 이것을 여러 트랙에서 동시다발적으로 사운드끼리 잘 어울리도록 해야 하므로 바로 믹싱 작업이 된다. 다양한 오디오 이펙트를 사용하면서 트랙마다 있는 잡음을 찾아 제거하고, 과출력 부분을 보정하고, 음색을 구미에 맞게 조율하는 등의 작업을 여러 트랙을 대상으로 진행하려면 당연히 믹서창에서 작업해야 한다.

오디오 트랙을 믹싱할 때 사용하는 믹서 메뉴는 1, 2, 3이 제공되는데 모두 개별적으로 작동하는 것이 아니라 멀티풀로 펼쳐놓고 작업할 때 사용한다. 만일 16트랙 오디오를 믹싱한다고 가정하면, 1번 믹서는 1~6번 트랙, 2번 믹서는 7~12번 트랙, 3번 믹서에는 12~16번 트랙을 담당하게 된다. 마치 콘솔 박스를 보면서 작업하듯 믹서창을 펼쳐놓고 각종 오디오 이펙트를 적용하면서 전체 혹은 개별 사운드의 문제점을 찾고 믹싱 작업을 하게 된다.

Devices → Mixer 메뉴 또는 단축키 F3을 눌러 믹서창을 불러오면 하단 그림과 같이 각각의 오디오 트랙들이 스트립 형태로 표시되는 것을 알 수 있다. 예를 들어 오디오 트랙이 4개이면 각각 4개의 세로 스트립으로 전환되어 표시된다.

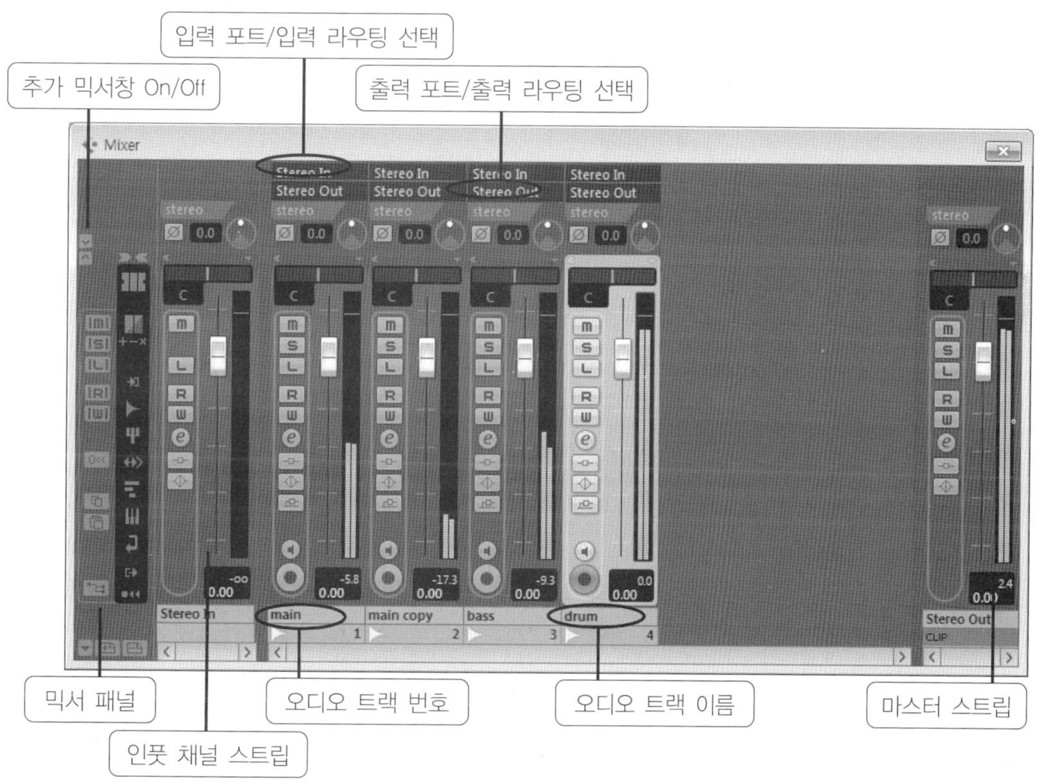

이 가운데 오디오 트랙에서 볼 수 없는 스트립 2개가 새로 생성되는데 맨 왼쪽 스트립은 입력 채널을 조절하는 인풋 채널 스트립, 맨 오른쪽은 최종 출력 레벨을 조절하는 마스터 스트립이다. 입력 채널은 인풋 게인(Input Gain)을 사용해 믹서로

들어오는 오디오 신호의 강도를 조절할 때 사용하고, 마스터 스트립은 믹싱 작업을 완료한 오디오 신호가 합산되어 믹서 밖으로 출력되는 최종 볼륨을 조절할 때 사용한다.

1. 믹서 패널

믹서창 맨 왼쪽의 믹서 패널에는 믹서창의 모양을 변경하거나 각종 추가 요소를 On/Off할 수 있는 기능들이 모여 있다.

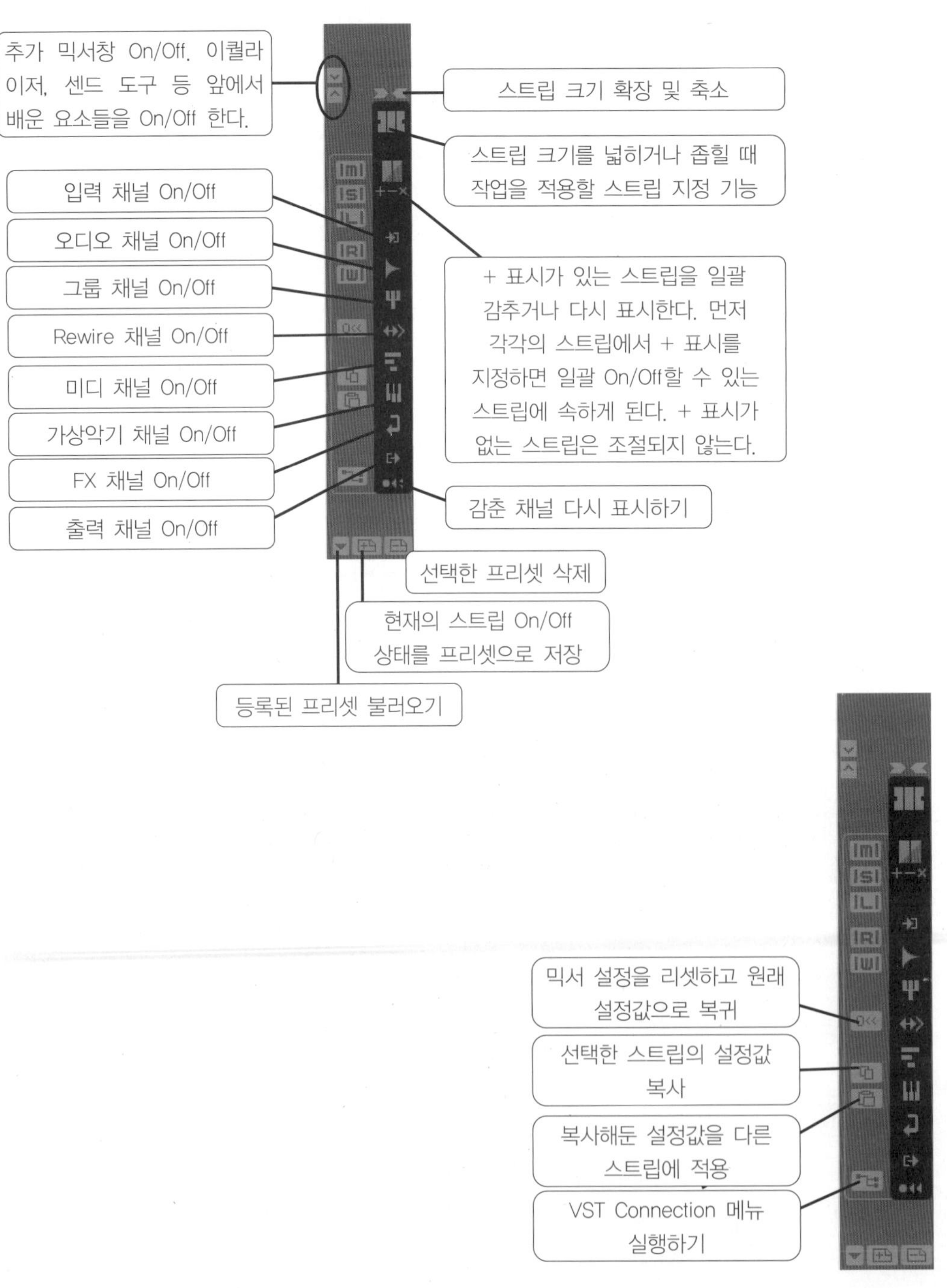

2. 스트립 기능

믹서창의 스트립은 각각의 트랙(채널)별로 볼륨, 뮤트, 솔로, 입출력 설정, 센드, 인서트 기능의 사용 여부를 결정할 때 사용한다. 오디오 이펙트는 e 버튼을 클릭하면 적용할 수 있는데 이때 오디오 이펙트는 해당 스트립(트랙)에만 적용된다.

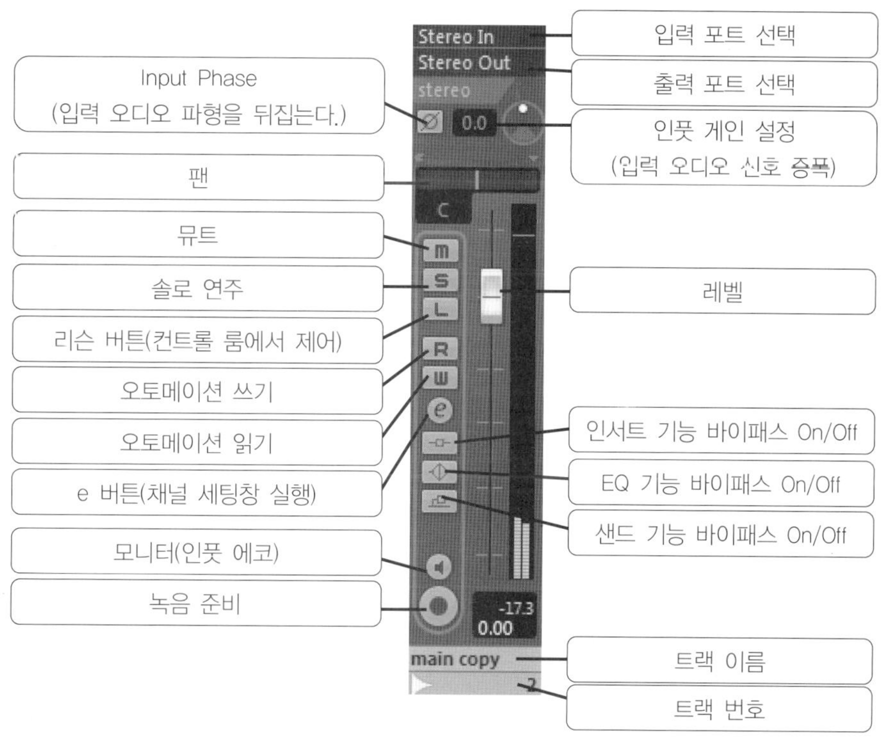

3. 추가 믹서창

믹서 패널의 화살표 버튼을 클릭하면 추가 믹서창이 표시된다.

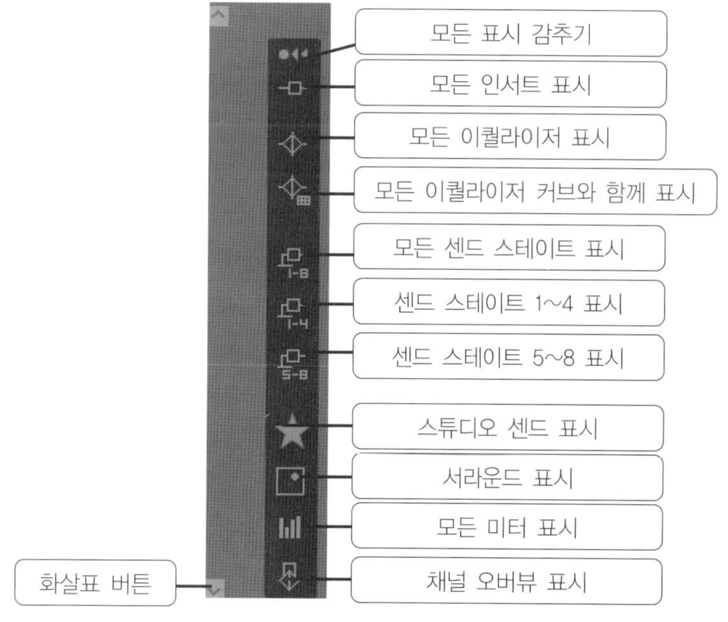

 오디오 이펙트와 믹싱 작업 따라하기 

큐베이스에서의 믹싱 작업은 주로 오디오 이펙트를 사용해 작업하게 된다. 따라서 오디오 이펙트를 배우기 전에 오디오 이펙트가 믹싱 작업에서 어떤 방식으로 사용되고 있는지 먼저 알아보는 것이 좋을 것이다.

여기서는 저음부가 강한 샘플(저음부가 너무 강해 귀가 울리는 샘플이다)을 불러온 뒤 저음부를 순화시켜 청각의 부담을 줄이고 몇몇 트랙의 음색을 더 선명하게 들리도록 오디오 이펙트를 적용해 본다. Sample 폴더의 'trance-7track-original.wav' 파일은 원본 사운드이고, 'trance-7track-mixing.wav' 파일은 믹싱 작업 후 파일이므로 비교하며 모니터할 수 있다.

01 부록의 샘플 폴더에서 'trance-7track-wav.cpr' 파일을 불러온다. 7개의 오디오 트랙이 있다.

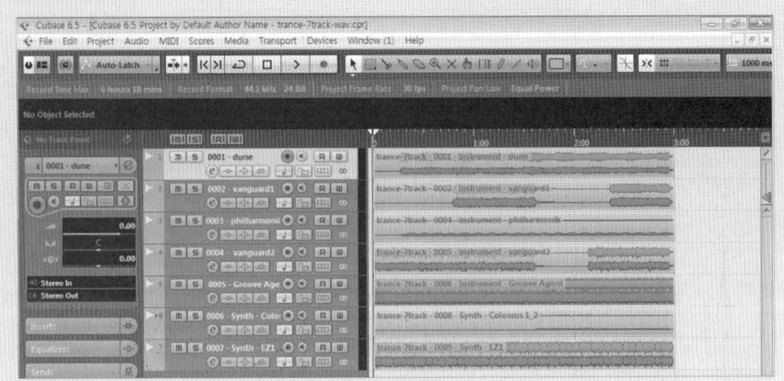

02 먼저 곡이 갑자기 시작되지 않고, 볼륨이 천천히 상승하면서 시작되도록 페이드 인을 적용해보자. 선택 툴로 Ctrl + 클릭하여 4, 5, 7번 트랙의 오디오 클립 3개를 동시에 선택한다.

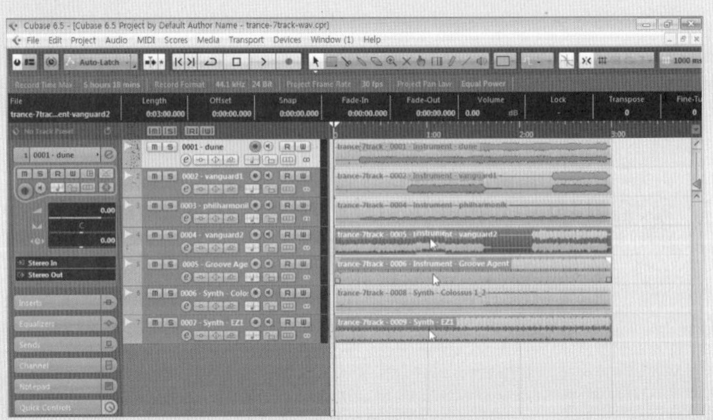

03 클립 왼쪽 끝에 페이드 인 핸들이 보이면 왼쪽으로 드래그하여 4초 정도 꺾어 준다.

4초 간격만큼 시작 부분에 페이드 인이 적용되어 곡을 시작할 때 천천히 볼륨이 올라가게 된다. 이때 3개 트랙을 선택한 상태에서 작업하므로 3개 트랙 모두 같은 페이드 인이 적용된다.

04 룰러에서 곡의 종료 부분을 Alt + 클릭하여 오른쪽 로케이터를 삽입한다.

곡의 처음부터 종료 부분까지 로케이터 구간이 설정된다.

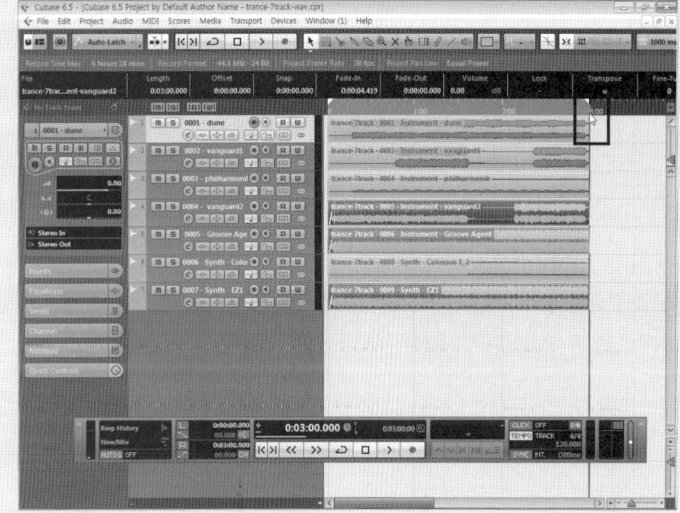

05 툴바에서 '싸이클' 버튼을 클릭해 On 상태로 전환한다.
믹싱 작업은 곡을 반복으로 들으면서 해야 하므로 곡 전체를 루프 연주 상태로 전환한 것이다.

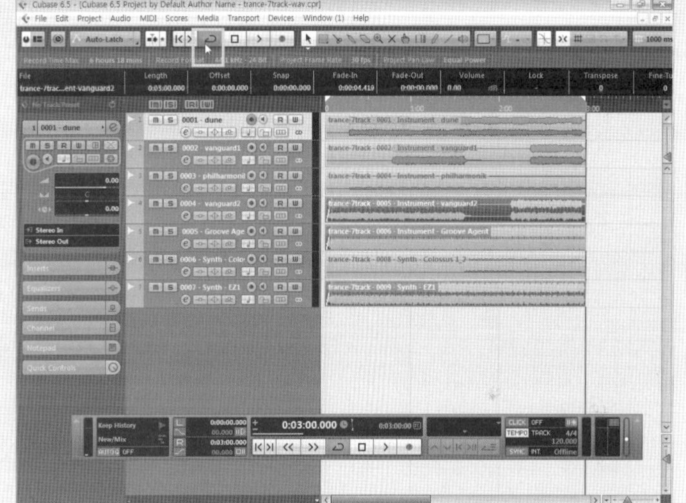

06 키패드의 숫자 1 키를 눌러 프로젝트 커서를 곡의 시작부분으로 이동시킨다.
이제 Space Bar를 눌러 연주를 시작한다.

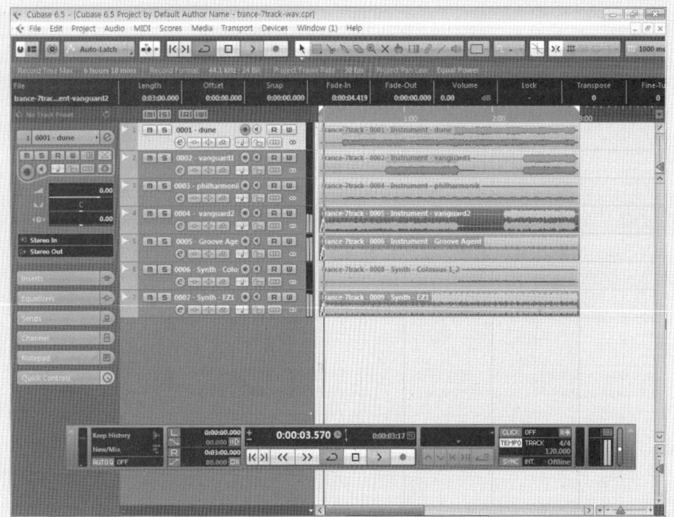

07 Devices → Mixer 메뉴를 실행해 믹서창을
불러온다. 믹서창 단축키는 F3이다.

믹서 오른쪽 끝에 있는 마스터 스트립의 하단을
보면 클리핑 인디게이터가 빨간색으로 표시된다.
볼륨이 과출력되면 클리핑 인디게이터가 빨간색
으로 변하면서 엔지니어에게 알려준다. 지금부터
과출력 볼륨을 잡아보자.

08 7개의 트랙 스트립마다 레벨 미터가 있으므로
어느 레벨 미터가 가장 높이 올라가는지 확인해본다.
대략 1, 2, 5, 7 스트립의 레벨 미터가 많이 올라
가고 있다. 특히 5번 스트립 레벨 미터가 가장
많이 올라가고 있으므로 과출력의 최대 원인이라
고 할 수 있다.

09 5번 스트립의 Input Gain 항목에 있는 숫자
를 드래그하여 '−9'를 적용해 입력 볼륨(게인값)을
조금 낮추어준다.

만일 믹서창에서 Input Gain 항목이 안 보일 경
우 맨 왼쪽 '믹서 확장/축소 버튼'을 클릭해 믹서
창을 확대하면 보일 것이다.

10 1번 'dune' 트랙, 2번 'Vangaurd' 트랙, 4번 'Vangaurd' 트랙, 7번 'EZ 드럼' 트랙도 과출력 상태이므로 Input Gain을 조금씩 낮추어준다. 이때 이들 스트립마다 있는 볼륨 페이더를 드래그하여 볼륨을 낮추는 방법도 사용할 수 있지만 가급적 Input Gain을 낮추는 것이 좋다.

Tip

볼륨 페이더와 인풋 게인

볼륨 페이더는 해당 트랙에 이펙트가 적용된 상태이면 그 이펙트의 볼륨까지 조절하는 기능이고, Input Gain은 이펙트 적용으로 생긴 볼륨 변화는 건들지 않고 입력되는 원시 사운드 신호(원본 사운드)의 볼륨을 조절하는 기능이기 때문에 쓰임새가 완전히 다르다.

11 Input Gain과 불륨을 줄일 때마다 클리핑 인디게이터를 마우스로 클릭해 그 효과를 즉석에서 확인해본다. 클리핑 인디게이터를 클릭했는데도 계속 빨간빛이 들어오면 아직도 과출력되는 트랙이 있다는 뜻이므로 과출력 스트립의 Gain 값을 계속 낮추어준다.

클리핑 인디게이터를 마우스로 클릭한 뒤 빨간빛이 안 들어오면 과출력되는 볼륨을 안정화시켰다는 뜻이 된다.

12 곡의 중반부터 2번 트랙 사운드가 들릴 것이다. 약간 디스토션이 있는 사운드에 스테레오 딜레이 이펙트를 추가해 디스토션 음향을 더 강조해 보자.

2번 스트립의 e 버튼을 클릭한다.

13 세팅 대화상자의 왼쪽 인서트 탭에서 빈 슬롯을 마우스로 클릭해 Delay → Stereo Delay 이펙트를 적용한다.

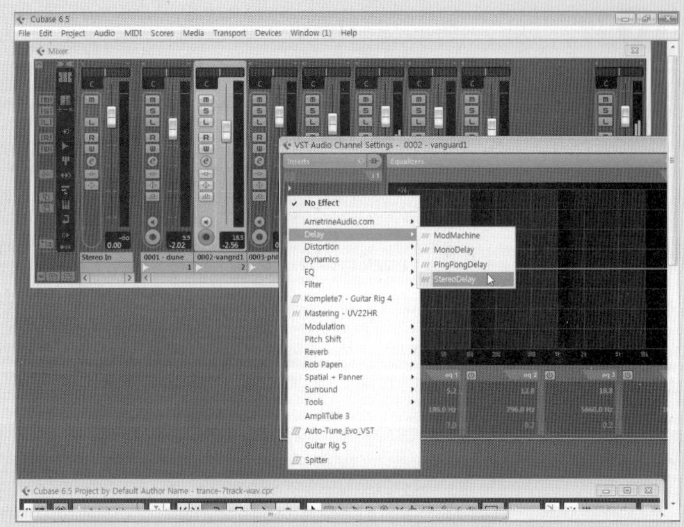

14 Stereo Delay 대화상자의 프리셋 항목을 클릭해 Ping Pong 프리셋을 선택한다. 2번 오디오 트랙의 사운드에 스테레오 양쪽 스피커에서 핑퐁처럼 왔다갔다하는 듯한 딜레이 효과가 만들어진다.

15 곡의 중반부터 6번 사운드가 들리는데 이 6번 사운드의 음색을 변경해보자. 6번 스트립의 e 버튼을 클릭한다. 이퀄라이저의 라인 부분 중 9K 부분에 3번 포인트를 생성시킨 뒤 위로 드래그한다. 해당 음역대가 증폭되어 6번 오디오 트랙의 음색이 달라지는 것을 알 수 있다.
(포인트 번호는 상관없다. 그림과 똑같은 위치에 포물선을 그려주면 된다.)

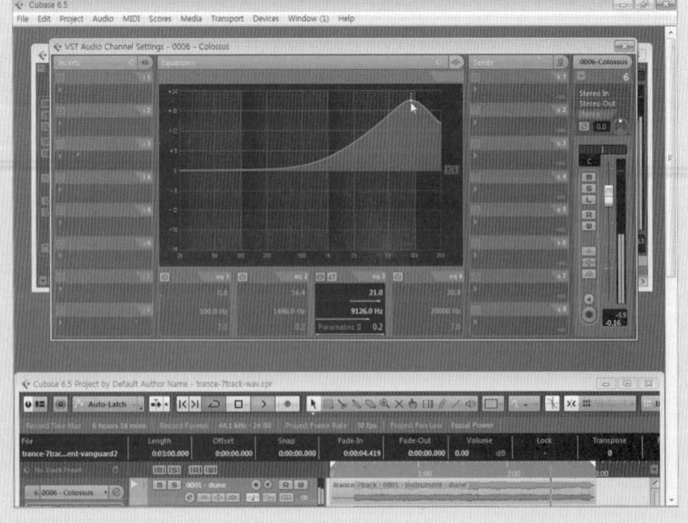

16 5번 '그루브 에이전트 원' 스트립의 S 버튼을
클릭해 솔로 연주로 전환한다. 몇몇 음색이 구별이
안 되면 솔로 버튼을 클릭해 개별적으로 모니터하면
서 믹싱 작업을 하는 것이 좋다.

5번 스트립이 솔로 연주 중인 상태에서 5번 스트
립의 e 버튼을 클릭한다.

17 인서트 탭의 1번 슬롯을 클릭해 Dynamics →
EnvelopeShaper 이펙트를 적용한다.

대화상자에서 옆 그림과 똑같이 엔벨로프 선을
그려준다. 엔벨로프 선 모양에 따라 드럼 사운드
의 증폭 상태가 많이 달라지므로 옆 그림과 거의
비슷하게 그려준다.

18 드럼 연주를 증폭시켰으므로 볼륨이 올라갈
것이다. 과출력 피크 볼륨을 깎아주기 위해 2번 슬롯
을 클릭해 Dynamics → Compressor 이펙트를 적용
한다.

대화상자에서 옆 그림과 똑같이 엔벨로프 선을
그려준다. 엔벨로프 선 모양에 따라 피크 볼륨을
압축하는 양이 달라지므로 옆 그림과 거의 비슷
하게 그려주어야 한다. S 버튼을 클릭해 솔로 연
주를 취소하고 전체 연주 상태로 전환한다.

19 이번에는 7번 드럼 스트립의 e 버튼을 클릭해 세팅 대화상자를 불러온다.

1번 슬롯을 클릭해 Dynamics → Envelope Shaper 이펙트를 실행한다. 대화상자에서 옆 그림과 똑같은 엔벨로프 선을 그려준다.

20 이번에는 4번 밴가드 스트립의 S 버튼을 클릭해 솔로 연주로 전환한다.

4번 밴가드 스트립의 e 버튼을 클릭해 세팅 대화상자를 불러온다.

21 인서트 탭의 1번 슬롯을 클릭해 Distortion → Distortion 이펙트를 적용한다. Distotion 대화상자에서 설정값은 기본값 그대로 둔다.

22 인서트 탭의 2번 슬롯을 클릭해 EQ → GEQ 10 이펙트를 적용한다.

GEQ 10 설정은 옆 그림과 같이 해준다.

23 Distortion 이펙트와 GEQ 10 이펙트를 추가 했으므로 해당 트랙의 볼륨이 전체적으로 높아졌을 것이다.

고볼륨을 압축하기 위해 인서트 탭의 3번 슬롯을 클릭해 Dynamics → Compressor 이펙트를 실 행한 뒤 옆 그림처럼 엔벨로프를 그려준다.

S 버튼을 꺼서 전체 트랙이 다시 들리도록 해 준다.

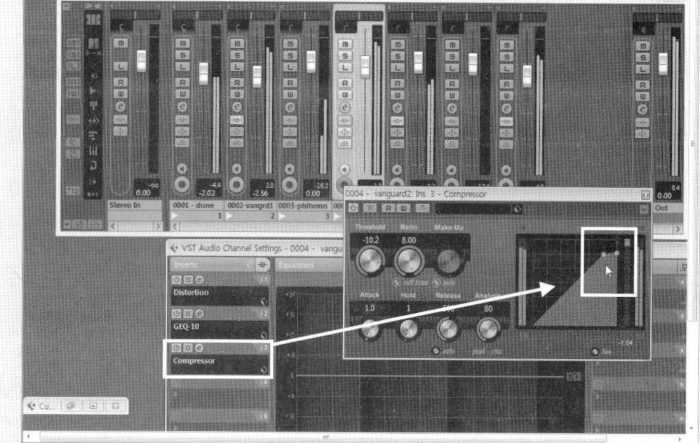

24 전체 트랙을 들어보니 전반적으로 메인 리듬 (1번 트랙)이 약한 편이다. 따라서 1번 트랙의 중고음 부를 약간 증폭시킬 예정이다.

1번 스트립의 e 버튼을 클릭해 세팅창을 불러온 다. 20Khz 주파수대에 포인트를 생성시킨 뒤 그 림처럼 위로 올리면 해당 주파수대가 증폭된다.

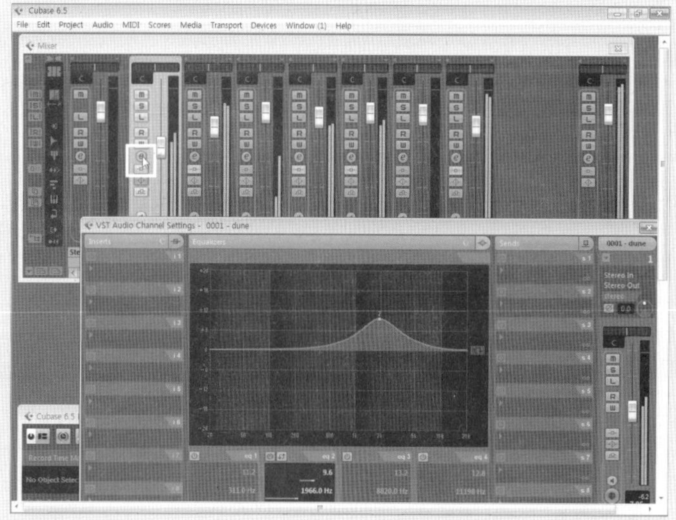

25 2번 트랙의 사운드는 곡의 중반부터 시작되는데 사운드의 시작 부분이 너무 과도하게 시끄러울 것이다.

2번 스트립의 e 버튼을 클릭해 세팅창을 불러온다. 10Khz 주파수대에 포인트를 생성시킨 뒤 그림처럼 아래로 내리면 중고음부 영역 볼륨을 떨어트리는 효과가 있다.

26 믹싱 작업을 끝낸 뒤에는 트랙을 합쳐 믹스다운해야 한다. File → Export → Audio Mixdown 메뉴를 실행한다.

Channel Batch Export 옵션의 체크 표시와 Create New Project 옵션의 체크 표시를 반드시 꺼준다.

하나의 파일로 합쳐서 믹스다운하기 때문에 Stereo Out 항목에만 체크한다.

저장될 파일이름은 반드시 변경하고 Export 버튼을 클릭해 믹스다운한다.

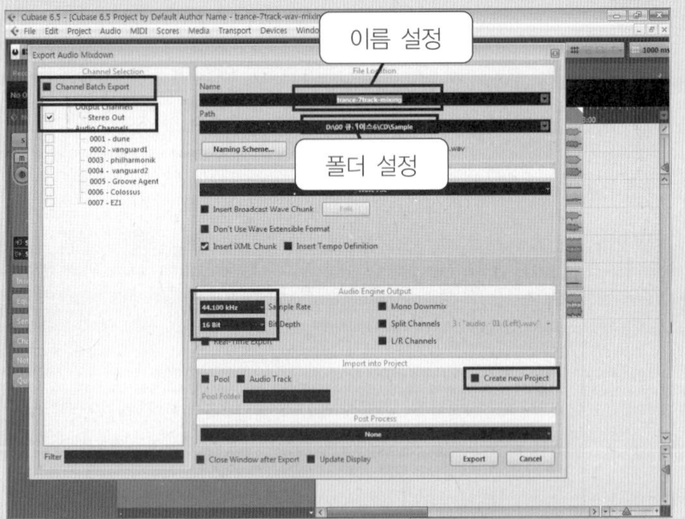

Tip

CD 음반 제작

전체 트랙을 합쳐서 믹스다운한 Wav 파일은 완성된 곡이므로 레코딩 프로그램을 사용해 CD 음반으로 제작할 수 있다.

큐베이스 내장 오디오 이펙트의 종류

이퀄라이저(EQ) – 채널 세팅창

큐베이스에 기본 내장된 4밴드 파라메트릭 방식의 이퀄라이저이다. 인스펙터 패널의 'Equalizers' 탭에서 실행하거나 채널 세팅창에서 실행한다. 채널 세팅창의 EQ는 커브조절판을 제공하므로 채널 세팅창에서 EQ를 사용하는 것이 효율적이다. 채널 세팅창은 오디오 트랙의 e 버튼이나 인스펙터의 e 버튼을 클릭하면 실행된다.

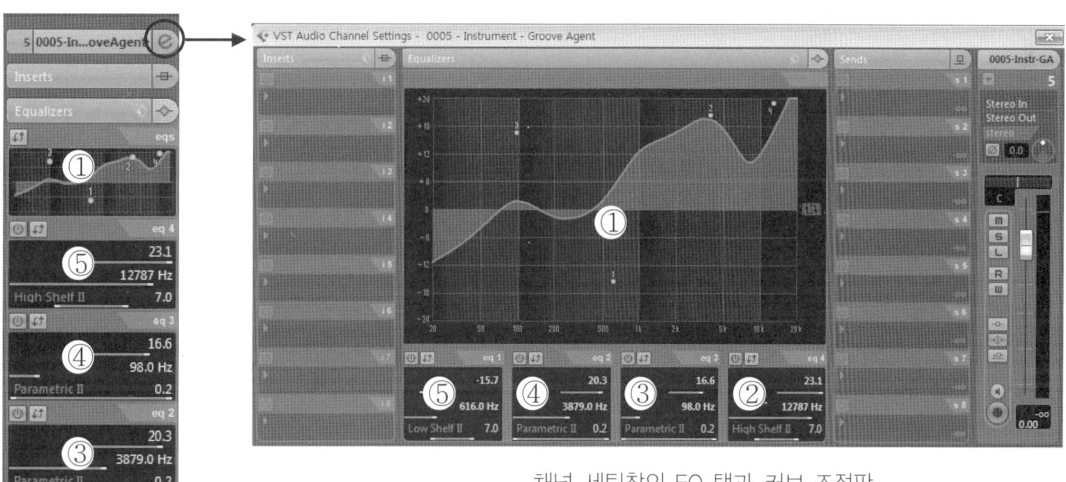

인스펙터의 EQ 탭

채널 세팅창의 EQ 탭과 커브 조절판

1. 커브조절판

큐베이스 내장 이퀄라이저는 4밴드 파라메트릭 타입으로 각 밴드를 커브 조절 방식으로 조절한다. 커브를 위로 올리면 해당 주파수 대역의 게인 값이 부스트(Boost, 볼륨 상승)되고 커브를 내리면 해당 주파수 대역을 컷오프(Cutoff)하여 볼륨이 줄어드는 효과가 있다. 여기서 볼륨이란 일반 볼륨 조절기와 달리 전체 볼륨을 조절하는 것이 아니라 저음, 중저음, 고음 등의 주파수 대역 중 원하는 주파수 대역의 볼륨을 조절하는 효과가 있다는 뜻이다.

예를 들어 저음부 위주로 부스트하면 오디오 파일은 전체적으로 저음부가 강한 음악이 되고, 저음부를 컷오프하면 해당 오디오 파일은 전체적으로 저음부가 없는 음악이 된다. 이퀄라이저는 이처럼 저, 중, 고음부 주파수 대역별로 작업을 걸 수 있기 때문에 오디오의 음색톤을 조절하거나 특정 주파수 대역에 몰려있는 잡음을 제거할 때 유용하다.

마우스로 커브를 클릭하면 포인트와 함께 1, 2, 3, 4 번호가 생성되고 각각 커브로 조절할 수 있는 상태가 된다. 포인트를 제거하려면 원하는 포인트를 더블클릭한다.

커브를 조절할 때 하단 주파수대를 보면서 조절하는데, 클릭한 부분이 저주파대이면 사운드의 저음부를 가감할 수 있고, 클릭한 부분이 고주파대이면 사운드의 고음부를 가감할 수 있다. 커브를 조절할 때 적용결과가 바로 귀에 들리므로 부스트시키거나 차단시키면서 가장 가까운 원음을 만들어주거나, 원하는 음색을 만들어준다.

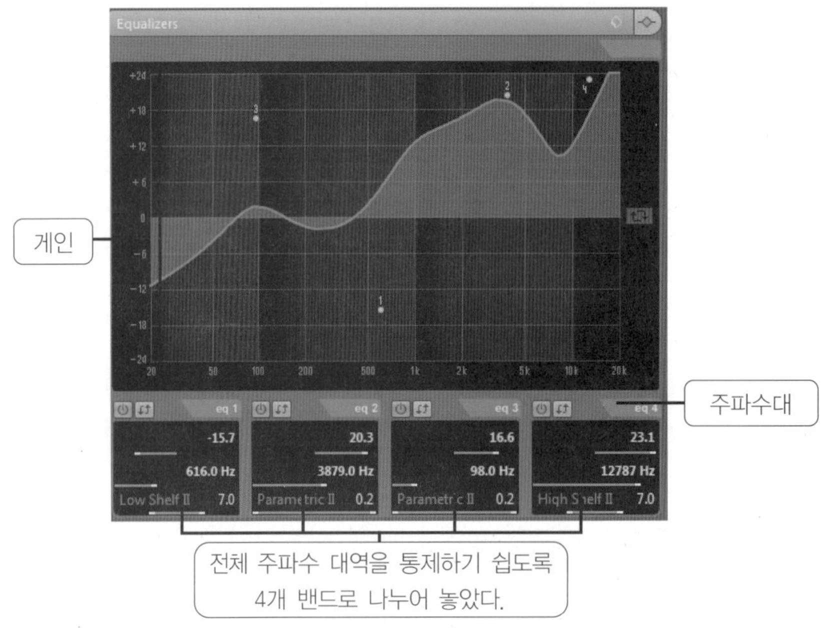

하단 4개의 밴드는 전체 주파수 대역을 조절하기 쉽도록 저주파대(저음부), 고주파대(고음부) 등 4개 대역으로 나누어 조절할 수 있는 장치이다.

2. EQ1 Low Shelf(EQ1 로우쉘프)

로우쉘프는 저주파수 즉 저음역대를 패스하는 방식으로 사운드 톤을 조절할 때 사용한다. Gain 슬라이더는 게인 값을 조절하는 기능이며, 입력 사운드 소스의 볼륨을 말한다. 수치를 높이면 해당 주파수대의 볼륨이 부스트된다.

Frequency 슬라이더는 해당 주파수대(저주파수대)의 기준 주파수를 어느 지점으로 할지 설정하는 기능이다. 게인 값을 조절할 때 여기서 설정한 기준 주파수 중심으로 부스트시킬 수 있다.

Q 슬라이더는 Frequency 슬라이더에서 설정한 기준 주파수 지점의 폭을 조절하는 기능이다. 곡선이 완만할수록(넓을수록)

쉘프형이 되어 주변 주파수 대역대가 같이 끌려와서 조절되고, 곡선이 급격하면(좁게 설정하면) 피킹형이 되어 주변 주파수 대역대는 조절하지 않고 기준 주파수대만 조절이 된다.

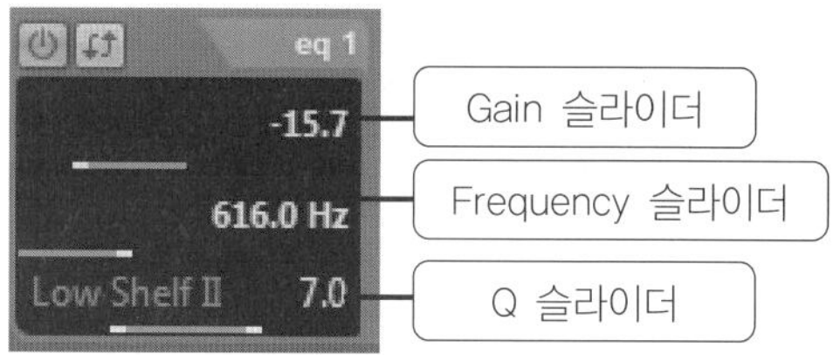

3. EQ2 Parametric(EQ2 파라메트릭)

저주파수 대역에서 중간 주파수 대역까지의(저음에서 중음) 구간을 임의적으로 지정해 조절할 수 있다. 앞에서와 마찬가지로 Gain 슬라이더로 입력되는 소스의 증폭 상태를 조절하고, Frequency 슬라이더로 해당 EQ2 파라메트릭에 해당하는 기준 주파수를 어느 지점으로 할지 설정한다. Q 슬라이더로 설정한 기준 주파수의 폭을 조절해준다.

4. EQ3 Parametric(EQ3 파라메트릭)

중간 주파수 대역에서 고주파수 대역(중음에서 고음)까지의 구간을 임의적으로 지정해 조절할 수 있다. 앞에서와 마찬가지로 Gain 슬라이더로 입력되는 사운드 소스의 볼륨을 조절하고, Frequency 슬라이더로 해당 EQ3 파라메트릭에 해당하는 기준 주파수를 어느 지점으로 할지 설정한다. Q 슬라이더로 설정한 기준 주파수의 폭을 조절해준다.

5. EQ4 High Pass(EQ4 하이패스)

하이패스란 높은 주파수(고주파수)를 패스, 즉 지정한 고주파수 이상의 고음 부분을 원음 그대로 통과시키는 방식으로 주파수를 조절할 때 사용한다.

앞에서와 마찬가지로 Gain 슬라이더로 사운드 소스의 증폭을 조절하고, Frequency 슬라이더로 해당 주파수대(고주파수대)의 기준 주파수를 어느 지점으로 할지 설정한다. Q 슬라이더로 설정한 기준 주파수의 폭을 조절해준다.

 # EQ → Studio EQ(스튜디오 이퀄라이저) 

Studio EQ는 VST 플러그 인 방식의 이퀄라이저로 앞에서 배운 큐베이스 내장 4밴드 이퀄라이저와 사용법이 동일하다. 단, 밴드마다 커브 모양을 선택할 수 있는 기능을 제공한다. 조절 노브는 큐베이스 내장 4밴드 이퀄라이저와 동일하게 조작하므로 커브 모양을 선택하는 기능에 대해 알아본다.

1. Self 1

고주파수를 조절할 수 있는 노브를 On시킨 뒤 Self 1형을 선택한
모습이다. 고주파대의 음색 톤을 부스트 시키거나 줄일 수 있다.

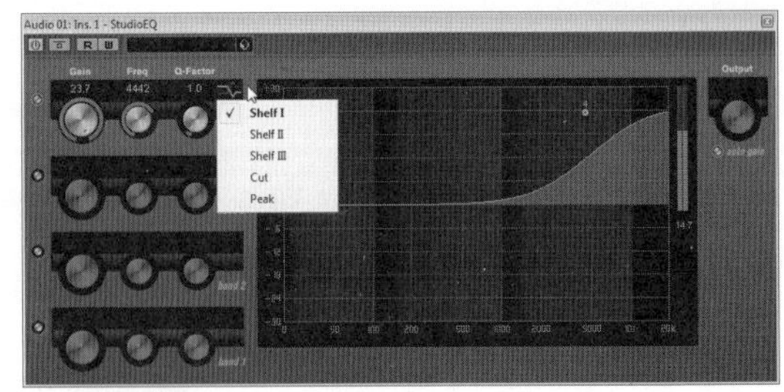

2. Self 2

Self 1형의 변형이다.

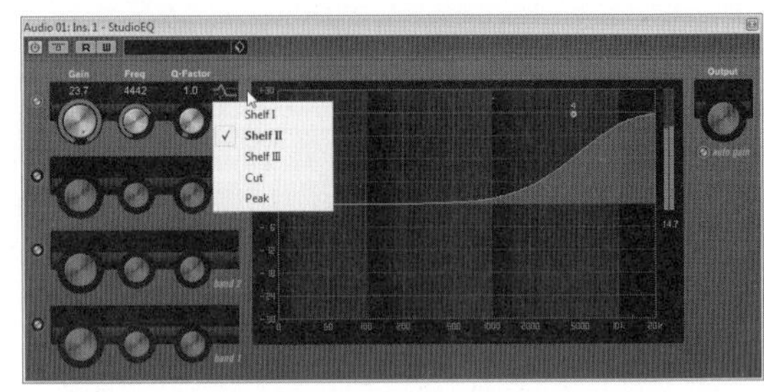

3. Self 3

Self 2형의 변형이다.

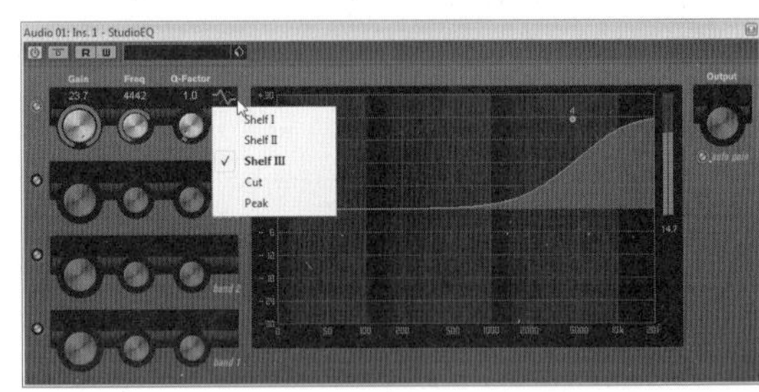

4. Cut

컷(Cut)이란 기준 주파수 이하(로우컷), 혹은 기준 주파수 이상(하이
컷)을 통과시키지 못하도록 막는 기능이다. 그림을 보면 고주파수 대
역에서 컷을 적용했으므로 High Cut이 되고, 해당 주파수 이상의 고
음 부분이 통과되지 않도록 해준다. 각각의 노브를 조절해 기준 위치,
폭 등을 조절할 수 있다.

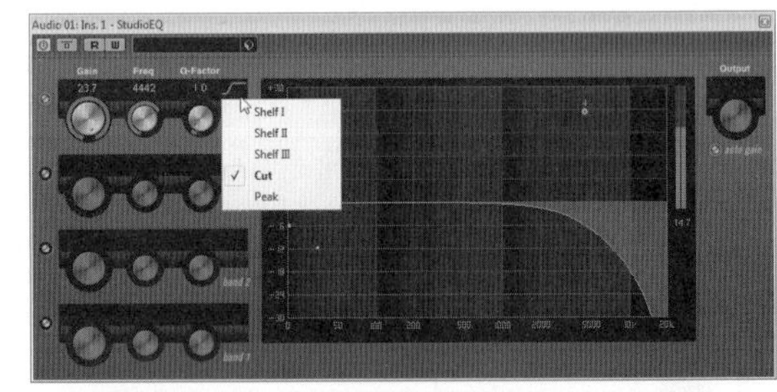

5. Peak

Self 형에 비해 곡선 모양이 뾰족하다. 그만큼 지정한 기준 주파수 위
주로 게인 값을 조절할 수 있다. 흔히 Shef 형은 음의 몸통을 만드는
작업이라고 하고, Peak는 그 음의 얼굴을 만드는 작업이라고도 한다.

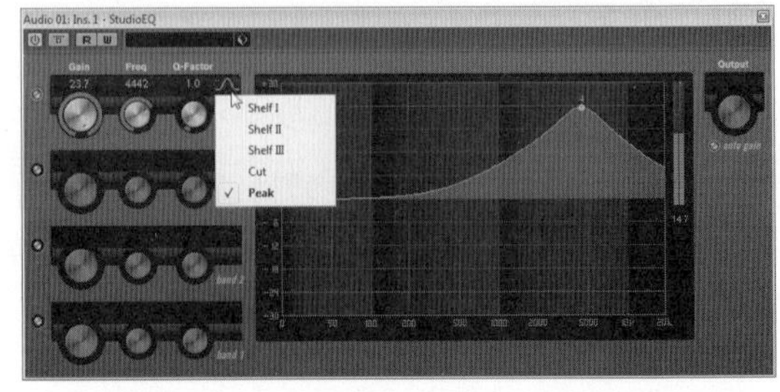

 **플러그 인 이퀄라이저 사용하기 – EQ → GEQ 10, GEQ 30** 

인서트 탭의 EQ 메뉴로 삽입하는 GEQ 10과 GEQ 30은 플러그 인 방식의 이퀄라이저이다. GEQ 10은 기준 주파수 10개를 미리 지정해 조절하는 10밴드 방식이고, GEQ 30은 기준 주파수 30개를 미리 지정해 조절하는 30밴드 방식이다. 조절되는 기준 주파수는 각 슬라이더 하단에 표시되어 있고, 슬라이더를 조절해 해당 기준 주파수의 게인값을 부스트하거나 컷한다. 프리셋을 클릭하면 미리 설정된 악기별 주파수 조절값을 사용할 수 있다.

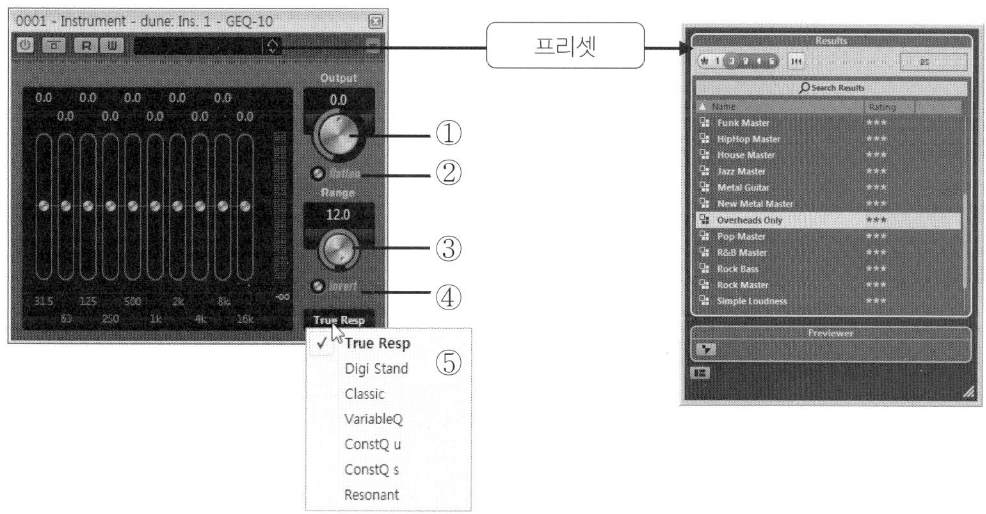

① Output 노브 : 최종 출력 레벨(볼륨)을 조절할 수 있다.

② Flatten 버튼 : 각 밴드를 조절한 값을 리셋하고 원래대로 돌아간다. 다른 세팅값을 사용하고 싶을 경우 적용한다.

③ Range 노브 : 밴드 조절값을 일괄적으로 조절할 수 있다.

④ Invert 버튼 : 밴드 조절값을 반대로 뒤집어 적용한다.

⑤ 필터 모드 메뉴 : 이퀄라이터의 필터 모드를 변경한다. True Response를 선택하면 필터를 적용하지 않은 상태로 전환되어 밴드 조절값 그대로 EQ가 적용된다.

큐베이스 6의 플러그 인 이퀄라이저 - EQ → Dj EQ

큐베이스 6에서 새로 등장한 이퀄라이저이다. 마우스 드래깅으로 바로 특정 주파수 대역을 부스트하거나 컷오프할 수 있다. 일반적으로 오디오 이펙트는 프로젝트를 플레이하면서(사운드를 모니터링 하는 상태) 적용해야 사운드의 변화 상태를 시시각각 바로 알 수 있다.

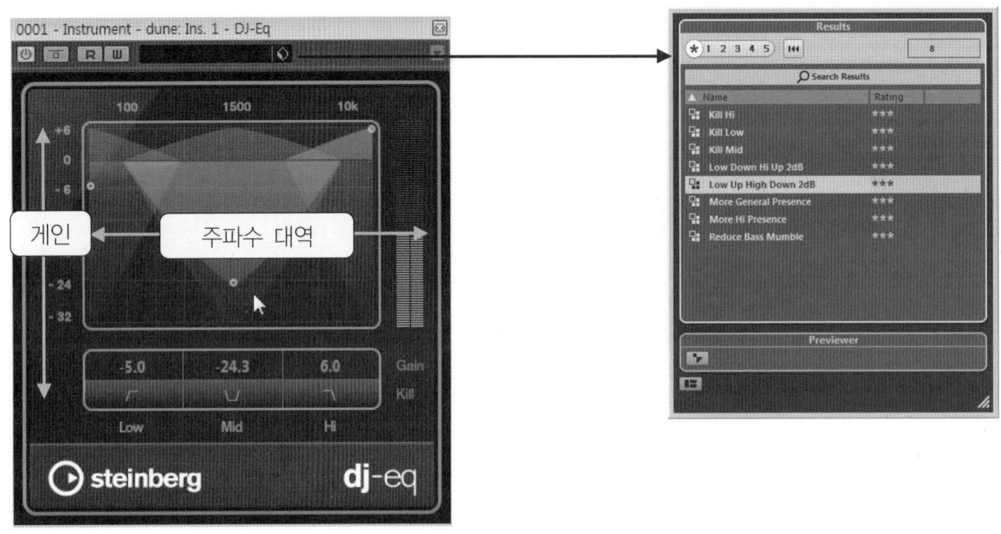

프리셋

① Gain : 마우스로 드래그한 부분의 게인 값이 표시된다. -32~6 사이에서 조절한다. 숫자가 높을수록 해당 주파수 대역이 증폭되고, 수치가 낮으면 컷오프되어 해당 주파수 대역이 들리지 않게 된다.

② Kill 버튼 : 각각의 Low, Mid, Hi 주파수대를 컷오프하여 들리지 않도록 한다.

③ 프리셋 : 프리셋은 미리 설정한 여러 가지 조절값을 나중에 다시 사용하기 쉽도록 저장한 것을 말한다. 원하는 프리셋을 선택하면 해당 프리셋에 있는 조절값이 적용되어 주파수를 조절하게 된다.

참고 VST, VST2, VST3은 무엇?

가상악기 메뉴와 오디오 이펙트 메뉴를 보면 이름 부분에 이상한 아이콘이 있다. 이 아이콘이 뜻하는 것은 다음과 같다.

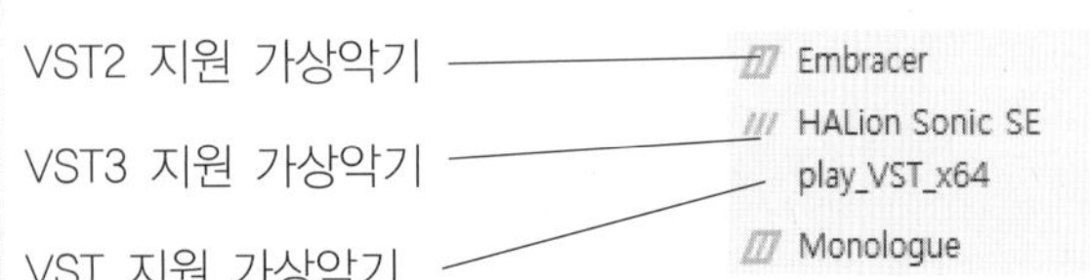

참고로, VST란 큐베이스가 사용하는 플러그 인 프로그램 인식 방식이다. VST를 지원하는 가상악기, 오디오 이펙트를 설치하면 큐베이스에서 자동 인식되어 사용할 수 있다. VST2보다는 VST3이 최근에 발표된 더 고급 방식이다.

Delay → Mod Machine(딜레이 이펙트)

'모드 머신'은 인서트 탭의 Delay → Mod Machine 메뉴로 삽입할 수 있는 딜레이 효과를 가진 이펙트이다. 딜레이 모듈레이션과 Filter Frequency/Resonance 모듈레이션이 결합된 형태이며 선택한 오디오 트랙에 일반적은 딜레이 효과를 적용할 때 사용한다.

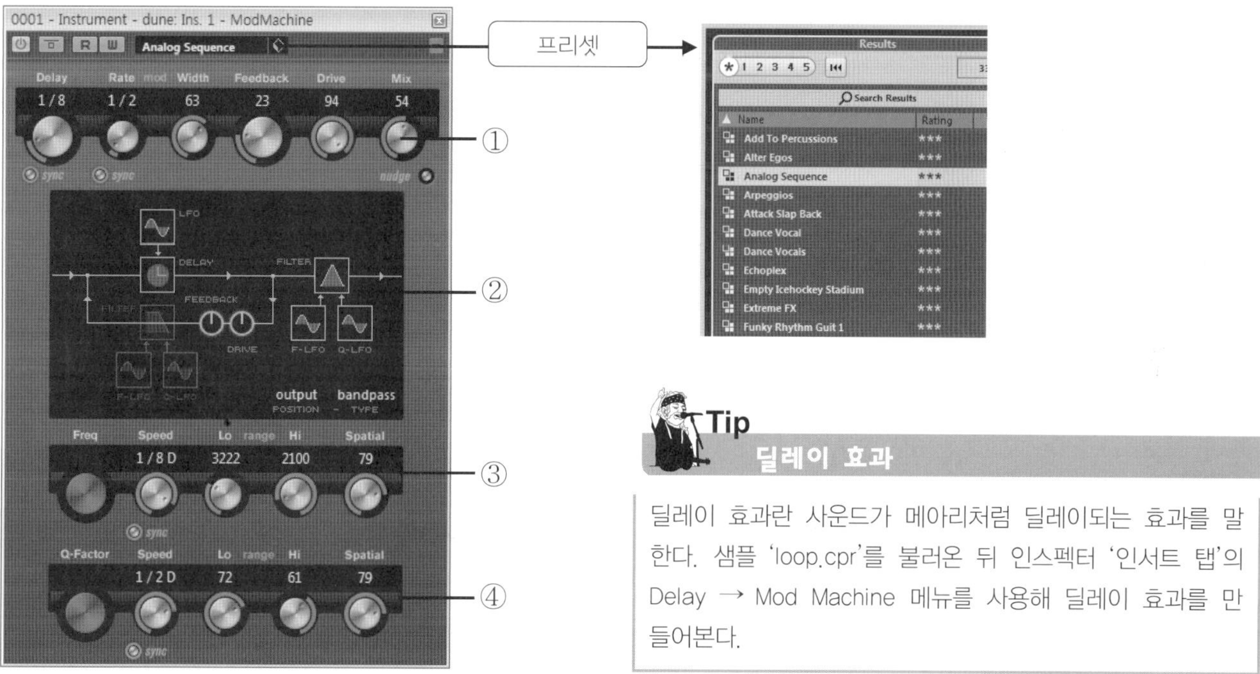

Tip

딜레이 효과

딜레이 효과란 사운드가 메아리처럼 딜레이되는 효과를 말한다. 샘플 'loop.cpr'를 불러온 뒤 인스펙터 '인서트 탭'의 Delay → Mod Machine 메뉴를 사용해 딜레이 효과를 만들어본다.

1. 딜레이 패널

① Delay : 딜레이 발생 타임을 설정한다. 싱크 버튼을 끈 경우 1~5000ms초 단위로 딜레이 타임을 설정하고, 싱크 버튼을 켠 경우 설정한 음악 비트 길이(1/1박자~1/32박자)에 맞게 딜레이가 반복된다.

② 싱크(Sync) 버튼 : 딜레이 타임을 발생시킬 때 음악 비트에 맞게 발생시킬 수 있다. 이 버튼을 끄면 딜레이 타임이 초 단위로 설정된다.

③ Rate 노브 : 딜레이 발진량을 설정한다. 싱크 버튼을 끈 경우 1~5000ms초 단위로 딜레이 발진량을 설정하고, 싱크 버튼을 켠 경우 설정한 비트 길이(1/1박자~1/32박자)에 맞게 딜레이 발진량이 설정된다.

④ Width 노브 : 딜레이의 음정 변화 폭을 설정한다. 설정에 따라 비브라토 또는 코러스 효과가 나타난다.

⑤ Feedback 노브 : 딜레이의 반복량을 설정한다.

⑥ Drive 노브 : 딜레이 효과에 피드백 디스토션을 추가한다. 곡을 종료했을 때 딜레이 효과가 종료되지 않고 메아리처럼 계속 들리는 효과이다. 수치를 높이면 메아리가 많이 울린다.

⑦ Mix 노브 : 원본 사운드와 딜레이된 사운드의 믹스량을 조절한다. 수치를 낮추면 딜레이를 적용하기 전의 원본 사운드가 많이 들리고, 수치를 높이면 딜레이된 사운드가 많이 들린다.

⑧ Nudge : 아날로그 테프 Nudge Type 효과처럼 오디오의 입력 속도를 높여준다.

2. 시그널 패스 그래픽 패널

딜레이 발진기의 연결 상태를 선행 또는 루프로 변경할 수 있고 사운드 필터(EQ 효과)를 교체할 수 있다. 원하는 딜레이
효과를 만들기 위해 패스 연결을 변경해보자.

3. 주파수 필터 패널

주파수 LFO 모듈레이션으로 딜레이 효과를 추가한다.

① Freq 노브 : 차단(Cutoff)할 주파수를 설정한다. 오른쪽 Speed 노브가 0일 경우 동작한다.

② Speed 노브 : 주파수 LFO 모듈레이션의 사운드 발진 속도를 설정한다. 하단 싱크 버튼을 켠 경우 음악 비트 길이(1/1박
자~1/32박자)에 맞게 단위가 변경된다.

③ Range Lo/Hi 노브 : 이 2개의 노브는 주파수 LFO 모듈레이션에서 발생될 주파수 범위를 설정할 때 사용한다.

④ Spatial 노브 : 주파수 모듈레이션 LFO에 스테레오 파노라마 효과를 만들어준다. 시계 방향으로 돌리면 스테레오 효과가 풍
부해진다.

4. Q Factor 패널

앞에서 주파수 필터를 적용했을 때 발생되는 공진(공명) 효과를 만들 수 있다.

① Q Factor 노브 : 공진 주파수의 양을 조절한다. 오른쪽 Speed 노브를 0으로 설정하고, Sync 버튼을 끈 경우 활성화된다.

② Speed 노브 : 공진 LFO 모듈레이션의 발진 속도를 조절한다.

③ Range Lo/Hi 노브 : 이 2개의 노브는 공진 LFO 모듈레이션에서 발생될 주파수 범위를 설정할 때 사용한다.

④ Spatial 노브 : 공진 모듈레이션 LFO에 스테레오 파노라마 효과를 만들어준다. 시계 방향으로 돌리면 스테레오 효과가 풍부
해진다.

Delay → MonoDelay(모노 딜레이 이펙트)

모노 음으로 딜레이 효과를 만들 수 있고, 사이드체인으로 들어오는 사운드에도 걸 수 있다. 5개 노브의 사용법은 앞(P 491)의 '모드 머신' 설명을 참고한다.

Delay → PingPongDelay(핑퐁 딜레이 이펙트)

딜레이 효과를 스테레오의 좌우 채널에서 핑퐁처럼 왔다 갔다 하도록 만들 때 사용한다. 6개 노브의 사용법은 앞(P 491)의 '모드 머신' 설명을 참고한다.

Delay → StereoDelay(스테레오 딜레이 이펙트)

딜레이 효과를 스테레오 좌우 채널에 서로 다르게 설정할 수 있다. 각각의 노브의 사용법은 앞(P 491)의 '모드 머신' 설명을 참고한다.

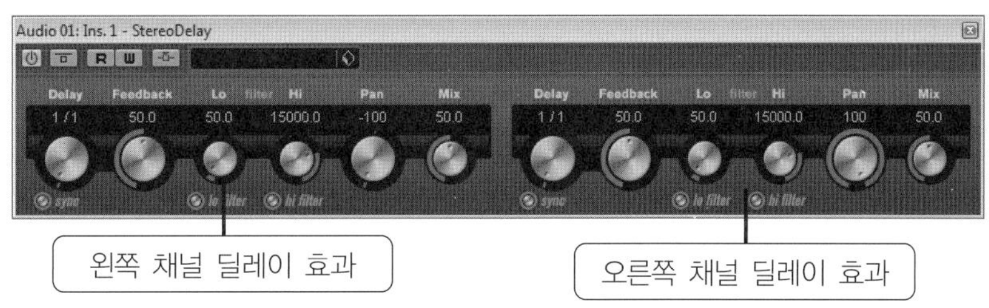

일렉 기타처럼 디스토션/오버드라이브 효과 만들기 – Distortion → AmpSimulator(앰프 시뮬레이터)

기타 앰프에 전기기타를 물리고 연주하면 들을 수 있는 디스토션 효과를 만드는 이펙터이다. 프리셋 버튼을 클릭하면 다양한 스타일의 기타 앰프와 캐비넷 스피커 프리셋을 선택할 수 있다. 기타 파트에 오버드라이브나 디스토션을 걸 때 사용하며, 1960년대 추억의 명품 같았던 그 옛날 트랜지스터 라디오 효과를 만들 때도 사용한다.

샘플 'loop.cpr'을 불러온 뒤 인스펙터 패널 '인서트' 탭의 빈 슬롯을 클릭한 뒤 Distortion → AmpSimulator 메뉴를 실행한다.

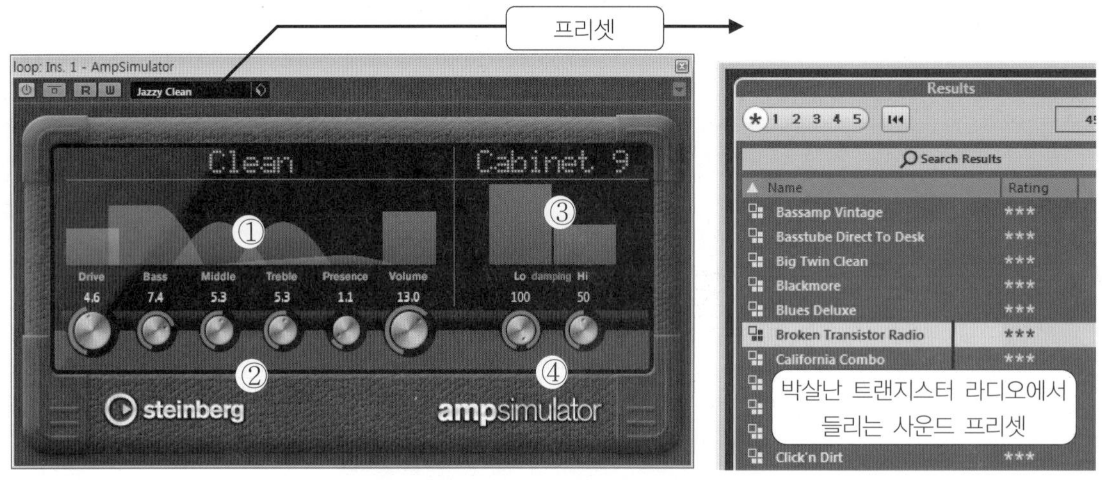

1. 앰프 패널

앰프 이름 부분을 클릭하면 앰프 모델을 선택할 수 있다. 'No Amp'를 선택하면 앰프를 사용하지 않는다.

앰프 패널에 있는 그래프는 하단 노브 조절량을 표시한다.

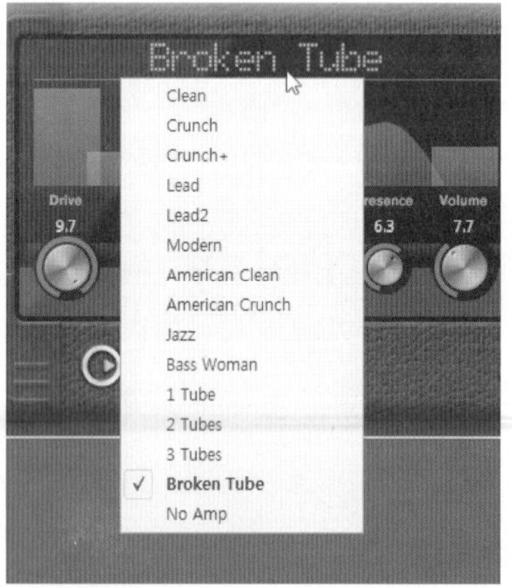

2. 노브 패널

① Drive 노브 : 기타 앰프의 오버드라이브 기능과 같은 기능이다. 음을 부드럽게 찌그러트린다.

② Bass 노브 : 저주파수(저음) 대역의 베이스 톤을 조절한다.

③ Middle 노브 : 미들 주파수(중음) 대역의 톤을 조절한다.

④ Treble 노브 : 고주파수(고음) 대역의 톤을 조절한다.

⑤ Presence 노브 : 고주파수(고음) 대역을 부스트하거나 낮춘다.

⑥ Volume 노브 : 최종 출력 레벨(볼륨)을 조절한다.

3. 캐비넷 패널

캐비넷 이름 부분을 클릭하면 스피커 캐비넷 종류를 선택할 수 있다. 'No Speaker'를 선택
하면 캐비넷 스피커가 적용되지 않는다.

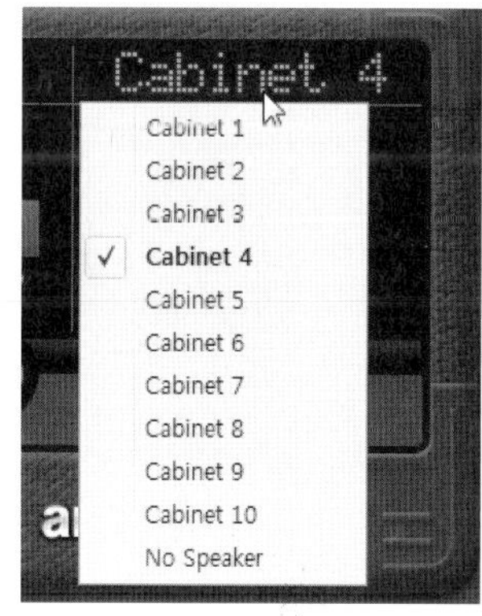

캐비넷 모델을 선택하는 모습

4. 댐핑 Lo/Hi 조절기

선택한 캐비넷의 사운드 톤을 제어할 수 있다. 좌우 슬라이더로 조절하거나 숫자를 더블클릭한 뒤 직접 입력한다.

# Distortion → DaTube(진공관 앰프 시뮬레이터)

진공관 앰프를 시뮬레이션하는 기능이다. 적용하면 바로 사운드가 매우 따뜻한 음색으로 변한다.

① Drive 노브 : 입력되는 게인 즉 소스 사운드의 볼륨을 조절한다. 음의 가
　장자리에 약간 찌그러지는 소리가 추가된다.

② Balance 노브 : 원본 사운드와 Drive를 적용한 변경된 사운드의 믹스량을
　조절한다. Drive 노브와 Balance 노브의 수치를 올릴수록 진공관 아이콘
　이 더 반짝거린다.

③ Output 노브 : 최종 출력 레벨을 조절한다.

Distortion → Distorion(디스토션 이펙트)

말 그대로 음을 찌그러뜨리는 디스토션 효과를 만들 수 있다. 기타 같은 악기 트랙에 디스토션 효과를 만들 때 사용한다. FM 라디오에서 방송이 안 잡힐 때 들리는 찌지지~ 소리를 만들 수도 있다.

① Boost : 디스토션 강약을 조절한다.

② Feedback : 디스토션 효과가 되돌아오는 강약을 조절한다.

③ Tone : 고주파수/저주파수에서 디스토션이 발생할 영역을 조절한다.

④ Spatial : 디스토션 효과를 스테레오 좌우 채널로 이동시킬 수 있다.

⑤ Output 노브 : 최종 출력 레벨을 조절한다.

Distortion → SoftClipper(오버드라이브 이펙트)

소프트클립퍼는 부드럽게 음을 찌그러트리는 소프트형의 오버드라이브 이펙터이다.

① Input 노브 : 소프트 오버드라이브 효과의 강약을 조절한다.

② Mix 노브 : 원본 사운드와 소프트 오버드라이브가 적용된 사운드의 믹스량을 조절한다.

③ Output 노브 : 최종 출력 레벨을 조절한다.

④ Second 노브 : 기존 오버드라이브 효과에 하모니를 이루며 두 번째 오버드라이브 효과를 추가한다.

⑤ Third 노브 : 기존 오버드라이브 효과에 하모니를 이루며 세 번째 오버드라이브 효과를 추가한다.

Tip

오버드라이브와 디스토션

오버드라이브와 디스토션은 둘 다 음을 찌그러트리는 역할을 한다. 그러나 오버드라이브는 음을 부드럽게 찌그러트리는 반면 디스토션은 화끈하게 찌그러트린다.

Distortion → VST Amp Rack(VST 앰프 랙 이펙트)

큐베이스 6의 새로 등장한 오디오 이펙트이다. 캐비넷 앰프 모델을 시뮬레이션하는 이펙트이다. 일렉기타 연주가 녹음된 트랙에 적용하기도 하지만 일반 오디오 트랙에도 적용할 수 있다.

1. Pre Effects 탭

앰프로 들어가기 전의 원본 사운드에 이펙트를 적용할 수 있다. 처음에는 아무것도 적용되지 않은 상태이며 클릭하면 다양한 이펙트를 적용할 수 있다.

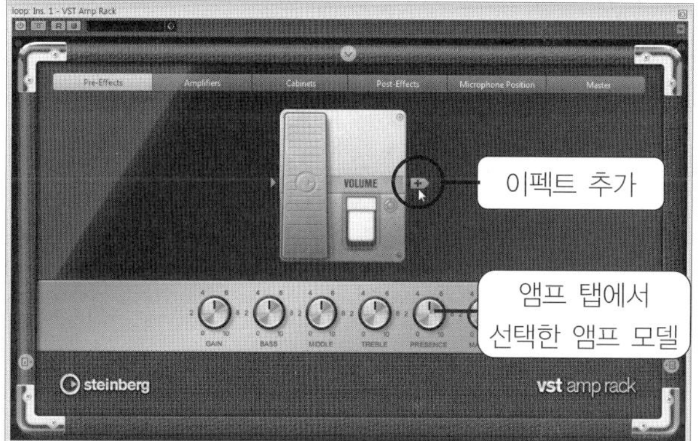

여기서 적용할 수 있는 이펙트는 지금 배우고 있는 오디오 이펙트의 간이형이 많으므로 PART 6을 공부하면 손쉽게 조작할 수 있다.

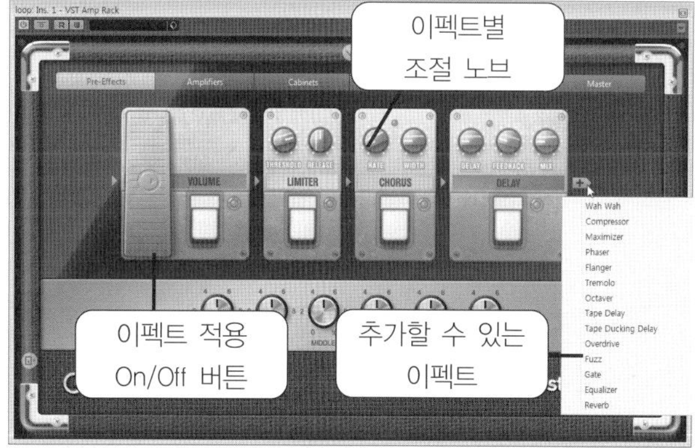

2. 앰프(Amplifier) 탭

사용할 앰프 모델을 선택하는 기능이다. 원하는 앰프 모델을
선택한 뒤 하단 조절 노브를 조절해 음향을 만들어준다.

앰프 모델마다 음색이 조금씩 달라진다.

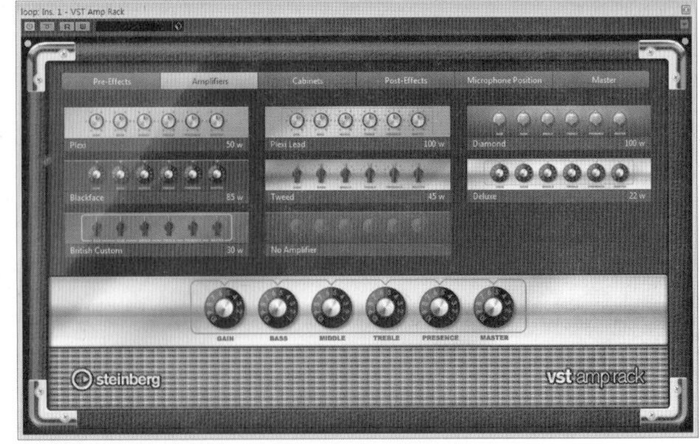

3. 캐비넷 탭

앰프가 들어있는 캐비넷 모양을 선택한다. 캐비넷에 따라 음질
이 달라진다.

4. Post Effects 탭

앰프에서 나오는 사운드에 이펙트를 적용할 수 있다. 앞의 Pre
Effects 탭에서 배운 이펙트를 다시 사용하게 되는데, Pre
Effects 탭은 앰프로 들어가기 전의 사운드 신호에 이펙트를
걸고, Post Effects 탭은 앰프에서 나오는 사운드 신호에 이
펙트를 걸어준다는 점이 다르다.

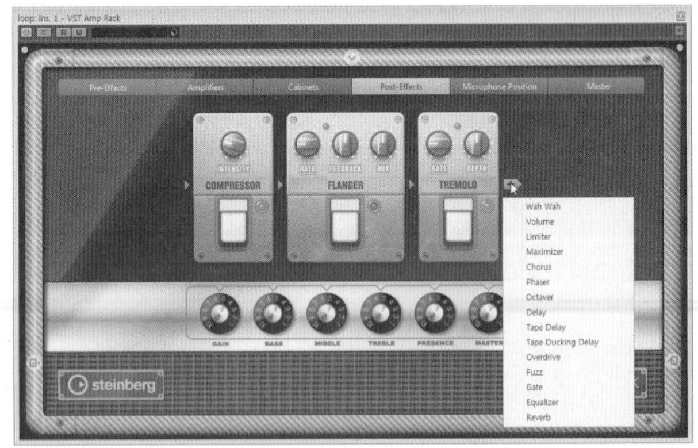

5. 마이크 포지션(Microphone Position) 탭

녹음용 마이크의 위치를 설정한다. 마이크는 다이내믹, 콘덴서 모델을 시뮬레이션하여 선택할 수 있다.

마이크 사이의 Mix 노브는 다이내믹/콘덴서 마이크 중 어느 마이크를 사용할지를 선택하는 기능이다. Mix 노브를 중간으로 설정하면 양쪽 마이크를 혼합해 사용하는 상태가 된다.

6. 마스터(Master) 탭

마스터 볼륨(최종 출력 볼륨)과 마스터 이퀄라이저를 제공한다. Tuner 버튼을 누르면 앰프를 사용하기 전의 원래 사운드로 출력된다.

참고로, 하단 노절 노브는 앰프 탭에서 선택한 앰프 모델의 조절 노브이므로 마스터 조절 기능이 아니다.

 # Distortion → Grungelizer(그런지라이저)

사운드에 노이즈와 잡음을 생성시킨다. 예를 들면 라디오 주파수를 맞추지 못했을 때 들리는 사운드와 같은 효과이다.

① Crackle 다이얼 : 옛날 LP 음반에서 턴테이블 바늘이 빈 트랙을 돌 때 들었던 찌지직... 소리를 추가할 수 있다. RPM 항목에서 LP 음반의 속도를 33/45/78RPM에서 선택한다.

② Noise 다이얼 : 잡음을 추가할 수 있다.

③ Distortion 다이얼 : 오른쪽으로 돌릴수록 디스토션이 많아진다.

④ EQ 다이얼 : 저주파수를 컷오프할 수 있다. 저품질의 로우파이 사운드를 만들 때 사용한다.

⑤ AC 다이얼 : AC 전원장치에서 들을 수 있는 우웅~ 하는 울림음을 추가할 수 있다. 하단 Frequency 스위치에서 우웅~ 소리의 음정(50/60Hz)을 선택할 수 있다.

⑥ Timeline 다이얼 : 설정한 이펙트의 출력을 조절할 수 있다.

피크 볼륨, 과출력 볼륨 누르기 – Dynamics → Compressor(컴프레서 이펙트)

컴프레서 이펙트는 오디오 클립에서 높은 데시벨을 일정 비율로 압축한 뒤 볼륨을 줄일 때 사용한다. 사운드를 녹음하다 보면 어떤 악기의 경우 일정 볼륨을 유지하다가 별안간 툭 튀어나오는 과출력 볼륨이 발생할 수도 있다. 이런 과출력 볼륨을 압축하여 깎아내리는 기능이 컴프레서 이펙트이다. 보통 과출력 볼륨이 많은 오디오에서 과출력 부분 위주로 압축, 과출력 된 부분을 깎아낼 때 사용하며, 이퀄라이저와 함께 가장 많이 사용하는 기능이다.

샘플 'drum2 wave.cpr'을 불러온 뒤 Play하면 고볼륨 영역이 일정 박자를 유지하며 반복되고 있다. 귀에 거슬리기 때문에 컴프레서 이펙트로 고볼륨을 깎아본다. 인스펙터의 인서트 탭에서 빈 슬롯을 클릭해 Dynamics → Compressor 이펙트를 실행한다.

1. 노브 패널

노브를 조작해 컴프레서 값을 설정한다.

① Threshold 노브 : 컴프레서가 적용될 범위를 설정한다. −60bB~ 0dB 사이에서 설정한다.

② Ratio 노브 : 입출력 사운드 간의 압축 비율을 설정한다. 1대1~8대1 사이에서 설정한다. 예를 들어 3대1로 설정하면 입력되는 사운드의 3dB이 출력 시 1dB로 압축된다는 뜻이다.

③ Soft Knee 버튼 : 이 버튼을 켜면 Ratio 노브에 의한 압축 작업이 좀 더 부드럽게 처리된다.

④ Make up 노브 : 고볼륨을 압축할 때 발생한 손실 레벨을 보정한다. 레벨을 재보정하여 올릴 수 있다.

⑤ Auto 버튼 : Make up 기능을 자동으로 해준다.

⑥ Attack 노브 : 컴프레서 기능의 동작이 시작되는 시간을 설정한다. 0.1~100ms 사이에서 설정한다.

⑦ Hold 노브 : 컴프레서 기능이 유지되는 시간을 설정한다. 0~2000ms 사이에서 설정한다.

⑧ Release 노브 : 컴프레서 기능이 종료되는 시간을 설정한다. 10~1000ms 사이에서 설정한다.

⑨ Auto 버튼 버튼 : 앞의 Release 타임을 자동으로 해준다.

⑩ Analysis 노브 : 컴프레서의 분석 방식을 설정하는데 Peak~RMS 사이에서 조절한다. 소스가 보컬 음성인 경우 RMS 쪽으로, 소스가 타악기류라면 Peaks 쪽으로 조절한다.

⑪ Live 버튼 : 리얼타임 레코딩 시 컴프레서 기능에 레이턴시가 발생한 경우 이 버튼을 On 상태로 전환하면 레이턴시를 줄일 수 있다.

2. 그래프 패널

마우스로 드래그하는 방식으로 컴프레서를 사용할 수 있다.

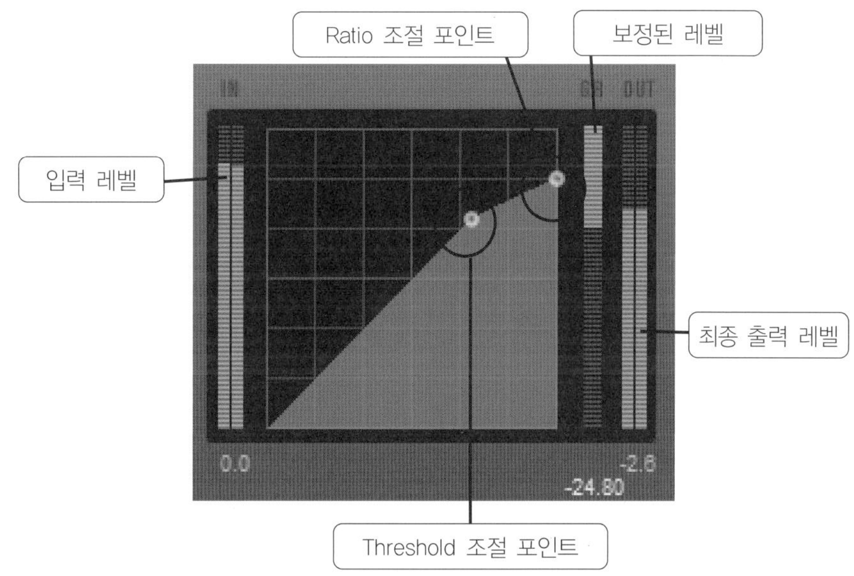

Dynamics → DeEsser(디엣세 이펙트)

보컬 노래를 녹음한 오디오 트랙에서 사용한다. 보컬이 노래를 발음할 때 닿소리 발음에 의한 입천장이나 혀가 마찰을 일으키며 들리는 공명음이나 비음, 마찰음 등을 제거하는 기능이다. 예를 들면 보컬의 발음 중에서 마찰을 일으켜 생기는 '스(s)' 발음을 제거할 수 있다.

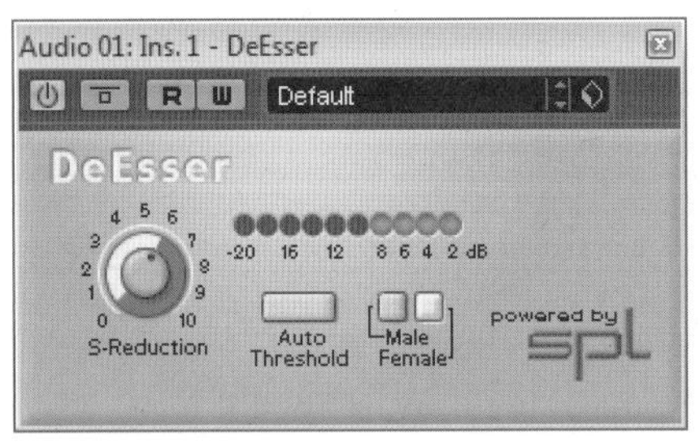

큐베이스 5의 DeEsser

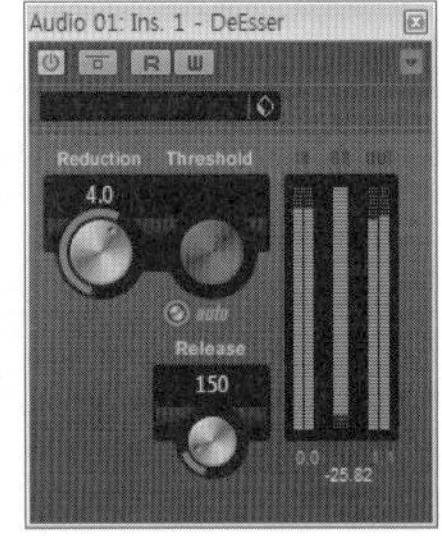

큐베이스 6의 DeEsser

① S-Recduction : 디엣세 이펙트의 적용 강약을 조절한다. 기본적으로 4~7 사이를 권장한다.

② 레벨 디스플레이 : 리덕션 적용으로 인해 감소된 값을 보여준다.

③ Auto Threshold : 버튼을 켜면 사용자가 설정한 S-리덕션 값을 자동으로 다지 감지해준다.

④ Male/Female : 소스가 남성 보컬이면 Male, 여성 보컬이면 Female을 선택한다.

⑤ Release : 디엣세가 중단되고 원래 사운드로 돌아가는 시간 값을 1/1000초 단위로 설정한다.

드럼 비트만 부스트하기 – Dynamics → EnvelopeShaper(엔벨로프 셰이퍼)

엔벨로프 셰이퍼는 엔벨로프 방식으로 레벨을 컷하거나 부스트할 때 사용한다. 흔히 보는 레벨 조절기와 다르게 웨이브 파형이 변하는 지점에서 부스트 또는 컷을 할 수 있다. 보통 드럼 악기의 강한 비트를 부스트시켜 레벨을 높이거나, 컷하여 레벨을 낮출 때 사용한다. 노브 대신 그래픽 창에서 마우스로 드래그하여 부스트나 컷을 하는 것이 좋은데, 부스트를 할 때는 최종 출력 레벨이 오버되지 않도록 조심하며 사용한다.

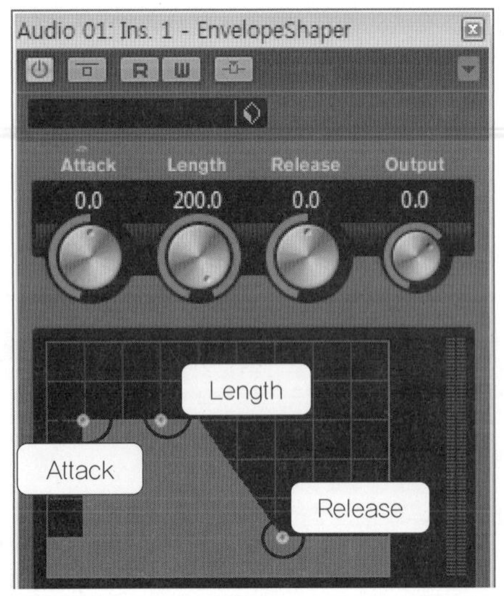

① Attack : 엔벨로프 셰이퍼가 동작을 시작할 때 변동되는 게인 값을 설정한다. 20~20dB 사이에서 설정한다. 플러스(+) 수치를 설정하면 볼륨이 부스트되어 커지고, 마이너스(-) 수치를 설정하면 컷되어 볼륨이 낮아진다.

② Length : 엔벨로프 셰이퍼가 동작을 지속하는 시간을 5~200ms초 사이에서 설정한다.

③ Release : 엔벨로프 셰이퍼가 동작을 종료할 때 변동되는 게인 값을 설정한다. 20~20dB 사이에서 설정한다.

④ Output 노브 : 최종 출력 레벨을 설정한다.

Dynamics → Expander(익스팬더)

컴프레서가 고음부 위주로 작업한다면 익스팬더는 저음부를 압축할 때 사용한다. 보통 저음부에 위치한 잡음을 제거할 목적으로 사용한다.

① Threshold 노브 : 익스팬더가 적용될 범위를 설정한다. −60bB∼ 0dB 사이에서 설정한다.

② Ratio 노브 : 입출력 사운드 간의 압축 비율을 설정한다. 1대1∼8대1 사이에서 설정한다. 예를 들어 3대1로 설정하면 입력되는 사운드의 3dB이 출력 시 1dB로 압축된다는 뜻이다.

③ Soft Knee 버튼 : 이 버튼을 켜면 Ratio 노브에 의한 압축 작업이 좀 더 부드럽게 처리된다.

④ Attack 노브 : 익스팬더 기능의 동작이 시작되는 시간을 설정한다. 0.1∼100ms 사이에서 설정한다.

⑤ Hold 노브 : 익스팬더 기능이 유지되는 시간을 설정한다. 0∼2000ms 사이에서 설정한다.

⑥ Release 노브 : 익스팬더 기능이 종료되는 시간을 설정한다. 10∼1000ms 사이에서 설정한다.

⑦ Auto 버튼 : 앞의 Release 타임을 자동으로 해준다.

⑧ Analysis 노브 : 익스팬더의 분석 방식을 설정하는데 Peak∼RMS 사이에서 조절한다. 소스가 보컬 음성인 경우 RMS 쪽으로, 소스가 타악기류라면 Peaks 쪽으로 조절한다.

⑨ Live 버튼 : 리얼 타임 레코딩 시 컴프레서 기능에 레이턴시가 발생할 경우 이 버튼을 On 상태로 전환하면 레이턴시를 줄일 수 있다.

Dynamics → Gate(게이트)

저음부 잡음을 제거할 때 사용한다. 지정한 데시벨 이하 영역의 사운드는 막고, 그 이상만 통과시키는 방법이므로 확실하게 저음부 잡음이 제거된다.

1. Threshold 노브

입력되는 사운드에서 지정한 데시벨 이하는 막고 그 이상만 통과시킨다. 사운드를 플레이할 때 State 불빛이 변하는데, State 불빛이 초록색이면 사운드가 통과되는 상태, 빨간색이면 사운드를 막고 있는 상태, 양쪽 다 일 경우에는 노란색으로 표시된다.

2. 필터 패널

사이드 체인 버튼이 켜져 있을 때 필터 기능이 동작한다. 지정한 주파수에 해당하는 노이즈는 통과시킬 수 있다.

① 3개의 필터 버튼 : Low Pass, Band Pass, High Pass 필터를 선택할 수 있다.

② Center 노브 : 기준 주파수를 지정한다.

③ Q Factor 노브 : Q 값을 설정한다.

④ Monitor 버튼 : 필터 패널에서 설정한 값으로 사운드를 모니터할 수 있다.

3. 어택 패널

앞에서 배운 것처럼 동작이 시작되는 시간, 유지 시간, 종료 시간을 설정할 수 있다.

① Attack 노브 : 게이트의 동작이 시작되는 시간을 설정한다. 0.1~100ms 사이에서 설정한다.

② Hold 노브 : 게이트가 유지되는 시간을 설정한다. 0~2000ms 사이에서 설정한다.

③ Release 노브 : 게이트가 종료되는 시간을 설정한다. 10~1000ms 사이에서 설정한다.

④ Auto 버튼 : 앞의 Release 타임을 자동으로 해준다.

⑤ Analysis 노브 : 게이트의 방식을 설정하는데 Peak~RMS 사이에서 조절한다. 소스가 보컬 음성인 경우 RMS 쪽으로, 소스가 타악기류라면 Peaks 쪽으로 조절한다.

⑥ Live 버튼 : 리얼타임 레코딩 시 게이트 기능에 레이턴시가 발생할 경우 이 버튼을 On 상태로 전환하면 레이턴시를 줄일 수 있다.

고출력 부분 차단시키기 – Dynamics → Limiter(리미터)

리미터는 게이트와는 반대되는 개념으로, 과출력 부분에서 지정한 데시벨 위를 출력되지 않도록 차단시킬 때 사용한다.

① Input : 인풋 게인(들어오는 사운드, 또는 소스)에서 차단하고 싶은 고출력 부분을 설정한다.

② Output : 출력되는 사운드에서 차단하고 싶은 고출력 부분을 설정한다. 예를 들어 3uB이라고 설정하면 고출력 부분에서 3uB 위쪽이 사운드 출력에서 차단된다.

③ Release : 리미터 동작이 종료되는 시간을 설정한다. 지정한 시간이 끝나면 원래 볼륨으로 출력된다.

사운드의 라우드니스 높이기 – Dynamics → Maximizer(맥시마이저)

맥시마이저는 사운드를 클리핑 위험 없이 라우드니스를 올릴 때 사용한다. 과출력이 많은 사운드에서 조금 더 레벨을 높일 때 사용한다.

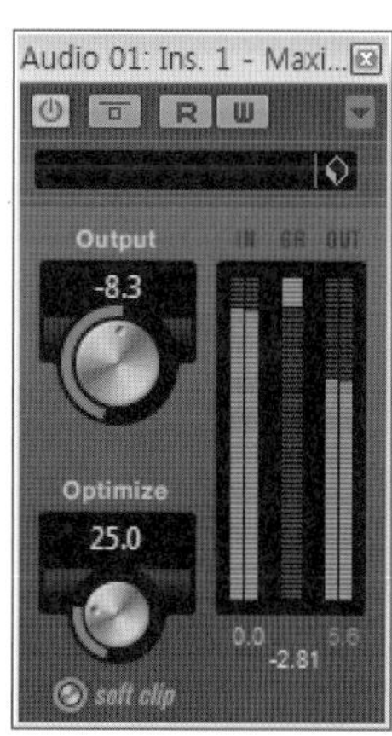

① Output 노브 : 출력 레벨을 높이거나 줄인다. 0이 기본값이다.

② Optimize 노브 : 라우드니스 값을 0~100 사이에서 조절한다.

③ Soft Clip 버튼 : 사운드가 차단 또는 클리핑될 때 부드럽게 적용되도록 한다.

Dynamics → MIDI Gate(미디게이트)

미디게이트는 미디 트랙으로 오디오 사운드를 게이트(제거)하는 기능이다. 먼저 오디오 트랙의 인스펙트 → 인서트 탭에서
Dynamics → MIDI Gate 메뉴를 실행한다. 그리고 원하는 미디 트랙을 선택한 뒤 미디 트랙의 Output 파라미터를 MIDI
Gate로 설정한다. 이후 오디오 트랙을 연주하면 미디 트랙의 노트가 있는 부분만 사운드가 들리고 노트가 없는 부분은
사운드가 들리지 않는다.

① Attack 노브 : 미디게이트가 동작을 시작할 타임을 설정한다.

② Hold 노브 : 미디게이트가 지속되는 시간을 설정한다.

③ Release 노브 : 미디게이트가 종료되는 시간을 설정한다.

④ Note to Attack 노브 : 미디 노트의 벨로서티가 Attack 타임에 얼마만큼 영향을 줄지 설정한다. 노브의 수치를 높이면 미디
　　노트의 벨로서티 값에 따라 Attack 타임이 연장되거나 짧아진다.

⑤ Note To Release 노브 : 미디 노트의 벨로서티가 Release 타임에 얼마만큼 영향을 줄지 설정한다. 노브의 수치를 높이면 미
　　디 노트의 벨로서티 값에 따라 Release 타임이 연장되거나 짧아진다.

⑥ Velocity To VCR 노브 : 미디 노트의 벨로서티에 의해 사운드의 볼륨이 커지거나 작아진다. Velocity To VCR 노브를 127로
　　설정하면 100% 미디 벨로서티에 의해 오디오 볼륨이 제어되고, 노브를 0으로 설정하면 미디 벨로서티에 의해 오디오 볼륨이
　　제어되지 않는다.

⑦ Hold Mode 버튼 : Note On 모드에서는 노트 길이와 상관없이 노트 시작 위치에서 Attact, Hold, Release가 순서대로 작동한
　　다. Note Off 모드에서는 노트 시작 위치에서 Attack된 뒤, 노트 길이만큼 어택이 유지되고, 노트 종료 지점에서 Hold 시간과
　　Release 시간을 더 유지한 뒤 게이트 기능이 종료한다.

주파수 대역별로 잡음 찾아 제거하거나 주파수 대역별로 컴프레서하기

Dynamics → MultiBand Compressor

고주파수 대역만 제어할 수 있는 컴프레서 기능의 확장판으로 4밴드 주파수 대역별로 컴프레서를 적용할 수 있다. 저음 악기, 중음 악기, 고음 악기별로 컴프레서를 적용하거나 저음, 중음, 고음에 숨어있는 잡음을 찾아 제거할 때도 사용한다.

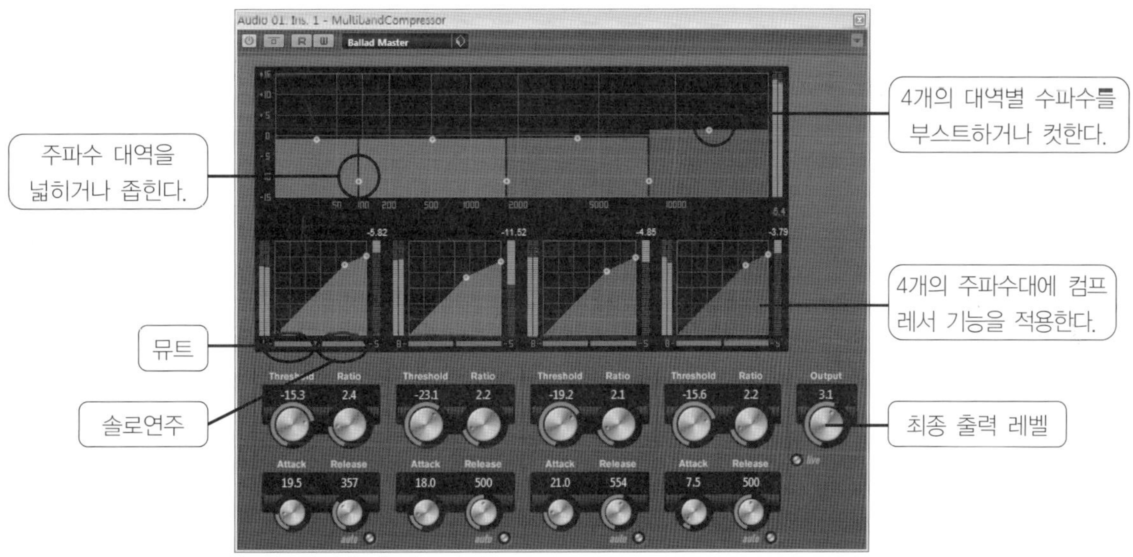

샘플 'fx1.cpr'를 불러온 뒤 인스펙트 패널의 인서트 탭의 빈 슬롯을 클릭한 뒤 Dynamics → MultiBand Compressor 메뉴를 실행한 뒤 그래프 창에서 포인트를 이동시켜보고, 뮤트 버튼과 솔로 버튼을 On/Off해본다. 각 주파수별로 청취한 뒤 부스트하거나 컷할 수 있고, 특정 주파수대에 잡음이 있을 경우 컴프레서 기능으로 잡음을 제거한다.

① Threshold 노브 : 컴프레서가 적용될 범위를 설정한다. 자세한 사용법은 컴프레서 이펙트 참고
② Ratio 노브 : 컴프레서의 압축 비율을 설정한다. 자세한 사용법은 컴프레서 이펙트 참고
③ Attack 노브 : 컴프레서 기능이 시작될 시간을 설정한다.
④ Release 노브 : 컴프레서 기능이 종료할 시간을 설정한다.
⑤ Auto 버튼 : 컴프레서 기능의 종료를 자동으로 설정한다.

Dynamics → VintageCompressor(빈티지 컴프레서)

빈티지 스타일의 컴프레서로 입출력 양쪽의 게인(일종의 볼륨) 값을 조절한 뒤 컴프레서를 적용한다. 보통 입력 게인은 높게, 출력 게인은 낮게 설정하면 컴프레서가 잘 적용된다.

① Input 노브 : 입력 게인을 −24~48dB 사이에서 설정한다.

② Output gain 노브 : 출력 게인을 −48~24dB 사이에서 설정한다.

③ Attack 노브 : 컴프레서 기능이 동작을 시작할 시간을 0.1~100ms초 사이에서 설정한다. 1ms초는 1/1000초를 말한다.

④ Punch 버튼 : 컴프레서를 적용할 때 초기 오디오 파형이 변하는 부분은 적용하지 않는다.

⑤ Release 노브 : 컴프레서 기능이 동작을 종료할 시간을 0.1~1000ms초 사이에서 설정한다. 컴프레서 기능이 동작을 종료하면 사운드는 원래 음으로 돌아간다.

⑥ Auto 버튼 : Release 노브의 설정을 자동으로 적용한다.

⑦ Side−Chain 버튼 : 사이드체인으로 입력되는 사운드가 있을 경우 사이드체인 입력에 의해 컴프레서된다.

Dynamics → VSTDynamics(VST 다이내믹)

컴프레서, 게이트, 리미터가 결합된 다목적 컴프레서이다. 패널이 각 기능을 설정할 수 있도록 3개 모듈로 구분되어 있다. 하단 모듈 버튼을 클릭하면 모듈 3개의 위치를 재배치할 수 있다. 자세한 사용법은 앞에서 설명한 컴프레서, 게이트, 리미터 기능을 참고한다.

# Filter → MorphFilter(모프 필터) 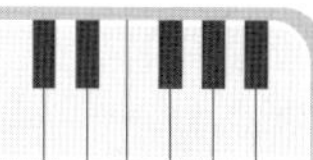

큐베이스 6의 새로 등장한 모프 스타일의 고급 주파수 필터이다. 마우스 드래깅으로 로우패스 필터와 하이패스 필터를 믹싱하는 방식으로 원하는 주파수 대역을 패스할 수 있다.

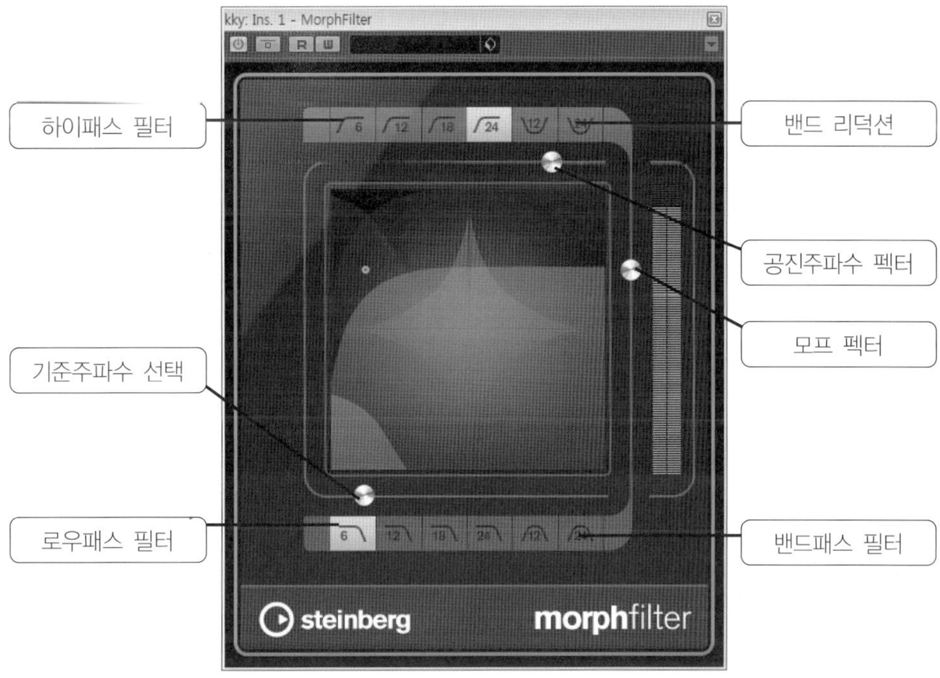

① 하이패스 필터 : 고주파수 대역을 패스하고 그 외 주파수 대역은 컷오프한다.

② 로우패스 필터 : 저주파수 대역을 패스하고 그 외 주파수 대역은 컷오프한다.

③ 밴드패스 필터 : 설정된 밴드 내 주파수를 패스하고 그 외 주파수 대역은 컷오프한다.

④ 기준주파수 선택 : 기준이 될 주파수를 선택한다.

⑤ 공진주파수 펙터 : 기준 주파수 대역을 넓히거나 좁힌다. 일종의 링잉효과(Ringing Effect)를 만든다.

⑥ 모프 펙터 : 선택한 하이패스 필터와 로우패스 필터를 얼마만큼 믹스할 것인지 설정한다. 이때 상하에 있는 하이패스 버튼과 로우패스 버튼을 눌러 믹스될 필터 2개가 지정된 상태여야 한다. 예를 들어 하이패스24 버튼과 로우패스 6버튼이 켜져 있는 상태이면 두 주파수 필터가 믹스된다. 이때 모프 펙터를 상하로 드래그하면 하이패스24 필터와 로우패스 6 필터 중 어느 쪽을 더 많이 사용할 것인지 지정할 수 있다.

Filter → DualFilter(듀얼 필터)

주파수에 필터링을 걸 수 있다. 노브를 조절해 통과시킬 주파수대를 지정하면 해당 주파수 대역대의 사운드만 들리는 방식이다.

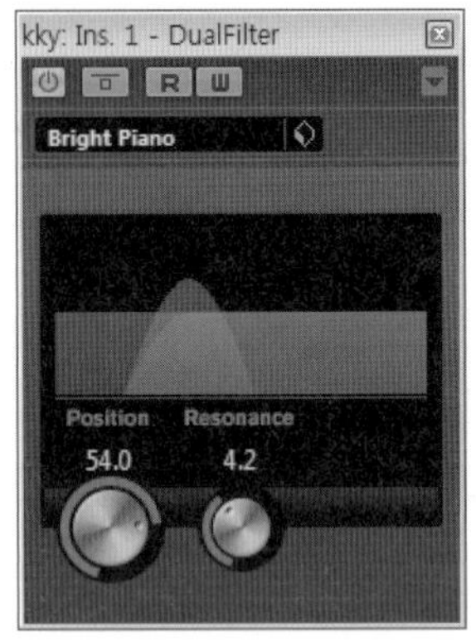

① 그래프 : 전체 주파수 대역을 1/2씩 나누어 보여준다. Positions 노브의 수치를 낮추면 저주파수 대역을 필터링하는 '로우 패스 필터' 영역을 보여주고, 수치를 높이면 고주파수 대역을 필터링하는 '하이 패스 필터' 영역을 보여준다. 포물선 부분이 통과되는 주파수 대역이다.

② Positions 노브 : 통과될 주파수대를 설정한다. 그래프에서 중앙 포물선이 통과되는 주파수 대역이다. 이 노브를 조절해 포물선의 위치를 이동시켜 통과될 주파수 대를 지정할 수 있다.

③ Resonance 노브 : 통과될 공진 주파수 영역의 크기를 설정한다. 메인 포물선 외곽부의 공진 포물선 크기가 조절되는 것을 알 수 있다.

Filter → StepFilter(스텝 필터)

16스텝의 패턴으로 통과될 주파수를 설정할 수 있다. 사용자가 설정한 패턴에 의해 주파수가 통과되므로 리듬감 있고 박자감 있는 효과를 만들 수 있다.

① Cutoff 그래프창 : 마우스로 드래그하여 통과될 주파수대를 설정한다. 패턴을 위쪽에 그리면 고주파수 대역만 통과되고, 패턴을 아래쪽에 그리면 저주파 대역도 함께 통과된다.

② Resonance 그래프창 : 통과된 주파수에 공진 주파수를 추가할 수 있다.

③ Base Cutoff 노브 : Cutoff 그래프창에서 상, 하로 영향을 준다. 패턴을 대각선으로 그린 뒤 노브를 조절하면 효과를 알 수 있다.

④ Base Resonance 노브 : 컷오프될 진공 주파수량을 %로 설정한다. Sync 버튼을 켜면 노브가 설정된 박자 템포를 사용한다.

⑤ 슬라이더 : 3개의 필터 모드를 선택할 수 있다.

⑥ Glide 노브 : 패턴과 패턴 사이의 사운드 변화를 부드럽게 할 수 있다.

⑦ Pattern Select 노브 : 2개의 그래프창에서 설정한 패턴을 복사한 뒤 노브의 1~8번에 각각 기록할 수 있는 메모리 저장 기능이다. 먼저 2개의 그래프 창에서 원하는 패턴을 그린 뒤 Copy 메뉴로 복사한다. 노브에서 1, 2... 번호를 선택한 뒤 Paste 버튼을 클릭하면 해당 번호에 임시 등록된다.

 Filter → ToneBooster(톤 부스터/음색 조절) 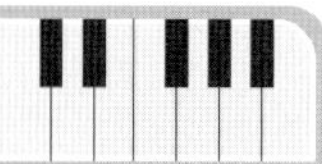

Tone Booster는 음색 톤을 조절할 때 사용한다. 기준 주파수를 피크형이나 패스형으로 설정한 뒤, 주파수 대역을 설정하고 게인 값을 올리는 방식으로 작업한다.

① Tone 노브 : 기준이 될 주파수대를 설정한다.

② Gain 노브 : 선택한 기준 주파수 대역의 게인 값을 최고 24dB까지 올릴 수 있다.

③ Width 노브 : 진공 수파수의 발생량을 조절한다.

④ Mode 버튼 : 필터 모드를 피크형 또는 패스형에서 선택한다.

 Filter → Tonic(아날로그 스타일 필터) 

주파수에 적용하는 필터를 다양한 방식의 아날로그 방식으로 설정한 뒤 사운드에 적용할 수 있다.

1. Filter 패널

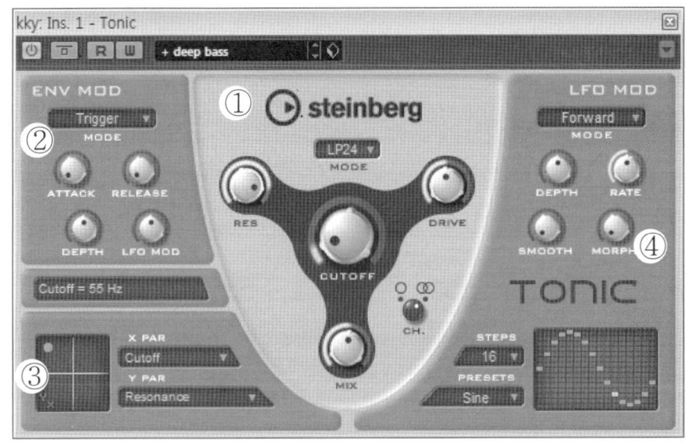

① Mode 버튼 : 필터 타입을 선택한다. 24dB 로우패스, 18dB 로우패스, 12dB 로우패스, 6dB 로우패스, 12dB 밴드패스, 12dB 하이패스 등에서 선택한다.

② Cutoff 노브 : 컷오프할(차단할) 주파수를 설정한다. 설정한 이하 주파수가 차단된다.

③ Res 노브 : 진공주파수 범위를 설정한다.

④ Drive 노브 : 진공관 앰프의 따뜻한 음색을 추가할 수 있다.

⑤ Mix 노브 : 원본 사운드와 필터를 적용한 사운드의 믹스량을 조절한다.

⑥ CH 버튼 : 필터를 적용한 사운드가 모노로 출력될지 스테레오로 출력될지 설정한다.

2. ENV(엔벨로프) 패널

① Mode 버튼 : 엔벨로프 모듈레이션의 엔벨로프 타입을 선택한다. Follow, Trigger, MIDI에서 선택한다.

② Attack 노브 : 엔벨로프 모듈레이션이 동작을 시작하는 시간을 설정한다.

③ Release 노브 : 엔벨로프 모듈레이션이 동작을 종료하는 시간을 설정한다.

④ Depth 노브 : 엔벨로프가 필터 컷오프에 얼마만큼 영향을 줄지 설정한다.

⑤ LFO Mod 노브 : 엔벨로프 레벨이 LFO의 발진 속도에 얼마만큼 영향을 줄지 설정한다.

3. X/Y 패드

이 대화상자에서 볼 수 있는 모든 기능을 X축 또는 Y축에 할당한 뒤 마우스 드래그 방식으로 조절할 때 사용한다. 먼저 X Par 또는 Y Par에서 조절할 파라미터를 선택한 뒤 작업한다.

4. LFO 모듈레이션 패널

① Mode 버튼 : 스텝이 어느 방향으로 진행할지 Forward, Reverse, Alternating, Random에서 선택한다.

② Depth 노브 : LFO 모듈레이션이 필터 컷오프에서 얼마만큼 영향을 주는지 설정한다.

③ Rate 노브 : LFO 모듈레이션의 속도를 조절한다. LFO 모듈레이션 속도는 항상 곡의 템포를 따라가는데 여기서 속도를 조절할 수 있다.

④ Morph 노브 : 스텝을 연주 시 얼마만큼 사용할지 설정한다.

⑤ Smooth 노브 : LFO 모듈레이션의 스텝 변화에 부드러움을 추가한다.

⑥ Steps 버튼 : 스텝 숫자를 설정한다. 사용하지 않는 스텝은 옆 스텝 메트릭스 창에서 회색으로 표시된다.

⑦ Preset 버튼 : 스텝의 모양인 웨이브폼(웨이브 파형 모양)을 선택한다.

⑧ 스텝 메트릭스창 : 스텝의 모양을 직접 그릴 수 있다.

 # Filter → WahWah(와와) 

2개의 밴드패스 슬로프를 제공하는 필터이다. 일렉기타의 와와 페달 효과를 만들 수 있고 사이드체인으로 들어오는 신호를 받을 수 있다. 오디오를 와와 페달을 밟을 때 나는 소리인 '와와~'나 '와우와우~'로 변형할 수 있다.

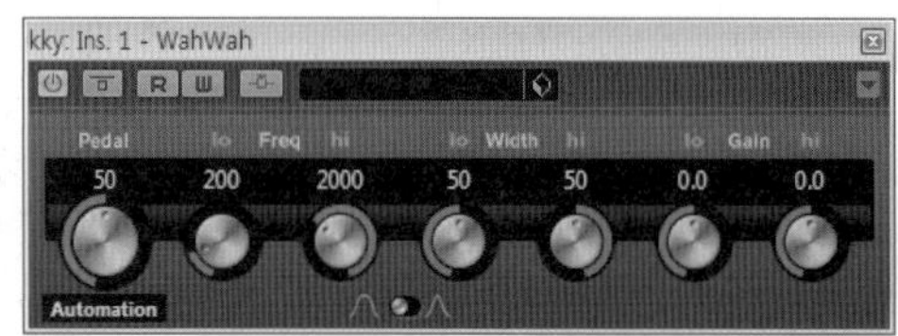

① Pedal 노브 : 스윕되는 주파수를 조절하는 것으로 수치를 높일수록 와와 효과가 커진다.

② Freq Lo/Hi 노브 : 페달이 주파수의 어느 포지션에 있을지 Lo 노브와 Hi 노브를 조절해 설정한다.

③ Width Lo/Hi 노브 : Lo 노브와 Hi 노브를 조절해 공진 주파수 영역을 설정한다.

④ Gain Lo/Hi 노브 : Lo 노브와 Hi 노브를 조절해 게인 값을 설정한다.

⑤ Slope 버튼 : 필터의 슬로프 모양을 6dB 또는 12dB 형식에서 선택할 수 있다.

⑥ Side-Chain 버튼 : 사이드체인 신호에 의해 컨트롤될 여부를 On/Off할 수 있다.

Mastering UV22HR 이펙트

UV22HR은 디지털 레코딩이나 또는 오디오 비트를 컨버트했을 때 발생하는 히스 등의 디지털 노이즈를 제거할 때 사용한다. 모든 작업이 끝난 뒤 사용하기 때문에 보통 인서트 탭의 제일 아래 슬롯인 7~8번 슬롯에 삽입해야 효과를 볼 수 있다.

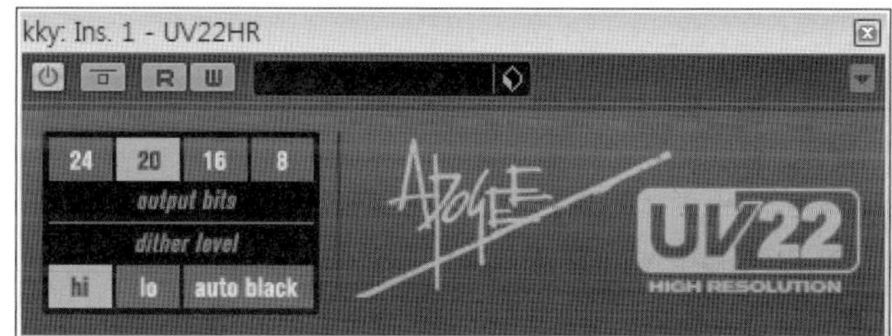

① Output bit : 믹스다운될 오디오 비트 수를 설정한다.

② Dither level : 디러딩 레벨을 선택하는 기능으로 Hi 옵션은 모든 영역에, Low 옵션은 저레벨 영역에 석용된다. 사운드가 없는 영역에서 자동 적용하려면 Auto black 옵션을 선택한다.

Modulation → AutoPan(오토 팬)

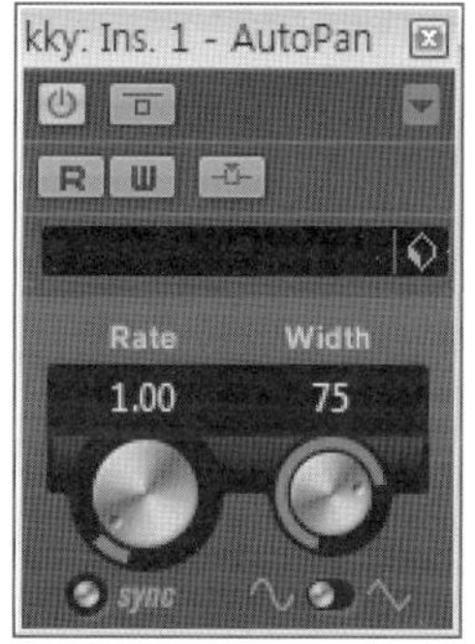

사운드가 스테레오와 좌우채널을 왕복하며 들리는 효과를 만들 때 사용한다.

① Rate 노브 : 좌우채널을 왕복하는 속도를 설정한다. 하단 Sync 버튼을 켜면 노브를 조절할 때 노트 단위로 조절할 수 있다.

② Width 노브 : 사운드가 좌우채널을 왕복할 때의 구간 너비를 설정한다. 하단 곡선 버튼에서 웨이브폼(파형 모양)을 선택한다.

Modulation → Chorus(코러스)

합창곡처럼 사운드가 여러 겹으로 겹쳐서 들리는 코러스 효과를 만들 때 사용한다.

① Rate 노브 : 코러스 효과가 반복될 속도를 설정한다. 하단의 Sync 버튼을 켜면 음악 노트 단위로 설정할 수 있다.

② Width 노브 : 코러스 효과의 깊이를 조절한다. 하단 곡선 버튼에서 웨이브폼 모양을 선택한다

③ Spatial 노브 : 코러스 효과를 모노/스테레오로 전환할 수 있다.

④ Mix 노브 : 원본 사운드와 코러스 효과가 적용된 사운드의 믹스량을 조절한다.

⑤ Delay 노브 : 코러스 효과에 딜레이 효과를 추가할 수 있다.

⑥ Filter Lo/Hi 노브 : 코러스 효과가 적용될 주파수 대역을 Lo/Hi 노브로 설정한다.

Modulation → Chopper(초퍼)

'트레몰로' 이펙트와 '오토 팬' 이펙트가 결합된 형태이다. 헬기 프로펠러 소리와 비슷한 효과음을 만들 수 있다.

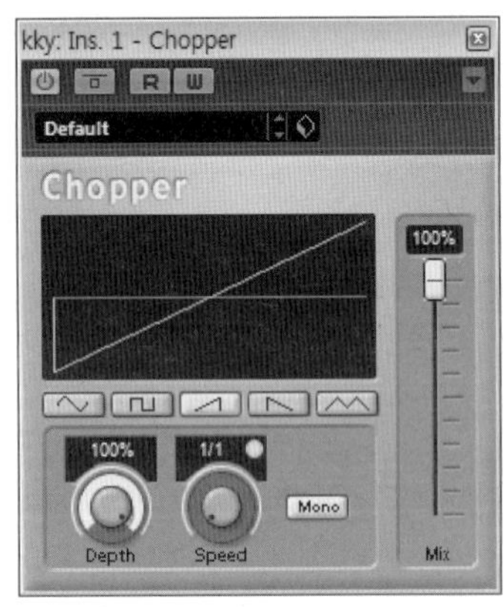

① Depth 노브 : 이펙트의 깊이를 조절한다.

② Speed 노브 : 이펙트의 발생 속도를 조절한다.

③ Mix 슬라이더 : 원본 사운드와 이펙트가 적용된 사운드의 믹스량을 조절한다.

Modulation → Clone(클론)

사운드의 엣지를 죽이는 디튠 기능과 사운드를 복제하는 Voice 기능이 결합되어 있다. 보이스는 1~4개까지 설정할 수 있는데 스테레오의 경우 1을 선택하면 모노로 전환되고, 2를 선택하면 하나가 더 복제된다. 복제된 사운드는 딜레이되어 들리므로 사운드의 입체감이 풍부해진다.

① Voices 노브 : 보이스(원본 보이스)를 4개까지 복제할 수 있다.

② Spatial 노브 : 추가된 보이스의 모노/스테레오 상태를 조절할 수 있다.

③ Mix 노브 : 원본 사운드와 복제된 사운드의 믹스량을 조절한다.

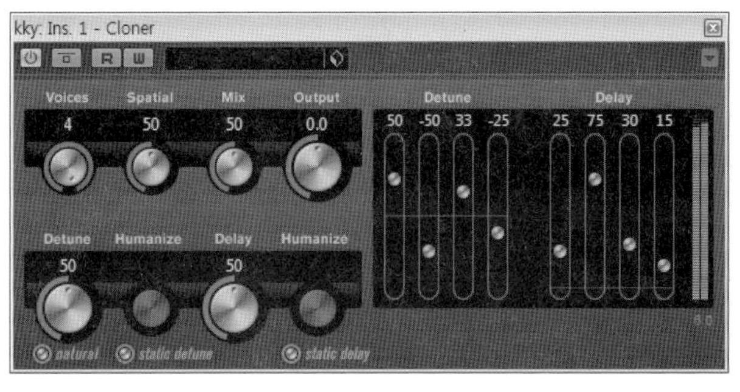

④ Output 노브 : 출력 레벨을 조절할 수 있다.

⑤ Deturn 노브 : 모든 보이스를 대상으로 디튜닝을 할 때 사용한다. 0으로 설정하면 디튜닝이 적용되지 않고, 수치를 높이면 음색이 두꺼워진다.

⑥ Humanize 노브 : 디튠 효과에 인간성을 부여해 약간의 변화를 준다.

⑦ Delay 노브 : 모든 보이스를 대상으로 딜레이 효과를 적용할 수 있다.

⑧ Humanize 노브 . 딜레이 효과에 인간성을 부여해 약간의 변화를 준다.

⑨ Detune 슬라이더 : 각각의 보이스에 디튠이 어느 정도 적용될지 설정한다. 0으로 설정하면 디튠이 적용되지 않는다.

⑩ Delay 슬라이더 : 각각의 보이스에 딜레이가 어느 정도 적용될지 설정한다. 0으로 설정하면 딜레이가 적용되지 않는다.

 # Modulation → Flanger(플랜저) 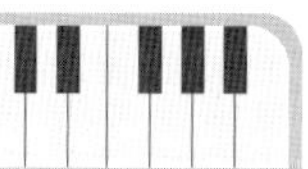

큐베이스의 플랜저 이펙트는 클래식 스타일의 플랜저에 스테레오를 증강시켰다. 짧막한 딜레이를 반복시켜 휘잉~ 휘잉~ 하는 사운드와 우다다닥 하는 사운드를 만들 때 사용한다. 또한 메탈릭한 음향을 만들 때도 사용한다.

① Rate 노브 : 플랜저의 발생 속도를 조절한다. 하단 Sync 버튼을 켜면 노트 단위로 조절할 수 있다. 수치를 높이면 메탈릭 사운드가 만들어진다.

② Range 노브 : 플랜저가 발생될 주파수 범위를 설정한다. Lo는 저주파수 대역을 컷오프할 수 있고 Hi는 고주파수 대역을 컷오프할 수 있다. 하단 곡선 버튼은 웨이브 파형의 모양을 선택하는 기능이다.

③ Feedback 노브 : 플랜저 종료 지점에서 플랜저가 피드백되어 들리는 반향 횟수를 설정한다.

④ Spatial 노브 : 플랜저를 모노/스테레오에서 설정한다. 노브를 오른쪽으로 돌리면 스테레오 효과가 많아진다.

⑤ Mix 노브 : 원본 사운드와 플랜저가 적용된 사운드의 믹스량을 조절한다.

⑥ Delay 노브 : 플랜저 효과의 딜레이 타임을 조절한다.

⑦ Manual 노브 : 하단 매뉴얼 버튼을 켜면 조절할 수 있다. 플랜저 효과에 모듈레이션이 제거되어 정적인 사운드를 만들 수 있다.

⑧ Filter 노브 : 플랜저가 적용된 사운드의 주파수를 Lo/Hi 노브로 컷오프할 수 있다.

Modulation → Metalizer(메탈라이저 이펙트)

다양한 주파수 변조 필터를 사용해 메탈적인 사운드 효과를 만들 때 사용한다.

① Feedback 노브 : 메탈 효과를 증가시킬 수 있다. 수치를 높일수록 메탈 음향 효과가 많아진다.

② Sharpness 노브 : 메탈 음향의 샤프니스를 조절한다. 수치를 높일수록 주파수 대역을 좁게 사용해 사운드가 날카로워진다.

③ Tone 노브 : 피드백되는 주파수를 조절한다.

④ Speed 노브 : 발생 속도를 조절한다. 상단 Sync 버튼을 켜면 프로젝트와 박자를 맞추기 위해 노트 단위로 조절할 수 있다.

⑤ Mono 버튼 : 메탈라이저 음향을 모노로 전환한다.

⑥ Output 슬라이더 : 최종 출력 레벨을 설정한다.

⑦ Mix 슬라이더 : 원본 사운드와 메탈라이저가 적용된 사운드의 믹스량을 조절한다.

Modulation → Phaser(페이저)

웨이브 파형의 위상을 조절해 사운드를 변형하는 이펙터이다. 위상이란 진동이나 파동, 오디오 파형의 각도를 말하며, 위상에 따라 사운드의 진행 방향이 달라져 소리가 달라지는 현상이 발생한다.

① Rate 노브 : 페이저의 발생 속도를 조절한다. 하단 Sync 버튼을 켜면 프로젝트의 박자에 맞추기 위해 노트 단위로 조절할 수 있다.

② Width 노브 : 페이저가 발생될 주파수 범위를 설정한다.

③ Feedback 노브 : 페이저 종료 지점에서 페이저가 피드백되어 들리는 반향 횟수를 설정한다.

④ Spatial 노브 : 페이저를 모노/스테레오에서 설정한다. 노브를 오른쪽으로 돌리면 스테레오 효과가 커진다.

⑤ Mix 노브 : 원본 사운드와 페이저가 적용된 사운드의 믹스량을 조절한다.

⑥ Manual 노브 : 하단 매뉴얼 버튼을 켜면 조절할 수 있다. 페이저 효과에 모듈레이션이 제거되어 정적인 사운드를 만들 수 있다.

⑦ Filter 노브 : 페이저가 적용된 사운드의 주파수를 Lo/Hi 노브로 컷오프할 수 있다.

 # Modulation → RingModulator(링 모듈레이터) 

링 변조기라 불리는 링 모듈레이션은 고리 형태로 연결된 변조기로 사운드를 변조한다. 입력 신호를 엔벨로프로 받아 LFO 와 함께 내장 오실레이터에서 변조음을 만들어낸다.

1. 오실레이터 패널

① Oscillator LFO Amount : LFO에 의해 엉향받을 오실레이터 주파수 량을 설정한다.

② Oscillator Env Amount : 엔벨로프에 의해 영향받을 오실레이터 주파수를 설정한다. 왼쪽으로 돌리면 피치가 낮아지고, 오른쪽으로 돌리면 피치가 높아진다.

③ Oscillator Wave 버튼 : 하단 4개의 버튼은 웨이브 파형 모양을 선택할 때 사용한다. 각각 Square, Sine, Saw, Triangle 버튼이다.

④ Oscillator Range 슬라이더 : 오실레이터 범위를 설정한다.

⑤ Frequency 노브 : 오실레이터 주파수 발생 빈도수를 +/- 2옥타브씩 조절한다.

⑥ Roll-Off 노브 : 고주파수를 컷오프할 수 있다.

2. LFO 패널

① LFO Speed 노브 : 모듈레이션 속도를 설정한다.

② LFO Env Amount 노브 : 입력 신호의 레벨이 엔벨로프 제너레이터에 얼마만큼 영향을 줄지 설정한다. 센터를 선택하면 모듈레이션에 영향을 주지 않고, 오른쪽으로 설정하면 모듈레이션 속도를 증가시킨다.

③ LFO Waveform 버튼 : LFO 웨이브 파형 모양을 Square, Sine, Saw, Triangle 중에서 선택한다.

④ Invert Stereo 버튼 : 웨이브 파형의 스테레오 채널을 바꿔준다.

3. 엔벨로프 제너레이터 패널

입력 신호를 엔벨로프로 변환하고 오실레이터 피치와 LFO 속도에 사용하게 해준다.

① Attack 노브 : 입력신호에 의해 엔벨로프가 발생되는 시간을 설정한다.

② Decay 노브 : 엔벨로프가 소멸되는 시간을 설정한다.

③ Lock L〈R 버튼 : 버튼을 켜면 좌우 채널 신호가 병합되어 사용된다. 이 버튼을 끄면 좌우 채널이 각각 사용된다.

4. 조절기

① Output 레벨 : 최종 출력 레벨을 설정한다.

② Mix 슬라이더 : 원본 사운드와 링 모듈레이션이 적용된 사운드의 믹스량을 조절한다.

Modulation → Rotary(로터리)

클래식 스타일의 로터리 스피커를 시뮬레이션하는 이펙트이다. 오르간 연주 등에 사용하였던 로터리 스피커에서 들었던 코러스 효과를 만들 수 있다.

1. 스피드 패널

① Speed 버튼 : 로터리 모드를 Stop, Slow, Fast 3단계에서 선택한다.

② Speed Mod 노브 : 로터리 속도를 0(Stop)~100(Fast) 사이에서 조절한다. 하단 Automation 글자를 클릭하면 미디 장비로 제어할 수 있도록 컨트롤로 목록을 선택할 수 있다.

2. 오버드라이브 패널

① Overdrive 노브 : 오버드라이브와 디스토션 효과를 추가할 수 있다. 수치를 높일수록 오버드라이브 효과가 적용되어 음이 찌그러진다.

② Crossover 노브 : 라우드 스피커를 위해 200~3000Hz 단위로 주파수를 크로스오버한다.

3. 노브 패널

① Slow(Horn) 노브 : 빠른 로터리 스피커의 느린 속도를 정교하게 조절한다.

② Fast(Horn) 노브 : 빠른 로터리 스피커의 빠른 속도를 정교하게 조절한다.

③ Accel(Horn) 노브 : 빠른 로터리 스피커의 가속도를 정교하게 조절한다.

④ Amp Mode(Horn) 노브 : 앰프 변조량을 조절한다.

⑤ Freq Mod(Horn) 노브 : 주파수 변조량을 조절한다.

⑥ Slow(Bass) 노브 : 느린 로터리 스피커의 느린 속도를 정교하게 조절한다.

⑦ Fast(Bass) 노브 : 느린 로터리 스피커의 빠른 속도를 정교하게 조절한다.

⑧ Accel(Bass) 노브 : 느린 로터리 스피커의 가속도를 정교하게 조절한다.

⑨ Amp Mod(Bass) 노브 : 앰프 변조량 깊이를 조절한다.

⑩ Level(Bass) 노브 : 전체 저음부를 조절한다.

4. 패널

① Phase 노브 : 파형의 위상을 조절할 수 있다.

② Angle 노브 : 마이크 앵글을 시뮬레이션한다. 0은 모노, 180은 스테레오이다.

③ Distance 노브 : 마이크와 스피커 사이의 거리를 인치(Inches) 단위로 조절한다.

5. 조절기 패널

① Output 레벨 : 최종 출력 레벨을 주절한다

② Mix 슬라이더 : 원본 사운드와 로터리 이펙트가 적용된 사운드의 믹스량을 조절한다.

 # Modulation → StudioChorus(스튜디오 코러스) 

2단계로 조절할 수 있는 코러스 이펙트이다. 짧은 딜레이 변조 방식과 피치 변조 방식이 2개의 패널에서 제공되어 독립적으로 조절하며 코러스 효과를 만들어낸다.

① Rate 노브 : 코러스 발생 속도를 조절한다. 하단 Sync 버튼을 켜면 음악 박자에 맞게 코러스를 조절할 수 있도록 노트 단위로 조절할 수 있다.

② Width 노브 : 코러스 효과의 깊이를 조절한다. 수치를 높이면 코러스 효과가 뚜렷해진다.

③ 웨이브폼 버튼 : 웨이프 파형 모양을 Sine 또는 Triangle에서 선택한다.

④ Spatial 노브 : 코스러 효과를 모노/스테레오에서 조절한다.

⑤ Mix 노브 : 원본 사운드와 코러스가 적용된 사운드의 믹스량을 조절한다.

⑥ Delay 노브 : 코러스의 딜레이 타임을 조절한다.

⑦ Filter 노브 : 컷오프될 주파수를 Lo 노브와 Hi 노브에서 설정한다.

Modulation → Tranceformer(트랜스포머)

링 모듈레이션의 일종으로 입력된 오디오 신호가 링 모듈레이션에 의해 피치 방식으로 변조되어 출력된다.

① 웨이브폼 버튼 : 모듈레이션에서 사용할 웨이브 파형 모양을 5개 버튼에서 선택한다.

② Tone 노브 : 모듈레이션 범위를 1~5000Hz 단위로 설정한다.

③ Depth 노브 : 모듈레이션 깊이를 설정한다.

④ Speed 노브 : 모듈레이션 발생 속도를 설정한다. Sync 버튼을 켠 경우 음악 템포에 맞게 비트 단위로 설정할 수 있다.

⑤ Mono 버튼 : 사운드 출력을 모노로 할 수 있다.

⑥ Output 레벨 : 모듈레이션의 출력 레벨을 조절한다.

⑦ Mix 슬라이더 : 원본 사운드와 모듈레이션이 적용된 사운드의 믹스량을 조절한다.

 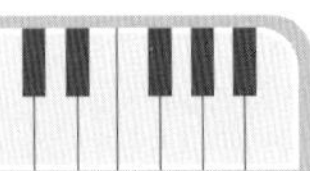

Modulation → Tremolo(트레몰로)

볼륨 모듈레이션 방식으로 사운드를 변조한 뒤 출력하며, 트레몰로와 비슷한 효과를 만들 수 있다.

① Rate 노브 : 볼륨 모듈레이션의 발생 속도를 조절한다. 하단 sync 버튼을 클릭하면 곡의 템포에 맞게 비트 단위로 조절할 수 있다.

② Depth 노브 : 볼륨 모듈레이션의 깊이를 조절한다.

③ Spatial 노브 : 모노/스테레오 상태를 조절할 수 있다.

④ Output 노브 : 모듈레이션의 출력 볼륨을 조절한다.

Modulation → Vibrato(비브라토)

사운드를 피치 모듈레이션 방식으로 변조하며, 비브라토와 비슷한 효과를 만들 때 사용한다.

① Rate 노브 : 피티 모듈레이션의 발생 속도를 조절한다. 하단 sync 버튼을 클릭하면 곡의 템포에 맞게 비트 단위로 조절할 수 있다.

② Depth 노브 : 피치 모듈레이션의 깊이를 조절한다.

③ Spatial 노브 : 모노/스테레오 상태를 조절할 수 있다.

PitchShift → Pitch Correct(음정 조절기)

보컬의 음정이나 단선율 악기의 음정을 조절할 때 사용한다. 예를 들어 작업 중인 보컬의 음정이 악기들과 화음이 맞지 않을 때 보컬의 음정을 반음정이나 한음정씩 올리거나 낮추어 화음을 맞출 수 있다. 음정을 변경하면 원래 음정은 파란색, 변경된 음정은 오렌지색으로 표시된다.

샘플 폴더의 'voice.cpr'을 불러온 뒤 인스펙터의 인서트 탭의 빈 슬롯을 클릭한 뒤 PitchShift → Pitch Correct 메뉴를 실행하면 이 기능을 사용할 수 있다.

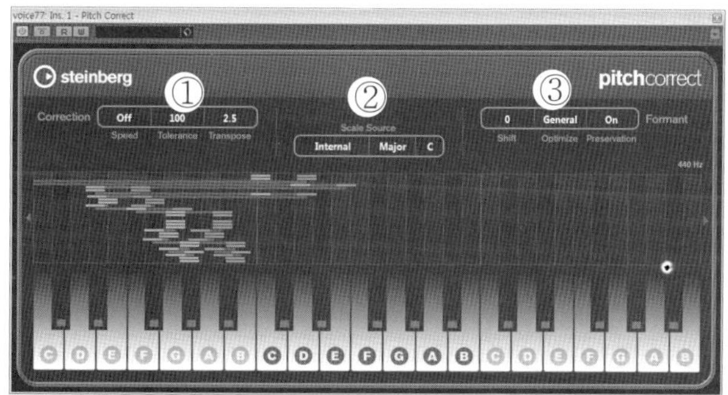

1. Correction 항목

① Speed : 음정 분석의 감도를 설정한다. 기본값인 Off으로 두거나, 마우스를 상하로 드래그하여 감도를 설정할 수 있다.

② Tolerance : 음정이 변화될 때 부드럽게 변화되도록 할 수 있다. 수치를 높이면 급격하게 변화된다. 100으로 설정하면 가수 쉐어가 사용한 'Cher' 효과를 사용할 수 있다. 500이 기본값이다.

③ Transpose : 음정을 반음정 단위로 높이거나 낮춘다. −12~12 사이에서 조절한다.

2. Scale Source 항목

① Internal : 오른쪽 항목에서 스케일을 선택할 수 있다. Chromatic 옵션을 선택하면 음정을 반음정 단위로 조절할 수 있다. Major/minor 옵션을 선택하면 장조와 단조 중 하나를 선택하고 오른쪽에서 으뜸음을 선택한다. 보컬의 노래 중 샵이 되는 음정은 #으로, 플랫 음정은 b이 적용되며 음정이 변경된다. Custom 옵션은 사용자 임의대로 스케일을 설정할 때 사용한다.

② External MIDI Scale : 외장 미디 컨트롤러로 조절할 수 있다.

3. Formant 항목

① Shift : 음색에 미묘한 변화를 줄 수 있다. –60~60 사이에서 조절한다.

② Optimize : 오디오 소스가 구분할 수 없으면 General을 선택한다. 소스가 남성이거나 낮은 음이면 Male, 여성이거나 높은 음이면 Female을 선택한다.

③ Preservation : 이 버튼을 끄면 음정 변화에 따라 보컬 음색에 변화가 생긴다. 이때 음정을 많이 높이면 미키마우스 효과가, 음정을 많이 내리면 몬스터 효과가 나타난다. 이 버튼을 켜면 고유 음색을 유지한다.

④ Hz : 최종 출력 사운드를 튜닝하거나 디튜닝한다. 44.0kHz가 기본값이다.

PitchShift → Octaver(옥타버)

2개의 보이스를 추가해 원래 음정의 아래에 삽입해 화음을 만들어준다. 보통 모노 오디오에 사용하면 효과가 크다.

① Direction 노브 : 원본 사운드와 믹스된 보이스와의 혼합량을 조절한다. 수치를 높이면 원본 사운드가 많이 들린다.

② Octave 1 : 제1 보이스의 추가량를 조절한다.

② Octave 2 : 제2 보이스의 추가량을 조절한다.

리버브(잔향 효과)만들기 – Reverb → REVerence(레버런스 리버브)

레버런스 리버브는 잔향 효과인 리버브 효과를 제작할 때 사용한다. 다른 리버브와 달리 특정 룸이나 공간의 특성을 그대로 기록한 IR 파일로 리버브 효과를 만들 수 있는 고급 리버브이다. 따라서 레버런스 리버브는 매우 강력한 리버브이며 선반 위나 선반 아래에 스피커가 있을 때 잔향이 다르듯, 다양한 IR 파일을 제공한다.

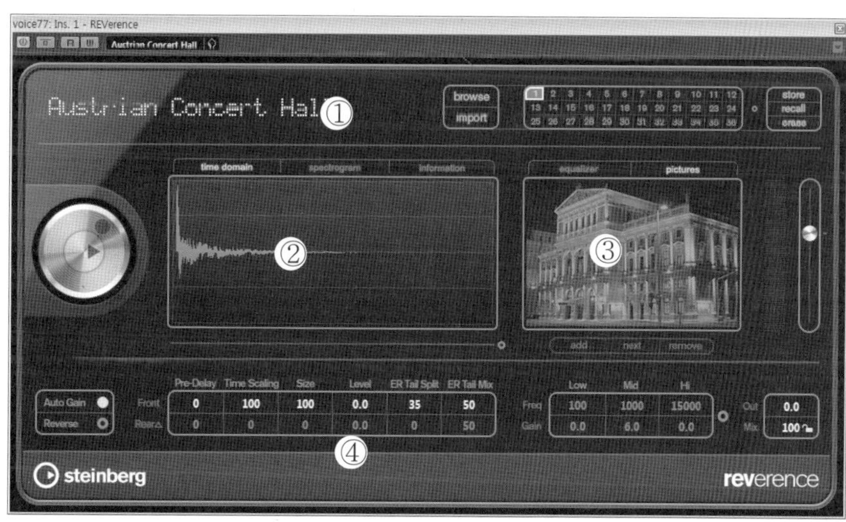

1. 로딩 프로그램 패널

① 프로그램 이름 : 사용하는 IR 파일의 이름이 표시된다. 옆의 Browser 버튼을 클릭하면 큐베이스에서 제공하는 다양한 IR 프리셋을 사용할 수 있다. IR 파일이란 동굴이나 교회당 같은 특정 장소에서 잔향이 울려 퍼지는 것을 기록한 뒤, 이를 다른 오디오에서 그와 비슷한 잔향효과를 만들기 위해 사용하는 파일을 말한다.

② Browse 버튼 : IR 파일을 검색할 때 사용한다.

③ Import 버튼 : 외부에서 가져온 IR 파일이나 오디오 파일을 IR로 사용할 수 있다.

④ 슬롯 번호 버튼 : 36개의 슬롯 번호가 있는데 원하는 번호를 선택한 뒤 현재 사용 중인 IR 파일을 기록할 수 있다. IR 파일을 여러 개 적용한 뒤 서로 비교할 때 사용한다. 먼저 원하는 번호를 더블클릭해 선택한 뒤 Browser 버튼으로 사용할 IR 파일을 불러오면 불러온 파일이 해당 슬롯에 기억된다. 나중에 다른 IR 파일을 적용하다가 기록된 슬롯 번호를 더블클릭하면 해당 IR 파일이 로딩된다.

⑤ Store 버튼 : 현재 설정 상태를 프리셋에 저장할 수 있다.

⑥ Recall 버튼 : 슬롯에서 선택한 IR 파일을 로딩한다.

⑦ Erase 버튼 : 슬롯에서 선택한 IR 파일을 슬롯에서 제거한다.

2. 디스플레이 IR 패널

① Play 버튼 : IR 파일을 적용한다. 불러온 IR 파일의 옵션값을 변경했을 경우 사용한다.

② Time scaling 휠 : IR 파일의 길이를 조절한다.

③ Time Domain 탭 : IR 파일의 웨이브 파형을 보여준다.

④ Spectrogram 탭 : IR 파일을 스펙트럼으로 보여준다. 타임은 가로축으로, 주파수 분포대는 세로축으로 보여준다.

⑤ Information 탭 : IR 파일 제작에 사용한 장소에 대한 정보를 보여준다.

⑥ 원 버튼 : 디스플레이 하단 오른쪽에 있는 원 버튼을 클릭하면 IR 파일의 좌우를 자를 수 있는 화살표 슬라이더가 표시된다. 좌우로 드래그하면 왼쪽이나 오른쪽 파형을 잘라낼 수 있다.

3. 이퀄라이저 창

오른쪽 디스플레이창의 Equalizer 탭을 클릭하면 이퀄라이저를 사용할 수 있다. IR 파일을 이퀄라이저로 조절하는 기능이다. 이퀄라이저 디스플레이 창 하단의 Freq/Gain 옵션 오른쪽의 원 버튼을 클릭하면 이퀄라이저 그래프 창이 활성화되어 EQ를 조절할 수 있다.

4. 리버브 세팅 패널

불러온 IR 파일을 Front/Rear 방향으로 재설정해 사용할 수 있다. 스테레오일 경우 Front 옵션을 조절하고 5.1채널 서라운드일 경우 Rear 옵션을 함께 조절한다.

① AutoGain : IR 파일의 게인을 자동으로 사용한다.

② Reverse : IR 파일의 파형이 반대로 반전된다.

③ Pre Delay : IR 파일의 적용을 딜레이시킬 수 있다.

④ Time Scaling : 디버브 타임을 조절할 수 있다.

⑤ Size : IR 파일을 녹음한 장소의 크기를 조절한다.

⑥ Level : IR 파일의 볼륨을 조절한다.

⑦ ER Tail Split : 소리의 잔향이 일어날 지점을 설정한다. 60으로 설정한 경우 가장 빨리 일어나는 잔향이 60ms초 뒤에 발생한다.

⑧ ER Tail Mix : 리버브의 꼬리와 잔향 사이의 믹스량을 조절한다.

 # Reverb → RoomWorks / RoomWorks SE(룸 워크) 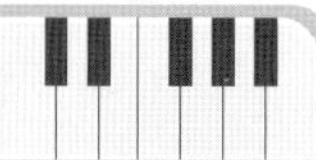

실제 방안에서 들을 수 있는 잔향 효과와 동굴 속에서 들을 수 있는 잔향 효과를 만들 수 있다. SE 버전은 아래 그림에서 꼭 필요한 기능만 모아서 만든 축소 버전이다.

1. Input Filter 패널

① Freq 노브 : 쉘빙 필터이며 Lo/Hi에서 통과시킬 주파수를 선택한다.

② Gain 노브 : Lo/Hi로 나누어 해당 주파수를 부스트하거나 컷할 수 있다.

2. Reverb Character 패널

① Pre Delay 노브 : 리버브의 프리 딜레이 타임을 설정한다. 잔향 공간을 크게 설정하고 싶은 경우 수치를 높인다.

② Variation 버튼 : 이 버튼을 클릭하면 다른 버전의 리버브 효과가 생성된다. 약 1000가지의 다른 버전을 제공한다.

③ Reverb Time 노브 : 리버브 타임을 최고 1초까지 조절한다.

④ Hold 버튼 : 리버브 버퍼를 무한 루프되도록 잠근다.

⑤ Size 노브 : 리버브가 발생할 공간의 크기를 조절한다. 수치를 높일수록 공간이 더 커진다.

⑥ Diffusion 노브 : 잔향 효과의 꼬리음 상태를 조절한다. 수치를 높일수록 부드럽게 처리된다.

⑦ Width 노브 : 리버브 사운드의 모노/스테레오 상태를 조절한다.

3. Damping 패널

Range 노브에서는 각 주파수별로 리버브를 부드럽게 처리할 수 있고 Level 노브에서는 각 주파수별로 리버브의 감소 시간을 설정한다.

4. Envelope 패널

엔벨로프가 리버브에 얼마나 영향을 줄지 설정하고, 시작 시간과 종료 시간을 설정한다.

5. Output 패널

Mix 노브에서는 원본과 리버브가 적용된 사운드의 믹스량을 조절하고, Efficiency 노브에서는 CPU를 얼마만큼 점유하면서 리버브를 만들 것인지 설정한다. 익스포트할 때 리버브를 고품질로 저장하려면 Export 버튼을 항상 켜 놓는다.

Spatial → MonoToStereo(모노를 스테레오로)

모노 사운드를 가짜 스테레오로 만들어주는 효과이다. 이 기능을 사용하려면 반드시 오디오 트랙을 스테레오로 생성시킨 뒤 그곳에 모노 오디오 클립을 로딩한 뒤 적용해야 한다.

① Width 노브 : 스테레오 음향의 좌우 음상폭을 조절한다.

② Delay 노브 : 스테레오의 좌우 채널에 미묘한 시간 차이를 만든다.

③ Color 노브 : 스테레오의 좌우 채널에 미묘한 음색 차이를 만든다.

Spatial → StereoEnhancer(스테레오 보정)

스테레오를 더 스테레오 느낌이 나도록 좌우 스피커의 간격인 채널의 음상폭(파노라마)을 조절하는 이펙트이다.

① Width 노브 : 스테레오의 좌우 음상폭과 깊이감을 넓힌다.

② Delay 노브 : 스테레오의 좌우 채널에 미묘한 시간 차이를 만든다.

③ Color 노브 : 스테레오의 좌우 채널에 미묘한 음색 차이를 만든다.

Surround → Mix6To2

5.1채널 서라운드 음향을 2채널 스테레오로 만들 때 사용한다.

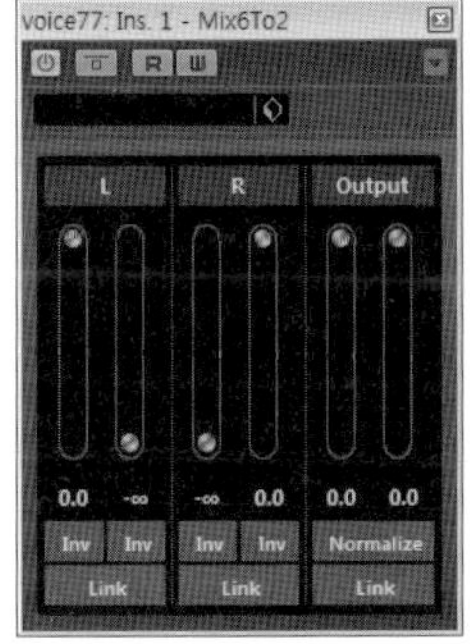

① 6채널 볼륨 페이더 : 각각의 채널 볼륨을 조절한다. Link 버튼을 켜면 좌우 페이더가 같이 움직인다. Invert 버튼은 오디오 파형을 반대로 뒤집을 때 사용한다.

② Output : 최종 출력 레벨을 조절한다. Nomarize 버튼을 켜면 클리핑이 발생하지 않도록 볼륨을 최대로 높일 수 있다.

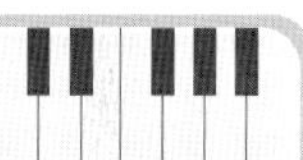

Surround → SurroundPan(서라운드 팬 이펙트)

큐베이스 5에서 볼 수 있는 이펙터이다. 큐베이스 6의 경우 비슷한 이펙터인 MixerDelay 이펙터를 제공한다.

5.1채널 서라운드 음향의 팬 값을 조절하고 출력 스피커를 할당할 수 있는 이펙트이다. 서라운드 사운드는 오디오카드/사운드카드의 입출력이 5.1채널을 지원해야 하므로 각각 입출력 포트를 6포트 이상 지원하는 오디오/사운드카드일 경우 제작할 수 있다. 오디오 트랙을 생성시킬 때 5.1 옵션이나 Mono 옵션으로 트랙을 생성시킨 뒤 오디오 트랙의 Out 파라미터에서 5.1 채널에 맞게 사운드의 출력 포트를 할당해야 한다.

이때 여기서 설명하는 SurroundPan 이펙트를 사용하면 작업 오디오를 5.1채널 중 어느 한쪽에 할당할 수 있다.

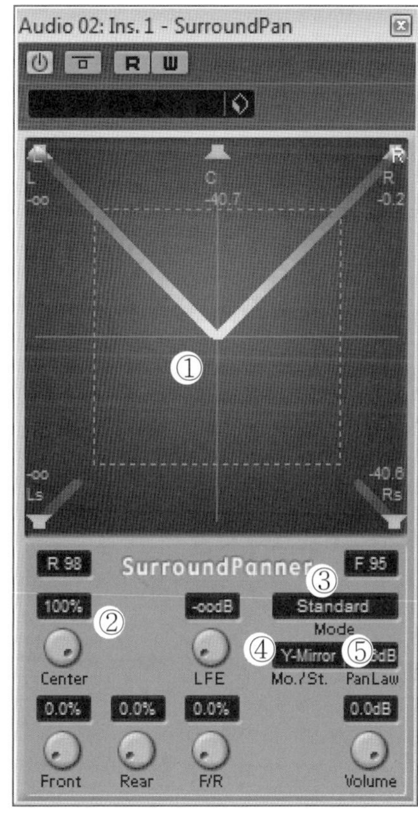

1. 서라운드 패널

Mode 버튼을 클릭하면 다음과 같이 3가지 서라운드 모드를 선택할 수 있다. 스피커 아이콘을 Alt + 클릭하면 해당 채널을 묵음으로 만들 수 있다. 마우스로 스피커를 드래그하면 해당 채널의 사운드 상태를 조절할 수 있다.

스탠더드 모드에서는 볼륨과 팬을 조절하는 방식이고, 앵글 모드에서는 사운드의 감지방향을 조절하는 방식이고, 포지션 모드에서는 사운드의 감쇠량을 조절하는 방식이다. 각각의 서라운드 모드에 따라 노브 기능이 바뀐다.

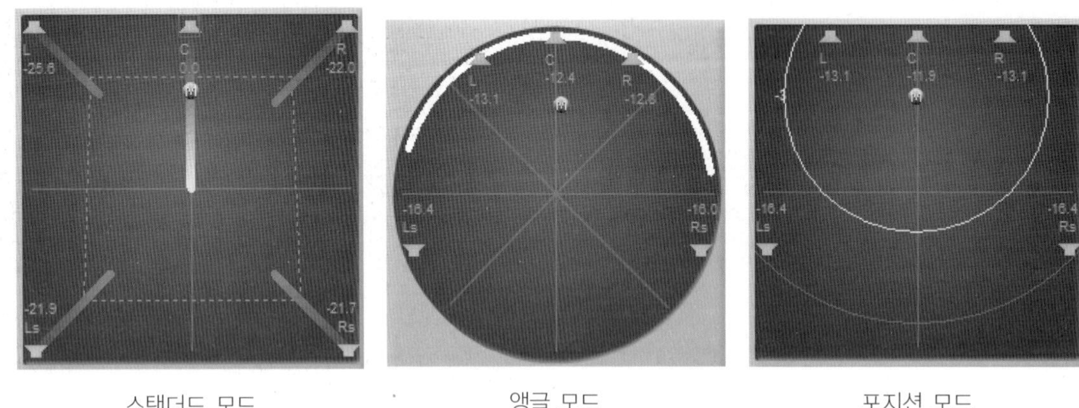

| 스탠더드 모드 | 앵글 모드 | 포지션 모드 |

2. 노브 패널

① 스탠더드 모드 : Center 노브는 센터 채널의 레벨을 조절한다. LFE 노브는 LFE 채널의 신호 전송량을 조절한다. Front, Rear, F/R 노브는 각각의 채널을 조절하며 사각형 점선으로 표시된다.

② 앵글/포지션 모드 : Attenuate 노브는 모든 스피커의 감지 방향을 조절하고 Nomalize는 모든 스피커의 라우드니스를 조절한다.

3. Mode 버튼

서라운드 모드를 스탠더드/앵글/포지션 모드에서 선택할 수 있다.

4. Mo/St 버튼

각 채널이 모노일 경우 Mono Mix를, 각 채널이 스테레오일 경우 다른 채널과 각각 믹스되는 방향을 설정할 수 있다.

5. Pan Law 버튼

사운드에 약간의 거리감을 주기 위해 음량 변화 비율을 조절한다. 0dB일 경우 적용되지 않는다. 보통 −3dB을 사용한다.

Surround → MixerDelay 이펙터

큐베이스 6에서 제공되는 서라운드 이펙터이다. 서라운드 트랙, 오디오 버스의 각 개별 채널을 조절할 수 있다. 각각의
채널을 솔로, 뮤트로 전환시킬 수 있고 딜레이, 위상 반전 등의 작업을 할 수 있다.

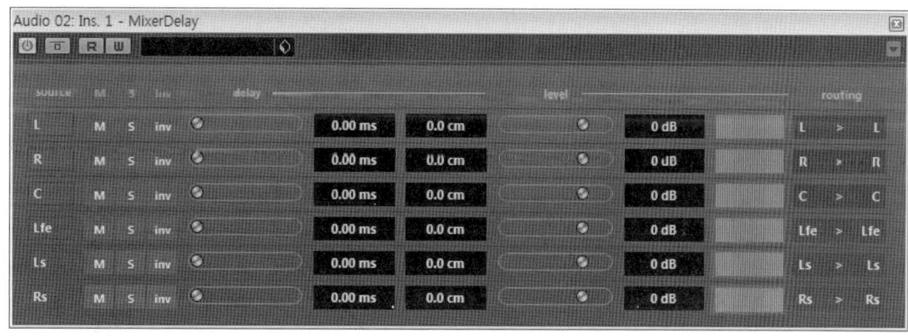

① M 버튼 : 해당 채널의 사운드를 뮤트시킨다.

② S 버튼 : 해당 채널을 솔로로 플레이한다.

③ inv 버튼 : 오디오 위상을 반대로 뒤집는다.

④ delay 슬라이더 : 각 스피커 채널을 인위적으로 지연시킬 수 있다. 서라운드 채널 특성상 스피커 간격 보상을 하기 위해 사용
한다. 스피커 거리는 ms초와 cm로 표시된다.

⑤ level 슬라이더 : 각 서라운드 채널의 볼륨 균형을 위해 볼륨을 조절한다.

⑥ 레벨 미터 : 입력 신호의 레벨을 표시한다.

⑦ 라우팅 : 채널에 다른 채널로 변경하여 출력할 수 있다.

Tools → MultiScope(멀티 스코프)

사운드의 웨이브 파형, 위상, 주파수를 볼 때 사용한다.
Ampl 버튼을 클릭하면 오실로스코프 모드가 되고, Freq 버튼을 클릭하면 Frequency
Spectrum Analyzer 모드, Scope 버튼을 클릭하면 Phase Correlator 모드가 된다.

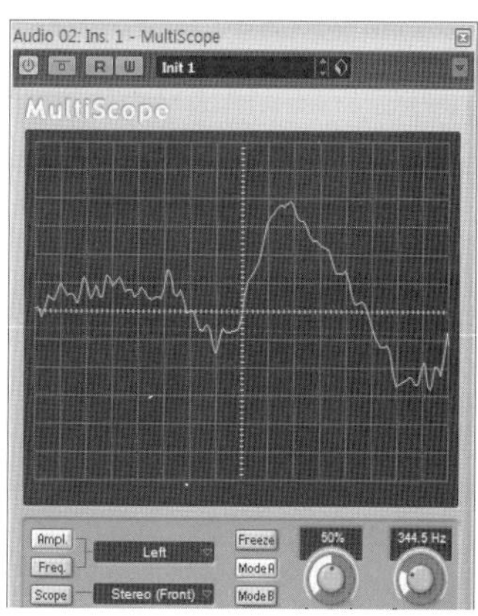

 ## Tools → SMPTEGenerator 

SMPTE 타임코드를 전송할 때 사용한다. Still 버튼은 연주 중지 상태일 때 커서 위치의 타임코드를 전송하고, Generate 버튼은 타임코드를 생성시킬 때 사용하고, Link 버튼은 큐베이스 시간과 링크시킬 때 사용한다.

Start Time은 제너레이터가 스타트될 시간을 설정하는데 Link 버튼을 끈 뒤 숫자판을 상하로 드래그하면 된다.

이 기능은 인서트 슬롯에 다른 이펙트가 존재할 경우 동작하지 않으므로 사용 중인 이펙트가 있으면 Off 상태로 전환해야 한다.

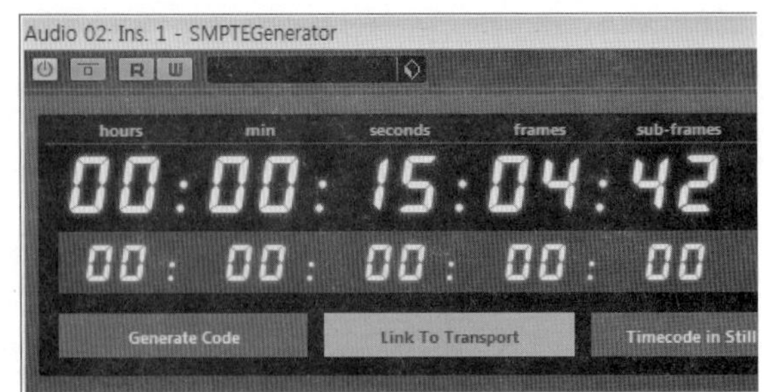

 ## Tools → TestGenerator 

레코딩 장비를 테스트하기 위해 여러 가지 오디오 신호를 생성시킬 수 있다. 생성시킨 오디오 신호는 레코딩한 뒤 교육 및 학습 목적으로 활용할 수 있다.

Sine, Square, Sawtooth, Triangle 등의 4개 버튼은 해당 웨이브 파형 신호를 생성시키고, White 등의 Noise 버튼은 화이트 노이즈, 브라운 노이즈, 핑크 노이즈를 생성시킨다. Frequency 슬라이더를 조절하면 신호가 생성될 주파수 대역을 선택할 수 있고, Gain 슬라이더는 생성된 오디오 신호의 볼륨을 조절하는 기능이다.

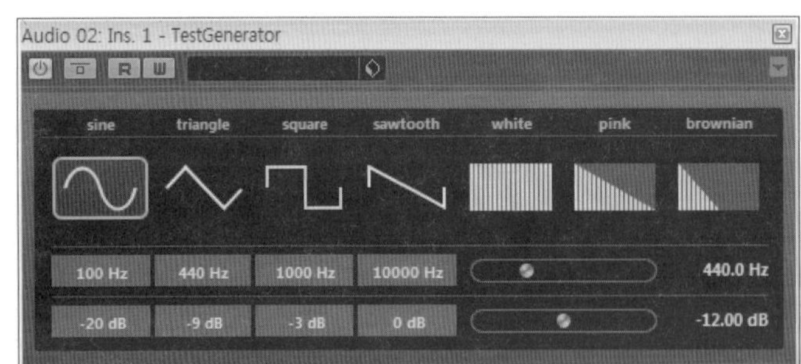

Tools → Tuner(기타 튜너)

기타 같은 악기의 음정이나 다른 악기의 음정을 소프트웨어 방식으로 튜닝할 때 사용한다. 튜닝할 키와 표시된 키가 다르면 악기 튜닝을 해준다.

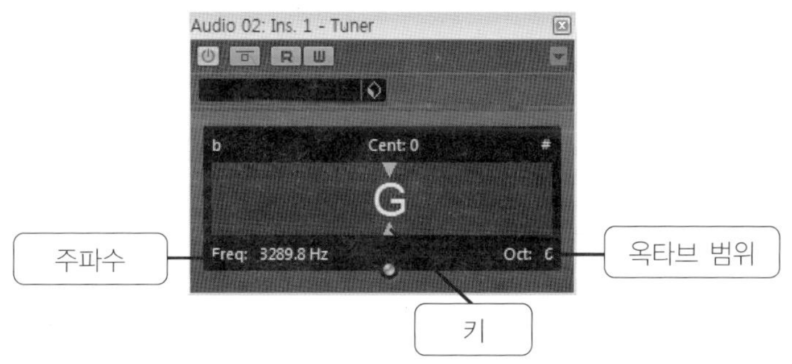

Other → BitCrusher(비트 크러셔)

큐베이스 5에 있는 기능이다. 고품질 하이파이 사운드를 저품질의 로우파이 사운드로 만드는 효과가 있다. 예를 들어 24비트 오디오를 8비트나 4비트 사운드로 만드는 효과이다.

① 모드 버튼 : 4개의 작업 모드에서 선택할 수 있다. 1, 3은 작업 결과물이 거칠고 2, 4는 작업 결과물이 원본과 구분되지 않을 정도로 부드럽게 적용된다.

② Sample Divider 노브 : 제거될 샘플을 설정한다. 수치를 높일수록 로우파이 사운드가 만들어진다.

③ Depth 노브 : 원하는 비트 수를 설정한다.

④ Output 레벨 : 출력 레벨을 조절한다.

⑤ Mix 슬라이더 : 원본 사운드와 비트 크러셔가 적용된 사운드의 믹스량을 조절한다.

미디 이펙트는 미디 트랙에서 사용하는 이펙트이다. 대부분 미디 이벤트나 미디 노트를 가상으로 재배열하거나 복제하는 방식의 이펙트들이 많다. 미디 이펙트는 오디오 이펙트와 마찬가지로 리얼타임으로 동작하기 때문에 재배열, 복제되는 노트는 실제 생성되지 않고 가상으로 생성되어 미디 사운드에 영향을 준다.

미디 트랙의 인스펙터에서 MIDI Inserts 탭의 빈 슬롯을 클릭하면 미디 이펙트를 삽입할 수 있도록 단축 메뉴가 실행된다.

미디 트랙의 e 버튼을 클릭해 '채널 세팅창'을 불러오면 Inserts 탭이 있는데 이곳에서는 미디 트랙에 오디오 이펙트를 적용할 때 사용한다. 단 미디 트랙에 가상악기가 연결된 인스트루먼트 트랙의 경우에만 오디오 이펙트가 미디 트랙에도 적용이 가능하다.

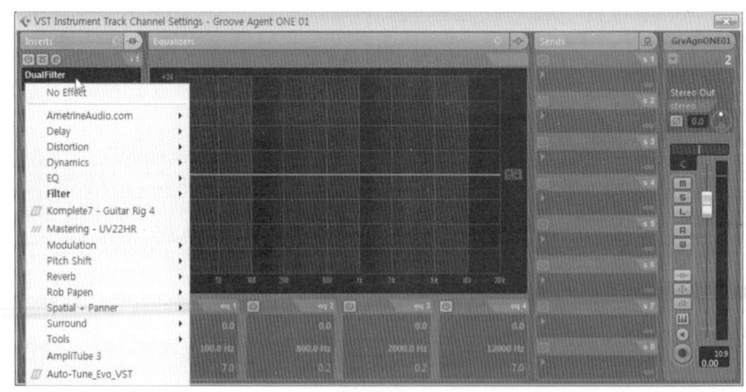

Arpache 5(아르페지에이터 이펙트)

미디 트랙에 아르페지오 효과를 만들 수 있다. 기존 클립이 있을 경우 각 노트에 자동으로 화음이 만들어지며 아르페지오 연주가 만들어진다. 또한 건반 입력 전 Arpache 5를 트랙에 적용하면 건반 키를 누를 때마다 아르페지오 효과가 나타난다. 아르페지오란 화음을 한 번에 연주하지 않고 순서대로 연주하는 것을 말한다. 보통 하프 연주나 피아노 연주에 적용하는 것이 좋다.

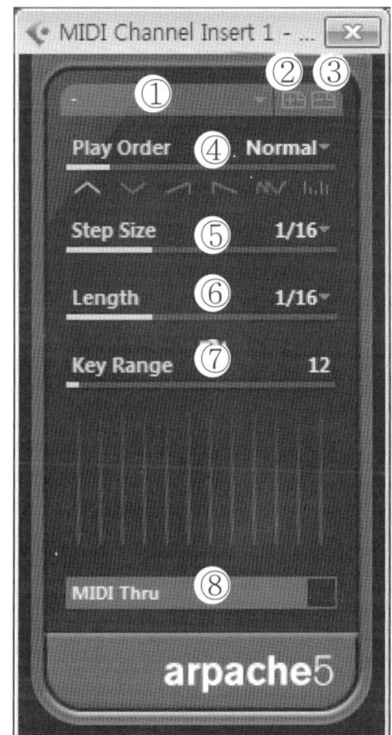

① Preset : 미리 설정된 프리셋으로 아르페지에이터 효과를 적용한다. 10개의 프리셋이 제공된다.

② Save Preset : 현재의 설정값을 프리셋으로 저장한다.

③ Delete Preset : 선택한 프리셋을 프리셋 목록에서 제거한다.

④ Play Order : 아르페지오 패턴 방식을 선택한다. 6개의 방식에서 선택할 수 있다.

⑤ Step Size : 아르페지오 패턴의 스텝 단계를 조절한다. 숫자 부분을 클릭해 조절하거나 슬라이더를 드래그하여 조절할 수 있다.

⑥ Length : 아르페시오 패턴의 길이를 조절한다. 숫자 부분을 클릭해 조절하거나 슬라이더로 조절한다.

⑦ Key Range : 아르페지오 패턴의 음정 폭을 조절한다. 1은 반음 너비이고, 기본값 6은 3음 너비를 가졌다. 12는 한 옥타브 폭을 가졌으므로 수치를 높일수록 아르페지오 음정 변화가 심해진다.

⑧ MIDI True : 미디 입력 정보를 아르페지오를 적용하지 않고 바로 출력한다.

Arpache sx(고급 아르페지에이터 – 미디 이펙트)

앞장에서 배운 arpache 5가 단순한 아르페이지에터라면 arpache sx는 보다 고급의 아르페지에터라고 할 수 있다. 클래식 모드와 시퀀스 모드로 동작하므로 전통적인 아르페지오 효과와 상당히 복잡한 시퀀서 스타일의 아르페지오 효과를 만들 수 있다.

클래식 모드

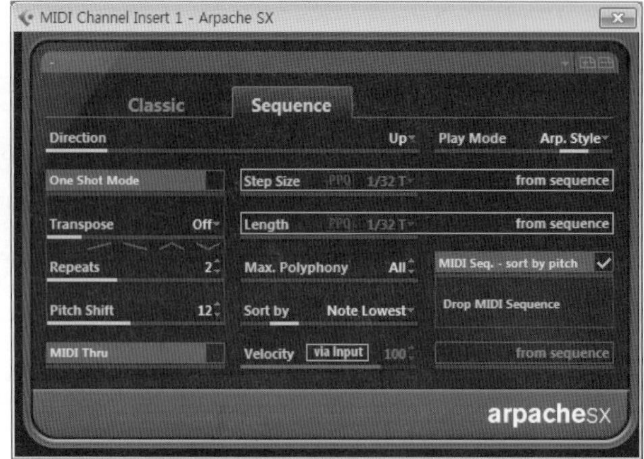

시퀀스 모드

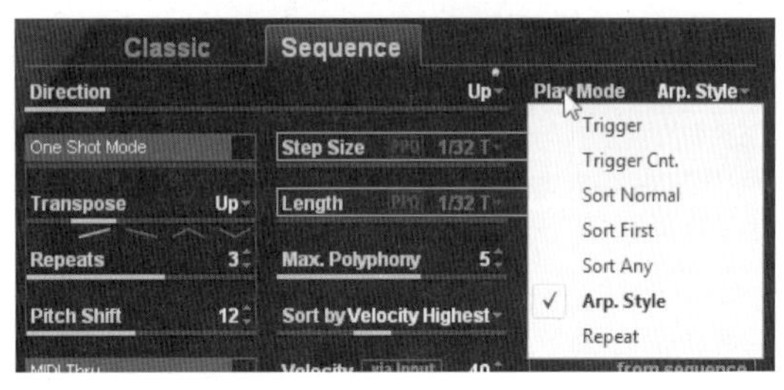

시퀀스 모드에서는 Play Mode 옵션

① Direction : 어떤 코드로 아르페지오가 연주될지 선택한다. 클래식 모드에서는 클릭하면 다양한 연주 방식을 선택할 수 있고 시퀀스 모드에서는 Play Mode 옵션 등을 조합해 선택할 수 있다.

② Transpose : 아르페지오 패턴의 조옮김 방향을 선택한다.

③ Repeats : Transpose가 반복될 횟수를 지정한다.

④ Pitch Shift : 피치 쉬프트가 될 간격을 설정한다.

⑤ MIDI True : 체크하면 아르페지오 연주를 플러그 인으로 전송하는 것을 패스한다.

⑥ Step Size : 아르페지오 해상도를 조절하는 것으로 아르페지오 패턴의 발현 간격을 조절하는 것과 같다.

⑦ Length : 아르페지오 패턴의 음 길이를 조절한다.

⑧ Max. Polyphony : 동시 발현될 아르페지오 음의 최대값을 설정한다. 예를 들어 '도레미' 3화음을 동시에 낼 수 있다면 음의 동시 발현수가 3개 혹은 3보이스라고 할 수 있다.

⑨ Sort By : 아르페지오 정렬 방식을 선택한다. 예를 들어 'Note Lowest'를 선택한 뒤 C, E, G 아르페지오를 누를 경우 C는 첫 번째, E는 두 번째, G는 세 번째로 정렬된다.

⑩ Velocity : 아르페지오의 벨로서티를 조절하는 것으로 일종의 강약을 조절하는 기능이다.

Auto LFO(오토 LFO – 미디 이펙트)

신디사이저의 내장 LFO 기능처럼 미디 컨트롤러 메시지에 변화를 주어 음을 만들 수 있다. 옵션을 이용해 자동 미디 패닝을 만들거나 그 외 효과를 만들 수 있다.

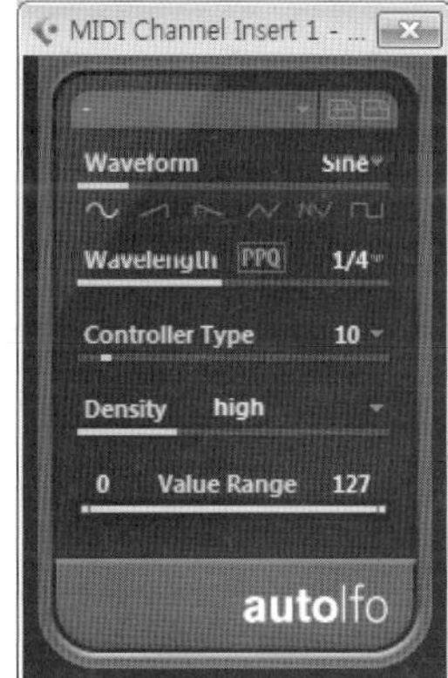

① Waveform : 웨이브 파형 모양을 선택한다. 웨이브 파형 모양에 따라 사운드가 조금씩 달라진다.

② Wavelength : Auto LFO의 속도를 설정한다. 속도에 따라 웨이브 파형의 싸이클 속도가 달라져 사운드에 변화가 생긴나. 수치가 낮을수록 속도가 느려지며, 1/8박자를 선택할 경우 8분음표 단위로 반복된다

③ Controller Type : 컨트롤러 전송 타입을 선택한다. 볼륨, 팬, 포르타멘토, 모듈레이션 등을 선택할 수 있다. 시스템과 연결된 신디사이저의 매뉴얼을 참고한다.

④ Density : 전송 밀도를 설정한다. 'Small', 'Medium', 'Large' 등에서 선택할 수 있다.

⑤ Value Range : 2개의 슬라이더를 조절해 컨트롤러 범위를 설정한다.

Beat Designer(비트 디자이너)

스텝 시퀀서 스타일의 편집 창이다. 반복되는 노트를 입력할 때 흔히 사용한다. 드럼 연주나 베이스 연주처럼 일정 패턴이 있는 리듬을 만들 때 유용하며, 만들어진 패턴을 루프시키면 드럼 파트나 베이스 파트를 용이하게 만들 수 있다.

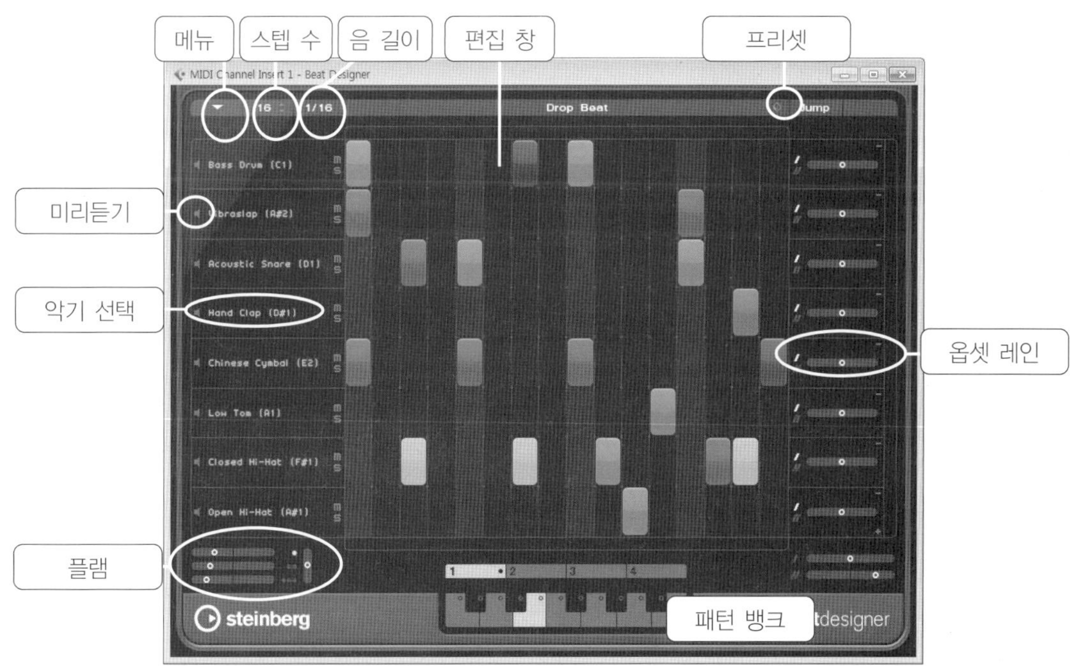

① 메뉴 : 스텝 시퀀스 메뉴를 실행한다.

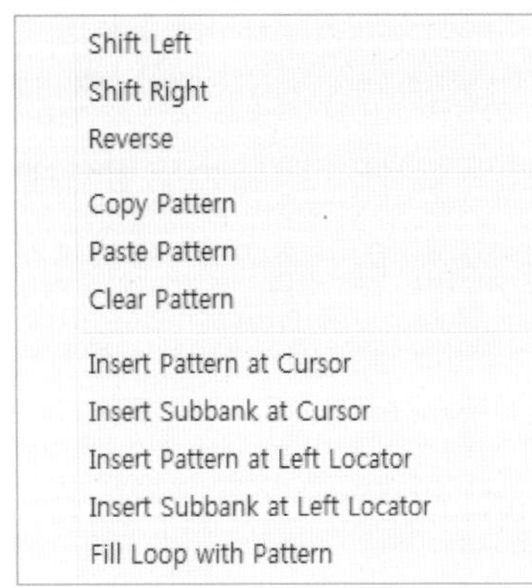

- Shift Left 메뉴 : 스텝 노트를 왼쪽으로 한 칸씩 이동한다.
- Shift Right 메뉴 : 스텝 노트를 오른쪽으로 한 칸씩 이동한다.
- Reverse 메뉴 : 스텝 노트를 좌우로 뒤집는다.
- Copy Pattern 메뉴 : 현재의 패턴을 메모리에 복사한다.
- Paste Pattern 메뉴 : 복사한 패턴을 패턴 뱅크의 서브뱅크에 붙여넣는다.
- Clear Pattern 메뉴 : 현재 설정된 패턴을 삭제한다.
- Insert Pattern at Cursor 메뉴 : 미디 트랙의 커서 위치에 패턴을 붙인다.
- Insert Subbank at Cursor 메뉴 : 서브뱅크에 등록된 모든 패턴을 미디 트랙의 커서 위치에 붙여넣는다.
- Insert Pattern at Left Locator 메뉴 : 왼쪽 로케이터 지점에 패턴을 붙여넣는다.
- Insert Subbank at Left Locator 메뉴 : 서브뱅크에 등록된 모든 패턴을 왼쪽 로케이터 지점에 붙여넣는다.
- Fill Loop With Pattern 메뉴 : 로케이트로 설정된 구간에 패턴을 붙인 뒤 루프시킨다.

② 스텝 수 : 편집 창의 줄 수를 변경할 수 있다. 기본값은 16줄이다.

③ 음 길이 : 각각의 스텝은 기본적으로 16분음표 길이를 가지고 있는데, 여기서 각각의 스텝에 해당하는 음 길이를 변경할 수 있다.

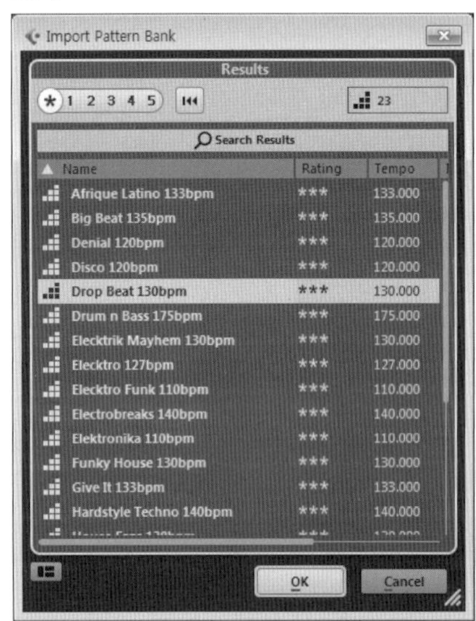

④ 프리셋 : 미리 설정된 패턴 프리셋을 불러올 수 있다. 드럼 노트를 입력할 시간이 없다면 프리셋에서 Disco풍이나 Dance풍에 어울리는 패턴 프리셋을 불러온 뒤 사용할 수 있다.

⑤ 악기 선택 : 클릭하면 악기를 선택할 수 있다.

⑥ 플램 : 선택한 드럼 노트에 플램을 총 3개까지 추가할 수 있다. 플램이란 짧은 드럼 소리를 말한다.

드럼 노트 하단부에 커서를 대면 플램을 추가할 수 있는 점 3개가 표시된다. 각각의 점을 클릭해 모두 선택하면 해당 노트는 3회 짧게 타주하게 된다. 2개를 선택하면 2번 짧게 타주한다.

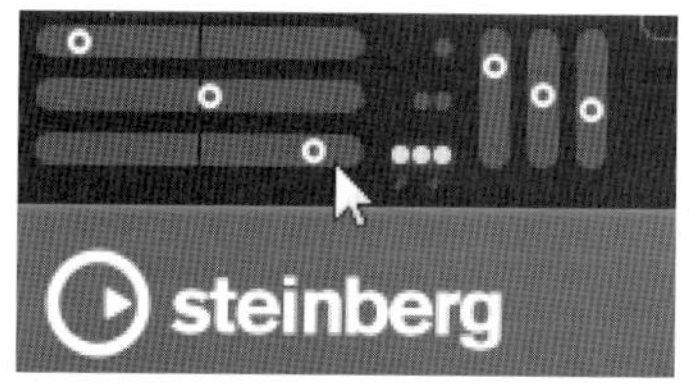

작업창 하단 왼쪽에는 플램 옵션을 설정할 수 있는 라인이 있다.

왼쪽 라인 3개는 플램 3개가 들리는 위치를 조절하는 기능이다. 각각의 플램 위치를 옆 그림처럼 설정한다. 오른쪽 라인은 플램 3개의 각각 벨로서티를 설정하는 기능이다.

⑦ 패턴뱅크 : 패턴뱅크는 상단 4개의 막대로 이루어진 서브뱅크와 건반 12개로 이루어진 패턴뱅크로 구성되어 있다. 서브뱅크마다 건반형의 패턴뱅크가 있으므로 총 48개의 패턴뱅크가 있다. 각각의 패턴뱅크는 편집 창에서 만든 패턴을 등록한 뒤 필요할 때 불러올 때 시용한다.

작업 죽이! 패턴을 패턴팽크에 등록하려면 먼저 비트 디자이너의 메뉴를 실행한 뒤 Copy Pattern 메뉴로 복사하고, 붙이고 싶은 건반을 선택한 뒤 Paste Pattern 메뉴를 적용한다.

⑧ 옵셋 레인 : 각각의 레인마다 편집 창 오른쪽에 드럼 노트의 위치를 좌우로 이동시키는 기능이 있다. 드럼 노트를 왼쪽으로 이동시키면 연주 시작이 빨라지고, 오른쪽으로 이동시키면 연주 시작이 늦어진다. 드럼 연주를 스윙풍 리듬으로 만들 때 사용한다.

Chorder(코드 만들기)

미디 코드(화음)를 생성시킬 때 사용한다. 코드(화음)는 사용자가 원하는 형태로 만들거나 자동으로 만들 수 있고 'All Keys', 'One Octave', 'Global Key' 모드로 생성시킬 수 있다. 일단 화음을 설정하면 연주를 하거나 리얼 입력을 할 때 해당 음을 재생하거나 입력해도 설정된 화음으로 연주된다.

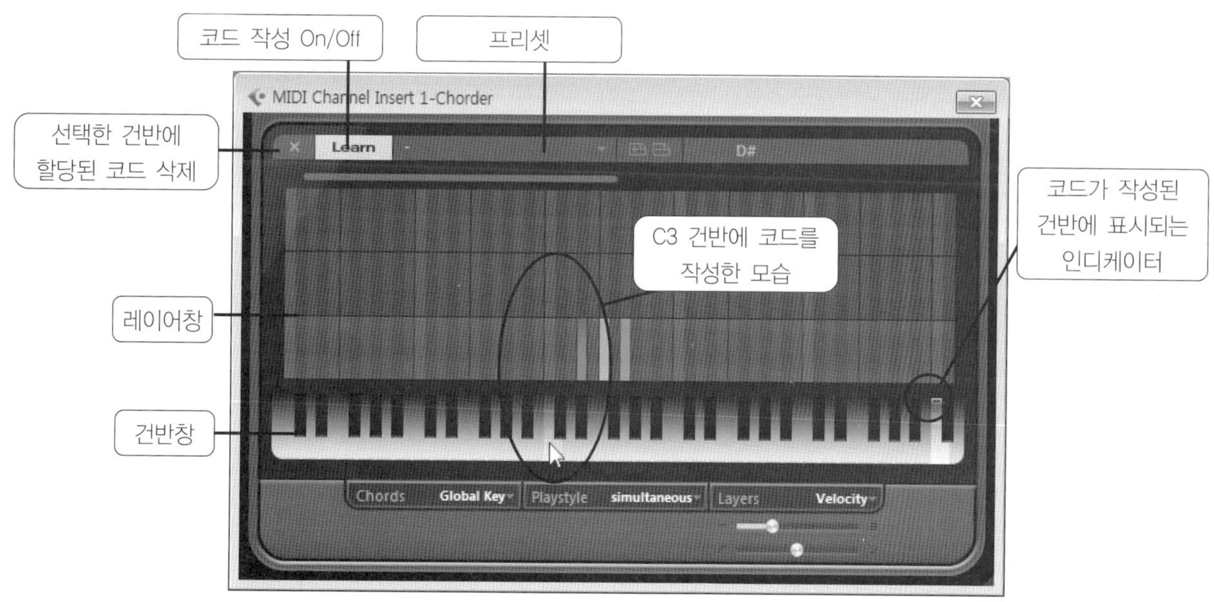

① Learn 버튼 : 코드를 작성할 때 사용한다. Learn 버튼을 클릭하면 건반창이 빨간색으로 변한다. 건반창에서 코드를 할당할 건반을 클릭한 뒤 레이어창에서 원하는 바를 클릭해 코드를 만든다. 코드를 만든 뒤에는 반드시 Learn 버튼을 클릭해 종료해야 코드 작성이 완료된다.

② Chords 버튼 : 코드를 어떤 방식으로 작성할지 선택한다.

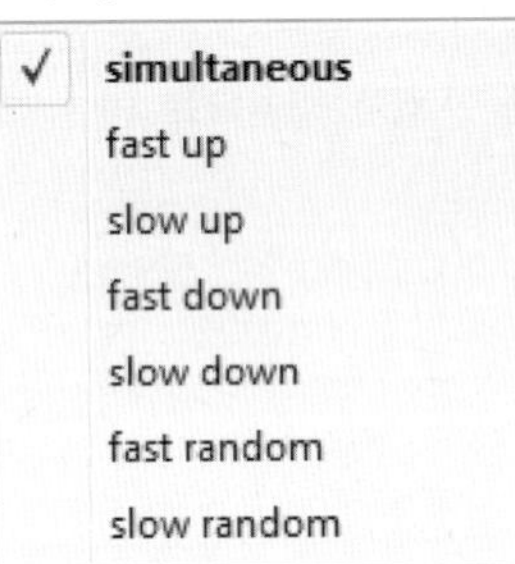

- All Keys : 코드 작성에 모든 음정을 사용할 수 있다.
- One Octave : 코드 작성에 한 옥타브 한도 내의 음정을 사용할 수 있다.
- Global Key : 작성한 코드가 모든 건반키에 적용된다.

③ Playstyle : 코드가 어떤 화음으로 연주될지 선택한다.

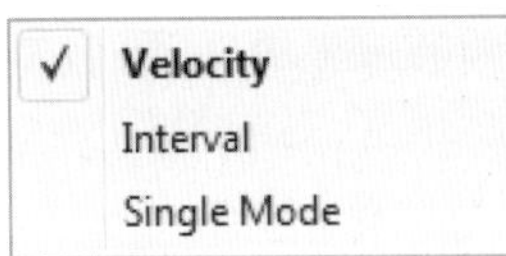

- simultaneous : 코드가 동시에 울린다.
- fast up : 코드에 약간의 아르페지오가 추가되어 울린다. 낮은 음정부터 울린다.
- slow up : fast up과 비슷하지만 아르페지오 속도가 더 느리다. 낮은 음정부터 울린다.
- fast down : fast up과 비슷하지만 높은 음정부터 울린다.
- slow down : slow up과 비슷하지만 높은 음정부터 울린다.
- fast random : 코드 음의 높낮이가 랜덤하게 변경되어 울린다.
- slow random : 코드 음의 높낮이가 랜덤하게 변경되어 들리며 약간의 아르페지오가 추가된다.

④ Layers 버튼 : 레이어의 작성 모드를 변경할 수 있다.

- Velocity : 벨로서티 영역을 구분해 각 영역에 코드를 다르게 작성할 수 있도록 해준다. 먼저 1~127까지의 벨로서티 값을 하단 레이어 슬라이더를 조절해 존으로 분할한다. 예를 들어 하단 레이어 슬라이더를 2로 설정하면 벨로서티 존이 1~63, 64~127 두 개로 나누어진다. 이때 레이어창을 보면 2개의 레이어 존이 있는데 각 레이어 존에 코드를 다르게 작성해준다. 나중에 곡을 연주할 때 해당 코드가 있는 노트의 벨로서티가 1~63 사이이면 두 번째 레이어에 작성한 코드가 연주되고, 64~127이면 첫 번째 레이어에 작성한 코드가 연주된다.
- Interval : 코드 음정의 간격을 인터벌 모드로 연주한다.
- Single Mode : 위 두 가지 기능을 사용하지 않을 때 선택한다.

⑤ 슬라이더 : Layers 버튼 하단에 있는 슬라이더는 레이어 모드에 따라 1개이거나 2개로 바뀐다. 첫 번째 슬라이더는 레이어의 수를 설정하고, 두 번째 슬라이더는 레이어의 높이를 상하로 조절할 때 사용한다.

Compressor(벨로서티 컴프레서)

미디 노트에 할당된 벨로서티 값을 높이거나 압축시킬 수 있다. Threshold에서 작업이 적용될 벨로서티 값을 지정한 뒤, Radio 항목에서 확대/압축 비율을 설정한다. 곡은 연주하면 벨로서티 값이 확대되거나 압축되어 연주된다.

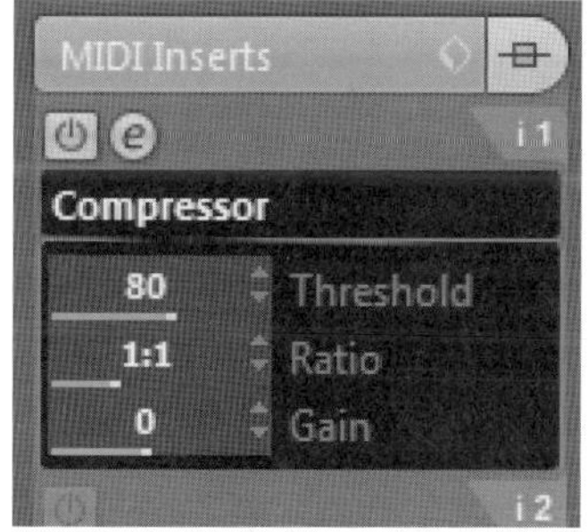

① Threshold : 작업을 적용할 벨로서티 값을 설정한다. 99라고 설정하면 99가 넘는 벨로서티에 작업이 적용된다.

② Ratio : 압축 비율을 설정한다. 1:4를 선택하면 벨로서티가 4배 확장된다는 뜻이고 6.1은 6분의 1로 축소된다는 뜻이다.

③ Gian : 결과물의 출력 레벨을 설정한다.

Context Gate(콘텍스트 게이트)

건반을 누를 때 한 번에 여러 건반을 동시에 눌러 들리는 음을 다선율(폴리포니)이라고 하고 건반을 하나만 눌러 들리는 음을 단선율(모노포닉)이라고 한다. 콘텍스트 게이트는 미리 범위를 설정해 해당 범위에 속하는 음을 들리게 하거나 차단시킬 때 사용한다. 다선율과 단선율 다르게 설정할 수 있는데 라이브 작업 시 건반을 잘못 눌러 입력되는 음을 방지할 때 유용하다.

① Poly Gate : 다선율 입력이나 다선율 곡을 연주할 때 하단 2개의 Range 범위에서 설정한 다선율만 통과시킨다.

② Chord Gate : 코드 화음을 입력하거나 연주할 때 하단에서 설정한 코드만 통과시킨다. Simple 모드를 선택하면 기본 코드(major/minor/b5/dim/sus/maj7 등)를 모두 통과시키고, Normal을 선택하면 기본 코드 외 더 많은 텐션을 통과시킬 수 있다.

③ Minimum Polyphony : 통과시킬 단선율의 최대 음 수를 지정한다.

④ Auto Gate Time : Note Off 시간을 설정한다.

⑤ Panic Reset : 사운드가 이상할 때 All Notes Off 메시지를 전송해 초기화한다.

⑥ Channel Gate(Mono Mode) : 모노 모드 옵션이다. 단선율이 입력될 채널을 선택하고, 그 외 채널은 입력을 막는다.

⑦ Velocity Gate(Mono Mode) : 설정된 벨로서티 이상의 음과 범위에 있는 음만 통과시킨다.

Density(노트 밀도)

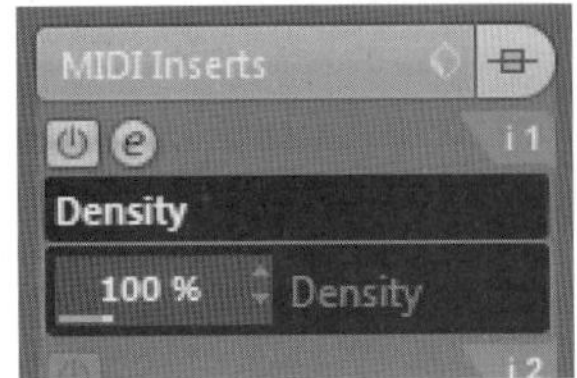

노트의 밀도(개수)를 자동으로 줄이거나 높일 수 있다. 예를 들어 미디 클릭에 100개의 노트가 입력된 미디 클립에 Density를 적용한 뒤 옵션을 50%로 설정하면 미디 노트가 일정 간격을 유지하며 50개로 줄어든다. Density 옵션을 200%로 설정하면 일정 간격을 유지하며 노트가 200개 입력된 효과를 볼 수 있다.

화면상에서는 늘어나거나 줄어든 노트가 표시되지 않지만 연주를 하면 늘어나거나 줄어든 상태로 연주가 된다.

MIDI Control(미디 컨트롤)

8개의 미디 컨트롤로 명령을 전송할 때 사용한다. CC 항목을 클릭해 원하는 컨트롤러 명령을 선택한 뒤 왼쪽 Off 부분을 마우스로 클릭한 뒤 상하로 조절해 값을 설정한다.

예를 들어 CC7(볼륨)을 선택한 뒤 왼쪽 값을 127로 변경하면 해당 미디 트랙의 볼륨이 127로 설정된다.

리스트 에디터에서 미디 컨트롤로 명령을 작성하는 것이 귀찮다면 이 기능으로 미디 컨트롤러 명령을 작성하는 것이 좋다.

Note To CC

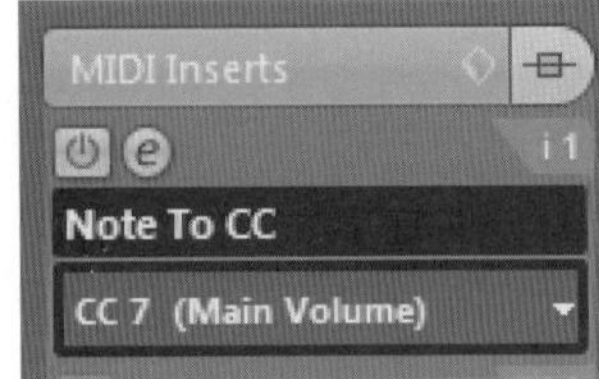

미디 노트의 벨로서티 값을 컨트롤러 명령으로 변경한 뒤 사용하는 기능이다. 예를 들어 CC7(Volume)을 선택하면 해당 미디 트랙의 각 노트에 있는 벨로서티 값이 컨트롤러 명령에 의해 볼륨 값으로 사용된다.

MIDI Echo(미디 에코)

미디 노트에 에코 효과를 만들어준다. 미디 클립에서 에코 사운드를 만들려면 각 노트별로 에코에 해당하는 음을 일일이 입력해야 하지만, 이 기능을 사용하면 자동으로 각 노트별로 에코를 만들어준다.

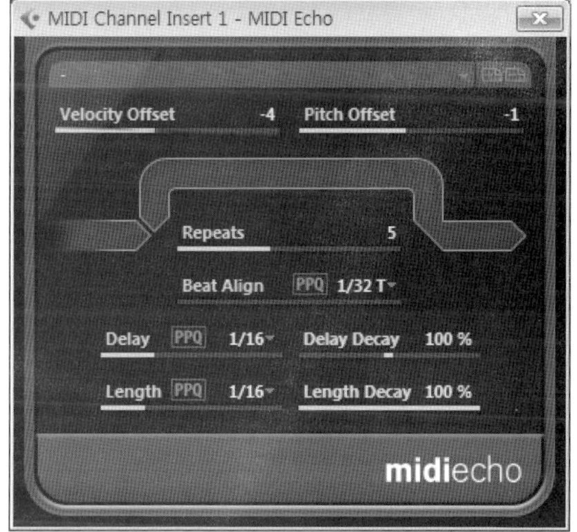

① Velocity Offset : 반복되는 에코의 벨로서티 변동 값을 설정한다. 0 이라고 설정하면 에코 음들의 벨로서티가 변동되지 않는다.

② Pitch Offset : 반복되는 에코의 음정 변농 값을 설정한다. 0이라고 설정히면 에코 음들의 음정이 변경되지 않고 반복된다.

③ Repeat : 반복되는 에코의 횟수를 설정한다. 5라고 입력하면 에코 음이 5개씩 생성된다.

④ Beat Align : 처음 들리는 에코 음의 비트 수를 설정한다.

⑤ Delay : 에코 음의 반복 간격을 설정한다.

⑥ Delay Decay : 에코 음의 반복 간격에 대한 가속도를 조절한다.

⑦ Length : 에코 음의 길이를 설정한다.

⑧ Length Decay : 에코 음의 소멸 시간을 설정한다.

MIDI Modifiers(미디 모디파이어 – 미디 이펙트)

미디 노트 전체의 음정과 벨로서티 값 등을 일괄적으로 변경할 수 있다.

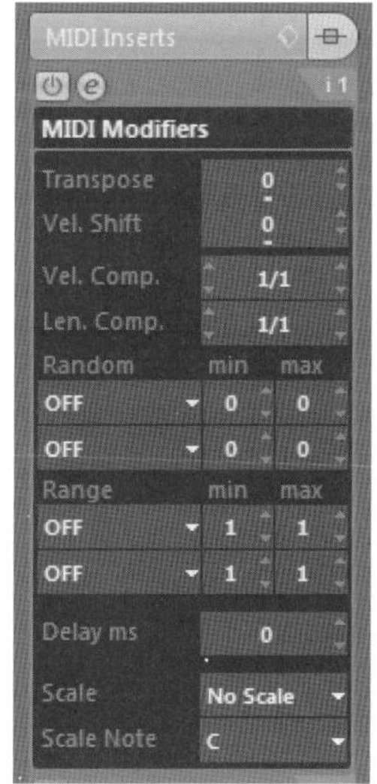

① Transpose : 음정을 일괄적으로 높이거나 낮출 수 있다. –127~127 사이에서 조절하며 반음 단계로 조절된다. 마우스로 클릭한 뒤 휠을 돌려 설정하거나 마우스로 더블클릭한 뒤 직접 입력한다.

② Vel. Shift : 벨로서티를 높이거나 낮출 때 사용하며 –127~127 사이에서 조절한다. 마우스로 클릭한 뒤 휠을 돌려 설정한다.

③ Vel. Comp : 벨로서티 압축 비율을 1/2, 3/4, 3/2 등에서 설정한다. 예를 들어 벨로서티가 60, 90, 120인 노트가 있는 상태에서 1/2를 적용하면 30, 45, 60으로 압축되는 효과가 있다. 이때 Vel. Shift 기능으로 벨로서티를 60단계 높이면 90, 105, 120으로 변경된다.

④ Len. Comp : 노트 길이를 압축한다. 2/1을 적용하면 음 길이가 2배로 늘어나고, 1/4를 적용하면 음 길이가 25%로 압축된다.

⑤ Random : 노트에 각종 기능을 랜덤하게 적용할 수 있다. 2개의 항목에 각각 다른 조건을 걸 수 있다.

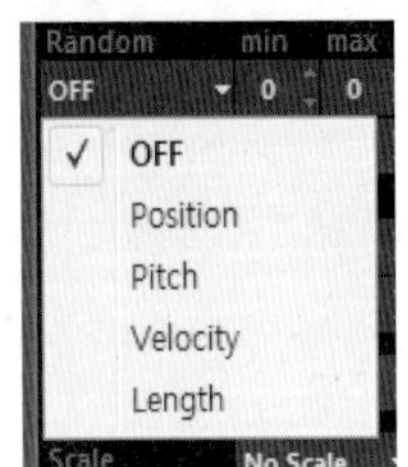

- Positon : 노트 위치를 min/max에서 설정한 값만큼 랜덤하게 이동시킨다.
- Pitch : 음정을 min/max에서 설정한 값만큼 랜덤하게 변경시킨다.
- Velocity : 벨로서티를 min/max에서 설정한 값만큼 랜덤하게 변경시킨다.
- Legnth : 노트 길이를 min/max에서 설정한 값만큼 랜덤하게 조절시킨다.

⑥ Range : 앞에서 설정한 각종 옵션들이 적용되는 범위를 설정한다.

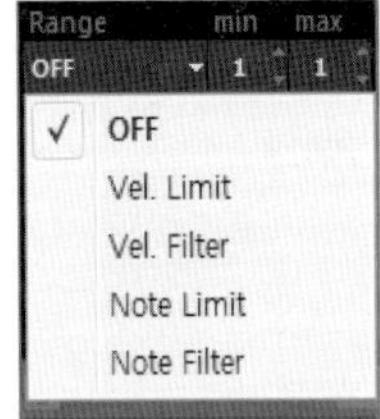

- Vel. Limit : Vel. Shift 기능 등으로 벨로서티를 변경할 때 여기서 설정한 범위를 이탈하지 않는다.
- Vel. Filter : 앞의 Vel.Limit에서 설정한 범위에서 뺄 부분을 설정한다.
- Note Limit : Transpose 기능 등으로 음정을 변경할 때 여기서 설정한 범위를 이탈하지 않는다.
- Note Filter : 앞의 Note Limit에서 설정한 범위에서 뺄 부분을 설정한다.

⑦ Delay ms : 딜레이 시간을 1/1000초 단위로 설정한다.

⑧ Scale : 앞의 Transpose 기능을 Off로 전환하면, 스케일에 맞게 음정을 변경할 수 있다. Scale 항목에서 스케일 유형을 선택하고 하단 Scale Note 옵션에서 해당 스케일에서 사용할 키를 선택한다.

MIDI Monitor(미디 모니터)

입력되는 미디 이벤트를 모니터할 때 사용한다. Inputs 옵션에서 모니터할 소스를 선택한다. 리얼 입력(Live Events)은 마스터 건반으로 리얼 입력한 내용을 모니터하고, 연주(Playback Events)는 미디 트랙을 플레이할 때 모니터한다. 그런 뒤 Show 버튼에서 모니터하고 싶은 버튼을 켜준다. 하단 목록창에 모니터하는 내용들이 나타난다.

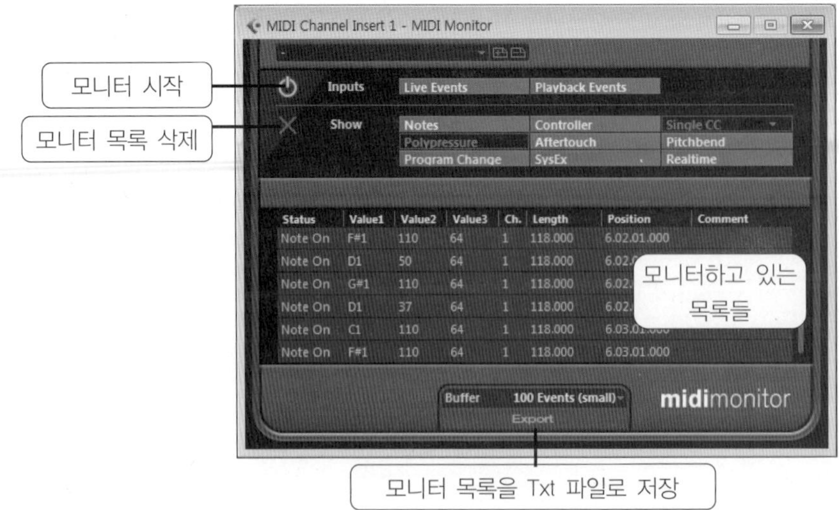

# Micro Tuner(마이크로 튜너 – 미디 이펙트) 

마이크로 튜너는 음정을 튜닝할 때 사용한다. 반음정을 127단계로 나누어 미세하게 조절할 때 사용한다. Alt + 드래그 하면 모든 슬라이더가 함께 움직인다. 프리셋 버튼을 클릭하면 미리 설정된 튜닝값으로 음정을 튜닝할 수 있다.

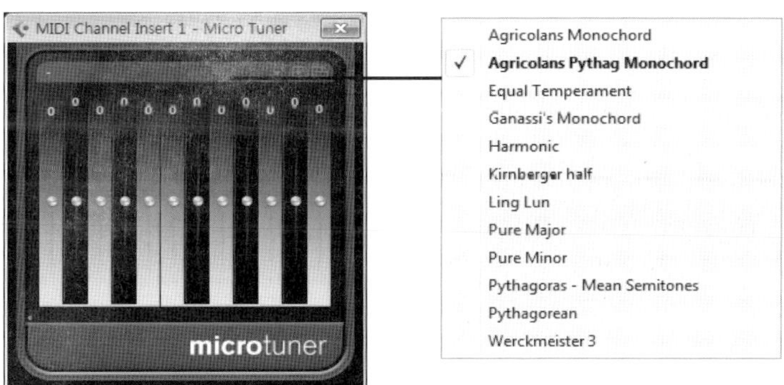

# Quantizer(퀀타이저 – 미디 이펙트) 

큐베이스에서 퀀타이즈를 적용하면 노트 위치를 정렬하기 위해 노트의 위치가 실제로 변경된다. 이 기능은 노트의 실제 위치는 변경하지 않고 리얼타임으로 퀀타이즈할 때 사용한다.

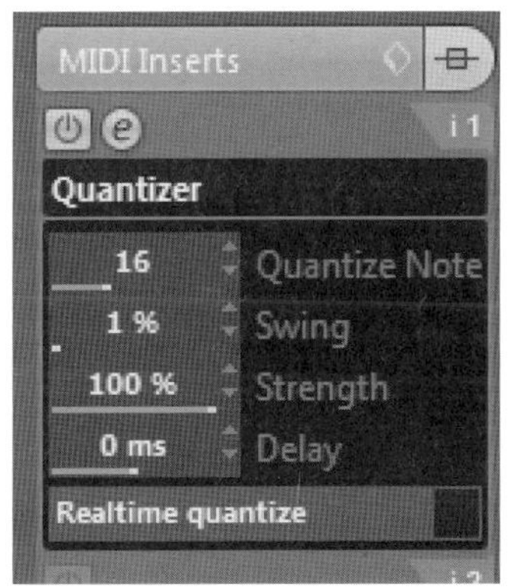

① Quantize Note : 퀀타이즈 그리드 간격을 설정한다. 16을 선택하면 16음표 간격의 퀀타 이즈 그리드에 퀀타이즈할 수 있다.

② Swing : 퀀타이즈할 때 스윙풍 느낌이 나도록 엇비슷한 간격으로 노트들을 정렬한다.

③ Strength : 노트들이 퀀타이즈될 때 몇 %까지 퀀타이즈시킬지 설정한다. 100%를 선택하 면 모든 노트가 퀀타이즈에 적용된다.

④ Delay : 퀀타이즈할 때 딜레이를 적용할 수 있다. + 수치를 적용하면 딜레이되고, – 수 치를 입력하면 앞당겨서 퀀타이즈된다.

Step Designer(스텝 디자이너)

스텝 디자이너는 어떤 음을 눌렀을 때 사용자가 설정한 패턴 음이 들리게 하는 기능이다. 예를 들어 건반의 C3를 눌렀을 때 C3에 만든 패턴 음이 들리게 할 수 있다. 패턴은 건반의 C~C7까지 등록할 수 있고 하나의 프리셋당 최고 200개까지 등록할 수 있다.

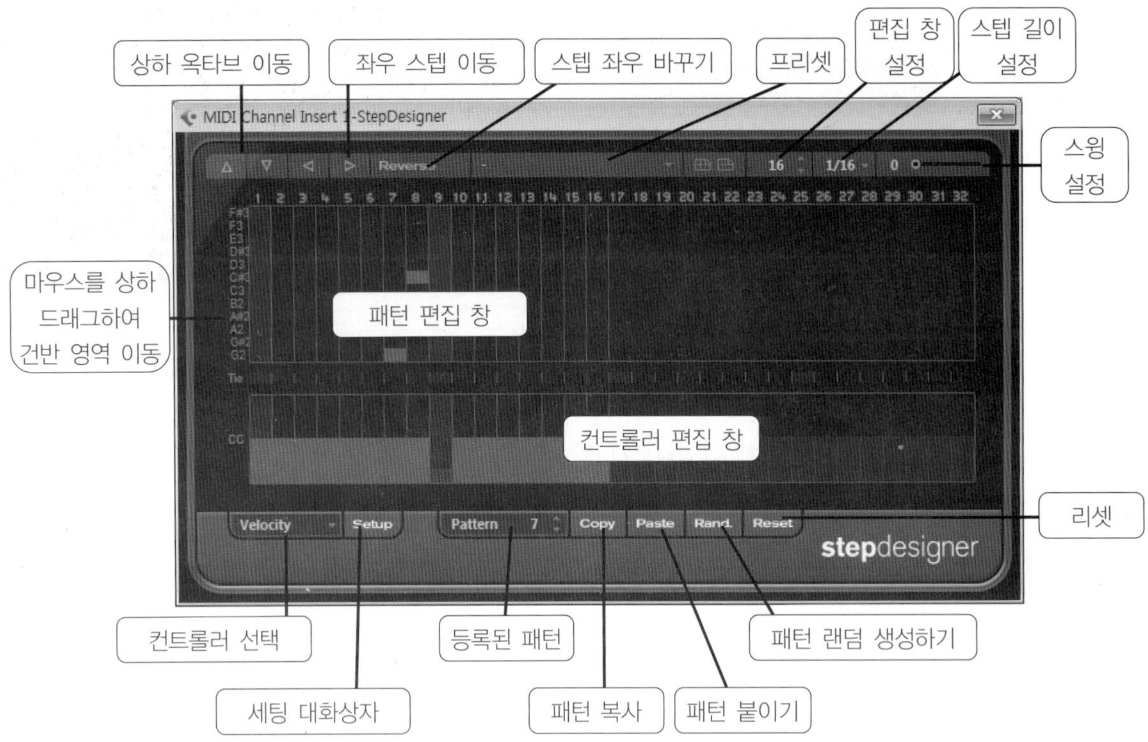

Track Control(트랙 컨트롤)

트랙 컨트롤은 GS 또는 XG 모드를 지원하는 악기들의 딜레이, 리버브, 코러스 등의 값을 제어할 때 사용한다. 사용하는 악기가 GS 또는 XG 모드를 지원할 경우 동작한다. 각각의 항목을 기본값으로 돌리려면 Ctrl + 클릭한다.

① 모드 선택 : GS1은 악기가 Roland GS 모드일 때, XG1은 Yamaha XG 모드일 때 선택한다. XG2는 Yamaha XG 지원 악기의 글로벌 세팅을 할 때 사용한다.

② Send 1 : 악기의 리버브 값을 조절한다.

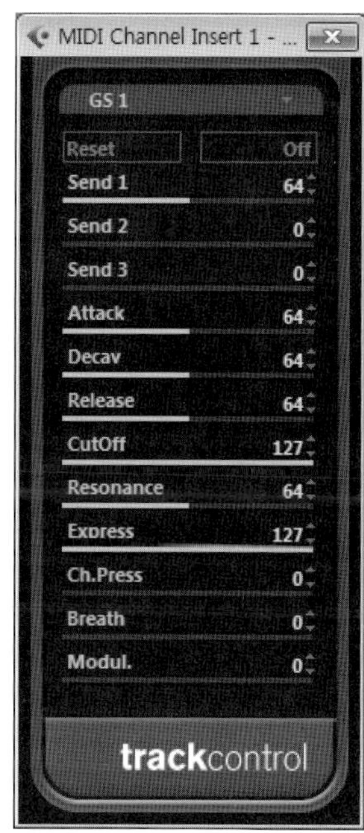

③ Send 2 : 악기의 코러스 이펙트를 조절한다.

④ Send 3 : 악기의 딜레이 값을 조절한다.

⑤ Attack : 적용된 값이 시작될 시간을 설정한다. 64가 기본값이며 64보다 낮으면 빨리, 64보다 높으면 느리게 시작 타임이 설정된다.

⑥ Decay : 적용된 값이 소멸할 시간을 설정한다.

⑦ Release : 적용된 값이 종료할 시간을 설정한다.

⑧ Cutoff : 컷오프될 주파수를 설정한다.

⑨ Resonance : 공진 주파수 값을 설정한다.

⑩ Express . 컨트롤러 CC11번인 익스프레션 페달 값을 0~127 사이에서 설정한다. 볼륨을 미세하게 조절하는 효과가 있다.

⑪ Breath : 컨트롤러 CC2인 Breath 값을 조절한다. 입으로 관악기를 부는 힘을 조절하는 기능으로 이 기능을 지원하는 악기를 사용할 경우 동작한다.

⑫ Modul : 컨트롤러 CC1인 모듈레이션 값을 조절한다.

Transformer(트랜스포머)

Input Transformer 기능을 이펙트 방식으로 사용할 수 있다. 삭제, 교체 등의 트랜스포머 기능이 실제 미디 노트에는 영향을 주지 않고 가상으로 진행된다. 대화상자의 사용법은 7부 Edit → Project Logical Editor 메뉴를 참고한다.

MEMO

Part 7

큐베이스 6.5의 메인메뉴

01 | 파일(File) 메뉴

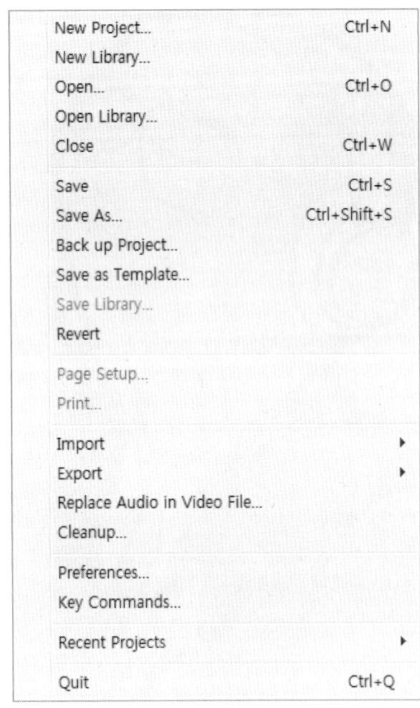

- New Project 메뉴 : 새 프로젝트 만들기
- New Library 메뉴 : 새 라이브러리 만들기
- Open 메뉴 : 저장한 프로젝트 불러오기
- Open Library 메뉴 : 저장한 라이브러리 불러오기
- Close 메뉴 : 작업 프로젝트만 종료하기
- Save 메뉴 : 현재 프로젝트 저장하기
- Save As 메뉴 : 다른 이름, 다른 폴더에 저장하기
- Back Up Project 메뉴 : 프로젝트 백업하기
- Save As Template 메뉴 : 템플릿으로 저장하기
- Save Library 메뉴 : 라이브러리로 저장하기
- Revert 메뉴 : 프로젝트를 원래 상태로 복구하기
- Page Setup 메뉴 : 악보 인쇄 전 세팅하기
- Print 메뉴 : 악보 인쇄하기
- Import 메뉴 : 외부 미디어 파일 불러오기
- Export 메뉴 : 외부 미디어 파일로 저장하기

- Replace Audio in Video File 메뉴 : 비디오 파일에서 음향 파트만 가져오기
- Cleanup 메뉴 : 파일 검색 후 삭제하기
- Preferences 메뉴 : 큐베이스 사용 환경 설정하기
- Key Commands 메뉴 : 단축키 설정하기
- Recent Projects 메뉴 : 최근 작업한 프로젝트 불러오기
- Quit 메뉴 : 큐베이스 프로그램 종료하기

New Project 메뉴

새 프로젝트를 불러온다. 비어 있는 프로젝트를 불러오거나 템플릿 파일을 불러올 수 있다.

참고로, 시퀀서 프로그램으로 생성시킨 음악 파일은 하나의 파일 안에 미디 정보, 오디오 정보, 악보 정보가 함께 들어있기 때문에 음악 파일이라고 부르지 않고 프로젝트 파일이라고 부른다. 새 프로젝트를 생성시키면 미디 작곡, 오디오 편집, 악보 작성 등의 모든 작업을 할 수 있다.

큐베이스 6.5의 New 대화상자

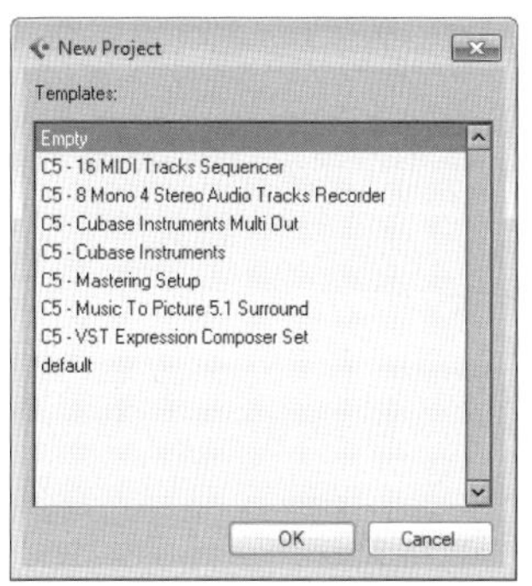

큐베이스 5의 New 대화상자

① Recent : 최근 작업한 프로젝트를 불러온다.

② Recording : 오디오 녹음 작업을 할 때 선택한다. 예를 들어 Acoustic Guitar + Vocal 템플릿을 선택하면 2개의 오디오 트랙이 있는 새 프로젝트를 불러올 수 있다. 하나는 보컬 녹음, 다른 하나는 기타 연주 녹음에 사용할 수 있다. 만일, 사운드 설정이 잘못 되어 오디오 녹음이 잘 안 될 경우, 여기서 원하는 템플릿을 선택하면 오디오 포트를 잘 찾아준다.

③ Scoring : 악보 입력을 할 수 있도록 악보 창이 있는 새 프로젝트를 불러올 수 있다.

④ Production : 프로덕션 즉 대중음악 작업에 용이하도록 미리 드럼 가상악기나 베이스 가상악기를 연결한 새 프로젝트를 불러올 수 있다. 댄스곡, 팝 등의 원하는 템플릿을 선택하면 된다.

⑤ Mastering : 스테레오 마스터링 작업에 사용하는 템플릿을 불러올 수 있다.

⑥ More : 비어 있는(Empty) 프로젝트를 불러올 수 있다.

큐베이스 5의 경우 VST Expression Composer Set 프리셋이 있는데, 이 프리셋은 VST Expression Composer용 프로젝트를 불러오는 기능이다. 스코어 에디터(악보창)에서 VST Expression 탭을 사용해 트레몰로 같은 아티큘레이션 효과를 미디 음악에 바로 적용할 수 있다.

New Library 메뉴

큐베이스용 새 라이브러리 파일을 만들 수 있다. 라이브러리 파일은 즐겨 사용하는 오디오와 비디오 파일을 한눈에 확인할 수 있도록 목록 형태로 관리할 때 사용한다.

라이브러리 창은 상하 2개로 구성되어 있는데, 상단 윈도우는 등록된 파일들이 표시되고, 하단 윈도우는 등록된 파일 중에서 원하는 파일을 검색하는 검색창이다. 원하는 오디오, 비디오 파일은 트랙으로 드래그하여 항상 사용할 수 있다.

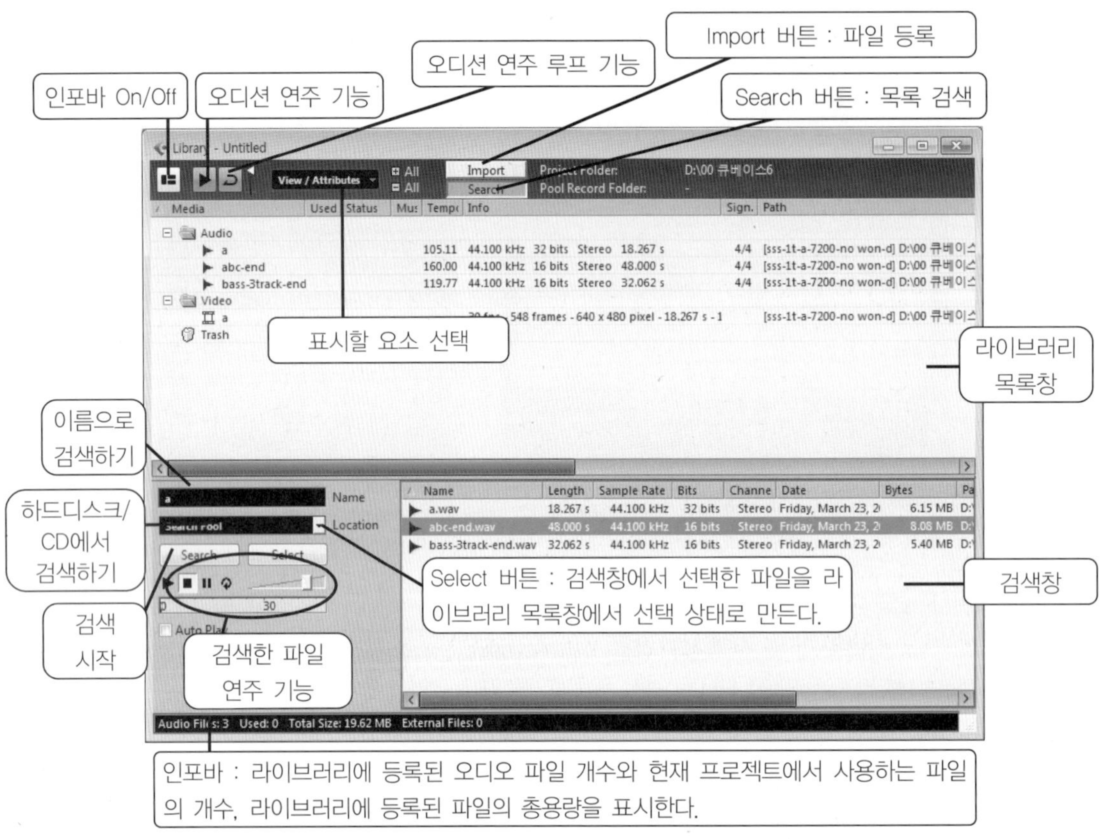

라이브러리에 등록된 파일들은 Del 키를 눌러 삭제할 수 있고, 마우스 오른쪽 버튼으로 클릭해 큐베이스의 여러 기능을 바로 적용할 수 있다.

라이브러리를 등록한 뒤 대화상자를 닫으면 Save 대화상자가 실행되어 라이브러리 파일인 *.npl 포맷으로 저장할 수 있다. 저장한 라이브러리 파일은 나중에 Open Library 메뉴로 다시 사용할 수 있다.

Open 메뉴

하드디스크에 저장한 프로젝트 파일을 불러올 수 있다. cpr(큐베이스 프로젝트 포맷), npr(누엔도 프로젝트 포맷) 등을 불러올 수 있다. 미디 파일은 윈도우 탐색기에서 큐베이스 화면으로 바로 드래그하여 불러올 수 있고, 오디오 파일은 트랙 뷰가 있을 경우 윈도우 탐색기에서 바로 드래그하여 불러올 수 있다.

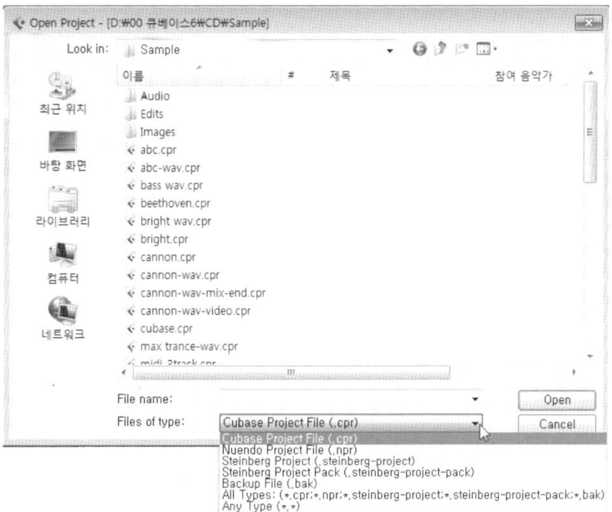

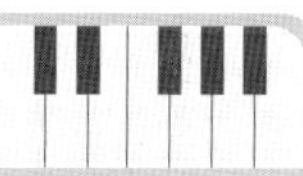

Open Library 메뉴

File → New Library 메뉴로 라이브러리 파일을 만들었을 경우, 이 라이브러리 파일을 불러올 수 있다. 라이브러리 파일의 확장자는 *.npl이다.

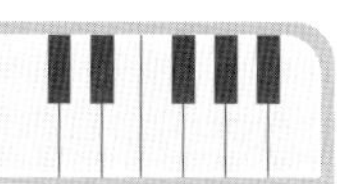

Close 메뉴

여러 프로젝트가 열려있을 경우, 현재 작업 중인 프로젝트만 종료한다. 큐베이스를 종료하지 않고 작업 중인 프로젝트만 닫을 때 사용한다.

Save 메뉴

현재 작업 중인 프로젝트를 cpr(큐베이스 프로젝트 전용 포맷)으로 저장할 때 사용한다. 파일명이 없을 경우 파일명을 지정한 뒤 저장할 수 있고, 파일명이 있을 경우에는 대화상자 없이 바로 저장된다.

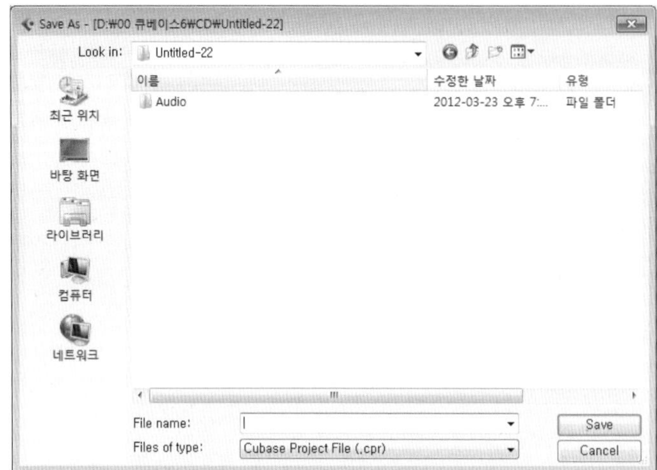

Save As 메뉴

Save As 메뉴는 작업 프로젝트를 다른 파일명이나 다른 폴더에 저장할 때 사용한다. 대화상자의 모습은 Save 대화상자와 똑같다. 이름 부분에 다른 이름을 입력하고 저장한다.

Save Library 메뉴

수정된 라이브러리를 저장하는 기능이다. 예를 들어 라이브러리에서 목록을 삭제한 경우, 라이브러리 파일을 업데이트한 뒤 저장해야 한다. 이때 사용하는 기능이 Save Library 메뉴이다.

Back Up Project 메뉴

프로젝트 파일과 프로젝트에 삽입한 각종 오디오 파일의 소실을 예방하는 차원에서 백업하는 기능이다. 이 기능을 사용하면 작업 중 삭제한 오디오 파일을 제외한 현재 프로젝트에서 사용하는 모든 오디오 파일과 미디 데이터를 원하는 폴더에 일괄 백업할 수 있다. 참고로, 프로젝트에 삽입한 비디오 파일은 오디오 파트만 백업되고 영상 파트는 백업되지 않음을 유념해야 한다.

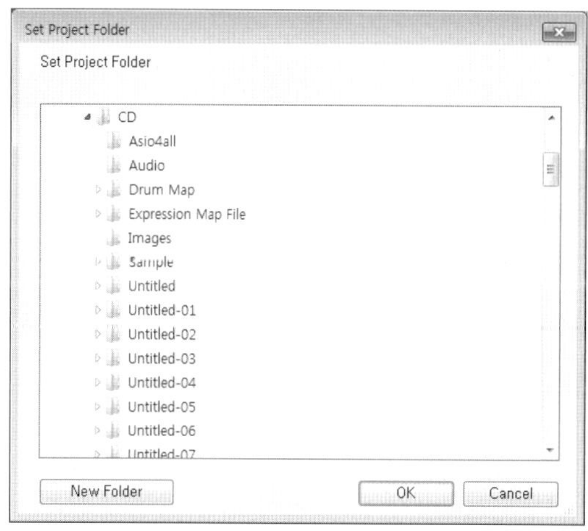

Tip

백업

빈 폴더를 지정하거나 Make New Folder 버튼으로 빈 폴더를 생성시킨 뒤 백업해야 한다.

Save As Template 메뉴

트랙 뷰의 트랙 개수와 트랙 종류 등의 작업 환경을 반복 사용할 수 있도록 큐베이스 템플릿 파일로 저장한다. 예를 들어 미디 트랙 2개, 오디오 트랙 2개, 가상악기 트랙 3개로 설정된 작업 환경을 템플릿 파일로 저장하면, 나중에 New Project 대화상자에서 해당 템플릿을 선택해 불러올 수 있다.

템플릿으로 저장하는 모습 　　　　　New Project 대화상자에 등록된 템플릿

Revert 메뉴

이전에 작업했던 프로젝트 파일(＊.cpr)을 불러온 뒤 작업하다 보면 마음에 들지 않는 경우도 있다. 이때 작업을 취소하고 맨 처음 불러온 원래 상태로 되돌리려면 Revert 메뉴를 사용한다. 말 그대로 모든 작업을 취소하고 맨 처음 불러왔던 상태로 프로젝트를 되돌릴 수 있다.

Page Setup 메뉴

악보를 인쇄하기 전 종이에 대한 인쇄 옵션을 설정한다. 가로 인쇄, 세로 인쇄, 여백 크기를 설정할 수 있다. 이 메뉴는 스코어 창에서만 사용할 수 있다.

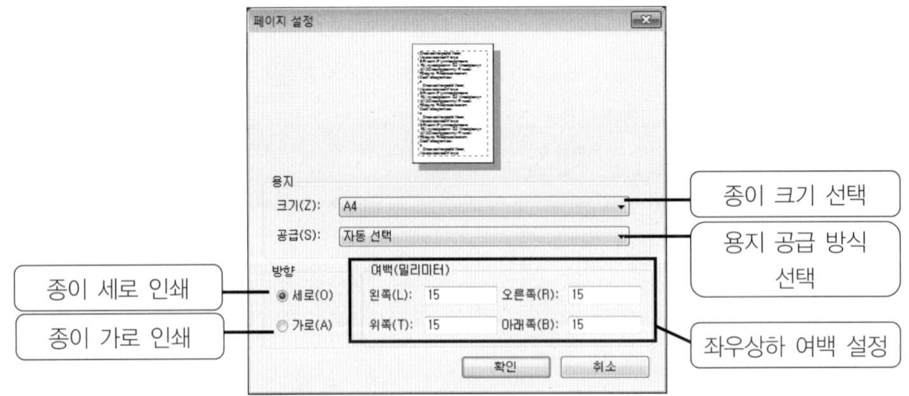

Print 메뉴

악보 인쇄를 시작한다. 스코어 에디터(악보 창)는 자동으로 페이지 모드로 전환되고, 시스템과 연결된 프린터를 선택할 수 있는 프린터 대화상자가 실행된다.

프린터 대화상자의 사용법은 다음과 같다. 먼저 인쇄 작업에 사용할 프린터를 지정한 뒤, 악보가 여러 페이지일 경우 인쇄할 페이지를 설정한다. Numbers of Copy 옵션에서 각 페이지당 몇 장씩 인쇄할지 선택할 수 있다. 양면 인쇄 기능 프린터를 사용할 경우 Collate 옵션에 체크하면 양면 인쇄 기능을 사용할 수 있다.

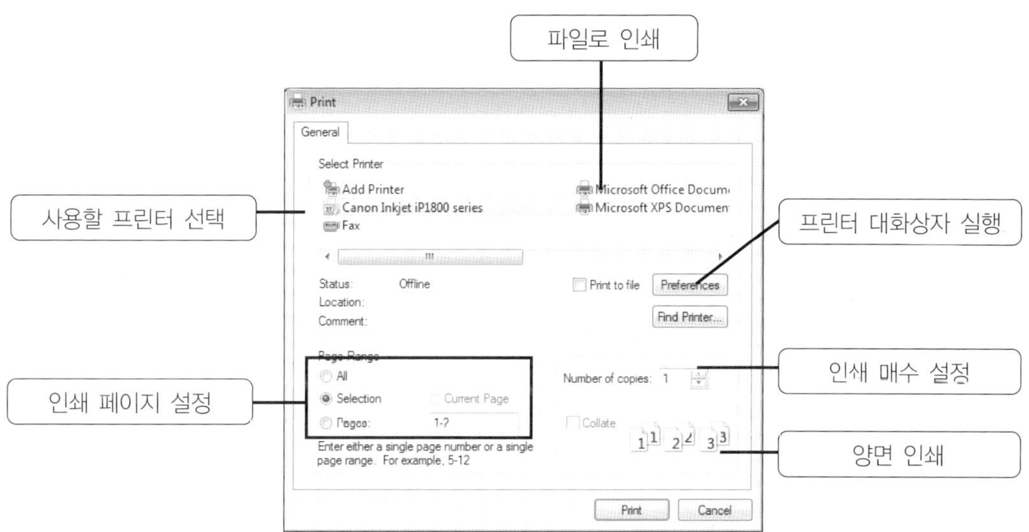

이때 2개 이상의 미디 트랙에 있는 악보를 한 장으로 인쇄하려면 인쇄할 트랙들을 선택 툴로 선택한 뒤, Ctrl + R을 눌러 악보 창으로 전환한다. Print 메뉴를 실행하면 한 번에 2개 트랙에 있는 악보를 한 장의 종이에 인쇄할 수 있다.

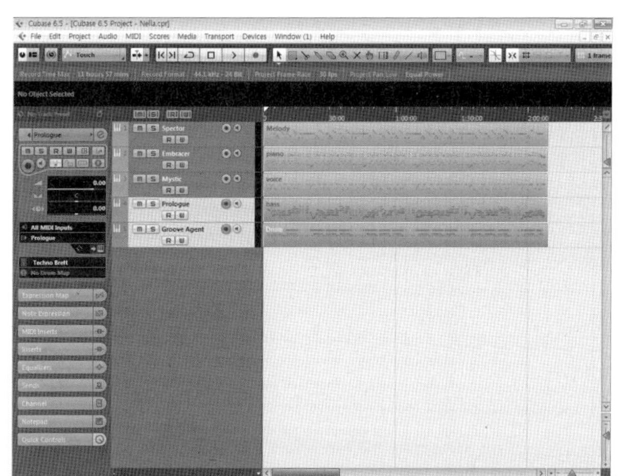

트랙 패널을 Ctrl + 클릭하여 트랙 2개 선택

2개의 악보가 한 종이에 인쇄되는 모습

Import 메뉴

하드디스크에 있는 미디, 오디오, 비디오, CD 음반 트랙을 큐베이스로 가져오는 기능이다. 즉, 큐베이스 고유 포맷이 아닌 디지털 음원을 불러올 때 사용한다.

Import 메뉴

1. Audio File 메뉴(다른 포맷의 오디오 파일 가져오기)

작업 중인 프로젝트로 다른 포맷의 오디오 파일을 가져오는 기능이다. 작업 중인 프로젝트가 있을 경우 이 메뉴가 활성화된다. 예를 들어 Mp3 포맷과 Ogg, Fla 포맷의 음악 파일을 프로젝트에 가져올 수 있다.

가져올 수 있는 오디오 포맷은 Wav, Aif, Mp3, Ogg, Fla, Wma, Sd2, Rex, W64, Rx2 포맷 등이다. 트랙 뷰에 트랙이 없을 경우 자동으로 오디오 트랙이 생성된 뒤 불러올 수 있다.

앞에서 가져올 오디오 파일을 선택하면 다음과 같이 복사 여부를 묻는 대화상자가 실행된다.

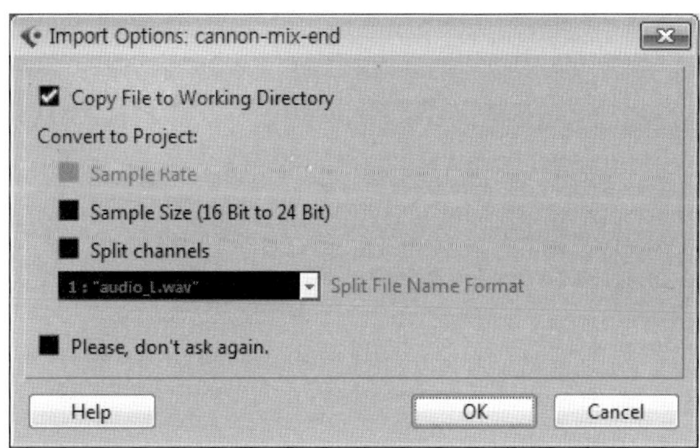

① Copy Files to Working Directory 옵션 : 사용자가 설정한 Working Directory 폴더에 같은 오디오 클립이 없을 경우, 임포트한 오디오를 Working Directory 폴더에 복사한 뒤 임포트한다.
② Convert to Project 옵션 : 사용자가 설정한 Working Directory 폴더에 같은 오디오 클립이 없을 경우, 임포트한 오디오를 복사해준 뒤, 임포트한다.

샘플 레이트(Sample Rate)에 체크하면 프로젝트의 샘플 레이터에 맞게 변경한 뒤 가져온다.
비트뎁스가(Sample Size)에 체크하면 프로젝트의 비트뎁스에 맞게 변경한 뒤 가져온다
Split Channels 옵션은 스테레오 채널을 각각 좌우 모노 채널로 가져올 때 사용한다. 채널
을 분리해 가져오는 것이므로 오디오 클립 이름을 재설정해야 한다. 하단 팝업메뉴에서 이
름 형식을 설정한다.

③ Do not Ask again 옵션 : 다음에 메뉴를 실행할 때는 이 대화상자를 표시하지 않는다.

2. Audio CD 메뉴(음악 CD에서 트랙 가져오기)

오디오 음악 CD에서 원하는 곡을 가져올 수 있다. 먼저 DVD 드라이브에 원하는 CD 음반을 삽입한 뒤 이 메뉴를 실행한다. 미리 듣기 기능을 제공하며, Destination Folder(저장 위치), Copy(복사) 기능을 제공한다.

메뉴를 실행하면 다음과 같이 대화상자가 실행되어 음악 CD에서 원하는 트랙을 가져올 수 있다. Copy 버튼을 클릭하면
하드디스크에 저장하면서 복사가 진행되고, 복사된 음악은 프로젝트의 오디오 트랙에 오디오 클립으로 삽입된다.

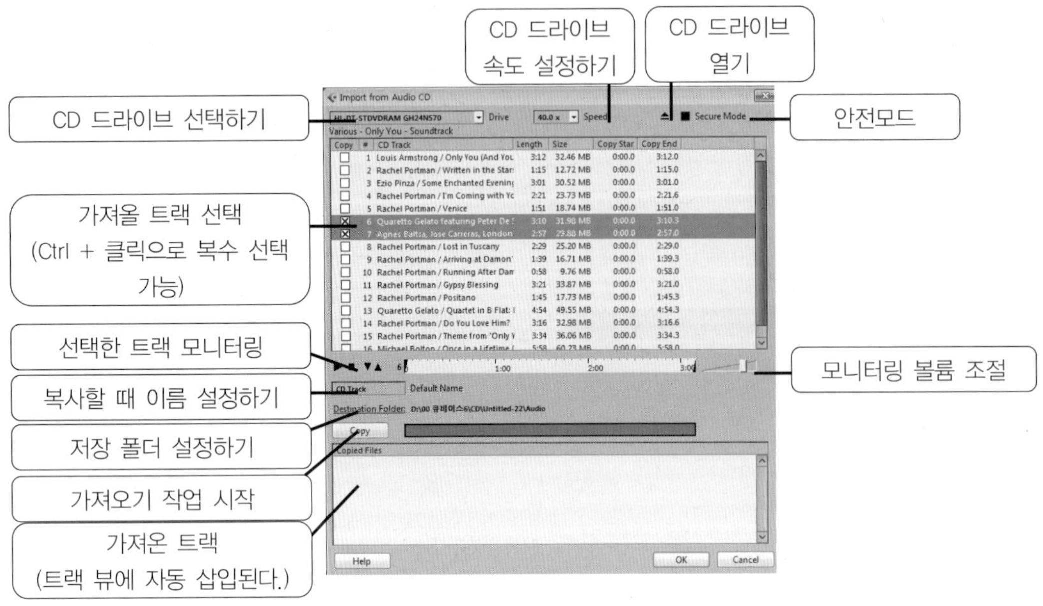

3. Video File 메뉴(비디오 파일 임포트)

프로젝트에 동영상 파일을 가져올 수 있다. 지원하는 포맷은 Mov, Qt, Avi, Mpg, Wmv, Mp4 등이다. 시스템에 해당
코덱이 설치되지 않은 경우 해당 포맷의 동영상을 가져올 수 없으므로 코덱이 없을 경우 먼저 코덱을 설치한다.

4. Audio From Video File 메뉴

동영상 파일에서 오디오 트랙만 뽑아서 가져올 수 있다. 지원하는 동영상 포맷은 Mov, Qt, Avi, Mpg, Wmv, Mp4 등이다.

5. Midi File 메뉴(미디 파일 임포트)

하드디스크에서 Midi 포맷 파일을 가져올 수 있다. 지원하는 포맷은 Mid, Midi 포맷 등이다.

6. Track Archive 메뉴(트랙 정보 임포트)

다른 시스템의 큐베이스에서 저장한 Xml 포맷을 가져올 수 있다. XML이란 웹에서 데이터를 표현하는 언어로 eXtensible
Markup Language의 약자이다. 큐베이스에서는 트랙 정보를 Xml 포맷으로 저장할 수 있으므로 다른 시스템의 큐베이스에
서 저장한 트랙 정보를 가져오는 기능이라고 할 수 있다.

7. Tempo Track 메뉴(템포 정보 임포트)

다른 시스템의 큐베이스에서 박자표가 수록된 Smt 포맷을 저장한 경우, Smt 포맷을 작업 중인 프로젝트에 적용할 수 있도록 가져올 수 있다.

Smt 포맷은 박자표가 수록된 템포 정보 파일이며 Xml 파일의 일종이다. 다른 시스템에서 File → Export → Tempo Track 메뉴로 저장한 Smt 파일을 현재 작업 중인 프로젝트에 적용할 경우, Import 메뉴를 사용하며, 작업 중인 프로젝트의 템포 정보가 임포트한 Smt 파일에 의해 변경된다.

8. Music XML 메뉴(XML 포맷 임포트)

Music XML 포맷을 가져올 수 있다. Music XML 포맷이란 XML 포맷에서 한층 진보된 포맷으로 음악 파일 정보에서 음정, 박자, 리듬, 화음 등 음악 고유 정보를 수록한 뒤 웹에서 검색 등을 할 수 있게 한다.

9. OMF 메뉴(OMF 포맷 임포트)

Omf 포맷을 가져올 수 있다. Omf 포맷이란 영상 편집 프로그램과 시퀀서 데이터를 호환하기 위한 음악 포맷 중 하나이다. 전문적인 영상 편집 프로그램에서 저장한 프로젝트를 큐베이스에서 사용하려면 OMF 포맷으로 저장한 뒤 가져오는 것이 좋다.

 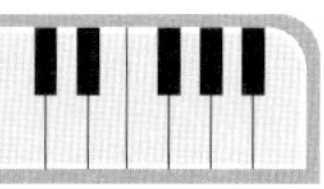

Export 메뉴

작업 프로젝트를 큐베이스 외의 다른 프로그램에서 사용할 수 있도록 해당 포맷으로 저장하는 기능이다. 미디, 오디오 포맷 등으로 저장할 수 있다. 오디오 포맷으로 저장하는 기능은 특별히 '믹스다운'이라고 말한다.

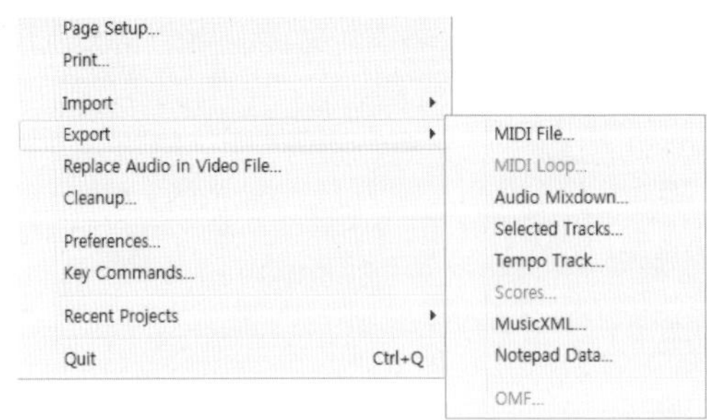

1. Midi File 메뉴(미디 파일로 저장하기)

작업 프로젝트를 Midi 포맷으로 저장할 수 있다. 저장한 Midi 포맷은 윈도우 미디어 플레이어나 Winamp 등의 플레이어로 재생할 수 있고, 소나 등의 다른 시퀀서 프로그램에서 불러올 수 있다.

2. Midi Loop 메뉴(미디 루프 파일로 저장하기)

루프 리듬이 들어있는 미디 클립을 미디 루프 파일(midiloops)로 저장할 수 있다. 가상악기를 연결한 미디 트랙만 미디 루프 파일로 저장할 수 있으며, 가상악기를 연결하지 않은 경우 저장할 수 없다.

저장한 미디 루프 파일은 Media → MediaBay 메뉴를 실행한 뒤 더블클릭하거나 트랙 뷰로 드래그하여 사용한다. 트랙에 삽입된 미디 루프 파일은 생성 당시의 가상악기 설정과 동일한 상태로 사용할 수 있으므로 베이스 파트나 드럼 파트를 신속하게 만들 수 있다.

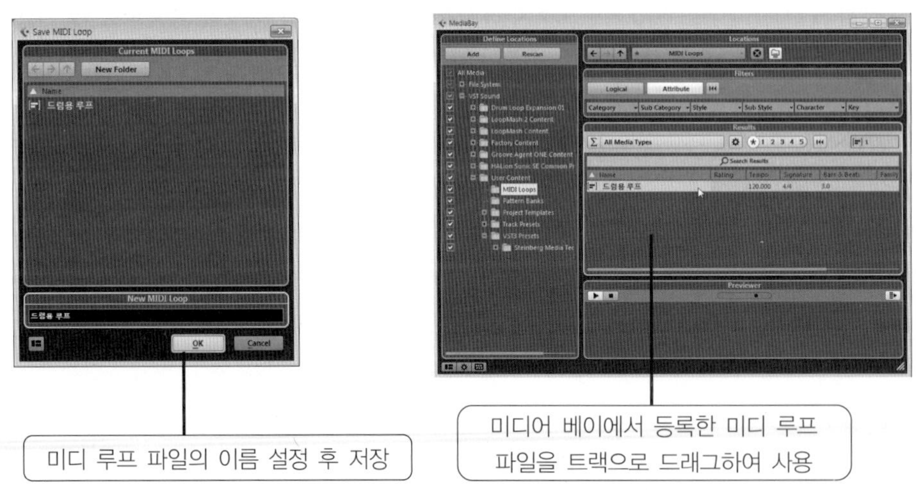

미디 루프 파일의 이름 설정 후 저장

미디어 베이에서 등록한 미디 루프 파일을 트랙으로 드래그하여 사용

3. Audio Mixdown 메뉴(오디오로 저장하기 – 믹스다운)

이 기능은 선택한 미디 트랙 또는 전체 미디 트랙을 합친 뒤 오디오 파일로 저장하거나, 선택한 오디오 트랙 또는 여러 오디오 트랙을 하나로 합친 뒤 오디오 파일로 저장할 때 사용한다. 설정에 따라 여러 트랙을 각각의 오디오 파일로 저장할 수도 있다. 원래 믹스다운은 여러 트랙을 합쳐서 하나의 트랙으로 저장하는 것을 말하지만 큐베이스에서는 오디오 파일로 저장하는 것을 전부 믹스다운이라고 한다.

참고로, 믹스다운을 하려면 먼저 룰러의 좌, 우 로케이터로 믹스다운할 구간을 설정해야 한다. 룰러에서 로케이터 구간을 설정하지 않은 경우 이 메뉴가 동작하지 않는다.

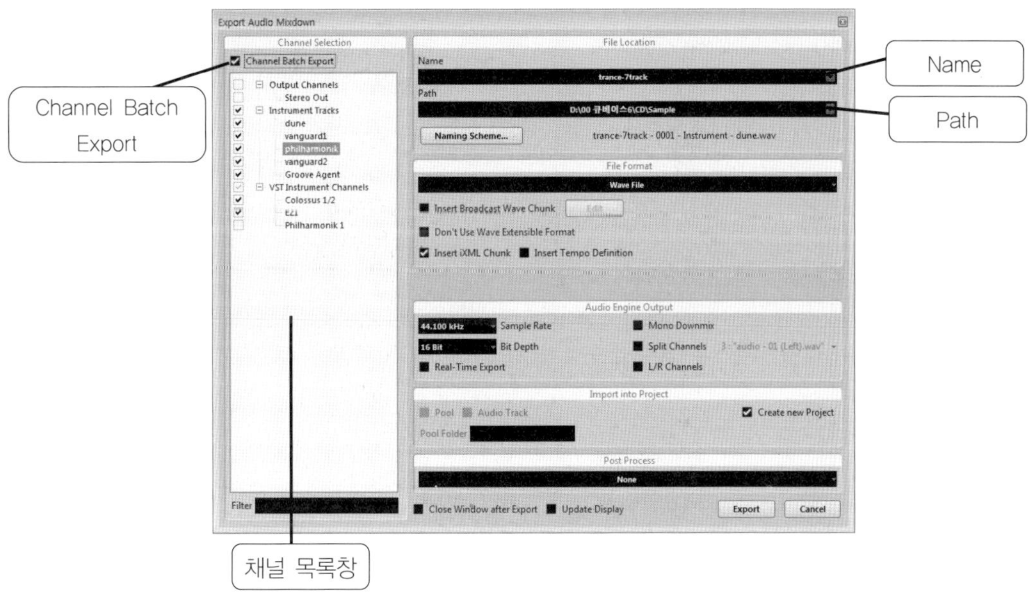

참고   Audio Mixdown 메뉴의 대화상자

① Channel Batch Export : 이 옵션에 체크하면 여러 트랙을 합쳐서 저장하는 것이 아니라 개별적인 트랙으로 나누어 믹스다운할 수 있다. 이 옵션에 체크한 뒤, 하단 트랙 목록창에서 개별적으로 믹스다운하고 싶은 트랙에 체크표시를 해준다. 믹스다운을 완료하면 각각의 트랙이 각각의 오디오 파일로 분리되어 믹스다운된다. 이 기능은 가상악기를 연결한 여러 트랙들을 각각의 오디오 파일로 빨리 믹스다운할 때 유용하다. 만일 여러 트랙을 합쳐서 하나의 단일 오디오 파일로 믹스다운하려면 Channel Batch Export 옵션에 체크하지 않는다. 하단 채널 목록창에서 믹스다운할 트랙을 선택한다. 특정 트랙만 개별적으로 믹스다운하려면 해당 트랙에 체크 표시를 한다.

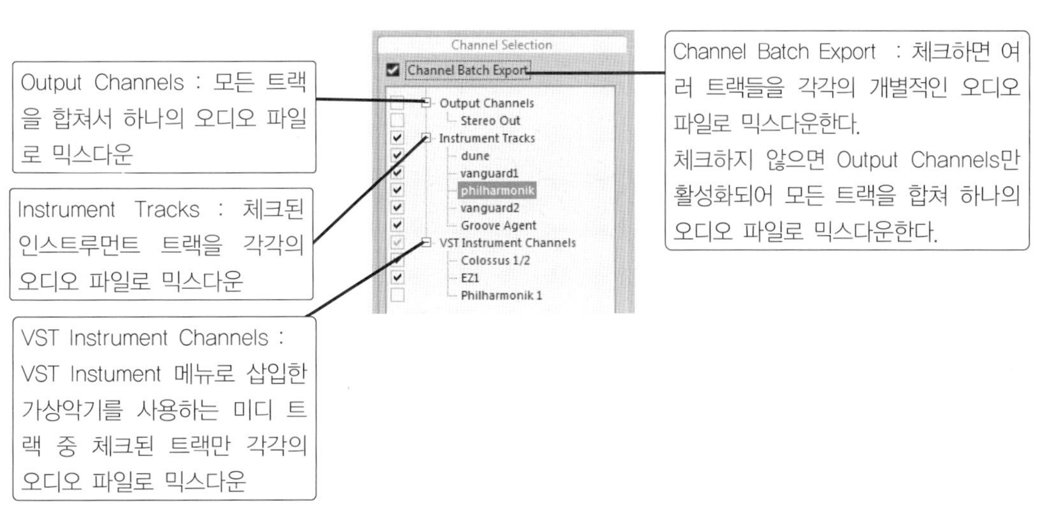

② Name : 믹스다운으로 생성될 오디오 파일의 파일명을 설정한다.

③ Path : 믹스다운될 오디오 파일이 저장될 폴더를 선택한다. 마우스로 더블클릭하면 저장될 폴더를 지정할 수 있다.

저장 폴더를 지정하는 모습

④ File Format : 믹스다운으로 생성될 오디오 파일의 포맷을 설정한다. 검정색 바를 클릭하면 Wav, Aif, Ogg, Mp3, Wma, W64 포맷을 선택할 수 있다. 일반적으로 Wav 포맷으로 저장해야 원본 음질이 유지되고, 나중에 다른 오디오 포맷으로의 전환이 용이하다.

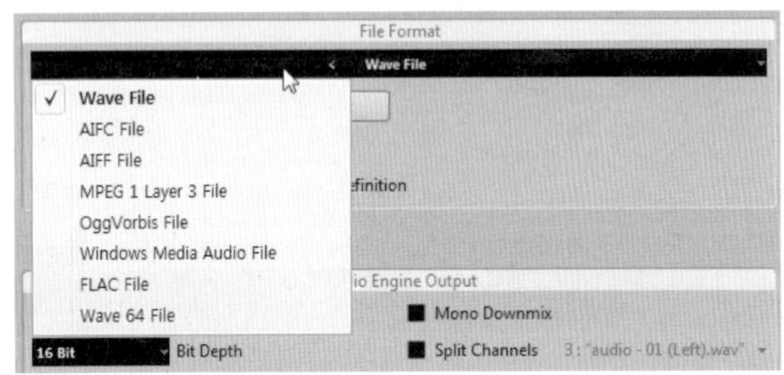

바로 하단 3개의 옵션은 각 오디오 포맷에 필요한 옵션인데 보통 기본값을 그대로 두고 믹스다운한다.

⑤ Audio Engine Output : 믹스다운될 오디오 파일의 샘플레이트와 비트뎁스를 설정한다. 별다른 목적이 없다면 기본값을 선택한다. 참고로 Wav 포맷으로 믹스다운한 뒤 CD 음반을 만들 경우 CD 음반 규격인 44,110khz, 16Bit 규격을 지켜야 한다. 이 규격을 벗어나면 CD 음반으로 레코딩되지 않음을 유의한다.

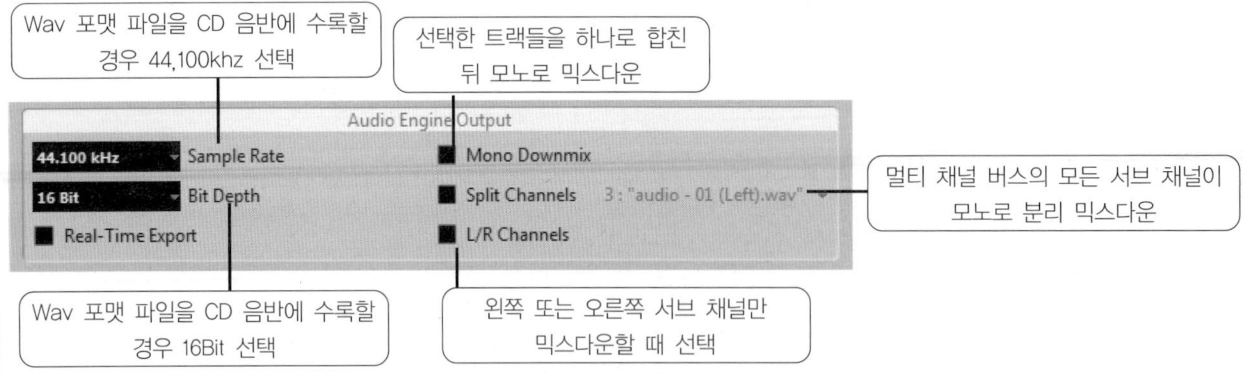

⑥ Import Into Project : 믹스다운한 오디오 파일을 바로 큐베이스로 불러오는 기능이다. 만일 믹스다운한 오디오를 자동으로 큐베이스로 다시 불러오게 하고 싶다면 3가지 옵션 모두 체크하고, 제일 하단의 Close Dialog after Export 옵션에도 체크하는 것이 좋다.

믹스다운된 오디오 파일을 바로 불러올 생각이 없다면 이 옵션들은 사용하지 않는 것이 좋다.

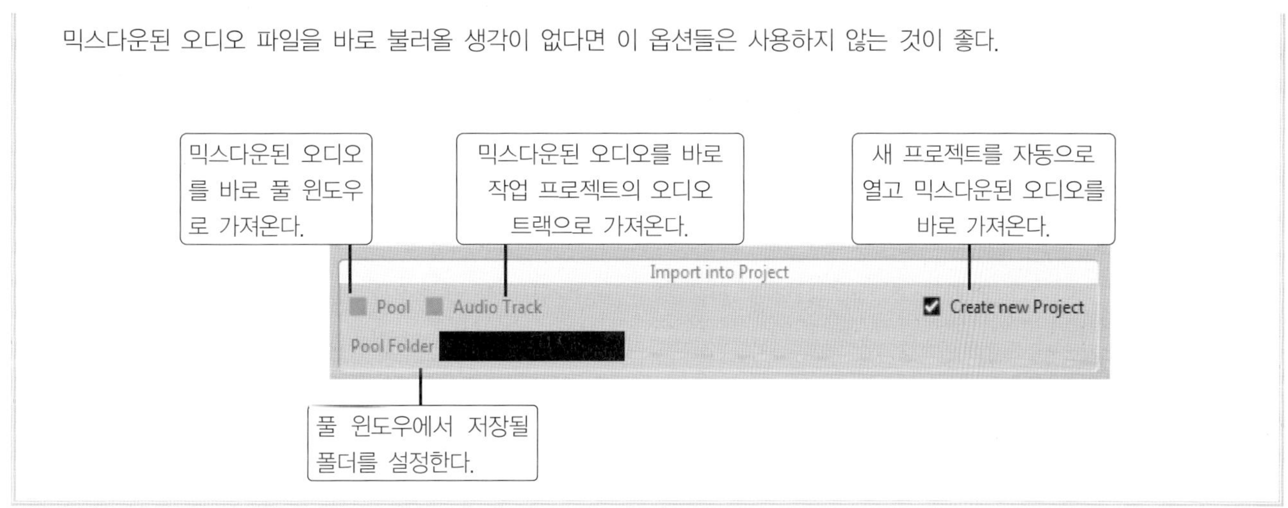

4. Selected Tracks 메뉴(트랙 정보 저장)

선택한 트랙의 정보를 Xml 파일로 저장한다. 다른 프로젝트에서 불러온 뒤 사용할 수 있다. 대화상자의 Copy 버튼을 클릭하면 복사 형태로, Reference 버튼을 클릭하면 참소 형태로 서장한다. Xml 포맷에 대해서는 File › Import → Track Archive 메뉴를 참고한다.

5. Tempo Track 메뉴(트랙 템포 저장)

작업 프로젝트의 트랙 템포를 Smt 파일로 저장한다. 다른 프로젝트에서 불러온 뒤 템포를 적용할 수 있다. Smt 포맷에 대해서는 File → Import → Tempo Track 메뉴를 참고한다.

6. Scores 메뉴

열려있는 악보 창을 Jpg 이미지로 저장한다. 스코어 에디터일 때만 동작한다. 참고로, 화면상에 보이는 악보 그대로 저장하므로, 좌우여백을 조절한 뒤 저장하는 것이 좋다.

7. Music XML 메뉴

작업 프로젝트의 음정, 박자, 리듬, 화음 등 음악 고유 정보를 다른 시스템이나 웹에서 사용할 수 있도록 Music XML 포맷으로 저장한다. XML 포맷에 대해서는 File → Import → Music XML 메뉴를 참고한다.

8. OMF 메뉴

작업 프로젝트에 동영상이 있을 경우 Omf 포맷으로 저장한다. 전문적인 영상물 편집 프로그램에서 데이터를 에러없이 사용할 수 있다. OMF 포맷에 대해서는 File → Import → OMF 메뉴를 참고한다.

Replace Audio in Video File 메뉴

동영상의 사운드를 다른 오디오 파일로 교체할 때 사용한다. 메뉴를 실행하면 먼저 동영상을 선택할 수 있는 대화상자가
실행되며, 그다음에는 교체할 사운드를 지정하는 대화상자가 실행된다. 말 그대로 동영상의 오디오 파트를 교체할 때 사용
하며 그 외 기능은 없다.

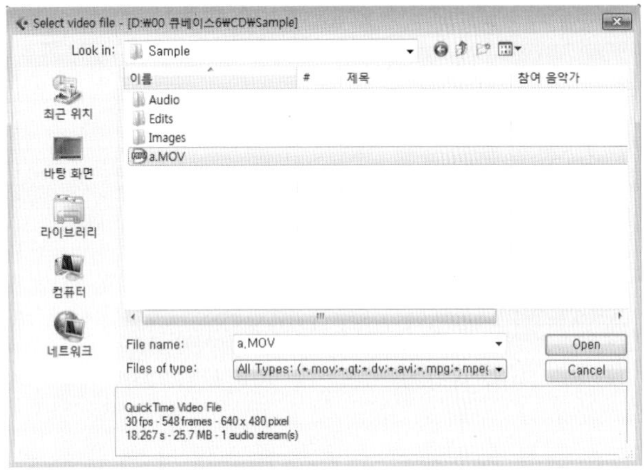

동영상을 선택하는 모습

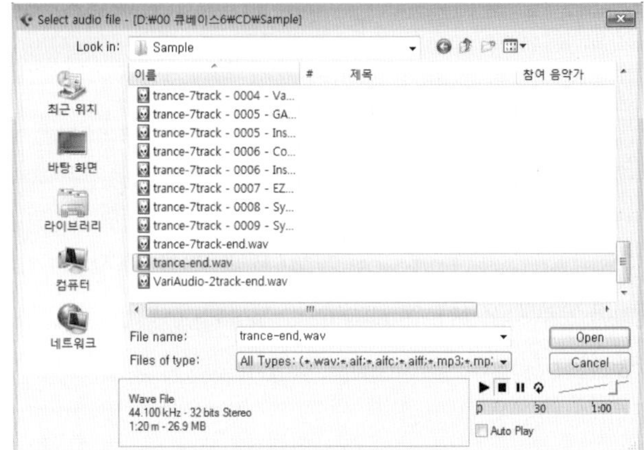

교체할 사운드를 선택하는 모습

Cleanup 메뉴

큐베이스 프로젝트 폴더에 있는 각종 미디어 파일을 검색한 뒤 삭제할 수 있다. 말 그대로 불필요한 파일을 찾아내 삭제하는
기능이다.

Search Folder 버튼을 클릭해 검색할 폴더를 지정한다.
Start 버튼을 클릭하면 검색 작업이 시작되어 해당 폴더의 미디어 파일이 모두 검색
된다.

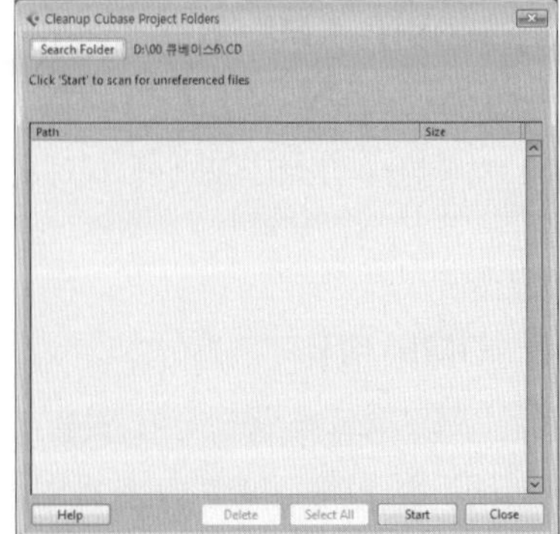

검색된 내용에서 삭제할 파일을 선택한 뒤 Delete 버튼을 누르면 해당 파일을 삭제
할 수 있다.

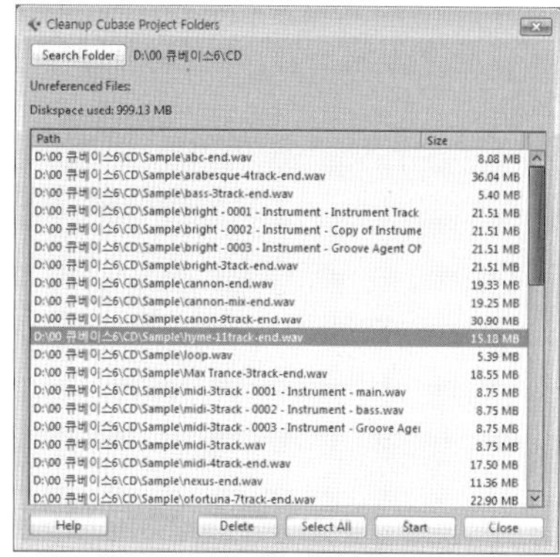

Preferences 메뉴(큐베이스 환경설정)

큐베이스의 동작 환경을 설정할 수 있다. 큐베이스의 인터페이스, 편집 환경, 디스플레이 환경 등 큐베이스의 동작 환경을
사용자가 원하는 형태로 꾸미고 조절한다.

1. Appearance 탭

큐베이스의 인터페이스 색상을 조절할 수 있다.

① General 탭 : 각종 슬라이더, 대화상자의 밝기와 색상 상태를 조절한다.

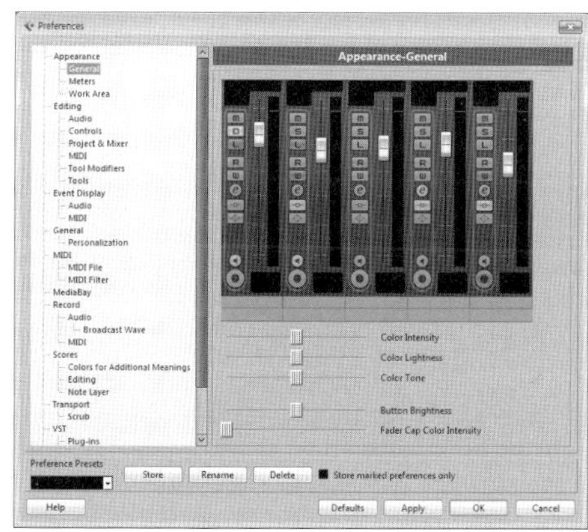

- Color Intensity : 프로그램의 색상 포화 상태를 조절한다.
- Color Lightness : 프로그램의 밝기를 조절한다.
- Color Tone : 프로그램의 색조를 조절한다.
- Button Brightness : 버튼 밝기를 조절한다.
- Fader Cap Color Intensity : 페이더의 색상 포화 상태를 조절한다.

② Meters 탭 : 레벨 미터의 색상을 조절한다.
자물쇠 아이콘을 클릭한 뒤 오른쪽 색상판에서 원하는 색을 지정하면 해당 자
물쇠 부분의 색상이 변경된다.
자물쇠를 추가하려면 Alt + 클릭한다.
설정한 상태로 레벨 미터의 색상이 변경된다.

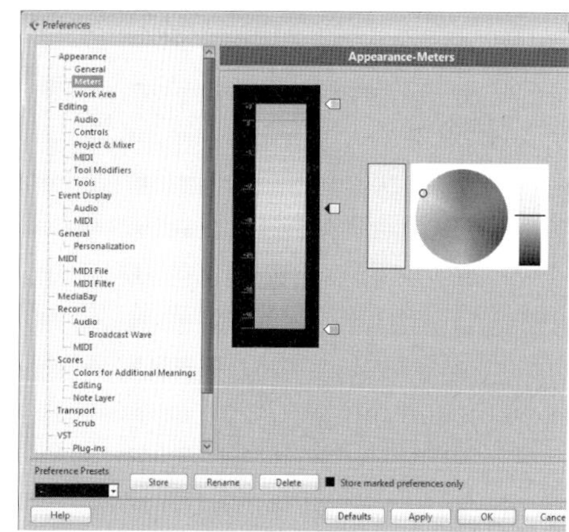

③ Work Area 탭 : 트랙 뷰 등의 편집 창에서 볼 수 있는 색상 상태를 조절할 수 있다.

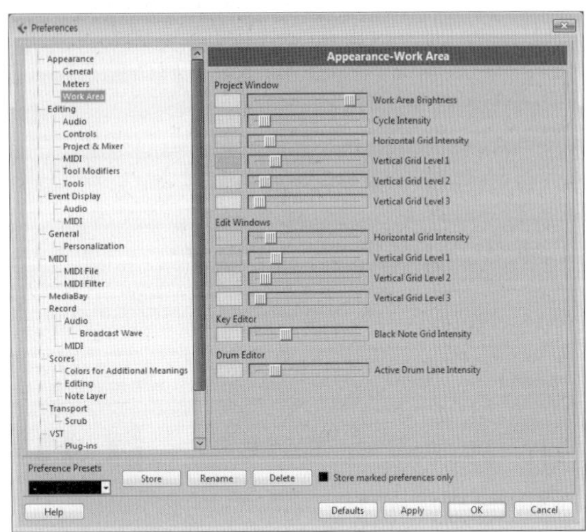

- Project Window : 프로젝트 윈도우(트랙 뷰)의 편집 창 색상과 바탕색 부분의 색상을 조절할 수 있다.
- Edit Window : 여러 편집 창의 바탕색을 조절할 수 있다.
- Key Editor : 키 데이터의 검정색 노트 그리드 색상을 조절할 수 있다.
- Drum Editor : 드럼 에디터의 레인 색상을 조절할 수 있다.

2. Editing 탭

편집 관련 사용 환경을 설정할 수 있는 7개의 페이지로 구성되어 있다.

① 메인 탭 : 편집 기능에 대한 종합 옵션을 설정한다.

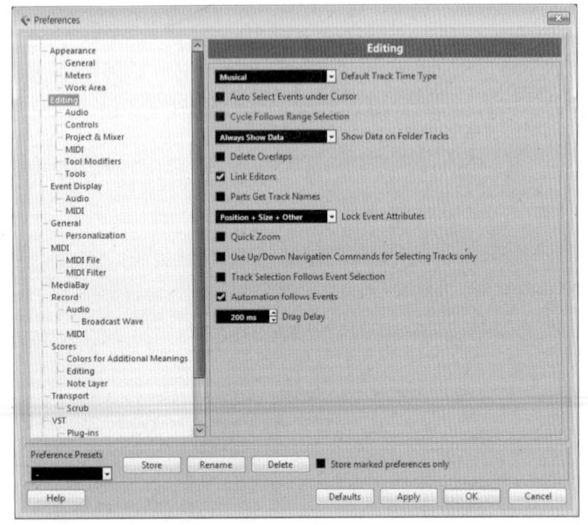

- Default Track Time Type : Audio, MIDI, Group/FX, Marker 트랙을 새로 생성시킬 때 기본적으로 사용하는 시간 단위를 선택한다. Musical(악보 시간)을 선택하는 것이 기본값이다. Time Linear(실제 시간)을 선택할 경우 새로 생성되는 오디오 트랙들은 시, 분, 초 시간을 사용한다.
- Auto Select Events Under Cursor : 프로젝트 커서 바로 밑에 있는 클립을 자동으로 선택 상태로 만든다.
- Cycle Follows Range Selection : 샘플 에디터에서 구간 선택 툴로 선택했을 때 자동으로 로케이터가 설정되어 루프 연주를 할 수 있도록 해준다.
- Delete Overlaps : 이동시킨 클립이 다른 클립과 겹칠 때 겹쳐진 부분을 자동으로 삭제한다. 이 옵션은 사용하지 않는 것이 좋다.
- Link Editors : 작업 중인 상태를 모든 에디터에서 동일하게 보이도록 링크시켜준다. 예를 들어 스코어 에디터에서 특정 노트를 선택했을 경우, 키 데이터에서도 해당 노트를 선택 상태로 만들어준다. 기본적으로 이 옵션에 체크한다.
- Parts Get Track Name : 사용자가 설정한 이름을 클립(파트) 이름으로 사용하지 않고, 트랙 이름을 클립 이름으로 사용한다. 클립을 다른 트랙으로 이동시키면 클립 이름도 옮겨간 트랙 이름으로 변경된다는 약점이 있다.
- Lock Event Attributes : 선택한 클립을 Edit → Lock 메뉴로 잠글 때 어떤 요소를 잠글지 설정할 수 있다.

- Quick Zoom : 큐베이스는 돋보기 툴로 화면을 확대하거나 축소할 때 노트를 다시 그려서 표현한다. 이 옵션에 체크하면 화면 크기가 빨리 조절되도록 노트를 다시 그리지 않는다.
- Use Up/Down Navigation Commands for Selecting Tracks Only : 키보드의 화살표(↓↑) 키로 상하 트랙을 이동할 때, 클립이 선택된 경우 해당 클립이 선택된 상태에서 트랙을 이동할 수 있다.
- Track Selection Follows Event Selection : 클립을 선택했을 때 그 클립이 있는 트랙을 자동으로 선택해준다.
- Automation Follow Events : 어떤 클립을 이동시킬 때, 그 클립에 오토메이션 기록이 있을 경우 오토메이션도 클립을 따라 함께 이동된다.
- Drag Delay : 마우스로 드래그할 때의 동작 반응 시간을 설정한다.

② Audio 탭 : 오디오 편집에 대한 종합 옵션을 설정한다.

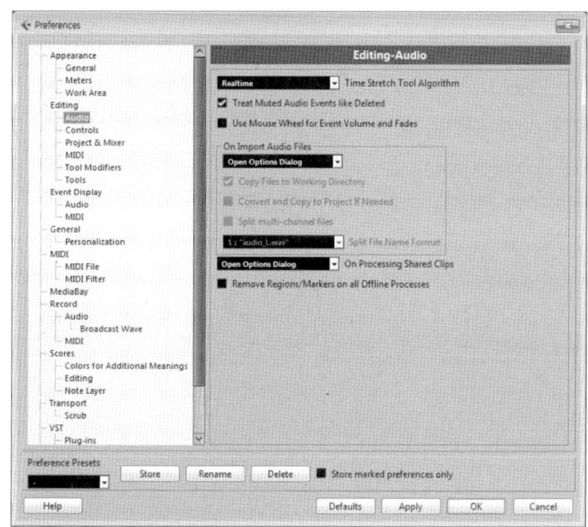

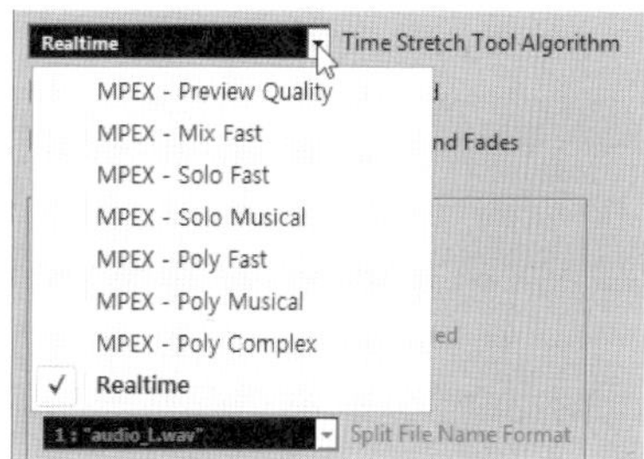

- Time Stretch Tool : 트랙 뷰의 타임 스트레칭 툴(선택 툴 안에 있다.)로 오디오 타임을 스트레칭(늘리거나 줄일 때)할 때 사용할 알고리즘을 선택한다. Realtime 알고리즘은 작업 속도가 빠르고, MPEX4 알고리즘은 작업 속도가 느린 대신 음질이 우수하다. MPEX4 옵션은 7개로 구성되어 있는데 Poly Complex 모드가 가장 우수한 음질을 제공한다.

- Treat Muted Audio Events Like Deleted : 두 오디오 클립이 겹쳐있을 경우, 상위 클립을 뮤트시킬 때 실제 삭제한 것처럼 뮤트시킬 수 있다.
- Use Mouse Wheel for Event Volume And Fades : 선택한 오디오 클립의 볼륨을 마우스 휠을 돌려 조절할 수 있다. Shift 키를 누른 상태에서 휠을 돌리면 좌우 페이드를 조절할 수 있다. 기본적으로 이 옵션을 사용하지 않는 것이 좋다.
- Hitpoints have Q-Points : 이 옵션에 체크하면 히트포인트가 Q 포인트 속성을 가지게 되어 오디오 스냅 및 퀀타이징에 유용할 수 있다.
- On Import Audio Files : File → Import → Audio File 메뉴로 오디오 파일을 임포트하면 대화상자가 나타나 오디오 클립의 복사 여부를 설정할 수 있다. 그 대화상자 대신 여기서 바로 해당 옵션을 지정할 수 있다. Copy Files to Working Directory 옵션을 선택하면 사용자가 설정한 Audio 폴더에 임포트한 오디오를 복사해 놓고 임포트한다. Convert and Copy... 옵션을 선택하면 사용자가 설정한 Audio 폴더에 임포트한 오디오를 복사해 놓은 뒤, 작업 중인 프로젝트와 샘플 레이트 및 비트 뎁스가 일치하지 않을 경우, 샘플 레이트와 비트 뎁스를 프로젝트에 맞게 자동 변경한 뒤 임포트할 수 있다. Split multi channel files 옵션을 선택하면 스테레오 오디오를 임포트할 때 각각 좌우 모노 채널로 분리한 뒤 임포트한다. File → Import → Audio File 메뉴를 참고한다.
- On Processing Shared Clips : 프로젝트에서 한 번 이상 공유된 쉐어드 클립에 오디오 프로세싱을 적용할 때 나타나는 대화상자의 동작 여부를 설정한다. Open Options Dialog 옵션을 선택하면 작업을 적용할 때 대화상자가 실행되어 뉴 버전으로 저장할지, 아니면 기존 버전에 덮어씌울지 선택하게 만든다. Open Options Dialog 옵션을 선택하면 무조건 뉴 버전으로 저장되고, 기본 버전은 보호받는다. Assume Skipping 옵션을 선택하면 기존 버전에 무조건 덮어씌운다.
- Remove Region/Markers on all Offline Processes : 오디오 프로세싱이 종료되면 선택 범위와 마커도 자동으로 제거된다.

- Snap to Zero Crossing : 샘플 에디터의 'Snap to Zero Crossing 버튼' 기능을 활성화시키려면 이 옵션에 체크해야 한다. 'Snap to Zero Crossing 버튼'에 대해서는 PART 4 샘플 에디터를 참고한다.

③ Controls : 트랙 뷰 등에서 볼 수 있는 각종 노브와 슬라이더를 조작하는 방식을 설정한다.

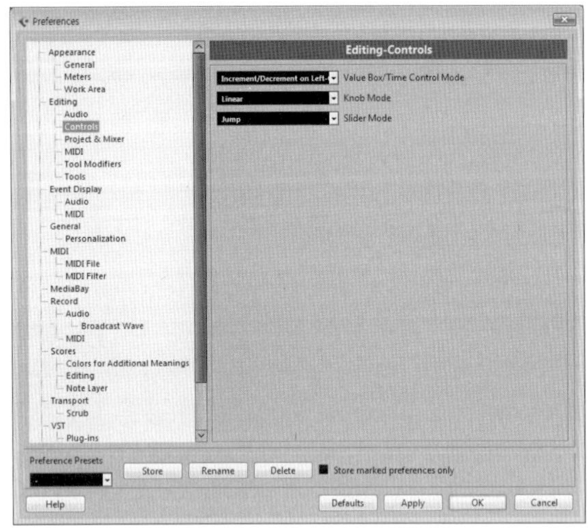

- Value Box/Time Control Mode : 밸류 박스와 타임 컨트롤의 파라미터 조절 방식을 선택한다.

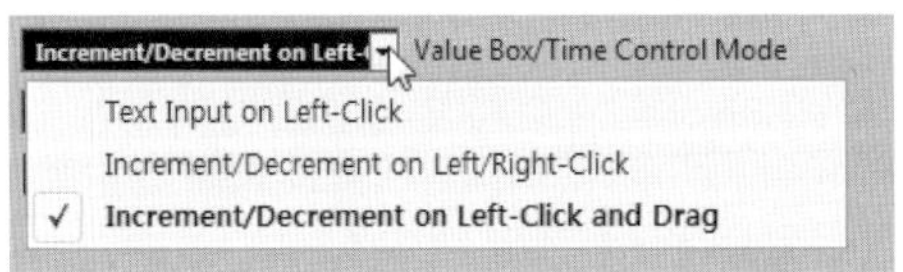

팝업 메뉴에서 Text Input on Left-Click 메뉴는 마우스의 왼쪽 버튼을 클릭해 문자를 입력하는 방식이다.

Increment/Decrement on Left/Right-Click 메뉴는 마우스 좌우 버튼을 클릭해 수치를 가감하는 방식이다.

Increment/Decrement on Left-Click and Drag 메뉴는 마우스를 드래그하여 수치를 가감하는 방식으로 기본값이다.

- Knob Mode : 노브의 조절 방식을 설정한다. Circular 메뉴는 노브를 마우스로 회전시키며 조절하는 방식이다. Relative Circular 메뉴는 회전 방식과 드래그 방식이 결합된 조절 방식이다. Linear 메뉴는 마우스를 상하 드래그하는 조절 방식이다.
- Slider Mode : 슬라이더의 조절 방식을 설정한다. Jump 메뉴는 클릭하면 슬라이더 값이 변경되는 방식이다. Touch 메뉴는 일반적인 슬라이더를 조절하는 방식과 동일한 방식이다. Ramp 메뉴는 어느 방향으로 드래그해도 슬라이더가 조절되는 방식이다.

④ MIDI 탭 : 미디 클립 편집 환경을 설정한다.

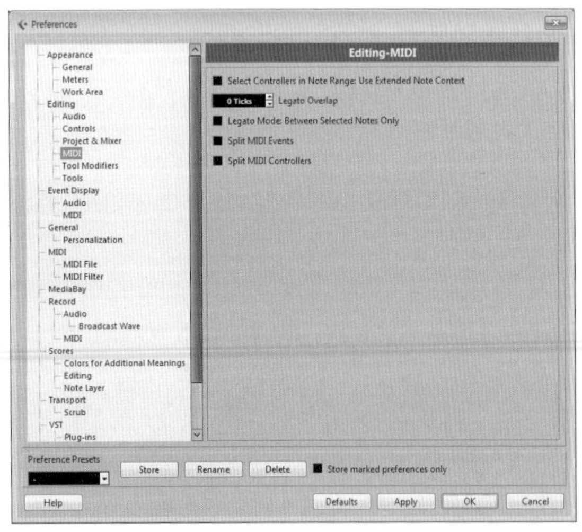

- Select Controllers in Note Range/Use Extended Note Context : 노트 범위 안의 컨트롤러를 선택한다.
- Legato Overlap : Midi → Funtions → Legato 메뉴로 레가토를 적용할 경우 다음 노트에 얼마만큼 겹치게 할지 설정한다. 0을 선택하면 다음 노트와 정확하게 맞닿는 위치까지 레가토가 적용된다. •100을 설정하면 다음 노트와
- 100틱의 갭이 생기고, +100을 적용하면 다음 노트와 +100틱만큼 겹치게 된다.
- Legato Mode : 이 옵션에 체크하면 2개 이상의 노트를 선택한 경우에만 레가토를 적용할 수 있다. 이 옵션을 끄면 하나의 노트의 선택 여부와 상관없이 레가토 범위 안에 있는 노트 전부에 레가토가 적용된다.

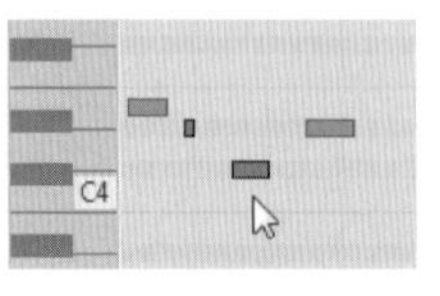

노트 2개를 선택한
모습

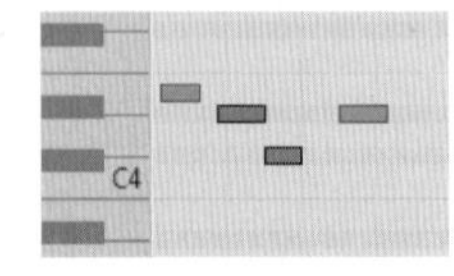

Midi → Funtions →
Legato 메뉴 적용

- Split MIDI Events : 미디 클립을 자를 때 자르는 선에 위치한 노트들을 양쪽으로 분할한 뒤, 다음 파트의 첫 부분으로 이동시킨다. 이 옵션에 체크하지 않으면 자르는 선에 위치한 노트들이 이전 파트의 끝 부분에 남아있게 된다.
- Split MIDI Controllers : 미디 클립을 자를 때 자르는 선에 위치한 컨트롤러 정보들을 양쪽으로 분할한 뒤, 다음 파트의 첫 부분에 새로 삽입시킨다. 이 옵션에 체크하지 않으면 자르는 선에 위치한 컨트롤러 정보들이 다음 파트의 첫 부분에 삽입되지 않는다.

⑤ Project & Mixer 탭 : 프로젝트창(트랙 뷰)과 믹서의 사용 환경을 설정한다.

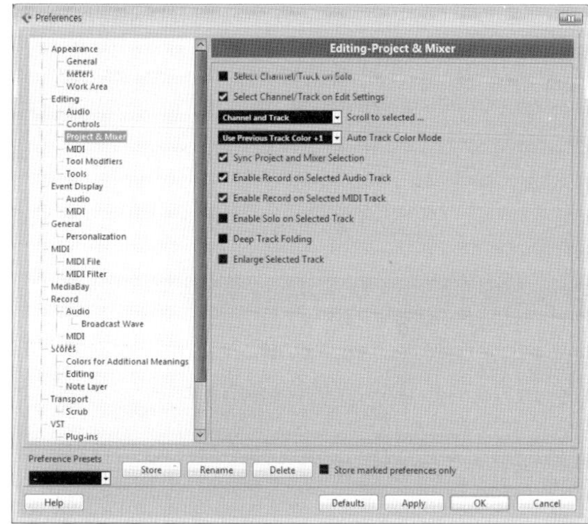

- Select Channel/Track on Solo : S(솔로) 버튼을 클릭하면 자동으로 해당 트랙을 선택 상태로 만든다.
- Select Channel/Track on Edit Settings : e(에디트) 버튼을 클릭하면 자동으로 해당 트랙을 선택 상태로 만든다.
- Scroll to selected... : 믹서와 트랙 뷰를 함께 연동시킬 수 있다.

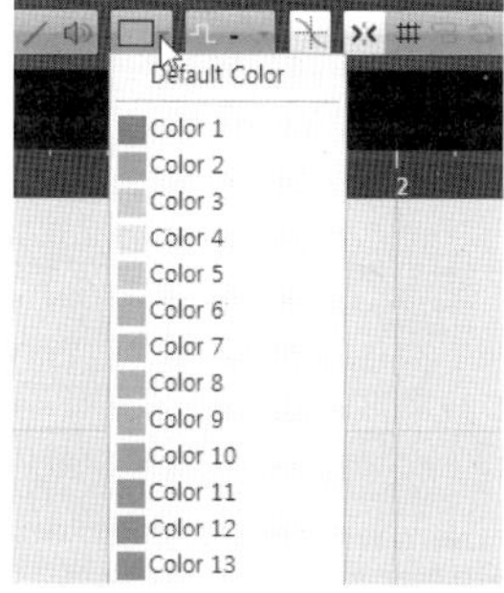

- Auto Track Color Mode : 큐베이스에서 새 트랙을 생성시키면 클립 색상이 자동 설정되는데 자동으로 설정되는 방식을 여기서 선택한다. 기본값인 Use Previus Track Color +1을 선택하면 작업 중인 트랙 밑에 새 트랙을 생성시킬 때 클립 색상이 작업 트랙의 클립 색상에 1단계 플러스된 색상이 사용된다. 즉 툴바의 컬러 툴을 클릭하면 클립이 사용할 수 있는 16가지 색이 있는데 이 16가지 색이 새 트랙을 생성시킬 때마다 하나씩 +되어 단계적으로 사용된다. 예들 들어 작업 중인 트랙의 클립이 Color 3이라면, 새 트랙을 생성시키면 자동으로 Color 4를 사용한다.

- Sync Project and Mixer Selection : 트랙 뷰에서 특정 트랙을 선택하면 믹서창에서도 해당 트랙/채널이 자동으로 선택된다.

- Enable Record on Selected Track : 트랙을 선택하면 자동으로 '녹음 준비' 버튼이 켜지도록 한다.

트랙을 선택하면 자동으로 녹음 준비
버튼 On

• Enable Solo on Selected Track : 솔로 연주 중일 때, 다른 트랙을 선택하면 자동으로 해당 트랙의 S(솔로) 버튼이 켜지도록 한다.

트랙을 선택하면 자동으로 S 버튼 On

• Deep Track Folding : 이 옵션에 체크하면 Project → Track Folding 메뉴로 트랙을 열고 접을 때, 하위 트랙의 개수와 관계 없이 모든 하위 트랙을 일괄적으로 열고 접을 수 있다. 예들 들어 트랙 폴더 안에 또 다른 그룹이나 폴더가 있을 경우 Project → Track Folding 메뉴로 일괄적으로 열고 닫을 수 있다.

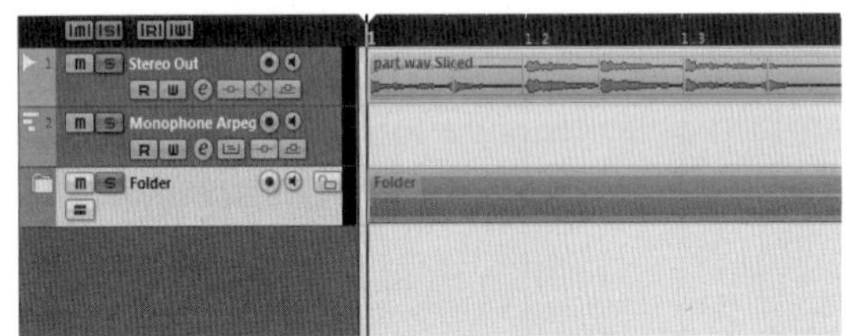

현재의 설정 상태

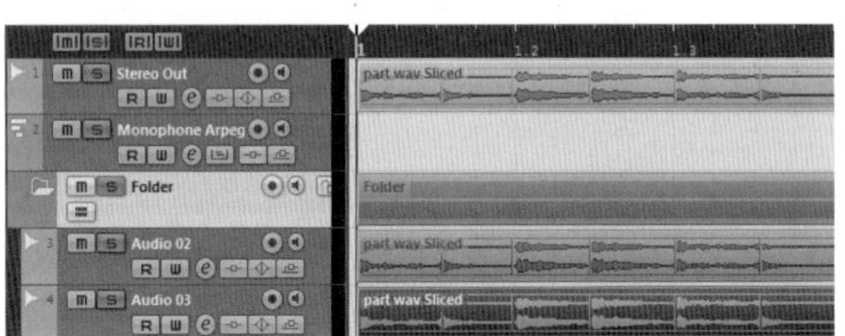

Project → Track Folding 메뉴로 연 모습

• Enlarge Selected Track : 마우스로 작업할 트랙을 클릭하면 해당 트랙 패널이 자동으로 확장되게 하는 기능이다. 보통 이 기능을 사용하지 않는 것이 좋다.

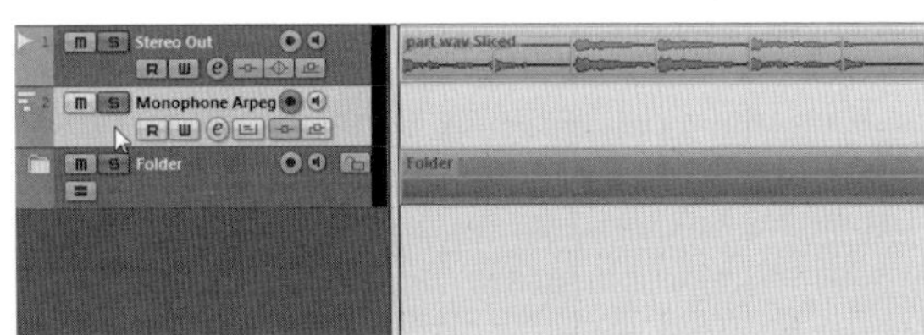

트랙 패널을 클릭하는 모습

트랙 패널이 자동 확장된 모습

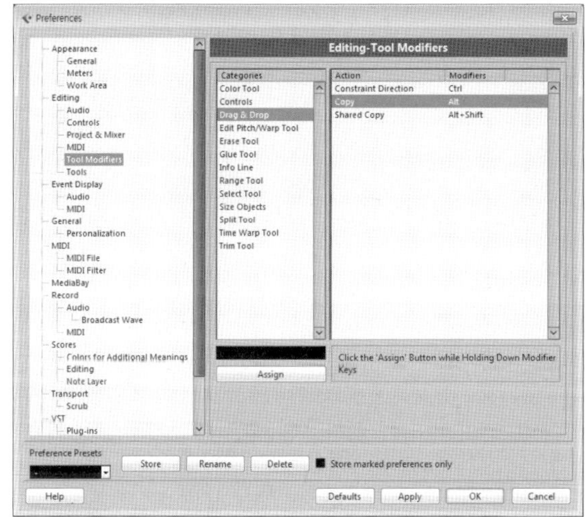

⑥ Tool Modifiers 탭 : 툴바의 도구들을 사용할 때 동작하는 마우스 단축키를 설정할 수 있다. 예를 들어 선택 툴로 클립을 드래그 복사할 때의 단축키는 Alt 키로 할당되어 있는데 다른 키로 교체할 수도 있다.

왼쪽 창에서 단축키를 교체할 도구를 선택하면, 해당 도구에서 사용할 수 있는 단축키 명령어가 오른쪽 창에 표시된다.

오른쪽 창에서 단축키를 교체할 명령어를 선택한 뒤 키보드에서 원하는 단축키(Ctrl, Alt 키 등)를 누르고 있는 상태에서 Assign 버튼을 클릭하면 단축키가 교체된다.

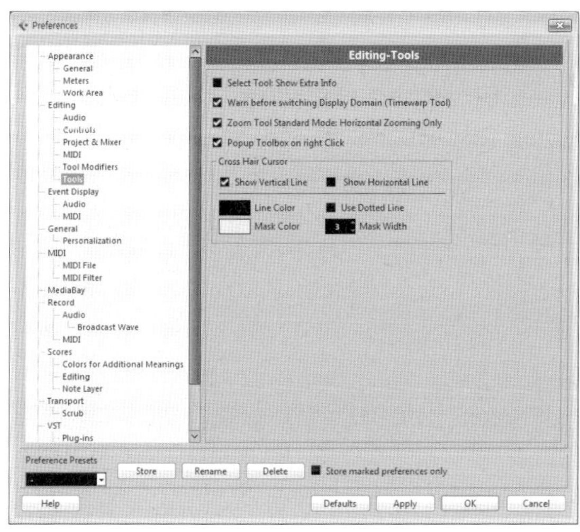

⑦ Tools 탭 : 각종 툴에 대한 사용 환경을 설정한다.

- Select Tool: Show Extra Info : 편집 창에서 선택 툴로 작업할 때 선택 툴 밑에 풍선 도움말을 표시한다. 풍선 도움말에는 트랙 이름과 마우스 커서의 위치가 표시된다.

풍선 도움말

- Warn before switching Display Domain(Timewarp Tool) : 타임워프 툴로 작업할 때 룰러의 단위가 Bars/Beats 단위가 아닌 다른 단위를 사용하고 있으면, 경고 대화상자를 보여주면서 룰러 단위를 자동으로 Bars/Beats 단위로 변경해준다.

이 옵션에 체크하지 않으면 경고 대화상자가 실행되지 않은 상태에서 자동으로 룰러 단위가 Bars/Beats 단위로 변경된다.

- Zoom Tool Standard Mode : Horizontal Zooming Only : 돋보기 툴로 확대할 때 수평 방향으로 확대되도록 한다. 이 옵션을 끄면 수직 방향으로도 확대된다.
- Popup Toolbox on right•click : 편집 창으로 마우스 오른쪽 버튼을 클릭했을 때 툴박스가 표시되도록 한다. 이 옵션을 끄면 마우스 오른쪽으로 클릭했을 때 단축 메뉴가 실행된다. 참고로 이 옵션을 사용하는 상태에서 Ctrl + 마우스 오른쪽 클릭하면 단축 메뉴가 실행된다.

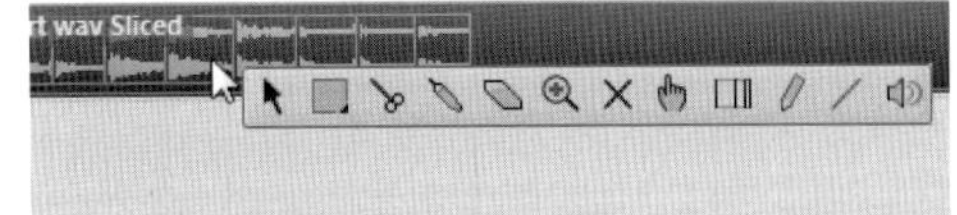

마우스 오른쪽으로 클릭하면 툴박스 실행

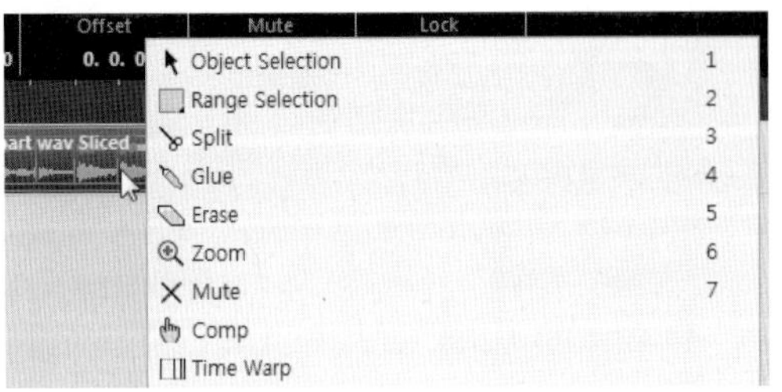

Ctrl + 마우스 오른쪽 클릭하면 단축 메뉴 실행

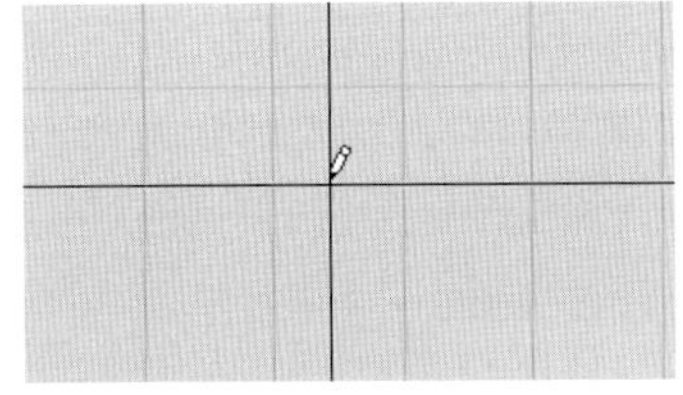

• Cross Hair Cursor : 편집 창에서 클립을 이동시키거나 연필 툴을 사용할 때 상하좌우로 큰 + 표시가 나타나는데 이 표시를 크로스 헤어 커서라고 부른다. 여기서 크로스 헤어 커서의 색상을 변경하거나 점선 모양으로 바꿀 수 있다.

Cross Hair 커서의 모습

3. Event Display 탭

미디 이벤트 혹은 오디오 이벤트(클립)에 대한 사용 환경을 설정한다.

① 메인 탭 : 미디 클립과 오디오 클립의 이름, 컬러에 대한 옵션을 설정한다.

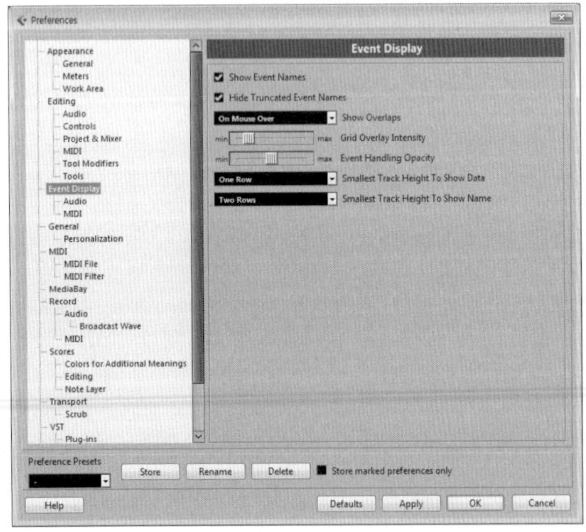

• Show Event Names : 클립(파트) 하단에 해당 클립의 이름을 표시한다. 참고로 큐베이스는 미디 클립이나 오디오 클립을 이벤트라고 부른다.

• Hide Truncated... : 클립을 잘랐을 때 다 보이지 않는 이름은 감춘다. 하단 Show Overlap 옵션에서 감춘 이름을 표시하는 방법을 선택한다. On Mouse Over를 선택하면 마우스가 클립에 오버랩될 때 감춘 이름이 다시 나타난다.

• Grid Overlay Intensity : 클립상에서 배경에 있는 격자 그리드 선이 얼마만큼 뚜렷하게 보일지 조절한다.

• Event Handing Opacity : 이벤드를 드래그할 때 얼마만큼 투명하게 보일지 조절한다.

• Smallest Track Height to Show Data : 트랙의 높이를 줄일 경우 이벤트 안에 있는 데이터가 표시되지 않고 사라지는데, 여기서 몇 단계까지 줄일 때 데이터가 사라지게 할 것인지 설정한다.

• Smallest Track Height to Show Data : 트랙의 높이를 줄일 경우 이벤트 안에 있는 클립 이름이 사라지는데, 여기서 몇 단계까지 줄일 때 클립 이름이 사라지게 할 것인지 설정한다.

② Audio 탭 : 오디오 웨이브폼에 대한 사용 환경을 설정한다.

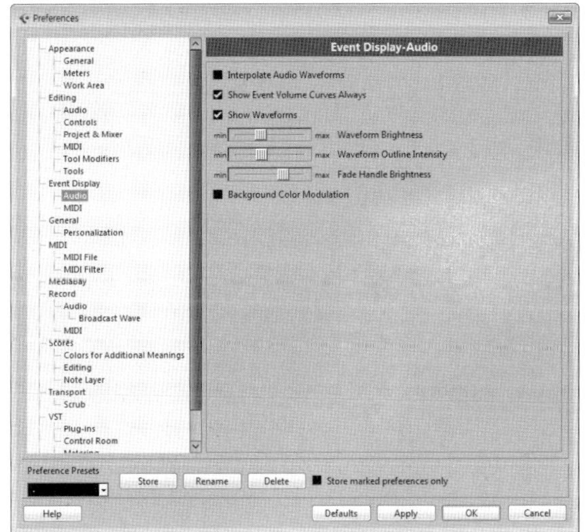

- Interpolate Audio Waveforms : 샘플 에디터에서 웨이브 파형을 표시할 때 보간법을 적용해 부드러운 곡선 형태로 표시한다.
- Show Event Volume Curves Always : 전체 오디오 클립에 볼륨을 변경할 수 있는 라인을 표시해준다. 이 옵션을 끄면 선택한 오디오 클립에만 볼륨 라인이 표시된다.
- Show Waveforms : 오디오 클립의 웨이브 파형을 어떤 스타일로 보여줄지 선택한다.

  Waveform Brightness는 파형의 밝기를 조절한다.

  Waveform Outline Intensity는 파형이 테두리를 진하게 할 때 사용한다.

  Fade Handle... 은 페이드 핸들러라고 불리는 오디오의 페이드 인/아웃을 조절하는 라인의 밝기를 조절한다.
- Background Color Modulation : 웨이프 파형 외곽에 라인을 중첩으로 그려서 파형 모양을 강조해준다. 트랙 높이를 줄일 경우 웨이브 파형이 사라지지 않고 계속 보인다는 장점이 있다.

③ Midi 탭 : 미디 클립에 대한 사용 환경을 설정한다.

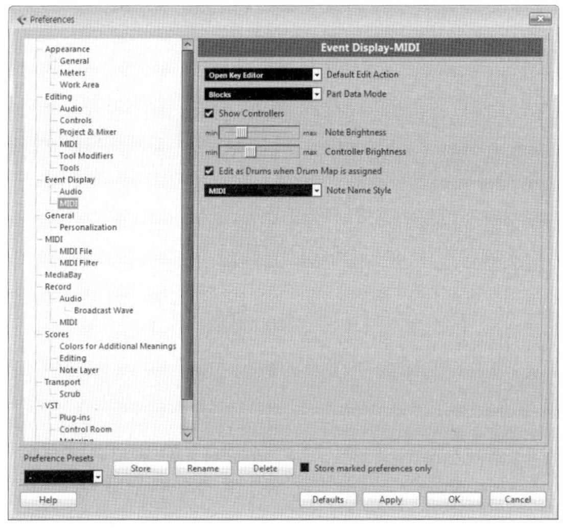

- Default Edit Action : 미디 클립을 더블클릭할 때 열리는 편집 창을 지정할 수 있다. 미디 클립을 더블클릭하면 기본적으로 '키 에디터'가 실행되는데 여기서 '드럼 에디터'나 '스코어 에디터'로 변경할 수 있다.
- Part Data Mode : 트랙 뷰의 미디 클립에서 표시되는 미디 데이터의 모양을 선택한다. 라인, 음표, 드럼(다이아몬드형 노트) 모양 중에서 선택한다.
- Show Controllers : 트랙 뷰의 미디 클립에 컨트롤러 정보인 막대를 함께 표시해준다. 기본적으로 이 옵션을 선택해야 하지만 필요에 따라 미디 클립에 컨트롤러 정보를 표시하지 않을 수도 있다. 하단 2개의 슬라이더는 컨트롤러에 표시되는 요소들의 밝기를 조절한다.
- Edit as Drums when Drum Map is assigned : 드럼 맵이 적용된 미디 클립을 더블클릭할 때 드럼 에디터가 실행되도록 한다. 이 옵션을 끄면 상단 Default Edit Action에서 지정한 미디 에디터가 실행된다.

- Note Name Style : 노트(음정) 이름을 어떻게 표기할지 설정한다. 큐베이스 전체에 적용된다.

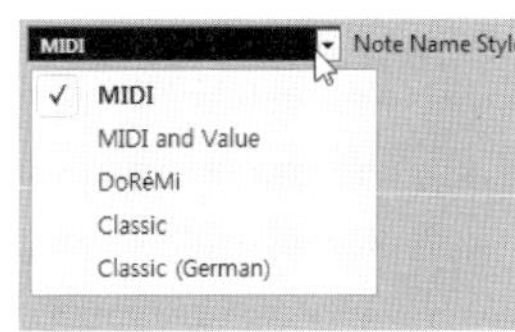
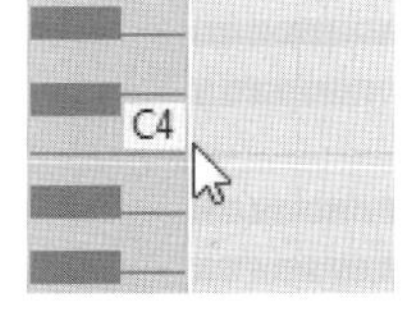
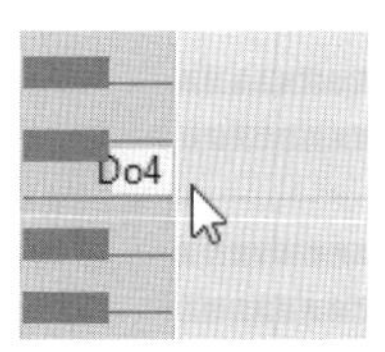

미디식 표기   DoReMi식 표기

MIDI and Value 메뉴 : 음정 이름을 때 C1, C2식 표기와 밸류(번호)식 표기를 병행한다.

RoReMi 메뉴 : 음정 이름을 Do, Re, Mi...식으로 표기한다.

Classic 매뉴 : 음정 이름을 고전식으로 표기한다.

4. General 탭

큐베이스 전체에 적용되는 옵션을 설정한다.

① 메인 탭 : 전체 옵션을 설정한다.

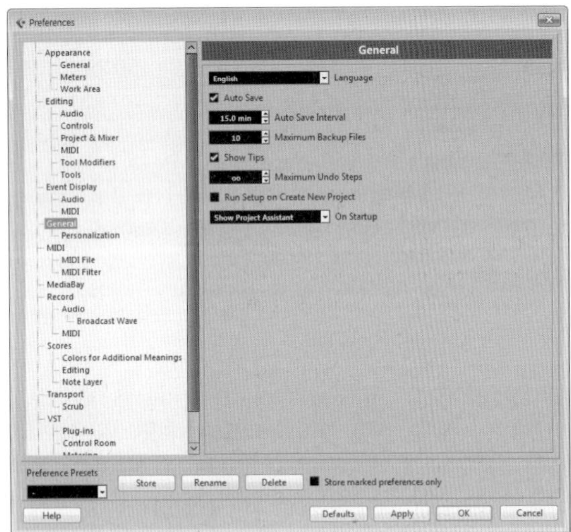

- Language : 큐베이스 레이아웃에서 표시하는 언어를 선택한다. 예를 들어 독일어를 선택하면 메뉴 이름들이 독일어로 표시된다.
- Auto Save : 체크하면 백업 파일인 *.bak 파일이 자동으로 생성된다.

  Auto Save Interval에서 백업 파일이 생성되는 간격, Maximum Backup Files에서 최대 백업 파일의 개수를 설정한다. 이름이 없는 파일일 경우 '#Untitled1.bak', '#Untitled2.bak' 등으로 자동 백업되며, 백업 파일은 프로젝트 폴더에 저장된다.
- Show Tips : 마우스 커서가 툴박스나 파라미터에 접근했을 때 해당 도구의 '이름'이 표시된다.
- Maximum Undo : Ctrl + Z로 작업을 취소할 수 있는데, 여기서 최대 취소 횟수를 지정할 수 있다.
- Run Setup on Create New Project : 새 프로젝트를 만들 때 Run Setup 대화상자를 실행시킨다. Project → Project Setup 기능과 같은 기능이다.

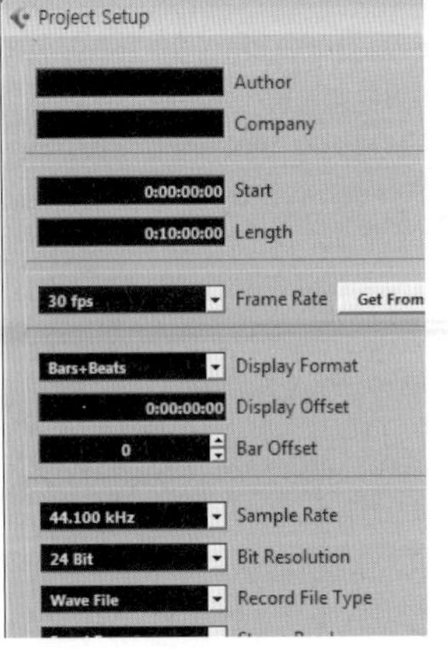

Run Setup 대화상자

Run Setup 대화상자는 새 프로젝트에서 사용할 프레임 레이트, 샘플 레이트, 레코드 포맷, 믹스다운할 때의 오디오 포맷 등을 미리 설정하는 기능이다.

프로젝트의 프레임 레이트, 샘플 레이트 등은 Project → Project Setup 메뉴를 실행하면 수시로 교체할 수 있으므로 기본적으로 이 옵션에 체크하지 않는다.

- On Startup : 큐베이스를 실행할 때 자동으로 열리는 대화상자를 선택할 수 있다. Do Nothing을 선택하면 아무것도 열리지 않고, Open Last Project를 선택하면 마지막에 작업한 프로젝트가 열리게 된다. 큐베이스는 실행할 때마다 기본적으로 On Startup 대화상자가 자동으로 열리므로 이것이 귀찮다면 Do Nothing을 선택한다.

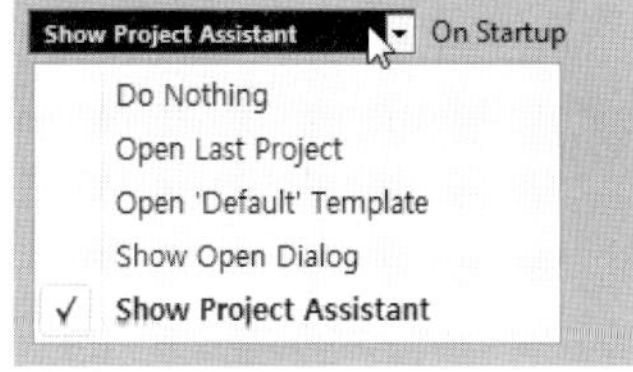

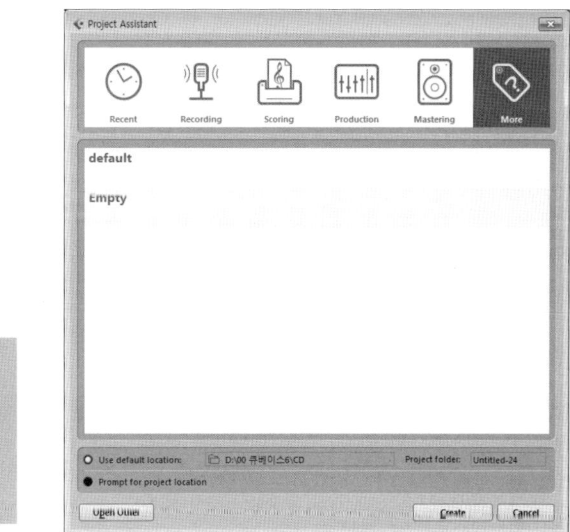

On Startup 대화상자

② Personalization 탭 : 프로젝트에 삽입되는 사용자 정보를 설정한다. 작업자 이름과 회사 이름을 입력할 수 있다.

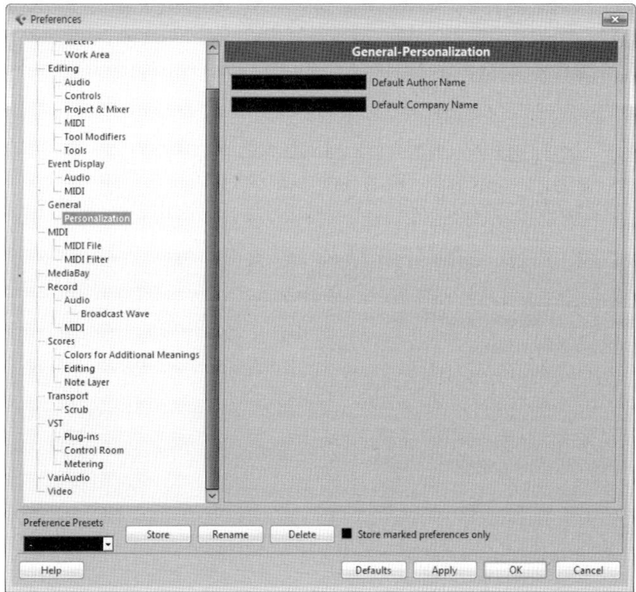

5. MIDI 탭

미디 기능에 대한 사용 환경을 설정한다.

① 메인 탭 : 미디 연주와 미디 녹음 신호에 대한 사용 환경을 설정한다.

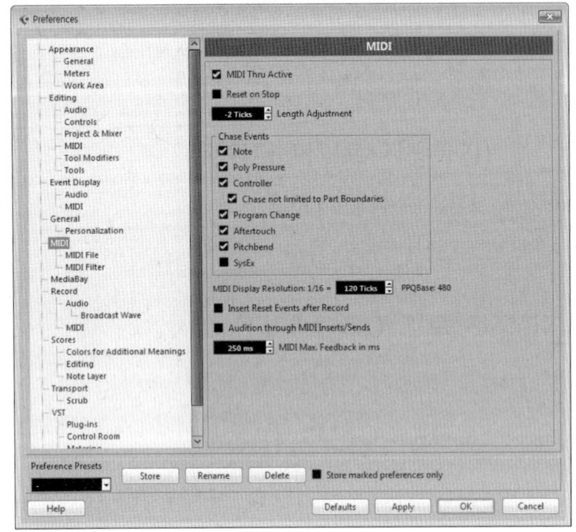

- MIDI Thru Active : 건반이나 신디사이저로 미디 입력을 할 때 입력되는 사운드가 모니터된다.
- Reset on Stop : 곡을 연주하다가 정지 버튼을 클릭했을 때 큐베이스는 MIDI Reset messages를 전송해 컨트롤러를 리셋한다. 사운드 에러가 발생하지 않도록 해준다.
- Length Adjustment : 동일한 트랙에서 동일한 음정의 두 노트가 겹쳐있을 때, 겹쳐진 노트의 스타트 부분을 얼마나 빨리 읽을지 설정한다. 틱의 기본값은 120틱인데 이는 16분음표에 해당한다. 0~-20틱 사이에서 설정한다.
- Chase Events : 연주 위치를 이동시켰을 때, 그 부분에 있는 미디 이벤트를 빨리 추적해 연주를 할 수 있도록 해준다. 체크하면 연주할 때 해당 이벤트를 모두 참조해 연주 위치를 결정한다.
- MIDI Display Resolution : 기본 틱값을 사용자가 원하는 값으로 설정할 수 있다. 틱의 기본값인 120틱은 16분음표에 해당한다. 16분음표를 60~1000틱 사이에서 표시할 수 있다.

- Insert Reset Events after Record : 녹음을 종료했을 때 리셋 명령을 전송한다. Sustain, Aftertouch, Pitchbend, Modulation, Breath 컨트롤 등이 리셋된다. 이 옵션을 체크하지 않으면 녹음할 때 Sustain 페달을 On한 경우, 녹음을 종료한 뒤에 Sustain 페달을 밟은 상태가 유지된다.
- Audition Through MIDI Inserts/Sends : MIDI Inserts/Sends를 오디션 연주로 들을 수 있다.
- MIDI Max. Feedback in ms : 미디 피드백 최대 시간을 설정한다. 1ms는 1000분의 1초에 해당한다.

② MIDI File 탭 : 큐베이스 프로젝트를 미디 포맷으로 저장할 때의 옵션과 미디 파일을 큐베이스로 불러올 때의 옵션을 설정한다.

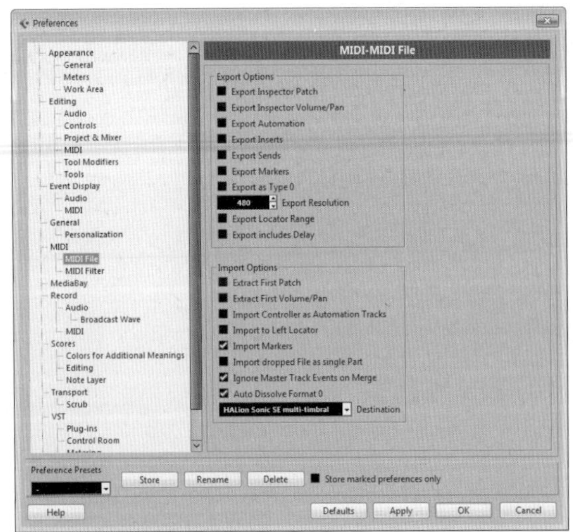

- Export Options : 미디 파일로 저장할 때 함께 저장할 정보를 지정할 수 있다. 체크하면 해당 정보가 미디 파일을 저장할 때 함께 저장된다.
- Export Inspector Patch : 패치 정보와 뱅크 정보, 가상악기 연결 정보를 미디 파일에 함께 저장한다.
- Export Inspector Volume/Pan : 볼륨/팬 값을 미디 파일에 함께 저장한다.
- Export Automation : 오토메이션 정보를 미디 파일에 함께 저장한다.
- Export Inserts : 미디 이펙트 정보가 적용된 상태의 미디 파일로 저장한다.
- Export Sends : 미디 센드 정보가 적용된 상태의 미디 파일로 저장한다.

- Export Marker : 마커 정보를 함께 저장한다.

- Export as Type 0 : 이 옵션에 체크하면 미디 트랙이 하나의 트랙으로 병합되어 미디 파일로 저장되고, 이 옵션에 체크하지 않으면(Export as Type 1) 트랙이 각각 분리된 상태에서 미디 파일로 저장된다.

- Export Resolution : Export할 때의 미디 해상도를 24~960 사이에서 설정한다. 다른 프로그램에서는 미디 해상도 정보를 읽지 못하는 경우도 있지만, 큐베이스에서는 해당 미디 파일을 읽을 때 미디 해상도 정보를 함께 읽을 수 있다.

- Export Locator Range : 체크하면 로케이터로 설정한 구간만 미디 파일로 저장할 수 있다. 일반적으로 이 옵션에 체크하지 않는다.

- Export includes Delay : 미디 트랙에 딜레이 이펙트를 삽입한 경우, 딜레이 정보를 포함해 미디 파일로 저장할 수 있다.

• Import Options : 외부 미디 파일을 불러올 때의 옵션을 설정할 수 있다.

- Extract First Patch : 미디 파일을 불러올 때 패치 정보를 먼저 읽은 뒤 트랙 뷰의 패치 & 뱅크 정보를 자동으로 변경해준다.

- Extract First Volume/Pan : 미디 파일을 불러올 때 볼륨/팬 정보를 먼저 읽은 뒤 트랙의 볼륨과 팬 값을 자동으로 변경해준다.

- Import Controller as Automation Tracks : 미디 파일을 읽을 때 Controller 정보와 Automation 정보를 읽은 뒤 자동으로 컨트롤러와 오토메이션을 변경해준다.

- Import to Left Locator : 왼쪽 로케이터 정보를 읽은 뒤 곡의 연주 시작 위치로 사용한다.

- Import Marker : 마커 정보를 읽은 뒤 동일한 위치에 마커를 생성시킨다.

- Import dropped File as single Part : 윈도우 탐색기에서 드래그한 미디 파일의 경우, 모든 트랙을 합쳐 하나의 트랙으로 불러온다. 일반적으로 이 옵션은 사용하지 않는 것이 좋다.

- Ignore Master Track Events on Merge : 이 옵션에 체크하면 불러온 미디 파일의 템포가 작업 중인 프로젝트의 템포를 따라온다. 이 옵션에 체크하지 않으면 프로젝트 템포가 미디 파일 템포를 따라간다.

- Auto Dissolve Format 0 : 이 옵션에 체크하면 Export as Type 0 타입으로 트랙을 합친 미디 파일을 불러올 경우, 자동으로 싱글 트랙을 분할해 여러 트랙으로 나누어준다. 이 옵션에 체크하지 않으면 불러온 미디 파일이 단일 트랙으로 들어간다.

- Destination : 드래그 앤 드롭으로 불러온 미디 파일을 미디 트랙을 만들어 삽입하지 않고, 가상악기 트랙을 만든 뒤 삽입해준다. 여기서 사용할 가상악기를 지정한다. 이때, 프로그램 체인지 이벤트 정보가 수록된 미디 파일을 불러올 경우에만 가상악기 트랙이 자동 생성된다.

③ MIDI Filter : 건반으로 미디 입력(리얼타임 녹음) 시 특정 이벤트를 필터링하여 받지 않을 수 있다.

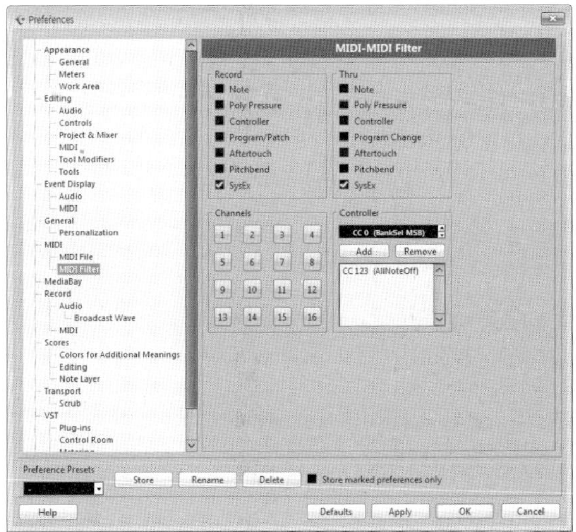

• Record : 미디 입력 시 제외시킬 요소를 선택한다. 체크하면 해당 미디 신호를 큐베이스에서 받지 않는다.

• Thru : 미디 입력 사운드가 모니터될 때, 모니터하고 싶지 않은 정보를 선택한다.

• Channels : 미디 입력을 받고 싶지 않은 채널을 설정한다.

• Controller : 미디 입력 시 제외시키고 싶은 컨트롤러 정보를 설정한다.

6. MediaBay 탭

Media → MediaBay 메뉴로 실행하는 미디어베이 사용 환경을 설정할 수 있다. 미디어베이는 큐베이스에서 사용하는 각종 멀티미디어 데이터를 종합 관리할 때 사용한다.

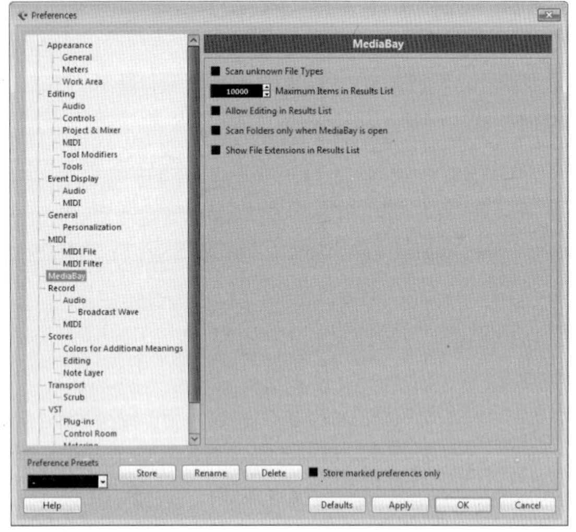

- Scan Unknown File : 알려지지 않은 파일도 검색한다.
- Maximum number of results in Viewer : 뷰어창에서 최대 몇 개까지 목록을 보여줄지 설정한다.
- Allow Editing in Viewer : 미디어베이 목록창에서 파일의 속성을 바로 편집할 수 있다.
- Scan folders when MediaBay is Open : 미디어베이가 열려있을 때만 검색 작업을 한다.
- Show File Extensions... : 미디어베이에서 파일 확장자를 표시한다.

7. Record 탭

미디 리얼입력 및 오디오 녹음과 관련된 사용 환경을 설정한다.

① 메인 탭 : 오디오 녹음에 관한 사용 환경을 설정한다.

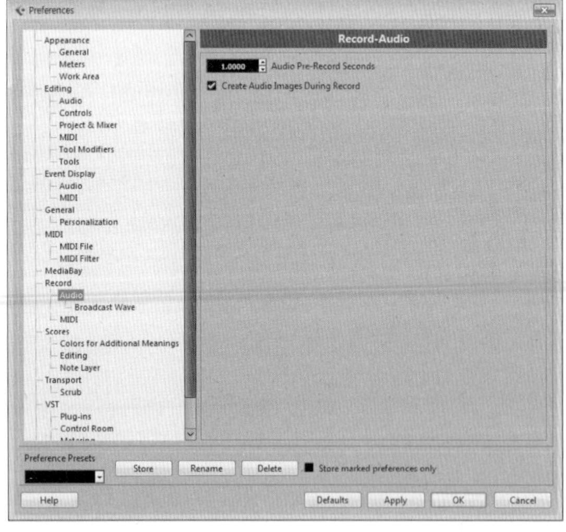

- Audio Pre-Record Seconds : 연주 또는 정지 상태일 때, 버퍼 메모리를 사용해 녹음할 수 있다. 녹음 시간은 최대 1분까지 설정할 수 있다.
- Create Audio Images During Record : 녹음 시 웨이브 파형 이미지를 자동으로 생성시킨다.

② Broadcast Wave 탭 : 오디오를 Broadcast Wave 포맷으로 녹음할 경우 각종 정보를 수록할 수 있다.

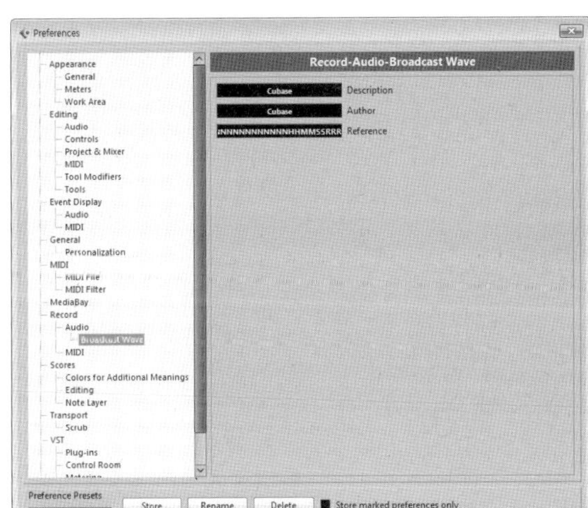

- Description : 오디오에 대한 일반 정보를 입력한다.
- Author : 오디오의 저작권자에 대한 정보를 입력한다.
- Reference : 오디오에 대한 참조 정보를 입력한다.

③ MIDI 탭 : 미디 입력 시(리얼타임 녹음) 필요한 사용 환경을 설정할 수 있다.

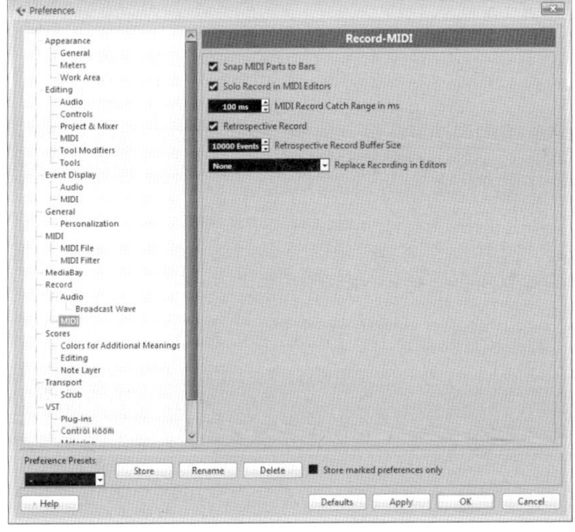

- Snap MIDI Parts to Bars : 미디 클립 파트를 마디에 스냅시킨다.
- Solo Record in MIDI Editors : 미디 에디터가 열린 상태이면 해당 미디 트랙의 '녹음 준비' 버튼이 자동으로 켜진 상태가 되어 'Record' 버튼을 클릭해 항상 녹음할 수 있는 상태로 만들어준다.
- MIDI Record Catch Range in ms : 미디 입력(리얼타임 녹음)을 할 때, 녹음 시작 시간을 지연시킬 수 있다. 레코드 버튼을 누른 뒤 건반 쪽으로 손을 옮기고 건반을 치다 보면 앞 소절이 두 번째 마디에서 녹음되는 경우가 있다. 이 경우 지연 시간을 설정하면 앞 소절을 첫 번째 마디에 녹음할 수 있다. 예를 들어 300ms라고 입력하면 레코드 버튼을 누른 뒤 0.3초 뒤에 큐베이스가 녹음을 시작하므로 첫 번째 마디부터 녹음을 기록할 수 있다.
- Retrospective Record : 체크하면 메모리의 버퍼를 이용해 녹음할 수 있다. 버퍼를 이용해 녹음하면 일단 녹음 정보가 메모리에 기록되었다가 큐베이스에 입력된다.

- Retrospective Record Buffer Size : 버퍼 녹음 시 사용할 버퍼 메모리의 크기를 설정한다.
- Replace Recording in Editors : 트랜스포트 패널에서 Replace Mode를 선택한 뒤 녹음할 경우, 이 옵션에 체크하면 녹음 데이터가 에디터에서 바로 재배치된다.

8. Scores 탭

스코어 에디터의 사용 환경을 설정할 수 있다.

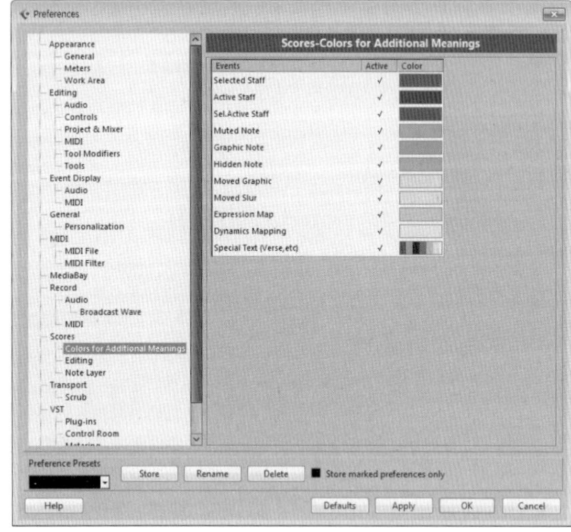

① Colors for Additional Meanings 탭 : 스코어 에디터에서 볼 수 있는 노트, 스태프(Staff), 슬러, VST Expression 등의 각종 심벌 색상을 다른 색으로 변경할 수 있다.

목록창에서 원하는 항목의 색상을 클릭해 변경하면 된다.

② Editing 탭 : 스코어 에디터의 편집 환경을 설정한다.

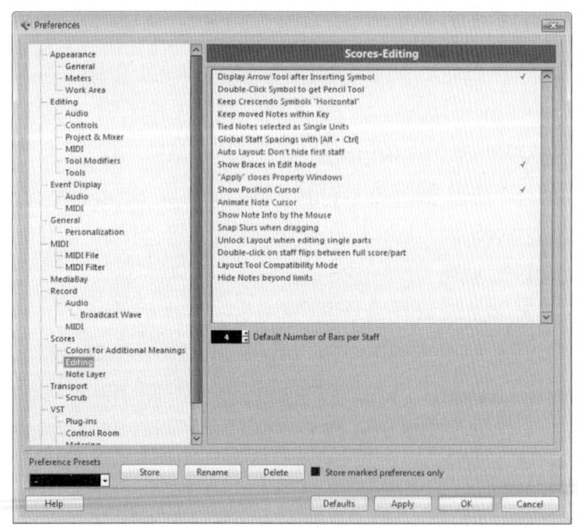

- Display Arrow Tool after Inserting Symbol : 심벌을 삽입할 때 표시되는 연필 툴이, 이 옵션에 체크하면 선택 툴(화살표 툴)로 자동 변경된다. 이 옵션에 체크하지 않으면 연필 툴이 심벌을 삽입한 뒤에도 연필 툴로 유지된다.
- Double—Click Symbol to get Pencil Tool : 마우스 커서를 심벌 팔레트로 가져가면 연필 툴로 자동 변경된다. 이 옵션에 체크하면 심벌 팔레트에서 심벌을 더블클릭할 경우에만 연필 툴로 변경된다.
- Keep Crescendo Symbols 'Horizontal' : 이 옵션에 체크하면 크레센도 기호를 그릴 때 수평을 유지한다. 이 옵션을 끄면 크레센도 기호를 그릴 때 수평이 유지되지 않는다.
- Keep moved Notes within Key : 이 옵션에 체크하면 노트의 음정을 상하로 변경할 때 설정된 키 값에 맞게 이동되고, 이 옵션을 끄면 반음 단위로 이동된다. 기본적으로 이 옵션에 체크하지 않는다.
- Tied Notes selected as Single Units : 붙임줄로 이어진 음표를 선택할 때 하나의 그룹으로 선택한다. 이 옵션을 끄면 붙임줄과 관계없이 음표를 개별적으로 선택할 수 있다.
- Global Staff Spacings with [Alt—Gr] : Scores → Settings 메뉴의 Project 탭 → Spacings 옵션에서 악보에 있는 이벤트들의 간격을 조절하는 경우가 있다. 이때 이 옵션에 체크하면 모든 악보에 해당 간격이 적용되고, 이 옵션을 끄면 현재 작업 중인 악보의 간격만 조절된다.
- Auto Layout : Don't hide first staff : 이 옵션에 체크하면 첫 번째 오선이 비어있을 경우에도 감추지 않는다. 참고로 Scores → Auto Layout 메뉴를 실행하면 Hide Empty Staves 옵션으로 비어 있는 오선을 감출 수 있는데, 첫 번째 오선은 감추지 않는다는 장점이 있다.

- Show Braces in Edit Mode : 스코어 에디터를 Page Mode로 변경하면 큰 보표를 표시하는 브레이스 표시가 사라진다. 이 옵션에 체크하면 Page Mode에서도 브레이스 표시가 계속 나타난다.
- "Apply" closes Property Windows : Apply 버튼을 클릭했을 때 대화상자가 자동으로 닫히게 한다.
- Show Position Cursor : 곡의 연주 위치를 표시하는 프로젝트 커서를 악보 창에서 표시해준다.
- Animate Note Cursor : 오선상에서 음표를 입력할 때 음표를 애니메이션 상태로 보여준다. 기본적으로 이 옵션이 체크된 상태인데 이 옵션을 사용하지 않는 것이 더 좋다.
- Show Note Info by the Mouse : 음표를 이동시킬 때 위치 정보와 음정 정보를 표시해준다.
- Snap Slurs when dragging : 슬러를 그릴 때 자동으로 음표와 음표 사이에서 스냅되도록 해준다.
- Unlock Layout when editing single parts : 하나의 트랙에 여러 미디 파트가 있을 때, 어느 파트 하나만을 열고 작업을 하다 보면 다른 파트는 화면상에서 보이지 않게 되는데, 이때 편집 작업을 하다 노트가 밀리는 경우가 있다. 이 옵션에 체크하면 밀려난 노트들이 다음 파트에서 덮어씌워진다.
- Double click on staff flips between full score/part : 하나의 트랙에 2개 이상의 미디 파트(클립)가 있을 때, 두 파트를 모두 선택한 뒤 Ctrl + G를 누르면 두 파트의 악보가 스코어 에디터에 동시에 표시된다. 이때 이 옵션에 체크를 하면, 음자리표 왼쪽의 직사각형을 더블클릭해 전체 악보/파트 악보 사이를 이동할 수 있다.
- Layout Tool Compatibility Mode : 옛 버전의 큐베이스에서 레이아웃 툴로 악보 레이아웃을 변경한 경우가 있다. 이 옵션에 체크하면 과거 버전에서 변경된 레이아웃을 정상적으로 읽어올 수 있다.
- Hide Notes beyond Limits : 이 옵션에 체크하면 Note Limits로 설정된 구간보다 높은 음이거나 낮은 음일 경우, 이들 음표들을 자동으로 감추어준다. Scores → Settings 메뉴의 Staff → Options 탭의 Note Limits 옵션에서 설정한다.
- Default Number of Bars per Staff : 한 스태프 당(오선이 있는 바) 생성되는 마디 수를 설정한다.

③ Note Layer 탭

스코어 에디터에서 사용하는 레이어 개수를 설정한다.

스코어 에디터에서 작업을 하면, 각 이벤트를 이동시킬 때 다른 이벤트의 바로 옆으로 이동되다가 이동이 안 되는 경우가 있다. 이 경우 다른 레이어에서 이벤트를 생성시키면 서로 틀린 이벤트끼리 가까이 붙일 수가 있다.

여기서는 각 이벤트별로 사용할 수 있는 레이어 수를 설정할 수 있다.

9. Transport 탭

Play, Stop, Record 기능들이 모여 있는 트랜스포트의 사용 환경을 설정한다.

① 메인 탭 : 트랜스포트 기능의 일반적인 옵션을 설정한다.

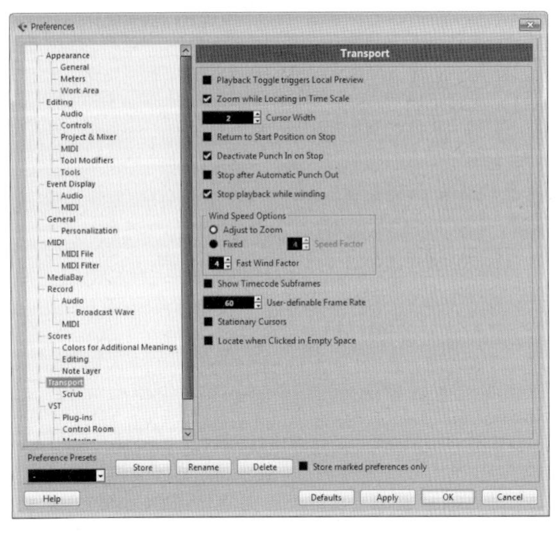

- Playback Toggle triggers Local Preview : 샘플 에디터 혹은 풀 윈도우에서 Space 바를 눌러 곡을 연주하거나 중지시킬 수 있다.
- Zoom while Locating in Time Scale : 룰러에서 드래그하여 작업창을 확대하거나 축소할 수 있다.
- Cursor Width : 곡의 연주 위치를 알려주는 프로젝트 커서의 라인 굵기를 조절한다.
- Return to Start Position on Stop : Stop 버튼을 클릭하면 커서를 시작 위치로 이동시킨다.
- Deactivate Punch In on Stop : 트랜스포트에서 펀치 구간을 설정하고 펀치 녹음을 할 때, Stop 버튼을 클릭하면 프랜스포트의 펀치 옵션이 자동으로 Off으로 전환된다.
- Stop after Automatic Punch Out : 펀치 녹음을 할 때, 펀치 구간의 종료 지점에서 자동으로 녹음이 스톱되게 한다. 이 옵션을 끄면 펀치 녹음 구간 종료지점부터 곡 연주로 전환된다.

- Stop playback while winding : 연주를 할 때 키보드의 숫자키에 붙어있는 +, - 버튼으로 프로젝트 커서를 이동시킬 때 사운드가 들리지 않게 한다.
- Wind Speed Options : 키보드의 숫자키에 붙어있는 +, - 버튼으로 프로젝트 커서를 이동시킬 수 있는데 여기서 이동 속도를 조절한다.
- Show Timecode Subframes : 트랜스포트에서 '타임코드' 옵션으로 곡 연주 시간을 표시하면 '시간/분/초/프레임' 순으로 표시된다. 이 옵션에 체크하면 '시간/분/초/프레임/서브프레임'으로 표시된다.

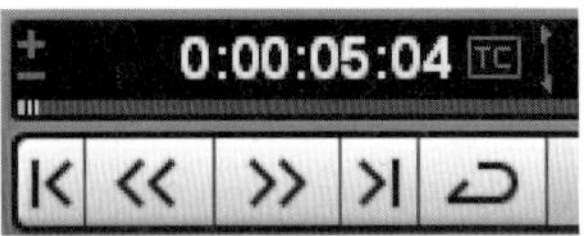

타임코드 옵션으로 타임을
표시한 모습

타임코드에 서브프레임을
표시한 모습

- User Definable Frame rate : 사용자 설정 Frame rate를 설정한다. 여기서 설정한 프레임 레이트는 트랜스포트의 연주 위치 표시 아이콘을 클릭한 뒤 제일 하단의(User) 메뉴를 선택하면 사용할 수 있다.

- Stationary Cursors : 곡을 연주할 때 프로젝트 커서가 화면 중앙에서 고정되고, 연주 위치에 따라 편집 창이 스크롤되는 방식이다.
- Locate When Clicked in Empty Space : 작업창의 빈 공간을 클릭해 프로젝트 커서를 이동시킬 수 있도록 해준다.

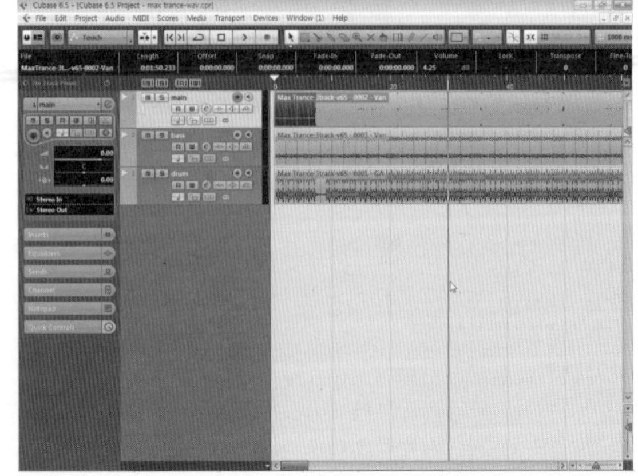

프로젝트 커서가 화면 중앙에 고정된 모습

② Scrub : 스크럽 툴 사용 환경을 설정한다.

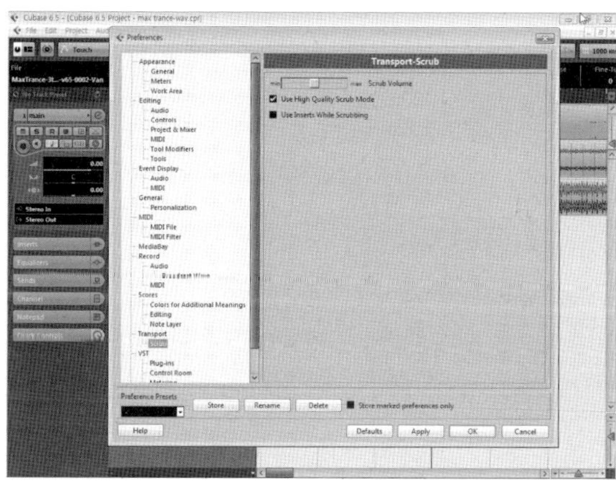

- Scrub Volume : 스크럽 툴로 스크럽 연주할 때의 볼륨을 조절한다.
- Use High Quality.... : 스크럽 툴로 모니터되는 음질을 고급으로 바꾼다.
- Use Insert While... : 스크럽 툴 사용 시 삽입한 이펙트도 들리게 한다. 이 옵션을 끄면 이펙트가 적용되지 않은 사운드가 모니터된다.

10. VST 탭

VST 플러그인으로 동작하는 이펙트, 가상악기에 대한 사용 환경을 설정할 수 있다.

① 메인 탭 : VST 플러그인 프로그램의 사용 환경을 종합적으로 설정할 수 있다.

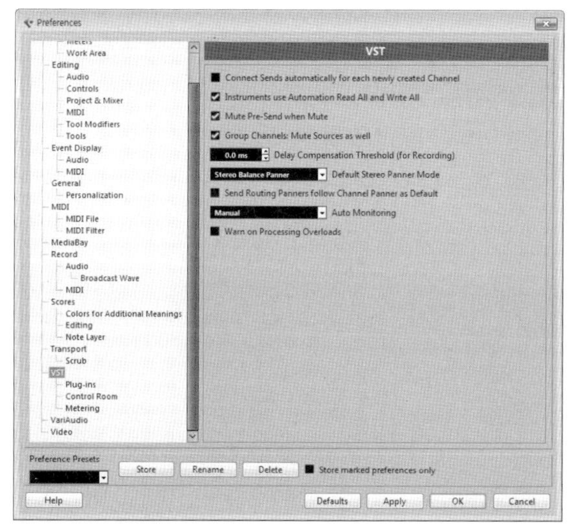

- Connect Sends automatically for each newly created Channel : 새 오디오 트랙이나 채널을 생성시킬 경우 자동으로 기존 FX 채널의 Send Routing에 연결된다.
- Instruments use Automation Read All and Write All : 가상악기 트랙은 자동으로 오토메이션 읽기, 오토메이션 쓰기 기능을 사용할 수 있도록 해준다.
- Mute Pre-Send when Mute : 트랙을 뮤트시킬 때 해당 트랙으로 센드된 각종 이펙트 또한 뮤트된다.
- Group Channels: Mute Sources as well : 그룹 채널을 뮤트시킨 뒤, 뮤트되지 않은 트랙을 그룹 채널로 연결할 때 해당 트랙에도 뮤트가 자동 적용된다.
- Delay Compensation Threshold(for Recording) : 큐베이스는 VST 플러그인 프로그램을 사용할 때 딜레이되는 시간을 자동 설정한다. 만약 문제가 발생하면 여기서 딜레이 시간을 조절할 수 있는데 그래도 딜레이 문제가 해결되지 않으면 오디오카드를 부착하거나, 메모리와 CPU를 업그레이드해야 한다. 참고로, 펜티엄 듀얼 코드 사용자는 메모리 부족 문제 외 다른 문제는 발생하지 않는다.
- Default Stereo Panner Mode : 새 오디오 트랙을 만들 때 기본적으로 사용할 수 있는 팬 모드를 선택한다. Stereo Balance Panner, Stereo Dual Panner or Stereo Combined Panner에서 선택하면 된다.
- Send Routing Panners Follow Channel Panner as Default : 채널 세팅 윈도우의 Send Routing Panner를 Channel Panner와 연동되도록 링크시킨다.

- Auto Monitoring : 미디 리얼입력이나 보컬 녹음 시 인풋 에코에 의해 자동 모니터링되는 상황에 대해 설정한다. Manual을 선택하면 트랙 뷰의 '모니터 버튼'을 클릭해 인풋 에코 모니터링을 선택할 수 있다.
- Warn on Processing Overloads : CPU에 과부화가 걸릴 경우 트랜스포트 패널의 'CPU 클립 인디게이터'에 경고 메시지가 송출된다. 묵직한 가상악기를 많이 연결할 경우 CPU에 과부화가 발생하므로 이 경우 시스템의 메모리 용량을 늘이거나 CPU를 업그레이드한다.

② Plug-ins : 플러그 인 프로그램의 동작 환경을 설정한다.

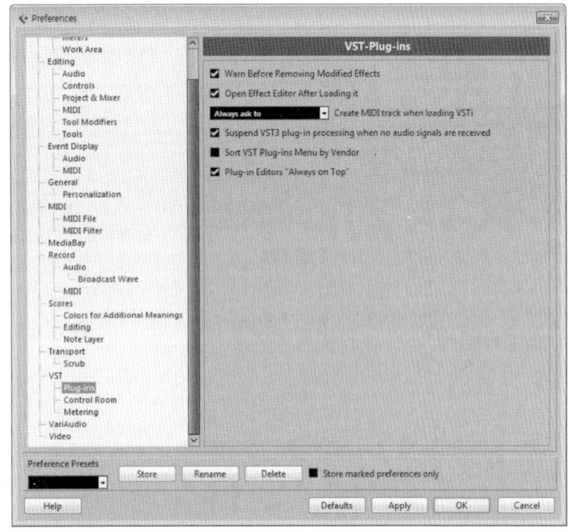

- Warn Before Removing Modified Effects : 트랙에서 플러그 인 이펙트의 적용을 해제할 때 대화상자가 실행되어 경고 메시지를 보여준다.

- Open Effect Editor after loading it : 이펙트 또는 VST 가상악기를 로딩할 때 해당 플러그 인의 컨트롤창을 자동 로딩한다.

- Create MIDI track when loading VSTi : VST 가상악기를 로딩할 때 미디 트랙의 생성 여부를 설정할 수 있다.

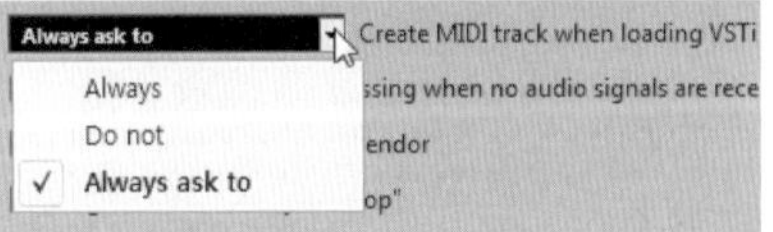

- Always : 항상 미디 트랙을 생성시킨다.
- Do Not : 미디 트랙을 생성시키지 않는다.
- Always ask to : 트랙 생성 여부를 묻는 대화상자를 실행한다.

- Suspend VST3 plug-in processing when no audio signals are received : 오디오 신호가 입력되지 않으면 VST3 플러그 인은 CPU를 점유하지 않고 대기 상태로 전환한다.
- Sort VST Plug-ins Menu by Vendor : Inserts에서 VST 플러그 인을 삽입할 때 VST 목록이 제작사 순으로 정렬된다.
- Plug-in Editors "Always on Top" : VST 방식의 이펙터 창과 가상악기 창이 다른 윈도우보다 항상 상위에 위치한다.

③ Control Room : 컨트롤 룸 사용 환경을 설정한다. 컨트롤 룸이란 스튜디오 옆에 부속된 조정실의 하나로, 스튜디오에서의 음향과 화면 등의 기술적 조작을 종합적으로 통제하는 방을 말한다. 큐베이스의 컨트롤 룸은 이와 같은 기능을 할 때 사용한다.

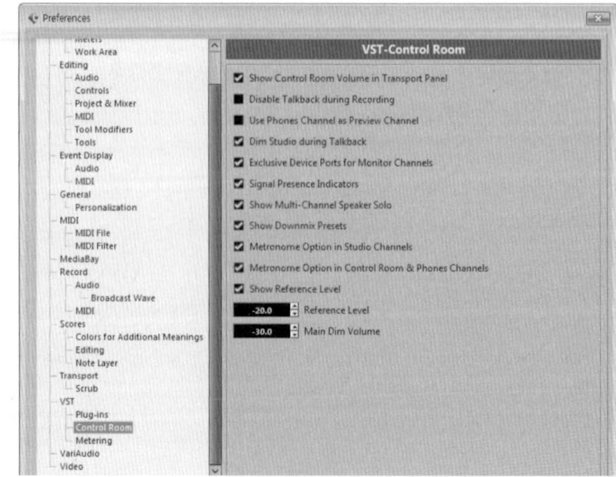

Show Control Room Volume in Transport Panel 옵션은 컨트롤 룸에서 볼륨을 조절하면 트랜스포트 패널의 볼륨 조절기가 함께 연동되도록 할 때 사용하며, Disable Talkback during Recording 옵션은 녹음을 하고 있을 때 Talkback 기능을 비활성 상태로 만들 때 체크한다. 그 외 대형 스튜디오에서 볼 수 있는 여러 옵션들을 사용해서 실제 컨트롤 룸에서 조정하듯 사용할 수 있다.

컨트롤 룸 믹서는 Devices → VST Connection 메뉴의 Studio 탭에서 Control Room 버튼을 켠 뒤, Devices → Cotrol Room Mixer 메뉴로 실행한다.

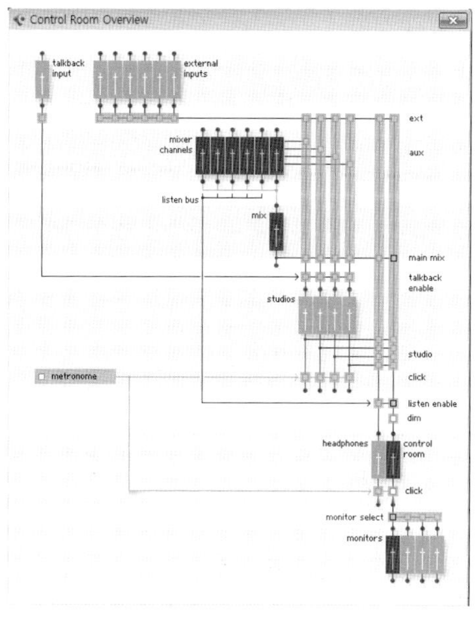

컨트롤 룸 개념도

④ Metering : 레벨 미터의 동작 환경을 설정한다.

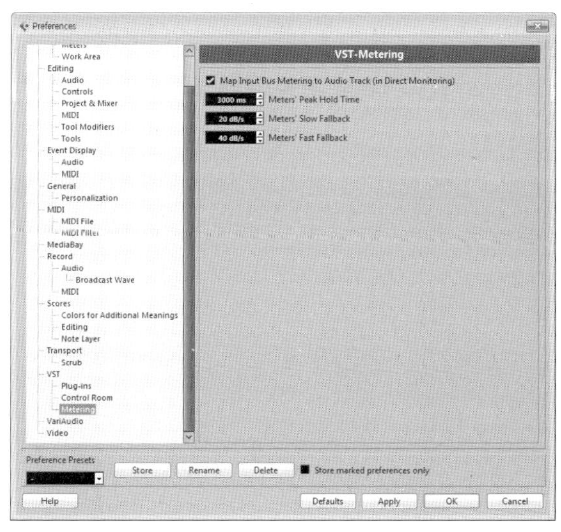

- Map Input Bus Metering to Audio Track(in Direct Monitoring) : 모니터 버튼을 클릭할 때 오디오 트랙에서 Input Bus 메터링을 적용한다. 이 옵션에 체크하는 것이 큐베이스 기본값이다.

- Meters' Peak Hold Time : 레벨 미터의 피크 레벨이 유지되는 시간을 설정한다. 500~30000ms 사이에서 설정한다.

- Meters' Slow Fallback : 레벨 미터의 레벨이 천천히 떨어지는 지점을 설정한다.

- Meters' Fast Fallback : 레벨 미터의 레벨이 빨리 떨어지는 지점을 설정한다.

11. VariAudio 탭

오디오 프로세싱과 옵션을 설정할 수 있다.

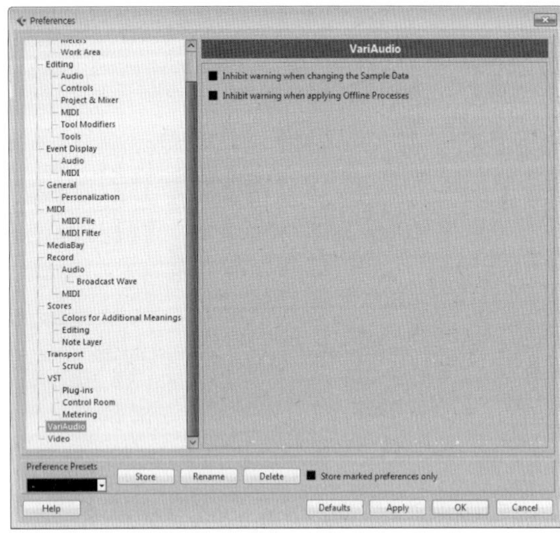

- Inhibit warning when changing the Sample Data : 프로젝트의 여러 곳에서 사용되고 있는 오디오 파트를 샘플 에디터에서 편집할 경우 경고 메시지를 보여준다.

- Inhibit warning when applying Offline Processes : Envelope 또는 Normalize 같은 효과를 프로젝트의 여러 곳에서 사용되고 있는 오디오 파트에 적용할 경우 경고 메시지를 보여준다.

12. Video 탭

비디오 관련 옵션을 설정할 수 있다.

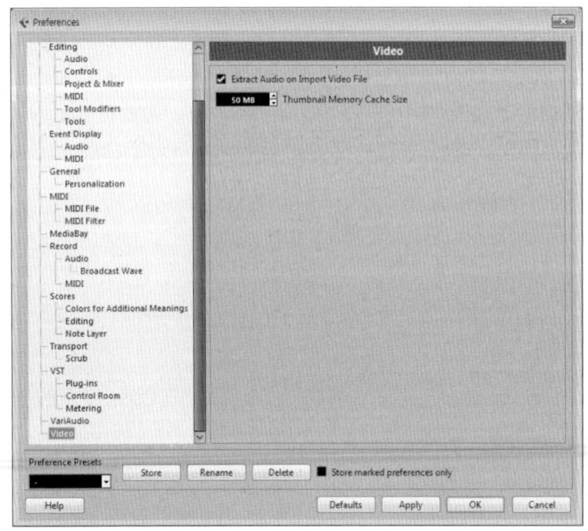

- Extract Audio on Import Video File : 비디오 파일을 임포트할 때 자동으로 영상+오디오 부분이 분할되어 임포트되도록 한다. 저장할 때도 오디오 부분이 영상에서 분리되어 저장된다.

- Thumbnail Cache on Import Video File : 비디오 파일을 임포트할 때 자동으로 섬네일 이미지가 캐쉬되도록 한다. 섬네일 이미지를 캐쉬하는 것이 작업 속도와 시스템의 리소스 확보에 도움을 준다.

Key Commands 메뉴(단축키 설정)

큐베이스에서 사용하는 단축키를 설정할 수 있다. 왼쪽 창에서 단축키를 만들 메뉴를 선택한 뒤 오른쪽 창의 Type In Key 항목을 클릭한 상태에서 키보드에서 원하는 키를 누른다. 해당 키가 Type In Key 항목에 입력되면 Assign 버튼을 클릭해 새 단축키로 할당할 수 있다. Presets 옵션을 클릭하면 로직 오디오나 프로 툴스에서 사용하는 키보드 단축키를 그대로 불러온 뒤 큐베이스에서 사용할 수 있다.

매크로 설정은 어떤 키를 눌렀을 때 여러 기능들이 동시에 실행되도록 할 때 사용한다.

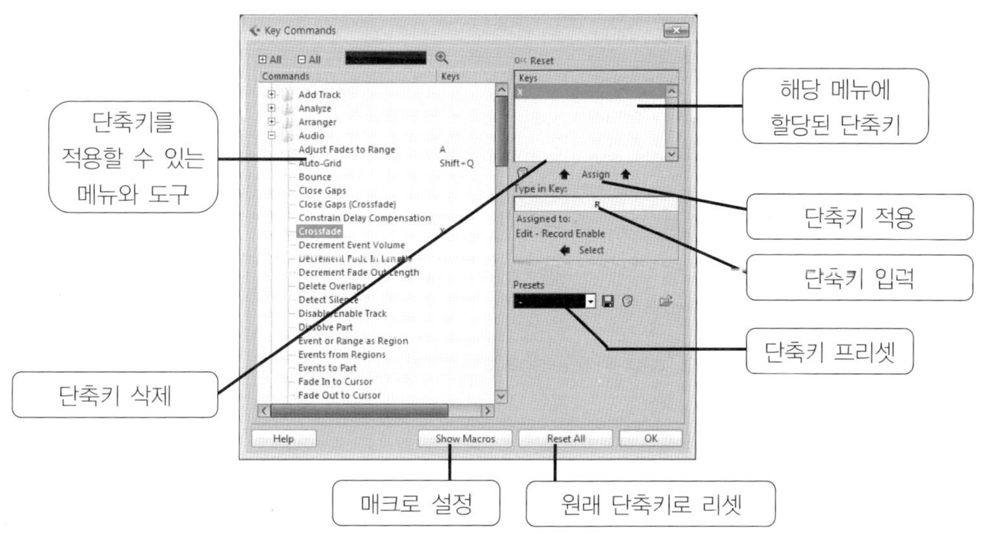

Recent Projects 메뉴

큐베이스에서 작업한 프로젝트가 목록으로 표시된다. 이전 작업한 문서와 그 이전에 작업한 문서가 메뉴 방식으로 표시되므로 이전에 작업한 문서를 빠르게 불러올 수 있다.

Quit 메뉴

큐베이스의 사용을 종료한다. 종료 전 저장하지 않은 프로젝트는 저장할 수 있도록 대화상자가 실행된다.

Undo Modify Fade In	Ctrl+Z
Redo	Ctrl+Shift+Z
History...	
Cut	Ctrl+X
Copy	Ctrl+C
Paste	Ctrl+V
Delete	Backspace
Functions	▶
Range	▶
Select	▶
Quantize	Q
Reset Quantize	
Quantize Panel	
Advanced Quantize	▶
Move to	▶
Group	Ctrl+G
Ungroup	Ctrl+U
Lock...	Ctrl+Shift+L
Unlock	Ctrl+Shift+U
Mute	Shift+M
Unmute	Shift+U
Project Logical Editor...	
Process Project Logical Editor	▶
✓ Automation follows Events	
Auto Select Events under Cursor	
✓ Enlarge Selected Track	
Zoom	▶
Macros	▶

- Undo 메뉴 : 바로 전 작업 취소하기
- Redo 메뉴 : 취소한 작업 다시 실행하기
- History 메뉴 : 히스토리 기능 사용하기
- Cut 메뉴 : 선택한 클립이나 선택한 부분 오려내기
- Copy 메뉴 : 선택한 클립이나 선택한 부분 복사하기
- Paste 메뉴 : 복사한 클립 붙여넣기
- Paste at Origin 메뉴 : 원래 위치를 붙여넣기
- Delete 메뉴 : 선택한 클립이나 선택한 부분 삭제하기
- Functions 메뉴 : 여러 가지 편집 메뉴 사용하기
- Range 메뉴 : 레인지 기능으로 자르기
- Select 메뉴 : 선택 범위 설정하기
- Quantize 메뉴 : 퀀타이즈 실행하기
- Reset Quantize 메뉴 : 퀀타이즈 리셋하기
- Quantize Panel 메뉴 : 퀀타이즈 패널 불러오기
- Advaced Quantize 메뉴 : 어드밴스드 퀀타이즈 실행
- Move To 메뉴 : 이동 메뉴 사용하기
- Group 메뉴 : 선택한 클립 그룹으로 묶기
- Ungroup 메뉴 : 그룹 해제하기
- Lock 메뉴 : 편집할 수 없도록 잠그기
- Unlock 메뉴 : 잠그기 해제하기

- Mute 메뉴 : 사운드를 뮤트하기
- UnMute 메뉴 : 뮤트 사운드를 해제하기
- Project Logical Editor 메뉴 : 로지컬 에디터 실행
- Process Project Logical Editor 메뉴 : 로지컬 에디터 메뉴로 실행
- Automation follows Events 메뉴 : 오토메이션을 클립과 함께 이동
- Auto Select Events under Cursor 메뉴 : 프로젝트 커서 위치의 클립 자동 선택
- Enlarge Selected Track 메뉴 : 작업 트랙 확장하기
- Zoom 메뉴 : 확대/축소 기능 사용하기
- Macros : 매크로 만들기

Undo 메뉴 – 바로 전 작업 취소하기

바로 전에 했던 작업한 내용을 취소하고 바로 전으로 돌아간다. 예를 들어 미디 클립을 이동시킨 뒤 Undo 메뉴를 적용하면 이동 전 상태로 되돌릴 수 있다. 또한 마우스로 음정을 변경했을 때 음정 변경 전 상태로 되돌릴 수 있다. 단축키는 Ctrl + Z

Undo Modify Fade In	Ctrl+Z
Redo	Ctrl+Shift+Z
History...	
Cut	Ctrl+X
Copy	Ctrl+C
Paste	Ctrl+V
Delete	Backspace
Functions	▶
Range	▶
Select	▶

Redo 메뉴 – 취소 작업 다시 실행하기

앞의 Undo 메뉴로 취소한 작업을 재실행하는 기능이다. Undo 메뉴로 취소한 작업을 재실행할 때 유용하다. 단축키는 Ctrl +Shift + Z

History 메뉴 – 히스토리 사용하기

히스토리 대화상자를 통해 작업을 취소할 수 있다. 히스토리 대화상자는 작업 내용이 순서대로 기록되어 있는 대화상자를 말한다. 작업한 내용을 순서대로 보여주므로 작업 복구 기능으로 사용할 수 있다. 예를 들어 히스토리 대화상자에 기록된 목록 중 원하는 목록을 클릭하면 해당 작업 상태로 돌아갈 수 있다.

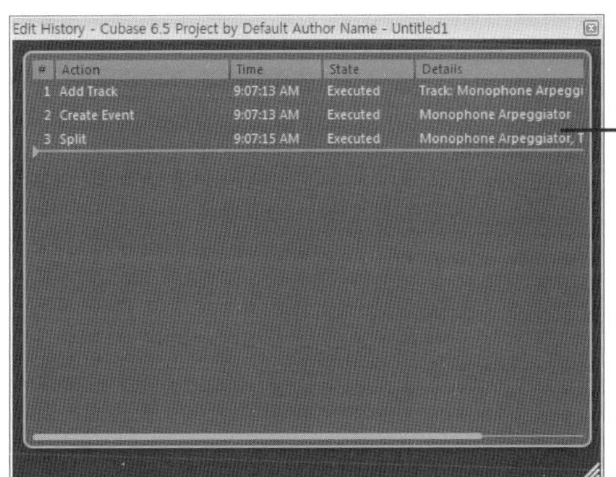

기록된 작업 목록에서 원하는 목록을 클릭하면 해당 작업 상태로 돌아갈 수 있다.

Cut 메뉴 – 오려내기

클립이나 음표를 선택한 상태이면 클립이나 음표를 오려낼 수 있다. '구간 선택 툴'로
일부 구간을 선택한 경우 해당 구간을 오려낼 수 있다. 오려낸 데이터는 메모리에 임시
저장되고 Paste 메뉴로 원하는 위치에 붙여 넣을 수 있다. 단축키는 Ctrl + X

Copy 메뉴 – 복사하기

선택한 클립이나 선택한 부분, 선택한 노트를 복사할 때 사용한다. 트랙 뷰, 키 에디터, 스코어 에디터 등 모든 편집 창에서
사용할 수 있다. 단축키는 Ctrl + C

Paste 메뉴 – 붙여넣기

복사하거나 오려낸 클립이나 노트들을 프로젝트 커서가 있는 위치에 붙여준다. 트랙 뷰, 키 에디터, 스코어 에디터
등 모든 편집 창에서 사용할 수 있다. 반복되는 리듬은 복사한 뒤 붙여넣는 방식으로 작업하는 것이 좋다. 단축키는
Ctrl + V

구간 선택 툴로 원하는 구간을 선택한 뒤 Ctrl + C로 복사한다.

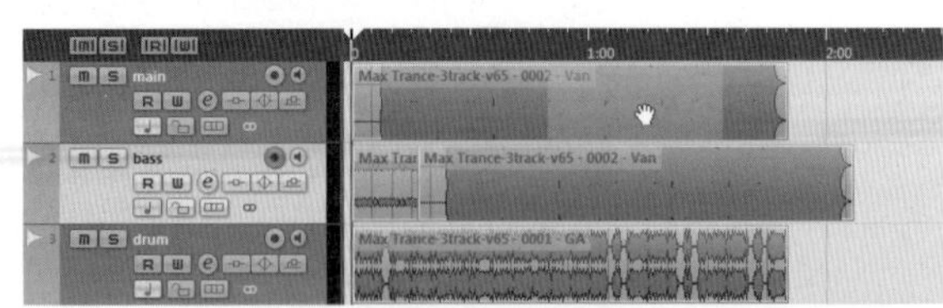

다른 위치에서 Ctrl + V로 붙여넣는다.

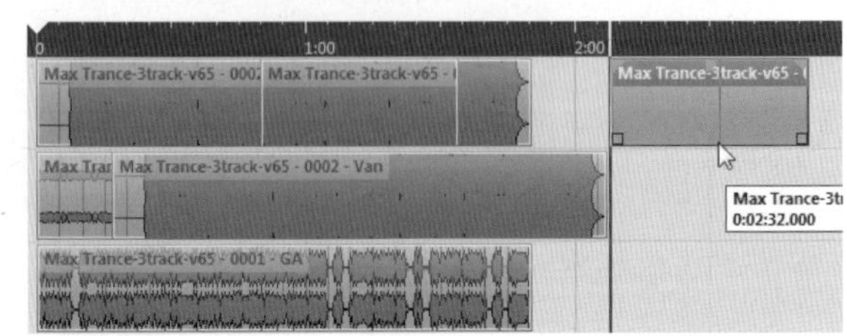

Delete 메뉴 – 클립 삭제하기

선택한 클립, 부분, 노트를 삭제할 때 사용한다. 먼저 삭제할 클립이나 부분을 선택한 뒤 이 메뉴를 실행한다. 키보드의 Del 키 또는 Backspace 키를 눌러도 삭제할 수 있다.

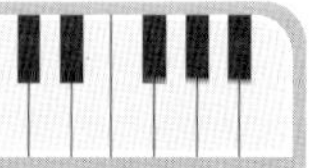

Function 메뉴 – 클립 편집하기

7개의 클립 편집 메뉴를 사용할 수 있다. 붙이기, 자르기, 반복하기 기능 등이 있다. 오디오 클립과 미디 클립 둘 다 이 기능을 사용할 수 있다.

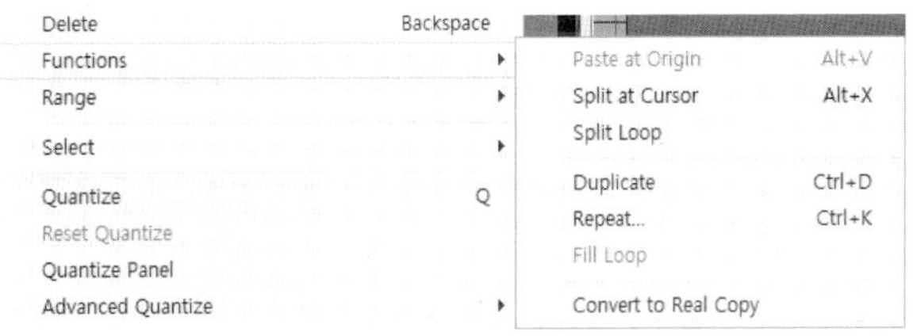

1. Function → Paste at Origin 메뉴(원래 위치를 붙여넣기)

복사한 클립이나 노트를 복사했던 원래 타임 위치에 붙여 넣는다. 프로젝트 커서의 위치와 관계없이 원래 위치에 붙여 넣을 수 있다. 단축키는 Alt + V

구간 선택 툴로 원하는 구간을 선택한 뒤 Ctrl + C로 복사한다.

Alt + V를 눌러 원래 위치에 붙여 넣은 모습이다.

2. Function → Split at Cursor 메뉴(커서로 자르기)

프로젝트 커서가 있는 부분에서 클립을 양쪽으로 자를 수 있다. 먼저 자르고 싶은 클립을 선택한 뒤 룰러를 클릭해 프로젝트 커서를 원하는 위치로 이동시킨다. 그런 뒤 이 메뉴를 실행하면 클립이 양쪽으로 분할된다.

자르고 싶은 클립을 마우스로 클릭해 선택한다.

룰러를 클릭해 자르고 싶은 위치로 프로젝트 커서를 이동시킨다.

Split to Cursor 메뉴를 실행하면 선택한 클립만 잘라진다.

만일 선택한 클립이 없는 상태에서 Split to Cursor 메뉴를 실행하면 전체 트랙의 클립에서 자르기가 적용된다.

3. Function → Split Loop 메뉴(로케이터 구간으로 자르기)

룰러의 로케이터로 구간을 설정한 경우 해당 구간을 자를 수 있다. 먼저 자르고 싶은 클립을 선택한 뒤 룰러의 왼쪽/오른쪽 로케이터를 드래그하여 자르고 싶은 영역을 설정한다. 그런 뒤 이 메뉴를 실행하면 선택한 클립이 로케이트 구간 양쪽으로 잘라진다. 클립을 선택하지 않은 상태이면 모든 트랙에 있는 클립이 일괄적으로 잘라진다는 것을 유념해야 한다.

자르고 싶은 클립을 클릭해 선택한다.

룰러에서 로케이터 구간 시작점을 Ctrl + 클릭으로 지정한다.

룰러에서 로케이터 구간 종료점을 Alt + 클릭으로 지정한다.

Edit → Functions → Split Loop 메뉴를 적용하면 선택한 클립의 로케이터 구간이 잘라진다.

4. Function → Duplicate 메뉴(복제하기)

클립을 선택했을 때 이 메뉴를 실행하면 클립을 복제해 하나 더 만들어준다. 노트를 선택했을 때 이 메뉴를 실행하면 해당 노트를 하나 더 복제해준다.

5. Function → Repeat 메뉴(리피트하기)

클립이나 이벤트를 지정한 횟수만큼 리피트 복사한 뒤 트랙 오른쪽으로 배열해준다. 드럼 연주나 베이스 연주처럼 특정 리듬이 반복되는 클립이 있을 경우, 리피트로 반복 복사하는 것이 좋다.

리피트시킬 클립을 클릭해 선택한다.

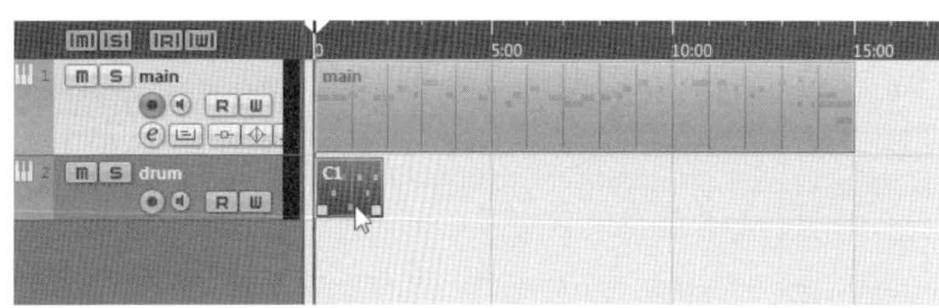

Repeat 메뉴를 실행한 뒤 반복 복사할 횟수를 설정한다. 대략 곡 길이에 맞게
리피트 횟수를 지정하는데, 여기서는 7회로 설정하였다.

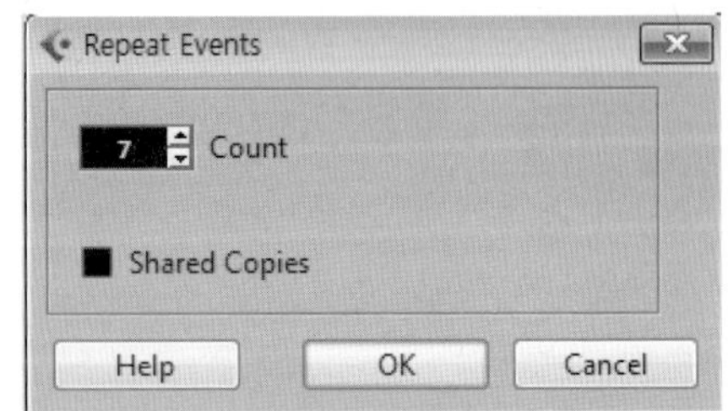

선택한 클립이 7회 복제되어 배열된다. 이 기능은 키 에
디터에서 노트를 리피트 시킬 때도 사용할 수 있다.

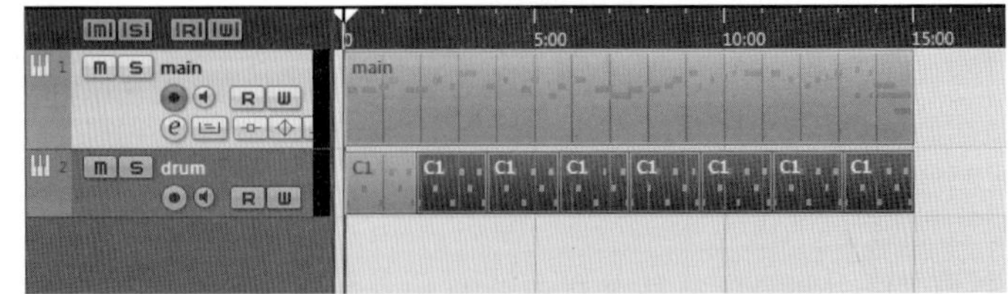

Tip

Copies 옵션

Repeat 대화상자의 Shared Copies 옵션은 공유 복사 기능이다. 원본 클립을 수정할 때 공유 복사본도 동시에 자동 수정
되도록 하고 싶을 때 선택한다. 공유 복사본의 공유 속성을 제거하려면 Edit → Function → Convert to Real Copy 메뉴
를 적용한다.

6. Function → Fill Loop 메뉴(클립 채우기)

이 기능은 앞의 리피트 기능과 동일하지만 로케이터로 설정한 구간을 채울 때 사용한다. 선택한 클립을 로케이터로 설정된
구간만큼 복사해서 채울 수 있다.
예를 들어 곡의 맨 앞쪽에 1마디 분량의 드럼 노트를 만든 뒤, 로케이터로 곡의 시작부터 끝까지 구간을 설정한다. 그런
뒤 해당 미디 클립을 선택한 상태에서 Fill Loop 메뉴를 적용하면 1마디 분량의 드럼 노트가 곡의 종료 지점까지 연속으로
복사되어 채워지므로 손쉽게 드럼 파트를 만들 수 있다.

곡의 맨 앞에 새 트랙을 만든 뒤 1마디 길이의 드럼 파트를 만들었다
고 가정해보자.
이 드럼 파트를 클릭해 선택한다.

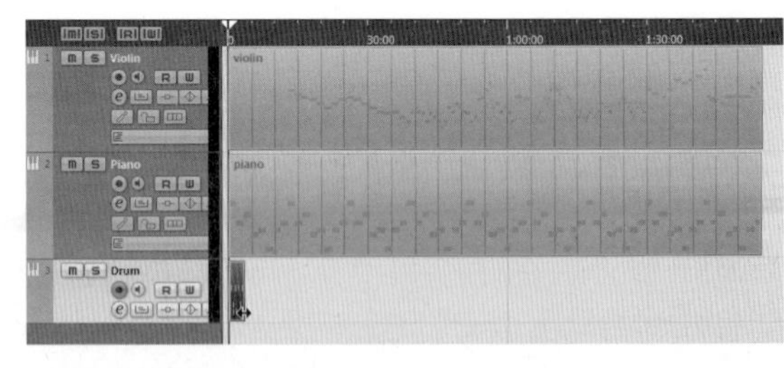

룰러에서 곡의 종료 지점을 Alt + 클릭하여 로케이터를 삽입한다.

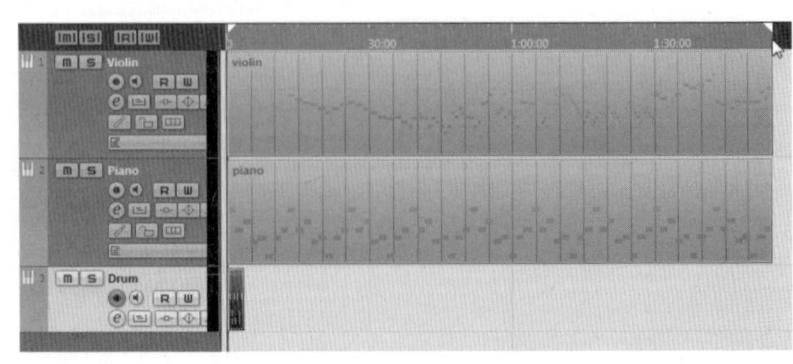

Fill Loop 메뉴를 적용하면 1마디 분량의 드럼 파트가 로케이
터 구간을 자동으로 채워준다.
이 기능은 키 에디터에서 노트를 선택했을 경우에도 사용할 수
있다.

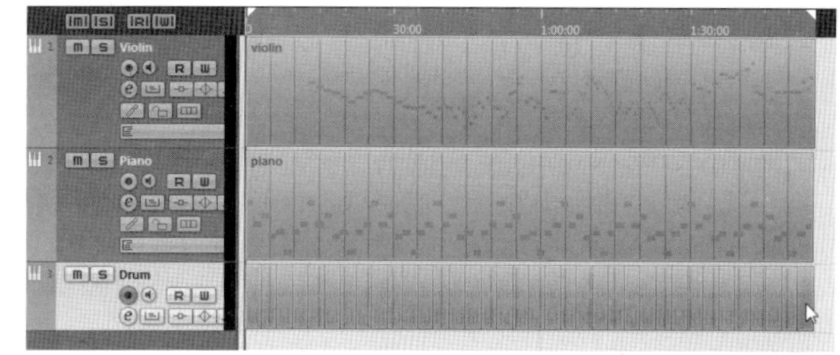

7. Function → Convert to Real Copy 메뉴

앞의 리피트(Repeat) 메뉴로 클립을 복사힐 때 Shared Copies 옵션을 선택하면 공유 복사를 하여 원본 클립의 속성이
유지된다. Convert to Real Copy 메뉴는 공유 복사한 클립을 실제 복사한 클립으로 변경한다. 공유 속성이 없어지므로
원본 클립을 수정할 때 복사본은 자동 수정되지 않는다.

Range 메뉴

특정 조건을 설정한 뒤 그 조건을 맞는 클립을 찾아내 복사 작업 등을 할 수 있다. 멀티풀 반복 복사 기능이라고 할 수
있다. 하위 메뉴에서 8가지 기능을 제공한다.

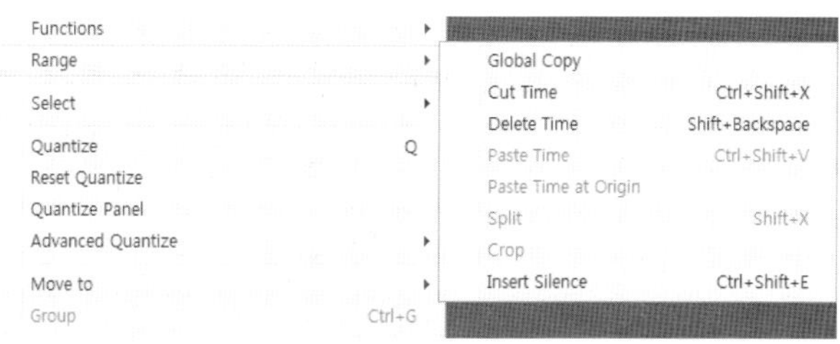

1. Range → Global Copy 메뉴

룰러의 로케이터로 설정한 구간에 해당하는 클립들을 일괄 복사한다. 다른 트랙에 있는 클립들도 로케이터로 구간을 설정
한 뒤 모두 복사해 올 수 있다. 복사한 데이터는 프로젝트 커서가 있는 위치에서 Paste 메뉴로 붙여 넣을 수 있다.

복사하고 싶은 구간을 룰러의 로케이터로 설정한다. 룰러를 Ctrl +클릭하면 로케이터 시작점, Alt + 클릭하면 로케이터 종료지점이 설정된다.

Edit → Range → Global Copy 메뉴를 적용한다. 이때 설정한 구간에 있는 클립들이 트랙에 상관없이 모두 복사된다.

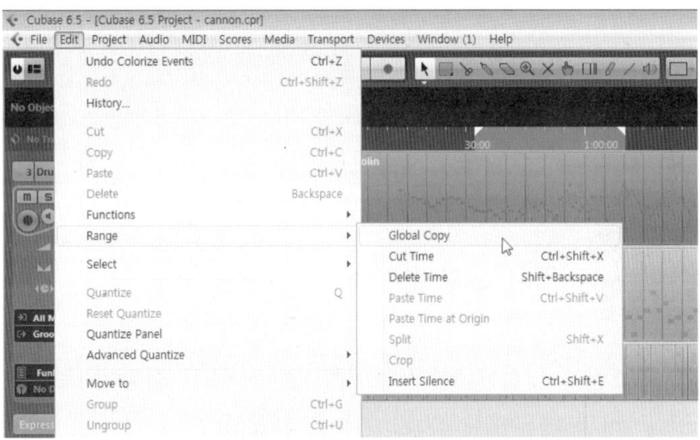

다른 위치로 프로젝트 커서를 이동시킨 뒤 Ctrl + V를 눌러 붙여준다. 복사해둔 클립이 붙여지는 것을 알 수 있다.

596

2. Range → Cut Time 메뉴(타임 오려내기)

특정 시간 범위 안에 있는 클립들을 모두 오려낼 때 사용한다. 오려낸 클립을 Paste 메뉴로 붙여 넣으면 프로젝트 커서 위치에 붙여지는 것이 아니라 오려낼 때의 시간 범위에 맞게 붙여진다. 즉 클립을 오려내는 것이 아니라 시간을 오려내는 것으로, 그 시간 안에 있는 클립들이 오려진다. 오려낼 시간 범위는 '구간 선택 툴'로 지정한다.

'구간 선택 툴'로 원하는 구간을 선택한다.

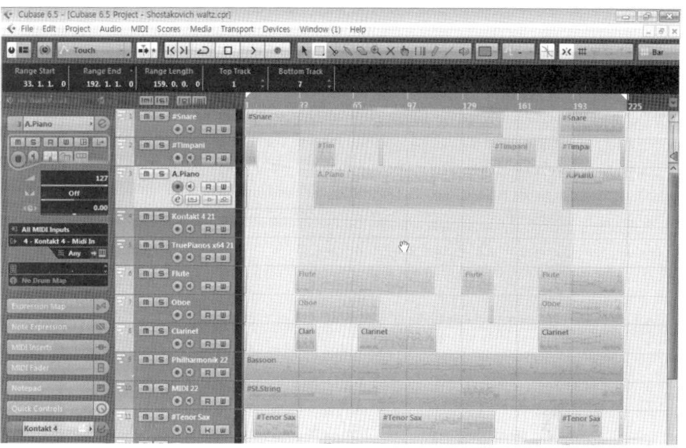

Edit → Range → Cut Time 메뉴를 실행한다. 해당 타임 영역에 있는 모든 클립이 오려진다.

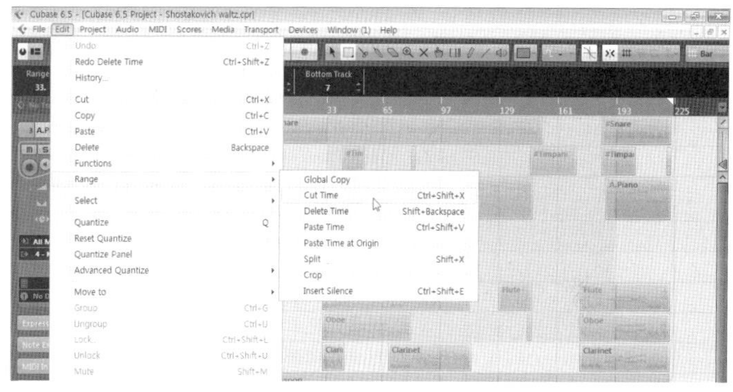

해당 타임 영역에 있는 모든 클립이 오려진 모습이다. 이때 해당 타임 영역을 오려낸 것이므로 타임 영역이 비게 되고, 이 때문에 뒤에 있는 타임 영역과 그 타임 영역에 있는 클립이 이동되어 온다.

이때 Paste 메뉴를 적용하면 복사해둔 타임 영역을 붙여넣을 수 있다.

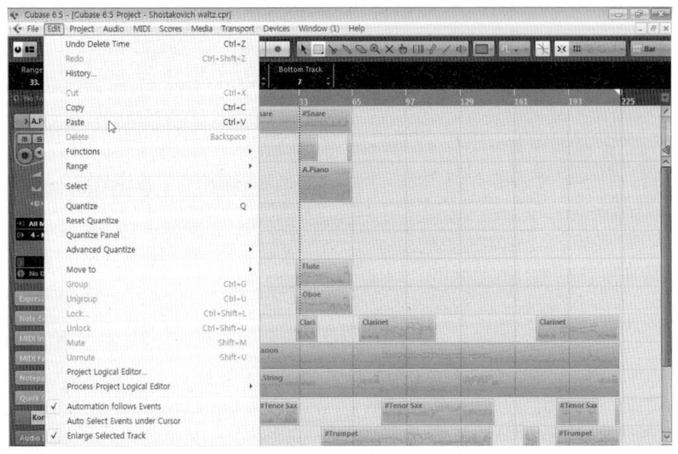

타임 영역을 오려낸 뒤 붙여 넣으면, 프로젝트 커서 위치에 붙여지는 것이 아니라, 원래 타임 영역에 붙여진다. 당겨졌던 타임영역과 클립이 겹쳐지는 것을 알 수 있다.

3. Range → Delete Time 메뉴

'구간 선택 툴'로 선택한 시간 영역의 클립들을 삭제할 때 사용한다. 시간 영역의 클립들을 삭제하면 그 오른쪽에 있는 클립들이 비어 있는 시간을 채우기 위해 자동으로 당겨진다. 만일 키보드의 Del 키로 삭제하면 삭제한 구간만큼 빈 공간으로 남게 된다.

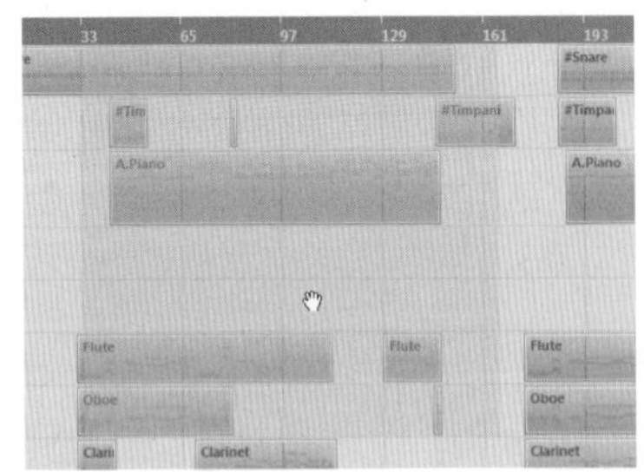

구간 선택 툴로 선택한 영역

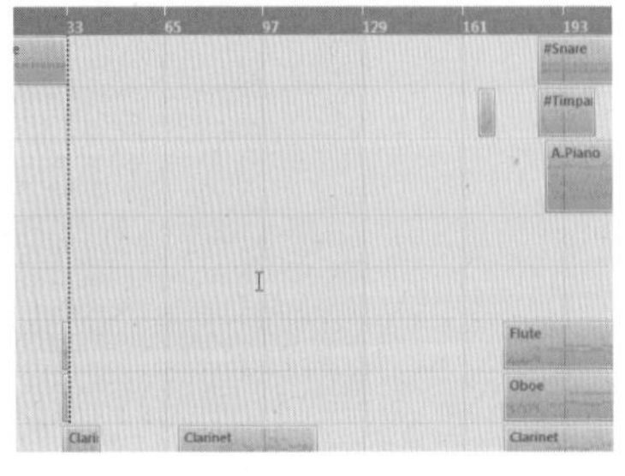

Del 키로 삭제한 모습

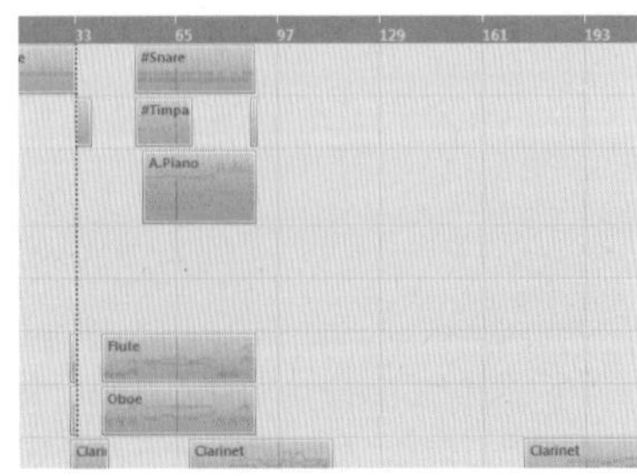

Delete Time 메뉴로 삭제한 모습

4. Range → Paste Time 메뉴

Cut Time 메뉴로 오려낸 시간을 새로 설정한 시간 영역에 붙여준다. '구간 선택 툴'로 붙이고 싶은 위치를 블록으로 선택한 뒤 붙여 넣으면 된다. 이때 다른 트랙에 붙여 넣으면 그만큼 밀려나면서 붙여 넣을 수 있다.

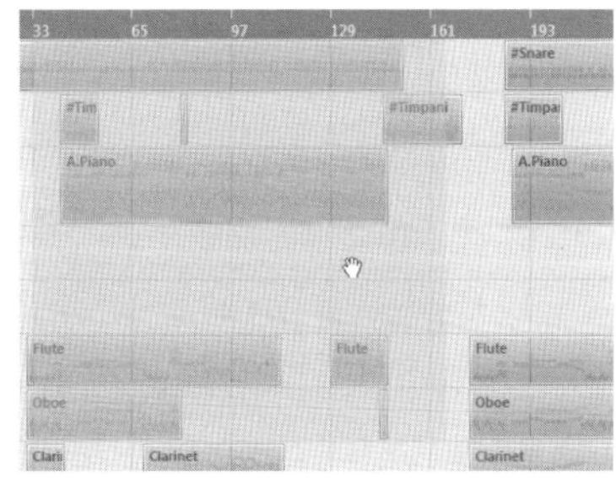

Cut Time 메뉴로 오려낸 시간 영역

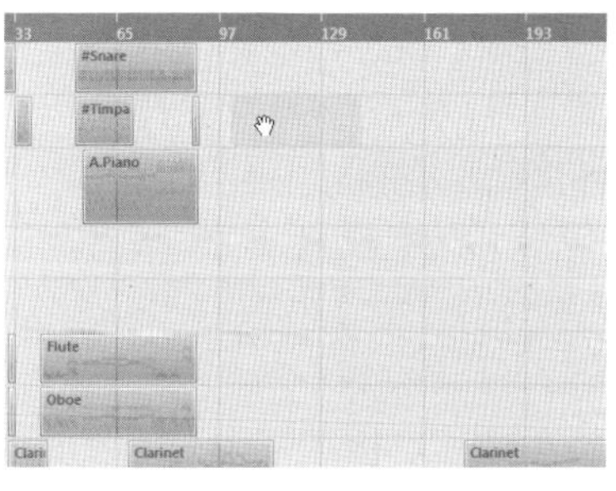
구간 선택 툴로 붙여 넣을 위치 선택

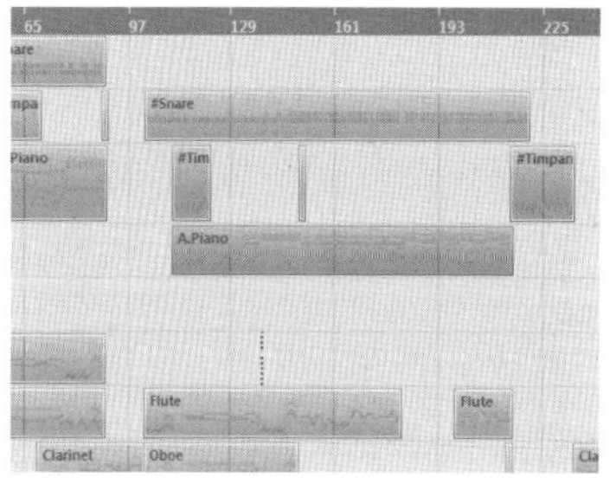
Paste Time 메뉴로 붙인 모습

5. Range → Paste Time at Origin 메뉴

Cut Time 메뉴로 복사한 클립들을 원래 시간 위치에 정확하게 붙여준다.
참고로, Paste 메뉴는 붙이고자 하는 위치에 다른 미디 클립이 있으면 합쳐진 뒤 붙여주지만, Paste Time 메뉴는 그곳에 다른 미디 클립이 존재할 때 원래 시간인 오른쪽으로 밀어내고 붙여준다.

6. Range → Split Time 메뉴

'구간 선택 툴'로 선택한 영역을 잘라준다. 말 그대로 자르기 기능이다.

7. Range → Crop 메뉴

'구간 선택 툴'로 선택한 영역과 붙어있는 외곽 클립들을 모두 삭제하고, 구간 선택 툴 영역 안에 있는 클립만 남겨준다.

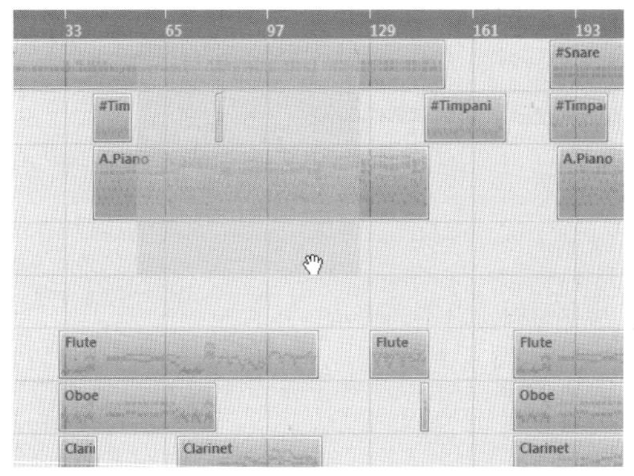
구간 선택 툴로 영역을 지정한 모습

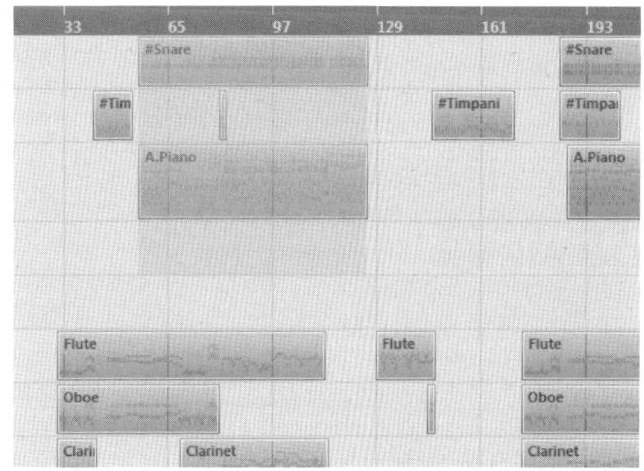
Crop 메뉴를 적용한 모습

8. Range → Insert Silence 메뉴

'구간 선택 툴'로 선택한 영역에 사운드가 없는 '묵음' 시간을 삽입한다.

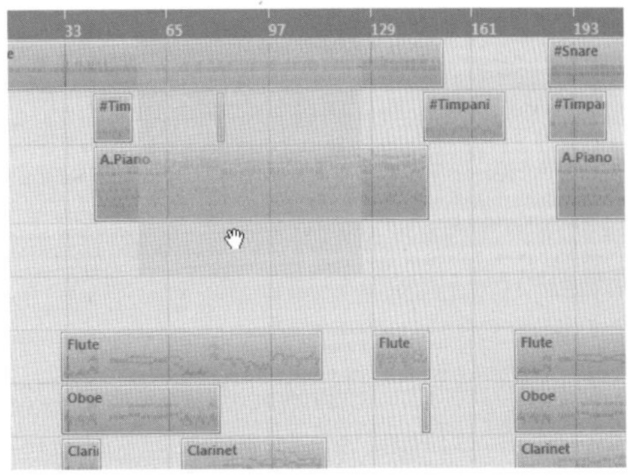

구간 선택 툴로 영역을 지정한 모습

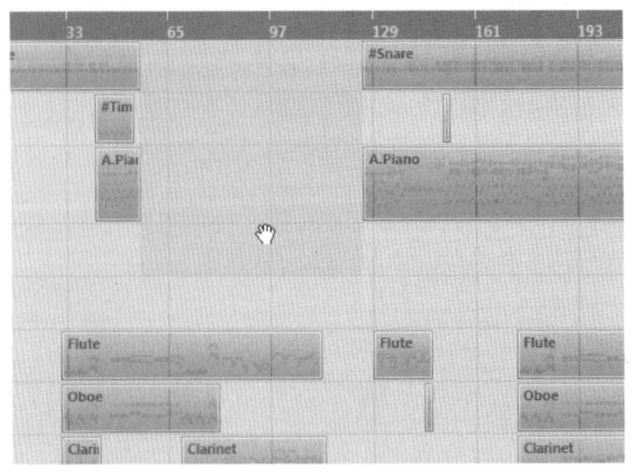

Insert Silence 메뉴를 적용한 모습

Select 메뉴 – 선택 메뉴

Select 메뉴는 메뉴얼 방식으로 이벤트나 클립을 선택하고 싶을 때 사용한다.

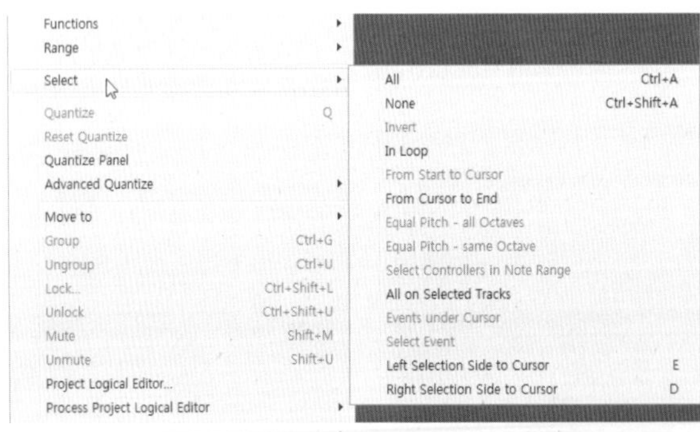

1. Select → All 메뉴

모든 클립을 선택하거나 모든 이벤트, 모든 노트를 선택할 때 사용한다. 단축키 Ctrl + A

2. Select → None 메뉴

선택 상태를 취소하고 아무것도 선택하지 않은 상태로 돌아간다. 단축키 Ctrl + Shift + A

3. Select → Invert 메뉴

현재 선택한 부분은 선택에서 제외시키고 반대편에 있는 클립이나 노트를 선택한다.

4. Select → In Loop 메뉴

룰러의 로케이터로 구간을 지정한 경우, 해당 구간에 있는 모든 클립을 선택한다.

5. Select → From Start to Cursor 메뉴

프로젝트 커서를 기준으로 곡의 시작 방향에 있는 클립들을 모두 선택한다. 즉, 프로젝트 커서 왼쪽에 있는 클립이나 노드들을 선택할 때 사용한다.

6. Select → From Cursor to End 메뉴

프로젝트 커서를 기준으로 곡의 종료 방향에 있는 클립들을 모두 선택한다. 즉, 프로젝트 커서 오른쪽에 있는 클립이나 노트들을 선택할 때 사용한다.

7. Select → Equal Pitch All Octaves 메뉴

키 에디터에서 사용하는 기능이다. 선택한 노트와 동일한 음정을 가진 노트를 전체 옥타브에서 검색한 뒤 선택 상태로 만든다.

8. Select → Equal Pitch Same Octaves 메뉴

키 에디터에서 사용하며, 선택한 노트와 동일한 음정을 가진 노트를 현재 옥타브에서 검색한 뒤 선택 상태로 만든다.

9. Select → Select Controllers In Note Range 메뉴

선택한 노트 범위에 있는 컨트롤러를 선택 상태로 만들어준다.

10. Select → All On Selected Tracks 메뉴

트랙을 선택했을 때 실행하는 이 메뉴는 해당 트랙에 있는 모든 이벤트를 선택 상태로 만든다.

11. Select → Events Under Cursor 메뉴

선택한 트랙들이 있을 경우, 프로젝트 커서가 지나갈 때 그 아래쪽에 있는 이벤트들을 모두 선택 상태로 만든다.

12. Select → Select Event 메뉴

샘플 에디터에서 '구간 선택 툴'로 오디오 파형의 일부를 선택했을 때, 이 메뉴를 실행하면 전체 파형을 선택할 수 있다.

13. Select → Left Selection Side to Cursor 메뉴

트랙 뷰에서 '구간 선택 툴'로 클립의 일부를 선택한 경우, 이 메뉴를 실행하면 왼쪽으로 선택 영역을 확장한다. 또한 샘플 에디터에서 '구간 선택 툴'로 오디오 파형의 일부를 선택했을 경우, 이 메뉴를 실행하면 왼쪽으로 선택 영역을 확장한다.

14. Select → Right Selection Side to Cursor 메뉴

트랙 뷰에서 '구간 선택 툴'로 클립의 일부를 선택한 경우, 이 메뉴를 실행하면 오른쪽으로 선택 영역을 확장한다. 마찬가지로 샘플 에디터에서 '구간 선택 툴'로 오디오 파형의 일부를 선택했을 경우, 이 메뉴를 실행하면 오른쪽으로 선택 영역을 확장한다.

# Quantize 메뉴 – 자동 퀀타이즈 

마스터 건반으로 리얼 입력하다 보면 때때로 정확하게 치지 못하기 때문에 엇박자나 박자가 밀려난 상태에서 입력하는 경우가 있다. Quantize 메뉴는 박자가 조금씩 밀려난 미디 노트를 퀀타이즈 해상도(그리드 간격)에 맞게 자동으로 정렬할 때 사용한다. 예를 들어 박자가 밀려난 노트, 손으로 노트 입력 시 잘못 입력한 노트의 시작 부분을 그리드에 맞게 정렬할 수 있다.

미디 노트를 선택한 상태에서는 선택한 노트만 정렬할 수 있고, 미디 노트를 선택하지 않은 경우에는 미디 트랙 전체에 퀀타이즈가 적용된다.

이 기능은 약간의 엇박자로 입력한 노트들을 그리드 선에 맞게 박자를 찾아가도록 정렬할 때 사용하지만, 기계화 방식으로 정렬하기 때문에 수작업으로 노트를 이동시키면서 엇박자가 있는 부분을 한 번 더 재수정하는 것이 좋다.

Sample 폴더에서 예제 'quantize.cpr'을 불러오면 그림처럼 퀀타이즈 해상도 간격에 맞지 않은 노트들이 몇 개 보인다.

툴바의 퀀타이즈 해상도 버튼을 클릭해 사용할 퀀타이즈 해상도를 선택한다. 여기서는 1/8비트를 선택했다. 화면의 그리드 간격이 1/8분음표 간격으로 재설정되는 것을 알 수 있다.

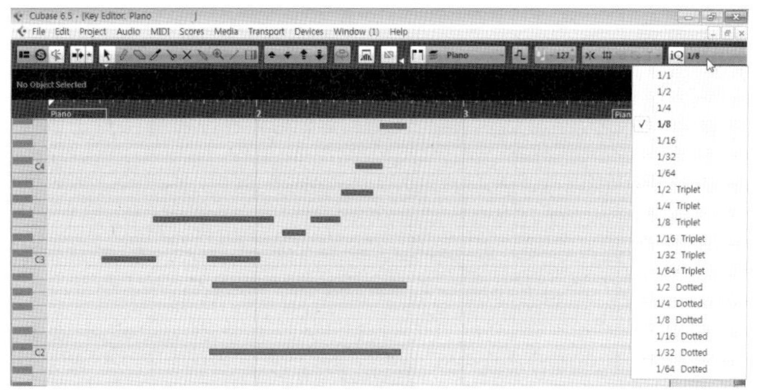

Edit → Quantize 메뉴를 적용하면 1/8비트 그리드 선에 자동 퀀타이즈된다.
이때 가장 가까운 그리드 선에 노트의 시작 부분이 스냅되어 엇박자를 수정하는 효과를 만들 수 있다.

Reset Quantize 메뉴 – 리셋 퀀타이즈

퀀타이즈를 적용한 뒤 사용하는 기능이다. 퀀타이즈를 취소하고 원래 상태로 되돌릴 때 사용한다.

피아노를 치다 보면 정확하게 박자를 맞춰 연주하는 사람은 없을 것이다. 아주 미세하게 박자를 놓치는 경우가 있는데 그와 비슷한 연주 효과를 내려면 이 메뉴로 퀀타이즈하는 것이 좋다. 또한 루프 음악을 만들 때 정확하게 박자가 떨어지는 기계적인 사운드가 싫다면 이 메뉴로 퀀타이즈하는 것이 좋다. 일반적으로 Iterative Quantize 메뉴의 근사치는 60%로 설정되어 있기 때문에 그리드의 60% 안쪽에서 자율적으로 퀀타이즈된다.

Quantize Setup 메뉴 – 퀀타이즈 옵션 설정

각종 퀀타이즈 기능을 사용할 때 필요한 세부 옵션을 설정할 수 있다.

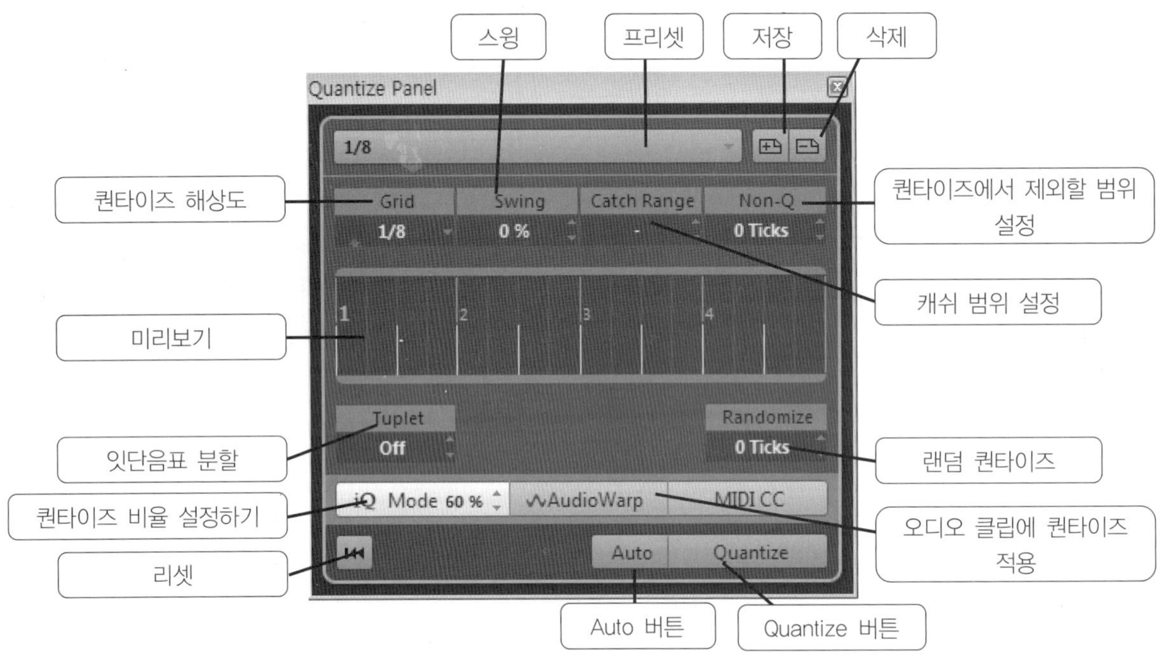

① 프리셋 : 미리 설정된 프리셋을 불러온 뒤 퀀타이즈를 적용할 수 있다. 오른쪽 + 버튼은 현재 설정된 옵션을 프리셋으로 저장하고, – 버튼은 불러온 프리셋을 삭제한다.

② 퀀타이즈 해상도 : 퀀타이즈 정렬에 사용할 그리드 간격을 선택한다.

③ 스윙 : 곡에 스윙/셔플 연주 느낌이 나도록 한 박자씩 건너 뛰어 그 사이에 있는 중간 박자를 약간 뒤쪽으로 이동시킨다.

④ Cach Range(퀀타이즈 자석 범위) : 여기서 설정한 자석 범위 안에 있는 노트들을 당겨와서 퀀타이즈한다. 큐베이스 6의 경우 미리보기 창에서 녹색으로 자석 범위가 표시된다. 큐베이스 5의 경우 Magnetic Area 슬라이더로 이 범위를 조절하는데, 이 자석 범위는 파란색으로 표시된다.

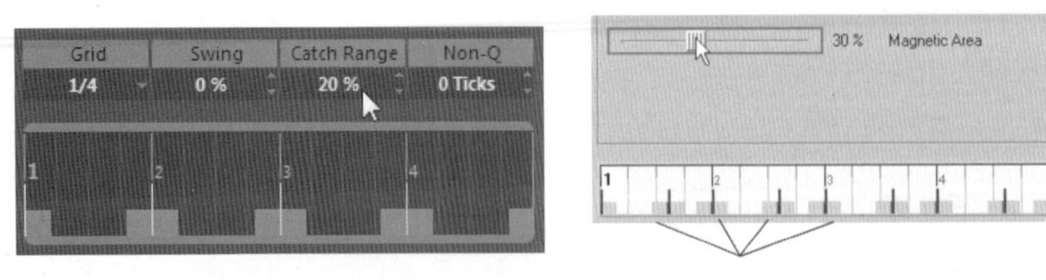

큐베이스 6의 자석 범위(녹색)　　　　큐베이스 5의 자석 범위(파란색)

⑤ Non Q(논 퀀타이즈) : 퀀타이즈를 적용하지 않을 범위를 설정한다. 여기서 설정한 범위 안에 있는 노트는 퀀타이즈 되지 않는다. 1~120틱 사이로 설정하며 120틱은 16분음표와 같은 길이이다. 논 퀀타이즈 범위는 큐베이스 6, 5 둘다 빨간색으로 표시된다.

⑥ 미리보기 : 설정한 퀀타이즈 상태를 미리 보여준다. 하나의 마디를 보여주는 상태이다. 라인은 그리드 간격을 표시하고, 진한 색 라인은 퀀타이즈 위치, 박스는 퀀타이즈가 적용될 자석 범위, 빨간색은 논 퀀타이즈 영역을 표시한다.

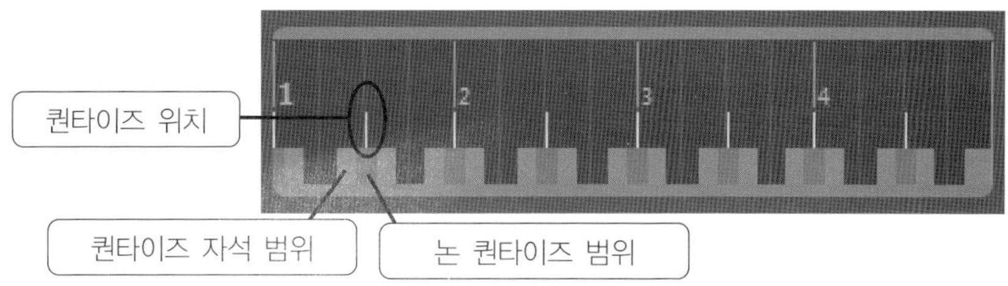

⑦ 잇단음표 분할 : 설정된 그리드 간격을 다시 잇단음표 식으로 분할한다. 2를 선택하면 그리드가 2개로, 3을 선택하면 그리드가 3개로 다시 나누어지면서 퀀타이즈 기준이 될 그리드 간격이 그만큼 촘촘해진다.

⑧ Random Quantize : 퀀타이즈 정렬 시 약간 랜덤하게 어긋나도록 한다.

⑨ IQ(Iterative Quantize) 버튼 : 퀀타이즈를 몇 % 비율 한도 내에서 할지 설정한다.

⑩ AudioWarp 버튼 : 오디오 클립에 퀀타이즈를 적용하려면 이 버튼을 켜고, 하단 Auto 버튼을 누른다.

⑪ Auto 버튼 : 현재 설정한 옵션으로 바로 퀀타이즈를 적용한다.

⑫ Quantize 버튼 : 현재 설정한 옵션을 저장하고 대화상자를 닫는다. 이후 Edit → Quantize 메뉴를 실행하면 여기서 설정한 옵션으로 퀀타이즈가 적용된다.

Advanced Quantize 메뉴

추가 사용할 수 있는 퀀타이즈 기능들이 하위 메뉴로 제공된다.

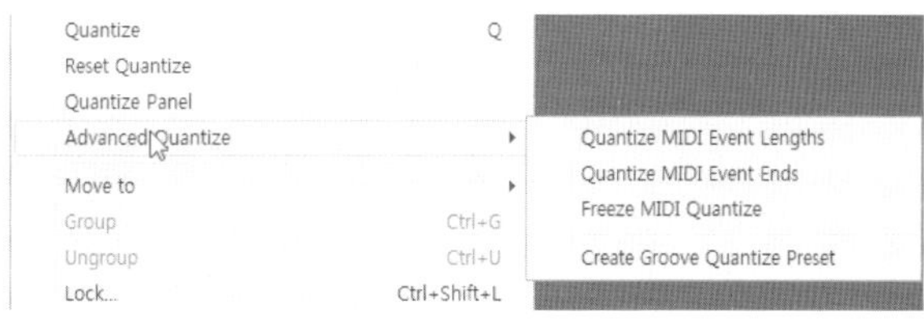

1. Quantize MIDI Event Lengths 메뉴 – 음 길이 퀀타이즈

음표의 길이를 퀀타이즈한다. 연필 툴로 노트를 입력하거나 건반으로 리얼 입력할 때 음 길이가 박자보다 길거나 짧게 입력되는 경우가 있다. 이 메뉴를 사용하면 설정한 퀀타이즈 해상도를 기준으로 음 길이를 늘려주거나 줄여준다. 말 그대로 음 길이를 퀀타이즈하는 기능이다.

2. Quantize MIDI Event Ends 메뉴

퀀타이즈 기능이 노트의 시작 부분을 그리드에 스냅시킨다면, Quantize Ends 기능은 노트의 끝 부분을 그리드에 퀀타이즈 시킬 때 사용한다.

3. Freeze Quantize 메뉴

바로 전 작업한 퀀타이즈를 고정시킬 수 있다. 예를 들어 일부 구간을 선택한 뒤 16분음표 해상도에서 퀀타이즈를 했다고 가정해보자. 이번엔 전체 구간에서 4분음표 해상도에서 퀀타이즈를 하면 16분음표에서 했던 퀀타이즈 작업이 4분음표 해상도에 맞게 재정렬된다. 만일, 16분음표 해상도에서 진행한 퀀타이즈를 움직이지 못하도록 고정시키려면 이 메뉴를 적용한다. 그런 뒤 퀀타이즈 해상도를 변경하고 다른 환경 하에서 퀀타이즈를 하면 고정된 구간은 새로 적용하는 퀀타이즈가 적용되지 않는다.

4. Create Groove Qauntize Preset 메뉴

선택한 미디 클립의 퀀타이즈 상태를 퀀타이즈 맵으로 등록한다. 퀀타이즈 맵은 키 에디터 툴바의 '퀀타이즈 해상도 버튼'을 클릭하면 제일 아래쪽에 등록되어 다른 미디 파트에서 퀀타이즈를 적용할 때 사용한다.

# Move To 메뉴 – 이동 메뉴

메뉴 방식으로 이동 기능을 사용할 수 있다. 트랙 뷰에서는 클립을 선택한 상태에서 실행하고, 키 에디터에서는 노트를 선택한 상태에서 실행한다.

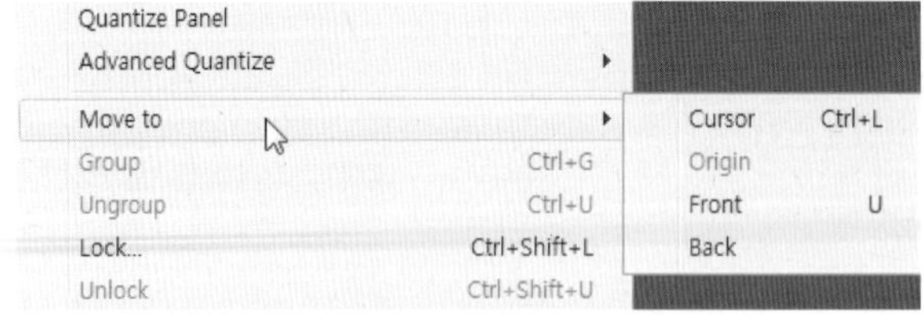

1. Move to → Cursor 메뉴

선택한 클립이나 선택한 노트의 시작 부분을 프로젝트 커서가 있는 위치로 이동시킨다.

2. Move to → Origin 메뉴

녹음한 이벤드를 다른 위지로 이동시킨 경우 원래 녹음했던 위치로 이동시킨다.

3. Move to → Front 메뉴

두 클립이 겹쳐있을 때, 선택한 클립을 제일 위로 이동시킨다. 포개져있는 순서를 제일 위로 올리는 것이라고 할 수 있다.

4. Move to → Back 메뉴

두 클립이 겹쳐있을 때, 선택한 클립을 제일 밑으로 이동시킨다. 포개져있는 순서를 제일 아래로 내리는 것이라고 할 수 있다.

 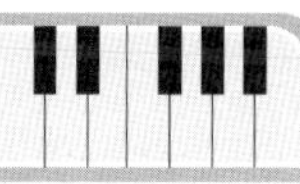

Group 메뉴 – 그룹

2개 이상의 클립을 선택한 상태에서 실행하는 이 메뉴는 두 클립을 하나처럼 편집하기 위해 그룹화시킬 때 사용한다. 더블 클릭하면 데이터에서 그룹으로 묶인 두 클립이 동시에 나타나고, 이동 및 삭제 작업을 할 때 동시에 움직이고 삭제할 수 있다.

Ungroup 메뉴 – 그룹 해제

그룹으로 묶인 클립을 개개별 클립으로 해제할 때 사용한다.

 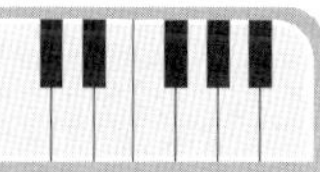

Lock 메뉴 – 잠그기

미디 클립과 오디오 클립의 이벤트를 편집할 수 없도록 잠글 때 사용한다. Lock 기능으로 잠근 클립에는 자물쇠 아이콘이 표시되며, 이동 작업만 할 수 있다.

Unlock 메뉴 – 잠그기 해제

Lock 메뉴로 잠근 클립을 해제시킬 때 사용한다.

Mute 메뉴 – 사운드 뮤트하기

선택한 클립의 사운드가 들리지 않도록 뮤트시킬 때 사용한다. 툴바의 '뮤트 툴'과 동일 기능이다.

Unmute 메뉴 – 뮤트 사운드 해제하기

뮤트된 클립을 해제시킬 때 사용한다.

Project Logical Editor 메뉴 – 프로젝트 로지컬 에디터

Midi → Logical Editor 메뉴가 미디 악보 창에서 작업한다면 프로젝트 로지컬 에디터는 프로젝트 전체에서 검색 및 교체 작업을 할 때 사용한다.

프로젝트 로지컬 에디터의 대화상자는 사용법이 어려워 보이지만 워드프로세서의 '찾기 및 교체 기능'과 동일한 방식으로 동작한다고 볼 수 있다. 단 워드프로세서의 찾기 기능은 단순하게 단어를 검색하고 교체하는 수준인 반면, 프로젝트 로지컬 에디터의 검색 기능은 매우 세분화되어 있고 다양한 필터를 적용해 검색 값을 설정할 수 있다. 또한 검색어 작성에 어려움을 느끼는 사용자라면 프리셋에서 검색 조건을 선택한 뒤 이 조건의 각종 파라미터 값을 교체해서 검색 옵션을 설정한 뒤 이를 실행하고 작업에 적용할 수 있다.

예를 들어 뮤트된 이벤트를 검색한 뒤 삭제할 수 있는 delete muted MIDI Parts 프리셋을 선택하면 목록창의 파라미터 옵션에서 muted 조건을 selected 등의 다른 조건으로 재설정한 뒤 검색하고 Apply 버튼을 클릭해 삭제할 수 있다.

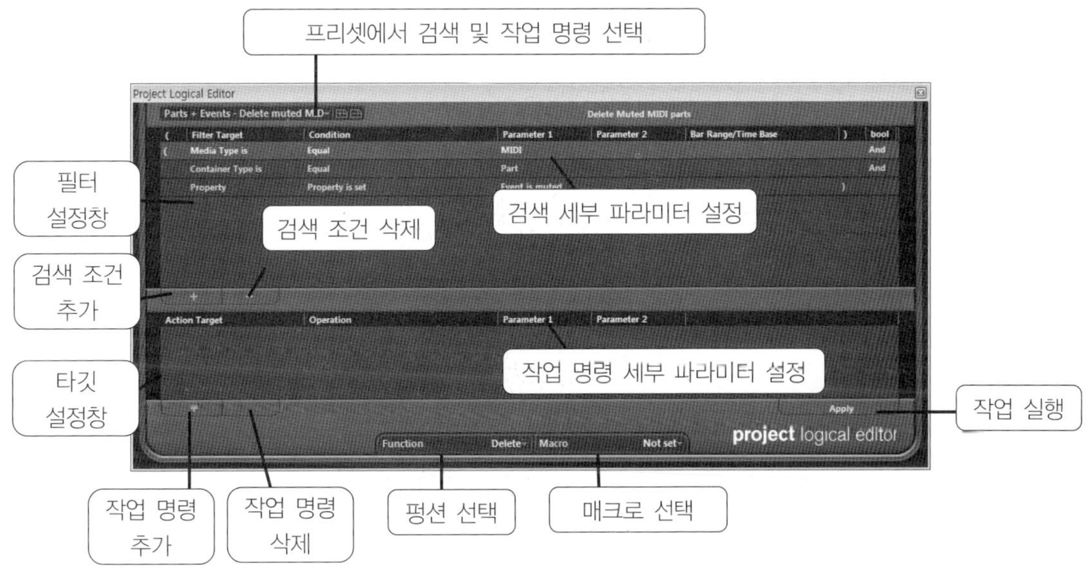

예를 들면 프리셋을 클릭한 뒤 Trakcs → Delete empty tracks 프리
셋을 선택한 뒤 Apply 버튼을 클릭하면 프로젝트에서 비어 있는 트랙
을 찾아 전부 삭제해준다.

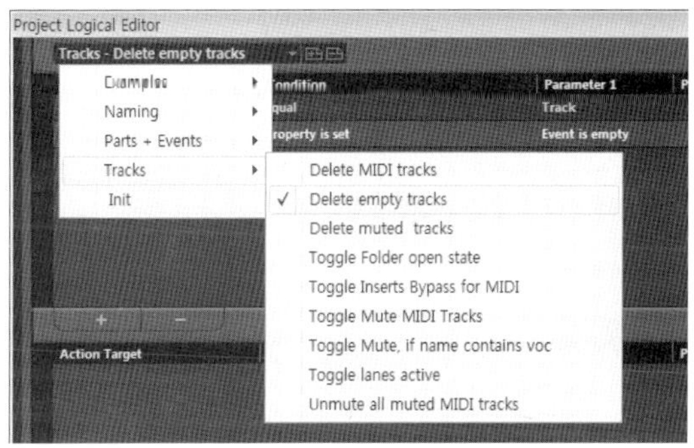

또한 프리셋을 클릭한 뒤 Naming → Add a Date to Selected MIDI + Audio Tracks 프리셋을 선택한 뒤 Apply 버튼을
클릭하면 선택한 미디 트랙과 오디오 트랙의 이름 부분에 '오늘 날짜'가 삽입된다.

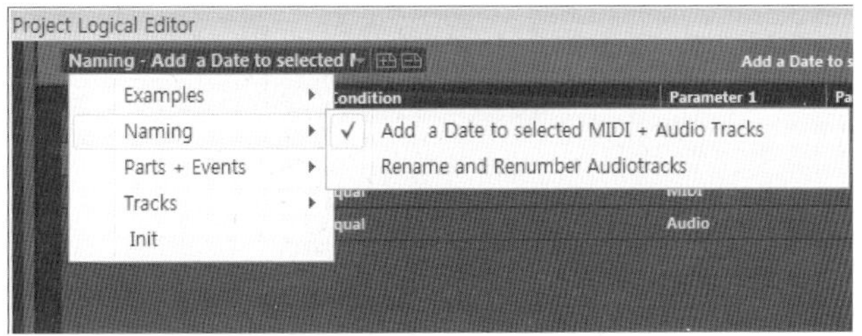

이번에는 사용자가 직접 검색 조건과 작업 명령을 설정하는 방법을 알아보자.
프로젝트에서 drum이란 이름을 검색한 뒤 전부 bass라는 이름으로 교체하는 명령어 작성 모습이다.

먼저 대화상자 상단의 필터 설정창에서 + 버튼을 클릭해 새 검색 목록을 생성시킨 뒤 Filter Target 항목에서 Name(이름
검색)을 선택하고 Condition 항목에서 Equal(동일한)을 선택하고 Parameter1에서 'drum'이란 이름을 입력한다. 이렇게

하면 drum과 동일한 단어를 검색하게 된다.

대화상자 하단의 타깃 설정창의 Action Target(목적)에서 Name(이름)을 선택하고 Operation(명령어 종류)에서 Replace (교체)를 선택하고 Parameter1에서 교체할 단어를 bass라고 설정한다.

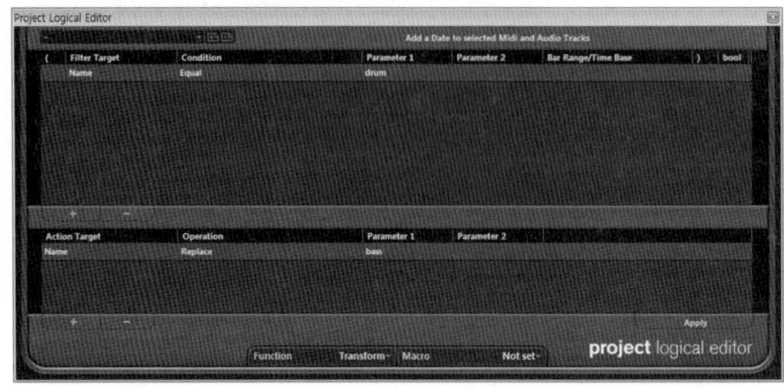

마지막으로 Funtion 버튼에서 Tramsform을 선택한 뒤 Apply 버튼을 클릭하면 'drum'이란 단어를 검색한 뒤 'bass'라는 단어로 교체하게 된다. 예를 들어 트랙 이름에 drum이란 이름이 있다면 bass라는 이름으로 교체가 될 것이다.

 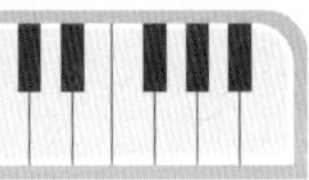

Process Project Logical Editor 메뉴

앞에서 배운 프로젝트 로지컬 에디터의 기능을 메뉴 방식으로 실행할 수 있다. 하위 메뉴를 보면 프로젝트 로지컬 에디터의 프리셋에서 볼 수 있는 검색 및 작업 기능이 메뉴 방식으로 제공되는 것을 알 수 있다.

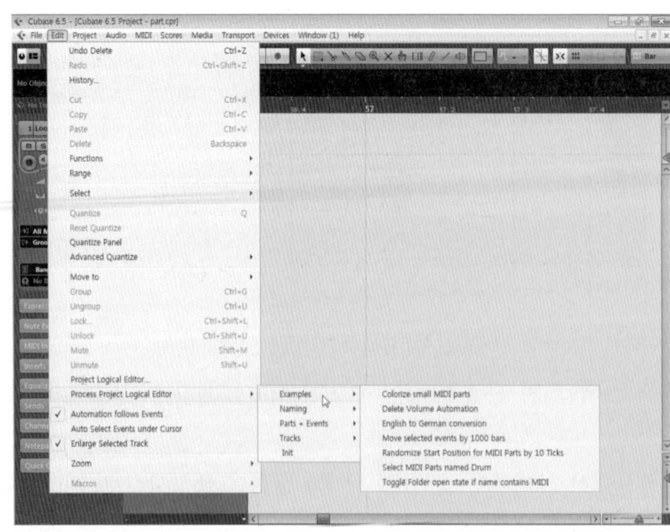

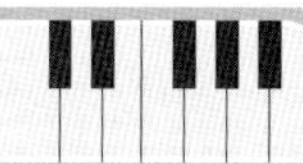

Automation follows Events 메뉴

이 메뉴에 체크되어 있으면 클립을 이동시킬 때 오토메이션 라인이 함께 이동된다. 이 메뉴에 체크하지 않으면 클립을 이동시킬 때 오토메이션 라인은 그 자리에 그대로 있게 된다. 보통 이 메뉴에 체크하는 것이 좋다.

Auto Select Events under Cursor 메뉴

이 메뉴에 체크하면 프로젝트 커서가 지나가는 위치에 있는 클립을 자동으로 선택 상태로 만들어준다. 다른 클립을 선택한 상태에서 연주를 하면 프로젝트 라인이 지나가는 곳에 있는 클립으로 선택 상태가 변경되므로 작업에 방해가 된다. 따라서 보통 이 메뉴에 체크하지 않는 것이 좋다.

Enlarge Selected Track 메뉴

이 메뉴에 체크하면 트랙을 선택할 때 해당 트랙 패널이 작업하기 용이하도록 확장된다. 트랙이 한두 개일 때는 좋지만, 트랙이 10개 이상일 경우에는 이 메뉴에 체크하지 않는 것이 작업에 도움이 된다.

Zoom 메뉴

메뉴 방식으로 편집 창을 확대하거나 축소할 수 있도록 13개의 하위 메뉴를 제공한다.

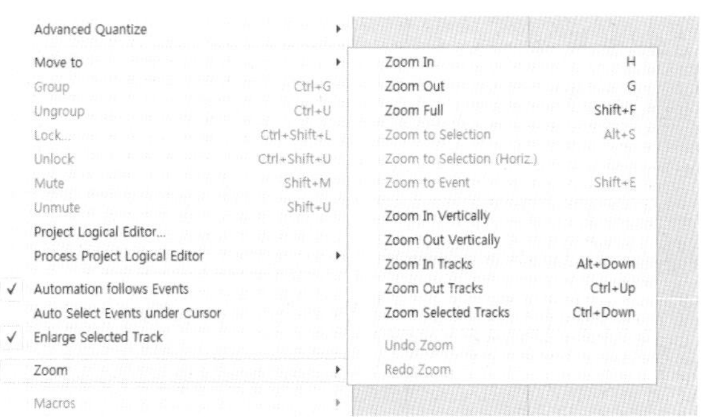

1. Zoom → Zoom In 메뉴

편집 창을 한 단계씩 확대한다. 단축키 H

2. Zoom → Zoom Out 메뉴

편집 창을 한 단계씩 축소한다. 단축키 G

3. Zoom → Zoom Full 메뉴

모든 이벤트가 한 화면에서 보이도록 화면 확대율을 조절해준다.

4. Zoom → Zoom to Selection 메뉴

선택한 클립만 전체 화면 크기로 확대해준다.

5. Zoom → Zoom to Event 메뉴

키 에디터의 경우 클립 전체 영역을 한 화면에서 보여준다.

6. Zoom → Zoom In Vertical 메뉴

모든 트랙들을 세로 방향으로 한 단계씩 확대한다.

7. Zoom → Zoom Out Vertically 메뉴

모든 트랙들을 세로 방향으로 한 단계씩 축소한다.

8. Zoom → Zoom In Tracks 메뉴

선택한 트랙만 세로 방향으로 한 단계씩 확대한다.

9. Zoom → Zoom Out Tracks 메뉴

선택한 트랙만 세로 방향으로 한 단계씩 축소한다.

10. Zoom → Zoom Selected Tracks 메뉴

복수의 트랙을 선택했을 때 사용하며 선택된 트랙들을 한 단계씩 축소한다.

11. Zoom → Undo Zoom 메뉴

바로 전 실행한 화면 확대 기능을 취소하고 이전 화면 크기로 돌아간다.

12. Zoom → Redo Zoom 메뉴

바로 전 취소한 화면 확대 기능을 다시 적용한다.

Macros - 매크로 사용하기

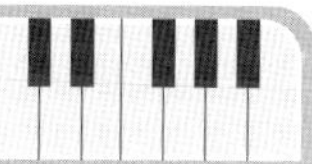

File → Key Commands 메뉴에서 만든 매크로를 메뉴 방식으로 실행할 때 사용한다. 매크로는 Key Commands 대화상자의 Show Macro 버튼을 클릭하면 만들 수 있다.

큐베이스의 매크로는 2개 이상의 명령어를 하나의 단축키에 설정한 뒤, 해당 단축키를 클릭하여 2개 명령을 동시 실행할 때 사용한다.

만일 매크로를 설정하지 않았다면 하위 메뉴가 표시되지 않는다.

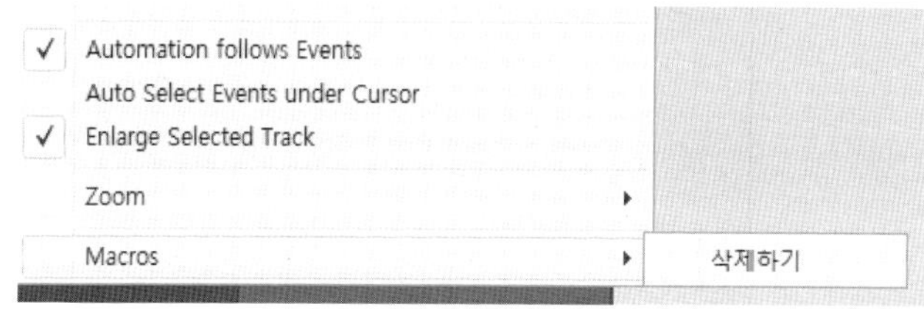

Add Track	▶
Duplicate Tracks	
Remove Selected Tracks	Shift+Del
Remove Empty Tracks	
Track Folding	▶
Pool	Ctrl+P
Markers	Ctrl+M
Tempo Track	Ctrl+T
Browser	Ctrl+B
Automation Panel	F6
Beat Calculator...	
Tempo Detection...	
Set Timecode at Cursor...	
Notepad	
Project Setup...	Shift+S
Auto Fades Settings...	

- Add Track 메뉴 : 새 트랙 만들기

- Duplicate Tracks 메뉴 : 트랙 복제하기

- Remove Selected Tracks 메뉴 : 트랙 삭제하기

- Remove Empty Tracks : 비어 있는 트랙 삭제하기

- Track Folding 메뉴 : 트랙을 접거나 펼치기

- Pool 메뉴 : 풀 윈도우 실행하기

- Markers 메뉴 : 마커 편집 창 실행하기

- Tempo Track 메뉴 : 템포 편집 창 실행하기

- Browser 메뉴 : 브라우저창 실행하기

- Automation Panel 메뉴 : 오토메이션 패널 실행하기

- Beat Calculator 메뉴 : 템포 계산기 실행하기

- Tempo Detection 메뉴 : 템포 검출기 실행하기

- Set Timecode at Cursor 메뉴 : 프로젝트 커서 위치를 동기화 시작 위치로 설정하기

- Notepad 메뉴 : 노트패드 실행하기

- Project Setup 메뉴 : 프로젝트 설정 대화상자 불러오기

- Auto Fades Settings 메뉴 : Auto Fades Settings 대화상자 실행하기

 ## Add Track 메뉴 

새로운 트랙을 만들 때 사용한다. 3부 트랙 뷰에서 배운 '새 트랙 만들기' 기능을 메뉴 방식으로 제공한다. 트랙 패널을 마우스 오른쪽으로 클릭하면 나타나는 Add Track 메뉴와 같은 기능이다. 트랙 종류와 사용법은 3부를 참고한다.

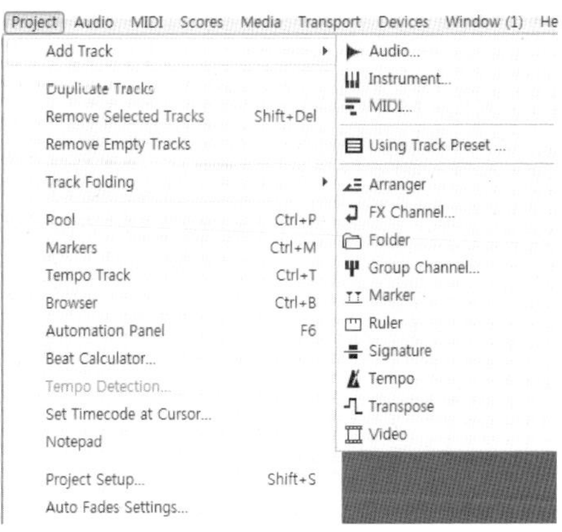

Proejct → Add Track 메뉴

 ## Duplicate Tracks 메뉴 

선택한 트랙을 복제해 하나 더 만든다. 트랙 뷰에서 복제할 트랙을 마우스 오른쪽 버튼으로 클릭해도 Duplicate Tracks 메뉴를 사용할 수 있다. Ctrl + 클릭으로 여러 개의 트랙을 선택한 경우 선택된 모든 트랙을 복제할 수 있다. 보통 특정 트랙의 리듬을 수정해 사용할 경우 트랙을 복제한 뒤 수정하는 경우가 많다.

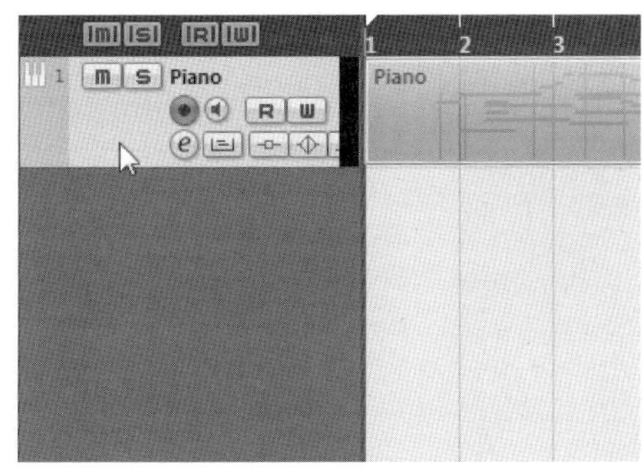

복제할 트랙 선택

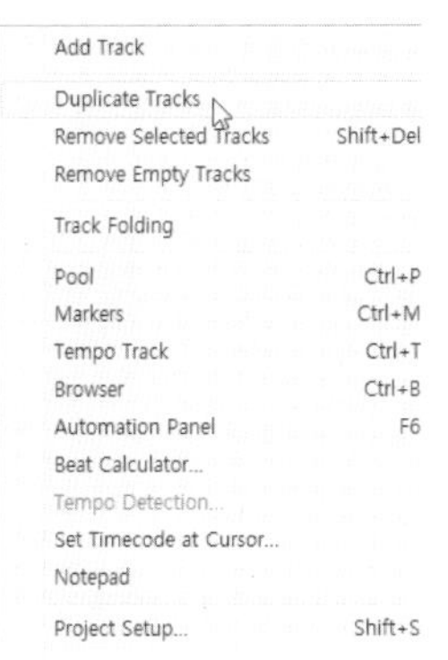

Duplicate Tracks 메뉴
적용

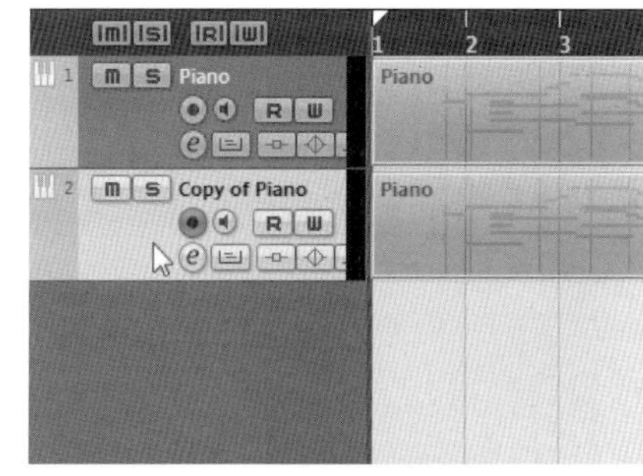

트랙을 복제한 모습

Remove Selected Tracks 메뉴

트랙을 삭제할 수 있다. 트랙 뷰에서 삭제할 트랙을 마우스 오른쪽 버튼으로 클릭한 뒤 Remove Selected Tracks 메뉴를 적용해도 된다. 한 번에 여러 개의 트랙을 동시에 삭제하려면 Ctrl + 클릭하여 삭제할 트랙을 여러 개 선택한 뒤 이 메뉴를 적용하거나 Del 키를 누른다.

Ctrl + 클릭으로 트랙 2개 동시 선택

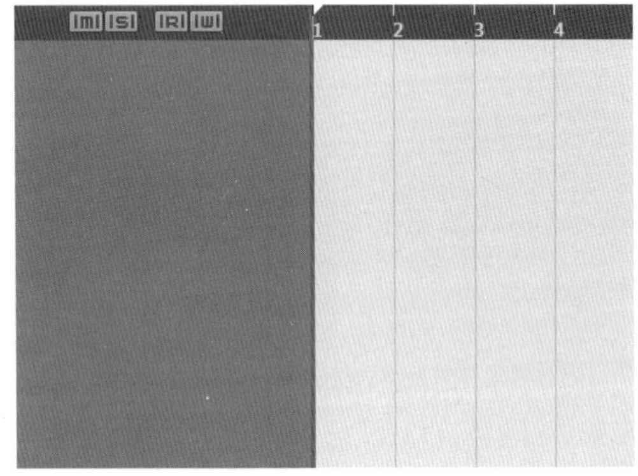

Remove Selected Tracks 메뉴로 삭제한 모습

Remove Empty Tracks 메뉴

클립이 없는 비어 있는 트랙을 삭제할 수 있다. 보통 비어 있는 트랙이 여러 개일 경우, 일괄적으로 삭제할 때 유용하다.

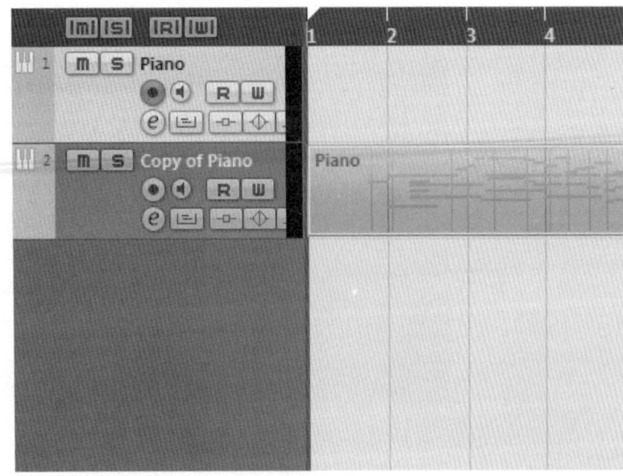

1개의 비어 있는 트랙

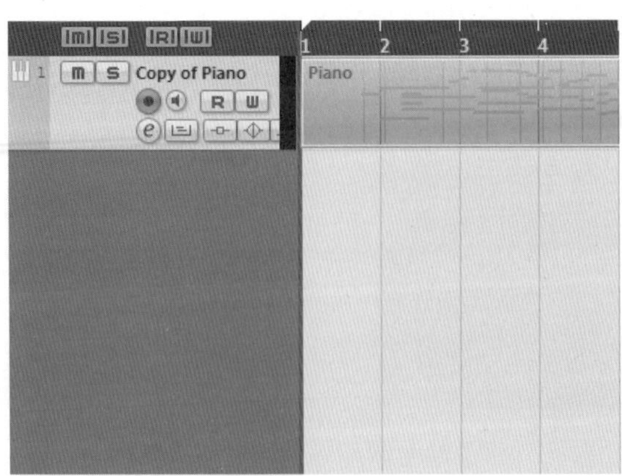

비어 있는 트랙을 삭제한 모습

Track Folding 메뉴

'폴더 트랙'과 '그룹 채널 트랙'을 일괄적으로 열거나 닫을 때 사용한다. 선택한 폴더 트랙만 펼치거나 닫을 수 있고, 모든
폴더 트랙을 대상으로 열거나 닫을 수 있다.

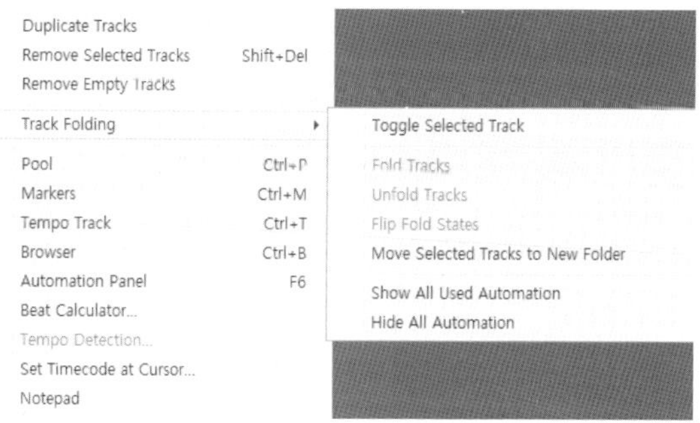

1. Track Folding → Toggle Selected Tracks 메뉴

선택한 트랙만 펼치거나 닫을 수 있다. 토글 메뉴이기 때문에 적용하면 폴더를 닫고, 다시 적용하면 폴더가 열린다.

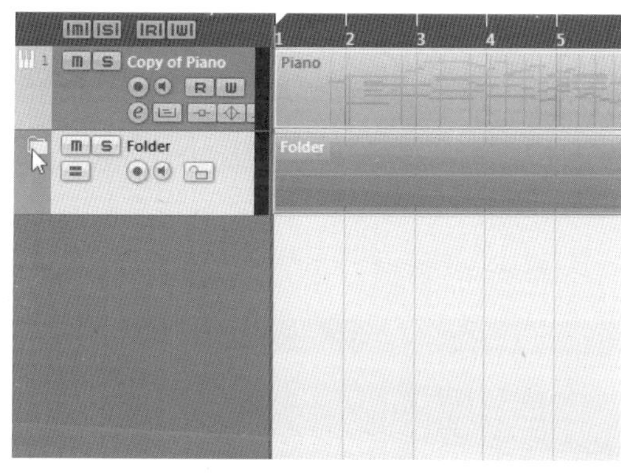

폴더 트랙의 모습

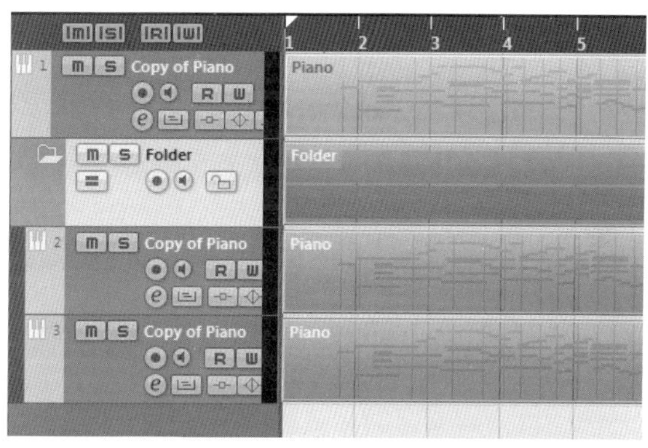

메뉴를 실행해 폴더를 펼친 모습

2. Track Folding → Fold Tracks 메뉴

전체 폴더 트랙을 대상으로 폴더를 닫을 때 사용한다.

3. Track Folding → Unfold Tracks 메뉴

전체 폴더 트랙을 대상으로 폴더를 펼칠 때 사용한다.

4. Track Folding → Flip Folder States 메뉴

몇몇 트랙은 열려 있고, 몇몇 트랙은 닫혀 있을 경우, 이 메뉴를 실행하면 모든 트랙을 닫거나 열어준다. 따라서 모든 트랙이 닫혀 있거나 열려 있을 때는 이 메뉴가 활성화되지 않는다.

5. Move Selected Tracks to New Folder 메뉴

선택한 트랙들이 있을 경우, 새 폴더 트랙을 만든 뒤 그 안으로 자동 이동시킨다.

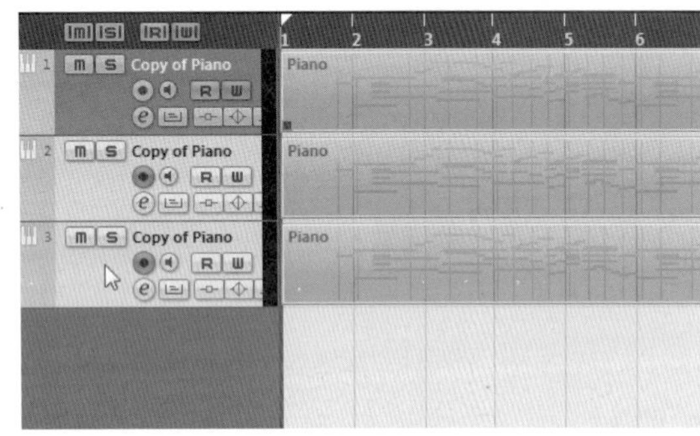

Ctrl + V 클릭으로 트랙 2개 선택

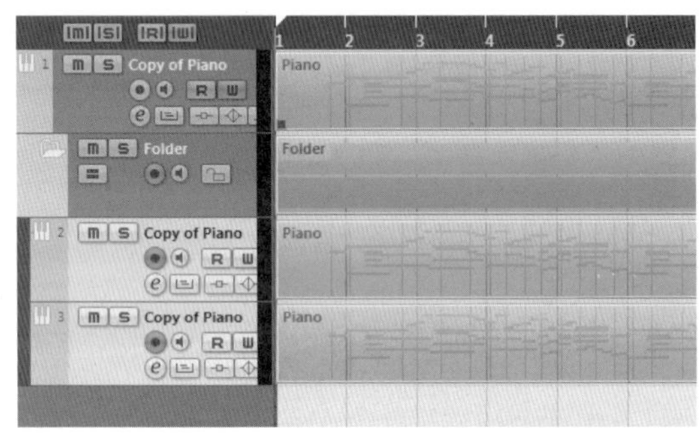

폴더 트랙을 새로 만든 뒤 자동 이동시킨 모습

6. Track Folding → Show All Use Automation 메뉴

작업이 기록된 오토메이션 트랙이 있을 경우 모두 열어준다. 작업한 오토메이션 트랙이 없는 경우에는 이 메뉴가 동작하지 않는다.

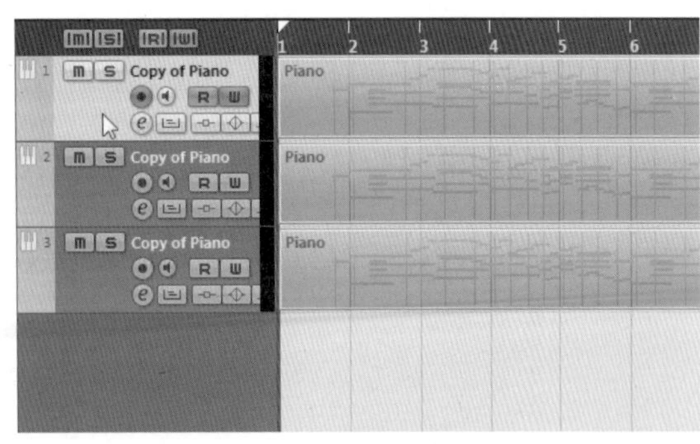

첫 번째 트랙에 오토메이션 트랙이 숨어있다.

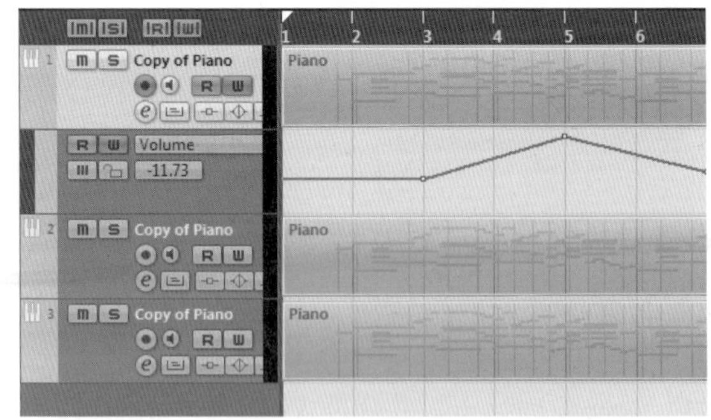

메뉴를 적용해 오토메이션 트랙을 연 모습

7. Track Folding → Hide All Automation 메뉴

열려있는 오토메이션 트랙을 모두 닫아준다.

 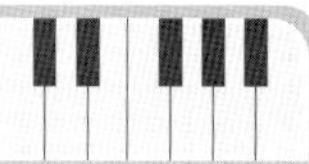

Pool 메뉴 - 풀 윈도우

'풀 윈도우'를 실행할 수 있다. 풀 윈도우는 프로젝트에 삽입한 각종 멀티미디어 파일을 검색하고 관리하거나 신규 미디어 파일을 불러올 때 사용한다. 말 그대로 프로젝트에 삽입한 오디오 파일과 비디오 파일을 관리 검색하고, 해당 미디어 파일의 비트뎁스, 생성날짜, 템포, 저장 위치 등의 각종 정보를 파악할 수 있을 뿐 아니라, 불필요한 파일을 삭제할 수 있다. 참고로 풀 윈도우에서 삭제하면 프로젝트의 트랙 뷰에서도 삭제된다.

대화상지의 자세한 사용법은 File → New Library 메뉴와 동일하므로 여기서는 각각의 아이콘이 뜻하는 내용을 알아본다.

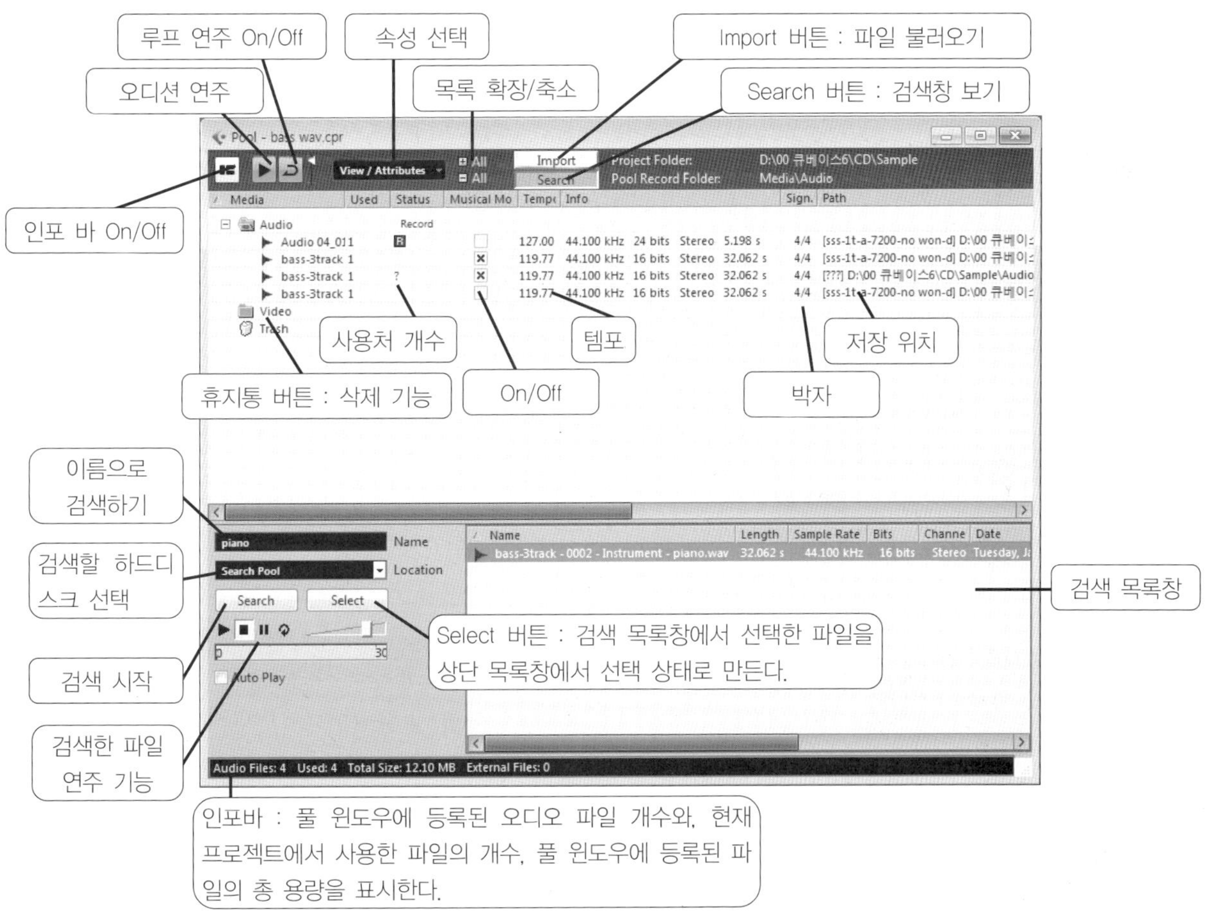

풀 윈도우에서 표시되는 속성에 대해 알아본다.

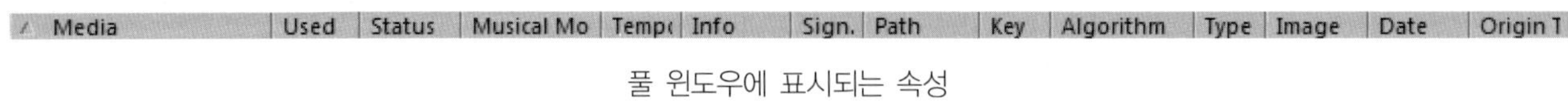

풀 윈도우에 표시되는 속성

속성 선택 버튼을 클릭하면 다음과 같이 풀 윈도우에 표시할 속성 정보를 선택할 수 있다.

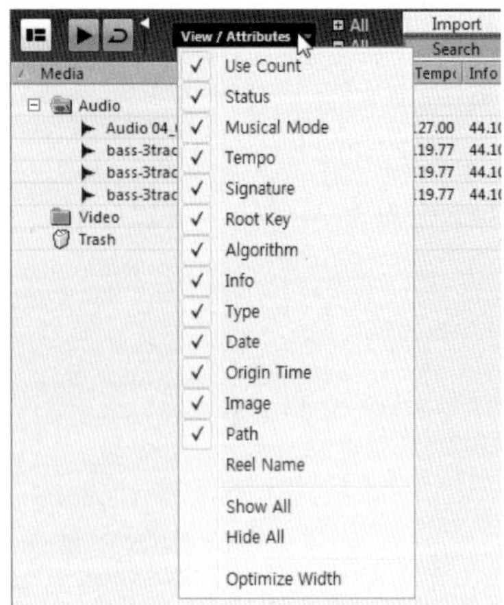

1. Use Count

해당 파일이 프로젝트에서 몇 번 사용되고 있는지 숫자로 표시한다.

2. Status

해당 미디어 파일의 상태를 다음과 같이 아이콘으로 알려준다.

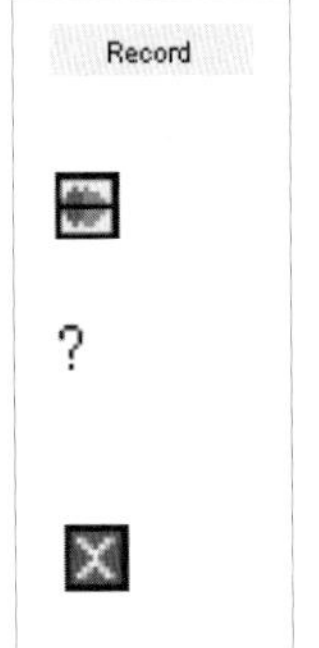

해당 파일이 풀 레코더 폴더에 정상적으로 존재할 경우 Record라는 문자가 표시된다.

큐베이스에서 특정 작업이 프로세스된 오디오 파일의 경우 빨간색 파형 이미지가 표시된다.

프로젝트에서 사용하고 있지만 다른 폴더로 이동되어 실종된 파일의 경우 물음표(?)가 표시된다.

디폴트 오디오 폴더가 아닌 다른 폴더에서 가져온 파일은 삭제 버튼이 표시된다.

작업 중인 프로젝트에서 녹음한 파일은 R 표시가 나타난다.

3. Musical Mode

해당 파일을 뮤지컬 모드로 전환해 템포, 박자, 조성 등을 찾아준다.

4. Tempo

해당 파일의 템포를 표시한다.

5. Signature

해당 파일의 박자를 표시한다.

6. Root Key

해당 파일의 키를 표시한다.

7. Algorithm

해당 파일의 믹스다운 알고리즘을 표시한다.

8. Info

오디오 파일의 경우 샘플 레이트, 비트뎁스, 스테레오/모노/재생 시간 등이 표시되고 비디오 파일의 경우 재생속도, 총 프레임 수, 재생 시간, 화면 크기 등이 표시된다.

9. Type

오디오 파일 혹은 비디오 파일의 포맷이 표시된다.

10. Date

파일의 생성 날짜, 생성 시간을 표시한다.

11. Original Time

오디오 파일을 레코딩했을 때 몇 번째 마디에서 레코딩을 시작했는지 마디/박자 순으로 표시한다. 더블클릭하면 오리지널 타임을 변경할 수 있다.

12. Image

오디오 파일의 웨이브 파형을 축소 이미지로 보여준다.

13. Path

파일의 저장 위치를 표시한다.

14. Reel Name

릴 테프 장비로 레코딩한 오디오 파일의 경우 릴 장비 이름이 표시된다. 때때로 OMF 파일을 임포트했을 때 경우에 따라 Reel Name을 확인할 수 있다.

Tip

파일 이름 수정

풀 윈도우에서 파일 이름을 더블클릭하면 파일 이름을 수정할 수 있다. 오디오 파일 이름 왼쪽에 있는 삼각형 아이콘을 더블클릭하면 샘플 에디터가 실행되어 오디오 편집을 할 수 있다.

Markers 메뉴 – 마커 편집 창

마커 트랙에서 삽입한 각종 마커를 대화상자를 통해 편집할 수 있다. 마커 편집 창에서도 마커를 삽입할 수 있지만 작업이 불편하기 때문에 보통은 마커 트랙에서 마커를 삽입하고 마커 편집 창은 삽입한 마커를 관리할 때 사용한다.

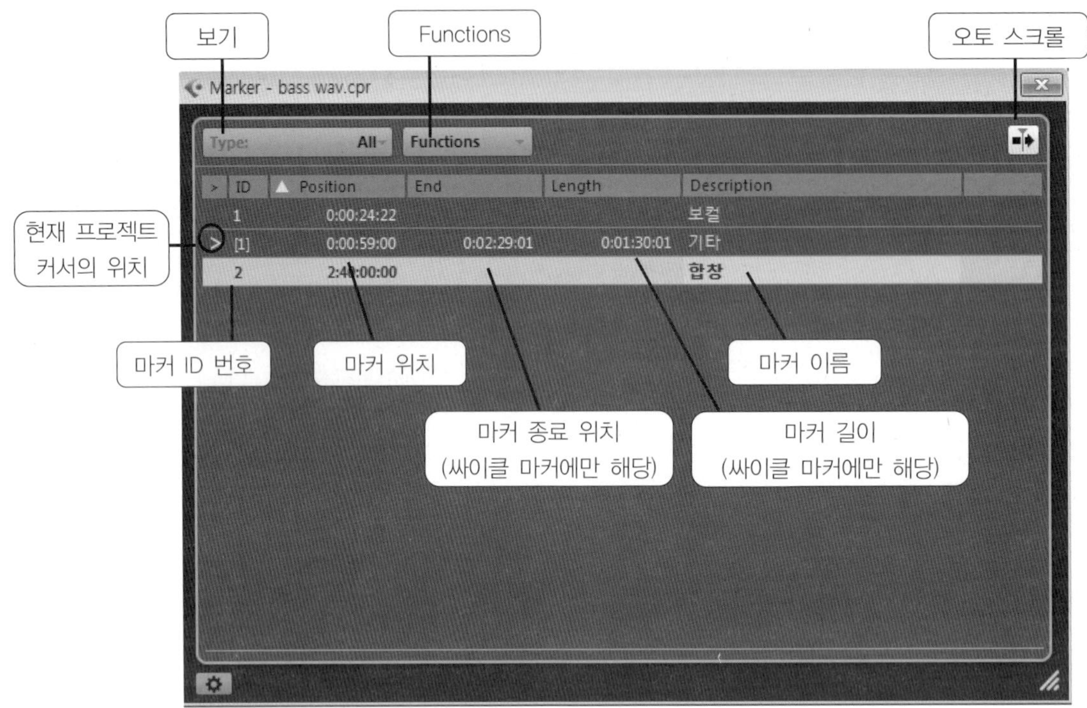

마커는 '단일 마커'와 '싸이클 마커'가 있는데 단일 마커는 마커 시작 위치만 있고, 싸이클 마커는 시작 위치와 종료 위치가 함께 있다.

단일 마커는 곡의 원하는 위치에 원하는 내용을 삽입한 뒤 해당 위치를 손쉽게 찾아갈 때 사용한다. 예를 들어 '보컬'의 노래가 시작되는 부분을 마커로 표시할 수 있다. 싸이클 마커는 시작 지점과 종료 지점을 함께 표시하는 마커를 말하며, 곡에서 특정 섹션을 표시할 때 유용하다. 예를 들어 '전주부' 섹션이나 '합창' 섹션을 표시해 해당 섹션으로 빨리 찾아갈 수 있도록 한다.

펑션(Functions) 버튼을 클릭하면 마커 삽입을 할 수 있다.

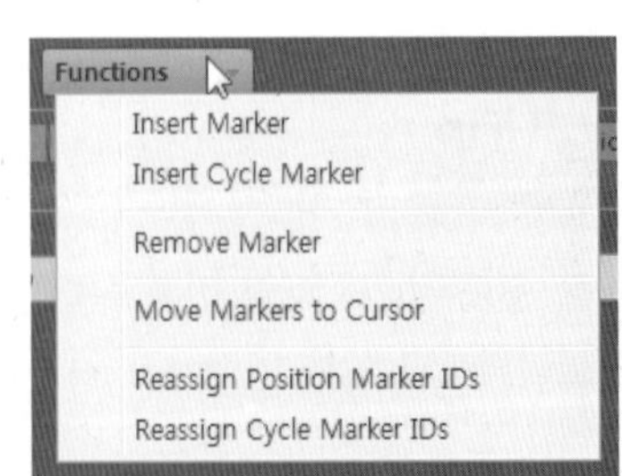

Insert Marker 메뉴는 새 마커를 삽입하고, Insert Cycle Marker 메뉴는 새 싸이클 마커를 삽입한다. Remove Marker 메뉴는 선택한 마커를 삭제한다. Move Markers to Cursor 메뉴는 커서가 있는 위치로 마커를 이동시킨다. Reassign 메뉴는 마커 ID 번호를 교체한 경우, 이전 번호로 재할당할 때 사용한다. Position 항목을 마우스로 드래그하면 마커 위치를 변경할 수 있다.

마커 트랙을 만든 뒤 단일 마커와 싸이클 마커를 삽입하고 마커의 이름을 설정해본다. 그런 뒤 마커를 이용해 커서를 이동시키는 방법을 알아본다.

01 File → Open 메뉴로 'bd midi.cpr' 파일을 불러온다.

트랙 패널의 빈 곳을 마우스 오른쪽 버튼으로 클릭한 뒤 Add Marker Track 메뉴를 실행해 마커 트랙을 생성시킨다.

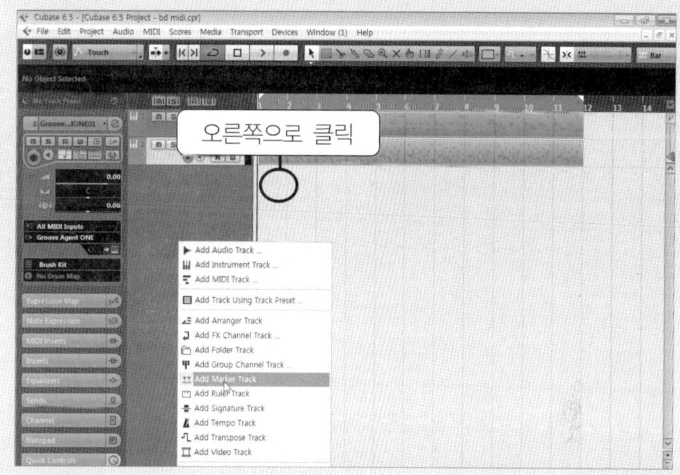

02 마커 트랙이 생성되었다. 먼저 단일 마커를 삽입하는 방법을 알아본다. 단일 마커는 프로젝트 커서가 있는 위치에 삽입된다.

룰러의 3번 마디를 클릭해 프로젝트 커서를 3번 마디로 이동시킨다. 마커 트랙의 Add Marker 버튼을 클릭해 커서 위치에 마커를 삽입한다.

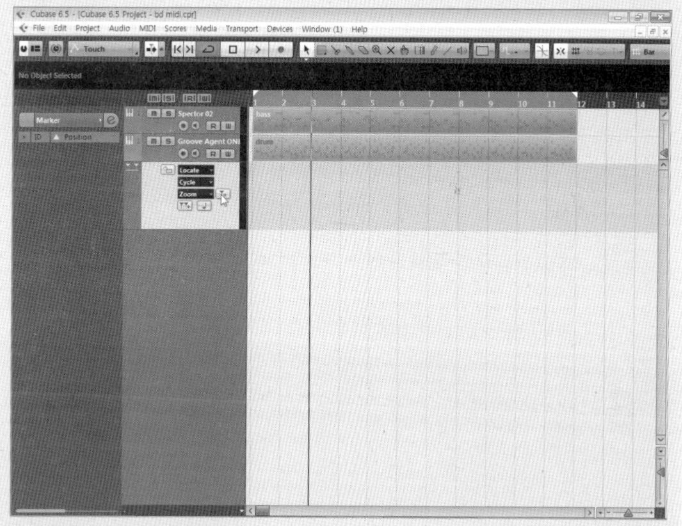

03 새로 만든 마커를 선택한 상태에서 인포 라인의 Name 항목을 더블클릭한 뒤 마커 이름을 '보컬'이라고 입력한다. 보컬이 시작되는 부분임을 알려준다.

04 싸이클 마커는 로케이터 범위를 기준으로 삽입된다.
룰러에서 6번 마디를 Ctrl + 클릭하여 로케이터 시작점을 설정한다.

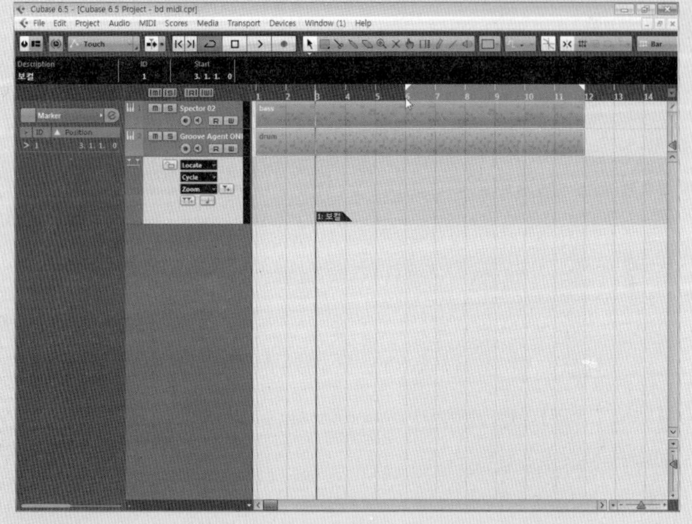

05 룰러에서 9번 마디를 Alt + 클릭하여 로케이터 종료점을 설정한다. 그림처럼 로케이터 구간이 설정된다.

06 마커 트랙의 Add Cycle Marker 버튼을 클릭한다.

07 로케이터로 설정한 구간에 싸이클 마커가 삽입된 모습이다. 마커 하단의 삼각형을 드래그하면 싸이클 마커 범위를 조절할 수 있다.

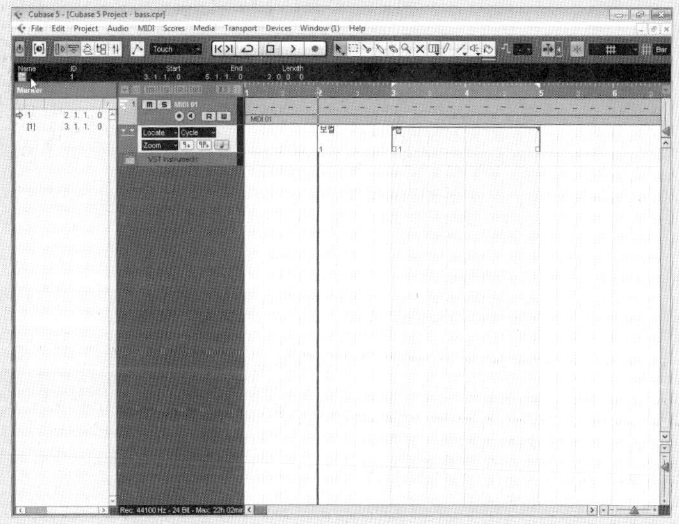

08 인포 라인의 Name 항목을 클릭해 싸이클 마커의 이름을 '합창'이라고 입력한다. 싸이클 마커에 이름이 설정된 것을 알 수 있다.

09 이제 곡에서 원하는 위치를 쉽게 찾아가려면 맨 왼쪽의 '마커 패널'에서 원하는 마커를 클릭한다. 또는 마커 트랙의 'Locate' 버튼을 클릭해 이동할 수도 있다.

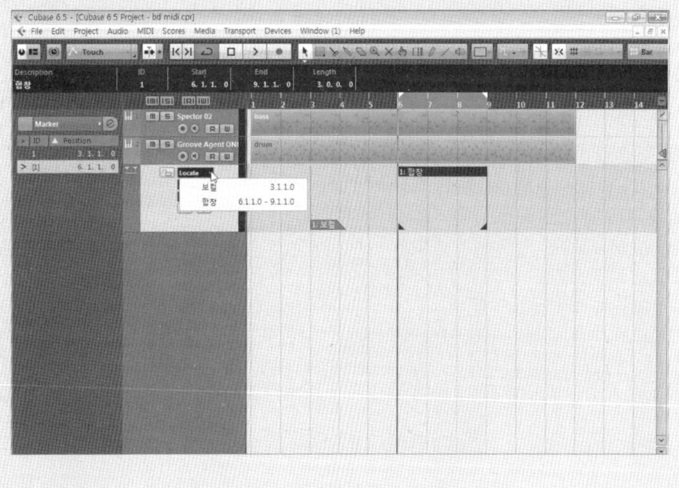

Tempo Track 메뉴 – 템포 트랙 편집 창

'템포 트랙 편집 창'이란 곡의 템포와 박자를 변경할 목적으로 사용하는 편집 창이다. 트랙 뷰에서 만났던 '템포 트랙' 기능을 편집 창 형태로 제공하기 때문에 템포 조절을 구간별로 정교하게 할 수 있다는 장점이 있다.

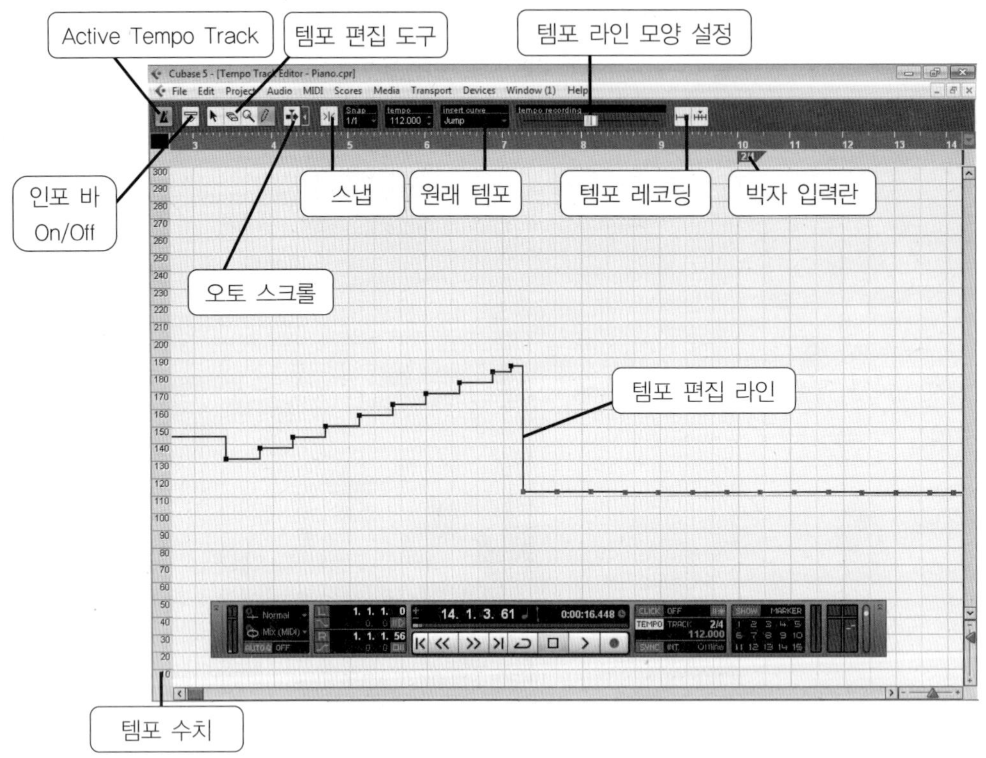

템포 편집 창 툴바의 '선택 툴'은 템포 라인을 생성시킬 때 사용한다. 이때 템포 라인과 포인터를 위쪽으로 이동시키면 그 부분부터 템포가 빨라진다. 템포 라인과 포인터를 아래로 이동시키면 그 부분부터 템포가 느려진다.

템포 라인을 곡선 형태로 조절하려면 연필 툴로 템포 라인을 그려준다.

지우개 툴로 클릭하면 해당 위치의 설정된 템포가 삭제되고 원래 템포로 돌아간다.

템포 트랙의 사용법은 3부 템포 트랙을 참고하기 바라며 여기서는 예제를 통해 곡의 여러 부분 템포를 서로 다르게 조절하는 방법을 알아본다.

예제를 불러온 뒤 구간별로 곡의 템포를 서로 다르게 변경하고 박자를 변경하는 방법을 알아본다. 아울러 연필 툴을 사용해 곡의 템포가 곡선 형태로 점점 빠르게 혹은 점점 느리게 변하는 방법을 알아본다.

01 File → Open 메뉴로 앞에서 사용한 'bd midi.cpr' 파일을 다시 불러오다.
룰러를 보면 10마디로 된 곡임을 알 수 있다. Play 버튼으로 곡을 연주해 곡의 템포를 기억해 두자.

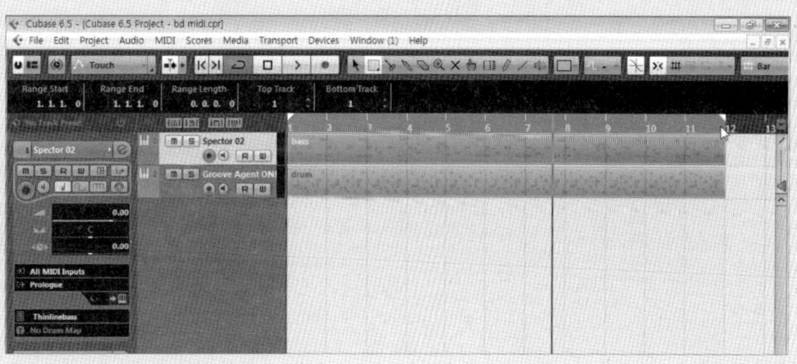

02 곡의 템포를 조절하기 위해 Project → Tempo Track 메뉴를 실행한다.

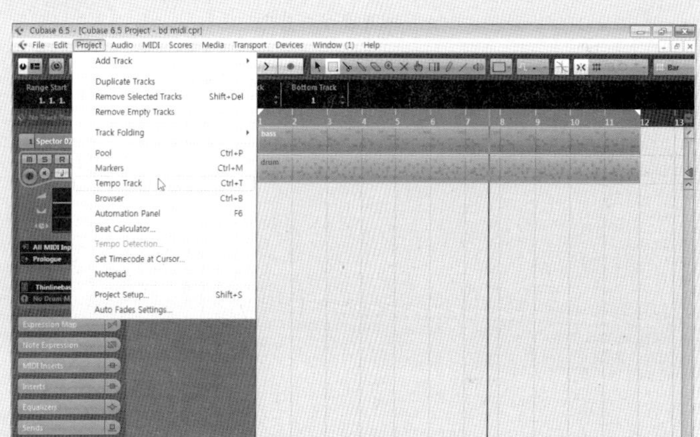

03 템포 편집 창을 보면 11마디까지가 화면 왼쪽에 몰려있는 것을 알 수 있다.

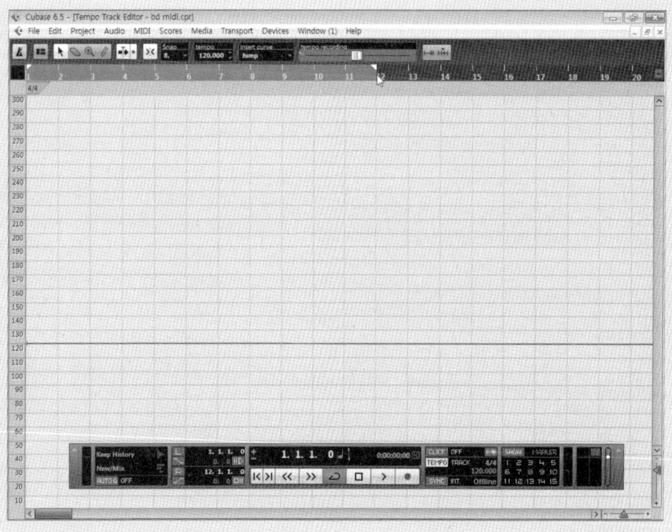

04 작업의 편리를 위해 11마디까지만 보이도록 작업창을 확대해보자. 편집 창 하단 + 버튼을 클릭해 확대한다. 템포 라인이 120 템포에 형성된 것을 보면 곡의 템포가 120bpm이라는 것을 알 수 있다.

05 Active 버튼을 켠 뒤, 선택 툴로 3번 마디의 템포 라인을 클릭해 160bpm으로 올려준다. bpm이란 일반적으로 4분음표를 1분 동안 치는 횟수를 나타낸다. 160bpm이면 1분 동안 160번 치는 것이므로 그만큼 템포가 빨라진다.

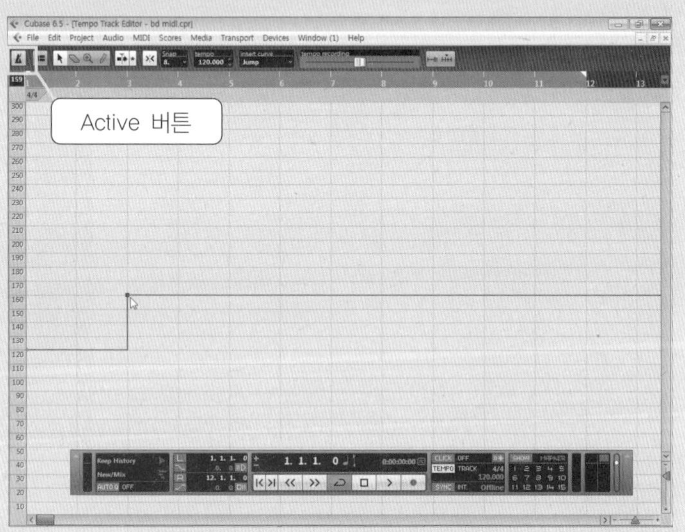

06 템포를 자연스럽게 내려가도록 해보자. 연필 툴로 템포 라인을 그려준다. 곡을 처음부터 연주하면 곡의 템포가 그림처럼 갑자기 빨라졌다가 서서히 느려진다.

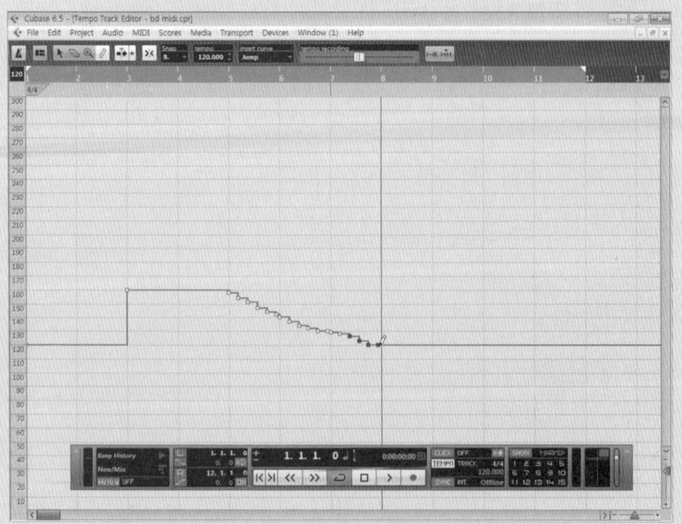

07 이번에는 곡의 박자를 중간에 변경해본다. 편집 창 상단의 '박자바'를 보면 맨 왼쪽에 4분의 3박자라고 쓰여 있다.

10번째 마디에서 4분의 2박자로 변경해보자.

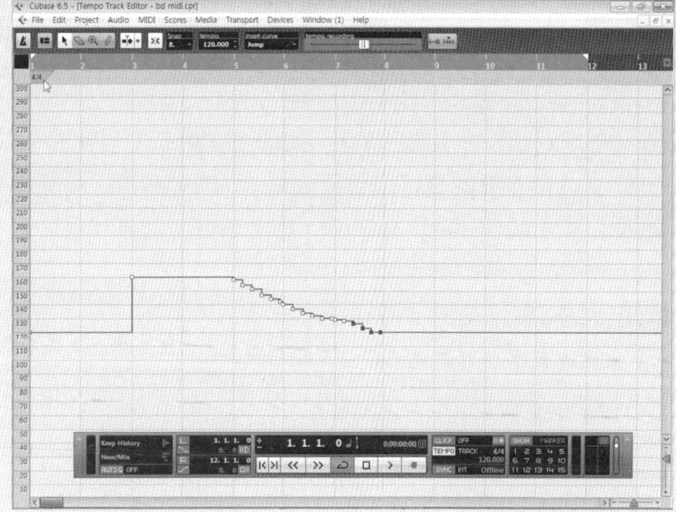

08 연필 툴로 '박자바'의 9번 마디 부분을 클릭해 새 박자표를 삽입한다.

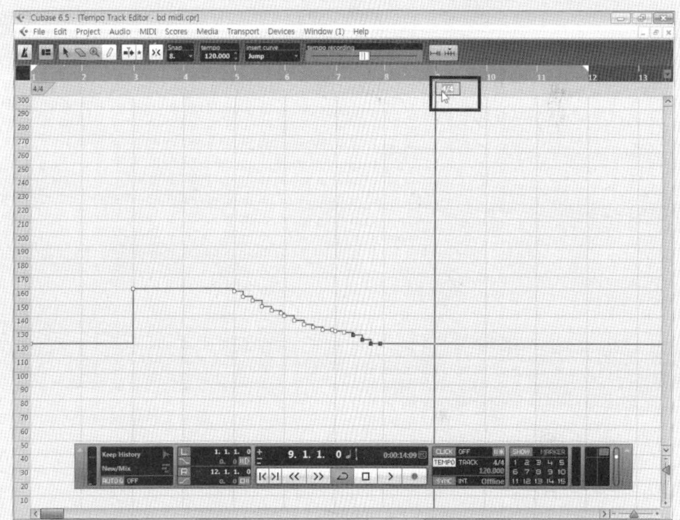

09 선택 툴로 생성된 박자표를 더블클릭해 3/4박자로 수정한다. 박자를 변경하면 그리드 간격도 변경되는 것을 알 수 있다. Ctrl + R을 눌러 악보 창을 확인해도 9번째 마디에 수정된 박자표가 보일 것이다.

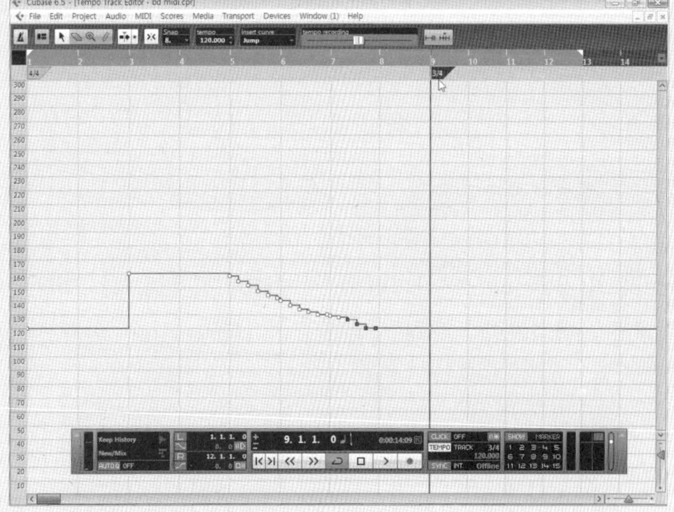

# Browser 메뉴 – 사용하는 모든 데이터 일괄 검토하기

작업 중인 프로젝트에 삽입된 모든 정보를 확인하고 관리할 수 있도록 브라우저 창을 실행한다. 브라우저 창은 프로젝트에 삽입된 오디오 클립과 미디 클립을 브라우징할 수 있고, 미디 클립의 경우 클립 안에 삽입된 노트와 컨트롤러 이벤트를 비롯해 노트의 위치, 음정, 음 길이는 물론 출력 포트에 연결된 가상악기까지 확인할 수 있다. 또한 오토메이션, 템포 정보 등 모든 것의 파악이 한 눈에 가능하다.

따라서 프로젝트에 삽입된 모든 정보를 육안으로 확인하고 필요에 따라 위치, 길이, 스냅 위치, 음정, 컨트롤러 이벤트 등을 수정하거나 새 이벤트를 추가할 수 있다.

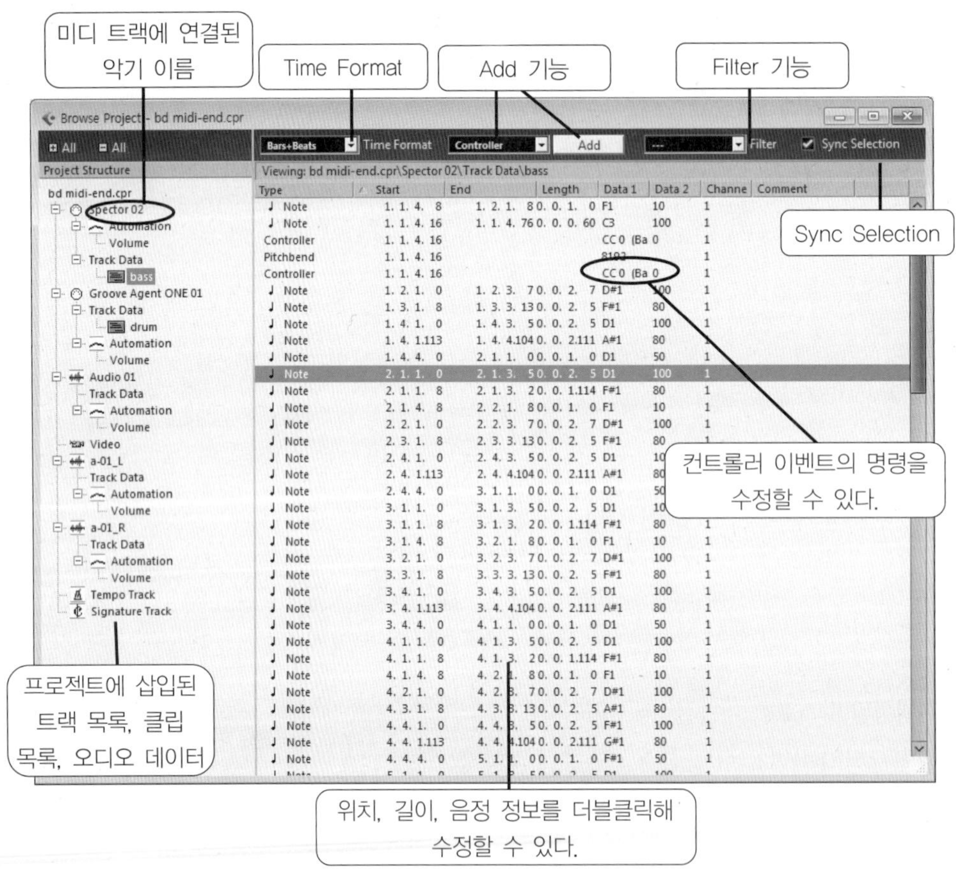

브라우저 창은 '리스트 에디터'와 '풀 윈도우'를 결합시킨 형태이므로 4부 '리스트 에디터'와 7부 '풀 윈도우'의 사용법을 숙지한 사람이라면 누구나 사용법을 파악할 수 있다. 여기서는 브라우저 창에만 있는 기능 중심으로 알아본다.

1. Time Format

브라우저 창에 표시될 타임 포맷을 선택한다. 기본값은 마디/박자 단위인데 여기서 원하는 타임 포맷을 선택하면 시간/분/초로 표시 방식을 변경할 수 있다.

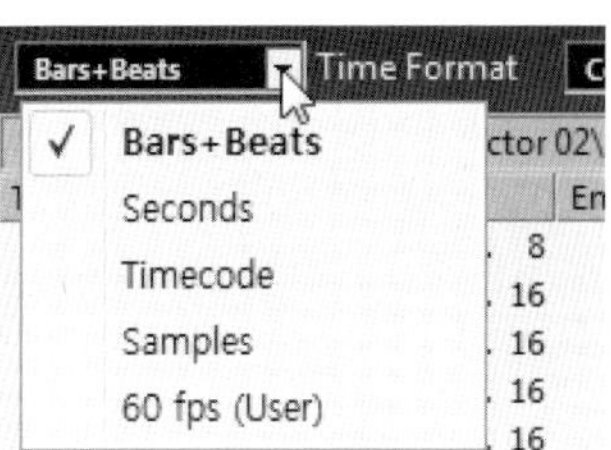

타임 포맷

2 Add 기능

브라우저 창에서 바로 새로운 이벤트를 추가할 수 있다. 추가할 미디 이벤트를 선택한 뒤 오른쪽 Add 버튼을 클릭하면 삽입된다.

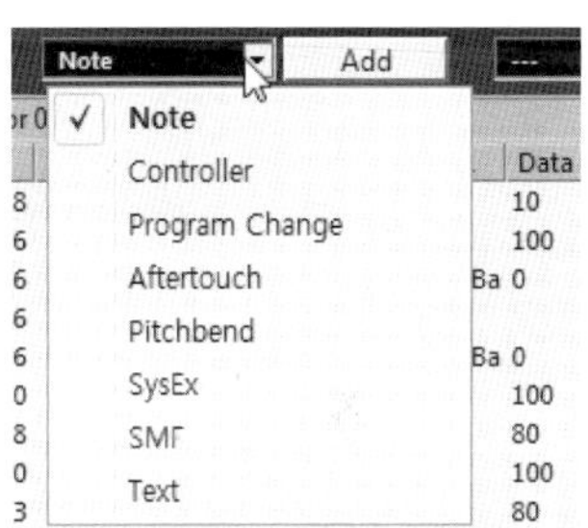

삽입할 수 있는 이벤트

3. Filter 기능

브라우저 창에 어떤 정보만 표시할 것인지 필터링할 수 있다. 예를 들어 Note 메뉴에 체크하면 브라우저 창에 노트 정보만 표시된다.

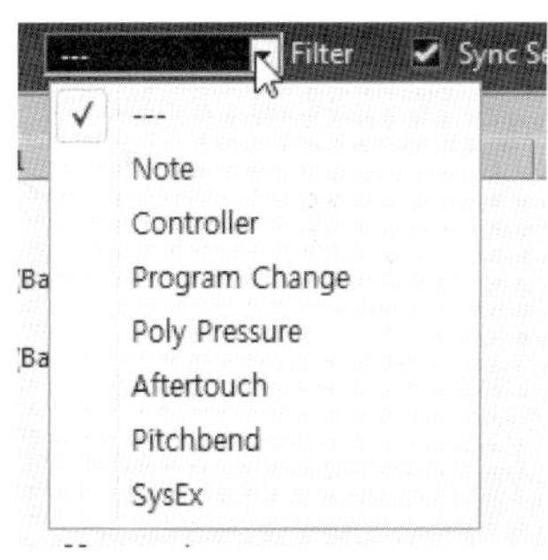

필터링할 수 있는 이벤트

4. Sync Selection

이 옵션에 체크하면 브라우저 창에서 노트나 이벤트를 선택했을 경우, 트랙 뷰에서도 해당 노트나 이벤트를 동시 선택 상태로 만든다.

Automation Panel 메뉴 – 오토메이션 패널

큐베이스에서 만든 오토메이션 트랙들을 일목요연하게 확인할 수 있는 여러 가지 기능과 오토메이션을 읽고 쓸 수 있는 기능들을 플로팅 패널 방식으로 제공한다.

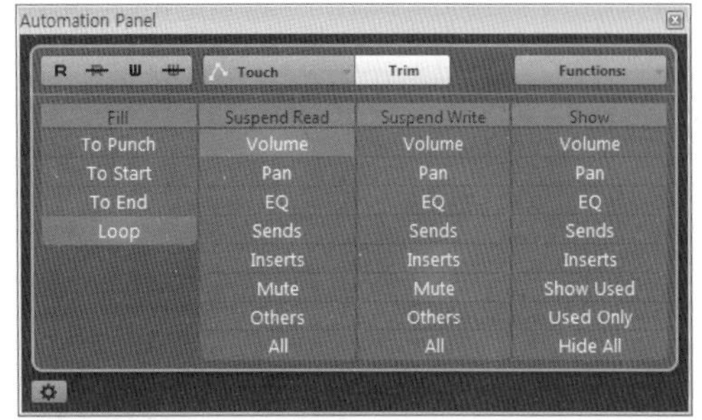

큐베이스 6.5의 오토메이션 패널

큐베이스 5의 오토메이션 패널

1. 오토메이션 모드 버튼

'오토메이션 기록 모드'를 선택하는 기능이다. 메인 툴바에도 오토메이션 기록 모드를 선택하는 기능이 있다. 오토메이션 기록 모드란 오토메이션을 어떤 방식으로 기록할 것인지 선택하는 기능이다.

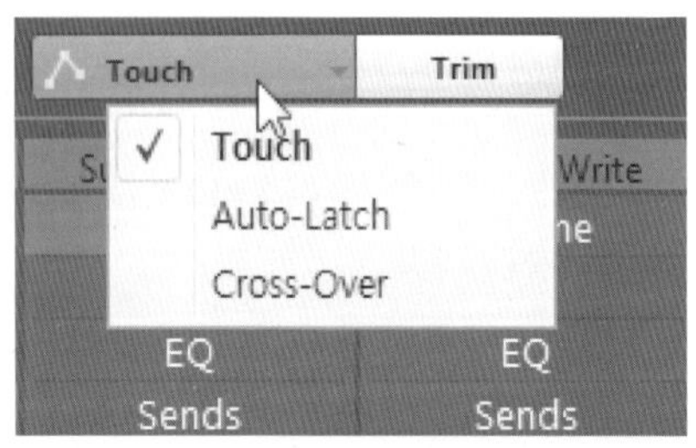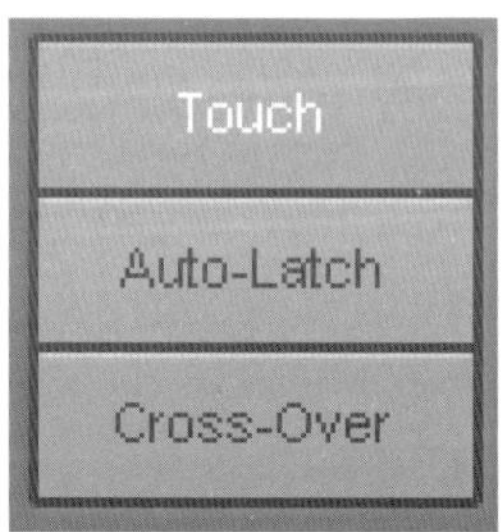

큐베이스 6.5의 오토메이션 모드

큐베이스 5의 오토메이션 모드

참고　　오토메이션 기록 모드

오토메이션 기록 모드 3가지에 대해 알아본다.

① Touch 모드 : Touch 모드는 사용자가 파라미터를 터치(조작)하고 있을 때만 오토메이션이 기록되고, 그 외는 기존 값을 그대로 사용하는 모드이다. 예를 들어 볼륨이 변화되는 모습을 오토메이션으로 기록한다고 가정해보자. 오토메이션 기록을 시작한 상태에서 볼륨 파라미터를 마우스로 조절하면서 오토메이션을 기록하는데, 사용자가 파라미터 조작을 멈추면 그 뒤부터는 기록이 멈추고 그 다음부터의 볼륨은 원래 볼륨을 그대로 오토메이션에 사용하게 된다.

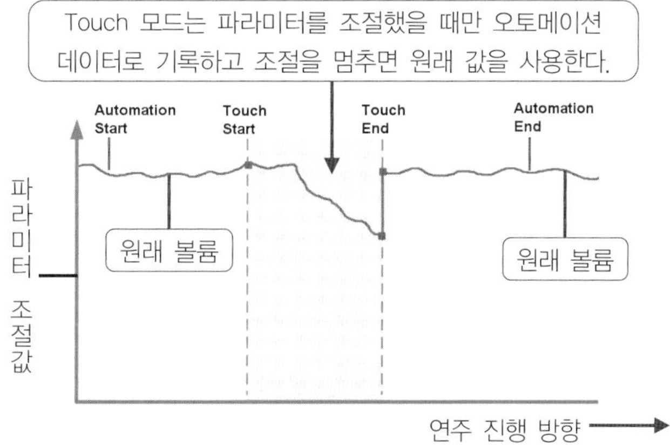

② Auto Latch 모드 : 이 모드는 Touch 모드와 비슷하지만 조절기 터치를 멈추었을 때 원래 볼륨으로 기록하는 것이 아니라, 조절기 터치를 멈추었을 때의 볼륨과 동일한 볼륨을 오토메이션 기록을 멈출 때까지 추가 기록해준다.

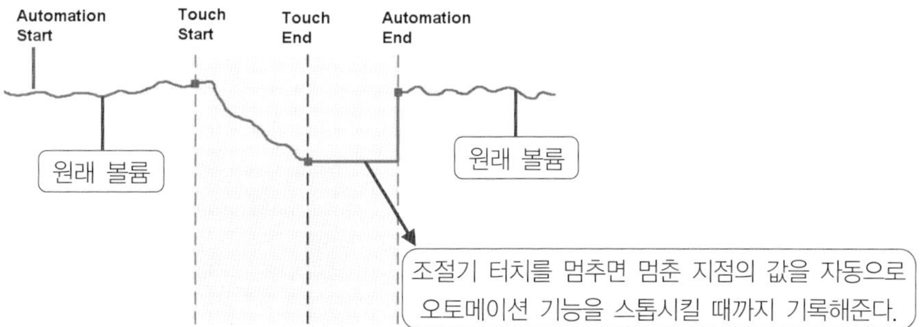

③ Cross-over 모드 : 이 모드는 Auto Latch 모드와 비슷하지만 조절기 터치를 멈추고 다시 터치하여 조절했을 때, 원래 곡선에 도착하면 자동으로 기록이 중단되는 방식이다. 보통 앞서 기록한 오토메이션 기록이 마음에 들지 않아 수정할 경우 사용하는데 곡선 표현이 조금 더 자연스럽게 구현된다.

2. Trim 버튼

바로 전 조절한 오토메이션 곡선을 트림 커브를 사용해 재조절한다. 따라서 새로운 곡선을 그릴 수 있는 것이 아니라 바로
전 그린 오토메이션 곡선을 증폭시키거나 축소시킬 수 있다. 일단 원하는 오토메이션을 그린 뒤 Trim 버튼을 누르면 가운데
에 트림 커브가 나타난다. 선택 툴로 트림 커브에 포인트를 생성시킨 뒤 올리거나 내리면 오토메이션 곡선도 변하게 된다.
이 버튼을 끄면 트림 편집 모드도 종료된다.

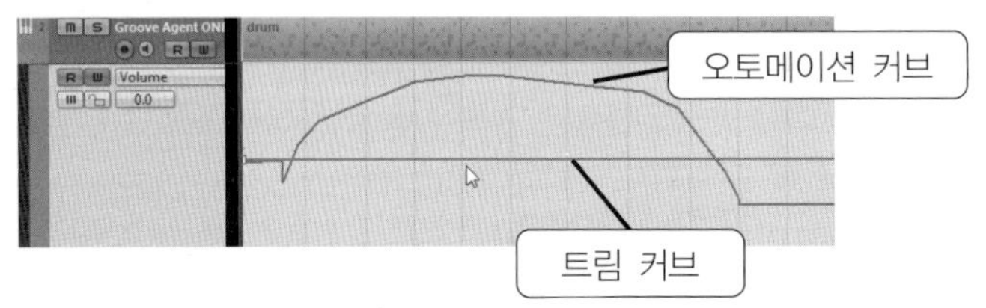

3. 오토메이션 On/Off 글로벌 버튼

연이어 있는 4개의 버튼은 전체 트랙의 오토메이션 기능을 On/Off할 때 사용한다. 선택한 트랙의 오토메이션 기능을
Of/Off하는 것이 아니라 전체 트랙의 오토메이션 기능을 On/Off할 수 있는 글로벌 버튼들이다.
참고로 오토메이션 트랙에서 오토메이션을 쓰려면 쓰기 버튼이 On 상태여야 하며, 기록된 오토메이션을 연주할 때 읽게
하려면 읽기 버튼이 On 상태여야 한다.

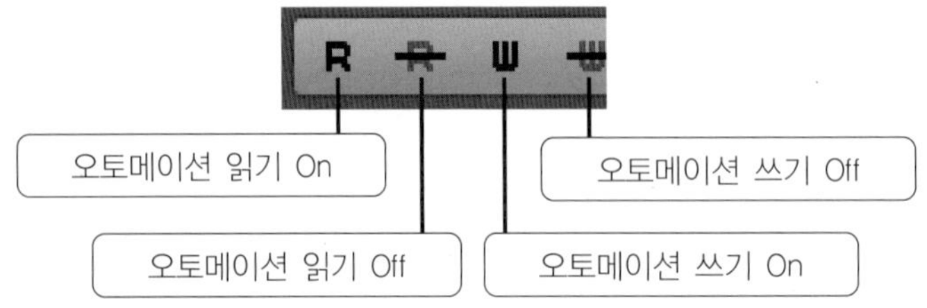

4. Suspend 버튼들

서스펜드 버튼들은 해당 오토메이션 기능을 임시 중단시킬 때 사용한다. Suspend Read 버튼은 오토메이션 읽기를 할
때 각 항목 별로 읽기 작업을 임시 중지시킬 수 있고, Suspend Write 버튼은 오토메이션 쓰기를 할 때 각 항목 별로 쓰기
작업을 임시 중단시킬 때 사용한다.

Suspend Read	Suspend Write
Volume	Volume
Pan	Pan
EQ	EQ
Sends	Sends
Inserts	Inserts
Mute	Mute
Others	Others
All	All

큐베이스 6.5의 서스펜드 버튼

Suspend Read	Suspend Write
Volume	Volume
Pan	Pan
EQ	EQ
Sends	Sends
Inserts	Inserts
Mute	Mute
Others	Others

큐베이스 5의 서스펜드 버튼

5. Show Used 버튼들

각종 오토메이션 트랙들을 보거나 감출 때 사용한다.

Hide All 버튼을 클릭하면 모든 오토메이션 트랙을 트랙 뷰에서 감추어준다.
제일 하단의 Used Only 버튼을 On하면 실제 기록된 오토메이션 트랙만 볼
수 있다.

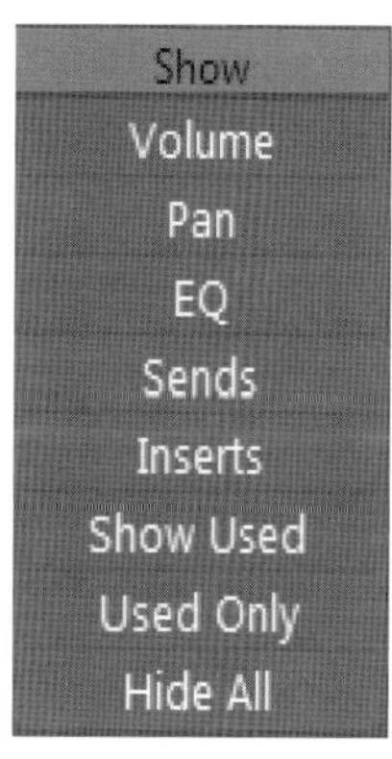

큐베이스 6.5

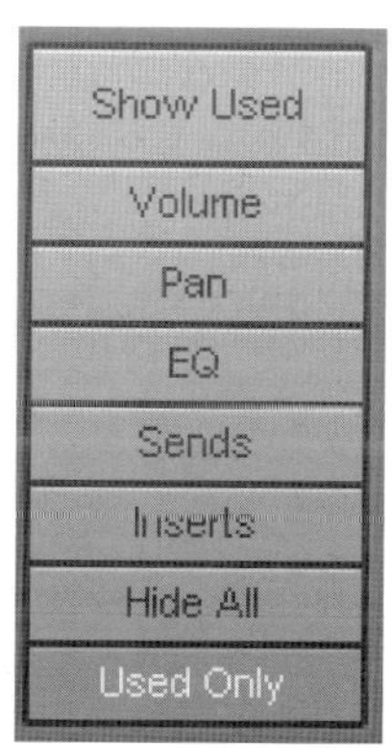

큐베이스 5

6. Fill 버튼

큐베이스 6.5의 오토메이션 패널에 있는 기능이다. 펀치 작업 시 펀치 구간 외곽의 오토메이션 적용 방식을 선택한다.

7. Functions 버튼

Functions 버튼은 오토메이션 기록을 삭제할 때 사용한다.

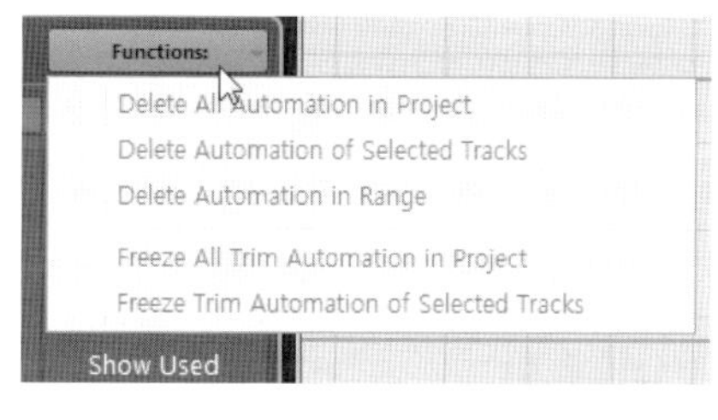

① Delete All Automations in Project 메뉴 : 프로젝트에 있는 모든 오토메이션 기록을 삭제한다.

② Delete Automation of Selected Tracks 메뉴 : 선택한 트랙의 오토메이션 기록을 삭제한다.

③ Delete Automation in Range 메뉴 : 룰러의 로케이터로 지정한 구간 안에 있는 오토메이션 기록만 삭제한다.

④ Freeze All Trim Automation in Project 메뉴 : 트림 커브로 오토메이션 커브를 조절했을 경우, 모든 트랙에서 트림 커브를 기본값인 원래 상태로 되돌린다.

⑤ Freeze Trim Automation of Selected Tracks 메뉴 : 트림 커브로 오토메이션 커브를 조절했을 경우, 선택한 트랙에서 트림 커브를 기본값인 원래 상태로 되돌린다.

8. 오토메이션 설정 옵션

오토메이션에 대한 종합 옵션을 설정할 수 있다.

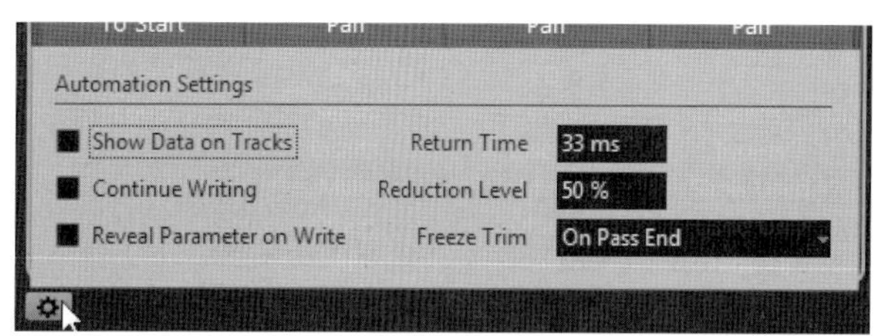

① Show Data on Tracks 메뉴 : 오토메이션 트랙에 미디 이벤트, 오디오 이벤트를 흐리게 표시해준다.

② Continue Writing 메뉴 : 싸이클 모드에서 오토메이션을 기록할 경우 선택한다. 프로젝트 커서를 새 위치로 이동시켜도 계속 오토메이션 기록을 해준다.

③ Reveal Parameter on Write 메뉴 : 오토메이션을 기록할 때 파라미터도 동시에 움직이게 해 준다.

④ Return Time 버튼 : 오토메이션을 기록을 하기 위해 마우스로 파라미터를 조절하다가 버튼을 떼었을 때 얼마만큼 빨리 원래 곡선값으로 돌아가는지 그 값을 설정한다. 기본값은 33ms이며 더블클릭하면 숫자를 변경할 수 있다.

⑤ Reduction Level 버튼 : 오토메이션 커브상에서 생성되는 포인터 생성 개수를 강제적으로 감소시킬 수 있다. 예를 들어 연필 툴로 자유 곡선을 드로잉하면 직각으로 변하는 부분에는 좌우 두 개의 포인터로 선을 연결하지만, 완만하게 변하는 곡선이라면 수없이 많은 작은 포인터들이 연결되어 곡선을 그려준다. 따라서 볼륨이 완만하게 변하도록 오토메이션 곡선을 그리려면 수없이 많은 작은 포인터들로 연결해주는 것이 사운드 출력 시 자연스럽게 볼륨이 변화되는 것을 들려줄 것이다.

Reduction Level 버튼의 숫자 부분을 더블클릭하면 포인터의 생성 개수를 강제적으로 높이거나 줄일 수 있는데 Reduction Level을 낮은 수치로 설정할수록 곡선 드로잉을 할 때 포인터의 생성 개수가 많아진다.

⑥ Freeze Trim 메뉴 : 트림 커브가 원래 상태로 돌아가는 방법을 선택한다. 기본값인 On Pass End를 선택하면 오토메이션 기록이 종료할 때 트림 커브가 원래 상태로 돌아가고, On Leaving Trim Mode는 Trim 버튼을 끄면 트림 커브가 원래 상태로 돌아간다.

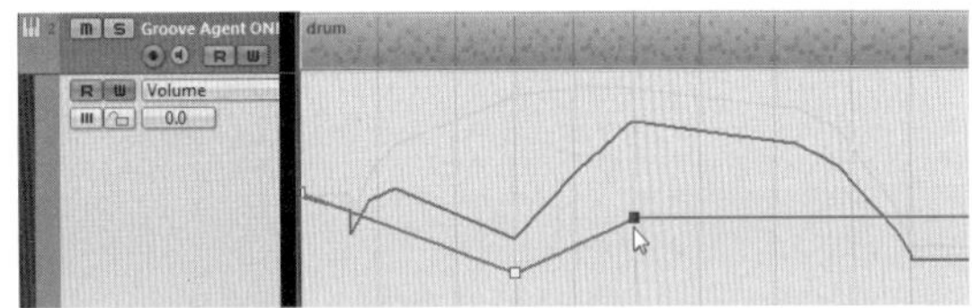
트림 커브로 오토메이션 곡선을 조절한 모습

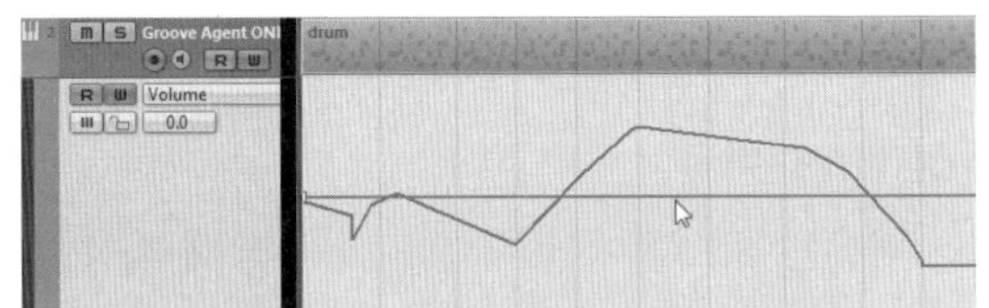
트림 커브가 원래 상태로 돌아간 모습

# Beat Calculator 메뉴 – 템포 수작업으로 알아내기

외부에서 임포트한 오디오 파일의 템포를 알 수 없을 때 템포를 수작업으로 계산할 수 있다. 또한 녹음 작업 시 템포로 사용할 클립을 불러온 뒤 녹음용 템포를 계산할 때도 사용한다.

예를 들어 외부에 있는 오디오 파일의 템포를 알고 싶다면 먼저 해당 오디오 파일을 오디오 트랙으로 임포트시킨다. 그런 뒤 Beat Calculator 메뉴를 실행해 대화상자를 열어놓은 상태에서, Play 버튼을 클릭해 오디오 트랙의 연주를 시작한다.

연주가 시작되면 Beat Calculator 대화상자의 Tap Tempo 버튼을 클릭한 뒤 Tap Tempo 대화상자가 열린 상태에서 키보드의 Space Bar를 오디오 클립의 박자에 맞게 눌러준다. 보통 4분의 4박자 형식으로 4번씩 눌러주는데 곡이 종료할 때까지 곡의 박자에 맞게 Space Bar를 둘러주면 Tap Tempo 대화상자에 템포의 평균값이 나타난다.

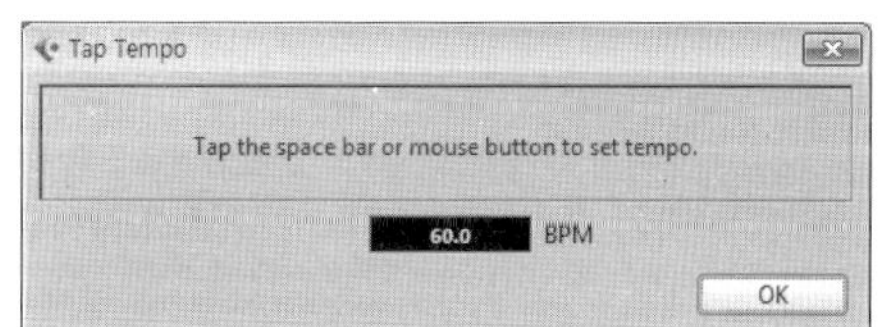

탭 템포 대화상자

Tap Tempo 대화상자를 닫은 뒤 Beat Calculator 대화상자의 At Tempo Track Start 버튼을 클릭하면 BPM 항목에 알아낸 템포가 표시된다.

트랜스포트 툴바의 Tempo 항목에도 알아낸 템포가 설정되므로 프로젝트의 템포가 불러온 오디오 클립의 템포에 맞게 재설정되는 것을 알 수 있다. 만일 미디 트랙에 미디 클립이 있다면, 오디오 클립의 템포에 맞게 미디 클립의 템포가 조절되는 것을 알 수 있다.

만일 템포 설정이 잘못된 것 같거나 다시 템포를 파악하고 싶다면, Refresh 버튼을 클릭한 뒤 앞의 작업을 다시 반복한다.

 # Tempo Detection 메뉴 – 템포 자동으로 찾아내기 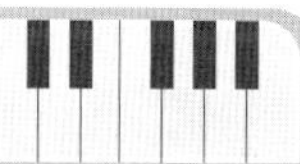

외부에서 가져온 오디오 파일의 템포를 알 수 없을 때 템포를 자동으로 찾아준다. 단 7초 이상의 오디오 클립을 임포트했을 경우에만 템포를 알아낼 수 있다. 큐베이스 6에서 새로 등장한 기능이므로 큐베이스 5에서는 사용할 수 없다.

1. Analyze 버튼

템포를 자동으로 찾기 시작한다. 템포를 찾은 뒤에는 박자표에 1/4박자로 표시되므로 나중에 수정한다. 마우스는 타임 워프 툴로 변경되므로 미세하게 템포 조절 작업을 할 수 있다.

2. Mutiplay by 2 버튼

찾아낸 템포가 너무 느릴 때, 이 버튼을 클릭하면 한 박자 빠르게 변경할 수 있다.

3. Divide by 2 버튼

찾아낸 템포가 너무 빠를 경우, 이 버튼을 클릭해 한 박자 느리게 변경할 수 있다.

4. Mutiplay by 4/3 버튼

찾아낸 템포가 너무 느릴 경우, 이 버튼을 클릭하면 4/3박자 빠르게 변경할 수 있다.

5. Divide by 3/4 버튼

찾아낸 템포가 너무 빠를 경우, 이 버튼을 클릭해 3/4박자 느리게 변경할 수 있다.

6. Offbeat Correction 버튼

약간의 엇박자 템포가 있을 경우, 반 박자 이동시켜 보정한다.

7. Smooth Tempo 버튼

찾아낸 템포가 중구난방 널뛰기하는 경우, 빠르거나 늦거나 하면, 부드럽게 보정한다.

Set Timecode at Cursor 메뉴

이 메뉴는 큐베이스에서 작업한 프로젝트의 시작 위치를 외부 영상 장비 등과 동기화시킬 때 사용한다. 프로젝트에서 프로젝트 커서를 원하는 위치로 이동시킨 뒤 이 메뉴를 실행하면 해당 위치가 동기화 시작 위치로 설정된다.
나중에 외부 영상 장비 등에서 Play 버튼을 누르면 여기서 설정한 시작 위치에서 미디 연주가 시작된다.

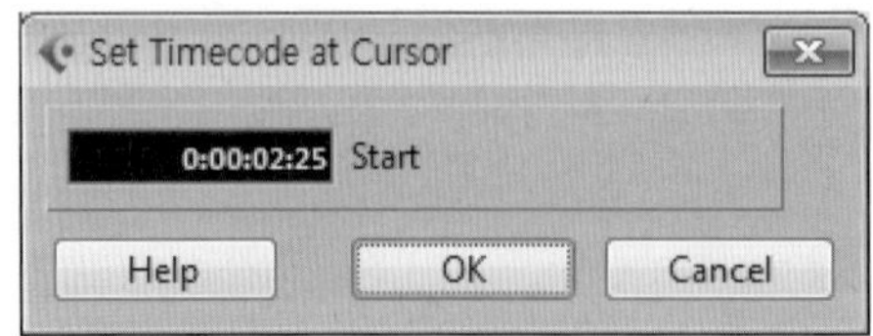

Notepad 메뉴

곡을 만들 때 생각난 아이디어나 가사 등을 메모할 수 있다. 말 그대로 메모 기능이며 그 외 다른 기능은 없다. 작성한 메모는 다른 시스템의 큐베이스에서 해당 프로젝트를 연 뒤 Notepad 메뉴를 열면 확인할 수 있으므로 곡에 대한 의견을 친구나 동료들과 교환할 수도 있다. 참고로 Project → Notepad 메뉴가 프로젝트에 삽입하는 메모장이라면, 인스펙터의 Notepad 탭은 해당 트랙에 삽입하는 메모장 기능이다.

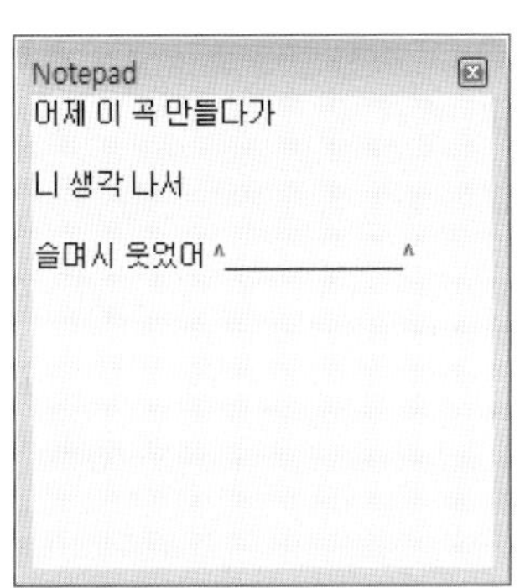

Notepad 메뉴의 메모장

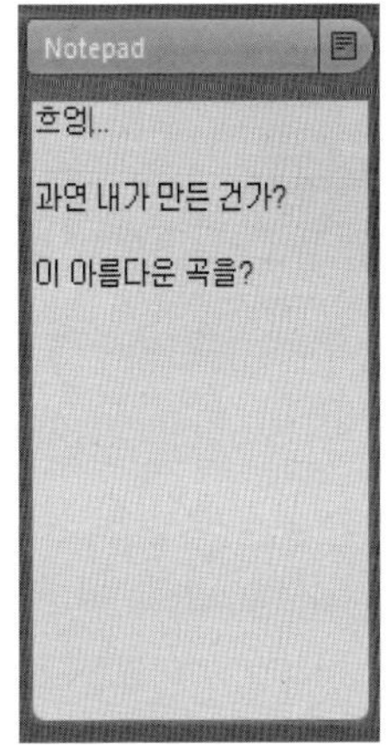

인스펙터의 Notepad 탭

Project Setup 메뉴

이 메뉴는 작업 프로젝트의 규격을 변경하거나 New Project 메뉴로 불러오는 새 프로젝트의 규격을 미리 설정할 때 사용한다. 여기서 설정한 값으로 New Project의 Empty 프로젝트가 생성될 뿐 아니라 현재 작업 중인 프로젝트의 규격도 변경된다.

곡 시작 시간, 곡 총 길이, 동영상 클립 재생 속도, 룰러에서 사용하는 시간 단위, 녹음 작업 시 오디오 파일의 샘플 레이트 등을 미리 설정할 수 있다.

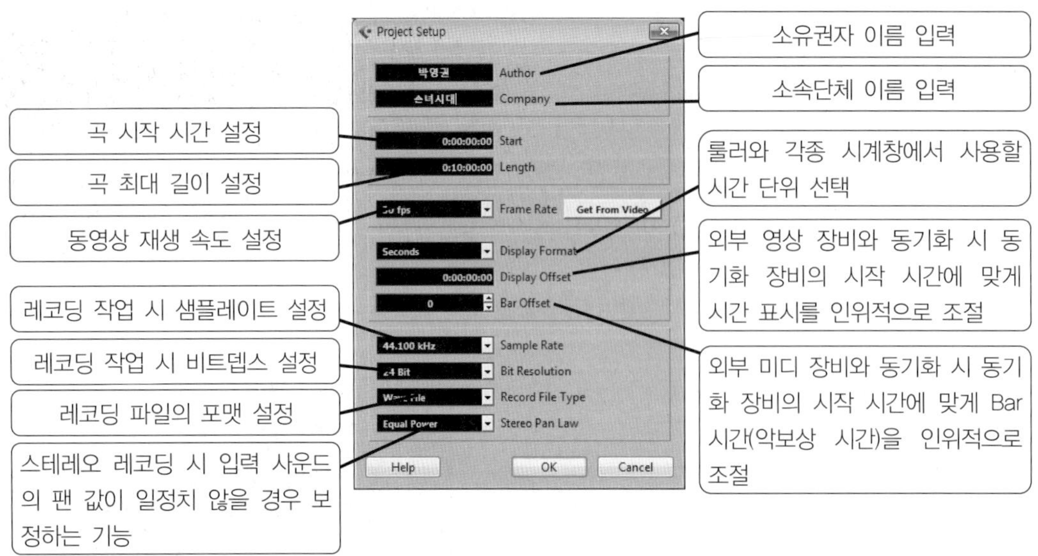

중요한 기능으로는 Display Offset 기능과 Bar Offset 기능이 있다. 예를 들어, 외부 비디오 장비와 큐베이스의 미디 곡을 동기화시킬 때 미디 곡의 31초 부분을 동기화 시작 지점으로 설정할 수도 있다. 이럴 경우 동기화가 시작되면 영상 장비의 시간 표시창은 0초에서부터 카운트되는데, 큐베이스의 시간 표시창은 31초부터 카운트되어 작업 시 혼란을 줄 수도 있다. 이때 비디오 장비의 시간 표시와 큐베이스의 시간 표시를 동일하게 맞추기 위해 Display Offset에 −31초를 입력하면, 큐베이스의 시간창에서도 0초부터 디스플레이된다.

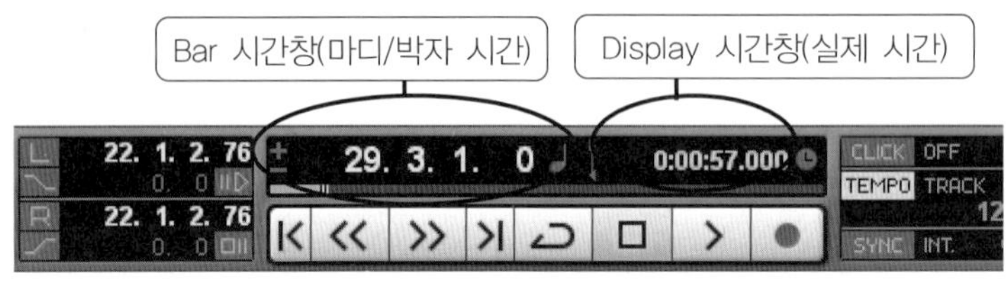

큐베이스의 시간 표시창

Auto Fades Settings 메뉴

오디오 클립을 트랙에 삽입한 경우, 자동으로 오디오의 시작 부분이 페이드 인되고 오디오의 종료 부분이 페이드 아웃되도록 설정할 수 있다. 자동 페이드 기능을 사용하면 수작업으로 오디오 클립의 페이드인/아웃을 설정하지 않아도 된다. 아울러 두 오디오 클립이 만나는 부분의 사운드를 어떻게 붙일지 설정할 수 있는 자동 크로스페이드 기능을 사용할 수 있다.

1. 페이드 설정 탭

페이드 인이란 오디오 클립의 시작 부분 볼륨을 천천히 올려주는 것을 말한다. 페이드 아웃은 오디오 클립의 종료 부분 볼륨을 천천히 내려주는 것을 말한다. 대화상자의 페이드 선처럼 볼륨이 점점 높아지거나 낮아진다.

Curve Kind 버튼을 클릭해 커브의 모양을 선택할 수 있다. 각이 진 커브를 선택할 경우 볼륨도 각을 세우며 별안간 커지거나 작아진다.

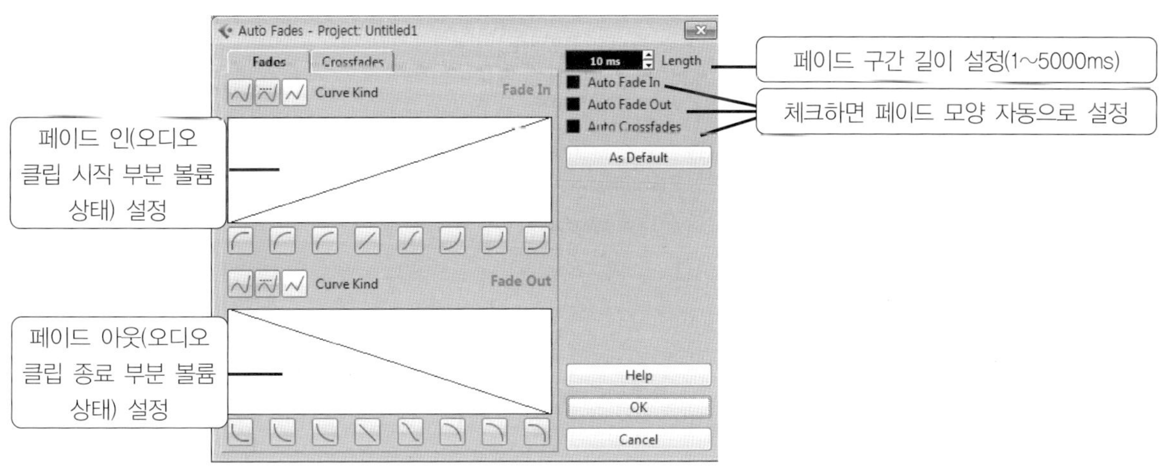

다음은 오디오 클립의 겹쳐있는 구간에 페이드 인이 적용된 모습이다.

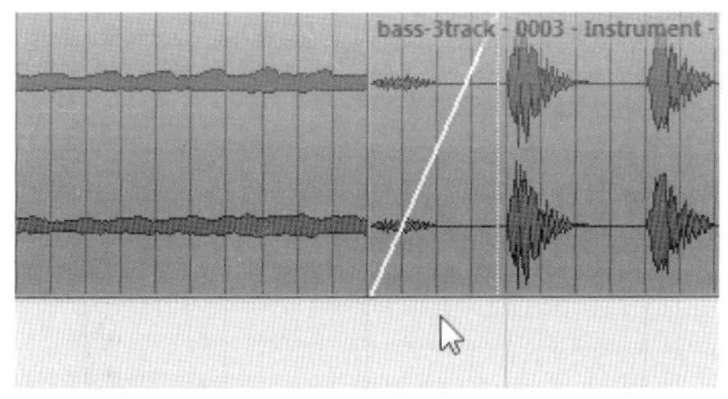

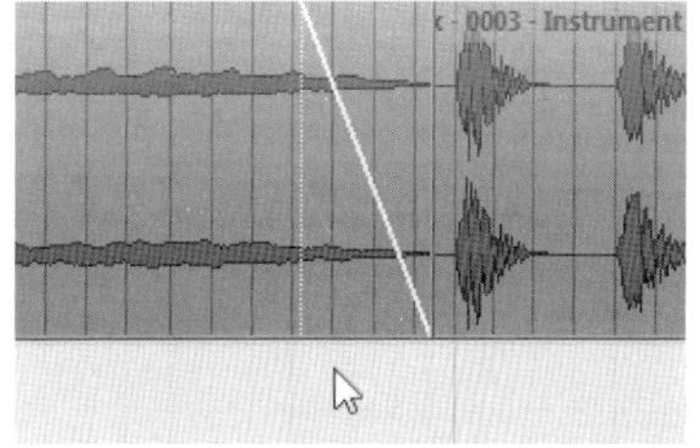

클립 시작 부분에 페이드 인 설정   클립 종료 부분에 페이드 아웃 설정

페이드 인(점점 커지는 볼륨)과 페이드 아웃(점점 작아지는 볼륨)은 커브 모양에 따라 다음과 같이 볼륨이 커지고 줄어드는 방식이 달라진다.

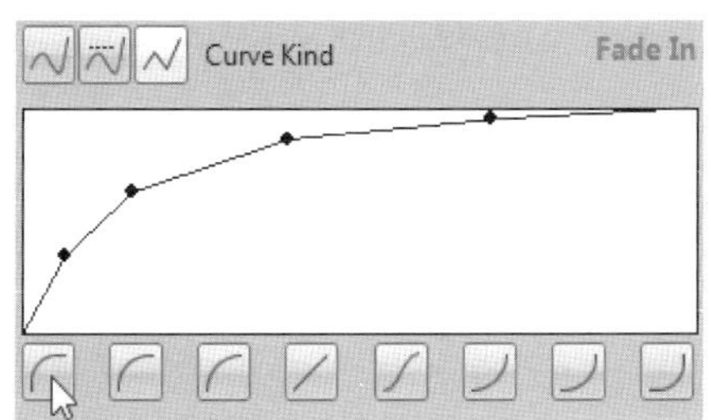

① 페이드 인 1 : 오디오 클립의 시작 부분 볼륨이 커브 모양처럼 별안간 커지다가 완만하게 커진다.

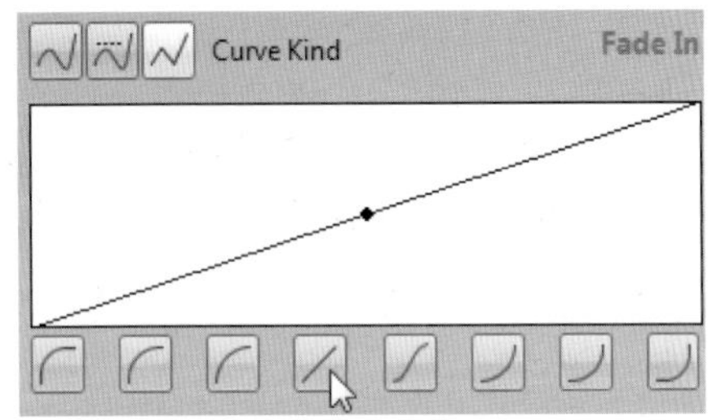

② 페이드 인 2 : 오디오 클립의 시작 부분 볼륨이 45도 각도를 유지하고 완만하게 상승한다.

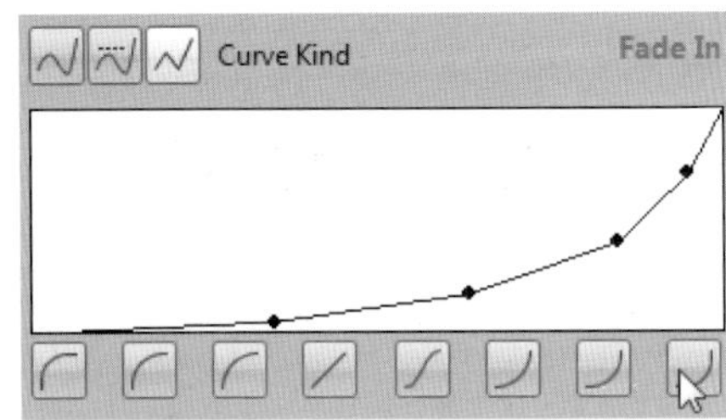

③ 페이드 인 3 : 오디오 클립의 시작 부분 볼륨이 완만하게 상승하다가 별안간 커진다.

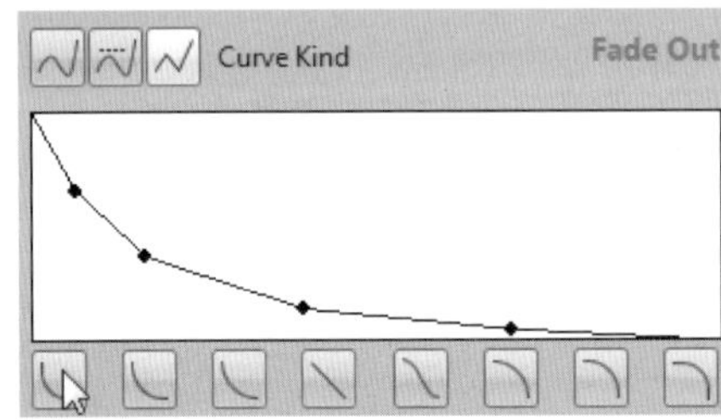

④ 페이드 아웃 1 : 오디오 클립의 종료 부분 볼륨이 급격히 낮아졌다가 완만하게 낮아진다.

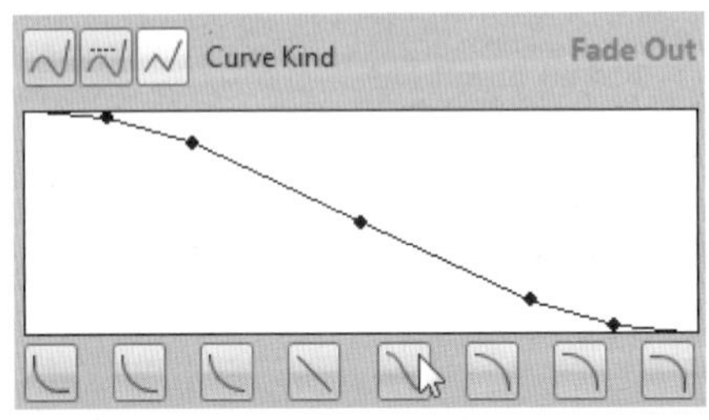

⑤ 페이드 아웃 2 : 오디오 클립의 종료 부분 볼륨이 45도 각도에서 완만하게 포물선을 그으며 낮아진다.

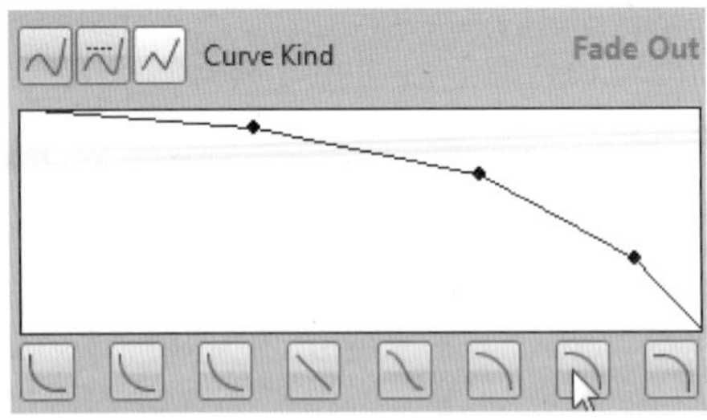

⑥ 페이드 아웃 3 : 오디오 클립의 종료 부분 볼륨이 완만하게 낮아진다.

2. 크로스페이드 설정 탭

크로스페이드는 페이드 인과 페이드 아웃이 크로스로 겹쳐 동작한다. 오디오 트랙에 오디오 클립 2개를 연이어 붙여놓으면 앞부분 오디오 클립의 종료 부분에는 자동으로 페이드 아웃이 설정되고, 뒷부분 오디오의 시작 부분은 자동으로 페이드 인이 설정된다. 즉 두 오디오 클립이 만나는 부분은 크로스페이드가 되어 사운드가 부드럽게 연결된다. 대화상자의 사용법은 앞의 페이드 탭과 똑같다.

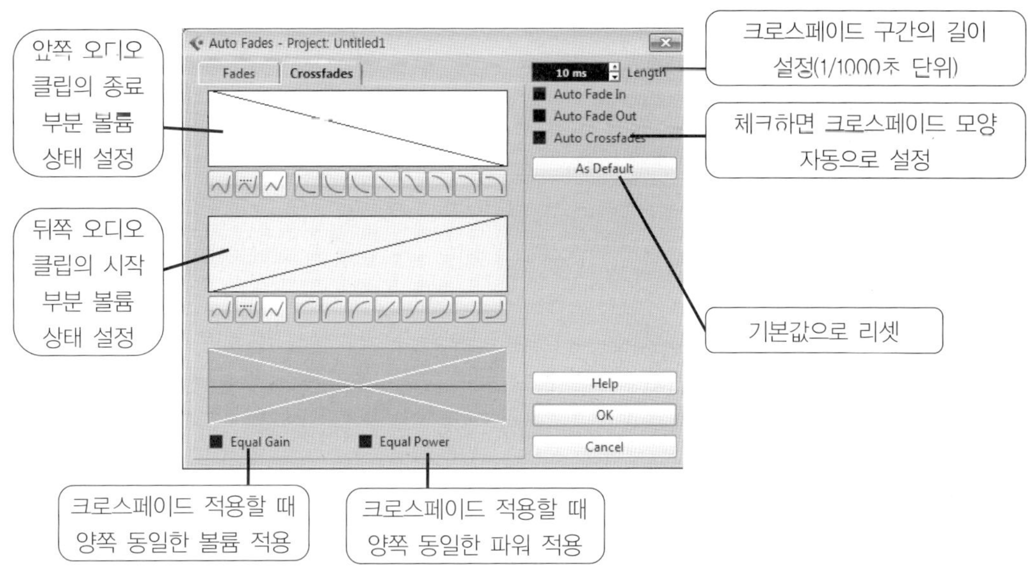

크로스페이드 탭의 Equal Gain 옵션은 양쪽 오디오 클립의 크로스페이드 지점이 동일한 볼륨을 사용하게 할 때 체크하는데 보통 크로스페이드 구간이 짧을 때 체크한다.

이후 크로스페이드를 적용하려면 겹쳐있는 두 클립을 선택한 뒤 Audio → Crossfade 메뉴를 적용한다. 크로스페이드의 단축키 X이다.

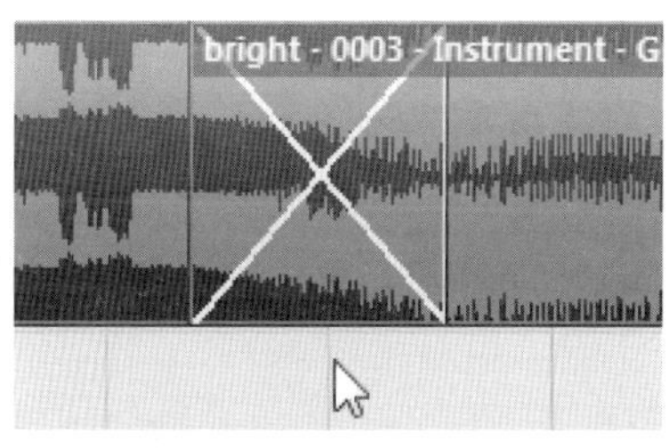

크로스페이드

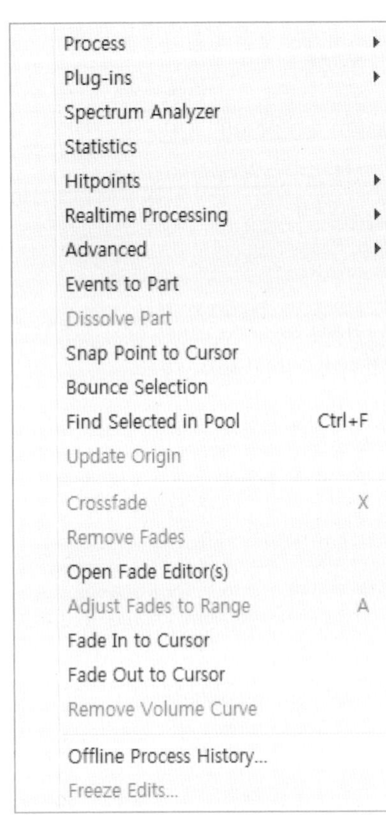

- Process 메뉴 : 오디오 프로세싱 사용하기
- Plug-ins 메뉴 : 오디오 이펙트 사용하기
- Spectrum Analyzer 메뉴 : 스펙트럼 분석기 실행하기
- Statistics 메뉴 : 오디오 정보 확인하기
- Hitpoints 메뉴 : 히트포인트 사용하기
- Realtime Processing 메뉴 : 리얼타임 프로세싱 사용하기
- Advanced 메뉴 : 추가 오디오 편집 기능 사용하기
- Events to Part 메뉴 : 선택한 오디오 클립들을 파트 클립으로 전환하기
- Dissolve Part 메뉴 : 파트가 있는 클립을 개별 오디오 클립으로 전환하기
- Snap Point to Cursor 메뉴 : 프로젝트 커서에 스냅하기
- Bounce Selection 메뉴 : 오디오 클립 바운스하기
- Find Selected in Pool 메뉴 : 풀 윈도우에서 선택한 파일 검색하기
- Update Origin 메뉴 : 오리지널 파일 업데이트하기
- Crossfade 메뉴 : 크로스페이드 사용하기
- Remove Fades 메뉴 : 페이드 인/아웃 제거하기
- Open Fade Editors : 페이드 인/아웃 편집기 실행하기
- Adjust Fades to Range 메뉴 : 여러 오디오 구간에 동시에 페이드 인/아웃 만들기
- Fade In to Cursor 메뉴 : 프로젝트 커서 위치에 페이드 인 만들기
- Fade Out to Cursor 메뉴 : 프로젝트 커서 위치에 페이드 아웃 만들기

- Remove Volume Curve 메뉴 : 볼륨 엔벨로프 제거하기
- Offline Process History 메뉴 : 적용된 프로세싱 메뉴 수정하기
- Freeze Edits 메뉴 : 원본 오디오 클립을 프로세싱하기

Process 메뉴

오디오 클립에 적용하는 15가지의 프로세싱 메뉴들을 사용할 수 있다. 리얼타임과 달리 프로세싱 기능은 오디오 클립을 직접 액세스하여 편집하기 때문에 이들 메뉴를 적용하면 오디오 클립이 새 오디오 클립으로 업데이트된다. 이후 원본 클립은 보이지 않는 곳에 감추어 둔다. 대부분 복잡한 기능 없이 오디오 파형을 기술적으로 왜곡시켜 목적하는 효과를 낼 수 있다. '선택 툴'로 오디오 클립을 선택한 뒤 적용하거나, '구간 선택 툴'로 오디오 클립의 일부 구간을 선택한 뒤 적용한다.

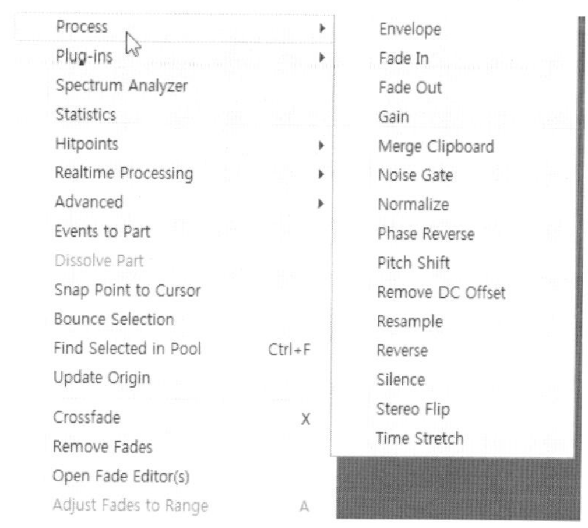

1. Process → Envelope 메뉴

오디오 클립의 볼륨을 엔벨로프 커브를 이용해 조절한다. 엔벨로프 커브에 포인트를 찍은 뒤 높낮이를 달리하면 그에 따라 파형 모양이 달라진다. 사운드 편집에서 엔벨로프 커브는 보통 사운드의 시작 부분인 어택(Attack)을 지나 중간 부분인 디케이(Decay)와 볼륨이 서서히 떨어지는 서스테인(Sustain)을 지나 사운드 종료 지점을 릴리즈(Release)라고 말한다. 사운드 시작 지점의 볼륨, 중간 부분의 볼륨, 종료 부분의 볼륨을 서로 다르게 조절하는 등의 작업을 수행해 사운드에 변화를 줄 수 있다. 프로세싱 메뉴이기 때문에 원본 오디오 클립은 사라지고 바뀐 오디오 클립으로 교체된다.

실전예제 엔벨로프 곡선으로 사운드 볼륨 조절하기

프로세싱 메뉴의 기본 개념을 익히기 위해 엔벨로프 곡선으로 오디오 클립의 볼륨을 조절해 본다. 앞에서 말했듯 큐베이스는 대부분의 기능이 리얼타임으로 동작하기 때문에 오디오 클립을 편집해도 원본 클립은 그대로 살아있다. 프로세싱 메뉴는 리얼타임과 달리 직접 오디오 클립을 직접 액세스하기 때문에 일단 작업을 적용하면 원본은 감추어두고, 작업을 적용한 클립으로 바꾸어 준다.

01 Sample 폴더에서 'drum.cpr' 파일을 불러온다. Space Bar를 눌러 처음부터 모니터하면 볼륨이 높기 때문에 귀가 조금 멍멍해진다.

02 선택 툴로 오디오 클립을 클릭해 선택한 상태에서 Audio → Process → Envelope 메뉴를 실행한다.

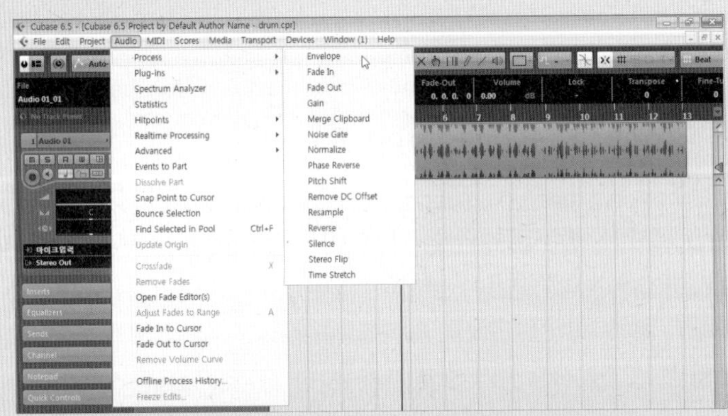

03 대화상자에서 Curve Kind에서 각진 곡선 버튼을 클릭한 뒤, 편집 창의 라인을 따라 포인트를 3~4개 정도 찍어준다.

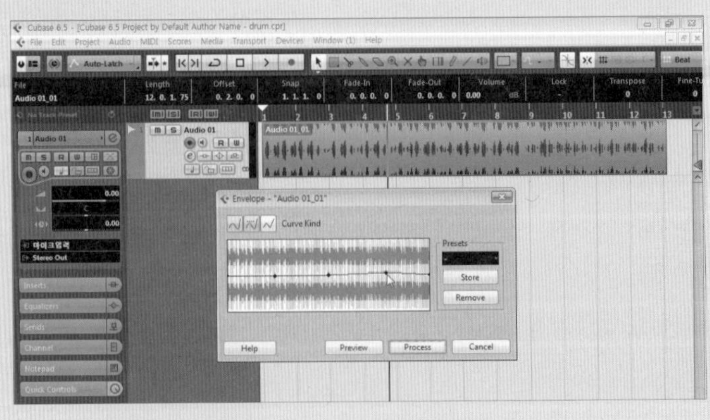

04 첫 번째 포인트는 하단으로 내린다. 오디오 파형이 줄어들면서 해당 부분의 출력이 저하될 것이다. 현재 볼륨이 과볼륨 상태이기 때문에 나머지 포인트는 적당히 조금씩 내려준다.

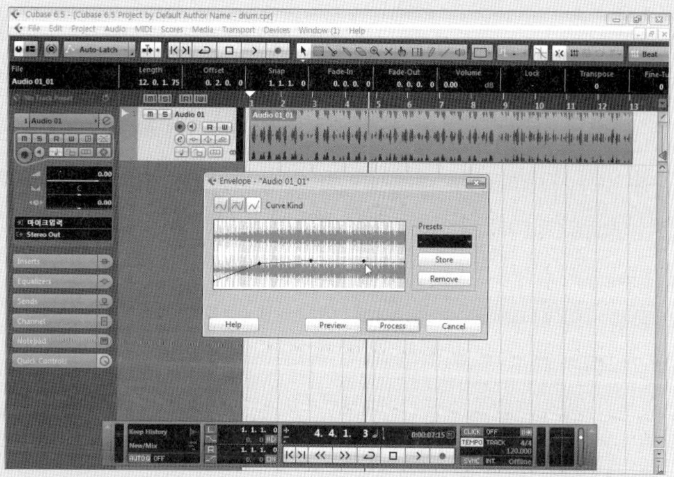

05 앞에서 Process 버튼을 클릭해 적용한다. 트랙 뷰의 오디오 클립을 보면 파형이 변한 것을 알 수 있다.

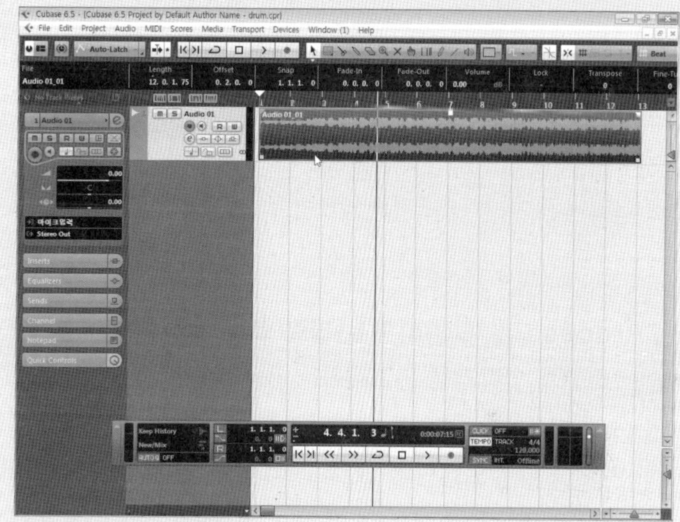

06 Play 버튼을 클릭해 곡의 처음부터 사운드를 모니터해본다. 파형 모양처럼 볼륨이 전체적으로 작아진 것을 알 수 있다.

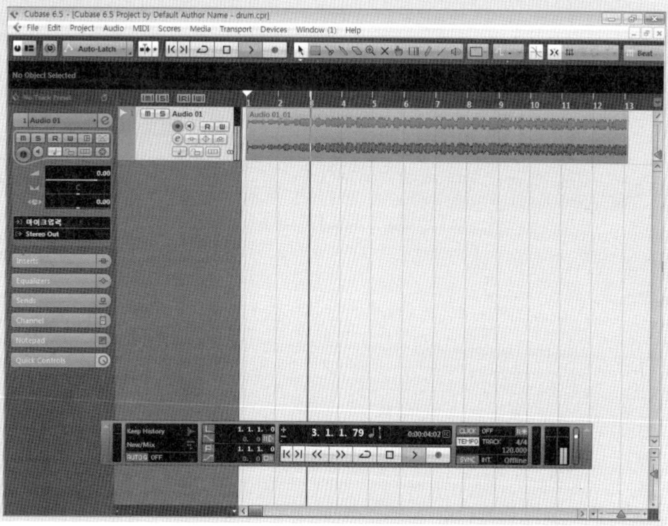

2. Process → Fade In 메뉴/Fade Out 메뉴

선택한 오디오 클립의 시작 부분에 페이드 인(점점 볼륨이 커지는 효과)을 삽입하고, 종료 부분에 페이드 아웃(점점 볼륨이 줄어드는 효과)을 삽입하는 기능이다. 트랙 뷰에서 마우스로 페이드 인/아웃을 만들거나, 자동 페이드 인/아웃 기능은 리얼타임 기능이기 때문에 직접적으로 오디오 클립을 편집하지 않고 그러한 효과를 낼 수 있는 반면, Process → Fade In 메뉴/Fade Out 메뉴는 프로세서 메뉴이기 때문에 직접적으로 오디오 파형을 편집해 파형 모양이 편집된 새 클립으로 전환시킨다.

대화상자의 사용법은 앞의 엔벨로프 메뉴와 동일하지만 페이드 인/아웃을 쉽게 조절할 수 있도록 페이드 곡선 버튼 8개가 추가되어 있다.

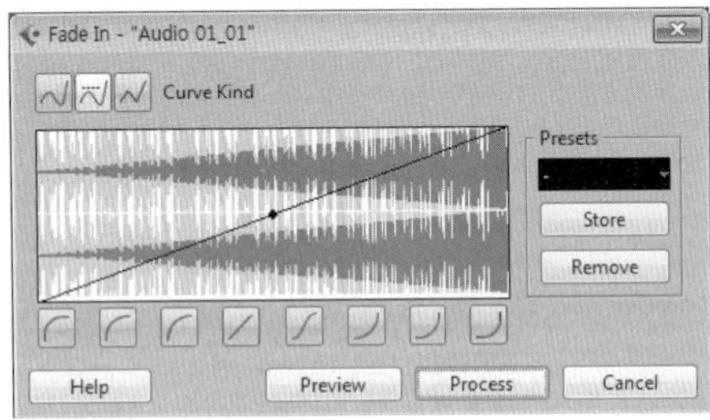
페이드 인 메뉴

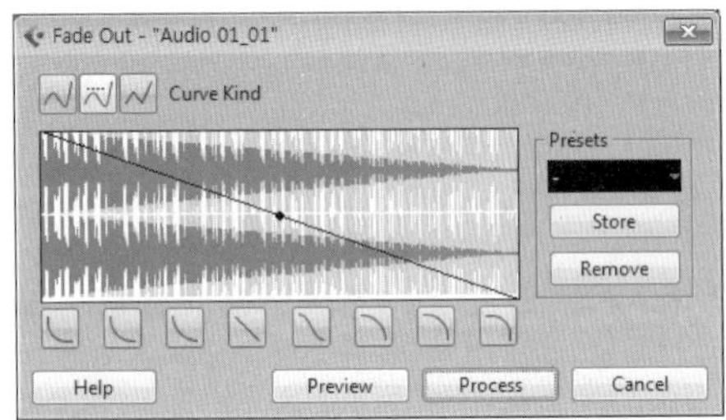
페이드 아웃 메뉴

3. Process → Gain 메뉴(입력 볼륨 조절하기)

게인(Gain) 즉 '입력 볼륨'을 조절하는 기능이다. 쉽게 생각하면 입력되는 사운드의 볼륨을 조절하여 출력 볼륨을 높이거나 낮추는 기능이다.

게인 메뉴는 선택한 오디오 클립이나 오디오 클립의 일부 영역을 선택한 뒤 볼륨을 조절할 수 있다는 장점이 있다.

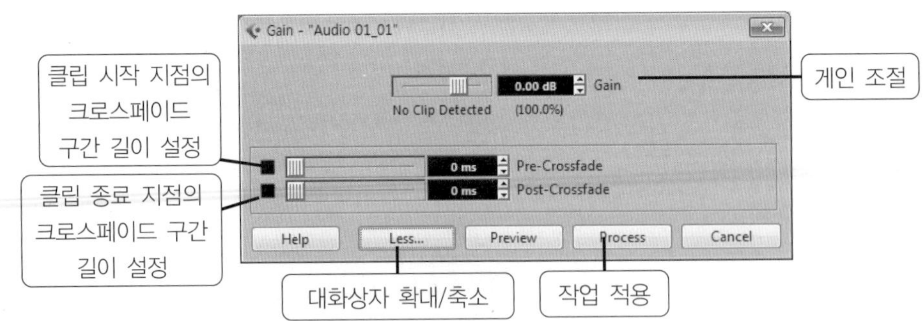

예제 'audio.cpr' 파일을 불러온다. '구간 선택 툴'로 오
디오 클립에서 편집할 구간을 선택한다.

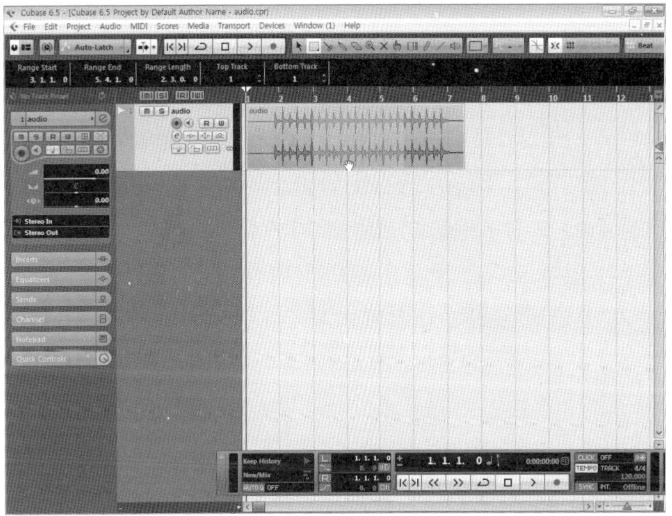

Audio → Process → Gain 메뉴를 실행한 뒤 Gain 슬
라이더는 +9dB로 설정한다.
하단 More 버튼을 클릭한 뒤 두 슬라이더의 체크 박스
에 체크한 뒤 각각 150ms라고 입력한다.

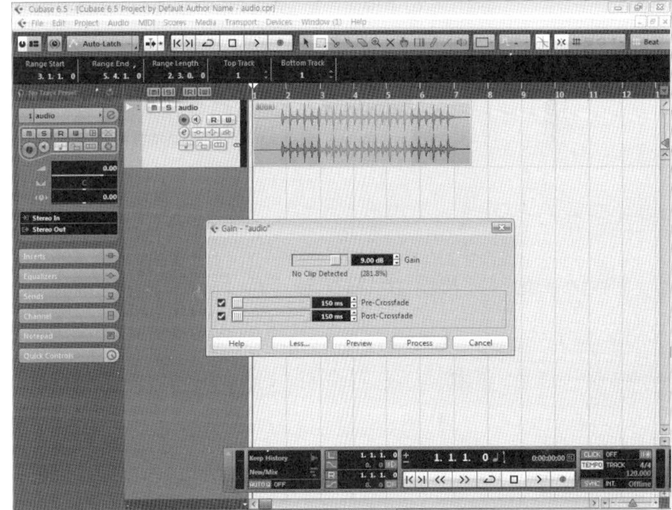

Process 버튼을 클릭해 적용하면 선택한 부분의 게인
값이 +9dB 상승되어 웨이프 파형 모양이 +9dB만큼 확
대된 것을 알 수 있다.

참고로, 구간 선택 툴로 선택한 영역을 해제하려면 단
축키 Ctrl + Shift + A를 누른다.

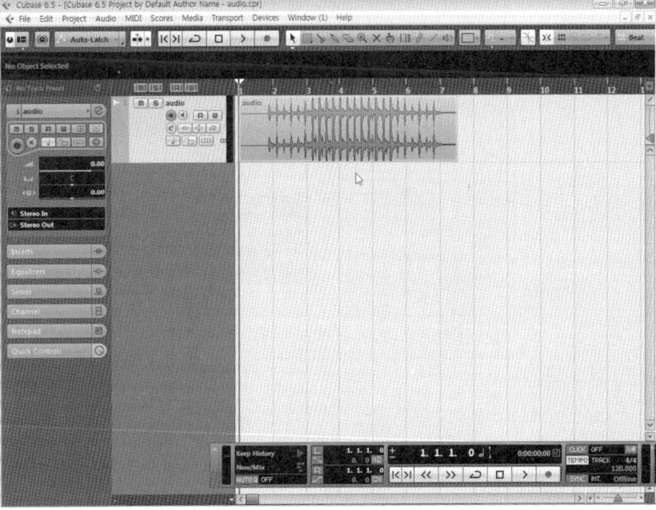

4. Process → Merge Clipboard 메뉴

샘플 에디터의 Range 탭에서 범위를 지정한 뒤 Copy 메뉴로 복사하면 클립보드에 임시 저장된다. 이 메뉴는 임시 저장된 오디오 클립을 트랙 뷰의 다른 오디오 클립에 병합할 때 사용한다. 이때 일반 클립을 복사한 뒤 사용할 수 없고 반드시 샘플 에디터의 Range 탭에서 범위를 지정한 영역만 Copy 메뉴로 복사해 사용해야 한다.

예를 들어 '드럼 사운드'가 있는 오디오 클립을 샘플 에디터에서 범위를 설정해 일부 구간을 복사한다. 트랙 뷰의 '바이올린 연주가 있는 오디오 클립'을 선택한 뒤 Merge Clipboard 메뉴를 적용하면 트랙 뷰의 바이올린 연주에 드럼 사운드가 합쳐진 새 오디오 클립이 만들어진다.

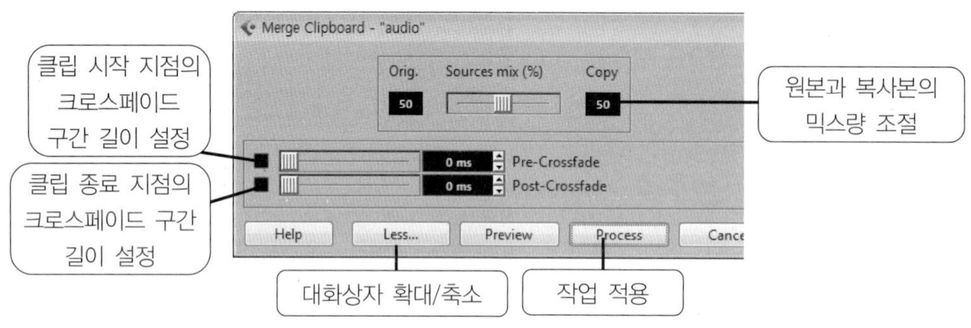

5. Process → Noise Gate 메뉴(노이즈 제거하기)

오디오 클립의 저음부 노이즈를 제거할 때 사용한다. Threshold 옵션에서 설정한 기준 데시벨 이하 영역을 노이즈로 판단한 뒤 묵음으로 처리하므로, 기준 데시벨 이하의 저음부 잡음을 제거하는 효과가 있다. 마이크 녹음 시 잡음이 섞여 있을 경우 사용한다.

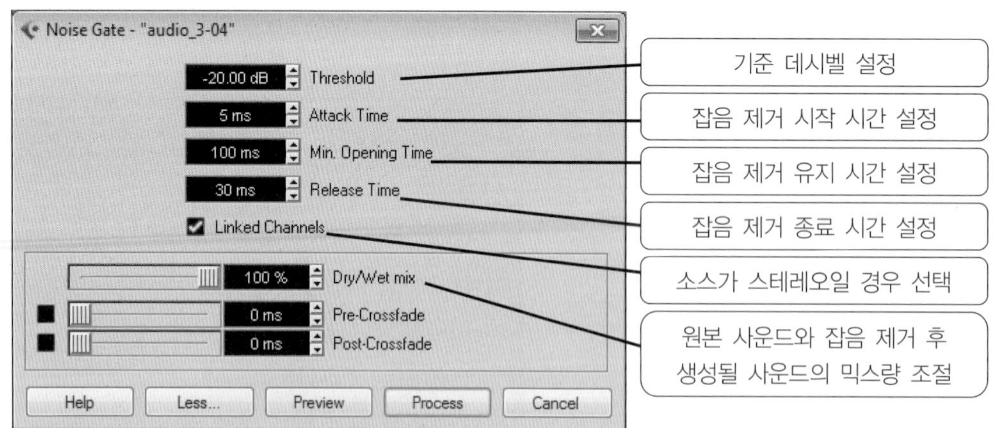

6. Process → Normalize 메뉴(고볼륨 최적화)

고볼륨을 최적화할 때 사용한다. 출력 피크가 심해 사운드가 깨질 때 가장 이상적인 고볼륨을 찾아준다. Maximun 슬라이더를 조절해 원하는 데시벨로 조절하는데 보통 −1dB로 설정하면 자동으로 최적화된다.

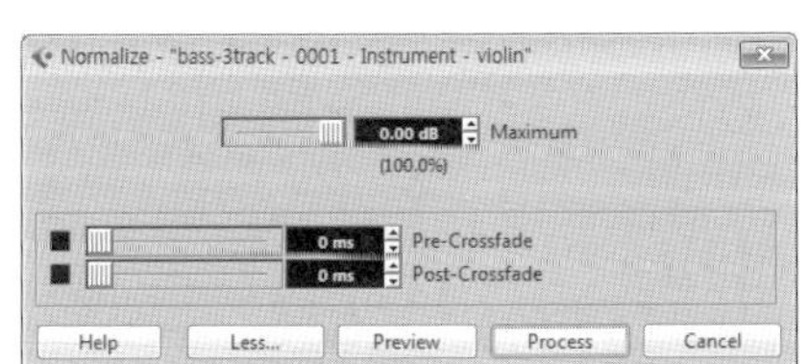 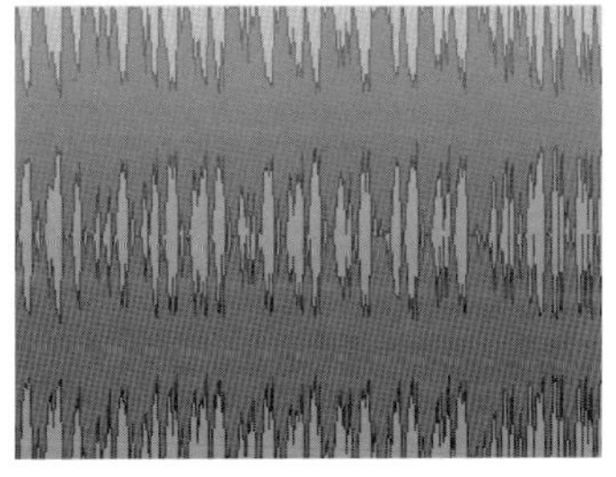 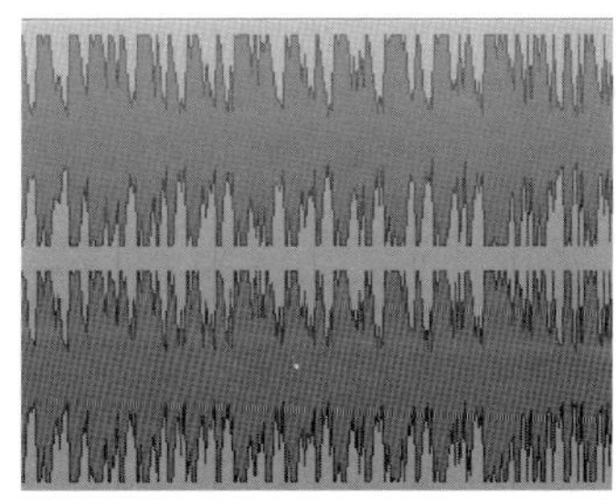

원본 파형   Normalize를 적용한 파형

7. Process → Phase Reverse 메뉴(위상)

웨이브 파형의 각도를 상하로 뒤집어순다. 오니오 레코딩 시 입력 단지를 반대로 묻렸을 경우 웨이브 파형이 상하로 뒤집어져 녹음되는데 이때 역위상을 바로 잡을 목적으로 사용한다. 입출력 단자의 +, − 플러그를 반대로 꽂아도 녹음 및 출력을 할 수 있지만 오디오 파형이 역위상이기 때문에 사운드에서 감지하기 어려운 미세한 차이가 발생한다.

소스 오디오가 스테레오일 경우 Phase Reverse on 옵션에서 모든 채널(양쪽 채널), 왼쪽 채널, 오른쪽 채널 중 위상을 뒤집을 채널을 선택할 수 있다.

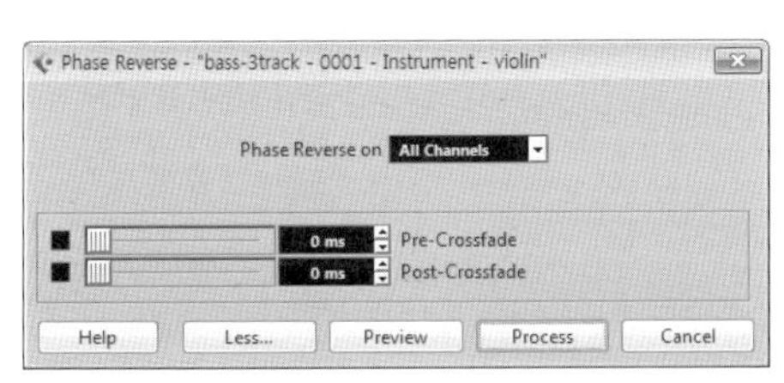  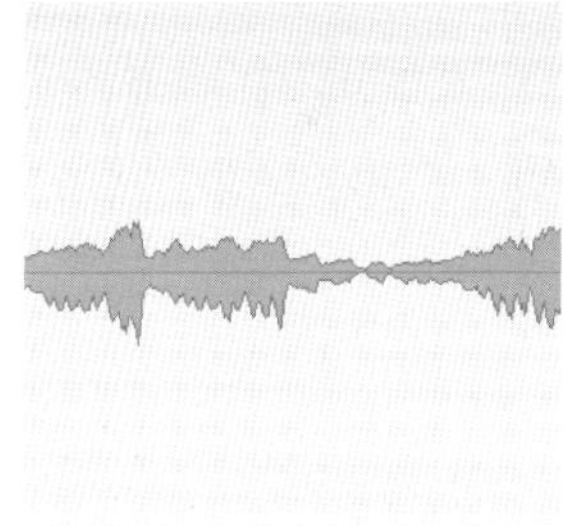

원본 파형   위상을 뒤집은 파형

Tip

위상 체크기

만일 녹음 시 +, − 를 잘못 꽂았는지 확인하려면 위상 체크기 같은 장비가 필요한데, 프로 녹음실에서는 대부분 위상 체크기를 사용한다.

8. Process → Pitch Shift 메뉴

오디오의 음정을 높이거나 낮출 수 있다. 긴 오디오 클립의 음정을 조절할 경우 시스템의 속도에 따라 작업이 다운될 수 있으므로 짧은 오디오 클립을 대상으로 작업하거나 일부 영역만 선택한 뒤 작업한다. 프로세싱 메뉴이므로 직접 오디오 클립을 액세스하여 편집한다. Transpose 탭과 Envelope 탭 2가지 방식으로 작업할 수 있다.

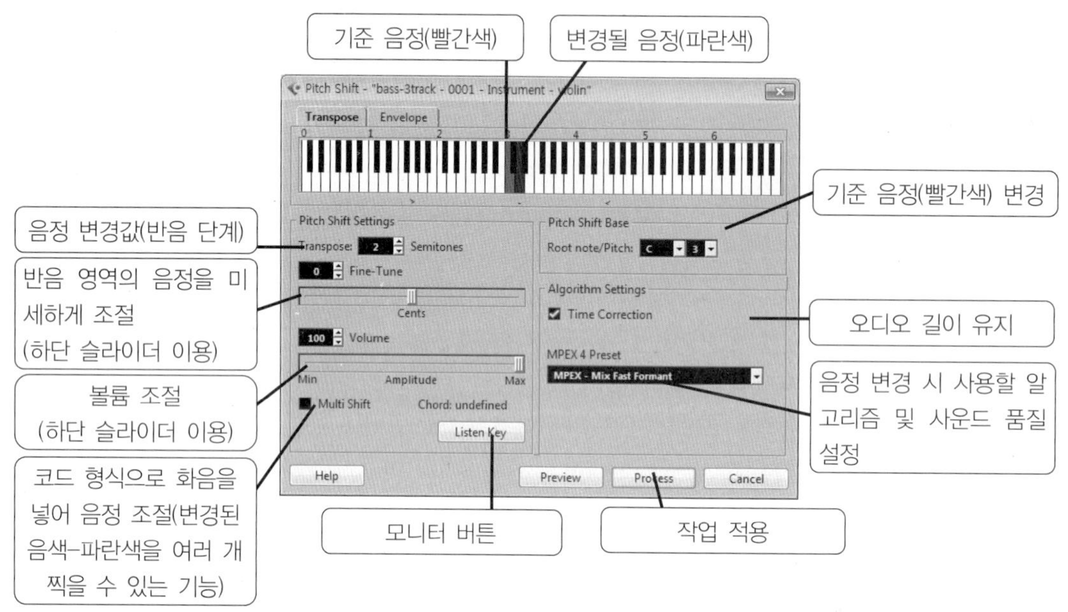

Envelope 탭은 엔벨로프 커브를 조절해 원하는 음정을 만들 때 사용한다. 앞의 Transpose 탭과 달리 일부 구간의 음정만 변경하거나, 음정 변경을 단계적으로 설정할 때 유용하다. 엔벨로프 커브를 클릭하면 포인트가 생성되고, 포인트를 상하로 이동시키면 그 부분 음정이 높아지거나 낮아진다.

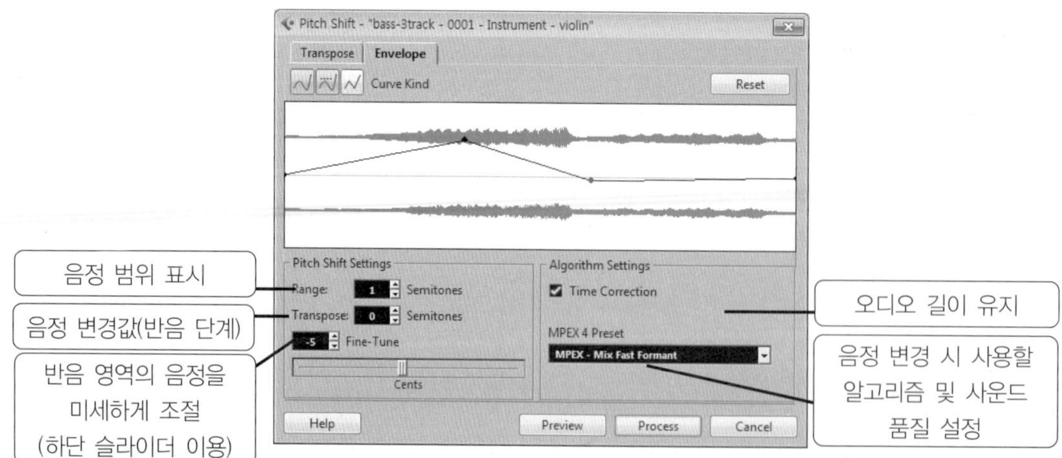

9. Process → Remove DC Offset 메뉴

녹음장치나 입력장비의 전기적인 오류로 인해 녹음된 잡파(Artifact)를 제거할 때 사용한다. 보통 녹음장치 외 다른 설비를 동시에 가동하거나, 온도 따위가 틀리고, 전압이 불안전하면 웅~ 하는 듯한 전기적인 잡음이 녹음되기도 하는 데 이를 후보정할 때 사용한다. 메뉴를 실행하면 대화상자 실행 없이 전기적인 잡파가 제거된다.

큐베이스에서는 이를 'zero level axis'를 기준으로 검출하는데, DC Offset 값은 Audio → Statistics 메뉴로 확인할 수 있다.

10. Process → Resample 메뉴

선택한 오디오 클립의 샘플레이트를 변경할 수 있다. 샘플레이트란 녹음 당시 1초딩 샘플링된 횟수를 말한다. 샘플링 횟숫가 높으면 그만큼의 사운드의 품질이 상승하지만 파일 용량이 커진다. 이 메뉴는 오디오 클립의 샘플레이트를 변경할 때 사용하며 샘플레이트를 변경하면 사운드의 품질도 변경된다. 음악 CD는 보통 44.1kHz로 샘플링하는 것이 최적값이다.

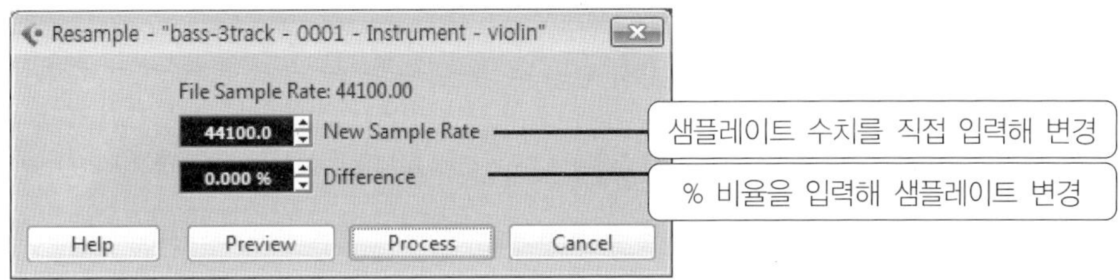

11. Process → Reverse 메뉴

오디오 클립의 연주 방향을 앞뒤로 뒤집는다. 사운드의 앞부분이 뒤로 이동하고 뒷부분이 앞으로 이동되므로, 곡을 연주하면 사운드가 거꾸로 들리게 된다.

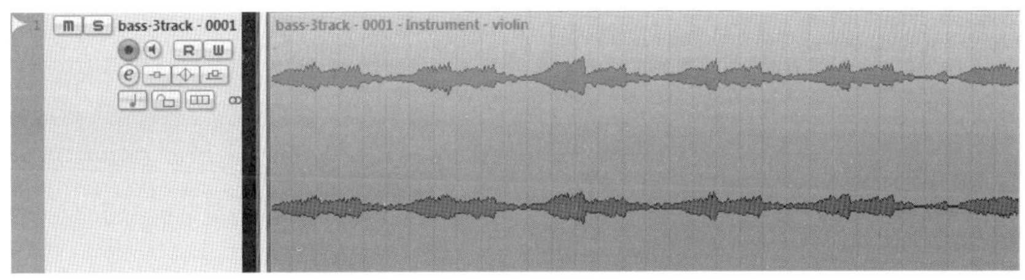

원래의 오디오 파형

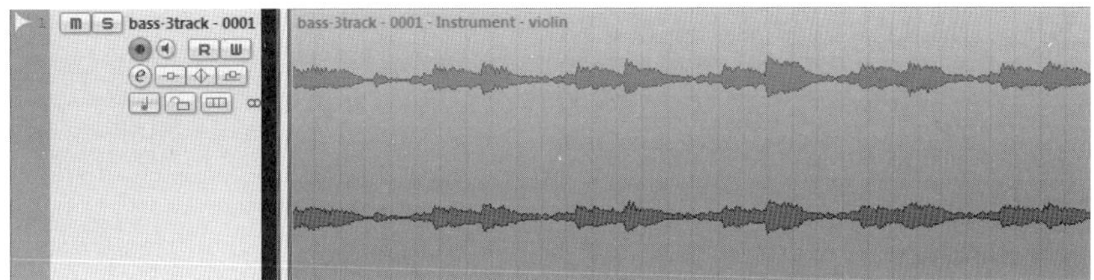

앞뒤를 뒤집은 모습

12. Process → Silence 메뉴

'구간 선택 툴'로 선택한 범위를 묵음으로 처리한다. 오디오 클립에서 원하는 부분만 선택한 뒤 그 부분 사운드를 묵음으로 처리할 수 있다. 곡을 연주하다 잠시 멈춘 구간에 잡음이 녹음되어 있을 경우 잡음을 없애는 용도로 사용할 수 있다.

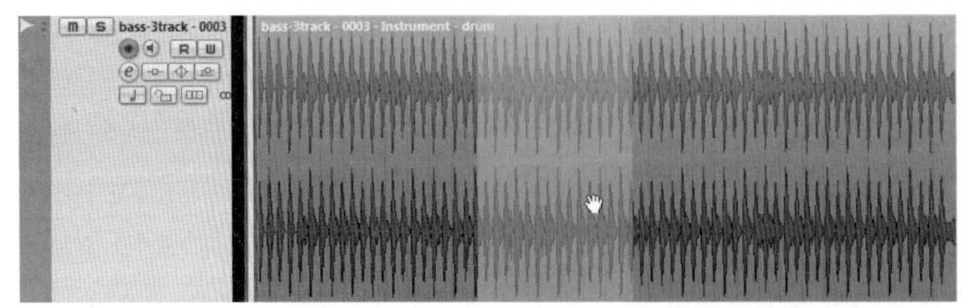

구간 선택 툴로 선택한 모습

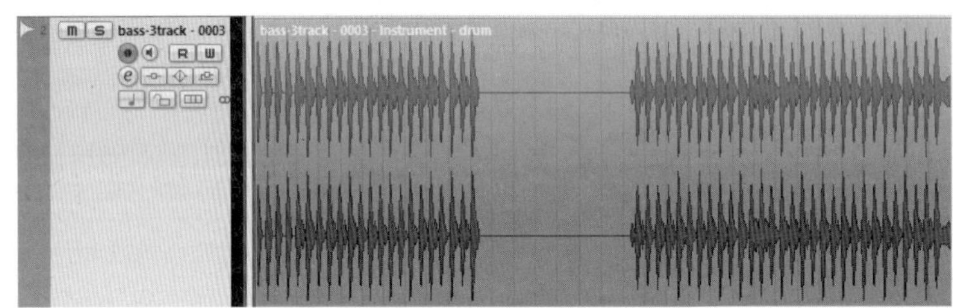

Silence 메뉴로 묵음을 만든 모습

13. Process → Stereo Clip 메뉴

스테레오 사운드의 좌우 채널을 뒤집거나, 어느 한쪽 채널을 스테레오 채널로 가져올 수 있다. 프로세싱 방식으로 동작하므로 작업을 적용한 새 클립으로 교체된다.

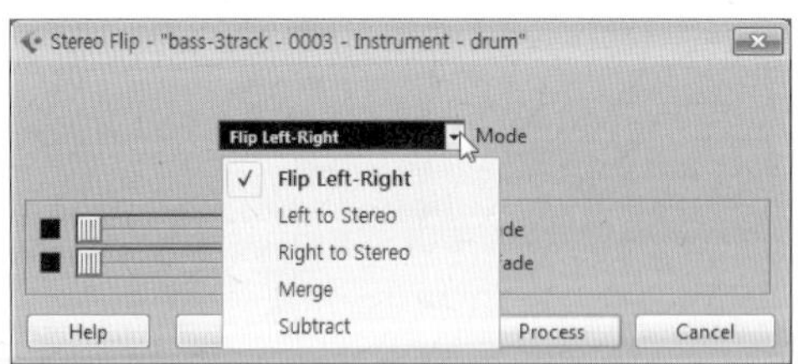

① Flip Left/Right : 스테레오 좌우 채널을 서로 바꾼다.

② Left to Stereo : 왼쪽 채널을 오른쪽 채널에 복사해 사용한다.

③ Right to Stereo : 오른쪽 채널을 왼쪽 채널로 복사해 사용한다.

④ Merge : 좌우 채널을 합쳐 모노 채널로 만든다.

⑤ Subtract : 오른쪽 채널에서 왼쪽 채널을 빼고 왼쪽 채널에서 오른쪽 채널을 빼 노래방 효과음처럼 들리게 한다.

14. Process → Time Stretch 메뉴

오디오 클립의 길이와 템포를 프로세싱 방식으로 변경할 수 있다. 구간 선택 툴로 선택한 사운드 범위의 길이와 템포도 프로세싱 방식으로 조절할 수 있다. 사운드의 길이와 템포를 대화상자를 통해 늘이거나 줄일 수 있기 때문에 사용법이 매우 쉽다. 작업을 적용하면 프로세싱이 적용되어 웨이브 파형의 모양이 변경된 새 클립으로 교체된다.

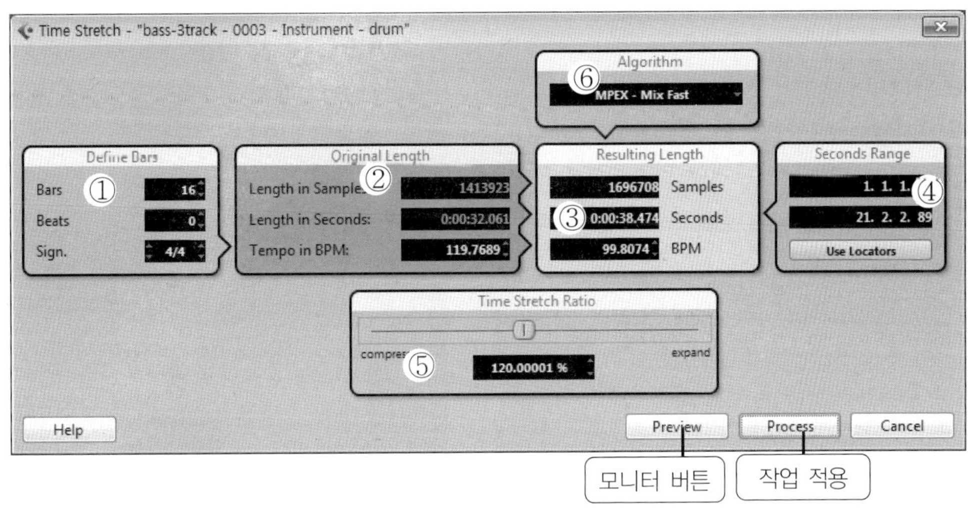

① Define Bars : 마디 수, 비트 수, 박자를 입력해 클립의 길이와 템포를 조절한다. 입력한 값으로 바로 조절된다.

② Original Length : 원본 오디오 클립의 길이와 템포를 보여준다. Length in Samples는 원본 오디오의 길이를 샘플 단위로, Length in Seconds 옵션은 원본 오디오의 길이를 초 단위로, Tempo in BPM은 템포를 표시한다.

③ Resulting Length : 변경된 오디오 클립의 길이와 템포를 보여준다.

④ Seconds Range : 오디오 클립 전체가 아닌 특정 범위의 템포와 길이를 변경하고 싶다면 여기서 범위를 설정한다. 상단 항목에서 범위 시작 지점을, 하단 항목에서 범위 끝 지점을 설정한다. 로케이터로 설정한 구간만 조절할 경우 Use Locators 옵션에 체크한다.

⑤ Time Stretch Ratio : 슬라이더를 조절하는 방식으로 템포와 길이 조절 비율을 설정한다.

⑥ Algorithm : 작업을 적용할 때 사용할 알고리즘을 선택한다.

Plug ins 메뉴 - VST 플러그인 이펙트

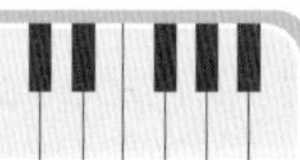

플러그 인(Plug Ins) 메뉴는 오디오 클립에 사용하는 각종 오디오 이펙트(FX) 기능들이 모여 있다. VST 플러그 인 방식으로 동작하기 때문에 Plug-ins 메뉴라고 한다. 참고로, 외부 오디오 이펙트가 VST 방식으로 동작한다면 컴퓨터에 설치하여 큐베이스의 Plug-ins 메뉴로 사용할 수 있다.

오디오 트랙 인스펙터의 Inserts 탭에도 동일한 플러그 인(Plug Ins) 메뉴가 있는데 둘의 차이점을 명확하게 구분하는 것이 좋다. 둘의 차이점은 하나는 프로세싱 방식으로 동작하고, 다른 하나는 리얼타임 방식으로 동작한다는 점에 있다.

메뉴바의 Audio → Plug ins 메뉴는 이펙트가 직접 오디오 클립을 액세스하며 동작한다. 즉, 이펙트를 적용하면 오디오가 프로세싱되어 오디오 파형이 변화된다. 이때 원본 클립은 감추고 파형이 변화된 새 클립을 트랙에 보여준다.

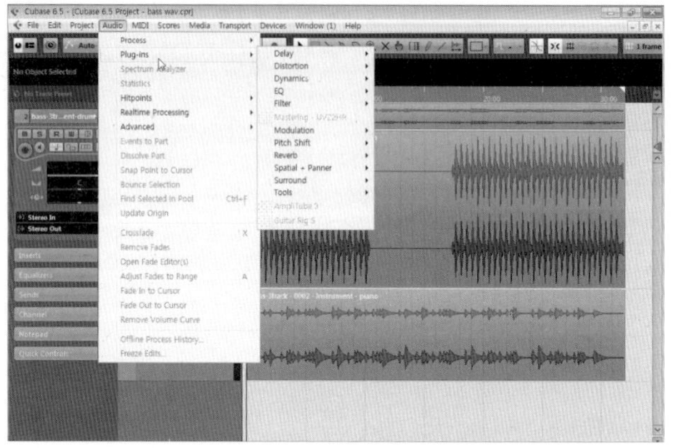

Audio → Plug-ins 메뉴로 실행하는 이펙트 메뉴

오디오 인스펙터의 Insert 탭에서 실행하는 이펙트 기능은 직접 오디오 클립을 프로세싱하지 않고 해당 트랙에 리얼타임으로 덮어씌우기 방식으로 동작한다.
즉 오디오 클립의 원본이 보호된 상태에서 리얼타임 덮어씌우기 방식으로 이펙트를 적용하기 때문에 원본 오디오 파형이 변화되지 않는다.

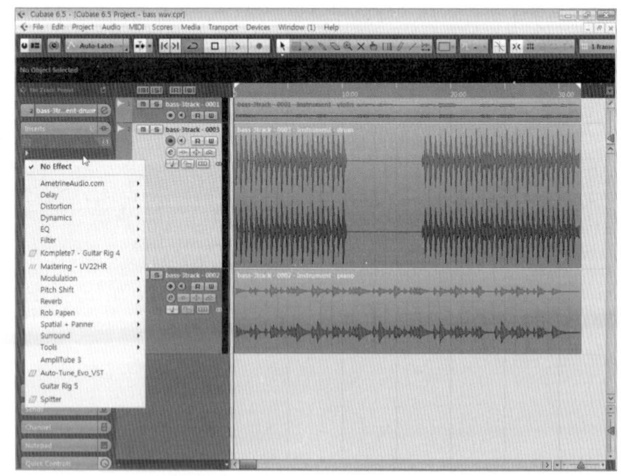

인스펙터의 인서트 탭에서 실행하는 이펙트 메뉴

일반적으로 길이가 짧은 오디오 클립은 직접 프로세싱하기도 하지만 대부분 인서트 탭에서 리얼타임 방식으로 오디오 이펙트를 적용하는 것이 좋다. 리얼타임으로 적용하면 항상 원본 오디오 클립이 보존된 상태이기 때문에 언제든지 수정이 가능하다는 장점이 있다. 오디오 이펙트의 자세한 사용법은 PART 6을 참고한다.

Spectrum Analyzer 메뉴 – 주파수 분석기

선택한 오디오 클립의 레벨 분포와 주파수 특성을 분석한 뒤 스펙트럼 형태로 표시할 때 사용한다. 첫 번째 대화상자에서는 샘플을 분석하는 방식을 선택한다. 두 번째 대화상자에서는 분석된 값을 스펙트럼으로 보여준다.

첫 번째 대화상자는 다음과 같이 오디오 분석 방식을 설정할 때 사용한다.

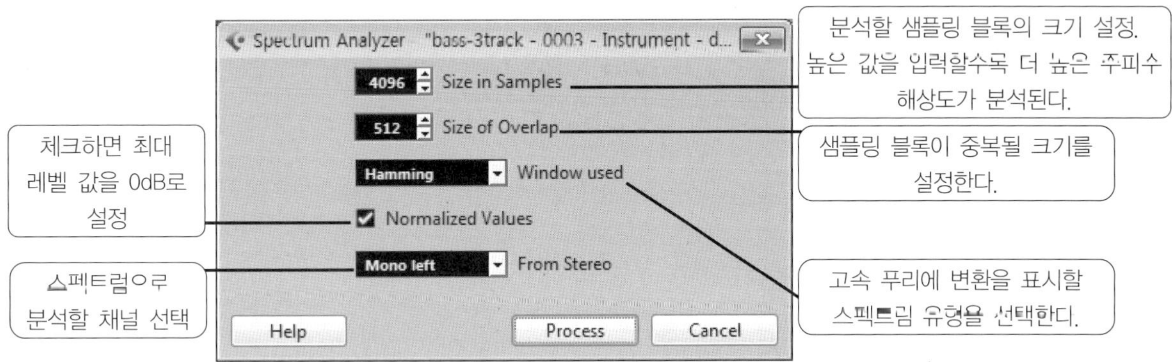

두 번째 대화상자는 분석된 값을 스펙트럼으로 보여준다.

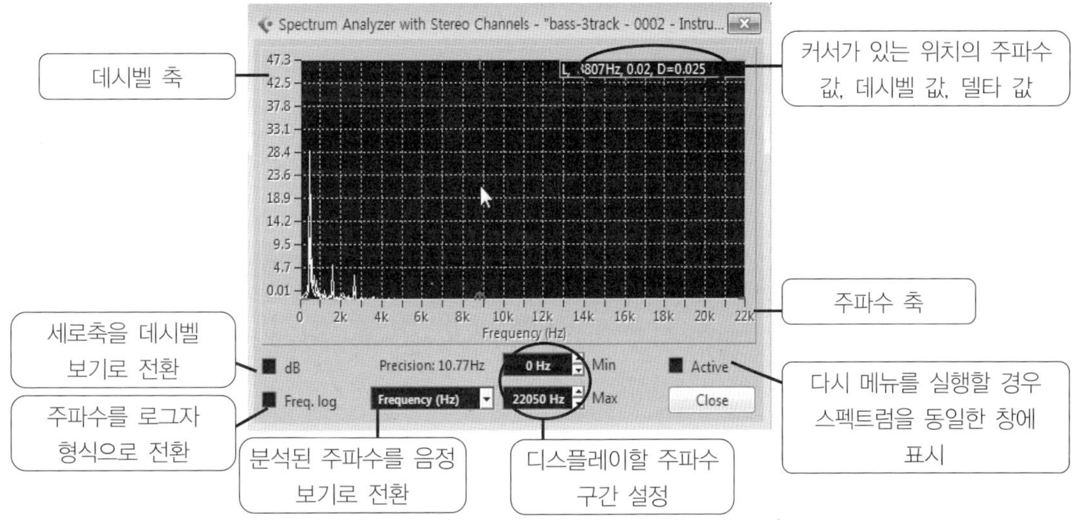

Statistics 메뉴 – 오디오 파일 정보

선택한 오디오 클립 또는 선택한 사운드 구간에 대한 각종 정보를 파악할 수 있다. 외부에서 가져온 사운드 파일의 정보를 확인할 때도 사용한다.

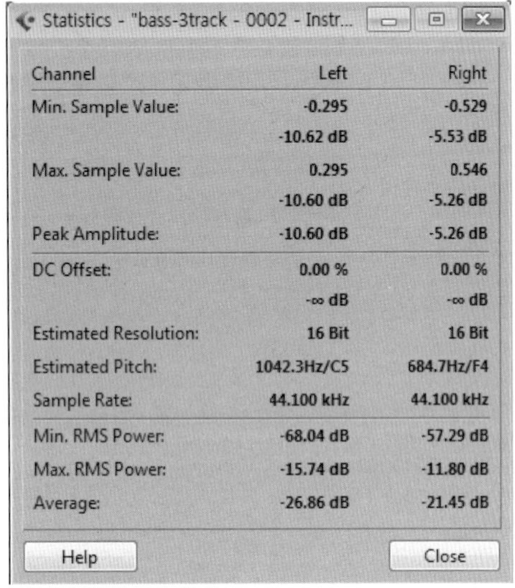

① Min Sample Value : 가장 낮은 레벨(데시벨, 볼륨)을 보여준다.

② Max Sample Value : 가장 높은 레벨을 보여준다.

③ Peak Amplitude : 가장 높은 피크 데시벨을 보여준다.

④ DC Offset : 전기적인 잡음(잡파) 값을 보여준다. Remove DC Offset 메뉴로 잡파를 제거할 수 있다.

⑤ Estimated Resolution : 비트뎁스 값을 표시한다.

⑥ Estimated Pitch : 음정 값을 표시한다.

⑦ Sample Rate : 샘플 레이트 값을 표시한다.

⑧ Min RMS Power : 소리의 감각적인 크기인 라우드니스 값의 최소 볼륨을 표시한다.

⑨ Max RMS Power : 소리의 감각적인 크기인 라우드니스 값의 최대 볼륨을 표시한다.

⑩ Average : 평균 라우드니스 값을 표시한다.

Hitpoints 메뉴

히트포인트 메뉴는 '샘플 에디터'를 실행하지 않고 트랙 뷰에서 히트포인트를 만들거나, 슬라이스 기능으로 파트 오디오를 만들 때 사용한다. 6개의 하위 메뉴 중 일부 기능은 트랙 뷰에서 오디오 클립을 선택한 뒤 바로 사용할 수 있고, Calculate Hitpoints 메뉴는 샘플 에디터에서만 사용할 수 있다. 이들 기능은 샘플 에디터의 히트포인트 탭에서 배운 내용과 중복되므로 자세한 사용법은 PART 4 샘플 에디터를 참고한다.

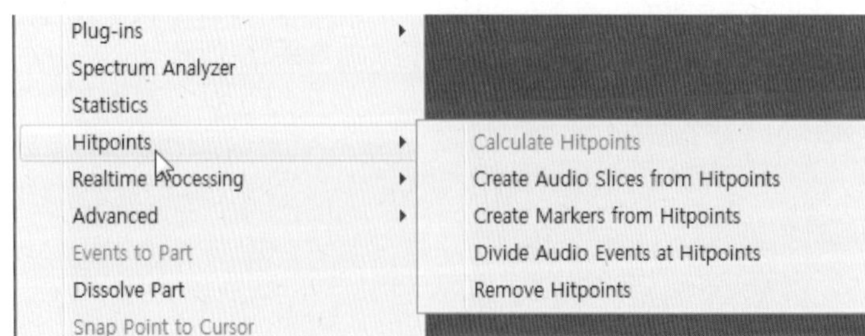

1. Hitpoints → Calculate Hitpoints 메뉴

히트포인트 간격을 연산한다. 샘플 에디터에서만 사용할 수 있는 기능이다.

2. Hitpoints → Create Audio Slices from Hitpoints 메뉴

히트포인트를 기준으로 클립을 잘라 파트 오디오로 만들어준다. 트랙 뷰에서 이 메뉴를 적용하면 육안으로 구분되지 않지만 선택한 오디오 클립이 여러 파트로 나누어진다.

3. Hitpoints → Create Groove Quantize from Hitpoints 메뉴

히트포인트 간격을 그루브 퀀타이즈 프리셋으로 등록한다. 마음에 드는 그루브용 샘플을 불러온 뒤 그루브 퀀타이즈 프리셋을 뽑아 쓸 때 유용하다.

4. Hitpoints → Create Markers from Hitpoints 메뉴

히트포인트 간격을 마커 트랙의 마커로 전환한다.

5. Hitpoints → Divide Audio Events at Hitpoints 메뉴

선택한 오디오 클립을 샘플 단위로 잘라 파트 오디오로 만들어준다.

6. Hitpoints → Remove Hitpoints 메뉴

히트포인트 선을 제거하고 히트포인트 작업 전으로 돌아간다.

 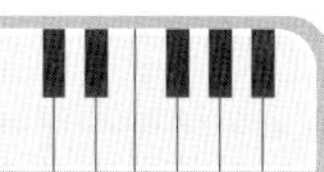 # Realtime Processing 메뉴

Audio 메뉴 중에서 리얼타임으로 동작하는 기능들을 사용할 수 있다.

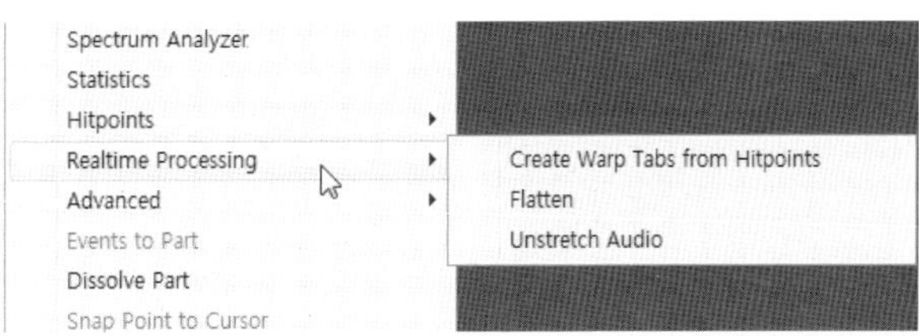

1. Create Warp Tabs from Hitpoints 메뉴

히트포인트 간격을 기준으로 AudioWarp 탭을 만들어준다. PART 4 샘플 에디터 참고.

2. Flatten 메뉴

리얼타임 메뉴를 적용한 오디오 클립을 병합한다. 리얼타임 이펙트를 적용한 경우 CPU 자원이 부족한 경우가 많은데 CPU 자원을 확보할 겸 적용할 수 있다.

3. Unstretch Audio 메뉴

리얼타임 메뉴를 적용한 오디오 클립을 적용 전 상태로 되돌린다. 또는 샘플 에디터의 AudioWarp 탭 기능으로 길이를 늘이거나 줄인 오디오 클립의 작업을 취소하고 원래대로 돌아간다.

 # Advanced 메뉴 – 추가 메뉴 

Advanced 메뉴에는 추가 사용할 수 있는 오디오 프로세싱 메뉴들이 모여 있다.

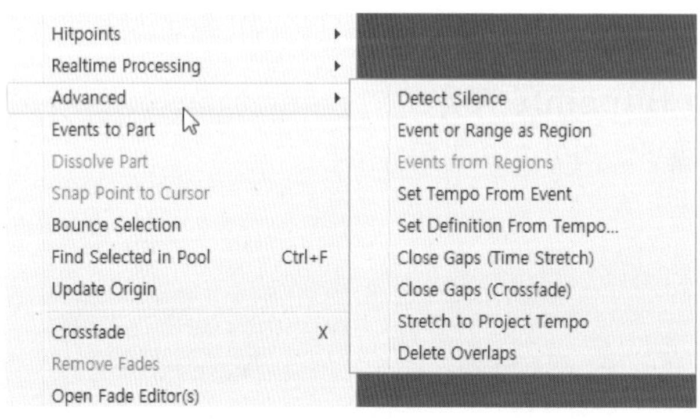

1. Detect Silence 메뉴

오디오 클립에서 사운드가 없는 부분(연주자가 쉬는 부분)을 공백으로 처리하고 삭제한다. 트랙에는 사운드가 있는 파트만 남게 된다. 자동(Auto)에 체크하지 않고 데시벨 값을 직접 설정하면 그 이하 데시벨 영역이 공백으로 처리되어 삭제된다.

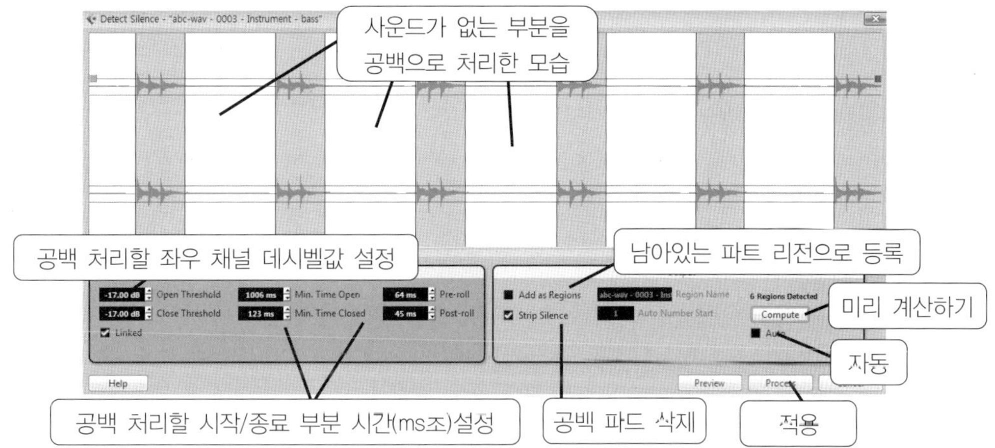

다음은 오디오 클립에서 −17dB 이하를 공백으로 처리한 모습이다. 아무거나 오디오 클립을 선택한 상태에서 Detect Silence 메뉴를 −17dB 이하로 적용하면 확인할 수 있다.

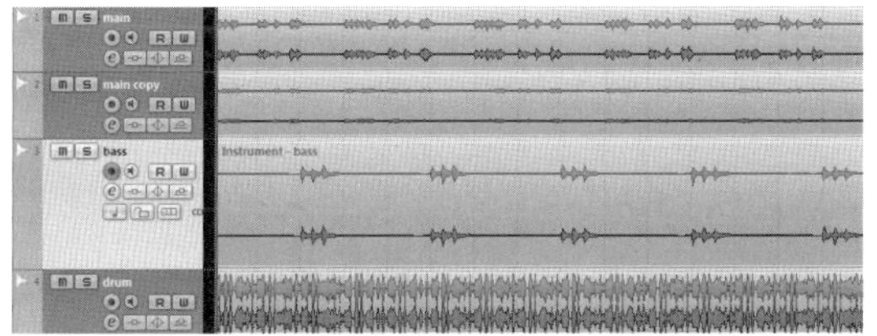

오디오 클립 선택 후 Detect Silence 메뉴 적용

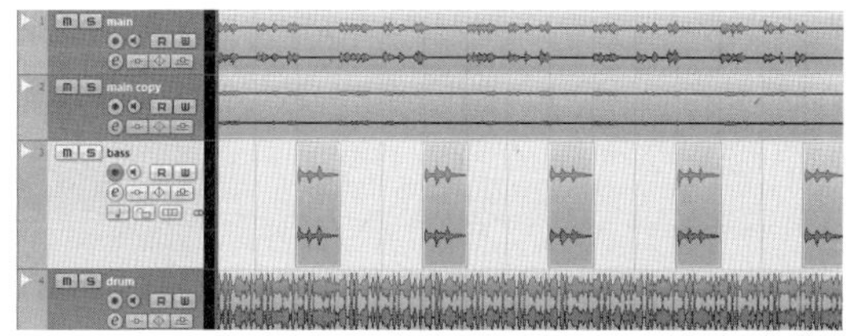

지정한 데시벨 이하를 공백 처리한 모습

2. Event or Range as Region 메뉴(리전 만들기)

선택한 오디오 클립 또는 여러 개의 오디오 클립을 선택한 상태에서 적용하면 해당 클립들을 리전으로 등록할 수 있다. 또는 샘플 에디터에서 구간 선택 툴로 구간을 설정한 뒤 이 메뉴를 실행하면 리전으로 등록할 수 있다. 보통 루프 음악으로 사용할 클립 여러 개를 리전으로 등록할 때 사용한다. 리전에 대해서는 PART 4 샘플 에디터의 리전 기능을 참고한다.

3. Events from Regions 메뉴(리전 분리)

리전이 있는 오디오 클립을 선택한 뒤 실행한다. 리전을 개개별 오디오 클립으로 분리할 때 사용한다.

4. Set Tempo from Event 메뉴(템포 가져오기)

선택한 오디오 클립의 템포를 프로젝트의 템포로 사용한다. 먼저 룰러에서 범위를 설정한다. 템포를 가져올 클립을 선택한 상태에서 메뉴를 적용하면 프로젝트의 템포로 사용된다.

5. Set Definition from Tempo 메뉴(템포 정보 삽입하기)

메트로놈이나 템포 가이드 없이 자유 템포로 녹음한 오디오 클립에 프로젝트의 템포 정보를 삽입한다. 보통 멀티트랙으로 녹음한 드럼 세션에서 특정 트랙의 템포를 맞출 때 유용하다. Save를 선택하면 현재 프로젝트에서 사용되고 Write를 선택하면 해당 오디오에 템포 정보를 저장한 뒤 다른 프로젝트에서 사용하게 할 수 있다.

6. Close Gaps 메뉴(빈 파트 채우기)

슬라이스한 오디오 클립의 각 파트별로 빈 공백이 있을 경우, 자동으로 채워주는 기능이다. 보통 오디오 클립을 각 파트별로 슬라이스한 뒤 스트레칭하거나 템포 변경을 하면 파트와 파트 사이에 공백이 발생한다. 이때 이 메뉴를 적용해 공백을 채울 수 있다. 프로젝트의 템포가 루프 클립 템포보다 늦을 경우 사용하면 유용하다.

7. Stretch to Project Tempo 메뉴(템포 맞추기)

히트포인트가 설정된 오디오 클립이 있는 상태에서 프로젝트의 템포를 변경하는 경우가 있다. 이때 이 메뉴를 적용하면 히트포인트가 설정된 오디오 클립의 템포가 프로젝트 템포에 맞게 조절된다.

8. Delete Overlaps 메뉴(겹쳐있는 싸이클 녹음 클립 삭제)

오디오를 Keep-Cycle 녹음 방식으로 녹음한 경우 트랙에 녹음 클립들이 겹치게 되는데, 이 가운데 마음에 드는 레인의 클립을 선택한 뒤 이 메뉴를 적용하면 겹쳐있는 레인들을 삭제할 수 있다.

 **Events to Part 메뉴 – 파트 오디오 클립 만들기** 

여러 오디오 클립을 선택한 상태에서 실행한다. 해당 오디오 클립들이 각각의 파트로 들어가 있는 하나의 긴 오디오 클립(파트 오디오 클립)으로 전환된다. 이후 파트가 있는 오디오 클립을 더블클릭하면 파트 에디터가 실행되어 편집할 수 있다.

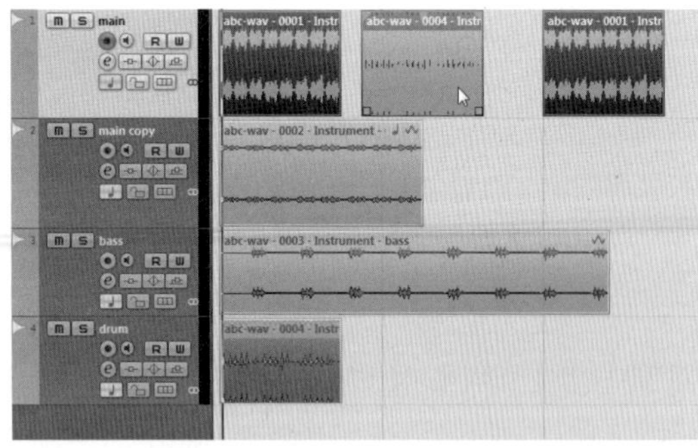

마우스 드래깅으로 오디오 클립 3개 선택

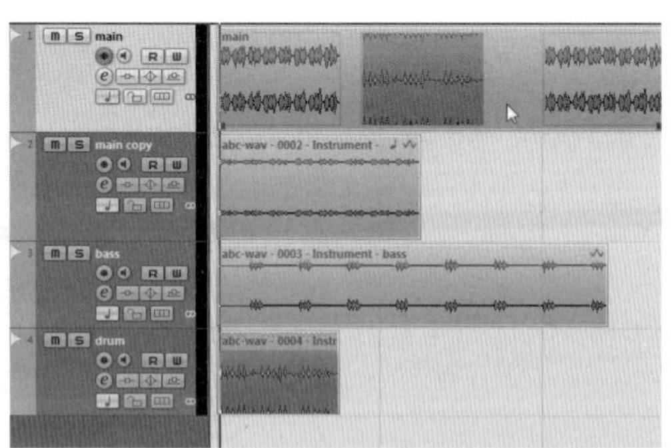

메뉴를 적용해 하나의 오디오 클립으로 전환한 모습

Dissove Part 메뉴 – 파트 오디오 클립 해제하기

여러 개의 파트가 있는 파트 오디오 클립을 선택한 상태에서 실행한다. 각각의 파트를 단일 오디오 클립으로 전환해준다.

파트가 있는 오디오 클립의 모습

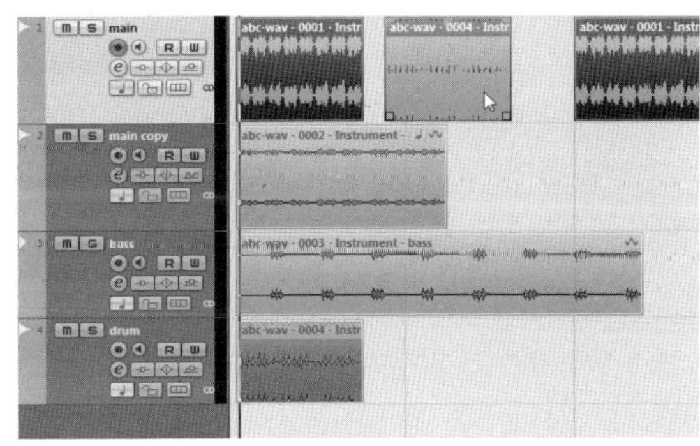

메뉴를 적용해 파트를 개개별 클립으로 전환한 모습

Snap Point to Cursor 메뉴

이 메뉴는 현재 프로젝트 커서가 있는 위치에 이벤트가 스냅되도록 한다. 각종 이동 작업을 프로젝트 커서에 맞게 배치할 때 유용하다. 보통 곡의 시작점에 프로젝트 커서를 이동시킨 후 여러 트랙의 클립들을 곡의 시작점(프로젝트 커서 위치)에 맞출 때 유용하다.

Bounce Selection 메뉴 – 바운싱 기능

바운싱 기능은 오디오 클립에 리얼타임으로 적용한 각종 효과, 편집 내용을 실제 적용해 웨이브 파형이 변경된 오디오 클립으로 만들어준다. 예를 들어 모자 쓴 마네킹이 있을 때, 이 마네킹을 바운싱하면 모자까지 마네킹과 동일 성분이 되어 완전 붙어 있는 상태가 되는데 이를 바운싱이라고 한다.

다음과 같이 페이드 인 삼각형을 드래그하여 페이드 인 효과를 만들어보자.

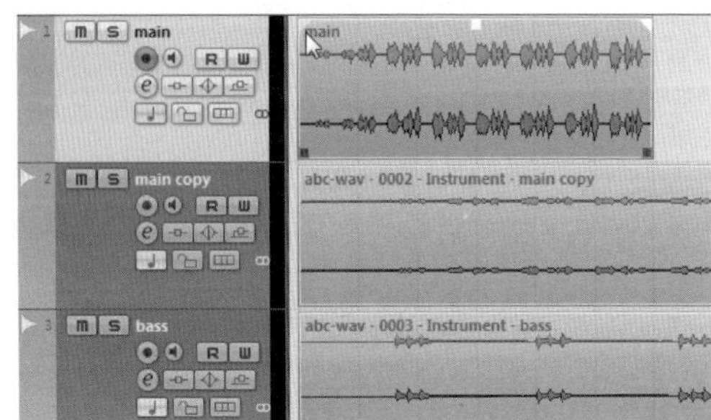

오디오 클립의 맨 왼쪽 페이드 인 삼각형 드래그

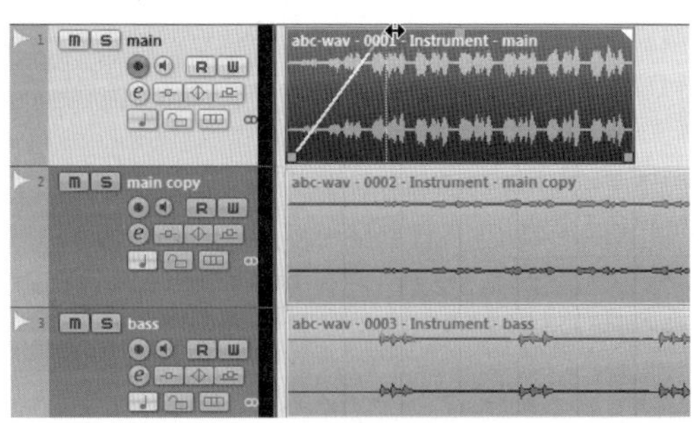

페이드 인 효과를 만든 모습

페이드 효과로 인해 웨이브 파형이 변경되었지만 실제로는 원본 오디오 클립의 웨이브 파형은 변경되지 않고 리얼타임으로 페이드 인을 씌운 상태이다. 이때 Bounce Selection 메뉴를 적용하면 오디오 파일을 액세스하여 아예 오디오 파형이 변형된 페이드 인이 만들어진다.

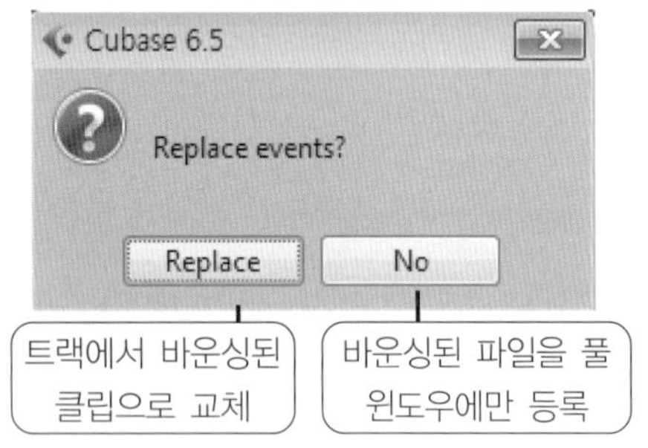

트랙에서 바운싱된 클립으로 교체

바운싱된 파일을 풀 윈도우에만 등록

Bounce Selection 메뉴 적용

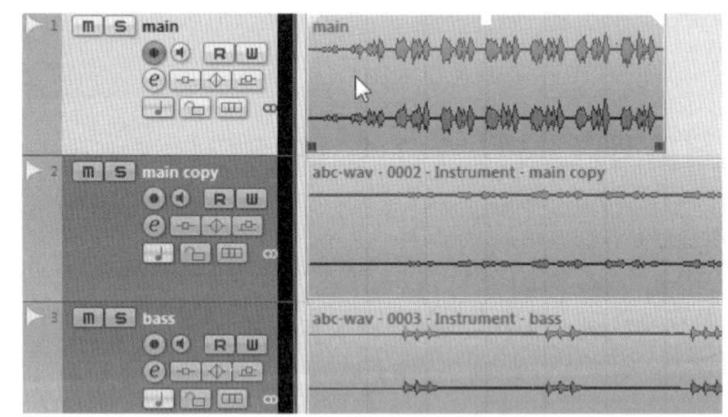

트랙에서 바운싱 파일로 교체된 모습

Find Selected in Pool 메뉴 - 풀 윈도우에서 찾기

선택한 오디오 클립이 어디에 있는지 풀 윈도우에서 검색하는 기능이다. 풀 윈도우는 바운싱을 적용해도 원본을 풀 윈도우에서 보관하고 복사본을 트랙 뷰에서 사용한다. 이 메뉴를 실행하면 선택한 오디오 클립이 어디에 있는지 풀 윈도우에서 찾아낸 뒤, 선택 상태로 만들어준다.

Update Origin 메뉴

풀 윈도우에 등록된 해당 클립의 Original Time(오지지널 스타트 타임, 해당 클립의 녹음 시작 타임)을 변경할 때 사용한다. 먼저 오디오 클립의 위치를 이동시킨 뒤 해당 오디오 클립이 선택된 상태에서 이 메뉴를 실행한다. 그런 뒤 Project → Pool 메뉴로 풀 윈도우를 열면 해당 오디오 클립의 Original Time이 새로 갱신된 것을 알 수 있다. Original Time에 대해서는 PART 7 Project → Pool 메뉴를 참고한다.

Crossfade 메뉴 – 크로스페이드 적용

오디오 클립 2개가 겹쳐있을 경우, 겹쳐진 부분에 자동으로 크로스페이드를 만들어준다.
먼저 겹쳐진 두 오디오 클립을 선택한 상태에서 메뉴를 적용하면 대화상자 없이 크로스페이드가 만들어진다.

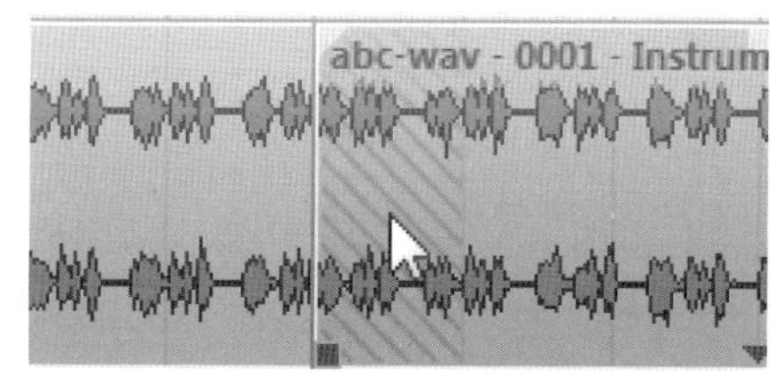

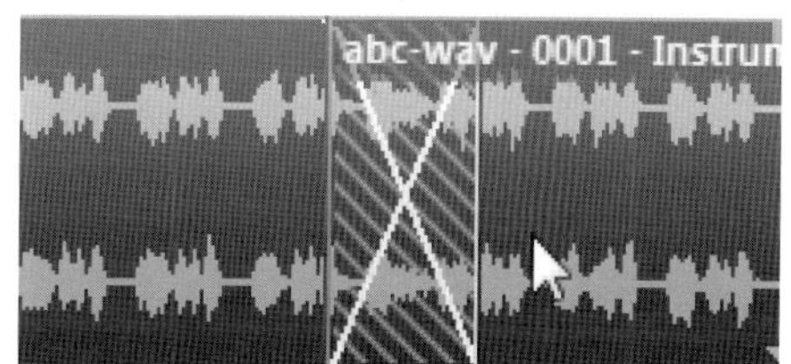

두 오디오 클립이 겹쳐있는 모습   크로스페이드를 만든 모습

Remove Fades 메뉴 – 페이드 해제

선택한 오디오 클립에 적용되어 있는 페이드 인, 페이드 아웃, 크로스페이드를 제거하고 페이드를 적용하지 않은 상태로 만들어준다. 페이드가 적용된 오디오 클립을 선택한 상태에서 실행한다.

Open Fade Editors 메뉴(페이드 에디터)

'페이드 인/아웃'이나 '크로스페이드'를 수정하도록 페이드 에디터를 실행한다.

Audio → Process → Fade In/Out 메뉴가 웨이브 파형을 직접 액세스하는 프로세싱 기능이라면, 마우스 드래깅으로 만든 페이드 효과와 Audio → Crossfade 메뉴로 만든 크로스페이드 효과는 리얼타임으로 만든 페이드 효과이다.

페이드 에디터는 리얼타임으로 만든 페이드 효과의 곡선 모양을 수정할 때 사용한다. 대화상자의 사용법은 Audio → Process → Fade In/Out 메뉴와 동일하다.

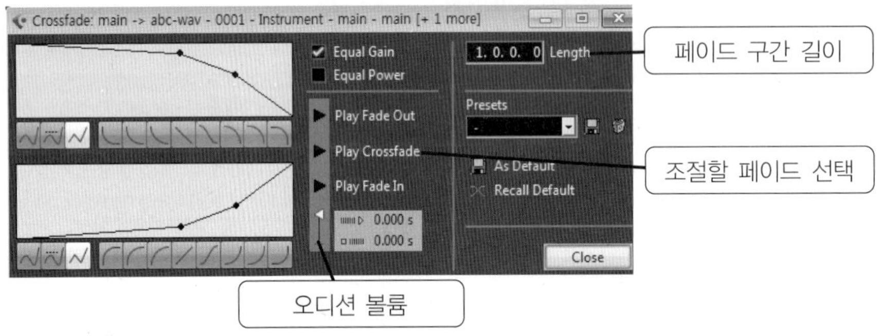

Adjust Fades Range 메뉴 – 구간 선택 영역 페이드

'구간 선택 툴'로 선택한 구간에 자동으로 페이드를 만들어 준다. 트랙 뷰에서 수직으로 여러 트랙들의 구간을 선택한 뒤 일률적으로 동일 위치에 페이드 효과를 삽입할 때 유용하다. 이때 선택 시작 지점은 페이드 인이, 선택 종료 지점은 페이드 아웃이 만들어진다.

Fade In to Cursor 메뉴 – 커서 위치에 페이드 인

선택한 오디오 클립의 시작 부분에 페이드 인 효과를 삽입하는데, 이때 프로젝트 커서가 있는 위치까지 페이드 인을 만들어 준다.

Fade Out to Cursor 메뉴 – 커서 위치에 페이드 아웃

선택한 오디오 클립의 종료 부분에 페이드 아웃 효과를 삽입하는데, 이때 프로젝트 커서가 있는 위치까지 페이드 아웃을 만들어준다.

Remove Volume Curve 메뉴 – 볼륨 엔벨로프 삭제

선택한 클립에 볼륨 엔벨로프 커브가 있을 경우 제거해준다. 볼륨을 원래대로 되돌릴 수 있다.

Offline Processing History 메뉴 – 프로세싱 수정

Audio → Process 메뉴에서 적용한 프로세싱 기능을 수정하는 기능이다. 선택한 오디오 클립에 어떤 프로세싱 메뉴가 적용되었는지 목록으로 확인하고, 또한 적용한 프로세싱을 제거하거나 옵션을 수정할 수 있고, 다른 프로세싱으로 교체할 수 있다.

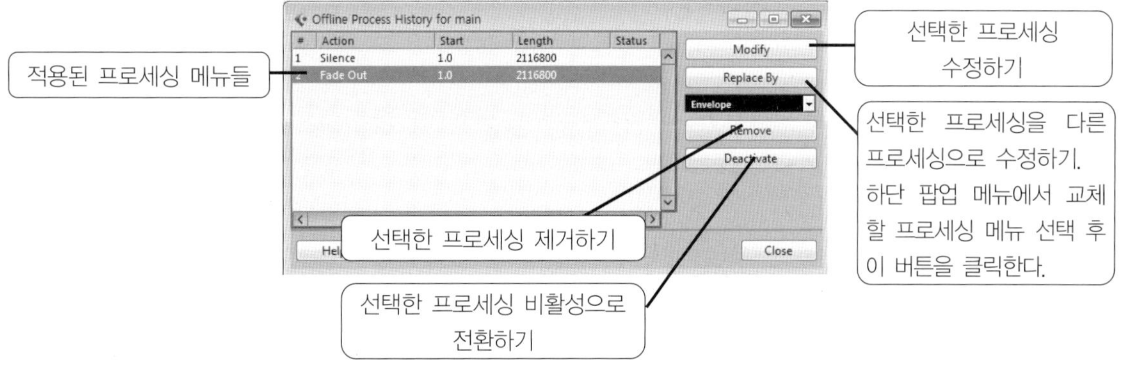

Freeze Edits 메뉴 - 원본 파일에 프로세싱 적용하기

클립에 프로세싱을 적용할 경우, 원본을 복사해서 프로세싱을 적용했으므로 원본 파일은 프로세싱이 적용되지 않고 감추어 둔 상태이다. 이때 다른 트랙에서 다시 사용하거나 앞과 다른 프로세싱을 적용할 경우 생성되는 복사본 파일들은 원본 파일 이름에 xx-01, xx-02... 식으로 번호가 붙는다. 이 경우, 사용자들은 프로세싱이 적용된 파일을 다른 프로그램에서 사용하고 싶어도 파일 이름이 헷갈리기 때문에 어느 파일에 어떤 프로세싱이 적용되었는지 알 수가 없다.

이때 Freeze Edits 메뉴를 사용하면 감추어둔 원본 파일에 프로세싱을 적용해주기 때문에 프로세싱이 적용된 파일을 쉽게 찾아서 다른 프로그램에서 활용할 수 있다.

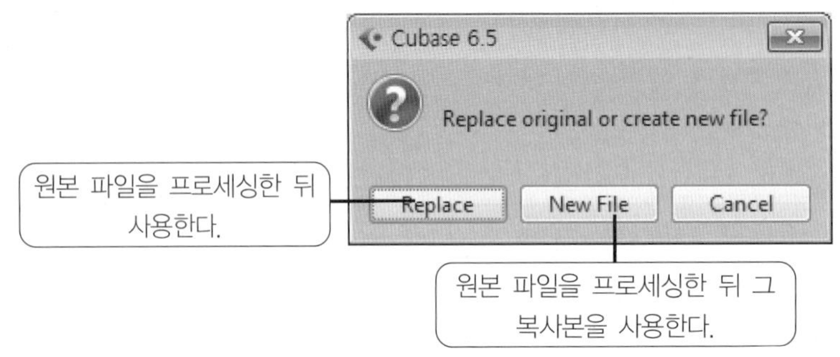

Open Key Editor	
Open Score Editor	Ctrl+R
Open Drum Editor	
Open List Editor	
Open In-Place Editor	
Transpose Setup...	
Merge MIDI in Loop...	
Freeze MIDI Modifiers	
Dissolve Part	
Bounce MIDI	
O-Note Conversion	
Repeat Loop	
Functions	▶
Logical Editor...	
Logical Presets	▶
Drum Map Setup...	
Insert Velocities...	
CC Automation Setup...	
Note Expression	▶
Expression Map Setup...	
Reset	

- Open Key Editor 메뉴 : 키 에디터 실행하기
- Open Score Editor : 스코어 에디터(악보 창) 실행하기
- Open Drum Editor : 드럼 에디터 실행하기
- Open List Editor : 리스트 에디터 실행하기
- Open In-Place Editor : 인 플레이스 에디터 실행하기
- Transpose 메뉴 : 음정 변경하기
- Merge MIDI in Loop 메뉴 : 미디 파트 병합하기
- Freeze MIDI Modifiers 메뉴 : 미디 이펙트를 미디 이벤트로 병합하기
- Dissolve Part 메뉴 : 병합된 미디 트랙 분리하기
- Bounce MIDI 메뉴 : 미디 클립 바운스하기
- O-Note Conversion 메뉴 : 드럼 노트 위치 인식시키기
- Repeat Loop 메뉴 : 미디 클립 루프시키기
- Functions 메뉴 : 펑션 메뉴 사용하기
- Logical Editor 메뉴 : 로지컬 에디터로 검색하고 작업하기
- Logical Presets 메뉴 : 로지컬 에디터 기능을 메뉴 방식으로 실행하기
- Drum Map Setup 메뉴 : 드럼맵 만들기
- Insert Velocities 메뉴 : 벨로서티 삽입하기
- CC Automation Setup 메뉴 : 미디 컨트롤러 프리셋 만들기
- Note Expression 메뉴 : 노트 익스프레션 사용하기
- Expression Map Setup 메뉴 : 익스프레션 맵 설정하기
- Reset 메뉴 : 가상악기 사운드 리셋하기

Open Key Editor 메뉴 – 키 에디터

키 에디터를 실행한다. 막대 방식으로 노트를 입력할 수 있다. 자세한 사용법은 PART 4 키 에디터를 참조한다.

Open Score Editor 메뉴 – 스코어 에디터

스코어 에디터(악보 창)를 실행한다. 자세한 사용법은 PART 4 스코어 에디터를 참고한다.

Open Drum Editor 메뉴 – 드럼 에디터

드럼 노트를 입력하기 위해 드럼 에디터를 실행한다. 자세한 사용법은 PART 4 드럼 에디터를 참고한다.

Open List Editor 메뉴 – 리스트 에디터

목록창에서 미디 이벤트를 수정할 수 있도록 리스트 에디터를 실행한다. 자세한 사용법은 PART 4 리스트 에디터를 참고한다.

Open In-Place Editor 메뉴 – 인 플레이스 에디터

미디 트랙에서 막대 형식으로 미디 노트를 입력할 수 있도록 미디 트랙을 인 플레이스 에디터로 전환한다. PART 3 트랙 뷰의 인 플레이스 기능을 참고한다.

Transpose 메뉴 - 스케일, 조, 음정 이동하기

미디의 전체 음정 혹은 선택한 노트의 음정을 위아래로 이동시킬 때 사용한다. 대화상자로 음정을 이동시킬 수 있기 때문에 한 번에 여러 노트를 대상으로 작업할 수 있다. 참고로, 음정을 이동시킬 때는 반음 단위로 이동시킬 수 있다.

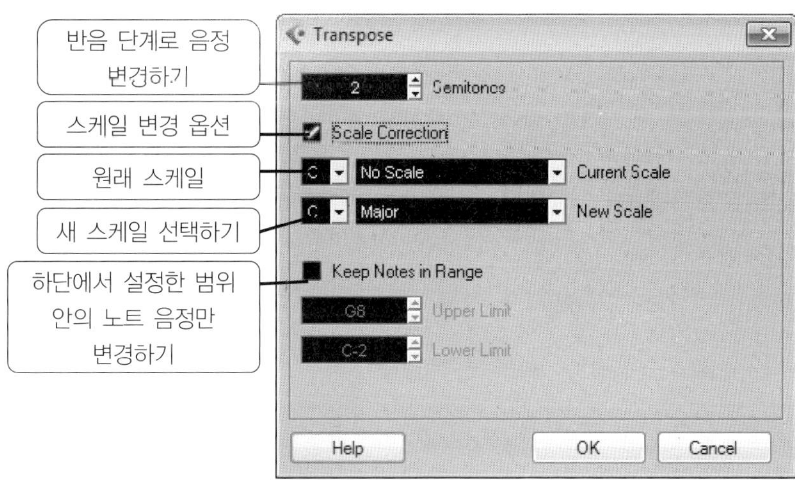

다음은 미디 노트의 음정을 변경하는 모습이다. 특정 노트를 선택하지 않은 경우에는 해당 미디 클립의 전체 음정이 변경된다.

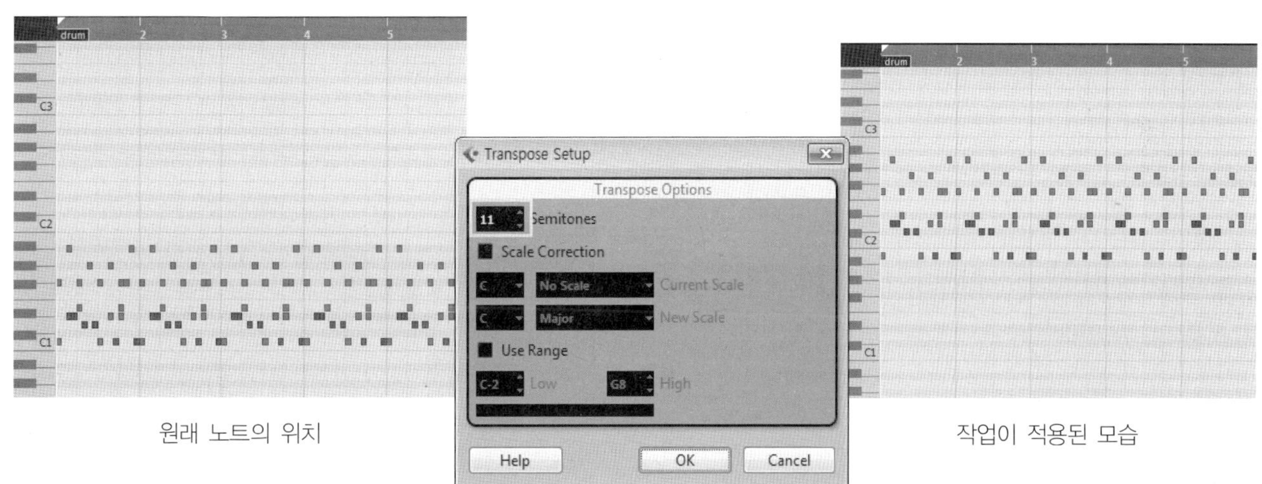

원래 노트의 위치   작업이 적용된 모습

11 세미톤 높인 모습

Merge MIDI in Loop 메뉴 – 미디 파트 병합

다른 트랙에 있는 미디 클립을 작업 중인 미디 클립에 합쳐준다. 먼저 로케이터로 구간을 설정해야 이 메뉴가 활성화된다. 메뉴를 적용하면 로케이터 구간에 있는 다른 트랙의 미디 클립이 작업 중인 미디 트랙의 같은 위치에 병합된다. 예를 들어 '높은 음자리용' 노트와 '낮은 음자리용' 노트를 각각 다른 트랙에서 작업한 경우 하나의 미디 파트에 합칠 수 있다.

Smaple 폴더에서 'merge.cpr'을 불러온 뒤 1번 트랙을 선택한다. 룰러에서 원하는 지점을 Ctrl + 클릭해 왼쪽 로케이터, Alt + 클릭해 오른쪽 로케이터를 생성시킨다.

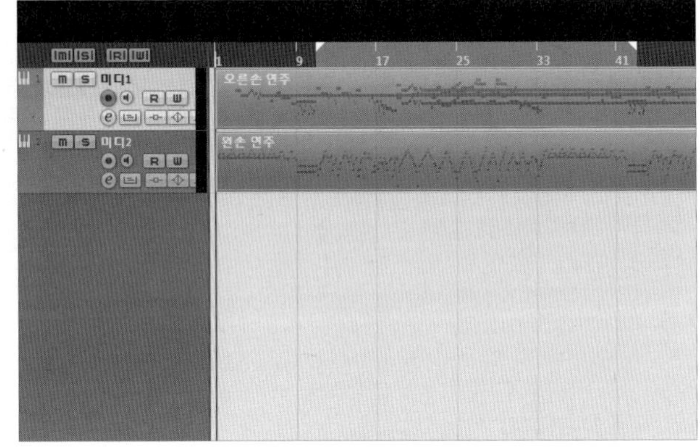

Midi → Merge Midi in Loop 메뉴를 실행한다. 대화상자의 옵션을 체크하면 해당 요소들도 병합됨을 의미한다.

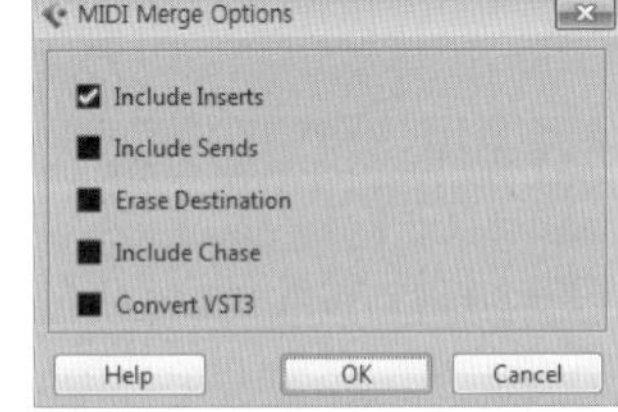

로케이터로 설정한 아래 트랙의 미디 클립이 1번 트랙에 병합된 것을 알 수 있다.

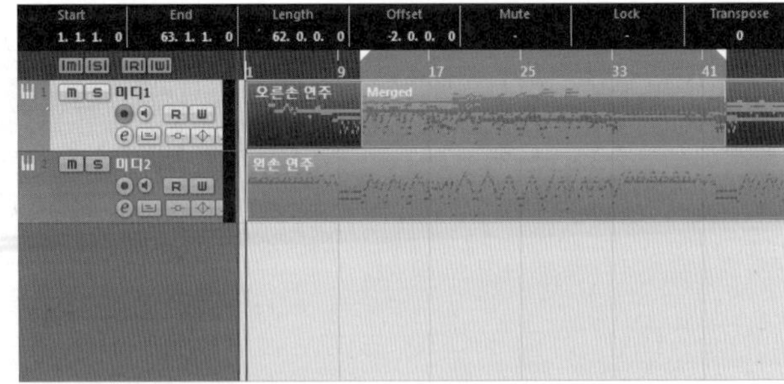

Tip

Merge Midi in Loop 메뉴

Merge Midi in Loop 메뉴는 보통 새 미디 트랙을 만든 뒤 새 미디 트랙에서 나머지 여러 트랙을 하나로 병합하는 것이 더 좋다.

Freeze MIDI Modifiers 메뉴 – 이펙트와 미디 클립 병합

이 메뉴는 미디 트랙에 삽입한 미디 이펙트를 해당 미디 트랙에 합치는 기능이다. 예를 들어 미디 트랙을 선택한 상태에서 인스펙터의 MIDI Inserts 탭에서 MIDI Echo 이펙트를 삽입하면, 해당 미디 트랙에 에코 효과가 나타나지만 리얼타임 방식으로 적용되기 때문에 원본 미디 클립은 수정되지 않는다. 이때 이 메뉴를 적용하면 에코 효과를 해당 미디 클립에 병합하기 위해 에코 효과와 동일한 미디 노트가 생성되고, MIDI Inserts 탭에서 삽입한 MIDI Echo 이펙트는 자동으로 Off으로 변한다.

참고로 이 메뉴는 트랙 뷰에서 미디 트랙을 선택한 뒤 적용한다.

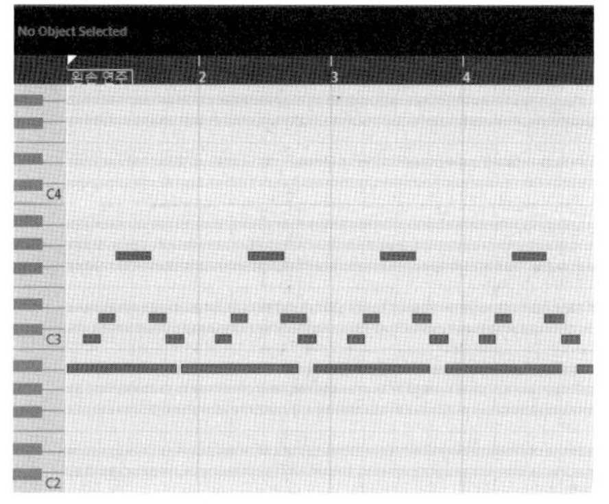

원래 미디 트랙

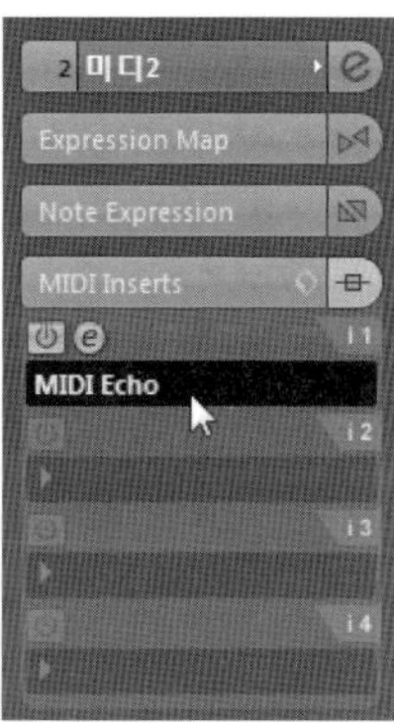

에코 효과 삽입

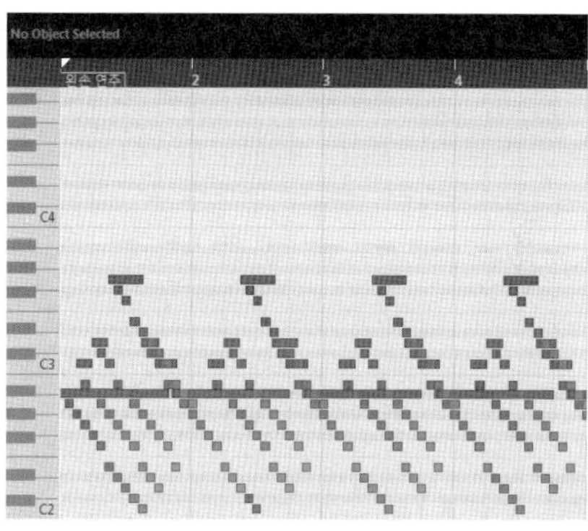

Freeze MIDI Modifiers 메뉴로 에코
효과를 병합한 모습

Dissolve Part 메뉴 – 병합된 미디 트랙 분리하기

인터넷에서 다운받은 MIDI 파일을 Import 메뉴로 불러오면 간혹 모든 트랙이 하나의 트랙으로 합쳐진 미디 파일을 볼 수 있다. Dissolve Part 메뉴는 합쳐진 트랙을 각각의 채널(트랙)로 분리할 때 사용한다. 따라서 하나의 트랙이 여러 개가 될 수도 있다.

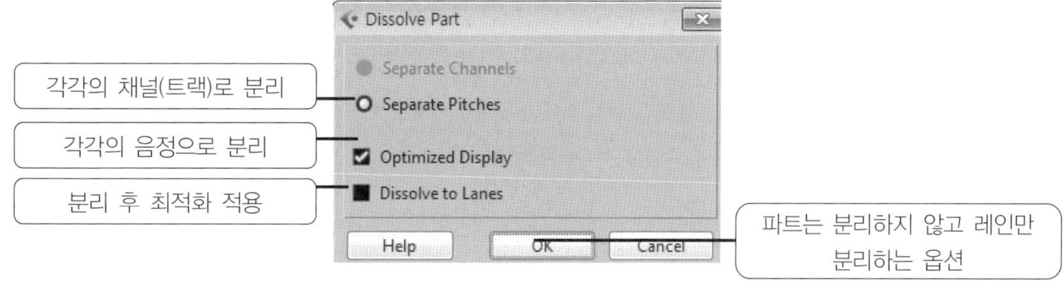

Bounce Selection 메뉴 – 미디 클립 바운싱

오디오 클립 바운싱과 마찬가지로 미디 클립을 바운싱할 때 사용한다. 보통 2개 이상의 미디 클립이 연이어 있거나 겹쳐있을 때, 서로 다른 레인에 미디 클립들이 있을 때, 하나의 미디 클립으로 합쳐서 새 미디 클립으로 만들어준다.

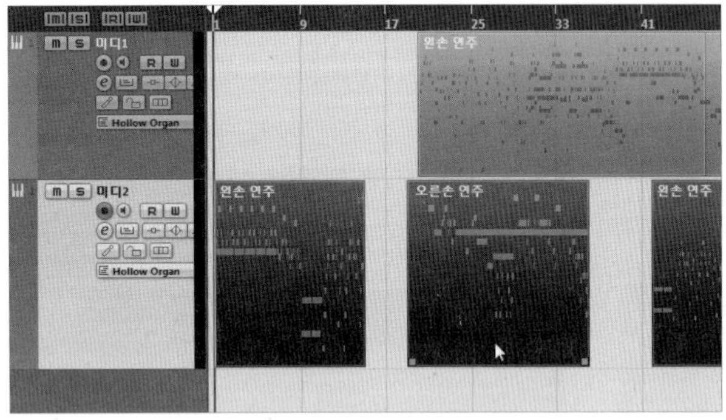

바운싱할 3개의 미디 클립을 선택한 모습

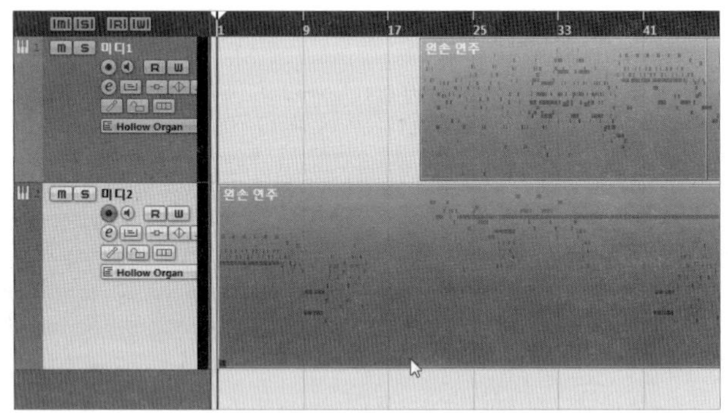

Bounce Selection 메뉴를 적용한 모습

O Note Conversion 메뉴 – 오 노트 변환하기

이 메뉴는 드럼 맵의 O-Note(아웃풋 노트)를 변경한 뒤 사용하다가, 드럼 맵을 미디 트랙으로 변경하기 전 사용하는 기능이다.

예를 들어 드럼 맵에서 Acoustic Snare가 할당된 D1의 O-Note는 원래 D1이다. Acoustic Snare 줄에 드럼 노트를 한참 입력하다 보니 갑자기 다른 드럼인 Low Tom을 사용하고 싶어졌다. 이때 이미 입력한 드럼 노트를 Low Tom이 있는 A1으로 이동시키려면 시간이 걸리기 때문에 O-Note를 클릭해 사용하고 싶은 드럼악기가 있는 A1을 지정한다. 이렇게 하면 Acoustic Snare가 할당된 D1의 O-Note를 D1이 아닌 A1으로 교체된 것이기 때문에 노트를 옮기지 않고도 Acoustic Snare 줄이 Low Tom 악기를 차용해 연주하게 된다.

하지만 드럼 맵을 미디 클립으로 전환하면 D1에 있던 노트들이 A1으로 이동하지 않기 때문에 D1은 계속 Acoustic Snare 악기를 연주하게 된다. 따라서 O-Note를 인위적으로 변경한 드럼 맵은 미디 클립으로 전환하기 전 O-Note Conversion 메뉴를 적용해 D1에 있는 노트들을 A1 위치로 이동시켜야 하며, 이렇게 하면 미디 트랙으로 전환해도 Low Tom 사운드를 들을 수 있게 된다.

예제 샘플인 'drum3 midi.cpr' 파일을 불러온다. 마우스로
미디 클립을 더블클릭한다.

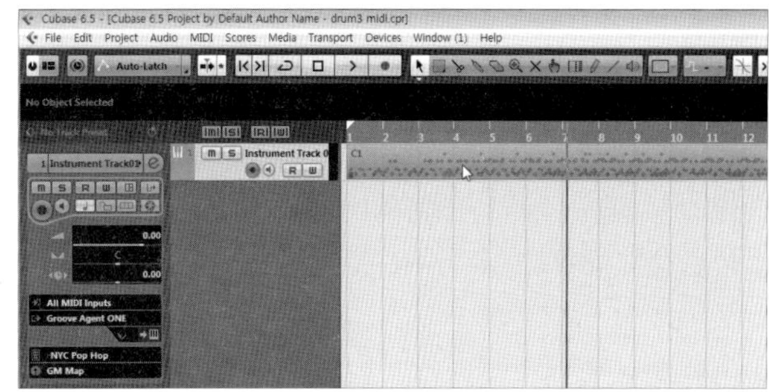

드럼 맵에서 D1의 O Note를 A1로 수정해 사용하는 모습이
다. 원래 D1에는 Acoustic Snare 악기가 할당되어 있지만
아웃풋 노트를 A1으로 수정해 사용하기 때문에 출력시 A1
에 있는 Low Tom 악기가 들린다.

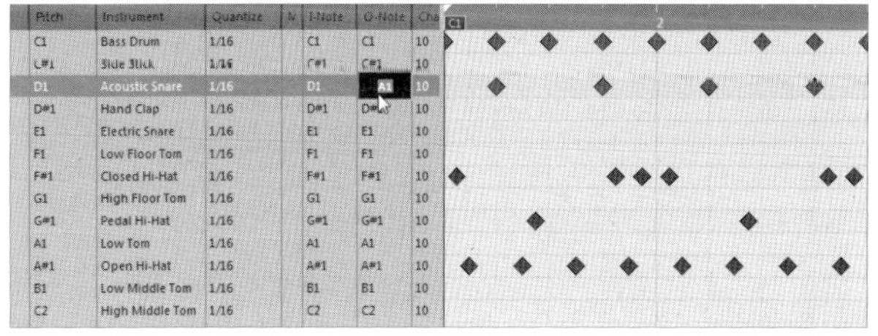

드럼 맵을 일반 미디 클립으로 전환하려면 그 전에 Midi
→ O Note Conversion 메뉴를 적용해야 한다. D1에 있던
드럼 노트가 Low Tom 악기가 있는 A1으로 자동 이동된다.

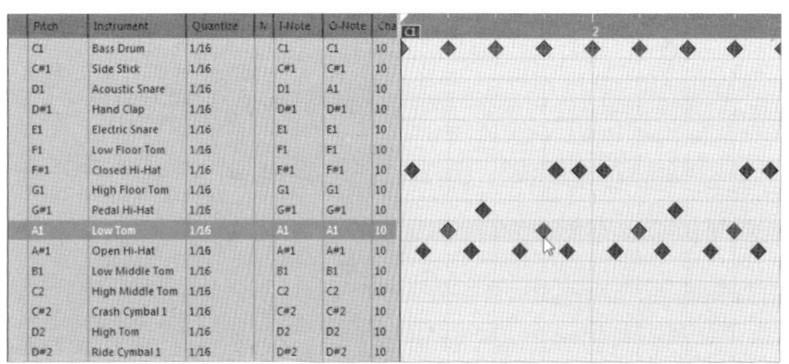

트랙 뷰에서 Drum Map 버튼을 클릭해 'No Drum Map'
메뉴를 적용하면 드럼 맵 클립이 일반 미디 클립으로 전환
된다.

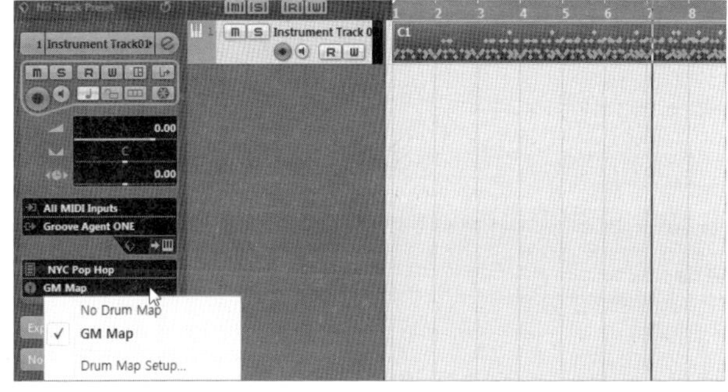

전환된 미디 클립을 마우스로 더블클릭한 뒤 건반의 A1
위치를 확인하면 미디 노트들이 이동되어 온 것을 알 수
있다. 플레이하면 Low Tom 악기도 들리게 된다.

만일 O Note Conversion을 하지 않았다면 계속 D1 악기인
Acoustic Snare 악기가 들릴 것이다.

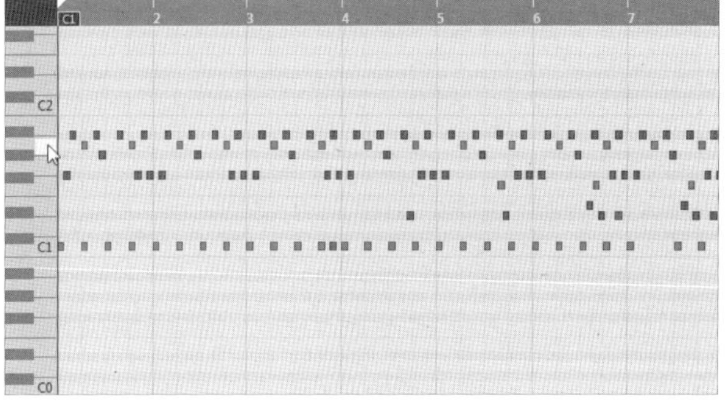

Repeat Loop 메뉴 – 루프 이벤트 자동 채우기

이 메뉴는 1, 2마디 길이로 입력한 미디 노트를 프로젝트 전체 길이만큼 반복해서 채울 때 사용한다. 보통 베이스 파트나 드럼 파트같이 루프용으로 사용할 리듬을 만든 뒤 사용한다.

먼저 비어 있는 트랙을 생성시킨 뒤 미디 트랙을 하나 만든다. 여러분이 원하는 베이스 가상악기를 출력 포트에 연결한다. '연필 툴'로 28마디 길이의 미디 클립을 그려준 뒤 1~4마디 구간에서 루프로 사용할 베이스 리듬을 입력한다. 그런 뒤 키 에디터 툴바의 Independent Track Loop 버튼을 켠 뒤 이 메뉴를 실행하면 나머지 28마디까지 1~4마디에서 입력한 노트들이 자동으로 반복 채워진다.

비어 있는 새 프로젝트를 연 뒤 미디 트랙을 생성시키고, 연필 툴로 28마디 길이의 미디 클립을 그려준다. 베이스 악기는 여러분이 원하는 악기를 연결한다.

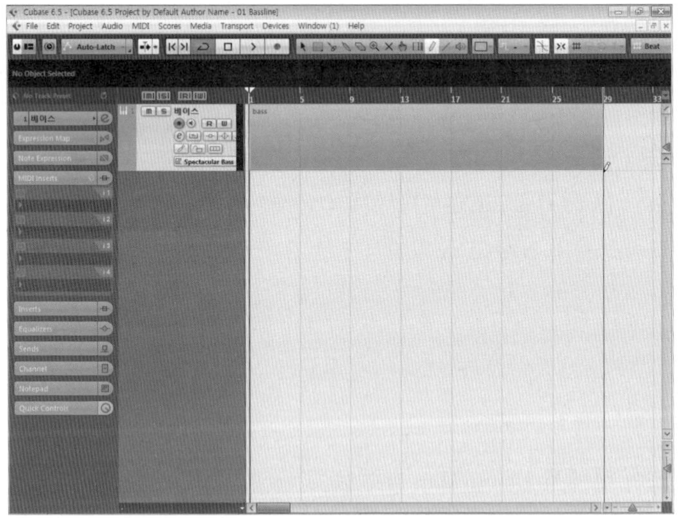

미디 클립을 더블클릭해 키 에디터를 실행한다. 키 에디터 툴바 중앙의 Independent Track Loop 버튼을 On한다.

첫 번째 마디로 돌아온 뒤 연필 툴로 베이스 리듬을 찍어준다. 이때 대략 4마디 길이로 아래 그림처럼 찍어준다. 베이스 리듬이므로 건반의 C1이나 C2를 기준으로 찍어준다.

베이스 리듬이 끝나는 부분인 룰러의 5번 마디 부분을 Alt + 클릭하면 로케이터 구간이 설정된다.

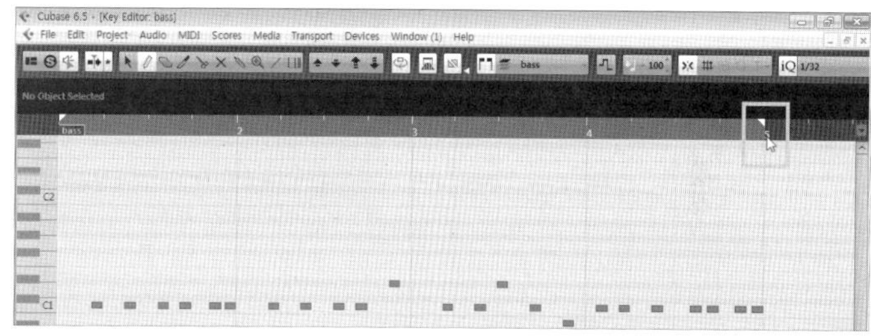

Midi → Repeat Loop 메뉴를 적용한다.

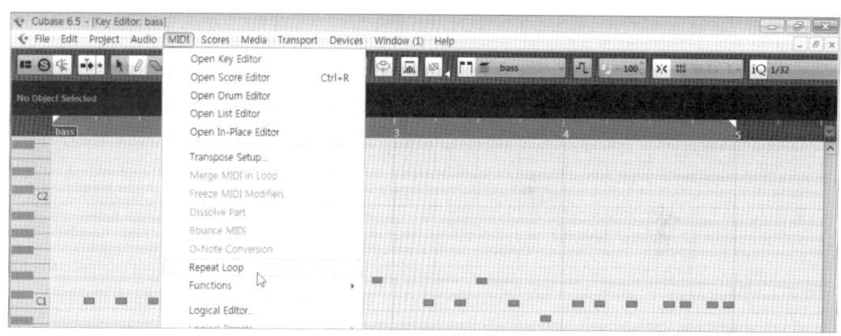

1~4마디 로케이터 구간에 있는 미디 노트들이 클립 끝부분까지 리피트되어 채워지는 것을 알 수 있다.

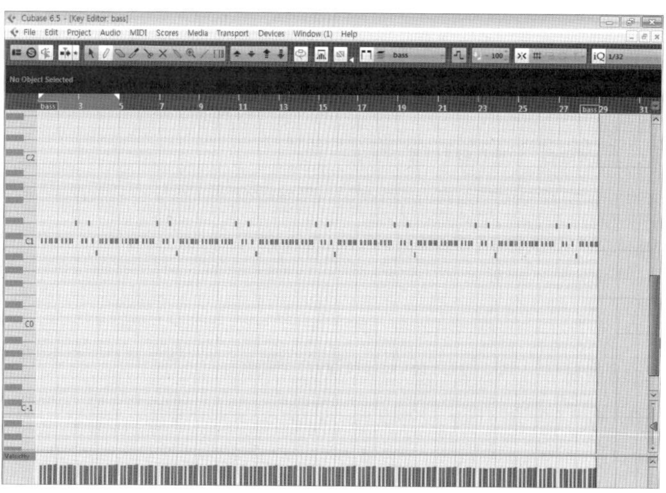

Functions 메뉴

펑션(Funtions) 메뉴는 미디 노트에 여러 가지 변화를 줄 수 있는 메뉴로 구성되어 있다. 노트 입력을 한층 편리하게 하는 기능들이므로 반드시 익혀두는 것이 좋다.

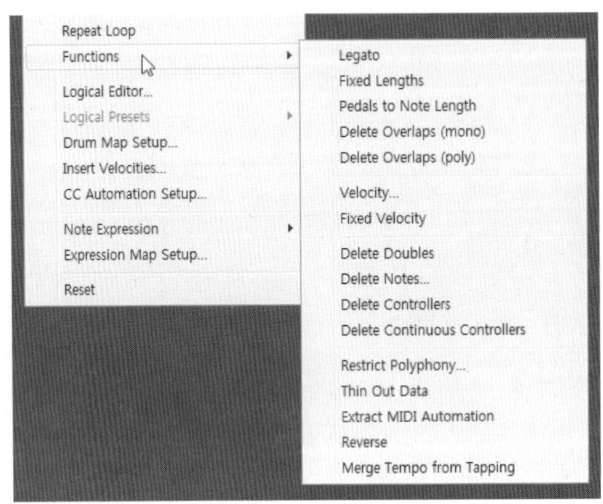

1. Legato 메뉴(레가토)

선택한 노트(하나 또는 2개의 노트)를 레가토 주법으로 연결해준다. 레가토란 음과 음 사이가 끊어지지 않도록 이어서 연주하는 기법을 말한다. 악보상에서는 이음줄 혹은 legato라는 글자로 표기한다.

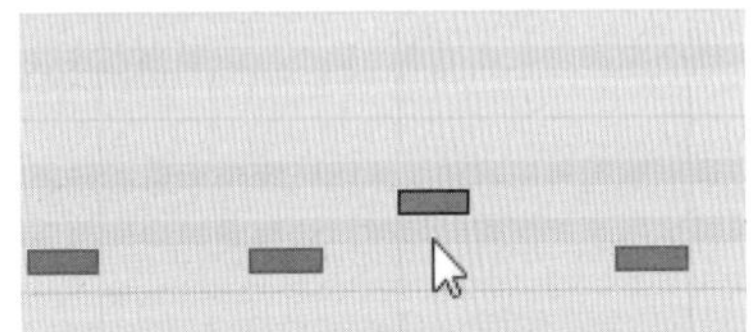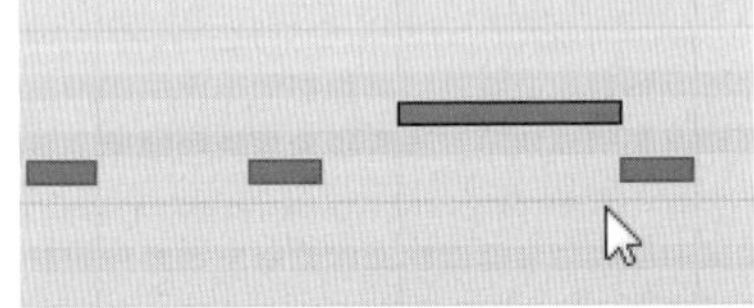

하나의 노트를 선택한 모습   Legato 메뉴를 적용한 모습

2. Fixed Lengths 메뉴

선택한 노트의 길이를 퀀타이즈 해상도에서 설정한 길이로 조절한다. 예를 들어 퀀타이즈 해상도가 4분음표로 설정되어 있으면 선택한 노트 길이가 4분음표로 조절된다.

3. Pedal to Note Length 메뉴

미디 클립에 삽입된 컨트롤러 이벤트인 서스테인 페달 On/Off 이벤트(컨트롤러 64)에 맞게 노트 길이를 실제 조절해준 뒤 서스테인 페달 On/Off 이벤트는 삭제한다.

4. Delete Overlaps(mono)

음 길이가 달라도, 같은 음정에서 2개 이상의 노트가 겹쳐져 있다면 겹쳐있는 것 중 하나만 빼고 나머지는 자동으로 찾아 삭제한다. 앞에서 설명한 Delete Doubles 메뉴와 비슷한 기능이다.

5. Delete Overlaps(poly) 메뉴

건반으로 짧은 노트를 음정을 바꿔가며 연달아 누를 때 음정이 달라도 음 길이가 서로 겹쳐져서 입력되는 경우가 있는데, 이 메뉴는 음정이 달라도 음 길이가 겹쳐있는 노트들을 정돈할 때 사용한다. 예를 들어 음정이 다른 노트의 음 길이가 서로 겹쳐있을 때, 앞쪽 노트를 뒤에 있는 노트의 시작 위치에 맞게 줄여준다.

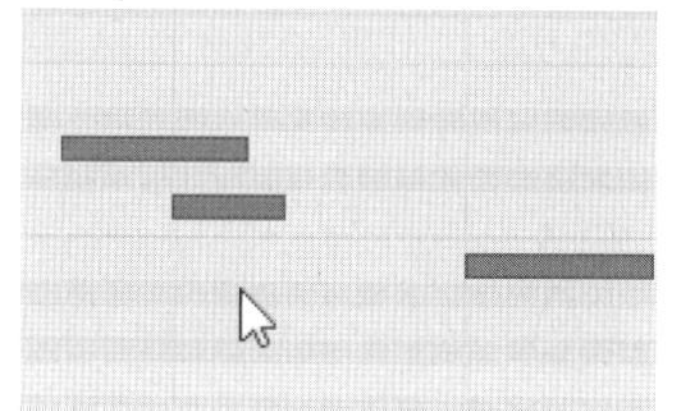

음 길이가 겹쳐있는 노트들   메뉴를 적용한 모습

6. Velocity 메뉴(벨로서티 일괄 교체)

노트들의 벨로서티 값을 일괄 교체할 때 사용한다. 먼저 수정할 노트들을 선택하거나 미디 클립을 선택한 상태에서 실행한다. Type 항목에서 작업 방식을 선택하면 하단 옵션이 달라진다.

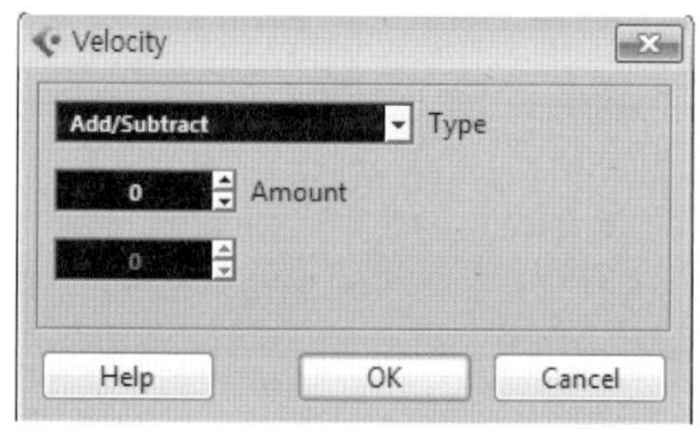

① Add/Subtract 타입 : 하단 Amount에서 설정한 값만큼 더하거나 빼준다.
② Compress/Expand 타입 : 하단 Ratio에서 설정한 % 비율로 더하거나 빼준다.
③ Limit 타입 : 하단 Upper/Lower에서 설정한 값으로 벨로서티를 한정시킨다.

7. Fixed Velocity 메뉴(벨로서티 고정)

선택한 노트들의 벨로서티 값을 '키 에디터 툴바'의 Insert.Vel에서 설정한 벨로서티 값으로 일괄 교체한다.

큐베이스 6의 Ins.Vel   큐베이스 5의 Ins.Vel

8. Delete Doubles 메뉴(완전히 겹쳐있는 노트 삭제)

겹쳐있는 노트를 자동으로 찾아서 삭제해 준다. 싸이클 녹음 시 같은 리듬을 반복 녹음하다 보면 동일 음정, 동일 길이로 노트가 겹쳐져서 입력되는 경우가 있다. 따라서 싸이클 녹음한 미디 클립을 선택한 상태에서 이 메뉴를 실행하는 것이 좋다.

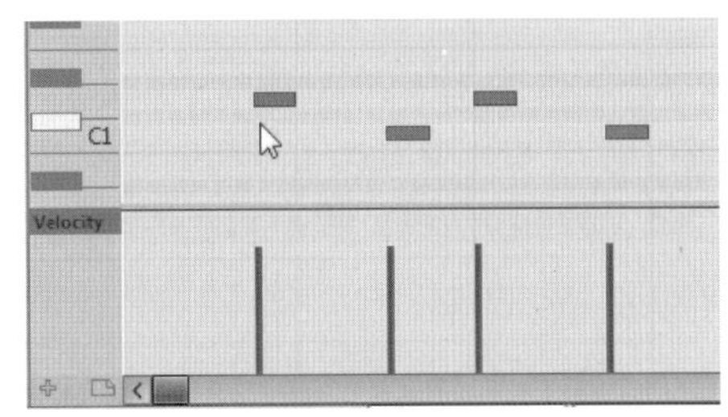

겹쳐서 입력된 노트들

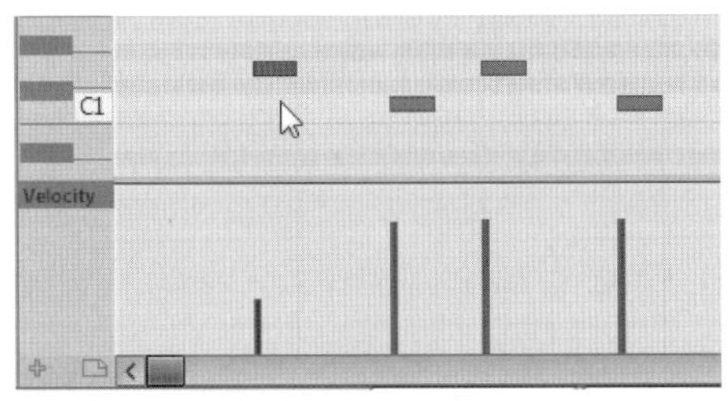

겹쳐있던 노트를 삭제한 모습(아래쪽 노트만 남아 있다.)

9. Delete Notes 메뉴(노트 삭제)

최소 음길이와 최소 벨로서티를 설정한 뒤 그보다 작은 노트들을 일괄 삭제할 때 사용한다. 예를 들어 Bar 부분에서 막대 부분을 좌우로 드래그하면 최소 음길이를 조절할 수 있는데 그 음길이보다 작은 노트가 전부 삭제되는 것이다.

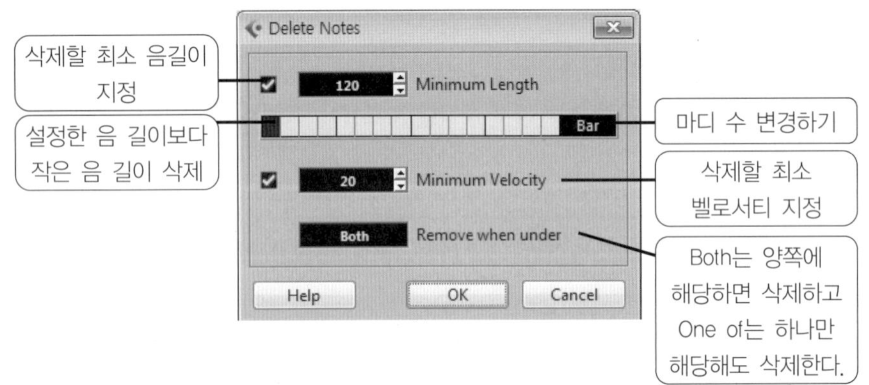

10. Delete Controllers 메뉴(컨트롤러 이벤트 삭제)

선택한 미디 클립에 삽입된 컨트롤러 이벤트를 모두 삭제한다.

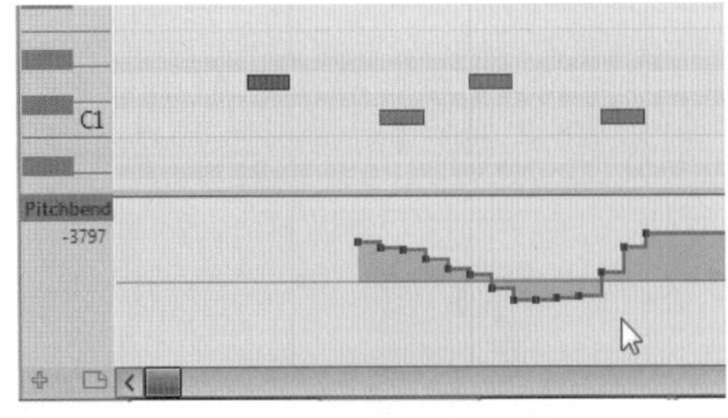

컨트롤러 이벤트를 입력한 모습

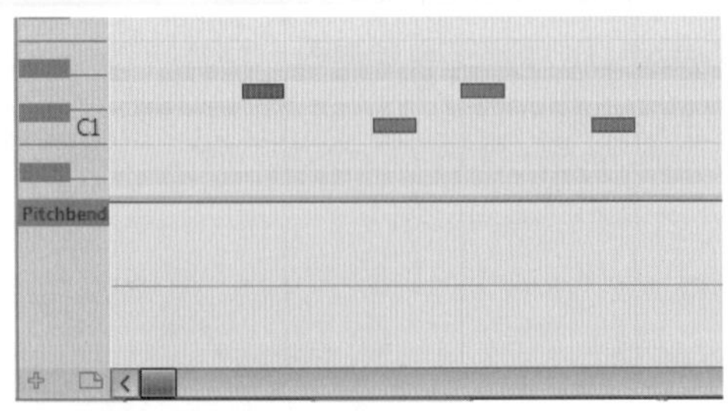

컨트롤러 정보를 모두 삭제한 모습

11. Delete Continuous Controllers 메뉴

연속되는 컨트롤러 정보는 전부 삭제하되, 'On/Off'만을 제어하는 컨트롤러 정보는 삭제하지 않는다.

12. Restrict Polyphony 메뉴(동시 발음되는 보이스 숫자 설정)

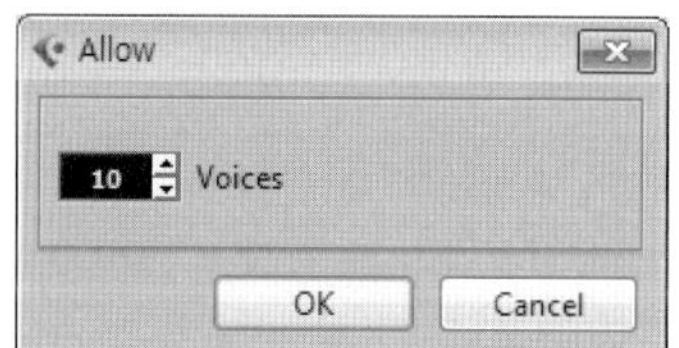

폴리포니(Polyphony)란 한 악기에서 동시에 여러 음(보이스)이 발음(발현)되는 화음을 말한다. 피아노에서 도미솔 건반을 동시에 누를 때 동시에 사운드가 들린다면 동시 발음 수가 3개라는 뜻이다. 만일 동시 발음수를 2로 설정하면 도미솔 건반을 동시에 누를 때 2개 음정만 들리게 된다. 여기서 동시에 발음될 보이스 숫자를 지정한다.

참고로, 동시에 발음되는 보이스 개수가 1개인 경우 모노 또는 모노포닉이라고 한다. 일반적으로 가상악기 대부분이 폴리포니를 지원하기 때문에 화음의 자유로운 발현이 가능하다. 요즘은 보이스가 모노인 경우는 아예 없다.

13. Thin Out Data 메뉴

외장 미디 악기와의 컨트롤러 정보 송수신에 이상이 있을 때 적용한다.

14. Extract MIDI Automation 메뉴(컨트롤러 정보를 오토메이션으로 가져오기)

컨트롤러 이벤트를 오토메이션 트랙으로 가져갈 때 사용한다. 단 연속되는 컨트롤러 정보만 오토메이션 트랙으로 가져갈 수 있다.

예를 들어 키 에디터의 컨트롤러 패널에서 CC7(Main Volume) 컨트롤러를 선택한 뒤 볼륨 곡선을 연필 툴로 그린다고 가정해보자. 그런 뒤 이 메뉴를 적용하고, 트랙 뷰로 돌아온 뒤 해당 미디 트랙의 오토메이션 트랙을 확인하면 볼륨 오토메이션을 가져온 것을 확인할 수 있다.

15. Reverse 메뉴(미디 노트를 거꾸로 재배열)

선택한 미디 노트들의 진행 방향을 역방향으로 재배열한다. 시작 부분과 종료 부분이 거꾸로 배열된다.

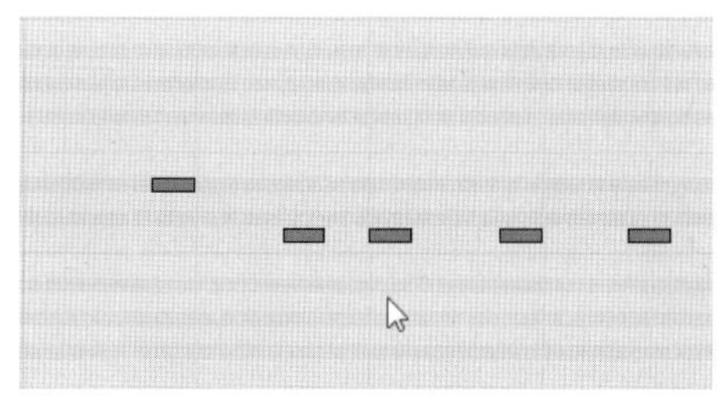

선택한 노트들의 모습

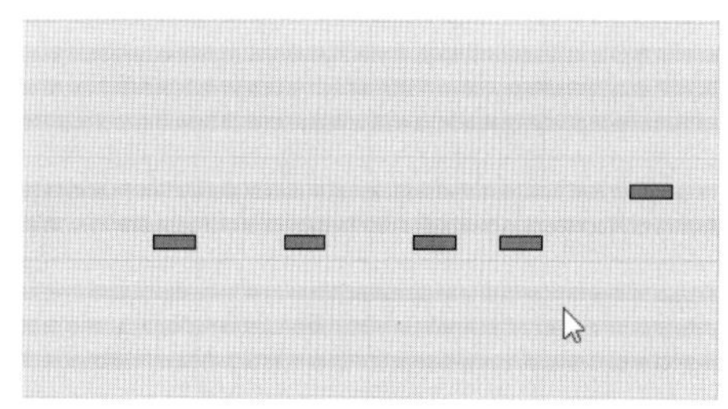

메뉴를 적용해 거꾸로 배치한 모습

16. Merge Tempo from Tapping 메뉴(탭핑에서 템포 가져오기)

이 기능은 사용자가 리얼 입력한 탭핑 클립으로 프로젝트의 템포를 조절하는 기능이다. 탭핑 클립이란 일정 간격으로 건반을 누른 것을 녹음한 미디 클립을 말한다.

예를 들어 메트로놈 없이 자유 연주하면서 녹음한 미디 트랙이 있다고 가정해보자. 이 미디 트랙의 템포를 자신이 원하는 템포로 변경하고 싶다면 새 미디 트랙을 생성시킨 뒤 탭핑 방식으로 건반을 리얼 입력한다.

그 후 이 메뉴를 실행한 뒤 대화상자에서 방금 전 일정한 간격으로 입력했던 탭핑이 1바 기준인지 2바 기준인지 입력한다. 그런 뒤 적용하면 프로젝트의 템포가 탭핑 방식으로 녹음했던 미디 클립의 템포를 가져와서 사용하게 된다.

실전예제 프로젝트의 템포를 탭핑 템포에서 가져와 사용하기

마스터 건반을 자유롭게 연주하면서 미디 트랙에 곡 하나를 리얼 입력한다. 자유롭게 연주하면서 녹음했기 때문에 템포가 일정치 않을 것이다. 또는 원하는 미디 파일을 불러온 뒤 이 작업을 따라해 본다.

01 마스터 건반으로 리얼 입력하거나, 리얼 입력할 시간이 없다면 예제 'tap.cpr'을 불러온 뒤 탭핑 기능으로 템포를 변경해본다.
불러온 곡을 한번 연주해본 뒤 템포를 확인해본다. 트랜스포트 툴바의 템포를 확인하면 145라고 설정되어 있다.

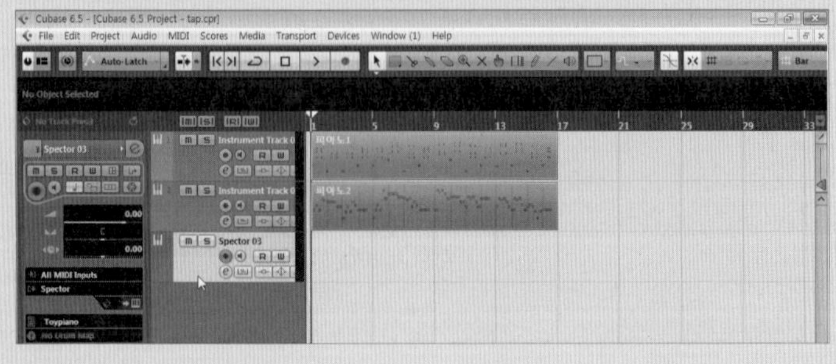

02 트랙 패널의 빈 곳을 마우스 오른쪽 버튼으로 클릭한 뒤 Add Instrument Track 메뉴로 새 인스트루먼트 트랙을 생성시킨다. 그리고 원하는 악기를 연결한다.
지금부터 새 인스트루먼트 트랙에 건반을 탭핑하는 모습을 녹음해야 한다.

03 녹음하기 전 마디 간격을 정확히 파악하는 것이 좋으므로 룰러의 마디 표시를 1, 2, 3이 보이도록 확대해야 한다. 돋보기 툴로 화면을 확대하면 된다.

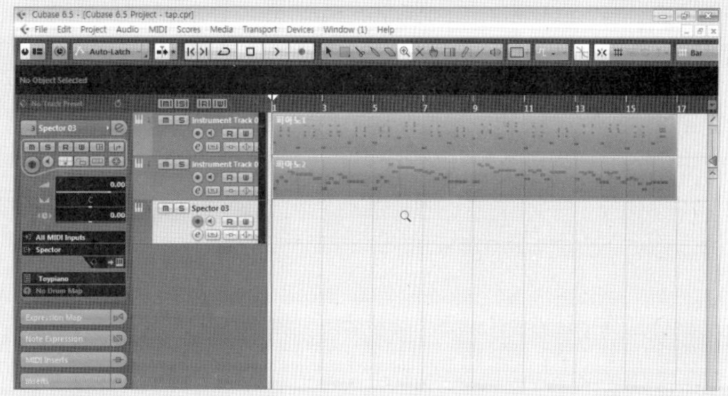

04 룰러의 마디 표시가 1, 2, 3..으로 표시되었으므로 1마디 간격이 얼마인지 정확하게 알 수 있는 상태가 되었다.

05 프로젝트 커서를 1번 마디로 이동시킨 뒤 Record 버튼을 클릭해 리얼 입력을 시작한다.

06 건반에서 원하는 키를 일정 간격으로 탭핑하듯 눌러준다. 이때 여러분이 원하는 1마디 간격으로 눌러주면 된다. 룰러의 마디 번호와 동일한 간격으로 누르지 않고 그것보다 조금 빠르게 1마디 단위라고 생각되는 부분에서 건반 키를 누른다.

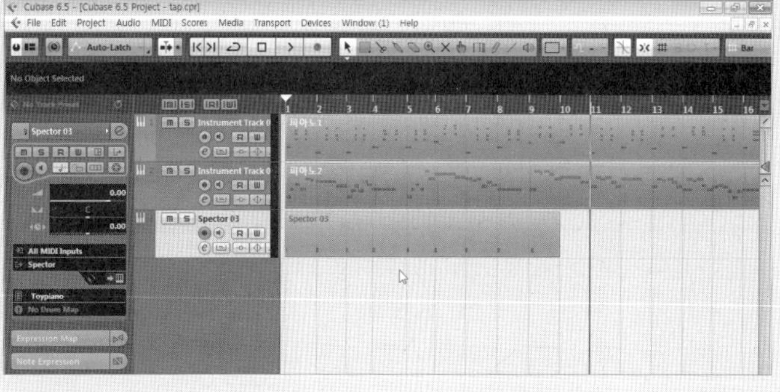

07 Stop 버튼을 눌러 탭핑 녹음을 종료한다. 탭핑으로 녹음한 미디 클립을 선택한 상태에서 Midi → Functions → Merge Tempo from Tapping 메뉴를 실행한다.

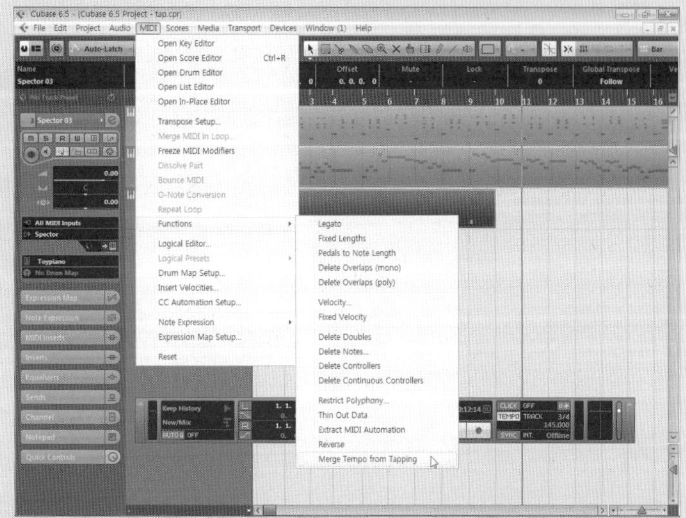

08 대화상자의 Tapping 옵션을 1마디라고 설정한다. 왜냐면 여러분이 탭핑 녹음할 때 1마디 간격으로 건반을 눌렀기 때문이다.
Begin at Bar Start 옵션에 체크해 곡의 처음부터 템포가 변경되도록 해준다.

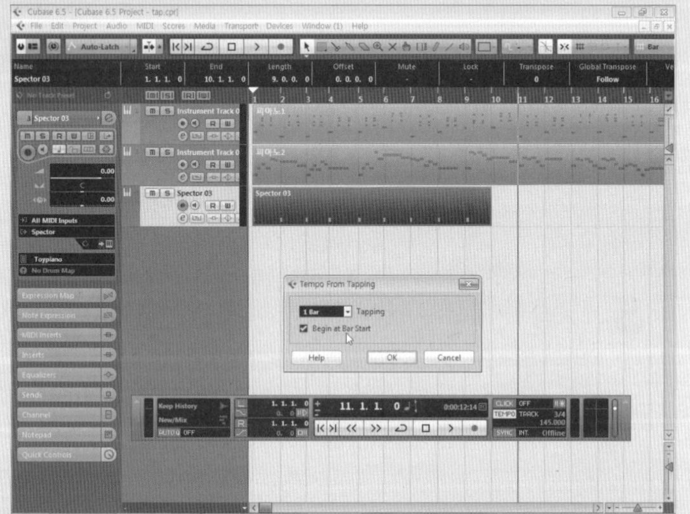

09 앞에서 적용하고 대화상자를 닫으면 템포가 변경된 것을 알 수 있다. 곡을 처음부터 연주하면 앞부분은 바뀐 템포로 연주되다가 템핑용 미디 클립이 끝난 뒤에는 다시 원래 템포로 연주된다.
(연주할 때는 탭핑 트랙의 M 버튼을 눌러 탭핑 트랙을 뮤트로 처리한다.)

Logical Editor 메뉴(로지컬 에디터)

Edit → Project Logical Editor 메뉴는 프로젝트 전체에서 검색 및 교체 작업을 한다. 이와 달리 Logical Editor 메뉴는 선택한 미디 클립을 대상으로 같은 작업을 할 수 있다. 마치 워드프로세서의 '찾기 및 교체 기능'과 동일한 방식으로 사용할 수 있다.

로지컬 에디터의 검색 기능은 매우 정교할 뿐 아니라 다양한 필터를 적용해 검색 값을 변경할 수 있다. 검색어 작성에 어려움을 느끼는 사용자라면 프리셋에서 검색 조건을 선택한 뒤 이 조건의 각종 파라미터 값을 교체해서 검색 옵션을 설정한 뒤 이를 실행하고 검색을 할 수 있다.

예를 들어 특정 벨로서티 이하 노트들을 검색한 뒤 삭제하려면 프리셋에서 del velocity bellow 30을 선택하면 목록창의 파라미터 옵션에 자동으로 해당 값이 설정되어 벨로서티 30 이하로 설정된 노트들을 검색한 뒤 일괄 삭제할 수 있다.

참고로, 로지컬 에디터의 자세한 사용법은 Edit → Project Logical Editor 메뉴를 참고한다.

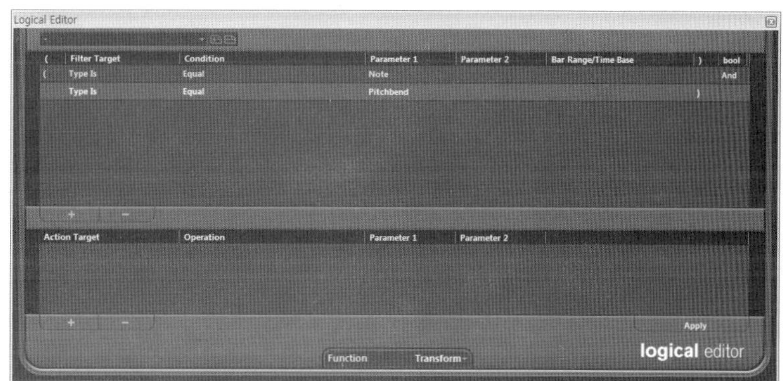

Logical Presets 메뉴

로지컬 에디터의 프리셋에 설정된 검색 및 작업 기능을 메뉴 방식으로 사용할 수 있도록 하위 메뉴로 제공한다. 미디 클립을 선택한 상태에서 실행하면 자동으로 검색한 뒤 설정된 작업을 할 수 있다. 예를 들어 del velocity bellow 30을 적용하면 벨로서티 30 이하 노트들을 모두 삭제해준다.

Drum Map Setup 메뉴 – 드럼 맵 만들기

일반적으로 드럼 맵 구성이 잘못되었으면 드럼 음색과 드럼 이름이 잘못 연결되어 원치 않는 드럼 악기로 작업하게 된다. 따라서 외장 드럼 악기를 사용할 경우 드럼 이름을 보고 드럼 음색을 정확하게 찾아가도록 미리 매핑 작업을 해야 하는데 이런 작업을 이 메뉴에서 할 수 있다.

그러나 요즘은 외장 악기용 드럼 맵 파일을 인터넷에서 손쉽게 구할 수 있으므로 드럼 맵을 직접 작성하지 않고 다운받아 사용한다. 자신이 가지고 있는 외장악기에 맞는 드럼 맵을 다운받은 뒤에는 이 대화상자의 Functions → Load 메뉴로 불러온 뒤 사용한다. 이렇게 하면 드럼 음색과 악기 이름이 정확하게 일치하므로 오류 없이 드럼 노트를 입력할 수 있다.

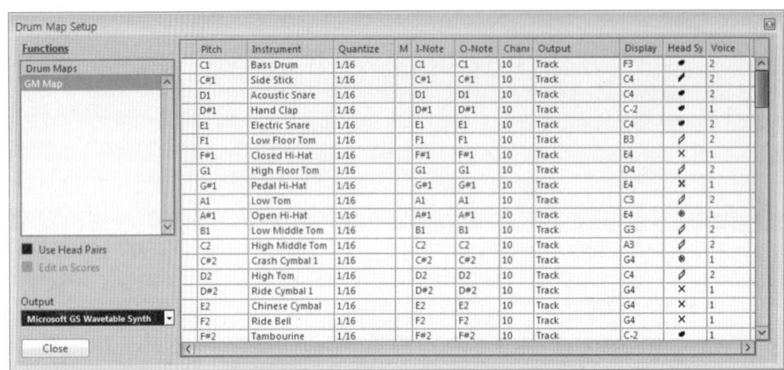

Pitch	Instrument	Quantize	M	I-Note	O-Note	Chan	Output	Display	Head Sy	Voice
C1	Bass Drum	1/16		C1	C1	10	Track	F3	●	2
C#1	Side Stick	1/16		C#1	C#1	10	Track	C4	／	2
D1	Acoustic Snare	1/16		D1	D1	10	Track	C4	●	2
D#1	Hand Clap	1/16		D#1	D#1	10	Track	C-2	●	1
E1	Electric Snare	1/16		E1	E1	10	Track	C4	●	2
F1	Low Floor Tom	1/16		F1	F1	10	Track	B3	∅	2
F#1	Closed Hi-Hat	1/16		F#1	F#1	10	Track	E4	×	1
G1	High Floor Tom	1/16		G1	G1	10	Track	D4	∅	2
G#1	Pedal Hi-Hat	1/16		G#1	G#1	10	Track	E4	×	1
A1	Low Tom	1/16		A1	A1	10	Track	C3	∅	2
A#1	Open Hi-Hat	1/16		A#1	A#1	10	Track	E4	⊛	1
B1	Low Middle Tom	1/16		B1	B1	10	Track	G3	∅	2
C2	High Middle Tom	1/16		C2	C2	10	Track	A3	∅	2
C#2	Crash Cymbal 1	1/16		C#2	C#2	10	Track	G4	⊛	1
D2	High Tom	1/16		D2	D2	10	Track	C4	∅	2
D#2	Ride Cymbal 1	1/16		D#2	D#2	10	Track	G4	×	1
E2	Chinese Cymbal	1/16		E2	E2	10	Track	G4	×	1
F2	Ride Bell	1/16		F2	F2	10	Track	G4	×	1
F#2	Tambourine	1/16		F#2	F#2	10	Track	C-2	●	1

Insert Velocities 메뉴(툴바의 벨로서티 메뉴 설정)

키 에디터 툴바의 Insert.Vel 항목에 표시되는 벨로서티 값을 교체하는 기능이다. 여기서 설정한 값으로 Insert.Vel 팝업 메뉴의 벨로서티 값이 설정된다.

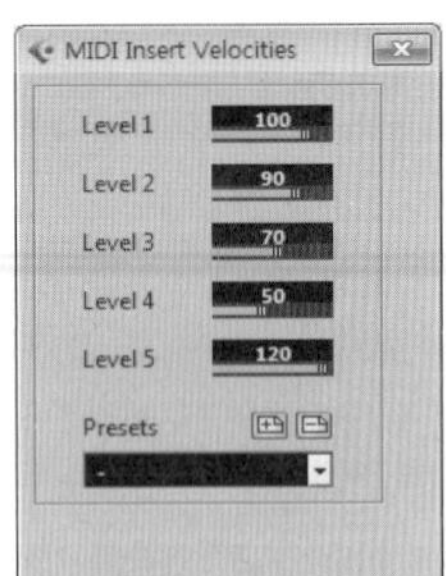

Insert Velocity
대화상자

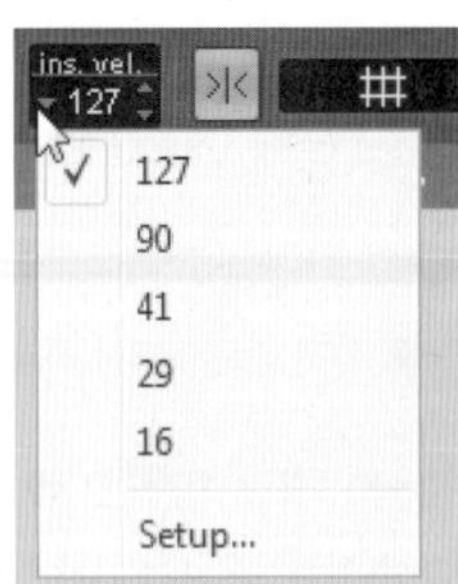

큐베이스 5의 Ins.Vel

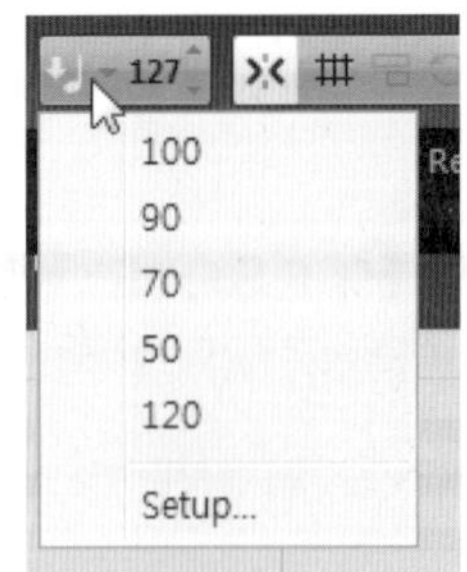

큐베이스 6의
Insert.Vel

CC Automation Setup 메뉴

오토메이션 읽기 및 쓰기에 대한 옵션을 설정한다.

Record Destination on conflict 항목은 오토메이션 기록 시 문제가 발생할 때 어느 곳에 기록할지 선택하고 Automation Merge mode 항목은 오토메이션 병합 모드의 방식을 선택한다.
하단 테이블에서 각 컨트롤러 명령어별로 Record Destination on conflict 항목과 Automation Merge mode 항목을 다르게 설정할 수 있다.

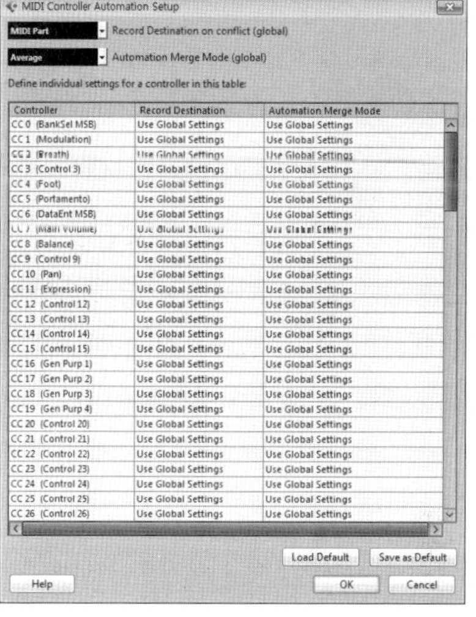

Note Expression 메뉴 – 노트 익스프레션 메뉴

키 에디터에서 노트를 더블클릭하면 노트 익스프레션을 설정할 수 있다. 이 노트 익스프레션을 어떻게 처리할지 하위 메뉴에서 선택할 수 있다.

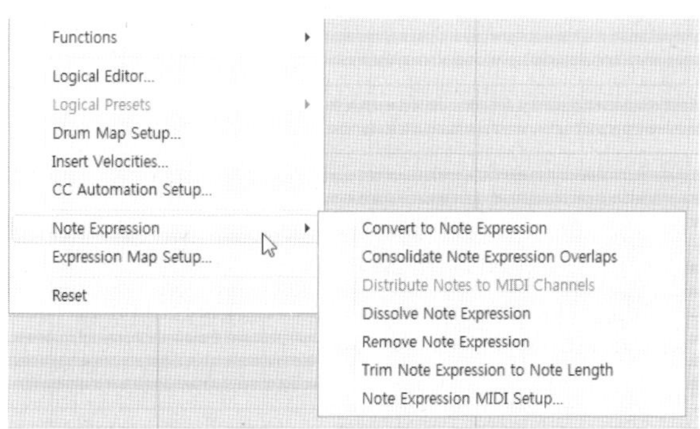

노트 익스프레션 메뉴

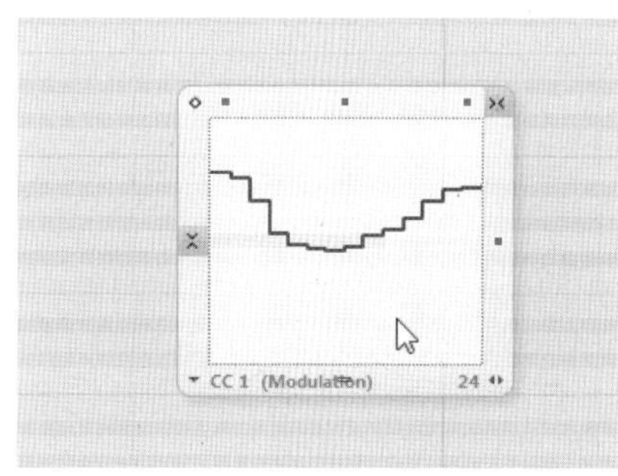

노트 익스프레션

Convert to Note Expression 메뉴는 미디 컨트롤러 데이터를 노트 익스프레이션으로 가져올 때 사용한다. Consolidating MIDI overlaps 메뉴는 겹치는 노트 익스프레션에서 발생하는 문제점을 방지하기 위해 문제가 되는 컨트롤러 데이터를 삭제한다. Distribute Notes to MIDI Channels 메뉴는 VST3을 지원하지 않는 가상악기에서 노트 익스프레션을 사용할 경우 노트를 각 채널로 분산시킨다. Remove Note Expression 메뉴는 노트에 설정된 노트 익스프레션을 전부 삭제한다.

Expression Map Setup 메뉴 – 익스프레션 맵 만들기

Expression Map 제작 기능이다. 익스프레션이란 스코어 에디터에서 트레몰로 아티큘레이션을 음표에 찍으면 큐베이스가 연주할 때 실제 트레몰로로 연주하는 기능을 말한다. 이 기능을 사용하려면 익스프레션을 지원하는 VST3 방식 가상악기와 익스프레션 맵 파일이 필요하다. 익스프레션 맵 파일은 Expression Map Setup 메뉴를 실행하면 작성할 수 있다.

대화상자의 Expression Map 탭에서 + 버튼을 클릭하면 새 맵 작성을 시작할 수 있다. 맵 이름은 일반적으로 맵을 사용하게 될 악기 이름으로 설정한다.

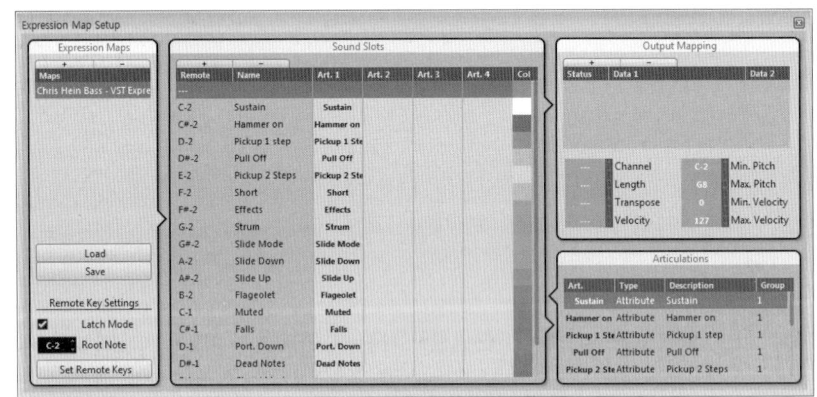

Chris Hein Bass 가상악기의 익스프레션 맵

그런 뒤 Sound Slots의 Art 1, 2…에서 사용할 아티큘레이션 심벌을 추가한다. 마지막으로 Output Mapping 항목에서 심벌별 사운드 성격을 부여한다.

제작한 Expression 맵을 Save 버튼으로 저장하면 '스코어 에디터'의 인스펙터 패널의 Expression 탭에서 선택해 사용할 수 있다.

참고로 익스프레션 맵 기능은 VST3 버전 이상의 가상악기 가운데 Expression 맵을 지원하는 악기에서만 사용할 수 있다. 만일 HALion Symphonic Orchestra, Chris Hein Horns, Chris Hein Bass, Electri6ity, 비엔나 심포닉 라이브러리(VSL) 스페셜 에디션 등의 가상악기가 컴퓨터에 설치되어 있다면, 위 대화상자의 Load 버튼을 클릭해 이 책의 부록에서 해당 Expression Map 파일을 불러온다. 악보 작업 시 트레몰로, 트릴, 스타카토 등의 심벌을 음표에 찍으면 플레이할 때 트레몰로, 트릴, 스타카토로 연주되는 것을 들을 수 있다.

Reset 메뉴 - 가상악기 사운드 리셋하기

플레이할 때 가상악기 사운드가 끊기거나 정지 버튼을 눌러도 사운드가 계속 들리는 등의 에러가 발생할 때 이 메뉴를 실행한다. 메뉴를 실행하면 미디 컨트롤 명령인 All Note Off 명령어가 전송되어 큐베이스의 미디 기능이 정상으로 돌아온다. 보통 가상악기 사운드가 곡의 종료 지점에서 끝나지 않고 계속 여운처럼 들리는 문제점이 발생할 때 이 메뉴를 적용한다.

실전예제 큐베이스 5에서 VST Expression으로 트레몰로 효과 만들기

큐베이스 6은 VST Expression을 지원하는 내장 가상악기가 없으므로 큐베이스 5의 VST Expression 기능을 사용해보자. 여기서는 바이올린 악기에 트레몰로 심벌을 입력, 음표가 플레이할 때 트레몰로로 연주되는지 확인할 예정이다. 이 예제는 큐베이스 5 사용자만 따라할 수 있고, 큐베이스 6 사용자는 HALion One 가상악기가 없으므로 이 예제를 따라할 수 없다.

01 큐베이스 5를 실행한 뒤 File → New Project 메뉴를 실행해 새 프로젝트 대화상자를 불러온다.

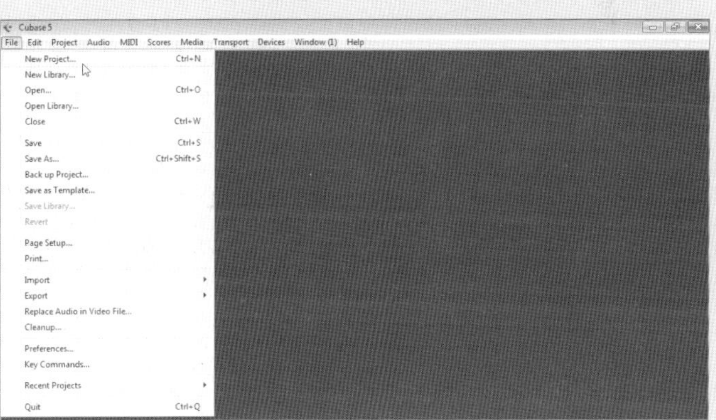

02 대화상자에서 'VST Expression Composer Set'을 선택한 뒤 OK 버튼을 누른다.
VST Expression 입력이 가능하도록 HALion One 가상악기를 로딩한 7개의 미디 트랙이 생성된다.

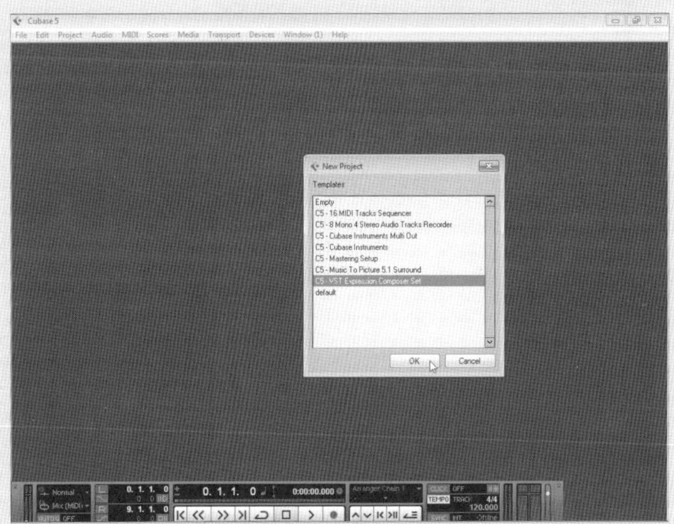

03 세 번째 미디 트랙인 Large Strings 트랙에서 '연필 툴'로 4마디 크기의 미디 클립을 그려준다.

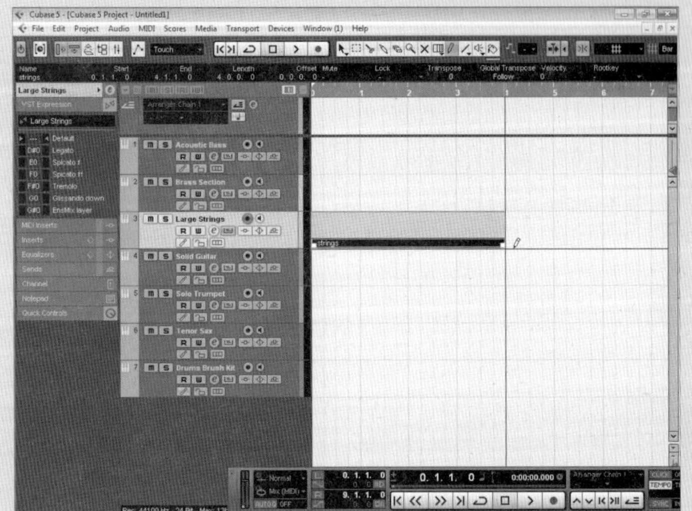

04 Ctrl + R을 눌러 스코어 에디터를 불러온다. 스코어 에디터에서 연필 툴로 '4분음표' 3개와 '2분음표' 두개를 찍어준다.

단축키 1을 눌러 프로젝트 커서를 곡의 맨 처음으로 이동시킨 뒤, Play 버튼을 클릭해 곡의 처음부터 연주해본다. 트레몰로가 없는 일반 곡이 연주될 것이다.

05 '인스펙터 버튼'을 클릭해 화면 왼쪽에 인스펙터 창을 표시한다. 선택 툴로 2분음표 2개를 모두 선택한다.

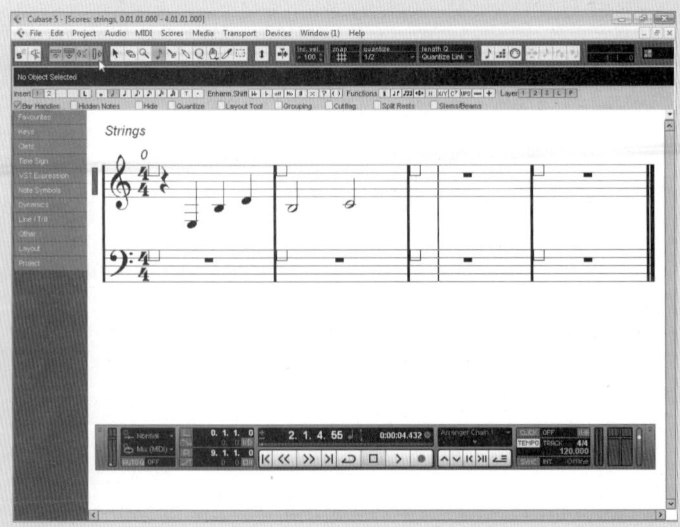

06 인스펙터의 VST Expression 탭을 클릭하면 스트링에서 사용할 수 있는 아티큘레이션 심벌을 볼 수 있다. 여기서 '트레몰로' 심벌을 선택한다.

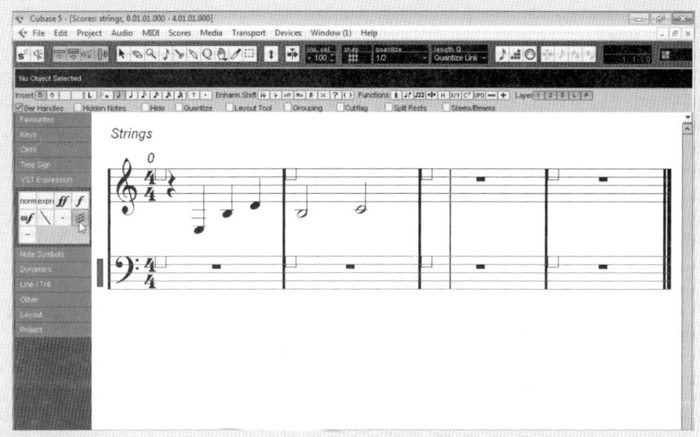

07 트레몰로 심벌을 2분음표에 찍어준다. 2분음표 기둥 부분에 트레몰로 심벌이 찍힌다.

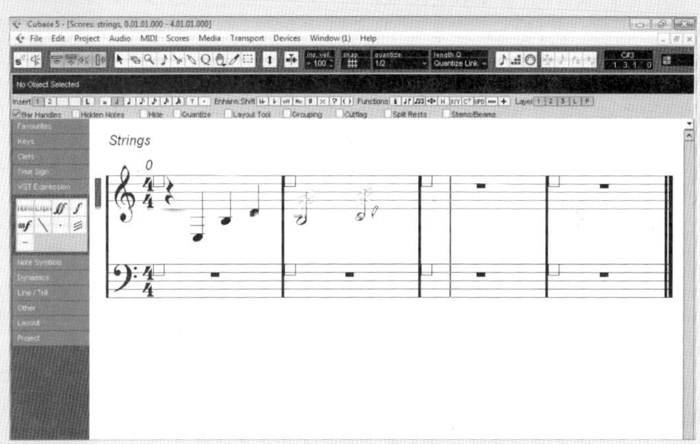

08 키패드의 1키를 눌러 프로젝트 커서를 곡의 맨 처음으로 이동시킨 뒤, Play 버튼을 클릭해 곡의 처음부터 연주해본다. 2분음표 부분을 연주할 때 트레몰로 기법으로 연주되는 것을 알 수 있다.

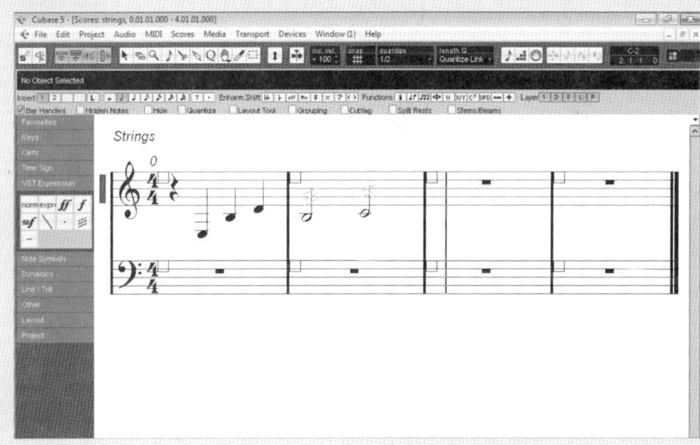

Tip

VST Expression 기능

VST Expression 기능을 지원하는 가상악기는 VST3 버전에 속하는 가상악기들이며 특히 큐베이스의 HALion Symphonic Orchestra 가상악기가 가장 대표적인 악기이다. 큐베이스 6 사용자가 Expression 기능을 사용하려면 익스프레션을 지원하는 VST 3 가상악기가 설치된 상태여야 하며 Expression Map 설정이 되어있어야 한다.

 **베이스 기타 연주에서 VST 익스프레션 기능 사용하기** 

큐베이스 6 사용자는 큐베이스 6에 익스프레션을 지원하는 가상악기가 없기 때문에 이 기능을 맛볼 수 없지만 VST 익스프레션을 지원하는 HALion Symphonic Orchestra, Chris Hein Horns, Chris Hein Bass, Electri6ity, VSL 가상 악기가 설치된 경우 큐베이스 6에서도 익스프레션 기능을 사용할 수 있다. 여기서는 Chris Hein Bass 가상악기가 설치되었다고 가정하고 익스프레션 기능을 사용해보자. 참고로 큐베이스 5 사용자도 Chris Hein Bass 가상악기가 설치된 경우 이 예제를 따라할 수 있다.

01 File → New 메뉴로 Empty 프로젝트를 만든 뒤 트랙 패널을 마우스 오른쪽으로 클릭한 뒤 Add Instrument Track을 만든다. 대화상자의 VST 부분을 클릭해 Kontakt 4 플레이어를 선택한다. (Chris Hein Bass 가상악기는 Kontakt 2, 3, 4 플레이어에서 실행하는 가상악기이다. Chris Hein Bass 가상악기를 설치할 때 Kontakt 플레이어도 함께 설치된다.)

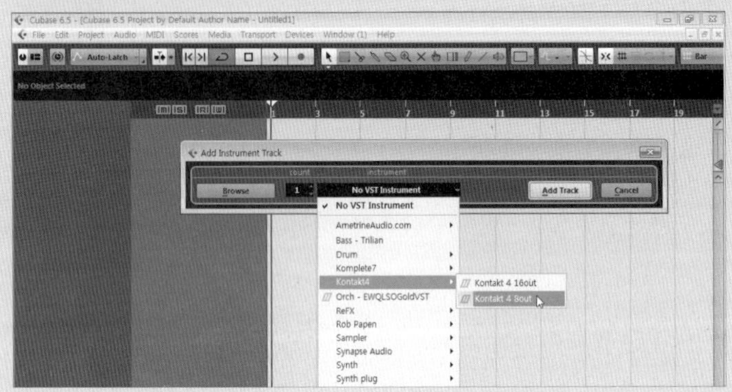

02 인스트루먼트 트랙이 만들어진 모습이다.

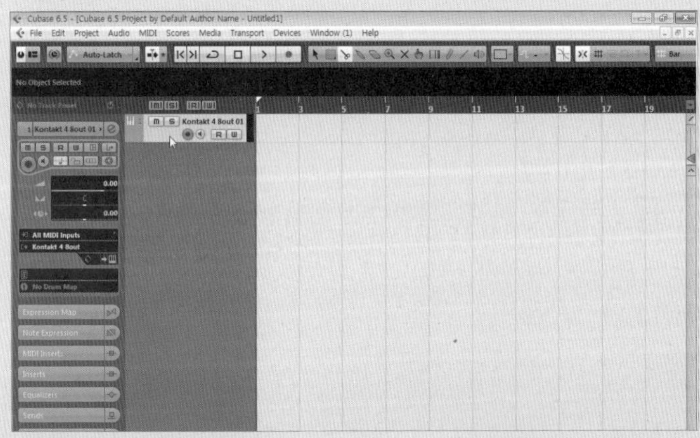

03 Edit Instrument 버튼을 클릭해 Kontakt 4 가상악기를 불러온다.

04 Kontakt 4 가상악기에서 Chris Hein Bass 가상악기의 Instrument 버튼을 클릭해 악기 음색을 표시한다.

05 여러 베이스 음색 중에서 '1E-Bass_Slap Full.nki' 음색을 선택한 뒤 오른쪽 창으로 드래그한다.

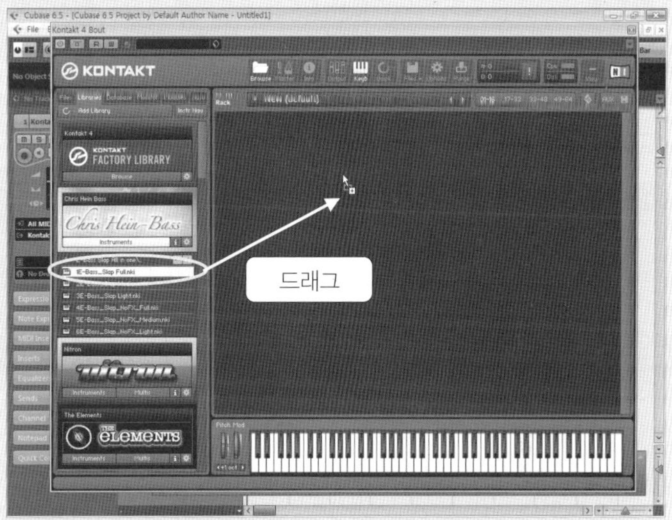

06 악기 설정창이 실행된 모습이다. 하단 건반 영역을 클릭하면 1E-Bass_Slap Full 악기 음색을 들을 수 있다.

07 트랙 뷰의 인스펙터에서 Expression Map 탭을 클릭하면 아무것도 없는 것을 알 수 있다. 이 상태에서는 익스프레션을 사용할 수 없으므로 익스프레션 맵을 만들어야 한다.

08 Expression Map 탭의 빈 슬롯을 클릭해 Expression Map Setup 메뉴를 실행한다.

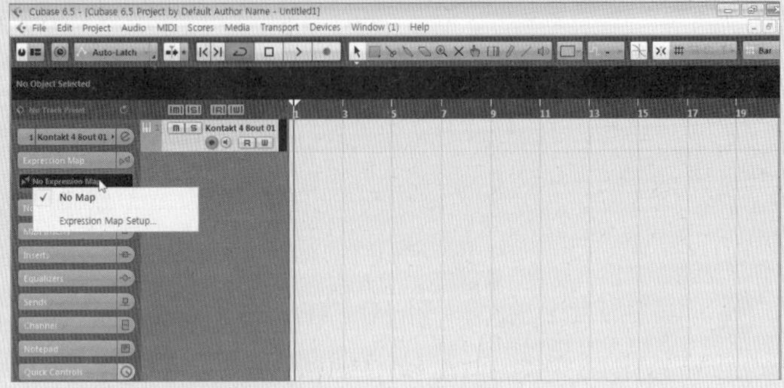

09 이미 만들어진 Expression Map 파일을 불러와 사용해보자. 대화상자의 Load 버튼을 클릭한다.

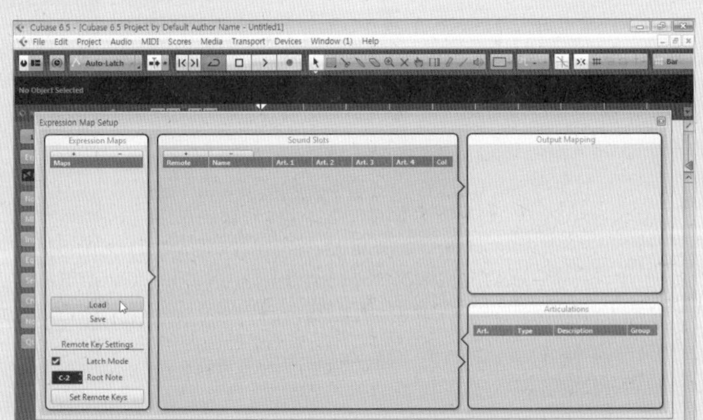

10 부록 DVD의 Expression Map File 폴더에서 Chris_Hein_Bass_Expression_Map_1.0 폴더로 들어가면 Chris Hein Bass 가상악기용 익스프레션 맵이 있다. 클릭해 불러온다.

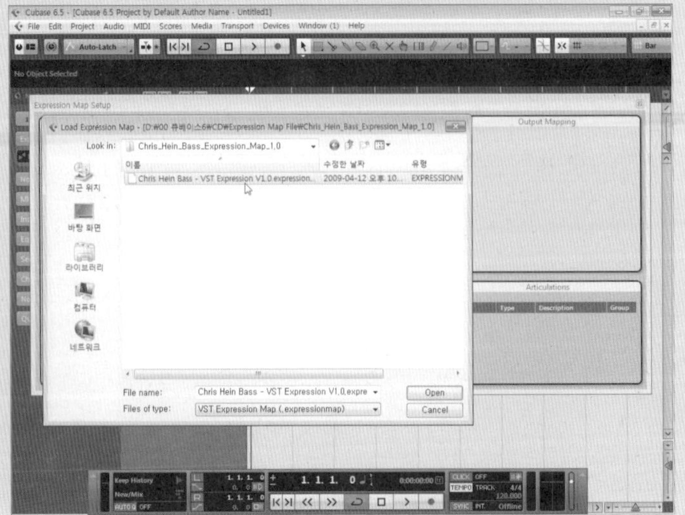

11 익스프레션 맵 파일을 불러온 모습이다. 어떤 아티큘레이션을 사용할 수 있는지 알 수 있다. 베이스 기타용 아티큘레이션이므로 기타 연주때 흔히 사용하는 악상 기호라는 것을 알 수 있다.

12 대화상자를 닫고 원래 창으로 돌아온다. 연필 툴로 적당한 길이의 미디 클립을 그려준다.

13 인스펙터의 Expression Map 탭의 빈 슬롯을 클릭하면 앞에서 로딩한 Chris Hein Bass 가상악기용 익스프레션 맵 메뉴가 보인다. 이 메뉴를 실행한다.

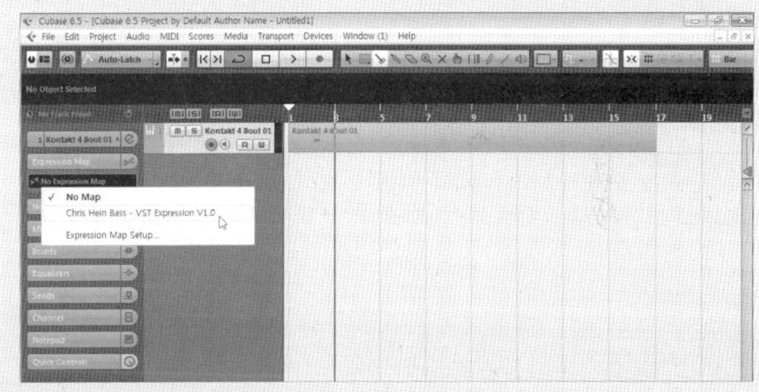

14 맵 파일이 로딩된 상태이다. 여러 가지 악상 기호를 사용할 수 있음을 알 수 있다.

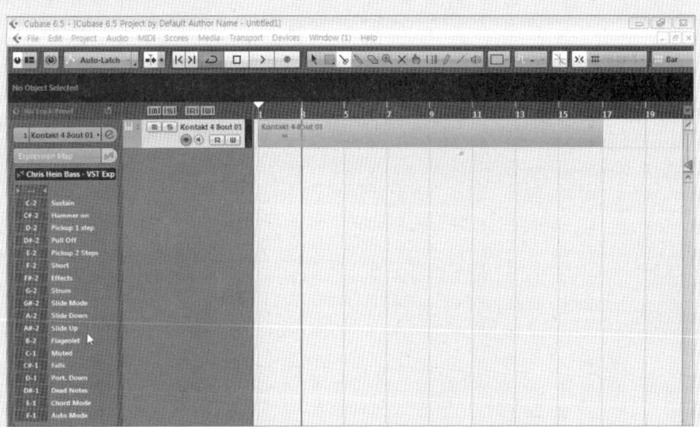

15 Ctrl + R을 눌러 악보 창으로 전환한다. 음표 툴로 원하는 음표를 입력한다.

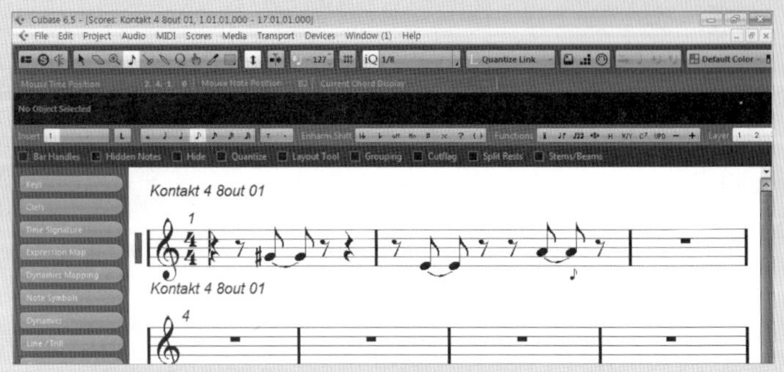

16 악보 창의 인스펙터에서 Expression Map 탭을 클릭하면 사용할 수 있는 악상 기호가 나타난다. 여기서 Hammer On 악상기호를 선택한다.

17 원하는 음표에서 마우스로 클릭하면 Hammer On 기호가 삽입된다. 곡을 플레이하면 해당 음표는 Hammer On으로 연주될 것이다.

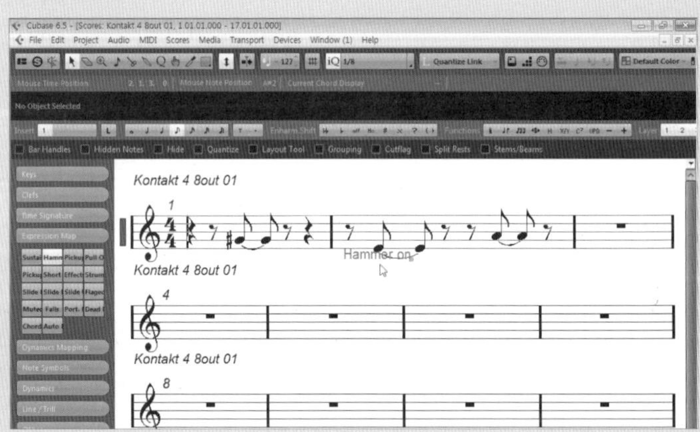

18 익스프레션 맵 탭에서 Pickup 2 악상기호를 선택한 뒤 원하는 음표를 클릭한다. 곡을 플레이하면 해당 음표는 PickUp 2 Step으로 연주될 것이다.

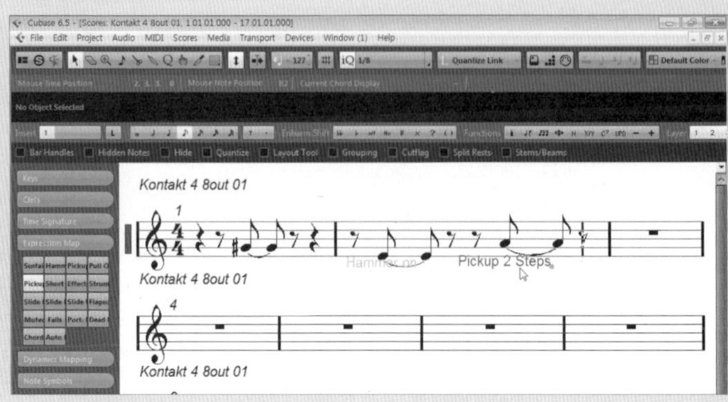

06 | 스코어(Scores) 메뉴

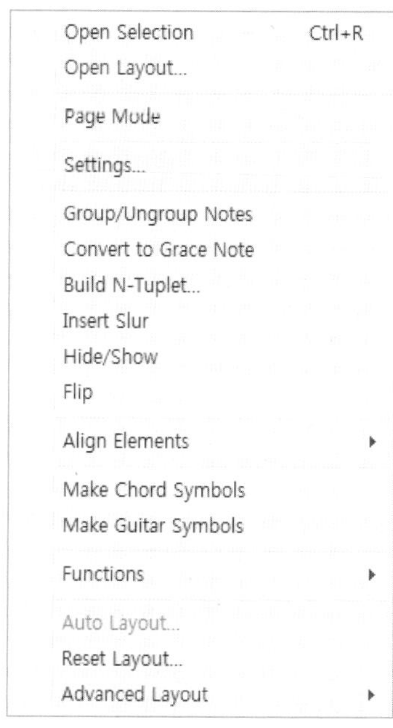

- Open Selection 메뉴 : 선택한 파드를 스코어 에디터로 열기
- Open Layout 메뉴 : 악보 레이아웃 불러오기
- Page Mode 메뉴 : 악보 상을 페이지 모드로 전환하기
- Settings 메뉴 : 악보 옵션 설정하기
- Group/Ungroup Notes 메뉴 : 노트를 그룹으로 만들거가 그룹 해제하기
- Convert to Grace Note 메뉴 : Grace Note로 변환하기
- Build N-Tuplet 메뉴 : 셋잇단음표 만들기
- Insert Slur 메뉴 : 슬러 삽입하기
- Hide/Show 메뉴 : 선택한 이벤트 감추거나 다시 표시하기
- Flip 메뉴 : 음표를 상하로 뒤집기
- Align Elements 메뉴 : 정렬하기
- Make Chord Symbols 메뉴 : 코드 심벌 만들기
- Make Guitar Symbosl 메뉴 : 기타 심벌 만들기
- Functions 메뉴 : 펑션 메뉴 사용하기
- Auto Layout 메뉴 : 보표, 마디 간격 설정하기
- Reset Layout 메뉴 : 악보 레이아웃 재구성하기
- Advanced Layout 메뉴 : 악보 레이아웃 설정하기

Open Selection 메뉴

하나의 미디 트랙에 여러 개의 미디 클립이 삽입된 경우, 특정 미디 클립만 악보 창에 표시하고 싶을 때 이 메뉴를 실행한다. 만일 미디 클립을 선택하지 않고 미디 트랙을 선택한 상태에서 이 메뉴를 실행하면 그 미디 트랙에 삽입된 모든 미디 클립이 악보 창에 나타난다.

Open Layout 메뉴 – 레이아웃 메뉴

미디 트랙을 선택한 뒤 Open Selection 메뉴로 악보 창을 열면 Layout이 자동으로 설정되고, 미디 트랙 2개를 선택한 뒤 Open Selection 메뉴로 악보 창을 열면 또 다른 Layrout이 자동 설정된다. 또는 미디 클립 2개를 선택하고 Open Selection 메뉴로 악보 창을 열면 또 다른 Layrout이 자동 설정된다.

나중에 Open Layout 메뉴를 실행하면 각각 열었던 Layout을 선택할 수 있어 원하는 Layout을 바로 악보 창으로 부를 수 있다.

만일 레이아웃을 수정하고 싶다면 스코어 에티터에서 Scores → Settings 메뉴를 실행한 뒤 Layout 탭을 클릭한다. 설정된 레이아웃의 이름을 변경하는 등의 작업을 할 수 있다.

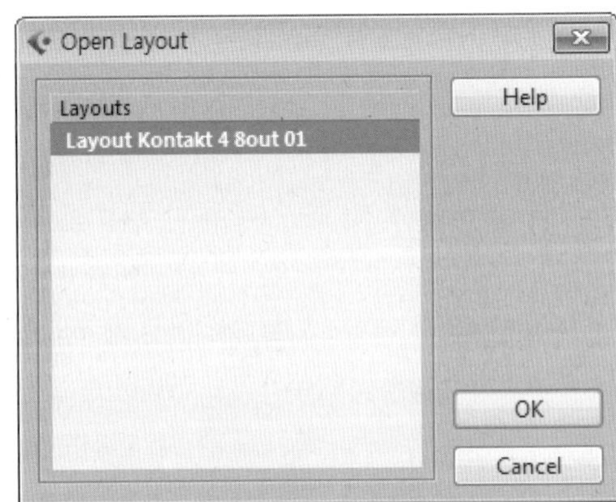

Page Mode 메뉴 – 페이지 모드

스코어 에디터에서 보이는 악보창이 인쇄용지에서 어떻게 인쇄될지 파악할 수 있도록 '페이지 모드'로 전환한다. 페이지 모드에서는 마우스 드래그로 오선지의 인쇄 위치를 조절할 수 있다.

다음은 미디 트랙을 선택한 뒤 Ctrl + R을 눌러 스코어 에디터로 전환한 뒤, Scores → Page Mode 메뉴를 적용해 페이지 모드로 전환한 모습이다.

페이지 모드에서는 보표 맨 왼쪽의 직사각형을 드래그하여 인쇄 위치를 변경할 수 있다. 이때 악보가 길 경우 밀려난 오선지
는 다음 페이지로 자동으로 넘어가지 않으므로 수작업으로 드래그하여 넘겨주어야 한다. 이때 악보 창 제일 밑으로 드래그
하면 다음 페이지로 넘어간다.

보표 맨 왼쪽의 직사각형을 클릭 드래그

인쇄 위치를 변경한 모습

Settings 메뉴 – 악보 설정과 가사 입력하기

Scores 메뉴에서 가장 중요한 Settings 메뉴는 악보 창과 관련된 각종 옵션과 가사 등을 입력할 때 사용한다. Settings
메뉴의 각 기능을 자세히 알아본다.

1. Settings 메뉴 → Project 탭 → Notations Font 옵션(노테이션 글꼴/크기 설정)

악보 창에서 사용하는 각종 글자 심벌의 글꼴을 선택하고 Root, Type,
Dens, Bass 표시에 사용되는 글자 크기를 설정한다.

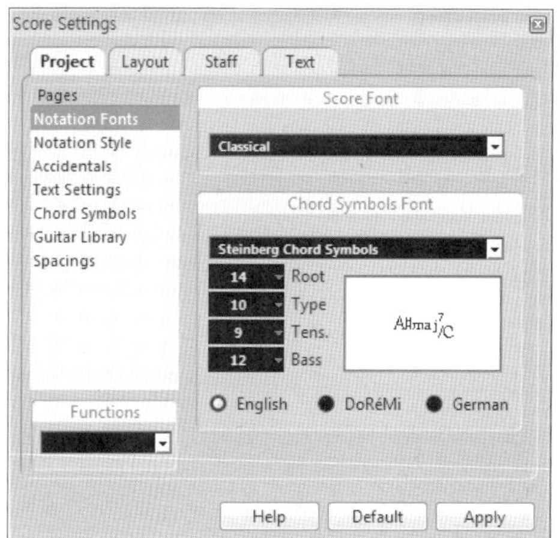

① Score Font 섹션 : 스코어 폰트의 스타일을 선택한다.

② Chord Symbol Font 섹션 : 코드 심벌의 글자 크기를 개별적으로 조절할 수 있다.

- Root : 코드 심벌 중 큰 글자인 루트 노트의 크기 설정
- Type : 코드 심벌 중 작은 글자인 Type 글자의 크기 설정
- Tens : 코드 심벌 중 텐션 글자의 크기 설정
- Bass : 코드 심벌 중 Bass 노트 글자의 크기 설정

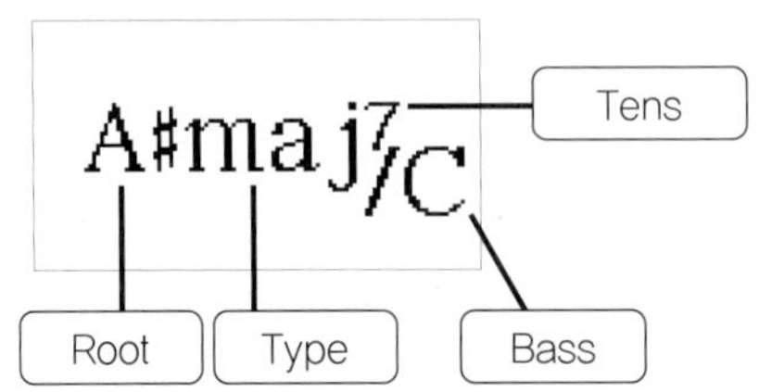

- English/DoReMi/German : 코드 심벌의 표시 방식을 선택한다. DoReMi를 선택하면 C 대신 Do라고 표시된다.

2. Settings 메뉴 → Project 탭 → Notation Style 탭(노테이션 스타일 설정)

① Page Number : 악보가 여러 페이지로 출력될 경우 페이지 시작 번호를 설정한다. 기본값 그대로 두면 1페이지부터 시작된다. Offset 항목을 더블클릭한 뒤 5라고 입력하면 시작 페이지가 5부터 시작한다.

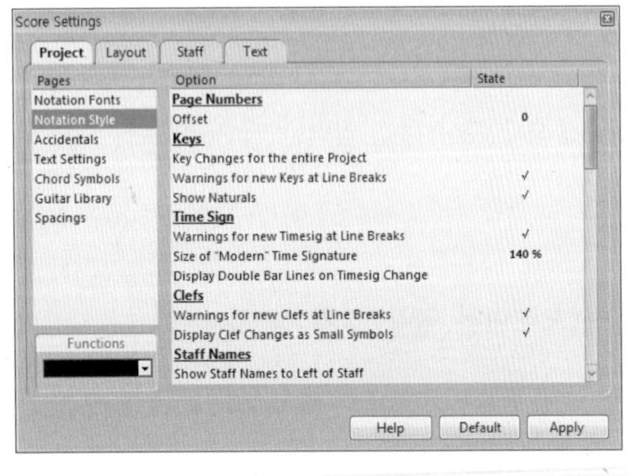

② Key Changes for the entire Project : 키를 수정하면 그 다음 바까지 전부 적용된다. 다른 키가 있을 경우 변경할 수 없다.

③ Warnings for new Keys at Line Breaks : 새 키를 삽입하면 다음 첫 마디에 삽입되고 곡의 종료 지점까지 영향을 준다.

④ Show Naturals : 새 키를 삽입하면 이전 키는 무효화한다.

⑤ Warnings for new Timesign at Line Breaks : 새 박자표를 삽입하면 다음 첫 마디에 삽입되고 곡의 종료 지점까지 영향을 준다.

⑥ Size of 'Modern' Timesign Signature : 박자표 크기를 설정한다.

⑦ Display Double Bar Lines on Timesign Change : 박자표를 새로 삽입하면 겹세로줄마다 표시해준다.

⑧ Warnings for new Clefs at Line Breaks : 새 음자리표를 삽입하면 다음 첫 마디에 삽입되고 곡의 종료 지점까지 영향을 준다.

⑨ Display Clef Changes as Small Symbols : 새로 삽입한 음자리표는 메인 음자리표보다 작게 삽입된다.

⑩ Show Staff Names to Left of Staff : 스태프 네임을 악보 창 왼쪽 빈 여백으로 이동시킨다.(페이지 모드)

⑪ Grand Staff Bar Lines in old Choral Style : Grand Staff Bar Lines이 보표상에는 표시되지 않는다.

⑫ Lyrics left-aligned to Note : 가사가 각 노트의 왼쪽에 정렬된다.

⑬ Don't Sync Lyrics : 가사(글자)를 입력하면 노트에 자동 싱크되지 않도록 한다.

⑭ Don't Center Hyphens : 가사(글자) 사이에 하이픈이 있을 때 하이픈은 두 글자의 중앙에 배치되지만 이 옵션에 체크하면 선행 글자쪽으로 하이픈이 이동된다.

⑮ Show Every : 바 번호를 어디에 표시할 것인지 선택한다.

⑯ First Bar Number to Bar Line : 바 번호는 음자리표 오른쪽에 표시되지만, 여기에 체크하면 음자리표 왼쪽 바 라인에 바 번호가 표시된다.

⑰ Show Range with Multi Res : 멀티쉼표에 범위를 함께 보여준다.

⑱ Below Bar Lines : 바 번호가 보표 아래에 표시된다.

⑲ Thick Beams : 빔을 가늘게 표시한다.

⑳ Show Tuplet Brackets as "Slurs" : 셋잇단음표를 슬러식으로 표시한다.

㉑ Accents above Stems : 각종 익센트 심벌이 음표 머리가 아닌 음표 꼬리에 붙는다.

㉒ Accents above Staves : 각종 악센트 심벌이 음표 머리가 아닌 보표 위에 붙는다.

㉓ Hide Pedal Markers : 서스테인 페달 마크를 감춘다.

㉔ Beam-like Flags : 음표 꼬리를 세로 작대기 형태로 표시한다.

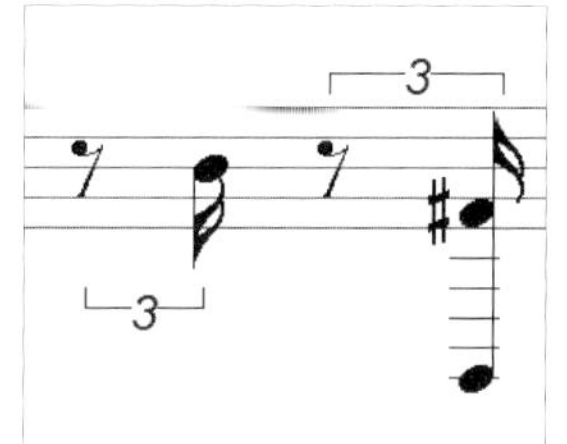 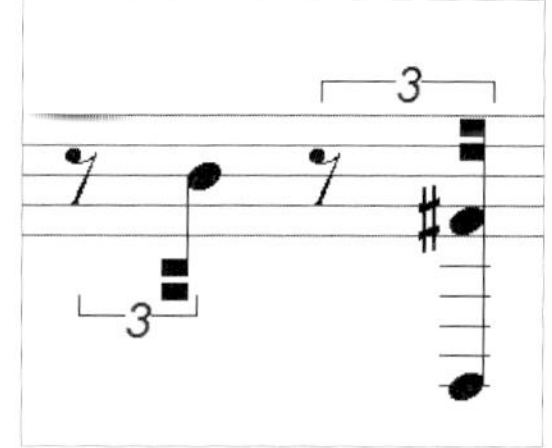

㉕ Accidentals For Each Note : 임시표를 각각의 음표에 표시해준다.

3. Settings 메뉴 → Project 탭 → Accidentals 옵션(임시표 옵션 설정)

임시표 표시 방식에 대해 다양한 옵션을 설정할 수 있다.

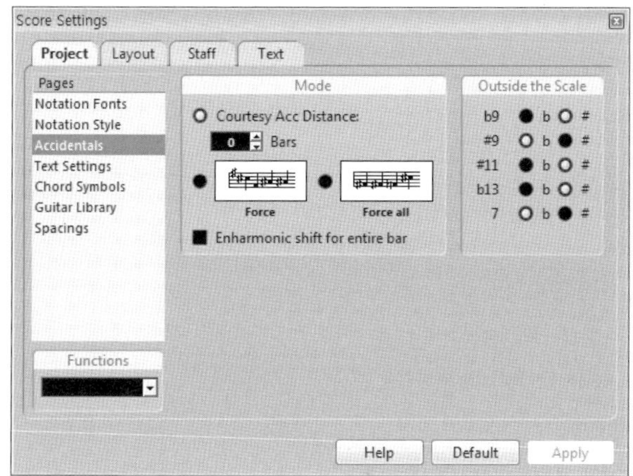

① Courtesy Acc Distance : 기본적으로 선택하는 임시표 표시 방법이다. 하단 Bars 숫자는 임시표를 표시할 간격을 설정한다.

② Force all : 모든 노트마다 임시표를 표시한다.

③ Enharmonic Shift for entire bar : 모든 마디에 enharmonic shift를 적용한다.

④ Outside the Scale : 텐션 방식을 b 또는 #에서 선택한다.

4. Settings 메뉴 → Project 탭 → Text Settings 옵션(악보 글꼴 설정)

악보에서 사용하는 각 항목별 글꼴 모양과 글꼴 크기를 변경할 수 있다. 먼저 Font For 항목에서 글꼴 모양과 글꼴 크기를 변경하고 싶은 항목을 선택한다. 그런 뒤 하단 옵션을 조절한다. 보통 기본값을 사용하는 것이 좋지만 악보 글꼴을 구미에 맞게 꾸밀 수도 있다.

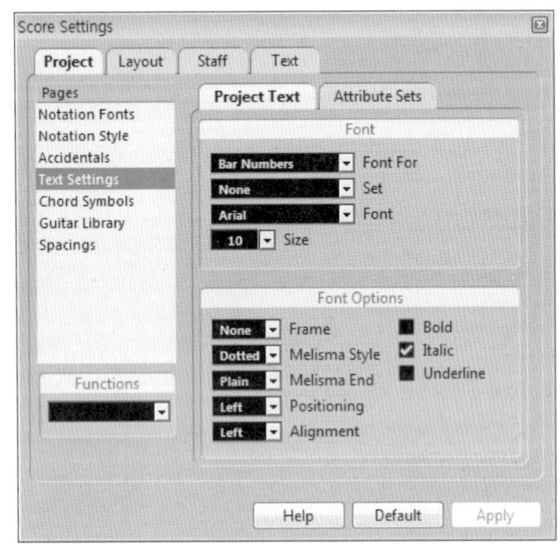

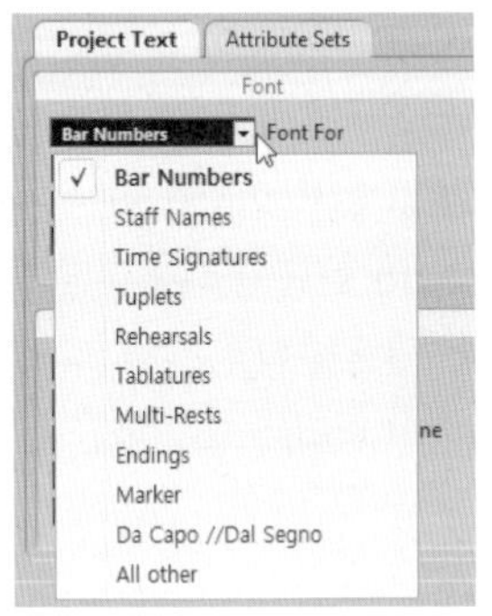

① Font For : 글꼴을 변경하고 싶은 대상을 선택한다.

② Font : 사용할 글꼴을 선택한다.

③ Size : 글꼴 크기를 선택한다.

④ Font Option : 7개의 항목에 체크해 추가 글꼴 옵션을 설정할 수 있다. Frame은 텍스트에 테두리를, Melisma Style은 텍스트를 클릭 드래그하면 생성되는 라인(Melisma 라인)의 스타일을 설정한다. Position은 텍스트의 위치, Alignment는 텍스트의 정렬 방식을 설정한다.

5. Settings 메뉴 → Project 탭 → Chord Symbols 옵션(코드 심벌 설정)

메이저(M, 장조), 마이너(m, 단조) 등의 코드 심벌을 표시하는 방법을 설정한다. 일반적으로 기본값을 사용하지만 악보 출력을 중요시하는 사람은 자신의 구미에 맞게 꾸밀 수 있다.

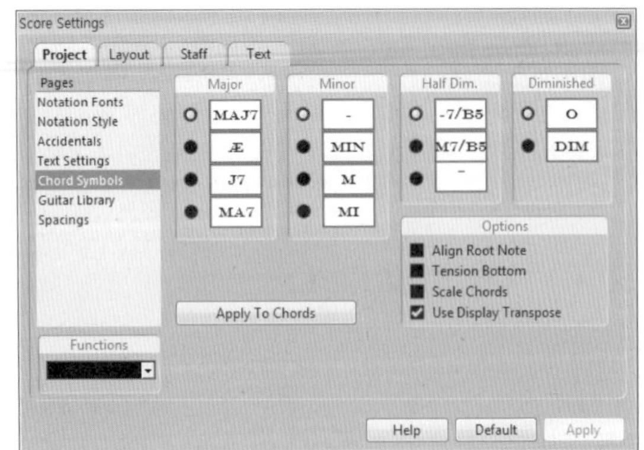

① Major : 메이저 표시 방식을 선택한다.

② Minor : 마이너 표시 방식을 선택한다.

③ Half Dim : Half Dim 표시 방식을 선택한다.

④ Diminished : Diminished 표시 방식 선택

⑤ Options : 추가 옵션을 설정한다.

• Align Root Note : 베이스 노트에 정렬된다.

• Tension Bottom : 루트 노트보다 작고 비슷한 위치에 정렬된다.

• Scale Chords : 악보 크기가 조절되면 코드 크기도 조절된다.

• Use Display Transpose : 음정이 변하면 코드도 변하게 한다.

6. Settings 메뉴 → Project 탭 → Guitar Library 옵션

기타 연주용 코드 폼을 만들 수 있다.

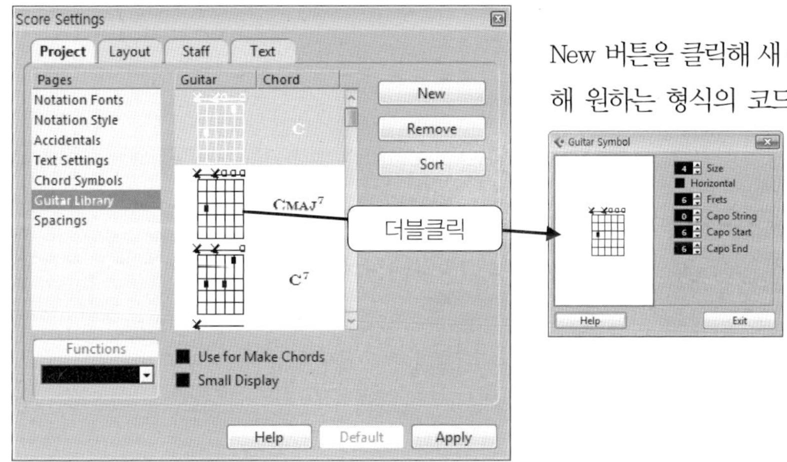

New 버튼을 클릭해 새 플랫 보드를 생성시킨 뒤, 플랫 보드를 더블클릭해 원하는 형식의 코드 폼을 만들어준다.

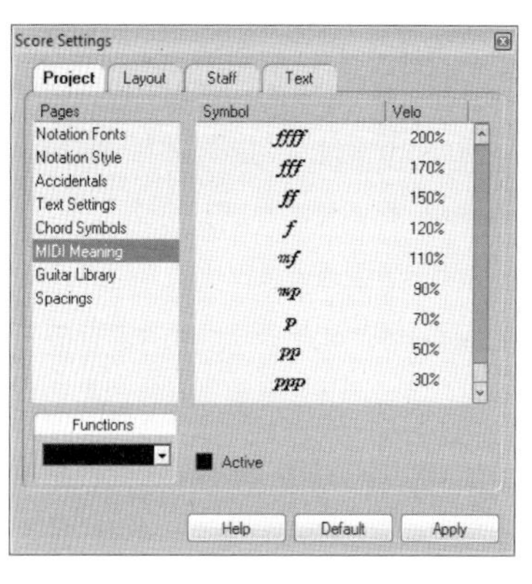

큐베이스 5 버전에 있는 옵션이다. 각 심벌의 벨로서티 값을 설정할 수 있다. 예를 들어 f(포르테)보다는 ffff(포르테시시시모)가 더 강하기 때문에 벨로서티 값이 200%로 설정되어 있다. 사용자 임의대로 벨로서티 값을 변경할 수 있다. 연주를 할 때 이들 기호에 의해 강약이 변경되게 하려면 Active 옵션에 체크한다.

7. Settings 메뉴 → Project 탭 → Spacing 옵션(악보 간격 설정)

악보상에 있는 각 요소들의 간격을 설정할 수 있다. 기본값 사용을 권장하지만 간격이 너무 붙어 있을 경우 사용자 임의대로 간격을 조절할 수 있다.

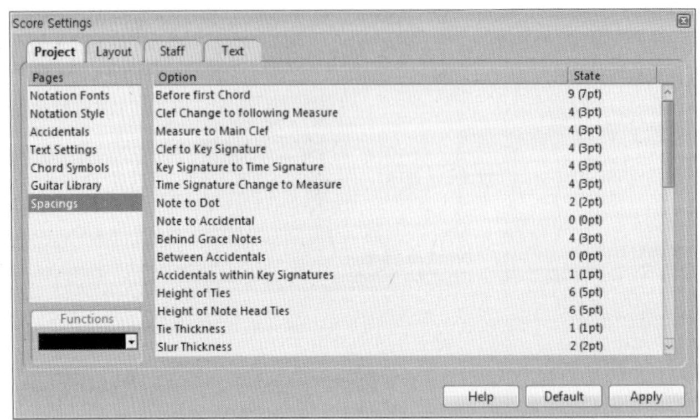

① Before first Chord : 각 마디상에서 마디 선과 첫 번째 노트의 간격을 조절한다.

② Clef Change to following Measure : 음자리표가 변경될 때의 음자리표와 마디 선의 간격을 조절한다.

③ Measure to Main Clef : 메인 음자리표와 첫 번째 마디 선과의 간격을 조절한다.

④ Clef to Key Signature : 음자리표와 조표 사이의 간격을 설정한다.

⑤ Key Signature to Time Signature : 조표와 박자표의 간격을 설정한다.

⑥ Time Signature Change to Measure : 중간에 박자표를 삽입할 경우, 박자표와 마디 선의 간격을 조절한다.

⑦ Note to Dot : 점음표에서 음표와 점의 간격을 조절한다.

⑧ Note to Accidental : 음표와 임시표의 간격을 조절한다.

⑨ Behind Grace Notes : 음표와 장식음(Grace Notes)의 간격을 조절한다.

⑩ Between Accidentals : 화음에서 임시표의 세로 간격을 조절한다.

⑪ Accidentals within Key Signatures : 임시표와 조표의 간격을 조절한다.

⑫ Height of Ties : 음표의 높이를 설정한다.(음표 대의 높이)

⑬ Height of Note Head Ties : 음표 머리에 붙는 심벌과의 간격을 조절한다.

⑭ Tie Thickness : 모든 음표 대의 굵기를 조절한다.

⑮ Slur Thickness : 모든 슬러(이음줄)의 굵기를 조절한다.

⑯ Bezier Thickness : 인스펙트의 Dynamics 탭의 베지어 슬러 툴로 그린 슬러의 굵기를 조절한다.

⑰ Slur's Start and End Distance from Note Head : 음표 머리와 슬러의 간격을 조절한다.

⑱ Slur's Middle Distance from Note Head : 음표 머리와 슬러의 중간 부분과의 간격을 조절한다.

⑲ First Bar Number – Horizontal Offset : 첫 번째 바 번호와 보표와의 수평 간격을 조절한다.

⑳ First Bar Number – Vertical Offset : 첫 번째 바 번호와 보표와의 수직 간격을 조절한다.

㉑ Other Bar Numbers – Horizontal Offset : 다른 바 번호와 보표와의 수평 간격을 조절한다.

㉒ Other Bar Numbers – Vertical Offset : 다른 바 번호와 보표와의 수직 간격을 조절한다.

㉓ Staff Separator – Horizontal Offset : 보표의 오선을 수평 방향으로 간격을 조절한다.

㉔ Staff Separator – Vertical Offset : 보표의 오선을 수직 방향으로 간격을 조절한다.

㉕ Track Name – Horizontal Offset : 첫 번째 트랙 이름과 보표와의 수평 간격을 조절한다.

㉖ Track Name – Vertical Offset : 첫 번째 트랙 이름과 보표와의 수직 방향 간격을 조절한다.

㉗ Short Track Name – Horizontal Offset : 그 외 트랙 이름과 보표와의 수평 간격을 조절한다.

㉘ Short Track Name – Vertical Offset : 그 외 트랙 이름과 보표와의 수직 간격을 조절한다.

㉙ Multi-rest Height : 마디 쉼표(멀티 쉼표)의 높이를 조절한다.

㉚ Multi-rest Width : 마디 쉼표의 길이를 조절한다.

㉛ Density of Note Placement : 코드/음표의 최소 거리를 설정한다.

㉜ Density of Lyric Placement : 가사(문자)의 최소 거리를 설정한다.

㉝ Auto Space/Edit Mode : 보표 바의 간격을 조절한다.

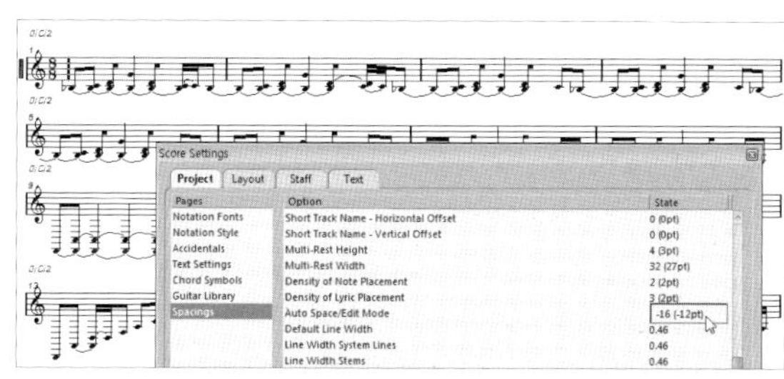

바 간격을 마이너스(-)로 조절한 모습

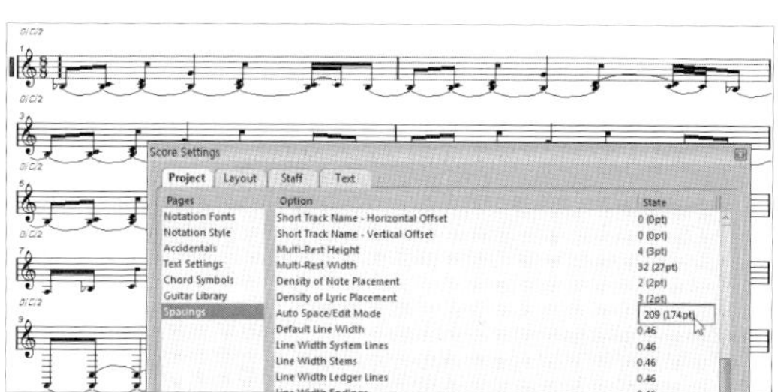

바 간격을 플러스(+)로 조절한 모습

㉞ Default Line Width : 앞에서 조절 기능이 없었던 나머지 라인의 두께를 조절한다.

㉟ Line Width와 그 외 옵션들 : 각각 해당하는 라인 굵기를 조절할 때 사용한다.

8. Settings 메뉴 → Layout 탭(악보 레이아웃 설정)

Layout 탭은 페이지 모드에서의 악보 레이아웃을 조절하는 기능이다.

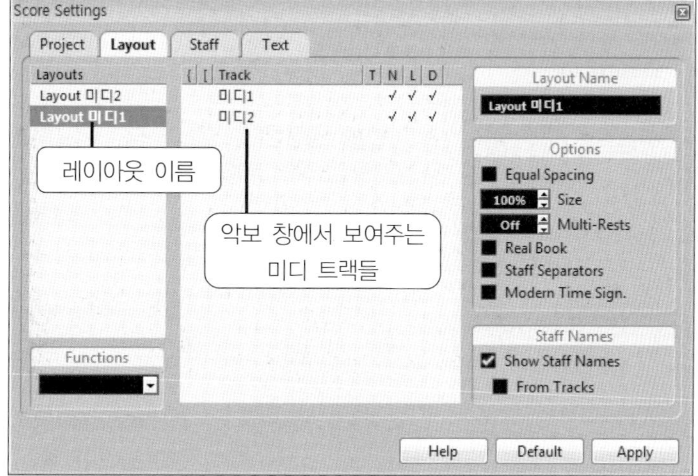

① Layout Name 섹션 : 현재 작업 중인 레이아웃의 이름을 지정한다. 나중에 Function 버튼을 클릭해 반출할 수 있다.

② Options 섹션 : 레이아웃 옵션을 설정한다.

- Equal Spacing : 레이아웃을 변경할 때 간격이 유지되도록 한다.
- Size : 악보의 크기를 조절한다. 종이 크기를 조절하는 것이 아니라 보표 크기가 조절된다. 수치를 낮추면 A4 종이에 더 많은 보표가 들어간다.
- Multi Rest : 마디를 다 채우는 연속 쉼표가 있을 경우 마디 쉼표로 전환해준다.
- Real Book : 첫 마디에만 음자리표를 표시한다.
- Staff Separators : 보표와 보표를 분리하는 분리선을 삽입한다.
- Modern Time Sign : 보표상에 있는 박자표를 제일 상단 여백으로 이동시킨다.

③ Staff Name 섹션 : 보표 이름에 대한 옵션을 설정한다.

- Show Staff Names : 보표마다 이름을 표시한다. 클립 이름이 표시된다.
- From Tracks : 체크하면 트랙 이름을 보표 이름으로 사용한다.

④ Functions 섹션 : 추가 기능을 사용할 수 있다.

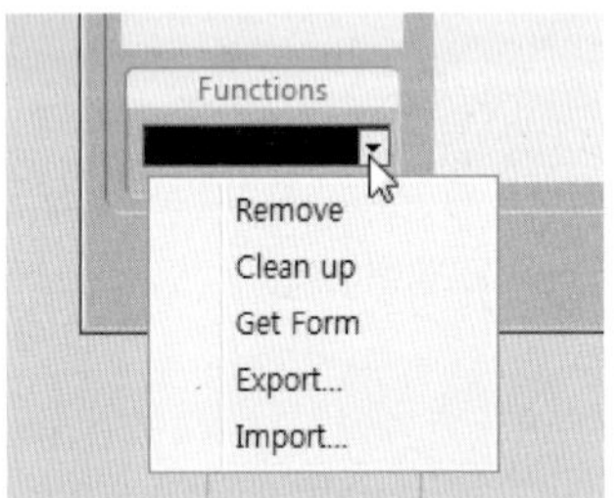

- Remove : 왼쪽 레이아웃창에서 선택한 레이아웃을 제거한다.
- Clean Up : 모든 레이아웃을 제거한다.
- Get Form : 레이아웃을 임포트했을 때, 해당 레이아웃에 있는 레이아웃 심벌을 사용할 수 있도록 인스펙터 패널(페이지 모드)의 레이아웃 탭으로 가져온다.
- Export : 현재 레이아웃을 레이아웃 파일로 저장한다.
- Import : 다른 레이아웃 파일을 불러온 뒤 사용한다.

9. Settings 메뉴 → Staff 탭 → Main 탭(이조악보 제작)

악보의 스타일을 종합적으로 설정할 수 있고 이조악보 등을 만들 수 있다.

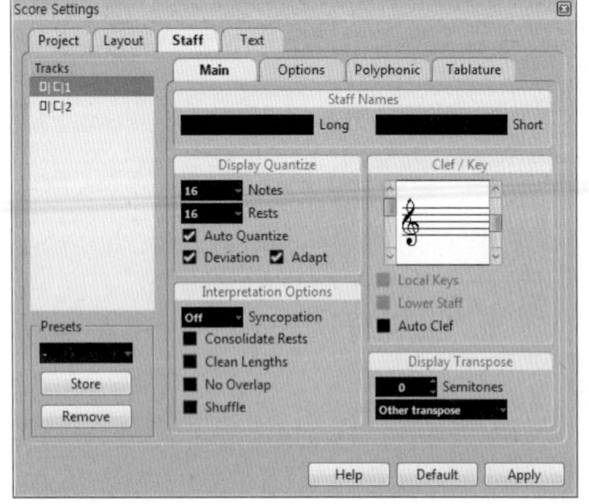

① Staff Names 섹션 : 보표 이름을 재설정한다. Long에 입력한 이름은 맨 처음 보표에 사용되고, Short에 입력한 이름은 그 외 보표에서 사용된다.

② Display Quantize 섹션 : 악보상에 표시되는 최소 음표(Note)와 쉼표(Rest)를 설정한다. 그보다 작은 음표와 쉼표는 다른 음표에 합산되어 표시된다. 이후 셋잇단음표를 정상적으로 연주시키려면 Deviation 옵션을 끈다.

③ Interpretation Options 섹션 : 음표를 보기 좋게 다듬어준다.

- Consolidate Rests : 연속되는 작은 쉼표들을 합쳐 큰 쉼표로 만든다.
- Clean Lengths : 화음을 이루는 음표들은 동일 길이로 정렬한다.
- No Overlap : 긴 노트와 짧은 노트가 동일 음정에서 겹쳐있을 경우, 시작 위치가 동일하다면 겹친 노트 중 긴 노트를 정리해준다.
- Shuffle : 스윙풍 곡에서 볼 수 있는 셋잇단음표 등을 정돈해준다.

④ Clef/Key 섹션 : 악보 창에서 선택한 음자리표와 조표를 변경할 수 있다. 보통 스코어 에디터의 인스펙터에서 변경하는 것이 좋다.

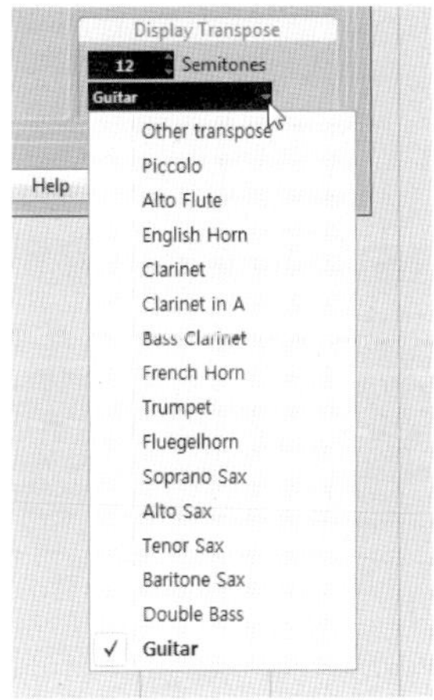

이조악기 목록

⑤ Display Transpose 섹션 : 음정을 반음정 단위로 변경할 수 있는 이조악보 제작 기능이다. 실제 음정은 변경되지 않고 악보상에서만 변경된다.

Tip

예를 들면 더블베이스, 콘트라베이스, 트럼펫 등은 음높이가 실제 음과 일정 간격으로 차이가 발생하는 악기들이며, 이런 악기들을 이조악기라고 부른다. 악보를 정석대로 사보하면 이들 악기들이 악보대로 연주할 수 없으므로 조옮김을 해서 악보를 만들어야 한다. 이를 이조악보라고 말한다. 하단 팝업버튼을 클릭해 원하는 악기를 선택하면 자동으로 조옮김이 된다.

10. Settings 메뉴 → Staff 탭 → Options 탭

빔 모양, 오선지의 줄 수, 음표의 대 길이 등을 설정할 수 있다.

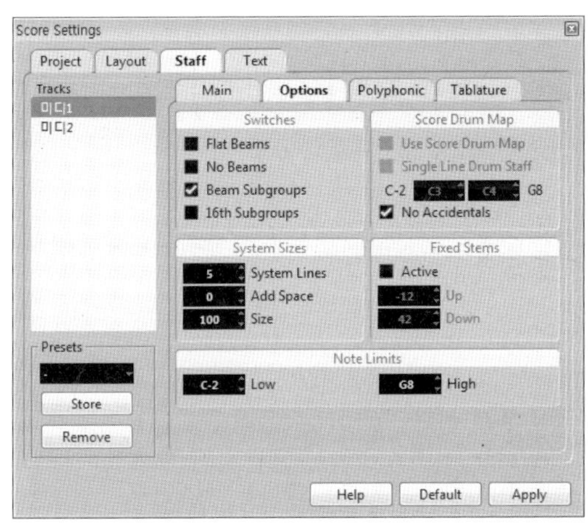

① Switches 섹션 : 빔 모양을 변경할 수 있다.
- Flat Beams : 빔을 수평으로 정렬한다.
- No Beams : 빔을 사용하지 않는 옵션이다.
- Beam Subgroups : 16분음표를 4개 빔으로 보여준다.
- 16th Subgroups : 16분음표를 2개의 빔으로 보여준다.

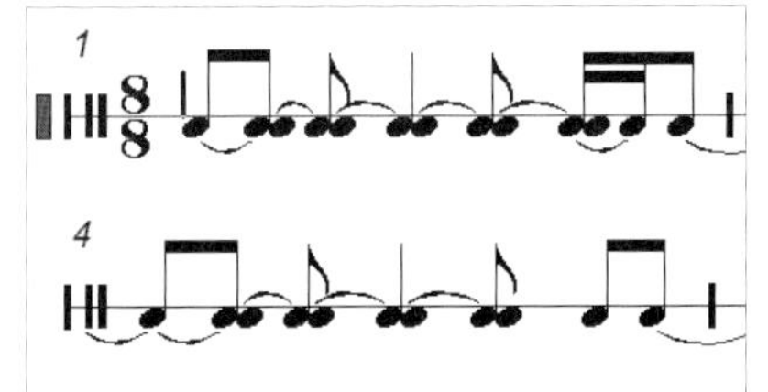

싱글라인 드럼 악보

② Score Drum Map 섹션 : 드럼 맵을 악보로 전환할 때의 옵션을 설정할 수 있다.
- Use Score Drum Map : 드럼 맵의 음정 위치를 유지한 상태에서 미디 악보로 가져온다.
- Single Line Drum Staff : 드럼 악보를 오선지가 아닌 싱글라인 악보로 표시한다.
- Range : 싱글라인 악보에 표시할 음정 범위를 설정한다.
- No accidentals : 임시표를 표시하지 않는다.

③ System Sizes 섹션 : 오선지의 선 개수를 조절할 수 있다.
- System Lines : 오선의 줄 수를 설정한다.
- Add Space : 오선의 5개줄 사이의 간격을 조절한다.
- Size : 오선의 전체 높이를 조절한다. 즉 보표의 전체 높이를 조절하는 것과 마찬가지이다.

④ Fixed Stems 섹션 : 음표의 대 길이를 조절한다.
- Up : 위쪽을 향한 음표 대의 길이를 조절한다.
- Down : 아래쪽을 향한 음표 대의 길이를 조절한다.

⑤ Note Limits 섹션 : 화면에 표시할 음정 폭을 설정한다.

11. Settings 메뉴 → Staff 탭 → Polyphonic 탭(큰 보표/성부 악보 만들기)

Polyphonic 탭은 '큰 보표' 또는 '성부 악보'를 만들 때 사용한다. 큰 보표의 경우 사용 빈도가 많은 악보이므로 만드는 법을 배우는 것이 좋은데 만드는 법은 매우 간단하다.

대화상자의 Single Staff 버튼을 클릭하면 Single(일반 단일 보표), Split(큰 보표), Polyphonic(성부 보표)을 선택할 수 있다.

- Single : 일반적으로 사용하는 단일 보표이다.
- Polyphonic : 4부 스코어 에디터의 '성부악보 만들기' 예제에서 이미 배운 성부 악보 만들기 기능이다.
- Split : 큰 보표를 만들 때 사용한다.

다른 기능은 앞에서 배운 기능들이므로 여기서는 큰 보표를 만드는 방법을 알아본다. 큰 보표란 '높은음자리'와 '낮은음자리'를 동시에 표시한 보표를 말하며 보통 양손 피아노 곡 악보에 사용한다.

대화상자의 Single Staff 버튼을 클릭한 뒤 Split 옵션을 선택하면 큰 보표를 만들 수 있다.
이때 Split-Point 옵션에서 '높은음자리'와 '낮은음자리'를 나눌 때 기준이 되는 음정을 지정한다.
기본적으로 피아노 건반의 C3(도) 위치가 지정되어 있다.

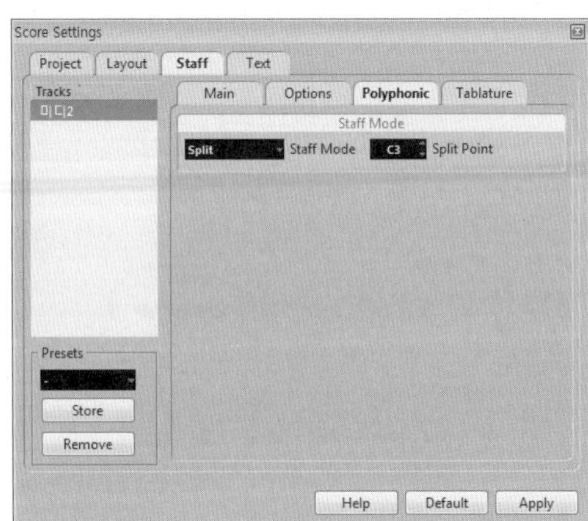

큰 보표를 만든 모습이다. 양손 피아노 연주곡을 위한 악보를 사
보할 수 있다.

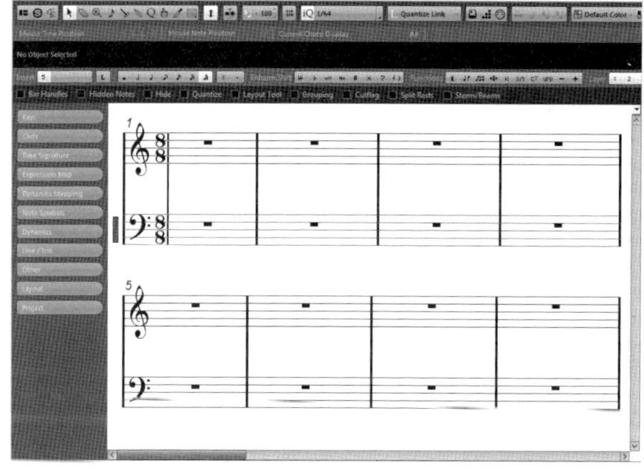

12. Settings 메뉴 → Staff 탭 → Tablature 탭

기타 연주자들을 위한 타브 악보를 만들 때 사용한다. Tablature 옵션에 체크한 뒤 기타와 베이스 기타 중 하나를 선택한
뒤 Apply 버튼을 누르면 자동으로 타브 악보가 만들어진다.

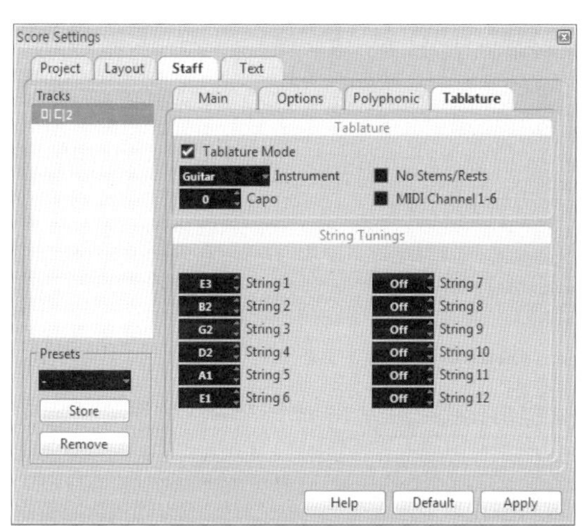

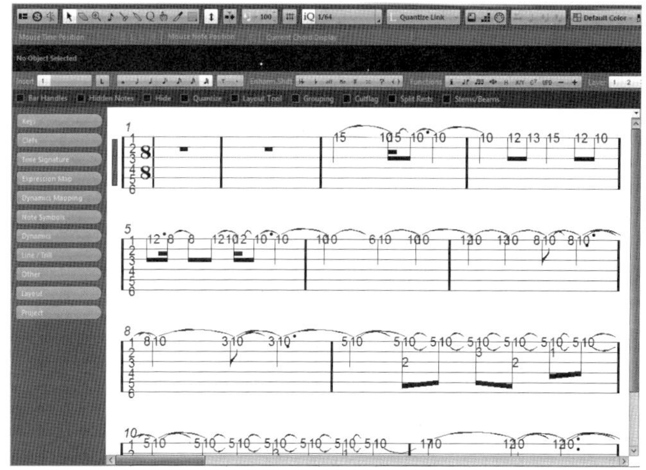

타브 악보의 모습

13. Settings 메뉴 → Staff 탭 → Text 탭(가사 글꼴 설정창)

가사 입력과 각종 텍스트 입력에 사용하는 글꼴, 글꼴 크기를 설정할 수 있다.

① Font : 가사, 텍스트 입력에 사용할 글꼴을 선택한다.
② Size : 글꼴 크기를 지정한다.
③ Font Options : 체크하면 볼드체, 이탤릭체, 언더라인체를 입력할 수 있다. Frame은 텍스트에 테두리를, Melisma Style은 텍스트
　를 클릭 드래그하면 생성되는 라인의 스타일을, Positioning은 텍스트의 위치, Alignment는 텍스트의 정렬 방식을 설정한다.

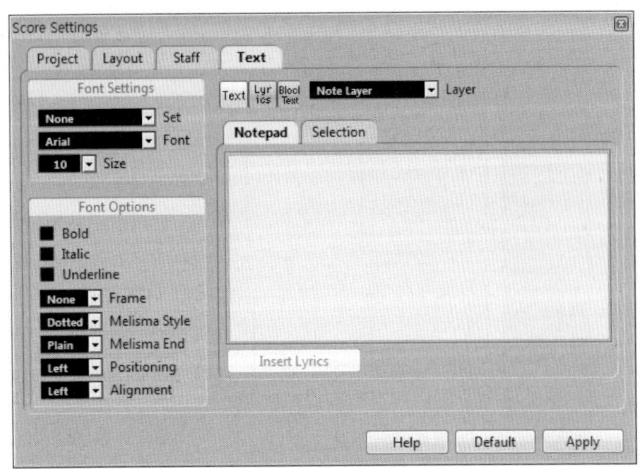

④ 사각 버튼 : 3개의 사각 버튼은 각각 Text(일반 문자), Lylics(가사), Block Text(외부에서 가져온 Txt 문서)를 입력할 때 사용한다. 원하는 버튼을 클릭한 뒤 악보 창으로 이동하면 연필 툴이 나타나는데 이때 입력하고 싶은 위치를 클릭한 뒤 Notepad 탭에서 글자를 입력하고 Apply 버튼을 클릭하면 글자가 삽입된다. Selection 탭은 악보 창에서 선택한 글자가 표시되고, 이 글자를 수정한 뒤 Apply 버튼을 눌러 교체하는 기능이다. 참고로, 가사를 입력할 때는 음과 음 사이를 이동할 때 탭 키를 사용해야 한다.

⑤ Layer : 텍스트가 입력될 레이어를 선택한다. 일반적으로 노트가 있는 레이어가 선택된 상태인데 노트 외에 다른 심벌들이 많이 삽입된 상태라면 정렬 시 문제가 발생한다. 악보 창에서 레이어를 만든 경우 사용할 수 있다.

 ## Group/Ungroup Notes 메뉴 – 하나의 빔으로 묶기 

Group Notes 메뉴는 선택한 음표들을 그룹으로 묶어 하나의 빔 음표를 만들 때 사용한다. Ungroup Notes 메뉴는 빔 음표에서 선택한 음표들을 빔 음표에서 분리시킬 때 사용한다.

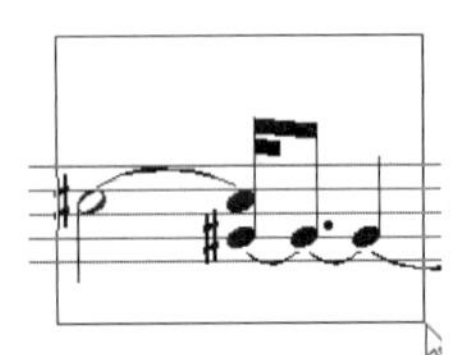

빔으로 묶을 음표를 선택

빔으로 만든 모습

 ## Convert to Grace Note 메뉴 – 장식음 

선택한 노트들을 꾸밈음(장식음)으로 전환한다.

Build N Tuplet 메뉴 – 잇단음표로 전환하기

선택한 음표를 대등하게 여러 등분으로 분할해 잇단음표를 만든다. 예를 들어 4분음표를 선택한 뒤 Type 항목에서 3을 선택하면 3잇단음표가 된다. 이때 3잇단음표의 길이는 4분음표와 같다. 잇단음표에는 빔 위에 숫자가 표시되는데 다섯잇단음표의 경우 5라고 표시된다.

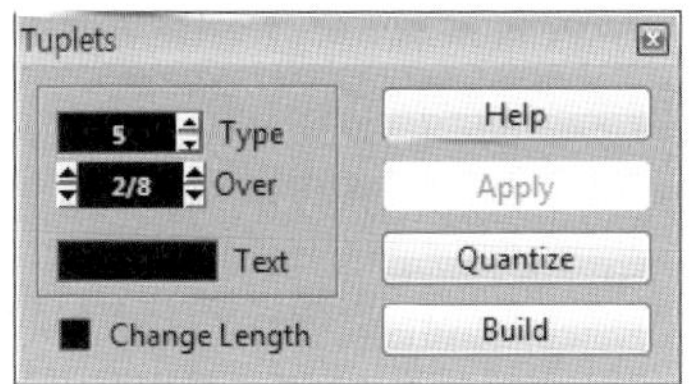

① Type : 잇단음표의 음표 개수를 설정한다.

② Over : 전체 잇단음표의 총 음길이를 설정한다.

③ Text : 잇단음표에 추가로 표시하고 싶은 텍스트를 입력할 수 있다.

④ Change Length : 잇단음표는 개수와 관계없이 원래 음표와 음길이가 같다. 여기에 체크하면 원래 음표의 음 길이를 무시하고 잇단음표에 있는 음표들이 음 길이가 된다.

⑤ Quantize : 퀀타이즈 방식으로 잇단음표를 만든다. 실제 미디 데이터에 영향을 주지 않는다.

⑥ Build : 실제 미디 데이터에 영향을 주며 잇단음표를 만든다.

다음은 다섯잇단음표를 만든 모습이다.

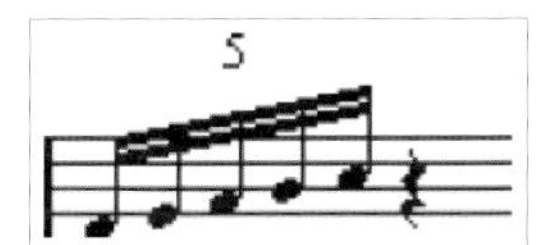

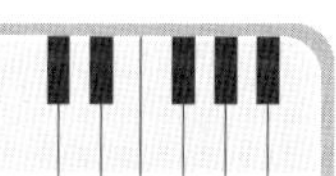
Insert Slur 메뉴 – 슬러 삽입하기

선택한 2개 이상의 음표들을 슬러로 연결해준다. 이때 서로 다른 음정끼리 슬러로 연결한 것은 '이음줄'이라고 말하고, 동일 음정에 있는 음표들을 슬러로 이으면 '붙임줄'이라고 말한다.

Hide/Show 메뉴

마우스로 선택한 노트, 쉼표, 심벌, 음자리표, 바 라인, 보표 등을 화면에 표시하거나 감출 수 있다. 토글 메뉴이기 때문에 다시 실행하면 감춘 요소들을 화면에 다시 표시할 수 있다. 음표의 경우 필터 바의 Hidden Notes에 체크되어야 다시 화면에 표시할 수 있다.

Flip 메뉴

선택한 음표들을 위아래로 뒤집어준다. 음표 머리가 위를 향하고 있을 경우, 아래를 향하게 된다.

Align Elements 메뉴 – 정렬 기능

선택한 이벤트를 정렬할 수 있는 6개의 하위 메뉴로 구성되어 있다. 주로 불규칙하게 입력된 심벌들을 동일 선상에 정렬하거나, 노트와 가사의 시작점을 정렬할 때 사용한다.

Left/Right/Top/Bottom 메뉴는 선택한 오브젝트들을 왼쪽/오른쪽/상단/하단으로 정렬시킨다. Center/Vertical/Horizontal 메뉴는 위, 중앙, 아래로 정렬한다. Dynamics 메뉴는 크레센도 같은 다이내믹 심벌을 정렬한다.

Make Chord Symbols 메뉴 – 코드 심벌

코드(화음)로 된 노트를 선택한 뒤 메뉴를 실행하면 음표 상단에 코드를 생성시킨다.

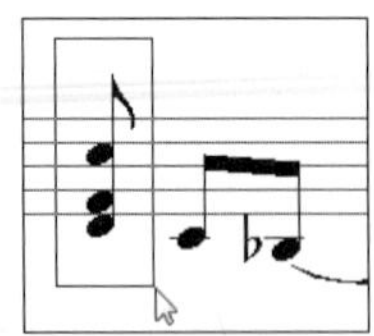

Make Guitar Symbosl 메뉴 – 기타 코드

노트를 선택한 뒤 메뉴를 실행하면 음표 상단에 기타 코드를 생성시킨다.

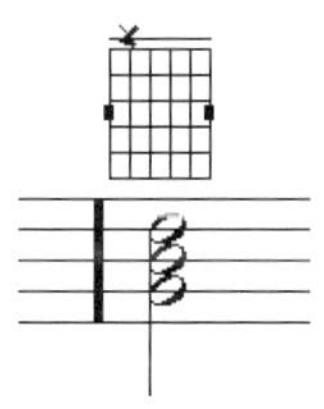

Functions 메뉴

Scores → Functions 메뉴는 악보를 결합하고 분리시킬 수 있는 기능들을 제공한다.

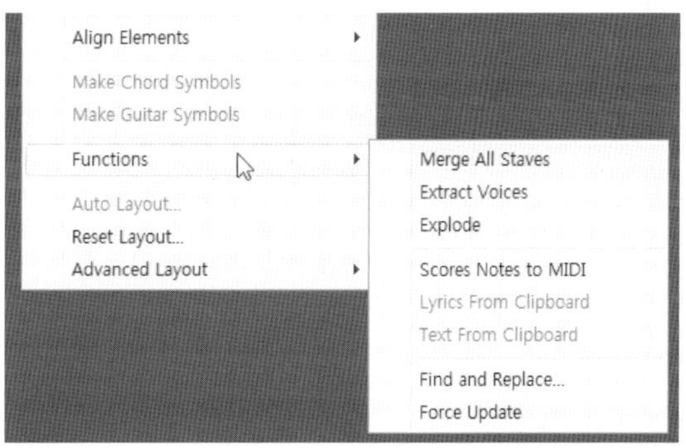

1. Merge All Staves 메뉴(선택한 트랙들의 악보 합치기)

2개 이상의 미디 트랙를 선택한 뒤 적용한다. 선택한 2개 이상의 미디 트랙을 하나의 악보로 결합하는 기능이다. 먼저 트랙 뷰에서 결합할 미디 트랙을 2개 이상 선택한 뒤 Ctrl + R을 눌러 악보 창으로 전환한다. 그런 뒤 이 메뉴를 실행하면 한 악보로 결합되고, 트랙 뷰에는 선택한 미디 트랙들이 하나로 합쳐진 새 미디 트랙이 생성된다.

새 미디 트랙을 선택한 뒤 스코어 에디터(Ctrl + R)를 실행하면 모든 악보가 합쳐진 것을 알 수 있다. 이런 악보는 모든 악기/성부를 하나의 악보로 보여주기 때문에 보통 오케스트라 지휘자나 합창단 지휘자가 사용한다.

2. Extract Voices 메뉴(병합된 악보, 다성부 악보 분리하기)

앞의 Merge All Staves 메뉴로 합친 악보를 트랙별로 다시 분리할 때 사용한다. 또한 성부 악보를 각 트랙별로 분리할
때도 사용할 수 있다.

3. Explode 메뉴(병합된 악보, 다성부 악보 정교하게 분리하기)

앞의 Extract Voices 메뉴를 대화상자 방식으로 실행한다. Merge All Staves 메뉴로 합친 악보 또는 성부 악보를 각 트랙
별로 분리할 수 있다. 대화상자가 실행되므로 개별적으로 지정해 분리할 수 있다.

4. Scores Notes to MIDI 메뉴

악보를 인쇄하기 전 Scores → Settings 메뉴 등으로 악보를 보기 좋게 꾸미거나 매우 복잡한 악보를 작성하는 경우가
있다. 이때 음표를 정렬하거나 해상도를 변경하고 새 음표 등을 추가하며 작성하는데 이 경우 100% 완벽하게 미디 데이터가
수정되는 것은 아니다. 몇몇 요소는 미디 데이터가 수정되지 않고 악보상에서만 수정될 수도 있다. 이때 이 메뉴를 실행하면
실제 미디 데이터도 수정되도록 해준다. 즉 악보상에서 보이는 그 상태대로 완벽하게 미디 데이터도 수정되도록 하고 싶을
때 이 메뉴를 적용한다.

5. Lyrics From Clipboard 메뉴(가사 붙여넣기)

다른 프로그램에서 복사한 가사를 선택한 음표에 붙여준다. 메모장 같은 프로그램에서 가사를 작성할 때는 음표마다 하나
씩 글자가 붙도록 글자 사이를 Space Bar로 띄어쓰기하면서 작성해야 한다. 일단 작성된 가사는 메모장의 Copy 메뉴로
복사할 수 있다. 큐베이스의 악보 창에서 가사를 붙이고 싶은 음표를 클릭한 뒤 Lyrics From Clipboard 메뉴를 적용하면
해당 음표에서 붙여 넣은 가사가 시작된다.

6. Find and Replace 메뉴(글자 검색 및 교체)

악보상에 있는 가사 또는 텍스트를 검색한 뒤 다른 글자로 교체할 때 사용한다. 워드프로세서처럼 글자를 대상으로 작업할
때만 사용할 수 있다.

7. Force Update 메뉴(화면 디스플레이 업데이트)

악보 창이 제대로 보이지 않는 등의 문제가 발생할 때 강제적으로 화면을 업데이트하여 다시 표시하는 기능이다. 입력한 노트나 심벌, 슬러 등이 화면상에서 잘못 표시될 때 사용한다.

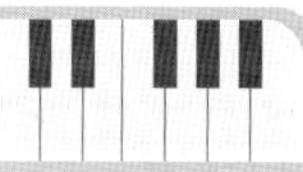

Auto Layout 메뉴(보표/마디 간격 설정)

마디 간격과 보표 간격 등을 조절할 수 있다. 대화상자 상단의 라디오 버튼을 클릭해 수정할 요소를 지정한 뒤 하단 옵션 항목에서 수치를 조절하면 된다. Scores → Page Mode 메뉴를 실행해 페이지 모드로 전환한 뒤 사용하는 기능이다.

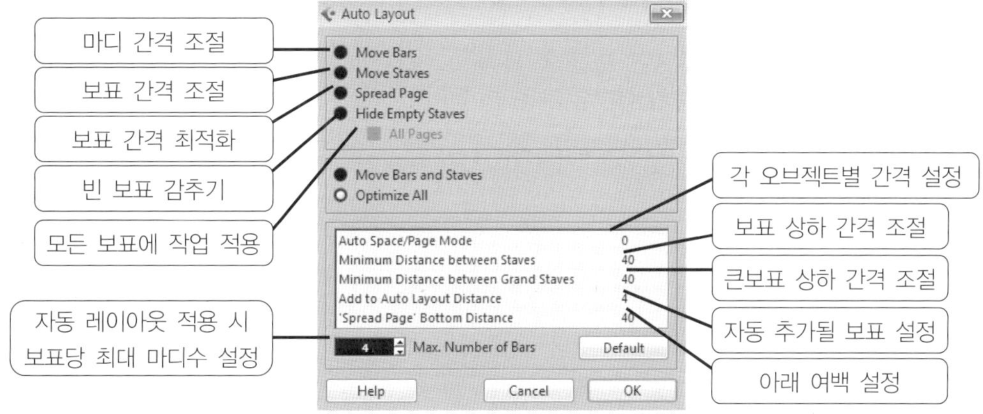

Reset Layout 메뉴

이 메뉴는 현재 레이아웃에서 체크한 요소를 기본값으로 리셋할 때 사용한다. 기본값으로 리셋할 요소에 체크한 뒤 This Staff 또는 All Staves 버튼을 클릭한다. This Staff 버튼은 작업 중인 보표, All Staves 버튼은 모든 악보에서 검색한 뒤 리셋한다.

예를 들어 악보 창의 필터바에서 Hide 버튼으로 감추어둔 노트가 있을 경우, 이 메뉴를 실행한 뒤 Hidden Notes에 체크한 뒤 적용하면 감추어둔 노트가 다시 악보 창에 나타난다.

즉 이 메뉴는 악보 창의 툴바, 필터바에서 적용한 각종 설정을 원래 상태로 리셋할 때 사용한다.

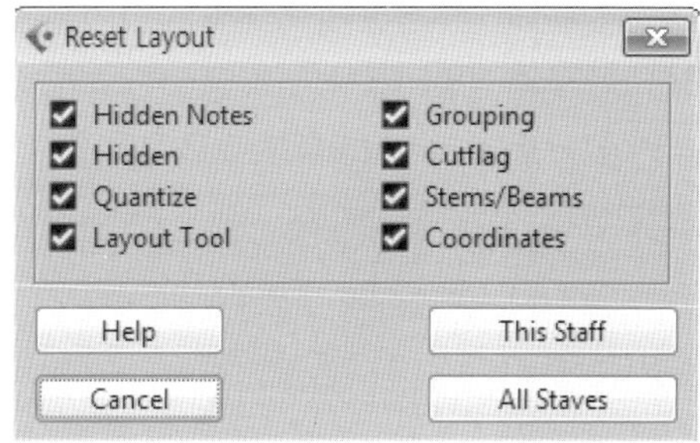

Advanced Layout 메뉴(마디 수 변경과 마커 인쇄)

Scores → Advanced Layout 메뉴는 3개의 하위 메뉴를 제공한다. 보표마다 사용할 수 있는 마디 수와 마커 인쇄 기능을 사용할 수 있다.

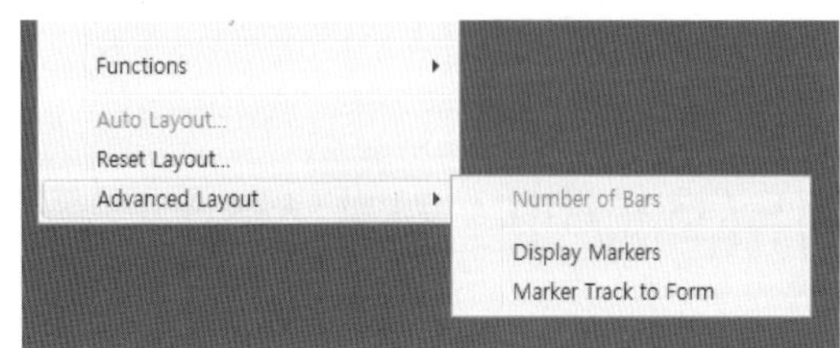

1. Number of Bars(마디 변경하기)

악보 창의 페이지 모드에서 사용하는 기능이다. 보표마다 사용할 수 있는 마디 수를 설정한다. Auto Layout 메뉴의 대화상 자에도 마디 수를 설정하는 기능이 있는데 해당 옵션은 자동 레이아웃을 적용하면서 사용할 수 있는 최대 마디 수를 설정하는 기능이고, 여기서 설명하는 이 메뉴는 실제 마디 수를 제한시킬 때 사용한다. 따라서 메뉴를 적용하면 바로 각 보표마다 마디 수가 변경된다. 큐베이스 기본값은 4이다.

2. Display Markers 메뉴(마커 표시하기)

마커 트랙으로 마커를 만든 경우, 설정된 마커를 악보상에 표시해주는 기능이다.
악보 창에 마커가 표시되기 때문에 악보 인쇄 시 마커도 함께 인쇄된다. 예를 들어 '랩 시작 부분', '리피트' 같은 마커 표시가 있을 경우 악보상에 함께 인쇄되므로 많은 도움이 된다.

3. Marker Track to Form 메뉴

마커가 삽입된 위치마다 순서대로 리허설 마크를 삽입해 준다. 리허설 마크는 A, B, C 문자로 삽입되거나 1, 2, 3 숫자로 삽입된다. 리허설 마크는 악보상의 중요한 부분임을 알려주는 역할을 하므로 일반적으로 큰 크기로 삽입된다. 기본적으로 마커가 있는 곳에 삽입된다.

마커 이름과 리허설 마크(A)

| 미디어(Media) 메뉴

Open Pool Window	Ctrl+P
MediaBay	F5
Loop Browser	
Sound Browser	
Mini Browser	F7
Import Medium...	
Import Audio CD...	
Import Pool...	
Export Pool...	
Find Missing Files...	
Remove Missing Files	
Reconstruct	
Convert Files...	
Conform Files...	
Write Attributes to File	
Extract Audio from Video File	
Generate Thumbnail Cache	
Create Folder	
Empty Trash	
Remove Unused Media	
Prepare Archive...	
Set Pool Record Folder	
Minimize File	
New Version	
Insert into Project	▶
Select in Project	
Search Media...	

- Open Pool Window 메뉴 : 풀 윈도우 실행하기
- MediaBay 메뉴 : 미디어베이 실행하기
- Loop Browser 메뉴 : 루프 브라우저 실행하기
- Sound Browser 메뉴 : 사운드 브라우저 실행하기
- Mini Browser 메뉴 : 미니 브라우저 실행하기
- Import Medium 메뉴 : 미디어 파일을 풀 윈도우로 불러오기
- Import Audio CD : 오디오 CD에서 트랙 가져오기
- Import Pool 메뉴 : 풀 윈도우에서 풀 파일 불러오기
- Export Pool : 풀 윈도우에서 풀 파일 저장하기
- Find Missing Files 메뉴 : 실종 파일 찾기
- Remove Missing Files 메뉴 : 실종 파일 목록에서 제거하기
- Reconstruct 메뉴 : 실종된 파일 되살리기
- Convert Files 메뉴 : 오디오 파일 속성을 변경한다.
- Conform Files 메뉴 : 오디오 포맷 변경하기
- Extract Audio from Video File 메뉴 : 동영상에서 사운드만 가져오기
- Generate Thumbnail Cache 메뉴 : 캐시 이미지 만들기
- Create Folder 메뉴 : 풀 윈도우에서 새 폴더 만들기
- Empty Trash 메뉴 : 풀 윈도우에서 휴지통 비우기
- Remove Unused Media 메뉴 : 풀 윈도우에서 사용하지 않는 미디어 파일 제거하기
- Prepare Archive 메뉴 : 풀 윈도우에 등록된 파일을 작업 중인 Audio 파일로 복사하기
- Set Pool Record Folder 메뉴 : 풀 윈도우에서 선택한 폴더를 레코드 폴더로 변경하기

- Minimize File 메뉴 : 오디오 파일을 실제 자르기
- New Version 메뉴 : 작업 프로젝트를 새 버전으로 저장하기
- Insert into Project 메뉴 : 프로젝트 윈도우에서 선택한 파일을 프로젝트에 붙이기
- Select in Project 메뉴 : 풀에서 선택한 파일을 프로젝트에서 선택하기
- Search Media 메뉴 : 미디어 파일 검색하기

Open Pool Window 메뉴 – 풀 윈도우

작업 프로젝트에서 사용 중인 각종 미디어 파일을 검색하고 관리할 수 있는 풀 윈도우를 실행한다. 풀 윈도우에 대해서는 PART 7 – 3장 Project → Pool 메뉴를 참고한다.

MediaBay 메뉴 – 미디어베이

큐베이스에서 제공하는 VST 가상악기, 악기 프리셋, 템플릿, 뱅크, 오디오 클립, 오디오 이펙트 프리셋 등 가상악기 음색이나 오디오 이펙트, 오디오 음원, 큐베이스 파일(cpr), 미디 파일(mid), 비디오 파일 등 미디어 소스를 미리 검색한 뒤 데이터베이스화시키는 기능이다. 미디어베이는 데이터베이스한 각종 미디어 소스를 카테고리, 스타일, 캐릭터별로 정렬한 뒤 원하는 소스의 사운드를 미리 모니터하고 더블클릭하는 방식으로 트랙 뷰에 삽입할 수 있게 해 준다.

미디어베이의 특징은 VST 가상악기나 VST 오디오 이펙트를 해당 프로그램을 실행하지 않고 프리셋을 카테고리, 스타일, 캐릭터별로 정렬한 뒤 미리 모니터링하고, 가장 안성맞춤인 악기 음색이나 오디오 이펙트를 바로 프로젝트에 사용할 수 있다는 점에 있다. 또한 사용자의 하드디스크를 새 검토 위치로 추가하여 외부 미디어 소스를 미디어베이에 등록할 수 있게 해 준다. 미디어베이의 실행 단축키는 F5이다.

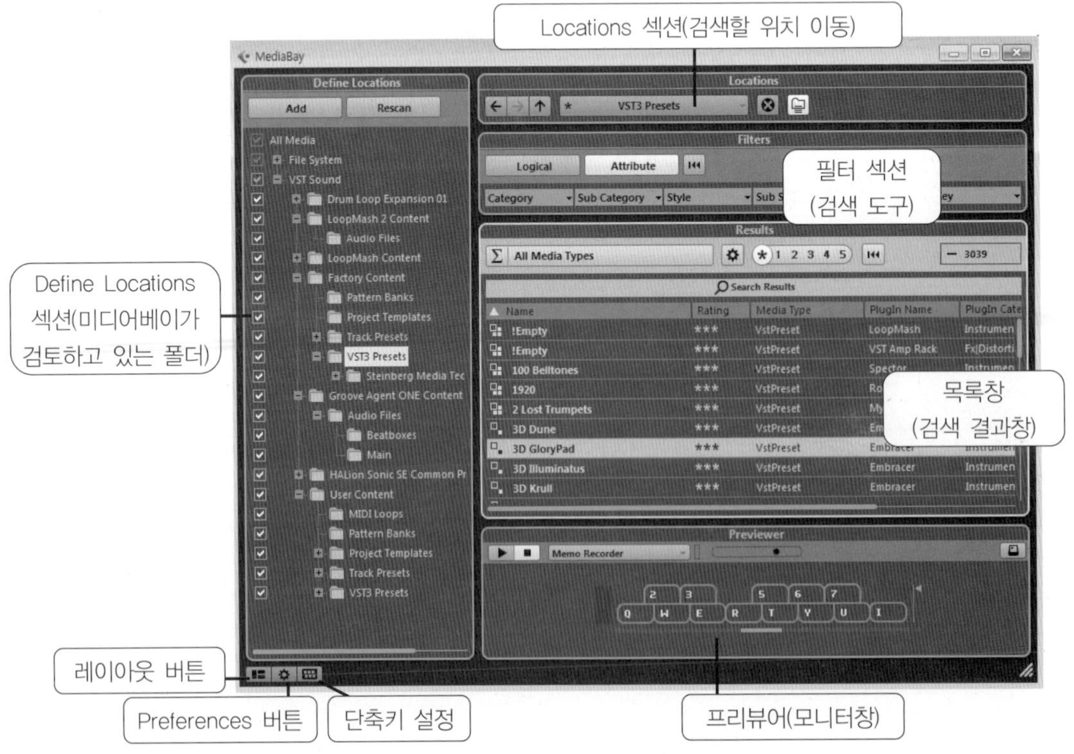

큐베이스 6의 미디어 베이

1. Define Locations 섹션

Define Locations 섹션에는 사용자의 하드디스크와 각종 폴더가 표시된다. 이중 체크된 폴더는 미디어베이가 이미 검토하여 데이터베이스화한 폴더이다.

사용자의 하드디스크나 폴더를 새 검토 위치로 추가하려면 원하는 하드디스크나 폴더에 체크 표시를 한 뒤 Rescan 버튼을 눌러 미디어베이 데이터베이스에 업데이트시킨다. 이때 하드디스크 크기에 따라 검색 시간이 더 많이 소요될 수 있지만 일단 한번 Rescan하면 데이터베이스가 구축되므로 다음에는 Rescan할 필요 없이 해당 하드디스크나 폴더에 있는 각종 미디어소스를 미디어베이에서 인식한다.

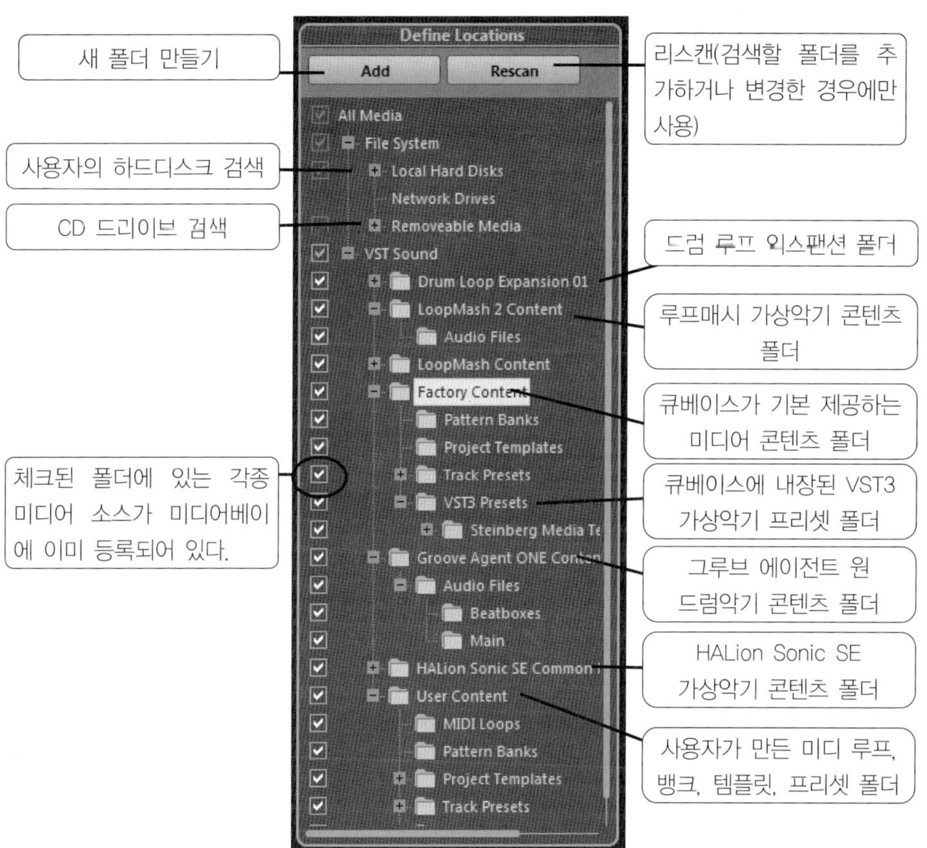

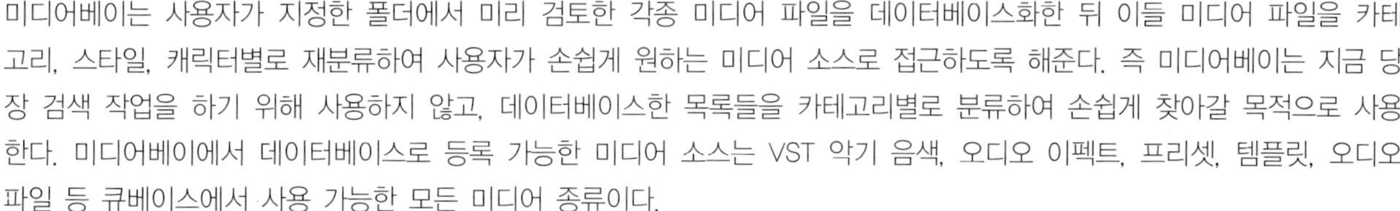

참고 — **미디어베이를 사용하는 이유**

미디어베이는 사용자가 지정한 폴더에서 미리 검토한 각종 미디어 파일을 데이터베이스화한 뒤 이들 미디어 파일을 카테고리, 스타일, 캐릭터별로 재분류하여 사용자가 손쉽게 원하는 미디어 소스로 접근하도록 해준다. 즉 미디어베이는 지금 당장 검색 작업을 하기 위해 사용하지 않고, 데이터베이스한 목록들을 카테고리별로 분류하여 손쉽게 찾아갈 목적으로 사용한다. 미디어베이에서 데이터베이스로 등록 가능한 미디어 소스는 VST 악기 음색, 오디오 이펙트, 프리셋, 템플릿, 오디오 파일 등 큐베이스에서 사용 가능한 모든 미디어 종류이다.

2. Locations 섹션

데이터베이스한 미디 소스가 있는 폴더를 찾아갈 때 사용한다. 화살표 버튼은 폴더를 이동할 때 사용하고 중앙 버튼은 중요한 폴더로 바로 이동할 때 사용한다. Remove 버튼은 데이터베이스에서 해당 폴더를 제거할 때 사용한다. Deep Result 버튼은 미디어 소스가 어디에 있는지 파악할 수 있도록 디렉토리 경로를 함께 보여준다.

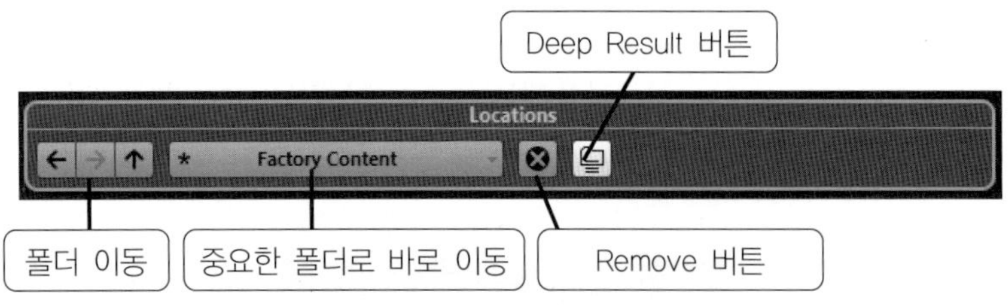

3. Filters 섹션

데이터베이스에서 자신이 원하는 음색, 이펙트를 검색하는 기능이다. 다음과 같이 2가지 방식으로 검색할 수 있다.

Logical 버튼을 클릭하면 사용자가 입력한 내용을 기반으로 검색할 수 있다. 다음은 속성에서 Category를 선택한 뒤, matches(일치)라는 조건을 선택하고, drum이라는 글자를 입력했다. 악기 중에서 드럼 악기에 해당하는 악기가 모두 검색되어 하단 검색창에 표시된다.

Attribute 버튼을 클릭하면 카테고리, 스타일, 캐릭터, 키별로 정렬하여 자신이 원하는 악기 음색이나 미디어 소스를 검색할 수 있다. 항목별로 클릭해 On 하면 해당 항목에 해당하는 악기 음색이나 미디어 소스가 검색되어 하단 검색창에 표시된다.

4. 목록창(데이터 검색 결과창)

앞의 필터 섹션에서 검색한 결과가 목록으로 표시된다. 검색 조건에 따라 악기 음색이나, 오디오 파일, 루프 파일, 오디오 이펙트, 프리셋, 템플릿 파일 등이 검색되어 표시된다.

클릭하면 해당 미디어 소스를 미리 모니터링할 수 있다. 더블클릭하면 해당 미디어 소스가 프로젝트에 삽입된다. 예를 들어 악기 음색을 클릭하면 미리 모니터링할 수 있고, 더블클릭하면 프로젝트에 해당 악기 음색이 연결된 미디 트랙이 생성된다.
오디오 클립을 클릭하면 미리 모니터링할 수 있고, 더블클릭하면 프로젝트에 해당 오디오 클립이 삽입된 오디오 트랙이 생성된다.

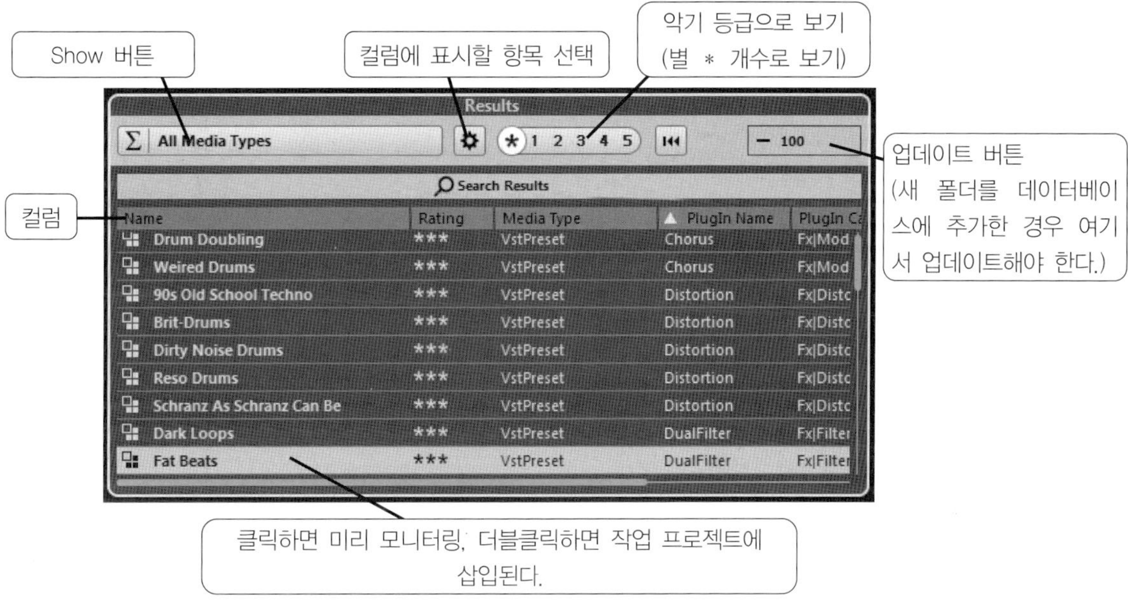

Show 버튼을 클릭하면 검색된 목록을 미디어 유형별로 재분류하여 다시 볼 수 있다.

5. 프리뷰창(모니터링창)

상단 목록창에서 선택한 미디어 소스를 프리뷰할 수 있다.

상단 목록창에서 선택한 미디어 소스가 악기 음색일 경우 해당 악기 음을 프리뷰할 수 있도록 버추얼 건반창이 나타난다.

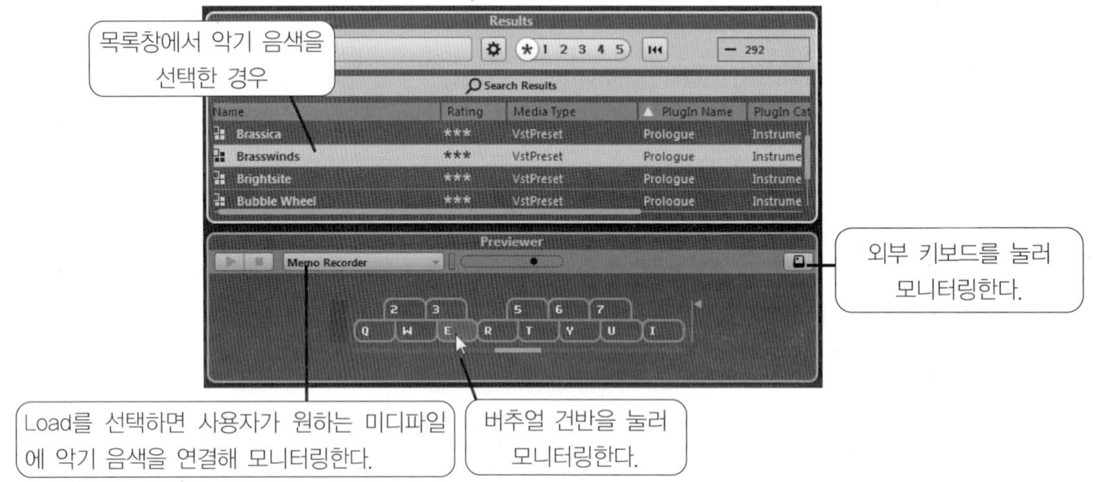

상단 목록창에서 선택한 미디어 소스가 오디오 클립이거나 오디오 루프 파일일 경우 해당 오디오 클립의 파형과 함께 사운드를 모니터링할 수 있다.

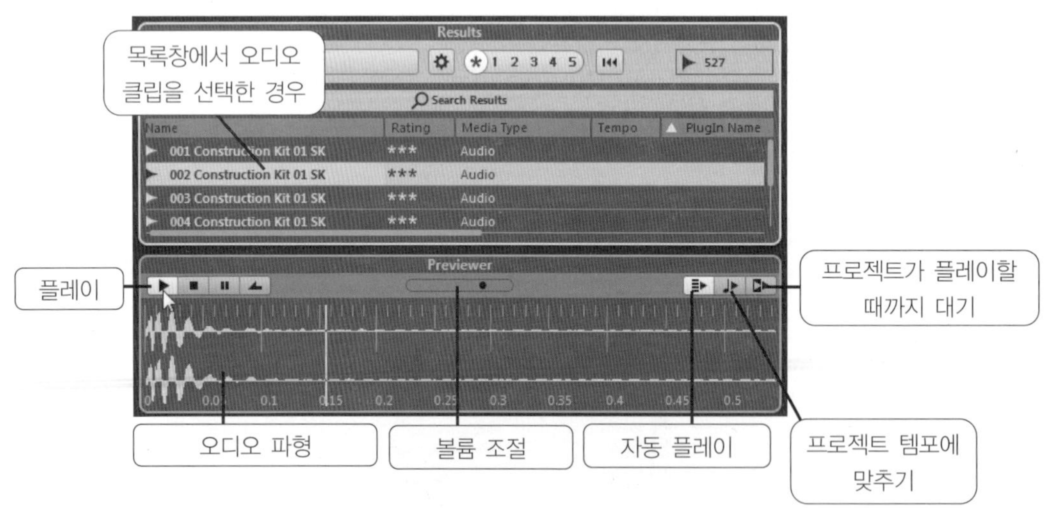

| 참고 | **큐베이스 5의 미디어베이** |

큐베이스 5의 미디어베이는 큐베이스 6의 미디어베이의 하위 버전이므로 레이아웃이 조금 다르다. 큐베이스 5 사용자를
위해 큐베이스 5의 미디어베이 사용법을 정리해 본다.

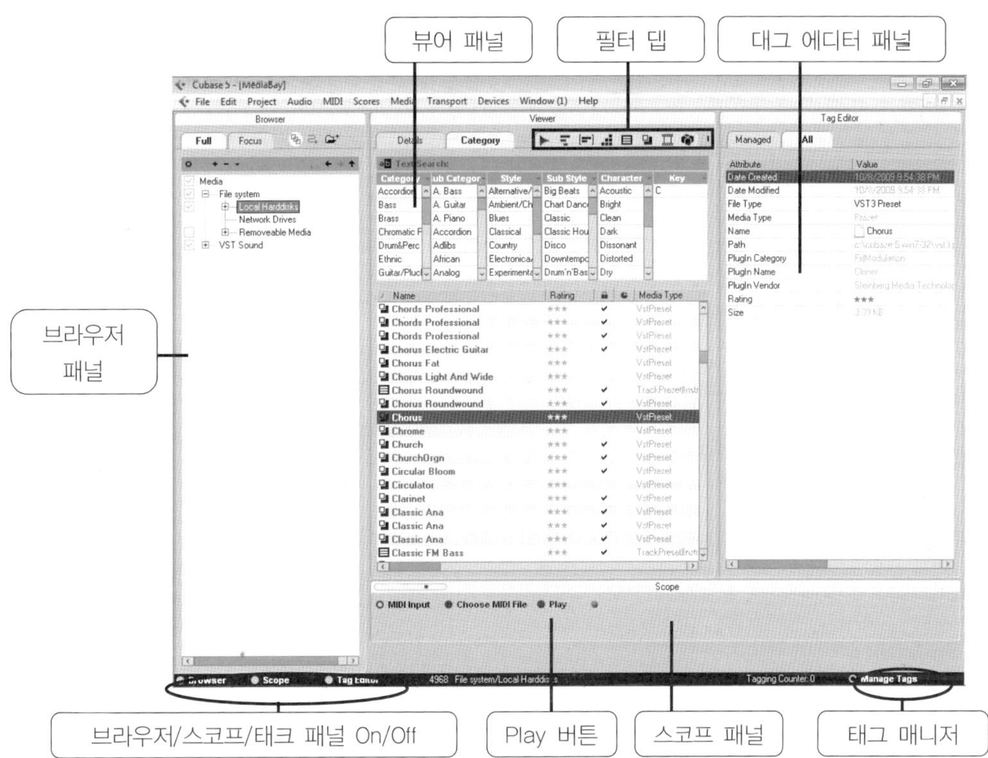

1. 브라우저 패널

브라우저 패널은 하드디스크나 폴더별로 미디어 파일의 검색 위치를 지정할 때 사용한다. 미디어베이를 실행하면 기본적으
로 '큐베이스에서 관리하는 미디어 파일'이 자동으로 검색된 상태이므로, 다른 폴더에서 검색하고 싶다면 여기서 원하는 하
드디스크 혹은 폴더를 지정한다. 참고로, '큐베이스에서 관리하는 미디어 파일'이란 큐베이스에 설치된 미디어 소스와 큐베
이스에서 한번 이상 불러온 미디어 파일을 말한다.

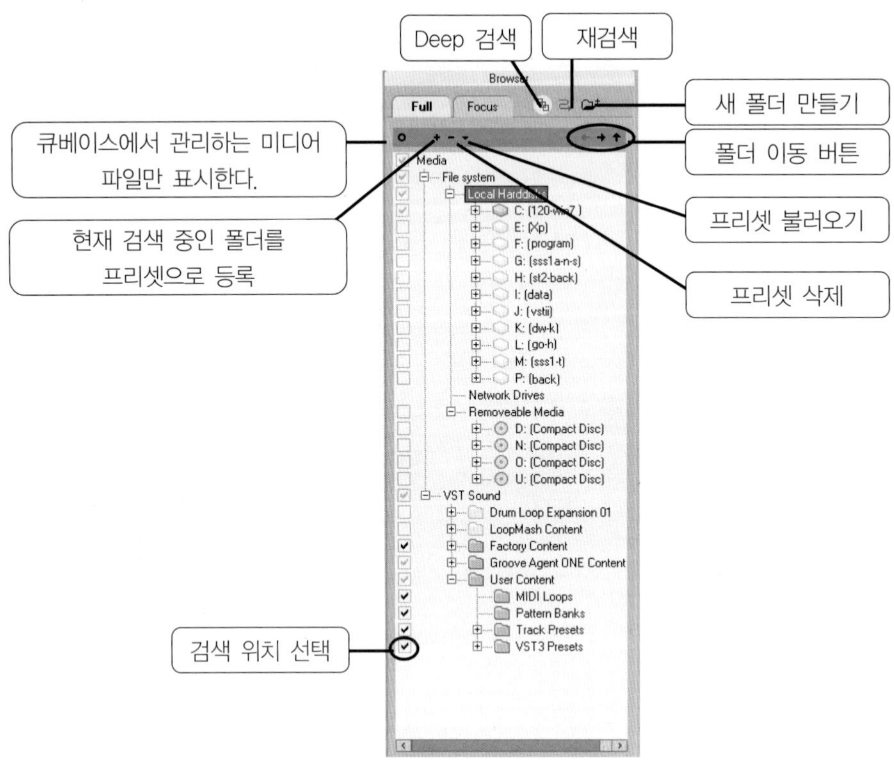

브라우저 패널의 Focus 탭은 현재 검색 중인 드라이버 또는 폴더만 자세히 보고 싶을 때 선택한다.

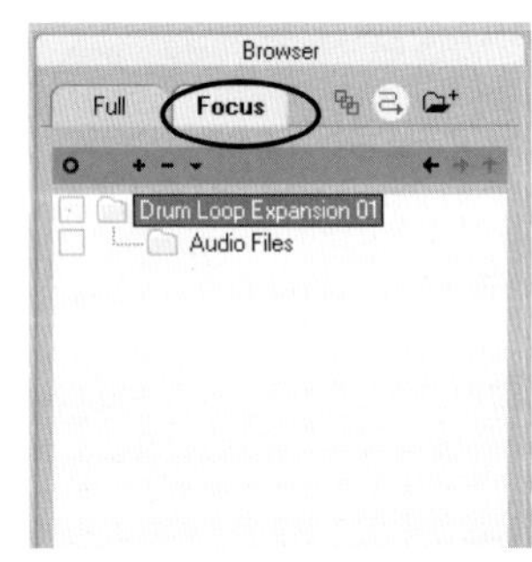

Focus 탭

2. 뷰어 패널

뷰어 패널은 검색된 미디어 파일들이 목록으로 표시된다. 뷰어 패널의 Details 탭은 검색된 목록 전체를 보여주고, Category 탭은 사용자가 선택한 카테고리별로 목록을 다시 표시해준다. 보통 카테고리 탭에서 원하는 미디어 파일을 찾아 가는 것이 좋다. 필터 탭은 검색된 목록이 많은 경우 보고 싶은 포맷만 표시하고 싶을 때 사용한다.

여기서는 카테고리 탭과 필터 탭에 대해 알아본다.

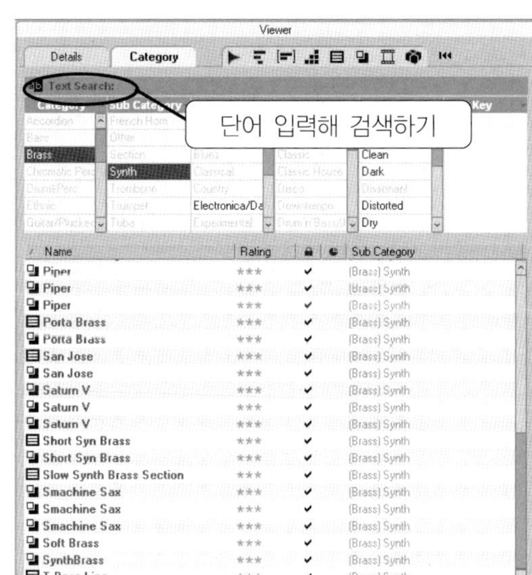

① Category 탭 : 메인 카테고리, 서브 카테고리, 스타일, 서브 스타일, 캐릭터, 키별로 미디어 파일을 재검색한 뒤 보여준다.

예를 들어 메인 카테고리에서 'Strings'을 선택하고, 서브 카테고리에 'Synth', 스타일에서 'Classical'을 선택하면 '스트링 악기' 중에서 '신디 스타일'의 '클래식 음악'에 어울리는 악기가 목록에 표시된다.

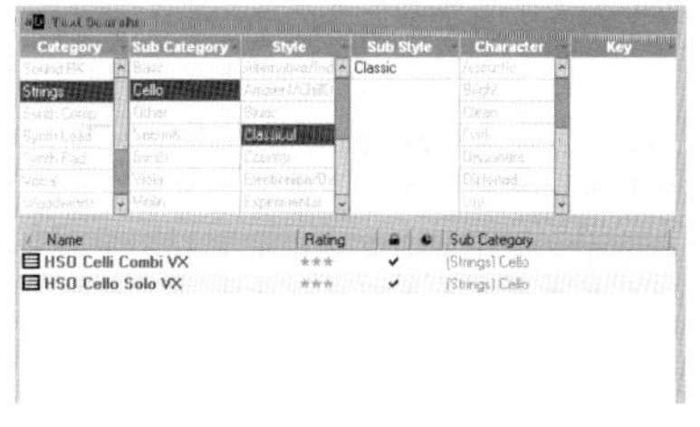

검색된 목록이 무엇인지 확인하려면 오른쪽 태그 패널을 확인한다. 검색된 목록이 바로 사용할 수 있는 오디오 파일일 경우 스코프 패널에 Play 기능이 활성화되어 미리 모니터할 수 있다. 미리 모니터한 뒤 마음에 들면 마우스로 더블클릭해 트랙에 삽입한다. 검색된 목록이 가상악기 음색일 경우 마우스로 더블클릭하면 악기 트랙(Instrument Track)이 생성되어 트랙에 삽입된다.

② 필터 탭 : 검색된 미디어 목록이 많을 경우 원하는 것만 필터링해서 표시할 수 있다. 버튼을 2개 이상 중복으로 켜면, 해당 목록들이 동시에 표시된다.

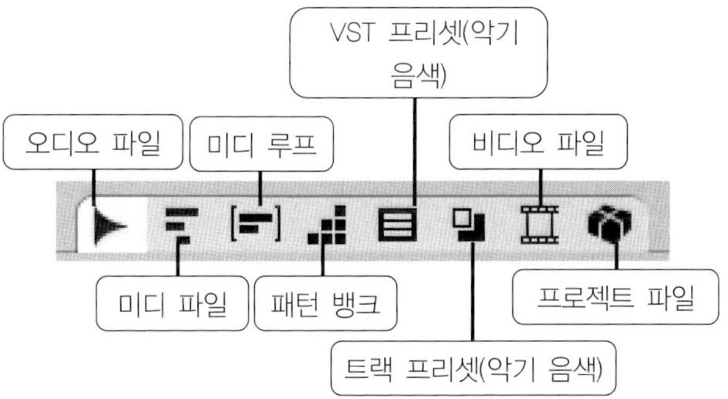

3. 태그 에디터 패널

선택한 미디어 소스에 대한 태그를 확인할 수 있고, 태그를 사용자 마음대로 수정할 수 있다.

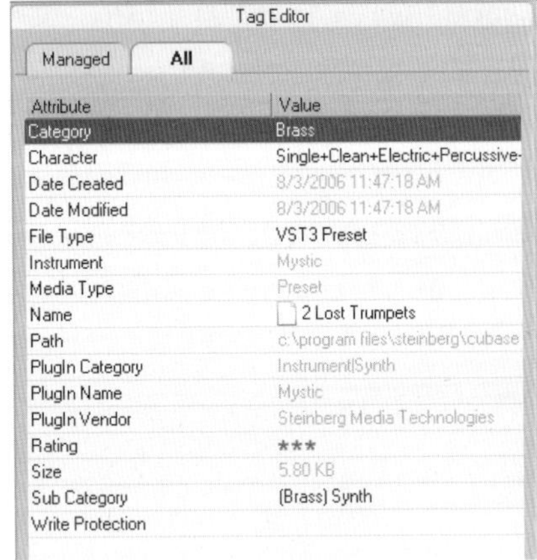

① Category : 메인 카테고리가 표시되고, Value 항목을 클릭하면 카테고리를 변경할 수 있는 단축 메뉴가 실행된다. 만일 단축 메뉴가 실행되지 않으면 마우스로 더블클릭한 뒤 직접 카테고리를 재입력할 수 있다.

② Character : 해당 미디어 파일의 성격을 부여하는데 보통 사용된 악기 이름이 들어가있다.

③ File Type : 오디오 파일인지 가상악기 음색(VST3 Presets)인지 확인할 수 있다.

④ Instrument : 해당 음색이 어느 가상악기에 있는지 표시한다.

⑤ Name : 해당 미디어 파일/가상악기 음색의 이름이 표시된다. 마우스로 더블클릭해 이름을 변경할 수 있다.

⑥ Path : 해당 소스가 저장된 폴더 위치를 표시한다.

⑦ PlugIn Category : 가상악기 카테고리가 표시된다.

⑧ PlugIn Name : 가상악기 이름이 표시된다.

⑨ PlugIn Vender : 가상악기 제작사 이름이 표시된다.

⑩ Rating : 가상악기 음색을 별(*) 표시로 등급을 설정할 수 있다. 마우스로 별 표시 영역 옆의 공백 부분을 클릭하면 * 표시가 추가된다. 기존의 * 표시를 제거하려면 그 부분을 클릭하면 된다. 마음에 들거나 선호하는 음색일 경우 보통 별 표시를 5개로 설정한 뒤 나중에 별 표시로 검색할 수 있다.

Loop Browser 메뉴 – 루프파일 브라우저

루프 브라우저를 실행한다. 미디어베이와 동일하며, 루프 파일(오디오 파일이나 미디루프 파일) 위주로 검색할 때 사용한다.

Sound Browser 메뉴 – 사운드 브라우저

사운드 브라우저를 실행한다. 미디어베이와 동일하며, 주로 하드디스크에 저장된 사운드 파일 위주로 검색할 때 실행한다.

Mini Browser – 미니 브라우저(악기 음색 검색)

미디어베이와 동일 기능이며, 미디어베이를 미니형으로 실행할 때 사용한다. 기본적으로 큐베이스 내장 가상악기 음색을 검색할 때 사용할 수 있도록 검색 위치를 VST 폴더로 설정하고 있다.

Import Medium 메뉴

오디오 파일을 풀 윈도우로 가져올 때 사용한다. 자동으로 풀 윈도우가 실행된 뒤, 오디오 파일을 불러올 수 있는 Open 대화상자가 실행된다. 가져온 오디오 파일은 풀 윈도우에만 등록되며, 트랙에는 삽입되지 않는다.

Import Audio CD 메뉴 – CD 음반에서 곡 가져오기

오디오 CD에서 원하는 곡을 풀 윈도우(Ctrl + P)로 가져온다.

Import Pool 메뉴

풀 윈도우로 풀 파일(npl) 파일을 불러온다.

Export Pool 메뉴

풀 윈도우의 현재 설정 상태를 풀 파일(npl) 파일로 저장한다.

Find Missing Files 메뉴 – 실종 파일 검색하기

풀 윈도우(Ctrl + P)에 등록된 파일을 윈도우 탐색기 같은 다른 프로그램에서 삭제하거나 이동시키는 경우가 있다. 이 경우 풀 윈도우는 해당 파일이 없기 때문에 실종된 파일이라고 말하는데, 이 메뉴는 실종된 파일을 찾을 때 사용한다.

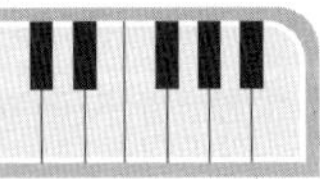

Remove Missing Files 메뉴

앞의 Find Missing Files 메뉴로 실종된 파일을 찾지 못했을 경우, 풀 윈도우 목록에서 제거할 수 있다.

Reconstruct 메뉴

프로세싱 메뉴가 적용된 오디오 파일 중 실종된 파일이 있을 경우 되살릴 수 있다. 프로세싱 메뉴가 적용된 실종된 파일 중 되살릴 수 있는 파일은 풀 윈도우(Ctrl + P)에서 'Reconstructable'이라고 표시되므로 이런 파일들은 되살릴 수 있다.

Convert Files 메뉴 – 오디오 파일 컨버트하기

풀 윈도우(Ctrl + P)에서 선택한 오디오 파일의 비트뎁스, 샘플레이트, 스테레오/모노 채널, 파일 포맷을 변경할 수 있다.

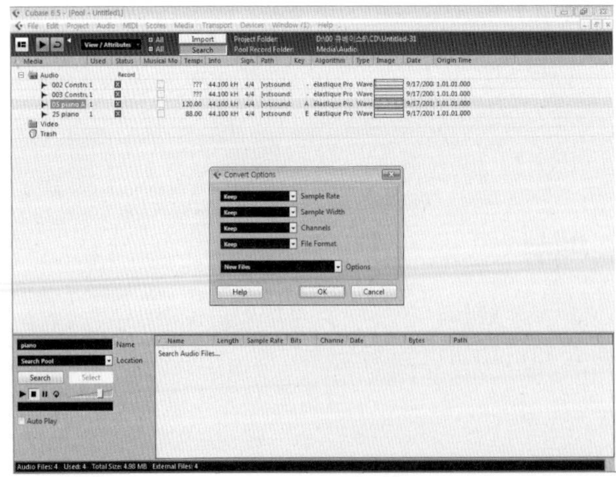

풀 윈도우에서 선택한 오디오 파일을 컨버트하는 모습

Conform Files 메뉴 - 오디오 포맷 일치시키기

풀 윈도우에 등록된 오디오 파일 중 어느 것은 Wav 포맷이고 다른 것은 Aif 포맷일 경우 서로 파일 포맷을 일치시키도록 변환시킬 수 있다. 예를 들어 Aif 포맷을 Wav 포맷에 일치시키려면 이 메뉴를 실행한다.

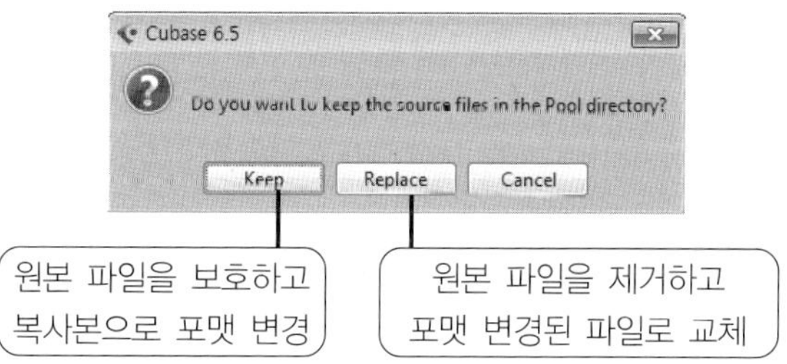

Extract Audio from Video File 메뉴 - 동영상의 사운드 임포트

비디오 파일에서 오디오 부분만 파일로 가져온다. Avi, Mpg, Mp4, Mov, Qt, Wmv 동영상에서 오디오 부분만 가져올 때 사용한다.

Generate Thumbnail Cache 메뉴

비디오 파일을 섬네일 캐시 없이 임포트한 경우 풀 윈도우에서 섬네일 캐시를 만들어준다. 풀 윈도우에서 섬네일이 없는 비디오 파일을 선택한 뒤 이 메뉴를 실행한다.

Create Folder 메뉴

풀 윈도우에서 새 폴더를 만들 때 사용한다. 보통 레코드용 파일들이 저장되도록 레코드 폴더를 만드는 경우가 많다. 레코드 폴더를 만든 뒤 Media → Set Pool Record Folder 메뉴를 적용하면 해당 폴더 이름이 Record 폴더로 변경된다. 이후 오디오 녹음을 하면 파일들이 풀 윈도우의 레코드 폴더에 등록된다.

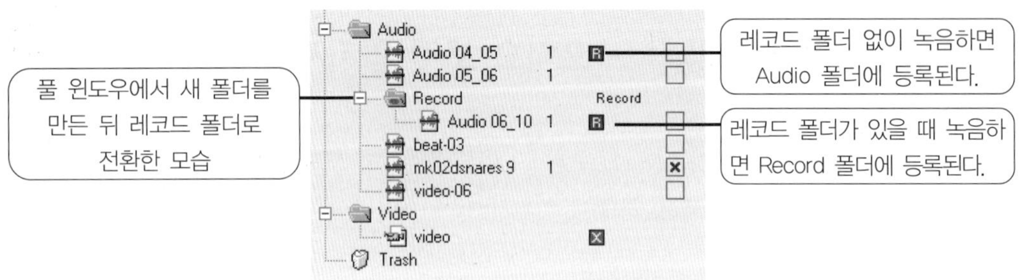

Empty Trash 메뉴

풀 윈도우 휴지통에 있는 파일을 모두 비운다.

Remove Unused Media 메뉴

프로젝트에서 사용하지 않는 파일이 풀 윈도우에 등록되어 있는 경우, 이 메뉴를 실행해 삭제할 수 있다.

Prepare Archive 메뉴

풀 윈도우에 있는 미디어 파일들을 한 번에 작업 프로젝트의 Audio 폴더로 복사해올 때 사용한다. 작업을 하다 보면 여러 폴더에서 여러 개의 미디어를 가져오는 경우가 많다. 이 경우, 이들 미디어 파일들을 Audio 폴더로 모아두기 위해 사용한다.

Set Pool Record Folder 메뉴

풀 윈도우에서 선택한 폴더를 레코드 폴더로 만들 때 사용한다.

Minimize File 메뉴

오디오 파일을 샘플로 사용하다 보면 일부 구간만 사용하고 나머지는 사용하지 않는 경우가 있다. 이 경우 이 메뉴를 실행하면 사용하지 않는 구간은 삭제하고 사용한 구간만 남도록 프로세싱이 실행된다. 오디오 파일이 많이 삽입된 프로젝트는 백업 용량이 크므로, 사용하지 않는 오디오 파일은 제거해서 용량을 줄이는 것이 좋다.

New Version 메뉴 - 복사 버전 만들기

풀 윈도우에서 선택한 오디오/비디오 파일의 복사본을 만든다. 복사본 파일 이름에는(2),(3)... 이라는 괄호 번호가 붙는다. 보통 여러 가지 프로세싱을 하기 전 원본의 복사본을 만들어 놓을 목적으로 사용한다.

복사본을 3개 만든 모습

Insert into Project 메뉴 - 프로젝트에 붙여넣기

풀 윈도우에서 선택한 미디어 파일을 프로젝트에 붙여 넣을 때 사용한다. 하위 메뉴에 따라 3가지 방식으로 동작한다.

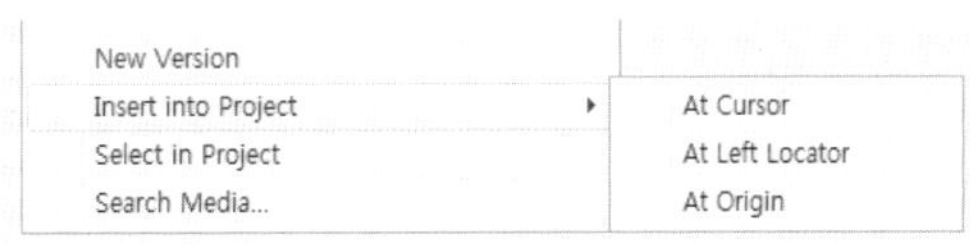

① At Cursor 메뉴 : 트랙 뷰의 프로젝트 커서가 있는 곳에 붙여준다.
② At Left Locator 메뉴 : 왼쪽 로케이터가 있는 곳에 붙여준다.
③ At Origin 메뉴 : 해당 미디어 파일의 원래 위치에 붙여준다.

Select in Project 메뉴 – 사용 위치 파악하기

풀 윈도우에서 선택한 미디어 파일이 트랙 뷰의 어느 곳에 있는지 찾을 때 사용한다. 수십 개의 미디어 파일을 임포트해 사용하다 보면 나중에 어느 파일이 프로젝트의 어느 위치에서 사용되고 있는지 모르는 경우가 많은데 이때 이 메뉴를 사용하면, 선택한 미디어 파일이 프로젝트의 어느 위치에서 사용 중인지 파악할 수 있다.

Search Media 메뉴 – 미디어 파일 검색

미디어 파일을 검색할 때 사용한다. 기본적으로 풀 윈도우에서 검색할 때 사용하지만 옵션에 따라 하드디스크에서도 검색할 수 있다. 검색할 이름의 일부만 입력해도 검색이 가능하다.

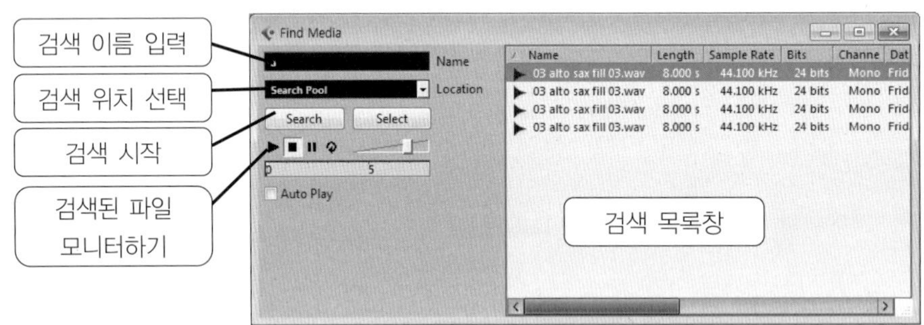

Transport Panel	F2
Locators to Selection	P
Locate Selection	L
Locate Selection End	
Locate Next Marker	Shift+N
Locate Previous Marker	Shift+B
Locate Next Hitpoint	Alt+N
Locate Previous Hitpoint	Alt+B
Locate Next Event	N
Locate Previous Event	B
Post-roll from Selection Start	
Post-roll from Selection End	
Pre-roll to Selection Start	
Pre-roll to Selection End	
Play from Selection Start	
Play from Selection End	
Play until Selection Start	
Play until Selection End	
Play until Next Marker	
Play Selection Range	Alt+Space
Loop Selection	Shift+G
Use Pre-roll	
Use Post-roll	
Start Record at Left Locator	
Metronome Setup...	
Metronome On/Off	C
Precount On/Off	
Project Synchronization Setup...	
Use External Sync	T
Retrospective Record	Shift+Pad *

Transport Panel 메뉴

트랜스포트 패널을 화면에 표시한다. 단축키는 F2. 이 메뉴를 다시 실행하면 트랜스포트 패널이 화면에서 사라진다.

Locators to Selection 메뉴

클립을 선택하거나, 클립의 일부 구간을 선택한 뒤 실행한다. 룰러의 좌우 로케이터가 선택한 클립 좌우에 동일하게 배치된다. 단축키는 P.

Locate Selection 메뉴

프로젝트 커서를 선택한 클립 또는 선택한 구간의 시작 부분으로 이동시킨다. 단축키는 L.

Locate Selection End 메뉴

프로젝트 커서를 선택한 클립 또는 선택한 구간의 끝 부분으로 이동시킨다.

Locate Next Marker/Previous Marker 메뉴

프로젝트 커서를 다음 마커 위치/이전 마커 위치로 이동시킨다.

Locate Next Hitpoint/Previous Hitpoint 메뉴

프로젝트 커서를 다음 히트포인트 위치/이전 히트포인트 위치로 이동시킨다.

Locate Next Event 메뉴

프로젝트 커서를 다음 이벤트(클립 또는 노트)가 시작되는 부분으로 이동시킨다.

 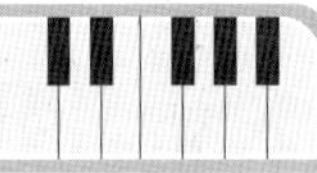

Locate Previous Event 메뉴

프로젝트 커서를 이전 이벤트(클립 또는 노트)가 시작되는 부분으로 이동시킨다.

Post-roll from Selection Start 메뉴

선택한 이벤트의 시작 부분으로 이동한 뒤 Play를 시작한다. 트랜스포트 툴바의 Precount 기능과 같이 사용하며, 프리카운트가 종료하면 플레이도 종료한다.

Post-roll from Selection End 메뉴

선택한 이벤트의 끝 부분으로 이동한 뒤 Play를 시작한다. 트랜스포트 툴바의 Precount 기능과 같이 사용하며, 프리카운트가 종료하면 플레이도 종료한다.

Pre-roll to Selection Start 메뉴

선택한 이벤트의 시작 부분으로 이동한 뒤 1마디 앞쪽에서부터 Play를 시작한다. 트랜스포트 툴바의 Precount 기능과 같이 사용하며, 프리카운트가 종료하면 플레이도 종료한다.

Pre-roll to Selection End 메뉴

선택한 이벤트의 끝 부분으로 이동한 뒤 1마디 앞쪽에서부터 Play를 시작한다. 트랜스포트 툴바의 Precount 기능과 같이 사용하며, 프리카운트가 종료하면 플레이도 종료한다.

 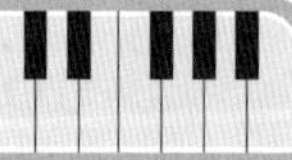

Play from Selection Start 메뉴

선택한 이벤트의 시작 부분으로 이동한 뒤 Play를 시작한다.

Play from Selection End 메뉴

선택한 이벤트의 끝 부분으로 이동한 뒤 Play를 시작한다.

Play until Selection Start 메뉴

선택한 이벤트의 시작 부분으로 이동한 뒤 1마디 앞쪽에서부터 Play하다가 선택 부분에서 플레이를 멈춘다.

Play until Selection End 메뉴

Play를 하다가 선택한 이벤트의 끝 부분에서 Play를 멈춘다.

Play until Next Marker 메뉴

다음 마커의 약간 앞쪽에서 Play를 시작한다.

Play Selection Range 메뉴

선택한 구간의 처음부터 종료 지점까지 Play를 한다.

Loop Selection 메뉴 – 루프 연주

선택한 구간을 루프(연속) 연주한다. 룰러에서 범위를 설정한 뒤 이 기능을 사용할 수도 있다.

Use Pre-roll 메뉴/Use Post-roll 메뉴

녹음 시작 전/녹음 종료 전 메트로놈이 예비 박자를 연주한다. 녹음 시작 전/녹음 종료 전 예비 메트로놈이 필요할 경우 체크한다. 예비 메트로놈의 길이는 트랜스포트 패널의 Pre-roll Amount 버튼과 Post-roll Amount 버튼을 On하고 마디 단위로 설정한다.

참고로 Use Post-roll 메뉴의 경우는 펀치 녹음으로 구간이 설정된 경우 녹음 종료 시간을 예비 메트로놈이 알려준다.

Start Record at Left Locator 메뉴

왼쪽 로케이트가 있는 부분에서 녹음을 시작한다. 룰러에서 원하는 부분을 Ctrl + 클릭하면 왼쪽 로케이트가 설정된다.

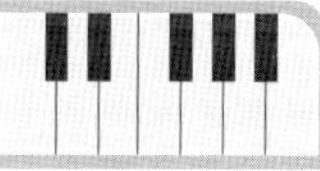

Metronome Setup 메뉴 – 메트로놈 설정

메트로놈의 사용 환경에 대한 옵션을 설정할 수 있다. 메트로놈은 보통 녹음 작업 시 템포를 맞추기 위해 사용한다.

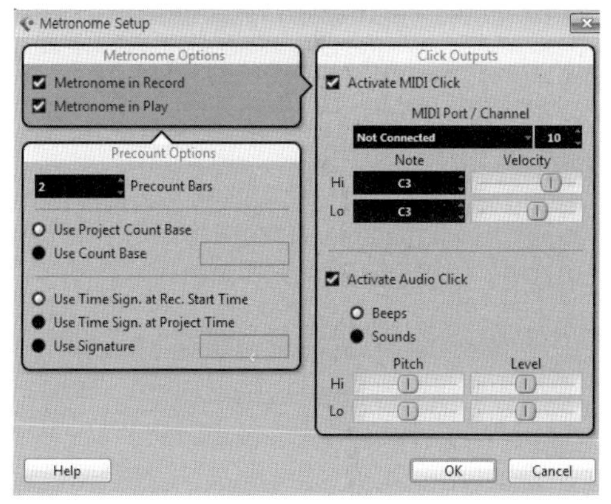

① Midi Click : 미디 사운드를 메트로놈 소리로 사용한다. Port/Channel 옵션에서 미디가 들릴 출력 포트와 채널을 지정하고, Note 항목에서 강한 음(Hi), 약한 음(Lo)으로 사용할 음정과 벨로서티를 설정한다.

② Audio Click : 컴퓨터 오디오 사운드를 메트로놈 소리로 사용한다. 비프를 선택하면 컴퓨터 스피커, Sound를 선택하면 Wav 파일을 사용할 수 있다. Hi와 Lo에서 강한 음, 약한 음의 음정과 레벨(볼륨)을 설정한다.

③ Metronome Options : 메트로놈이 언제 들릴지 설정한다. 녹음 또는 연주할 때 들리게 할 수 있고, Use Count Base 옵션은 메트로놈 속도를 조절할 수 있다.

④ Precount Options : 예비 메트로놈의 길이를 설정하고, 무엇을 메트로놈 타임의 기준으로 할지 선택한다.

Metronome On/Off 메뉴 – 메트로놈 활성화

메트로놈의 동작 여부를 설정한다. 이 메뉴에 체크하면 메트로놈이 동작하고, 체크하지 않으면 메트로놈이 동작하지 않는다.

Precount On/Off 메뉴 – 예비 메트로놈 활성화

메트로놈의 동작 여부와 상관없이 예비 메트로놈을 켜거나 끌 수 있다. 이 메뉴에 체크하면 예비 메트로놈이 들리고, 체크하지 않으면 예비 메트로놈이 꺼진다.

 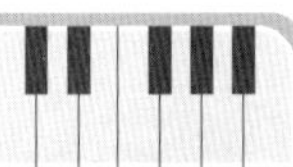

Retrospective Record 메뉴 – 메모리에 녹음된 내용 가져오기

건반으로 리얼 입력(미디 레코딩)을 하려면 미디 트랙의 녹음 준비 버튼이 켜져 있는 상태에서 Record 버튼을 클릭해야 한다.

그런데 정신이 없는 나머지 Stop 상태이거나 트랙을 Play하는 상태에서 건반을 눌러 레코딩을 하는 경우도 있다. 이 경우 당연히 리얼 입력이 되지 않는다.

이때 Retrospective Record 메뉴를 적용하면 미처 녹음되지 않았던(메모리에만 기록되었던) 미디 노트가 자동으로 녹음된 상태로 트랙에 나타난다.

Stop 상태에서 리얼 입력하는 모습
(당연히 미디 녹음이 안 된다.)

Retrospective Record 메뉴로 메모리에 녹음된 내용을 가져온 모습

Project Synchronization Setup 메뉴 – 동기화 설정

큐베이스와 외부 미디 장비, 녹음 장비와의 싱크 방식(동기화 방식)을 설정할 수 있다. 예를 들어 큐베이스에서 Play할 때 외부 녹음 장비를 Play되게 할 수 있다. 또는 외부 장비에서 Play 버튼을 누를 때 큐베이스가 Play되도록 할 수 있다. 가지고 있는 녹음 장비 매뉴얼을 참고하면서 이 옵션을 설정한다.

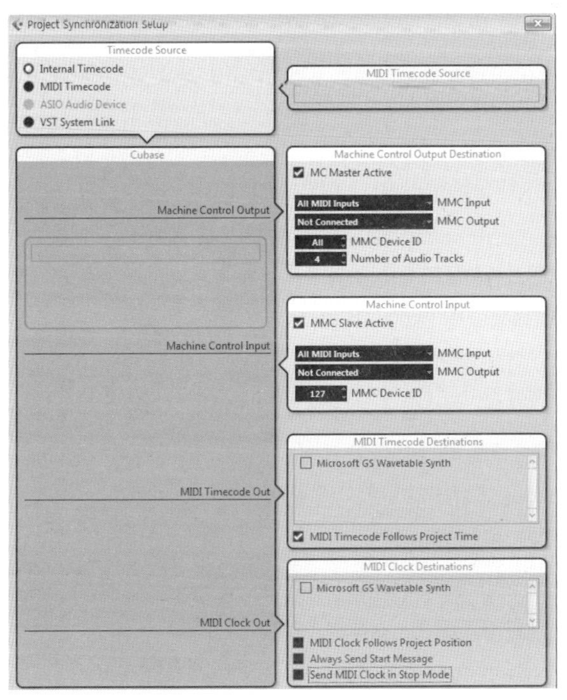

① Timecode Source : 사용할 타임코드를 선택한다.
- Internal Timecode : 시스템 시간을 사용하므로 큐베이스가 동기화 작업의 마스터가 된다.
- MIDI Timecode : 외부 미디 장비의 타임코드를 사용한다. 외부 미디 장비가 마스터가 된다.
- Asio Audio Device : Asio 호환 오디오카드와 연결된 장비가 마스터가 된다.
- VST System Link : 디지털 오디오 케이블로 연결된(S/PDIF, ADAT, TDIF, AES 포함) 장비나 PC 또는 맥 시스템과 동기화한다.

② MIDI Timecord Source : 외부 미디 장비가 연결된 입력 포트를 설정한다.

③ Machine Control Output Destination : 외부 미디 장비와 신호를 주고 받는 입출력 포트, 디바이스 ID를 설정한다. 미디 규격을 준수하는 테이프 레코더 또는 하드디스크 레코더가 이에 속한다. 큐베이스가 마스터가 되어 이들 장비들에 녹음을 시킬 수 있다. 큐베이스가 장비들을 제어할 경우 Devices → MMC Master 메뉴를 사용한다.

④ Machine Control Input : 외부 미디 장비와의 신호를 주고 받는 입출력 포트, 디바이스 ID를 설정한다. 미디 규격을 준수하는 믹서 장비와 Tascam DM-24, Yamaha DM2000, SSL 등을 연결할 수 있다. 이때 큐베이스가 슬레이브가 되어 외부에서 들어오는 신호를 녹음하는 역할을 한다.

⑤ MIDI Timecode Destinations : 미디 타임코드를 보낼 포트를 설정한다.

⑥ MIDI Clock Destinations : 미디 클럭을 보낼 포트를 설정한다.

Use External Sync 메뉴 – 동기화 신호 받기

큐베이스를 외부 마스터 장비로부터 동기화 신호를 받을 수 있는 상태로 전환해 준다.

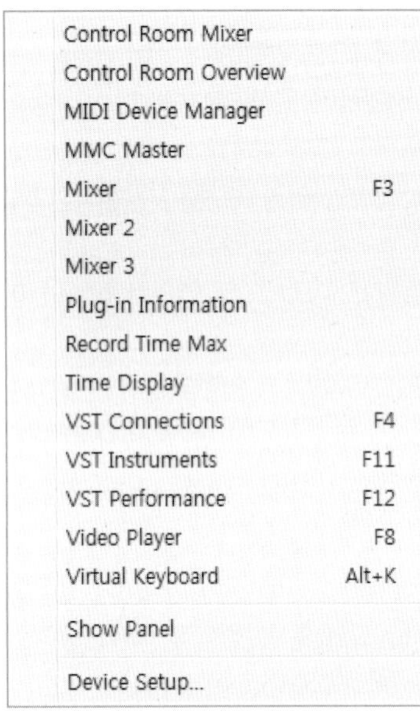

09 | 디바이스(Devices) 메뉴

- Control Room Mixer 메뉴 : 컨트롤 룸 믹서 실행하기
- Control Room Overview 메뉴 : 컨트롤 룸 오버뷰 차트 실행하기
- MIDI Device Manager 메뉴 : 디바이스 매니저 실행하기
- MMC Master 메뉴 : MMC 마스터 조절기 실행하기
- Mixer 1, 2, 3 메뉴 : 믹서 1, 2, 3 실행하기. 믹서 메뉴에 대해서는 6부 1장을 참고하기 바란다.
- Plug-in Information 메뉴 : 플러그 인 폴더 설정하기
- Record Time Max 메뉴 : 최대 녹음 가능 시간 확인하기
- Time Display 메뉴 : 현재 연주 시간 확인하기
- VST Connections 메뉴 : 멀티 오디오 입출력 포트 설정하기
- VST Instruments 메뉴 : 가상악기 로딩하기
- VST Performance 메뉴 : 시스템에서 큐베이스 점유량 확인하기
- Video Player 메뉴 : 비디오 플레이어 실행하기
- Virtual Keyboard 메뉴 : 버추얼 건반 불러오기
- Show Panel 메뉴 : Devices 메뉴를 버튼 방식으로 실행할 수 있도록 패널 불러오기
- Device Setup 메뉴 : 오디오(Asio) 디바이스 설정하기

 Control Room Mixer 메뉴 – 컨트롤 룸 믹서 

컨트롤 룸 믹서는 녹음 스튜디오의 컨트롤 룸을 버추얼로 꾸며놓은 것을 말한다. 여기서 컨트롤 룸은 스튜디오의 작업을 컨트롤하는 곳으로서, 스튜디오에 가수가 있다면, 감독이나 프로듀서가 제작의 여러 요소들을 모니터하면서 의사결정을 하고 지시를 내리는 장소이다. TV 스튜디오의 컨트롤 룸은 영상, 음향, 조명 등의 모든 것을 통제하지만 녹음실의 컨트롤 룸은 오디오 장비와 녹음 작업을 컨트롤한다.

TV에서 자주 볼 수 있는 가수들의 녹음실을 보면, 스튜디오(마이크가 있는 곳)에서 가수가 노래를 부르고, 유리창 너머 콘솔 장비가 있는 곳에는 지시하는 사람이 있는데 그곳이 바로 컨트롤 룸이다.

큐베이스의 컨트롤 룸은 4세트의 모니터, 디수의 스피커, 헤드폰 아웃풋, 전용 헤드폰 아웃풋, 전용 토크백 채널, 6개의

외장 입력에서 6.0 서라운드 시스템, 모니터 Dim, 레벨 조절, 4개의 aux 센드 등 모니터링 솔루션과 콘솔을 지원한다. 따라서 실제 컨트롤 룸에서 작업하듯 믹서 작업을 할 수 있다.

이러한 컨트롤 룸 믹서를 동작시키려면 Device → VST Connections 메뉴를 실행한 뒤, 대화상자의 Studio 탭에서 Disable Control Room 버튼을 활성 상태로 전환한 뒤, Add Channel 버튼을 클릭해 컨트롤 룸 믹서에서 사용할 채널을 추가한다.

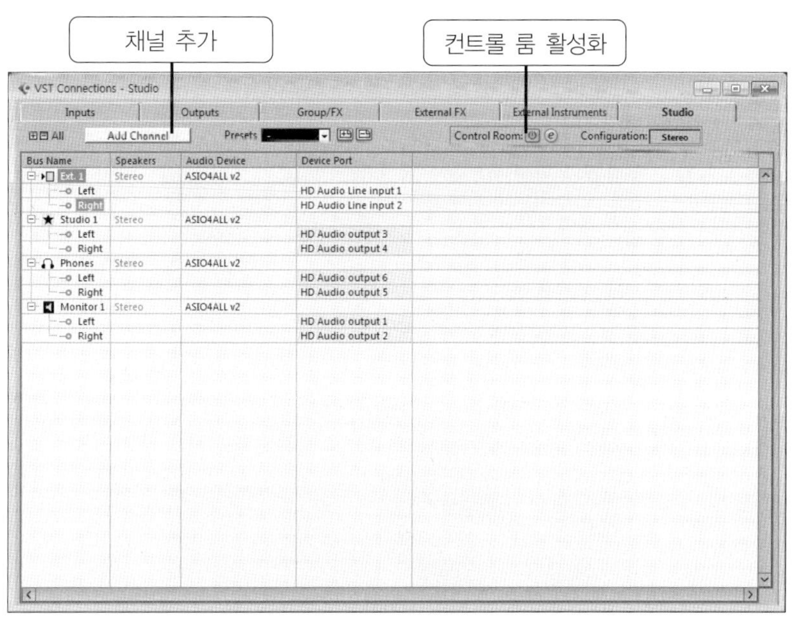

그런 뒤 Device → Control Room Mixer 메뉴를 실행하면 컨트롤 룸 믹서가 실행된다.

프로젝트를 Play하는 상태에서 '컨트롤 룸 모니터링' 버튼을 켜면 모니터링을 시작할 수 있다.

시그널 소스는 큐베이스에서 Play 하는 사운드를 모니터링해야 하므로 Mix를 선택한다.
상단 슬롯은 사운드에 오디오 이펙트를 추가할 때 사용한다. 이펙트는 컨트롤 룸, 헤드폰 등의 스트립마다 각각 다르게 삽입할 수 있다.
스피커 버튼과 스피커 채널 버튼을 클릭하면 각 스피커에 맞게 솔로로 모니터링할 수 있다.
'싸이클링 모니터링 버튼'을 클릭하면 다운믹스 프리셋을 바꿔가면서 모니터링할 수 있다.

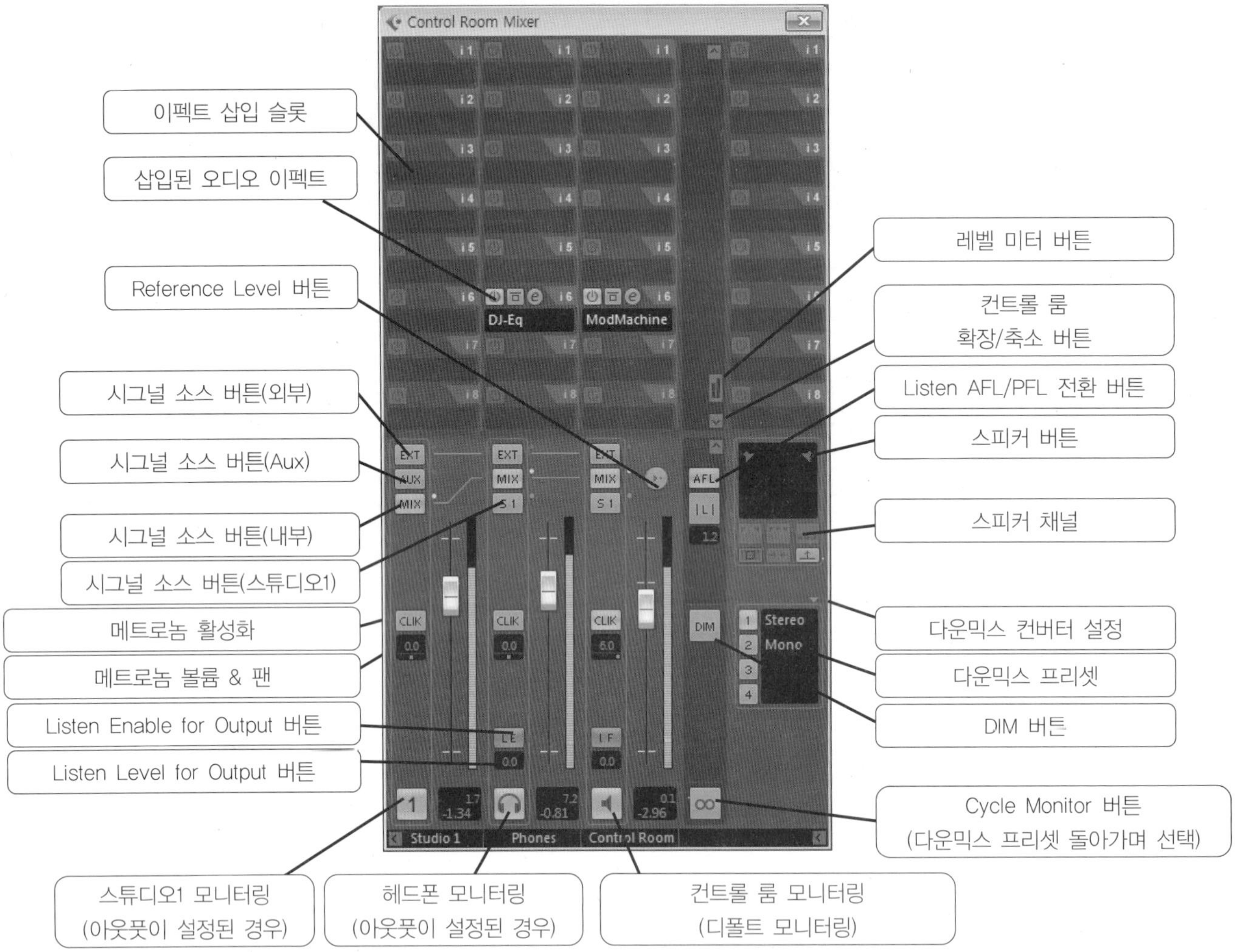

MIDI Device Manager 메뉴 – 디바이스 설정

MIDI Device Manager 메뉴는 사용하는 악기의 이름이 미디 트랙의 패치 파라미터(프로그램 파라미터)에서 정상적으로 표시되지 않고 번호로 표시될 때, 악기 이름이 보이도록 패치할 때 사용한다.

사운드카드 사용자는 대화상자의 Install Device 버튼을 클릭한 뒤 GM 또는 XG 규격을 선택한다. 그런 뒤 Output 항목을 클릭해 사운드카드에서 제공하는 소프트신디를 연결하면 미디 트랙의 패치 파라미터에 악기 이름이 정상적으로 표시된다. 가상악기 사용자는 악기 이름을 패치할 필요가 없지만 외장 악기의 경우 악기 이름을 패치해야 악기 음색과 악기 이름이 정상적으로 매핑되어 표시된다. 외장 악기의 이름을 패치하려면 Install Device 버튼을 클릭한 뒤 연결된 외장 악기 맵이 있는지 찾아보고 해당 맵을 선택한 뒤 적용한다.

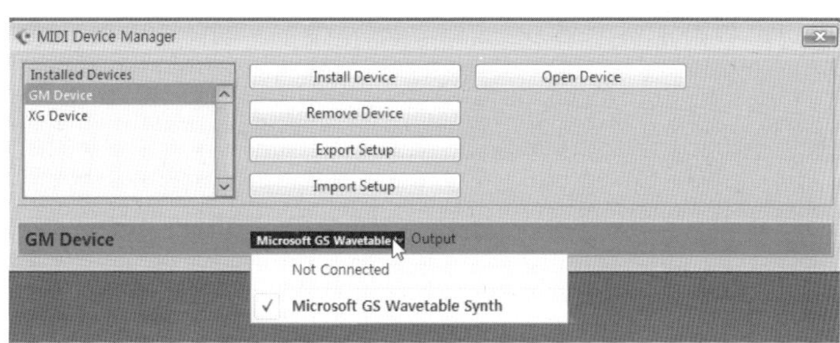

Tip

사운드카드

일반적으로 사운드카드는 미디 음악 재생을 위해 GM, GS 규격이나 XG 규격 중 하나를 지원한다. 윈도우 XP 사용자는 [시작] 버튼을 누른 뒤 [제어판] – [사운드 및 오디오 장치]를 실행한 뒤, 오디오 탭에서 'MIDI 음악 재생장치'를 확인하면 MIDI 음악 재생 장치를 확인할 수 있다. 사운드카드가 GS 규격일 경우에는 GM을 인스톨한 뒤 연결하면 된다.

MMC Master 메뉴

외부 녹음 장비와 동기화시킨 뒤, 큐베이스가 마스터가 되어 외부 장비를 Play하고 Stop 시킬 때 사용한다. 외부 녹음 장비가 연결되지 않은 경우에는 이 기능을 사용할 필요가 없다.

MMC Master

 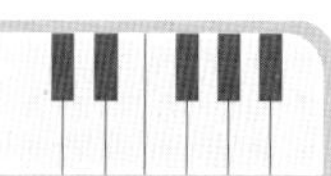

Plug in Information 메뉴 – 새 VST 등록하기

플러그 인 방식의 VST 가상악기, VST 오디오 이펙트 등의 VST 플러그 인 프로그램을 관리할 때 사용한다. VST 플러그인 프로그램을 정상적으로 설치하면 큐베이스 실행 시 함께 실행되어 큐베이스 내부의 오디오 이펙트나 가상악기 메뉴에서 사용할 수 있다. 큐베이스용 VST 가상악기와 VST 오디오 이펙트는 보통 큐베이스 설치 폴더의 하위 폴더인 VSTPlugins 폴더에 설치하면 큐베이스 실행 시 큐베이스에 내장되어 함께 실행된다.

만일 VSTPlugins 폴더가 아닌 다른 폴더에 VST 가상악기나 VST 오디오 이펙트를 설치한 경우에는 큐베이스에서 인식되지 않으므로 아래 대화상자의 'VST 2.x Plug-in Paths' 버튼을 클릭해 설치 폴더를 추가 등록해야 큐베이스에서 인식할 수 있다.

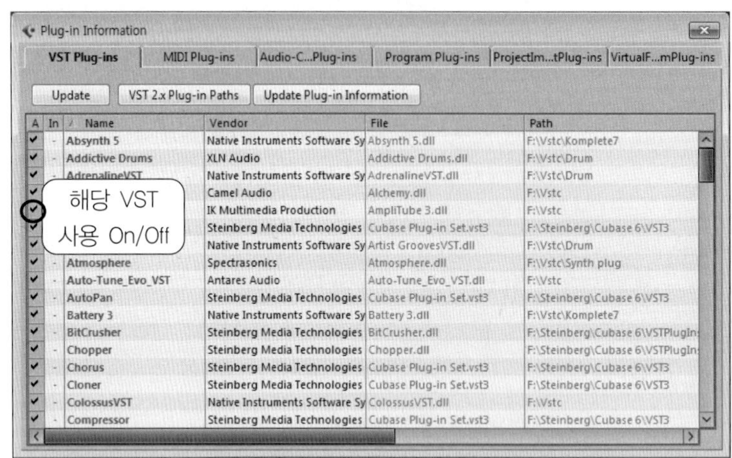

① Update 버튼 : 가상악기, 오디오 이펙트 데이터베이스에 변동사항이 있는지 리스캔한다.

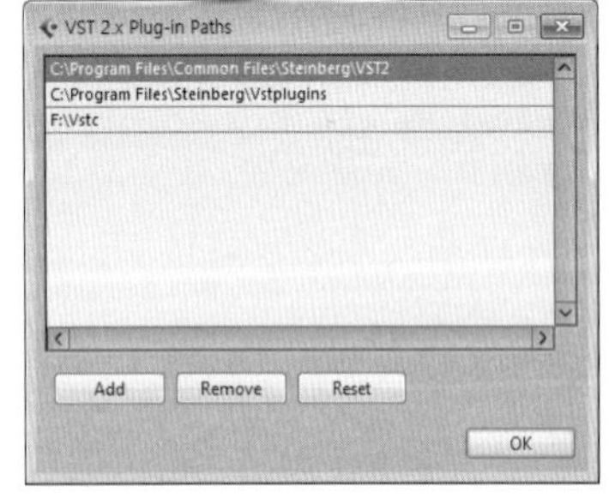

② VST 2x Plug-in Paths 버튼 : 가상악기나 오디오 이펙트를 큐베이스 기본 설치 폴더인 VSTPlugins 폴더가 아닌 다른 폴더에 설치한 경우, 큐베이스에서 인식되도록 해당 폴더를 추가 등록할 수 있다. 대화상자의 Add 버튼을 클릭해 해당 VST 프로그램의 dll 파일이 설치된 폴더를 추가 등록하면 큐베이스 실행 시 자동으로 스캔하여 큐베이스 내부에서 사용할 수 있도록 해 준다.

참고로, 사용자가 새로 등록한 가상악기는 Devices → VST Instruments 메뉴에서 확인할 수 있고, VST 오디오 이펙트는 오디오 트랙 인스펙터의 Inserts 탭에서 팝업메뉴로 확인할 수 있다.

③ Update Plug-in Infomation 버튼 : 큐베이스를 실행하고 있는 상태에서 새로운 VST 프로그램을 설치했다면 큐베이스에서 인식된 상태가 아니기 때문에 사용할 수 없다. 이때 이 버튼을 클릭하면 큐베이스에서 바로 탐색작업을 하여 사용할 수 있는 상태가 된다.

Remaining Record Time Display 메뉴

녹음 가능한 시간을 알 수 있도록 디스플레이창을 실행한다. 오디오 트랙 녹음 시 얼마만큼 녹음할 수 있는지 그 시간을 알 수 없는데 이때 이 메뉴를 실행한다. 하드디스크의 여유 공간이 많을수록 녹음 가능한 시간도 많아진다.

하드디스크에 6시간 33분 녹음할 수 있는 공간이 있는 상태

Time Display 메뉴 – 연주 시간 보기

연주 위치가 어디인지 알 수 있도록 타임 디스플레이창을 실행한다.

VST Connections 메뉴 – 입출력 포트 인식시키기

멀티 입출력을 지원하는 오디오카드나 사운드카드를 사용할 경우, Add Bus 버튼을 클릭해 입출력 포트를 새로 추가할 수 있다. 여기서 멀티 입출력 포트를 추가하면 오디오카드의 Line In/Out 단자를 멀티로 연결해 녹음 작업을 할 수 있고, 서라운드 작업 같은 여러 채널을 지원하는 사운드 작업을 할 수 있다.

입력 포트를 추가하려면 먼저 자신의 오디오/사운드카드에 몇 개의 입력 포트가 있는지 파악해야 한다. 일반적으로 라인입력, 마이크 입력 단자가 있으면 2개이고, 바탕화면 사운드는 Stereo Mix를 사용하므로 사운드카드 사용자들도 3개 정도의 입력 포트가 있다.

Input 탭에서 Add Bus 버튼을 클릭하고 라인입력, 마이크입력, Stereo Mix를 각각의 포트에 순서대로 연결하면 된다. 잘 모를 경우 Preset 버튼을 클릭한 뒤 2 * Stereo 또는 3 * Stereo를 선택하는데, 이 경우 자동으로 입력포트를 찾아 연결된다.

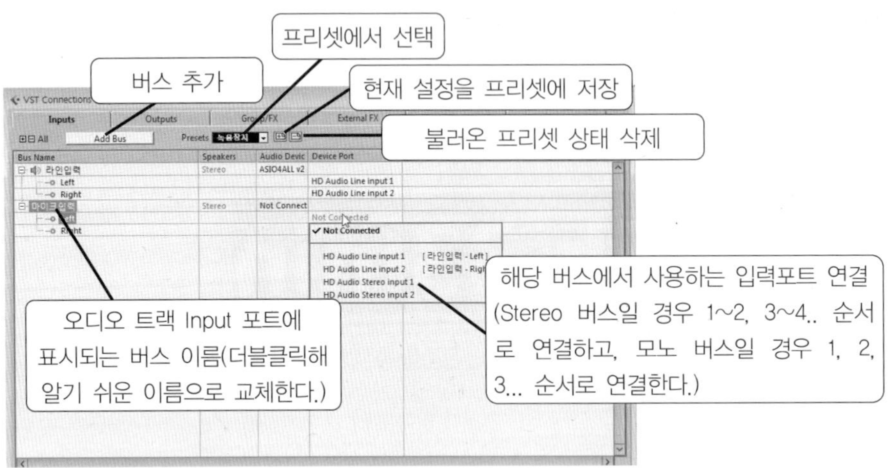

오디오 출력 포트를 추가하려면 Output 탭에서 작업한다. 먼저 자신의 오디오/사운드카드가 몇 개의 출력 포트를 지원하는지 파악해야 한다. 일반적으로 스피커 출력 1개와 여러 개의 라인 출력 단자가 있거나, 서라운드를 지원할 경우 라인아웃 외에 여러 개의 출력단자가 있다.

자신의 사운드/오디오카드의 출력단자 수를 확인한 뒤에는 Add Bus 버튼을 클릭해 스피커 좌우와 라인아웃을 순서대로 연결해주면 된다. 잘 모를 경우 Preset 버튼을 클릭한 뒤 2 * Stereo 또는 3 * Stereo를 선택하면 이 경우에도 자동으로 출력 포트를 찾아 연결된다. 만일 서라운드 5.1을 지원할 경우 Preset 버튼을 클릭한 뒤 1 * 5.1+1 * Stereo를 선택하면 자동으로 서라운드 출력 포트에 Out 1, 2, 3, 4...등이 연결되고, Stereo 출력을 위해 Out 7, 8... 등이 자동으로 연결된다.

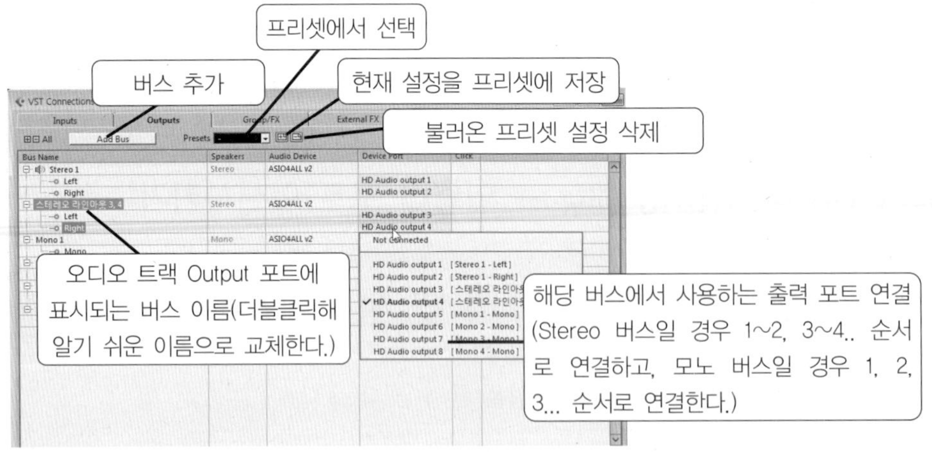

출력 포트를 설정하는 모습

추가된 입출력 포트는 오디오 인스펙터의 Input 파라미터와 Output 파라미터에 등록된다.
예를 들어 녹음 작업을 할 경우 마이크 녹음 포트나 라인 입력 포트를 바꿔가면서 작업할 수
있다.

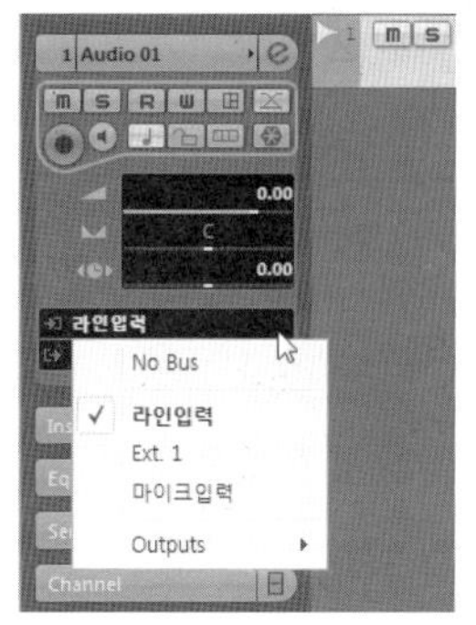

인스펙터의 Input
파라미터

참고로, 컨트롤 룸에서 사운드 제어 작업이 가능하도록 하려면 대화상자의 Studio 탭을 클릭하고 Control Room 버튼을
클릭해 활성 상태로 전환한 뒤, Add Channel 버튼을 클릭하거나 마우스 오른쪽 버튼으로 여백을 클릭해 필요한 채널을
추가하고, 각 채널별로 필요한 포트를 연결해 준다.

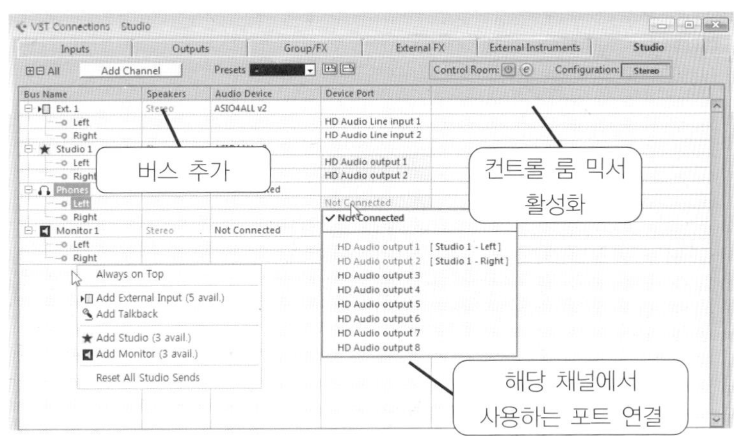

 ## VST Instruments 메뉴 – 가상악기 로딩하기

이 메뉴는 프로젝트에 가상악기를 로딩할 때 사용한다. 단축키는 F11. 이 메뉴로 가상악기를 불러오면 프로젝트에 로딩한
것이므로 여러 미디 트랙에서 해당 가상악기를 공유해 사용할 수 있다. 메뉴를 실행한 뒤 슬롯을 클릭해 원하는 가상악기를
선택하면 된다.

그런 뒤 미디 트랙의 출력 포트(Output) 파라미터에서 로딩한 가상악기를 선택하
면 해당 미디 트랙이 로딩한 가상악기로 사운드를 출력하게 된다.

이 메뉴의 자세한 사용법은 PART 5를 참고한다.

VST Performance 메뉴 - 퍼포먼스 체크기

큐베이스로 곡을 연주할 때 Asio 및 하드디스크의 사용량을 표시한다. 상단 Asio 미터는 Asio가 사용하는 양을 보여주는데 빨간색 빛이 들어올 경우, EQ 같은 이펙트 적용을 줄여주는 것이 좋다. 하단 Disk 미터는 하드디스크 사용량을 표시하는데, 빨간색 불빛이 들어온다면 하드디스크를 속도가 빠른 고성능 제품으로 교체해야 한다.

만일 큐베이스의 사용을 처음 시작했다면 초기에 VST Performance 현황을 눈여겨보며 몇 개의 트랙까지 만들 수 있고, 몇 개의 가상악기를 동시에 운용할 수 있는지 체크하는 것이 추후 작업에 도움을 준다. VST Performance는 트랜스포트 툴바의 맨 왼쪽에도 표시된다.

VST Performance 대화상자

트랜스포트 툴바의 VST Performance 레벨미터

Video Window 메뉴 - 동영상 보기

비디오 플레이어를 실행한 뒤 프로젝트에 삽입된 동영상을 보여준다. 큐베이스는 동영상 편집 시 자르기, 이동, 삭제 등의 간단한 기능만 제공한다.

만일 비디오 플레이어가 실행되지 않으면 그래픽카드가 OpenGL 2.0 이상을 지원하는지 확인하기 바란다. 그래픽카드가 OpenGL 2.0 이상을 지원할 경우에만 비디오 플레이어가 실행되고, 큐베이스 내에서 비디오 영상을 모니터할 수 있다.

Tip

OpenGL

그래픽 카드가 OpenGL을 지원하지 않을 경우 비디오 플레이어가 아예 실행되지 않는다.

Virtual Keyboard 메뉴 – 버츄얼 건반

버추얼 건반을 불러올 수 있다. 버추얼 건반을 마우스로 클릭하면 사운드가 들린다. 버추얼 건반이 떠 있는 상태에서 컴퓨터 키보드에서 해당 키를 눌러도 건반 소리를 들을 수 있다. 버추얼 건반은 마스터 건반이 없는 사용자들이 미디 트랙에 리얼 입력할 때 사용한다.

Device Setup 메뉴 – 디바이스 설정

큐베이스의 사운드 입출력과 관련된 Asio 드라이버 설정을 할 수 있다. 큐베이스에서 미디 입출력 및 사운드 입출력 시 사운드가 들리지 않는다면 Asio 드라이버 설정이 잘못된 것이므로 반드시 숙지하고 넘어간다.

1. MIDI Port Setup 옵션

미디 입출력 포트의 활성/비활성 상태를 설정할 수 있다. MIDI In은 보통 건반이 입력되는 포트를 말하므로 건반이 연결된 경우에는 항상 Active 상태여야 한다. 건반을 연결하지 않은 경우 입력 포트 항목에 아무것도 표시되지 않는다.

MIDI Out은 사운드가 출력되는 포트를 말한다. 기본적으로 시스템이 사용하는 사운드카드나 오디오카드가 설정되어 있지만 외장 악기나 믹서를 연결한 경우 해당 장비를 원하는 출력 포트에 할당할 수 있다. 입출력 포트가 여러 개일 경우, 트랙 뷰의 Input 파라미터와 Output 파라미터에서 선택해 사용할 수 있다.

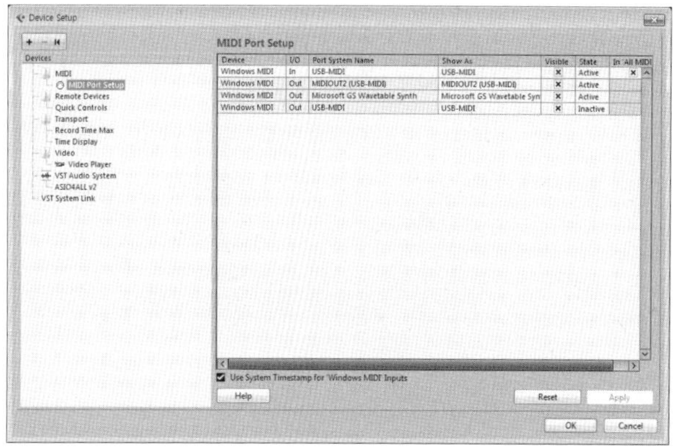

2. Quick Controls 옵션

마스터 건반 같은 외부 미디 장비로 큐베이스의 미디, 오디오, Instrument 트랙의 볼륨 등 8가지 요소를 퀵 컨트롤 가능하도록 설정할 수 있다. 먼저 트랙 뷰의 인스펙터 패널의 Quick Controls 탭에서 리모트컨트롤 할 요소를 설정한다. 예를 들어 인스펙터 패널의 Quick Controls 탭의 첫 번째 슬롯을 클릭한 뒤 Volume이 리모트컨트롤 되도록 할당했다고 가정하자.

옆 대화상자의 MIDI Input 항목을 클릭해 마스터 건반이 연결된 입력 포트를 선택한 뒤 Quick Control 1 항목을 그림과 같이 기본값으로 설정하고 적용한다.
마스터 건반의 볼륨 슬라이더를 조절하면 트랙 뷰 인스펙터 패널의 Quick Controls 탭의 Volume이 조절된다.

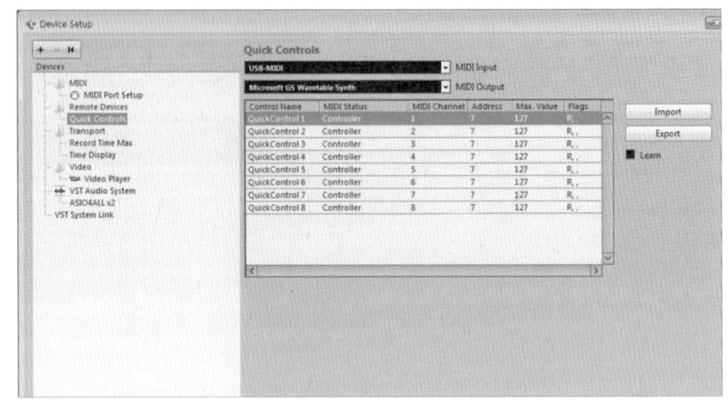

3. Remaining Record Time Display 옵션

Devices → Remaining Record Time Display 메뉴를 실행하면 표시되는 녹음 시간창의 글자 색상과 배경색을 변경할 수 있다.

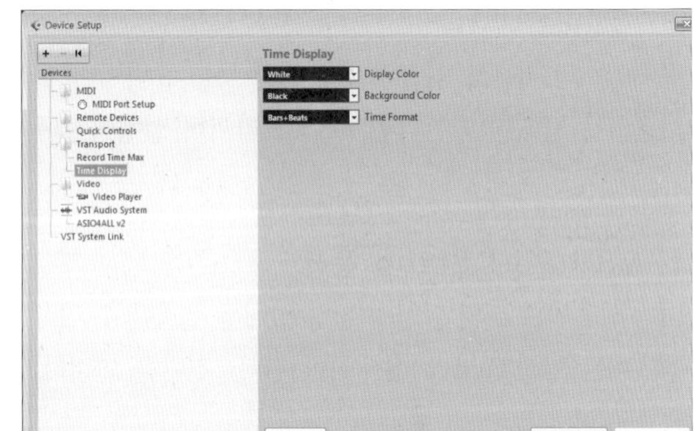

4. Time Display 옵션

Devices → Time Display 메뉴를 실행하면 나타나는 시계창의 글자색, 배경색, 시간 표시 형식을 변경할 수 있다.

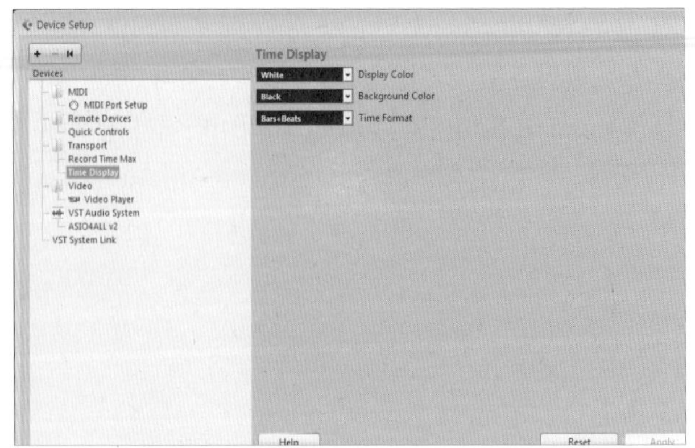

5. VST Audio System 옵션(Asio 드라이버 설정)

큐베이스의 사운드 입출력에서 가장 중요한 Asio 드라이버에 대한 설정을 할 수 있다. 가상악기 사운드가 안 들리거나, 레이턴시가 심할 경우 이곳에서 Asio 드라이버를 재설정해야 한다.

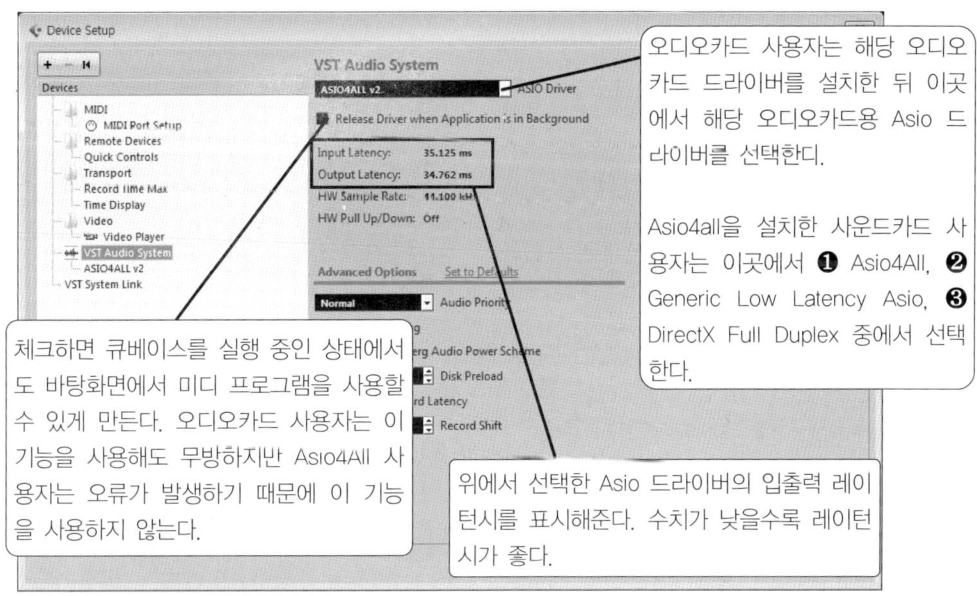

Asio Driver 항목은 사용할 Asio 드라이버를 선택하는 기능이다. 오디오카드 사용자는 해당 오디오카드에서 제공하는 Asio 드라이버를 설치하면 이곳에서 선택할 수 있다. 사운드카드 사용자는 Asio4All 프로그램을 설치하면 이곳에서 Asio4All 드라이어비를 선택할 수 있다.

참고로, Asio4All은 사운드카드 사용자들이 가상으로 Asio 모드를 사용하기 위해 설치하는 프로그램이지만 모든 사운드카드를 지원하지 않기 때문에 때때로 가상악기 소리가 아예 안 들리거나 불안정한 경우도 있다. 이 경우 Asio Driver 항목을 클릭해 ❶ Asio4All, ❷ Generic Low Latency Asio, ❸ DirectX Full Duplex 드라이버로 한 번씩 교체해 테스트하면서 가상악기 사운드를 가장 안정적으로 들리게 하는 드라이버를 선택해 사용한다.

Tip
Asio 드라이버

Asio 드라이버의 레이턴시를 비교한 모습이다. 사운드카드용 Asio4all과 오디오카드에서 제공하는 Asio 드라이버가 레이턴 시 면에서 별반 차이가 없음을 알 수 있다. 레이턴시 수치가 낮을수록 미디 리얼 입력과 가상악기 출력에서 사운드가 밀리 는 현상이 사라진다. 예를 들어 입력 레이턴시가 6ms이면 입력 작업 시 0.006초 정도 밀린다는 뜻이다. 오디오카드는 제 품 또는 설정에 따라 입출력 레이턴시가 2~10ms 사이에서 결정되고, Asio4All의 레이턴시는 사운드카드 제품 또는 설정에 따라 10~30ms 사이에 설정된다.

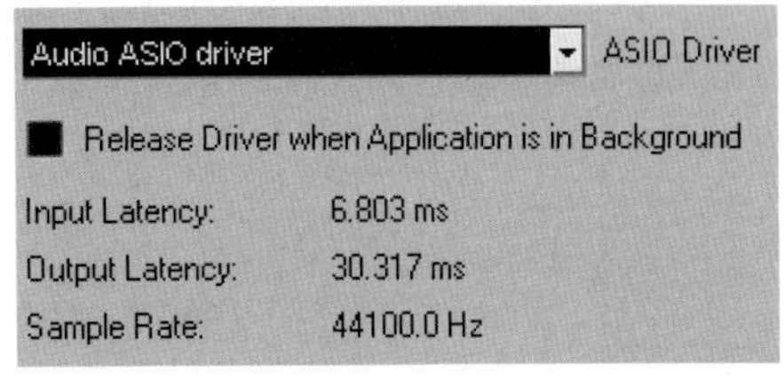

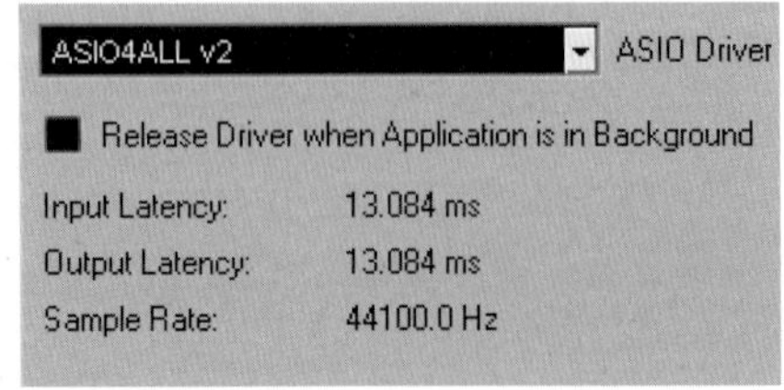

오디오카드의 Asio 드라이버 레이턴시　　　　사운드카드의 Asio4All 드라이버 레이턴시

6. VST Audio System 옵션의 하위 메뉴

선택한 Asio 드라이버의 포트 상태를 보여준다. 4채널 지원 오디오카드는 다음과 같이 4개의 입력 포트와 4개의 출력 포트를 보여준다. 만일 레이턴시가 높게 나올 경우 Control Panel 버튼을 클릭한 뒤 해당 오디오카드의 Asio 옵션 중 Buffer 숫자를 조절해 레이턴시를 낮추어준다.

사운드카드 사용자들이 Asio4all을 설치해 가상 Asio 모드를 사용할 경우에는 다음과 같이 포트 구성이 달라진다. 이 사운 드카드의 경우 7.1 채널 서라운드를 지원하기 때문에 8개의 출력 포트가 보인다. 참고로, Asio4All은 약간 불안전하기 때문에 때때로 출력 포트에서 Inactive 표시되며 사운드 출력이 안 되는 경우도 있는데 이 경우 Control Panel 버튼을 클릭해 Buffer 숫자를 조절한다. 때때로 포트가 Missing 되어 사운드가 안 들린다면 Devices → VST Connections 메뉴를 실행해 입출력 포트를 재연결해 준다.

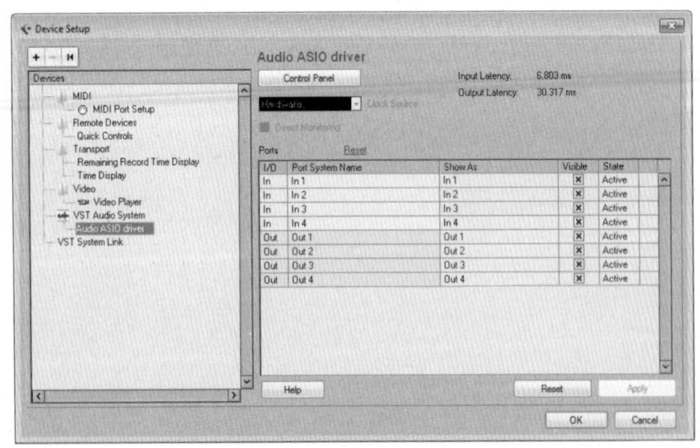

보급형 오디오카드를 사용한 경우

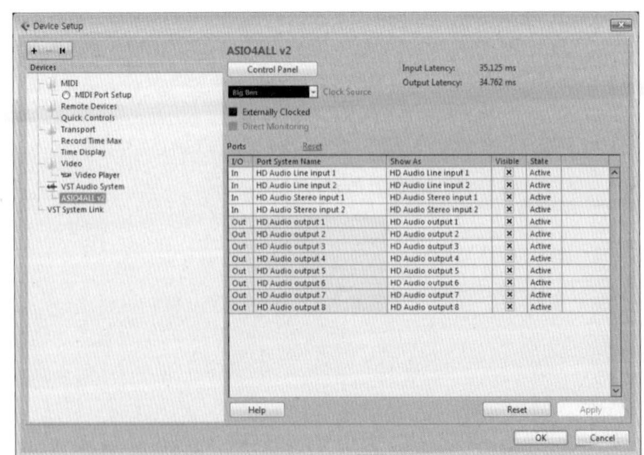

7.1채널 지원 사운드카드에 Asio4All을 사용한 경우

7. VST System Link 옵션 – VST System 동기화하기

VST System으로 PC와 PC 또는 PC와 맥 시스템을 동기화하여 하나의 시스템에서 나머지 시스템을 컨트롤할 때 사용한다. VST System은 1대1 방식으로 시스템 2대를 연결하기도 하지만 수십 대의 시스템을 연결해 구성할 수도 있다. 일단 디지털 오디오 케이블로 시스템들을 연결한 다음 아래 대화상자의 입출력 포트에서 신호를 주고받을 포트를 설정한 다음 Active 항목에 체크하고 다른 시스템도 동일하게 조작한다. 연결된 시스템들이 하단 목록창에 표시되면, 연결된 시스템마다 각각 Online 옵션에 체크하여 싱크 작업을 종료한다.

참고로, VST System으로 연결한 컴퓨터들은 마스터 개념이 없으므로 먼저 큐베이스의 Play 버튼을 누르면 나머지 컴퓨터에서도 큐베이스가 동시에 Play하게 된다.
만일 시스템마다 약간 시간차가 발생하면 대화상자의 Offset Settings 값을 조절한다.

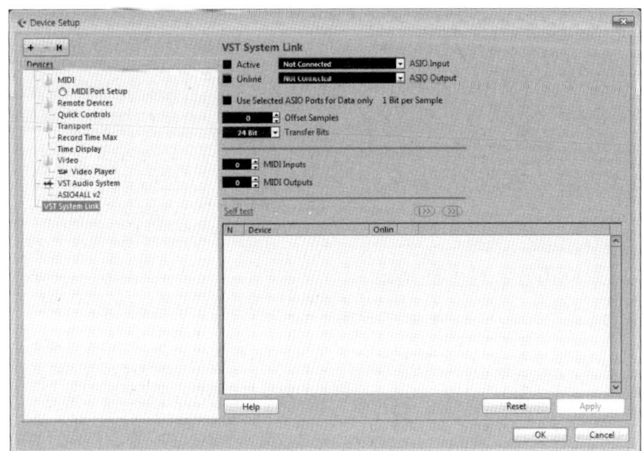

A

ABSynth / 33
Accent / 306
Accidentals 옵션 / 701
Active Part Only / 247
Add Track 메뉴 / 615
Adjust Fades Range 메뉴 / 666
Advanced Quantize 메뉴 / 605
Advanced 메뉴 / 660
Aftertouch / 259
Aiso4All의 녹음 포트 인식 오류 해결 / 104
Align Elements 메뉴 / 712
All On Selected Tracks 메뉴 / 601
All 메뉴 / 600
AmpSimulator / 494
Appearance 탭 / 565
Arpache 5 / 533
Arpache sx / 533
Arpeggio / 317
Arranger Controll / 157
Arranger Editor / 211
Arranger Track / 209
Articulations / 259
Asio 드라이버 / 47
Asio 드라이버 교체하기 / 51
Asio 드라이버의 설치 / 47
Asio4all / 47
Audio / 644
Audio CD 메뉴 / 557
Audio File / 556
Audio From Video File / 558
Audio in Video File 메뉴 / 564
Audio Mixdown / 561
Audio Track / 206
Audition / 365
Audition Loop / 365
Auto Fades Settings 메뉴 / 640
Auto Latch 모드 / 633
Auto LFO / 535
Auto Select Controllers 툴 / 241
Auto Select Events under Cursor 메뉴 / 611
Automation follows Events 메뉴 / 611
Automation Panel 메뉴 / 632
Automation Read / 180
AutoPan / 513
AutoScroll / 270

B

b 내림표 / 282
Back Up Project / 553
Balance / 121
Bar Handlers / 289
Bar Lines / 288
Bar Numbers / 288
Bass / 302
Battery 3 / 35

bb 겹내림표 / 282
Beat Calculator 메뉴 / 636
Beat Designer / 535
Bezier Slur / 311
BFD2 / 36
BintageCompressor / 508
BitCrusher / 531
Bounce Selection 메뉴 / 663, 674
Bow Down / 306
Bow Up / 306
Braces / 288
Broadcast Wave 탭 / 579
Browser 메뉴 / 630
Build N Tuplet 메뉴 / 711

C

C / 303
CC Automation Setup 메뉴 / 687
CC1(Modulation) / 348
CC10(Pan) / 349
CC11(Expression) / 349
CC5(Portamento) / 348
CC7(Main Volume) / 349
Channel 컬럼 / 342
Chopper / 514
Chord Symbols 옵션 / 702
Chorder / 537
Chorus / 513
Chris Hein Bass / 34
Cleanup 메뉴 / 564
Clefs / 288
Clefs 팔레트 / 301
Clone / 514
Close 메뉴 / 551
Comment 컬럼 / 342
Comp Tool / 143
Compressor / 500, 539
Context Gate / 539
Control Room / 584
Convert to Grace Note 메뉴 / 710
Convert to Real Copy 메뉴 / 595
Copy 메뉴 / 590
Cowbell / 323
Create Events / 383
Create Groove Qauntize Preset 메뉴 / 606
Create Warp Tabs / 383
Crop 메뉴 / 599
Cross-over 모드 / 633
Crossfade 메뉴 / 665
Cut Flag / 292
Cut Time 메뉴 / 597
Cut 메뉴 / 590
Cymbal / 323

D

Data 1 컬럼 / 341
Data 2 컬럼 / 341
Data 3 컬럼 / 342
DaTube / 495
DeEsser / 502
Delete Continuous Controllers 메뉴 / 681
Delete Controllers 메뉴 / 680
Delete Doubles 메뉴 / 680
Delete Notes 메뉴 / 680
Delete Overlaps / 679
Delete Time 메뉴 / 598
Delete 메뉴 / 591
Density / 540
Designer / 544
Dimension / 121
Disable Display Transpose / 270
Display Quantize / 267
Dissolve Part 메뉴 / 673
Dissove Part 메뉴 / 663
Distorion / 496
Dj EQ / 490
Dotted / 280
Drum Editor / 321
Drum Map Setup 메뉴 / 686
Drumstick / 337
DualFilter / 510
Dune / 33
Duplicate Tracks 메뉴 / 615
Duplicate 메뉴 / 593
Dynamics / 121, 310
Dynamics Mapping / 304

E

e 버튼 / 469
Edit / 588
Edit Channel Setting / 179
Edit Channel Setting 버튼 / 202
Edit Hitpoints / 380
Editing 탭 / 566, 580
Eighth Note / 280
Elastik 플레이어 / 37
Elite Orchestral Percussion / 36
Embracer / 29, 443
End 컬럼 / 340
Enharm Shift 도구 / 282
Enlarge Selected Track 메뉴 / 611
Envelope 메뉴 / 645
EQ / 485
EQs State 버튼 / 203
Equal Pitch All Octaves 메뉴 / 601
Equal Pitch Same Octaves 메뉴 / 601
Equalizers 탭 / 198
Event Display 탭 / 572
Events to Part 메뉴 / 662
Events Under Cursor 메뉴 / 601

CUBASE6.5

다시 꾸는
뮤지션의 꿈
6.5
큐베이스
CUBASE6.5

다시 꾸는 뮤지션의 꿈
6.5
큐베이스
CUBASE6.5

CUBASE6.5